Ernst Stadler
Dichtungen, Schriften, Briefe

Ernst Stadler
Dichtungen, Schriften, Briefe

Kritische Ausgabe

Herausgegeben von
Klaus Hurlebusch und Karl Ludwig Schneider

Verlag C. H. Beck München

Die Ausgabe entstand unter Mitarbeit von Rose-Maria Hurlebusch
und Nina Schneider. Sie ist gegenüber der 1954 im Verlag
Heinrich Ellermann erschienenen Ausgabe »Ernst Stadler, Dichtungen«
aufgrund neuer Textfunde und Materialien stark erweitert
und vollständig überarbeitet.

Gedruckt mit Unterstützung der Förderungs- und Beihilfefonds
Wissenschaft der VG WORT GmbH, Goethestraße 49,
8000 München 2

ISBN 3 406 08599 7

Umschlagentwurf: Bruno Schachtner, Dachau
Umschlagbild und Frontispiz: Ernst Stadler. Photographie von
Thea Sternheim, 1914
© C. H. Beck'sche Verlagsbuchhandlung (Oscar Beck) München 1983
Satz und Druck: C. H. Beck'sche Buchdruckerei Nördlingen
Printed in Germany

INHALT

Verstreut veröffentlichte Gedichte 1901–1904 7
Unveröffentlichte Frühdichtungen 33
Praeludien 55
  Traumland 56   Bilder und Gestalten 71   Freundinnen. Ein Spiel 91
Verstreut veröffentlichte Gedichte 1910–1914 101
Der Aufbruch 117
  Die Flucht 118   Stationen 141   Die Spiegel 153   Die Rast 176
Übertragungen: Gedichte von Francis Jammes 187
Unveröffentlichte Dichtungen aus Abschriften von fremder Hand 237
  Gedichte 239   Kotzebue redivivus 252
Kritische Schriften. Aufsätze und Rezensionen 257
  Aus der frühen Schaffensphase 259
  Neuland 259   Philipp Langmann 260   Autobiographische Notiz 262

  Zur deutschsprachigen Literatur 263
  Penthesilea 263   Paul Heyse. Zum 80. Geburtstag 271   René Schickele 276   Fritz Lienhard 294   René Schickele: Weiß und Rot 307   Heinrich Heine: Sämtliche Werke 316   Friedrich Gundolf: Shakespeare und der deutsche Geist 321   Julius Bab: Neue Wege zum Drama 325   Georg Heym: Der ewige Tag – Oskar Loerke: Wanderschaft – Max Dauthendey: Die geflügelte Erde 327   Arthur Schnitzler: Masken und Wunder – Hermann Hesse: Umwege 330   Der Kondor. Verse von Ernst Blass, Max Brod, Arthur Drey u. a. – Georg Heym: Umbra Vitae – Lyrische Flugblätter 334   Die Bücherei Maiandros – Carl Einstein: Bebuquin oder die Dilettanten des Wunders 339   Franz Werfel: Wir sind 344   Kurt Hiller: Die Weisheit der Langenweile – Mynona: Rosa, die schöne Schutzmannsfrau 345   Carl Sternheim: Die Hose – Die Kassette – Bürger Schippel – Der Snob 349

  Zum Elsaß. 353
  Straßburger Dramatiker zu Beginn des 17. Jahrhunderts 353   Die Brüder Matthis 361   Wenn man heimkommt 380   Ein Wunsch 382   Hans Karl Abel: Die Elsässische Tragödie 385   Curt Mün-

del: Die Vogesen 392   Der Elsässische Garten. Ein Buch von unsres Landes Art und Kunst 395

Zur ausländischen Literatur 403
Henrik Ibsen 403   Charles De Coster 416   Die neue französische Lyrik 425   Romain Rolland: Jean-Christophe 431

Zum Zeitgeschehen 436
Roosevelt in Oxford 436   Stimmungsbilder aus dem belgischen Generalstreik 442   Nach dem belgischen Generalstreik 447

Geschichte der deutschen Lyrik der neuesten Zeit (Bruchstück einer Vorlesung von 1914) 453
Briefe von und an Stadler 1902–1914 471
Kriegstagebuch. Vom 31. Juli bis 22. Oktober 1914. 527

Bericht der Herausgeber. 573
Abgekürzt zitierte Literatur. 580
Abkürzungen und Zeichen 580
Überlieferung. Lesarten. Erläuterungen 581
Biographische Zeittafel 810
Bibliographie 816
Nachwort von Karl Ludwig Schneider: Die Dichtungen Ernst Stadlers. 849
Verzeichnis der Gedichtüberschriften und Gedichtanfänge . . 891
Personenregister 901

VERSTREUT VERÖFFENTLICHTE GEDICHTE
1901 bis 1904

MAINACHTZAUBER

Schlaf nicht im Wald in der Maiennacht,
    Vorwitziger Träumer du!
Da ruft es und tanzt und lockt und lacht,
    In der Maiennacht, in der Maiennacht,
Und raubt dir auf ewig die Ruh'.
    Wen sie einmal gesehn,
    Die Elfen und Feen,
Wenn sie steigen aus Klüften und Grotten und Seen,
    Den halten sie fest und lassen ihn nicht
    Und folgen ihm bis an des Tages Licht,
Und sein Lebtag der nicht aus dem Sehnen erwacht,
    Das ihm schufen zu nächtlicher, seliger Stund
    Mit ihrem lachenden, küssenden Mund
Die Geister der Maiennacht.

ABENDROT

Es lodert am Himmel Abendrotglut.
Durch brennende Wolken tropft es wie Blut ...

So glühte die Lohe im Purpurschein,
Als Verderben brach über die Götter herein.
Ha! braust' und scholl's da den Himmel entlang:
Auszieh'nder Einherier Schlachtgesang!
Ha! dröhnt's da und klirrt und kracht so wild
Von Schwertern und Speeren und Axt und Schild!
Nutzloses Ringen! Ohnmächtiger Streit!
Zum Todesgang macht euch, Sieg-Asen, bereit!

Vergebens neigt' Wodan sich Mimes Born;
Vergebens stieß gellend Heimdall ins Horn.
Das Ende brach über Walhall herein:
Schon kracht der Himmel im Flammenschein.

Zerborsten der Saal, und die Esche zerschellt!
Nun dämmert empor eine neue Welt.
Und durch Leichen und Asche und brechend Gestein
Stürmen die neuen Götter herein ...

Sie gehen und kommen; sie kommen und geh'n:
Ein ewig Sterben! Ein ewig Ersteh'n!

MÄDCHENWÜNSCHE

Hei! Hätt ich zu wünschen, ich wüßte schon was! ...

Erst wünscht' ich mir güld'ne Pantöffelein,
Wie wollt' ich die Sohlchen da haben!
Wie wollt' ich durch Wald und Wiese und Rain
Im Sonnenschein
Gar zierlich tanzen und schweben!

D'rauf wünscht' ich mir ein Seiden-Kleid,
Leuchtend wie frischer Schnee.
Hui! Staunten die Leutlein da weit und breit:
»Ist's möglich? Ist es des Tagelöhners Maid
Oder ist's eine Fee?«

Zum dritten wünscht' ich – und dann wär's genug –
Einen schmucken, zweisitzigen Wagen,
Und vier Pferdchen davor: Die sollten im Flug
Durch die ganze Welt mich tragen
Und neben mir säße mein junger Gemahl.
Der blonde Königssohn
Der flüstert ins Ohr mir wohl hundertmal:
»Ich hab' der Diener tausend an Zahl.
Für Dich, da ließ ich sie alle zumal,
Ließ Eltern und Reich und Thron!«

Hei! Hätt' ich zu wünschen, ich wüßte schon was ....

Verstreut veröffentlichte Gedichte 1901–1904

EINE NACHT

Wie sie rings mich umflattern,
Die platten Kobolde des Alltags!
Wie sie sich an mich hängen,
Glatt und klein,
Am Rock mich zerren,
Mich nieder zu stürzen von meiner sonnigen Felsenhöhe
Hinab in's Thal,
Bis ich auch so bin,
So klug und fromm und matt und kalt
Wie die Andern ...

O du brausende Sturmnacht, die du über der erbebenden Herbsthaide
Dein jauchzendes Lied geigst,
Kraft will ich mir trinken an deinen strömenden Quellen,
Jungfrische Kraft zu nimmer verlodernder Leidenschaft!
Wie das gellt und flammt und rauscht! ...
Und jetzt – War's nicht mein Name, der aus Nacht und Sturm
Wildlockend zu mir drang?
Du rufst ... Ich komme ... Hinaus!
Lachend preßt mich der Sturm in die feuchten Arme,
Doch ich reiße mich los und stürme weiter,
Die Höhe empor, bis die Lichter der Stadt untertauchen
In den Fluten der Nacht ...
Hei! Hexentanz auf sturmgepeitschter Haide!
Blaue Flammen zucken über windzerriss'ne weiße Mäntel,
Die im Tanze flattern zum Liede des Sturms!
Und dazwischen Johlen und Jauchzen,
Grell und tausendstimmig ...
Da – plötzlich wird's still: Schweigen verzittert
In atemloses Lauschen.
Und dann: Flammender Lichtschein vom Walde her,
Hufschlag dröhnt, Raben rauschen,
ER naht:

Still und ernst kommt er geritten,
Das eine Auge vom Hut beschattet.
Das er hin gab heiliger Weisheit zum Pfande,
Er, der Gott einst war, als noch ein Volk
Trotzigen, sonnigen Jugendmutes voll durch Wälder jagte,
Er, der Allwisser, der wissend kämpfte
Und hinsank aus Walhalls rauchender Flammenflut,
Er, der Treue Hüter, dem sein Volk die Treue brach
Um eines fremden Gottes willen ...
Jetzt trifft mich sein Auge, dies Auge voll flammend-ungemess'ner Kraft,
Das doch so mild-gütig blicken kann wie tauender Mondschein,
Und ich stürze hin und umklammere sein Knie,
Und meine Stimme bebt:
»Der du selber ungezügelt trotzige Kraft bist,
Wahr' mich vor Unkraft!
Sieh'! Ich kann ja nicht sprechen, meine Gedanken schäumen auf
Wie des Wildbachs braune Flut –
Kann nicht sprechen; aber du, der du einst
Gleichen Kampf kämpftest, mußt mich verstehen und mußt mich schützen
Vor denen dort unten ...«
Eine Hand auf meinem Haupt.
Und eine milde Stimme:
»Komm' mit!«

Und plötzlich bäumt sich ein Roß mir unter den Schenkeln,
Peitschen gellen, Lichter wirbeln auf und schrille Rufe,
Und durch die zitternde Nacht prasselt das Heer
Wie lodernde Glut in verdorrte Zweige,
Stämme splitternd und wilde Chöre hinströmend
In Wind und Regen ...
Hei, Leben! »Nun erst spür' ich, nun halt' ich dich erst:
Jauchzend umklamm'r ich deine schwellenden Brüste
In ewig unlöslicher Umarmung,
Brausendes Leben, wildschöne Braut!«
Ein Taumel faßt mich, meine Sinne schwinden,

Und ich fühle nur Eins noch:
Entzücken ... Seligkeit ...

»Nun ist vergangen die schlimme Nacht,
Gespensterspuk verflogen,
Die liebe Frau Sonn' ist aufgewacht
Und kommt in morgenschöner Pracht
Am Himmel hergezogen.
Gelobt sei Gott der Herr!«

Was ist's? Die Augen reib' ich mir, Hans Träumer,
Der ich auf freiem Feld verwundert liege.
Glocken umklingen mich, Hähne kräh'n,
Thüren knarren in morschen Angeln,
Bauern ziehen singend zur Arbeit:
Morgengrauen.

»Heut' Nacht in meiner Kammer lag
In Ängsten ich und Bangen:
Nun führen Licht und Lerchenschlag
Von Osten her den jungen Tag,
All Sorgen ist vergangen.
Gelobt sei Gott der Herr!«

Plötzlich kommt mir die Erinnerung wieder,
Und ich fahre empor:
So war's umsonst, daß ich vor dir auf den Knieen lag,
Grausamer Gott?
Umsonst, daß an deiner Seite ich durch die Sturmnacht fuhr,
Umsonst, daß dein Feueratem mich durchdrang?
Ein Zeichen fleh' ich, gieb mir ein Zeichen, Gottheit!
Hin gesunken bin ich in's morgenjunge Gras,
Und die Hände falten sich zu wildem Beten ...
Da – plötzlich rauscht's über mir:
Zwei Raben flattern auf,
Kreisen langsam mir über dem Haupt und verschwinden
Weit in's Blau.

Da sink' ich in die Kniee, und all mein Trotz
Schmilzt hin in heißen Dankesthränen.
Dann richt' ich mich auf und leuchtenden Auges
Steig' ich hinab zu den Menschen, meinen Brüdern ...

TRAUM

Noch trag' ich's ja ...

Doch einmal – weiß ich – reißt's mich fort,
Eh' meiner Jugend letzte Blüte fiel,
Aus dumpfer Städte eklem Hüttenqualm
Hinauf zu jenem lichten Zauberland,
Das früh der Sehnsucht Finger mir gewiesen.

Ein plumper Nachen schwimmt auf schwarzer Flut,
Gleichförmig klatscht der Ruder schwerer Takt.
Jetzt schürft der Sand, hart fliegt der Kahn an's Ufer,
Die Kette knarrt, schon faßt mein Fuß den Boden,
Ein Händedruck,
Der Alte stößt sich ab,
Im Meergesang verplätschert fern der Kahn
Ich bin allein –
Allein.

Und vor mir ragt es auf:
Wilde Titanen voller Nordlandsmark,
So trotzig-schroff,
Als hätte nicht des Alters Schneegeschmeid'
Auf ihre Stirnen glitzernd sich gelegt.
Noch gluten ihre Augen.
Und ihre Arme recken sich empor,
Als schrieen sie nach Rache, Rache –
Jetzt noch, nach so viel tausend Jahren,

Rache
Für unerhörten Frevel.
Doch ihre Muskelkraft ward starrer Stein.
Stahlhart strafft sich die Flut um ihren Leib,
Schweigend und grau.
Kein leiser Windhauch wellt sie auf
Zu kosendem Gebuhl
Wie an des Südens schmeichelnden Gestaden
Kein Vogel flattert singend drüber hin:
Ruhe ist alles – Einsamkeit und – Tod.
– – – – – – – – – – –

Und langsam schreit' ich so bergan.
Und immer höher,
Bis zur höchsten Kuppe:
Da halt' ich Rast.

Fels und Geröll ringsher
Und weite, weite Felder,
Drauf ew'ger Winter weiße Aussaat hält. Unten tief
Das Meer,
In das die Sonne
Purpurnes Blut aus glühenden Wunden tropft ...

Und schweigend seh' ich in der Nordlandsnacht
Leuchtendes Wachen,
Und meines Lebens ferne Sage
Klingt mir wie süßer Glockenklang herauf
Ganz leise, leise,
Vom Golde der Vergangenheit durchquollen.

Ewigkeitsschauern schwebt herab,
Brennende Wunden schließen sich, es ebbt
Der Strom der Leidenschaft,
Und meines Herzens Bitternis
Verklärt sich still zu reifem Manneslächeln
Vor dieser Sonne mit dem Feuerblick.

Und so, mein Aug' in ihren Glanz getaucht,
Zu stummer, brünstig-heißer Andacht
Gleit' ich hinab
In sonnenblutdurchströmte Nordlandsfluten,
Die flüsternd leis, gleich einem kranken Kind,
Zu ew'gem Schlummer mich hinüber träumen . . .

VORFRÜHLING

Bäume weiß ich, frühlingsstarke Bäume, denen gährend der Jugend Saft durch glühende Adern singt.
Die lechzend verlangen nach dem Rausche der Erfüllung.
Aber noch starren sie kahl und stumm. Harte Schorfe ketten die vorschwellenden Triebe.
Und in wilden Träumen nur langen sie empor zu dem schaffenden Licht, daß es sie bade in Glanz und Glut.
Weiten sich ihre Äste, daß gierig sie einsögen den zauberstarken Most lauen Sommerregens, zu erblühen und zu leben gleich ihren Brüdern.
Denn noch kennen sie nicht den Sommerrausch der Erfüllung.
Aber krachend durchwühlt ihren Leib der Lenzstrom der Ahnung.
Wanderer ziehen vorüber, und also spricht einer zum anderen:
»Sehet die Bäume dort, wie kahl sie stehen und stumm!
Kalt schleppt sich ihr Blut, und mürrisch fliehen sie des Lenzes sanft wirkende Kraft.
Lasset sie im Dunkeln, die Finstern! . . .«
So sprechen sie und gehen vorbei. –
Und nicht einer, der sähe die stürmenden Flammen der Sehnsucht, die gierend
aus ihren Augen lodern und verzehrend über ihnen zusammengluten . . .

MYSTERIUM DER NACHT

Aus heiligen Grotten, wo sie sich barg vor dem grellen Rauschen des Tages, kam leise die Nacht.

Schweigend blickt sie um sich mit den sehnsuchtsstillen Augen, in deren dämmernde Tiefen du tauchst wie in des ewigen Meeres verschwimmende, dunkle Fernen.

Scheu flieht vor ihrem milden Glanze der harte Tag.

Langsam gleitet sie und schweigend heran, und kaum zittern die weiten Falten des dunklen Gewandes, das lang wallend sie umschmiegt. Näher schwebt sie, und atemlos harrend lauschen Wälder und Wiesen. Denn ein Gottesdienst ist ihr Kommen, ein Gebet, keusch und mild und voll Inbrunst.

Wehe über euch, Menschen, die ihr nimmer sehet, was Hohes sich über euch neigt!

Wehe über euch, die ihr hinwegstampft über den Einzug der Nacht und hohnlächelt über ihr Evangelium wie über den Gott von Nazareth!

Wehe über euch, die ihr Schutz sucht vor dem gellenden Schrei des Gewissens hinter verschlossenen Fenstern!

Aber euch grüße ich, andachtsvolle Schwärmer, die ihr nicht wachet, noch schlafet, sondern hinträumet und lauschet den leisen Stimmen der Nacht...

Die ihr lauschet gleich der zitternden Natur, die glühend den Atem verhält, daß sie höre, was träumenden Mundes die Herrscherin singt:

»Siehe, ich kam, gezogen von fernen Inseln, wo ich ruhte in tiefen, dunklen Grotten.

Siehe, ich kam, und wie ich auswarf die seidenen, weichen Seile über die Blütenbüsche und hinschmiegte durchsichtige Schleier auf Fels und Gras, da floh vor mir der Tag.

Weiche Harfenlieder entwuchsen meinem stillen Schreiten und überschwollen sanft sein rauhes Brüllen.

Siehe, ich kam, und Blumen streutet ihr mir auf den Pfad, duftende Blumen glühender Erwartung.
Aber die, denen ich ganz mich schenken wollte, denen ich künden wollte ewige Milde und Schöne, sie verkrochen sich vor mir.
Ich sah sie an: Sie achteten nicht der klärenden Sehnsucht, die wie ferner Glockenklang mir aus dem Auge brach.
Ich sang zu ihnen: Sie hörten nicht meine Stimme, die lösende . . .
In starrem Schlafe liegen sie. Aber von ihrem harten Lager weichen nicht die grauverhüllten Weiber, die Dienerinnen des Tages . . .
Ihr Atem versengt sie, ihr Blick verzehrt sie.
Eine eiserne Kette schließen sie um ihre Ruhestätte und wehren mir, zu ihnen zu treten, daß ich sie tröste und sänftige . . .
Ihr aber, Fels und Moor, Baum und Berg, Blumen und Haide . . .
Und du, still träumende Dichterin unter den Vögeln:
Nehmet, nehmet hin meiner Seele tiefinnerstes Wogen.
Siehe, der Mond sprüht über euch bleichen, süßen Tau der Stille . . .
Siehe, vor euch ausgegossen liegt schimmernde Schönheit . . .
Trinket, o trinket der überquellenden Fülle!«
Raunen und Rauschen wandert über die Welt. Über Fels und Moor, Baum und Berg, Blumen und Haide.
Eine aber kann's nicht länger bergen.
Die Nachtigall.
Aufjauchzen muß sie. Aller Welt künden hehrsten Glückes Überschwang.
Jauchzen entquillt ihr – aber es schluchzt hervor wie zehrendes Klagen.
Wie das höchste Glück Thränen erpreßt, und reinste Schönheit einhaucht den Atem süßester Wehmut.
Und sie klagt . . .
Klagt und lauscht und klagt wieder . . .

Sank ich dämmernd nieder dir zu Füßen, milde Königin?
Wache ich, oder legtest leise du deine Hand mir aufs Auge und
    löstest sanft die Spangen schwerenden Sinnens, daß ich
    lächelnd hingleite durch die stillen Gewässer des Traumes?
Ich weiß es nicht. –
Aber schmeichelnd wie junger Lenzwind flüstert mir ins Ohr deine
    Stimme und das schluchzende Jauchzen der Nachtigall ...

JOHANNISNACHT

O sähst Du,
Wie golden in den Kastanienkronen der Sommertag schmilzt! ...
Von Myrrhen wölkt ein schwüler Hochzeitsdampf
Durch's Zimmer hin und schmiegt sich heiß um
Die Nelkenblüten, die am Boden flammen
Wie Flockentand im Frost,
Und drüber spannt sich Dämmern von der Straße,
Wo erste Nachtglut schon das fahle Grau durchrieselte.

Jetzt müßte gellend die Thür' auffliegen –
Und Du darin,
Noch heiß und bebend vom Gang durch den Sommerabend,
Betäubt von all dem Duft, der flackernd Dir entgegen schlüge
Und in den selig-starren Augen ein irres Glühen wie
Vor Todesangst ...
Ich aber wäre jubelnd neben Dir,
Umklammerte Dich, hieng an Deinen Lippen, schleifte
Mit meinen Fäusten Dich zum Blütenlager, das
Aus brennend roten Rosen taucht, und
Wir liebten uns.

Draußen aber verklänge
Aufjauchzend letztes Dämmern in die Nacht.

BALDUR
BRUCHSTÜCKE EINER DICHTUNG

Sonnenaufgänge sing' ich und Sonnenuntergänge.
Aufgang und Untergang ist das Leben –
Aber einmal dämmern Tage,
Da die Nacht in graue Gräber fiel,
Ewig Sonnenleuchten über alle Welten flutet:
Einmal – und ich lausche in die Nacht,
Und mir ist, der fahle Dämmer trägt
Wie ein zitternd Ahnen fernes Pochen,
Abglanz jener tausend Morgenchöre,
Die der Welten hehrstes Fest umbrausen,
Und ich grüße aus dem Zwang der Nacht
Künftiger Zeiten junge Morgenröten.

Baldurs Traum

Durch alle Lande leuchteten die Opferbrände.
Ein Rauschen trug die Luft, ein Lied der Kraft;
Das klang, als rüttelte durch Orgelpfeifen
Ein Nordsturm, der aus Gischt und Brandung sich
Den Atem borgte. Wie ein Schlachtruf sprangs
Aus Grab und Traum aufjauchzend in die Welt.
Und war
Ein Lied des Trotzes und ein Lied der Jugend –
Sonnwendnacht!
Durch alle Lande leuchteten die Opferbrände.
Die Nacht gebar den Streit.
Heiß stob die Schlacht.
Das Blut schlang taumelnd seine Reigen durch die Reihn,
Bis zwei noch standen, ineinander tief
Den glühn Blick getaucht,
Gott und Schwarzalbe.
Wild griff der Gott zum Bogen, seine Finger
Krampften die Saiten auf:

Die stöhnten, sangen –
Zerklirrten pfeifend ... Schmetternd schlug
In jähem Schwung des Andern Keule nieder.

Und mit dem Siegsgebrüll des Schwarzen fiel
Eisige Nacht aus Wolken in die Welt,
Und auf den Bergen loschen alle Feuer ...

Baldurs Tod

Starr stand er,
Den Todespfeil im Herzen,
Weiße Rosenblüten im blonden Haar,
Stand und wankte nicht.
Jähes Grauen lähmte die Himmel, und ein Schluchzen trug
Zitternd der Abendwind durch dämmernde Welten.
Um seine Füße schlug die Abendsonne,
Die Wolkenwehre niederrauschend, goldne Wogen.
Vom Ost
Trotzig den Blick gesenkt wuchs Loki aus der Nacht.
– –
»Hört ihr das Lied, das Weltenschicksalslied?
Wie Wetterschlag gellt's durch zermorschte Saiten.
Wild rauscht die Esche auf,
Urds Lippen beben.
Auf Flammenrossen peitscht im Sturm die Nacht.
Die letzte Nacht, die Schicksalshochzeitsnacht:
Eckpfeiler bersten, Balken stieben –
In Feuermeeren sinkt die alte Welt ...

Hört ihr das Lied, das Weltenschicksalslied?
Hell schwillt es auf. Aus seinem Rauschen
Glüht neuer Welten neues Morgenrot.
Und neues Leben quillt aus meinem Blut
In roten Kelchen. Stirbt und blüht –
Und stirbt ... Bis einst

Ein großer Sonntag allen Welten dämmert:
Da braust ein einig Glockenläuten durch die Luft.
Heilige Choräle
Reicht ewiger Morgenglanz von Hain zu Hain,
Und alles Leben ist
Ein einzig hehres Opferfest von Licht und Liebe.«
Aufschauernd brach er auf das Purpurlager.
Krampfend griff
Die Hand zum letzten Male in das Quellgold,
Das um ihn flutete und ließ es breit
Und leuchtend durch die starren Finger rieseln.
Funkensplitter stoben klingend durch den Abend,
Heißes Wundenblut
Troff durch die Wolken nieder – Sonnensamen
Knospen zu zeugen roter Zauberblüten.
Ein greller Windstoß prasselt in die Glut ... Ein Schrei ...
    Und Nacht ...
Und Baldur tot.

Totenfahrt

In weichem Wiegen schaukelte die Brandung
Die Königsbarke, die
In Flor getaucht hinaussah auf die See.
Am Ufer standen
Die Asen all und sahen wortlos, wie
Die Abendglut in Baldurs Locken weinte.
Wie Rosenduften schwamm's durch goldne Lüfte,
Das Sonnenuntergangs, wenn alle Blumenkelche
Ihr Sehnen glühender in den Abend gießen,
Der Sommerwind auf Sammetflügeln stahl.
Auflodernd knirscht die Barke in die Flut.

Stumm standen
Die Asen – bleich ... Und sahen
Aufs Meer hinaus, wo fern

Die Glut verleuchtete. Und es war,
Als wiche weit durch goldne Abendthore
Ihr Glück und ihre Jugend in die Nacht ...

Prometheus
(II.)

Und in der Nacht, da er am Felsen hing,
Unter Adlerfängen sein Leib sich bäumte,
Blutigen Schaum die Flut aufleckend ihm ins Antlitz spie,
Trat vor ihn aus den Schatten der Versucher.
Und rauher peitschte, höhnender das Meer
Um seine Lenden. Geller fuhr
Sein Brüllen in der Elemente Sturm.
Wild durch sein Blut sprang des Versuchers Lied.
Sirenenlocken warf in süßem Rausch
Wie Blütennektar weich sich über ihn.
Dann wieder
War's wie ein Tanz,
Der über Welten raste, da aus Wolken noch
Götter sich neigten, wilde Lippen
Auf weichen Wangen glühten,
Und durch den Glanz der schwülen Sommernacht
Des Blutes ehern Lied aus schrillen Saiten scholl.
Sein Atem keuchte,
Seine Adern schwollen –
»Nicht weiter, Zeus! ... Ich will – –«
Da stieg die Sonne leuchtend übers Meer.
Ein Flimmern, Rauschen. Kreischend flieht
Der Adler. Geduckt, in wilder Gier
Lauert der Fremde
Auf jenes Wort, das Sonnen schmettern soll
Aus ihren Bahnen und die Welt in Nacht.

In stummem Träumen stand Prometheus.
Nur tiefer hob und senkte sich die Brust

Und trank in heißen Zügen Morgenlicht.
Um seine Lippen floß ein roter Quell
Von Morgensonne – Siegerseligkeit.
Kein Wort ...
Auf roten Wogen fließt der junge Tag.
Aus Lüften bricht's wie Dank aus tausend Kehlen.
Vom Meere leuchtend steigt die Sonne auf.

Baldur-Christus

Und wieder ward der zeugende Tropfen Bluts aus Baldurs
    Wundenmalen
Zu roter Blüte erlöst in der Seele eines Menschen.
Das war, als der südliche Mittag mit glühenden Lippen
Verdurstend an den Steppen sog von Palästina.
Heiß gärte ihr Blut, und von der trocknen Straße stieg
Ein Feueratem auf
Und wirbelte in braunen Flocken
Um sonnverbrannte, staubstarrende Gesichter,
Als sie ihn zum ersten Male sahen.
Der Sommerwind riß gierig Jubelrufe
Von ihrem Mund und schleifte sie die Gassen lang:
»Hosianna! Hosianna!«
Palmen schwankten und bunte Tücher,
Und ein Leuchten floß
Von ihm in alle Seelen
Und jauchzte durch die Welt ...

Und es sank der Mittag hin, und das Lied verschwamm
In blauem Dämmern, das von den Bergen niederrollte.
Abendgluten rankten sich um Marmorsäulen,
Bluteten auf den weißgebauschten Mantel, zuckten
Um wutverzerrte, bleiche Züge
Um geballte Fäuste,
Die sich empor warfen zur Terrasse, wo
Er träumend über ihre Häupter weg

Den Tag ins blaue Meer verklingen sah –
»Kreuzige ihn! Kreuzige ihn!«
Dumpfes Hämmern durch das schwüle Zwielicht.
Glühend starrt die Gier.
Die rostigen Nägel beißen sich ins Fleisch.
Die Sehnen springen.
Dampfend quillt das Blut.
Ein Wimmern stirbt
Im trunknen Reigen, der von Blut und Gier berauscht
Das Kreuz umrast:
»Hilf dir, König der Juden!«

Und der Sturm stöhnt auf.
Schreiend verstiebt der Schwarm.
Falbe Blitze stechen nieder,
Rasen durch die Straßen der Stadt,
Die wie von schwarzer Asche verschüttet starrt,
Fern verdröhnend . . .
Dann weicher Regen . . .
Atmende Stille . . .
Die Palmen schauern sich
Den Rieseltau von feuchten Blättern.
Ein Windstoß reißt die Wolken auseinander . . .
Aus grauen Nebeln weiß
Der Mond.
Ein bleiches Leuchten rieselt den schwarzen Stamm hinab,
Der jäh sich aufreckt in die Nacht auf Golgatha.
Zittert auf geschlossnen Lidern
Und fahlen Wangen, über die
Vom Dornkranz, der mit Raubtierpranken
Sich tief ins Fleisch gekrallt
Ein dünnes Rot hinsickert . . .
Dann wieder Nacht.
Und wieder stöhnt der Sturm . . .
Schwer sinkt ein schlaffes Haupt zur Brust herab.

Gethsemane

Um die Stunde war's,
Da die heilige Stille der Mitternacht
Auftaucht vom Meer und segnend über Welten fährt.
Jäh durch die Palmen schritt das Todesgrauen,
Urweltenweh
Rang auf zum Firmament.
Schwer hing der Himmel –
Nacht ... Tod ... In tiefem Schlaf die Jünger ...
Und wilde, brennendwilde Einsamkeit ...
Aufschluchzend schlägt er auf die Wurzelknorren,
Weint in die Nacht,
Die lächelnd über's Haupt die Schleier hebt.
Ein sengend Leuchten durch die Dämmernebel:
Die Sonne.

Von Glockenstühlen sprang sie rot in graue Türme,
Fiel stäubend in die Kuppeln, flutete
In wildem Quellen durch die schlanken Stämme,
Wegspuren zeichnend roten Flammengoldes.
Vom Boden weg
Sah Christus – blickte
Mit fremden Augen in die schäumende Morgenglut,
Und wie ein Wecken klang's ihm durch die Brust,
Das uralt junge Schöpferlied des Lichts:
Posaunen trugen ehern es empor
Und alle Geigen fielen flimmernd ein
In brausenden Bogenstrichen,
Vögel jauchzten,
Und Morgenglocken wehten von den Türmen
Jerusalems herauf, einrauschend in
Die breiten Takte, die
Im Werdelied des Tags die Welt durchfurchten.
Nieder fiel Christus, starrte
Hinunter auf die rote Stadt, die

In tausend Türmen tausend Fackeln fachte,
Und zur Sonne auf,
Zur ewig göttlichen jauchzte sein Mund:
»O sterben, sterben, Gott! ... In Meere will
Ich tauchen purpurüberrauscht,
In Licht zerfließen, ganz in Duft mich lösen,
Als Welle wehen in des Weltalls Strom.
Denn nun
Ward mir der Welten letzter, tiefster Sinn.
Aus deiner Sonne Morgenaugen las ich ihn. –

O sterben, sterben, Gott! ... Doch wie
Der Schiffer, dem
Die Brandung in des Nachens Rippen brach,
Flutenumdröhnt
Der Zukunft goldverbrämtes Eiland grüßt:
So grüß ich euch, Schlummernde, Ungeborne –
Aus harter Nacht ein junges Sonnenvolk.
Denn also lehrte mich dein Schöpfertag:
Glut quillt aus Asche, Leben sprüht aus Tod,
Aus tiefsten Nächten dämmern neue Morgenröten«.

Und gehobnen Blicks
Schritt seinen Häschern er durchs Licht entgegen.

Finale

»Aus tiefsten Nächten dämmern neue Morgenröten.«

Wie Siegesjauchzen ist es, das
Jahrtausende verrauschend weiterwerfen.
Die Berge donnern.
An den Eisenklammern
Rüttelt Prometheus,
Rüttelt, rüttelt,
Sie rucken – springen –

Ein Erlösungsschrei
Gellt über die Welten hin.
Doch er
Schüttelt die Glieder, die lang entwöhnten,
Reckt die Arme, die lang gelähmten,
Schreitet hinab,
Ein Sturzbach, den der Tauwind losgeküßt –
Vom Kaukasus hinab zu seinen Menschen.
Festglocken dröhnen,
Sonnentrunkne Reigen
Flattern um ihn, dionysisch verschlungen,
Weinlaubumkränzt:
»Prometheus!
Gott des Lichts!
Heil dem Erlösten, der die Welt erlöst!«
An seinen Armen glühn die Eisenstriemen
In roten Flammen auf.
Und dann –
Plötzlich ist er's nicht mehr:
An den Händen klaffen
Braune Wundenmale wie von Kreuzesnägeln,
Blutige Schmerzensmale. –
Doch aus den Augen bricht ein goldner Strom
Von Morgenlicht,
Aus tiefen Balduraugen ...

Baldur = Prometheus = Christus –
Heiliges Leben
In Licht, in Schönheit,
Nie sterbender Götterrausch
Glühendster Trunkenheit! ...
Nur fühlen, atmen, schwelgen. Seligstes
Nirwana und
Aus tausend Himmeln tausend Morgensonnen.

DÄMMERUNG

Schwer auf die Gassen der Stadt fiel die Abenddämmerung.
Auf das Grau der Ziegeldächer und der schlanken Türme,
Auf Staub und Schmutz, Lust und Leid und Lüge der Großstadt
In majestätischer Unerbittlichkeit.

Aus Riesenquadern gebrochen dunkelten die Wolkenblöcke
Brütend, starr ... Und in den Lüften lag's
Wie wahnwitziger Trotz, wie totenjähes Aufbäumen –
Fern im West verröchelte der Tag.

Durch die herbstbraunen Kastanienbäume prasselte der Nachtsturm,
Wie wenn Welten sich zum Wachen wecken
Und zur letzten, blutigen Entscheidungsschlacht.

Trotz im Herzen und wilde Träume von Kampf und Not und
    brausendem Sieg,
Lehnt' ich am Eisengitter meines Balkons und sah
Die tausend Feuer blecken und die roten Bärte flackern,
Sah den wunden Riesen einmal noch das Flammenbanner raffen.

Einmal noch das alte, wilde Heldenlied aufhämmern
In wirbelnden Akkorden –
Und zusammenstürzen
Und vergrollen
Dumpf –
Fern ...

Auf der Straße Droschkenrasseln. Musik. Singende Reservisten.
Jäh fahr ich auf –
Über Türmen und Dächern braust die Nacht.

EX AETHERIBUS

Den Duft der Gletscher möcht' ich in meine Verse zwingen,
Hinuntergießen in eure Täler in einem einzigen wilden Feuerrausch,
Die Nacht der Felsen und den Glast der Firnen,
Die Kraft der Schneelawinen, die zu Tale donnern
Und den schweren Traum tiefgrüner Alpseen ...

O Berge, Berge der Einsamkeit!
Da ich im Tale wandelte, wie war ich schwach,
Unfrei und unfroh. Nun jauchzt meine junge Seele
Zum goldnen Morgenduft, da purpurn alle Spitzen
Die weiße Stirn mit Flammenlaub umwinden:
Nun kam die Sonne erst und kam der Tag.

O Berge, meine Berge! – Wenn das große Schweigen des Mittags
Seine goldbraunen Fäden über die Arvenkronen spinnt
Und die grünen Matten und die schimmernden Schneehalden –

O Berge, meine Berge! – Wenn der Tag verdämmert
Und das Licht der Firnen lischt,
Und die Schroffen in trüben, rostigem Rot funkeln –

O Berge, meine Berge! – Wenn mein Auge wieder
In eure Abgrundtiefen schauernd trinkt,
Ihr meine besten Freunde, meine wahrste Welt –

Goldenem Flammentau gleich brause euer Atem durch meine Gesänge,
Ewiger Kraft und Schönheit leuchtend Mal,
Ewiger Jugend!

VERLOREN

Des Sommers purpurn Erntelied
                verschwamm im Wind.
Der heiser durch die welken Kronen klirrt,
Fremde, seltsame Dinge sind
In seinem Sang. Die haben mir den
                Sinn zerwirrt.

Auf die Lider schwer sinkt mir die Nacht
Und sie geigt mich ein in wilden Traum.
Eine tote Stunde hat heimlich ins Ohr
                mir gelacht,
So süß gelacht:
                In falbem Frühlingsflaum
Busch und Gras. Und unter uns der Rhein,
Und wir beide so jung und so allein,
Und die weite Welt so sonnenbunt –
Und mein Auge bettelte: Sei mein!
Aber stumm blieb mein Mund ...

Und niemals seh' ich dich wieder.
Über uns fort brauste das Leben, der
                tolle Tanz.
Nur durch meine armen, heißen Lieder
Blutet ein toter Blütenkranz.

LEDA

(nach Henri de Régnier)

Im Becken, das mit runder Marmorwand
schläfrige Flut faßt, wellenüberfaucht
vom Schwan, der tief den Kopf zum Spiegel taucht,
in dessen grünem Glänzen er sein Auge fand,

wölbt sich ihr Leib, erwartungsvoll gespannt.
Den nackten Fuß umspült des Wassers Blitzen,
und schmachtend lehnt sie an den Muschelspitzen,
sehnsüchtig suchend langt die starre Hand.

Und Schwäne, die die Nymphe müd umschweben . .
Es streift den Leib im Gleiten ihr Gefieder,
ihr weichgeschwungner Hals umkost die Glieder –

Das Erz, das spiegelnd tief im Wasser flirrt
scheint noch in Märchenliebe heiß zu beben,
die selbst im Traum ihr stummes Fleisch verwirrt.

DÄMMERUNG

(nach Henri de Régnier)

Der Tag verdämmert wie ein seliger Traum.
Wie klar im Abendgold die Lüfte beben!
Und vor der Stunde leisem Fingerheben
zaudert der Tag und blaßt das Leuchten kaum . . .
Laß tief der Stunde Zauber in dir leben!

Aus Quellen steigen blaue Nymphen auf,
der Esche Leib erschwillt von dunklen Faunen,
im Flimmerlaub raschelt des Windes Raunen,
wie hastige Schritte schlürft der Bäche Lauf –
und schallend tief erwacht der Wald mit Staunen.

Doch uns, uns glänzt in dieser Wundernacht,
die unsern Fuß umschmiegt und uns umzieht,
kein Waldgottruf und keiner Quelle Lied.
Uns schreckt ihr Schatten, und von ihrer Macht
droht uns ein Schlaf, den Rausch und Schönheit flieht . . .

UNVERÖFFENTLICHTE
FRÜHDICHTUNGEN

AHASVER
Eine Phantasie

    Nacht.
Über den Urwald hin reitet der Sturm, krachend knickt sein Huf uralte Stämme, und sein geller Ruf weckt tausend verborgene Stimmen, die schliefen bei Sonnenschein und Mondlicht.
Irrlichter gleiten über bleichen Mooren wie die Seelen abgeschiedener Frauen in langen, weißen Gewandern, mit glimmenden Opferkerzen ...

Durch Nacht und Wetter geht einer hin im sturmwachen Wald.
Ein schwarzer Mantel hüllt die knochigen Glieder.
An langem Stabe tastet er sich vor.
Langsam, langsam tappt er über wurzeldurchflochtenen Boden.
Das dunkle Auge, aus dem es wie jahrhundertelanges Sehnen bricht, stiert ins Leere. Der Sturm rüttelt an ihm wie an den alten Eichen.
Knorrige Äste prasseln auf ihn herab. Sie zerschmettern ihn nicht;
Sumpfwasser gurgelt unter seinen Füßen. Es verschlingt ihn nicht:
    Ahasver.

Langsam, langsam geht er hin. Wie in Träumen. Plötzlich fährt er empor.
Deutlich hat er's gehört, neben sich: das schrille Bimmeln eines Glöckchens und das flüsternde Rascheln des Laubes.
Sein Auge durchglüht die Finsternis.
    Nichts.
Nur weiße Nebel schweben in langer, schweigender Procession neben ihm hin, und irgendwo flattert vor seinen Tritten ein Schwarm Nachtvögel kreischend auf.
Und wieder versinkt er in dumpfes Träumen ...

Der Wald lichtet sich. Wie um frischen Atem zu schöpfen, schweigt der Sturm. Vorüberjagende Wolken geben den Mond frei.

Unveröffentlichte Frühdichtungen

Jäh blickt Ahasver empor. Es ist nur ein Augenblick; aber er hat alles gesehen: Die Waldwiese mit den jungen Birken, die in weißer Jugend glänzen.
Und dann, dann ...
Stumm reitet einer neben ihm her, hoch emporgerichtet auf weißem Roß. Den grauen Mantel hat er weit zurückgeschlagen. In der hochgeschwungenen Hand blitzt es auf wie Wetterleuchten.
Ein bluttriefendes Beil.
Grell fließt das Mondlicht über das bleiche Gesicht, dessen Lippen sich starr ineinanderbohren. –

    Dann wieder Nacht.
Der Sturm brüllt auf wie nie zuvor.
Es ist wie das Knattern einer Lawine, die Fels und Eis und Wald vor sich herwälzt.
Und dazwischen bebt leises Wimmern gleich dem bangen Todesstöhnen halberblühter Jungfrauen.
Die Birken sind's. Sie neigen sich, beugen sich.
»Schon uns!« wispert's flehend.
»Sind noch so jung. Und ringsher will's Frühling werden. Der Saft schwillt uns im Leib, und unsere Keime brechen. Nur noch den Frühling laß uns leben. Wenn Herbstsonne unsre Blätter bräunet, magst du wiederkommen. Schweigend wollen wir sterben. Nur noch den Frühling, den Frühling ...«
Wie im Traum hört's Ahasver.
Sein Kopf giert nach vorn. Seine Kniee wanken. Die Brust keucht.
»Er muß es sein, muß es sein ...« schreit's in ihm.
Er kämpft mit sich. Kurz, aber schrecklich. Und dann wirft er sich hin. Er, der Mensch des Trotzes, deß Sünde Trotz war. Wirft sich hin. Und zwischen Thränen und Stammeln bricht's hervor, jäh und stoßweise wie ein aufsprudelnder Waldquell:
    »Endlich, endlich –
Gesucht hab ich dich ... gesucht ... mein Leben lang ... im Dampf der Schlacht ... deine Kugeln prallten ab vor mir ... in der

Nacht der Gletscher ... deine Gründe spien mich aus ... in Flammenströmen ... dein Atem sengte mich nicht ... Millionen sah ich sterben ... ich starb nicht ... hör mich, du mußt ... nimm mich mit ... schone dort das stammelnde Leben ... mich nimm mit dir ... nimm mich mit ...«
    Und dazwischen fleht's:
»Erbarmen ... noch so jung ... nur noch den Frühling ...«

Der Wind tobt, und doch ist's nur das zitternde Schweigen des Meeres vor der gärenden Flut.
Und plötzlich kommt's. Die Erde wankt. Wie ein Schrei des Entsetzens durchgellt's den Wald, breite Wellen schlagend und langsam verflutend.

Langhin geschmettert liegt Ahasver.
Kopf und Glieder schmerzen ihn.
Ist das der Tod? der Tod?
Es muß der Tod sein.
Noch ist's Nacht um ihn. Aber gleich ...
Gleich wird sein Auge sich heben und geblendet zurücktaumeln vor all dem Glanz. Und strahlend vor tausend Sonnen wird er kommen, der Erlöser, der Befreier, auf Wolken des Frührots, den er einst von seiner Schwelle gestoßen. Bis zu den Knöcheln wallt sein weiß Gewand. Das Auge leuchtet in mildem Dämmer Vergebung der Sünden. Wie Harfenklang schwillt's: »Steh' auf, dir ist verziehn!«
»Erlösung! Erlösung! fällt es ein in tausendstimmigen Chorälen
    Erlösung –
Licht, Glück und Ruhe, Ruhe ...
Sein Haupt hat er tief vergraben in den Grund der Wiese und harrt geduldig.
Aber Nacht bleibt es um ihn.
Da hebt er ganz langsam den Kopf.
Auf die Arme gestützt stemmt er sich empor und blickt um sich.

Eine Waldwiese.
Fern grollt verrauschender Sturm, und mild lösender Regen tröpfelt ihm auf die Wangen.
Morgendämmern weht über feuchte Halme.

Die Hand muß er an die glühende Stirn legen. Ihm ist wie einem Fieberkranken, dem langsam die Besinnung wiederkehrt.
Er blickt vor sich, und sein Auge fällt auf die Birken:
Gebrochen liegen die, zerschmettert, blutüberströmt. Und die überlebenden Schwestern neigen sich, beugen sich in stummer Wehmut ...

Da durchzuckt's ihn.
Erst kann er's nicht fassen.
Aber dann reckt er sich und taumelt empor.
Und sein Mund verzerrt sich zu einem Lachen, gräßlich wie der Todesschrei eines Ertrinkenden.
Das Lachen der Verzweiflung und des Wahnsinns.
Er stampft davon und lacht, lacht, lacht. – – –

Und die Wälder erschauern vor diesem eisigen Lachen, das ferne verweht in lind verdämmerndem Regen ...

VISION

Dies war mein Traum:

Auf schmutziger Straße stand ich,
Sah empor zum dunklen Abendhimmel ...
Da ward ein Leuchten um mich her mit einem Mal
Von Funkensaaten überschauert sah ich tief
Durch schwarze Wetterwolken, die
Von Strahlen Purpurlichts geborsten, tief
In goldene Weiten, übersonnt
Von einem weißen Glanz, der mir die Augen schloß.

Und um mich wogte klar ein herrlich Lied
Wie erster Frühe reiner Morgentau.

Und wieder
Hob ich mein Auge: Um mich her
Im Tanze lächelnd, schritten selige Menschen
Auf sammetweichem Blütenpfühl dahin,
Von Purpurampeln rosig überglüht,
Die tief aus dunkeln Laubgewinden lugten.
Und feierten, und war ein Leuchten all umher –
Aus reifen Rosenranken stiegen Weihrauchdüfte,
Und rauschend floß das fremde, süße Lied.

WEIHNACHT AM THEATER

An Paula

.. Und ein blutrot Leuchten überschlug den fahlen Raum
Wie von Sonnenstaub in Dämmerfrühen.
Und die Geigen lachten auf im Traum,
Und ich sah die tausend Kinderaugen glühen
Und den Purpursaum um deine Wangen
Und – die Geigen haben so süß gelacht –
Von den glimmenden Tannenreisern sacht –
    Stille Nacht! Heilige Nacht!
Kam ein brennend Duften durch den Saal gegangen.

Die Lichter loschen schwer und bang,
Still weinend starb der Harfe Sang:
Da bin ich aufgewacht –
Die Sterne leuchteten weiß und weit
Und mein Herz voll Weh und Seligkeit –
    Du stille, heilige Nacht!

Unveröffentlichte Frühdichtungen

AUS DER NACHT

Meine Seele sieht mit starren feuchten
Augen in die Nacht und wartet auf die Sonne ...

In der Ferne auf weißen leuchtenden Blütenwogen
Kommt des Lebens schäumender Bacchantenzug gezogen.
Heiß glüht von roten Rosen und Nachtviolen ein Duft,
Trunkner Jubel schwärmt durch goldne Luft.
Klirrendes Jauchzen von Cimbeln und Flöten und Geigen,
Wirrer, rauschender Farben flutender Reigen,
Und der roten, rauchenden Fackeln düstere Pracht
Durch die glühende Nacht –

Meine Seele sieht mit starren feuchten
Augen in die Nacht und wartet auf die Sonne ...

EINZUG

Flammst du mir wieder, seligste Glut?
Umwirbt mich wieder dein jauchzender Schlachtruf
Vom Frühlingssturm gewiegt in heißen Träumen?
Bäche quellen wilder Melodien
Aus blauen Fernen auf –
Ein brausend Heer und klirren an die Dämme.
Auf! Auf!
Die Tore aufgesperrt!
O flammend Licht,
Das wirbelnd nun durch meine Seele schießt!
O jugendwilde Sehnsucht, die aus Kerkern stürmt
In blaue Meere –
Wie dein Auge glutet,
Trunken sprüht dein Stahl,

Unveröffentlichte Frühdichtungen

Dein Siegesbanner wirrt der scharfe Morgenwind –
Zieh ein!
Sieh: Feuergarben jauchzen dir empor,
Im Frühschein purpurn kränzen sich die Höhn
Und sonnenflammend blitzen alle Tale.
Zieh ein! Zieh ein!
Deiner harrte ich in dumpfen Nächten
Nebel hiengen in meine Seele,
Fetzen dunkler Trauerflore
Trübe, schwelende Glut
Glomm in sternloser Nacht.
Zieh ein!
O, wieder fühl ich alte Flammen steigen
Junge Quellen brechen aus den Grotten
Und ein Lied glüht auf, ein süßes Lied
Schüchtern wiegt es sich in sonnigen Lüften –
Aber einmal wird es donnernd rauschen,
Überschäumend durch die Lande brechen,
Hoch zu leuchtenden Sonnen mich auf Flammenwogen reißen
Oder jäh in seine Wirbel mich vergraben.

Unveröffentlichte Frühdichtungen

STIMMUNGEN

ERFÜLLUNG

Tief fiel die Nacht ins offne Land
Die Rosen duften reif und schwer
In deinen braunen Flechten wirrt
Weich meine Hand,
Und bebend irrt
Mein Aug durch deiner Augen dunkles Meer.

Auf Dämmerglocken ruht die Nacht,
Die meiner Sehnsucht Ketten bricht . . .
Das wild aus Beet und Büschen perlt und lacht
Das blütenheiße Märchenlicht
Fühlst Du es nicht? Sengt es dich nicht?

Durch Nächte zog ich hin allein –
Weit, weit zurück –
O laß mich nimmer einsam sein,
Sieh, wie im purpurgoldnen Schein
Der Rosenschaum uns stammelnd singt vom Glück
Das alte Lied.

Und trunken glüht die Sommernacht
Schwül atmen Flieder und Jasmin
O komm: Von Sternen überlacht,
Von Fliederhecken heiß umdacht –
O komm, du meine Königin! . . .

Unveröffentlichte Frühdichtungen

ENDE

Aus Dunst und Tal stieg ich empor.
Starr ruht und purpurtief die Nacht
In schwarzen Tannenkronen.
Durch das Dunkel kreischt
Der Schrei der Glocken, die die Stunden rufen.

Und schwer und brandend geht mein heißes Blut,
Und schwer und brandend braust mein wildes Herz,
Und – die Stämme raunen und rauschen.

Ein Dämmern schauert durch den Wald
Die Wipfel flammen auf blutüberglüht
In glitzernden Ästen tanzt und flirrt
Ein warmes ⟨sachtes⟩ Leuchten.

Auf sonnenhohem Felsen steh ich einsam
Von Glanz umflutet.
In leuchtender Hand
Schwankt die Schale,
Tief und golden
Schäumt und rinnt wie Blut ihr rot-roter Wein . . .

Nein –:
Eine Harfe ist's
Ihr wellenreich goldsträhniges Saidenhaar zerwühlt
Jäh meine Hand . . .
Groß sieht und bebend mich ein Auge an . . .
Und durch die Stränge schauert tief ein Zittern
Ein stammelnd Lied . . . Wie erstes Frühlingswittern
Wie Sommerrausch in lichtdurchflossner Nacht.
Dann schäumt es auf . . . Und alle Saiten glühen
Wildbäche rauschen . . . Sonnenblumen blühen . . .
Fernher erdröhnt's und wogt wie heiße Schlacht . . .

Und alles ist ein einzig großes Lied:
Die goldbetaute Luft bebt in Musik
Der starre Felsen glüht und dröhnt. Aus Wäldern
Steigt es herauf in glitzernden Akkorden –
Ein tausendfältig jubelbrausend Klingen ...

Da breit ich rauschend meine strahlenden Schwingen
Hoch über dunkel raunende Wälder
Über schwarze, starrende Trümmerfelder
Über enger, wimmelnder Städte trüben Flor
Rauschend empor
Der Heimat zu –
Der Morgensonne zu ...

EIN BILD

Des lichterüberlohten Hafens bunter Enge
Entgleitet unsre Barke. Schweigend –
Auf grauen, trostlos grauen Greifenflügeln.

Ein schwerer schwüler Sommertag zerfließt.
Stumpf glänzt das Wasser. Stumpf und sternlos dämmert
Ein grauer Himmel ...

Schon trinkt die Nacht den letzten Lichterschein
Der Heimat. Tief den letzten Klang, der etwa noch
Von Mädchen, die an Abendbrunnen scherzen
Und Vesperglockenläuten und Gewirr der Gassen
Auf weicher Abendluft sich hergewiegt.

Nun gleiten wir – und wissen nicht, wohin ...
Nun gleiten wir – und wissen kaum, woher ...

Am Steuer reglos lehnt die Nacht
Und starrt mich an.

Unveröffentlichte Frühdichtungen

GANG IN DIE NACHT

Reich mir deine weiche weiße Hand
Sieh nicht mehr zurück ins Tal –:
Dämmert tief ein weites graues Land –
Wie im blassen Sterbelinnen glänzt es fahl.

Droben in der Nacht der braunen Tannen
Steigt aus Moos und Kräutern weiß ein Stein,
Schwer und schwül ein Duft von reifen Blüten,
Und die alten Tannenkronen raunen –
Selig, selig laß uns sein!

Komm – es steigt wie Rausch aus Moos und Bäumen
Brandrot dampft und gährt's im feuchten Ried ...
Komm – und laß uns alte Mären träumen,
Und der Wald rauscht uns sein Hochzeitslied.

Droben in der Nacht der heiligen Tannen
Schläft ein Lager, blätterüberdacht ...
Einmal laß uns noch das Leben grüßen:
Trunken, glühend lacht es uns zu Füßen,
Und die alten grauen Schäfte blinken –
Laß im Dämmer brausend uns ertrinken
Und versinken tief im Meer der Nacht ...

FAHRT

Ein Wikingkönig bin ich:
Meine goldnen Drachen rauschen
Aus tiefen blauen Fjorden schäumend ein
In weite Meere.

Unveröffentlichte Frühdichtungen

Nacht liegt auf Nordland.
Von den Bergen, die
Im Nebel bleich ertrinken, rinnt
Ein weicher, blauer Glanz.

Schweigend
Lehn ich am Bug und lausche, wie der Kiel
Die Nachtgespinste bricht, die auf den Fluten lasten ...

— —

Da blitzt ein Funke auf ...
Tiefrot und leuchtend ...
Matte Glut
Sengt durch die Nebel ...
Zitternd wiegt das Schiff ...
Jäh flackert's auf –
Brandrot ein Strahl ...
In Feuerpfeilen stiebt es auseinander.
Kupferrote Dämpfe schießen
Aus tiefen Flammenkesseln brodelnd auf.
In Blut getaucht
Geht der Kiel
Und Wogen brechen – Feuerwogen drüber hin –
Vorwärts! ...

Abgründe klaffen
Pfeifend schlägt
Die Lohe überm Mast zusammen –
Da gellt ein Ruf:
Land! Land!
Hell flimmert's aus dem Qualm.
In heiliger Ruhe reckt es sich empor.
Aus Brand und Dünsten strahlend blitzt es her! ...

Unveröffentlichte Frühdichtungen

Wie ein voller, tiefer Klang von Morgenglocken weht es durch das Stürmen.
    In breiten Bächen schäumt die Glut zusammen.
      Lavaströme sinken tief in tote Schluchten –
    Wildwasser, die verebbend talwärts brausen.

  Aus Rauch und Flammen kräuselt zarter Duft,
    Von keuschen Morgenlichtern überhaucht,
  Und aus dem Dufte schimmernd wächst ein Strand
    Ansteigend steil in leuchtenden Terrassen.
  Aus grünen Gärten blitzen Marmortempel,
    Lichtübergossen Lauben, Erker, Türme –
      Läuten von Glocken, Lachen, Jubeln,
  Rauschend Gewirr des bunt erwachten Tages –

  Ich grüße dich, heiliges Lied des Lebens –
    Meine Seele schauert dir entgegen
      Wie die Braut dem Geliebten –
        Ich grüße dich! . . .

Morgenchöre steigen licht aus dunklen Hainen,
    Lerchenjubel wirbelt hoch in Lüften,
    Klirrend dröhnt das Schiff ans Land . . .

(Ende der Gedichtgruppe Stimmungen*)*

MÄRCHEN

Weiß glänzt ein Schloß in spiegelklarer Flut ...
Aus schattender Cypressen schwüler Nacht
Gleißt seiner bleichen Säulen Marmorpracht
Und schwerer Kuppeln goldig dunkle Glut.
Verschlungner Pfade lockend Schauern winkt
Zu blauer Grotten laubumstricktem Düster.
Aus purpurtiefen Märchenquellen singt
Blondhaariger Nymphen kosendes Geflüster.
Verblichne Gitter um zermorschte Eichen
Und Epheuranken, die sie eng umziehn
Und Götterbilder an verträumten Teichen,
Um die wirr leuchtend rote Rosen gaukeln,
Flutende Klänge reifer Harmonien
Vom lauen Wind wie Blütenstaub verweht
Und Schmetterlinge, die am Nelkenbeet
Von Sonnentau und Nektar trunken gaukeln ...

Und taucht vom goldigen Dufte um ihn her
Berauscht der Tag die Fackel jäh ins Meer,
Quillt durch die Luft ein zaubrisch süßes Singen
Und tiefes Leuchten und ein seltsam Wehn
In dunklen Lorbeerzweigen. Heimlich klingen
Von weichen Tritten Moos und Rasen wider,
Und rieselnd heben sich aus braunen Seen
Blasser Najaden schimmernd weiße Glieder
Und gleiten in die Nacht.
      Aus Busch und Bäumen
Stiebt junger Faune glanzdurchtollte Schar,
Und schlanke Nymphen schmiegen, wie in Träumen,
Den blanken Glitzertau von Brust und Haar.
Von ihren Leibern funkelnd tropft ein Licht
Das mondenblaß durch Fliederhecken bricht,
Blau schwebt ein Duft von Nelken und Violen

Und wiegend schreiten sie durch Gras und Ried,
Und durch das Dunkel leise träumt ein Lied –
Das klingt so sehnend bang und süß verstohlen.
Das klingt und glüht in einer heißen Pracht,
Und ringsum klingt und glüht die Sommernacht –
Ein rosenleuchtend, schimmerndes Gedicht
Von Tanz, Musik und Duft und blauem Licht . . .

ALLTAG

Um meine Glieder schäumt ein Meer –
Kalt, gierig.
Nebel rings und Flut.
Kein Kiel. Kein Strand. Nur Nacht und Meer.

Mein Atem keucht.
Sturm peitscht mein Antlitz
Sturzwogen brechen über mich –
Ich sinke, sinke . . .

Da bebt ein Klingen, wächst und weht und schwillt
Wie Glockenläuten schmiegt es Perl' an Perle
Aus goldenen Pokalen schäumen
Rot rote Bäche heißer Morgenglut und rauschen
Aufstiebend übers Meer
Aus grauen Nebelgründen steigt ein Eiland –
Weit, goldig-grün.

Und hoch ein Schloß. Auf steilen Mauerzinnen liegt
Frühsonnenschein.
Festwimpel wehn und buntgestickte Banner
Von Turm und Altan.
Schimmernde Guirlanden
Von tausend Sonnenlichtern überspielt
Winken und nicken hell im Morgenwind.

Und Menschen wandeln drunter hin
Strahlend
Vor Glück und Schönheit,
Von weißen Lichtgewanden überflossen,
Von roten Rosen purpurüberbrämt.

Von ihren Augen fließt ein tiefes Leuchten
Von ihren Lippen perlt ein fremder Sang
Wie Fliederrausch in Maiennächten süß.
Und lächelnd, lächelnd schreiten sie dahin,
Selige Reigen, sonnenduftdurchglüht –
Hoch, hoch in Lüften fließt das fremde, süße Lied.

Da reißt es mich empor aus Nacht und Not
Zu all dem Glanz:
»So rettet, rettet mich! . . .«
Rauh bricht mein Schrei in ihre Harmonien –

Da ist's, als sänke klingend Licht und Land
In weite, unergründlich weite Fernen.
Graunebel peitschen mir ums Haupt.
Auf ödem Meere pfeift der Möwe Schrei,
Und stöhnend sink der Flut ich in die Arme.

EIN PROLOG

Und als die braunen Schollen wieder glänzten
von früher Sonne, und die ersten Falter
gaukelnd an blassen Blütenglocken hiengen,
stahl er sich fort und gieng in Traum und Glück
durch tauig blanken Morgen, durch den warmen
duftschweren Glanz des Mittags, über helle
Saatfelder und durch dämmergrüne Wälder

hinaus und wußte nicht, wohin, und wußte
nur, daß ihn eine dunkle Sehnsucht rief.

Schon reckten rings sich Schatten, und die Stille
senkte sich tiefer, und die Luft von all
dem neuen Rausch des Frühlingstages trunken
floß schwer und müde. Und noch immer schritt
der Jüngling durch den Abend.
       Da geschah's,
daß wie der Wald sich lichtete, ein See
sich vor ihm auftat. Glühend starb die Sonne.
Wie blanke Flammen züngelten die Wellen
zischelnd ans Ufer, und zuweilen stob
blitzend ein Guß schillernden Lichts: Dann flackten
die Fluten auf wie ungeheure Lachen
geronnenen Bluts.
     Bis plötzlich Glut und Dampf
in goldig braunen Dämmerglanz verblich.

Ihn aber trieb ein namenloses Sehnen
hinaus und gieng am Ufer hin und traf
dort einen Nachen und stieg ein und glitt
von unsichtbarem Geigenquall gezogen
bebend in Flut und Dämmer. Knisternd quirlten
die Wellen unterm Kahn, seltsam umzüngelt
vom Glast des halben Mondes, der aus Wolken
von schwülen Düften blaß sich hob. Und lauter
sprach nun Musik und Lichter schwankten auf
und glanzumnebelt wuchs ein grünes Eiland
aus weichen Schatten. Und wie lächelnd er
entstieg, da gossen sich gleich dunklen Flammen
flackernde Düfte über seine Schläfen
und schmiegten sich wie warme Frauenglieder
an ihn und süße niegehörte Worte
erglänzten und verrannen in dem Fließen

Unveröffentlichte Frühdichtungen

der schwebenden Musik, die rings aus all den
strahlenden Büschen brach. Wie eine Kuppel
aus dämmrigem Kristall spannte sich glitzernd
ein blendend blauer Glanz hoch überm Park,
in dem es wie ein Schäumen war, ein Fluten
von unerhörtem Farbenrausch, ein Taumeln,
Aufleuchten und Zerfließen, daß er tief
bebte vor schreckhaft süßem Glück.
                                              Gleich Teppichen
aus seidig bunten Strähnen weich gewirkt
und Märchenblust und Schmelz verklungner Stunden
schlummerten Beete, so voll trunknem Glanz,
als wäre, sie zu schmücken, alle Pracht,
alle verborgne Pracht purpurner Grotten
des Meeres und der Felsen ausgeleert,
und hätte sie geformt im Rausch der Stunde
ein großer Meister. Und der Nachtwind klang
und stäubte aus den Becken blanke Flocken,
und wie von dunklem Saitenspiel berührt
schien alles rings zu leben, bunte Vasen
und Marmorgrotten und umrankte Bilder
und grüne Sphinxe. Doch der Jüngling schritt
durch Tanz und Klang und Glänzen schweigend hin,
taumelnd dem großen Leuchten nach und stieg
auf blassen kühlen Stufen und durch Gänge,
die im Gewirr der schlanken Porphyrsäulen
von weißem Dämmer troffen, in das Schloß
und war wie einer, der aus tiefen Schachten
aufsteigend jäh die Sonne sieht und senkte
die Augen vor dem glühend weißen Licht
der Spiegel und der Kerzen und dem Wirbeln
tönender Farbenflut.
                      Da waren Säle
ganz in Rubin getaucht und andre waren
wie aus grünfließendem Smaragd geschnitten

Unveröffentlichte Frühdichtungen

und manche endlos weiß wie ungeheure
verschneite Steppen. Andre flimmerten
in einem Blau, das wie ein Liebeslied
in blühendem Flieder klang, so süß. Und tief
von allen Decken gossen schwere Ampeln
ein seltsam Traumlicht, und die Wände blinkten
von bunten Fellen und gebräunten Bildern
und Schmuck und alten Waffen. Dunkle Bäche
von Wohlgerüchen rauschten durch die Säle
und Blumen glitzerten gleich farbigen Perlen
am braunen Estrich. Und ein weiches Knistern
wogte von seidnen Spitzen und das schwere
Schleifen brokatner Schleppen und ein Klirren
grüngoldner Dolche, die an schlanken Bändern
aus Seide festlich schöne Männer trugen.
Und waren Frauen, deren Leiber schwankten
wie Wasserlilien die der Vollmond wiegt
auf dunklen Weihern, und in deren Augen
endlose Sehnsucht brannte. Und
zuweilen schöpften sie ihr rauschend Haar
lässig zu schweren Kronen. Und zuweilen
mit weichem Biegen rafften sie den Guß
der Seidenroben, die durch goldne Gürtel
hinfluteten und die Spangen läuteten
an ihren weißen Armen.
     Und es schien
als rüsteten ein unerhörtes Fest
sie einem Fürsten, der aus langer Schlacht
zur Heimat kehrt.
     Und plötzlich klang ein Summen,
Die blassen Alabastersäulen wankten
im Prall gleißenden Lichts, das jäh aus allen
Fugen sich stürzte, und wie eine Fackel
aufflammt, glühte Musik in wirbelnden
Fanfaren und aus taumelndem Gewirr

von Geigen, Hörnern, Harfen wuchs der Takt
rauschender Hymnen:
         Hoch auf rundem Spiegel
aus glühendem Smaragd, von zwanzig nackten
Mädchen getragen, leuchtend im Gerank
flammroter Rosen, fuhr ein herrlich Weib.

Und alle jauchzten, drängten sich um sie
in trunknem Stürmen. Doch ihr dunkles Auge
brannte auf einem.
        Und ihm war,
als bärsten tausend Nebel und vor ihm
entzaubert glänzten blühende Gärten, Meere,
und aller Rausch, nach dem er tief gelechzt
und alles, was aus bunten Träumen er
bebend sich schuf, wie blitzendes Geschmeide
ergossen ...

        Und von Stund an sah er nimmer
den Schmutz der Winkel und den Lärm der Gassen
und alles Niedrige. Und hüllte sich
in seine Träume wie in einen Mantel
aus Purpursamt. Und seinen hellen Augen
strahlte das Leben, schwer von satten Farben
und tiefer Schönheit, wie ein klarer See
in keuschen heißen Morgenlichtern strahlt.

PRAELUDIEN

TRAUMLAND

Praeludien

AN DIE SCHÖNHEIT

So sind wir deinen Wundern nachgegangen
wie Kinder· die vom Sonnenleuchten trunken·
ein Lächeln um den Mund· voll süßem Bangen

und ganz im Strudel goldnen Lichts versunken·
aus dämmergrauen Abendtoren liefen.
Fern ist im Rauch die große Stadt ertrunken·

kühl schauernd steigt die Nacht aus braunen Tiefen.
Nun legen zitternd sie die heißen Wangen
an feuchte Blätter· die von Dunkel triefen·

und ihre Hände tasten voll Verlangen
auf zu dem letzten Sommertagsgefunkel·
das hinter roten Wäldern hingegangen –

ihr leises Weinen schwimmt und stirbt im Dunkel.

Praeludien

AUS DER DÄMMERUNG

In Kapellen mit schrägen Gewölben· zerfallnen Verließen
und Scheiben flammrot wie Mohn und wie Perlen grün
und Marmoraltären über verwitterten Fliesen
sah ich die Nächte wie goldne Gewässer verblühn:

der schlaffe Rauch zerstäubt aus geschwungnen Fialen
hing noch wie Nebel schwankend in starrender Luft·
auf Scharlachgewirken die bernsteinschillernden Schalen
schwammen wie Meergrundwunder im bläulichen Duft.

In dämmrigen Nischen die alten süßen Madonnen
lächelten müd und wonnig aus goldrundem Schein.
Rieselnde Träume hielten mich rankend umsponnen·
säuselnde Lieder sangen mich selig ein.

Des wirbelnden Frühlings leise girrendes Locken·
der Sommernächte Duftrausch weckte mich nicht:
Blaß aus Fernen läuteten weiße Glocken . .
Grün aus Kuppeln sickerte goldiges Licht . .

Praeludien

STILLE STUNDE

Schwer glitt der Kahn. Die Silberweiden hingen
schauernd zur Flut. Und bebend glitt der Kahn.
Und deine Worte fremd und klanglos fielen
wie blasse Mandelblüten· leicht und leuchtend·
zum Fluß· aus dessen schwankem Grunde spiegelnd
die hellen Wiesen lockten und der Himmel
und allen Lebens traumhaft Bild· indes
vom flirrenden Geäst durchsungner Kronen
der Abend in Rubinenfeuern sprühend
sich golden in die lauen Wolken schwang.

Und deine Worte sanken mit dem Rauschen
erglühter Wasser und dem süßen Takt
tropfender Ruder fremd und schwer zusammen
in eine dunkle Weise· hingeschleift
vom matten Licht der Dämmerung· die schon feucht
die Wiesen überrann· ein Kinderlied
aus Spiel und Traum gefügt· das weich wie Flaum
blaßroter Wölkchen durch den bebenden Glanz
der Wasser ging und still im Abend losch.

Praeludien

ABENDLEUCHTEN

Wie die Hand einer Geliebten ist dein Licht·
wenn du über schwanke Brücken schreitest
leicht gewölbt aus bebendem Kristall.
Sprühend schleift des Kleides goldner Saum
über Ackerfurchen· über Wälder·
webt im Gleiten über wirre
grüne moosumtropfte stille Weiher
zarte Maschen· drängt und schäumt
über alle dunklen Dolden·
alle großen weißen Glocken
schwanken bis zum Rand gefüllt im roten Duft.
Und die zitternden gleitenden Weiden hängen
schwer im Glanz· und durch die Lindenkronen
sickert flirrend dünner güldner Regen.

Wie die Hand einer Geliebten ist dein Licht·
wenn die Gassen seltsam stehn und schauern
zwischen Glut und Schatten. In den Fenstern
schwebt dein irrer Schein. Aus Kuppeln
alter Kirchen strömt er nieder· aus dem Singen
enggeschmiegter Mädchen· die in Reihen
dämmrig weite Abendstraßen hingehn· in den Augen
Märchenleuchten· leise singend hingehn·
wo im fernen Tal der blasse Strom
wie mit schwerem Gold beladen rinnt und glüht.

Praeludien

SONNWENDABEND

Die Sträucher ducken fiebernd sich zusammen
im Rieseln brauner Schleier und im Schwanken
nachtbleicher Falter um erglühte Ranken.
Nun schüren wir das falbe Laub zu Flammen

und feiern wiegend in verlornen Tänzen
und Liedern· die im lauen Duft verfluten·
den flüchtigen Rausch der sommerlichen Gluten·
und Mädchen weich das Haar genetzt mit Kränzen

und strahlend bleich im schwebenden Gefunkel
streun brennend dunklen Mohn und blasse Nelken.
Und bebend fühlen wir den Abend welken.
Und wilder glühn die Feuer in das Dunkel.

HERBSTGANG

Und strahlend unter goldnem Baldachin
um starre Wipfel funkelnd hingebreitet
und Kronen tragend gehn wir hin·
und flüsternd gleitet
dein süßer Tritt gedämpft im bunten Laub.
Aus wilden schwanken lachenden Girlanden
rieselt's wie goldner Staub
und webt sich fließend ein in den Gewanden
und heftet wie Juwelen schwer
sich dir ins Haar und jagt vom Licht gehetzt
in grellen Wirbeln vor uns her
und sinkt aufstiebend in das wirre Meer
kräuselnder Blätter· die vom Abendduft genetzt
wie goldgewirkte Teppiche sich spannen . .

Nun lischt im fernsten Feld der letzte Laut.
Vom Feuer leis umglüht ragen die Tannen.
Ein feiner dünner Nebel staut
und schlingt sich bäumend um zermürbte Reiser·
und irgendwo zerfällt ein irres Rufen.

Und deiner Schleppe Goldsaum knistert leiser·
und atmend steigen wir auf steilen Stufen.
Weit wächst das Land· von Schatten feucht umballt.
Drohend aus Nebeln reckt sich Baum an Baum.
Und schwarz umfängt uns schon der große Wald.
Und dunkel trägt uns schon der große Traum.

TRÄUME

Träume der blassen und umglühten Stunden
sinkt wieder ihr in lindem Abendwehn
aus goldgenetzter Wolken dunklem Schoß
wie Sommerregen duftend auf mein Land?

Ihr locktet früh das Kind zu Zaubergärten·
verwunschnen Schlössern· stillen grünen Seen·
und brauner Wurzel quoll aus trübem Schacht
gehöhlter Felsen unermeßnes Gold.

Dann gingt ihr hin· und euer leichtes Bild
zerfloß und zitterte nur traumhaft fern·
wie leuchtend durch die Nächte warmer Schein
in dämmerweichen Sommerlüften hängt.

Nun tönt mir eure Stimme süß vertraut
wie einem Kind· das sich im Wald verlor·
der Glocken Läuten still vom Abendwind
durch welken Glanz der Tale hingeweht.

Praeludien

VOR SONNENAUFGANG

Die frühen Stunden· wenn die Purpurnebel
der vollen Sternennächte weich verströmen·
hinsickern in den goldig matten Schein·
der wie ein Meer aufflutet . . rings die Schatten
der Häuser wachsen riesig wie Gespenster
ins graue Licht· und alles liegt und lauscht
und zittert. Und die Brunnen rauschen so.
Frühvögel steigen schrill von feuchten Hecken
ins flaumige Gewölk. Und in den Ästen
raschelt der Wind und traumhaft liegt das Land
und wie erstarrt· indes der halbe Mond
aus mattem Reigen morgenblasser Sterne
wie eine Fackel durch die Nebel dampft . .

Die großen Stunden· wenn die Sehnsucht mir
die vollen Schalen bunter Träume leicht
ausgießt wie Einer Gold- und Perlenschmuck
hinschüttet· und ich nur die zitternden Hände
im großen Hort verwühle und den Glanz·
den ungeheuren Glanz mit heißen Augen
einschlürfe wie in jäher Trunkenheit . .
und weiß: Was da vor mir im blassen Licht
der Frühe seltsam schillert· ist ein Schatz·
ein ganzes Leben voller dunkler Wunder
glühend wie Sonne· lösend wie die Nacht
und schwer und bebend wie die frühen Stunden
so zwischen Nacht und Dämmer· Tag und Traum.

Praeludien

WANDERUNG

(nach Henri de Régnier)

Der Weg war weit. Hindämmernd sank die Nacht·
und blasser wurden meine Morgenträume:
Da hast du mich zum fernen Schloß gebracht·
das zaubrisch schläft inmitten dunkler Bäume

im wunderlichen Licht des Monds· der einsam trauert
auf alten müden Gärten· wo aus Zweigen
von Blütenbüschen glockenglanzumschauert
Pagodenprunk und Vogeltempel steigen.

Die glänzgen Purpurvögel deckt ein tiefer Traum·
die goldnen Fische schatten in den Becken kaum·
die Brunnen sterben rieselnd in den Finsternissen.

Der Moosgrund schauert· wenn dein Kleid darüber fegt·
und meine Hände hast in deine süßen Hände du gelegt·
die um verborgner Schlösser tiefen Zauber wissen.

VOM GRAL

Nun schreiten wir in Abends leisem Leuchten
den Wiesenhang von Blumengold umschüttet
den Schatten zu· die von erloschnen Hügeln
hinsinken über das entflammte Tal.

Uns ward die Mär von fernen Tempels Zinnen:
Gold sind die Türme· silbern strahlt das Tor·
weiß schimmern seine Alabastersäulen
aus schwarzem Lorbeer vor und Rosenbüschen.
Im Glühen und Verrieseln dunkler Dolden
bebt zag der Schritt durch die verwunschnen Beete·
der Stufen Glanz von rotem Licht umflattert·
wo tief in klingender Gewölbe Schauern
von Purpurnacht der Decken überströmt
auf runder Schale schläft der heilige Kelch.

Schon tropft das Dunkel über uns wie Tau.
Wann rinnt es golden durch umflorte Wipfel?
Wann lockt durch schwüle Stille süßer Ton?

EINEM MÄDCHEN

Du· über deren Lippen leis in linden
Frühsommernächten trunkne Worte schweben:
Nun will ich deinen jungen Leib umwinden
und deiner Seele süße Last entbinden
und aller Träume wundervolles Weben

in Märchenaugen rätselhaft gespiegelt·
wie Lilien sich zu dunklen Wassern neigen –
Schon fühl ich schwankend in gelöstem Reigen
aus Purpurschächten zauberkühn entriegelt
ein Fremdes· Ahnungsvolles wirkend steigen –

Schon trägt vom jungen Morgenwind gezogen
das goldne Schiff uns auf geklärten Wellen
zu neuem Meer. Schon sehen wir im hellen
Dunstflor der Fernen weiß vom Gischt umflogen
die blauen Inselkuppen ladend schwellen

gestreift von früher Sonne scheuem Schein
in warmem Kranz die sanften grünen Buchten –
Schon steigen wir durch Tal und feuchte Schluchten
und schauen strahlend über schwarzem Hain
die Wundergärten· die wir sehnend suchten –

und betten uns in goldne Blüten ein.

DER GELBE MOND

(nach Henri de Régnier)

Der lange Tag erlosch im gelben Leuchten
des Monds· der weich sich zwischen Pappeln hebt·
indes der Hauch des Weihers· der im feuchten
Schilfröhricht schläft· duftend im Dämmer schwebt.

Ahnten wir wohl· als wir im Sonnenbrand
auf heißem Feld und scharfen Stoppeln schritten·
als unsrer Füße Spur im dürren Sand
sich purpurn malte wie von blutigen Tritten·

ahnten wir· als der Liebe Flammen rot
in unsern gramzerwühlten Herzen glühten·
ahnten wir· als die heiße Glut verloht·
daß ihre Asche unsern Abend sollt' behüten

und daß der herbe Tag sterbend in Duft gehüllt
vom Hauch des Weihers· der im feuchten
Schilfröhricht schläft· hinlösche in das gelbe Leuchten
des Monds· der zwischen Pappeln steigt und still sich füllt?

Praeludien

DUNKLE FAHRT

Die alten Brunnen rauschten wie im Traum
durch fernen Hall vertrauter Abendglocken
und flossen weich ins Dunkel· das den Duft
nachtschwüler Gärten· die ich spät durchwandert·
still atmend trug. Nun tut sich dämmernd auf·
vom schwanken Frühlicht hingetürmt· umwölbt
von Felsenstürzen· purpurtiefen Schluchten·
der letzten Fahrten letzte Ruhestatt:
Mit schwarzem Strom die goldig dunkle Trift.

Die kalten Eisenstufen schreit ich leicht
die leise klirrenden ins Tal· daraus
nicht Rückkehr ist. Nun bette mich
in blauen Schatten blütenloses Land·
traumstarre Flut!

        Schon rührt dein schwerer Hauch
mich schauernd an. Schon überweht ein Glanz
mich Trunknen hell wie einer Gottheit Bild
aus blitzendem Gewölk. Schon trübt und wirrt
des Lebens Spiegel fern sich wie ein Traum·
der flatternd zwischen Tag und Dämmer lischt.

Praeludien

INCIPIT VITA NOVA

Der funkelnden Säle· goldig flimmernden Schächte
und Pfeiler und Wände mit rieselnden Steinen behängt
ward ich nun müde. Und der fiebernden Nächte
in klingenden Grotten von lauen Lichten getränkt.

Zu lange lausch ich in den smaragdenen Grüften
schwebenden Schatten· sickernder Tropfen Fall –
Zu lange lag ich umschwankt von betörenden Düften·
lüstern gewiegt von schläfernder Geigen Schwall.

Vom Söller· den die eisernen Zinnen hüten·
sah ich hinab aus dämmrigem Traum erwacht:
Glitzernd brannten die Wiesen· die Wasser glühten
silbern durch die schwellende Sommernacht.

Süßer als aus Rubin und Demant die Hallen
wiegt mich der funkelnde Himmel· das dampfende Ried –
Durch die taumelnden Tannen will ich wallen·
weinend lauschen der kleinen Amseln Lied.

BILDER UND GESTALTEN

ERWACHEN

Süß quoll von Flöten und von Leiern
geheimer Ruf in trübe Nacht:
Nun lös' ich still aus dunklen Schleiern
den jungen Leib vom Licht umfacht.

Die alten Gärten duften wieder·
im Dämmer schläft der alte Saal·
leis sehnen die erweckten Glieder
nach Birkenlaub und Frühlingstal.

Die hellen Blumen mir zu Füßen
erschauern warm im zarten Licht·
und leise schüttet· mich zu grüßen·
der Wind mir Blüten ins Gesicht.

Praeludien

DAS MÄDCHEN

Für Wilhelm von Scholz

Der dumpfen Nächte fieberwaches Schauen
wob sie dem Teppich ein mit heißen Händen
und sang und spann bis spät ins Abendgrauen.

Nun hing er hingespannt von steilen Wänden
mit breiten Borden· silbergrünen Säumen
und Sternen weiß und wirr gleich Opferbränden

goldadrig funkelnd über schwarzen Räumen.
Und Nächte fielen. Und mit heißen Wangen
stand sie und sah mit Augen wie aus Träumen·

wie sich in stummem Tanz die Fäden schlangen
seltsam verwirkt zu fließenden Geweben
und jäh und rot vom Fackellicht umfangen.

Und wie aus Brunnen sprang entzaubert Leben.
Und schauernd sah sie aus verrankten Schlingen
im Zwielicht geisternd hohe Schatten schweben

und Spiegelschein von fremden großen Dingen.
Und als im Grund der goldne Flaum verglühte·
und Schmelz und Farben welk und blaß zergingen·

sank sie und losch wie eine Märzenblüte.

DER TEICH

Der stille Teich von dunklem Schilf umflüstert
und alten überwachsnen Stämmen· die seltsam rauschen·
erglüht im sinkenden Abend. Leise flirrt
sein tiefer brauner Kelch im Nachtwind und umspült
der schlanken Gondel goldgezierten Bug·
die schwer mit Tang und trüber Flut gefüllt
auf weichen Ufermoosen schaukelt· wo
der schmale Kiesweg grün umwuchert
in fernes Dunkel taucht. Verschlafen gleiten
im Wellenrieseln weiße Wasserrosen
an dünnen schwanken Stengeln hin und strahlen
in blassem Feuer groß aus braunen Schatten· die
von breiten Buchenkronen sinken· und
der satte Abendhimmel überströmt
von Purpurwolken flimmert durchs Gewirr
der Äste schwer und brennend wie ein Schacht
mit funkelnden Juwelen übersät.

Praeludien

SPIEL IM DÄMMER

René Schickele in alter Treue

Schon sinkt ein schlaffes Licht durch die Rotunde
voll ins Gemach und schwebt um die verblaßten
gestickten Bilde· und im flimmernden Grunde
beben· rauschen wie Flut die glimmenden Tasten.

Zu weichem Gleiten· lächelndem Verschlingen
enttauchen Schatten in umflortem Tanz:
Gekränzter Kinder schwaches Frühlingssingen
in Wellen hingespült vom scheuen Glanz.

Und dunkler flutend: Schwüle Sommernächte . .
In goldnen Gärten weißer Blüten Fall.
Fiebernde Hände wühlen im Geflechte
traumdunkler Haare . . fern . . die Nachtigall.

Und brennender im dämmerschweren Schweigen
wirbeln die Tasten durch den blassen Raum.
Und aller Sehnsucht dunkle Wasser steigen·
und alle süßen Quellen· Traum um Traum.

Erloschner Bilder tief gebeugte Garben·
trunkner Gesichte süß vergilbte Pracht·
ein Hauch von Veilchen· die im Frührot starben·
dämmernd umströmt vom Glanz der lauen Nacht.

BEATA BEATRIX

D. G. R.

Dämmerläuten schüttet in den veilchenblauen Abend
weiße Blütenflocken. Kleine Flocken
blank wie Muschelperlen rieseln· tanzen·
schwärmen weich wie dünne blasse Daunen·
wirbelnd· wölkend. Schwere Blütenbäume
streuen goldne Garben. Wilde Gärten
tragen mich in blaue Wundernächte·
große wilde Gärten. Tiefe Beete
schwanken brennend auf· wie Traumgewässer
still und spiegelnd. Silberkähne heben
mich von braunen Uferwiesen
in das Leuchten. Über Scharlachfluten
dunklen Mohns· der rot in Flammensäulen
züngelt· treibt der Nachen. Bleiche Lilien
tropfen schillernd drüberhin wie Wellen.
Düfte aus kristallnen Nächten tauchend·
schlingen wirr und hängen sich ins Haar·
und sie locken . . leise· leise . .
und die grünen klaren Tiefen flimmern . .
Purpurstrahlen schießen . . leise sink ich . .
süß umfängt mich müder Laut von Geigen . .
schwingt· sinkt· gleitende Paläste
funkeln fern. Licht stürzt
über mich. Weit· grün
schwebt ein Glänzen . .

Praeludien

MITTAG

Der Sommermittag lastet auf den weißen
Terrassen und den schlanken Marmortreppen·
die Gitter und die goldnen Kuppen gleißen·
leis knirscht der Kies. Vom müden Garten schleppen

sich Rosendüfte her· wo längs der Hecken
der schlaffe Wind entschlief in roten Matten·
und geisternd strahlen zwischen Laubverstecken
die Götterbilder über laue Schatten.

Die Efeulauben flimmern. Schwäne wiegen
und spiegeln sich in grundlos grünen Weihern·
und große fremde Sonnenfalter fliegen
traumhaft und schillernd zwischen Düfteschleiern.

Praeludien

SCHLOSS IM HERBST

Herbert z. e.

Durch düstre Turmkronen· wo vom Gemäuer
Sand hinstiebt und große schwarze Vögel
gespenstisch rauschend durch morsche Luken flattern·
läuft der Sturm in Nächten· wenn der rote Vollmond
funkelnd zwischen grauen Wolken liegt·
stöhnt und läuft durch weite öde Säle·
wo aus verwitterten Wänden dunkle Bilder
trüb herschimmern in vergilbten goldnen Rahmen·
über dämmrig schauernde lange Korridore·
bleiche Gänge· steile Stufen
in den Park· der wie smaragdene Brandung
an die Mauern drängt purpurumraschelt
vom Prunkgewand des Herbstes· und der rote Mond
webt seltsam um das glühe Laub der Eschen und
die Schlinggewächse· die die alten tiefen Brunnen
umsponnen halten· deren Rauschen
lange starb in einer schwülen Sommernacht.

Praeludien

IM TREIBHAUS

Gefleckte Moose· bunte Flechten schwanken
um hoher Palmen fächerstarre Fahnen·
und zwischen glatten Taxusstauden ranken
sich bleich und lüstern zitternde Lianen.

Gleich seltnen Faltern schaukeln Orchideen·
und krause Farren ringeln ihr Gefieder·
glitzernd von überwachsnen Wänden wehn
in Flocken wilde Blütenbüschel nieder.

Und kranke Triebe züngeln auf und leuchten
aus jäh gespaltner Kelche wirrem Meer·
und langsam trägt die laue Luft den feuchten
traumschlaffen Duft der Palmen drüberher.

Und schattenhaft beglänzt im weichen
gedämpften Feuer strahlt der Raum·
und ahnend dämmern Bild und Zeichen
für seltne Wollust· frevlen Traum.

AUSBLICK

Der Abend dampft in den gefüllten Schalen
und schwillt aus Glocken blauumkränzter Weiten·
die Brunnen glühn wie Ketten von Opalen.

Aus strahlend offnen Toren lächelnd schreiten
in langen Zügen blasse ferne Frauen:
die schlanken Krüge lässig wiegend gleiten

sie in den warmen Sommerglanz der Auen
und schwimmen hin im Duft verlorner Lieder ..
Und aus dem süß gewellten Haar der grauen

Zypressen rieseln schon die Schatten nieder.

Praeludien

DER HARFENSPIELER

Die morsche Harfe blitzt auf seinen Knien·
die blassen Hände lösen von der Saiten
verglühtem Golde welke Melodien·
die fremd und schwer wie Perlenketten gleiten·

indes sein Blick traumvoll und halb erhellt
durch aufgeworfner Decken Samtgehänge
hintaumelt über mondberonnen Feld:
Daß er sich mit den zarten Wolken schwänge·

die lind die Nacht zu goldnen Inseln trägt·
verzaubert glitte auf beglänzten Flügeln
zum Meer· das fern an weiße Küsten schlägt·
und süßem Strom und blassen Rebenhügeln.

Praeludien

DAS MÄDCHEN SPRICHT:

Georges Ritleng herzlichst gew.

Dann glitt in leisem Schmuck geblümter Wiesen
der Frühling übers Land· rieselnd von Sonne
und schwer vom Sehnen früher Sternennächte.

Ein Abend kam· gehüllt in weiches Licht
beperlter Büsche. Matter Frühlingsregen
war sanft verronnen in den braunen Dämmer·
der hinter den Zypressenstämmen aufglomm.
Ich stand an dem Magnolienstrauch und sog
den starken Duft und schmiegte meine Lippen
tief in den warmen feuchten Flaum der Blüten.
Er kam von hinten. Faßte mich am Arm. Ich schrak
zusammen. Doch er war so schön·
wie er so dastand mit den hellen Augen
und ganz bestrahlt von Lust und Glanz der Blüten.

Wir gingen durch die leise laue Nacht.
Und wie der fernen Brunnen Silberton
fast nur aufbebte wie ein dunkler Zweig
vom liebetrunknen Nachtwind angerührt·
und hie und da ein schwacher Laut der Lust
die Nacht durchwehte· starben unsre Worte
und schweigend gingen wir und lauschten nur
gedämpftem Knirschen der zerknickten Halme·
und wie vom buschigen Geäst gescheucht
ein großer Vogel rauschend uns umstrich·
und gingen hin und fanden nicht ein Wort
zu sagen· was in dieser Nacht erwuchs
und heller strahlte als der heiße Glanz·
der von erglühten Rosenbüschen fließt.

Das ist nun alles lang vorbei. Und war
so süß doch. Wenn von dunklem Sims ich leicht
mich niederschwang und atmend stand und dann
so hinlief und die warme Nachtluft mich
zitternd umspülte· an gefüllten Beeten
vorbei und goldnen Brunnen· durch den Glanz
der hellen Wiese zum Granatbaum· der
mit Purpurarmen uns umgitterte –
Leuchtend wie schwere goldne Ampeln hingen
die Äpfel. Und in seiner Krone sangen
zwei Nachtigallen. Leise zog ihr Lied
durch fernster Gärten atemloses Dunkel
und wie verzaubert. Wenn ich so allein
unter den Ästen stand· dann sickerte
wie Blütentau der Wohllaut auf mich nieder
und kürzte mir die langen heißen Stunden·
denn manchmal kam er spät. Und durch die Büsche
wehte ein fremder Schauer· der mich schreckte.

Und einmal als die Sommernacht wie Gold
zwischen den Zweigen hing und alle Blumen
wie Flammen in den roten Vollmond glühten·
hob er mich auf und trug mich hin· ich schlang
den Arm um seinen Nacken wie im Rausch·
den schmalen Heckenweg· der wie aus Silber
gesponnen glitzerte· die kühlen Stufen
hinab zum Brunnenbecken. Seltsam blitzte
die blanke Flut und dunkle Zweige hingen
wie ein Geriesel weicher wirrer Strähnen
zum feuchten Spiegel. Schauernd überrannen

die blassen Wellen meine Brüste und
das selige Zittern seiner heißen Hände.

Und plötzlich riß er mich empor. Wild jauchzend
trug er mich fort. Taumelnd vor Schreck und Glück
lag ich in seinem Arm. Die kühlen Tropfen
funkelten noch wie flimmerndes Geschmeide
um meinen Leib. Und zwischen Rosen
trug er mich bebend hin· und zwischen Rosen
ertrank ich und versank im Duft der Nacht. –

Praeludien

SEMIRAMIS

An Hals und Knöcheln klirren güldne Spangen·
die Spiegel funkeln grell vom Glanz umflossen.
Auf Teppichen· drin Ambraduft gefangen·

liegt ihres Leibes weißer Kelch ergossen
von dunklem Haar in losem Kranz umschlungen·
die Augen wie zu schwerem Schlaf geschlossen

träumen in leichtem Rausch von eines jungen
goldblonden Griechenknaben weichen Brüsten.
Fern ist das Lied der Sklavinnen verklungen·

die Lippen zucken schlaff· als ob sie küßten
und draußen· wo die finstern Wachen kreisen
lehnt bleich der Henker an den Marmorbüsten.

Rot tanzt die Sonne auf dem nackten Eisen.

Praeludien

DER PAVILLON

(nach Henri de Régnier)

Der Korb· die Schäfertasche und das Band·
das an dem Stab die Hirtenflöte hält·
das Medaillon· das rund mit schmalem Rand
ein graues Antlitz trägt auf weißem Feld –

Die Stutzuhr flink· der Pendel säumig singend·
drauf Stund um Stunde tändelnd nach sich hinkt·
des Spiegels Glas· das feucht wie Wasser blinkt·
das Tor halb offen und im Wind der Vorhang schwingend:

Ein lässig Gehen und ein lässig Kommen·
Gedächtnis und Erinnerung verglommen·
zögernder Schritte Laut· der seltsam klingt –

ein Fenster· das den Duft ins Zimmer trägt
von Buchs und Rosen. Und der Wind bewegt
den Leuchter· der am blanken Estrich blinkt.

Praeludien

ERFÜLLUNG

Im Dämmer glommen die gemalten Wände.
Ich sah dich an· vom großen Schweigen trunken:
Und bebend fühlt ich deine weichen Hände·
und stammelnd sind wir uns ans Herz gesunken.

Wie Kinder· die in weißen Frühlingskleidern
hinlaufen durch die knospenhellen Hecken
und zwischen Büscheln lichtumschäumter Weiden
und braunen Halmen spielend sich verstecken·

in Baches Silber wundernd sich beschauen
und jubelnd folgen bunter Falter Glänzen
und Knospen brechen von besternten Auen
und singend sich mit Blütenkronen kränzen·

bis glühend sie· in seligem Ermatten·
zur Quelle steigen· leichten Spiels vergessen·
und zitternd unter schwanker Birken Schatten
die zarten Lippen ineinander pressen.

Praeludien

MARSYAS

(nach Henri de Régniers »Le Sang de Marsyas«)

Marsyas sang.
Erst war es nur ein flüchtig Lied·
wie Windeshauch· der weich das Laub durchzieht·
wie Tropfenrieseln· wie ein Bach· der unter Kräutern rinnt·
wie Regen dann und Wolkenbruch und Wind·
dann wie der Sturm· dann wie das wilde Meer –
dann Schweigen . . heller wieder schwebt daher
zu unserm Ohr zitternd der Flöte Klang
wie Fichtensäuseln· wie ein Immensang . .
Und wie er träumend in den Abend bläst sein Lied
erlischt die Sonne hinter Moor und Ried.
Starr stand Apollo· und das Licht zerging
um seinen Leib· und düstrer Schatten hing
sich um ihn tief. Und plötzlich schien er ganz von Nacht
    umronnen.
Doch Marsyas vom letzten Glast umsponnen
der Sonne· die sein Antlitz purpurn überfloß
und heiß sein Vließ mit Flammen übergoß·
bläst immer noch· berauscht vom Glanz der Stunde·
das Flötenrohr erglüht wie gleißend Gold an seinem Munde.
Und alles lauschte auf des Satyrs trunknes Lied·
und alle· offnen Mundes· harrten auf den Spott
Apolls· hingen an seinen Zügen. Doch der Gott
stand starr wie Erz· schweigend· regte kein Glied.
Da bog die Augen tief in seine senkend jäh das Flötenspiel
Marsyas übers Knie· und klirrend brach's und fiel.

Ein Schreien· Hohngelächter· Füßestampfen· taumelnd· toll –
dann jähes Schweigen: denn Apoll
glühend vor Zorn und Scham· aus Lärm und Hohn
wandte sich schweigend ab und schritt davon . .

Praeludien

DER ZUG INS LEBEN

Johannes Leonardus
mit herzl. Dank für die Widmung der »Heißen Nacht«

Und einmal dann: In einer Sommersternennacht·
wenn alles Leben wie gelöst in sammetweiche Schwermut liegt
und überm Forst noch der sprühende Goldschein hängt
zitternd wie blaß aufglimmernde Gewebe
und zart wie Flaum: Dann wird ein langer Ruf
aus Traum und Schlummer ladend uns erlösen.

Dann ziehen wir· indes der Feuerschein
sich dichter um uns schließt· in dunklen Haufen·
die Stirn mit Laub gegürtet über Schollen
sprossender Äcker in das sinkende Licht.

Uns reißt des wilden Lebens jähe süße
betörend lockende Zigeunerweise
in Nacht und Duft. Schon glänzt aus letzter Glut·
die über der erloschnen Haide funkelt·
das große Ziel. Schon schlingen sich die Reihn
vom Takt gefügt. Schon stürmen jauchzend
die Vordersten in losgelassnem Tanz·
und eine Kette wirrer heißer Stimmen wälzt
der Jubel schwer sich durch die Massen. Fackeln spritzen
flackernde Flecken auf die schwarze Wand der Äste.
Auftaumelnd stürzen Schatten. Mädchen schwenken
flitternde Birkenbüschel· Frauen lösen
die raschelnden Gewande· tanzen nackt
vom Diadem der Haare überströmt
ins Licht· und ihre heißen Augen schillern
unstät wie Feuerglanz auf Abendlachen.

Und wilder gleißt das tolle süße Lied.
Und wilder rast und stürmt der heiße Tanz.
Und Wunder steigen auf wie Herbstnachtnebel.

Schon rollt das große Leben wie ein Meer·
das gischtend gegen nackte Felsen bäumt·
von bräunlich goldner Dämmerung umloht.
Schon reißt's uns über schaumgezackte Kämme
zu Inseln· weiß mit Goldglanz übersprengt·
Altäre wachsen blendend aus Girlanden·
Festglocken dröhnen· Farben schießen auf·
und trunken· betend sinken wir ins Licht.

FREUNDINNEN

EIN SPIEL

(1903)

für Hugo von Hofmannsthal

Toutes deux regardaient s'enfuir les hirondelles:
L'une pâle aux cheveux de jais, et l'autre blonde
Et rose, et leur peignoirs légers de vieille blonde
Vaguement serpentaient, nuages, autour d'elles.

Et toutes deux, avec des langueurs d'asphodèles,
Tandis qu'au ciel montait la lune molle et ronde
Savouraient à longs traits l'émotion profonde
Du soir et le bonheur triste des cœurs fidèles.

Telles, leur bras pressant, moites, leurs tailles souples
Couple étrange qui prend pitié des autres couples,
Telles, sur le balcon, rêvaient les jeunes femmes.

Derrière elles, au fond du retrait riche et sombre,
Emphatique comme un trône de mélodrame
Et plein d'odeurs, le Lit, défait, s'ouvrait dans l'ombre.

Paul Verlaine

Praeludien

(Ein großes Zimmer· reich ausgestattet. Von den Wänden sehen alte dunkle Gemälde von Männern und Frauen in altmodischer italienischer Tracht. Im dämmrigen Hintergrunde ein großes strahlend weißes Bett. Etwa in der Mitte· von der Decke herab· eine achteckige rote Ampel aus geschliffenem Glas. Rechts führen große Glasfenster· die weit geöffnet sind· auf eine efeuumwachsene Veranda· von der Stufen hinab in den Park zu denken sind. Vom Park her flutet ununterbrochen ein breiter milchweißer Strahl glitzernden Mondlichts ins Gemach. Auf einem mit weißen Fellen überworfenen Ruhebett im Vordergrunde· gegen die Veranda zu· liegt lässig hingegossen SILVIA. Sie ist im losen Nachtgewand· das sie in licht rosenfarbnen Tönen umflutet. Ihr langes goldblondes Haar rieselt in dichten Strähnen über ihr Gewand. Sie liegt regungslos und scheint mit weitgeöffneten Augen ins Leere zu schauen. Es ist kurz vor Mitternacht. Vom Park her klingen zuweilen gedämpft die süßen Stimmen der Nacht.
Kurz nach Beginn der Szene gleitet BIANCA leise von der Tür links auf Silvia zu. Sie ist gehüllt in ein langes schneeweißes Nachtgewand· über das ihr dunkelbraunes Haar fällt.)

Silvia
(mit der fast ausdruckslosen Sprache
einer Nachtwandlerin)
Und da die Nacht aus goldnen Wolken sank·
und grün der Mond sich hob von dunklen Bäumen·
fuhr jäh sie auf aus dumpfer Rast und Träumen –
und ging· indes ihr Auge gierig trank
den süßen Duft des Mondes· in das Dunkel
und ließ der Kindheit Spiel und Glück und Lieder
und ging ..
      bis fern des Schlosses Lichtgefunkel
erlosch: da warf sie tief ins Gras sich nieder
und lauschte zitternd· wie mit seliger Macht
die Blätter rauschten· und die Quellen sangen·
und brünstig schluchzend fern in dunklen Hainen
auf Marmorbecken stille Brunnen sprangen·
und ihren Leib durchschauerte ein Weinen ..
und eine Sehnsucht war in ihr erwacht ..
Und tiefer glitt von Zweig zu Zweig die Nacht.
Des Laubes Flüstern klang im Nachtwind kaum.
Vom Beet her stieg das Atmen der Violen:
Das war wie Liebesstammeln – heiß· verstohlen·
und hüllte alles tief in schwere Pracht
und müder Sehnsucht dämmrig süßen Traum ...

Bianca
(die während der letzten Worte ganz nahe an Silvia herangetreten ist und ihr leise mit der Hand übers Haar streicht)
Ich hörte dunkler Geigen wehen Klang
in späten Nächten· wenn auf allen Wegen
die Blätter starben in versprühtem Regen –
wie leises Weinen bebte tief ihr Sang ..

Silvia
Bianca· du? Was ist's? Kam schon der Tag?

Praeludien

Bianca
Du träumst· Geliebte! Purpurrauschend weht
der schwüle Hauch der Nacht von Beet zu Beet.

Silvia
Wie schwer und süß der leise Sommerwind
den Duft des Gartens in das Zimmer spült:
Ein dunkles Sehnen hat mich wachgewühlt –
als ob ein groß Geschick die Nacht mir brächte·
ein ziellos fremdes heißes dunkles Sehnen –

Bianca
Du kennst noch nicht den Zauber unsrer Nächte:
Sie sind wie Lieder lockender Sirenen·
duftend wie Wein aus schweren Südlandsreben·
der purpurn schäumt in blassen Goldpokalen·
wie jähe Flammen in kristallnen Schalen·
die an Altären rot im Nachtwind beben.

Silvia
Ich lag betäubt· die Lider halb geschlossen.
Des Mondes weiße warme Wellen flossen
voll ins Gemach· das düftetrunken schlief·
vom roten Ampellicht seltsam umgossen·
und aus des Parkes Schattengründen tief
stieg ein Gewirr von heißen scheuen Stimmen·
das weich in schweren Rhythmen mich umspann.
Huschende Lichter sah ich schwebend glimmen
und klingend löschen. Jäh durchrann
ein seltsam Feuer mich· als ob im Wiegen
der dunklen Stimmen· die im Nachtwind glitten·
aus morschen Grüften weiße Leiber stiegen·
und tönend· leuchtend füllte das Gemach
sich rings mit leisen unsichtbaren Tritten·
daraus es wie ein Locken zu mir sprach –
Da riß mich's auf: Und bebend trat ich nah
und sah im Wind des roten Laubes Spiel
und atmete den Duft der Nacht. Und sah

Freundinnen. Ein Spiel

die Beete rings von silberglänzgem Schaum
betaut. Und schauerte und schluchzte auf und fiel.
Und meine Seele sank in tiefen Traum.

    Bianca
 (hat Silvia leise, mit den Händen stützend,
   gegen die Veranda geführt)
Sieh· wie aus flaumig-feuchtem Glanz die schlanken
Zypressenreihn gleich blauen Schemen tauchen
mit blassen Stämmen· licht wie Frühlingsranken·
durchsichtig zart· als wollten sie im matten
nebligen Duft sich lösen und verrauchen –
    Silvia
Dämmernde Stimmen steigen aus den Schatten.
Ist es die Nacht· die tief im Traum erbebt·
ist es ein Tanz· der fern auf Wiesen schwebt·
von weißen Nymphen und behaarten Faunen?
    Bianca
Das ist der alten Marmorbrunnen Raunen·
das seltsam hinter dunklen Büschen webt.
Es rinnt ein Hauch von wilden grenzenlosen
Sehnsüchten durch den Einklang dieser Lieder
und ringsum strömt und glüht der weiße Flieder
und mischt betäubend sich dem Duft der Rosen.
Wenn weit die grauen Stämme dampfend gluten
wie rotgeschweißtes Erz· scharlachumronnen·
und alle Brunnen· funkenübersponnen
in heißen Güssen schluchzend sich verbluten –
in schwülen Nächten· wenn der Mond den feuchten
flaumweichen Leib schauernd im Wasser kühlt·
und bunt vom Wellenflirren aufgespült
Millionen Tropfen perlenschillernd leuchten –
dann tönt so wund und weh ihr dunkles Rauschen
wie Regen· der auf welke Blätter rinnt·
wie eine Seele· die im Finstern sinnt ..
dann könnt ich Stunden ihrem Singen lauschen.

Praeludien

Silvia
Wie seltsam! Will des Mondes Dampf mich trügen?
Durch schwarzer Büsche laubverrankte Ritzen
züngelt ein Glanz· glimmert ein fahles Blitzen·
aus Nacht und Duft schält leuchtend sich ein Leib –
ein weißes nacktes wundervolles Weib –
grün liegt das Mondlicht auf den starren Zügen..

Bianca
Ein stiller Gruß aus uralt goldnen Tagen:
Ein Venusbild im Chor dunkler Cypressen·
efeuumwuchert· morsch· vom Tau zerfressen·
zerwühlt von Rissen· die der Blitz geschlagen.

Silvia
Wie weiß die Mondesstreifen sie umsäumen!
Und in der Nelkendüfte nacktem Schweben
durchfröstelt ihren Leib ein brünstig Beben:
Die Sommernacht küßt sie aus langen Träumen.
Sieh· wie im blassen Licht ihr Auge blinkt·
wie ihre Arme weich und warm sich biegen·
und wie die Lippen leis ein Lächeln wiegen·
und wie sie grüßend nickt und winkt·
und wie der Mund sich zitternd öffnet – spricht –
wie Glockenläuten – siehst du's· hörst du's nicht?

Bianca
Dich trügt die Ferne und des Mondes Flirren.

Silvia
Und braust dir nicht durchs Blut dies heiße Schwirren·
und fühlst du tausend Flammen nicht sich schaukeln
und Rosenduft bacchantisch dich umgaukeln
und liebeskranker Flöten tolles Girren?
Ein Wunder! Sieh: durch steinern starre Glieder
stürmt eine Röte. Sie erglühen· schwellen
wie Firnen überströmt von Morgenwellen.
Blau blitzt die Luft. Der alte Marmor zittert
in leisem Läuten unter seidnen Tritten·

Freundinnen. Ein Spiel

die Fernen funkeln sommerglanzumwittert.
Sie ist's. Sie fährt zum Glühen trunkner Geigen
durch nackter Paare laubumstrickten Reigen.
Von purpurüberblühten Rosenhängen
perlt es wie Duft von brausenden Gesängen.
Sie ist's! Du bist's! Du selber· selber bist's!
Um deine weiße Stirne funkelnd flicht
sich wirr ein Kranz tauiger Rosenblüten
als Diadem. Heiß aus den Augen bricht
dir ein Geleucht. Und deine Lippen hüten
ein Königinnenlächeln. Unter deinen Füßen
scheint rings der Estrich von Musik zu schwellen
im feuchten Duft des Mondes· der mit hellen
Glanzlichtern dich umgießt. Und deine süßen
flaumweichen Glieder beben noch von Traum
und Dämmer. Heilige! Königin!
Frau Venus! Selige Göttin! Nimm mich hin!
(Sie wirft sich wie ohnmächtig in Biancas Arme)
               Bianca
Du Süße! wie du flammst und bebst und glühst
und taumelst wie von duftendem Weine trunken.
Der Stunde Rausch ist über dich gesunken:
Das hat dies Glänzen in dein Aug gelegt·
dies durstige Glänzen roter Sommerwiesen
vor Regenschauern. Wie dein Mund sich regt·
als wollt im Liebesstammeln er zerfließen.
Geliebte! In den Haaren glimmt ein Leuchten
dir weich wie Irrlichtnebel über feuchten
mondfahlen Teichen. Deine dunklen Lider
haben den Schein von wilden Rosenranken·
die rot um weiße Marmorbilder schwanken·
und durch die schlanken heißen jungen Glieder
flutet ein Beben wie in goldnen Strängen
von Wetterharfen· die vom Glanz gestreichelt

der Sommernacht· in dämmernden Gesängen
aufschauernd weinen· silberlichtumschmeichelt ..
          Silvia
Sprich weiter· weiter! Deine Worte fließen
von Glanz und Duft wie köstlich starke Salben.
Wie rote Rosen sind sie· die im falben
Lichtschein des Tages dämmerselig schliefen
und wachend ihres Blutes Glanz versprühen·
wie Falter sind sie· die die Nacht umglühen
im weichen Schmelz der Flügel und im Wiegen
des Nachtwinds bunt wie Blütenflocken fliegen ..
O lauschen will ich der Musik· die rings aus dir
herniederströmt aus Haar und Mund und Augen
und will ihr perlend Gold tief in mich saugen
wie ein Verdurstender. Denn sieh: Ich war allein –
so einsam· daß mich meiner Stimme Klang
erschauern machte· wenn's aus schwerem Schlaf mich riß.
Und all mein Wandel war nur Finsternis
und Traum der Nächte· heiß von wildem Drang
nach Leben. Und nun bin ich jäh erwacht:
Nun strahlt die Sonne· und das Leben lacht!
          Bianca
O still – laß tief mich durch die weichen Linnen·
die deine jungen Brüste überrinnen
wie laue Flut· dampfend von warmem Leben·
den Duft des Fleisches atmen und sein zuckend Beben
glühend betasten. Und das heiße dunkle Blut·
das in Akkorden stürmisch junger Kraft
durch diese Adern wittert· gleich dem Saft·
der schäumend klar in Frühlingsbirken ruht –
und diesen Leib· so voll und stark und schlank
und weich· der sich nach Liebestaumeln sehnt
in wilden Nächten und sich schauernd dehnt
im Rausch von Wonnen· die ein Träumen trank –

Freundinnen. Ein Spiel

Silvia
Genug –
Bianca
Der blonden Haare wild Gerank
fließt von den Schultern dir wie ein Geschmeide·
mit dem du deinen nackten Leib geschmückt
zur Brautnacht. Durch den feuchten Glanz der Seide·
die wie ein Kranz von Rosen leuchtet· zückt
die blanke kühle Haut in mattem Glanz –
Silvia
Genug – du tötest mich –
Bianca
O laß mich ganz
den Leib mit meiner Arme Glut umspinnen
und diese Lippen tief wie scharfen Stahl
in deine Glieder tauchen. Und das blutige Mal
mit meinem Leibe kühlen. Bis der Quell versiegt·
und Morgenrot auf matten Gliedern liegt.
Silvia
Genug! Ich sterbe! Ich vergehe! Sieh –
wie sich ein Blütenkelch fröstelnd zur Sonne streckt·
die ihn in heißer Küsse Rausch glühend erweckt
und glühend tötet· wie ein Falter· der
das süße Gift der Blütendolden trinkt·
bis taumelnd er im schweren Duft versinkt·
wie die Bacchantin· die zu roter Fackeln Licht
aufglühend tanzt und tanzt· bis zuckend sie zusammenbricht –
stürzt meine Jugend jauchzend dir entgegen·
mein glühend Blut in funkelnd heißen Güssen:
Töte mich· Wilde! Töte mich mit deinen Küssen!
Bianca
(heiß und heimlich)
O komm! Das Leben bräutlich glühend winkt
uns zu und lockt. Die Fesseln sind zerrissen·

und aus dem rötlich matten Dämmer blinkt
wie Gold das Bett mit glutzerwühlten Kissen.
Hörst du des Windes Wiegen in den Zweigen
und brünstig dunkle Stimmen schwüler Nacht
und Geigenklang? Das ist der Hochzeitsreigen·
der uns mit Spiel und Singen heimgebracht.
Fühlst du das Leuchten· das am Estrich schaukelt
von spätem Ampelglühen· und den Glanz
des weißen Monds? Das ist der Fackeltanz·
der unsre Liebesnacht flatternd umgaukelt.
Komm· Liebste! Komm! Auf meinen Armen will
ich zitternd dich in süßes Dunkel tragen·
und um die Schauer junger Glut soll still
und weich die Nacht die schweren Schleier schlagen.

VERSTREUT VERÖFFENTLICHTE GEDICHTE
1910 bis 1914

DER SCHÖPFER

Dies ward mir Schicksal: Rätselvoller Drang,
Mit irren Händen ungesättigt Mühen,
Die leere Luft zu ballen; dunkler Zwang,
Aus Schatten Schattenhaftes auszuglühen,

Mit bösem Zauber willenlos im Bund
Den Schlaf der großen Kräfte aufzustören,
Heilig Begrabnes mit vermess'nem Mund
In schwankes Dasein sinnlos zu beschwören.

Nun halten Schemen höhnisch mich umdrängt
Wie schwarze Vögel, die in dichten Zügen
Mit grauen Wolken kreisen. Schatten hängt
Ihr Rauschen über mich. Von ihren Flügen

Tropft bittrer Tau und Wermut auf mein Reich.
Die hellen Fahnen sind mit Flor umzogen,
Die junger Rausch gehißt. Die Farben bleich;
Die Gärten abgeblüht; der Glanz verflogen;

In zähen Nebeln alles Licht erstickt;
Die Wogen stumpf, die leere Kiele länden –
O dunkle Qual. Zu tief, zu tief verstrickt –
Nun bringt kein Morgen mehr auf reinen Händen

Euch Küsten ferner Jugend. Helles Meer.
Beglänzte Frühe. Blanke, kühle Ferne.
Erfrischte Bucht. Und klingend um mich her
Das goldne Spiel der Wolken, Wind und Sterne.

FRÜHLINGSNACHT

Die Kirschbaumblüten im lichtdurchschwemmten Garten
Sind wie Kandelaber von Millionen Kerzen,
Die das Vollmondfeuer angesteckt. Die zarten Kissen
Grüngesprengten Rasens zwischen Crokusbeeten
Sind besteckt mit weißen Perlensäumen,
Und die kühle spiegelhelle Luft
Ist ein feiner Schleier von gewebtem Silber,
Den die Lenznacht heimlich glühend um die
Weiße warme Nacktheit ihrer Glieder hängt.

FRÜHE DÄMMERUNG

Die letzten müden Liebesworte irren
Wie Abendfalter, die mit schweren Flügen
In Dämmerung und Träumen sich verwirren.

Und trunken niedersinkend ist's, als trügen
Ein zartes Leuchten sie um Deine Wangen
Und Sänftigung zu Deinen Atemzügen.

Ich seh' das Glück an Deinen Lippen hangen
Wie eine Blüte, warmer Nacht entsprungen –
indes ich dumpf, in namenlosem Bangen,

Dem Gang der Stunden lausche, die verschlungen
Zu dunklen Ketten in das Leere gleiten,
Vom harten Glockenschlag der Nacht umklungen.

Ich hör im Takt ihr endlos gleiches Schreiten
Auf heißem Lager sinnlos aufgerichtet,
Hinhorchend in die nachtbeschwerten Weiten,

Die schon der erste Schein der Frühe lichtet.

UNTERGANG

Die kupferrote Sonne im Versinken
Hängt zwischen Höhlen scharf gezackter Zweige
In harter Glut der strahlenlosen Neige,
Die feuchte Luft scheint allen Glanz zu trinken.

Die grauen Wolken, aufgeschwellt von Regen,
Mit langen Schleppen, die am Boden schleifen,
Und lau umströmt von schwachen Lilastreifen,
Ergießen dünnes Licht auf allen Wegen.

Nur in der Bäume enggedrängten Gruppen,
Die steil wie Inseln aus den grünen Matten
Des Parkes steigen, lagern dichte Schatten,
Hinsinkend von den braunen Hügelkuppen.

GANG IM SCHNEE

Nun rieseln weiße Flocken unsre Schritte ein.
Der Weidenstrich läßt fröstelnd letzte Farben sinken,
Das Dunkel steigt vom Fluß, um den versprengte Lichter blinken,
Mit Schnee und bleicher Stille weht die Nacht herein.

Nun ist in samtnen Teppichen das Land verhüllt,
Und unsre Worte tasten auf und schwanken nieder
Wie junge Vögel mit verängstetem Gefieder –
Die Ebene ist grenzenlos mit Dämmerung gefüllt.

Um graue Wolkenbündel blüht ein schwacher Schein,
Er leuchtet unserm Pfad in nachtverhängte Weite,
Dein Schritt ist wie ein fremder Traum an meiner Seite –
Nun rieseln weiße Flocken unsre Sehnsucht ein.

DÄMMERUNG IN DER STADT

Der Abend spricht mit lindem Schmeichelwort die Gassen
In Schlummer und der Süße alter Wiegenlieder,
Die Dämmerung hat breit mit hüllendem Gefieder
Ein Riesenvogel sich auf blaue Firste hingelassen.

Nun hat das Dunkel von den Fenstern allen Glanz gerissen,
Die eben noch beströmt wie veilchenfarbne Spiegel standen,
Die Häuser sind im Grau, durch das die ersten Lichter branden
Wie Rümpfe großer Schiffe, die im Meer die Nachtsignale hissen.

In späten Himmel tauchen Türme zart und ohne Schwere,
Die Ufer hütend, die im Schoß der kühlen Schatten schlafen,
Nun schwimmt die Nacht auf dunkel starrender Galeere
Mit schwarzem Segel lautlos in den lichtgepflügten Hafen.

SICHERUNG

Du meinst, daß Nacht und Frost die Glut verscheuchten,
Weil Flammen nicht mehr heiß in Dunkel schwellen –
Mich sättigt wunschlos das gestillte Leuchten,
In dessen Hut sich Weg und Ferne hellen.

Ich spüre, wie auf immer uns vereine
Der Glanz, den unvergessne Tage spenden,
Und trage still, wie in geweihtem Schreine,
Ihr Heiligstes in unbeschwerten Händen.

Ich weiß mich fahrlos, was mir auch begegnet,
Und nah, wie auch ins ferne Schicksal ladet,
Ich fühle jedes Glück von Dir gesegnet
Und jede Schönheit nur durch Dich begnadet.

DAS ABENTEUER

Dort glimmt das Licht. Dies ist der Ort. Den Kahn
Knüpf ich im Dunkel an die schwarzen Bohlen.
Und hier ist Land. Wie unter mir der Grund
Aufknirscht, weht übers Wasser her noch kaum
Fernab der Klang von Stimmen, körperlos
In tiefe Luft gelöst. Die Stille drückt
Die Wangen fiebernd gegen mich. So sei's
Gewagt. Nur wenig Schritte: Mich umfängt
Die Schwelle. Türen tun sich auf. Mich faßt
Durchs Dunkel eine Hand, weicher als Glanz
Des weißen Flaums vom Fittich junger Vögel.
Und dann ist Dämmerung des blauen Zimmers,
Und Arme sind und Glieder ausgespannt,
Mich zu umschließen, mich zu decken
Und einzufangen wie in einem Netz
Gestickt aus Traum und Wunder dieser Nacht,
Und duftend Haar ist über mich gestreut
Wie aufgelöste Bündel wilder Blumen.

Was zaudr' ich noch? Die öde Frühe lehnt
Noch blutlos hinterm hohen Tor der Sterne,
Und mein ist diese Nacht – Ihr tiefstes Glück
Zieh ich wie einen Mantel um mich her.

Was zaudr' ich noch? Die kleine Lampe schwingt
Betörend ihre Strahlen durch das Finster
Und reißt auf hellen Leitern mich empor.

Was rührt mich plötzlich an? Ist das mein Blut,
Das hier so pocht? Wer naht? Vom schwarzen Wasser
Hebt sich ein Wind. Die Stufen schauern Kühle.

Ganz fern schwebt jetzt das Licht, in solcher Ferne
Wie eine hochgehobne Opferschale,
Die schwankend meines Schicksals Flamme trägt.

Was schaudert mir? Ein Fremdes faßt mich an.
Ich spüre eisig über meinem Haupt
Vergangenes und Ungeborenes
Mit großem Flügelschlag hinrauschen und
In einem dunkeln Sturz von fremder Flut
Ins Uferlose jäh mich fortgerissen.

PANS TRAUER

Die dunkle Trauer, die um aller Dinge Stirnen todessüchtig wittert,
Hebt sachte deiner Flöte Klingen auf, das mittäglich im braunen Haideröhricht zittert.
Die Schwermut aller Blumen, aller Gräser, Steine, Schilfe, Bäume stummes Klagen
Saugt es in sich und will sie demutsvoll in blaue Sommerhimmel tragen.
Die Müdigkeit der Stunden, wenn der Tag durch gelbe Dämmernebel raucht,
Heimströmend alles Licht im mütterlichen Schoß der Nacht sich untertaucht,
Verlorne Wehmut kleiner Lieder, die ein Mädchen tanzend sich auf Sommerwiesen singt,
Glockengeläut, das heimwehrauschend über sonnenrote Abendhügel dringt,
Die große Traurigkeit des Meers, das sich an grauer Küsten Damm die Brust zerschlägt

Und auf gebeugtem Rücken endlos die Vergänglichkeit vom Sommer in den jungen Frühling trägt –
Sinkt in dein Spiel, schwermütig helle Blüte, die in dunkle Brunnen glitt . . .
Und alle stummen Dinge sprechen leise glühend ihrer Seelen wehste Litaneien mit.
Du aber lächelst, lächelst .. Deine Augen beugen sich vergessen, weltenweit entrückt
Über die Tiefen, draus dein Rohr die große Wunderblume pflückt.

EVOKATION

O Trieb zum Grenzenlosen, abendselige Stunde,
Aufblühend über den entleerten Wolkenhülsen, die in violetter Glut zersprangen,
Und Schaukeln gelber Bogenlampen, hoch im Bunde
Mit lauem Flimmer sommerlicher Sterne. Wie ein Liebesgarten nackt und weit
Ist nun die Erde aufgetan .. o, all die kleinen kupplerischen Lichter in der Runde ..
Und alle Himmel haben blaugemaschte Netze ausgehangen –
O wunderbarer Fischzug der Unendlichkeit!
Glück des Gefangenseins, sich selig, selig hinzugeben,
Am Kiel der Dämmerung hangend mastlos durch die Purpurhimmel schleifen,
Tief in den warmen Schatten ihres Fleisches sich verschmiegen,
Hinströmen, über sich den Himmel, weit, ganz weit das Leben,
Auf hohen Wellenkämmen treiben, nur sich wiegen, wiegen –
O Glück des Grenzenlosen, abendseliges Schweifen!

BALLHAUS

Farbe prallt in Farbe wie die Strahlen von Fontänen, die ihr Feuer
    ineinanderschießen,
Im Geflitter hochgeraffter Röcke und dem Bausch der bunten
    Sommerblusen. Rings von allen Wänden, hundertfältig
Ausgeteilt, strömt Licht. Die Flammen, die sich zuckend in den
    Wirbel gießen,
Stehen, höher, eingesammelt, in den goldgefaßten Spiegeln, fremd
    und hinterhältig,
Wie erstarrt und Regung doch in grenzenlose Tiefen weiterleitend,
Leben, abgelöst und fern und wieder eins und einig mit den
    Paaren,
Die im Bann der immer gleichen Melodieen, engverschmiegt, mit
    losgelassnen Gliedern schreitend,
Durcheinanderquirlen: Frauen, die geschminkten Wangen rot
    behaucht, mit halb gelösten Haaren,
Taumelnd, nur die Augen ganz im Grund ein wenig matt, die in
    das Dunkel leerer Stunden laden,
Während ihre Körper sich im Takt unkeuscher Gesten ineinan-
    derneigen,
Ernsthaft und voll Andacht: und sie tanzen, gläubig blickend, die
    Balladen
Müd gebrannter Herzen, lüstern und verspielt, und vom Geplärr
    der Geigen
Wie von einer zähen lauen Flut umschwemmt. Zuweilen kreischt
    ein Schrei. Ein Lachen gellt. Die Schwebe,
In der die Paare, unsichtbar gehalten, schaukeln, schwankt. Doch
    immer, wie in traumhaft irrem Schwung
Schnurrt der Rhythmus weiter durch den überhitzten Saal ...
               Daß nur kein Windzug jetzt die roten
                   Samtportieren hebe,
Hinter denen schon der Morgen wartet, grau, hager, fahl ...
    bereit, in kaltem Sprung,

Die Brüstung übergreifend, ins Parkett zu gleiten, daß die heißge-
tanzten Reihen jählings stocken, Traum und Tanz zer-
bricht,
Und während noch die Walzerweise sinnlos leiernd weitertönt,
Tag einströmt und die dicke Luft von Schweiß, Parfum und um-
gegossnem Wein zerreißt, und durch das harte Licht,
Fernher rollend, ehern, stark und klar, das Arbeitslied der großen
Stadt durch plötzlich aufgerissene Fenster dröhnt.

DIE DIRNE

Wie aus den Armen Gottes glitt ich in den Arm der Welt:
Noch wars das Streichen seiner Hände, das mir meine Brüste auf-
geschwellt,
Und seiner Liebe Schwert, das lustvoll sehrend meinen Leib
durchstieß
Und das in Wollust weilend sich im Dunkel meines Blutes nieder-
ließ,
Als schon mein Leib, den Vielen ausgeliefert, sich auf armen
Polstern streckte.
Und wenn ich unter Schauern mich vergrub, war ers, dem sich
mein Schoß entgegenreckte,
Und wenn mit rohem Wort die Welt mich überfiel,
Floß selige Marter und im Fernen leuchtete der Prüfung Ziel.
Und ekle Speise, die aus Graun und Schmach an mich erging,
War die geweihte Hostie, die mein Mund aus seiner Hand
empfing,
Und jede Lust war tief im Blute seiner Wunden eingekühlt,
Und jedes Wehe vom Gefunkel seiner Liebe überspült,
Aus Kellern, Hafenkneipen, Dirnengassen, wo die Seele wie vom
Leib verirrt dem Traum entgegenschlief,
Wuchs mailich schon die Stimme, die zu Hochzeit und zu Aufer-
stehung rief.

BOTSCHAFT

Du sollst wieder fühlen, daß alle stark und jungen Kräfte dich umschweifen,
Daß nichts stille steht, daß Gold des Himmels um dich kreist und Sterne dich umwehn,
Daß Sonne und Abend niederfällt und Winde über blaue Meeressteppen gehn,
Du sollst durch Sturz und Bruch der Wolken wilder in die hellgestürmten Himmel greifen.

Meintest du, die sanften Hafenlichter könnten deine Segel halten,
Die sich blähen wie junge Brüste, ungebärdig drängend unter dünner Linnen Hut?
Horch, im Dunkel, geisterhafte Liebesstimme, strömt und lallt dein Blut –
Und du wolltest deine Hände müde zur Ergebung falten?

Fühle: Licht und Regen deines Traumes sind zergangen,
Welt ist aufgerissen, Abgrund zieht und Himmelsbläue loht,
Sturm ist los und weht dein Herz in schmelzendes Umfangen,
Bis es grenzenlos zusammensinkt im Schrei von Lust und Glück und Tod.

LEONCITA

Du warst nackte Eva im Paradies, blank, windumspielt und ohne Scham.
Du wuchsest mit den Früchten und Tieren. Der Morgen nahm
Dich aus dem Arm der Nacht, und Abend bettete dich weich
Zur mütterlichen Erde. Du warst wild und schön. Du warst den Tieren gleich.

Warst Rauschen grüner Wipfel. Warst Krume des Bodens, der
    dich trug.
Dein Schicksal klopfte mit dem Blut, das leicht und stark durch
    deine Adern schlug.

Aber dann kamen sie mit Netzen und Zangen
Und haben dich eingefangen.
Und wollten von ihren schlechten Säften
In dich verspritzen, dein Raubtierblut zu entkräften.
Du hast sie abgeschüttelt. Aber eine große Traurigkeit
Kam über dich und schwamm in deinen Blicken, die die Herrlichkeit
Noch hielten jener schweigend jungen Schöpfungslust. Du trugst
Die Ketten, die sie dir geschmiedet. Schlugst
Sie nicht zu Boden, da sie dich in ihre Zellen schlossen. Spiest
    ihnen nicht,
Da sie den Schacherpreis betasteten, ins schmatzende Gesicht.
Du kauertest vor deinem Weh und horchtest auf der Sterne
    Lauf...
Aber immer noch stürzt dein Blut, wie heftige Strömung, ab und
    auf,
Und deine Augen, wie zwei ruhelose Tiere schweifen
In die Welt hinaus und greifen
Ins Gewühl, als wollten sie das Schicksal packen,
Und dein schwarzes Haar schlägt herrisch dir im Nacken,
Eine windentrollte Fahne, die zum Sturme weht –
Auf! Reiße dich empor! Die Barrikade steht!
Der Himmel ist von tausend Freiheitsfackeln aufgehellt –
Brich aus, Raubtier,
Stürme an ihren erstarrten Reihen,
Aufgerissnen Mäulern, schreckerstickten Schreien
Vorbei
In deine Welt!
Brich aus, Raubtier!
Brich aus!

LA QUERIDA

Deine Umarmungen sind wie Sturm, der uns über Weltenabgründe schwenkt,
Deine Umarmungen sind wie wildduftender Regen, der das Blut mit Traum und Irrsein tränkt.
Aber dann ist Tag. Nachtschwere Augen brechen auf, herwankend aus goldner Vernichtung und Tod,
Durch Ströme dunklen Bluts rausch ich zurück wie Ebbe, fühle schneidend eine Not,
Höre deines Herzens Schlag an meinem Herzen klopfen und weiß doch: du bist ganz fern und weit.
Fühle: überm Feuer dieser Lust, die wir entfacht, weht eine Traurigkeit,
Näher an dir! Gewölk, das meinem stillern Tagverlangen dein Gesicht entzieht,
Fremdes, darein du flüchtest, drin sich deine Inbrunst, ferne Liebeslitaneien betend, niederkniet,
Herzblut, das tropft, verschollene Worte, Streichen über heiße Stirn, Finger gefaltet, Blicke zärtlich tauend, die ich nie gekannt –
Grenzenloses streckt sich wie ein undurchdringlich tiefes, dämmerunggefülltes Land,
Gärten, zugewachsen, die ins Frühlicht eingeblüht bei deiner Seele stehn –
Ich weiß: du müßtest über hundert Brücken, weite zugesperrte Straßen gehn,
Rückwärts, in dein Mädchenland zurück,
Müßtest deine Hand mir geben und das lange Stück
Mit mir durchwandern, bis Erinnerung, Lust und Wehe dir entschwänden,
Und wir in morgendlich begrünten Furchen vor dem Tal des neuen Aufgangs ständen...

Aber du blickst zurück. Schrickst auf und schauerst. Lächelst. Und
  deine Lippen sinken,
Geflügel wilder Schwäne, über meinen Mund, als wollten sie sich
  um Erwachen und Besinnung trinken.

LINDA

Du griffst nach Glück. Es schmolz wie Flocken Schnees, die du in
  aufgehobnen Händen eingefangen.
Frost fiel auf dich. Du hast Decken über dein rot strömendes Herz
  gehangen.
Traumstarre kam und füllte alle Mulden deiner Seele wie Gewässer
  aus entsperrten Wehren –
Nun fühlst du Wüsten um dich wachsen, die dein wehes Blut
  verzehren.
Nun siehst du dich, mit nachtgebundnen Augen, wie im Schlaf,
  durch tote Gassen schreiten
Und Schicksal, spukhaft nah und unerreichbar, dir vorübergleiten.
Wach auf! Gespenster suchen dich! Sieh: über dir wölbt sich
  südlicher Mittagshimmel, buntgefleckt, goldtief und klar!
Sieh: der Meerwind deiner Kindheit weht immer noch über dein
  aufgelockertes schwarzes Haar!
Sieh: deine schlafbetäubten Augen sind ganz getränkt und voll-
  gesogen
Mit Glück der Welt, das sie in frühen Klostertagen dürstend auf
  sich hergezogen.
Und jeder Hauch, der dein erwachend Blut dereinst bewegt,
Ward nun zum festen Pulsschlag, der dein Wesen nährt und trägt.
Tanz bäumt sich in deinen Gliedern und wartet, aufgereckt,
Daß deines Herzens Cymbelschlagen seine Lust erweckt.

17–18/1–14 ▷

Deines Lebens Stimme steigt, morgendlich überschwellend wie
    Lerchenschlag,
Über das Frühlingsland, das lauter und jung erglänzt wie am ersten
    Tag.
Vor deiner Schwelle wartet alles Wunder und will zu dir herein –
Schüttle die Nacht von dir! SEI DU! Und du wirst stark und selig
    sein.

DER AUFBRUCH

DIE FLUCHT

Der Aufbruch

WORTE

Man hatte uns Worte vorgesprochen, die von nackter Schönheit
    und Ahnung und zitterndem Verlangen übergiengen.
Wir nahmen sie, behutsam wie fremdländische Blumen, die wir in
    unsrer Knabenheimlichkeit aufhiengen.
Sie versprachen Sturm und Abenteuer, Überschwang und Gefahren
    und todgeweihte Schwüre –
Tag um Tag standen wir und warteten, daß ihr Abenteuer uns
    entführe.
Aber Wochen liefen kahl und spurlos, und nichts wollte sich
    melden, unsre Leere fortzutragen.
Und langsam begannen die bunten Worte zu entblättern. Wir
    lernten sie ohne Herzklopfen sagen.
Und die noch farbig waren, hatten sich von Alltag und allem
    Erdwohnen geschieden:
Sie lebten irgendwo verzaubert auf paradiesischen Inseln in einem
    märchenblauen Frieden.
Wir wußten: sie waren unerreichbar wie die weißen Wolken, die
    sich über unserm Knabenhimmel vereinten,
Aber an manchen Abenden geschah es, daß wir heimlich und sehn-
    süchtig ihrer verhallenden Musik nachweinten.

DER SPRUCH

In einem alten Buche stieß ich auf ein Wort,
Das traf mich wie ein Schlag und brennt durch meine Tage fort:
Und wenn ich mich an trübe Lust vergebe,
Schein, Lug und Spiel zu mir anstatt des Wesens hebe,
Wenn ich gefällig mich mit raschem Sinn belüge,
Als wäre Dunkles klar, als wenn nicht Leben tausend wild ver-
    schlossne Tore trüge,
Und Worte wiederspreche, deren Weite nie ich ausgefühlt,
Und Dinge fasse, deren Sein mich niemals aufgewühlt,
Wenn mich willkommner Traum mit Sammethänden streicht,
Und Tag und Wirklichkeit von mir entweicht,
Der Welt entfremdet, fremd dem tiefsten Ich,
Dann steht das Wort mir auf: Mensch, werde wesentlich!

Der Aufbruch

TAGE

I.

Klangen Frauenschritte hinter Häuserbogen,
Folgtest du durch Gassen hingezogen
Feilen Blicken und geschminkten Wangen nach,
Hörtest in den Lüften Engelschöre musizieren,
Spürtest Glück, dich zu zerstören, zu verlieren,
Branntest dunkel nach Erniedrigung und Schmach.

Bis du dich an Eklem vollgetrunken,
Vor dem ausgebrannten Körper hingesunken,
Dein Gesicht dem eingeschrumpften Schoß verwühlt –
Fühltest, wie aus Schmach dir Glück geschähe,
Und des Gottes tausendfache Nähe
Dich in Himmelsreinheit höbe, niegefühlt.

II.

O Gelöbnis der Sünde! All' ihr auferlegten Pilgerfahrten in entehrte Betten!
Stationen der Erniedrigung und der Begierde an verdammten Stätten!
Obdach beschmutzter Kammern, Herd in der Stube, wo die Speisereste verderben,
Und die qualmende Öllampe, und über der wackligen Kommode der Spiegel in Scherben!
Ihr zertretnen Leiber! du Lächeln, krampfhaft in gemalte Lippen eingeschnitten!
Armes, ungepflegtes Haar! ihr Worte, denen Leben längst entglitten –
Seid ihr wieder um mich, hör' ich euch meinen Namen nennen?
Fühl' ich aus Scham und Angst wieder den einen Drang nur mich zerbrennen:
Sicherheit der Frommen, Würde der Gerechten anzuspeien,
Trübem, Ungewissem, schon Verlornem mich zu schenken, mich zu weihen,
Selig singend Schmach und Dumpfheit der Geschlagenen zu fühlen,
Mich ins Mark des Lebens wie in Gruben Erde einzuwühlen.

III.

Ich stammle irre Beichte über deinem Schoß:
Madonna, mach' mich meiner Qualen los.
Du, deren Weh die Liebe nie verließ,
In deren Leib man sieben Schwerter stieß,
Die lächelnd man zur Marterbank gezerrt –
O sieh, noch bin ich ganz nicht aufgesperrt,
Noch fühl' ich, wie mir Haß zur Kehle steigt,
Und vielem bin ich fern und ungeneigt.
O laß die Härte, die mich engt, zergehn,
Nur Tor mich sein, durch das die Bilder gehn,
Nur Spiegel, der die tausend Dinge trägt,
Allseiend, wie dein Atemzug sich über Welten regt.

IV.

Dann brenn' ich nächtelang, mich zu kasteien,
Und spüre Stock und Geißel über meinen Leib geschwenkt:
Ich will mich ganz von meinem Selbst befreien,
Bis ich an alle Welt mich ausgeschenkt.
Ich will den Körper so mit Schmerzen nähren,
Bis Weltenleid mich sternengleich umkreist –
In Blut und Marter aufgepeitschter Schwären
Erfüllt sich Liebe und erlöst sich Geist.

Der Aufbruch

GEGEN MORGEN

Tag will herauf. Nacht wehrt nicht mehr dem Licht.
O Morgenwinde, die den Geist in ungestüme Meere treiben!
Schon brechen Vorstadtbahnen fauchend in den Garten
Der Frühe. Bald sind Straßen, Brücken wieder von Gewühl und Lärm versperrt –
O jetzt ins Stille flüchten! Eng im Zug der Weiber, der sich übern Treppengang zur Messe zerrt,
In Kirchenwinkel knien! O, alles von sich tun, und nur in Demut auf das Wunder der Verheißung warten!
O Nacht der Kathedralen! Inbrunst eingelernter Kinderworte!
Gestammel unverstandner Litanein, indes die Seelen in die Sanftmut alter Heiligenbilder schauen . .
O Engelsgruß der Gnade . . ungekannt im Chor der Gläubigen stehn und harren, daß die Pforte
Aufspringe, und ein Schein uns kröne wie vom Haar von unsrer lieben Frauen.

METAMORPHOSEN

Erst war grenzenloser Durst, ausholend Glück, schamvolles Sichbeschauen,
Abends in der Jungenstube, wenn die Lampe ausgieng, Zärtlichkeiten überschwänglich hingeströmt an traumerschaffne Frauen,
Verzückte Worte ins Leere gesprochen und im Blut der irre Brand –
Bis man sich eines Nachts in einem schalen Zimmer wiederfand,
Stöhnend, dumpf, und seine Sehnsucht über einen trüben, eingesunknen Körper leerte,
Sich auf die Zähne biß und wußte: dieses sei das Leben, dem man sich bekehrte.
Ein ganzer blondverklärter Knabenhimmel stand in Flammen –
Damals stürzte Göttliches zusammen . .
Aber Seele hüllte gütig enge Kammer, welken Leib und Scham und Ekel ein,
Und niemals wieder war Liebe so sanft, demütig und rein,
So voller Musik wie da . . .

Dann sind Jahre hingegangen und haben ihren Zoll gezahlt.
Aus ihrem Fluß manch' eine Liebesstunde wie eine Mondwelle aufstrahlt.
Aber Wunder wich zurück, wie schöne hohe Kirchen Sommers vor der Dämmerung in die Schatten weichen.
Eine Goldspur wehte übern Abendhimmel hin: nichts konnte sie erreichen.
Seele blieb verlassen, Sehnsucht kam mit leeren Armen heim, so oft ich sie hinausgeschickt,
Wenn ich im Dunkel nach Erfüllung rang, in Hauch und Haar geliebter Frau'n verstrickt.
Denn immer griffen meine Hände nach dem fernen bunten Ding,
Das einmal über meinem Knabenhimmel hieng.

Der Aufbruch

Und immer rief mein Kiel nach Sturm – doch jeder Sturm hat
    mich ans Land geschwemmt,
Sterne brachen, und die Flut zerfiel, in Schlick und Sand ver-
    schlämmt ...
Daran mußt' ich heute denken, und es fiel mir ein,
Daß alles das umsonst, und daß es anders müsse sein,
Und daß vielleicht die Liebe nichts als schweigen,
Mit einer Frau am Meeresufer stehn und durch die Dünen
    horchen, wie von fern die Wasser steigen.

BETÖRUNG

Nun bist du, Seele, wieder deinem Traum
Und deiner Sehnsucht selig hingegeben.
In holdem Feuer glühend fühlst du kaum,
Daß Schatten alle Bilder sind, die um dich leben.

Denn nächtelang war deine Kammer leer.
Nun grüßen dich, wie über Nacht die Zeichen
Des jungen Frühlings durch die Fenster her,
Die neuen Schauer, die durch deine Seele streichen.

Und weißt doch: niemals wird Erfüllung sein
Den Schwachen, die ihr Blut dem Traum verpfänden,
Und höhnend schlägt das Schicksal Krug und Wein
Den ewig Dürstenden aus hochgehobnen Händen.

Der Aufbruch

TRÜBE STUNDE

Im sinkenden Abend, wenn die Fischer in den Meerhäfen ihre
 Kähne rüsten,
In der austreibenden Flut, die braunen Masten zitternd vor dem
 Wind –
Seele, wirfst du zitternd dich ins Segel, gierig nach entlegnen
 Küsten,
Dahin die Wunder deiner Nächte dir entglitten sind?

Oder bist du so wehrlos deiner Sterne Zwang verfallen,
Daß dich ein irrer Wille nur ins Ferne, Uferlose drängt –
Auf wilden Wassern schweifend, wenn die Stürme sich in deines
 Schiffes Rippen krallen,
Und Nacht und Wolke endlos graues Meer und grauen Himmel
 mengt?

Und wütest du im Dunkel gegen dein Geliebtes und erwachst mit
 strömend tiefen Wunden,
Das Auge matt, dein Blut verbrannt und deiner Sehnsucht
 Schwingen leer,
Und siehst, mit stierem Blick, und unbewegt an deines Schicksals
 Mast gebunden
Den Morgen glanzlos schauern überm Meer?

WAS WAREN FRAUEN

Was waren Frauen anders dir als Spiel,
Der du dich bettetest in soviel Liebesstunden:
Du hast nie andres als ein Stück von dir gefunden,
Und niemals fand dein Suchen sich das Ziel.

Du strebtest, dich im Hellen zu befreien,
Und wolltest untergeh'n in wolkig trüber Flut –
Und lagst nur hilflos angeschmiedet in den Reihen
Der Schmachtenden, gekettet an dein Blut.

Du stiegst, dein Leben höher aufzutürmen,
In fremde Seelen, wenn dich eigne Kraft verließ,
Und sahst erschauernd deinen Dämon dich umstürmen,
Wenn deinen dünnen Traum der Tag durchstieß.

REINIGUNG

Lösche alle deine Tag' und Nächte aus!
Räume alle fremden Bilder fort aus deinem Haus!
Laß Regendunkel über deine Schollen niedergehn!
Lausche: dein Blut will klingend in dir auferstehn! –
Fühlst du: schon schwemmt die starke Flut dich neu und rein,
Schon bist du selig in dir selbst allein
Und wie mit Auferstehungslicht umhangen –
Hörst du: schon ist die Erde um dich leer und weit
Und deine Seele atemlose Trunkenheit,
Die Morgenstimme deines Gottes zu umfangen.

ENDE

Nur eines noch: viel Stille um sich her wie weiche Decken schlagen,
Irgendwo im Alltag versinken, in Gewöhnlichkeit, seine Sehnsucht in die Enge bürgerlicher Stuben tragen,
Hingebückt, ins Dunkel gekniet, nicht anders sein wollen, geschränkt und gestillt, von Tag und Nacht überblüht, heimgekehrt von Reisen
Ins Metaphysische – Licht sanfter Augen über sich, weit, tief ins Herz geglänzt, den Rest von irrem Himmelsdurst zu speisen –
Kühlung Wehendes, Musik vieler gewöhnlicher Stimmen, die sich so wie Wurzeln stiller Birken stark ins Blut dir schlagen,
Vorbei die umtaumelten Fanfaren, die in Abenteuer und Ermattung tragen,
Morgens erwachen, seine Arbeit wissen, sein Tagewerk, festbezirkt, stumm aller Lockung, erblindet allem, was berauscht und trunken macht,
Keine Ausflüge mehr ins Wolkige, nur im Nächsten noch sich finden, einfach wie ein Kind, das weint und lacht,
Aus seinen Träumen fliehen, Helle auf sich richten, jedem Kleinsten sich verweben,
Aufgefrischt wie vom Bad, ins Leben eingeblüht, dunkel dem großen Dasein hingegeben.

Der Aufbruch

ZWIEGESPRÄCH

Mein Gott, ich suche dich. Sieh mich vor deiner Schwelle knien
Und Einlaß betteln. Sieh, ich bin verirrt, mich reißen tausend Wege fort ins Blinde,
Und keiner trägt mich heim. Laß mich in deiner Gärten Obdach fliehn,
Daß sich in ihrer Mittagsstille mein versprengtes Leben wiederfinde.
Ich bin nur stets den bunten Lichtern nachgerannt,
Nach Wundern gierend, bis mir Leben, Wunsch und Ziel in Nacht verschwunden.
Nun graut der Tag. Nun fragt mein Herz in seiner Taten Kerker eingespannt
Voll Angst den Sinn der wirren und verbrausten Stunden.
Und keine Antwort kommt. Ich fühle, was mein Bord an letzten Frachten trägt,
In Wetterstürmen ziellos durch die Meere schwanken,
Und das im Morgen kühn und fahrtenfroh sich wiegte, meines Lebens Schiff zerschlägt
An dem Magnetberg eines irren Schicksals seine Planken. –

Still, Seele! Kennst du deine eigne Heimat nicht?
Sieh doch: du bist in dir. Das ungewisse Licht,
Das dich verwirrte, war die ewige Lampe, die vor deines Lebens Altar brennt.
Was zitterst du im Dunkel? Bist du selber nicht das Instrument,
Darin der Aufruhr aller Töne sich zu hochzeitlichem Reigen schlingt?
Hörst du die Kinderstimme nicht, die aus der Tiefe leise dir entgegensingt?
Fühlst nicht das reine Auge, das sich über deiner Nächte wildste beugt –

O Brunnen, der aus gleichen Eutern trüb und klare Quellen säugt,
Windrose deines Schicksals, Sturm, Gewitternacht und sanftes Meer,
Dir selber alles: Fegefeuer, Himmelfahrt und ewige Wiederkehr –
Sieh doch, dein letzter Wunsch, nach dem dein Leben heiße Hände ausgereckt,
Stand schimmernd schon am Himmel deiner frühsten Sehnsucht aufgesteckt.
Dein Schmerz und deine Lust lag immer schon in dir verschlossen wie in einem Schrein,
Und nichts, was jemals war und wird, das nicht schon immer dein.

Der Aufbruch

VORFRÜHLING

In dieser Märznacht trat ich spät aus meinem Haus.
Die Straßen waren aufgewühlt von Lenzgeruch und grünem Saat-
 regen.
Winde schlugen an. Durch die verstörte Häusersenkung gieng ich
 weit hinaus
Bis zu dem unbedeckten Wall und spürte: meinem Herzen schwoll
 ein neuer Takt entgegen.

In jedem Lufthauch war ein junges Werden ausgespannt.
Ich lauschte, wie die starken Wirbel mir im Blute rollten.
Schon dehnte sich bereitet Acker. In den Horizonten eingebrannt
War schon die Bläue hoher Morgenstunden, die ins Weite führen
 sollten.

Die Schleusen knirschten. Abenteuer brach aus allen Fernen.
Überm Kanal, den junge Ausfahrtwinde wellten, wuchsen helle
 Bahnen,
In deren Licht ich trieb. Schicksal stand wartend in umwehten
 Sternen.
In meinem Herzen lag ein Stürmen wie von aufgerollten Fahnen.

RESURRECTIO

Flut, die in Nebeln steigt. Flut, die versinkt.
O Glück: das große Wasser, das mein Leben überschwemmte, sinkt, ertrinkt.
Schon wollen Hügel vor. Schon bricht gesänftigt aus geklärten Strudeln Fels und Land.
Bald wehen Birkenwimpel über windgesträhltem Strand.
O langes Dunkel. Stumme Fahrten zwischen Wolke, Nacht und Meer.
Nun wird die Erde neu. Nun gibt der Himmel aller Formen zarten Umriß her.
Herzlicht von Sonne, das sich noch auf gelben Wellen bäumt –
Bald kommt die Stunde, wo dein Gold in grünen Frühlingsmulden schäumt –
Schon tanzt im Feuerbogen, den der Morgen übern Himmel schlägt,
Die Taube, die im Mund das Ölblatt der Verheißung trägt.

SOMMER

Mein Herz steht bis zum Hals in gelbem Erntelicht wie unter Sommerhimmeln schnittbereites Land.
Bald läutet durch die Ebenen Sichelsang: mein Blut lauscht tief mit Glück gesättigt in den Mittagsbrand.
Kornkammern meines Lebens, lang verödet, alle eure Tore sollen nun wie Schleusenflügel offen stehn,
Über euern Grund wird wie Meer die goldne Flut der Garben gehn.

FORM IST WOLLUST

Form und Riegel mußten erst zerspringen,
Welt durch aufgeschlossne Röhren dringen:
Form ist Wollust, Friede, himmlisches Genügen,
Doch mich reißt es, Ackerschollen umzupflügen.
Form will mich verschnüren und verengen,
Doch ich will mein Sein in alle Weiten drängen –
Form ist klare Härte ohn' Erbarmen,
Doch mich treibt es zu den Dumpfen, zu den Armen,
Und in grenzenlosem Michverschenken
Will mich Leben mit Erfüllung tränken.

DER AUFBRUCH

Einmal schon haben Fanfaren mein ungeduldiges Herz blutig gerissen,
Daß es, aufsteigend wie ein Pferd, sich wütend ins Gezäum verbissen.
Damals schlug Tambourmarsch den Sturm auf allen Wegen,
Und herrlichste Musik der Erde hieß uns Kugelregen.
Dann, plötzlich, stand Leben stille. Wege führten zwischen alten Bäumen.
Gemächer lockten. Es war süß, zu weilen und sich versäumen,
Von Wirklichkeit den Leib so wie von staubiger Rüstung zu entketten,
Wollüstig sich in Daunen weicher Traumstunden einzubetten.
Aber eines Morgens rollte durch Nebelluft das Echo von Signalen,
Hart, scharf, wie Schwerthieb pfeifend. Es war wie wenn im Dunkel plötzlich Lichter aufstrahlen.
Es war wie wenn durch Biwakfrühe Trompetenstöße klirren,
Die Schlafenden aufspringen und die Zelte abschlagen und die Pferde schirren.
Ich war in Reihen eingeschient, die in den Morgen stießen, Feuer über Helm und Bügel,
Vorwärts, in Blick und Blut die Schlacht, mit vorgehaltnem Zügel.
Vielleicht würden uns am Abend Siegesmärsche umstreichen,
Vielleicht lägen wir irgendwo ausgestreckt unter Leichen.
Aber vor dem Erraffen und vor dem Versinken
Würden unsre Augen sich an Welt und Sonne satt und glühend trinken.

STATIONEN

LOVER'S SEAT

Im Abend sind wir steile grünbebuschte Dünenwege hingeschritten.
Du ruhst an mich gedrängt. Die Kreideklippe schwingt ihr schimmerndes Gefieder über tiefem Meere.
Hier, wo der Fels in jäher Todesgier ins Leere
Hinüberlehnt, sind einst zwei Liebende ins weiche blaue Bett geglitten.

Fern tönt die Brandung. Zwischen Küssen lausch ich der Legende,
Die lachend mir dein Mund in den erglühten Sommerabend spricht.
Doch tief mich beugend seh' ich wie im Glück erstarren dein Gesicht
Und dumpfe Schwermut hinter deinen Wimpern warten und das nahe Ende.

FÜLLE DES LEBENS

Dein Stern erglänzt in Auferstehungsfrühen,
Dein Schicksal treibt, als Opfer sich zu spenden,
Durstige Flamme, kühn, sich zu verschwenden,
Wie Laubgerinnsel, die im Herbstwald sich verglühen.

In Fernen sind die Hölzer schon geschichtet,
Den Leib zu neuer Weihe zu empfangen –
Und schwellend ist, um das die Wimpel deiner Träume hangen,
Das Brautbett deiner letzten Sehnsucht aufgerichtet.

FERNEN

In Schmerzen heilig allem Leid Gefeite,
Da immer schwächer dir die hellen Stimmen klangen
Des Tages, stumm dein Schicksal dich und hart den Scharen weihte
Der Hungernden, die über öde Fluren wunde Sehnsuchtsfinger falten –

Ist nun dein Leben Zwiesprach mit verwunschnen Dingen,
Sturm, Geist und Dunkel deiner Seele nahe und geliebt?
Ich fühle deinen Leib den Händen, die ihn klammern, sich entringen
In Länder, deren Erde dürr wie Zunder meinem Tritt entstiebt.

Nun denkt mir's durch die brennenden versehnten
Traumaugen deiner Frohsinnsstunden, die wie kaum erst flügge Vögel nur
Schüchterne Flügel schlagend überm schwanken Bord des Lebens lehnten,
Und mich beströmt wie Herzblut deiner Marter alle Qual der Kreatur.

ENTSÜHNUNG

Ich stand in Nacht. Ich rang versteinert. Fand in Wüsten irrend deine Seele nicht.
Die Wege lagen endlos mir verschüttet, die zu deiner Schwelle liefen.
Ich war ganz fern. Du sprachst zu mir. Ich stand mit abgewandtem Herzen und Gesicht.
Wie Sterbeglocken rauschten mir die Worte, die mich zu dir riefen.
Ich lauschte dumpf der Stimme. Wie erstarrt. Sie kam
Aus Fernen: still; demütig, aber fest; nachtwandelnd und im Glanze ihres Schicksals, und sie drang in meinen Traum.
Da war's, daß in mein Herz das Wunder brach. Ich wachte auf. In jäher Scham
Sah ich mich selbst. Sah deine Seele, wie sie stumm, mit schweren Lidern, vor mir stand,
Nackend. Sah ihre lange Qual, und wie sie durch die vielen, vielen Nächte
Mich so gesucht, die Augen still in mich gekehrt, und mich doch nimmer fand,
Indes ich blind in wilden Zonen irrte
Und meines Herzens Heimwehruf verbannte.
Sah, wie ihr reiner Spiegel sich mit Dunkel wirrte,
Und jäh gereckt die Gier, wie sie sich selbst zum Opfer brächte,
Grausam, im eignen Blut die Qualen löschend, und mit Weh ihr Weh ertöte,
Im Opfer ihres Leibes. Und ich sah dich bleich, mit nackten Füßen auf dem Büßerberg und über deiner Brust die Röte
Der Wunden, die ich dir geschlagen. Sah dich matt und bloß
Und schwach. Doch über Nacht und Leid
Strahlte dein heiliges Herz. Ich sah den Glorienschein, der jählings über deinem Scheitel brannte
Und mich begoß. Oh, immer will ich stehn und schauen, schauen

Der Aufbruch

Und warten, du Geliebte, daß dein Antlitz mir ein Lächeln
 schenke.
Ich weiß, ich hab an dir gesündigt. Sieh, ich will dein Kleid
Bloß fassen, so wie Mütter tun mit kranken Kindern vor dem Bild
 der lieben Frauen –
Nur lächle wieder, du, in deren Schoß
Ich wie in klares Wasser meines Lebens dunkles Opfer senke.

IN DIR

Du wolltest dir entfliehn, an Fremdes dich fortschenken,
Vergangenheit auslöschen, neue Ströme in dich lenken –
Und fandest tiefer in dich selbst zurück.
Befleckung glitt von dir und ward zu Glück.
Nun fühlst du Schicksal deinem Herzen dienen,
Ganz nah bei dir, leidend von allen treuen Sternen überschienen.

Der Aufbruch

GANG IN DER NACHT

Die Alleen der Lichter, die der Fluß ins Dunkel schwemmt, sind schon erblindet
In den streifenden Nebeln. Bald sind die Staden eingedeckt. Schon findet
Kein Laut den Weg mehr aus dem trägen Sumpf, der alles Feste in sich schluckt.
Die Stille lastet. Manchmal bläst ein Wind die Gaslaternen auf. Dann zuckt
Über die untern Fensterreihen eine Welle dünnen Lichts und schießt zurück. Im Schreiten
Springen die Häuser aus dem Schatten vor wie Rümpfe wilder Schiffe auf entferntem Meer und gleiten
Wieder in Nacht. O diese Straße, die ich so viel Monde nicht gegangen –
Nun streckt Erinnerung hundert Schmeichlerarme aus, mich einzufangen,
Legt sich zu mir, ganz still, nur schattenhaft, nur wie die letzte Welle Dufts von Schlehdornsträuchern abgewehrt,
Nur wie ein Spalt von Licht, davon doch meine Seele wie ein Frühlingsbeet in Blüten steht –
Ich schreite wie durch Gärten. Bin auf einem großen Platz. Nebel hängt dünn und flimmernd wie durch Silbernetz gesiebt –
Und plötzlich weiß ich: hinter diesen Fenstern dort schläft eine Frau, die mich einmal geliebt,
Und die ich liebte. Hüllen fallen. Eine Spannung bricht. Ich steh' bestrahlt, besternt in einem güldnen Regen,
Alle meine Gedanken laufen wie verklärt durchs Dunkel einer magisch tönenden Musik entgegen.

WINTERANFANG

Die Platanen sind schon entlaubt. Nebel fließen. Wenn die Sonne einmal durch den Panzer grauer Wolken sticht,
Spiegeln ihr die tausend Pfützen ein gebleichtes runzliges Gesicht.
Alle Geräusche sind schärfer. Den ganzen Tag über hört man in den Fabriken die Maschinen gehn –
So tönt durch die Ebenen der langen Stunden mein Herz und mag nicht stille stehn
Und treibt die Gedanken wie surrende Räder hin und her,
Und ist wie eine Mühle mit windgedrehten Flügeln, aber ihre Kammern sind leer:
Sie redet irre Worte in den Abend und schlägt das Kreuz. Schon schlafen die Winde ein. Bald wird es schnei'n,
Dann fällt wie Sternenregen weißer Friede aus den Wolken und wickelt alles ein.

IN DER FRÜHE

Die Silhouette deines Leibs steht in der Frühe dunkel vor dem trüben Licht
Der zugehangnen Jalousien. Ich fühl, im Bette liegend, hostiengleich mir zugewendet dein Gesicht.
Da du aus meinen Armen dich gelöst, hat dein geflüstert »Ich muß fort« nur an die fernsten Tore meines Traums gereicht –
Nun seh ich, wie durch Schleier, deine Hand, wie sie mit leichtem Griff das weiße Hemd die Brüste niederstreicht . .
Die Strümpfe . . nun den Rock . . das Haar gerafft . . schon bist du fremd, für Tag und Welt geschmückt . .
Ich öffne leis die Türe . . küsse dich . . du nickst, schon fern, ein Lebewohl . . und bist entrückt.
Ich höre, schon im Bette wieder, wie dein sachter Schritt im Treppenhaus verklingt,
Bin wieder im Geruche deines Körpers eingesperrt, der aus den Kissen strömend warm in meine Sinne dringt.
Morgen wird heller. Vorhang bläht sich. Junger Wind und erste Sonne will herein.
Lärmen quillt auf . . Musik der Frühe . . sanft in Morgenträume eingesungen schlaf ich ein.

Der Aufbruch

KLEINE SCHAUSPIELERIN

War man glücklich eingestaubten Bänken,
Lehrerquengeln und den Zeichen an der Tafel, die man nicht
 verstand, entzogen,
Abends im Theater, auf die Brüstung hingebogen,
Fühlte man sich Himmel köstlich niedersenken.

Nur im Spiele wollte Glück sich geben,
Wo sich Traum ein ungeheures Sein erfand,
Und den Händen, die zum ersten Mal nach Leben
Griffen, rollte Wirklichkeit dahin wie loser Sand.

Aber wenn du vor den Bühnenlichtern schrittest,
Lächeltest und eingelernte Worte sprachst, war Wunder aufgehellt,
Mit Musik und Beifall und geputzter Menge glittest
Du ins Herz, warst Weib und Ruhm und Welt.

Herrlich lag beisammen, was sich dann zerstückte,
In beseelte Stummheit waren tausend Liebesworte eingedrängt,
Wenn man Abends scheu und· heiß an deinen Fenstern sich
 vorüberdrückte,
War Erfüllung schimmernd wie ein Rosenregen ausgesprengt.

Der Aufbruch

GLÜCK

Nun sind vor meines Glückes Stimme alle Sehnsuchtsvögel weggeflogen.
Ich schaue still den Wolken zu, die über meinem Fenster in die Bläue jagen –
Sie locken nicht mehr, mich zu fernen Küsten fortzutragen,
Wie einst, da Sterne, Wind und Sonne wehrlos mich ins Weite zogen.
In deine Liebe bin ich wie in einen Mantel eingeschlagen.
Ich fühle deines Herzens Schlag, der über meinem Herzen zuckt.
Ich steige selig in die Kammer meines Glückes nieder,
Ganz tief in mir, so wie ein Vogel, der ins flaumige Gefieder
Zu sommerdunklem Traum das Köpfchen niederduckt.

IN DIESEN NÄCHTEN

In diesen Nächten friert mein Blut nach deinem Leib, Geliebte.
O, meine Sehnsucht ist wie dunkles Wasser aufgestaut vor Schleußentoren,
In Mittagsstille hingelagert, reglos lauernd,
Begierig, auszubrechen. Sommersturm,
Der schwer im Hinterhalt geladner Wolken hält. Wann kommst du, Blitz,
Der ihn entfacht, mit Lust befrachtet, Fähre,
Die weit der Wehre starre Schenkel von sich sperrt? Ich will
Dich zu mir in die Kissen tragen so wie Garben jungen Klees
In aufgelockert Land. Ich bin der Gärtner,
Der weich dich niederbettet. Wolke, die
Dich übersprengt, und Luft, die dich umschließt.
In deine Erde will ich meine irre Glut vergraben und
Sehnsüchtig blühend über deinem Leibe auferstehn.

DIE SPIEGEL

DER FLÜCHTLING

Da sich mein Leib in jener Gärten Zaubergrund verirrte,
Wo blauer Schierling zwischen Stauden dunkler Tollkirschblüten stand,
Was hilft es, daß ein später Tagesschein den Knäuel bunter Fieberträume mir entwirrte,
Und durch das Frösteln grauer Morgendämmerungen sich mein Fuß den Ausweg fand?

Von jener Nächte frevelvollen Seligkeiten
Gärt noch mein Blut so wie mit fremdem Fiebersaft beschwert
Und aus dem Schwall der Stunden, die wie hingejagte Wolken mir entgleiten,
Bleibt tief mein Traum wie über blaue Heimatseen in sich selbst gekehrt.

Um meines Lebens ungewisse Schalen neigen
Und drängen sich die Bilder, die aus Urwaldskelchen aufgeflogen sind,
Und meine Wünsche wollen, wilde Vogelschwärme, in die Tannenwipfel steigen,
Und meine Seele schreit, wehrlose Wetterharfe unterm Wind.

Der Aufbruch

SEGNUNG

Die Hütte lehnt am braunen Rebenhügel,
Von der sie Stunden oft ins weite Land geschaut,
Daraus sie eines Tags, auf farbiger Dämmerung Flügel,
Hintrat ins Volk, mit Grün geschmückt wie eine Braut.

Durch ihre Augen irrten blanke Sterne,
Um ihre Kinderwangen Feuer sprang,
Die Stimme bebte, da ihr Wort zum Volke drang:
»Mich ruft ein hoher Wille in die große Ferne.

Fragt nicht noch sorgt euch, was mir Schicksal werde,
Der hält mein Leben, der mir diese Sehnsucht schuf –
Aus stiller Hut reißt mich ein ungeheurer Ruf
In allen Sturm und Seligkeit der Erde.«

Sie hörte kaum, wie Greise schwach sich mühten.
Sie gieng. Im Abend leuchtete wie Weizen gelb ihr Haar.
Vor ihrem Fenster die Hollunderblüten
Erglommen und verwehten einsam Jahr um Jahr.

Doch eines Morgens, da die späten Sterne blichen,
Und banges Zwielicht eisig in den Zweigen hieng,
Da sah ein Weib, das Wasser schöpfen gieng,
Wie sie sich fremd und fröstelnd in die Tür geschlichen.

Und seit dem Tage schwebt auf ihren Wegen
Ein Glorienschein, der Gau und Volk erhellt,
Und ihre Stimme hat den großen Segen
Der Liebenden, die Gott zu Mittlern hat bestellt.

PARZIVAL VOR DER GRALSBURG

Da ihm die erznen Flügel dröhnend vor die Füße klirrten,
Fernhin der Gral entwich und Brodem feuchter Herbstnachtwälder aus dem Dunkel sprang,
Sein Mund in Scham und Schmerz verirrt, indessen die Septemberwinde ihn umschwirrten,
Mit Kindesstammeln jenes Traums entrückte Gegenwart umrang,

Da sprach zu ihm die Stimme: Törichter, schweige!
Was sucht dein Hadern Gott? Noch bist du unversühnt und fern vom Ziele deiner Fahrt –
Wirf deine Sehnsucht in die Welt! Dein warten Städte, Menschen, Meere: Geh und neige
Dich deinem Gotte, der dich gütig neuen Nöten aufbewahrt.

Auf! Fort! Hinaus! Ins Weite! Lebe, diene, dulde!
Noch ist dein Tiefstes stumm – brich Furchen in den Fels mit härtrer Schmerzen Stahl!
Dem Ungeprüften schweigt der Gott! Wie Blut und Schicksal dunkel dich verschulde,
Dich glüht dein Irrtum rein, und erst den Schmerzgekrönten grüßt der heilige Gral.

Der Aufbruch

DIE BEFREIUNG

Da seine Gnade mir die Binde von den Augen schloß,
Troff Licht wie Regen brennend. Land lag da und blühte.
Ich schritt so wie im Tanz. Und was davor mich wie mit Knebeln mühte,
Fiel ab und war von mir getan. Mich überfloß
Das Gnadenwunder, unaufhörlich quellend – so wie junger Wein
Im Herbst, wenn sie auf allen goldnen Hügeln keltern,
Und rings die Hänge nieder Saft aufspritzt und flammt in den Behältern,
Flammte vor mir die Welt und ward nun ganz erst mein
Und meines Odems Odem. Jedes Ding war neu und gieng
In tiefer Herzenswallung mir entgegen, sich zu schenken, so wie am Altar,
Des Opfers freudig, ganz in Glück gekleidet. Und in jedem war
Der Gott. Und keines war, darauf nicht seine Güte so wie Hauch um reife Früchte hieng.
Mir aber brach die Liebe alle Türen auf, die Hochmut mir gesperrt:
In Not Gescharte, Bettler, Säufer, Dirnen und Verbannte
Wurden mein lieb Geschwister. Meine Demut kniete vor dem Licht, das fern in ihren Augen brannte,
Und ihre rauhen Stimmen schlossen sich zum himmlischen Konzert.
Ich selbst war dunkel ihrem Leid und ihrer Lust vermengt – Welle im Chor
Auffahrender Choräle. Meine Seele war die kleine Glocke, die im Dorfkirchhimmel der Gebete hieng
Und selig läutend in dem Überschwang der Stimmen sich verlor
Und ausgeschüttet in dem Tausendfachen untergieng.

BAHNHÖFE

Wenn in den Gewölben abendlich die blauen Kugelschalen
Aufdämmern, glänzt ihr Licht in die Nacht hinüber gleich dem Feuer von Signalen.
Wie Lichtoasen ruhen in der stählernen Hut die geschwungenen Hallen
Und warten. Und dann sind sie mit einem Mal von Abenteuer überfallen,
Und alle erzne Kraft ist in ihren riesigen Leib verstaut,
Und der wilde Atem der Maschine, die wie ein Tier auf der Flucht stille steht und um sich schaut,
Und es ist, als ob sich das Schicksal vieler hundert Menschen in ihr erzitterndes Bett ergossen hätte,
Und die Luft ist kriegerisch erfüllt von den Balladen südlicher Meere und grüner Küsten und der großen Städte.
Und dann zieht das Wunder weiter. Und schon ist wieder Stille und Licht wie ein Sternhimmel aufgegangen,
Aber noch lange halten die aufgeschreckten Wände, wie Muscheln Meergetön, die verklingende Musik eines wilden Abenteuers gefangen.

Der Aufbruch

DIE JÜNGLINGE UND DAS MÄDCHEN

Was unsern Träumen Schönheit hieß, ward Leib in dir
Und holde Schwingung sanft gezogner Glieder
Im Schreiten, anders nicht als wie in einem Tier.
Doch unsre Sehnsucht sinkt zu deinen Füßen nieder,

Erhöhung stammelnd wie vor dem Altar,
Und daß dein Blick Erfüllung ihr befehle,
Was blind in deinem Körper Trieb und Odem war,
Das wurde staunend unserm Suchen Sinn und Seele.

Du ahnst nicht dieser Stunden Glück und Qual,
Da wir dein Bild in unsern Traum versenken –
Doch du bist Leben. Wir sind Schatten. Deiner Schönheit Strahl
Muß, daß wir atmen, funkelnd erst uns tränken.

HEIMKEHR

(Brüssel, Gare du Nord)

Die Letzten, die am Weg die Lust verschmäht; entleert aus allen
Gassen der Stadt. In Not und Frost gepaart. Da die Laternen schon
   in schmutzigem Licht verdämmern,
Geht stumm ihr Zug zum Norden, wo aus lichtdurchsungnen
   Hallen
Die Schienenstränge Welt und Schicksal über Winkelqueren
   hämmern.
Tag läßt die scharfen Morgenwinde los. Auffröstelnd raffen
Sie ihre Röcke enger. Regen fällt in Fäden. Kaltes graues Licht
Entblößt den Trug der Nacht. Geschminkte Wangen klaffen
Wie giftige Wunden über eingesunkenem Gesicht.
Kein Wort. Die Masken brechen. Lust und Gier sind tot. Nun
   schleppen
Sie ihren Leib wie eine ekle Last in arme Schenken
Und kauern regungslos im Kaffeedunst, der über Kellertreppen
Aufsteigt – wie Geister, die das Taglicht angefallen – auf den
   Bänken.

Der Aufbruch

DER JUNGE MÖNCH

Vermaßt ihr euch zu lieben, die ihr sündhaft nur begehrt,
Mit Tat und Willen trüb die Reine eurer Träume schändet?
O lernet tiefre Wollust: wartend stehn und unbewehrt,
Bis heilige Fracht die Welle euern Ufern ländet.

Ihr glüht und ringt. Ich fühle euer Herz von Sturm und Gier
 bewegt.
Euch girren tausend Stimmen hell ins Ohr, die euer Blut ver-
 führen –
Ich bin ein Halm, den meines Gottes Odem regt,
Ich bin ein Saitenspiel, das meines Gottes Finger rühren.

Ich bin ein durstig aufgerissen Ackerland.
In meiner nackten Scholle kreist die Frucht. Der Regen
Geht drüber hin, Schauer des Frühlings, Sturm und Sonnenbrand,
Und unaufhaltsam reift ihr Schoß dem Licht entgegen.

DIE SCHWANGERN

Wir sind aus uns verjagt. Wir hocken verängstet vor dem gierigen
 Leben,
Das sich in unserem Leibe räkelt, an uns klopft und zerrt.
Schreie lösen sich aus uns, die wir nicht kennen. Wir sind von uns
 selbst versperrt.
Wir sind umhergetrieben. Wer wird uns unserm Ursprung
 wiedergeben?
Alles hat anderen Sinn. Wir nähren fremdes, wenn wir Speise
 schlucken,
Wir schwanken vor fremder Müdigkeit und spüren fremde Lust in
 uns singen.
Sind wir nur noch Land, Erdkrume und Gehäus? Wird dieser Leib
 zerspringen?
Wir fühlen Scham und möchten uns wie Tiere ins Gestrüpp
 niederducken.

Der Aufbruch

SIMPLICIUS WIRD EINSIEDLER IM SCHWARZWALD
UND SCHREIBT SEINE LEBENSGESCHICHTE

Das Wetter mancher Schlacht hat um unsre Nasen gepfiffen,
Wir haben die Säbel zum Stoß für manchen Feindesnacken geschliffen
Und unser Blut aufkochen hören, wenn Hieb und Kugelmusik uns umsausten.
Dann waren Nächte, die wir friedsamer durchbrausten,
Im Feldlager, wenn die Becher überliefen, Kessel schmorten und die Würfel rollten –
Das waren Stunden, die wir für alle Seligkeit Mariae nicht tauschen wollten.
Der Rauch von Höfen und Dörfern hat in unsern Augen gehangen,
Um manchen Galgen sind wir behutsam herumgegangen.
Oft hat uns der Tod schon an der Gurgel gesessen,
Dann haben wir uns geschüttelt, unsern Schimmel vorgezogen und sind aufgesessen.
Wir sind in allen Ländern herumgefahren, blutige Kesseltreiber,
Frankreich lehrte uns die Wollust feiner Betten und das weiße Fleisch der Weiber –
Aber immer mußte Leben überschäumen, um sich zu fühlen,
Und keine Schlacht und keine Umarmung wollte den Brand in unserm Leibe kühlen.
Nun rinnt das Blut gemacher in den Adern innen,
Mein Herz läuft durch die alten Bilder nur, um sich zur Einkehr zu besinnen.
Vor meinem Fenster die grünen Schwarzwaldtannen rauschen, als wollten sie von neuen Fahrten sprechen.
Die Holzplanken meiner Hütte krachen in den Novemberstürmen und drohen in Stücke zu brechen –
Aber ich sitze in Frieden, unbewegt, so wie in Engelsrüstung eingeschlossen.

Der Aufbruch

Nicht Reue und nicht Sehnsucht sollen mir schmälern, was einst
    war und nun vorbei ist und verflossen.
Um mich her, auf dem Tisch, sind meine lieben Bücher aufgebaut,
Und mein Herz voll ruhiger Freude in den klaren Himmel
    hinüberschaut.
Früher hab ich meinem Gott gedient mit Hieb und Narben so wie
    heute mit Gebeten,
Ich brauche nicht zu zittern, wenn er einst mich ruft, vor seinen
    Stuhl zu treten.

Der Aufbruch

DER MORGEN

Dein morgentiefes Auge ist in mir, Marie.
Ich fühle, wie es durch die Dämmerung mich umfängt
Der weiten Kirche. Stille will ich knien und warten, wie
Dein Tag aus den erblühten Heiligenfenstern zu mir drängt.

Wie kommt er sanft und gut und wie mit väterlicher Hand
Umschwichtigend. Wann wars, daß er mit grellen Fratzen mich
    genarrt,
Auf Vorstadtgassen, wenn mein Hunger nirgends sich ein Obdach
    fand –
Oder in grauen Stuben mich aus fremden Blicken angestarrt?

Nun strömt er warm wie Sommerregen über mein Gesicht
Und wie dein Atem voller Rosenduft, Marie,
Und meiner Seele dumpf verwirrt Getön hebt sanft sein Licht
In deines Lebens morgenreine Melodie.

IRRENHAUS

(Le Fort Jaco, Uccle)

Hier ist Leben, das nichts mehr von sich weiß –
Bewußtsein tausend Klafter tief ins All gesunken.
Hier tönt durch kahle Säle der Choral des Nichts.
Hier ist Beschwichtigung, Zuflucht, Heimkehr, Kinderstube.
Hier droht nichts Menschliches. Die stieren Augen,
Die verstört und aufgeschreckt im Leeren hangen,
Zittern nur vor Schrecken, denen sie entronnen.
Doch manchen klebt noch Irdisches an unvollkomm'nen Leibern.
Sie wollen Tag nicht lassen, der entschwindet.
Sie werfen sich in Krämpfen, schreien gellend in den Bädern
Und hocken wimmernd und geschlagen in den Ecken.
Vielen aber ist Himmel aufgetan.
Sie hören die toten Stimmen aller Dinge sie umkreisen
Und die schwebende Musik des Alls.
Sie reden manchmal fremde Worte, die man nicht versteht.
Sie lächeln still und freundlich so wie Kinder tun.
In den entrückten Augen, die nichts Körperliches halten, weilt
    das Glück.

Der Aufbruch

PUPPEN

Sie stehn im Schein der Kerzen, geisterhafte Paare, spöttisch und kokett in den Vitrinen
Wie einst beim Menuett. Der Schönen Hände schürzen wie zum Spiel die Krinolinen
Und lassen weich gewölbte Knöchel über Seidenschuhe blühn. Die Kavaliere reichen
Galant den degenfreien Arm zum Schritt, und ihre feinen frechen Worte, scheint es, streichen
Wie hell gekreuzte Klingen durch die Luft, bis sie in kühlem Lächeln über ihrem Mund erstarren,
Indes die Schönen in den wohlerwognen Attituden sanft und träumerisch verharren.
So stehn sie, abgesperrt von greller Luft, in den verschwiegnen Schränken
Hochmütig, kühl und fern und scheinen langvergeßnen Abenteuern nachzudenken.
Nur wenn die Kerzen trüber flackern, hebt ihr dünnes Blut sich seltsam an zu wirren:
Dann fallen Funken in ihr Auge. Heiße Worte scheinen in der Luft zu schwirren.
Der Schönen Leib erbebt. Im zarten Puder der geschminkten Wangen gleißt
Ihr Mund wie eine tolle Frucht, die Lust und Untergang verheißt.

Der Aufbruch

ANREDE

Ich bin nur Flamme, Durst und Schrei und Brand.
Durch meiner Seele enge Mulden schießt die Zeit
Wie dunkles Wasser, heftig, rasch und unerkannt.
Auf meinem Leibe brennt das Mal: Vergänglichkeit.

Du aber bist der Spiegel, über dessen Rund
Die großen Bäche alles Lebens geh'n,
Und hinter dessen quellend gold'nem Grund
Die toten Dinge schimmernd aufersteh'n.

Mein Bestes glüht und lischt – ein irrer Stern,
Der in den Abgrund blauer Sommernächte fällt –
Doch deiner Tage Bild ist hoch und fern,
Ewiges Zeichen, schützend um dein Schicksal hergestellt.

Der Aufbruch

FAHRT ÜBER DIE KÖLNER RHEINBRÜCKE BEI NACHT

Der Schnellzug tastet sich und stößt die Dunkelheit entlang.
Kein Stern will vor. Die ganze Welt ist nur ein enger, nachtumschienter Minengang,
Darein zuweilen Förderstellen blauen Lichtes jähe Horizonte reißen: Feuerkreis
Von Kugellampen, Dächern, Schloten, dampfend, strömend .. nur sekundenweis ..
Und wieder alles schwarz. Als führen wir ins Eingeweid der Nacht zur Schicht.
Nun taumeln Lichter her .. verirrt, trostlos vereinsamt .. mehr .. und sammeln sich .. und werden dicht.
Gerippe grauer Häuserfronten liegen bloß, im Zwielicht bleichend, tot – etwas muß kommen .. o, ich fühl es schwer
Im Hirn. Eine Beklemmung singt im Blut. Dann dröhnt der Boden plötzlich wie ein Meer:
Wir fliegen, aufgehoben, königlich durch nachtentrissne Luft, hoch übern Strom. O Biegung der Millionen Lichter, stumme Wacht,
Vor deren blitzender Parade schwer die Wasser abwärts rollen. Endloses Spalier, zum Gruß gestellt bei Nacht!
Wie Fackeln stürmend! Freudiges! Salut von Schiffen über blauer See! Bestirntes Fest!
Wimmelnd, mit hellen Augen hingedrängt! Bis wo die Stadt mit letzten Häusern ihren Gast entläßt.
Und dann die langen Einsamkeiten. Nackte Ufer. Stille. Nacht. Besinnung. Einkehr. Kommunion. Und Glut und Drang
Zum Letzten, Segnenden. Zum Zeugungsfest. Zur Wollust. Zum Gebet. Zum Meer. Zum Untergang.

Der Aufbruch

ABENDSCHLUSS

Die Uhren schlagen sieben. Nun gehen überall in der Stadt die Geschäfte aus.
Aus schon umdunkelten Hausfluren, durch enge Winkelhöfe aus protzigen Hallen drängen sich die Verkäuferinnen heraus.
Noch ein wenig blind und wie betäubt vom langen Eingeschlossensein
Treten sie, leise erregt, in die wollüstige Helle und die sanfte Offenheit des Sommerabends ein.
Griesgrämige Straßenzüge leuchten auf und schlagen mit einem Male helleren Takt,
Alle Trottoirs sind eng mit bunten Blusen und Mädchengelächter vollgepackt.
Wie ein See, durch den das starke Treiben eines jungen Flusses wühlt,
Ist die ganze Stadt von Jugend und Heimkehr überspült.
Zwischen die gleichgiltigen Gesichter der Vorübergehenden ist ein vielfältiges Schicksal gestellt –
Die Erregung jungen Lebens, vom Feuer dieser Abendstunde überhellt,
In deren Süße alles Dunkle sich verklärt und alles Schwere schmilzt, als wär es leicht und frei,
Und als warte nicht schon, durch wenig Stunden getrennt, das triste Einerlei
Der täglichen Frohn – als warte nicht Heimkehr, Gewinkel schmutziger Vorstadthäuser, zwischen nackte Mietskasernen gekeilt,
Karges Mahl, Beklommenheit der Familienstube und die enge Nachtkammer, mit den kleinen Geschwistern geteilt,
Und kurzer Schlaf, den schon die erste Frühe aus dem Goldland der Träume hetzt –
All das ist jetzt ganz weit – von Abend zugedeckt – und doch schon da, und wartend wie ein böses Tier, das sich zur Beute niedersetzt,

Der Aufbruch

Und selbst die Glücklichsten, die leicht mit schlankem Schritt
Am Arm des Liebsten tänzeln, tragen in der Einsamkeit der Augen
  einen fernen Schatten mit.
Und manchmal, wenn von ungefähr der Blick der Mädchen im
  Gespräch zu Boden fällt,
Geschieht es, daß ein Schreckgesicht mit höhnischer Grimasse
  ihrer Fröhlichkeit den Weg verstellt.
Dann schmiegen sie sich enger, und die Hand erzittert, die den
  Arm des Freundes greift,
Als stände schon das Alter hinter ihnen, das ihr Leben dem
  Verlöschen in der Dunkelheit entgegenschleift.

JUDENVIERTEL IN LONDON

Dicht an den Glanz der Plätze fressen sich und wühlen
Die Winkelgassen, wüst in sich verbissen,
Wie Narben klaffend in das nackte Fleisch der Häuser eingerissen
Und angefüllt mit Kehricht, den die schmutzigen Gossen überspülen.

Die vollgestopften Läden drängen sich ins Freie.
Auf langen Tischen staut sich Plunder wirr zusammen:
Kattun und Kleider, Fische, Früchte, Fleisch, in ekler Reihe
Verstapelt und bespritzt mit gelben Naphtaflammen.

Gestank von faulem Fleisch und Fischen klebt an Wänden.
Süßlicher Brodem tränkt die Luft, die leise nachtet.
Ein altes Weib scharrt Abfall ein mit gierigen Händen,
Ein blinder Bettler plärrt ein Lied, das keiner achtet.

Man sitzt vor Türen, drückt sich um die Karren.
Zerlumpte Kinder kreischen über dürftigem Spiele.
Ein Grammophon quäkt auf, zerbrochne Weiberstimmen knarren,
Und fern erdröhnt die Stadt im Donner der Automobile.

Der Aufbruch

KINDER VOR EINEM LONDONER ARMENSPEISEHAUS

Ich sah Kinder in langem Zug, paarweis geordnet, vor einem Armenspeisehaus stehen.
Sie warteten, wortkarg und müde, bis die Reihe an sie käme, zur Abendmahlzeit zu gehen.
Sie waren verdreckt und zerlumpt und drückten sich an die Häuserwände.
Kleine Mädchen preßten um blasse Säuglinge die versagenden Hände.

Sie standen hungrig und verschüchtert zwischen den aufgehenden Lichtern,
Manche trugen dunkle Mäler auf den schmächtigen Gesichtern.
Ihr Anzug roch nach Keller, lichtscheuen Stuben, Schelten und Darben,
Ihre Körper trugen von Entbehrung und früher Arbeitsfrohn die Narben.

Sie warteten: gleich wären die andern fertig, dann würde man sie in den großen Saal treten lassen,
Ihnen Brot und Gemüse vorsetzen und die Abendsuppe in den blechernen Tassen.
Oh, und dann würde Müdigkeit kommen und ihre verkrümmten Glieder aufschnüren,
Und Nacht und guter Schlaf sie zu Schaukelpferden und Zinnsoldaten und in wundersame Puppenstuben führen.

Der Aufbruch

MEER

Ich mußte gleich zum Strand. In meinem Blute scholl
Schon Meer. O schon den ganzen Tag. Und jetzt die Fahrt im
   gelbumwitterten Vorfrühlingsabend. Rastlos schwoll
Es auf und reckte sich in einer jähen frevelhaften Süße, wie im
   Spiel
Sich Geigen nach den süßen Himmelswiesen recken. Dunkel lag
   der Kai. Nachtwinde wehten. Regen fiel ..
Die Böschung abwärts .. durch den Sand .. zu dir, du Flut und
   Wollust schwemmende Musik,
Du treibend Glück, du Orgellied, bräutlicher Chor! Zu meinen
   Füßen
Knirschen die Muscheln .. weicher Sand .. wie Seidenmatten
   weich .. ich will dich grüßen,
Du lang Entbehrtes! O der Salzgeschmack, wenn ich die Hände,
   die der Schaum besprizte an die Lippen hebe ..
Viel Dunkles fällt. Es springen Riegel. Bilder steigen. Um mich
   wird es rein. Ich schwebe
Durch Felder tiefer Bläue. Viele Tag' und Nächte bauen
Sich vor mich hin wie Träume. Fern Verschollnes. Fahrten übers
   Meer, durch Sternennächte. Durch die Nebel. Morgen-
   grauen
Bei Dover .. blaues Geisterlicht um Burg und Shakespeare's-Cliff,
   die sich der Nacht entraffen,
Und blaß gekerbte Kreidefelsen, die wie Kiefer eines toten Unge-
   heuers klaffen.
Sternhelle Nacht weit draußen auf der Landungsbrücke, wo die
   Wellen
Wie vom Herzfeuer ihrer Sehnsucht angezündet, Funken schleu-
   dernd, an den braunen Bohlen sich zerschellen.
Und blauer Sommer: Sand und Kinder. Bunte Wimpel. Sonne
   überm Meer, das blüht und grünt wie eine Frühlingsau.
Und Wanderungen, fern an Englands Strand, mit der geliebten
   Frau.

Der Aufbruch

Und Mitternacht im Hafen von Southampton: schwer verhängte
    Nacht, darin wie Blut das Feuer der Kamine loht,
Und auf dem Schiff der Vater .. langsam bricht es in das Schwarz,
    nach Frankreich zu .. und wenig Monde später war er tot ..
Und immer diese endlos hingestreckten Horizonte. Immer dies
    Getön: frohlockender und kämpfender Choral –
Du jedem Traum verschwistert! Du in jeder Lust und jeder Qual!
Du Tröstendes! Du Sehnsucht Zeugendes! In dir verklärt
Sich jeder Wunsch, der in die Himmel meiner Schicksalsfernen
    fährt,
Und jedes Herzensheimweh nach der Frau, die jetzt im hinge-
    wühlten Bette liegt
Und leidet, und zu der mein Blut wie eine Möwe, heftige Flügel
    schlagend, fliegt.
Du Hingesenktes, Schlummertiefes! Horch, dein Atem sänftigt
    meines Herzens Schlag!
Du Sturm, du Schrei, aufreißend Hornsignal zum Kampf, du
    trägst auf weißen Rossen mich zu Tat und Tag!
Du Rastendes! Du feierlich Bewegtes, Nacktes, Ewiges! Du hältst
    die Hut
Über mein Leben, das im Schachte deines Mutterschoßes einge-
    bettet ruht.

DIE RAST

Der Aufbruch

HIER IST EINKEHR

Hier ist Einkehr. Hier ist Stille, den Tagen und Nächten zu lauschen, die aufstehen und versinken.
Hier beginnen die Hügel. Hier hebt sich, tiefer landwärts, Gebirge, Kiefernwälder und durchrauschte Täler.
Hier gießt sich Wiesengrund ins Freie. Bäche spiegeln gesänftigt reine Wolken.
Hier ist Ebene, breitschultrig, heftig blühend, Äcker, streifenweis geordnet,
Braunschollig, grün, goldgelb von Korn, das in der Julisonne reift.
Tag kommt mit aufgefrischtem Himmel, blitzend in den Halmen; Morgen mit den harten, kühlen Farben,
Die betäubt in einen brennendgelben Mittag sinken – grenzenlose Julisonne über allen Feldern,
In alle Krumen sickernd, schwer ins Mark versenkt, bewegungslos,
In langen Stunden weilend, nur von Schatten überwölbt, die langsam weiter laufen,
Sich strecken und entzündet in das violette Farbenspiel des Abends wachsen,
Das nicht mehr enden will. Schon ist es Nacht, doch trägt die Luft
Mit Dämmerung vollgesogen noch den lichten Schein,
Der tiefer blühend auf der Schwingung der gewellten Hügelränder läuft –
Schon reicht unmerklich Frühe an die Nacht der weißen Sterne.
Bald weht aus Büschen wieder aufgewirbelt junges Licht.

Und viele Tag und Nächte werden in der Bläue auf- und niedersteigen,
Eintönig, tief gesättigt, wunschlos in der großen Sommerseligkeit –
Sie tragen auf den schweren sonngebräunten Schultern Sänftigung und Glück.

FLUSS IM ABEND

Der Abend läuft den lauen Fluß hinunter,
Gewittersonne übersprengt die Ufersenkung bunter.
Es hat geregnet. Alle Blätter dampfen Feuchte.
Die Weidenwildnis streckt mit hellen Tümpeln sich ins witternde Geleuchte.
Weiße Nebel sich ins Abendglänzen schwingen.
Unterm seichten Fließen dumpf und schrill die mitgezognen Kiesel klingen.
Die Pappeln stehn im Licht, traumgroße Kerzen dick mit gelbem Honigseim beträuft –
Mir ist, als ob mein tiefstes Glück durch grüne Ufer in den brennenden Gewitterabend läuft.

Der Aufbruch

SCHWERER ABEND

Die Tore aller Himmel stehen hoch dem Dunkel offen,
Das lautlos einströmt, wie in bodenlosen Trichter
Land niederreißend. Schatten treten dichter
Aus lockren Poren nachtgefüllter Schollen.
Die Pappeln, die noch kaum von Sonne troffen,
Sind stumpf wie schwarze Kreuzesstämme übers Land geschlagen.
Die Äcker wachsen grau und drohend – Ebenen trüber Schlacke.
Nacht wirbelt aus den Wolkengruben, über die die Stöße rollen
Schon kühler Winde, und im dämmrigen Gezacke
Hellgrüner Weidenbüschel, drin es rastend sich und röchelnd
    eingeschlagen,
Verglast das letzte Licht.

Der Aufbruch

KLEINE STADT

Die vielen kleinen Gassen, die die langgestreckte Hauptstraße überqueren
Laufen alle ins Grüne. Überall fängt Land an.
Überall strömt Himmel ein und Geruch von Bäumen und der starke Duft der Äcker.
Überall erlischt die Stadt in einer feuchten Herrlichkeit von Wiesen,
Und durch den grauen Ausschnitt niedrer Dächer schwankt
Gebirge, über das die Reben klettern, die mit hellen Stützen in die Sonne leuchten.
Darüber aber schließt sich Kiefernwald: der stößt
Wie eine breite dunkle Mauer an die rote Fröhlichkeit der Sandsteinkirche.

Am Abend, wenn die Fabriken schließen, ist die große Straße mit Menschen gefüllt.
Sie gehen langsam oder bleiben mitten auf der Gasse stehn.
Sie sind geschwärzt von Arbeit und Maschinenruß. Aber ihre Augen tragen
Noch Scholle, zähe Kraft des Bodens und das feierliche Licht der Felder.

Der Aufbruch

DIE ROSEN IM GARTEN

Die Rosen im Garten blühn zum zweiten Mal. Täglich schießen sie in dicken Bündeln
In die Sonne. Aber die schwelgerische Zartheit ist dahin,
Mit der ihr erstes Blühen sich im Hof des weiß und roten Sternenfeuers wiegte.
Sie springen gieriger, wie aus aufgerissenen Adern strömend,
Über das heftig aufgeschwellte Fleisch der Blätter.
Ihr wildes Blühen ist wie Todesröcheln,
Das der vergehende Sommer in das ungewisse Licht des Herbstes trägt.

WEINLESE

Die Stöcke hängen vollgepackt mit Frucht. Geruch von Reben
Ist über Hügelwege ausgeschüttet. Bütten stauen sich auf Wagen.
Man sieht die Erntenden, wie sie, die Tücher vor der braunen
    Spätjahrsonne übern Kopf geschlagen,
Sich niederbücken und die Körbe an die strotzendgoldnen Euter
    heben.

Das Städtchen unten ist geschäftig. Scharen reihenweis gestellter,
Beteerter Fässer harren schon, die neue Last zu fassen.
Bald klingt Gestampfe festlich über alle Gassen,
Bald trieft und schwillt von gelbem Safte jede Kelter.

Der Aufbruch

HERRAD

Welt reichte nur vom kleinen Garten, drin die Dahlien blühten, bis zur Zelle
Und durch die Gänge nach dem Hof und früh und Abends zur Kapelle.
Aber unter mir war Ebene, ins Grün versenkt, mit vielen Kirchen und weiß blühenden Obstbäumen,
Hingedrängten Dörfern, weit ins Land gerückt, bis übern Rhein, wo wieder blaue Berge sie umsäumen.
An ganz stillen Nachmittagen meinte man die Stimmen von den Straßen heraufwehen zu hören, und Abends kam Geläute,
Das hoch den blau ziehenden Rauch der Kamine überflog und mich in meinem Nachsinnen erfreute.

Wenn dann die Nacht herabsank und über meinem Fenster die Sterne erglommen,
War eine fremde Welt aus Büchern auf mich hergesenkt und hat mich hingenommen.
Ich las von Torheit dieser Welt, Bedrängnis, Späßen, Trug und Leiden,
Fromme Heiligengeschichten, grausenvoll und lieblich, und die alte Weisheit der Heiden.
Sinnen und Suchen vieler Menschenseelen war vor meine Augen hingestellt,
Und Wunder der Schöpfung und Leben, das ich liebte, und die Herrlichkeit der Welt.

Und ich beschloß, all das Krause, das ich seit so viel Jahren
Aus Büchern und Wald und Menschenherzen und einsamen Stunden erfahren,
Alles Gute, das ich in diesem Erdenleben empfangen,
Treu und künstlich in Bild und Schrift zu bewahren und einzufangen.

Der Aufbruch

Später, wenn die Augen schwächer würden, in den alten Tagen,
Würd ich in meiner Zelle sitzen und übers Elsaß hinblicken und
    mein Buch aufschlagen,
Und meiner Seele sprängen wie am Heiligenquell im Wald den
    Blinden Wunderbronnen,
Und still ergieng ich mich und lächelnd in dem Garten meiner
    Wonnen.

Der Aufbruch

GRATIA DIVINAE PIETATIS ADESTO SAVINAE
DE PETRA DURA PERQUAM SUM FACTA FIGURA
(Alte Inschrift am Straßburger Münster)

Zuletzt, da alles Werk verrichtet, meinen Gott zu loben,
Hat meine Hand die beiden Frauenbilder aus dem Stein gehoben.
Die eine aufgerichtet, frei und unerschrocken –
Ihr Blick ist Sieg, ihr Schreiten glänzt Frohlocken.
Zu zeigen, wie sie freudig über allem Erdenmühsal throne,
Gab ich ihr Kelch und Kreuzesfahne und die Krone.
Aber meine Seele, Schönheit ferner Kindertage und mein tief versticktes Leben
Hab ich der Besiegten, der Verstoßenen gegeben.
Und was ich in mir trug an Stille, sanfter Trauer und demütigem Verlangen
Hab ich sehnsüchtig über ihren Kinderleib gehangen:
Die schlanken Hüften ausgebuchtet, die der lockre Gürtel hält,
Die Hügel ihrer Brüste zärtlich aus dem Linnen ausgewellt,
Ließ ihre Haare über Schultern hin wie einen blonden Regen fließen,
Liebkoste ihre Hände, die das alte Buch und den zerknickten Schaft umschließen,
Gab ihren schlaffen Armen die gebeugte Schwermut gelber Weizenfelder, die in Julisonne schwellen,
Dem Wandeln ihrer Füße die Musik von Orgeln, die an Sonntagen aus Kirchentüren quellen.
Die süßen Augen mußten eine Binde tragen,
Daß rührender durch dünne Seide wehe ihrer Wimpern Schlagen.
Und Lieblichkeit der Glieder, die ihr weiches Hemd erfüllt,
Hab ich mit Demut ganz und gar umhüllt,
Daß wunderbar in Gottes Brudernähe
Von Niedrigkeit umglänzt ihr reines Bildnis stehe.

ÜBERTRAGUNGEN:
GEDICHTE VON FRANCIS JAMMES

I

PRIÈRE POUR QUE LES AUTRES AIENT LE BONHEUR

Mon Dieu, puisque le monde fait si bien son devoir,
puisqu'au marché les vieux chevaux aux genoux lourds
et les bœufs inclinés se rendent tendrement:
bénissez la campagne et tous ses habitants.
Vous savez qu'étendus jusqu'à l'horizon bleu,
entre les bois luisants et le gave coureur,
sont des blés, des maïs et des vignes tordues.
Tout ça est là comme un grand océan de bonté
où tombent la lumière et la sérénité
et, de sentir leur sève au soleil clair de joie,
les feuilles chantent en remuant dans les bois.
Mon Dieu, puisque mon cœur, gonflé comme une grappe,
veut éclater d'amour et crève de douleur:
si c'est utile, mon Dieu, laissez souffrir mon cœur . . .
Mais que, sur le coteau, les vignes innocentes
mûrissent doucement sous votre Toute-Puissance.

Donnez à tous tout le bonheur que je n'ai pas,
et que les amoureux qui vont se parler bas
dans la rumeur des chars, des bêtes et des ventes,
se boivent des baisers, la hanche sur la hanche.
Que les bons chiens paysans, dans un coin de l'auberge,
trouvent la soupe bonne et s'endorment au frais,
et que les longs troupeaux des chèvres traînassantes
broutent le verjus clair aux vrilles transparentes.
Mon Dieu, voici: négligez-moi si vous voulez . . .
Mais . . . merci . . . Car j'entends, sous le ciel de bonté,
ces oiseaux qui devraient mourir dans cette cage,
chanter de joie, mon Dieu, comme une pluie d'orage.

Übertragungen

1.

GEBET, DASS DIE ANDEREN GLÜCKLICH SEIEN

Mein Gott, da doch die Welt so tut, wie du es ihr bestellt,
Da nach dem Markt die alten Pferde mit den schweren Knien
Und die gebeugten Ochsen sanft einträchtig ziehn,
Segne das freie Land und alle, die darinnen wohnen.
Du weißt, daß hingelagert bis zum blauen Horizont
Zwischen den schimmernden Gehölzen und dem Sturz der Bäche
Korn wächst und Mais und hochgewundne Reben.
All das ist wie ein großer Ozean von Güte ausgeschenkt,
Darein sich Mittagslicht und Himmelsklarheit senkt,
Und wie im freudig blanken Sonnenschein die Säfte steigen,
Regen die Blätter sich und singen an den Zweigen.
Mein Gott, da doch mein Herz, geschwellt wie eine Traube,
Ausbrechen will in Liebe und vor Schmerz zerbirst,
Wenn es dir gut scheint, laß es leiden, dieses Herz ...
Doch gib, daß die unschuldigen Reben dort im Hügelgrün
In deiner Allmacht ihrer Reife sanft entgegenblühn.

Gib allen alles Glück, das mir sich muß versagen,
Und daß die Liebenden, die sich gedämpfte Worte sagen,
Im Lärm der Wagen, Tiere und Verkäufe,
Hüfte an Hüfte ihre Küsse trinken.
Gib, daß die guten Bauernhunde in den Herbergswinkeln
Die Suppe schmackhaft finden und im Kühlen schlafen,
Und daß die Ziegen, die in langen Zügen schleppend schwanken,
Die ungereiften Beeren weiden samt den gläsern hellen Ranken.
Mein Gott, denk nicht an mich: ich bin bereit ...
Doch – Dank! Denn sieh, ich höre unterm Himmel deiner Gütigkeit
Die Vögel, die im Käfig schon bestimmt, zum Sterben sich zu
  legen,
Aufsingen, o mein Gott, vor Freude wie Gewitterregen.

II

PRIÈRE POUR DEMANDER UNE ÉTOILE

O mon Dieu, laissez-moi aller prendre une étoile:
peut-être que ça calmera mon cœur malade...
Mais vous ne voulez pas que je prenne une étoile,
vous ne le voulez pas et vous ne voulez pas
que le bonheur me vienne un peu dans cette vie.
Voyez: je ne veux pas me plaindre et je me tais
dans moi-même, sans fiel aucun ni raillerie,
comme un oiseau en sang caché entre deux pierres.
Oh! dites-moi si cette étoile c'est la mort?...
Alors, donnez-la moi, comme on donne un sou d'or
à un pauvre qui a faim assis près d'un fossé?
Mon Dieu, je suis pareil aux ânes aux pas cassés...
Ce que vous nous donnez, quand vous le retirez,
c'est terrible, et l'on sent alors dedans son cœur
passer comme du vent terrible qui fait peur.
Que faut-il pour guérir? Mon Dieu, le savez-vous?
Souvenez-vous, mon Dieu, que je portais du houx
lorsque j'étais enfant auprès de votre crèche
où ma mère arrangeait doucement les bobèches.
Ne pouvez-vous me rendre un peu ce que j'ai fait
et, si vous croyez que ça peut guérir mon cœur malade,
ne pouvez-vous, mon Dieu, me donner une étoile,
puisque j'en ai besoin pour la mettre ce soir
sur mon cœur qui est froid, qui est vide et qui est noir?

Übertragungen

2.

GEBET, EINEN STERN ZU ERLANGEN

Mein Gott, laß mich ausgehn, einen Stern zu finden.
Vielleicht, daß so dem kranken Herzen Ruhe werde ...
Aber du willst nicht, daß ich einen Stern erlange,
Du willst es nicht, nein, und du willst auch nicht,
Daß mir das Glück ein Stückbreit in dies Leben komme.
Siehe: ich klage nicht, ich bin ganz still
In mir, ganz ohne Bitterkeit und Spott,
So wie ein blutbeströmter Vogel zwischen Steine hingeduckt.
O sprich: Ist dieser Stern der Tod vielleicht? ...
Dann reich ihn mir so wie man einen goldnen Pfennig reicht
Dem Bettler, der am Rand des Grabens hungernd hockt.
Mein Gott, ich bin dem Esel gleich, der mit zerbrochnen Tritten
    seines Weges zieht ...
Was du uns gabst, wenn deine Hand es wieder uns entzieht,
Ist furchtbar, Gott, und unser Herz durchweht
Es furchtbar wie ein Sturm, davon es ganz in Ängsten steht.
Was braucht's, daß ich genese? Kannst du, Gott, mir's sagen?
Denke daran, mein Gott, daß ich Stechpalmen einst dir zugetragen,
Als ich, ein Knabe, mich zu deiner Krippe bückte,
Wo meine Mutter sanft die Kerzenleuchter schmückte.
O gib ein wenig mir von dem zurück, was ich dir tat,
Und wenn du glaubst, daß so mein krankes Herz genese,
Sei gnädig, o mein Gott, und laß den Stern mich finden,
Da ich ihn ja doch brauche, heute Nacht ihn mir ans Herz zu legen,
Das kalt und ausgeleert und mächtig zittert unter seinen Schlägen.

III
PRIÈRE POUR QU'UN ENFANT NE MEURE PAS

Mon Dieu, conservez-leur ce tout petit enfant,
comme vous conservez une herbe dans le vent.
Qu'est-ce que ça vous fait, puisque la mère pleure,
de ne pas le faire mourir là, tout à l'heure,
comme une chose que l'on ne peut éviter?
Si vous le laissez vivre, il s'en ira jeter
des roses, l'an prochain, dans la Fête-Dieu claire?
Mais vous êtes trop bon. Ce n'est pas vous, mon Dieu,
qui, sur les joues en roses, posez la mort bleue,
á moins que vous n'ayez de beaux endroits où mettre
auprès de leurs mamans leurs fils à la fenêtre?
Mais pourquoi pas ici? Ah! Puisque l'heure sonne,
rappelez-vous, mon Dieu, devant l'enfant qui meurt,
que vous vivez toujours auprès de votre Mère.

IV
PRIÈRE POUR AVOIR LA FOI DANS LA FORÊT

Je n'espère plus rien, mon Dieu, je me résigne.
Je me laisse aller comme la courbe des collines.
Je sens la nuit sur moi comme elle est sur les champs,
quand le soleil s'éteint, le soir, comme une lampe.
Je ne vois plus en moi. Je suis comme le soir
qui fait qu'on ne voit plus les faneuses d'azur
à travers la prairie des pensées de mon âme.
Je voudrais être pareil au joli matin
où, dans la rosée rose, se peignent les lapins.

Übertragungen

3.

GEBET, DASS EIN KIND NICHT STERBE

Mein Gott, erhalte seinen Eltern dieses zarte Kind,
Wie du wohl auch ein Kraut erhältst im bösen Wind.
Was macht es dir denn aus – da doch die Mutter weint und fleht –,
Wenn es sogleich noch nicht zu dir hinübergeht
Als wie nach einem Spruch, der nicht zu ändern war?
Schenkst du ihm jetzt das Leben, wird es nächstes Jahr
Dir Rosen streun am sonnigen Fronleichnamstag!
Doch bist du ja allgütig. Und du bist es nicht,
Der Todesbläue ausgießt auf ein rosiges Gesicht,
Es wäre denn, du wolltest Heimatlosen eine Wohnstatt geben,
Wo bei den Müttern immerfort die Söhne leben.
Doch warum hier? Ach, da die Stunde schlägt,
Gedenke, Herr, vor diesem Kind, das sich zum Sterben legt,
Daß um die Mutter immer dir zu weilen ward gegeben.

4.

GEBET, DEN GLAUBEN IM WALD ZU FINDEN

Ich hoffe nichts mehr, o mein Gott. Ich will entsagen.
Ich lasse mich so wie die Schwingung dieser Hügel tragen.
Ich fühle über mir die Nacht, die auf den Feldern steht,
Wenn abendlich die Sonne wie ein Lampenlicht vergeht.
Ich seh nichts mehr in mir. Ich bin wie Nacht, die sinkt,
Darin der Heugeräte blauer Schein ertrinkt
Im Wiesenland der Träume meiner Seele.
Der holden Frühe möcht ich ähnlich sein,
Wo sich im rosigen Tau die Hasen putzen rein.

1–14/1–9 ▷

Je n'espère plus rien, mon Dieu, que le malheur,
et cela me rend doux comme l'agriculteur
qui suit patiemment la herse qui tressaute,
derrière, et au milieu des bœufs à cornes hautes.
Je suis abruti, mais c'est avec une grande douceur
que, du haut du coteau, dans la grande chaleur,
je regarde les bois luisants et noirs s'étendre
comme de grands morceaux de feuilles de silence.
Mon Dieu, peut-être que je croirais à vous davantage
si vous m'enleviez du cœur ce que j'y ai,
et qui ressemble à du ciel roux avant l'orage.
Peut-être, mon Dieu, que si vous me conduisiez
dans une chapelle bâtie au haut d'un arbre,
j'y trouverais la foi solide comme du marbre.
Les geais d'azur feraient un ciel qui chanterait
dans la chaleur glacée de la grande forêt,
et ils boiraient dans la fraîcheur du bénitier.
Une petite cloche annoncerait, le soir,
un office, et un autre à l'heure des mésanges.
Dans cette église, il n'y aurait pas de jeunes femmes,
mais seulement des vieux, des enfants et des anges.
On y serait au ciel, puisque c'est sur des branches.
On n'y saurait plus rien, n'y penserait à rien...
Mais seulement, la nuit, quelquefois, le vieux chien
découvrirait le bon voyageur égaré.

O mon Dieu, donnez-moi la foi dans la forêt?

Übertragungen

Ich hoffe nichts mehr, Gott, als Leid, das kommen will.
Das macht mich wie den Landmann sanft und still,
Der treu geduldig bei der Egge, die im Boden zuckend springt,
Inmitten hochgehörnter Ochsen schreitet und sein Tagewerk vollbringt.
Mein Sinn ist stumpf geworden, doch mit leiser Seligkeit
Seh ich, von Hügelhöhe, in dem warmen Mittagslichte weit
Die leuchtenden und dunklen Wälder aus der Ebene steigen
Wie große Inseln von Verlassenheit und Schweigen.
Mein Gott, vielleicht daß mir der Glaube wiederkäme,
Wenn deine Hand vom Herzen mir, was darauf lastet, nähme,
Und was wie roter Himmel ist vor Sturmeswehn.
Vielleicht, mein Gott, wenn du mich hießest gehn
Zu einer Waldkapelle, die im Wipfel eines Baumes schwankt,
Daß ich den Glauben fände, stark wie Fels, der nimmer schwankt.
Die Häher, blaubefiedert, wölbten einen Himmel voll Gesang
Die starrgefrorne Glut des großen Walds entlang.
Und tränken von dem Frisch des heiligen Wassers.
Am Abend würd ein kleines Glöckchen weisen
Zum Gottesdienst, ein andres früh zur Stunde dann der Meisen.
In dieser Kirche würd es keine jungen Frauen geben,
Nur alte Männer, Kinder, Engel nur, die hin- und widerschweben.
Dort wäre Himmel, da man hoch in Ästen wohnte.

Um nichts mehr wissen und an nichts mehr denken!..
Zuweilen nur geschäh es, daß der alte Hund zur Nacht
Die Spur des guten wegeirren Wanderers entdeckend ihn bewacht –

O möchtest du, mein Gott, den Glauben mir im Walde schenken.

V

PRIÈRE POUR ÊTRE SIMPLE

Les papillons obéissent à tous les souffles,
comme des pétales de fleurs jetés vers Vous,
aux processions, par les petits enfants doux.
Mon Dieu, c'est le matin, et, déjà, la prière
monte vers vous avec ces papillons fleuris,
le cri du coq et le choc des casseurs de pierres.
Sous les platanes dont les palmes vertes luisent,
dans ce mois de juillet où la terre se craquèle,
on entend, sans les voir, les cigales grinçantes
chanter assidûment votre Toute-Puissance.
Le merle inquiet, dans les noirs feuillages des eaux,
essaie de siffler un peu longtemps, mais n'ose.
Il ne sait ce qu'il y a qui l'ennuie. Il se pose
et s'envole tout à coup en filant d'un seul trait,
à ras de terre, et du côté où l'on n'est pas.

Mon Dieu, tout doucement, aujourd'hui, recommence
la vie, comme hier et comme tant de fois.
Comme ces papillons, comme ces travailleurs,
comme ces cigales mangeuses de soleil,
et ces merles cachés dans le froid noir des feuilles,
laissez-moi, ô mon Dieu, continuer la vie
d'une façon aussi simple qu'il est possible.

5.

GEBET, EINFACH ZU SEIN

Die Schmetterlinge schwanken, jedem Lufthauch hingegeben,
Wie Blumenblättchen, die bei Prozessionen
Die kleinen sanften Kinder nach dir streun.
Mein Gott, 's ist früher Morgen, und schon will sich mein Gebet
Mit den erblühten Schmetterlingen zu dir heben,
Dem Hahnenschrei und Schlag der Steinarbeiter.
Unter Platanen, deren grüne Palmenwedel leuchten,
In diesem Julimond, wo rings die Erde aufbricht,
Hört man – und sieht sie nicht – die Grillen surren:
Sie singen deine Allmacht ohne Ende.
Die Amsel, ruhelos im schwarzen Laub der Wasser,
Pfeift nur in kurzen Sätzen. Länger wagt sie's nicht.
Sie weiß nicht, was sie ängstet. Läßt sich hin
Und flattert jählings auf und schnellt in einem Schwung
Platt übern Boden weg zur Seite hin, wo niemand ist.

Mein Gott, ganz sachte hebt auch heute Morgen wieder
Das Leben an, wie gestern, wie so viele Male.
Gleich diesen Schmetterlingen, diesen Steinarbeitern,
Den Grillen gleich, die sich von Sonne nähren,
Und gleich den Amseln, die im kühlen Schwarz des Laubs sich bergen,
Laß mich, mein Gott, mein Leben weiterführen
So schlicht und einfach wie ich es vermag.

VI
PRIÈRE POUR AIMER LA DOULEUR

Je n'ai que ma douleur et je ne veux plus qu'elle.
Elle m'a été, elle m'est encore fidèle.
Pourquoi lui en voudrais-je, puisqu'aux heures
où mon âme broyait le dessous de mon cœur,
elle se trouvait là assise à mon côté?
O douleur, j'ai fini, vois, par te respecter,
car je suis sûr que tu ne me quitteras jamais.
Ah! Je le reconnais: tu es belle à force d'être.
Tu es pareille à ceux qui jamais ne quittèrent
le triste coin de feu de mon cœur pauvre et noir.
O ma douleur, tu es mieux qu'une bien aimée:
car je sais que le jour où j'agoniserai,
tu seras là, couchée dans mes draps, ô douleur,
pour essayer de m'entrer encore dans le cœur.

VII
PRIÈRE POUR QUE LE JOUR DE MA MORT SOIT BEAU ET PUR

Mon Dieu, faites que le jour de ma mort soit beau et pur.
Qu'il soit d'une grande paix, ce jour où mes scrupules
littéraires ou autres, et l'ironie de la vie quitteront,
peut-être, la grande fatigue de mon front.
Ce n'est point comme ceux qui en font une pose
que je désire la mort, mais très très simplement,
ainsi qu'une poupée une petite enfant.
Vous savez, ô mon Dieu, qu'il y a quelque chose
qui manque à ce qu'on appelle le bonheur,
et qu'il n'existe point, et qu'il n'est pas de gloire

Übertragungen

6.

GEBET, SEINEN SCHMERZ ZU LIEBEN

Ich habe nichts als meinen Schmerz und will nur ihn allein.
Er war mir treu, er wird es fürder sein.
Sollte ich ihm zürnen, da er doch in Tagen,
Wo meine Seele mir mein tiefstes Herz zerschlagen,
Sich niederließ und saß zu meinen Füßen?
Siehe, o Schmerz, ich lernte endlich dich zu grüßen.
Ich fühle wohl: du bist und darum bist du schön.
Du bist wie jene, die vom wehmutsvollen Frieden,
Der mein armselig nächtig Herz umwärmt, sich nie geschieden.
O du mein Schmerz, der du getreuer mir als die Geliebte bist,
Ich weiß, am Tag, wo Todesgrauen um mich ist,
Bist du noch da, o Schmerz, an meine Kissen dich zu hängen
Und einmal noch dich mir ins Herz zu drängen.

7.

GEBET, DASS MEIN STERBETAG SCHÖN UND REIN SEI

Mein Gott, gib, daß mein Sterbetag schön sei und rein,
Voll eines großen Friedens soll der Tag mir sein,
Da alle Zweifel, meines Dichtens und die andern, alle Dinge, die
    im Leben
Mich höhnisch anschaun, sich vielleicht von meiner müden Stirne
    heben.
Und so wie jene, die sich damit brüsten, wünsch ich nicht
Den Tod, nein: ganz, ganz einfach nur und still,
So wie ein kleines Mädchen eine Puppe will.
Du weißt ja, o mein Gott, wie vieles dem gebricht,
Was hier auf Erden Glück die Menschen heißen,
Und daß es das nicht gibt, und daß kein Ruhm auf dieser Welt

complète, ni d'amour, ni de fleur sans défaut,
et qu'à ce qui est blanc il y a toujours du noir...

Mais faites, ô mon Dieu, qu'il soit beau, qu'il soit pur,
le jour où je voudrais, poète pacifique,
voir autour de mon lit des enfants magnifiques,
des fils aux yeux de nuit, des filles aux yeux d'azur...
Qu'ils viennent, sans un pleur, considérer leur père,
et que la gravité qui sera sur ma face
les fasse frissonner d'un large et doux mystère
où ma mort leur apparaîtra comme une grâce.

Que se disent mes fils: La gloire est vaine et laisse
de l'inquiétude à ceux qui savent que Dieu seul
est poète en posant le parfum des tilleuls
aux lèvres doucement fraîches des fiancées.
Que se disent mes fils: L'amour c'est l'ironie
qui sépare les êtres alors qu'ils sont unis:
le cœur de notre père a souffert jusqu'encore
d'avoir quitté le cœur de sa chère Mamore...

Et que mes filles se disent à mon lit de mort:
Nous ne savons ce qui est au-delà du tombeau,
mais notre père meurt comme coule de l'eau
dans la belle clarté d'une forêt d'Automne...

Mon Dieu, faites que le jour de ma mort soit beau et pur,
que je prenne les mains de mes enfants dans les miennes
comme le bon laboureur des fables de La Fontaine,
et que je meure dans un grand calme du cœur.

Übertragungen

Vollkommen ist und keine Liebe – keine Blume ohne Fehl,
Daß immer jedem Weiß ein Schwarzes sich gesellt.

Doch gib, mein Gott, daß er schön sei und rein,
Der Tag, an dem ich, friedevoller Dichter, still in meines Bettes
    Nähe
Um mich versammelt wunderschöne Kinder stehen sähe:
Söhne nachtschwarzen Auges, Töchter in den Augen blauen
    Himmelsschein.
Sie sollen kommen, ohne Tränen, und den Vater sehn
Und von dem großen Ernste, der mein Antlitz dann erfüllt,
Soll schauernd ein Geheimnis, grenzenlos und süß, sie überwehn,
Darin mein Tod wie eine Himmelsgnade ihnen sich enthüllt.

Und meine Söhne sollen sprechen: eitel ist der Ruhm und er erregt
Verwirrung denen, die nicht wissen, daß bloß Gott allein
Der Dichter ist, der auf den zärtlich frischen Rosenschein
Bräutlicher Lippen den Geruch der blühenden Linden legt.
Und meine Söhne sollen sprechen: Liebe ist ein Hohn
Und reißt die Wesen voneinander aus der Eintracht mitten:
Sieh, unsres Vaters Herz hat bis zur Stund gelitten,
Daß seiner Liebsten Herz dereinst von ihm geflohn ...

Und meine Töchter sollen also zu sich sagen:
Wir wissen nichts von dem, was hinterm Grab beginnt,
Doch unser Vater stirbt so wie ein Wasser rinnt
In einem Wald an herbstlich klaren Tagen.

Mein Gott, gib, daß mein Sterbetag schön sei und rein,
Daß meiner Kinder Hände in den meinen ruhn,
So wie der brave Ackersmann und seine Kinder in der Fabel tun,
Daß ich in einer großen Herzensstille zu dir gehe ein.

VIII
PRIÈRE POUR ALLER AU PARADIS AVEC LES ÂNES

Lorsqu'il faudra aller vers vous, ô mon Dieu, faites
que ce soit par un jour où la campagne en fête
poudroiera. Je désire, ainsi que je fis ici-bas,
choisir un chemin pour aller, comme il me plaira,
au Paradis, où sont en plein jour les étoiles.
Je prendrai mon bâton et sur la grande route
j'irai, et je dirai aux ânes, mes amis:
Je suis Francis Jammes et je vais au Paradis,
car il n'y a pas d'enfer au pays du Bon-Dieu.
Je leur dirai: Venez, doux amis du ciel bleu,
pauvres bêtes chéries qui, d'un brusque mouvement d'oreille,
chassez les mouches plates, les coups et les abeilles...

Que je Vous apparaisse au milieu de ces bêtes
que j'aime tant parce qu'elles baissent la tête
doucement, et s'arrêtent en joignant leurs petits pieds
d'une façon bien douce et qui vous fait pitié.
J'arriverai suivi de leurs milliers d'oreilles,
suivi de ceux qui portèrent au flanc des corbeilles,
de ceux traînant des voitures de saltimbanques
ou des voitures de plumeaux et de fer-blanc,
de ceux qui ont au dos des bidons bossués,
des ânesses pleines comme des outres, aux pas cassés,
de ceux à qui l'on met de petits pantalons
à cause des plaies bleues et suintantes que font
les mouches entêtées qui s'y groupent en ronds.
Mon Dieu, faites qu'avec ces ânes je Vous vienne.
Faites que, dans la paix, des anges nous conduisent
vers des ruisseaux touffus où tremblent des cerises
lisses comme la chair qui rit des jeunes filles,
et faites que, penché dans ce séjour des âmes,

Übertragungen

8.

GEBET, MIT DEN ESELN INS HIMMELREICH EINZUGEHN

Wenn einst zu dir, mein Gott, der Ruf zu gehn mich heißt,
Dann gib, daß feiertäglich rings das Land im Sommerstaube gleißt.
Ich will nur so, wie ich getan hienieden,
Einen Weg mir wählen und für mich in Frieden
Ins Himmelreich hinwandeln, wo am hellen Tag die Sterne stehn.
Ich greife meinen Stock und auf der großen Straße will ich fürbaß gehn
Und zu den Eseln, meinen Freunden, sprech ich dies:
»Hier, das ist Francis Jammes: der geht ins Paradies,
Ins Land des lieben Gottes, wo es keine Hölle gibt,
Kommt mit mir, sanfte Freunde, die ihr so die Himmelsbläue liebt,
Arme geliebte Tiere, die mit einem kurzen Schlagen
Des Ohrs die Fliegen und die Prügel und die Bienen von sich jagen.«
Dann will inmitten dieser Tiere ich mich vor dir zeigen,
Die ich so liebe, weil den Kopf so sänftiglich sie neigen
Und ihre kleinen Füße aneinanderstemmen, wenn sie stille stehn,
Recht voller Sanftmut, daß es rührend ist, sie anzusehn.
So tret ich vor dich hin in dieser tausend Ohren Zug,
Gefolgt von solchen, denen einst der Korb um ihre Lenden schlug,
Und denen, die im Joch der Gauklerkarren gingen,
Und vor geputzten Wagen, die voll Flittergold und Federn hingen,
Und solchen, über deren Leib verbeulte Kannen schwankten,
Und trächtigen Eselinnen schwer wie Schläuche, die zerbrochnen
    Schrittes wankten,
Und denen, über deren Bein man kleine Hosen streift,
Die Fliegen abzuwehren, deren Schwarm vom Blute trunken sie
    umschweift
Und ihrem Leib die blauen, sickernd offnen Male läßt –
Laß mich, mein Gott, mit diesen Eseln zu dir schreiten,
Gib, daß einträchtiglich die Engel uns geleiten
Zu den umbuschten Bächen, wo im Winde zitternd Kirschen hangen,
So glatt und hell wie Haut auf jungen Mädchenwangen,
Und gib, daß ich in jenem Seelenreiche,

sur vos divines eaux, je sois pareil aux ânes
qui mireront leur humble et douce pauvreté
à la limpidité de l'amour éternel.

IX
PRIÈRE POUR LOUER DIEU

La torpeur de midi. Une cigale éclate
dans le pin. Le figuier seul semble épais et frais
dans le brasillement de l'azur écarlate.
Je suis seul avec vous, mon Dieu, car tout se tait
sous les jardins profonds, tristes et villageois.
Les noirs poiriers luisants, à forme d'encensoir,
dorment au long des buis qui courent en guirlandes
auprès des graviers blancs comme de Saintes-Tables.
Quelques humbles labiées donnent une odeur sainte
à celui qui médite assis près des ricins.
Mon Dieu, j'aurais, jadis, ici, rêvé d'amour,
mais l'amour ne bat plus dans mon sang inutile,
et c'est en vain qu'un banc de bois noir démoli
demeure là parmi les feuillages des lys.
Je n'y mènerai pas d'amie tendre et heureuse
pour reposer mon front sur son épaule creuse.
Il ne me reste plus, mon Dieu, que la douleur
et la persuasion que je ne suis rien
que l'écho inconscient de mon âme légère
comme une effeuillaison de grappe de bruyère.
J'ai lu et j'ai souri. J'ai écrit, j'ai souri.
J'ai pensé, j'ai souri, pleuré et j'ai aussi
souri, sachant le monde impossible au bonheur,
et j'ai pleuré parfois quand j'ai voulu sourire.

Übertragungen

Zu deinen Wassern hingebeugt, den Eseln gleiche,
Die alle sanfte, arme Demut ihres Gangs auf Erden
Im lautern Quell der ewigen Liebe spiegeln werden.

9.
GEBET, GOTT ZU LOBEN

Mittagsbetäubung. Eine Grille geigt
Unter der Föhre. Nur der Feigenbaum steht frisch und dicht
Im scharlachnen Gefunkel, das vom Himmel bricht.
Ich bin allein mit dir, mein Gott, denn alles schweigt
Unter der Traurigkeit der ländlich tiefen Gärten.
Birnbäume dunkel überglänzt, wie große Trichter
Schlummern die hingewundnen Buchsbaumhecken lang
Beim weißen Kies, der wie des Herren Tisch ergleißt.
Nur ein paar arme Bauernblumen streuen heiligen Duft
Auf den, der nah genug an ihren Stauden sinnt.
Mein Gott, hier hätt ich einst von Liebe wohl geträumt,
Doch Liebe stürzt nicht mehr verworren durch dies Blut,
Vergebens, daß von Lilien überblüht die Bank noch ruht –
Schon ist ihr schwarzes Holz verwittert von der Zeit.
Ich werde keinem zärtlich frohen Mädchen sie mehr zeigen,
Zu seiner Schulterhöhlung nimmer meine müde Stirne neigen.
Nichts bleibt mir mehr, mein Gott, als nur das Leid
Und Wissen, daß ich anderes nicht bin
Als einer flüchtigen Seele dunkler Widerhall
Und einer Ginsterblüte leichter Niederfall.
Ich las und lächelte. Ich schrieb und lächelte.
Ich sann und lächelte. Dann weinte ich und wieder
Hab ich gelächelt, da ich sah, auf Erden sei kein Glück.
Und manchmal weint ich, da ich lächeln wollte.

Mon Dieu, calmez mon cœur, calmez mon pauvre cœur,
et faites qu'en ce jour d'été où la torpeur
s'étend comme de l'eau sur les choses égales,
j'aie le courage encore, comme cette cigale
dont éclate le cri dans le sommeil du pin,
de vous louer, mon Dieu, modestement et bien.

X
PRIÈRE POUR SE RECUEILLIR

Mon Dieu, je viens à vous dans le recueillement.
Pacification. Pacification.
Je veux, près des ruisseaux, au fond des bois dormants,
Vivre dans la douceur des contemplations.

Mon Dieu, ayant chassé de mon cœur les scrupules
littéraires et autres, faites que je m'oublie
et que je sois pareil à une humble fourmi
qui creuse sagement un trou dans le talus.

Il faut, pour être heureux, bien s'oublier soi-même:
car nous ne sommes rien et le monde est taré.
Ce n'est point nous, mais Dieu, qui murmurons: je t'aime,
quand notre amour s'endort douce et entrelacée.

Je ne porterai point de corde autour des reins:
car c'est insulter Dieu que de meurtrir la chair.
Amant des prostituées et des fiancées claires,
mon cœur chante à la femme un angelus sans fin.

Übertragungen

Mein Gott, besänftige dies Herz, besänftige mein armes Herz.
Gib, daß an diesem Sommertage, wo die Glut,
Wie Wasser ebenmäßig Land, die Dinge rings bedeckt,
Mein armes Herz nicht schwächer sei an Mut
Als dort die Grille, deren Schrei den Schlaf der Föhre weckt,
Daß ich auch dir, mein Gott, lobsinge, schlicht und gut.

10.
GEBET UM SAMMLUNG

Mein Gott, ich will, den Geist gesammelt, mich zu dir erheben.
Beschwichtigung, reich mir Beschwichtigung!
Ich will an Bächen, in entschlafner Wälder Dämmerung
Nur noch der sanften Wollust der Betrachtung leben.

Mein Gott, die Zweifel habe ich aus dem Herzen weggejagt,
Des Dichtens und die andern – gib, daß ich mich selbst vergesse,
Mehr nicht als wie die niedere Ameise mich zu sein vermesse,
Die durch den Hügel weise ihren Weg sich bahnt.

Nur wer sich selbst vergißt, dem wird das Glück geschenkt:
Denn wir sind nichtig und die Welt ist jämmerlich.
Nicht wir sind's, sondern du, o Gott, der leise spricht: ich liebe dich,
Wenn unsre Liebe einschläft, süß und eng verschränkt.

Ich gürte keinen Strick um meine Lenden:
Denn wer das Fleisch ertötet, greift Gott selber an.
Mein Herz, den Dirnen und den klaren Bräuten zugetan,
Singt einen Angelus dem Weib und will nicht enden.

Je n'admirerai point celles aux fauves bures,
car c'est nous voiler Dieu que voiler la beauté:
mais je veux que la vierge aux seins dressés et durs
fleurisse comme un lys à l'azur fiancé.

Mon Dieu, je vais me recueillir. Je veux entendre
la neige des agneaux marcher sur les gazons,
et respirer dans les ornières de Septembre
le parfum de l'amour des dernières saisons.

Je reviendrai ici sans orgueil, l'âme égale,
l'esprit simplifié de méditations,
et ne désirant plus que de l'eau et du pain,
et parfois le cri sec d'une pauvre cigale.

XI

PRIÈRE POUR AVOIR UNE FEMME SIMPLE

Mon Dieu, faites que celle qui pourra être ma femme
soit humble et douce et devienne ma tendre amie;
que nous nous endormions en nous tenant la main;
qu'elle porte au cou, un peu cachée entre les seins,
une chaine d'argent qui a une médaille;
que sa chair soit plus lisse et plus tiède et dorée
que la prune qui dort au déclin de l'été;
qu'elle garde en son cœur la douce chasteté
qui fait qu'en s'enlaçant on sourit et se tait;
qu'elle devienne forte et sur mon âme veille
comme sur le sommeil d'une fleur une abeille;
et que le jour où je mourrai elle me ferme
les yeux, et ne me donne point d'autre prière
que de s'agenouiller, les doigts joints sur ma couche,
avec ce gonflement de douleur qui étouffe.

Mich wird es nie nach härenem Gewand gelüsten,
Denn wer die Schönheit zudeckt, hat Gott selber zugedeckt:
Ich möchte, daß die Jungfrau mit den steilen harten Brüsten
Wie eine Lilie blühe, die sich in den bräutlich blauen Himmel reckt.

Mein Gott, ich will mich sammeln ... Will mein Ohr hinneigen
Dem Schnee der Lämmer, die am Rasen schreiten,
Und atmend wiederkosten in Septembergleisen
Den Duft der Liebe aus vergangnen Jahreszeiten.

Ich kehre wieder, ohne Stolz, das Herz voll Einigkeit,
Den Geist geläutert in Betrachtens Stille,
Nichts mehr begehrend als nur Brot und Wasser und von Zeit zu Zeit
Das trockne Schreien einer armen Grille.

11.
GEBET, EIN EINFACHES WEIB ZU FINDEN

Gib, o mein Gott, daß die mir einst zum Weib bestimmt,
Niedrig und sanft und meine zarte Freundin sei.
Daß beim Entschlummern nachts wir unsre Hände halten;
Daß sie am Hals, versteckt in ihres Busens Falten,
An einem Silberkettlein eine Münze trage;
Und daß ihr Fleisch glatt sei und warm und goldig überstreift,
Der Pflaume gleich, die schlummernd in des Sommers Neige reift.
Daß immerfort ihr Herz so zart in Keuschheit schwingt,
Daß man nur schweigt und lächelt, wenn man sich umschlingt;
Daß sie stark wird und über meiner Seele Wache hält
Wie eine Biene übern Schlummer einer Blume auf dem Feld.
Und daß am Tag, wo ich einst sterbe, sie nur zu mir trete
Und mir die Augen schließe und nicht anders zu mir bete,
Als daß sie niederkniee, ihre Finger über meinem Bett verstrickt,
Mit jenem stummen Schwall des Schmerzes, der erstickt.

XII

PRIÈRE POUR OFFRIR À DIEU DE SIMPLES PAROLES

Pareil à cet ouvrier que j'ai vu ce matin,
soucieux et courbé dans la pure lumière,
et qui sculptait des saints tout autour d'une chaire,
je veux mouler mon âme à de pieux desseins.
Il m'appela auprès de son humble établi,
et je considérai les images de bois:
la tête du lion aux pieds de Marc, et l'aigle
aux pieds de Jean, et Luc qui tenait dans ses doigts
un livre ouvert où devaient être de saintes règles.
Une main de l'ouvrier tremblait sur le ciseau;
l'autre, levée, tenait, hésitante, un marteau.
Là-bas, le midi bleu dansait sur les ardoises.
D'un basilic flétri montait un pieux encens
vers les saints grossiers aux figures chinoises.
On eût dit qu'à travers la chaire villageoise
une sève immortelle à jamais circulât
comme l'âme des nids dans les âmes des bois.

Mon Dieu, je n'ai point fait d'œuvre si belle et sainte.
Vous n'avez pas voulu, hélas, me faire naître
dans un pauvre logis, près de l'humble fenêtre
où danse une chandelle au soir des vitres vertes,
et où les rabots clairs chantent dès le matin.
Mon Dieu, j'aurais pour vous travaillé des images,
et les tendres enfants, au retour de l'école,
se seraient extasiés devant les rois mages
qui auraient apporté l'encens, l'ivoire et l'or.
J'aurais représenté, près de ces rois d'Orient,
une fumée en bois comme celle d'encens,
et j'aurais copié des calices de lys
pareils, humbles et beaux, à des verres de pauvres.

12.

GEBET, UM GOTT EINFÄLTIGE WORTE ANZUBIETEN

Gleich jenem Bilderschnitzer, den ich heute morgen sah, besorgt und still
Im klaren Lichte sich auf seine Arbeit bücken,
Heilige schnitzend für die Kanzel seines Dorfes: also will
In meine Seele ich die frommen Bilder drücken.
Er rief zu seiner armen Schnitzbank mich heran,
Sein hölzern Werk zu sehn, und lange stand ich so davor
Und sah den Löwenkopf zu Füßen von Sankt Markus und den Aar
Zu Füßen von Johannes und Sankt Lukas in den Händen
Ein offnes Buch, darin die heiligen Regeln ständen.
Des Bildners Linke hatte übern Meißel sich gestreckt,
Die Rechte, aufgehoben, hielt noch zaudernd einen Hammer ausgestreckt.
Draußen auf Schieferdächern tanzte Mittagsluft in blauen Lichtern,
Von welkenden Basilien stieg ein frommer Weihrauchduft empor
Zu all den plumpen Heiligen mit den eckigen Gesichtern.
Mein Gott, so schöne heilige Arbeit haben meine Hände nicht bestellt.
Du wolltest nicht, o Gott, daß ich zu dieser Welt
In armer Stube käme, nah dem Fenster, wo zur Nacht
Die Kerze tanzend vor den grünen Scheiben wacht.
Und wo vom frühen Morgen an die hellen Hobel gehn.
Mein Gott, wie gerne hätt' ich meine Heiligenbilder dir gebracht.
Und all die zarten Kinder, die am Heimweg von der Schule sie gesehn,
Ständen vor meinen weisen Königen entzückt,
Die Gold und Weihrauch spendeten und Elfenbein.
Und neben den drei Königen aus Morgenland
Schnitt ich ins Holz so wie aus Weihrauch eine Wolke ein
Und hätte rings mein Bild mit Lilienkelchen ausgeschmückt,
Demütig schön wie Trinkgefäße, die ich in der Armen Stuben fand.

Mon Dieu, puisque je regrette encore aujourd'hui
que mon cœur ne soit pas assez simple pour vous,
laissez-moi vous offrir ces paroles bien simples
à défaut d'une chaire où la Vierge douce
aurait prié pour moi, le soir et le matin.

XIII
PRIÈRE POUR AVOUER SON IGNORANCE

Redescends, redescends dans ta simplicité.
Je viens de voir les guêpes travailler dans le sable.
Fais comme elles, ô mon cœur malade et tendre: sois sage,
accomplis ton devoir comme Dieu l'a dicté.
J'étais plein d'un orgueil qui empoisonnait ma vie.
Je croyais que j'étais bien différent des autres:
mais je sais maintenant, mon Dieu, que je ne fis
que récrire les mots qu'ont inventés les hommes
depuis qu'Adam et Ève au fond du Paradis
surgirent sous les fruits énormes de lumière.
Mon Dieu, je suis pareil à la plus humble pierre.
Voyez: l'herbe est tranquille, et le pommier trop lourd
se penche vers le sol, tremblant et plein d'amour.
Enlevez de mon âme, puisque j'ai tant souffert,
l'orgueil de me penser un créeur de génie.
Je ne sais rien. Je ne suis rien. Je n'attends rien
que de voir, par moments, se balancer un nid
sur un peuplier rose, ou, sur le blanc chemin
passer un pauvre lourd aux pieds luisants de plaies.
Mon Dieu, enlevez-moi l'orgueil qui m'empoisonne.

Übertragungen

Mein Gott, da immer noch mein Herz sich quält und fragt,
Ob es in rechter Demut sich dir nahe,
Nimm diese schlicht einfältigen Worte von mir an
Statt eines Kanzelstuhls, darin die reine Magd
Von früh bis spät Fürsprach mir hätt' getan.

13.

GEBET ZUM GESTÄNDNIS DER UNWISSENHEIT

Hernieder, steige hernieder in die Einfalt, die Gott will!
Ich habe den Wespen zugesehen, die im Sand ihr Nest gebaut.
Tu so wie sie, gebrechlich krankes Herz: sei still,
Schaffe dein Tagwerk, das Gott deinen Händen anvertraut.
Ich war voll Hoffart, die mein Leben falsch gemacht.
Anders als alle andern meinte ich zu sein:
Jetzt weiß ich, o mein Gott, daß nie ich anderes vollbracht
Als jene Worte niederschreiben, die die Menschen sich erfanden,
Seitdem zuerst im Paradies Adam und Eva aufgestanden
Unter den Früchten, die im Lichte unermeßlich blühten.
Und anders bin ich nicht als wie der ärmste Stein.
Sieh hin, das Gras steht ruhig, und der Apfelbaum senkt schwer
Bebürdet sich zur Erde, zitternd und in liebendem Verlangen –
O nimm von meiner Seele, da so vieles Leiden über mich ergangen,
Die falsche Schöpferhoffart, die noch immer in ihr liegt.
Nichts weiß ich ja. Nichts bin ich. Und nichts will ich mehr
Als bloß zuweilen sehen, wie ein Nest im Wind sich wiegt
Auf einer rötlichen Pappel oder einen Bettler über helle Straßen
    hinken,
Mühselig, an den Füßen Risse, die im Staube blutig blinken.
Mein Gott, nimm von mir diese Hoffart, die mein Leben giftig
    macht.

Oh! Rendez-moi pareil aux moutons monotones
qui passent, humblement, des tristesses d'Automne
aux fêtes du Printemps qui verdissent les haies.
Faites qu'en écrivant mon orgueil disparaisse:
que je me dise, enfin, que mon âme est l'écho
des voix du monde entier et que mon tendre père
m'apprenait patiemment des règles de grammaire.
La gloire est vaine, ô Dieu, et le génie aussi.
Il n'appartient qu'à Vous qui le donnez aux hommes
et ceux-ci, sans savoir, répètent les mêmes mots
comme un essaim d'été parmi de noirs rameaux.
Faites qu'en me levant, ce matin, de ma table,
je sois pareil à ceux qui, par ce beau Dimanche,
vont répandre à vos pieds dans l'humble église blanche
l'aveu modeste et pur de leur simple ignorance.

XIV

PRIÈRE POUR UN DERNIER DÉSIR

Pourrai-je un jour, mon Dieu, comme dans une romance,
conduire ma fiancée devant la noce blanche,
sur la mousse des bois qu'argentera l'Été?
Les enfants, trébuchants sous d'énormes bouquets,
suivront les doux aïeux vêtus d'habits austères.
Un grand calme sera autour des fronts sincères,
et les vieilles dames joueront distraitement
avec les longues chaînes d'or de leur corsage.
Dans les ormeaux épais chanteront les mésanges
sur l'attendrissement naïf des cœurs en fête.
Je serai un humble artisan, et pas poète.

Übertragungen

Gib, daß ich jenen Widdern ähnlich sei auf ihrer Weide,
Die immer gleich, aus Herbstes Schwermut, demutsvoll gebückt,
Zur Frühlingsfeier wandeln, die mit Grün den Anger schmückt,
Gib, daß im Schreiben meine Hoffart sich bescheide:
Daß endlich, endlich ich bekenne, daß mein Herz den Widerhall
Nur tönt der ganzen Welt, und daß mein sanfter Vater mir
Geduldig nur die Kinderregeln beigebracht.
Der Ruhm ist eitel, Herr, und Geist und Schaffen leerer Schall –
Du einzig hast sie ganz und gibst sie an die Menschen fort,
Die aber schwatzen immer bloß dasselbe Wort
Gleich einem Bienenschwarme, der durch sommerdunkle Zweige zieht.
Gib, daß, wenn heute früh ich mich vom Pult erhebe,
Ich jenen gleiche, die an diesem schönen Sonntag zu dir gehn
Und in der armen weißen Kirche, vor dich hingekniet,
Demütig lauter ihre Einfalt und Unwissenheit gestehn.

14.

GEBET UM EINEN LETZTEN WUNSCH

O daß ich einst, mein Gott, so wie im Märchen,
Die Braut zur weißen Hochzeit führen dürfte
Aufs Moos der Bäume, das der Sommer färbt mit Silberschein.
Die Kinder, unter riesigen Blumensträußen, stolpern hinterdrein,
Den sanften Ahnen folgend, die in strengen Kleidern vorne gehn.
Und eine große Ruhe wird um alle offnen Stirnen stehn,
Die alten Damen werden nur zerstreut
Die goldnen Ketten ihres Mieders auf- und niederschwingen,
Und in den Rüstern werden Meisen singen
Auf unser festlich Herz herab, das fromm von Rührung übergeht.
Ich bin ein niedrer Werkelmann und kein Poet.

Je creuserai le bois rose et parfumé du hêtre,
et ma femme coudra, bien douce, à la fenêtre,
dans le retombement d'azur des liserons
où les guêpes, en feu volant, bourdonneront.
J'ai assez de la vie compliquée et savante.
Ma vie, ô Dieu, pour vous se fera desservante,
et mes jours passeront de mon rabot joyeux
aux cloches du Dimanche fleuries dans les cieux.
Je dirai aux enfants: donnez de l'eau au merle,
puis nous le lâcherons quand il saura voler,
afin qu'il vive heureux parmi les vertes perles
que l'ondée, en riant, pose aux bleus coudriers.
Je dirai aux enfants: c'est la nouvelle année;
ce soir, il faut écrire aux grand'mères tremblantes
qui courberont leur front dur, luisant et ridé,
en lisant ces beaux mots de leurs petits-enfants.
Ma vie sera sans bruit, ma mort sera sans gloire.
Mon cercueil sera simple, avec des villageois
et les enfants en blanc de l'école primaire.
Mon nom seul, ô mon Dieu, sur la modeste pierre,
dira à mes enfants qu'ils peuvent prier là.
Et faites, ô mon Dieu, que si par le village
passe un poète un jour qui s'enquière de moi,
on lui réponde: Nous ne savons pas cela.
Mais si . . . (oh! non, mon Dieu, ne me refusez point) . . .
une femme venait demander où est ma tombe
pour y mettre des fleurs dont elle sait le nom,
qu'un de mes fils se lève et sans l'interroger
la conduise en pleurant où je reposerai.

Übertragungen

Ich werde meinen Bohrer in das duftend rosige Holz der Buchen drehn,
Mein Weib wird nah am offnen Fenster sitzend nähn,
Im blauen Licht der Winden, die sich auf- und niederwirren,
Und bei den Wespen, die wie fliegend Feuer sie umschwirren.
Ich bin des Lebens satt im Geist und in Verworrenheit,
Mein Leben, Gott, sei fürder deinem Dienst geweiht,
Und von dem lustigen Hobel werden meine Tage gleiten
Hin zu den Sonntagsglocken, die im Himmel aufgeblüht.
Ich sage zu den Kindern: Geht, der Amsel Futter zu bereiten,
Sobald sie flügge ist, soll sie in Freiheit fliegen.
Dann mag sie zwischen grünen Perlen froh sich wiegen,
Die lachend über blauen Haselstrauch der Regen sprüht.
Ich sage zu den Kindern: Heute ist Neujahr,
Am Abend müßt ihr den Großmüttern schreiben,
Die zitternd ihre harten, hellen, überfurchten Stirnen
Auf ihrer Enkel liebe Worte neigen werden.
Mein Leben ohne Lärm, mein Sterben ohne Ruhm.
Man wird mich still begraben, nur die Dörfler werden um mich sein
Und Mädchen weißgekleidet aus der Kinderschule.
Nichts als mein Name, o mein Gott, auf einem schlichten Stein,
Wird meinen Kindern sagen, hier zu beten.
Und gib, mein Gott, daß, wenn einmal durchs Dorf
Ein Dichter kommen mag, nach mir zu fragen,
Man ihm antworte: nein, wir wissen nichts zu sagen.
Doch wenn (o Gott, dies eine mußt du für mich tun)
Einst eine Frau desselben Weges kommt
Um Blumen, die sie bei den Namen kennt, aufs Grab zu tragen,
Daß einer meiner Söhne dann aufstehen mag, und ohne sie zu fragen,
Weinend sie an die Stätte führe, wo dereinst ich werde ruhn.

Mon humble ami, mon chien fidèle, tu es mort
de cette mort que tu fuyais comme une guêpe
lorsque tu te cachais sous la table. Ta tête
s'est dirigée vers moi à l'heure brève et morne.

O compagnon banal de l'homme: Être béni!
toi que nourrit la faim que ton maître partage,
toi qui accompagnas dans leur pèlerinage
l'archange Raphaël et le jeune Tobie . . .

O serviteur: Que tu me sois d'un grand exemple,
ô toi qui m'as aimé ainsi qu'un saint son Dieu!
Le mystère de ton obscure intelligence
vit dans un paradis innocent et joyeux.

Ah! faites, mon Dieu, si Vous me donnez la grâce
de Vous voir face à Face aux jours d'Éternité,
faites qu'un pauvre chien contemple face à face
celui qui fut son dieu parmi l'humanité.

AMSTERDAM

À Emile van Mons.

Les maisons pointues ont l'air de pencher. On dirait
qu'elles tombent. Les mâts des vaisseaux qui s'embrouillent
dans le ciel sont penchés comme des branches sèches
au milieu de verdure, de rouge, de rouille,
de harengs saurs, de peaux de moutons et de houille.

Robinson Crusoë passa par Amsterdam,

Übertragungen

MEIN NIEDRER FREUND ...

Mein niedrer Freund, mein treuer Hund, nun littest du den Tod,
Vor dem du oft so wie vor einer bösen Wespe dich versteckt,
Die dich bis untern Tisch, wo du dich bargst, bedroht.
Dein Kopf, in dieser kurzen Trauerstunde, hat sich zu mir aufgereckt.

Alltäglicher Gefährte, Wesen benedeiter Art,
Du, den der Hunger stillt, sobald dein Herr ihn teilt,
Der mit Tobias und mit Raphael hinausgeeilt,
Da sie zusammen sich aufmachten auf die Pilgerfahrt.

Getreuer Knecht: du sollst mir hohes Beispiel sein.
Du, der an mir so wie an seinem Gott ein Heiliger hing.
All deine dunkle Klugheit, die wir nie begriffen, ging
Lebendig nun in einen fröhlich unschuldsvollen Himmel ein.

Soll mir dereinst, mein Gott, die Gnade werden,
Dich anzuschaun von Angesicht zu Angesicht am jüngsten Tag,
Gib, daß ein armer Hund ins Angesicht dem schauen mag,
Der immer schon sein Gott ihm war auf Erden.

AMSTERDAM

Die Häuser, spitzgegiebelt, scheinen sich zu neigen,
Als wollten sie fallen. Masten vieler Schiffe, die dem Grau des
    Himmels sich vermischen,
Lehnen vornüber wie Gestrüpp von dürren Zweigen
Inmitten von grünem Laub, von Rot und rostigem Braun,
Von Kohlen, Widderfellen und gesalznen Fischen.

Robinson Crusoe hat einst durch Amsterdam den Weg genommen

(je crois, du moins, qu'il y passa), en revenant
de l'île ombreuse et verte aux noix de coco fraîches.
Quelle émotion il dut avoir quand il vit luire
les portes énormes, aux lourds marteaux, de cette ville! . . .

Regardait-il curieusement les entresols
où les commis écrivent des livres de comptes?
Eut-il envie de pleurer en resongeant
à son cher perroquet, à son lourd parasol
qui l'abritait dans l'île attristée et clémente?

»O Éternel! soyez bénis«, s'écriait-il
devant les coffres peinturlurés de tulipes.
Mais son cœur attristé par la joie du retour
regrettait son chevreau qui, aux vignes de l'île,
était resté tout seul et, peut-être, était mort.

Et j'ai pensé à ça devant les gros commerces
où l'on songe à des Juifs qui touchent des balances,
avec des doigts osseux noués de bagues vertes.
Vois! Amsterdam s'endort sous les cils de la neige
dans un parfum de brume et de charbon amer.

Hier soir les globes blancs des bouges allumés,
d'où l'on entend l'appel sifflé des femmes lourdes,
pendaient comme des fruits ressemblant à des gourdes.
Bleues, rouges, vertes, les affiches y luisaient.
L'amer picotement de la bière sucrée
m'y a râpé la langue et démangé au nez.

(So glaub ich wenigstens), da er von seiner grünen
Schattigen Insel, wo die frischen Kokosnüsse blühten, heim-
    gekommen.
Wie schlug das Herz ihm, da er plötzlich vor sich nah
Die mächtigen Türen mit den schweren Bronzeklöppeln sah! ...

Schaute er voll Neugier in die Halbgeschosse, wo in Reihen
Die Schreiber sitzen, in ihr Rechnungsbuch versenkt?
Kam ihn die Sehnsucht an, zu weinen, da er an den Papageien
Dachte, den er so liebte, und den schweren Sonnenschirm,
Der auf der traurigen und gnadenreichen Insel oft ihm Schutz
    geschenkt?

Ach, deine Wege, Herr, so rief er aus, sind wunderbar!
Da all die Kisten mit den Tulpenmustern auf den Gassen
Sich vor ihm stauten. Doch sein Herz vom Glück der Wiederkehr
    beschwert,
Dachte der Ziege, die im Weinberg seiner Insel er allein zurückge-
    lassen,
Und die vielleicht nun schon gestorben war.

Dies alles fiel mir ein vor den ungeheuren Frachten im Hafen,
Und ich sah im Geist die alten Juden, die an schwere Eisenwaagen
Mit knochigen Fingern rühren, über denen grüne Ringe glänzen.
O sieh! Amsterdam will unter weißen Wimpern von Schnee ent-
    schlafen
In den Geruch von Nebel und von bitterer Kohle eingeschlagen.

Die gewölbten weißen Buden, wo zur Nacht die Lampe glimmt,
Und aus denen man den Ruf und das Pfeifen der schweren Frauen
    vernimmt,
Hingen gestern im Abend wie Früchte, wie große Kürbisschalen.
Man sah Plakate blau und rot und grün im Licht aufstrahlen.
Von gezuckertem Bier ein scharf prickelnder Duft
Lag mir auf der Zunge und war mir ins Gesicht gestiegen.

Et, dans les quartiers juifs où sont les détritus,
on sentait l'odeur crue et froide du poisson.
Sur les pavés gluants étaient des peaux d'orange.
Une tête bouffie ouvrait des yeux tout larges,
un bras qui discutait agitait des oignons.

Rebecca, vous vendiez à de petites tables
quelques bonbons suants arrangés pauvrement...

On eût dit que le ciel, ainsi qu'une mer sale,
versât dans les canaux des nuages de vagues.
Fumée qu'on ne voit pas, le calme commercial
montait des toits cossus en nappes imposantes,
et l'on respirait l'Inde au confort des maisons.

Ah! j'aurais voulu être un grand négociant,
de ceux qui autrefois s'en allaient d'Amsterdam
vers la Chine, confiant l'administration
de leur maison à de fidèles mandataires.
Ainsi que Robinson j'aurais devant notaire
signé pompeusement ma procuration.

Alors, ma probité aurait fait ma fortune.
Mon négoce eût fleuri comme un rayon de lune
sur l'imposante proue de mon vaisseau bombé.
J'aurais reçu chez moi les seigneurs de Bombay
qu'eût tentés mon épouse à la belle santé.

Un nègre aux anneaux d'or fût venu du Mogol
trafiquer, souriant, sous son grand parasol!
Il aurait enchanté de ses récits sauvages
ma mince fille aînée à qui il eût offert
une robe en rubis filée par des esclaves.

Übertragungen

Und in den Judenvierteln, die rings voller Abfälle liegen,
Stand der Geruch von kalten rohen Fischen.
Auf dem klitschigen Pflaster lagen Orangenschalen umhergezerrt.
Ein aufgedunsener Kopf hielt weite Augen aufgesperrt,
Ein Arm, der Reden hielt, schwang Zwiebeln in der Luft.

Rebekka, du verkauftest an den schmalen Tischen
Schwitzendes Zuckerzeug, armselig hergerichtet ...

Der Himmel strömte wie ein unsichtbares Meer
Wolken von Wellen in die starrenden Kanäle.
Stille lag auf der Handelsstadt und stieg, ein unsichtbarer Rauch,
Feierlich von den starken hohen Dächern her
Und Indien trat beim Anblick dieser Häuserreihn vor meine Seele.

Oh, und ich träumte, daß ich so ein Handelsherr einst war,
Von denen, die aus Amsterdam in jenen Tagen
Gen China segelten und vor ihrem Gehn
Die Hut des Hauses einem treuen Diener aufgetragen.
Ganz so wie Robinson hätt ich vor dem Notar
Die Vollmachtschrift umständlich mit der Unterschrift versehn.

Meine strenge Rechtlichkeit hätt' meinen Reichtum aufgebaut.
Mein Handel hätte geblüht so wie im Mondenschein
Ein Lichtstrahl, der am Schnabel meines runden Schiffes säße.
Die großen Herren von Bombay gingen bei mir aus und ein
Und hätten mit heißem Blick auf mein kräftig schönes Weib
    geschaut.

Ein Mohr mit goldnen Ringen, vom Mogul entsandt,
Käme zu handeln, lächelnd unter seinem Sonnenschirm!
Bei seinen wilden Geschichten hätte meiner schlanken Ältesten
    Herz gebebt,
Und zum Abschied hätte er ihr ein Gewand
Geschenkt, rubinenfarben, von Sklavenhänden gewebt.

J'aurais fait faire les portraits de ma famille
par quelque habile peintre au sort infortuné:
ma femme belle et lourde, aux blondes joues rosées,
mes fils, dont la beauté aurait charmé la ville,
et la grâce diverse et pure de mes filles.

C'est ainsi qu'aujourd'hui, au lieu d'être moi-même,
j'aurais été un autre et j'aurais visité
l'imposante maison des ces siècles passés,
et que, rêveur, j'eusse laissé flotter mon âme
devant ces simples mots: là vécut Francis Jammes.

JE FUS À HAMBOURG ...

»Je fus à Hambourg quatre mois, puis à la Haye.
Je pris le paquebot pour Londre où j'arrivai
le 10 janvier 1705, après dix ans
et neuf mois d'absence – et, dès lors, me préparant
à un plus long voyage – à soixante-douze ans
d'une vie remplie de toutes sortes d'incidents.
J'avais été assez éprouvé pour connaître
le bonheur de finir ses jours dans la retraite.«

C'est ainsi que s'exprime, à la dernière page,
Robinson Crusoë. Un parfum de muscade
s'exhale de sa robe aux somptueux ramages.
L'orage au loin qui roule en bruit de caronade
fait trembler la Cité d'Albion. Et, dans l'image
que j'ai là sous les yeux, on voit le voyageur
méditer sur sa Bible et bénir le Seigneur.

Übertragungen

Die Bilder meiner Lieben hätt' ich dann nachher
Bei einem armen geschickten Maler bestellt:
Mein Weib, mit hellen rosigen Wangen, schön und schwer,
Die Söhne, deren starke Jugend alle Welt
Entzückte und der Töchter Anmut, mannigfalt und rein.

Und also wär' ich heute, statt ich selbst zu sein,
Ein andrer und auf meinen Reisen im Vorübergehn
Hätt ich mir wohl das altehrwürdige Haus besehn,
Und meine Seele hätte träumend gebebt
Vor den schlichten Worten: Hier hat Francis Jammes gelebt.

ICH WAR IN HAMBURG

»Ich war vier Monde in Hamburg, dann im Haag.
Ich nahm das Schiff nach London. Es lag
Am 10. Jänner 1705 im Hafen. In zehen Jahren
Und neun Monaten war ich nicht daheim. Zu einer größern Reise auszu-
    fahren,
Rüst ich mich nun . . mit meinen zweiundsiebenzig Jahren,
Nach einem Leben reich gesegnet mit Abenteuern und Gefahren.
Ich ward genug umhergeschüttelt und verschlagen,
Zu lernen, wie süß es ist, sein Leben in der Stille auszutragen.«

So steht's geschrieben auf dem letzten Blatt
Von Robinson Crusoes Geschichte. Ein Duft wie von Muskat-
    sträuchern hat
Von seinem wunderbar geblümten Rock sich losgemacht.
Das ferne Gewitter, das wie eine alte Schiffskanone kracht,
Läßt Albions Veste erzittern. Und auf dem Bild, darauf mein Auge
    blickt,
Sieht man den alten Seehelden, wie er über der Bibel sinnt und
    Dankgebete zum Himmel schickt.

Au milieu de la table est une longue vue
dont il guettait jadis l'empreinte des pieds nus.
Au mur sont accrochés le parasol de chèvre
et le bonnet de chèvre et l'arc avec les flèches,
la hache d'abordage et le sabre marin.
Ici le médaillon de Vendredi. Enfin,
placé contre la carte où est l'îlot désert,
dans sa cage empaillé un perroquet très vert.

Comme toi, Robinson, j'essuyai des tempêtes
et, comme toi, j'ai vu au-dessus de ma tête
la mer verser au ciel des flots couleur de plomb.
Et l'amour furieux qui balayait le pont
me jetait à genoux et sifflait. Crusoë!
Crusoë! L'océan et l'amour sont pareils:
A l'un et l'autre il faut de desséchants soleils
qui creusent notre cœur ainsi qu'une coquille;
il faut que les agrès grincent comme des filles,
et que la passion soit cette noire mer
qui monte et nous emplit avec son bruit amer.

Ah! Vieil Anglais! Tu fus cependant bien plus sage
que je ne fus, car où que tu fasses naufrage,
au Cap Bonne-Espérance ou à Juan Fernandez,
on te voit aussitôt suivi ou précédé
de ta malle toujours confortable et prudente.
J'aime ta poésie pratique et commerçante,
et j'apprécie beaucoup la veuve qui prit soin
de tous tes capitaux tant que tu fus au loin.

... C'est ce qui te permit de finir doucement
tes jours dans ce grisâtre et doux appartement
que je viens d'évoquer au début du poème.

Übertragungen

Mitten auf dem Tische das Fernrohr steht,
Mit dem er einst die Spur der nackten Füße erspäht.
An die Wand gelehnt friedlich beieinander weilen
Der Sonnenschirm und die Mütze aus Ziegenfell und der Bogen
    mit den Pfeilen
Und die Axt zum Entern und das Seemannsschwert.
Hier das Medaillon von Freitag. Und nahe dabei,
Gegen die Karte der verlassenen Insel gekehrt,
Ein Strohkäfig mit einem sehr grünen Papagei.

Wie du, Robinson, hab ich Sturm und Gewitter ertragen,
Sah, wie du, über meinem Kopf das Meer zum Himmel aufschlagen
In bleigrauen Wellenbergen. So wühlte
Der Orkan meiner Liebe, der das Deck überspülte,
Und warf mich auf die Knie und höhnte. Crusoe, Crusoe, das Meer
Und die Liebe sind Geschwister von altersher
Und beide glühen aus dörrenden Sonnen Brand
Auf unser Herz und höhlen es aus gleich einer Muschel am Strand.
Und die Taue knirschen und singen wie die Fraun,
Und in unserm Blut ist diese schwarze See, die schwillt
Und uns mit dem bittern Rauschen ihrer Wasser füllt.

Alter englischer Freund! Du warst der klügere, traun!
Von uns beiden. Denn wo auch dein Fahrzeug Schiffbruch litt,
Immer hattest du sauber geschnürt dein Bündel mit:
In Juan Fernandez und am Cap
Der guten Hoffnung. Klug und sorglich. O, ich hab'
Sie lieb, diese nüchterne und praktische Poesie,
Und ich liebe, Crusoe, deine Witwe, die,
Während du in der Ferne weiltest, dein Hab und Gut verwahrt.

Nun darfst du, da sie all die Jahre für dich gespart,
Friedlich die Tage, die dir noch bleiben,
In dem lieben grauen Hause wohnen, das meine Verse zu Anfang
    beschreiben.

Ah! Tu n'oublias rien dans ton île, pas même
ton parasol et ton bonnet de peau de chèvre.

Ce que j'ai rapporté? – me demanderas-tu, –
de cet îlot désert dont je suis revenu?
Rien, ni une bouée ni une cage à poules.
Mais écoute comment je fus pris par la houle:

Ce fut au doux Avril, quand la mer du Printemps
s'ouvre à tous ces oiseaux, indiens de Ceylan,
qui plongent dans l'azur de nacre où sont les perles:
rouge-gorge, bulbul, fauvette, linot, merle.
On entendait briser les âmes des lilas
sur les coraux des pêchers roses des villas.

Je ne pensais point certe à ces autres coraux
où la Pérouse d'or, c'est à Vanikoro,
trouva la mort malgré son geste autoritaire.

L'amour semblait dormir et le ciel et la terre.
Douce comme une nuit des Nuits, la nuit tomba.
Mais bientôt le parfum des vergers s'exalta.

Alors, ô Robinson! oubliant comme toi
les dangers que j'avais courus, n'écoutant pas
les conseils des aïeux qui rêvent dans leurs cadres,
ivre de mettre à flot une nouvelle escadre,
je dirigeai mon cœur affolé par l'amour
vers une île pensive et grave comme un jour.

L'île était enchantée et n'était qu'une femme.

La voix de ses oiseaux eut raison de mon âme.
D'autres m'avaient séduit par l'horreur des volcans.

Übertragungen

Nichts hast du auf deiner Insel vergessen, alles ist wie immer zur Stell':
Der Sonnenschirm und die Mütze aus Ziegenfell.
Was ich heimgebracht habe? – so wirst du fragen, –
Von der wüsten Insel, von der mich das Schicksal zurückgetragen?
Nichts, keine Ankerboje, keinen Käfig für die Hühner, nicht ein
    einzig kleines Ding.
Still! Laß dir erzählen, wie es geschah, daß mich die Brandung fing.

Es war im sanften April, wo der Frühling wie ein Meer
Sich den Vögeln auftut, verwegnen Ceylonschwimmern,
Die nach Perlen tauchen, die aus weißblauen Luftabgründen
    schimmern:
Rotkehlchen, Amseln, Lerchen und Nachtigallen –
Man hörte, von den Gärten der kleinen Häuser her,
Wie das Herz des Flieders aufbrach über den roten Pfirsichkorallen.

O, ich habe nicht an jene andern Korallen gedacht,
Die einst die goldne Perusa und ihren Stolz zu Falle gebracht.

Die Liebe und der Himmel und die Erde lagen, so schien es, im
    Traum beisammen.
Selig wie eine Nacht der Nächte sank die Nacht.
Aber bald begann das Duften der Obstblüte brünstiger aufzu-
    flammen.
Da hab ich, Robinson, alle Gefahren vergessen
Des vergangenen Lebens und habe vermessen
Und unbedacht des Spruchs der Alten, die in ihren Rahmen träumen,
Nur begierig, ein neues Geschwader in den Wellen aufschäumen
Zu sehen, den Kompaß meines liebetollen Herzens hinausgedreht
Nach einer Insel, die schwer und ernst wie der Tag in den Wassern steht.

Die Insel war verzaubert und war nichts als ein Weib.

Die Stimme ihrer Vögel machte mich ihr zu eigen.
Andere haben mich betört mit Feuer und Vulkan.

J'aimai, ô Crusoë! ces monts qu'un Yucatan
prolonge sous la mer pour former des Antilles.
Ma race a habité parmi ces jeunes filles
qui tiennent d'une main leur sein d'ombre et de feu
et qui de l'autre envoient de longs baisers d'adieu.
Ici, ce ne fut point le feu, ce fut la neige,
mais la neige impassible aux foudres qui l'assiègent,
neige dont les yeux clairs ont la calme passion
du feu qu'allume un pâtre au milieu des glaçons.
Et c'est l'île la plus terrible: ô Crusoë!
car c'est par sa froideur que l'on est enflammé.

Comment j'ai échappé aux dangers de cette île:
il faudrait pour cela que je fusse Virgile;
car jamais tout entier l'océan n'égala
cette vague aux doux mouvements qui m'enlaça.

Maintenant, comme toi, ô Crusoë! je pense
qu'il est bon de rêver de cela dans sa chambre.
Ma cafetière bout comme un roman anglais.
J'ai des lettres d'amour que j'entends murmurer
ainsi que murmurait l'Océan Pacifique
où tu avais conduit ton âme magnifique.
Repartirai-je un jour? Je ne l'affirme pas.
J'eusse voulu pourtant encore nouer mes bras
à la blanche bouée que nous nommons la femme,
et revenir rieur parmi les hautes lames.
Tous les oiseaux de Mars me conseillent d'aimer.
Ce matin, au réveil, leurs chants neufs s'essayaient.
Un moineau insistait beaucoup. Que vais-je faire?

Übertragungen

Oh, ich liebte, Crusoe, die Berge, die von Yucatan
Unterm Meer fortlaufen, bis sie in den Antillen wieder zum Licht aufsteigen.
Mein Geschlecht hat unter jenen Mädchen gelebt, die mit ihren Händen
Die Flammen im Busen bedecken und lange Abschiedsküsse senden.
Aber hier hat mich nicht das Feuer, hier hat mich der Schnee versehrt,
Oh, ein Schnee, den kein hungriger Blitz jemals verzehrt,
Schnee, dessen klare Augen die unbewegte Macht
Des Feuers spiegeln, das ein Hirt im Winter mitten zwischen dem Eis entfacht.
O Crusoe, dies ist die Insel der wildesten Schrecken,
Denn mit ihrer Kälte weiß sie die Flammen in deinem Busen zu wecken.

Wie es geschah, daß ich dennoch heil die Flucht genommen?
O Freund, Virgil allein verstünde hier zu entkommen.
Denn der ganze große Ozean hält nicht so fest
Wie die eine sanfte Welle, die mich umschlang und nicht von sich läßt.
Jetzt denk ich wie du, mein Crusoe,
Daß es gut ist, in seinem Zimmer zu träumen!
Mein Kaffeekessel summt mir wie ein englischer Roman im Ohr.
Ich habe Liebesbriefe, die singen mir ihre Sehnsucht vor –
So hat dir, Crusoe, der große Ozean gesungen,
In dessen Reich deine herrliche Seele gedrungen.
Werd ich eines Tages wieder hinausziehn? Wer will es sagen?
Und dennoch sehn ich mich so, noch einmal die Arme zu schlagen
Um jene weiße Boje Weib und auf erregten Meeren
Inmitten hoher Wellen lachend wiederzukehren.
Alle Vögel dieses Märzmondes laden mich zur Liebe ein.
Heut' Morgen, beim Erwachen, da sie die neuen Weisen probten, drang ihre Stimme zu mir herein.
Ein Sperling sprach mir lange zu. Was soll ich tun?

Petits oiseaux, ô rouges-gorges de mon cœur,
je ne pourrais vous suivre ou, du moins, j'en ai peur.
Les buissons sont trop verts. Je vous attristerais...
Il faut laisser tomber l'ombre sur la forêt.

Le poète est tout seul dans la forêt de l'âme.
Il est découragé par le trop long chemin.
Il attend, mais en vain, sous le cristal des lianes
et sous les baumiers bleus le bon Samaritain.
Il prie Dieu qui se tait. Alors, il s'exaspère,
et la douleur sur lui pèse comme un tonnerre:
Répondez-moi, Seigneur, que voulez-vous de moi?
Je suis dépossédé même de votre joie,
et je me sens dans une grande sécheresse.
Revenez! Donnez-moi seulement l'allégresse
de cet oiseau chantant au cœur de l'arbousier?
Que me voulez-vous donc pour que vous me brisiez?

– Je laboure ton cœur. Patience, ô mon enfant!
Tu souffres que je doive avec toi être juste.
Garde-moi dans ce cœur, même lorsque le vent
arrache les dernières roses des arbustes.

Ne m'abandonne point, car j'ai besoin de toi.
O mon fils bien-aimé! J'ai besoin de tes larmes.

Übertragungen

O kleine Vögel ihr, Rotkehlchen meiner Seele, euerm Sang
Kann ich nicht folgen ... oder, ach! mir ist zu folgen bang.
Die Sträucher sind zu grün. Ich würde eure Lust beengen ...
Erst müssen Schatten sich über die Wälder hängen.

DIE KIRCHE, MIT BLÄTTERN GESCHMÜCKT

Der Dichter ist in seiner Seele Wald allein.
Sein Herz ist matt vom langen Weg und schwer von Harme.
Er wartet, ach vergebens! unter der Lianen Spiegelschein
Und blauen Balsamblumen auf den guten Samariter, der sich sein
    erbarme.

Er fleht zu Gott. Der schweigt. Da hält sein Jammer sich nicht mehr.
Schmerz lastet auf ihm wie Gewitterschlag so schwer.
»Gib Antwort, Herr, was hat dein Wille über mich erkannt?
Aus deiner Freude selbst bin ich verbannt.
Wie ausgedörrt leb' ich in meinem großen Leid.
O kehre wieder! Gib mir doch die Munterkeit
Des Vogels, der sich singend dort im Herzen dieses Sandbeer-
    baumes regt –
Was will dein Zürnen mir, daß es mich so in Stücke schlägt?«

»Ich pflüge deine Seele. Sei geduldig, Kind!
Du leidest, weil mein Herz mit dir gerecht zu sein mich heißt.
Laß mich in deiner Seele wohnen, immer ... dann noch, wenn der
    Wind
Die letzten Rosen von den Sträuchern reißt.
Geh nicht von mir. O sieh, ich brauche dich und deine Qual.
O mein geliebter Sohn. Ich brauch' die Tränen die in deinen
    Augen stehn.

J'ai besoin d'un oiseau pour chanter sur la Croix.
Veux-tu donc me quitter, rouge-gorge de l'âme?

– Mon Dieu, sur votre front ceint d'une haie d'épines,
je chanterai durant toute votre agonie:
mais lorsque fleurira la couronne terrible
vous laisserez l'oiseau y construire son nid.

La colombe tenant le rameau d'olivier,
c'est la Vierge apportant, dans le trouble, la paix.
L'agneau pascal qu'on pend au linteau de la porte
sera plus tard l'Agneau que l'on a mis en Croix.
Ce n'est que peu à peu qu'un Mystère se voit.
L'ardent Buisson parlait avant la Pentecôte.
Avant qu'y fût Noé sur l'eau était l'Église;
Noé était sur l'eau avant qu'y fût Moïse;
Moïse était sur l'eau avant qu'y fût saint Pierre.
De plus en plus se fait intense la Lumière.

Ich brauche einen Vogel, mir zu singen überm Kreuzespfahl.
Rotkehlchen meiner Seele, willst du von mir gehn?«

»Mein Gott, auf deiner Stirne, die den Kranz von Dornen trägt,
Will ich dir singen durch dein langes Todesgraun.
Doch wenn die Schreckenskrone dann in Blüten schlägt,
Verstatte du, mein Gott, dem Vogel, dort sein Nest zu baun.«

DIE TAUBE . . .

Die Taube, die den Zweig des Ölbaums hält,
Das ist die Jungfrau, die den Frieden bringt der Welt.
Das Osterlamm, das man zur Schwelle trägt,
Wird einst zum Lamme, das ans Kreuz man schlägt.
Nur Stück um Stück wird das Geheimnis offenbar.
Der brennende Busch ertönte, ehe Pfingsten war.
Vor Noahs Arche schwamm die Kirche auf der Wasserflut,
Und Noah schwamm darauf, eh Moses drüber hat geruht;
Moses war überm Wasser, ehedem Sankt Peter war:
Von Stund zu Stunde reiner macht das Licht sich offenbar.

UNVERÖFFENTLICHTE DICHTUNGEN
AUS ABSCHRIFTEN VON FREMDER HAND

Unveröffentlichte Dichtungen

GESICHT

Als dann die Morgensonne die Kastanienkronen hell mit Kränzen
 jungen Laubs behängte,
Und Sturz auf Sturz goldblonden Lichtes mir entgegenschlug,
Da wars dein Körper, der in zarter Frühe mir entgegendrängte,
Und war dein Herz, das bräutlich pochend unter meinem Herzen
 schlug.
Dein Auge, das im Seegefilde blaue Wimpern aufgeschlagen,
Und weich mit grünen Birkenschwingen flatterte dein lichtes Haar,
Im Wehen wilder Morgenwinde war dein Atem wiesenduftend
 eingeschlagen
Und deine Stimme schwang, verklärter Lerchenjubel, über Wipfeln
 weit und wunderbar.

MEER

(Erste Fassung)

Das ist die Stunde, wo die Luft von allen fremden Dingen schwer
Und Träume tief den Blick in mich gebogen stehn,
Ich hör sie flüstern, fühle ihren Atem mich umwehn,
Es klingt und schwillt, und plötzlich weiß ich: Vor mir rauscht das
 Meer,
Das Meer, das unsre Liebesfeier selig eingewiegt
In Sommernächten, die schon bleich in trüben Himmeln brannten –
Da lauschten wir im engen Dunkel Leib zu Leib geschmiegt,
Wie seine Wellen alle Wehre blitzend überrannten.
Erst wars wie Flügelschlagen vieler Vogelschwärme, fern und
 schwer
Wie Sommerwittern, das gebannt und dumpf vor grauen Bergen
 steht,
Dann wie ein ⟨Frühlingssturm⟩, der blank um braune Haidehügel
 weht,

Zuletzt erbraust und dröhnt in brünstigem Jubel das entflammte Meer.
Das Meer singt uns den Brautgesang, heiliger Liebesnacht Advent,
Es klirrt wie Läuten von Millionen Glocken uns im Blut,
Es ist wie junger Wein, der heiß durch alle Sinne brennt,
Es schüttet über unsre Küsse einen Schwall von dunkler Glut.
Wir sind begnadet: Wunderzeichen flammen um uns her.
Hörst du die Flut? Wie Sturz auf Sturz sich schäumend aufwärts schiebt
Und selig rastend sinkt? So hab ich dich noch nie geliebt,
So hast du mich noch nie geliebt. Und noch durch unsrer Träume fernste Pforten schlägt das Meer.
Und dann ist Morgen. Letzter süßer Dämmerung Flor zerbricht.
Du schläfst ganz still. Ich schaue aufgestützt, wie sich der Tag ins Zimmer drängt,
Fern ruht, ganz fern das Meer, mit weißem Frühgewölk in Duft vermengt.
Der Strand ist gelb und weit. In tausend Lachen schäumt das junge Morgenlicht.

MEER

(Zweite Fassung)

Denkst du der Nächte, da das Meer in unsre Liebesstunden rauschte
An Englands Küste, da der Sommer trüber schon in aufgerissnen Himmeln brannte?
Das kleine Zimmer schwamm im Zwielicht roter Sterne. Über deinen Leib gebogen lauschte
Ich selig, wie die Nachtflut rasend alle Wehren überrannte.

Es war wie dumpfes Rollen von Millionen Schollen,
Die jäh ein brauner Fluß in laue Frühlingswetter trug –

Bräutlichstes Lied, das je im Dunkel wilder Liebesnächte
  aufgequollen –
Der dunkle Schrei, der noch durch fernster Träume erzne Pforten
  schlug.

Und dann ist Morgen. Letzter zarter Dämmerung Flor zerbricht.
Du schläfst ganz still. Ich schaue aufgestützt wie sich der Tag ins
  Zimmer drängt.
Fern ruht, ganz fern das Meer mit weißem Frühgewölk in Duft
  gemengt.
Der Strand ist gelb und weit. In tausend Lachen schäumt das junge
  Morgenlicht.

ERNTEGANG

Ich ging durch hohes Korn im reifen Erntelicht.
Weitum scholl Sensenschlag – er streifte meine schweren Schritte
  nicht.
Ich kam aus Dunklem, tief in Qual verhaftet und im bösen Traum.
Wehnachtgespenster hingen schwarz um meiner Wegspur Saum.
Ein Schnitterlied stieg hoch in reine Mittagswelt.
Traumweh zersprang. Da war, das ich gesucht, mein Tagwerk
  mir bestellt:
Endlos in Garben brennend trächtig Land zu meinen Füßen lag,
Aus fernsten Fernen, gelbe Brandung, überschwoll mich Sensen-
  schlag.

ERLEBNIS

Ich war die Nacht hoch übers Bergjoch hergeschritten.
Der Morgen hißte rote Fahnen. Durch den Glanz ging ich inmitten

Von wipfelhellen Kiefern. Niemals war ich hier, doch alles schien, als säh' ichs wie vor Jahren wieder.
Ich wußte: Hinter diesen braunen Heidebänken stößt der Weg zum Seegestade nieder.
Ein dunkles Heimweh glühte, mich an seine Ufer hinzutragen –
Schon war sein klares blaues Morgenauge groß zu mir emporgeschlagen,
Schon bog ich mich verlangend über seine Tiefe, fühlte fremde dunkle Wallung dumpf sich regen,
Vom tiefsten Urgrund stieg mein eigen Bild, aus blasser Flut zusammenschießend, mir entgegen,
Nah wie in nächsten Stunden wie in wilden Träumen fern und weit:
Ich war es, doch gewandelt – nein: so wie ich einmal war vor langer wie von Meeren fortgerißner Zeit.
Mich schauerte vor Fremdheit. Dunkle Scham umfing mich. Um den Spiegel flog ein trüber Schein
Das Bild verstörend. Da die Flut sich klärte, sah ein Auge wie aus weit verwunschner Kinderzeit in mich hinein.
Ganz ferne Glocken klangen. Tiefe Gärten sanken Weihrauchschwingend in mein Herz mit diesem Blick,
Durch Morgennebel kniete meine Kindheit fromm und glühend in mein dunkel rollendes Geschick.
Und plötzlich wußt' ich: Alles dies war immer in dir – Lust und Drang und Traum
Und Gier und Brunst und Qual – Indes du blind ins Blinde taumelst, wurzelt deines Lebens Baum
In tiefster Wasser Bläue eingesenkt und treibt aus seinem Schoße deiner Tag' und Nächte Frucht empor,
Nichts ist, dem du entgehst, und nichts, was einmal war, das sich in trübster Stunden Qualm verlor.
Hier rastet deines Schicksals Wagen, hier sind deiner Tag' und Träume dunkle Rosse eingespannt,
Und alles was du liebst und glühst und sündigst, ist in diese Wurzeln festgebannt.

Unveröffentlichte Dichtungen

Hier wächst dein Wunsch, hier reift dein Trieb, hier stirbt dein Traum – du aber nennst es Leben, Tat und Glück,
Die leichte Welle neigt dein Schicksal – Dunkel fuhr ich auf ... da sank das Bild in blaue Unermeßlichkeit zurück.

VERSENKUNG

Einsamste Stunde strömt mein fernstes Selbst zu mir herauf.
In Mitternachtverklärung brechen klingend alte Hüllen auf.
Die tags mit fremder Flut vermengt im Fremden schweift,
Nun ruhst du, Seele, über Klippen hoch vom Silber kühler Sternenstunde überstreift.
O jetzt ins Dunkel fliehen, tief ins Stille über Bergeskämme gehn,
Heimwärts, erdwärts, in Kammern, die im Scheine blauer Erze zwischen Felsen stehn,
O sich vergraben, sich in Meeresschluchten senken über sich die Wellen, Schiffe und den Strand,
Ins Tiefe steigen, Seele, in dein heilig frühes Mutterland,
Und schweigend horchen, wie aus langem Traum dein Blut erwacht
Und dunkel hintönt, tiefer Geisterbrunnen, in die wunderblaue Nacht.

O meine Seele ...

O meine Seele, schlägst in Abendinbrunst du dein dunkles Auge auf?
Tönt aus Vergessens Tiefen deine Stimme wieder mir herauf?
Ich weiß, in deinen tiefsten Grund gebettet ruhen Bild an Bild gereiht
Die großen Zeichen meiner heiligen Trunkenheit

Denn alles, Seele, ist in dir: Die ungeheure Pracht
Der Morgenröten, Feuer abendlicher Himmel und die hohe Sternennacht
Und sanftes Licht der Frühe, die ihr Gold um stille Gipfel spült,
Und Blumenwiesen gelb und rot gesprenkelt, die der scharfe Morgenwind durchwühlt,
Und alle Schönheit, die mein höchster Traum ins Weite schwellt
Und unberührte Harfen, hoch zum Feste aufgestellt,
O Seele, Deinem Fest. Doch dein verwunschner Mund bleibt stumm,
Nicht tönt das Spiel. Der große Reigen geht nicht um.
Die Nacht fällt ein. Im feuchten Dunkel steh ich fröstelnd und allein.
Die hell Erweckung heischend deine Stränge rissen, meine wunden Finger schlafen ein.
O Seele, deiner holden Wunder dunkler Leib verschwand
Lautlos wie in getrübtem Wasser Himmel, Wiesengrün und Uferrand.

MAHNUNG

    Dir gab ein Gott im Traum,
    Zu trinken höchstes Glück,
    Die Augen tief wie Sterne,
    Darin sich strahlender der helle Himmel
    Und aller Glanz der großen Erde spiegelt –
        Nimm und trink

    Dir gab ein Gott bei Tag,
    Zu dulden tiefsten Schmerz,
    Die Lippen still und weh,
    Die aller heißen Träume müden Trug
    Und aller Sehnsucht welke Brände kennen –
        Schweig und dulde.

Unveröffentlichte Dichtungen

TRAUM UND MORGEN

I.

Dies ward mir Schicksal: Rätselvoller Drang,
Mit irren Händen ungesättigt Mühen,
Die leere Luft zu ballen, dunkler Zwang,
Aus Schatten Schattenhaftes auszuglühen.

Mit bösem Zauber willenlos im Bund
Den Schlaf der großen Kräfte aufzustören,
Heilig Begrabnes mit vermessnem Mund
In schwankes Dasein sinnlos zu beschwören.

Nun halten Schemen höhnisch mich umdrängt
Wie schwarze Vögel, die in dichten Zügen
Mit grauen Wolken kreisen. Schatten hängt
Ihr Rauschen über mich. Von ihren Flügen

Tropft Tau und bittrer Wermut auf mein Reich.
Die hellen Fahnen sind mit Flor umzogen,
Die junger Mut gehißt. Die Farben bleich.
Die Gärten abgeblüht. Der Glanz verflogen.

In zähen Nebeln alles Licht erstickt.
Die Wogen stumpf, die leere Kiele länden –
O dunkle Qual: Zu tief, zu tief verstrickt –
Nun bringt kein Morgen mehr auf reinen Händen

Euch Küsten ferner Jugend, helles Meer,
Beglänzte Frühe, blanke, kühle Ferne,
Erfrischte Bucht und klingend um mich her
Das goldne Spiel der Wolken, Wind und Sterne.

II.

Dies alles lebte nur in Zeichen, Bildern, Schatten
Und griff nach mir aus Rauch und Rausch und Träumen

Mit schwanken Stimmen, die mit trüber Sehnsucht sich beladen
    hatten,
Und Augen angstvoll irrend wie aus nachtgefüllten Räumen.

Traumvögel hatten schwarz sich scharend mich umflogen,
Traumleiber hielten dunkel wuchtend mich gefangen,
Mein Schicksal war von fremdem Schicksal traumhaft aufgesogen,
Und jedes Glück entleert und jedes Wort mit taubem Widerhall
    behangen.

Dann hat ein Sommertag die Augen aufgeschlagen.
Licht stürzte auf mich. Vor mir stoben Wege in die Weiten –
Frühwiesen, Hügel, Städte wie vom Morgenwind in ferne Bläue
    fortgetragen
Und überströmt vom Jubel ungelebter Seligkeiten.

O Himmel, der sich neigte. Über alles Glück und Gnade –
Erfüllung, Segen, tiefste Spende, lächelndes Sich-Geben –
Der Sommer blüht. Mein ward die Erde. Über glanzumströmte
    Pfade
Reißt mich ein Wunderwort hinaus ins Licht: Das Leben.

MEER I

Urweltensänge bricht dein Mund von Himmelsharfen los,
Urweltenschauer weihen deinen heiligen Mutterschoß,
Urweltensehnen drängt dein Blut empor, das dicht in Traum ver-
    mauert schlief.
In deinem Rauschen wird die alte Erde wieder tief
Und neu und groß. In dir verströmen alle Kräfte, die ins All zer-
    splittert sind,
Du schufst die Flüsse, Berge, Land, die Wolken und den Wind,

Unveröffentlichte Dichtungen

Du führst im Sterngehäuse klingend hoch die Nacht herauf,
In dir zerfällt das Licht, in deinen Tälern steht es morgenfunkelnd
    wieder auf,
Um deine Schalen dröhnt und steigt und blitzt die Zeit,
Ergoßne Fülle, dunkelrauschende Unendlichkeit.

Das Meer hat in der Nacht . . .

Das Meer hat in der Nacht zur Küste weiße Fänge ausgereckt.
Nun hat es schwer im Mittag sich und traumgeschlossen übern
    gelben Strand gestreckt.
Nun ist sein Raubtierblick entspannt, nun ward sein brünstiger
    Schrei zum Liebeslied, das in die goldne Stille lauscht,
Nun hat sein Glühen sich an eigner Flamme müd gerauscht,
Nun sind die Augen wie mit Schlaf genetzt, die weit mit blau und
    goldnen Sternen in den Himmel sehn,
Nun geht sein Atem sanft wie Birkenwipfel, die am Abend in die
    Hügelmulden grünes Silber niederwehn,
Nun quillt sein Schoß, der still sich öffnet, wie von bräutlich war-
    mem Schein,
Und leise strömend sinkt der Himmel, blau und wolkenlos, in ihn
    hinein.

Das Meer steigt durch die Nacht . . .

Das Meer steigt durch die Nacht. Flutbrandung springt den grauen
    Damm herauf.
Im wilden Dunkel stehen meine tiefsten Wünsche auf.
Sie treiben, schwarze Fischerkähne, schweren Zuges hinter sich
    gereiht,
Meerwärts, flutwärts, ins große Rauschen der Unendlichkeit.

Sturmvögel flügelschlagend, die von fernen Küsten hergeflogen sind,
Ihr Atem rollt, in ihren meerbespritzten Schwingen hängt der Sommerwind.
Nachtsturm steht auf, Nachtmeer springt wie ein reißend Tier sie an,
Doch ihre stummen Augensterne sind wie große Sommerblüten aufgetan,
Darin die Nacht versinkt. Aus ihrem Schoße ist ein rotes Licht entbrannt,
Das leuchtet weit ins Weite. Glühend hat ihr Traum die dunklen Maschen ausgespannt.
Schon stößt das Netz zu Grund. [Schon kommt es schwer sich neigend mit dem Wunderfang zurück]
[Aus Meerestiefen hoch ins Helle reißend alles tiefvergrabne Glück.]
Indessen sinken sie ins Dunkel, schwarze Schatten, eng von Wetterwolken überdacht,
Und werden langsam eins mit Himmel, Welle, Wind und Nacht.

O dies Getriebensein . . .

O dies Getriebensein: noch immer jedem Wind,
Der in die Segel greift, gefügig – jedem Stern verschrieben,
Der neue Wunder dir verspricht, im Strome eines dunklen Schicksals wie in Maschen eines Netzes hingetrieben,
Und deines Bluts Vasall, drin deine Tage wie die Stimmen streitender Dämonen sind –
Dies atemlose Spiel, gehetzt und heiß, mit Händen, zitternd und entweiht,
Die nach den frommen Kelchen greifen, daß ihr Wein in Blut erblühe
Und jeden Rausches Weckestunde und der Hohn der Frühe
Und Grau und Wüste, Wolken und die pochend wilde Einsamkeit,
Du Klingendes, entblättert mir dein Ton,

Unveröffentlichte Dichtungen

Zerbrichst du Licht? Zerfällst du, Erde, da mein Arm dich endlich
  faßte,
Und Leib der Frauen, da mir deine Lust und dein Geruch verblaßte
Schon wartet wieder Tag und Nächte Frohn
Und Spulwerk irren Lebens: altes wehes Spiel.
Ich will in Nacht zurück und allen Traum vergessen.
Und doch vielleicht ist allen Lebens Sinn und Ziel:
Die heißen Wangen an die Gitter seiner Sehnsucht pressen.

DIE VERLASSENE

Daß du mir ins große Leben halfest,
Hatt ich meine Hände deinem Floß verklammert,
Reißend trieb ich auf den starken Flüssen
Zwischen Ufern, deinem Sein verbündet.

Brücken bogen sich auf schnelle Wasser,
Wiesen kamen sich herabzusenken,
Schwere Mauern wurden leicht und flüssig,
Und am Abend spiegelten sich Sterne.

Aber dann hat dich der irre Hunger
Deines Bluts in fremdes Bett gerissen.
Meine Augen wehrten nicht. Nur meine
Hände taten ihre Schlingen auf.

Und nun ström ich, auf den wilden Wassern
Hingeschwemmt, in willenloses Dunkel.
Wenn zur Nacht die vielen Lichter blühen
Fühl ich nur mein Leben wie ⟨im⟩ Schlaf.

Einem dunklen Spruch und Traum verfallen,
Eingeholt von fremden Schicksalssternen,
Fern schon Land entschwindend, Ufer löschend,
Faßt mich schon und tränkt mich Nacht und Meer.

Unveröffentlichte Dichtungen

Wald hätte um dich sein müssen . . .

Wald hätte um dich sein müssen, junge Sonne und weite grüne
    Wiesen
Rauschen großer Wipfel und der Glanz von Gärten,
Zu denen kleine weiße Wege zwischen Schlehdornhecken laufen,
Und viele helle Blumenbeete stehen, Freund
Der stillen Blumen und der stillen Worte
Und aller leisen Dinge. In den frühen Stunden,
Die du so liebtest, wärst du da gegangen
Und manchmal hätt ich dich auf deinem Weg begleitet
Und alles bunte Wirrsal meiner Fahrten, meiner Träume
So vor dir ausgestreut wie man ein weißes Leben
Ausstreut vor einem, den man liebt, und wenn
Ein allzu harscher Laut dich störte, hättest du
Nur still gelächelt und geschwiegen. Denn
Du kanntest mich. In deinen Augen stand
Wie eine große Glocke ganz voll sanften tiefen Lichtes:
            Güte.

Alle Frauen, Geliebte . . .

Alle Frauen, Geliebte, die ich vor dir besaß, waren bloß Traum,
    der tief im Mantel meines Bluts geborgen sich in blaue
    Liebes Himmel schwang.
Alle Inbrunst hingegebner Nächte war bloß Schrei, der hungrig
    aus der eignen Seele sprang,
Ruhelos kreiste mein Leben um sich selbst so wie ein Vogel, der
    im See sein eigen Bild eräugte,
Und strömte, lasterhaftes Mahl, aus eignem Leibe Blut, daran sich
    seine Sehnsucht nährend immer neu erzeugte.

Aber du bist Die, vor der wie Hauch und Schaum die lügnerischen Sterne untergehn.
Nichts kann im Atem deines Mundes das nicht klar und wach und wesenhaft bestehen.
Geliebte, meine großen Traumflügel will ich von mir tun,
Nie wieder sie zu brauchen. Seliger irdisch blühen mir die Wonnen, *(die?)* in deinen Augen eingesammelt ruhn.
O du gleich mir vor Tod gefeit und Leere, wissend um die Wunden die das Leben uns ins Fleisch geschlagen:
Versehrte Herzen, über allem Schicksal thronend. Hoch auf hingehobnen Händen wollen unser Glück wir bis zum Rand der Welten tragen –
Selig weil wir es wollen. O nun soll mein krankes Blut an deinem Leib gesunden.

Unveröffentlichte Dichtungen

KOTZEBUE REDIVIVUS

(Scene: Berlin, vor dem Lessingtheater. Es ist Nacht. Eine dichte
 Schaar von Menschen wogt auf der Treppe auf und ab.
 Dazu treten auf ein Berliner und ein Münchner)

Berliner:
Komm, alter Freund, und laß uns hier an diesen Pfosten stehen
Das Stück ist aus, hier kommt er durch, hier müssen wir ihn sehen
Münchner:
O schöner Tag, da endlich ich den hochverehrten Mann
Von Angesicht zu Angesicht vor mir erblicken kann.
Von München nach Berlin, s'ist wahr, die Reise war nicht billig,
Doch einen Blumenthal zu schaun, gäb ich mein Letztes willig.
Berliner:
Horch nur! Sie klatschen immer noch; will denn das gar nicht
 enden?
Ich wette, heute kommen sie heraus mit wunden Händen.
Münchner:
Es ist doch wahr: Die echte Kunst bleibt ewig jung bestehen
Das Schlechte, Falsche nur allein muß schmählich untergehen
Berliner:
Hier im Theater war ich jüngst, man gab ein Stück von Schiller
– Ein Präsident kam darin vor, ich glaube, er hieß Miller –
Doch wo die Leute, Kopf an Kopf, sich drängten sonst und gafften,
Da war es stille rings und leer, und ganze Reihen klafften.
Nur ein paar Kinder waren da von 12–13 Jahren,
Die wollten denn natürlich auch mit Beifallslärm nicht sparen.
Doch alle Leute von Verstand, die konnten's nicht begreifen,
Sie sahn einander lächelnd an und fingen an zu pfeifen.
Münchner:
Ja, ja! Mit Blumenthal da läßt sich Schiller nicht vergleichen.
So muß das Kleinre eben stets dem Größren, Schön'ren weichen!
(Ein Dichter tritt auf und nähert sich den Beiden)

Unveröffentlichte Dichtungen

Dichter: Sagt, guter Freund, was geht hier vor?
Alles sieht am Theater empor.
Was stehn die Leute so zu Hauf?
Giebt man dort droben ein Drama von Lauff?
Oder ist sonst ein Unglück geschehen?
Was giebts denn Wicht'ges nur zu sehen?

Berliner: Ihr spaßt wohl, seid ein lust'ger Wicht;
Ihr wärt aus Berlin und wüßtet nicht,
Daß heute – doch vorher sagt mir an:
Wer seid ihr, der mit mir zu sprechen begann?
Nach dem guten Ton in der ganzen Welt
Spricht man erst, wenn man sich vorgestellt.

Dichter: Verzeiht! Ein Dichter bin ich –

Berliner: Ei, ei!
Ein schwierig Geschäft die Poeterei!
Was dichtet ihr denn?

Dichter: Gar vieles schon:
Erst Lyrik –

Berliner: Laßt nur die Hand davon!
Ich rat euch gut; denn heutzutag
Kein Mensch ein schön Gedicht mehr mag.
Nur wenn eure Verse wie Prosa zerhackt,
Und der Inhalt symbolisch und abgeschmackt,
Wenn Reim und Rhythmus ihr verbannt,
Wenn kein Sinn darinnen und kein Verstand,
Wenn eine nicht'ge Begebenheit
Ihr wichtig erzählet lang und breit
Auf neuen Bahnen tapfer schreitet,
Für die »Revolution der Lyrik« streitet,
Wenn ihr aufgebt den eignen Dichterstolz
Demütig eu'r Haupt beugt vor Arno Holz,
Und schwört, nach seiner Pfeif zu springen,
Könnt ihr's einigermaßen zu was bringen.

Unveröffentlichte Dichtungen

Dichter: Ich schrieb fürs Theater –
Berliner: Besser schon!
           Allein auch hier giebts wenig Lohn:
           Es herrscht an Dramatikern keine Not;
           Der Joseph Lauff sorgt für Schlacht und Tod,
           Für Staatsaktion und Keilerei,
           Für patriotisches Hurrahgeschrei.
           Ein prächtiger Herr! Seht ihn nur an,
           Wie der sich striegeln und schniegeln kann.
           An Schneid ihm in Deutschland kein Einz'ger gleicht,
           Den Schnurrbart trägt er »Es ist erreicht«.
           Und erst die poetische Tätigkeit!
           Umsonst nicht rühmt man ihn weit und breit.
           Ich wette man hängt für den »Eisenzahn«
           Den Schillerpreis ihm nächstens an.
Münchner: Ja, ja! Man darf recht stolz auf ihn sein!
           Doch traurig ständ es, wär er allein.
           Denn ach Tragödien schreibt er nur,
           Vom Lustspiel versteht er keine Spur.
           Doch dafür giebt es andre Geister:
           Der Blumenthal ist hier Herr und Meister!
Berliner: Ein göttlicher Dichter!
Münchner: Wie fein sein Witz!
Berliner: Ein jeder Satz ein Gedankenblitz!

(Textverlust)

    Auch ich war ein Dichter,
    Ein Dichter wie du!
    Ich hab mir verdichtet
    Die ewige Ruh.
    Nun brat ich im Feuer
    Und oben darauf
    Da führen die Teufel
    Meine Stücke auf.
    Und ich muß sie sehen

Unveröffentlichte Dichtungen

                Tagaus und tagein
                Und darf dabei nicht mal
                Um Hülfe schrein.
Blumenthal: Unglücklicher, sprich, wie ist dein Name?
Geist: Ich war einst ein Dichter,
                Ein Dichter wie du!
                Sie nannten im Leben
                Mich Kotzebue
                Von mir schrieb ein Deutscher
                Sehr ungeniert:
                »Ich schmierte die Stücke
                Wie Stiefel man schmiert.«
                Doch lebte der heute
                Und hätt dich gekannt
                Er hätte das Schmieren
                Ganz anders benannt.
                Ich schmierte mit Wichse
                Die Stiefel ganz rein,
                Du mischst von der Straße
                Den Koth noch hinein.
                Und doch muß ich leider
                Gestehen: In dir
                Ist wieder lebendig
                Ein Erbteil von mir.
                Ich las deine Stücke,
                Den meinen sie gleichen
                Nur daß sie an meine
                Heran noch nicht reichen.
                Einst wird es dir gehen,
                So gehen wie mir,
                Wenn gleich nicht du aufhörst
                Mit deinem Geschmier.
                Drum rat ich bei Zeiten:
                O steck es doch auf!
                Überlaß nur das Dichten

Dem Herrn Major Lauff.
Den preuß'schen Majoren
Thut niemand was an:
Die steigen zum Himmel
Auf schnurgrader Bahn.
Und selbst wenn der Teufel
Ihn holt' aus Versehn,
So läßt nach 2 Stunden
Er wieder ihn gehn.
Schnarrt der in der Hölle
Im Leutnantston,
So kriegen die Teufel
Hochachtung schon.

KRITISCHE SCHRIFTEN
AUFSÄTZE UND REZENSIONEN

AUS DER FRÜHEN SCHAFFENSPHASE

NEULAND

> In Kunst und Leben gilt dasselbe Gesetz, und wenn die Nachkommen einer zurückliegenden großen Zeit das Kapital ihrer Väter und Urväter aufgezehrt haben, so werden die willkommen geheißen, die für neue Güter Sorge tragen, gleichviel wie. Zunächst muß wieder was da sein, ein Stoff in Rohform, aus dem sich weiter formen läßt.
> Theodor Fontane.

Nur hinweisen wollen die nachfolgenden Aufsätze. In Höhlen steigen und nach Gold schürfen. Nach vergrabenen Schätzen, die vielleicht erst die Zukunft heben wird ...

Die Gegenwart ist stumpf und blind. Aber die Zukunft hat das rechte Auge für das, was der Mitwelt so leicht unerhört und widersinnig erscheint. Denn hier liegt die eigentliche Scheidung aller künstlerischen Produktion: Die einen sind die Neupräger, die wahrhaft Schaffenden und Schenkenden. Sie bereichern mit der unerhörten Fülle ihrer Welt. Sie leiten zu neuen Landen. Sie zerreißen die Nebel und zeigen die Sonne. Sie schaffen noch für späte Geschlechter. Die andern sind die Klugen, die Nachfühler und Nachtreter. Ihre Zahl ist Legion. Ihr Werk gehört der Gegenwart. Sie führen in dieselben Lande. Aber ein anderer hat sie vorher entdeckt. Sie zeigen auch die Sonne. Aber andere haben die Schleier fortgerissen. Auch sie können Anregung und Genuß geben. Aber niemals vermögen sie, das Innerste mit den Schaudern des aus dem Nichts Herausgebrochenen, des Vulkanisch-Eruptiven, Gigantischen zu durchrütteln.

Die Kritik unserer Tage sucht anzuknüpfen und zu vermitteln. Nichts vermerkt sie freudiger als die Rückkehr zu alten Idealen. Sie ist fast durchweg reaktionär. Darum wirkt sie hemmend statt fördernd. Darum hat sie den unbefangenen Blick verloren für alle große Erscheinungen. Darum hat sie, die da neue Worte schufen, von je gekreuzigt und verbrannt.

Und dennoch müssen es immer neue Ideale sein, die jede neue Kunst auf ihr Banner schreibt. Was gestern galt, hat heute aufgehört zu gelten. Goethes Kunst kann nicht mehr unsere Kunst sein.

Es ist wertvoller, auf neuen Bahnen zu taumeln, als aufrecht ausgetretene Wege abzuschreiten. Es ist ruhmvoller und förderlicher, einen Fußbreit Neulandes zu erstreiten als weite Strecken urbaren Bodens zum tausendsten Male anzupflanzen. Und es verschlägt nichts, wenn das heiß erkämpfte Neuland sich erst spröde zeigt und keine Frucht tragen will. Ohne Sorge: Es wird tragen, und seine junge Kraft wird wie frisches Blut, feuernd und läuternd, sich den abgebrauchten Säften mischen. Hier liegt der wahre und einzige Jungbrunnen der Kunst.

Und dies sei fortan das höchste Ziel des Künstlers, vom Bestehenden zu sagen: »Es war« und darüber hinwegzuschreiten zu dem Neuen. Und dies sei euer Gesetz, ihr Künstler und Dichter: Nicht länger »rückwärts schauende Propheten« zu sein. Seht vorwärts! Seht in Morgensonnen! Vorwärts sahen alle großen Geister der Weltgeschichte, Christus und Giordano Bruno, Luther und Nietzsche. Zerschmettert die alten Tafeln und schreibt euch euer eigen Gesetz aus euerem Eigen-Willen! Habt den Mut, neu zu sein! Laßt euch verhöhnen und verdammen von der urteilslosen Menge und wisset: Die Zukunft wird euch lohnen. Verlacht den eitlen Ruhm des Tages und habt den großen Ehrgeiz künftiger Unsterblichkeit! Denn der Zukunft dient alle wahre Kunst!

PHILIPP LANGMANN

Um seine Wiege brauste der Rhythmus der Großstadt. In Brünn, der grauen mährischen Fabrikstadt, trank sein Auge von früh auf den eigentümlich modernen Zauber jener Welt, der später seine ganze dichterische Kraft gewidmet war. Er sah aus Wäldern von Schloten den schmutzig-gelben Dampf aufbrodeln und sich träge und grau um Dächer und Giebel spinnen. Er sah die schmucklosen Riesenmauern ungeheurer Fabrikbauten, aus deren Gewölben weit auf die Gassen hinaus das Surren, Stampfen und Fauchen der Maschinen dröhnte. Und Abends träumt sein Auge den langen grauen Arbeiterzügen nach, wie sie sich an reichen Prachtbauten vorbei den Vorstädten zuschleppen, die weit draußen im Gewimmel winziger Arbeiterhäuser aufdämmern, umrahmt von der schweigenden Schwermut mährischer Hügellandschaft... Dieselbe Stadt hat uns einen anderen Dichter geschenkt, der in seinem künstlerischen Wesen vielleicht den ausgeprägtesten Gegensatz zu Langmann darstellt: Richard Schaukal. Schaukal, der sensitive Aesthet, mit den weichen überfeinen Sinnen, hat sich vor dem rauhen Anhauch des Arbeitermilieus mit dem instinktiven Ekel verzärtelter Naturen geflüchtet. Fern vom Alltag leuchten die fremdartigen Gärten, die er sich aus Traum und süßem Rausch erbaut. Langmann hat mit wahrer Inbrunst den Duft seiner Umgebung in sich gesogen. In ihm war etwas von der naiven Gesundheit des Naturmenschen. Seine Augen waren hell, sein Herz war nüchtern und gütig. Jene Kunst seligen Traums mit ihrer Vergötterung von Prunk und schönheitstrunkener Formgebung, mit ihren Farben, Lichtern und Schattirungen, wie sie nur ein Geist zu schaffen vermag, der tief in die Gründe menschlicher Kunstideale niedertauchte und aus allen Kultur-Epochen das Köstlichste ans Licht hob, schien ihm eine Sünde wider die kraftvoll aufwärts drängende Zeit mit ihren neuen Ideen und Idealen.

»Lieber unbeholfenes Naturschnitzwerk als diese Drechslerware, lieber thörichte Jungfrauen als diese verlogenen Puppen, und du, unklares Herz im schmierigen Arbeitskittel, sollst uns willkommen sein, diese pomadisirten Schwerenöter, diese in Bier schwelgende und an Weinliedern sich begeisternde, chauvinistische Gesellschaft zum Teufel zu jagen.

Zum Danke wollen wir dich in die Fabrik begleiten, im finstersten Winkel dir Gesellschaft leisten, dir bei deiner Arbeit helfen, mit dir schreien, wenn du schreien willst, lachen, wenn du lachst, wir wollen dich nach Hause begleiten und alle deine großen Sorgen und kleinen Mühsale mußt du uns beichten.

Zu guterletzt malen wir dein Konterfei auf, mit Farben allerhand: Wie du wachst und schläfst, was du issest und wie du dich betrinkst, deine Kinder erziehst und Politik machst. Das zeichnen wir alles auf, haarklein.«

Autobiographische Notiz

den 25. Febr. 1903.

Ich habe an mir bemerkt, daß ich, wie ich d*as* Wesen einer mir interess*anten* künst*lerischen* Persön*lichkeit* mit Leidenschaft ergreife, ebenso rasch wieder mich davon abwende. Es ist gleichsam, als verlasse ich die Blüte, nachdem ich alle Süße aus ihr gesogen. Und dann bin ich ihrer Eigenart so übervoll, daß ich nach anderer, nach entgegengesetzter Speise dürste. Doch bleibt immer ein Duft zurück, eine leise Erinnerung und Liebe, und so kommt es, daß ich oft nach geraumer Zeit wieder auf die einst verlassene Blüte zurückkomme. Ich möchte, was vielleicht als Leichtfertigkeit erscheinen mag, nicht einmal tadeln: Dieser stete Wechsel hält rege, giebt tiefe Einblicke in die Unendlichkeit der Schönheit, wie sie einem auf eine »Richtung« Versessenen niemals werden. Freilich liegt darin auch eine Tragik. Auf die Masse angewendet nämlich. Niemals gab es eine Zeit, die ihre Helden so rasend rasch überwunden hätte wie die moderne.

ZUR DEUTSCHSPRACHIGEN LITERATUR

PENTHESILEA

Im Jahre 1808, im gleichen Jahre das den Deutschen den ersten Teil des Goetheschen »Faust« geschenkt hat, erschienen an der Spitze einer neuen literarischen Zeitschrift, des »Phöbus«, Bruchstücke der Tragödie »Penthesilea« des märkischen Dichters Heinrich von Kleist. Die von hellenistischen Poeten empfindsam ausgeschmückte Liebesgeschichte von Penthesilea und Achill, die Welcker die erste Erscheinung jener unsinnlicheren, von Phantasie und Gemüt bestimmten Liebe in der griechischen Poesie genannt hat, liefert nichts als äußerliche Züge zu der Dichtung Kleists, nichts als Rahmen und Schauplatz für eine ganz subjektiv gestaltete Seelentragödie. Dieses Drama schaltet ebenso frei mit den Idealgestalten der Homerischen Welt, wie es unbedenklich die Fabel von der spät entflammten Liebesglut des Achill zu der jungfräulichen Amazonenkönigin zu eigenmächtigster Lösung führt und aus den Abgründen und Erschütterungen einer ganz modern gestalteten Seele die Schauer tragischen Schicksals hervorholt. Nach alter Überlieferung hatte Achill im Kampf die Amazonenfürstin getötet, um, von dem Liebreiz der Erschlagenen gerührt, in verspäteter Reue die rasche Tat zu beklagen. Bei Kleist ist es Penthesilea, deren unbezähmbare Leidenschaft, durch den unseligsten Irrtum mißleitet und in blinden Haß gewandelt, an dem Peliden das blutige Opfer vollzieht. In dieser Dichtung war in der Darstellung des mit geschlechtlichem Begehren dunkel untermischten Rachegefühls ein Äußerstes geschaffen und nicht nur in grausigen Scherzen, in denen »Küsse« sich auf »Bisse« reimte, bis an die Grenze des ästhetisch Erlaubten gegangen.

Von solchem Werke führte keine Brücke zu jenem verklärten Idealbild der Antike, wie es die klassische Dichtung Goethes und Schillers eben damals in Deutschland errichtet hatte. Vor dieser, von der Maßlosigkeit ihres Gefühls bis zum Wahnsinn fortgerissenen Heldin, verschwand jene Vorstellung von dem ruhmvoll Ausgeglichenen, versagte jene bequeme Winckelmannsche Formel von der schlichten Einfalt und der stillen Größe, die bis dahin die Welt der Antike zu umspannen schien. Penthesilea ist nicht eines Stammes mit jener griechischen Helena, die Goethes Schöpferwille damals sehnsüchtigster Gewalt ins Leben zu ziehen verlangte. Den gläubigen Priestern jenes hehren Ideals der Antike mußte Kleists Dichtung wie ein Zerrbild, wie die Entweihung von etwas Heiligstem erscheinen. Erst Nietzsche hat über ein Halbjahrhundert später unter der hellen und glatten Oberfläche der griechischen Kultur jenen tiefbewegten, von dunklen Leidenschaften durchwühlten Urgrund entdeckt und die Geburt der Tragödie aus dem ursprünglichen dionysischen Lebensgefühl gedeutet.

Aber Kleist hatte gar nicht daran gedacht, mit der »Penthesilea« jenem klassicistischen Ideal der Antike ein dionysisch erfaßtes Bild des Griechentums entgegenzusetzen, und der Brief eines Freundes bezeugt ausdrücklich, der Dichter sei sehr zufrieden, wenn man von »Penthesilea« sage, daß sie nicht antik sei. Wie kein anderes seiner Werke ist dieses Drama nichts als ein leidenschaftliches schmerzvolles Selbstbekenntnis. Dunkle Schicksale hatten den Unstäten, heftig Empfindenden, der, als Sprößling einer alten preußischen Offiziersfamilie geboren, die hergebrachte Tradition der militärischen Laufbahn durchbrochen hatte, um seinen beiden Idealen, der Bildung und der Wahrheit, zu leben, von Zweifel zu Zweifel, von Enttäuschung zu Enttäuschung fortgerissen. Das Studium der Kantischen Philosophie mit ihrem Gegensatz zwischen dem Ding an sich und seiner Erscheinungsform hatte seinem Geiste die erste tiefe Erschütterung gegeben und dem Streben des jungen Wahrheitsforschers Ziel und Richtung entzogen. »Mein einziges, mein höchstes Ziel ist gesunken und ich habe nun keines mehr«, schreibt er damals an die Braut, und nur mühsam und allmählich erhebt er sich von dem furchtbaren Schlag. In Paris, wohin er seit dem Frühling 1801 mit der Lieblingsschwester Ulrike gezogen ist, um endlich »ganz nach seiner Meinung« zu leben, vollzieht sich in Kleist die entscheidende Wendung von der Wissenschaft zur Kunst. Zögernd, aber unaufhaltsam entdeckt sich ihm sein Dichtertum, und damals schreibt er, die neue Erkenntnis noch mit der scheuen Zurückhaltung seiner Natur verhüllend, an die Braut: »Ich habe mir, da ich unter den Menschen in dieser Stadt so wenig für mein Bedürfnis finde, in einsamer Stunde ein Ideal ausgearbeitet.« Aber mit der Erkenntnis des ihm gesetzten Lebenszieles beginnt zugleich die lange Kette seiner Leiden. Es beginnt jener furchtbare, ewig unbefriedigte Kampf um die Verwirklichung seines dichterischen Ideals, mit allem Einsatz tödlicher Leidenschaft geführt, mit dem Auf und Ab von Sieg und Niederlage, dem seligen Schöpferrausch und dem Fluch gegen das höllische Geschenk der halben Talente. Ein kurzes Ausruhen in der ländlichen Stille der lieblichen Aar-Insel des Thuner Sees – vielleicht Kleists glücklichste Zeit – bringt allerhand dramatische Pläne und führt die nur mit halbem Herzen gestaltete »Familie Schroffenstein« – eine »elende Scharteke« nennt sie des Dichters nie genügsame Selbst-Kritik – zu nicht voll ausgereiftem Abschluß. Aber aus allem Planen und Schaffen steigt immer wieder in unerreichbarer Ferne das eine hohe Idealwerk, in dem sich der Kunststil Shakespeares mit antiker Formenstrenge vermählt, und das dem ungestümen Drang des Dichters nach Vollkommenheit Genüge tun soll. Wie ein Heiligtum, ängstlich behütet, ruht das Geheimnis dieses Werkes in der Seele Kleists, und selbst die seinem Herzen Nächsten erfahren nichts als dunkle Andeutungen über sein Werden und Wachsen. Erst in Weimar, wo der nach dem kurzen Schweizer Idyll wieder rastlos Umhergetriebene in dem freundlichen Kreise von Wielands Osmanstädter Landgut beruhigende Gastfreundschaft genießt, löst ihm der Zuspruch des verständnisvollen Alten die Zunge, und vor Wieland rezitiert er aus dem Gedächtnis einzelne Verse aus dem heiß umworbenen, immer wieder verworfenen Idealwerk, das ihn nun schon mit aller Qual einer »fixen Idee« besessen hat, dem Drama »Robert Guiskard, Herzog der Normänner«. Wielands rasch aufflammender Enthusiasmus, ebenso wie sein später geschriebener, von Kleist in schwersten

Stunden immer wieder hervorgeholter Brief, schafft einen flüchtigen Aufschwung, ohne auf die Länge den mit aller Macht einstürmenden Zweifeln und Verzagtheiten wehren zu können. In immer weitere Fernen weicht das Ideal zurück, je verlangender Kleist seine Hände nach ihm ausstreckt, und den Ruhelosen, der wie von Furien gepeitscht, aus dem stillen Frieden der Wielandschen Hausgenossenschaft geflohen war, befällt nach der furchtbarsten Anspannung aller Kräfte hoffnungslose Ermattung. Ein Brief aus Genf an die Schwester atmet nur noch dumpfe Resignation. Und kurz darauf folgt der völlige Zusammenbruch: »Ich habe in Paris mein Werk, soweit es fertig war, durchlesen, verworfen und verbrannt: Und nun ist es aus. Der Himmel versagt mir den Ruhm, das größte der Güter der Erde, ich werfe ihm wie ein eigensinniges Kind alle übrigen hin.«

Die leidenvolle Erinnerung dieses Erlebnisses durchzittert die Tragödie von Achill und Penthesilea. Die endlose Qual um das schmerzlich geliebte, sehnsüchtig gehaßte Werk wird noch einmal in grausamer Selbstpeinigung aufgerührt in der Liebeswirrung der Penthesilea, die in maßlosem Streben den Ida auf den Ossa wälzen und den Sonnengott Helios bei seinen Flammenhaaren zu sich niederziehen möchte, wie Kleist selbst dem olympischen Goethe den Strahlenkranz vom Haupte zu reißen versprach. Und der Wahnsinn jener rasenden Selbstzerstörung lebt wieder auf, wenn Penthesilea in der Verwirrung aller ihrer Sinne gegen den Leib des Geliebten wütet. Das ganze Hin und Her des Kampfes, vom Siegesbewußtsein bis zum hoffnungslosen Entsagen wird noch einmal zu schmerzhafter Gegenwart zurückgerufen:

> Das Äußerste, was Menschenkräfte leisten,
> Hab' ich getan, Unmögliches versucht,
> Mein Alles hab' ich an den Wurf gesetzt!
> Der Würfel, der entscheidet, liegt, er liegt:
> Begreifen muß ich's – und daß ich verlor.

So wird die Amazonenfürstin Abbild von Kleist's innerstem Wesen, mit allen unversöhnbaren Gegensätzen, mit dem jähen Umschlag des Gefühls, das keine Mitte kennt, und in Freud' und Schmerz gleich zum Wahnsinn hinreißt, Grausamstes und Holdestes verbindend, Furie halb, halb Grazie. Nur die Fülle des Erlebens, die in diesem Werke eingeschlossen ist, erklärt die tiefe Ergriffenheit, die der Dichter mit seinem eigenen Geschöpf empfand. »Jetzt ist sie tot«, ruft er nach dem Abschluß der Tragödie einem Freund in Dresden weinend entgegen. Den ganzen Schmerz zugleich und Glanz seiner Seele habe er in dies Werk gelegt, hat Kleist selber bekannt.

Goethe hat sich von dieser, seinem menschlichen und künstlerischen Empfinden so conträren Dichtung, die ihm Kleist in einem demütig werbenden Brief »auf den Knien seines Herzens« darreichte, kalt und gelassen abgewendet. Er vermochte zu diesem »nicht ungemeinen Talent«, das den zu beherrschter Ruhe Geklärten überall durch seine Maßlosigkeiten abstieß, kein näheres Verhältnis zu finden, und als Kleist sich für die lieblose Weimarer Aufführung des »Zerbrochenen Krugs«, die dem rasch vorwärts drängenden Werk durch die Auseinanderzerrung in drei Akte den Lebensnerv abgeschnitten hatte, durch den Hohn bitterster, auch das Persönlichste nicht schonender Epigramme gerächt hatte, war die Möglichkeit einer Verständigung, die Kleist anfänglich so heiß erstrebt hatte, für immer abgeschnitten. Daß der gegenwärtige H. von Kleist auf eine »Verwirrung des Gefühls« ausgehe, hatte Goethes Penthesilea-Kritik ausgesprochen und damit ein wesentliches Element der Kleistschen Dichtung bezeichnet. Gefühlsverwirrung ist in der Tat das Thema dieses Dramas, wie es das Leitmotiv aller anderen Kleistschen Dichtungen ist, freilich nicht in dem Sinne, als gälte es, das Gefühl des Hörers zu verwirren, sondern insofern, als das tragische Schicksal aus der Verwirrung eines starken und ursprünglich berechtigten Gefühls hergeleitet ist. An ihrem Gefühl hängen die Kleistschen Menschen wie an etwas Heiligstem, Unantastbarem. Wer ihnen das Gefühl verwirrt, raubt ihnen den Grund, auf dem sie stehen. »Der Mensch wirft alles, was er sein nennt, in eine Pfütze, nur kein Gefühl«, heißt es im »Käthchen von Heilbronn«. Ihr Gefühl ist diesen Menschen alles, der Antrieb ihres

Handelns, ihre Kraft und ihr Schicksal, der Fels, an dem sie sich halten, und von dem sie nicht wanken, wenn auch Erd' und Himmel unter und über ihnen zu Grunde gingen, wie es in der kleinen Novelle »Der Zweikampf« heißt.

In der »Penthesilea« wächst die besondere Art der Verwirrung des Gefühls aus dem Widerspruch einer schon früh in Penthesileas Brust genährten Leidenschaft zu dem herrlichen Griechenhelden und den starren Satzungen jenes Frauenreiches, dem sie als oberste Schirmerin zugehört, und an dessen Regel sie sich durch Tradition und Gewohnheit gebunden fühlt. Das männerfeindliche Gesetz des Amazonenstaates weiß nichts von einer liebenden Hingabe des Weibes an den Mann und kennt das Zusammenleben der Geschlechter nur zum Zwecke der Fortpflanzung für die kurze Spanne einer von der Gottheit bestimmten Frist. Auf der Göttin Geheiß brechen die zum Liebesfest erkorenen Jungfrauen waffenstarrend in ein fremdes Land ein, reißen die im Kampfe bezwungenen Männer mit sich fort zum Tempel der Diana, und die zärtlichen Bräuche des Rosenfestes halten Siegerinnen und Besiegte zu kurzer Liebesfeier zusammen, bis der Göttin Gebot die Männer, mit Geschenken reich beladen, wieder zur Heimat entläßt. Dieser Satzung unterworfen und doch durch die Allmacht ihres Liebesgefühls widerstrebend, tritt Penthesilea dem Peliden gegenüber, den ihr schon ein Wort der sterbenden Mutter als würdigsten Gegner im Liebeskampfe erkoren hat, entgegen dem göttlichen Gebot, das die Wahl des Fortzuführenden dem Zufall der Schlacht anheimgibt. Aus der Gebundenheit an das göttliche Gelübde und dem unbezähmbaren Drang des törichten Herzens nach liebender Hingabe wächst im Auf und Nieder der Stimmungen jene tragische Verwirrung des Gefühls, die schließlich zur rasendsten Verkehrung des ursprünglichsten Triebes, zur Vernichtung des geliebten Mannes führt. Lebendig scheint sie schon hervor aus der ersten Begegnung der Königin mit Achill, gespiegelt im Botenbericht des Odysseus, wo die jungfräuliche Königin, kriegerisch gerüstet, an der Spitze ihrer Scharen dem Peliden entgegentritt, den ihr

Schwert niederwerfen soll, und den doch ihre Sehnsucht an die Brust ziehen möchte, wie sie in seinen Anblick versunken dasteht, und

> »Glut ihr plötzlich bis zum Hals hinab
> Das Antlitz färbt, als schlüge ringsum ihr
> Die Welt in helle Flammenlohe auf.«

Und gesteigerte Verwirrung, in den Zufällen des Kampfes, wo ihr das Schicksal der Schlacht einmal den Gegner schon wehrlos preisgibt, und sie ihn spielend schont, um sich gleich darauf mit verdoppeltem Ungestüm auf den Geretteten zu stürzen. Und wiederum Verwirrung, als beim dritten Zusammenstoß Penthesilea von Achills Speer an die Brust getroffen, niedersinkt, und die Todesmatte, die Achill, nun selber entflammt, ins Leben zurücklockt, zwischen Todessehnsucht und verletzter Ehrbegier hin- und hergeworfen wird, bis sie aus ohnmächtiger Betäubung erwachend, sich in der wundervoll ausruhenden Liebesszene, auf die alles Vorangehende wie in atemlosem Ansturm hindrängt, ganz der süßen Täuschung überläßt, sie sei die Siegerin und habe sich im Kampfe den Geliebten errungen. Hier enthüllt sich dem vermeintlich Überwundenen alles fraulich Hingebende, alle Tiefe ihres niedergehaltenen Gefühls mit leidenschaftlicher Inbrunst, und das wiederkehrende Bild vom eichenbelaubten Tempel in Themiscyra steigt wie eine glückselige Vision aus der trüben Wirklichkeit hervor, um erst zu zerfließen, als Achills heftige Kommandoworte, die aus der Versunkenheit des Liebesrausches in die Realität des Kampfes zurückleiten, ihr plötzlich den Schleier von den Augen heben. Und dann der jähe Umschlag des Gefühls nach der unselig mißdeuteten Ausforderung des Achill, der, die Geliebte zu erringen, dem Siegerruhm entsagt und im Scheinkampf ungerüstet sich ihrem Angriff bietet, um sich von der Überwinderin mit Rosenketten gefesselt fortführen zu lassen, – das Rasen des wilden Herzens, das sich in seinem heiligsten Gefühl betrogen glaubt und nun die ganze Kraft des Empfindens zu tödlicher Umarmung des Treulosen zusammenrafft. Wundervoll, wie in der nun in rasendem

Tempo zur Katastrophe hinstürzenden Entwickelung der letzte Schicksalsgang der Unseligen zu dem Geliebten, Gehaßten, in Meroes herrlicher Erzählung aufsteigt, wie sie:

> »Von Hunden rings umheult und Elefanten,
> ..... Gebirg' und Wald
> Hoch her, gleich einem Jäger, überschauend,«

auf ihr Opfer losstürmt, um in der Wollust des Triumphes, gleich einer Hündin, Hunden beigesellt, die Zähne in die Brust des Geliebten zu schlagen und in rasender Verblendung der Sinne sein Blut zu schlürfen. Und die Lösung furchtbarster Gefühlsverwirrung am Ende, wie sie, versteinert und ohne das Bewußtsein ihrer Tat, den Bogen festlich schulternd, hinter der Leiche des Geliebten herschreitet, und erst allmählich die Erstarrung sich löst, und der Anblick des geschändeten Leichnams langsam die grausamste Erkenntnis an die Stelle jenes früheren Wahnes setzt, bis zu der großartigen Sühne, wie sie Dolch und Pfeil verschmähend, aus dem tiefsten Busen sich die Waffe hervorholt, die sie im Tode dem Geliebten vermählt, sie, deren Leben beherrscht war von einem unbezähmbaren Gefühl, gefällt durch das vernichtende Gefühl ihres Jammers.

So gibt auch dieses Drama, in das unter allen Werken Kleist's in reichstem Maße schmerzvolles Erleben eingeflossen ist, nach der Trübung die Klarheit, nach der Verwirrung die Einheit des Gefühls. Nicht zufällig gesellt sich der von tragischen Schauern umflossenen dämonischen Königin in unmittelbarer Nachbarschaft eine von lieblicher Holdheit umschwebte Gestalt, das Käthchen von Heilbronn: Nach der Amazonenfürstin das schlichte deutsche Bürgerskind, nach der in ihrem Gefühl Verwirrten, die Gefühlssichere, nach dem Liebesbegehren die Liebeshingabe. Und doch im Grunde das gleiche Thema bei beiden: Das Aufflammen eines heftigen Gefühls, dem Penthesilea und Käthchen mit der gleichen Innbrunst nachgeben, nur unter entgegengesetzten Bedingungen, die hier zur Tötung des Geliebten und zur Selbstvernichtung, dort zur Erhöhung der treu Ausharrenden und zur glücklichen Vereinigung führen. Und so durfte Kleist getrost allem Unverstand und törichter Anfeindung des Tages zum Trotz, durch den Richterspruch des »Areopagus« vorahnend das Urteil der Nachwelt über dieses persönlichste seiner Werke aussprechen:

»Lasset sein mutiges Herz nur gewähren! Aus der Verwesung
Reiche locket er gern Blumen der Schönheit hervor.«

PAUL HEYSE. ZUM 80. GEBURTSTAG

Der 80. Geburtstag Paul Heyses, dessen Feier heute die Kreise rüsten, denen die offizielle Literaturbetrachtung obliegt, findet den »Götterliebling«, wie ihn die Freunde gerne bewundernd nennen, noch immer im Vollbesitz seiner freundlichen Gaben, umgeben von den Zeichen eines geschmackvollen Genießertums, von den alten Anhängern vergöttert und dem lauten literarischen Parteigetriebe entrückt durch die vornehme Ruhe, die von seiner durch und durch sympathischen Persönlichkeit ausstrahlt. Freilich aber auch mehr noch als die 70-Jahr-Feier den Blicken und Herzen der Generation entfremdet, die den langsamen, aber stetigen Aufschwung deutscher Dichtung seit der Jahrhundertwende mitlebend erfahren hat und entschlossen ist, im Dichtwerk mehr zu sehen als ein freundlich Spiel mit fein gewählten Formen. Wenn einst der laute Kampf der Parteien um ihn tobte, diese ihn als leeren Schönredner höhnten, jene rühmend ihn als Pfleger und Hüter des klassischen Ideals priesen, so ist es heute merkwürdig still um ihn geworden, nicht weil sich seine Persönlichkeit, mit den Jahren wachsend, nun auch bei den einst Gegnerischen durchgesetzt hätte, sondern einfach, weil er unserer Zeit bedeutungslos geworden ist, weil das junge Geschlecht ohne Haß, aber im Innersten gleichgültig an der Erscheinung dieses geschmackvollen Epigonen vorübergeht, in dessen unverbrüchlicher Verehrung doch der treue Kreis der mit ihm alt Gewordenen ausharrt. Hat er dieses Schicksal vorausgesehen, als er, noch ein Jüngling, die nachdenklichen Verse schrieb?

> Lange leben ist keine Kunst,
> Wird uns nur Zeit dazu gegeben,
> Doch, wer im Schaffen, Wirken, Streben
> Es nie erlebt, sich selbst zu überleben,
> Der preise seiner Sterne Gunst.

An die 60 Jahre literarischer Betätigung haben dem früh geprägten Bilde dieses Mannes, dessen erste, 1855 erschienene Novellensammlung den glücklichen Wurf der »Arrabiata« enthielt, kaum einen wesentlichen Zug beigefügt. Die mannigfachen Umwälzungen, die während seiner langen literarischen Laufbahn die deutsche Literatur geformt und gewandelt haben, sind vorbeigegangen, ohne diese in ihren Schranken gefestigte und geschlossene Begabung im Guten oder Bösen zu erschüttern.

Heyses Anfänge fallen in die 50er Jahre, wo nach dem Verstummen der vormärzlichen Freiheitssänger die tiefe Resignation der dem Revolutionsjahr folgenden Zeitläufte sich lähmend auf die literarische Entwickelung legte und die deutsche Dichtung mit der Ausbildung einer den engen Bedürfnissen des Bürgertums angepaßten realistischen Standespoesie und einer in nebelhafte Fernen schweifenden falschen Romantik in raschem Sturz jenem trostlosen Epigonentum zuführte, dessen äußerster Tiefstand mit den 70er Jahren erreicht wurde. Damals schien Heyse wirklich so etwas wie der »Erbe Goethes«, den noch heute gewogene Freunde gerne in ihm erblicken möchten. Dann kam die Zeit, wo mit dem Vordringen ausländischer Einflüsse dem im neuen Reiche erwachsenen Geschlecht das ganze Elend deutscher Dichtung ins Bewußtsein trat und seinem unsicheren Tasten nach neuen Formen die bedingungslose Ablehnung jener geschmackvoll-gemessenen Epigonenkunst zum obersten Gesetz wurde. Damals wurden die schwersten Anklagen gegen den einst Überschätzten laut, und Conrad Alberti, unter den Jungen einer der lautesten Rufer im Streit, steigerte die Ablehnung des neuen Geschlechtes bis zu dem Satze: »Heyse lesen, heißt, ein Mensch ohne Geschmack sein – Heyse bewundern, heißt ein Lump sein.« Für Heyse aber war jene vielfach fehl greifende, aber doch noch in ihren Verirrungen notwendige »Literaturrevolution«, aus deren Anregungen sich der alte Fontane den Antrieb zu der wundervollen Entfaltung seiner späten Erzählerkunst holte, nichts als ein schmachvoller Zusammenbruch, gegen den es galt, alle, die noch an den geheiligten Traditionen einer idealistischen Dichtung festhielten, unter die Waffen zu rufen. Ihm waren diese jungen Stürmer, die mit der Erschaffung eines neuen literarischen Stils den Anbruch eines neuen dichterischen Zeitalters verkündeten, nur die Tempelschänder, die mit unlauteren Händen die ehrwürdigen Götterbilder zu stürzen trachteten.

Heute, wo die Hochflut des Naturalismus lange verrauscht ist, wo nach all dem Kümmerlichen und Kleinlichen naturalistischer Literatur wieder ein tiefes Schönheitsverlangen die Jugend ergriffen hat, und ein neues idealistisches Lebensgefühl allerorten in der jungen Generation nach Ausdruck ringt, ist Heyse nicht mehr Zielpunkt literarischer Fehden, sondern der einzig noch historisch zu bewertende Vertreter einer an dichterischen Potenzen armen Zeit, dessen Erscheinung doch im Gesamtverlauf der deutschen Literaturentwickelung unerheblich bleibt. Sein Werk scheint uns heute unwesentlich, ohne Gemeinschaft mit dem, was uns teuer und wertvoll ist, und selbst in seinen besten Teilen fernliegend und antiquiert. Seine vielfachen dramatischen Versuche, die noch der 70jährige in den »Jugenderinnerungen« zu retten versuchte, und seine gänzlich unzulänglichen Romane werden heute selbst von seinen Anhängern preisgegeben. Seine Lyrik ist feine Bildungskunst, erlernt und geschult an edlen Mustern, nirgends geboren aus dem Überschwang einer großen Persönlichkeit, die für ihr subjektives Empfinden den gemäßen Ausdruck sucht. Daher die nüchterne Kühle dieser wohlgebauten Verse, in denen nicht die Fülle der inneren Gesichte wie in einem kunstreichen Spiegel aufgefangen ist, sondern entlehnte Formen einem anmutigen, aber im Innersten unbelebten Spiel zum Werkzeug dienen. So bleibt schließlich nur der große Reigen der Novellen als Heyses eigentlichstes Schaffensgebiet übrig. Hier wird der Literarhistoriker dankbar der Verdienste Heyses um die Ausbildung einer strengen, am romanischen Muster geschulten Form gedenken, die seit Heyse jene ältere lose Erzählungsart verdrängt hat. In den Jugenderinnerungen hat er selbst, die Entwickelungsgeschichte der noch jungen Novellendichtung in Deutschland von Goethe und der Romantik aufwärts überschauend, seine novellistische Produktion in den großen Zusammenhang eingereiht und der nahen Beziehungen seines eigenen Schaffens zu der Novellendichtung Tiecks gedacht, mit dessen norddeutscher Romantik Heyses literarisches Bild auch sonst wohl wesensverwandte Züge trägt. Stärker noch als bei Tieck tritt bei Heyse die Vorliebe für das Malerisch-Plastische hervor, die ihn als frühzeitigen Theoretiker novellistischer Technik zu der Forderung der »starken Silhouette« führt, in der das stoffliche Geschehen und die Beziehung der Figuren untereinander, in eine scharf umrissene Situation zusammengedrängt, sich ausdrücken sollte. Aus dieser plastischen Herausarbeitung des wesentlichen Momentes ergibt sich jene Durchsichtigkeit und Leichtigkeit des Aufbaus, die die widerstrebende Stoffmasse zu gefälliger Rundung ordnet und zusammenbindet und die im wesentlichen den großen Erfolg dieser nicht ohne stilistische Anmut, wenn auch mit ermüdender Eintönigkeit vorgetragenen Geschichten bedingte. Aber diese spielende Meisterung der äußern Technik umschloß bei einem Dichter, zu dessen Vorwürfen nach eigenem Bekenntnis das Erlebnis nur in den seltensten Fällen die unmittelbare Anregung bot, von vornherein die Gefahr einer spielerischen Virtuosität, der Heyse, bei zunehmender Vervollkommnung seiner Mittel, immer weniger entgangen ist. Wie das Streben nach der scharfen Silhouette zu einseitiger Hervorhebung des Stofflichen führte, so daß selbst als Meisterwerke gerühmte Stücke wie »Das Mädchen von Treppi« sich an der bloßen Ausbreitung des Vorganges genügen lassen und auf die Darlegung der psychischen Antriebe gänzlich verzichten, so verdeckt die allzu spielend leichte Überwindung des Technischen nur unvollkommen den Mangel an kräftigem Miterleben, der weit schwerer wiegt als etwa die Enge des immer wieder das alte Thema der Geschlechtsliebe abwandelnden Stoffkreises, innerhalb dessen das gleiche Problem mit immer neuen Flittern verbrämt sich darstellt, und dessen angeblichen Gestaltenreichtum schon Albertis Gesellschafts-Aufsatz auf die immer wiederkehrende Verwendung einiger weniger Typen zurückführen wollte. Und hier liegt auch der letzte Grund, warum diese im äußerlich Formalistischen gefangene Begabung nirgends den Mut zur letzten Konsequenz findet, aller tragischen Erschütterung ängstlich aus dem Weg geht und, wo die Situation mit Notwendigkeit zu tragischer Lösung hinzudrängen scheint, durch eine unvorhergesehene Wendung der Tragik im letzten Augenblick die Spitze abzubrechen weiß. Zwei Beispiele aus den immerhin Heyses wertvolleren Schöpfungen zuzurechnenden »Meraner Novellen« mögen der Beleuchtung dieses Satzes dienen. Im »Weinhüter von Meran« wird das tragische Thema der Geschwisterliebe durch alle Schauer von Reue und Zerknirschung hindurchgeführt, um mit der Entdeckung zu enden, daß zwischen den vermeintlich Verschuldeten eine Blutsverwandtschaft gar nicht bestanden hat. In »Unheilbar« ist es das Hinsiechen an tödlicher Krankheit, das schrittweis vorrückende und mit vollem Bewußtsein verfolgte Absterben, jenes Thema, aus dem Schnitzlers unerbittliche Schwindsuchtsnovelle tiefste tragische Wirkung schöpft, das im Sinne einer die Nachtseiten des Lebens sorglich vermeidenden Phantasie umgebogen wird: Die Diagnose des Arztes war irrig, und die Kranke geht von der Schwelle des Todes zu neuem Leben ein.

So trägt auch Heyses Novellendichtung, in ihrer Scheu vor den großen Fragen des Lebens, in ihrem formalistischen Streben nach äußerer Glätte und Rundung alle Zeichen unkräftigen Epigonentums, mag immerhin seine Gestalt als das stärkste Talent unter den Dichtern jenes Münchener Kreises hervorragen, zu dem den Vierundzwanzigjährigen auf Geibels Fürsprache die Gunst des bayerischen Königs gerufen hatte. Unserer Zeit hat er nichts mehr zu sagen, und mit Verwunderung lesen wir heute von der Huldigung begeisterter Freunde, die in diesem freundlichen, aber engbegrenzten Formtalent das große Vermächtnis Goethescher Dichtung neu belebt und wirksam erblicken wollen.

RENÉ SCHICKELE

I.

Als im Spätherbst 1901 Schickeles Erstlingswerk, der Gedichtband »Sommernächte« erschien, war der Name des damals achtzehnjährigen Autors kein unbekannter mehr. Hier und dort, in Zeitschriften und Zeitungen, war man ihm begegnet. Man erinnerte sich temperamentvoller Sätze, die mit dem hitzigen Ungestüm einer vorwärtsdrängenden Jugend, eine Revolutionierung der elsässischen Literatur ausriefen, Kursänderungen anzeigten, den radikalen Bruch forderten mit einer respektabeln, aber erstarrten und entwickelungsschädlichen Tradition. In all diesen Aufsätzen sprach eine stürmische Begeisterung, eine starke und freudige Zuversicht, die eine Bürgschaft dafür schienen, daß den Worten die Taten folgen würden. So war man gespannt, merkte auf – nicht bloß im Kreise der Jungen – und die »Sommernächte« fanden eine Beachtung, die im allgemeinen lyrischen Erstlingsbüchern nicht beschert ist.

Dieses Buch bestätigte, vertiefte den Eindruck, den jene programmatischen Artikel gegeben hatten. Auch hier der leidenschaftliche Anschlag, die Heftigkeit, der Überschwang. Nirgends war etwas zu spüren von jenem frühreifen Aristokratentum der Form, jener altklugen Gemessenheit, die damals von Wien herüber die lyrischen Erstlingsbücher vergiftete. Eine Jugendlichkeit sprach hier, die sich keine ihrer Emotionen schmälern lassen mochte, und die ihre Gesichte in einer einzigen Explosion des Gefühls eruptiv herausschleuderte. Aber aus dem wilden Chaos dieser Bilder blitzte häufig eine stupende Kraft der Anschauung, und hinter den regellosen Improvisationen fühlte man die noch unsichere, aber im Schaffen erstarkende Hand des werdenden Dichters.

Die Optik der »Sommernächte« ist die krankhaft gesteigerte Imagination der Vision wie ihr Erlebnis der Traum. Diese Gedichte sind das Produkt einer fiebrig erregten Gefühlsspannung, die wohl häufig vom realen Begebnis ausgehen mochte, Szenerien von starker Daseinsnähe erschuf etwa eine Sturmnacht am Rhein, mattsilbrige Sommerregenstimmung über einer graudächrigen Stadt, die Magie eines in der Nacht aufglänzenden Kanals – aber immer sich rasch in die grenzenlosen Gefilde wilder Traumlandschaften verlor. Oft waren sie mit phantastischen Gestalten bevölkert, Erinnerungen aus dem nebelumwölkten Hochland Ossians und der härteren Welt eddischer Mythen. Da diese Gedichte die Größe in der Pathetik, das Leben im Kolossalischen suchen, da sie immer zum stärksten Wort greifen müssen, um sich ihrer Wirklichkeit zu versichern, so häufen sie Bildassoziationen von zuweilen überraschend suggestiver Wucht, ermüden aber schließlich durch die gleichmäßige Heftigkeit ihrer Instrumentierung, die nichts von dem Glück selig verweilender Geigentöne nach dem gewitterhaften Sturm der Hörner weiß. Erst viel später erfährt Schickele das Geheimnis, daß alle Schönheit auf leisen Füßen wandelt, und lernt groß und feierlich zu sein, ohne der lautesten Worte zu bedürfen. Das Thema der »Sommernächte« ist monoton: unter hundert Formen und Verwandlungen immer die eine Sehnsucht hinaus ins Leben, das Verlangen nach den farbigen Wundern der Welt und dann der andere Trieb, ihm gegensätzlich und verschwistert, nach einem Aufgehen in der Geliebten, die grenzenlose Inbrunst einer fast religiösen Liebeshingabe. In den schönen Knabenkapiteln des »Fremden« wird später dieser doppelten Sehnsucht, die Schickeles frühe Jugend geleitet hat, gedacht. Und monoton, wenn auch von unleugbarer Suggestionskraft ist die selbstherrliche Form, die ohne jede festere Bindung sich in lose aneinandergefügten Rhythmen ergießt. Dabei aber freilich von einer rücksichtslosen Ehrlichkeit und, so wie sie ist, das einzig mögliche Gefäß für den ihr bestimmten Gefühlsinhalt, aufs genaueste der seelischen Temperatur der Verse angepaßt: »Rhythmus des Gefühls, ohne Pause der Reflexion, der Schmiedearbeit«, wie es zu Recht nachher in der Vorrede zum »Pan« heißt.

II.

Die »Sommernächte« sind die Träume eines Jünglings, dem das Leben ein in zuckenden Gesichten fern geahntes Wunder bedeutet. Träume freilich von einer Intensität des Schauens, daß man glauben könnte, sie vermischten sich ihrem Schöpfer mit der Realität des Lebens selber, oder vielmehr sie bedeuteten ihm das wahrhaft Reale, stünde nicht am Eingang des Buches ein Widmungsgedicht, das mit einer merkwürdigen Schärfe das bewußt Imaginäre dieses Traumlebens enthüllt: Eine phantastische Landschaft: südliche Sommernacht, Mondlicht und bleicher Himmel über einem grenzenlosen Feld von Sonnenblumen, Sehnsucht, sich in ganzer Ergriffenheit diesem Bilde hinzugeben, hinüberzuschmelzen in diese Nacht von Duft und Licht – aber:

> »... meine Kehle schnürt mir zu die Angst,
> Die schreckliche Angst, so zu enden im Traum.«

Schon hier also die kostbare Fähigkeit, einen seelischen Zustand aus sich herausstellen zu können, die Schickeles ganzen ferneren Weg begleitet und überhaupt erst seine bewußte »Entwicklung« möglich macht.

Aus dieser Angst heraus, im Unwirklichen, nur Geträumten unterzusinken, bekennt sich Schickeles nächstes Buch, der »Pan«, zum härteren Evangelium der Tat: »Im Anfang war die Tat. Die dreimal heilige Tat, Gott. Ihn hab ich erkannt in meinem zweiten Lebens- und Werdesommer. Und das Erkennen war Gebet. So ist ein Gebetbuch geworden, ein Buch frommer Größe des Kleinen.« Jetzt ist ihm nur noch die schöpferische Tat Leben, nicht der Traum, nur aus dem Trotz, der Spannung, der Leidenschaft der Tat gewinnt der Mensch die Herrschaft über sich und die Welt. Die Tat aber vermag nur zu vollbringen, wer sich dem Leben mit all seinen Schrecknissen und Wundern verschrieben hat, für den es kein Gut und Böse gibt, der einen einzigen zerstörenden, erhaltenden, hassenden, liebenden Gott kennt: »Pan«.

»Alles unter allen Sonnen ist hochheilig, alles gut
Und ewig, weil es einen Augenblick nur lebte,
Weil es leben muß ... und Leben ist die Zeit vom Morgenrot
Zum Abendrot, ist wütendes Genießen, Wunder leben,
Sonneschlürfen, bis wir taumeln ... niedertaumeln
In den großen Traum der Ewigkeit:
Aus moderndem Gebeine blüht die Purpurrose,
Die mit sehnsuchtheißen Küssen eine Liebende bedeckt ...
Alles gut und alles heilig – Leben!«

Dieser Herzschlag des Alls aber lebt im Kunstwerk, darum ist der wahrhaft lebendige Mensch der Dichter, der Künstler. Sein Auge erfaßt die Totalität der Dinge, und in seiner Seele klingen die Dissonanzen des Universums zur Harmonie zusammen. So wird dieses Buch zu einem Hymnus auf den heroischen Künstlermenschen, voller Schaffensfreude und Schöpferzuversicht, die sich schon die Krone des Siegs um die Stirne flicht.

III.

Der »Pan« war »denen um den Stürmer« gewidmet. Als er erschien, war der kleine Kreis junger elsässischer Literaten und Studenten, der sich um diese glücklich bis auf 9 Nummern geführte Zeitschrift geschart hatte, zersprengt. In den viereinhalb Monaten seines Bestehens hatte das Blatt zwar noch keine »künstlerische Renaissance« im Elsaß erschaffen, wie der Untertitel verhieß, aber in dem gemächlichen Kleinbetrieb der deutschsprachigen elsässischen Literatur mit kräftigem Besen gekehrt, für ein künftiges Neues Raum gemacht und überall den Willen zur künstlerischen Leistung über Vereinsmeierei, Spießertum und Dilettantismus hinaus bekundet. Der »Stürmer« hatte eine Sprache gesprochen, wie man sie unter den pietätvollen Hütern des Stöberschen Erbes nicht gewohnt war, und einer künftigen elsässischen Literatur eine Mission zugewiesen, die weit von den Idealen der »Erwinia«, aber auch von dem abwich, worin kluge Kritiker die Aufgabe des elsässischen Literaturbetriebes erblicken wollten.

In Aufsätzen, die Schickele (der als Herausgeber zeichnete) für den »Stürmer« schrieb, ist zum ersten Mal jener Begriff des »geistigen Elsässertums« aufgestellt, der später noch häufig wiederkehren wird und der für Schickeles Entwicklung so wertvoll geworden ist. Elsässertum, das ist nicht irgend eine mehr oder weniger belanglose geographische Einreihung. Es ist das »Bewußtsein einer Tradition, einer kulturellen Aufgabe, die man gerade bei uns hat verstehen lernen, wo man eine Zeitlang entwurzelt herumschwamm auf fremden Strömungen, bis die alten Wurzeln in den neuen Boden schlugen.« Elsässertum ist nicht etwas Rückständiges, landschaftlich Beschränktes, nicht Verengung des Horizontes, Provinzialismus, »Heimatkunst«, sondern eine ganz bestimmte und sehr fortgeschrittene seelische Haltung, ein fester Kulturbesitz, an den romanische sowohl wie germanische Tradition wertvollste Bestandteile abgegeben haben. Ein seelischer Partikularismus, dessen Besitz Überlegenheit und Reichtum bedeutet, und den in gültigen Werken zu dokumentieren, die Aufgabe der neuen elsässischen Literatur sein muß. Von hier aus wird sich die Möglichkeit einer aktiven Beeinflussung der deutschen Literatur durch den elsässischen Geist ergeben, einer Bereicherung, Auffrischung, Befruchtung durch Zuführung neuen Blutes. Und dies *erscheint* dem Dichter Schickele als die kulturelle Mission des Elsasses innerhalb Deutschlands, gleichwie später der Politiker in der Demokratisierung des Reiches die Aufgabe gefunden hat, die in langsamem Ringen die politische Anstrengung des Elsaß zu erfüllen haben wird.

IV.

Mit den »Sommernächten« und dem »Pan« kommt eine ganze Jugend voll leidenschaftlicher, ehrgeiziger, sehnsüchtiger, fragender, sieghafter Träume zu ihrem Ende. Jetzt erst beginnt in Wahrheit der gefahrvolle und ungewisse »Ritt ins Leben«. Der »Stürmer« ist eingegangen, der Versuch, ihn in einem »Merker« wieder aufleben zu lassen, ist gescheitert. Schickele verläßt Straßburg, zieht nach München, Paris, Berlin. Als man nach fast zweijähriger Schweigezeit in dem Berliner »Magazin für Literatur«, dessen Leitung er bald antreten wird, zum ersten Mal wieder etwas von ihm liest, spricht ein vielfach Gewandelter. Die Gefühlseinheit jener ersten Bücher und Aufsätze ist gebrochen, der zuversichtliche Optimismus einer quälenden Skepsis gewichen. Das Pathos ist verschwunden, seinen Platz hat eine dumpfe Trauer oder eine böse, weltfeindliche Ironie eingenommen, aus deren Maske nur zuweilen ein sehnsüchtiges, gramverzerrtes, heimatsuchendes Gesicht hervorquillt. Damit ist die Physiognomie von Schickeles nächstem Versbuch »Mon Repos« bestimmt.

»Träumt ein Mensch: ach, irgendwo
Rauschen die Gärten Mon Repos.«

Das ist die geheime Grundmelodie, die rührend in ihrer kindhaften Hilflosigkeit hinter den grell durcheinander gewirbelten Dissonanzen dieses Buches heraustönt. Gesichte und Gebete eines verstörten Kindes, das aus tausend bestürmenden Eindrücken nach dem Zusammenklang sucht, nach dem Sinn und Gesetz des Seins, nach sich selbst. Abgerissene Schreie, Bildfetzen, sich jagende Halluzinationen, nur selten zu faßbarer Körperlichkeit verdichtet. Ekstatische Litaneien der Hoffnungslosigkeit, durch die Ebenen einer gespenstischen Totenlandschaft gesungen, in der die Gräber rauschen in der Runde und die Nacht mit gebrochenen Flügeln ohne Ende über dem Lande hängt. Metaphysische Sehnsucht nach der Auflösung, nach der Rückkehr ins All, nach dem Untertauchen im Unbewußten, nach der Seligkeit des Erlöschens. Und dann wieder, mitten in der feierlichen Glorie des Untergangs, das bestürmende Bewußtsein der Verantwortung, der Sendung, die Angst, hinzuschwinden, bevor das Werk geschaffen ist:

»Ich darf nicht sterben,
Werd' Kronen erben.«

Man meint den erschütternden Angstschrei des schwindsüchtigen Jules Laforgue zu hören: »Astres, je ne veux pas mourir, j'ai du génie.« Und an Laforgue denkt man auch sonst häufig (nicht bloß bei den später in den »Fremden« übergeflossenen »Präludien zum Aufschwung« mit der kosmischen Phantastik ihrer pathetisch-ironischen Assoziationen). Bei Schickele wie bei dem genialen Franzosen hüllt pessimistische Weltverachtung oft ihre melancholischen Erkenntnisse in die bizarren Formen bänkelsängerisch-operettenhaften Weisen und pfeift das schmerzhafte Lied von der Eitelkeit der Dinge, dem »mitleidsvollen Possenstück« des Lebens herunter wie ein Gassenbubencouplet. Und nur aus den fernsten Hintergründen der Seele tönen geisterhaft tröstlichere Stimmen und die Ahnung künftiger Befreiung durch die Tat, die Arbeit, das Werk:

... Wirf! und schaffe stark den ersten Tag,
Führ auf dein Sein den ersten Hammerschlag
Und leg es in die Weißglut deiner Feuer. Sieh!
Sie nähren dich; du lächelst; herrschst! und spiegelst sie!

V.

Die Spaltung des Gefühls nimmt den Dingen ihre Unschuld und Sicherheit. Vor der schwankenden Zweideutigkeit der Lebenswerte, die alle Normen, Einheiten, Abgrenzungen ins Ungewisse verflüchtigt, bleibt der Seele nur ein Ausweg: die Zersplitterung selber zum Gesetz auszurufen und die Erregungen und Zerrissenheiten des Gefühls mit wollüstig geschärften Nerven auszukosten. Es ist das typische Erlebnis des Romantikers, der, Akteur zugleich und Zuschauer, die Komödie seiner Seele aufführt, und dessen verwöhntem Genießertum die Einsicht in die Mechanik der Lebensvorgänge zum neuen sublimeren Steigerungsmittel wird.

In die eigensüchtige Künstlichkeit solcher Reize flüchtet Schickele aus den seelischen Krisen dieser Jahre. Psychische Analogien werden gesucht, die Vorläufer und Wahlverwandten der eigenen Seelenverfassung aufgerufen: Baudelaire, Anatole France, Wilde, Przybyszewski, Wedekind. Im »Neuen Magazin«, das unter Schickeles Leitung aus einem ehrwürdigen Stapelplatz akademischer Langeweile zu einem Sammelorgan der Jungen wird, kämpft er für Heinrich Mann, für Wedekind, für Strindberg. Er vertieft sich in die Psyche des Ignatius von Loyola, dieses Systematikers der Ekstase, der die Schwärmerei diszipliniert und die Affekte unter die scharfe Zucht seines Intellektes gezwungen hat. Denn so sieht ihn Schickele: nicht als den Gegenreformator und Stifter der Gesellschaft Jesu, sondern als einen »vorbildlichen Zureiter seines Temperamentes, einen Organisator seiner Fähigkeiten, einen Lehrer der Hohen Schule in spiritualibus ... – unerreichbar und unbeneidet, jedoch ein Magnetiseur, der einem in manchen Stunden von Nutzen sein kann ..., und im übrigen, nun ganz weltlich gesprochen, ein Klassiker für Menschen mit einer Seele, deren mystische und rationalistische Antriebe ihnen gleich teuer sind, in der Hoffnung, daß beide eine höhere und wollüstig zusammengesetzte Einheit des Gefühllebens, die bunte Schönheit und den verhaltenen Wohlklang des inneren Lebens herbeiführen werden.«

Solches intellektuelles Training ist die Konsequenz jener »Anarchie des Gefühls«, in der schon der erste Magazinaufsatz den wichtigsten Seelenzustand dieser Zeit gefunden hatte. Ihr Held und Märtyrer ist der Paul Merkel des Romans »Der Fremde«. Alles Peinigende, Zerquälte, Ruhelose der Erlebnis- und Erkenntniskrise dieser Jahre, alle Demütigung des Gefühls, die Nutzlosigkeit der Sehnsucht, die Trauer des Fleisches und die Müdigkeit der Erfahrung, der einsame und glücklose Sieg der intellektuellen Erhebung und das im geheimen weiterschwingende Verlangen nach Geradheit und Einfachheit ist in dieser Gestalt zusammengeflossen, verdichtet, zum Extrem gesteigert. Für den Helden dieses Buches fällt aller Antrieb, ja alle Möglichkeit einer vita activa fort. Die Tat fordert Beschränkung, Abgrenzung, die Optik einer eindeutigen und präzisen Einstellung. Hier aber wird eben das Auseinanderfließende, Ungebundene, das Vielspiegelige und in hundert Lichtern

Schillernde zum Prinzip. Über der Tat steht die Schönheit, die selbstlose, unbefleckte, die in den Versen Baudelaires als die große Sphinx im Azur thront, und die nicht verlangt, daß man sich um ihretwillen verstümmele: »Sie war die Maske des Grauens von Abgründen, solange man unter Menschen ging. Aber wenn man sich von allem loslöste, erkannte man in ihr die gütige Göttin.« Sie hat weder Bestimmung noch Ziel und sie ist dem schrankenlosen Gefühl zugänglich, das längst aus Ekel und Not dem trüben Ehrgeiz der Tat abgeschworen hat. Die tatfördernden Energien gehen unter in der Anarchie des Gefühls. Das geistige Abenteuer, in das sich die Seele zu immer neuen Aufschwüngen und mit dem wollüstig gespannten Bewußtsein der Gefahren wirft, dient nur dazu, die Gefühlsnerven zur letzten Empfindlichkeit und Verfeinerung zu schärfen. Die artistische Freude an den Erregungen der Seele wird Selbstzweck. Aber indem in solchen Übungen die Werkzeuge der Genußfähigkeit zu immer zarterer Reizbarkeit gehämmert werden, trocknet die Unmittelbarkeit des Gefühls ein, wird die ernste, echte Erlebniskraft abgebraucht und stumpf. Das Leben rächt sich an denen, die Mißbrauch mit seinen Kräften getrieben haben, durch Lähmung der vitalen Instinkte.

Jean Paul hat den Typus solcher sinnlich-übersinnlicher, vom Gefühl beherrschter und zerrissener Romantiker im Roquairol des »Titan« aufgestellt. Hier ist der »Abgebrannte des Lebens«, dem kein Erlebnis mehr etwas zu schenken hat, weil er jedes in der Phantasie vorweggenommen, ausgezehrt, entwertet hat, der Mensch mit dem »unwahren Herzen, dessen Gefühl mehr lyrisches Gedicht als wahres dichtes Wesen ist«, der Verantwortungslose, dem die heiligsten Empfindungen »eine neue Schwelgerei, ein Stärkungsmittel, ein Tonikum« sind.

Die trübe Ahnung solcher niederwerfenden Erkenntnis umwittert auch die geistigen Orgien, in denen Paul Merkel sein Leben zu immer neuen und bunteren Räuschen hetzt: »Nichts schwächte den Geist so sehr, wie die Ausschweifungen einer machtlüsternen Phantasie. Wie viele waren dieser geistigen Lustseuche erlegen! – am angenehmsten noch, indem sie sich eines Tages aufrafften, ihren Dämon verabschiedeten und Sakristane wurden. Die meisten aber litten grausam bis zum Ende. Ihr Geist zerging in den unwirklichen Mischungen der Wollust aller Sinne, in den ekstatischen Verwandlungen des Idols, an dem sie mit ihrem ganzen Leben hingen, niederbrechend, in Stürmen der Empörung, unwiderstehlich hingegeben.« Es ist die gefährliche Ausartung der ästhetischen Reizbarkeit, die den Kräften des Lebens, deren sie doch nicht entraten kann, nicht mehr gewachsen ist. In Heinrich Manns Romanen findet man die Abwandlung dieses seelischen Typs. Die selbstsüchtige Despotie des allmächtigen Gefühls schafft die Welt zum wehrlosen Spiel für die Launen der Seele: »Wir lieben keinen Menschen um seinetwillen. Wir lieben ihn, weil er eine Abart von uns ist, eine unsrer Schwächen, einer unsrer Jahresringe, eine Sehnsucht, oder eine Vollkommenheit. Sie sind gut genug, um Leidenschaften in uns aufzuwühlen, die unsrer eigensten Natur angehören, um die Gedanken zu schleifen, die uns noch nicht geblendet haben. Wir lassen uns schinden, auf daß unsre Empfindlichkeit sich vermehre, und die Reize, die wir den Dingen abgewinnen, heimlicher, ungewöhnlicher, ergreifender werden.« So fehlt auch dies typische Romantikererlebnis nicht den Aufzügen dieses seelischen Welttheaters, die Umbiegung des Schmerzes zum wollüstigen Stimulans einer erhöhten Genußfähigkeit: »Du mußt alle deine Schmerzen lieben, und sie verwandeln sich in Lust.«

In die künstlichen Paradiese dieser inneren Feste klingt das äußere Leben nur schattenhaft, wie ein wesenloser Traum. Die ganz lyrische Conception des Schickeleschen Romans, die die seelischen Ekstasen Paul Merkels mit stärkster Gefühlsresonanz und in einer Sprache von aufrührend suggestiver Macht herauszustellen vermag, ist unfähig, die überreizte Gefühlsspannung des Helden genetisch aus den äußeren und inneren Antrieben herauswachsen zu lassen. Nur die Symptome selber scheinen zu interessieren. Die äußeren und inneren Bedingungen und Begebnisse bleiben entweder unkörperlich oder sind, auf das optische Zentrum der Hauptperson eingestellt, ins Unwirkliche und Phantastische verzogen. Wohl ist so etwas wie ein objektiv-psychologischer Entwickelungsaufbau versucht. Er führt aus den melancholischen Erfahrungen der Sinne in Paris über die Ekstasen einsamer Wochen am Meer in den Süden, nach Venedig, wo die leidende Seele endlich das sänftigende Spiegelbild ihrer eigenen Trauer findet: die wunsch- und zeitlos gewordene Schönheit, die gefaßte Ergebung des Untergangs, den sich stumm genießenden Tod. Aber dieser Epik fehlt die Härte und Distanz, und ein Zersetzungsprozeß wird gemalt nicht mit den Farben heller Gegenständlichkeit, sondern durch Auflösung des epischen Gefüges selber und durch assoziative Phantastik. Nur das – nachträglich komponierte – Vorspiel, das liebevoll ausmalend Paul Merkels Knaben- und Jünglingsjahre im Elsaß durchläuft und die Komponenten seines Seelenwachstums enthüllt, zeigt straffere Fügung. Es überrascht durch die klare Sachlichkeit seiner Bilder und die überlegene Kraft der Erzählung, in der sich die sicher formende Hand des künftigen Epikers verrät.

VI.

Der Paul Merkel des »Fremden« ward dem Leben entzogen durch die Hypertrophie seiner seelischen Empfindsamkeit. Das ungefähr der gleichen zeitlichen und geistigen Sphäre angehörige (ungedruckte) Drama »Europa« ersetzt das Pathos der Tragödie durch die grotesken Kurven des Satyrspiels. Nach dem Märtyrer des Gefühls der von keiner Gefühlshemmung Beschwerte. Nach dem Ichsucher, dem die Welt Vorwand ist für die Spiegelungen seiner Seele, der anonyme Tatmensch, der sich selber genau so hoch bemißt, als er von sich zu bringen, auszurichten, ins Breite zu wirken vermag.

Der Journalist Carl Mostrich, alias E. W. Meyer, ist so etwas wie der geistige Widerpart Paul Merkels, sein Gegenpol, das andere Extrem seiner Möglichkeiten. Der Repräsentant eines potenzierten Amerikanismus, der perfekte Business-man, das absolute Geschäftsgenie. Seine Aufgabe ist die rationale Regelung der Welt: Leben als Zweckökonomie, als maschinelle Funktion, als restloses Rechenexempel. Unbeschwert durch die verjährten Hemmungen von Gewissen, Gefühlsrücksicht, Moral, Tradition, ist er berufen, durch rein intellektuelle Energie die rationelle Neuordnung der Welt durchzusetzen. Er schaltet mit der Landkarte Europas eigenmächtiger als vor ihm die großen kriegerischen Eroberer. Seine Schöpfung, das Weltparlament und die »Vereinigten Staaten von Europa« (deren diplomatische Vertreter sich in einer höchst amüsanten Szene präsentieren), ist ein Gebilde von eindeutiger Rationalität, ohne die entbehrliche Romantik und überflüssige Kräftevergeudung vergangener Epochen. Kriege werden als ein legendäres und nur noch in Geschichtsabrissen zu studierendes Curiosum überwundener Zeitläufte belächelt. Von den Monarchien bleiben die dynastischen Spitzen als harmlose Repräsentationsobjekte und zum Divertissement des Volkes erhalten. (Die Monarchen haben übrigens ein Dienstreglement zu unterschreiben, das sie vor Rückfällen in antiquierte Machtvorstellungen beschirmt.) Die Fäden der Weltgeschichte laufen im Redaktionsbureau der Zeitung »Europa« zusammen. Hier thront, in dem Turmzimmer, das er nie verläßt, E. W. Meyer, unbekannt, einsam, anonym, nichts als Spannung und zentrierte Energie. Er müßte glücklich sein, wenn Tat und Erfolg glücklich machen könnten. Oder – da glücklich vielleicht ein zu sehr mit Gefühl beschwertes Wort ist – er müßte im Einklang sein mit sich selbst, einverstanden mit seiner Leistung, wunschlos. Er ist es nicht. In ihm wühlt, atavistisch und böse, der Sturm der irrationalen Gefühlsregungen, deren Abschaffung er dekretiert hat, er geht, ganz logisch, an der Inkonsequenz seines Wesens zu Grunde. Eine kleine Schauspielerin schießt ihn nieder, da er sie, in einer jähen Aufwallung von Begierde, in seinem Zimmer einsperrt. Durch die melancholische Ironie des Endes klingt das alte Lied von der Unmöglichkeit der Erfüllung und der Sinnlosigkeit des Lebens.

VII.

Die Wege des »Fremden« hatten in ein Dämmerreich schattenhafter Erregungen geführt. Es war der Traum eines Artisten, dem Menschen und Welt nur noch Werkzeug waren für die gesteigerten Sensationen seines Ich. Aber die irrten, die meinten, hier sei ein seelisch-künstlerisches Programm aufgestellt, das Schickeles künftige Produktion entfalten würde. Der »Fremde« weist nicht vorwärts, sondern zurück. Es war kein Programm, sondern ein Abschluß: die schmerzhafte und radikale Zusammenrückung von Jahren der Verbitterung, der Weltfeindschaft, der Flucht in sich selbst. Die schonungslose Herausstellung einer seelischen Verfassung, die hier noch einmal, in ihrem äußersten Extrem, mit allen ihren Möglichkeiten, Lockungen, Abgründen, gemustert werden konnte, da sie im Grunde überwunden war. Die Heftigkeit, mit der hier eine Idee auf die Spitze getrieben wurde, trug die Bürgschaft ihrer Überwindung in sich. Man denkt an den ästhetischen Radikalismus Wildes, unmittelbar vor der Verurteilung, die seine vergrabene Menschlichkeit zu dem De Profundis des Mitleids erlöste.

In Schickele vollzieht sich der Umschlag in Paris, wohin er im Herbst 1909 als politischer Korrespondent einer elsässischen Zeitung übersiedelt. Was innerlich lange vorbereitet war, wohin die ganze Spannung seines Wesens drängte, das vollendet diese Stadt. Ein neues Ideal wird in seiner Seele wirksam: der politische Kampf. Die Ästhetenträume zerflattern vor der aufreizenden Lust aktiver Mitarbeit an der Realisierung der Idee. In Paris, wo die Luft fiebert von politischer Aktualität, wo in ganz anderm Maße als in dem eben erst langsam sich politisierenden Deutschland die Gesamtheit des Volkes an der politischen Bewegung teilnimmt, wo Politik der Lebensnerv der Nation ist, wandelt sich der weltabgewandte Ästhet zum passionierten Kämpfer. In der feinen (und biographisch wertvollen) Phantasie »Die Konzerte in Montrouge« ist die neue Aufgabe, die nun die Pariser Atmosphäre dem Sechsundzwanzigjährigen mitteilt, beschrieben: »Noch einmal war ich in die leisen Entzückungen gefallen, die vor sechs Jahren unsre Schule waren, und die uns vorwärtspeitschten, dem Ziele zu: der vollkommenen Schönheit, die nur der radikalen Seele zugänglich ist, wie die vollkommene Gerechtigkeit nur vom reinen um keine Tradition bekümmerten Ehrgeiz aufgerichtet werden kann ... Aber der Radikalismus bleibt sich gleich, auf welchem Gebiet er sich auch äußert. Er ist die Ehrlichkeit selber. Danach blieb mir nur noch zweierlei zu tun: diese Einsicht anzunehmen, und nach meinen Kräften (ja, diese ›Banalität‹ über mich zu bringen!) die ›Menschheit zu verbessern‹. Jenes Ästhetentum, das aus der Zerfahrenheit einer leidenden Seele entsteht, ist ein vorrevolutionärer Zustand. Das Ziel der ästhetischen Askese ist die Schönheit, das Ziel der revolutionären Askese ist die Gerechtigkeit. Vor den dunklen Massen, die sich nachts aus den großen Versammlungsräumen ergossen, sah ich im Geist meine lichten Grazien schreiten: ›die drei Schwestern von Paris‹.«

Er lebt mit den Nachkommen jener Bürger von 1789, die die Helden seiner Jünglingsjahre gewesen waren. Er versenkt sich in die Kreuz- und Querzüge der politischen Entwicklung und entdeckt den großen Einheitszug in den scheinbaren Widersprüchen. Er erkennt, wie aus allen inneren Krisen und Fährlichkeiten Frankreich immer wieder erstarkt, neu gefestet, mit frischen Energien hervorgegangen ist, wie alle Erschütterungen letzten Endes nur dazu gedient haben, die Verwirklichung des demokratischen Ideals, das ihm nun das Ideal der Freiheit und Gerechtigkeit selber geworden ist, eine Spanne vorwärts zu rücken. Und so grüßt er in Frankreich das Land der Menschheitswehen, des ewigen Anfangs, das vorbildliche Land der reinsten Geistigkeit und der fortgeschrittensten politischen Freiheit:

»Der 14. Juli 1789 ist das europäische Vorbild der Volksbefreiung. Die Mittel sind heute andere. Das Ziel bleibt dasselbe ... Wer an Frankreich zweifelte, würde am Fortschritt zweifeln ... Das neue Frankreich gehört dem Volk. Ein Staat nach dem andern wird früh oder spät vom Volk genommen werden. Ein Staat nach dem andern wird am eigenen Leib erleben, was Frankreich uns jetzt vormacht: die Not, sich selbst, bedingungslos sich selbst regieren zu lernen, die große, anhaltende Kraft, die Nation nicht in der auseinanderdrängenden Masse scheitern zu lassen ... Es ist leichter, ein Volk zu unterdrücken, als ihm sein Recht zu geben. Es ist unendlich schwer, ihm dann sein Recht zu lassen, aber unmöglich, es ihm wieder zu nehmen. Diese Erkenntnisse bestimmen die Entwicklung einer Demokratie. Wo die Demokratisierung eines Landes einmal begonnen hat, ist sie nicht mehr aufzuhalten. Gewaltakte und Nachgiebigkeiten gereichen ihr in gleicher Weise zum Heil. Sie hat ihre Opfer und ihre Sieger. Beide zeugen ebenso eindringlich für sie.«

In der Hingabe an die politische Arbeit in Paris entdeckt Schikkele eine neue Mission, die ihm zur elsässischen Mission innerhalb Deutschlands wird: für seinen Teil mitzuwirken an der Demokratisierung des Reiches. Er wird sie, nach der Pariser Zeit, als Redakteur einer Straßburger demokratischen Zeitung, noch wirksamer und zielbewußter vertreten.

Die Größe und Reinheit der Idee kann ihm nun nicht mehr wie früher durch ihre mehr oder weniger fragwürdigen Träger verdächtig werden. Er lernt, sich einer großen Organisation einzuordnen, in die Reihe zu treten, Kleinarbeit zu tun. Er kommt mit hunderterlei Realitäten in Berührung, die ihm vorher fremd oder unwesentlich gewesen waren. Es ist wie ein großer Gesundungs- und Läuterungsprozeß, der sich in ihm vollzieht und der ihm die verlorene Unbefangenheit und Aktivität des wirklichkeitsfrohen Menschen zurückgibt. Der seelische Indifferentismus ist zurückgedrängt: es gilt nicht mehr, Relativitäten zu wägen, sondern einzustehen für eine Überzeugung, Farbe zu bekennen, in Liebe und Haß sich zu entscheiden. Und aus der raschen Entschließung fordernden Beweglichkeit der politischen Arbeit erwächst ihm ein neues Realitätsbewußtsein, eine neue Menschenliebe und eine männlich erstarkte Weltfreudigkeit.

VIII.

In der zwei Jahre nach dem »Fremden« erschienenen Novelle »Meine Freundin Lo« apostrophiert in einer hellen Mondnacht an den Ufern der Seine ein Dichter einen jungen, aufsteigenden Politiker. Mit Worten bewundernder Unterordnung und zweifelnder Sehnsucht. »Du bist«, so spricht er, »eine Sirene, die nicht weiß, wie gleichgültig einen die Schönheit gegen jede Art der Handlung machen kann, ... die im Gegenteil der Schönheit einen Lebensschrei, einen aufreizenden Kampfruf entreißt, und sie an die Spitze eines begeisterten Haufens stellt ... Darum lieben wir dich, wir andern, die wir ziemlich untüchtig auf die Welt gekommen sind.«

Die Worte könnten der Gedichtsammlung »Weiß und Rot« zum Motto vorangestellt sein. Denn diese Gedichte, die das weitaus wertvollste sind, was der Lyriker Schickele bis heute geschaffen hat, wollen durchaus mehr sein als die nur ästhetisch zu wertende Verdichtung von Stimmungen und Bildern. Sie wollen über das Artistische hinaus ins Leben selber greifen: erobern, bekämpfen, beglücken. Sie sind voll aktiven Dranges. Sie wissen, daß nicht das Schwelgen in Stimmungen und Träumen das Leben ausmacht, sondern Arbeit, Kampf, Aktivität. Sie sind menschlich, weil sie sich von nichts Irdischem wählerisch ausschließen. Weil sie keine Trennung des Alltäglichen und des Dichterischen anerkennen und nichts von dem zu unterschlagen haben, was die Seele in der Werktagsarbeit und in den nicht erhobenen Stunden bewegt. Weil sie aus den Wolken der Träume herabgestiegen sind in den Bezirk einer fest umgrenzten, tätig regsamen, heilig nüchternen Welt. Sie sehen die Einheit des Lebens und sie malen sie in der Buntheit ihrer Aspekte. Das Feuer der politischen Passion ist in ihnen: der Kampf für die Freiheit, der Aufruhr gegen die Knechtung des Geistes, der Haß gegen autoritäre Privilegien, das soziale Mitleiden. Aber in ihnen ist auch der Gutenachtgruß einer geliebten Frau und die Erinnerung von Sommerabenden des Vierzehnjährigen im Konvikt: das vielen Gemeinsame und das ganz Persönliche. Und über allem ist ein starkes, von innen strömendes Licht. Dem erfrischten

Blick werden alle Dinge wieder einfach und klar. Es ist, als ob sich die Welt in den Sinnen eines von langer Krankheit Erstandenen verjüngt, erneuert, gereinigt wiederfände:

»Zum ersten Mal seit vielen Jahren bin ich wieder still
Und weiß, daß – ja und nein – man tut und nicht tut, was man will.
Daß alle Menschen einfach sind, und daß sie alles, was sie treiben
Sich selber aufgegeben haben, wie die Kirchenväter schreiben.«

Es ist eine Weltfreudigkeit in diesen Gedichten, die von der bewegten Innigkeit bis zum befreiten körperlosen Schweben – in der schönen Vorortballade – reicht. Sie kennen den Drang nach dem Abenteuer und die Ruhe in der Geliebten. Sie kennen die Erregungen der großen Städte und das Ausruhen im Abendfrieden der elsässischen Rebhügel. Sie sind ganz durchsättigt von einem schweren Glück. Und sie spiegeln, stark und ruhig, eine Seele, die sich selber gefunden hat.

IX.

Aus demselben seelischen Boden stammt die Pariser Novelle »Freundin Lo«. Diese kleine melodiöse Geschichte ist ganz aus der neuen Sicherheit herausgeboren. In ihr pulst hell und nicht minder kräftig als in den Gedichten die wiedergewonnene Weltfreudigkeit, die alle Dinge liebend umfaßt. Abstraktion, Metaphysik sind verbannt: es gilt nur noch, Leben im Bilde einzufangen, eine Atmosphäre herauszustellen mit allen ihren Farbentönen, Abschattungen, Luftspiegelungen. Das Visuelle ist geschärft. Das Äußerliche hat eine neue Wichtigkeit bekommen. Es wird Mittel und treibender Motor der Erzählung. Es dient, das Seelische auszudrücken, und vermag es ungleich wirksamer als die psychologische Deduktion. Die intellektuelle Beherrschung verrät sich nur noch in der Wahl und Prägnanz der charakterisierenden Züge, die oft in einer einzigen Gebärde zusammendrängend oder auch karikaturistisch vereinfachend – man denke an den Regisseur Bertrand! –

Menschen vor uns leben läßt. Ein Reichtum sinnfälliger Bilder ist geboten, der dem Leser den Eindruck langer Vertrautheit mit Szenerie und Gestalten dieses Buches mitteilt. Dabei eine strenge Ökonomie, eine kluge Zurückhaltung der Mittel, die sich nicht voreilig verausgabt und das Crescendo seelischer Steigerungen langsam aufschwellen und zurückfluten läßt: Der lyrische Ausdruck ist sparsam, die Lyrik scheint gleichsam aus der wuchernden Selbstherrlichkeit, mit der sie im »Fremden« auftrat, in die Gestalten selber zurückgetreten zu sein. Zum ersten Male ist Schickele hier Epiker. Zum ersten Mal ist es ihm um Erfindung, Fortgang, Körperlichkeit zu tun. Nicht als ob viel oder sonderlich Bemerkenswertes geschähe. Aber alle Wirkung erfolgt durch epische Mittel, und Bewegung und Interesse wächst aus dem Detail, der Begebenheit, der Individualisierung. Man darf gespannt sein, diese neuerworbene Technik einmal einer umfassenderen Aufgabe zugewandt zu sehen.

Lo selber bleibt ein unvergeßliches Geschöpf. Sie ist sanft, leidenschaftlich, innig und heiter, sehr menschlich und von einer schimmernden Aufrichtigkeit. Sie ist wie eine in der Kulissenwelt eines kleinen Pariser Theaters wiedererstandene Ninon, und man wäre versucht, sie als die Inkarnation eines seltenen und wundervoll natürlichen erotischen Prinzips zu preisen, wäre nicht alles an ihr einmalig, eigen, unvergleichbar. Ihre Herzensangelegenheiten sind von einer fleckenlosen Reinheit und voll jener praktischen und zugreifenden Klugheit, wie sie der Pariser Boden seinen Geschöpfen mitgibt. Stärker als irgend ein anderes von Schickeles Büchern zeigt diese Geschichte gallischen Einschlag. Nicht bloß in der ganzen Gefühlshaltung, in der sinnlichen Unbefangenheit der Heldin und der natürlichen Grazie ihrer Liebesauffassung – mehr noch in der überlegenen, leichten, geistigen Art des Vortrags, der Prägnanz und Nuancierungskraft der Diktion, die bei Deutschen so selten ist und die Ernst ohne Schwere zu geben vermag und Innigkeit ohne Sentimentalität. Es ist unter Schickeles Büchern das, in dem am vollkommensten die Forderung vom »geistigen Elsässertum« erfüllt ist.

FRITZ LIENHARD

Im Jahre 1895 erschienen Fritz Lienhards »Wasgaufahrten«: ein Programmbuch und eine Streitschrift. Und vor allem ein persönliches Bekenntnis: die Bilanz einer unsicher suchenden literarischen Frühzeit und der erste Ausdruck eines neuen geistigen Bewußtseins. Bezeichnend für Lienhard, der auch in dichterischen Werken immer Theoretiker, Erzieher, Prediger bleibt, daß eine theoretische Abrechnung und Orientierung den Weg zum eigenen Schaffen bahnen mußte. Im Jahre 1888, als Berliner Student, hatte Lienhard begonnen. Damals schlug in Deutschland der junge Naturalismus seine ersten Schlachten. Selbstverständlich, daß es den literarischen Neuling, der so viel zähe Energie, Ehrgeiz und auch kämpferisches Ungestüm aus seiner elsässischen Heimat nach Berlin mitbrachte, unter die Fahnen der jungen Bewegung zog. Dem aus der Umzirkung eines gesicherten heimatlichen Milieus Gelösten, dem abtrünnigen Theologen, der doch innerlich dem Anschauungskreis des unterelsässischen Lehrerhauses nicht entwachsen war und auch in literarischen Dingen den Glaubenseifer, den schwerfälligen Ernst und die peinliche Gewissenhaftigkeit des protestantischen Theologen beibehielt, war das naturalistische Dogma zunächst ein erwünschtes Hilfsmittel, sich in dem Chaos des großstädtischen Literaturgetriebes zurechtzufinden. Einem alttestamentarischen Erstlingsdrama (»Naphtali« 1888) läßt er eine moderne »soziale Tragödie« (»Weltrevolution« 1889) folgen, die im Stofflichen und in der Technik den Anschluß an die damaligen Jungdeutschen sucht, ohne auf die Dauer verdecken zu können, wie fern Lienhard schon damals innerlich der jungen Bewegung stand. In dem Roman »Die weiße Frau« (1889) klingt denn auch schon mitten in die Großstadtschilderung sehnsüchtig das Heimatmotiv, das dann in den »Wasgaufahrten« zum starken Befreiungsgesang anschwellen sollte.

Eine so bewußte Natur wie Lienhard konnte über die Unmöglichkeit, auf die Dauer mit dem großstädtischen Naturalismus zu paktieren, nicht allzu lange im Zweifel sein. Aber mit der schweren und pedantischen Gründlichkeit, die ihm im Blut sitzt, mochte er nicht verwerfen, bevor er *nicht* bis ins kleinste geprüft hatte. So liest er, mit wachsendem Widerspruch, die Werke der modernen deutschen und ausländischen Autoren und sammelt Groll und Zündstoff, der sich dann schließlich mit der Heftigkeit eines umwühlenden moralischen Erlebnisses entlädt. Im Ethischen hatte Lienhards Widerwille von Anfang an seine tiefsten Wurzeln gehabt, der Ethiker ist es, der nun sein Vernichtungsurteil über den Geist der jungen Literatur fällt. Der Naturalismus wird ihm Ausdruck für den ganzen irregeführten, zerquälten Geist der Zeit, und als er dann, in die Heimat zurückgekehrt, den Protest gegen eine seinem Wesen im tiefsten wiedersprechende ästhetische Doktrin genauer formuliert, hat sein Pathos etwas von der beschwörenden Eindringlichkeit des Reformators, der dem Übel seiner kranken Zeit bis an die Wurzel nachgeht.

Diese geistige und moralische Reaktion hat Lienhards literarische Persönlichkeit geformt. Sie hat seinen Anschauungen und Forderungen jene Einseitigkeit und enge Schroffheit gegeben, die er bis heute nicht wieder abzulegen gewußt hat. Die Fechterstellung ist ihm aus diesem ersten großen literarischen Kampf geblieben und das Gefühl, als einzelner einer Übermacht von Feinden gegenüberzustehen. Wenn er heute so oft mehr Don Quichote ist als Held, mehr epigonenhafter Reaktionär als vorwärtsdrängender Revolutionär, so kommt das ganz einfach daher, daß Lienhards Entwicklung seit jenem ersten entscheidenden Anstoß im wesentlichen stehen geblieben ist, und daß er heute oft genug mit lautem Kampfgeschrei und todesmutig gegen Riesen anrennt, die nichts sind als Windmühlen.

Man muß sich diese Zusammenhänge vorhalten, um Lienhards Wesen zu verstehen und nicht ungerecht zu sein gegen ein Draufgängertum, das in seiner Zeit echt, tapfer und berechtigt war, wenn es auch heute nicht viel mehr als Lufthiebe schlägt. Zwanzig Jahre nach Nietzsche hatte Lienhard seine »unzeitgemäßen Betrachtungen« begonnen, wie jener aus der »Wut gegen den Zeitgeist« heraus sprechend und wie jener im Angriff sich selber mit Frohlocken entdeckend. Ein starker Einzelner einer ganzen erschlafften, verirrten, erkrankten Generation gegenüber – es gibt kein herrlicheres Mittel für eine große Persönlichkeit, ihre tiefsten Kräfte gewahr zu werden und aus sich herauszuschlagen. Aber wehe dem, der nicht fest und stark genug steht, diesen Kampf aufzunehmen. Unfähig, seine Zeit im Sinne eines individuellen schöpferischen Ideals umzubilden, verzettelt er seine besten Fähigkeiten in einem unnützen Protest. Und schließlich muß die fortgesetzte Kampfstellung notwendig zu einer äußersten Anspannung des Persönlichkeitsbewußtseins führen, das jeden anderen als den Werte schaffenden Genius durch das Mißverhältnis von Anspruch und Leistung zur grotesken Figur verzerrt.

Die »Wasgaufahrten« proklamierten die Abkehr von der Großstadt und das Evangelium der Heimat. Schon hier vertritt das Elsaß für Lienhard symbolisch eine bestimmte geistige Beschaffenheit und Tendenz wie später die ähnlich gearteten Begriffe »Weimar« und »Wartburg«. Im »Wasgau« verkörperten sich für Lienhard alle jene ursprünglichen, einfachen und ewigen Kräfte, nach denen er in der Unnatur der Großstadt vergebens Ausschau gehalten hatte. Der »Waldgeist« der Vogesentäler ist für Lienhard das Heilmittel für die kranke Zeit. An ihm ist er selber gesundet, an ihm soll nun Deutschland gesunden. In das Gelöbnis, diesen reinigenden, befreienden Geist weit hinaus »in deutsche Lande« zu tragen, klingt das Wanderbuch aus.

Da hier der Wasgau eigentlich etwas ziemlich wesenloses ist: ein nebelhafter Begriff und Vorwand für gewisse geistige und literarische Tendenzen, so wird man nicht erwarten dürfen, den Reichtum elsässischer Landschaft mit unbefangener Treue oder gar mit einfühlender Feinsinnigkeit abgebildet zu finden. Jeder Förster oder Bauer, der durch unsere Vogesentäler wandert, wird ein lebendigeres, farbigeres Bild, einen größeren Vorrat an gegenständlichen, unterscheidenden, auszeichnenden Landschaftszügen heimbringen als dieser Dichter, der mit so sentimentalischem Herzen von Hochwaldzauber und Burgenromantik schwärmt und mit so unsinnlichen, toten Augen in Gottes Welt umherblickt. Dem sein sorglich eingestecktes Weltanschauungsbrevier viel wichtiger ist als die Dörfer, Menschen, Wege, über die er spricht. Nichts unnaiveres in der Tat als dieser Wanderer, der so unentwegt die Herrlichkeiten der Einfachheit und Natürlichkeit lobpreist. Daß in diesem Buch »Literatur« im bösen Sinne steckt, daß dieses Landschafts- und Wanderbuch, dessen wesentlichste Tendenz sich gegen das schlimme Literatenvolk richtet, ein typisches Literatenerzeugnis ist, davon würde man Lienhard wohl schwerlich überzeugen können. Dennoch bleibt dieser Vorwurf (trotz der relativen Frische späteren Lienhardschen Werken gegenüber) bestehen, wenn anders man unter »Literaten« einen Menschen verstehen muß, dem die sinnliche Unbefangenheit des naiv Erlebenden und Genießenden in einem Maße abhanden gekommen ist, daß er notgedrungen jedes Ereignis, jeden Eindruck auf seine literarischen Sorgen und Nöte bezieht. Dabei ist es ganz gleichgiltig, ob einer sich als esoterischer Hohepriester gebärdet oder alles Heil für die Dichtung vom heimischen Kuhstall erwartet.

Mit Literatensorgen und Literatenaugen durchwandert Lienhard die Vogesen. Und je mehr er von seinen Theorien und Forderungen an das Land und seine Bewohner heranbringt, um so weiter weichen sie vor ihm zurück, um so irrealer wird seine Schilderung. Er sieht von Land und Leuten nicht viel mehr als was auch der sonntägliche Bürger entdeckt, der naturschwärmend durch die Berge geht. Mit diesem teilt Lienhard zudem die Vorliebe für die offiziellen Punkte, für die »historischen Stätten« und die Burgenromantik, wo dann die mühelos sich einstellenden geschichtlichen Reminiscenzen und Reflexionen den feineren Sinn für die versteckteren lebendigen Reize der Landschaft ersetzen. Seine Naturschilderung kommt über die geläufigsten Allgemeinheiten nicht hinaus, aber auch diese dichterische Not wird in Lienhards Theorie zur ästhetischen Tugend. Sie entspricht seiner Forderung der »Großzügigkeit«, die er in einer (schon um der innerlichen Wesenverwandtschaft der Streitenden *willen* ergötzlichen) Polemik mit dem Kunstwartherausgeber Avenarius gegenüber dem »Nahblick«, der »Kleinmalerei«, der »Ausmalerei«, von Dichtern vom Schlage Mörikes vertrat. Daß solche – bei einer von Haus aus so unsinnlichen Natur wie Lienhard doppelt gefährlichen – Theorien statt zu der erhofften Monumentalität zu einem leeren, abstrakten Pathos führen mußten, das zeigt ein Blick auf die Entwicklung der Lienhardschen Lyrik: von den »Liedern eines Elsässers« bis zu dem »Lichtland« getauften Bändchen, welch eine Versteinerung, Entsinnlichung, abstrakte Erstarrung! In dem Erstlingsbändchen, das wahrhaft schon reichlich mit Theorie beschwert war, ist blühendes Leben im Vergleich zu den frostigen Allegorien der letzten Verse. Sonst wiederholen die »Lieder eines Elsässers«, die aus dem gleichen Jahre 1895 stammen, so ziemlich genau das Programm der »Wasgaufahrten«, wie Lienhard ja überhaupt groß ist im Wiederholen und Variieren der gleichen Gedanken, ohne dadurch ihre Eindringlichkeit zu steigern. Den Elsässern wird der rückhaltlose Anschluß ans Deutschtum empfohlen, dabei aber – wie in den »Wasgaufahrten« – das Verharren auf einem Partikularismus, der zäh und eifersüchtig an den gegebenen und historisch gewordenen Eigentümlichkeiten festhält, als Verirrung und Verfälschung des wahren Wesens empfunden. In Lienhards ganzer Art, Dinge und Menschen zu sehen, ist kein Raum für differenziertere Betrachtung. Alles ist eindeutig, klipp und klar und wird auf die unumstößliche Formel gebracht. Sinn für die Nuance hat Lienhard nie besessen. Und auch hierbei ist er geneigt, einen persönlichen Mangel dadurch aufzuheben, daß er ihn theoretisch zum Zeichen einer Überlegenheit, eines stärkeren Persönlichkeitswertes macht. Seine Stellung zu elsässischen Gegenwartsfragen wird bestimmt durch diese Unfähigkeit, die Verhältnisse von mehr als von einer einzigen Seite zu betrachten. Daher sein Zorneseifer gegen alles, was ihm nur im entferntesten nach »Verwelschung« zu schmecken schien. Er erhebt einen bestimmten, bäuerlich-querköpfigen Typus des Elsässers zum Normaltypus und zeiht alles, was von diesem Typus abweicht, des Verrates an sich selbst. Den gallischen Bluteinschlag im Wesen des Elsässers als Reiz zu empfinden, konnte ihm niemals beifallen. Noch weniger war er geneigt, in der Tatsache dieser Blutmischung eine bedeutsame Möglichkeit zur kulturellen Höherleitung zu finden. Was jüngere Elsässer über das

Ideal eines »geistigen Elsässertums« geschrieben haben, das eine Steigerung im Geistigen, eine Höherzüchtung durch fremden Blutzusatz in sich schließt, wäre ihm durchaus fremd und unverständlich. Mit strammer Eindeutigkeit weist er allen Traditionalismus zurück, sofern er bei näher liegenden Jahrhunderten Halt macht und nicht gleich bis zum deutschen Mittelalter oder zur Reformation zurückgeht. Ja, schon das Festhalten an provinzieller Eigenart scheint ihm gefährlich und verwerflich, sobald es über ein gewisses allgemeines Maß des Heimatbewußtseins hinausgeht. Die von ihm eine Zeit lang geforderte »Heimatkunst« war ihm wichtig nur als ein Weg zur Natürlichkeit und Einfachheit, als Mittel zur Auffrischung der deutschen Dichtung durch den »Reichtum deutscher Landschaft« und als Gegensatz zum Großstädtertum, keineswegs als landschaftliche Sonderkunst. Das hat seine Stellungnahme gegen das elsässische Dialekttheater mit aller Deutlichkeit gezeigt. Er ging nicht gerade so weit wie sein alldeutsch orientierter Freund und Landsmann Carl Storck, der gegen die partikularistischen Strebungen nach der Polizeigewalt schrie. Aber seine prinzipiellen Einwände bei der Gründung des elsässischen Theaters, das ihm als die literarische Pflegestätte dieses politisch-kulturellen Partikularismus erschien, zeigten zur Genüge, wie wenig er gewillt war, feinere Unterscheidungen, Abstufungen gelten zu lassen. Wozu noch kam, daß er in der Sprache dieser Stücke den »verstädterten« Dialekt der verwelschten Bürgerschaft sah, nicht die unverfälschte Reinheit der alemannischen Mundart, und so sprach denn auch noch der alte Lienhardsche Gegensatz Stadt – Land in dieser Polemik mit.

Dieser literarische Zwist, der seiner Zeit viel von sich reden machte, trug übrigens wesentlich dazu bei, Lienhard noch mehr als zuvor vom eigentlich elsässischen Boden abzulösen. Die Mißerfolge zweier »elsässischer« Dramen, des »Gottfried von Straßburg« (1897) und der »Odilia« (1898), hatten ihm schon vorher das Bewußtsein gegeben, in der Heimat verkannt, mißverstanden zu werden. Und so vollzieht sich denn, ohne große innere Kämpfe, die innere Loslösung von der Heimat und der Wegzug von Straßburg. Eine wesentliche Wandlung seiner geistigen und künstlerischen Tendenzen ist dadurch nicht bedingt, wenn auch die symbolische Terminologie vertauscht wird und an die Stelle der »Heimat« der neue Begriff des »Hochlandes« tritt. »Hochland« ist für Lienhard ein Sammelbegriff, in dem sich alles zusammenfaßt, was gegen die zersetzenden, materialistischen, negativen Bewegungen der Zeit gerichtet ist, was die Idealität und Gemütskraft stärkt. In diesem Sinne erscheint der Begriff in den »Nordlandsliedern«, dem lyrischen Ertrag einer skandinavischen und schottischen Reise, zu der er sich nach den elsässischen Enttäuschungen entschlossen hatte. Er kehrt dann in all den kulturpädagogischen Abhandlungen Lienhards immer wieder und ertönt mit voller Pathetik in dem König-Arthur-Drama, wo der Sohn des Hochlands, der kunstlose, gemütstiefe Sänger Merlin, die Erfahrungen erlebt, die Lienhard in den Straßburger Jahren geworden waren. Sonst aber scheint das Erscheinungsjahr des »König Arthur« (1900) wieder zu dem alten Heimatsideal überzulenken mit der Begründung einer Zeitschrift »Heimat« (später: »Deutsche Heimat«), deren Leitaufsatz freilich »Hochland« betitelt ist, und mit der Veröffentlichung der Programm- und Streitschrift »Die Vorherrschaft Berlins« (1900). In dieser Artikelserie verdichten sich die Klagen der »Wasgaufahrten« über den verderblichen Geist der Großstadt, insbesondere Berlins, zu heftigen Angriffen, zu einer Zeitkritik, die wirkungsvoll wäre, wenn Lienhard dem bekämpften Feind aus eigenem mehr entgegenzusetzen hätte als die immer wiederkehrenden Schlagworte: Herz, Gemüt, Seelenkraft, Idealismus. Dennoch hat vor allem diese Streitschrift Lienhards Namen in Deutschland bekannt gemacht, wie überhaupt das Jahr 1900 in Lienhards Entwicklung so etwas wie einen Generalangriff auf den literarischen Ruhm bedeutet. Zu den theoretischen Schriften und dem »Arthur« gesellt sich noch das Till Eulenspiegel-Scherzspiel »Der Fremde«, die Novellensammlung »Helden«, die sehr schwächliche und fad zuckerige Dichtung »Die Schildbürger«, und, inmitten dieser etwas gewaltsamen Produktionen seltsam genug, die Komödie »Münchhausen«, das weitaus beste und feinste, was dem Dichter

Lienhard gelungen ist. Auch hier wieder mischen sich in das Bild des freiherrlichen Aufschneiders und Poeten sowie der drei betrogenen Betrüger persönliche und dogmatische Züge. Aber diesmal mit einer Zurückhaltung, die dem Werkchen einen individuellen Reiz gibt, ohne seine Märchenatmosphäre zu durchbrechen. Leider hat Lienhard nie wieder in einem späteren Werk diese Bescheidung und Feinheit gefunden. Der unaufhörliche Trieb, zu lehren, zu bessern, zu predigen, verrückt dem Dichter Lienhard immer wieder das Konzept, und die ganze auf den Münchhausen folgende Produktion wirkt durch diese sich vorlaut herausdrängende Didaktik oft überaus peinlich.

Zunächst nahm Lienhard Gelegenheit, in einer größeren Essays-Sammlung, die er »Neue Ideale« (1901) betitelte, nochmals seinen ästhetisch-kulturellen Standpunkt nach den verschiedenen Richtungen hin zu erörtern. Man denkt bei dem Titel an eine große geistige Abrechnung, an eine Revolutionierung der alten Werte und Aufstellung neuer Tafeln, etwas »Unzeitgemäßes« im Nietzscheschen Sinn. Statt dessen finden sich alle die alten, im bösen Sinne reaktionär anmutenden Gedankengänge aus den »Wasgaufahrten«. Das sehr leichte Gepäck des Buches erhält dann erst in der zweiten Auflage etwas mehr Gewicht durch das Hinzutreten neuer Bildungselemente, die Lienhard in seine geistige Entwicklung aufgenommen hat. Jetzt ist es das »klassische Weimar«, das Weimar der Schiller- und Goethezeit, das seine Ideale bestimmt. »Weimar« wird nun geistiger Begriff wie vorher »Heimat« und »Hochland«, und die dickleibige Serie der »Wege nach Weimar« (1905–1908) soll aus der übel beratenen Gegenwart in dieses Hochland deutschen Geistes zurückleiten. Wozu sich dann im »Thüringer Tagebuch« als ein weiteres Symbol der Begriff »Wartburg« gesellt, der – wie er einmal umschrieben wird – »das Suchen nach der Lebensaufgabe« verkörpern soll. Diese letztgenannten Bücher müssen im Zusammenhang betrachtet werden, da sie mit eintöniger Terminologie und in ermüdender Weitschweifigkeit dieselben Ideale predigen. Unzufriedenheit mit der Gegenwart gibt auch hier wieder die Grundstimmung. Unsere in Lienhards Augen höchst unzulängliche Zeit wird am Zeitalter Goethes gemessen, an der großen »idealistischen Periode« Deutschlands, die Lienhard, für den dieser »Idealismus« keineswegs einen philosophischen Begriff, sondern eine sehr verschwommene und dunkel gefühlte Herzensangelegenheit bedeutet, vom Auftreten Klopstocks bis zu Goethes Tode rechnet. Zu ihr steht die folgende Epoche, in der wir heute noch stehen, in »unüberbrückbarem Gegensatz«. Jene, mit Lienhard zu reden, »mehr vom Geist, von Ideen, vom Gemüt bestimmte Richtung, die von innen heraus fromm-froh gestaltet«, wird gefolgt von einer »realistischen« Zeit, »die sich mehr der zweifelnden, analysierenden Zergliederung und Abschilderung zuwendet und die Materie zum Ausgangspunkt nimmt.«

Als Repräsentanten dieser entgötterten Epoche erscheinen nun neben Scribe und Sardou auch Flaubert und die Goncourts, Stendhal und Heine, Hebbel, Ibsen und Nietzsche, während wenigstens über den Deutschen Freytag, Keller, Storm, Otto Ludwig »noch ein Abendrot des klassisch-romantischen Zeitalters nachschimmert«. Diese erstaunliche ästhetische Scheidung bliebe ganz unverständlich, wenn sie nicht in einem Zuge des Lienhardschen Wesens ihre Erklärung fände, der sich mit den Jahren immer stärker ausgebildet hat: seinem Puritanismus. Der »bedeutende« Hebbel wird ausdrücklich wegen der »erotischen Tönung« seiner Frauen, denen »ein Zug von Grausamkeit und Wollust« eigen sei, getadelt. Lienhards in jedem Betracht unsinnlicher Natur ist jede erotische Thematik verhaßt, und aus diesem Instinktwiderwillen ergibt sich auch seine Beurteilung der Gegenwartsliteratur, wobei Dehmel und Wedekind ihres »Sexualismus« wegen als Prototypen der Entartung verworfen werden. Es sind die Einwände des Bürgers gegen eine Sphäre, deren künstlerische Verwertung durchaus nicht in das Bild paßt, das er sich vom »sonnigen Gemüt« des Dichters macht. Und das ist das Erschreckende an diesem Idealisten: er lehnt alles außer dem Gleise liegende, Ungewöhnliche, Neuwertige ab, er erhebt den alten Zeterruf des Philisters vor dem »Krankhaften« in der neuen Kunst, er fordert »Gesundheit« und eine »Kunst fürs ganze Volk«. Er sieht im Dichter nur den Bejaher, ohne Sinne und Augen zu haben für das Zweideutige, Furchtbare und Tragische, das um jede große schöpferische Persönlichkeit gelagert ist. Und so wird man mißtrauisch gegen diesen Neoklassizismus, der immerfort den erlauchten Namen Goethes im Munde führt und im Grunde dem Goetheschen Lebensideal so unendlich fern ist. Man findet, daß das »geistige« Weimar etwas so unwirkliches und zurechtgestutztes ist wie das Bild des historischen Weimar, das Lienhards puritanischer Eifer aus einem sehr sinnenfrohen und oft cynischen Hofmilieu in eine protestantisch strenge Geistesgemeinschaft umdichtet. Und man flüchtet aus den endlosen Betrachtungen dieses allzu geschwätzigen Theoretikers in seine dichterische Welt, um hier freilich die gleichen Enttäuschungen zu erleben: die »Wartburgtrilogie« (1903–1906), der »Wieland« (1905), der »Odysseus« (1911) – immer ist es die gleiche Litanei, und man wird am Ende aus reiner Energiebetäubung wirklich beinahe überzeugt, daß Lienhard gesiegt und mit den bösen Zeittendenzen aufgeräumt habe wie der Held Odysseus in seinem Drama mit den widerspenstigen Freiern.

Daß Lienhards Lyrik unter diesen Abirrungen ins Theoretische und Abstrakte am meisten zu leiden hatte, davon war schon vorher die Rede. In der Tat bedeutet Lienhards letzte lyrische Sammlung »Lichtland« (1912) nicht mehr und nicht weniger als eine völlige dichterische Bankerotterklärung. Die gesammelten Weltanschauungsmaximen, die hier unter lahmer Verhüllung allegorischer Vorgänge und Gestalten vorgetragen werden, sind für jeden, der sich einen Rest von sinnlichem und naivem Empfinden gewahrt hat, ein Gespött und ein Ekel. Dieses sich frei und unabhängig gebärdende, in Wirklichkeit verquetschte, muffige und kokette Pathos, diese anmaßende Gespreiztheit, dieses aufdringliche »idealistische Getue«, sind unerträglich, mögen sie nun den Aufstieg zum Sonnentempel und die olympischen Götter feiern, die in ihren seligen Höhen über die Felsen stürmenden, kämpfenden Titanen lachen (ergänze: Lienhard und seine »Feinde«) oder (im Cyklus »Hafis«) Julius Wolff täuschend ins Persische übersetzen (»Wie schön, miteinander jung zu sein, wie schön, miteinander zu kosen!«) und (in den »Waldbildern«) allerliebst mit Feen und Kristallmännchen schäkern – mögen sie mit wirklich erstaunlichem Tiefblick Rassenpsychologie betreiben, wie in jenem Gedicht, wo französische und deutsche »Freiheitskrieger« einander gegenübergestellt werden (hie: »Freiheit voran!« – dort: »Mit Gott voran!«) oder die Sohnesliebe zum alten Vater mit der entzückenden Begründung preisen:

> »Du bist es, den ich vor allen liebe!
> – Denn kein Begehren trübt
> Meine Liebe zu dir«

(nachdem Lienhard vorher warnend gerufen:

> »O Wonne der Minne!
> Doch traue du nicht der kosenden Minne!«)

Hier hat die Großzügigkeit Gipfel erklommen, zu denen dem Dichter außer der Gemeinde der Unentwegten, wohl kaum jemand folgen wird.

Die breiteste und direkteste dichterische Auseinandersetzung seiner Ideen hat Lienhard in den beiden Romanen »Oberlin« (1910) und »Der Spielmann« (1913) gegeben. »Oberlin«, ungleich bedeutender als das zweite Werk und in einigen deskriptiven Partien nicht ohne Reiz, gibt eine Entwicklungs- und Weltanschauungsgeschichte im Gefüge eines welthistorischen Ereignisses: der französischen Revolution. Daß Lienhards sehr unrevolutionärem Temperament eine elementare Massenexplosion wie die französische Revolution an sich selbst wenig bedeutete, durfte man vermuten: sie dient denn auch im Roman bloß als Folie für die Seelenkämpfe des Helden, des jungen elsässischen Hauslehrers Victor Hartmann. Wie für Lienhard selber, so sind für seine tugendsamen Helden die Erschütterungen des Erdballs nur dazu da, seinem moralischen Bildungseifer ein paar neue Maximen zuzuführen. So bleibt das Historische farblos wie das Menschliche unlebendig. Und gegenüber der anspruchsvoll hervortretenden Beurteilung von Menschen und Geschicken empfindet man peinlich, was ich schon in einer früheren Anzeige des Romans beschrieb: »Man fühlt ein Mißtrauen aufsteigen gegen eine Menschlichkeit, in der so viel kühle Ablehnung, so viel geheimes Pharisäertum steckt, gegen ein Lebensideal, das nur einen abstrakten Typus der Tugend, ein ›Gutes an sich‹ anerkennen will, statt das Menschliche noch dort zu suchen, wo es mit verborgenster Flamme brennt, in den letzten Verirrungen und Verfehlungen des Lebens. Dieses mit so viel Emphase vorgetragene ›Hochlands‹-Ideal ist nicht frei von einem verborgenen moralischen Hochmut, von einschränkenden Reserven. Es hat nicht die Liebe, die alles zu sich emporzieht, weil sie sich zu allem niederbeugt. Etwas Lebensfremdes ist darin, und der Seele, die sich selber nicht den Dingen in einer einzigen großen Wallung hinzugeben vermag, bleiben auch die letzten Tiefen und Seligkeiten des Lebens verschlossen. Daher die asketische, lebensfeindliche Luft, die über dieses ›Hochland des Geistes und der großen Herzen‹ weht. Das, was heute unsere Besten immer leidenschaftlicher suchen, immer tiefer begreifen, die Hingabe an alles, alles Irdische, die Befreiung aus wählerischem Geschmäcklertum, die Heiligsprechung jeder Form des Lebens, dieser neue Glaube, diese neue Weltfreudigkeit, sie ist dem Lienhardschen Ideal fremd, das aus den Bedrängnissen und Hoffnungen dieser Zeit auf ein bequemes und von philosophisch-moralischen Maximen umschirmtes ›Hochland‹ flüchtet.«

Macht die Handlung des »Oberlin« durchaus den Charakter des gedanklich Konstruierten, so ist sie doch gegen den »Spielmann«, Lienhards zweiten Roman, gehalten von einer fast strotzenden sinnlichen Fülle. Niemals hat das Räderwerk der Lienhardschen Weltanschauungsterminologie um ein ärmlicheres Gerüst von Erfindung und Handlung geschnurrt als in diesem Werk, in dem autobiographische Züge und historische Gestalten in der vordringlichsten Weise verwertet sind. Diesem sichtlich in Hast und ohne künstlerisches Verantwortungsgefühl heruntergeschriebenen Werk, das wie ein fader Aufguß der gesamten früheren Produktion erscheint und auch tatsächlich ganze Teile älterer Werke wiederholt, würde eine ausführliche Besprechung zu viel Ehre antun.

Entgleisungen sind größeren Dichtern begegnet als Lienhard. Mag er durch sein nächstes Werk zeigen, daß es nur eine Entgleisung war.

Alles in allem: dieser Dichter hat noch nicht den Beweis erbringen können, daß er imstande ist, der Welt neue schöpferische Werte zu schenken. Es genügt nicht, sich im Gegensatz zu seiner Zeit zu fühlen, wenn man es nicht vermag, die Zeitmächte mit dem Zeichen höheren Schöpfertums zu bannen. Es genügt noch weniger, sich als verkannten Propheten aufzuspielen, sich hinter die großen Namen der Weltliteratur zu verschanzen, wenn man dieser Selbsteinschätzung und dieser Berufung nicht durch das Werk die innere Rechtfertigung zu geben vermag. Lienhard begeht den alten Dilettantenirrtum, zu glauben, es sei genug getan, wenn er seine fromm emporblickende Schwärmerei der vermeintlich vollzogenen Geistesgemeinschaft substituiert. Soweit sich diese Verwechslung von Gesinnung und Tat auf das dichterische Werk beschränkt, mag sie hingehen: hier ist die Zeit ein sicherer und unerbittlicher Richter. Im Theoretischen aber wird diese unaufhörliche Berufung auf Deutschlands klassische Zeit, dieses fortwährende Ausspielen eines nebelhaften »Idealismus« gegen alle unbequemen Zeittendenzen eine ernstliche Gefahr: denn es stärkt nicht nur alle reaktionären Geister, die nun für ihren stumpfen Widerstand gegen das Ringen und Suchen der Zeit eine Bestätigung und Entschuldigung vor der Welt und sich selber erhalten, sondern es vermag auch durch die trügerische Macht seiner Phraseologie und das zu Unrecht gebrauchte Gewicht der großen Beispiele noch Strebende, Ungewisse in die Irre zu leiten. Wäre es nur der deutsche Philister aller Berufsklassen, dem Lienhards Lehre und Werk so lieblich eingehen, so könnte man diesen Dichter ruhig seinem eigenen Selbstgefühl und der Verehrung seiner Gemeinde überlassen.

René Schickele: Weiß und Rot. Gedichte. Berlin 1910.

Zwischen diesen Gedichten und Schickeles letztem Lyrikband liegen 6 Jahre. Jahre des Suchens, Schaffens und Erlebens. Reich und schwer liegt ihre Ernte eingesammelt in diesem schönen Buch. Was mir gegenüber Schickeles früheren Büchern die besondere Physiognomie dieser Gedichte zu bestimmen scheint, ist das tiefere Wissen um sich selbst, das Näherherankommen an die Quellen des eigenen Seins, erschlossen durch ein vielfältiges Erfahren, durch eigenes und fremdes Schicksal, durch die Segnung leidvollen und glücklichen Erlebens und weiterhin und aufs nächste hiermit verbunden die bewußt und entschieden vollzogene Hinwendung von der Kunst zum Leben.

Niemals war das Problem der Stellung des Künstlers zum Leben einer Zeit so wichtig und nahe wie in der unsern, niemals hat es die Dichtung tiefer erregt, leidenschaftlicher beschäftigt. Seitdem Flauberts einsamer Skeptizismus alle Möglichkeit einer Verbindung des Schaffenden mit dem ihn umgebenden tätigen und unbedenklichen Leben verneinte und den Künstler aus den süßen Lockungen des Lebens zu klarer Entsagung in die Einsamkeit seiner Werkstatt verwies, ist bis zu unseren Tagen die Frage nach den Übergängen und Verbindungen von Kunst und Leben immer aufs neue, immer banger und qualvoller wiederholt worden. Hart und erbarmungslos stellt sie der alte Ibsen, Rückschau haltend auf die lange und mühevolle Arbeit eines im Dienste der Kunst verbrachten Lebens, mit weicher Trauer klingt sie aus den schwermütigen Versen des Toren bei dem jungen Hofmannsthal, und mit aller Qual und schneidenden Schärfe der Entscheidung zieht sie sich durch das epische Werk Heinrich Manns. Führt wirklich kein Weg von den einsamen Höhen der Kunst herunter in die freundlichen Niederungen des Lebens? Wächst die Vollendung nur aus Entsagung und Askese? Ist das Bewußtsein des Wissenden, die Trunkenheit der Empfängnis, die Qual der Arbeit, das Glück der Vollendung wirklich alles, was das Leben dem Künstler reicht? Muß er hart bleiben, versteinert allem Menschlichen gegenüber, um nicht die Spannung seiner Kräfte zu zerreißen, die nötig ist zur Erschaffung des Werkes? Das ist die tiefste, die letzte Frage aller Kunst, vor die jeder wirklich schöpferische Mensch einmal geführt wird, und deren Beantwortung über sein Leben und über sein Schaffen entscheidet.

Schickele hat ihr früher schon gegenübergestanden und ihr Antwort gegeben, lange bevor er den vollen Umfang der Fragestellung ermaß. Sein erstes Versbuch, die vor 10 Jahren entstandenen »Sommernächte«, weiß freilich noch kaum etwas von einem Gegensatz von Kunst und Leben. Der Drang ins Leben und der Wille zur Kunst, aus dem diese Verse geflossen waren, schienen nur zwei Worte für das gleiche Gefühl, die Sehnsucht nach Ausbreitung, Wachstum, nach Auswirkung aller Kräfte. Diese Gedichte waren ganz besessen von diesem einzigen schrankenlosen Trieb. Die explosive Gewalt, mit der sich hier ein Gefühl entlud, das seinem Wesen nach mehr oder weniger Gemeinerlebnis aller künstlerisch empfindenden Jugend ist, gab den Sommernächten ihren Wert und ihre Verheißung. Der »Pan«, das zweite Versbuch, das mit den Sommernächten zusammengehört wie zwei Töne eines Akkordes, weiß wohl um den Dualismus von Leben und Kunst. Aber hier wird, was die Sommernächte unbewußt, ganz im Banne eines einzigen Gefühls taten, bewußt vollzogen, die Identifizierung von Leben und Kunst. Freilich nur scheinbar, denn in Wirklichkeit neigt sich die Wagschale mit aller Macht auf die Seite der Kunst. Der Dichter des Pan spricht das Wort »Leben« und er meint die Kunst. Und wenn schon die Sommernächte sich an steilen Träumen künftiger Herrschaft berauschten, so liegt dem Dichter des Pan vollends Ziel und Sinn alles Lebens in der heroischen Tat, will heißen der künstlerischen Schöpfung. Jetzt erscheint der schaffende Künstler als der eigentlich lebendige Mensch, die Kunst als das wirkliche, das volle Leben (Vorrede zum Pan).

Aber freilich war der leidenschaftliche Herrscherwille, der sich in diesen Versen Ausgang brach, erwachsen im Gehirn eines Achtzehnjährigen, für den der Begriff »Leben« noch nicht beschwert war mit Erfahrung, Schicksal, Erinnerung. Hier malte ein Traum das Bild unwirklichen Geschehens und eine ungestüme Sehnsucht griff wahllos nach den brennendsten Farben. Das gibt diesen beiden Erstlingsbüchern das bis zum Krampf Angespannte, die krankhafte Überhitzung des nur ideell Durchlebten, die gleichmäßig dröhnende Pathetik, die noch keine Nuancierung, keine Abstufung des Gefühls kennt. Diese Gedichte waren stark und verheißungsvoll durch die Intensität des Empfindens, aus dem ihre Visionen flossen, aber sie waren schwach als gegenwärtige künstlerische Leistung. Der Dichter dieser Verse war sich selbst noch fremd und ferne, er fühlte nur das unaufhaltsame Aufwärtssteigen dunkler Kräfte, sah ganz hinten am Horizont seiner Träume ein ersehntes Ziel aufglänzen, das er mit einer einzigen maßlosen Geste an sich reißen wollte, ohne noch zu ahnen, daß nur spät und von innen her, aus den untersten Tiefen des eignen Seins, die Erfüllung quillt. Diese starke künstlerische Begabung mußte sich, um reif zu werden, erst langsam und in schmerzhaftem Erleben, mit schwererem Nährstoffe, mit erdkräftigerer Speise füllen.

Die beiden ersten Bücher bedeuten den Abschluß einer nur aus Traum und Sehnsucht genährten Jugend. Unmittelbar nachher wird der leidenschaftliche Schwärmer aus seiner Traumwelt in die harte Wirklichkeit gestoßen. Und als er nach drei schwerwiegenden Jahren wieder seine Stimme erhebt, spricht ein vielfach Gewandelter, der mit anderen Augen auf das Leben sieht und andere Erschütterungen der Seele kündet. Aus dem Sieger der Sommernächte und des Pan, der schon die Hand nach der Krone der Erfüllung ausstreckte, ist in »Mon Repos« ein dunkel Suchender, ein schmerzhaft Zweifelnder geworden. Diese Verse langen aus der hoffnungslosen Wirrnis des Lebens inbrünstig nach Klarheit und Selbstbesinnung. Sie schreiten nicht mehr im jubelnden Rhythmus des Herrschers, sie beten und stammeln mit verängsteter Kinderstimme, in wehen, schmerzensvollen Lauten, von den Leiden und Irrfahrten der Seele:

Unselig bin ich, ein verstörtes, sinnloses Gedicht.
Du Erde, meine Erde – hilf! ich finde meine Heimat nicht.

Vertrautes, meine Heimat! Meine Mutter suchte dich.
Du große Nacht! Die Sehnsucht aller Menschen kniet in mich.

Dieses Buch mit dem friedvollen Titel ist der Niederschlag qualvollen Kampfes, brennenden Zweifels, endloser Entmutigungen. Ganz im fernen winkt irgendwo das Glück.

    Träumt ein Mensch: ach irgendwo
    rauschen die Gärten Mon Repos.

Aber der Weg zu den Gärten Mon Repos ist weit und dunkel.

In all diesem Trüben und Verwirrenden scheint nur ein Rat: die Einkehr der Seele bei sich selbst. Aus Schwermut, Hohn und Zweifel schwingt sich diese aufdämmernde Ahnung künftiger Genesung wie ein Stern über hoffnungsloses Dunkel. Und so steigt nun die Seele langsam tastend in sich selber nieder wie in einen Schacht, dringt immer tiefer durch alle Nebel, streift immer klarer alles fremde von sich, bis ihr endlich vom untersten Grunde neu und unverhüllt, der Spiegel ihres Innersten entgegenglänzt:

    Hülle deine Stirn in leere Nacht.
    Hörst du? ... Sacht
    gleitet dein Fremdes ab. –
    Steige tiefer hinab.
    Fühlst du? .. nun bist du leer ..
    Aus deinen Tiefen her
    quillt es .. es rauscht dein Blut
    In tiefen Brunnens Hut ..
    Die Erde nährt dich. Endlich!
    Du wirst dir selber kenntlich
    an deiner Mutter Wort.
    Ihre Sprache! .. Immerfort
    spricht sie von deinen Einzigkeiten
    und ihren stolzen Endlichkeiten ..
    Du wirst dir tief vertraut.
    Ein Wille nun, der baut!

Der Ton, der hier aufklang, war die tröstliche Verheißung, die aus der Nacht der Zweifel und Zerquältheiten ins Helle zu weisen schien. Sechs Jahre sind seither vergangen. Dieses neue Buch zeigt, daß der dort zum ersten Mal angeschlagene Ton nicht ins Irre führte. Hier hat die Seele nach langen Wehen und Nöten endlich sich selber gefunden, ist sich selbst ganz zu eigen geworden, und hat zugleich den weiteren Schritt getan: Sie hat in einem dunklen Schwestergefühl sich allem Menschlichen aufgeschlossen. Dieses Buch ist ganz angefüllt mit der Seligkeit eines neuen Lebens, das jedes Glück gesegnet und jeder Schmerz reicher gemacht hat, das fremdes Schicksal geweitet und fremdes Leid vertieft hat, und das fest und ruhig geworden ist durch die Liebe. Es ist im Kämpfen erstarkt, und jeder seiner Siege trägt noch auf der Stirn das Mal der bestandenen Gefahr. Das gibt der hellen Freudigkeit dieser Verse ihre erdhafte Schwere.

Eine ganz neue selige Melodie webt in diesen Gedichten, die noch in keinem von Schickeles früheren Büchern erklungen war. – –

> . . manchmal möcht ich, daß man mit Gewalt
> die Güte in der Welt, in der Welt verbreiten sollte.
> Daß man sie töten sollte, die zu Schwachen grausam sind.

Solche Worte hätte weder der herrische Dichter der Sommernächte und des Pan noch der zerquälte des Mon Repos finden können. Dieses Buch ist das ernste, schwerem inneren Erleben abgewonnene Bekenntnis eines im tiefsten künstlerisch empfindenden Menschen, das über aller Kunst etwas wertvolleres ist: Menschlichkeit und Güte. Dieses neue Weltgefühl bedingt auch die neue Form. Das in Schmerzen gezeugte Mitleiden, das allem Menschlichen sich entgegenneigt und gerade die Ärmsten und Verlassensten zu sich erhöht und an der Türe seines Paradieses empfängt, sucht nicht mehr nach den Farben des Rausches und der Ekstase, sondern wählt leise keusche Worte und geht sorglich jeder Aufstutzung des Gefühls durch formale Stilisierung aus dem Wege. In allen diesen Versen ist ein tiefes Verlangen, schlicht zu sein, die Dinge schlicht zu sehen, zu erkennen,

Daß alle Menschen einfach sind, und daß sie alles, was sie treiben
sich selber aufgegeben haben, wie die Kirchenväter schreiben.

In diesem Buch sehen sich noch einmal die Kunst und das Leben in
die Augen, und die alte Schicksalsfrage erklingt, in ein dunkles
Symbol gepreßt, wenn vor dem Beschauer im Bilde der Uffizien
der greise Philosoph und Alcibiades zu erwachen und zu reden
scheinen:

> Ich träumte. Einmal hörte ich den Kahlen sagen:
> »Ich muß hinüber. Alle Grenzen glühn
> wie des Gebirges Kamm nach Sonnenuntergang.
> Dort hinten strömt im Lichten unser Urgesang ..
> Ich muß hinüber, mein Gehirn will blühn.«
>
> Doch schneller hörte ich das Herz des andern schlagen:
> »Entwickle dich zurück, hypertrophiert Gehirn!
> Du wünsche nur, daß mich der Herzschlag treibe,
> sei einfach wie ein Ding, das wächst, und bleibe
> in deine Wärme eingehüllt: Frau und Gestirn.«

Was diese Verse im Ungewissen zu lassen scheinen, das Buch hat
es entschieden: Es ist von den Ausschweifungen der Kunst und den
Orgien des Gedankens zurückgekehrt ins Leben. Sein Wahlspruch
heißt: Frau und Gestirn.

Hell und klar wird der Leitton des Buches angeschlagen in dem
ersten Gedicht, das zugleich das Geheimnis dieser Menschwerdung verkündet: Ein Wappenschild mit dem Namenszug der geliebten Frau, zufällig aufgefunden unter alten Kronen und Schildern in einem Wirtshaus, wird zum Sinnbild des Lebens, das im
tiefen Gefühl einer Liebe Ruhe und Beseligung gefunden hat. In
diesen Versen ist aller freudige Glaube, aller Dank für die reiche
Segnung des Geschenkten, alle ruhige und tätige Zuversicht des
Glückes. In vielfältiger Abwandlung kehrt in den folgenden »Lobsprüchen« die einfach starke Melodie dieses Themas wieder. Sie
malen das Bild der geliebten Frau in jedem zufälligen Augenblicke,
in jeder Bewegung: ihre Gestalt, die in leuchtender Schlankheit

durch die abendlich erglühten Kornfelder schreitet, ihre Lippen, in deren weicher Regung schon die ganze Süße ihres Körpers vorgebildet scheint, ihre Stimme, die den Übernächtigen, der am Schreibtisch wachend von der fahlen Morgendämmerung überfröstelt wird, mit dem Nachhall ihres »Gute Nacht« überströmt – das ganze Zimmer wurde warm von ihr –, ihr Gesicht, ihre Augen, das Weiß und Rot ihres Leibes und Mundes. In hundert Gestalten erschimmert ihr Bild, es verändert sich, scheint zu entschwinden, kehrt wieder, ist überall gegenwärtig, irdisch zugleich und heilig, beglückt und duldend, in immer neuer Wandlung, bis zu der mystischen Verklärung der Legenden, wo aus dem bleichen Schwärmerantlitz der heiligen Frauen die lieben Augen der Geliebten vorblicken, und von heiligen Lippen ihre armen seligen irdischen Worte fallen. Sie ist die Madonna, die in blütenheller Frühlingsnacht aus der Kirche tretend das Liebeswunder tut, und zu deren rotem Mund die Liebenden beten. Sie ist es, die schon einmal in der Begnadung einer übermenschlichen Schönheit auf Erden gewandelt ist, davon noch ihre Stimme am frühen Morgen Botschaft bringt. Sie ist in der heiligen Theresa di Jesu und in der heiligen Catharina von Siena, deren irdisch-mystisches Liebesverlangen die Arme nach dem himmlischen Bräutigam ausstreckt. Sie ist die Geliebte der Blinden, die sie ihre Augen aufschlagen heißt, und die Odilia, die sich zur himmlischen Hochzeit bereitet. Sie ist in jeder Schönheit verborgen und in jedes Erleben eingeschlossen:

> Überall
> biegt sich dein Leib, und leuchten deine Hände.

Und in letzter Steigerung erhöht sich ihr Bild zum Bilde des Weibes, das Gott geschaffen hat als eine Tröstung für die Einsamkeit des Mannes und als den Inbegriff der Schönheit der Erde. Wundervoll wird die liebliche orientalische Legende erzählt, wie Gott an einem Sommerabend der ganz eingetaucht ist in friedevolle Schönheit, auf seiner Wanderung im Eden, in einem kleinen Tale Rast haltend, die Erschaffung des Weibes beschließt:

Du dachtest: es ist traurig, daß sie einsam sind ..
nahmst wilden Honig, Rose, Lilie in deinen Gedanken,
nahmst Wald und Berge und alle Dinge, die weichen und
    schlanken
der Erde, den Atem des Abends, das Licht der ersten Sterne
aus dem weithin verglühnden Sonnenuntergang,
die Schönheit des unendlichen Meeres: die geschweiften Buchten,
die Düfte, die sich im Abend vermischten, den Gesang
der Engel, die in dieser Stunde Blüte dir entgegengingen
(sie sangen deine Macht und Güte, da sie dich suchten)
und ihre Sehnsucht, das große Herz zu schaun, vor allen,
dein Herz wie einen roten Mond, der ins Gras gefallen.
Das alles nahmst du und die Trauben, die in dichten Reben hingen
in deinen Gedanken, und du dachtest: Weib ...

Die Legenden bedeuten nicht nur architektonisch den höchsten Punkt im künstlerischen Gefüge dieses Buches. Sie stellen auch aesthetisch das Höchste dar, was dem Lyriker Schickele bis heute gelungen ist. Nirgends findet das neue Weltgefühl, das dieses Buch durchströmt so schlichten und hinreißenden Ausdruck, nirgends bieten sich ihm wie von selbst Worte von so holder Süßigkeit, von so schmeichelnder Melodik wie hier.

Nach dem reinen und gläubigen Einklang dieser Verse bringen die nächsten, meist älterer Zeit entstammenden Abschnitte Erlebnisse aus der Zeit des Ringens und der Zweifel, hinter denen die ganze Schwere des durchfochtenen Kampfes hervorblickt. Zunächst der Abschnitt »Berlin«, Begegnungen, Bilder, Einfälle tagebuchartig zusammenfügend und in der wechselnden Stimmung des Augenblickes, in Laune oder Inbrunst, Gläubigkeit oder Cynismus festhaltend, zuweilen auch wohl ins derb Humorhafte ausschwenkend wie in der »Vorstadtballade« mit ihrer grotesk-ungeheuerlichen Reimbildung. Dann die Florentiner »Weißen Nächte« mit ihrem heißen Aufschwung, ihrem schmerzhaften Absturz und dem müden Verzweiflungsschrei des »Zuletzt«. Am schärfsten aber zeigen einige der in den Gedichten »festgehaltenen Bilder«, mit welchen Qualen das scheinbar so mühelose Ausruhen in der Geliebten erstritten war, wie dieses Glück beschwert und geheiligt ist durch Zweifel, Schmerzen und Nöte. Hier reichen sich noch einmal die Schatten aus den dunkelsten Tagen die Hände: Sorge, Krankheit, Selbstpeinigung, Qual des Geliebtesten, und hinter ihnen nah und unheildrohend das graue Gespenst der Not. Sie sind die Wegmale auf den finstersten Stationen einer langen Schmerzensstrecke, sie zeigen die Etappen des Leidens und der Erlösung, wie etwa jenes formlose, in fliegender Hast die jagenden Gedankenreihen fixierende Berliner Tagebuchblatt, wo der in später Winternacht zerquält und voll irrer Selbstanklagen Heimkehrende vor dem reinen Bilde der schlafenden Geliebten die Starrheit seines Krampfes in zarte und glühende Inbrunst hinschmelzen fühlt:

Sie schlief . . Ich liebe dich. Ich liebe dich.

Schön und sinnvoll klingt das Buch in die milde Glücks- und Friedensstimmung des »Elsässischen Sommers« aus. Stille Einkehr in der sanften Lieblichkeit heimatlicher Landschaft, im Frieden der hellen Rebenhügel »zart geschweift, wie sie sonst nur in Toskana sind«, der Winkelgassen in den lieben alten Weinstädtchen, der großen Ebene, der Berge und Wälder der Heimat, wo an warmen Sommerabenden die alten Kindersagen wieder wach werden, über dem Nordfeld die Geisterschlachten geschlagen werden, und zur Zeit der Rebblüte das Weingeigerlein seine helle oder klagende Stimme ertönen läßt.

In einem tiefen ruhevollen Glücksakkord klingt das Buch aus, wie es mit einer klaren zart anschwellenden Liebesmelodie begonnen hatte. Dazwischen liegen die Sorgen, Kämpfe und Nöte des Tages, die schon verwundenen, immer wiederkehrenden. Noch oft werden sie zurückkommen und dunkle Stunden neben die leuchtenden stellen. Aber sie werden nicht mehr vermögen, diese Seele, die sich selbst gefunden hat, aus ihrem Gleichmaß zu stürzen. Vor allem Sturm und drohender Flut liegt dieses Leben tief und sicher verankert im Bewußtsein seiner eigenen Kraft und umschlossen und eingehegt von dem Glück seiner Liebe.

Heinrich Heine: Sämtliche Werke. Unter Mitwirkung von J. Fränkel, L. Krähe, A. Leitzmann und J. Petersen herausgegeben von O. Walzel. Bd. 1. Leipzig 1911. Bd. 7 und Bd. 9. Leipzig 1910.

Von der neuen Heineedition des Inselverlags, die nach ihrer Vollendung trotz der Elsterschen, die vollständigste, zuverlässigste und schönste der Heineausgaben sein wird, liegen nun insgesamt drei Bände vor: 2 Bände Prosa mit den für das Buch »De l'Allemagne« bestimmten Schriften über »Die romantische Schule« und »Religion und Philosophie in Deutschland« sowie den immer noch in frischem Glanz funkelnden Pariser Briefen für die Augsburger Allgemeine, 1 Band Dichtung mit dem »Buch der Lieder«, den Byronübersetzungen und den romantischen Tragödien »Almansor« und »Ratcliff«. Ein knapper Einleitungsessay des Herausgebers Oskar Walzel gibt eine kundig entworfene ästhetisch-psychologische Skizzierung des Künstlers und Menschen Heine, während alles biographisch-historische Detail in die am Schlusse jedes Bandes zusammengestellten Anmerkungen verwiesen ist.

Walzels Aufsatz setzt sinngemäß mit der Frage ein, was uns Heutigen der Dichter des Romanzero bedeute. Walzel hält es für ausgemacht, daß Deutschland sich von Heine fortentwickelt habe. Sehr wahrscheinlich. Aber darum hat der »Fall Heine« auch im 20. Jahrhundert nichts von seiner prickelnden Aktualität eingebüßt. Immer noch geht um diesen Dichter der Streit der Parteien, wie sonst nur um einen Lebenden. Immer noch stehen sich Werturteile in abgründiger Gegensätzlichkeit gegenüber. Immer noch erhebt sich alle paar Jahre wieder in irgend einem Winkel Deutschlands irgend ein beglaubigter Hüter deutscher Art, um das Vaterland vor dem undeutschen Schädling zu erretten. Es bleibt alles in allem das Phänomen bestehen, daß ein großer und keineswegs nur ein engherzig in nationalen und religiösen Vorurteilen befangener Teil der Nation einen ihrer Dichter, dem das Ausland wie kaum einem anderen willigste und enthusiastischste Huldigung bereitet, mit einer beispiellosen Schroffheit ablehnt und verleugnet.

Walzel hält sich nicht damit auf, dieser gewiß einzigartigen Erscheinung im einzelnen nachzugehen, zu deren Erklärung Henri Lichtenbergers »H. Heine Penseur« allerlei Bemerkenswertes vorgebracht hat. Aber er gibt zu erkennen, was ihm letzten Endes für die ablehnende Einschätzung Heines ausschlaggebend scheint. Nicht der moralisierende Philister, den Dehmels schönes Gedicht in Gestalt des »dicken deutschen Hausschweines« am Sockel seines Heinedenkmales aufstellen wollte, nicht der eifersüchtige Nationalist, dessen patriotisches Gewissen sich durch die frechen Worte des Spötters beunruhigt fühlt, und der sich aus seinem Treitschke die autoritäre Bekräftigung seines instinktiven Mißtrauens holt, sind die stärksten Feinde des Dichters. Tiefer reicht ein Zug in Heines Wesen selbst, der ihn den Deutschen verschiedenster Richtung gleichermaßen verdächtig machte, und dem vielleicht erst unsere Zeit aus eigenster Seelennot heraus mitschwingendes Verständnis entgegengebracht hat: die fast beispiellose Gegensätzlichkeit seines Wesens, seiner Kunst, seiner Überzeugungen, all das verwirrend Jähe, Wechselvolle, Sprunghafte, Widerstreitende dieses Lebens und Dichtens, das eine primitive Psychologie als Charakterschwäche, Eitelkeit, Schmeichelei oder Strebertum abfertigen wollte, jener Mangel an Coherenz, an Folgerichtigkeit, an einem festen Besitz von Anschauungen, Zielen, Idealen, an »Weltanschauung«, all das, was uns heute an ihm am vertrautesten ist, was uns am tiefsten berührt und den Menschen Heine zum frühgeborenen Kind einer späteren Zeit macht. Denn hier empfinden wir erstaunend die Verwandtschaft der seelischen Disposition. Auch uns sind wie ihm die tiefen Schwankungen des Gemütes vertraut und die jäh wechselnde Erregbarkeit des Augenblicks. Wir sind wie er, unstet, impressionabel (um das scheußliche auch von Walzel wiederholte Wort »reizsam« Lamprechtscher Prägung zu vermeiden), beweglich, leiser Berührung nachgebend, »Spiel von jedem Druck der Luft«. Eine Seelenform, die sich inzwischen zu äußerster Verfeinerung gesteigert und zugleich in solchem Grade ausgebreitet hat, daß sie uns schon beinahe alltäglich anmutet, ist hier in einer anders gearteten Epoche in einem einzelnen Repräsentanten vorausgebildet. Walzel sucht, ihren Anfängen und früheren Äußerungen nachzugehen. Er gibt die seelisch Verwandten: Werther, der unstet »von Kummer zu Ausschweifung, von süßer Melancholie zur verderblichen Leidenschaft« gerissen wird, Brentano, den größten, heutigsten, problematischsten der romantischen Generation. In ihnen erscheint die gesteigerte, jedem flüchtigen Augenblickseindruck preisgegebene Sensibilität wie eine Krankheit, wie ein Leiden, wie etwas Gefährliches, Bedenkliches, beinahe Verwerfliches, das sie zu überwinden trachten, ohne sich ihm entziehen zu können. Auch der junge Heine kennt diese Gewissensangst. Er empfindet das Auseinanderfließende, Unberechenbare seines Wesens wie eine fatale Verirrung, gegen die sich seine philosophische Weltansicht auflehnt, und je mehr seine impressionistische Beweglichkeit dem leichten Antrieb der Stunde nachgibt, um so leidenschaftlicher sucht er, das Widerspruchsvolle, Unvereinbare, zu innerer Beschwichtigung, in den Kreis einer beherrschenden Idee zu ziehen. Das Leben ohne ein leitendes Prinzip scheint dem jungen Heine nicht lebenswert. Die Briefe des jungen Heine sind angefüllt mit diesem Seelenkonflikt zwischen dem Postulat seines philosophischen Gewissens und der Unbändigkeit seines nach freiester Auslebung drängenden Temperamentes. Erst die allmähliche Abkehr von Hegel und dem Kreise der Berliner Hegelianer bringt den inneren Widerstreit zum Schweigen.

Mit gesteigertem Selbstbewußtsein erstarkt die innere Rechtfertigung des eigenen Wesens. Der Ruf nach der das Leben von außen bezwingenden »Idee« verstummt. Ganz er selbst sein, Eigenwesen, ausgestattet mit ganz persönlichen Launen, Schwächen, Widersprüchen, ist fortan all sein Ziel. Und dieses Wesen unverschleiert, unverfälscht, unbeschönigt in seiner Kunst zu spiegeln, sein dichterischer Ehrgeiz. So hängt die Beweglichkeit seines Temperamentes, die uns heute als Heines modernster Zug erscheinen will, aufs nächste zusammen mit der Freimütigkeit seines künstlerischen Bekenntnisses, mit der Aufrichtigkeit seiner poetischen Beichten. Diese Krankheit des Bekennertums, mit der er selber seinen Gegnern die gefährlichsten Waffen in die Hände gegeben hat, ist der andere Zug, der uns Heutigen Heines Persönlichkeit wertvoll macht.

Walzel hat im einzelnen die Etappen begleitet, die allmählich zu der Freiheit dieses Auslebens in Leben und Dichtung hinaufführen. Dabei wird offenbar, wie die scheinbar ziellose Beeindruckungsfähigkeit von Heines seelischer Anlage doch eine innere Gesetzmäßigkeit der Entwicklung nicht ausschließt, und Walzels Ausgabe, die unter möglichst strenger Innehaltung des chronologischen Prinzipes Dichtungen in gebundener und Schriften in ungebundener Rede nebeneinanderstellt, sucht diese latente Gesetzmäßigkeit schon durch ihre Anordnung zum Ausdruck zu bringen. Die innere Gliederung dieser Entwickelung gibt jene seit Legras und Lichtenberger wohl allgemein akzeptierte Dreiteilung im Leben Heines, deren Abschnitte durch die Übersiedelung nach Paris 1831 und durch den Ausbruch der Krankheit 1845 bezeichnet werden. Daß bei allem Schwankenden, Schillernden in Heines Persönlichkeit, die jeder strengen Vereinheitlichung ausweicht, diese 3 Perioden seines Lebens doch nach ihren Tendenzen scharf voneinander geschieden sind, hatte vor allen Lichtenbergers Buch überzeugend dargetan. Der vorpariserische Heine ist der Dichter des »Buchs der Lieder«, der Romantiker des »Almansor« und »Ratcliff«, der Mystiker mit unbestimmt katholisierenden Tendenzen, der idealistische Nationalist, der in die Vaterlandsbegeisterung der Sänger der Freiheitskriege einstimmt. Der Pariser Heine der »Romantischen Schule« und der »Pariser Zustände«, ist der unerbittliche Gegner aller religiösen und politischen Romantik, geschworener Feind des Christentums und der politischen Reaktion. Er ist vor allem der überzeugte Demokrat, der in der fortschreitenden Demokratisierung Ziel und Sinn aller menschlichen Evolutionen findet. Lichtenberger hat fein darauf hingewiesen, wie bei der immer schärfer akzentuierten revolutionären Haltung bei der immer ausgesprocheneren Abwendung vom positiven Kirchenglauben im Grunde nur jener freiheitlich demokratische Geist tätig ist, der ihn einmal die Freiheit als die Religion unserer Zeit feiern läßt: in viel höherem Maße ein sozial-philosophischer Antrieb als ein politischreligiöser. Darum der latente und bald immer deutlichere Gegensatz zu den deutschen liberal-demokratischen Politikern, der schließlich in der Schrift über Börne zu schärfstem Ausspruch drängt. Darum die Hinwendung zu dem sozialen Moralsystem des Saint Simonismus, der in der Aufstellung eines neuen sittlichen Ideals gipfelt, christliche Geistigkeit und heidnische Körperlichkeit in einer neuen Synthese verknüpfen will und der Aufrichtung eines dritten Reiches entgegenstrebt, in dem Geist und Körper nicht mehr voneinander geschieden, sondern eins und einheitlich sind, gleichwertiger Ausdruck einer allen Dingen immanenten Gottheit. Den letzten Abschnitt bilden die Krankheitsjahre. Der körperliche Zusammenbruch bringt in immer bitteren Worten das Geständnis, daß jenes neue pantheistische Weltgefühl, das der reife Heine verkündet hatte, nichts war als eine Verirrung, und vor dem Märtyrer der Matrazengruft steigt Ehrfurcht heischend und gebieterisch, der Gott seiner Kindheit, der alte Judengott wieder empor. Der immer tiefer über ihn hereinbrechende Pessimismus gibt in offenem Bekenntnis die Bankerotterklärung seines gedanklichen Systems: »Ich bin kein göttlicher Bipede mehr, ich bin nicht mehr der ›freieste Deutsche nach Goethe‹, wie mich Ruge in gesunden Tagen genannt hat, ich bin nicht mehr der große Heide Nr. 2, den man mit dem weinlaubumkränzten Dionysos verglich, während man meinem Kollegen Nr. 1 den Titel eines großherzoglich Weimarschen Jupiters erteilte, ich bin kein lebensfreudiger, etwas wohlbeleibter Hellene mehr, der auf trübsinnige Nazarener heiter herablächelte – ich bin jetzt nur ein armer totkranker Jude, ein abgezehrtes Bild des Jammers, ein unglücklicher Mensch.« Aber während der »Denker Heine« alles, was er aufbaute, vor sich zusammenbrechen sieht, tritt in sein Dasein das tiefste und heiligste Erlebnis, die Begegnung mit der Mouche, und seine Lyrik sublimiert sich zu einer vorher niegekannten Inbrunst und Verklärung. Die ergreifende Innerlichkeit und Durchgeistigung dieser letzten Verse, wo im Mondenschein die Marterblume und ihr Toter kosen, entschädigt für manche Enttäuschung, die uns heute die allzuleichte und sorglose Flüssigkeit der älteren Heine'schen Liebeslyrik bietet.

Friedrich Gundolf: Shakespeare und der deutsche Geist. Berlin 1911.

Gundolfs Buch will mehr geben als Sammlung und Sichtung literarhistorischer Dokumente. Alles Stofflich-Tatsächliche bleibt durchaus Vorarbeit, Ausgangspunkt, darüber hinaus die großen Linien einer umfassenden Geistesgeschichte gesucht werden. Überall sind die Zusammenhänge aufgedeckt, die den Einzelfall in ein größeres allgemeines Geschehen einbeziehen. Überall ist den tieferliegenden Kräften nachgeforscht, von denen das Unvermittelt-Subjektive emporgetragen wird, und die es ausdrückt. Das Sinnbildliche ist aufgesucht statt des Zufälligen, die Logik organischer Entwicklung statt der Willkür zusammengeketteter Einzelvorgänge. Shakespeares Name scheint am Ende selber ins Gleichnishafte gewandelt, Symbol, Vorwand für alle die Kräfte, deren der deutsche Geist bedurfte, um sich seiner eigensten Triebe bewußt zu werden, sinnlicher Ausdruck für das Schöpfertum des Lebens selbst, das erst wieder der deutschen Dichtung zurückerobert werden mußte, ehe der erschlaffte Boden ein neues Wachstum hergab. Shakespeares Geist begleitet den Aufstieg deutscher Literatur vom Rationalismus bis zur Klassik und Romantik, er steht über den Erschütterungen des Kampfes und über der großen Glorie des Sieges. An Shakespeare erhöht sich das dichterische Erlebnis, die neu entbundenen Kräfte aber wirken wieder, ihn selber tiefer, umfassender, lebendiger erleben zu lehren. Die Sprachform der Schlegelschen Übersetzung, gefügigstes Mittel und wundervoll befähigt, die zartesten seelischen Schwingungen von Shakespeares Diktion in sich hinüberzuleiten, war nur möglich, nachdem Goethes Schöpfertum für das neue Lebensgefühl aus dem Urstoff der Sprache heraus neue Ausdruckswerte gebrochen hatte. Kein neuer Geist, der nicht zugleich neuer Körper wäre, und kein anderes Mittel für den Dichter, sein Erlebnis aus sich herauszustellen, als die Sprache. Geist und Form sind eins und untrennbar, und in der neuen Wortschöpfung liegt schon das neue Weltbild unlöslich beschlossen. Wieland, dessen Übersetzung den ersten kühnen Vorstoß zur dichterischen Eroberung Shakespeares bezeichnet, war gescheitert, weil seinem stilsuchenden Ehrgeiz keine Sprache sich anbot, deren frische, am dichterischen Erlebnis reingeglühte Größe und Schmiegsamkeit dem Reichtum Shakespeares gewachsen gewesen wäre, seine nachfühlende Erlebnisfähigkeit aber aus eigenem nur eine ganz bestimmte, räumlich beschränkte Sphäre von Shakespeares Welt zu umspannen und auszudrücken vermochte. Sein Sprachvermögen konnte allenfalls genügen, das Leichte, Zierliche, Sinnlich-Graziöse einzufangen, die schwebende Atmosphäre, die um Shakespeares Märchenkomödien gegossen ist. Vor der ungeheuren Erdhaftigkeit der Tragödien aber, der Großartigkeit und dem Feuer ihrer Pathetik versagte sein bewegliches Formtalent. Ein langes und tief aufwühlendes dichterisches Erleben mußte erst die deutsche Sprache modeln, ehe sie es wagen durfte, Shakespeares Schöpfung in ihrer Ganzheit neu formend zu erschaffen.

Ganz dasselbe gilt von den verschiedenen Perioden der ästhetischen Kritik, die, organisch sich übereinanderschichtend, Stück um Stück von Shakespeares Welt geistig bezwingen und sich einverleiben. Die Hamletanalyse Friedrich Schlegels, der Romeoaufsatz seines Bruders, haben als Voraussetzung die hingegebene Arbeit aufeinander ruhender Generationen: Lessings ordnenden Kunstverstand, Herders lebenweckendes Feuer, den schwärmenden Überschwang der Stürmer, den eindringenden Bildsinn Goethes. Denn Shakespeare ist nicht historische Figur, in zeitlichen und individuellen Schranken verhaftet, sondern selber Kosmos, unbegrenzbar und unausschöpflich, und wie jede neue Zeit neue Provinzen dieser Welt entdeckte und durchwanderte, fühlte sich jedes neue Geschlecht in seinem Eigensten ihm verschwistert, durch ihn gesteigert, belebt, gerechtfertigt.

Hinüber und herüber reichen die wirkenden Kräfte. Das Wechselspiel vielverschlungener Fäden in seinem innersten Zusammenlauf ordnend zu begreifen, war eine der vornehmsten Aufgaben von Gundolfs Buch. Sie zu erfüllen, mußte eine Form gesucht werden, die geräumig genug war, die großen Grundtendenzen der

Epochen und Persönlichkeiten in sich zu fassen und zugleich hinreichend biegsam, auch die feinsten individuellen Züge, wo es nötig schien, vortreten zu lassen. Daß Methode nicht ein allen Dingen gleichmäßig anstehendes Universalmittel sein könne, wie die Philologen meinen, daß auch Methode Erlebnis bedeute, von innen her gefühlte und geforderte Formung, diese Erkenntnis bedingt Anlage und Gestalt des Gundolfschen Buches. Persönliches Erlebnis bestimmt bei aller strengen Sachlichkeit Auswahl und Ordnung der Gegenstände, persönliche Kunst- und Weltauffassung bei aller offenen Unbefangenheit Maß und Wertung des Stoffes. In den mit fast übergroßer Helle formulierenden, gern antithetisch pointierenden Sätzen spürt man unterirdisch den Trieb, in ein dunkles Wirrsal Sinn und Beziehung zu bringen. Hinter der gelassenen Sicherheit, mit der hier ein gewaltiger Stoff ausgehoben, durchforscht, geformt ist, fühlt man Drang und Bedürfnis, sich selber über geistige Tendenzen und Individualitäten ins Reine zu setzen, oder vielmehr vom Mittelpunkte einer immer tiefer sich verwurzelnden Kunstanschauung her Zugang und Verhältnis zu finden zu einem der wichtigsten Kapitel deutscher Kultur. Gundolfs Buch bedeutet in vielem Sinne ein Glied in der Reihe jener Werke, in denen George und sein Kreis, kritisch und produktiv, sich mit Leistungen und Tendenzen früherer und gegenwärtiger Zeiten und Individualitäten auseinandersetzen, sich ihnen nahend nicht mit der einfühlenden Selbstverleugnung des Historikers, dem es um objektive Werte zu tun ist, sondern sie ergreifend mit der Wucht des von einem künstlerischen Glauben Besessenen, einer künstlerischen Aufgabe Hingegebenen, der das Schaffen vor ihm und um ihn vom Zentrum seiner eigensten Kunstanschauung her durchdringt, auf sich bezieht, für sich erobert. Georges »Jahrhundert deutscher Dichtung«, die Goethe- und Jean-Paul-Bücher, gewisse Aufsätze des »Jahrbuchs für die geistige Bewegung« gehören in dieselbe Klasse, auf anderem Gebiete Georges Zeitgedichte aus dem »Siebenten Ring«, die Dante- und Baudelaire-Übertragungen, die »Zeitgenössischen Dichter« und Gundolfs glänzende Revision von Schlegels Shakespeare. Auch in dieser Geschichte der deutschen Eroberung Shakespeares spürt man allenthalben den Zusammenhang mit den allgemeinen Tendenzen, ja mit ganz bestimmten Leitsätzen der »Blätter für die Kunst«. Wichtig bleibt, daß diese ästhetischen Voraussetzungen, die dem Werk seine innere Einheitlichkeit und Beherrschtheit geben, niemals sich mehr als füglich vordrängen oder etwa gar den Dingen Gewalt antun. Auch Urteile, die man vielleicht geneigt wäre, auf Rechnung gewisser Theorien des George-Kreises zu setzen, erhalten innerhalb des Rahmens dieser Arbeit ihre sachliche Rechtfertigung. Man kann über die geistesgeschichtliche Bedeutung des deutschen Theaters prinzipiell anderer Meinung sein als die »Blätter für die Kunst« und wird doch Gundolf beistimmen, wenn er die Aufführung shakespearescher Dramen in Deutschland eine bloße Begleiterscheinung ihrer literarischen Wirkung nennt, die »erst spät eintrat und für die Weiterentwicklung des deutschen Geistes keinen besonderen Wert hat«. Überhaupt ist die größte Gefahr, die aus der Zugehörigkeit zu einem bestimmten künstlerischen Kreis mit einem festen ästhetischen Programm erwachsen könnte, das dogmatische Eingeschworensein, aufs glücklichste vermieden. Nirgends hat man das Empfinden, als wäre hier eine feste und überkommene Kunstanschauung als Maßstab und Ausgangspunkt der historischen Darstellung genommen. Überall fühlt man die Frische und Eindringlichkeit des persönlichen Erlebnisses, und ein umfassendes Kunstgefühl ist nicht sowohl in die Dinge hineingetragen, als in ihnen gefunden, aus ihnen gefolgert, durch sie bestätigt. Das Feuer dieses Erlebnisses ist es, das alle die verschollenen Fragen und Kämpfe gleichsam wie etwas Gegenwärtiges, noch Unausgetragenes ergreift und zur Diskussion stellt und so unwillkürlich und häufig wohl auch unbewußt einen historischen Verlauf zum Symbol gegenwärtiger oder bevorstehender Entwicklungen erhebt. Man denke etwa an das Kapitel über Wieland, wo der bewegliche, immer nur am Geformten sich entzündende Impressionist, dessen Bestimmung und Beschränkung es ist, »umzuschaffen das Geschaffene«, dem zu den Dingen selber niedersteigenden, aus dem Urstoff heraus formenden Neuschöpfer gegenübergestellt wird, um die Analogien zur Gegenwart, zu bestimmten, auch anderwärts vorgetragenen Ideen und Antithesen Gundolfs zu finden und zu erkennen, wie sehr hier das »in fernen Menschen Forschen« eine innere Rechtfertigung des eigensten Kunstgefühls, eine Entscheidung gegenwärtiger Fragen bedeutet. Und darin ruht über seine literarhistorische Bedeutung hinaus der starke Gegenwartswert dieses schönen Buches.

Julius Bab: Neue Wege zum Drama. Berlin 1911.

Keine literarische Gattung scheint heute so chaotisch, so unsicher ihres Weges, so wenig repräsentativ für die Epoche wie das Drama. Der Wille zum neuen, diese Gegenwart aussprechenden Stil, der sich im Lyrischen so reiche und mächtige Formen zu schaffen wußte, der selbst den Roman, für Deutschland von altersher die am wenigsten ergiebige und unselbständigste Kunstform, befruchtet und erhöht hat, vermochte es nicht, das große moderne Drama hervorzubringen. Müßig zu behaupten, daß unsere Zeit dem großen Drama keine Inhalte biete! Das moderne Weltgefühl, das in den Rhythmen Whitmans, Verhaerens, Dehmels um lyrische Befreiung ringt, wäre bedeutend genug, auch die dramatische Form zu füllen. Aber leider blieb der dramatische Messias bisher aus, und alle immer wieder wachen Hoffnungen wurden enttäuscht. Daß Hauptmann nicht der Erfüller unserer dramatischen Sehnsucht sein könne, als der er einst vielen erschien, ist inzwischen längst auch denen aufgegangen, die auch heute noch in diesem Dichter unter allen Lebenden den lautersten und tiefsten Künder deutschen Wesens sehen. Die junge Generation, die über ihn hinaus zur großen dramatischen Schöpfung will, hat es bisher nicht über mehr oder minder gelungene Experimente hinausgebracht. Experimente, deren Wert häufig zweideutig wird durch die hilfesuchende Unsicherheit, mit der diese Dichter bei den dramatischen

Stilen aller Zeiten und Völker Einkehr halten. Weder die Neuklassiker noch die Neuromantiker, weder die Neopathetiker noch die neuen Stürmer und Dränger haben den modernen dramatischen Gegenwartsstil gefunden. Was bleibt, ist ein wildes Durcheinander von Stilmischungen, das selbst dem Kundigen zu übersehen nicht immer leicht fällt.

In das Chaos der jüngstdeutschen dramatischen Produktion Sichtung und Ordnung zu bringen, sucht Julius Bab in seinen »Neuen Wegen zum Drama«. Kein Kritiker, der sich über die junge dramatische Literatur zu sprechen vornimmt, kann heute an Alfred Kerrs »Neuem Drama« vorbei, diesem – wie man auch sonst zu Kerrs kritischer Methode stehen mag – in der Instinktsicherheit seines Urteils außerordentlichen Buche, das eigentlich erst die ganze unserem Bewußtsein geläufige Wertskala für das moderne dramatische Schaffen festgestellt hat. Auch Bab, der, den jüngsten Nachwuchs musternd, Kerr gewissermaßen ergänzt und fortführt, kann sich diese Auseinandersetzung nicht ersparen. Im einzelnen und prinzipiell, offen und versteckt, bezieht er sich auf seinen kritischen Vorgänger. Kerr vor allen ist gemeint, wenn Bab von der epikuräischen Bequemlichkeit einer rein impressionistischen Kritik, dieser läßlichen und wenig förderlichen Art der »psychischen Berichterstattung« spricht und dieser bloß reproduktiven unfreien Methode eine begrifflich zergliedernde, den Schöpfungsakt selbständig wiederholende Kunstkritik gegenüberstellt. Dagegen ist gewiß nichts zu sagen, und die Willkür impressionistischer Kritik, die namentlich in weniger berufenen Händen oft zur törichten Fratze ausartet, möchten auch wir innerhalb ernster Kunstbetrachtung zurückgedrängt sehen. Aber wenn Babs begrifflicher Eifer zu Klassifikationen schreitet, die einer Gruppe von Dramen Merkworte wie »Stufe der schlichten Talentlosigkeit«, »Stufe des überzüchteten Dichtertums« usw. an die Stirn heften, so ist doch mit solcher pseudowissenschaftlich aufgeputzter Zusammenfassung herzlich wenig getan. Dafür zeigt freilich die Analyse der einzelnen Dramen Verständnis, Geschick und sicheren Kunstverstand.

Georg Heym: Der ewige Tag. Leipzig 1911. – Oskar Loerke: Wanderschaft. Berlin 1911. – Max Dauthendey: Die geflügelte Erde. Ein Lied der Liebe und der Wunder um sieben Meere. München 1910.

Mit Georg Heym, der, kaum 25jährig, im letzten Winter beim Schlittschuhlaufen auf dem Wannsee bei Berlin verunglückte, ist eines der zukunftvollsten unter den jungen lyrischen Talenten Deutschlands hingegangen. Sein erstes und einziges Versbuch »Der ewige Tag« ist mehr als eine starke Verheißung: wirklich ein neuer Ton in der deutschen Lyrik der Gegenwart, etwas in seiner Art Vollkommenes. Nicht im Sinne jener verdächtigen Vollkommenheit, wie sie frühreife Georgeschüler in physiognomielosen Erstlingsbüchern pflegen, sondern durch die Selbständigkeit seiner dichterischen Visionen und die Intensität seiner Mittel. Hier spricht eine festgefügte Persönlichkeit, deren poetisches Ausdrucksvermögen über eine bildliche Energie von erstaunlicher Wucht und Anschauung verfügt. Modern und den Besten unter den Jungen verschwistert durch die unbedingte Zusage an unsere Gegenwart, an diese Zeit, der noch die voraufgehende Generation geschmäcklerisch und wählend gegenüberstand, und die Georges ethisches Pathos mit flammenden Worten verdammte.

Freilich findet sich bei Heym nichts von dem stürmischen Überschwang, mit dem etwa Verhaeren die Größe unserer Zeit und die Wunder der großen Städte gefeiert hat. Heyms ernstes und festes Jasagen ist einem Gefühl abgerungen, das ganz mit den Drohungen und Schrecknissen des Lebens angefüllt ist. Wenn er die Großstadt malt, gibt er Bilder der Elenden, Siechen und Bettler, zeigt er die Spitäler, in deren Gängen die Krankheiten gespenstisch wie Marionetten umhersteigen, die Höhlen des Elends, den Schmutz und Hunger der Vorstadtgassen, wo zerlumpte Greise an Sommerabenden reglos vor engen Türen kauern, und der Lärm aus den Stuben dringt, in denen verwahrloste Kinder mit welken Eltern zusammengepfercht sind. Heym ist ein Priester der Schrecken. Ein Visionär des Grauenerregenden und Grotesken. Ein Bruder der

Poe und Baudelaire (diesem verwandt auch in der Strenge seiner Rhythmik und der metrischen Gefüge), und mehr noch vielleicht der Rops und Kubin. Ganz hingenommen im Anschaun seiner Gesichte, gleichsam erstarrt von ihrer Furchtbarkeit, aber ohne fühlbares Mitschwingen der Seele, ohne lyrische Bewegtheit, ganz der gegenständlichen Gewalt seiner Bilder anheimgegeben, deren oft ins Grelle und Ungeheuerliche verzerrte Umrisse er mit wuchtigen, harten, kühlen Strichen nachzeichnet. Die strenge Sachlichkeit, die unerschütterlich Bild an Bild reiht, ohne jemals abzuirren, ins Unbestimmte auszuschweifen; die starre Regelmäßigkeit seiner Rhythmik, die ein gärendes, brausendes Chaos in eine knappe und gleichsam unbewegte Form sperrt, geben mit der Fremdartigkeit seiner Vorwürfe die seltsamste Wirkung: ein Totentanz in den verbindlichen Formen höfischen Zeremoniells. Gedichte wie »Louis Capet«, »Robespierre«, »Ophelia« sind von einer hohen Vollkommenheit. Bei anderen fühlt man störend eine gewisse Inkongruenz zwischen der formalen Starrheit und der ungestüm über die metrischen Schranken hinausdrängenden Bildkraft. Wäre es Heym vergönnt gewesen, sein starkes Talent auszureifen, so hätte er wohl noch seine Form, seinen persönlichen Rhythmus gefunden.

Heyms lyrische Technik mutet zuweilen an wie ein ins Groteske gesteigerter Naturalismus, der freilich durch die strenge Zucht der neuen lyrischen Verskultur hindurchgeschritten ist. Und vielleicht ist nichts charakteristischer für den neuen lyrischen Stil als das sichtbare Bestreben, gewisse Zusammenhänge mit der naturalistischen Lyrik der achtziger Jahre wieder aufzunehmen. Die Zeit der geschniegelten Wiener Kulturlyrik ist endgiltig vorbei. (Das französische Gegenstück bietet die Auflehnung der Jungen gegen den Symbolismus.) Man ist es satt, immer nur Ausklang, Spätling zu sein. Der Wille regt sich, vorwärts zu zeigen, statt zurück, Anfang zu sein, lieber Unbeholfenheiten und Geschmacklosigkeiten zu wagen als in der Fessel eines immer mehr erstarrten Formalismus zu verkümmern. Dieser ernste Wille ist es auch, der den »Wanderschaft« benannten Versen Oskar Loerkes ihren Wert gibt. Man spürt hinter vielen dieser Gedichte, deren Autor wohl die Versuchung kennt, sich von alten Weisen forttragen zu lassen, seine Wanderseligkeit mit Uhlandschen und Eichendorffschen Tönen hinauszusingen, das Streben nach härterer Gegenständlichkeit, ungefärbterer Anschauung, den Willen, die ungeschmälerte, unverschönte Fülle des Wirklichen in seinen Versen einzufangen. Nicht zufällig gibt er sein Bestes in Großstadtgedichten, in Versen auf Berlin und Paris, wo schon der Stoffkreis die größere Energie und Intensität der Bilder bedingt.

Die neue Haltung des Ich zur Welt, die im Formalen die losere Bindung, die Entspannung des metrischen Gefüges, die Lockerung der Rhythmik, die Aufgabe einer wählerischen und aristokratischen Diktion zur Folge hat, findet im heutigen Deutschland keinen gewichtigeren Verkünder als Max Dauthendey. Dauthendeys Form ist ganz gelöst, ganz weich, nachgiebig, flexibel und darum wie keine andere fähig, alle Bilder der Außenwelt ebensowohl wie die feinsten Schwingungen der Seele in sich zu sammeln. Nichts ist der feierlichen Stilisierung Georges ferner als die breit hingeschleiften, kaum noch die Zeichen metrischer Formung tragenden Verse dieses Dichters, dessen Erstlinge in den »Blättern für die Kunst« erschienen. Seine Langzeilen nähern sich einer rhythmisierten Prosa, zusammengehalten und abgeteilt nur durch die lockere und freischaltende Bindung der Reime. Wie für Heym ist auch für Dauthendey das Charakteristische die visuelle Intensität. Aber nicht wie bei Heym sieht eine von schreckhaften Gesichten gequälte Seele die Dinge im düsteren Leichenschein, sondern ein helles, freudiges, hingegebenes Temperament, ganz erfüllt und berauscht von den Wundern der Welt, dringt in die Dinge ein, indem es in ihnen untertaucht, sich von ihnen forttragen läßt, sich in sie wandelt. Sein »Lied der Liebe und der Wunder um sieben Meere«: »Die geflügelte Erde« ist ein stürmisches Preislied auf die Schönheit der Welt, und auch die Sehnsucht nach der Geliebten zu Hause, die er wie ein kostbares Amulett über alle Meere mitführt, mindert nichts an diesem Lebensenthusiasmus, dieser Hingegebenheit an die Dinge, die nichts kleinliches, nichts häßliches, nichts unbedeutendes kennt. Vielleicht sind frühere Versbücher Dauthendeys, das »Lusamgärtlein«, »Weltspuk«, »Die ewige Hochzeit«, echter, reiner in ihrem lyrischen Gehalt. Vielleicht hat die Sorgsamkeit, mit der in diesem lyrischen Weltbaedeker jeder Eindruck, jedes Bild gebucht wird, zuweilen etwas allzu Programmatisches. Aber nirgends hat die Weltfreudigkeit, die vielleicht das Grundgefühl unserer Zeit ist, reicheren, umfassenderen, überzeugenderen Ausdruck gefunden. Dieses Buch, das über den Wundern indischer Sonnenuntergänge, der überschwänglichen Lieblichkeit japanischer Kirschblüte, dem Tagesanbruch in den Gassen am Ganges nicht den alten Trödler vergißt, der in den Gassen von Nikko seine Liebesfetische verkauft, und nicht den Barbier, der im Schiffsbauch zwischen Tiegeln, Büchsen und Flaschen sein Handwerk treibt, ist das stärkste Zeichen eines neuen, freudigen, allumspannenden Weltgefühls.

Arthur Schnitzler: Masken und Wunder. Novellen. Berlin 1912. – Hermann Hesse: Umwege. Erzählungen. Berlin 1912.

Der fünfzigjährige Schnitzler ist nach vielen Seiten repräsentativ für die Seelenart einer zu Ende gehenden Epoche. Wesentliches einer Generation ist in seinem Werke zusammengeflossen, wie andererseits fast die ganze Generation, die in den neunziger Jahren zur Reife gekommen ist, irgendwie Spuren seiner Art trägt. Es war eine zartnervige, kluge und kultivierte Generation, von nicht eben starken Lebensinstinkten, melancholisch und ironisch, gläubig nur in der Unwandelbarkeit ihrer Skepsis, die doch eine tiefe Sehnsucht nach dem Unbedingten immer wieder wegzuschwemmen drohte. So waren die Gedichte ihrer Seele: »frühgereift und zart und traurig«. Diese Dichter waren die wahren Künder der Lebenszusammenhänge. Ihr menschlichster Ruhm war ihre begreifende Güte. Ihr Ruhm und ihre Schwäche. Denn vor dieser allzu steten Bereitwilligkeit des Begreifens begannen nicht nur alle ethischen Abgrenzungen sich zu verwischen, sondern das tätige und energische Leben selber sich in endlose Relativismen aufzulösen.

Heute scheint es, als ob wieder ein stärkeres, seines Willens und seiner Triebe sichereres Geschlecht heraufkomme. Ein Geschlecht, das des Stückes Barbarentum froh ist, das in seinem Blute sich reckt, und das sich mit herzhafterem Ja und Nein die Bedingtheiten vom Leibe hält, in die jenem früheren Geschlecht das Leben auseinanderfiel.

Etwas von diesem seelischen Widerstreit zweier Generationen klingt durch Schnitzlers jüngstes Novellenbuch, das stärker als ältere Werke den reinen Symbolgehalt des dichterischen Gebildes heraushebt, die Leben formenden Mächte selber angreift und prüft, statt bloß wie früher ihrem verborgenen Walten in den Wirklichkeitszusammenhängen nachzuspüren, und das darum gerne aus der realen Gegenwart in eine märchenhafte Zeitlosigkeit zurücktritt. Am deutlichsten wird das in der Geschichte von der »Hirtenflöte«, dem umfänglichsten Stück der Sammlung. Hier ist eine Art von Richtamt abgehalten: ein seelischer Besitz wird abgewogen und zu leicht befunden. Der weise Erasmus, der den Gang der Gestirne kennt und den Ablauf der menschlichen Schicksale, dieser Entwickelte und aus mattem Herzen Begreifende und Verzeihende, dem doch das Heiligste fehlt, echte Ehrfurcht vor dem Leben: er steht gerichtet gerade in dem Augenblick, da er mit der großmütigsten Geste seiner Gnade das Meisterstück seiner verstehenden Einsicht abzulegen glaubt. Seine unerbittliche Richterin ist eben die Frau, deren Untreue und Verschuldung sein immerbereites Verständnis sich zu vergeben anschickte: »Du ein Weiser? Und hast nicht erkannt, daß jedem menschlichen Dasein nur ein schmaler Strich gegönnt ist, sein Wesen zu verstehen und zu erfüllen? ... Ein Liebender du? Und bist nicht selbst an jenem fernen Morgen ins Tal hinabgestiegen eine Flöte zerbrechen, deren Töne der Geliebten Verführung drohten? Dein Herz war müd, Erasmus, darum ließest du mich scheiden. .... Tiefer als vor allen Masken und Wundern der Welt graut mir vor der steinernen Maske deiner Weisheit.«

Nicht das schlaffe und kühle Verstehen alles Menschlichen ist dem Schnitzler der »Masken und Wunder« der Sinn des Lebens. Schranken werden wieder aufgerichtet, Grenzlinien gezogen. Die Seele ist es müde, im Uferlosen zu schweifen. Jener Skeptizismus, der vor keinem Schicksal mehr erschauerte, der weder Schmerz noch Lust ernst nahm, da er viel zu tief durchdrungen war von der Bedingtheit alles Irdischen, muß nun einer ehrfürchtigeren Hingabe an die Mächte des Lebens weichen. Welt und Schicksal bekommen einen neuen Sinn. Erhalten bleibt der alte schmerzliche Grundton. Aber der weiche und graziöse Melancholiker wird in diesem Buche beinahe zum Weltfeind. Das Dunkle des Lebens erscheint nun, wo es nicht mehr wie früher mit einem halb ergriffenen, halb spöttischen Achselzucken hingenommen, sondern in ganzer Tiefe erfahren wird, wie ein furchtbares Fatum, das unser Dasein unaufhörlich überschattet. Das ursprüngliche Bild des Lebens bleibt gewahrt: gewandelt scheint nur die Haltung des Auffassenden. Das früher in leiser Schwermut anschlug, erklingt jetzt in tragischen Akzenten: das Lied von der Ratlosigkeit unseres Lebens. Wir kennen nicht uns und nicht die anderen. Wo wir am klarsten zu sehen glauben, tappen wir am tiefsten im Dunkel. Wie sagt Dionysa zu Erasmus: »In der Beschränkung, die du mir zuerst bereitet und wo alles Pflicht wurde, war mir versagt, mich zu finden. Im Grenzenlosen, wohin du mich sandtest, und wo alles Lockung war, mußte ich mich verlieren.« Sicherheit ist nirgends. Hier ist die andere, die pessimistisch-fatalistische Seite des neuen Schnitzlerschen Buches. Der Jüngling, der sein Herz mit allen Pulsen der Welt im gleichen Takt schlagen fühlt, gerät in Schuld und Verderben einfach durch das Weiterschreiten auf seinem Wege, durch das unerbittliche Weltgesetz, »die Kraft, die am Anfang aller Tage war und weiter wirkt unaufhaltsam in die Ewigkeit durch alles Geschehen.«

Solche Einheit des Grundgefühls gibt den Schnitzlerschen Novellen ihren inneren Zusammenklang ... Hermann Hesses »Umwege« suchen, gröber, die Einheit im Stofflichen, in der Abwandlung eines thematischen Satzes, der sich etwa mit dem »Werde, was du bist« des Novalis umschreiben ließe. Diese Geschichten wollen künden, wie ein Menschenkind auf langen Irrgängen, Seitenpfaden, Umwegen sich schließlich doch immer zu dem Ort hinfindet, den ihm das Schicksal im Anbeginn vorbehalten. Hesses Helden gelangen zu dieser Bestimmung nicht durch quälerische Selbstprüfung, noch durch Zweifel und Aufruhr des Herzens. Eine leidenschaftlichere Fassung des Themas läge außerhalb der Temperamentssphäre dieses unentwegt beschaulichen Autors. Seine Menschen lassen sich alle in einer vertrauensvollen Kindlichkeit von den Geschehnissen forttragen, und wenn die Fahrt auch zuweilen ein wenig in die Kreuz und Quere geht, so kommen sie doch alle zur rechten Zeit und ohne störendere Erschütterungen des seelischen Gleichgewichts in den vorbestimmten Hafen. Das Leben, so proklamiert das versöhnliche Ethos dieser Geschichten, führt schon von selber jeden an die Stelle, wo er hingehört. Ausgeschlossen bleibt von diesem höflichen und harmonischen Weltgesetz nur eine Klasse von Menschen: die »geborenen Dilettanten«. Ihr Leben hat weder Schicksal noch Bestimmung: »Indem sie nämlich unendlich weit von der Natur abgeirrt und von der Erkenntnis der Notwendigkeit entfernt, die ursprüngliche Fähigkeit jedes originellen Menschen entbehren, den Ruf der Natur im eigenen Inneren zu vernehmen, treiben sie leichtsinnig und unentschlossen in einem wertlosen Leben scheinbarer Willkür dahin.«

Diese Geschichten führen in den gewohnten Umkreis Hessescher Bücher, die deutsche Kleinstadt, die mit ihren Reizen und Ränken den bewährten Stimmungshintergrund für die Erzählungen dieses Autors abgibt. Man liest sie ohne Ergriffenheit, mit einem wohltuenden Gleichmut, nur selten verstimmt durch die erstaunlich unbeirrbare Treuherzigkeit der Haltung und des Stils. Und zuweilen gedenkt man, wie weit, weit von dem schwäbischen Gerbersau das schweizerische Seldwyla liegt, das die ewige Urheimat ist all solcher Sonderlingsgestalten und -geschicke.

Der Kondor. Verse von Ernst Blass, Max Brod, Arthur Drey u.a. Herausgegeben von Kurt Hiller. Heidelberg 1912. – Georg Heym: Umbra Vitae. Nachgelassene Gedichte. Leipzig 1912. – Lyrische Flugblätter. (Alfred Richard Meyer Verlag) Berlin-Wilmersdorf 1907–1912.

Die lyrische Anthologie »Der Kondor«, die Kurt Hiller herausgegeben hat, ist ein Buch, das man – trotz mancherlei Einwänden – loben sollte. Es zeigt Einsicht und Instinkt für das Neuwertige, Keimkräftige innerhalb der deutschen Gegenwartslyrik, stellt sich mit seiner Polemik scharf und deutlich auf den rechten Fleck (mag auch der Ton der überflüssig provozierenden Vorrede manchmal fehlgreifen) und gibt alles in allem, trotz seiner zuweilen wenig glücklichen Zusammenstellung, ein gutes Bild von dem, was die heutige lyrische Generation Neues zu sagen hat. Man sollte dies Buch übrigens schon darum loben, weil eine dumme und verantwortungslose Tageskritik seine Gewagtheiten zum billigen Vorwand genommen hat, ihren dünnen Witz spielen zu lassen und ihre absolute Kunstfremdheit jedem Einsichtigen wieder einmal zu dokumentieren.

Die Hillersche Vorrede kämpft nach drei Fronten: sie wendet sich gegen die steife Pose jener aristokratischen Formkünstler, die ihrem Meister George nur die Äußerlichkeit eines Faltenwurfes abgesehen haben, mit dem sie die Kümmerlichkeit ihres Leibes drapieren. Sie ist ablehnend gegen jene lyrischen Schwärmer, deren metaphysisches Gestammel durch alle Himmel und Höllen abstrakten Tiefsinns taumelt und vor dem kleinsten sinnlich umrissenen Bild versagt. (Die Zahl dieser Wüstenprediger ist in Deutschland, trotz Liliencron, Legion, da den Durchschnittsdeutschen immer noch die philosophische Geste hundertmal wertvoller dünkt als alle Sonnenhaftigkeit des Goetheauges.) Sie richtet sich endlich gegen jene in bürgerlichen Kunstblättern hochgelobten Pedanten, die mit vorgetäuschter Wucht und Straffheit philiströse Armseligkeiten verkünden. Jede dieser drei »Richtungen« ist an sich und durch ihren Einfluß eine Gefahr für die deutsche Lyrik, vor allem darum, weil (wie Hiller sehr richtig bemerkt) »was diese alle treiben, nicht Kitsch ist, sondern immerhin schlechte Kunst«.

Aus dieser Kampfstellung heraus erhebt der »Kondor« den Anspruch, als »Manifest« gewertet zu werden. Manifest wofür? Hiller sagt es nicht. Er nennt seine Anthologie »eine rigorose Sammlung radikaler Strophen«, womit schließlich wenig anzufangen ist, und vermeidet im übrigen mit einer fast übertriebenen Zurückhaltung, die Gemeinsamkeit der 14 hier vereinigten Lyriker irgendwie zu umgrenzen oder sie gar auf eine Richtung festzulegen. Nur ganz vorsichtig wird bemerkt, daß die nervösere Erlebnisart des »geistigen Städters« bevorzugt erscheine, »da man sie anderswo quäkerisch vernachlässigt hat«.

Es sind lauter noch Kämpfende, die sich hier zusammengefunden haben: solche mit schon klingendem Namen und andere, die sich vielleicht hier zum ersten Mal gedruckt finden. Befremdend wirken im Zusammenhang dieses Buches die Verse der Else Lasker Schüler. Sie ist vielleicht die einzige, die eine Zusammenfassung der hier vereinigten Dichter unter irgendwie gemeinsamen Gesichtspunkten unmöglich machte. Ihre Aufnahme in diese Sammlung erscheint willkürlich, da sie doch seelisch und entwicklungsgeschichtlich in ganz andere Kreise gehört, etwa in die Nähe der Mombertsphäre. Ihr blind aufdrängendes Gefühl, die Dumpfheit und Dunkelheit ihrer Träume, steht in einem seltsamen Gegensatz zu der fast übertriebenen Bewußtheit und Helle, in der sich die Erlebnisse der meisten anderen Kondordichter abspielen. Geschah ihre Aufnahme bloß als eine Mahnung und als Protest, da man doch außerhalb enger literarischer Zirkel die starken Gedichte ihrer Sammlung »Meine Wunder« kaum kennt? Oder wollte Hiller zeigen, daß die neue Lyrik sehr wohl auch die kosmischen Schauer und die visionäre Mystik zuläßt, wofern sie nur in einer eigenen Seele gespiegelt und von einem künstlerisch formenden Temperament zurückgeworfen werden? Sie ist übrigens nicht eben glücklich vertreten, wie auch sonst die Wahl des Herausgebers (soweit die Verantwortung nicht auf die Autoren selber fällt) öfters stark fehlgreift. Am frappierendsten bei Schickele, der sich ganz uncharakteristisch präsentiert und von dessen abgedruckten Versen eigentlich nur das Gedicht »Der Papst« aus »Weiß und Rot« rechtens hier steht. Warum fehlt in einer Sammlung, die die Erlebnissphäre des »geistigen Großstädters« geben will, ein Gedicht so neu, machtvoll und »großstädtisch« wie die Antwort auf Dehmels »Predigt an das Großstadtvolk« oder »Tivoli-Vauxhall«, warum fehlt die glitzernde, ganz ins Licht einer schwebenden Weltfreude gehobene »Vorortballade«? Auch Schickeles frühere Sammlung »Mon Repos« (die Hiller wohl nicht gekannt hat) hätte Ausbeute gegeben. Gut ist der Prager Franz Werfel vertreten, weniger charakteristisch sein wesensverwandter Freund Max Brod – beide übrigens (wie Schickele) schon fest umrissene literarische Physiognomien, obwohl von Werfel bis heute nichts vorliegt als der allerdings vollwichtige »Weltfreund«. Die Art, wie Werfel Dinge des täglichen Lebens sieht und wiedergibt, mit hellen sinnlichen Zügen, ohne Pathos, ohne sentimentale Geste, ohne Aristokratismus, mit einer ruhigen Gelassenheit und doch getragen von der Musik einer innerlichen Gehobenheit, ist stark und neu. Neben ihm erscheint Brod als der Unnaivere, dessen von einer wesentlich visuellen Begabung zeugende Anschauungskraft nicht wie bei Werfel in ein lyrisches Gesamtgefühl einmündet, das notwendig ist, um jenes Produkt innerlichen und sinnlichen Schauens, das lyrische Gedicht, entstehen zu lassen. Sein »Bad auf dem Lande« ist trotz vielen gut gesehenen Einzelheiten nicht viel mehr als ein Punkt an Punkt reihender Leitartikel. Georg Heym erscheint mit Versen aus dem »Ewigen Tag«, der hier seinerzeit gewürdigt worden ist, Paul Zech, der so ziemlich als einziger seine Erlebnisse aus dem Umkreis der »agrarischen Emotionen« holt, mit stark und plastisch gesehenen Landschaften. Mehr ein Curiosum als literarisch ernst zu nehmen sind die lyrischen Monstra des (übrigens begabten) Ferdinand Hardekopf, wenig wertvoll die Verse Ludwig Rubiners und S. Friedländers. Von den Jüngsten wären Arthur Kronfeld und Herbert Grossberger ebenso wie des Herausgebers eigene Verse besser fortgeblieben, während Ernst Blass durch selbständige Haltung und besondere Züge interessiert: die starke Bewußtheit seines Empfindens, eingegossen in eine übermäßig klare und emotionslose Form, die absichtsvolle Trivialität des Ausdrucks, die spöttische Kühle und Überlegenheit des Tons, die hier wirklich seelischer Ausdruck zu sein scheint (nicht, wie etwa bei Laforgue, dazu dient, ein zuckendes Herz zu verbergen). Man wird abwarten müssen, ob dieser Stil mit seiner einstweilen nicht sehr starken Übertragungskraft Entwicklungsmöglichkeiten in sich schließt.

Von einem der begabtesten der Kondordichter, dem frühverstorbenen Georg Heym, bringt ein »Umbra Vitae« getaufter Band nachgelassene Verse. Sie fügen dem Bilde dieses Dichters, das sich früh und mit endgültigen Zügen eingeprägt hat, nichts wesentliches hinzu. Der Stoffkreis bleibt ungefähr der gleiche wie im »Ewigen Tag«, nur daß in diesen letzten Versen die allzustarre Härte der Form, in der die düsteren und schreckhaften Visionen Heyms eingeschlossen sind, zuweilen gelockert ist, einer nachgiebigeren und nüancenreicheren Weichheit Platz macht, die vielleicht einmal dazu geführt hätte, den gar zu monotonen Klassizismus des Heymschen Versbaus zu sprengen.

Was der »Kondor« als Sammelmanifest geben will, ein Bild der jüngsten deutschen Gegenwartslyrik, das erstrebt Alfred Richard Meyer in den Einzelheften seiner »Lyrischen Flugblätter«, die auf 8–12 Seiten je einen Autor zu Wort kommen lassen. Der Herausgeber selber ist vertreten durch einen »Nasciturus« benannten Verszyklus, eine Art von poetischem Ehekalender, der das Wachsen des Kindes vom ersten Gefühl der Schwangerschaft bis zur Geburt begleitet. Sonst gibt es da eine reizvoll spielerische Jugenddichtung von Frank Wedekind »Felix und Galathea«, Hans Carossas Traumphantasie »Stella Mystica«, der man seither auch in seinen *Gesammelten* Gedichten wieder begegnet, und die vielleicht das beste ist, was diesem stark eklektischen Formtalent gelungen ist, Paul Paquitas »Entelechien«, die in eine Georgeisch schwere und gedrungene Form einen immerhin eigenen Seelengehalt fassen, Heinrich Lautensacks »Schlafzimmer«, ein feierlich-humorhaftes Erotikon, merkwürdig in seiner burlesken Stilmischung aus archaistisch-chronikhafter Getragenheit und bänkelsängerischem Draufgängertum. Am meisten interessieren die Verse eines jungen Arztes, Gottfried Benns »Morgue«. Schon äußerlich durch die Stoffwahl, die nun freilich gründlich mit dem lyrischen Ideal der Blaublümeleinritter aufräumt. Eine Blinddarmoperation als Gegenstand dichterischer Emotion hat immerhin den Anspruch der Neuheit für sich. Aber nur der Philister wird etwas Existierendes, etwas, das in unser Leben eingreift, von dem Erschütterungen ausgehen, prinzipiell aus dem Bereich der Kunst ausschließen. Entscheidend ist einzig die Leben weckende Kraft des Dichters. Und durch sie sind Gottfried Benns Verse gerechtfertigt. Mit einer unheimlichen Schärfe und Sachlichkeit läßt Benn den Vorgang aufleben, erst mit ein paar Meisterstrichen die Situation andeutend, dann in Rede und Gegenrede überspringend, ohne alles Sentiment, fast brutal, als handele es sich um nichts als einen nackten ärztlichen Operationsbericht, aber in jeder Zeile, in der Gedrängtheit der Folge, der Verteilung der Kräfte, der Macht der Vergegenständlichung den Künstler verratend. Auch die meisten anderen Gedichte dieses Heftes entstammen der klinischen Sphäre. Überall herrscht jene wie unbeteiligte Sachlichkeit, die nur Tatsächlichkeiten aufzureihen scheint und doch, auch ohne die zuweilen ins Allgemeine überleitenden Schlußzeilen, schon durch die gleichsam lautlos mitschwingende Musik der inneren Erschütterung verrät, daß hinter dieser schroffen Zugeschlossenheit ein starkes mitleidendes Gefühl steht, eine fast weibliche Empfindsamkeit und eine verzweifelte Auflehnung gegen die Tragik des Lebens und die ungeheure Gefühllosigkeit der Natur. Man lese, wie in dem Gedicht »Saal der kreißenden Frauen« dieses tragische Lebensgefühl ganz organisch aus dem Stofflichen aufsteigt, aus der Elendschilderung, der dumpfen Krankenluft und dem Gewinsel der Gebärenden. Gefühl ist hier ganz Gegenstand geworden, Realität, Tatsachenwucht. Und selbst wo einmal in knapp zusammenraffenden Worten von der sinnlichen Wahrnehmung zum Allgemeinen, Gesetzmäßigen fortgeschritten ist, scheint die innere Vision unmittelbar an den realen Vorgang anzusetzen wie in jenem Gedicht – dem stärksten des ganzen Heftes –, wo Mann und Frau zusammen durch die Krebsbaracke gehn:

> »Man läßt sie schlafen. Tag und Nacht. – Den Neuen
> sagt man: Hier schläft man sich gesund. – Nur Sonntags
> für den Besuch läßt man sie etwas wacher. –
>
> Nahrung wird wenig noch verzehrt. Die Rücken
> sind wund. Du siehst die Fliegen. Manchmal
> wäscht sie die Schwester. Wie man Bänke wäscht. –
>
> Hier schwillt der Acker schon um jedes Bett.
> Fleisch ebnet sich zu Land. Glut gibt sich fort.
> Saft schickt sich an zu rinnen. Erde ruft. –«

Wer Lebensvorgänge mit solcher Knappheit und Wucht zu gestalten und in so schicksalsvollen Gesichten auszuweiten vermag, ist sicherlich ein Dichter.

Die Bücherei Maiandros. Eine Zeitschrift von 60 zu 60 Tagen. Herausgegeben von H. Lautensack, A. R. Meyer, A. Ruest, Heft 1–3, Oktober 1912 –Februar 1913. – Carl Einstein: Bebuquin oder die Dilettanten des Wunders. Berlin-Wilmersdorf 1912.

Eine »Zeitschrift von sechzig zu sechzig Tagen« geben Heinrich Lautensack, Alfred Richard Meyer und Anselm Ruest unter dem Titel »Die Bücherei Maiandros« heraus: hübsche, schlanke Hefte, jedes in sich geschlossen, zuweilen mit interessanten zeichnerischen Beilagen, ohne Festlegung auf ein bestimmtes Programm, aber mit der deutlichen Tendenz, dem Jungen, Neuartigen in Literatur und Kunst, zum Durchbruch zu helfen. Vielleicht gaben die Péguischen Cahiers de la Quinzaine das Muster. Doch fehlt, wenigstens einstweilen, alle Beziehung auf Politik und Aktualität.

Im letzterschienenen dritten Heft gibt Anselm Ruest einen Dialog über Lyrik: »Apollodorus«, nachdem bereits das zweite Heft interessante Proben moderner Lyrik von A. R. Meyer und Lautensack »Ekstatische Wallfahrten« gebracht hatte. Ruest braucht einen sehr pompösen Apparat, um für das, was er über Lyrik überhaupt und im besonderen über die jüngste deutsche Gegenwartslyrik zu sagen hat, den gehörigen Rahmen zu finden. In der Unterwelt treffen Kebes und Apollodorus, die Schatten zweier ehemaliger Schüler des Sokrates, zusammen. Das Gespräch kommt auf die Dichtung, von der Apollodorus eben durch einen erst kürzlich zur Unterwelt herabgestiegenen Schatten Kunde erhalten. Dieser, Oikos (unter welchem Namen auf einen jüngst verstorbenen, auch in diesen Blättern gewürdigten Lyriker angespielt wird), hat den Apollodorus darüber belehrt, daß die Poesie auch heute keineswegs hingewelkt sei, daß noch immer Gesänge auf das Göttliche erklängen, wenn auch die Namen der Götter andere geworden seien. Und er hat ihm ein Gedicht vorgelesen, das die neuen Gottheiten, die Dämonen der großen Stadt, besprach: »Ein furchtbares Weh ist in ihrem Gefolge, Mütter kreißen, Erdbeben donnern, ein Feuer bricht aus«. Von einer ungestüm revolutionierenden Generation hat Oikos berichtet, unter deren Augen er noch aufgewachsen sei, und die all das Neue, Nochnichtdagewesene unmittelbar in Worten auszudrücken versucht hätte: »Sie glaubten wieder einmal an eine eigentliche und absonderlich-wahre Schrift der Objekte und dann wollten sie sie abschreiben und unverfälscht hinstellen in der restlosesten Verzichtleistung auf ihr Ich, das sie gar zu gern zertrümmert hätten«. So mußten sie notwendig eine Gegenwirkung hervorrufen. Den nur am äußeren Bilde der Dinge Haftenden mußten sich andere entgegenstellen, »die die Welt nur noch aus innerlich gehörten Klängen, Tönen und Rhythmen herauszuspinnen trachteten« und das Erlebnis geradezu überspringen zu können meinten. Und so sind eigentlich »die einen, die nur den Stoff für das Göttliche erklärten, so sehr wie die anderen, die nur ein für unveränderlich-seelenhaft Gehaltenes zu »gewichtlosen Gebilden« zu knüpfen trachteten, aus fast denselben oder ähnlichen

Gründen an der rechten Gottverehrung vorbeigegangen«. Daß die neue Dichtung in einer Synthese von Körperlichem und Seelischem, Bildhaftem und Musikalischem ihre Aufgabe finden müsse, diesen Schluß haben freilich schon andere gezogen vor dem Schatten des weisen Apollodorus. Vor ein paar Jahren schon erschien das Schriftchen eines jungen Heidelberger Philosophen: »Der Mensch unserer Zeit«, das mit streng Hegelschen Mitteln (und freilich mit einem ähnlichen Wortaufwand wie dieser Dialog) die Notwendigkeit einer Synthese aus Naturalismus und Symbolismus präkonisierte. Interessanter wird der Apollodorus, wo er das Wesen dieser neuen Lyrik durch gut gewählte Beispiele aus Dehmel, Dauthendey und den Jüngsten, Lautensack, Schickele, Benn zu bestimmen sucht. Aber schließlich fragt man sich doch: War für die paar guten und treffenden Bemerkungen wirklich ein so umständliches Gerüst nötig, und mußten Schatten beschworen werden, um diese Weisheit zu verkünden?

Ein entschiedener Mißgriff aber war die Wahl der Novelle »Theresa und Wolfgang« des verstorbenen Samuel Lublinski, mit der sich der Maiandros in Heft I einführte. Ich schätze Lublinski als Kritiker, als Literarhistoriker, der ein gutes, wiewohl im einzelnen vielfach anfechtbares Buch über »Literatur und Gesellschaft im 19. Jahrhundert« geschrieben hat. Aber von seinen selbstschöpferischen Versuchen, von seinen »neuklassischen« Dramen und Novellen schweigt man besser. Die Novelle »Theresa und Wolfgang«, die in der utopistischen Einkleidung einer Geschichte aus dem Jahre 3000 gewisse ethische Probleme zur Gestaltung bringen möchte, zeigt in erschreckendem Maße, wie wenig Künstler Lublinski war. Und so scheint mir denn auch die Einleitung Ruests, die dieses gebrechliche Stück Literatur übermäßig erhebt, gänzlich fehlzugreifen.

Wie völlig Lublinskis Novelle im Dilettantischen stecken bleibt, ermißt man etwa, wenn man sie mit einem Buche zusammenhält, das gleichfalls auf realistische Mittel verzichtet und in sinnlich- -phantastischen Bildern philosophische Fragen aufrollt, dem »Bebuquin« Karl Einsteins. Ich stehe nicht an diesen, André Gide gewidmeten, Roman für eines der interessantesten Bücher zu erklären, die die junge Generation in Deutschland hervorgebracht hat.

Hier ist eine seltsame Kondensierung von Lebensdingen erreicht, eine äußerste Energie, ein Radikalismus des Zuendedenkens, der mit Begriffen wie mit bunten Bällen, aber in logischer Regelmäßigkeit, jongliert, eine mathematische Phantastik voll beherrschter Ungezügeltheit und ausschweifender Strenge. Kosmische Ironien, wie sie etwa in den »Moralités légendaires« Laforgues aufblitzen, auf ihrem Grunde die ewig unversöhnten Widersprüche unseres Erlebens, Widersprüche des überscharf zergliedernden Intellektes und einer als sinnlos durchschauten und schamhaft niedergehaltenen Erdensehnsucht. Widersprüche der geltenden eindeutigen Regelung der Dinge und ihrer hundertfältigen Deutungsmöglichkeiten. Des lähmenden, festlegenden Gedankens und des Vielgestaltigen, Fließenden aller Wesenheit. Und ein Verlangen nach synthetischer Bezwingung. Ein Verlangen, mit den Dingen der Welt, den sichtbaren und den unsichtbaren, fertig zu werden. Unmöglichkeit der Einordnung in ein bloß rational bestimmtes Gefüge, »wo der Kanon, das Wertvolle, das Langweilige, Demokratische, das Stabile« gelten, und Aussichtslosigkeit, im Irrationalen mehr als ein »Dilettant des Wunders« zu werden, ein Phantast mit unzureichenden Mitteln. »Vergessen Sie eines nicht«, sagt der tote Boehm, diese imaginäre Leitgestalt des Buches, der als eine »Reklame für das Unwirkliche« herumläuft, »die Phantasten sind Leute, die nicht mit einem Dreieck zu Ende kommen«. Unzulänglichkeit auch der romantischen Scheinlösung, in der sich Rationalität und Irrationalität zu vermählen trachten: »Der Romantiker sagt: Seht, ich habe Phantasie und ich habe Vernunft ... Wenn ich sehr poetisch sein will, sage ich dann, die Geschichte hat mir geträumt. Aber das ist mein sublimstes Mittel, damit muß man sparen. Und dann kommen noch Masken und Spiegelbild als romantischer Apparat. Aber, Herrschaften, da ist Aesthetizismus bei. Beim Romantiker macht man einen Schritt vorwärts und zwei zurück. Das ist ein zuckendes Klebpflaster.«

Aber dennoch ist im Romantischen, wenn nicht die Lösung gefunden, so doch das Problem geahnt. »Wir müssen so genau sehen, daß darin alles Wissen steckt«, sagt auch Boehm. Nur eine Verwirklichung dieser Sehnsucht gibt es nicht. Und in dieser resoluten Betonung des Negativen kommt Einstein über die romantische Theorie hinaus. Die ersehnte Einheit fällt immer wieder auseinander. Es gibt nicht Eines, sondern nur eine »Tendenz der Vereinheitlichung«. So bleibt für den Einzelnen nur die Entsagung als Resultat eines unerbittlichen Zuendedenkens. Aber aus dieser Negation wächst zugleich die Gewähr: »Vielleicht decken sich die Dinge niemals, damit das Schöpferische nicht erschlaffe«. Aus der Erkenntnis der Ohnmacht selber steigt ein neues Kraftbewußtsein. Und eine Absage an Ruhe und Sicherheit, die nur Hirn und Blut einschläfern. Darum das Suchen nach dem Wunder, darum am Schluß die außerordentlich schöne Apotheose des Todes, des »Vaters der Intensität«, des »Herrn der Form«.

Es versteht sich von selbst, daß dieses Buch der »höchstkonsolidierten Intellektualität«, wie Franz Blei es in seinem Begleitwort nennt, auf die Mittel einer gewohnten realistischen Technik verzichtet. Hier gibt es keine äußere »Natürlichkeit«, deren Scheinwesen in der Person und den Attributen der Schauspielerin Fredegonde Perlenblick so köstlich persifliert wird. Eher ein ungeheuer zusammengepreßtes, vom Intellekt aufgefangenes und zurückgeworfenes Spiegelbild der Wirklichkeit, das trotz seiner scheinbar undurchdringlichen Dichtheit Raum läßt, scharf gesehene äußere Lebensvorgänge zu verzeichnen. Alles in allem kann man sagen, das Buch habe den Stil und die Form seiner Idee. Und das ist vielleicht sein bestes Lob.

Kritische Schriften

Franz Werfel: Wir sind. Neue Gedichte. Leipzig 1913.

Von Franz Werfel gab es bisher nur ein kleines Erstlingsbuch: »Der Weltfreund«. Gedichte, die sich aus der papierenen Flut lyrischer Erstlingsbücher heraushoben durch das Neue und Wertvolle einer seelischen Haltung, die als das Lebensgefühl des jungen Geschlechtes überhaupt gelten durfte: heller, umfassender, unverzärtelter, weltfreudiger als das Lebensgefühl der vorausgehenden Generation mit ihren romantischen Velleitäten. Diese seelische Haltung, die den innigsten Anschluß an alles Wirkliche suchte, ohne dabei in einen äußerlichen Naturalismus zu fallen, drückte sich aus in einer von jeder starren Bindung befreiten, aufgelockerten und darum allen vielfältigen neuen Inhalten offenen Form, die dennoch – wie jede wahre Form – ihre innere Gesetzmäßigkeit besaß. Was sich in jenem Erstlingsbuch Werfels vorbereitet hatte, ist in seinen neuen Gedichten »Wir sind« durchgeführt und erweitert. Diese Lyrik scheidet sich ebenso scharf von jenem lyrischen Subjektivismus, der ein mehr oder minder zufälliges persönliches Erlebnis wiedergibt und ins Typische projiziert, wie von jener exklusiven Stilisierung etwa des Georgekreises, die den subjektiven Anstoß des Erlebens ganz unterdrückt und doch von der Welt nichts zu fassen vermag als einen ganz bestimmten, wählerisch begrenzten Ausschnitt. In Werfels Gedichten ist eine solche Lust, in dem Tausendfältigen des Lebens aufzugehen, daß die sorgsame Hut des Persönlichen darüber gewichtlos wird. Dem, der sich in hundert Leben wiederfindet, reicht die unaufhörliche Analyse der eigenen Seele nicht mehr hin. Vor der unfaßbaren Fülle des Lebendigen, das auf Beseelung und Benennung durch die formende Kraft wartet, verstummen die Wünsche des eigenen Ich. Und doch führt aus dem Vielspältigen ein Weg immer wieder in die eigene Seele zurück, die sich im Fremden erkennt, indem sie sich darein verwandelt. Denn hier ist mehr als bloße menschliche Anteilnahme, soziales Mitempfinden oder gar jene zentrifugale Wandlungsfähigkeit romantischer Naturen, jener seelische »Indifferentismus«, der Gefühl und Kleid beliebig wechselt – hier vollzieht sich wirklich etwas wie eine geistige Transsubstantiation. Auf ihrem Grunde ist die neue und heftigere Intensität des Welterlebens, deren erste Verkünder Whitman und Verhaeren waren: berauschte Propheten freilich eher als schöpferische Erfüller. Bei Werfel, dem dieses Gefühl wirklich innerlicher Besitz, nicht stürmisch umworbene Sehnsucht ist, entlädt es sich – mindestens in den besten Gedichten – nicht in ekstatischen Visionen, sondern quillt ganz keusch und stark aus den Gebilden selber.

Kurt Hiller: Die Weisheit der Langenweile. Eine Zeit- und Streitschrift. 2 Bände. Leipzig 1913. – Mynona: Rosa, die schöne Schutzmannsfrau. Grotesken. Leipzig 1913.

Eine »Zeit- und Streitschrift« nennt sich Kurt Hillers Essayssammlung »Die Weisheit der Langenweile« im Untertitel. Durcheinanderlaufendes, vielfach Gespaltenes der Gegenwartsstrebungen soll geschieden, vereinigt werden. Merkmale sollen aufgestellt, Abgrenzungen gegen Früheres gemacht werden und auch gegen Mitlaufendes. In ein Wirrwarr sich Kreuzendes hinein soll Klarheit gebracht, Grundzüge sollen aufgedeckt und darüber hinaus Normen gegeben werden, die der Entwicklung weiterhelfen. So stellt sich die Grundtendenz des Buches dar: historisch zugleich und normativ, analytisch und prinzipiell. Eine Herausschälung wesentlicher geistiger Züge des Zeitalters, etwas wie eine kritische Zeithistorie aus dem Gesichtsfeld des Literaten. Das ist ein heikler, schwieriger und notwendiger Versuch, und schon um des Themas willen sollte dieses Werk von denen begrüßt werden, denen die Rechenschaft über Kräfte und Ziele der Zeit und der eigenen Seele Bedürfnis ist. Was es aufstellt an Maximen und Lehrsätzen, ist selten original. Aber da Hiller seine Meister nicht verschweigt, vielmehr immer wieder freimütig bekennt, sollte man nicht an der

Selbständigkeit des Buches herummäkeln. Fremdes Gedankengut kann sehr wohl durch geistiges Erleben zum eigenen gemacht werden, und daß es sich um ein solches Erleben fremder Vorbilder bei Hiller handelt, bezeugt die innere Einheit des Buches. Und so sei auch der zuweilen überflüssig hochfahrende Ton und die etwas vorlaute Gebärde des Buches nicht weiter angefochten. Ebensowenig wie die streckenweise maßlose Polemik, die manchmal in ein wüstes Geschimpfe ausartet. »Cholerisches Barock« nennt Hiller seine Schreibform einmal. Er trägt mit reichlich viel Selbstzufriedenheit und nicht ohne Pose sein Draufgängertum in einem Stile vor, der absichtsvoll jede schönheitsselige Geste vermeidet, der grob und grad zupackt, sich rauft und mit Gesindel herumwälzt und keinen höheren Ehrgeiz zu haben scheint als die Dinge beim rechten Namen zu nennen. »O daß endlich«, sagt er einmal, »die Ausgekochtesten (nicht: die Pathetiker der Tribüne) den Mut fänden, holzhackerisch zu schreiben, klamaukend, mit aufgekrempelten Ärmeln!« Nach der ästhetischen Verzärtelung gewisser Kreise keine unerfreuliche Reaktion, mag sie oft auch das Entgegengesetzte allzu ergiebig verzehren.

Wichtig ist, daß Hiller einen guten Instinkt für wesentliche Richtungen unserer geistigen Beschaffenheit besitzt, daß er, klar und sicher, Entscheidendes, den Heutigen Wertvolles, Weiterführendes heraushebt, zusammenfaßt, in eine Art von locker gefügter Einheit (um das ominöse Wort »System« zu vermeiden) prinzipiell durchführt. Für solche Grenzbestimmungen braucht es eines nicht allzu empfindsamen Temperamentes, das sich vor Knüffen und Püffen nach rechts und links nicht scheut. Und so kommt denn der Autor dieses Werkes aus der Fechterstellung nicht heraus. Aber das ist ihm offenbar eine besondere Lust, und überhaupt sind Kampf und Polemik in diesem Werk mehr als Mittel: Teil des neuen Geistes selber, der durchaus dem Idyllischen und Verträumten, dem bloß Feststellenden und Beschreibenden die heftigeren Energien des Kampfes, des Parteinehmens, der Fronde entgegensetzt. Vielleicht weniger aus einem kämpferischen und revolutionären Temperament heraus als aus einer Überlegung und Erkenntnis dessen, was nottut. Es ist eine Philosophie des absoluten Voluntarismus, die hier gepredigt wird. Alles was geeignet scheint, kräftiger Entschließung, unbefangener Parteinahme, jeder Form der energischen Willensbetätigung entgegenzuwirken, wird abgelehnt und bekämpft. Darum werden die modernen Zentren geistiger Energien, die großen Städte, besungen, und den idyllischen Lobpreisern der Viehherden und der bäuerlichen Naturfreuden ein grimmig Sprüchlein gelesen. Und nie wird jener auf Hillers Seite sein, dem es nicht einleuchten will, daß – mit Hiller zu reden – »ein Bierscherz Fritz Reuters, ein Kapitel vom Kamenzindischen Seichpeter, der vollzählig ausgestirnte Nachthimmel oder ein mäßig gemaltes Stück Odenwald mit Kühen!.. Gipfel des Geistes und der Schönheit« seien. Und wie die idyllischen Heimatkünstler, so werden auf der anderen Seite die Überfeinerten verworfen, die Auskoster »zerebraler Gourmandisen«, die snobistischen Prediger eines geistigen Dandytums. Gegen den passiven Widerstand, den diese letzten allem Bewegteren, Kühnen, Einseitigen, Revolutionären entgegenstemmen, setzt Hiller seinen Spruch: »Der Wissende töte sich – oder er werde ein Wollender.« Das ist Nietzschesche Weisheit, sicherlich aber doch eine Weisheit, die noch keineswegs oft genug wiederholt worden ist, um lebendige Wahrheit zu werden. Allzu häufig ist im geistigen Deutschland gerade unserer Tage der Typus der Gelassenen, Betrachtenden, Geschmackvollen, der Leute mit Haltung und Maß, deren geschwächten Willensinstinkten man mit Kerr – und Hiller – ein Stück Barbarentum wünschen möchte. Allzu häufig – in Literatur und öffentlichem Leben – sind die alles verstehenden Neunmalweisen, die über allen Dingen zu stehen glauben, weil sie an keines wirklich hingegeben sind, als daß man nicht diesen bewußten Einseitigkeiten beistimmen sollte. Daß man nicht diesen Appell an Gesinnung, Willen, Intensität höher einschätzen sollte als die Verherrlichung einer bloß auf die Dinge reagierenden Passivität. Skepsis ist in ihrer Konsequenz das Ende aller schöpferischen Kraft, Verfall. Als der wahrhaft schöpferische Mensch aber wird der definiert, der die Welt neu zu schaffen weiß, der sein neues, anderes Weltbild neben die Schöpfung stellt, der teleologisch Gerichtete, nicht der bloß an den Fingern Herzählende. Darin dem blinden Zerstörungstrieb recht zu geben, wie gewisse radikale Revolutionäre, davor schützt Hiller die kühle Bewußtheit seines Intellektes. Durchaus soll der neue geistige Mensch den Kräften seines Intellektes in erster Linie vertrauen: kein blindes Instinktgeschöpf, kein bloß gefühlsmäßig orientiertes Wesen. Und hier ergibt sich ein Zusammenhang, der viel merkwürdiger ist als die Anlehnung an Nietzsche, Kerr, Heinrich Mann: die Wiederkehr von Ideen und Forderungen, wie sie vor über 100 Jahren die geistige Gemeinschaft, die sich um das »Athenäum« scharte, aufgestellt hat. Der moderne Mensch, sagt Hiller, »ist ein Mischling, ein Gebilde von Vielerlei, ein Typus zwischen den Rassen«, seine Seele ist »in keinem Augenblick nur nach einem Pole gerichtet. Die Gesichtspunkte vermengen sich in ihm, seine Problematik wird gefühlsbetont, und sein Gefühlsmäßiges intellektuell zersetzt«. Glaubt man da nicht den jungen Friedrich Schlegel zu hören, der seinen Bruder von der Wichtigkeit der »Vernunft« für den romantischen Menschen zu überzeugen sucht, auf die Gefahr selbst, als aufklärerisch gescholten zu werden? Und an anderer Stelle nennt Hiller die Gegenüberstellung von Gefühl und Intellekt »eine Antithese für kleine Leute«. Darum wird – wie bei Kerr – Klarheit, Präzision auch bei der Darstellung irrationaler Dinge gefordert: »Deutlichkeit und orphisches Weltgefühl schließen einander nicht aus. So wenig wie die Dummheit dumm dargestellt werden muß oder die Schwäche schwach oder die Langweile langweilig – so wenig ist Übelhaftigkeit die adaequate Darstellungsform des Geheimnisvollen«. Daß er verstehen müsse, »mit dem Herzen seines Hirnes« zu erleben, wird vom schaffenden Künstler gefordert.

Hillers Buch ist voll von Anregungen, nur daß er öfters fehlgreift und noch häufiger zum Widerspruch reizt, mag der »Streitschrift« zum Lobe gesagt sein.

Wenn Hiller eine leidenschaftliche und unzweideutige Stellungnahme zu den Dingen vor allem fordert, so scheint die Welt, aus der Mynonas (S. Friedländers) Grotesken wachsen, eher ein lächelnder und oft tragischer Skeptizismus zu sein. Alle Begriffe schwanken, nichts bleibt bestehen, die »Polarität« der Gefühle läßt jeden Augenblick jede Empfindung in ihr Gegenteil umschlagen, und die einzige Wahrheit, die Bestand hat, ist der Gesang der Hexen aus dem Macbeth: »Fair is foul, and foul is fair«. Aus dieser Einsicht in die Unsicherheit, Zwiespaltigkeit alles Irdischen erhebt sich der groteske Akkord dieses Buches, das eher beklemmend wirkt als befreiend. Ein Melancholiker reißt seinen schwermütigen Intellekt in halsbrecherische Luftsprünge des Witzes und der Ironie. Aber sein Lachen läßt das Blut gefrieren.

Carl Sternheim: Die Hose. Leipzig 1911. – Die Kassette. Leipzig 1912. – Bürger Schippel. Leipzig 1913. – Der Snob. Leipzig 1914.

Vier Komödien »aus dem bürgerlichen Heldenleben«. Ihre Summe ergibt, von einem kühlen und leidenschaftlichen Geist umrissen, das Gesicht dieser Zeit. Das Chaotische unserer Epoche, Zusammenstürzen noch eben gültiger Überlieferungen, Anarchismus aller Werte, mühselige Behauptung eines nicht mehr Geglaubten durch Wort und Geste, die zur leblosen Form entarten, weil keine Realität hinter ihnen steht – all das Ziellose, Ungeordnete, durch keine Gemeinsamkeit Geregelte, das deutsche Gegenwart heißt, ist hier von starken, wissenden Händen geformt. Spätere Geschlechter werden zu Sternheims Komödien greifen, um diese Epoche zu erkennen und zu richten. Nur das schlechthin Verächtliche, die gesinnungstüchtige Dumpfheit und selbstsichere Borniertheit hat in diesem Wirrwarr Bestand. Ihre Undurchdringlichkeit, Unberührbarkeit gibt ihr die Stärke. So ist Maske (in »Die Hose«): der fast ins Dämonische gesteigerte Typus einer gegen alle menschlicheren Gefühle gefeiten Philistrosität. Die Intensität der Gestaltung bedingt bei diesem Eiskalten, dessen Bild kein kleinster versöhnlicher Zug korrigiert, den psychologischen Wert des Gemäldes. Wo sich freundlichere, gewinnendere Elemente zumischen wie bei Hicketier (im »Bürger Schippel«), erhält die Waffenrüstung der Unentwegten Scharten. Man wird stärker das Schwanken und die Zweideutigkeit dieser imaginären Welt gewahr, aus der diese Worthelden ihre Lebensnahrung beziehen. Im »Snob« ist dann die unwirkliche Haltlosigkeit der Zeit in einem höchst gesteigerten Typus abgebildet: der Snob ist der schlechthin Milieulose, der nichts mehr ist als Geste – der Komödiant seiner Rollen, die er darum so vollkommen zu spielen weiß, weil er an keine den geringsten Bruchteil von Menschlichkeit oder Gefühl verliert.

Daß diesen Zeitkomödien dennoch jede direkte Beziehung auf zeitliche Aktualität fehlt, daß sie nicht diskutieren, sondern schöpferisch gestalten, das ist der Ruhm und die Gewähr ihres Künstlertums. Sie sind Spiegel der Zeit, aber sie sind ebensogut zeitlos, ewig, allgültig. »Die Kassette«, diejenige der 4 Komödien, die in ihrer unheimlichen und ganz realen Phantastik am stärksten die Tragödie streift, ist wie eine Wiedergeburt des »Avare«, eine Wiedergeburt aus unserer Zeit heraus, mit anderem Tempo, von einem anderem Temperament, von spukhaften Lichtern übersprüht – und doch in allem Wesen unverändert und für alle Zeiten gültig. Darum zeigen diese Stücke auch ein ganz bewußtes Abrücken von zeitgenössischer Literatur schon in ihrer äußerlichen Technik, und sie sind in ihrer künstlerischen Beschaffenheit Molière und Holberg näher als den deutschen Gegenwartsdramatikern. Ihre hohe Originalität liegt nicht in der Erfindung, die mit einer absichtsvollen Gleichgültigkeit behandelt wird, sondern in ihrem Stil. Wenig geschieht. Wo sich etwas von einer anekdotischen Fabel findet, wie in der »Hose« und im »Schippel«, ist sie nie Selbstzweck, sondern nur Mittel, die Personen zur Aussprache zu bringen. Sobald dieser Zweck erreicht ist, wird die Fabel nebensächlich. Nicht Erfindungsarmut herrscht hier, sondern hohe künstlerische Zweckökonomie. Diese höchst geistigen Stücke stehen außerhalb der Welt, wo Stofflichkeiten unterhalten. Das Menschliche der Sternheimschen Gestalten offenbart sich nicht in Handlungen noch in der Art, wie sie auf ein besonderes Geschehen reagieren, sondern durch Worte. Eine wahre Besessenheit des Wortes zwingt sie, sich zu enthüllen. Ein höhnischer Dämon regiert ihre Zunge und entreißt ihnen die letzten Geheimnisse, während sie von Gleichgültigem zu sprechen glauben. Der Wille, nur das zu geben, was wirklich ausdrückt, ist hier so stark, daß der Dialog der Komödien daraus eine unerhörte Kondensierung erfährt. Äußerungen nur in ihrem Wesentlichen, Bleibenden, gleichsam in der Abbreviatur, festgehalten, eine stahlharte, schneidende Sprechweise, im geringsten das Widerspiel der mühselig nachplappernden naturalistischen Sprechart: Stil, der bewußt Eigentum des Dichters bleibt, eine blanke, untadelige Waffe, und der dennoch unübertrefflich zu charakterisieren, zu individualisieren vermag und wohl auch erweitert und verweilt, wo die Situation es gebietet. Ein Stil des scharfen Umrisses, der dennoch Fülle besitzt. Im Tempo dieses Dialoges lebt eine Leidenschaftlichkeit, die nichts gemein hat mit der breiten Gefühlspathetik Eulenbergschen Schlages. Sternheims Pathos ist ganz intellektuell und unsentimental. Es holt seine Wucht aus den Verkürzungen, Gruppierungen, ohne darum Menschliches je zur bloß witzigen Karikatur zu verzerren. Mit der derb polternden Bierhausopposition Ludwig Thomascher Stücke sollte man die revolutionäre Geistigkeit dieser Komödien nicht zusammenhalten. Daß ihr Stil, namentlich bei der Lektüre, zuweilen dünn und marionettenhaft wirkt, hat seine Ursache nur in unserer Gewöhnung an naturalistische Geschwätzigkeit. Vielleicht kommt eine Zeit, wo man neben diesem jagenden, rücksichtslosen, zum Wesen drängenden Stil die alte Gemächlichkeit der Dramensprache so unerträglich finden wird wie etwa den Vortrag einer literarischen Doktordissertation neben einer Kritik von Kerr.

Keine Frage, daß die Technik moderner Malerei diesem dichterischen Stil wichtigste Anregungen und Wirkungsmittel gegeben hat. Vor diesen Werken darf man wirklich das viel mißbrauchte Wort Expressionismus aussprechen. Und aus der bildenden Kunst stammt auch Sternheims Vorliebe für die ausdrückende Gebärde, die einprägsame, zusammenfassende Geste, die in allen diesen Dramen wiederkehrt. Wenn der Prolet Schippel dem Bürger Hicketier auf den wohlgenährten, von der weißen Weste umspannten Bauch trommelt, wenn im »Snob« Vater und Sohn Maske im Hochzeitsgemach des Jungen einen diabolischen, gespensterhaft an Callot gemahnenden Tanz der Blutsgemeinschaft aufführen, wenn der Snob am Ende, nachdem er die Ehre seiner Mutter preisgegeben hat, mit der Pose des Siegers vor der in Bewunderung erschauernden jungen Frau steht, so sind das Geberden, die mit größter Symbolkraft stärkste Bildlichkeit und sinnliche Wirkung vereinen.

ZUM ELSASS

STRASSBURGER DRAMATIKER ZU BEGINN DES 17. JAHRHUNDERTS

Mysteriendrama und Fastnachtsspiel, die beiden großen Gattungen, in denen sich der dramatische Geist des deutschen Mittelalters seine charakteristischen Ausdrucksformen geschaffen hatte, erhalten im 16. Jahrhundert einen ungeahnten Zuwachs durch eine neu erstehende, scharf sich abgrenzende Art dramatischer Gebilde, das Drama der Humanisten. Die Tradition des antiken Theaters, durch Jahrhunderte so gut wie völlig abgeschnitten oder doch aller lebendigen Wirkung durch die seltsamsten Vorstellungen von der Bestimmung und Vortragsweise des klassischen Dramas entzogen, erlebt um diese Zeit eine glorreiche Wiedergeburt, an die sich allerorten unter ihrem Zeichen eine selbständige Produktion anschließt. Diese Wiedererweckung des antiken Dramas fällt in eine Zeit, wo schon durch die religiöse Reformbewegung der hergebrachte Typus des geistlichen Dramas ins Wanken gekommen war, und ein allgemeines mächtiges Verlangen für den neuen Geist, der nun die Herzen erfüllte, nach neueren und gemäßeren künstlerischen Formen suchte. So gehen Humanismus und Reformation bald Hand in Hand: Die durchgreifende Organisation der Schulen durch den »Lehrer Deutschlands«, Melanchthon, sucht die Verbindung des klassischen Ideals mit den volkstümlichen Tendenzen der Reformation, und von dem lateinischen Schuldrama, das der pädagogische Trieb des 16. Jahrhunderts ebenso sehr zu philologischer Unterweisung wie zu moralischer Erbauung als stehende Übung dem Lehrplan der humanistischen Schulen einfügt, spinnen sich bald vielfache Fäden zum volkssprachlichen Drama hinüber.

Außerordentliche Möglichkeiten waren ohne Zweifel mit dem Zusammentreten antik-humanistischen Einflusses und volkstümlich-dramatischer Überlieferung geschaffen. Die strenge Zucht des antiken Dramas, dem Volksdrama auferlegt, mußte endlich der ungeheuerlichen Verwilderung ein Ziel setzen, die sich, Form und Inhalt gleichmäßig ergreifend, seit dem 15. Jahrhundert im Fastnachtspiel wie im geistlichen Drama Deutschlands ausbreitete. Wenn es gelang, die unendliche künstlerische Überlegenheit des antiken Theaters der heimischen Produktion fruchtbar zu machen, ohne ihre volkstümliche Eigenart zu schädigen, die schlummernden dramatischen Kräfte durch die Berührung mit einer wundervoll beherrschten Kunstwelt zu wecken und zu bändigen, ohne der nationalen Seele Gewalt anzutun, so mochte wohl aus der Vermählung deutschen und antiken Wesens ein deutsches Renaissancedrama erstehen, das in seiner Verbindung nationalen Empfindens und antiker Formbeherrschung, dem auf das Sinnliche gerichteten Geschmack des Volkes ebenso Genüge zu tun vermochte, wie den höheren ästhetischen Anforderungen der Gebildeten. Auf solcher Grundlage haben um diese Zeit Spanien und England, unter glücklicheren kulturellen und politischen Verhältnissen, ihr großes nationales Drama ausgebildet. In Deutschland, das – nächst dem Mutterland des Humanismus, Italien – am frühesten die Neubelebung des antiken Theaters und von dort aus die Erschaffung einer eigenen, seinem großen Muster nachgeformten dramatischen Dichtung unternommen hatte, kommt es im 16. Jahrhundert bei aller Bemühung um die dramatische Form über einzelne Versuche und schwächliche Ansätze zur Bildung eines nationalen Dramas nicht hinaus. Die Männer, die durchdrungen von der Schönheit der antiken Formenwelt und darüber hinaus von eigenem schöpferischem Trieb beseelt, an der Läuterung des deutschen Dramas im Geiste der Antike hätten mithelfen können, die Berufensten unter den vielen, die meist dumpf und handwerksmäßig, ihren Eifer der dramatischen Dichtung zuwandten, verschmähten es, ihr reichliches Können in den Dienst des volkssprachlichen Dramas zu stellen. Ihr Bemühen galt dem Zauber Ciceronianischer Diction, deren Besitz einen Ruhmestitel bildete, hinter dem das so viel schwerere und höhere Verdienst einer Neugestaltung der deutschen Verssprache verschwand, und die Dichter, die mit leidenschaftlichem Überschwang deutsche Größe und Herrlichkeit vor allen Nationen priesen, fanden für ihre patriotischen Ergüsse nur das Mittel einer fremden untergegangenen Sprache. Und je mehr in der zweiten Hälfte des 16. Jahrhunderts die Neubelebung der wissenschaftlichen Studien in der einseitigen Pflege theologischer Fragen verkümmerte und der großzügige Enthusiasmus der Frühhumanisten in schulmeisterlichere Enge versandete, um so weniger war für das volkstümliche Drama auf schöpferische Anregung von Seiten der Gelehrten zu hoffen. Erst zu Beginn des 17. Jahrhunderts, zu einer Zeit, wo in Deutschland die dramatische Kraft deutlich im Sinken begriffen war, treten in der Südwestecke des Reichs Zeichen auf, die jenes Ziel, das dem ganzen 16. Jahrhundert unerreichbar geblieben war, die innige Durchdringung von Volks- und Humanistendrama, in eine noch nie erreichte Nähe zu rücken scheinen. Das Straßburger Akademietheater, das damals unbestritten mit seinen Leistungen an die Spitze der dramatischen Literatur Deutschlands tritt, faßt unmittelbar vor Ausbruch des großen Krieges, der auch auf dramatischem Gebiete eine völlige Unterbrechung der Tradition bedeutet, alle Möglichkeiten, die in dieser Verbindung beschlossen lagen, mit einer Eindringlichkeit zusammen, die um so tiefer den gewaltsamen Abbruch der Entwicklung durch die Stürme des 30jährigen Krieges beklagen läßt.

Das elsässische Drama schien im 16. Jahrhundert am wenigsten dazu bestimmt, einmal zum Träger der auf Verschmelzung der volkstümlichen mit der gelehrten Richtung hinwirkenden Tendenzen zu werden. Stärker, unbekümmerter, naiver als anderwärts, läßt man hier Altüberkommenes weiterwirken. Nicht wie im Stammland der Reformation, dem strengeren Sachsen, bedingt schon die Leidenschaftlichkeit des konfessionellen Gegensatzes in Form und Technik eine bewußte Scheidung zwischen dem aufblühenden protestantischen Drama und seinen mittelalterlichen Vorläufern. Man ist in einem Lande, das durchs ganze Mittelalter seiner religiösen Toleranz wegen gerühmt wird, dessen Hauptstadt sich der Reformbewegung mit einer Ruhe und Mäßigung angeschlossen hatte, die selbst ihren Gegnern ungeteilte Anerkennung abnötigte. Ein konfessionell-polemisches Drama, wie es in andern Teilen des Reichs als wirksamste Waffe in den religiösen Händeln verwandt wird, findet hier keinen Boden. Und wie die konfessionelle fehlt auch die einseitig aufs Lehrhafte gerichtete Tendenz unter diesem sinnenfrohen Volke, und wenn auch häufig genug, wie es sich für das von pädagogischem Trieb erfüllte Jahrhundert schickt die moralische Nutzanwendung am Ende angehängt wird, so ist man doch nicht geneigt, darüber die ästhetische Seite zu vergessen. Nicht bloß die hier so beliebten lockeren Schwankbücher, die altes volkstümliches Gut zu bunter Kurzweil zusammenbinden, scheinen »niemandts zu underweysung noch leer, auch gar niemandts zu schmach, hon oder spott« abgefaßt.

So setzt hier eine ungestörte Entwicklung das volkstümliche Drama des Mittelalters fort, verspottet im derb-komischen Fastnachtsspiel, ohne polemische Übergriffe, die traditionellen Typen und verarbeitet im geistlichen Drama die durch die Reformation aufgekommenen biblischen Stoffe in der breit ausspinnenden Technik der alten Mysterienspiele. Freilich fehlt bei dieser behaglichen Ausgestaltung überkommener Formen die eigentlich vorwärts treibende Energie, und was der dramatische Besitz der Zeit an Neuem und Verheißungsvollem barg, sammelt sich eher in andern Teilen des Landes, in Nürnberg, wo das Meistersingerdrama des Hans Sachs durch Einbeziehung der gesamten weltlichen Überlieferung dem Drama eine neue Stoffwelt erobert hatte, in Sachsen, wo sich eine engere Verbindung von humanistischem Schuldrama und volkstümlicher dramatischer Dichtung anzubahnen schien.

In diesem gemächlichen Verlauf kündigt sich etwa seit den 90er Jahren des 16. Jahrhunderts eine langsam fortschreitende, aber tiefgreifende Wendung an. Die Schulaufführungen der jungen Straßburger Akademiker fangen an, eine Bedeutung zu gewinnen, die nicht nur die Leistungen dieser Bühne bald über alles erhebt, was die dramatische Literatur Deutschlands damals aufzuweisen hat, sondern auch ihre Darbietungen derart in den Vordergrund des öffentlichen Interesses stellt, daß auch die volkstümliche Dramatik

Straßburger Dramatiker

nicht länger an ihnen vorüberzugehen vermag, ohne die mannigfaltigsten Anregungen mitzunehmen. Ursprünglich von dem Begründer des Gymnasiums, Johannes Sturm, als bloße praktische Schulübung mit wöchentlicher Wiederkehr eingerichtet, waren die dramatischen Aufführungen schon seit der Erhebung des Gymnasiums zur Akademie im Jahre 1566 immer mehr ihrer pädagogischen Bestimmung entfremdet worden. Von den Angehörigen der spielenden Schüler und Studenten, denen schon früh neben den Lehrern der Zutritt zu den immer festlicher gestalteten Vorstellungen verstattet worden war, dehnt sich seit 1576 der Zuhörerkreis auf die gesamte Bürgerschaft und besonders auf die in der Stadt versammelten Fremden aus. Als Aufführungstermin wird mit Bedacht die Zeit der Johannismesse bestimmt, zu der von altersher nicht nur aus allen Gauen Deutschlands, sondern auch aus Frankreich, Italien und der Schweiz Besucher zusammenströmten. Was ursprünglich bloß rhetorischer Fertigkeit der Vortragenden dienen sollte, wird nun den Zuschauern durch alle Mittel sinnlicher Veranschaulichung näher gebracht. Musik und szenischer Prunk, ein außerordentlicher Aufwand von Dekorationen, Kostümen und Beleuchtungseffekten sollten die Leistungen der Spielenden wirksam erhöhen. Bald dringt der Ruf von dem Glanz des Straßburger Schultheaters über ganz Deutschland und macht die aus so bescheidenen Anfängen erwachsene Bühne zur ersten Sehenswürdigkeit der vielbesuchten Reichsstadt. Von ihren Darbietungen darf der Straßburger Theolog Isaak Fröreisen in dem Argumentum zu seiner für das Akademietheater verfaßten Übersetzung der Aristophanischen Wolken rühmen:

»Das nunmehr ihr lob under allen
In gantzem Deutschland ist erschallen.«

Von der traditionellen Anwendung der lateinischen, gelegentlich auch der griechischen Sprache vermag freilich die Akademie auch jetzt, wo sich das Volk in hellen Scharen zu den Aufführungen drängt, nicht abzugehen. Aber alles bietet man auf, um auch dem nicht humanistisch Erzogenen die tiefere Bedeutung des sinnlich

Erschauten zu erschließen. Nicht nur ausführliche deutsche Argumente, dem Publikum gleich unseren Theaterzetteln, in die Hand gegeben, erläutern nun den Gesamtverlauf des Stückes und den Inhalt der einzelnen Akte, man gewöhnt sich immer mehr, den Zuschauer durch vollständige, mehr oder minder wortgetreue Übersetzungen an dem Hin und Her des Dialogs teilnehmen zu lassen, so immer weiteren Kreisen den Zauber antiker Dichtung vermittelnd. Und nun sind es nicht länger bloß die burlesken Gestalten Terenzischer und Plautinischer Komödien, an deren Darstellung sich die Schulaufführungen antiker Dramen des 16. Jahrhunderts im wesentlichen gehalten hatten, sondern jetzt werden zum ersten Male die großen Schatten der griechischen Tragödie beschworen, und über die Bühne des Straßburger Akademietheaters schreitet der feierliche Zug antiker Heroen, tieferes Leiden und gewaltigeres Schicksal verkündend, als man bisher auf dem Theater zu sehen gewohnt war. Die deutschen Versübersetzungen geben auch dem Ungebildeten eine Ahnung dieser höheren Welt und bilden zugleich das Band, das sich nun immer enger zwischen Gelehrtendrama und volkstümlicher Dichtung schlingt. Die Pflege volkstümlicher dramatischer Literatur war seit Anfang des 17. Jahrhunderts der Straßburger Meistersingerschule zugefallen, die, schon im 15. Jahrhundert begründet, und in den 90er Jahren des 16. Jahrhunderts neu organisiert, im Jahre 1603 vom Rat das Recht dramatischer Kunstübung zugestanden erhielt und nun in friedlichen und fruchtbaren Wettbewerb mit den Darbietungen der Akademie eintrat. Dieselben Männer sind zuweilen für beide tätig, so der Straßburger Theolog Wolfhart Spangenberg, der der Meistersingerbühne derb volkstümliche Stücke in Hans Sachsischer Manier schenkte und daneben als Übersetzer lateinischer und griechischer Dramen sein Können in den Dienst des Akademietheaters stellte. Der Weg, den diese Übersetzungen Spangenbergs, ebenso wie die seines Kollegen Fröreisen einschlagen, ist zumeist nicht der gerade: Sie geben keine wortgetreue Übertragung, sondern suchen, zu vermitteln, Fremdartiges dem deutschen Empfinden anzupassen, Störendes auszuschalten. Sie scheuen nicht vor Einlagen zurück, indem sie sich bald jener älteren, einheimischen Technik anbequemen, die nichts hinter die Bühne verlegt, nichts bloß durch erzählenden Bericht dargestellt wissen wollte, bald volkstümlich deutsche Züge und Figuren der fremdartigen Handlung einfügen. In Spangenbergs Übersetzung der Alkestis des Euripides gemahnen nicht nur rührende Kinderszenen an einen seit der Reformationszeit im biblischen Drama beliebten Brauch, sondern der Tod erscheint geradezu nach alter deutscher Vorstellung als der grimme Schnitter, der die »Blümlein zart« mit seiner Sense unbarmherzig abmäht. Es fehlt nicht an Vergröberungen und Entstellungen, und die hohe Welt der Antike ist gleichsam in die bürgerliche Sphäre des deutschen Mittelalters hineingetragen. Aber um so breiter ist die Wirkung und die leidenschaftlich bewegte Handlung stellt solch kleiner Schäden ungeachtet einen bisher nicht gekannten Begriff des Tragischen auf.

Und bald löst auch auf dem Akademietheater immer häufiger selbständige Produktion die antike Dichtung ab. In dem seit 1609 in Straßburg ansässigen Caspar Brülow erhält das Akademietheater seine größte dichterische Potenz. Auch die Werke dieses Kenners und Freundes antiker Literatur bleiben mit volkstümlichen Elementen durchsetzt. Bei aller Anlehnung an antike Vorbilder stellt Brülow ausdrücklich seine moderne Technik den dramatischen Regeln der Alten gegenüber. Er beruft sich auf die Verschiedenheit der Verhältnisse, auf die Wandlung des Geschmackes und die veränderten Ansprüche des Publikums. »Gebt mir«, heißt es in der Vorrede zu seinem Cäsar, »die alten Zuschauer und die geräumigen Theater der Alten, und ich will euch mit viel leichterer Mühe auch die alten Stücke geben.« Seine Dramen, die nun den Stoffkreis vom Biblischen auch auf mythische und historische Vorwürfe ausdehnen, lassen gleich jenen volkstümlichen Stücken kein Glied in der großen Kette der Geschehnisse aus und führen die Handlung, Nebensächliches und abseits Liegendes miteinbegreifend, bis zu ihrem endgiltigen Ziel. Sein Cäsar hebt mit der Verschwörung an und wird durch den Tod der Cleopatra beschlossen. Aber solche dramaturgischen Schwächen werden durch ungemeine dichterische Vorzüge aufgewogen, ein glänzendes Pathos, eine Macht der Darstellung leidenschaftlich dahinstürmender Szenen, denen die deutsche Literatur damals nichts zur Seite zu stellen hatte. Und vielleicht hätte es nur noch weniger Jahre bedurft, um auf dem so vorbereiteten Boden ein großes nationales Drama entstehen zu lassen.

Alle Hoffnungen, die sich an den Aufschwung der dramatischen Literatur in der elsässischen Reichsstadt knüpften, wurden durch den dreißigjährigen Krieg zu nichte. Wohl wird im Jahre 1621 bei einer festlichen Aufführung von Brülows »Moses« zur feierlichen Eröffnung der von Ferdinand II. zur Universität erhobenen Akademie noch einmal aller Glanz aufgeboten, den die glorreiche Tradition eines Theaters verlangte, dem etwas Ähnliches »in Germania nit exhibiert worden«. Für mehr als 100000 Reichstaler Kleidung und Schmuck seien damals auf dem Theatro gewesen, berichtet der Straßburger Historiker Abelin in seinem Theatrum Europaeum (1662). Aber die wachsenden Kriegsnöte zwingen zur Einstellung der dramatischen Aufführungen. Und einige Jahre später wird auch das Schulgesuch der Meistersinger vom Rat abschlägig beschieden, da »der jammer, elendt, theurung, hungersnoth, pestilentz, blutstürtzung, verderben und einäscherung vieler länder und städte, damit gott der herr auß gerechtem zorn und straff uns bishero vätterlich in ganz Deutschland heimbgesucht, leider genügsam vor augen geschwebet und bekant, daß keines solchen theatralischen representierens, vielmehr aber eifferigen gebetts zu gott um abwendung solcher straffen vonnöthen.«

Als endlich die Mitte des Jahrhunderts den ersehnten Frieden bringt, ist der Augenblick für eine gegenseitige Durchdringung populärer und klassischer Elemente, wie sie sich damals im elsässischen Drama anzubahnen schien, verpaßt, und starrer als jemals stehen sich ein den verschiedenartigsten ausländischen Einflüssen wehrlos anheimgegebenes Gelehrtendrama und ein immer mehr verwilderndes volkstümliches Drama gegenüber, deren endliche Einigung erst dem nachfolgenden Jahrhundert beschieden sein sollte.

DIE BRÜDER MATTHIS

In Goethes bekannter Rezension von Hebels Alemannischen Gedichten, die in freundlichem Eingehen auf den sinnfälligen Reiz dieser bäuerlichen Schöpfungen die grundsätzliche Berechtigung einer literarischen Verwertung der provinziellen Sprache vertritt und gegenüber den starren Verfechtern des schriftsprachlichen Prinzips vom Schlage Adelungs auf die fruchtbare Steigerung hinweist, die der künstlich abgedämmten Gemeinsprache immer wieder durch den ungefesselt und urkräftig hinströmenden Dialekt zuteil wird, gibt der Dichter dem schwäbischen Lyriker gelegentlich den Rat, doch einmal versuchsweise »aus dem sogenannten Hochdeutsch schickliche Gedichte in seine Mundart zu übersetzen«. Solcher Zuwachs aus neuen, dem Dialekt ursprünglich fernliegenden Stoffgebieten sollte nach Goethes Meinung helfen, die natürliche Enge der Umgrenzung mundartlicher Dichtung zu durchbrechen, wie sich ja auch umgekehrt durch Umsetzung in die Schriftsprache oder eine der Schriftsprache angenäherte Form der Geltungsbereich der dialektischen Literatur wirksam erweitern ließ.

Nichts kann der Idee und den innersten Absichten der Dialektpoesie stärker widerstreben als eine derartige Anleihe bei dem festumzirkten Besitz schriftsprachlichen Gutes. Mundartliche Dichtung wird immer nur dann Sinn und Berechtigung haben, wenn sich gedankliche Anschauung und sprachliche Formung bei ihr decken, wenn das zum Ausdruck Drängende wirklich im Mundartlichen seine reinste, seine einzig vollkommene Versinnlichung findet, wenn Bild und Gedanke aus dem Dialekt heraus geboren, nicht nachträglich in den Dialekt übertragen sind. Dichterischer Ausdruck muß notwendig immer an die Mittel und Möglichkeiten des gegebenen sprachlichen Materials gebunden bleiben. Wenn nun alle Sprache ursprünglich aus bildmäßiger Anschauung herausgewachsen, aber in langem Gebrauch allmählich abgeschliffen und im Bewußtsein des Sprechenden ihrer sinnlichen Werte entkleidet worden ist, so hat demgegenüber die Mundart in viel höherem Maße als die abstrakte Schriftsprache sich den Zauber und die Frische ursprünglicher Bildhaftigkeit bewahrt. Hierin liegt ihr Reiz, ihre relative Überlegenheit, ihr Reichtum bei an und für sich viel ärmerem Material. Gibt somit der Dialekt, indem er statt aus eigener Fülle zu schöpfen, bei der abgeblaßten Schriftsprache borgt, seine innersten Vorzüge preis, so birgt solche Vermischung der besonderen Ausdrucksformen zugleich eine ernstliche Gefahr für die Reinerhaltung des dialektischen Bestandes. Ohnehin hat die Mundart ihren ärgsten Feind in der herrisch vordrängenden Schriftsprache, deren abglättender Einwirkung sich heute, bei dem ungeheuer gesteigerten Verkehr, selbst die entlegensten Winkel, in denen sich ältestes sprachliches Gut mit zäher Energie behauptet hat, nicht zu entziehen vermögen. Im Elsaß hat die eigentümliche politische Entwicklung des Landes den Dialekt in einer fast wunderbaren Reinheit behütet. Die französische Herrschaft sicherte ihm ruhigen Fortbestand und gemächliches Wachstum. Abgelöst von allem lebendigen Zusammenhang mit der hochdeutschen Gemeinsprache und bis auf die Aufnahme vereinzelter volksmäßig umgebildeter Ausdrücke unberührt von dem seit 1840 immer mehr an Machtzuwachs gewinnenden Französischen, hat sich der Dialekt in den breiten Schichten der Bevölkerung in seiner ganzen kräftigen Bildlichkeit erhalten, die, auch vor dem Niedrigen und Rohen nicht zurückscheuend, aber immer lebendig und sinnfällig, den derben, auf herzhafte Erfassung des Wirklichen gerichteten und dabei doch des weicheren Einschlages nicht entbehrenden Charakter des Völkchens zwischen Rhein und Gebirge malt. Es heißt doch die durch zwei Jahrhunderte bewährte treue Anhänglichkeit einer Bevölkerung an ihre angestammte Mundart arg verkennen, wenn man mit Eccard annehmen will, daß im Jahre 1870 bloß 20 Jahre weiterer Zugehörigkeit zu Frankreich genügt hätten, um die in den Kreisen der oberen Bourgeoisie bereits eingebürgerte französische Sprache auch in den niederen Volksschichten heimisch zu machen. Nicht aus der Ausbreitung des Französischen als der bequemen und ausdrucksfähigen Geschäfts- und Verkehrssprache erwuchsen dem Dialekt ernstliche Gefahren, wenn auch

Die Brüder Matthis

jener Grundsatz vorurteilsfreier Duldung dem deutschen Sprachgebrauch gegenüber, den Eccard für die französische Regierung in Anspruch nimmt, doch jedenfalls seit der bewußteren französischen Besitzergreifung des Landes im 19. Jahrhundert nur noch in recht bedingter Weise Durchführung findet. Wirklich gefährdet wurde der Dialekt, so paradox es klingen mag, erst durch die Annexion. Und zwar einerseits dadurch, daß nun nach der Einsetzung des Hochdeutschen als der offiziell gültigen Sprache zahlreiche Familien, bei denen bislang zum mindesten im häuslichen Kreise die Mundart geherrscht hatte, aus einem falschen Gefühl heraus, das im Dialekt etwas der schriftsprachlichen Konvention gegenüber Inferiores zu erblicken geneigt ist, zum Französischen griffen. Anderseits dadurch, daß durch die sich nun ergebende Berührung mit den zugewanderten altdeutschen Elementen, durch Schule und öffentliches Leben von der Schriftsprache her unaufhörlich neue fremdartige Elemente in den Dialekt eindrangen und, indem sie sich seinem Lautstande anpaßten, unmerklich die fest gezogenen Grenzen seines Sprachbesitzes verrückten. Die hieraus erfolgende Steigerung der dialektischen Ausdrucksmöglichkeiten vollzog sich notwendig auf Kosten der bisherigen Reinheit seines Charakters. Der unaufhaltsam vorrückende Ausgleich zwischen Schriftsprache und Mundart muß schließlich dazu führen, das eigentlich Auszeichnende der mundartlichen Sprechweise, die kräftige Sinnfälligkeit der Rede, zu verwischen. Statt zu dem aus lebendiger Anschauung geborenen bildhaften Ausdruck greift nun auch der Dialekt zu der von der Schriftsprache her bequem sich bietenden, aber unsinnlichen und abgebrauchten Formel.

Der wissenschaftlichen Bergung des durch die immer weiter greifende Abschleifung bedrohten mundartlichen Besitzes diente vor zehn Jahren die Herausgabe des Wörterbuches der Elsässischen Mundarten durch Martin und Lienhart. Kurz vorher hatte eine kräftig einsetzende Dialektbewegung, Stoskopfs erste Lyrikbände und die Begründung des Elsässischen Theaters, den gleichen Gedanken von der literarisch-schöpferischen Seite her aufgegriffen. Schon Goethe hatte ja gelegentlich auf die mannigfachen Vorzüge einer den Dialekt in lebendiger Anwendung und in allen Schattierungen und Abstufungen vorführenden Dichtung gegenüber der toten Buchung des Materials hingewiesen und gerade Arnolds köstliches Lustspiel als ein solches »lebendiges Idiotikon« jenes »bedeutenden Straßburger Dialektes« empfohlen. Nun schoß die Dialektdichtung üppig ins Kraut. Unberufene, ohne alle Herrschaft über das Material, aus dem sie schöpfen und gestalten wollten, drängten sich herzu, gewillt, an dem Erfolg mitzuzehren, der so plötzlich der mundartlichen Literatur zufiel, und vergebens erhob ein temperamentvoller Artikel der Elsässischen Rundschau gegen die leichtfertigen Mitläufer der Dialektbewegung, die »Dialektschänder«, scharfen Einspruch. Wenn selbst Hebels Gedichte, namentlich in den späteren Nachbesserungen seiner Verse sich nicht immer von schriftsprachlichen Einflüssen freizuhalten wissen, so boten diese seltsamen »Dialektdichter« nichts als ödeste Durchschnittslyrik, aus der Schriftsprache kümmerlich in den Schein eines mundartlichen Gewandes gezwängt.

Solchem Mißbrauch des Dialektes gegenüber mußten alle wahren Freunde mundartlicher Dichtung mit Freuden das Auftreten eines Talentes begrüßen, das, zunächst noch der breiteren Allgemeinheit entrückt, damals hin und wieder in Vereinsorganen wie dem hektographisch hergestellten »Bourdon« auftauchte: Albert Matthis. Die Gedichte dieses echten Straßburger Kindes, in der kecken Unbefangenheit ihrer Improvisation jedem literarischen Herkommen fern, zeugten bei aller naiven Unbeholfenheit von einer Drastik des Sehvermögens und des Ausdrucks, die schon diese ersten Versuche hoch über das meiste hinaushob, was sich an mundartlicher Lyrik daneben hören ließ. Und diese Verse waren denn auch in einem Dialekt geschrieben, über dessen Echtheit und Unverfälschtheit jedenfalls kein Zweifel walten konnte. Kurz darauf brachten die »Affiches« das Gedicht vom Münsteraufstieg bei Wind und Sturm, das, wie alles Bisherige treulich am bestimmten Erlebnis haftend, aber doch zugleich allgemeiner gehalten, mit der flotten Bewegung seiner Rhythmik und der drollig-pathetischen Plastik seiner Bilder auch heute noch zu Alberts köstlichsten Sachen gehört. Wie wir hier mit dem Dichter, schwitzend und zappelnd, aber immer im gewohnten »Drabb« bleibend, die vielen Staffeln hinanklettern, aus dem immer heller werdenden Zwielicht des katzengrauen Treppengemäuers hinaustreten auf die weite Ausbuchtung der Plattform, mit schwindelndem Umblick auf die alten grauen Giebeldächer und das wimmelnde Kreuz und Quer der Gassen, dann im Turm höher steigend, am Glockenstuhl vorbei, die immer schlanker und luftiger aufgelösten Wände entlang, bis zu den »Schnecken« emporklimmen, und wie so im raschen Zug des Aufstiegs die Wunder von Erwins viel besungenem Dom sich vor uns enthüllen, das ist in seiner schlichten und doch so eindrucksvollen Sachlichkeit meisterhaft. Und wenn die wechselnden Gesichte dieser impulsiven Höhenwanderung zwischendurch von mancherlei Gedanken begleitet werden, wie sie sich wohl einem einfachen Menschen auf solchem Gange einstellen mögen – Gedanken über die Unbeträchtlichkeit unseres Lebens und die Vergänglichkeit aller Dinge –, so hebt sich der letzte freie Ausblick von höchster Zinne über das in einem plötzlichen Sonnenleuchten aufflammende Gewirr der Häuser ganz ungezwungen zu hellem Preis der geliebten Stadt:

> Aldi Stadt! dü schöner Wappe!
> Symbol blenkel stolz in d'Welt,
> Un hebb d'Sprooch wo in de Kappe
> D'Alde uns han annegstellt.

Nicht zufällig verknüpft sich hier der Stolz auf die glorreiche Tradition der Stadt mit der treuen Liebe zur ererbten Sprache. Dieser Dichter, dem der viel mißbrauchte Dialekt so prachtvoll kernige und gleichsam unberührte Bilder hergiebt, wurzelt so tief im Sprachlichen, daß sein überall lebendig hervorquellendes Heimatgefühl, wo es am kräftigsten durchbricht, dem Lob der angestammten Mundart gilt. Und als einige Jahre nach diesen ersten Flugversuchen in aller Stille und mit bewußter Beschränkung der Auflagezahl ein kleines Sammelbändchen erschien, das den phantastischen Titel »Ziwwelbaamholz« trug, da fand sich in den einleitenden Huldigungsversen ans Elsaß die ganz naive Folgerung: »S' Elsaß isch e schöner Streife, D'Sprooch ellaan bringt's jo schun mit.« Zu diesem Buche hatte zum ersten Mal Alberts Zwillingsbruder Adolf einige kleinere Sachen beigesteuert, zunächst noch hinter der ausgereifteren Persönlichkeit Alberts zurücktretend, aber bald im gemeinsamen Streben erstarkend und jetzt lange ein dem Bruder voll Ebenbürtiger, dessen dichterische Physiognomie bei allem notwendig Gemeinsamen doch ihr ganz besonderes Gepräge hat. Gemeinsam erscheint neben vielfacher Ähnlichkeit der Anschauung und Empfindung, wie sie ein so langes und inniges Zusammenleben erzeugt, in erster Linie die Ehrfurcht vor der Sprache. Auch für Adolf ist »d'Muedersprooch« die gute Wegweiserin, die es fest »am Baendel« zu halten gilt, und die erst eigentlich alle landschaftliche Schönheit aufschließt: »Sie fuehrt es durichs Laendel«. Tatsächlich wachen diese »Naturdichter«, die mit so souveräner Unbekümmertheit um metrische und formale Erwägungen ihre ganz unstilisierten Verse hervorsprudeln, über dem sprachlichen Ausdruck mit so bewußter und eifersüchtiger Sorglichkeit wie nur irgend ein von der Musik der Worte berauschter Artist. Und für nichts finden sie im Gespräch kräftigere Worte der Verachtung als für die Verunglimpfung ihrer geliebten Sprache durch die schwächlichen Mitläufer der Dialektbewegung.

Mit gutem Grund freilich wissen sie sich der heimischen Sprache, deren zumeist nur nach dem engen Umkreis des städtischen Gebrauches bemessene und darum leicht unterschätzte Möglichkeiten sich in ihren Gedichten in ganz anderer Weise entfalten als etwa in der Dialektdramatik des Elsässischen Theaters, zu tiefem Danke verpflichtet. Stärker als bei den meisten schriftsprachlichen Produkten fühlt man hier, wie die Sprache das eigentlich Schaffende ist, und wie gleichsam am sprachlichen Ausdruck sich die dichterische Anschauung entzündet. Denn niemals gibt es für den Dichter ein Schauen unabhängig von den Mitteln der Sprache, niemals ein losgelöstes und selbständiges Betrachten, das sich hinterdrein die Form der Mitteilung sucht, sondern eben aus dem

Zusammentreffen dieser beiden Prozesse wächst das dichterische Werk. Aber wenn bei der schriftsprachlichen Schöpfung die Verlockung der Sprache leicht zum unwesentlichen, verblasenen Ausdruck leitet, und schon eine starke künstlerische Energie nötig ist, um aus dem abgeschliffenen und ins Begriffliche entwerteten Material eine neue bildhafte Welt herauszugestalten, so bietet sich der Dialekt, in der frischen Kraft seines sinnlichen Lebens dem poetischen Gebilde noch näher, in vieler Hinsicht bequemer und müheloser dem schaffenden Dichter an. Es bedarf gleichsam eines weniger angespannten Willens, weniger bewußter Formung, um aus den bereit liegenden Schätzen mundartlicher Rede Eigenwertiges zu gestalten. Und wenn im Dialekt noch ungebrochener das Gefühl für den metaphorischen Ursprung der Worte rege ist, und eine herzhafte Lebhaftigkeit der Einbildungskraft selbst das Unbelebte und Seelenlose ins Menschliche und Wesenhafte erhebt, so wird deutlich, wie hier in gewisser Beziehung die naive Ausdrucksweise des Volkes mit bewußt dichterischer Formung zusammentrifft. Und es erklärt zugleich, wie unsere beiden Dichter, beinahe ohne aus irgend einem anderen Bildungsbereich zu schöpfen, durch die bloße Meisterung des Dialektes, dessen verborgenste Saiten ihnen freilich erklingen, zu Schöpfungen von so beträchtlichem literarischem Niveau gelangen konnten. Denn ihnen ist der Dialekt nicht bloß Material, sondern zugleich im eigentlichsten Sinne Bildungsmittel. Beinahe ängstlich schließen sie sich gegen alles ab, was von außen her die Sicherheit ihres Schaffens verwirren könnte, sei es nun die Berührung mit der hochdeutschen Umgangssprache oder auch nur die Möglichkeit einer Beeinflussung durch literarische Vorbilder. Sie sind sich des Eigenwüchsigen ihrer Poesie voll bewußt und wollen sich ihren Kurs nicht durch fremde Einmischung stören lassen. Sie haben wenig genug gelesen und finden hinreichend Kraft in sich selbst, ohne Anlehnung an fremde Muster dem, was sie fühlen und schauen, Ausdruck zu geben. Solche eigenwillige Abschließung birgt unzweifelhaft die Gefahr einer geistigen Verengung, und in der Tat wird man eine große Weite des Gesichtsfeldes bei den Brüdern Matthis nicht erwarten dürfen. Aber diese Beschränkung gibt ihnen andererseits eine erhöhte Sicherheit in dem, was wirklich ihr eigen ist, schärft ihren Blick für das ihnen Erreichbare und beschirmt ihre helläugige Beobachtungsgabe vor Verflachung und Verbildung. Unerreichbar gleichsam allen störenden Einflüssen hausen sie beisammen in dem hübschen geräumigen Poetenstübchen im Finkweiler, und wenn in früheren Jahren eine Zeitlang noch häufiger Maler und Literaten zu ihnen heraufgestiegen kamen und sie wohl auch gelegentlich aus der Verschlossenheit ihrer Klause ans Licht zogen, so haben sie sich jetzt wieder ganz in dies beschauliche Zusammenleben zu zweien eingesponnen, aus dessen ruhigem Gleichmaß sie nur selten der Besuch eines Freundes oder Neugierigen aufstört, und nirgends mundet ihnen die geliebte Pfeife und der Krug Bier besser als an dem einfachen Holztisch, der als neutrales Grenzgebiet die getrennten Arbeitsreiche mit ihren beiden altmodischen Schreibtischen scheidet. Man muß sie da gesehen haben, wenn sie abends – der Tag hält sie in irgend einer belanglosen Beschäftigung gefangen – beisammen sitzen, die Kappen auf dem schon lichter werdenden Haar, und gutlaunig und sprühend von Temperament ihre kleinen Erlebnisse und Beobachtungen austauschen. Die Wände ringsherum sind behängt mit Bildern und Zeichnungen von Straßburger Malern, Gaben der Freundschaft und Anerkennung, wie denn ja, was schon Gruber bemerkt hat, in den Kreisen der Maler ihr Ruhm viel früher gegolten hat als bei den Literaten. Und hier ist denn alles gut altstädtisches Milieu, von der Zimmereinrichtung bis zum malerischen Ausblick auf die alten Häuser, und man braucht nicht lange zu suchen, um die Stoffwelt wiederzufinden, der ihre schönsten Bilder und Gestalten angehören. Von dem Fenster ihres Stübchens schweift der Blick auf die stahlgrauen Gewässer der Ill, die dort, in drei Armen sich ergießend, die alten spitzgiebeligen Häuser des »kleinen Frankreich« mit ihrer trägen Flut umschlingt. Drüben zwischen den dunkeln Häuserzeilen und dem Wasser steht die alte Platane, die Albert besungen hat, und schaukelt die goldgrüne Last ihrer Blätter wie eine Verheißung sommerlichen Glückes mitten in der Stadt:

Die Brüder Matthis

> In gröuie Hoor steht sie im Wetter
> Stolz wie e Palm im Barredïs,
> Un ihri goldi gaehle Blaetter,
> Sie singe noch e-n-aldi Wïs.

Und abends, wenn das laute und tätige Leben, das tagsüber diese kleinen Gassen durchschüttert, abschwillt, und der Schein der vielen Lichter über dem trüben Wasserspiegel aufflackert, dann scheint das freundlich reizvolle Bild aus dem immer mehr entschwindenden alten Straßburg erst seine intimsten Reize herzugeben. Vom Münster herüber klingt über die spitzen Dächer das Läuten der »Lumpeglock«, Straßburgs altes Schlummerlied, das schon so vielen Generationen sein: »S'isch Zitt in's Bett, ihr Gäscht« zugerufen hat:

> Denn schun gar manchi Naacht
> Hett sie ihr Sach gemacht.

Und so manche altstädtische Erinnerung steigt wohl Erweckung heischend mit den grauen Giebeln empor. Freilich, solcher Erinnerungskult liegt so ziemlich außerhalb des Matthisschen Bereiches. Diese herzhaften Gegenwartsmenschen leiden nicht an Beschwerung mit unnützer Historie, und die Bezauberung der Vergangenheit hat nur wenig Macht über ihren resoluten Wirklichkeitssinn. Kaum, daß der Anblick alter heimatlicher Waffenstücke – dess Alderdhum dess wueti schoen – ihnen die Erinnerung glorreicher Waffentage wachruft:

> Reschpekt vor dir, dü alder Sawel,
> Wieviel han sich vor dir geduckt,
> Sebaschtepol hesch dü geroche,
> Im Malekoff de Rüss verdruckt.

Um so treuere Behüter finden dafür in ihnen die kleinen lokalen Traditionen, die mit aller festhaltenden Liebe und mit der ganzen Wärme eigenen Erlebens aufgerufen werden. Da hatte Adolf im ersten Bändchen ein Gedicht über die »Knekes«, ein kleines Genrebild aus der schönen Zeit der Jugendspiele, so echt und zwingend im Ton, daß gewiß kein Straßburger die lebensprühende Beschreibung der altvertrauten Spiele – Gschtunse, Kiné, Fanges, Bloddemür' –

> Canal's, Zehnmesser's, Reise,
> Un wie sie's alles heise.

zu lesen vermag, ohne aus vollem Herzen dem summarischen Endurteil des Dichters beizupflichten:

> Der wo nix kennt vun dene Spieler,
> Isch halt emol kaan rechter Bue.

Oder es wird den mehr an die Jahreszeiten gebundenen Freuden gehuldigt, und nicht minder kategorisch erklingt der Refrain zum herbstlichen Vergnügen des Drachenaufstiegs:

> Eb d'Huehner hitt uff d'Steckle gehn,
> Ze muess aa miner Dracher stehn.

oder zum Frühlingsspiel mit den Weidenpfeifen:

> D'Stadt nüss, – uewers Spitzebrueckel, –
> In de-n-Oschwald, – an de Rhin, –
> 'S kummt mer kaaner – nundebickel –
> Ohne Wïdepfiff erin . . . . .
> Buewe, dhuen de Knibbe schliffe,
> D'Zitt isch do fur d'Wïdepfiffe.

Oder Albert malt, nicht weniger lebhaft und ebenso fortgerissen von der eigenen Begeisterung, die Köstlichkeiten des altbeliebten »Chrischtkindelsmäriks«, die es ihm, wie er in treuherzig-drastischer Weise versichert, schon so früh angetan haben:

> Dess isch noch e-n-alder Zeije, –
> Wo sie mich noch ohne Kleid
> In d'r Windel han g'hett leije,
> Han sie mier ne schun gezaijt;

Die Brüder Matthis

> Wo mier hinde's Hemd noch zierli
> Zue de Hosse rüsgelacht,
> (Un as Knoschpe isch's manierli)
> Hett'r mier schun Fraid gemacht.

Daneben winken dann Lockungen anderer Art. Vor allem der Ruf ins Freie, vor die Tore der Stadt, aufs Land, dem diese beiden Naturmenschen, wenn Zeit und Witterung es irgend zulassen, nicht so leicht widerstehen. Am liebsten geht's dann, zu Fuß oder besser noch per Kahn, unter den »gedeckten Brücken« hindurch, die Ill aufwärts, an weiten Feldern mit kleinen Häuschen vorbei, dann dem Lauf eines engen grünen Seitenarmes folgend, bis hinauf zu der zwischen mächtigen Baumkronen versteckten »Fischerinsel«, wo ein ländliches Gasthaus zu Rast und einfachem Imbiß lädt. Hier wo sich Wochentags um die Mittagszeit oder am Abend aus der umwohnenden Bevölkerung, Fischern, Hirten, Bauern, ein geselliger Kreis beim »Schöppel« zusammenzufinden pflegt, haben die beiden Brüder manche Stunde verbracht, im Gespräch und Verkehr mit den einfachen Gästen manch kräftiges Wort und manchen charakteristischen Zug auflesend. Hier haben sie dafür gesorgt, daß ihnen die Sprache »nit schimmli« werde. Und von hier hat namentlich Alberts leidenschaftlicher Natursinn reiche Beute für sein dichterisches Schaffen heimgetragen. Hier hat er die Schönheit der Riedlandschaft sehen gelernt, mit ziehenden Wolken über der schwermütigen Monotonie von Weiden und Wasser. Der karge Zauber des Geländes um Straßburg, oberflächlichem Schauen sich strenge verschließend, hat ihm seine geheimsten Reize offenbart. Im wechselnden Schmuck der Gezeiten hat er es gemalt, wenn im Frühjahr in den phantastisch gekrümmten Weidenstrünken der junge Saft steigt, oder wenn der Spätjahrmorgen grau und bleiern überm »Rhinwäldel« liegt:

> Ruej stehn d'Wïde do; verschrocke
> Schnïd e Rhinschwalb s'Newelmeer,
> Druewe dhuet e Rohrspatz locke
> Üs'm Liescht erüs – i hoer

> Vun de Baam wie d'Blätter falle,
> Drunte hoer i Welle springe,
> Doch i hoer kaan Nachtigalle
> Un kaan Widepfiffe singe.

Zuweilen geht dann die Reise auch weiter fort, und Bilder und landschaftliche Stimmungen aus den benachbarten Vogesentälern künden von manch gelungener Wanderfahrt. Da wird etwa ein Sommerabend am Hanauer Weiher oder die Frühdämmerung bei der Wasenburg oder ein »Wyhnaachtsowe uff'm Nideck« in schönen stimmungsvollen Versen festgehalten. Oder die Fahrt geht hinauf ins Weinrevier, jenen glücklichen Streifen des gesegneten Ländchens, wo die strenge Verschlossenheit der Riedlandschaft plötzlich vertauscht ist mit aller Fülle des reich und fruchtbar hingelagerten Rebgeländes, und die hellen Ortschaften, wie bunte Perlen eine neben der anderen in das goldene Gewoge der Kornfelder und das Grün der Rebhügel eingelassen, herübergrüßen. Man muß sie einmal im sonntäglichen Staat gesehen haben, wenn sie ganz übergossen mit Frühsommerschein daliegen, umschwirrt vom Summen vieler Glocken und vielfarbig gesprenkelt in der lustigen Buntheit der heimischen Trachten. Wenn dann Sankt Nabor »im roote Roeckel« heraufglänzt, und von Barr herüber die Anwohner dieses weinfrohen Winkels mit den gefüllten hölzernen Gefäßen ins sonntägliche Land hinauspilgern, dann mag sich dieses Bild reichen landschaftlichen Segens wohl wie in Adolfs schönem Gedicht in die Vision der heiligen Odilia zusammendrängen, der alten Schutzpatronin des Landes, wie sie, mit beiden Händen Segen ausstreuend, durch ihr geliebtes Elsaß hinschreitet:

> Sie winkt, – sie gitt es jetz de Säje, –
> Verschaicht de-n-Aescher un de Wurm, –
> Sie sprenzt es d'Reeb mit Maieräije,
> Und d'Schoessle nimmt sie in de Schurm.
>
> Un d'Heljestaaner Schwaelmelneschter,
> Die hüet sie wie ihr aijes Kind;

Mit Mooscht fuellt sie im Bür de Treschter
Wenn em d'r Blitz in d' Haibuehn zind.
Un dhuet d'r Wind e-n-Aeschtel knigge,
Ze haalt's »d'Uedilli« wiedder zue,
Wenn d'Spatze Drïwelbeere bicke,
Schickt sie de Sperwer glich derzue.

Denn Sorri hebbt sie uewer's Laendel,
'S isch d'Mueder, – un i wett sie hett
D'Ishailije bim Sürkrüttstaendel
Im Kloschterkeller an d'r Kett.
De Bangraz fuehrt sie am e Zeijel,
De Serwaz pfetzt sie wie e Grott,
Un stutzt im Bonifaz de Fleijel,
Wenn »der« as uewer's Mïrel wott.

Ist die vielbesungene Schutzpatronin des Elsasses jemals begeisterter, gläubiger und zugleich menschlich vertrauter gepriesen worden? Und wie köstlich schickt sich hier in den Ton des Ganzen die Schilderung, wie sie, die sonst in blassen Strophen unwesenhaft Gefeierte, als resolute Hauswalterin ihr Gesinde im Zaum hält und im Klosterkeller die bösen Eisheiligen vor schädlichem Ausbrechen bewacht. Man denkt etwa an Gottfried Kellers so prachtvoll menschliche Legenden, wo die heiligen Gestalten aus der kühlen Entrücktheit ihrer legendarischen Ferne in alle Traulichkeit und Wärme des deutschen Bürgerhauses herniedergezogen sind. Kellers feine Schalkhaftigkeit und graziösen Humor darf man freilich bei Matthis nicht suchen. Hier ist alles derber, gröber und weniger ins Geistige erhoben. Sensibilität liegt ja überhaupt der robust gesunden Veranlagung dieser Dichter fern genug. Sie sind unberührt geblieben von der Gefühls- und Nervenverfeinerung der Gebildeten unserer Zeit. Und als echte Elsässer sind sie gänzlich unsentimental. Ihre fest zugreifende Art, die auch die tragischen und erschütternden Seiten des Lebens mit ruhiger Gelassenheit hinnimmt, mag für schwächliche Gemüter zuweilen fast das Rohe streifen. Tatsächlich sind sie gesunde und tätige Naturen, viel zu fest im Wirklichen haftend, um sich lange mit unnützen Träumen und Gefühlsregungen abzugeben. Dabei sind sie nicht etwa unbesinnliche Menschen, vielmehr – vor allem Albert – oft von einer tiefen und überraschenden Nachdenklichkeit, und das Bild des Todes ist ihnen wie allen Menschen des tätigen Lebens vielfach vertraut und nahe. Nur daß es ihrer kräftigen Daseinsfreude nicht viel anzuhaben im Stande ist, mag immer der Gedanke, daß auch ihnen die alte Münsterglocke einmal nicht mehr läuten wird, vorübergehend ihr helles Lebensgefühl herabstimmen. Und sie halten es wie die Totengräber in Adolfs Gedicht, die in dem unerschütterlichen Gleichmut ihrem traurigen Handwerk gegenüber nicht unwürdig ihrer berühmten Vettern, der Totengräber im Hamlet, erscheinen, mit einer ausgesprochen diesseitigen Philosophie:

> Lonn kaan grueni Blueme falle,
> Bringe-n-em am letschte Daa
> Liewer noch e Hammelsqualle
> Oder e Kranz Serwilla.

Irdischen Freuden klingt das Lied dieser Dichter, und auch das unverhüllt Materielle hat in dieser herzhaften und so ganz unverzärtelten Lebensbetrachtung seinen Platz. Ein Gedicht Alberts, das eine winterliche Fahrt von Niederbronn ins Jägertal besingt, gilt fast ausschließlich dem Preise nahrhafter Magenstärkung, und über den Hymnen, die all den trefflichen Gerichten gesungen werden, kommt das landschaftliche Bild entschieden zu kurz. Da wird etwa das von altersher seiner Küche wegen berühmte Hotel Matthis in Niederbronn mit den Versen apostrophiert:

> »Villa Maddis«, schoener Namme,
> (Mauedroeschter, wenn de witt,)
> Denn sie isch fur uns was d'Mamme,
> Wo im Kind noch's Duettel gitt,
> Nur am Biberon sim Spunde
> Henkt der Schellack wie e Klaett,
> In d'r Bäbbsauce schwimme d'Schrunde
> Vum e Kalbskopf zierli nett.

Oder die Aufforderung zum Mahl findet so drastischen Ausdruck wie in den Versen:

> Als derzueghuckt! nit lang griwle,
> Mitte in de grosse Schwarm,
> Kerwelkrütt un frischi Ziwwle
> Genn d'r Fleischsupp stolz de Arm,
> Gfuellti Blatte, alli Sorte
> Wickle mer jetzt uewer's Rad,
> Kalti, warmi, zammt de kochte,
> Alles keijt in d'naemli Laad.

Nicht zu vergessen natürlich des guten Tropfens, der auch außerhalb der traditionellen »Bardhie in de Neije« beim rechten Elsässer nie fehlen darf:

> Un d'r Durscht! – denk i an zelle, –
> Mini Zung hett schwer gelutscht,
> Fascht e Dutzed Winbudelle
> Sin uns uewer d'Zaehn gerutscht.

Dieses Gedicht, eines der ältesten der ersten Sammlung, ist übrigens darum bedeutungsvoll, weil es Alberts poetische Gestaltungskraft auf frühester Stufe zeigt und seine Herkunft vom einfach referierenden Gelegenheitsgedicht erkennen läßt. Es ist noch ganz kunstlos, ganz unstilisiert, ohne alles Gefühl für den notwendigen Abstand der dichterischen Schöpfung von der Realität des Erlebnisses. Die Unbedenklichkeit, mit der hier die einzelnen Etappen des Verlaufs, so wie sie sich dem raschen Geist des Dichters aufdrängen, aneinandergereiht sind, ohne den Versuch einer künstlerischen oder logischen Anordnung, ist so fern von »Literatur«, daß diese Verse förmlich nach dem mündlichen Vortrag rufen und jedenfalls erst durch die Rezitation, wo Betonung und Gebärde über manchen Sprung im logischen Gebäude hinweghilft, zur eigentlichen Wirkung kommen. Bis zu einem gewissen Grade gilt das freilich von allen Matthisschen Gedichten, wie ja nicht zufällig beide Brüder vortreffliche Rezitatoren ihrer Verse sind. Sie alle danken ihre frische und plastische Unmittelbarkeit nicht zum wenigsten dem Mangel an »Stil«, und es ist immerhin merkwürdig, zu wissen, daß tatsächlich keines der Matthisschen Gedichte, wie doch heute die überwiegende Mehrheit aller lyrischen Erzeugnisse, unmittelbar »auf dem Papier« entstanden ist, sondern daß alle diese Verse im Sprechen konzipiert sind und erst niedergeschrieben wurden, nachdem sie im lauten Vortrag gewissermaßen die Probe ihrer Eindruckskraft bestanden hatten. Immer bleibt es so das gesprochene Wort, das mit aller Nähe und Eindringlichkeit der mündlichen Rede aus den Gedichten der Matthis zu uns spricht und das zur schriftlichen Aufzeichnung nur als zu einem unvermeidlichen Notbehelf greift. Das muß man sich gegenwärtig halten, um manche Derbheit, die wohl der mündlichen Sprechweise verziehen werden mag, richtig zu bewerten. Daß überdies auch bei allem Derben und Massiven der Dialekt recht eigentlich der Führer und Verführer ist, braucht kaum noch gesagt zu werden. Die elsässische Mundart, der von je die kräftige Drastik des Ausdrucks in viel höherem Maße eignete als die Fähigkeit weicher lyrischer Akzente – wobei um so erstaunlicher die Wirkungen diskret-stimmungshafter Art bleiben, die namentlich Albert oft aus dem spröden Material zu holen weiß – bestimmt hier den derb-realistischen Charakter des Vortrags, ebenso wie sie zusammen mit der Lebenssphäre, der die Dichter zugehören, der Phantasietätigkeit die bestimmte Richtung weist.

Goethe hat von Hebel gesagt, er »verbauere« das Universum. Das heißt doch nur, daß der schwäbische Dichter in vollkommenster Weise aus der Sprache und dem Vorstellungskreise seiner bäuerlichen Umgebung herausschafft und sich überall ganz naiv den Standpunkt des einfachen und kindlichen Menschen zu eigen macht, der alle Dinge um sich her auf sich bezieht und von sich aus deutet. Bei den Matthis mag man oft Ähnliches beobachten. Auch sie stellen häufig genug mit einer köstlichen Unbefangenheit Gott und die Welt in ihren kleinbürgerlichen Lebensbezirk, um dann gleichsam mit gewohntem Hausrat dreist und lustig zu schalten. Daraus ergibt sich denn bei der untrüglichen Sicherheit des Beobachtungsvermögens, das diese Dichter auszeichnet, oft eine Symbolik, die ihren Gegenstand mit eben so drolliger wie scharfer Anschaulichkeit auszudrücken vermag. Schon jene frühen lustig--unbehilflichen Verse, in denen Albert im ersten Bändchen die auszeichnenden Merkmale der vier Jahreszeiten, etwa in der Manier der alten Priameln mit vielen aneinander gereihten Vordersätzen und einem sie zusammenfassenden Schlußsatz, besungen hat, zeigen Spuren eines solchen ganz naiv aus dem bürgerlichen Umkreis schöpfenden Symbolismus. Drastisch genug war da etwa der Beginn der Sommerzeit damit angezeigt, daß »d'r Wald de Büch nüsshebbt«, oder es hieß von der winterlichen Natur: »S'Feld un d'Matte lejt in Gichter«. Als eigentlichen Meister dieser Art von Natursymbolik aber hat man seit seinen letzten erst nach Herausgabe der beiden Bändchen hervorgetretenen Publikationen Adolf anzusehen, dessen später und langsamer gereiftes Talent hierin seine reichste Entfaltung gefunden hat. Adolf als der weniger Lyrische ist nicht wie der Bruder von der Landschaft, sondern vom keck hingeworfenen Genrebild, von der flotten Zeichnung altberühmter Straßburger Typen ausgegangen. Was er aus diesem Bereich mit kräftig zufassender Charakteristik hingeworfen hat, ist in seiner Art vortrefflich, mag er nun die »Doodedräjer« in ihrem schwarzen »Lappeschwanz« malen oder die für Straßburg so wichtige »Gaensstopfere«, eine vagierende »Koerebmachersfamilli« oder die gefürchteten und mißliebigen Zigeuner, den Schweitzer vor der Münsteruhr oder den jetzt leider von seinem »süre Brot« verdrängten »Commissionär«. In seinen letzten Gedichten nun ist alles das, was diese kleinen Augenblicksbilder so reizvoll machte, kecke Erfassung des charakteristischen Momentes und packende Drastik der Pinselführung, aufs glücklichste dem Landschaftlichen zugewendet. Ganz unvermerkt wird hier die Natur der derben Gemächlichkeit des kleinbürgerlichen Daseins einbezogen, erfährt die Landschaft eine gänzlich unfeierliche Symbolisierung, die ihre Zeichen den Lebensbedingungen jener behaglich-herzhaften Sphäre entnimmt. Dabei weiß diese nicht etwa von außen hereingetragene, sondern von innen her die Dinge durchdringende Symbolik so scharf das Eigentümliche ihres Gegenstandes hervorzuholen, daß Bild und Ausdruck den innersten Geist der Landschaft auszusprechen scheinen. Da heißt es etwa vom Mond, der über dem alten Stadtviertel hinten am Zornmühlengießen aufsteigt:

> Wie gschbaessi schmatzt 'r üs'm Spalte
> Vun dere Wolik, mit d'r Zung, –
> Er streckt sich z' Morjes zue de-n-Alde
> Un z'Owes wurd'r widder jung.
>
> M'r maant, er gschbirt, mer müehn 'ne brüche,
> Schunsch kummt kaan Naachtruej d'Stadt erin, –
> Er sieht, dhuet er uff d'Schaffbrill hüche,
> Grad so wie e Professor drin.
>
> Aha, do kummt 'r jo ze schlaepple, –
> Mit Alle will 'r in's Geredd, –
> E Bluttkopf ohne Ohrelaepple
> Wo d'Raenk un d'Stoess im Schtrüwwel hett.

Oder es wird das Hereinbrechen der Johannisnacht mit einer auch das Trivialste nicht scheuenden und doch so unnachahmlich lebendigen Bildlichkeit gemalt:

> Stracks üs d'r Hoell kummt d'Sunn ze dahle, –
> »D'Ismaenner« sin am Brenndewin, –
> De Deifel zeije d'Sunnestrahle
> Am Waddel in's Gewoelik nin;
>
> D'Schaid dhuet d'vier Wind in's Boxhorn hetze, –
> Wenn hinnicht d'Naacht de Morje saijt,
> Heisst's Früejohr uff de Haafe setze
> Un für e Dür in's Bett gelaijt. – –
>
> Jetz schnappt d'r Daa – wo d'Züendwüerm zucke
> Schlupft üs'm Dudder d'Kanzdi 'rüs, –

Die Brüder Matthis

> D'r Mond dhuett nuff uff d'Reizel hucke
> Un dââlt as Pfedder d'Sterne üs.

Und wie ist die sonnige Klarheit eines goldenen Septembertages in dem schönsten dieser Gedichte, »Drüss uff 'm Gloeckelschberri«, festgehalten:

> Im kloore Daa steckt e Gelüeschtel,
> Am Wald dort gitt in aam Dhuen furt
> »D'Uedilli« im »Sant Schaggobb« 's Brüeschtel, –
> I gschbier wie's mier aa grawli wurd;
> I will de Wind in d'Schlüepf begleite,
> Nüss an de Draasack vun d'r Ehn, –
> Aan Acker um de-n-andre waide, –
> De Bluescht vun unsrem Laendel sehn.

Deutlicher fast noch als früher, wo nur die Verschiedenheit der Stoffwahl eine äußerliche Abgrenzung schuf, heben sich nun, wo sie sich auf gemeinsamem Boden der Landschaftsschilderung getroffen haben, die literarischen Physiognomien der beiden Brüder voneinander ab: Albert weicher, kontemplativer, im Landschaftlichen dem Bildhaften zustrebend und immer suchend, die zerstreuten Einzelzüge zur Einheit zusammenzurunden, Adolf der spezifisch lyrischen Begabung des Bruders gegenüber eher zum Dramatischen neigend, alles Gleichzeitige in eine Folge rascher Bilder zerlegend, alles Nebeneinander in Bewegung und Handlung auflösend. Daß sich die Eigenart ihres dichterischen Stils, bei aller Enge des Zusammenlebens und -wirkens solchermaßen erhalten, ja im Laufe der Jahre vertieft hat, ist nicht das geringste Zeugnis für die Echtheit ihrer poetischen Begabung.

So gehen sie ihren Weg, unbekümmert um flüchtige Augenblickswirkung, jeder für sich und doch stets die Gemeinsamkeit des Zieles vor Augen: in ihren Versen ein Denkmal zu schaffen der geliebten elsässischen Mundart, die ihnen teures Vermächtnis der Väter und Ausdruck und Symbol alles dessen ist, was ihre Herzen mit der elsässischen Heimat verbindet, und was es gilt, in treuhütender Liebe zu bewahren:

> S'hett uns am Erbstüeck vun de-n-Alde
> An unsrem aijene Laendel do
> Kaan Müs kaan Faade abzebisse, –
> Vor unsrem Elsass d'Kabbe ab, –
> Un wenn mer's noch so hoch dhuet schmisse,
> Ze fallt's wie d'Katz uff d'Baan erab.

WENN MAN HEIMKOMMT

Man sollte nie über Dinge reden, außer solange sie einem fremd sind. Solange man sie noch mit den hellen, offenen Augen sieht, mit denen Kinder sehen, denen alles Überraschung ist und Erlebnis und Wunder. Den Eifer und die Neuheit der ersten Betrachtung ersetzt kein noch so eindringliches Studium, und der Unbescheidene, dessen Erkenntnisdrang die letzten Schleier von den Dingen reißt, steht am Ende betrogen vor einem entgötterten Bild. Einzig der Heimgekehrte genießt die Dinge vielleicht noch intensiver, mit einem noch stärkeren Glücksgefühl als der, dem sie sich zum erstenmal geben. Ihm scheinen sie in der Vertrautheit des von lange her Bekannten und in der neuen Unmittelbarkeit des zum erstenmal Geschauten. Ihm sind die alten Dinge neu wie etwas Fremdes und doch geheimnisvoll nahe und heimlich durch altes Erleben und die Erinnerung so vieler Tage.

Man kommt zurück, nach langen Wochen des Fernseins, irgendwo vom Lande her oder aus großen Städten, man trägt den Rhythmus eines anderen Lebens im Blut, eines leiseren, versonneneren oder eines heftigeren, bewegteren. Und fühlt sich nun plötzlich wieder eingefangen von einem Leben, das einen mit aller Verführung langer Erinnerung umschmeichelt und das man doch wie etwas Neues, Erstmaliges mit neugierigen Sinnen behorcht.

Kommt man nach Straßburg heim und hat man sich erst wieder ein paar Stunden, Tage in der alten Strömung treiben lassen, so fühlt man mit leiser Beglückung, wie stark der Zauber dieser Stadt ist, wie unverlierbar ihr Rhythmus und Stil. Man geht unter den Kastanien am Broglie, die jetzt um die Osterzeit ihre dicken grünen Knospenbündel dem Frühling entgegendrängen. Man steht auf dem Kleberplatz und schaut über die hohen Dächer auf das Münster, das groß im graurroten Licht herüberfunkelt. Man fährt im Tram die geliebten Staden herauf, am alten Schloß vorbei und den Waschpritschen und den lustigen Giebelhäuschen und den stillen, vornehmen Patrizierhotels und dem Stift und der Kirche von St. Thomas, deren Silhouette so ergreifend aus dem klaren Abendhimmel des Frühlings steigt. Und man sieht die ganze Stadt durchzogen, geteilt, verbunden, umwärmt von den gemächlich fließenden Wassern der Ill ...: »La souriante et bourgeoise Venise.« Und plötzlich fällt einem ein, was man in Brüssel vermißt hat, was einem gefehlt hat, trotz der Gudula und der Grand' Place, die wie ein kleines Wunder in der Beschirmung ihrer goldenen Figuren steht, trotz den eleganten Avenuen, den lebhaften Boulevards und der nahen Schönheit des Bois: das Wasser. Gibt es eine Schönheit der Städte ohne Wasserläufe? Paris ohne die Seine und die vielen Brücken und die abendliche Bezauberung der Quais? London ohne die Pathetik der Themseufer mit Westminsterbridge und der langgezogenen Front des Parlamentshauses und den Türmen von Westminster-Abbey dahinter? Straßburg ohne seine Illarme und die Staden, die in ihrem Kleid so hell sind von Leben und Gegenwart, so ferne jener schwermütigen Romantik, die etwa im wasserreichen Brügge alle Melancholiker der Weltliteratur zu getragenen Hymnen inspiriert?

Ist man dann erst dem Straßburger Leben selbst wieder näher gekommen, hat man erst wieder in einem der hübschen, kleinen Weinstübchen gesessen, sein »Scheppl« Ottrotter getrunken, mit dem Wirt geplaudert und vom Nebentisch her den lang entbehrten

Gutturaltönen des Stroosburjer Ditsch gelauscht, so fühlt man unverändert die vollkommene Harmonie dieses Lebens mit dem Stadtbilde. Hat wirklich die übermäßige und plötzliche Zufuhr altdeutschen Blutes die Einheit der elsässischen Seele für immer zersetzt, wie schwarzseherische Propheten meinen? Ist der Elsässer wirklich sich selber entfremdet, seinen Traditionen entzogen, ein »exilé« seines eigenen Wesens? Ist der elsässische Typus wirklich in Gefahr, sich zu verwischen, sich zu verlieren, dem fremden Andrang zu erliegen? Man braucht, um weniger pessimistisch zu denken, nicht aufs Land zu gehen, in die Ebene, in die Vogesentäler, in die Kleinstädte, von altersher die stillsten und treuesten Hüter der elsäss*ischen* Eigenart, die endlich wieder bewußt sich regt. Auch Straßburg ist weit, weit davon, zu »verpreußen«. Auch in Straßburg ist der wahrhaft Herrschende nicht der altdeutsche Militär, Beamte, Professor, sondern der alte, unverwüstliche »Steckelburjer«, der viel zu lebenskräftig, viel zu instinktsicher ist, um sich wirklich unterkriegen zu lassen, und dem alle politischen Wandlungen nichts anzuhaben vermocht haben. Er hat seine alten Lebensgewohnheiten, seine traditionellen Liebhabereien, sein unerschütterliches Temperament. Der immer hier Weilende mag manchmal um die Reinerhaltung elsässischen Wesens in Sorge sein. Der nach längerem Fernsein Heimgekehrte fühlt das unzerstörbar Zähe des elsässischen Charakters, fühlt die Unvergänglichkeit der weicheren, lässigeren, westlichen Luft, die hier um alle Dinge webt.

EIN WUNSCH

Man könnte besorgen, das 40jährige Jubiläum der Annexion fände außer bei gewissen berufsmäßigen Pflegern eines reichsfreudigen Optimismus mehr oder weniger verschlossene Türen. So wenig scheint auf den ersten Blick in der langen Zeit getan. Gegensätze bestehen nach wie vor in alter Kraft, scheinen vielfach eher ge-

Ein Wunsch

schärft als gemindert. Eine Spannung ist da, die alle Augenblicke zu den merkwürdigsten Explosionen führt. Man denkt der allerhand Mißlichkeiten der letzten Monate, der peinlichen Zusammenstöße zwischen Eingesessenen und Eingewanderten, der Taktverletzungen und Ungeschicklichkeiten hüben und drüben. Dazu der Zweifel über das Schicksal der Verfassung – Gründe mehr als genug, um in den Begeisterungstrank des Festes eine beträchtliche Dosis Skepsis zu mischen.

Aber wenn irgendwo, so trügt hier der Dinge äußerer Schein. Und während man noch mit halbem Ohr den Ergüssen einiger cholerischer Herren lauscht, die gar zu gerne glauben machten, der Ausbruch ihres leicht erhitzten Temperamentes sei die Resonanz der Stimmung eines Landes, wird man, schärfer zublickend, gewahr, daß diese Apostel vor geleerten Bänken ihre Laienpredigt sprechen, und daß indessen das elsässische Volk, der Propheten rechts und Propheten links müde, in ruhiger Instinktsicherheit sich seinen eigenen Weg gesucht hat. Dieser Weg bedeutet nichts anderes, als die Erschaffung des elsässischen Partikularismus. Das scheint auf den ersten Blick nichts Neues. Ein schon seit langem in Kurs gesetztes Schlagwort und dazu noch eines, das hüben und drüben (mit gewissen Beschränkungen und unter gewissen Voraussetzungen) gleich sympathisch aufgenommen wurde, um übrigens alles beim alten zu lassen. Aber es ist nicht dieser Zwitter von Partikularismus und verstecktem Nationalismus, den wir meinen. Stillschweigende Bedingung seiner Anerkennung war für beide Seiten die Orientierung nach einem großen Kulturzentrum, sei es nun Deutschland oder Frankreich. Und Voraussetzung blieb immer die These, daß elsässisches Wesen nur im Schatten einer einzigen höheren Gesamtkultur gedeihen könne. Alles, was das elsässische Volk an Kulturwerten hervorgebracht, sei entweder auf deutschem oder französischem Boden gewachsen.

Schon für die älteste Zeit vertrüge dieser Satz vielleicht mancherlei Einschränkungen. Das Elsaß war als Grenzland von jeher der Berührung mit der Nachbarkultur ausgesetzt. Hier dichtete im 13. Jahrhundert Gottfried den Tristan, seiner Form und seiner Geistigkeit nach das französischste der großen mittelhochdeutschen Epen. Die Geschichte der elsässischen Literatur, unter dem Gesichtspunkte dieser Beeinflussung, bliebe noch zu schreiben. Scherer hatte dafür in der Begeisterung der 70er Jahre keinen Blick. Was die geographische Lage vorbereitet hatte, vollendet das politische Geschick. Im 17. Jahrhundert geht durch die Schwäche des Reiches das Elsaß für Deutschland verloren. Als es 200 Jahre später gewaltsam zurückerobert wird, ist dem durch die Revolution und die Napoleonischen Kriege geweckten französischen Nationalgefühl lange auch die kulturelle französische Durchdringung – mindestens für die kulturell maßgebende bürgerliche Oberschicht – gefolgt. Werner Wittich hat die Zusammenhänge dieser Entwicklung feinsinnig aufgedeckt. Die seit der Annexion vordrängenden deutschen Einflüsse, die Werbekraft der großen deutschen Institutionen, an denen der Elsässer gezwungen oder freiwillig teilnimmt, andererseits der bewußte und organisierte Widerstand, den die allzu hastige Propagierung des Deutschtums bei einem um Erhaltung des französischen Kulturbesitzes bemühten Teil der elsässischen Bevölkerung findet, wirken zusammen, um die geographisch und geschichtlich bedingte Komplexität elsässischen Wesens zu schärfster Prägnanz zu steigern. Nur daß sie bisher sich fast ausnahmslos getrennt, in einzelnen Individuen und Gruppen gespalten, geäußert hat. Aber die junge Generation, der Kriegserinnerung ferner, weniger geneigt zu der Unbedingtheit ausgesprochener Parteinahme, schafft sich aus der alten Not eine neue Tugend und sucht beide Elemente in sich zu fassen, immer das Ideal einer zukünftig zu vollziehenden Synthese vor Augen. So entsteht der neue elsässische Partikularismus, der die gänzliche Unterordnung unter eine der beiden großen Kulturen ablehnt und allen nationalistischen Verwaltungsversuchen beider Seiten gegenüber das Recht des Elsasses auf seine Sonderart behauptet, wie sie aus geographischen und historischen Bedingungen entstanden ist. Eine kluge deutsche Politik möge diesen jungen Partikularismus hegen und fördern. Dem Reiche selber wird aus ihm ein tieferer Gewinn erwachsen, als aus einer vorschnellen Eindeutschung.

Nicht das kann das Ziel und die Aufgabe des Elsasses sein, in restlosem Aufgehen im Deutschtum seine so reizvolle Individualität auszulöschen, vielmehr sie immer bewußter auszubilden und Deutschland zu bereichern durch Zubringung einer neuen Wesenart, wie sie in solcher Gestalt nirgends anders möglich ist und die nichts ist als der elsässische Charakter selber. Das scheint mir der beste Wunsch für das heutige Jubiläum.

Hans Karl Abel: Die Elsässische Tragödie. Ein Volksroman. Berlin 1911.

Abels »Elsässische Tragödie« ist in viel eigentlicherem Sinne ein elsässisches Buch als Lienhards Weltanschauungsroman. Es will mehr geben als nur die äußeren und inneren Geschicke einer elsässischen Familie durch vier Generationen. Schicksal und Leiden eines ganzen Landes sollte eingefangen werden im Spiegel dieser Familiengeschichte, die von den Tagen der Schlacht bei Waterloo bis zur Gegenwart heraufgreift. Eine dichterische Lösung des elsässischen Kulturproblems sollte dieser Roman werden – nicht mehr und nicht weniger. Darum führt seine Handlung von den politischen Kämpfen und Bedrängnissen hinüber zu jenen stilleren, aber nicht minder tiefen und schmerzhaften Erschütterungen, die sich als eine lange nachwirkende Folge der äußeren Machtverrückung im Inneren der Familien vollziehen. Wohl läßt Abel seine Luise Wodey, die zur Kriegszeit als Erzieherin in einer Straßburger Familie weilt, alle Beängstigungen und Schrecknisse der Belagerung miterleben. Wohl malt er die Verzweiflung, den Haß und den Jammer, den die Belagerung über die Stadt bringt und stellt vor dunkle Bilder von Zerstörung, Verarmung und Tod. Aber alles dieses ist nur ein Vorspiel, Auftakt zu dem eigentlichen Thema, und die wahre elsässische »Tragödie« beginnt erst nach dem Krieg. Erst nach dem Krieg ergeben sich jene Konflikte, die so ganz elsässisch sind, weil sie aus Charakter und Schicksal des Landes selber hervorwachsen. Und auch dann noch nicht unter denen, die noch ganz Partei sind, die alles was von der Seite des Siegers kommt, nur mit den Augen des Hasses zu sehen vermögen. Nicht unter den Alten, die scheinbar unberührt von der eingetretenen Wandlung sich durch starre Abschließung und leidenschaftliche Pflege der teuren Erinnerungen behaupten, sondern unter der jüngeren Generation, die jene ungeteilte Sicherheit des Gefühls verloren hat, die nicht mehr zu hassen vermag und noch nicht zu lieben gelernt hat, die sich in der Bedrängnis des Neuen und Alten nicht zurechtzufinden weiß, unter ihnen, den wahrhaft Entwurzelten, die nicht mehr den starken Rückhalt persönlicher Verknüpfung mit dem alten Vaterlande besitzen und doch auf Schritt und Tritt sich umgeben fühlen von den Zeichen einer geliebten Vergangenheit, die durch Leben, Sprache, Bildung hundertfältig mit der deutschen Gegenwart in Berührung gesetzt sind und doch nicht vermögen, sich dieser neuen Gegenwart frei und voll hinzugeben, weil die Vergangenheit über ihnen ist wie eine dunkle Drohung und Beschwerung. »Es sind die Allerteuersten, die Allerwahrhaftigsten, die Allerbesten! Ihnen klingt die Erinnerung an die Mutter in der edlen Sprache des Nachbarlandes, und deutsche Kunst und Wissenschaft werben, wie eine zweite Mutter, um ihre Herzen. Hier ein Stück Heimat, dort ein Stück Vaterland, nichts Ganzes, nichts Eigenes! Stiefkinder denen gegenüber, die ihre Heimat in einem großen Vaterlande haben. Mißverstanden, unglücklich, in sich zersplittert. Sie sind die Opfer, von denen niemand spricht.« Hier hat Abel mit feinen Händen an die tiefste Tragik des Elsaß gerührt. Er hat gefühlt, daß nicht die ihres Hasses wie ihrer Liebe unwandelbar Sicheren, die vorbehaltlos einer Partei Zugehörigen die schwersten seelischen Kämpfe zu bestehen haben. Partei ist immer Sicherung, Beruhigung, Rückhalt. Aber die am tiefsten Leidenden sind diejenigen, die inmitten des Kampfes stehen, und deren sensibleres Gewissen es doch nicht vermag, bedinglos Partei zu nehmen. Die, in denen eine starke Sehnsucht brennt nach Anschluß, Hingabe, Geborgensein, Aufgehen in einer großen Gemeinschaft, und die doch dieses beglückende Zugehörigkeitsgefühl nirgends zu finden wissen, die dem Vorurteil und der Leidenschaft beider Seiten Entfremdeten, die heimatlos und ihrer selbst ungewiß Irrenden. Dieses schmerzlichste elsässische Problem wollte Abels Buch aufzeigen und in dem letzten Sproß der Familie Wodey zur Lösung führen. Der Elsässer Jörg Euler, dem vom Ahnen her französisches, vom Vater her deutsches Blut in den Adern fließt, der in Norddeutschland erwächst, und den doch das Herz mit unbezähmbarem Trieb in die elsässische Heimat zurückruft, Jörg Euler sollte noch einmal alle Peinigung und Verworrenheit dieses elsässischen Konfliktes in seinem Schicksal verwirklichen. Aber ihm, dem Angehörigen einer jungen, unbefangeneren Generation, sollte die Erfahrung des Leidens am Ende das Gegensätzliche versöhnen. Und von seinem Sieg sollte ein Licht fallen auf den Weg, der das Elsaß aus der verzehrenden Umschnürung jenes heimlichen Kampfes ins Freie, in die Zukunft führt. Noch Luise Wodey war dem Auf und Nieder der feindlich werbenden Stimmen erlegen. Dem Elternhaus durch die Heirat mit einem Altdeutschen entzogen, dem einst geliebten Mann von Jahr zu Jahr sich tiefer entfremdend, war sie hingegangen, einsam und mit verängsteter Seele, ohne in sich einen Ausgleich der widerstrebenden Gefühle zu finden. Aber Jörg Euler, ihr Sohn, ist aus kräftigerem Holz. Er ist stärker, unabhängiger, der aufreizenden Erinnerung des Krieges um ein Menschenalter ferner. Er holt sich die Kraft zur Erhebung über den Hader der Parteien aus der Erkenntnis und Verfolgung einer großen Aufgabe, die sich ihm in schmerzlichem Erleben offenbart hat. Jener Aufgabe, von deren Verwirklichung alle zukünftige Entwicklung des Elsaß abzuhängen scheint, und an deren Vorbereitung schon jetzt jeder im kleinen mitzuhelfen vermag: die beiden Völker, an die das Elsaß als Grenzland und durch die Besonderheit seines politischen Schicksals mit Banden der Liebe und Dankbarkeit geknüpft ist, einander näher zu bringen, jene törichte und schädliche Imagination vom »Erbfeind« zu verscheuchen und auf ein freies und offenes Verständnis und Anerkennen der gegenseitigen Vorzüge hinzuarbeiten. Erst wenn einmal dieses Ziel erreicht ist, und nicht mehr beschränkter und hetzerischer Nationalismus von beiden Seiten den Elsässer, der sich gerne seiner zwiefachen kulturellen Verschuldung bewußt bleibt, aufreizt, wird auch das Land endlich zur Ruhe kommen. »Schau, Großvater«, sagt der junge Jörg Euler zu dem alten Wodey, der sich seit einem peinlichen Auftritt mit einem altdeutschen Beamten, mit leidenschaftlicher Verbitterung auf seine französischen Erinnerungen zurückgezogen hat, »aus Paris kam unlängst ein vornehmer Franzose zu uns in die Klinik, der wollte sich von unseren deutschen Professoren behandeln lassen, weil er ein so großes Zutrauen hatte in die deutsche Wissenschaft, zu unseren deutschen Ärzten. Der hat einmal mit mir gesprochen und hat sich darüber gewundert, daß es hier im Elsaß noch Leute gibt, die ihre Freude daran haben, die alte Zwietracht zu nähren, während sich über unsere Köpfe hinweg Frankreich und Deutschland immer näher zu kommen trachten. .... Wie mir der Pariser sagte, gibt es in Frankreich viele, viele Menschen, die sich nach einer friedlichen Annäherung sehnen. Und weil so auf beiden Seiten die Besten einander freundschaftlich zu begegnen suchen, glaube ich an eine zukünftige Versöhnung beider Länder, zwischen denen wir uns hier in diesem argen Zwiespalt befinden.« Bei dieser zukünftigen Verständigung und Versöhnung aber scheint ihm das Elsaß vor allen zum Mittleramt ausersehen. Das Elsaß, in das aus beiden Völkern wertvolle Kulturelemente hinübergeflossen sind. Das Elsaß, in dem jetzt noch Gegensätzliches so oft hart und scheinbar unversöhnlich aufeinander stößt, dem es aber eines Tages gelingen muß, das Widerstrebende zu verarbeiten, die widerspenstigen Teile zu einer neuen Einheit zusammenzufassen, alles was an kostbarem Stoff in ihm ruht, mit energischer Bewußtheit aufzuheben, aneinanderzufügen und damit sich selbst zu freiester Entfaltung aller seiner Kräfte zu steigern. Nur solange diese Bindung noch nicht oder nur unvollständig vollzogen ist, bleibt der »Mischkultur« etwas Fragwürdiges anhaften, etwas Schwankendes, Unschlüssiges, dem Hin und

Her der Parteiungen Preisgegebenes. Aber sie wird Reiz und Überlegenheit in dem Augenblick, wo die Allgemeinheit zur Besinnung kommt, daß jene »Eigenart«, auf die sich der heute so viel berufene elsässische Partikularismus stützen muß, nichts anderes sein kann als die Summe von Veranlagung und Schicksal, als das natürliche Temperament des Volkes, gehoben, modifiziert, gewandelt durch die ganze Kette seiner Erfahrungen und Geschicke, seiner Aufschwünge und Leiden. Warum sollte Mischkultur etwas Verwerfliches sein? Alles Feinste und Letzte ist noch immer aus Mischung gezogen worden, und nur vierschrötige Germanisatoren können wünschen, das, was das Elsaß unter französischer Herrschaft an wertvollem Kulturbesitz aus dem Nachbarland sich zu eigen gemacht hat, bei Stumpf und Stiel auszurotten. Nicht um ein unmäßiges Heraustreiben bestimmter Perioden der elsässischen Geschichte, um ein willkürliches Verdecken anderer kann es sich handeln, vielmehr um die Zusammenfassung alles dessen, was aus der gesamten elsässischen Vergangenheit noch wirkungsfähige und zukunftkräftige Keime in sich birgt.

Abel hat nichts neues entdeckt, als er dem Elsaß in der zu erstrebenden Verständigung zwischen Deutschland und Frankreich die Mittlerrolle zuwies. Andere haben das vor ihm gefunden und ausgesprochen. Aber es bleibt immerhin wertvoll, daß hier einmal von dichterischer Seite zielbewußt auf diese höchste und sicherste Erledigung der »elsässischen Frage« hingewiesen wurde, nachdem der elsässische Roman bisher nur zu oft den Tummelplatz für nationalistische Voreingenommenheit abgeben mußte. Schade nur, daß dem richtigen Takt, mit dem Abel der Beurteilung der elsässischen Verhältnisse gegenübertritt, kein gleichwertiges Formungsvermögen zur Seite geht. Auch bei Abel wie bei Lienhard versagt zur dichterischen Erfüllung der Aufgabe letztlich die gestaltende Kraft. Auch seinem Helden mag man die »schweren inneren Kämpfe« nicht glauben, wie sehr auch der Dichter dazu bereden möchte. Georg Euler ist keiner von jenen Heimatlosen der Seele, von jenen Suchenden, unschlüssig Hin- und Hergeworfenen, die aus der Zerspaltung ihres Gefühls nach beiden Seiten sehnsüchtige

Hände ringen. Er hat sehr viel Sicherheit, sehr viel klare Bestimmtheit, lange bevor ein tieferes Erleben wirkend und wandelnd über seinen Geist Macht gewinnt. Er ist sich im Grunde über die Beurteilung der elsässischen Verhältnisse im reinen, schon bevor er selber ins Elsaß kommt. Seine früh gefestigten Überzeugungen erfahren durch die Konflikte, in die der ins Elsaß Heimgekehrte gezogen wird, keinerlei entscheidende Korrektur. Das Zerwürfnis mit dem Großvater, die Lossagung von dem geliebten Mädchen sind für seine seelische Entwicklung im Grunde ohne Belang und Folge, da sie lediglich ein Beharren auf dem bereits gewonnenen Standpunkte bedeuten, da sie keinerlei neue seelische Kräfte in ihm wachrufen, noch seinen Blick aufhellen für tiefere Zusammenhänge in der Betrachtung der Dinge. Allzu rasch, allzu bequem hat Abel seinen Helden sich den Seelennöten seiner Landsleute entwinden lassen. So leichter Sieg wiegt auch leicht, und nur wer selber einmal in alle Verlockung des Irrtums verstrickt war, hat wahrhaft die Kraft und das Recht, sich darüber zu erheben. Sollte ein Sinnbild geschaffen werden für die künftige Erlösung des elsässischen Volkes aus dem fruchtlosen und aufreibenden Nationalitätenkampfe, so mußte es in eine Gestalt verschlossen werden, die von innen heraus und schrittweise durch Zweifel und Verworrenheiten den Weg der Befreiung fand. Aber diesem Sieger fällt der Preis mühelos und ohne Anfechtung in den Schoß. Man wird sich fragen dürfen, ob es klug war, diesem Elsässer, der ein Vorläufer sein sollte des kommenden Geschlechtes, einen deutschen Vater zu geben, ihn die entscheidenden Jahre seiner Jugend in Norddeutschland verleben zu lassen. Unter diesen besonderen Voraussetzungen besitzt der moralische Sieg Jörg Eulers doch nur eine sehr bedingte Giltigkeit, bedeutet schließlich nichts anderes als einen wenig beweisenden Ausnahmefall.

Der andere Einwand richtet sich gegen die Komposition des Abelschen Romanes. Jene Konflikte, in denen Abel die »elsässische Tragödie« ausgedrückt findet, sind nur möglich auf der Basis der durch den Krieg geschaffenen Verhältnisse. Aber dieses Buch hebt an mit der Rückkehr Napoleons von Elba und führt in ausführlicher Erzählung breit und gemächlich zum Schicksalsjahr 1870 herauf. Das gibt dem Ganzen eine verzerrte Perspektive, rückt das Unbeträchtliche in gleiche Nähe neben das Wesentliche und macht ungefähr die Hälfte des Romans für die tieferen Absichten des Dichters überflüssig. Gewisse Bemerkungen lassen glauben, Abel habe (nachträglich?) in jenem 1. Teil zeigen wollen, wie das Nichtverstandenwerden von jeher das Schicksal des Elsaß gewesen sei, und wie der Elsässer vor dem Kriege den Franzosen ein ähnliches Gefühl des Widerspruchs entgegengebracht habe, wie nach dem Kriege den Deutschen. Aber es will schließlich doch wenig besagen, wenn man den Elsässer Andreas Wodey zur Zeit der Februarrevolution in Paris einen »deutschen Dickkopf« nennt, wenn sich die elsässische Verwandschaft der Luise Wodey gegen deren Heirat mit einem »landfremden Französel« sperrt, oder wenn einmal scharfe Worte über die Unbeliebtheit der französischen Beamten vor dem Krieg fallen. Es will sogar wenig besagen, wenn ein der Napoleonischen Herrschaft überdrüssiger Elsässer in den sechziger Jahren den (immerhin nicht allzu wahrscheinlichen) Ausspruch tut: »Ich glaube, es wäre das Beste für uns, wir würden preußisch.« All das greift ja nicht wesentlich in das Schicksal der Familie Wodey ein, führt zu keinen ernstlichen Konflikten und vermag jene unökonomische breite Vorgeschichte keinesfalls zu rechtfertigen.

Man kommt schließlich nicht von dem Eindruck los, als stelle Abel sein Talent in letzter Zeit vor Aufgaben, denen sein Gestaltungsvermögen nicht recht gewachsen ist. (Schon die Michelangelotragödie weckte solche Bedenken.) Das ist schade, denn es bewirkt ein störendes Mißverhältnis, wo auf begrenzterem Gebiete Vollkommenes erreicht werden könnte. Abel hat der elsässischen Dialektbühne ihr stimmungsvollstes Drama geschenkt. Möge er sich hüten, seine freundliche Begabung übermäßig anzuspannen. Es ist nicht die kleinste Weisheit des Künstlers, sich seiner eigenen Grenzen bewußt zu werden.

Kritische Schriften

Curt Mündel: Die Vogesen. Reisehandbuch für Elsaß-Lothringen und angrenzende Gebiete. 12. Aufl., neu bearbeitet von Otto Bechstein. Straßburg 1911.

In 12. Auflage kommt Mündels Vogesenführer, herausgegeben von Otto Bechstein. Nimmt man das Büchlein hinzu, aus dem er dereinst hervorgegangen ist, und als dessen Bearbeitung und Erweiterung er sich selber gab, Schrickers kleines, 1873 erschienenes Vogesenhandbuch, so kann »der Mündel« nun bald auf sein 40jähriges Jubiläum zurücksehen. Er hat, immer zunehmend an äußerer und innerer Fülle, gleichsam die ganze Entwickelung des Elsaß vom Krieg bis heute begleitet, ein stummer, aber eindringlicher Mahner zum Frieden, zur Versöhnlichkeit, zum gemeinsamen Genuß dessen, woran Einheimische und Zugewanderte gleichermaßen teilnehmen konnten, und was jenseits der Händel und des Mißtrauens lag, der Schönheit elsässischer Landschaft. In den schweren und peinvollen Jahren nach dem Krieg, wo das Land in dumpfer Erstarrung die neuen Ankömmlinge sich anstelle der Tausende seiner ehemaligen Bewohner ausbreiten sah, die lieber von der ihnen entfremdeten Heimat als von dem alten Vaterland lassen wollten, in der drückenden Atmosphäre dieser ersten Übergangsjahre war die Liebe zur elsässischen Landschaft so ziemlich das Einzige, worin sich Elsässer und Altdeutsche verstehen konnten. Sie berührte sich zunächst nicht, sie ging eine neben der andern her, die festhaltende und die werbende Liebe, aber sie mußten sich am Ende ihres Weges treffen. Für den zurückgebliebenen Elsässer war die heimatliche Landschaft das, worin sich alle Anhänglichkeit, aller Zusammenhalt, alle heiligste Erinnerung zusammendrängte. Er muß sie in dieser Zeit geliebt haben mit der unendlich zarten Liebe eines Menschen, der die zurückgelassenen Zeichen eines teuren Wesens festhält, das ihm durch irgend ein böses Schicksal entrissen wurde. Für ihn war die elsässische Landschaft das, was ihn im Aufruhr der jähen und schmerzlichen Verwandlung mit der alten Zeit verband. Für den Deutschen war die elsässische Landschaft nicht mit dem wehmütigen Zauber teurer Erinnerungen gefüllt. Er kam als Sieger in ein Land, das man ihm als innerlich immer ihm zugehörig geschildert hatte, und er war ein wenig erstaunt, daß statt des erwarteten Willkommrufes der »wiedergewonnenen Brüder« ihm eine gemessene Kühle oder ein offener oder auch versteckter Haß entgegentrat. Auch er hatte, wenn auch unter unendlich viel leichteren Bedingungen, eine Heimat aufgegeben und war gekommen, sich eine neue zu suchen. Was er fand, war nicht ein Volk, aber eine Landschaft. Die Landschaft ist wie die Kunst, gütig, willig, und jedem geneigt, der ihr mit wahrhaft hingebender Ehrfurcht naht. Sie hat in den vier Jahrzehnten, die seit dem Kriege vorbeigegangen sind, viel getan, Vorurteile zu zerbrechen, Härten auszugleichen, zwei nebeneinander hinlebende Bevölkerungsklassen einander zu nähern. Sie hat vor allem die stille und fast unmerkliche Assimilationskraft geübt, deren Wirkung sich kaum ein einziger länger hier im Lande weilender entziehen wird, und deren unversöhnliche Spuren heute in der zweiten Generation schon so viele Söhne von Zugewanderten zeigen. Man hat die Gefahren, die der elsässischen Eigenart aus der plötzlichen und übermäßigen Zumischung altdeutscher Elemente drohen sollen, stark übertrieben. Wir haben uns schon früher einmal an dieser Stelle gegen die Auffassung gewandt, als ob der elsässische Charakter ernstlich in Gefahr stünde, entwurzelt, gestört, aus seiner Bahn gerissen zu werden. Zwei Tatsachen schon sprechen dagegen: das immer mehr erstarkende Selbstgefühl des elsässischen Partikularismus, der sein Eigenstes erkennen lernt und zusammenhalten will, und die unleugbar vollzogene Assimilation altdeutscher Elemente.

Die Übergangszeit hat Übergangserscheinungen hervorgebracht. Die Notwendigkeit, sich nach zwei Seiten hin zu decken, wie sie sich aus Klugheitsgründen für manche ergab, hat die nicht gerade erfreuliche Gestalt des Elsässers erschaffen, der nach vorne komplimentiert und nach hinten mit der Hand Zeichen macht. Wir kennen seinen Typus aus Stoskopfschen Komödien. Schwarzseher möchten ihn uns gerne als giltigen Repräsentanten des neuen, aus den zwiespältigen Verhältnissen hervorgegangenen Elsässers vorschwatzen. Aber man braucht ihn nicht tragisch zu nehmen, wie Stoskopf ihn nicht tragisch genommen hat. Er wird verschwinden, je fester sich das elsässische Selbstgefühl gründen, je freier es sich hervorwagen wird. Heute scheinen die Reibungen zwischen Altdeutschen und Einheimischen oft viel heftiger als in den Anfangszeiten. Aber sie vollziehen sich, und das ist das Entscheidende, in offener Aussprache, nicht mehr im versteckten und so aufreibenden Guerillakrieg. Daß heute der Elsässer offen und bestimmt mit seinem: »So bin ich, so war ich, und so will ich bleiben« vor den Altdeutschen hintritt, ist die beste Garantie für den Fortbestand elsässischer Eigenart. Sie wird bestehen, und es wird ihre Aufgabe sein, das Fremdartige sich anzupassen, das Unbildsame abzustoßen. Sie ist unzerstörbar, denn sie ist geformt und gewachsen an etwas unendlich Stabilem, an dem örtlichen Milieu, das stärker ist, als alle Zufälligkeiten menschlicher Ablenkungen. Wie heißt es doch bei Adolf Matthis:

»'s hett uns am Erbstüeck vun de-n-Alte,
An unsrem aijene Ländel do,
Kaan Müs kaan Faade abzebisse, –
Vor unsrem Elsaß d'Kabbe ab, –
Un wenn mer's noch so hoch dhuet schmisse,
Ze fallt's wie d'Katz uff d'Baan erab.«

Gelehrte haben die geographische Einheit und Besonderheit des Elsaß behauptet. Wer einmal das elsässische Ried durchwandert hat, durch die fruchtbare Ebene gestreift und in die grünen Vogesentäler hinaufgestiegen ist, weiß, wie wesentlich, wie ausgeprägt, wie unvergleichlich der Charakter dieser Landschaft ist. Und er hat zugleich das eigentümlich Werbende, das Überredende, Modelnde, Angleichende empfunden, das von ihr ausgeht. Die elsässische Landschaft ist die beste Bürgschaft dafür, daß elsässisches Wesen immer dauern wird.

»Der Mündel« ist das Schatzkästlein, in dem gleichsam die Schlüssel zu allen Schönheiten des Elsaß beisammen liegen. Er ist ein Tourenführer, um den uns manches Land beneiden könnte. Klar, sachlich, nicht gesprächiger, als eben nötig, und von unbedingter Verläßlichkeit ist er der ideale Gefährte des Touristen. Wer in diesen Spätsommertagen, die sich langsam in einen hellen strahlenden Herbst hinüberneigen, etwas von dem Zauber elsässischer Landschaft kosten möchte, wird keinen treueren Wegweiser finden.

Der Elsässische Garten. Ein Buch von unsres Landes Art und Kunst. Herausgegeben von Friedrich Lienhard, Hans Pfitzner, Carl Spindler. Straßburg 1912.

Im letzten Sommer erhob sich im Elsaß wieder einmal der schon oft gehörte Ruf nach einem engeren Zusammenschluß der verschiedenen, in einzelne Gruppen zersplitterten geistigen Kräfte des Landes. Es war nicht eben die berufenste Seite, von der er ausging. Und als eine Straßburger Zeitung den Aufruf durch eine Umfrage bei einheimischen Schriftstellern erörtern ließ, zeigte sich wenigstens darin volle Einigkeit, daß die zukünftige elsässische Zeitschrift, die das Ideal jenes Zusammenschlusses verwirklichen sollte, jedenfalls nicht aus einem mit Traditionen von wenig ermutigender Art beschwerten Vereinsblatt herauswachsen dürfe. Indessen ist diese nach allen Seiten hin repräsentative elsässische Zeitschrift einstweilen noch immer ein frommer Wunsch (und wird es wohl noch eine gute Weile bleiben). Um so mehr dürfen alle Versuche unserer aufmerksamen Teilnahme sicher sein, die jenen Gedanken eines geschlossenen Zusammengehens schon jetzt, wenn auch in begrenzterer Form, zu verwirklichen suchen.

Im »Elsässischen Garten«, den der Verlag Trübner unter der künstlerischen Leitung von Lienhard, Spindler und Pfitzner herausgegeben hat, ist dieser Versuch mit viel Liebe, Sorgfalt und – Vorsicht gemacht. So ist ein Buch entstanden, das sich würdig und geschmackvoll gibt, und dessen Inhalt zeigt, daß es der künftigen elsässischen Zeitschrift nicht an Material und auch nicht an tüchtigen Bearbeitern fehlen würde.

Der »Elsässische Garten« sucht nicht nur das Programmatische einer ersten ganz geglückten Vereinigung der verschiedenen literarischen Kreise zum Ausdruck zu bringen. Er möchte (nach seiner ganzen Anlage und Lienhards eigenen Worten in diesem Blatt) zugleich die Aufmerksamkeit literarischer Kreise jenseits der engeren Landesgrenzen der elsässischen Produktion zuwenden. In dieser doppelten Bestimmung lag die Schwierigkeit der Herausgeberarbeit. Für eine rein elsässische Kundgebung, das programmatisch bedeutungsvolle Dokument des literarischen Zusammenschlusses, ergaben sich wesentlich andere Forderungen als für ein auf die literarischen Kreise Frankreichs und Deutschlands berechnetes Buch. Das eine mußte vorzugsweise durch historische Momente bestimmt werden: einzelne Autoren und Gruppen mußten ihrer relativen Bedeutung wegen zu Worte kommen, auch wenn sie heute endgültig als entwicklungsgeschichtlich und ästhetisch belanglos gelten dürfen. Eine historische Anordnung hätte sich für diese Lösung der Aufgabe geboten, ähnlich der von Gruber in der »Zeitgenössischen Dichtung des Elsaß« gegebenen. Die andere Möglichkeit war, das Buch rein nach literarisch-künstlerischen Grundsätzen aufzubauen. Sie verbürgte eine stärkere Wirkung nach außen und überhaupt eine ausdrucksvollere Gestalt, ein schärferes Bild der tatsächlich zählenden Werte.

Lienhard hat beiden Ansprüchen gerecht werden wollen und darum keinen erfüllt. Es muß gesagt werden, daß der dichterische Teil des Buches verfehlt ist. Mißt man das dichterisch Gebotene mit einem absoluten künstlerischen Maßstab und ohne Rücksicht auf seine relative Bedeutung für gewisse enge, persönlich interessierte Kreise, so kommt man zu dem Ergebnis, daß die hier gesammelten dichterischen Erzeugnisse bis auf wenige Ausnahmen von einer erschreckenden Dürftigkeit sind, die um so mehr in die Erscheinung tritt, als sie scharf im Gegensatz steht zu der Tüchtigkeit der historischen, kulturellen, landschaftlichen Beiträge. Es zeigt sich wieder ganz offenbar, was oft gesagt worden ist, woran manche Leute aber bei uns nun einmal nicht glauben wollen, daß das geistige Schwergewicht des modernen Elsaß ganz wo anders liegt als in der literarischen Produktion. Überschlägt man die Summe dessen, was heute von Elsässern in deutscher oder französischer Sprache an wirklich Wertvollem literarisch produziert wird, so kommt man bestenfalls auf ein Dutzend Namen. Übrigens ist das eine Ausbeute, deren sich das Elsaß gar nicht einmal zu schämen braucht, zumal Namen von Klang und Gewicht sich unter ihnen finden. Rechnet man alle auch dichtenden Provinzgrößen mit ein, so mag man freilich die Zahl leicht verzehnfachen. Nur muß man nicht glauben, dadurch das Bild der literarischen Regsamkeit bereichert zu haben. Mit einer allzu duldsamen Nachsicht hat Lienhard auch alle die kleinen Leute der Poesie in diesem Buche zu Worte kommen lassen. Der Erfolg ist, daß das wenige Gute unter dem vielen Mittelmäßigen oder gänzlich Überflüssigen, Nichtigen verschwindet. So wie der dichterische Teil des Buches sich darstellt, besteht die Gefahr, daß man den Elsässischen Garten als literarische Leistung mit den genugsam bekannten landschaftlichen Publikationen, jenen schwäbischen, hessischen, thüringischen Dichterbüchern, zusammenstellt, deren literarischer Ehrgeiz im allgemeinen durch das Sichabgedrucktfinden der Autoren erfüllt ist. Unter diesen Umständen scheint es mir ratsamer, nicht auf Einzelheiten der dichterischen Beiträge einzugehen und mich gleich jenen Teilen des Buches zuzuwenden, in denen sein positiver Wert liegt: den kulturellen und historischen.

Auch hier bot Wahl und Zusammenstellung gewiß erhebliche Schwierigkeiten. Daß ein so schönes, rundes und in sich fest gefügtes Ganzes herausgekommen ist, zeugt von dem Geschick des Herausgebers ebensowohl wie von dem tatsächlich vorhandenen guten Material. Da alle politischen Reibungen vermieden werden mußten, blieben auch kulturpolitische Erörterungen (die freilich eine Zeitschrift sich nicht ersparen dürfte) ausgeschlossen. Dafür wird elsässisches Leben nach verschiedenen Aspekten in unterhaltsamem Wechsel vorgeführt, anmutig unterbrochen von den mannigfachen Lobsprüchen auf Schönheit, Fruchtbarkeit, Heiterkeit des Landes, in denen sich die Zeugen so vieler Jahrhunderte zusammenfinden von Helisaeus Roeßlin (1593) und Martin Zeiler (1632) bis auf Goethe und Daudet. Elsässische Meßtibräuche und Volkslieder aus der Mitte des 19. Jahrhunderts gibt August Kassel in novellistischer Einkleidung, B. Huhn plaudert über Elsässer in Amerika, Chr. Bouchholz über Elsässische Salons der Rokokozeit, als deren letztes greifbares Überbleibsel er – neben der versinkenden Schönheit einiger Vorstadtvillen die – Gänseleberpastete feiert. Die Bilder berühmter Elsässer werden aufgerufen. Lienhard selber gibt (in deutscher Übersetzung) einen Originalbrief Oberlins an Oktavie v. Berckheim, die Gemahlin des thüringischen Frhrn. v. Stein, mit Hochzeitswünschen voll warmer Menschlichkeit und von jener echten Herzensreligiosität, der alle zur Schau getragene Bigotterie ein ärgerlicher und lächerlicher Anblick ist: ein gutes Beispiel für die Empfindungsweise jenes Mannes und jener Kreise, wie Lienhard mit Recht bemerkt. Interessanter noch ist vielleicht der Brief Lilis v. Türckheim, den Franz Schultz mitteilt und kommentiert. Er stammt aus der Zeit, wo Lilis Gemahl, der ehemalige Maire von Straßburg, mit Frau und Kindern wieder aus der Verbannung heimgekehrt ist, und zeigt uns die Jugendgeliebte Goethes als fürsorgliche und sparsame Hausmutter. Es fallen interessante Bemerkungen über die ökonomischen Verhältnisse des damaligen Straßburg: »Die Abgaben«, schreibt Lili, »sind schrecklich, das Patent- und Stempelpapier sehr kostspielig, und wenn man überdies mit fremdem Geld handelt, nichts von seinen Schuldnern bekömmt, fünf Kinder zu erziehen hat, so muß man mehr als gewöhnlich gewinnen, um etwas zurücklegen zu können, und daran soll der Hausvater doch auch denken, wenn er für das künftige Schicksal seiner Kinder besorgt sein will. Auch erlaube ich mir nicht die geringste Dépensen, habe nur zwei Mägde und mache, was nur immer möglich, selbst.« Die Frankfurter Patriziertochter klagt über den steigenden Luxus, der von Paris aus auch auf die elsässische Hauptstadt hinübergreift: »Prachtliebe nimmt mit jedem Tag zu und wird so allgemein, daß der Fremde staunt und schweigt. Auch versichern diejenigen, welche Paris vor Zeiten gekannt und jetzt wieder gesehen haben, daß es nie brillanter und an Zerstreuung reicher gewesen, man spricht, man atmet nur Vergnügen, Genuß und Freude sind nun die einzigen Bedürfnisse.«

Nach den Menschen die Stätten ihres Wandels. In geschickt gewählten Bildern wird der architektonische Zauber Straßburgs lebendig gemacht. E. R. Curtius malt die weihevolle Dämmerung im Innern des Münsters, Ulrich Rauscher gibt die farbige Impression eines Oktoberganges durch die Gassen der Stadt und läßt sie in zärtlichen Rokokophantasien verklingen. F. Dollinger läßt in dem besten Aufsatz des Buches die bunten Schicksale des alten Schlosses aufsteigen, dieses schönsten architektonischen Denkmals der Rokokozeit, dessen diskreter und adliger Reiz heute wieder mit aller Berückung seiner zartgliedrigen Formen zu uns spricht. Feinfühlige Kennerschaft vertieft sich in die Aufgabe, die für den Schöpfer der Pläne, Robert de Cotte, zu lösen war. Das Formproblem wird gezeigt in seiner Abhängigkeit von den örtlichen Gegebenheiten: Mitten in der Stadt, zwischen dem Münster und der Ill gelegen, auf einen verhältnismäßig engen Raum zusammengepreßt, ohne die Möglichkeit einer Ausweitung durch Gärten, verlangte das Schloß zwei Fassaden von gleicher Wichtigkeit, aber von höchst verschiedenem Grundriß. Die nach dem Münster hin gelegene Front war bestimmt durch den Ehrenhof, der ihr vorgelagert werden mußte, die andere durch ihren Abfall gegen die Ufer der Ill. Die meisterliche Lösung der schwierigen Aufgaben macht das Rohanpalais zum architektonischen Muster für den neuen graziöseren und diskreteren Stil, der die pompöse Würde des Barock abzulösen bestimmt war. Bald findet er sich, in enger Anlehnung an das Straßburger Vorbild, in den Abteien der Diözese wieder, greift auf die Architektur der Bürgerhäuser über und schafft nun jene geräumigen, vornehm-heiteren, im rötlichen Feuer des köstlich warmen Vogesensandsteins glänzenden Patrizierhäuser, die mit ihren hohen Scheiben, der sanften Rundung ihrer Fensterlehnen und dem schmiedeeisernen Ausputz heute mehr als die Bauten irgend einer anderen Epoche das Stadtbild von Straßburg bestimmen. Schon Flake hatte seiner Zeit in dem kleinen Büchlein über Straßburg bemerkt, wie viel näher, heimlicher, lebendiger uns diese Stilart der bürgerlichen Wohnhäuser berührt, als etwa die Architektur der Gothik oder Renaissance. Dollingers kultivierter Formensinn zieht, jede Stilhierarchie ablehnend, aus dem Beieinander zweier so einzigartiger Stildenkmäler wie Münster und Schloß, diesem architektonischen Zusammentreffen, das vielleicht nicht mehr seines Gleichen hat, einen erhöhten und kostbarer zusammengesetzten Reiz.

Die Landschaft weitet sich. Aus der Stadt hinaus, zu den Vorhöhen, in das Burgenrevier, führt ein Aufsatz Karl Grubers, dessen feines Talent der Landschaftsschilderung schon sein zu wenig beachteter Wasgauherbst erwiesen hatte. Diesmal gibt er sich fast ausschließlich als Kulturhistoriker und Chronist. Flake bringt ein reizvolles Landschaftsidyll über das anmutige Liebfrauenthal, H. K. Abel zeichnet Stimmungen aus seiner Heimatgegend, den südlichen Hochvogesen, und sogar das lothringische Hügelland findet in P. Paulin seinen Sänger.

Nach der Landschaft die Kunst. Eine Studie Fleurents beschäftigt sich mit der kunstgeschichtlichen Wiederentdeckung des Mathias Grünewald und gibt Bemerkungen über den Bilderschatz des Colmarer Unterlinden-Museums. Näher an unsere Zeit heran führt ein hübscher Aufsatz Spindlers über den jungen Gustav Doré, der zugleich interessantes, bisher unbekanntes Bildmaterial beibringt. Mit Recht darf Spindler den Mangel an Pietät beklagen, den seine Heimat diesem echten Elsässerkind bewiesen hat: keine Straße in Straßburg führt seinen Namen, keine Gedenktafel bezeichnet sein Geburtshaus in der Blauwolkengasse, und das Straßburger Museum, dem doch in erster Linie die Sammlung der elsässischen Kunstdenkmäler Pflicht wäre, hat sich nicht die Mühe gegeben, eine einzige seiner Zeichnungen bei den zahlreichen Pariser Auktionen zu erwerben. Spindler zeigt die lebenslange Verbin-

Der Elsässische Garten

dung des Künstlers mit seiner elsässischen Heimat, der seine Kunst eine Reihe von Stoffmotiven entnimmt. Die beigegebenen Zeichnungen, die zum Teil aus der frühesten Jugend Dorés stammen, geben ein Bild von der erstaunlichen Frühreife des Künstlers, dem anderseits freilich die starke Entwicklungsfähigkeit versagt war. Von elsässischen Miniaturisten und Silhouettisten plaudert Th. Knorr. Er betont das verhältnismäßig hohe Niveau dieser einst so beliebten Kunstübung, deren gutem Traditionalismus wir doch eigentlich nichts durchschnittlich Ebenbürtiges zur Seite zu setzen haben. Worauf es den Porträtisten ankam, und was das Publikum verlangte, zeigen die von Knorr aus den Jahren 1790–1818 abgedruckten Anzeigen: vor allem die größtmögliche Porträtähnlichkeit. Eine Art Ergänzung findet Knorrs Aufsatz durch P. Hoffmanns Artikel über die Künstlerfamilie der Guérins, unter deren Mitgliedern sich namentlich Jean-Urbain (1761–1836) als Miniaturmaler hervorgetan hat.

Die beigegebenen Porträts vermehren den reichen Bildschmuck des Buches. Überhaupt verdient die Ausstattung uneingeschränktes Lob. Scharf und klar stehen die schönen Antiquatypen auf dem weichen, mattweißen Papier. Satzanordnung, Auszierung durch Initialen, Vignetten, Schlußstücke sind musterhaft. Fast alle elsässischen Maler von Namen sind mit irgend einem Beitrag vertreten. Spindler selber steuert das meiste bei: eine Fülle illustrativen Materials, Initialen, Vignetten, Zeichnungen zu einzelnen dichterischen Stücken. Lika Marowska gibt amüsante und geistreiche zeichnerische Variationen zu Schickelés Katzengedicht, Beecke eine geschickt das populäre Motiv der Albumblätter verwertende Vignette zu der Widmung aus Weiß und Rot. Philipp Kamm gibt sein Bestes in den humorvoll holzschnitthaften Zeichnungen zu einer elsässischen Bauernskizze. Sonst sind noch Rosa Jordan, A. Kammerer, G. Ritleng, H. Solveen, P. Welsch mit Zeichnungen und Vignetten vertreten. Unter den zahlreichen Kunstblättern seien vor allem genannt Braunagels köstliche Typen der alten Straßburger, Sattlers schön komponiertes Wandgemälde von den plündernden Hunnen, Seebachs Gimpelmarkt und die Studie von

Ebel. Drei Musikbeilagen von Erb, J. Simon und E. Mawet runden das Bild auch nach dieser Seite ab.

Man sieht: hier ist viel Schönes und Interessantes zusammengetragen, genug, die Mängel der dichterischen Teile des Buches aufzuwiegen. Jedenfalls ist der elsässische Garten ein höchst lehrreiches Beispiel, und die Leiter der künftigen Zeitschrift werden aus seinen gelungenen sowohl wie aus seinen mißratenen Partien mancherlei zu lernen haben. Soll eine elsässische Zeitschrift mehr als nur provinzielle Bedeutung besitzen, so wird sie in erster Linie eifersüchtig über dem Ernst und der Strenge ihrer literarischen Haltung zu wachen haben. Sie wird sich hüten müssen, produktiven Reichtum vortäuschen zu wollen, wo er nicht vorhanden ist. Sie mag, wenn die dichterischen Quellen nicht reichlich genug fließen, getrost an die kulturelle Arbeit gehen. Die geht uns alle an, und hier gibt es eine Menge zu tun. Das zeigt der Elsässische Garten wieder aufs neue.

ZUR AUSLÄNDISCHEN LITERATUR

HENRIK IBSEN

I.

Am 9. Januar 1887 wurden durch die Berliner Dramatische Gesellschaft Henrik Ibsens »Gespenster« zum 1. Male (wenn man von einer wirkungslosen Augsburger Privatvorstellung und einem rasch unterdrückten Versuch der Meininger absieht) vor einem größeren deutschen Publikum aufgeführt. Diese Aufführung, deren entwicklungsgeschichtliche Bedeutung Hellsichtige schon damals voraussagten, war von einer elementaren Wirkung. Sie schuf Widerspruch, Haß, Zweifel, Begeisterung und leidenschaftliche Anteilnahme. Vor allen Dingen aber Bewegung. Bewegung unter einer Generation, die sich aus starr gewordenen Überlieferungen nach etwas Neuem, Lebendigem sehnte und doch nicht schöpferische Kraft genug in sich selbst fand, die lange getragene Fessel des Epigonentums abzustreifen. Alles, was jung war, die Unzulänglichkeit des Bestehenden empfand, nach lebendigen Ausdrucksformen für sein Gegensatzgefühl suchte, scharte sich damals um Ibsen. Allem unklar Strebenden schien plötzlich eine Richtung und ein Weg gewiesen. Eine ungeheure Grenzerweiterung des poetischen Stoffgebietes schien der Tatenlust des jungen Geschlechts neue ungeahnte Schaffensmöglichkeiten zu erschließen. Der Kampf für und wider Ibsen wird zum Losungswort, das eine ungestüm vorwärts drängende von einer rückwärtig gebundenen Generation scheidet. Damals schrieb Heyse sein Schauspiel »Wahrheit?« (1891), Wildenbruch sein »Heiliges Lachen« (1892) gegen Ibsen. Ein paar Jahre vorher war das Erstlingsdrama des jungen Gerhart Hauptmann »Vor Sonnenaufgang« (1889) von der Berliner Freien Bühne aufgeführt worden. So bleibt die Rezeption Ibsens in Deutschland untrennbar verknüpft mit dem Heraufkommen einer neuen Generation, der Auflehnung gegen eine unlebendige Tradition, vergleichbar (und oft verglichen) mit jener großartigeren und folgenreicheren Rezeption eines fremdländischen Dramatikers, die ungefähr ein Jahrhundert früher die in trägen Formen erstarrte deutsche Literatur revolutioniert hatte.

Keine Generation vermag in den Schöpfungen eines großen Geistes mehr zu erkennen als wozu sie kraft innerer Veranlagung und Erziehung vorbereitet ist. Die lange und lehrreiche Geschichte der Aufnahme Shakespeares in Deutschland zeigt, wie sich das Bild dieses Dichters von Generation zu Generation gewandelt hat, wie jedes Geschlecht gerade so viel an ihm zu sehen und zu schätzen befähigt war, als es in seinem besonderen Lebensgefühl und seiner geistigen Erfassung der Dinge an Wahlverwandtem in sich trug. Auch Ibsens dichterisches Bild ist sich nicht gleich geblieben. Als ein Gewandelter steht er heute vor uns, die wir sein Gesamtwerk zu übersehen vermögen und uns selbst durch eine weite Kluft von den Gefühlsbedingungen der 80er Jahre getrennt wissen.

Zwei Dinge waren es vornehmlich, die das Geschlecht, das in den 80er Jahren zur Herrschaft kam, gemäß seiner geistigen Beschaffenheit an Ibsen fand und liebte: die modern-realistische Form und die soziale Tendenz seiner Dramen. In beiden hat man ihn, wie uns heute scheinen will, gründlich verkannt. Man verkannte seine Form, diese kluge, von Werk zu Werk gesteigerte und verfeinerte Herrschaft über die Mittel dramatischen Ausdrucks, die doch so weit entfernt ist von einer äußerlich treuen Abspiegelung der Wirklichkeit, wie sie die deutschen Naturalisten damals forderten. Diese Technik, die nicht das Zufällige des Lebens gibt, sondern bloß das Zweckdienliche, Notwendige, die mit einer fast peinlich bewußten Sorgsamkeit verknüpft, erklärt, beleuchtet, begründet.

Diesen Dialog, der den leichten Fluß der Alltagsrede nur benutzt, um Seelisches zu enthüllen, Dunkelstes aus den Tiefen des Unterbewußtseins hervorzuholen und aufklingen zu lassen. Und man verkannte in noch höherem Maße den Sinn und das Wesen der Ibsen'schen Dramatik. Man vergaß das Dichterische, Anschauende, Gestaltenbildende seiner Kunst. Vergaß es über dem

Suchen nach einer scheinbar in jedem Drama verschlossenen Tendenz, nach einer allgemein gültigen, durch die Handlung ausgedrückten These. »Richtungen« und Parteien meinten in Ibsen ihren Sachwalter gefunden zu haben. Große Bewegungen, wie die Frauenemanzipation, haben geradezu von solcher Mißdeutung ihren Ausgang genommen. Der einsame Menschenbildner ward zum Herold moderner Tagesbestrebungen. Es erging ihm wie seinem Rubek: »Was gar nicht da ist, was mir nie im Sinn gelegen hat, darüber fallen sie in Verzückungen.« Und deutlich genug hat er den Bezirk seiner Kunst eingegrenzt in den Worten, mit denen er am 26. Mai 1898 für den Toast dankte, den man bei einem Bankett des norwegischen »Vereins für die Sache der Frau« dem Dichter der »Nora« gebracht hatte: »Alles, was ich gedichtet habe, ist ohne bewußte Tendenz gewesen. Ich bin mehr Dichter und weniger Sozial-Philosoph gewesen, als man im allgemeinen geneigt ist, anzunehmen. Ich danke für das Hoch, muß jedoch die Ehre ablehnen, mit Bewußtsein für die Sache der Frau gewirkt zu haben. Ich bin mir nicht einmal klar darüber, was das eigentlich ist: die ›Sache der Frau‹ .... Meine Aufgabe ist Menschenschilderung gewesen.«

Seine Aufgabe war Menschenschilderung, weiter nichts. Aber daß diese schöpferische Kraft in einem Manne gesammelt lag, der, tief in ethischen Problemen befangen, über den Sinn des Lebens und die Bestimmung des Individuums grübelte, das gibt seinen Gestalten ihre erweiterte Bedeutung, allen ihren Reden jenen geheimnisvollen Doppelsinn, der das Geschehene über das bloß Zufällige des Einzelfalles hinaushebt.

Mit irgend einer »Tendenz« hat das nichts zu schaffen. Es ist Gestaltung persönlichster Erfahrung, persönlichsten Glaubens und vor allem persönlichster Zweifel. Die an ihrer Sendung und ihrem Werke Zweifelnden kehren seit ihrer ersten genialen Konzeption im Skule der »Kronprätendenten« fast in allen Dramen Ibsens wieder. Sie sind befähigt, dem Gefühl eines Dichters Ausdruck zu geben, dessen besondere Veranlagung es war, an allen menschlichen Dingen das Zwiespältige, Widerspruchsvolle zu erfassen. Der wie unser Kleist den Penthesileen die Käthchen beigesellt hat, den maßlos Ringenden die demütig Duldenden, den Lebensdurstigen die Entsagenden. Dessen Amt zu fragen war, nicht Bescheid zu geben.

Vieldeutig und widerspruchsvoll ist sein Werk. Nicht zusammengehalten durch eine Tendenz, aber verbunden durch die geistige Struktur seines Schöpfers. Durch die persönliche Fassung, die ein Dichter seinem Stoffe gab, dem die Darstellung menschlicher Kämpfe stets Objektivierung eigenster Erlebnisse, dem Dichten Gerichtstag halten über sich selbst bedeutete. Und so mag man wohl von einer Grundidee sprechen, die durch alle Dramen Ibsens hindurchgeht, und jene höhere Einheit, die das schwankend Widerspruchsvolle verbindet, in dem gemeinsamen Problem finden, das in wechselnder Beleuchtung und mit gewandeltem Sinn immer wiederkehrt, dem Problem des Individualismus. Wie für Hebbel, mit dem man ihn oft verglichen hat, steht das Individuum, seine Entwickelung und seine Stellung zur Außenwelt, im Mittelpunkt von Ibsens Betrachtung. Jenes »Wirf weg, damit Du nicht verlierst«, das wie ein Grundmotiv durch Hebbels Dichtung geht, kehrt auch bei dem Norweger wieder. »Schüttle alles ab«, heißt es bei ihm einmal, »was Dich in Deiner Entwicklung hemmt, und wenn's auch ein Mensch wäre, der Dich liebt; denn was Dich vernichtet, kann keinen anderen fördern.« Und er geht über Hebbel hinaus, wenn er dem Hebbel'schen Rechte des Individuums auf persönlicher Freiheit die Verpflichtung jedes Menschen zur Ausbildung der in ihm ruhenden Kräfte gegenüberstellt. Auch er, wie Hebbel, sein Lebenlang ethischen Fragen nachsinnend, aber weitergehend, revolutionärer als dieser, der dem Einzelwillen gegenüber das höhere Recht der Allgemeinheit aufstellte und das tragische Schicksal aus der Individuation selbst, aus dem Widerstreit von Einzelwillen und Weltwillen ableitete.

»In seiner Lebensführung sich selbst realisieren, das ist, meine ich, das Höchste, was ein Mensch erreichen kann. Diese Aufgabe haben wir alle, einer wie der andere: aber die allermeisten verpfuschen sie.« Diese Worte, aus Tirol an Björnson geschrieben, könnten als Leitpunkt über dem Leben und Werke Ibsens stehen. Aus dem Versuche, diese Aufgabe zu erfassen und zu vollenden, aus dem Widerstand, den über dem Ringen um dieses Ziel der Einzelne nicht nur bei einer widerstrebenden Gesellschaft, sondern im schwereren Kampfe mit sich selbst findet, wachsen Ibsens dramatische Konflikte. In Grimstadt, einem kleinen norwegischen Nest, schreibt er im Winter 1848/49 in seinem 21. Jahr als Apothekerlehrling sein erstes Drama, den »Catilina«, bedeutsam bei aller Naivetät der Technik durch den inneren Zusammenhang mit den Werken seiner Reife. Schon hier – worauf Ibsen selbst in der Vorrede zur zweiten Auflage hingewiesen hat, – ein Grundproblem der späteren Werke: der »Widerspruch zwischen Kraft und Streben, zwischen Wille und Möglichkeit,« jener Widerspruch, der dann 14 Jahre später in den »Kronprätendenten« in der Gestalt des Skule seinen erschütterndsten Ausdruck findet. Schon in »Catilina« ist das Stoffliche der geschichtlichen Vorgänge mit lässiger Gleichgültigkeit behandelt. In den »Kronprätendenten« ist der historische Rahmen beinahe gesprengt durch die vordrängende psychologische Problematik. Das Historische ist nur noch zufällig, bloße Einkleidung für den tiefen menschlichen Zwiespalt, der sich im Ringen um die Königskrone entfaltet. Alles Dunkle, Problematische, Zweiflerische, findet Ausdruck in Skule, dem ewig Zaudernden, der, dem Höchsten nahe, doch nicht den Sprung hinüberwagt, der die Kraft in sich fühlt, und dem doch der Wille zum Handeln versagt, dem »Stiefkind Gottes auf Erden.« Und alles selbstsichere Herrschertum verkörpert sich in Hakon, dem Größten, Glücklichsten, der nicht zweifelt und nicht zögert, »über den die Forderungen der Zeit wie ein Brand kommen: sie erzeugen ihm Gedanken, die er selbst nicht faßt, weisen ihm den Weg, dessen Ziel er selbst nicht kennt, den er aber wandelt und wandeln muß, bis er den Jubelschrei des Volkes hört – und mit weit aufgerissenen Augen sieht er sich um und erkennt voll Verwunderung, daß er ein großes Werk vollbracht hat.«

Die »Kronprätendenten« bedeuten in Ibsens äußerer und innerer

Kritische Schriften

Entwicklung einen deutlichen Grenzpunkt. Äußerlich, indem er nun endlich dem lange gefühlten Trieb nach freieren Verhältnissen nachgibt, und sein Leben von den engen heimatlichen Schranken ablöst. Und zugleich innerlich, indem er nun endgültig mit dem Zwang der Historie, die seine freie Schöpferkraft in die beklemmende Fessel einer historischen Überlieferung eingeschnürt hatte, bricht, und in zwei großen frei erfundenen Dichtungen, dem »Brand« (1866) und dem »Peer Gynt« (1867) was er seelisch durchlebt hatte, zu Gestalten formt. In der Figur des Brand, dieses unbeugsamen Repräsentanten eines eisernen Willens ist das Problem des Individualismus bis zu seiner letzten Konsequenz geführt. Bis zu einer Konsequenz, wo es ganz von selbst und notwendig in sein Gegenteil umschlägt. Brand ist Priester, und sein Streben gilt einem religiösen Ideal, einer freien Weltkirche der Zukunft, in der Heidentum und Christentum, Sinnenkult und Geisteswelt mit einander verschwistert sind. Doch der Inhalt dieses Ideals bleibt nebensächlich. Daß derselbe Syllogismus ebenso wohl an einem Bildhauer oder Politiker hätte gewonnen werden können, hat Ibsen selbst in einem Brief an Brandes ausgesprochen. Die Selbst-Realisierung, die Durchsetzung des individuellen Willens, allen Hemmnissen, aber auch allen Rücksichten, allen menschlichen und zärtlichen Banden gegenüber bildet das Thema der Dichtung. Dieser Priester mit seinem unbeugsamen Wahlspruch »Alles oder Nichts«, von dem die eigene Mutter auf dem Sterbebette sagt: »Gott ist nicht halb so hart wie er«, bringt seinem Willen, seinem Ideal, fortgesetzt die ungeheuerlichsten Opfer. Aber jeder Triumph über einen zerstörten Götzen bedeutet eine Einbuße an warmer natürlicher Menschlichkeit, und als er den letzten Götzen stürzen will, wird er selbst von einem höheren Willen gefällt. Der Prophet der freien Weltkirche stirbt einsam, verarmt an lebendigem Gefühl, selbst vereist oben in der Eiswüste der Gletscher, der »Eiskirche«, wie die wahnsinnige Gerd mit erschütternder Symbolik sagt, unter dem Sturz einer Schneelawine. Dem Sterbenden, der dem Himmel, hadernd und zweifelnd die letzte Frage entgegenschleudert:

»Sag mir Gott im Todesnahn
Wiegt vor Dir auch nicht ein Gran,
Eines Willens quantum satis?«

Antwortet durch den Donner der Lawine eine Stimme:

»Gott ist Deus Caritatis,« –

Gott ist ein Gott der Liebe.

Der Überschuß an schöpferischen Fähigkeiten des Geistes und des Willens bedingt eine Verarmung an seelischen, menschlichen Kräften. So will es das Gesetz der Ausgleichung. In den Werken des Alters kehrt die gleiche Erkenntnis wieder, noch klarer, unverschleierter ausgesprochen und zugleich auf Ibsens eigenste Sphäre, das Schaffen des Künstlers, bezogen.

Der aufs engste mit dem Brand zusammengehörige »Peer Gynt« gibt die Wendung des Problems auf die Gegenseite. Peer Gynt, der Haltlose, unstet Umherschweifende, der erfüllt von einer selbstgefälligen Idee, dem Glauben an sein heimliches Kaisertum, aber ohne lebendiges Bewußtsein für seine wahre Aufgabe, jedem flüchtigen Augenblicksreize bedingungslos verfällt, bedeutet in jeder Beziehung das Gegenstück und Zerrbild Brands. Dem starren Eigenwillen des Priesters, der sein Prinzip »Alles oder Nichts« mit einer bis ans Unmenschliche reichenden Starrheit durchficht, steht sein bequemes Anpassungsvermögen gegenüber, das sich die Worte:

»Mit den Wölfen, mit den lieben,
Muß man heulen, steht geschrieben.«

zum Leitspruch erkoren hat und niemals den Konventionen der trägen Masse, die hier in dem »Großen Krummen« eine charakteristische und tief einprägsame Symbolisierung erhält, die Kraft eigenen Wollens und Denkens entgegenzusetzen wagt. Weder groß im Guten noch im Bösen ist er weder geschaffen für Himmel noch für Hölle, sondern einzig tauglich für den Löffel des Knopfgießers, in dessen Schmelztiegel alle die vielen verpfuschten

Menschlein wandern, um nochmals umgegossen aufs neue die Bürde des Lebens auf sich zu nehmen.

Brand und Peer Gynt, der Willensmensch und der Phantast, sind kombiniert in der Gestalt des Julian Apostata, des Helden von Ibsens zweiteiligem Riesendrama »Kaiser und Galiläer«, das noch vor »Brand« und »Gynt« in Rom entworfen, im Winter 1873 in Deutschland vollendet wurde, wohin sich Ibsen 1868, nachdem Rom »den Menschen genommen und den Politikern« überantwortet war, begeben hatte. In Julian verbindet sich der ungeheure Machtwille Brands mit der vagen Träumerei des Peer Gynt, der an seiner Aufgabe, die nach den Worten des Knopfgießers ein jeder a h n e n muß, achtlos vorbeigeht. Daß Julian nicht in eigenem Namen stritt, daß sein Wollen kein Wollen m ü s s e n war, das ist seine Schuld und sein Verhängnis. »Der Wollende siegt«, sagt Maximos, aber an Julians Willen hängt sich, schwer und niederdrückend, der Zweifel wie an den Königsgedanken des unglücklichen Skule.

II.

Kaiser und Galiläer, das letzte der großen philosophischen Dramen Ibsens, bezeichnet den schärfsten Einschnitt in seinem Schaffen. Von nun an erhält sein Dichten die entscheidende Wendung zum Modernen, die schon seit der »Komödie der Liebe« (1862) und dem Prosastück »Der Bund der Jugend« vorbereitet war. Im Jahre 1877 erschienen die »Stützen der Gesellschaft«, 1899 der Epilog: »Wenn wir Toten erwachen«. Dazwischen liegen 11 Stücke, alle der Gegenwart zugehörig und aus alltäglichem Geschehen reichstes Schicksal und tiefste tragische Erschütterung hervorholend. Die »Stützen der Gesellschaft« eröffnen den Reigen der Gesellschaftsstücke, in denen das alte Problem des Individualismus gegen die Forderungen der Gesellschaft abgewogen wird. Sie alle haben wie der Relling der »Wildente« ein wenig den »bösen Blick«. Sie entdecken unter den bestehenden gesellschaftlichen und staatlichen Formen das Faule, Morsche, Lügenhafte. Sie haben am meisten dazu beigetragen, jene Vorstellung von Ibsen als dem Propheten sozialer Reformen zu wecken und zu bestärken. Wie weit Ibsen selbst hier noch, wo er dem Prediger am nächsten steht, von einseitig beschränkter Parteileidenschaft entfernt ist, das wollte und konnte man nicht sehen. Sein Stockmann im »Volksfeind« spricht von den normal gebauten Wahrheiten, die »in der Regel 17 bis 18, höchstens 20 Jahre, selten länger«, leben. Für Ibsen, den immer Vorwärtsschreitenden, altern die einmal gefundenen Wahrheiten noch rascher. »Jede neue Dichtung«, schreibt er einmal an seinen Übersetzer, L. Passarge, »hat für mich den Zweck gehabt, als geistiger Befreiungsprozeß zu dienen«. Indem er eine Wahrheit aussprach, hat er sie auch schon innerlich überwunden. Der Nora des »Puppenheims«, die, das Gefängnis der modernen Ehe zerbrechend, die Ansprüche der Frau auf individuelle Freiheit behauptet, folgt die Frau Alving der »Gespenster«, selber schuldig gesprochen für die Nichterfüllung ihrer Pflichten als Gattin, und durch die eigene Schuld mitteilhaftig an dem Zusammenbruch des Sohnes. Dem Doktor Stockmann des »Volksfeind«, der seine ganze Persönlichkeit im Kampfe gegen die soziale Lüge einsetzt, folgt der Gregers Werle der »Wildente«, der vom akuten Rechtschaffenheitsfieber Besessene, der mit seiner »idealen Forderung« doch nur Unheil und Verwirrung stiftet.

Die »Wildente« steht deutlich am Anfang einer neuen Entwicklung, in deren Bezirk noch »Rosmersholm« und die »Frau vom Meere« fallen, und die in »Hedda Gabler« ihren Höhepunkt erreicht. Die etwas rationalistische Realistik der Gesellschaftsdramen wird zurückgedrängt. Der Dialog wird feingliedriger, scheinbar immer an der Oberfläche hingleitend und doch Innerstes, Tiefstes aufwühlend. Er spricht nicht mehr aus wie früher, sondern enthüllt seelische Bewegungen durch die heimlich im Gespräch mitschwingenden Untertöne, durch die besondere Gefühlsnuance, die nun alles Gesprochene umhüllt. Jetzt erst findet jene vielgerühmte analytische Technik, die in gröberer Form schon die Gesellschaftsdramen angewandt hatten, und die sich von den »Stützen der Gesellschaft« über das »Puppenheim« bis zu den »Gespenstern« zu immer höherer Meisterschaft gehoben hatte, ihre letzte Vollendung. Gleichzeitig tritt ein neues Element beherrschend in Ibsens Dichtung ein, das Symbol. Die Realität der Dinge reicht nicht länger hin, jenes Feinste, Intimste auszusprechen, dem nun der Dichter nachgeht. Das Dunkle, Unmeßbare seiner Gestalten, das früher die einseitig realistische Technik verdeckt hatte, tritt stärker, geheimnisvoller hervor. Mitten unter alltäg*lichen* Szenen finden sich so merkwürdige Episoden, wie das gleichsam unterir*dische* Gespräch des Gregers Werle mit Hedwig in der »Wildente«. Unbekannte Kräfte greifen leibhaft in die Handlung ein. Der fremde Mann, dem tiefsten Meeresgrund entstiegen, erscheint, um sich die Frau vom Meer in sein nasses Reich zurückzuholen. Durch die Stille und den Nebel, in dem Rosmersholm, der alte Herrensitz, versunken liegt, jagen gespenstige weiße Rosse, Unheil und Sterben verkündend, und die Hände der Toten greifen übers Grab hinaus nach der Beute des Lebens. »Die tote Frau hat sie geholt«, sagt die alte Dienerin des Hauses, wie die Wellen über Rosmer und Rebekka West zusammenschlagen.

Es ist die Vorbereitung zu den Werken des Alters, in denen Ibsen seine letzte einsame Höhe erklommen hat. In jenen vier Altersdichtungen, die er selbst als eine Einheit zusammengefaßt wissen wollte, dem »Baumeister Solneß« (1892), »Klein Eyolf« (1894), »John Gabriel Borkmann« (1896), und dem Epilog »Wenn wir Toten erwachen« (1899), ist der Drang nach Verinnerlichung bis zur völligen Umwandlung der dramatischen Technik fortentwickelt.

In diesen Dichtungen, die heute unserer Gefühlswelt am nächsten stehen, während uns die Gesellschaftsdramen der 80er Jahre, bei aller Bewunderung für das Glänzende ihrer Mache und die fein differenzierte Psychologie ihrer Geschöpfe, langsam zu entgleiten beginnen, ist das Stoffliche, die äußere Handlung, bis zur letzten Einfachheit zusammengezogen. Kein lautes Geschehen unterbricht mehr die Stille. Nur noch seelische Spiegelungen haben Reiz, Vergangenes enthüllt sich unmerklich, längst Gestorbenes lebt wieder auf, lebt auf in langen, von Erinnerung durchzogenen Gesprächen. Und wenn der Realist der 80er Jahre lyrischen Wirkungen sorgsam aus dem Wege geht, so sind diese letzten Dramen ganz eingetaucht in eine quellende, strömende Flut verhaltener Lyrik. Selbst die Sprache dieser Menschen ist eine andere geworden. Sie ist nicht mehr Mittel zur individuellen Charakteristik wie früher, sondern sucht, losgelöst vom Sprechenden, den Stimmungsgehalt des ganzen Werkes in Worte zu bannen. Die Symbolik, die dem »Realisten« Ibsen nie ganz fremd war, die aber selbst noch in Werken wie der »Wildente« zuweilen wie ein äußerlich Aufgesetztes wirkt, durchdringt nun die Gestalten von innen her und steigert sie zu einem seltsamen Doppelleben, das ihnen kaum etwas von ihrer Lebensfülle nimmt und all ihrem Reden und Tun einen tiefen geheimnisvollen Doppelsinn beilegt.

Hier nun erhält das Thema vom Individuum dessen Bestimmung es ist, sich selbst zu realisieren, eine neue persönliche Wendung. Den Alternden, der inmitten jubelnder Verehrer einsame Rückschau auf die Vergangenheit hält, nimmt das Problem des Schaffenden, des Künstlers, des Werkschöpfers gefangen. Nicht mehr die Gesellschaft ist es, an deren dumpfem Widerstand der geniale Mensch zerbricht, jetzt wird der Kampf von der Außenwelt ins Innere selbst verlegt. Und wenn früher noch ein Ausblick in eine bessere Zukunft die Dissonanzen wenigstens in eine ferne Harmonie ausklingen ließ, so weiß der alte Ibsen nichts mehr von Versöhnung, nichts mehr von einem einstigen Ausgleich der Widersprüche. Denn nun tritt, zumeist verkörpert in der Gestalt einer Frau, das Leben selber vor den gealterten Meister, Klage führend und Rache heischend für begangene Schuld. Das Leben, das vor ihm lag, während er im Zwinger seiner Arbeit eingeschlossen war, und in dessen lockende Täler er nicht herabzusteigen wagte. Das Leben, das auch ihm warm und jugendlich genaht war, und das er von sich gestoßen hat, um des Werkes willen. Solneß, der als ein armer Bursch vom Lande angefangen hat, und nun dasteht, als der Erste in seinem Fache, kennt den schauerlichen Preis, mit dem der Ruhm des Künstlers erkauft wird:

»Solneß: Achten Sie auf das, was ich Ihnen sage. Alles, was mir vergönnt wurde, zu wirken, zu bauen, zu schaffen, in Schönheit, Fürsorglichkeit, Trautheit, – ja in Erhabenheit – ach, er ist entsetzlich, der bloße Gedanke! Hilde: Was für ein Gedanke ist so entsetzlich? Solneß: Daß ich für das alles fortwährend Ersatz leisten muß. Dafür bezahlen muß. Nicht mit Geld. Aber mit Menschenglück. Und nicht mit meinem Glück allein, auch mit dem Glück anderer. Ja, ja, da sehen Sie es, Hilde! Den Preis hat mich meine Stellung als Künstler gekostet, mich und andere. Und jeden lieben Tag muß ich mit ansehen, wie der Preis aufs neue für mich bezahlt wird. Wieder, wieder und immer wieder.« – Und Ella Rentheim, die um des Werkes willen Verlassene, tritt vor den gealterten, gescheiterten Borkmann, mit der Anklage einer furchtbaren, nie verjährenden Schuld, einer Schuld, für die es keine Vergebung gibt: »Du bist ein Mörder! .... Du hast die große Todsünde begangen, Du hast das Liebesleben in mir gemordet.« Und Irene (im Epilog) erscheint wieder vor Rubek, dem Künstler, der so ganz unbekümmert und sorglos einen warmblütigen Leib nahm, ein junges Menschenleben, und ihm seine Seele stahl, weil er ein Kunstwerk daraus schaffen wollte: »Dichter bist du ..... Aber ich war damals ein Mensch! Und hatte auch ein Leben zu leben und ein Menschenschicksal zu erfüllen.«

Vor den Müden, Gealterten, Hoffnungslosen erklingt noch einmal der Lockruf des Lebens. Und es will ihnen scheinen, als wäre es unvergleichlich viel wertvoller gewesen, »ein Leben in Sonnenschein und Schönheit zu führen, als sich bis ans Ende seiner Tage in einer naßkalten Höhle mit Tonklumpen und Steinblöcken zu Tode zu plagen.« Die Liebe winkt ihnen, »die von dieser Welt ist, von dieser köstlichen, wundersamen, dieser rätselvollen Welt.« Und in einem ungeheuren Aufschwung wollen sie das Leben, das sie versäumt, vergeudet haben, zu sich emporreißen. So steigt Solneß, aufwärts getragen von den Jubelrufen Hilde Wangels, zur Spitze seines Turms, immer höher, immer höher. So zieht Borkmann nach jahrelanger freiwilliger Haft mit der Jugendgeliebten hinaus in die Winternacht. Und Rubek und Irene steigen Hand in

Hand durch den Schneesturm die steilen Wände hinan, ihr Hochzeitsfest zu feiern auf dem Berge der Verheißung. Aber die Vergangenheit ist hinter ihnen, wie die Augen der Diakonissin hinter Irene. Ihr Glaube war ein Irrtum. Solneß stürzt, vom Schwindel erfaßt, zerschmettert zur Erde, das Herz des greisen Borkmann erstarrt in der eisigen Winternacht, und Rubek und Irene werden unter der niederstürzenden Lawine begraben. Es war ein Irrtum, der sie für Augenblicke glauben ließ, daß es dem Künstler erlaubt sei, zu leben, wie andere Menschen. Und Rubek weiß wohl: »Menschen, wie ich, finden kein Glück in müßigem Genuß. – Das habe ich allmählich einsehen gelernt. So einfach liegt das Leben nicht für mich und meinesgleichen. Ich muß ununterbrochen arbeiten – Werk schaffen auf Werk – bis zu meinem letzten Tag.« Und Borkmann, der Bergmannssohn, steht mit der Jugendgeliebten in der Winternacht hoch über dem beschneiten Fjord und streckt, schon den Todesstachel im Herzen, noch einmal die Hände aus nach den Schätzen, die sein Herrscherwille beschwören wollte: »Ich liebe euch, die ihr scheintot liegt in dunkler Tiefe! Ich liebe euch, ihr Leben heischenden Werte – mit eurem ganzen leuchtenden Gefolge von Macht und Herrlichkeit. Ich liebe euch, ich liebe euch, ich liebe euch.«

Es gibt keine Brücke, die aus der Welt des Schaffenden hinüberführt in die Welt der Lebenden, Genießenden. Keine Versöhnung in Ewigkeit. Und darum nur zwei Möglichkeiten: Verzichten, Entsagen: Aufwärtsblicken zu den Gipfeln. Zu den Sternen. Und zu der großen Stille. Oder sterben und vergehen. Das ist die Weisheit, die der alte Ibsen, der nicht mehr an das Zukunftsideal des dritten Reiches glaubt, verkündet. Sie ist hart und grausam. Aber in der Klarheit ihrer Erkenntnis liegt Milde und Trost.

CHARLES DE COSTER

I.

Am grünen Teich von Ixelles steht zwischen Bäumen und Buschwerk ein Denkmal. Vor einem säulengestützten steinernen Rundbogen sitzt ein Jüngling. Sein straffer und sehniger Körper ist gemächlich emporgerichtet, die kräftigen Beine baumeln frei in der Luft. Seiner Kleidung nach scheint er ein Vagant. Er ist barhäuptig, das Hemd steht ihm über der Brust offen. Seine großen klaren Augen sehen in ruhiger Besinnung vor sich hin. In der linken Hand hält er ein Schwert. Um den kurzen klugen Mund ist ein seltsamer Zug von Schalkerei und tiefem Ernst. Neben ihm kauert ein junges Weib. Sie hat wie in einer heftigen Bewegung ihren mädchenhaften Leib an ihn gedrängt. Ihr linker Arm ruht sorglich und mit einer behutsamen Zärtlichkeit über seinem Nacken. Sie scheint erregt, verwirrt, beglückt. Die zarte und kräftige Anmut ihres Körpers ist rührend in dem scheuen Ungestüm seiner Hingabe. Über der Gruppe, am Giebel des Steintempelchens, sind die Worte eingegraben: Est-ce qu'on enterre Ulenspiegel l'esprit, Nèle le coeur de la mère Flandre?

Der diese Worte ans Ende eines Buches schrieb, das mehr ist als ein außerordentliches Dichtwerk, mehr als ein historisches Gemälde von erschütternder Gegenwartsnähe – die Inkarnation eines Volkes, der »Roman einer Rasse«, wie Lemonnier rühmte, und noch in der maßlosen Heftigkeit seiner Parteinahme bis in die fernsten Winkel hinein durchleuchtet von einer tiefen, strahlenden, glorreichen Menschlichkeit, starb am 7. Mai 1879 in Brüssel im bittersten Elend, zermürbt von der Frohne alltäglicher Lohnarbeit, von Gläubigern gehetzt, unerkannt, einsam mit seinen Träumen und mit seiner Kunst. Schicksalsvolle Tragik, die das Leben dieses Dichters umhüllt, das erkoren schien zu Glück und heiterem Daseinsgenuß. Die den Sohn des belgischen Nuntiaturintendanten, das Patenkind des Erzbischofs Grafen Mercy d'Argenteau und der Marquise de la Tour du Pin, den verhätschelten Liebling hoher geistlicher Würdenträger, in die schmerzhaften Ekstasen eines ringenden Künstlerlebens reißt mit all seinen endlosen Hoffnungen, Enttäuschungen, Entmutigungen bis hinauf zu den letzten dunkeln Jahren der Not und dem Zusammenbruch des immer tiefer Vereinsamten, dessen Sarge kein Geistlicher das letzte Geleit gibt. Etwas von jener nachdenklichen Lebensironie ist in dem Leben Charles De Costers, die aus seinem Helden Ulenspiegel, dem harmlosen, gutlaunigen Schalksnarren, dem Landstörtzer und Possenreißer, durch die Wucht aufwühlenden Erlebens und im Mitleiden mit einem geknechteten und gepeinigten Volk den Geusen macht, den Krieger, den Freiheitskämpfer, für den die Narrenkappe und das geschliffene Witzwort nur noch Vorwand sind, Mittel und Kriegslist in der heiligen Sache der Befreiung seines Landes.

Schrittweise in der Sicherheit der eigenen Schöpferkraft erstarkend wächst dieser Dichter seiner Aufgabe zu. Nur diesen einen Sinn hat das unruhig tastende Auf und Ab seiner Jugendjahre, ihn mit immer hellerer Bewußtheit seiner wahren Bestimmung zuzuführen. Hinter allem, was er ergreift, wartet, nur erst zaghaft genossen, die Beseligung des Künstlertraumes. Lange wagt er es nicht, ernstlich an die literarische Laufbahn zu denken. Er weiß sehr wohl: »Avec des passions de millionaire, on n'a que des moyens de chiffonier.« Die verschiedenartigsten Pläne kreuzen sich in seinem Kopf. Sogar an den geistlichen Stand denkt er vorübergehend. Der Tod seines Vaters drängt zu rascher Entschließung. Er tritt in ein Bankhaus ein. Sein erwachendes Dichtertum läßt ihn die Untauglichkeit zum Kaufmann immer heftiger empfinden. Er erklärt seinen Austritt, treibt sich eine Weile ziellos und ohne Beschäftigung umher, kommt dann 24jährig an die Universität Brüssel. Die neue intellektuelle Umgebung tut ihm wohl. Er hört juristische Vorlesungen, um bald zu der seinen Neigungen nachbarlichen Philologie überzuschwenken. Er denkt an das akademische Lehramt, ohne innerliche Teilnahme, und es klingt wenig zuversichtlich, wenn der künftige Professor an die Freundin seiner Jugendjahre über einen seiner Lehrer schreibt: »Et dire que j'endosserai un jour la peau de cet animal.« Wonach ihn im tiefsten verlangt, vermag ihm die Universität auch nicht zu geben. Und dem eigentlichen wissenschaftlichen Betrieb fühlt er sich fremd und feindlich. Er gesteht: »Je n'ai pas une tête scientifique moi.« Und in Stunden der Entmutigung erwägt er ernstlich, ob die Wissenschaft es wohl vermöge, sein Künstlertum zu erdrücken. Fruchtbarer wird sein Verhältnis zu den studentischen Gefährten. Ein mit gleichgestimmten Universitätsfreunden begründeter literarischer Club spornt seine junge Produktion und entschädigt für den »verblödenden Einfluß der griechischen Grammatik und der transcendentalen Philosophie.« Hier liest er, wie schon früher in der »Société des Joyeux«, seine noch unsicheren literarischen Versuche. Und als im Jahre 1856 aus dem Freundeskreis heraus das satirische Wochenblatt »Uylenspiegel« entsteht, debütiert er mit einer Prosaskizze, der »Histoire d'un ami«, die später (unter dem Titel »Les fantômes«) in die »Contes Brabançons« übergegangen ist. Noch im gleichen Jahre bringt dann die »Revue trimestrielle« die Legende von den Brüdern vom guten Vollmondsgesicht (»Les frères de la bonne trogne«), die mit der lebendigen Herzhaftigkeit ihrer Ausmalung und dem an Rabelais und den alten Chronisten geschulten Vortrag schon den künftigen Meister des Ulenspiegel ahnen läßt, wie ja denn in der Tat eine Episode des Romans den herumstreifenden Helden mit jener gargantuesken Zechgesellschaft zusammenführt. Im folgenden Jahre kommen die »Vlämischen Legenden« der erste volle künstlerische Erfolg De Costers, und als solcher auch sogleich in einem Kreise von verständnisvollen Freunden gewürdigt. Die jungen belgischen Maler, Félicien Rops an der Spitze, geben dem Buch, wie später dem Ulenspiegel seinen Schmuck, Emile Deschanel schreibt für die Pariser Ausgabe ein begeistertes Vorwort. Indessen regt sich langsam in ihm schon das neue Werk. Das Bild des Till Eulenspiegel taucht vor ihm auf, zuerst vielleicht suggeriert durch jene Zeitschrift, die den Namen des berühmten Schalkes, den Flandern wie Deutschland für sich reklamieren, am Kopfe trug. Es schärft sich, belebt sich, verändert seine Züge. Die Gestalt des losen Spaßmachers bekommt eine neue

Beziehung, die lustigen Stücke des Vaganten eine höhere Deutung. Der Held des Volksbuches aus dem 14. Jahrhundert vermischt sich mit der Erinnerung an die größte Geschichtsepoche der Niederlande, den Aufstand der vereinigten Provinzen gegen Spanien. Aus dem Schwankbuch wird ein Geschichts- und Kulturbild. Und es beginnt in tiefster Abgeschlossenheit und in schweigsamer Anspannung aller Kräfte die Arbeit an dem Buch, das alle seine heißen Künstlerträume zur Erde niederreißen soll, die jahrelange leidenschaftliche Konzentration, die Verschließung in die Archive, die Versenkung in Bilder, Chroniken, Lieder, Predigten, Pamphlete, die Bereisung aller Stätten, an denen sich der große Befreiungskampf zugetragen, jener strenge, unermüdliche, an Flaubert gemahnende Arbeitsprozeß, der mosaikhaft Stein an Stein setzt, Farbfleck an Farbfleck reiht, bis in zehnjähriger angespannter Energie das Werk ersteht, fast verwirrend in der Buntheit seiner vielfältigen Lichter, und doch aus einem Guß, beherrscht von einem künstlerischen Willen, gebändigt durch seine Form und Idee. Alles, was neben ihm, nach ihm kommt, wird verschlungen, an sich gerissen, aufgesogen von der Glut dieses großen Werkes. Gelegentliche Versuche moderner Sittenschilderung in einzelnen der »Contes brabançons«, die Romane »Voyage de noces« (1872) und »Le mariage de Toulet« (1879) verblassen wesenlos neben der leuchtenden Farbigkeit des Hauptwerkes, und die künstlerisch höheren Legenden erscheinen an der Größe des »Ulenspiegel« gemessen wie Versuche, Farbstudien, die erst von dem Lebenswerk ihre Lichter erhalten.

II.

Dieses Werk hat den geräumigen, breit ausladenden Bau einer Symphonie. Eine Melodie hebt an. Sie ist einfach, kindlich, von einer hellen, ruhig ausströmenden Heiterkeit. Ein zweites Thema löst sie ab. Es ist kurz, herrisch, steigt in steilen Rhythmen aufwärts und sinkt in einer jähen Dissonanz zusammen. Und wieder klingt, ruhig, beschwichtigend, die erste Melodie. Und wieder bricht in ihr Ende das andere herrische Motiv. Sie wechseln sich ab, laufen hintereinander her, ohne sich zu treffen, scheinbar durch Welten getrennt und doch schon eines dem anderen nahe in der dunklen Bedrückung, die immer enger und mit immer schwererer Schicksalsahnung die erste Weise umlagert. Und dann stoßen sie plötzlich ineinander. Eine rasende Schlacht hebt an. Eine Weile scheint es, als sei von den jagenden, sich überstürzenden Disharmonieen jene erste Tonfolge für immer fortgerissen. Ja, mit einem Male schwingt sie sich leise und immer sieghafter aufleuchtend zwischen den Dissonanzen aufwärts, noch immer die alte kindliche Weise, aber nun gestrafft, funkelnd in kämpferischer Rhythmik wie ein helles Freiheits- und Siegeslied. Und von nun an verstummt sie überhaupt nicht mehr. In tausend Umkleidungen, Verhüllungen, Maskierungen bricht sie immer wieder hervor, bald heimlich sich durchwindend, bald breit einfallend, und noch am Schluß, da sie auf immer verstummt scheint, steigt sie jählings wieder empor, und aus den jubelnden Akkorden ihres Aufstieges dröhnt es wie ein befreiendes Lachen.

III.

Nur das erste Buch von De Costers Roman zeigt Eulenspiegel als den traditionellen Helden der Narrenstreiche und Jahrmarktsspäße. Da er zu Beginn des zweiten Buches wieder auf Wanderschaft zieht, ist er ein anderer. An seinem Herzen schlägt das Seidensäcklein mit der Asche des Klas, seines als Ketzer verbrannten Vaters, das ihm die Mutter Soetkin um den Hals hing, ehe sie der grausamen Folter erlag. Aus dem Hause seiner geliebten Nele und ihrer Mutter Katheline, die den Verstand verlor, da man ihr in schändlicher Tortur das Haupt versengte, zieht er hinaus, der großen Aufgabe entgegen, die ihm sein Herz und die geheimnisvollen Stimmen beim Sabbath der Frühlingsgeister gewiesen. Der Narr wird zum Kämpfer, zum grimmsten, maßlosesten, gefährlichsten Feind der spanischen Herrschaft. Unter der Maske des Possenreißers treibt er den dumpfen Groll des Volkes zur offenen Rebellion, trägt er geheime Kundschaft, belauscht er den Feind in tausend Schlupfwinkeln, beschafft er Waffen, schlägt er Verräter. Kein Kampf wird gefochten, kein Sieg errungen, an dem er nicht irgendwie Teil hätte. Er ist der Geist Flanderns, der freudige, helle, seßhafte, der ruhelos umherirren muß, bis das Werk vollbracht und das Vaterland befreit ist.

Diese Geschichtsspiegelung sucht keine Objektivität. Sie fragt nicht nach den tieferen Zusammenhängen, die allem geschichtlichen Geschehen seine Notwendigkeit und seine Rechtfertigung geben. De Coster sieht nicht die Anfänge und den langen Leidensweg, der zur Unterdrückung des Landes hinführt. Er sieht nur eines: die Leiden seines Volkes. Er sieht die schamlosen Erpressungen der fremden Ausbeuter, die Martern der unschuldig Beklagten, die flammenden Scheiterhaufen der Verurteilten. Und aus Liebe und Haß zeichnet er sein Bild. Dies ist das vlämische Volk: Offen, großherzig, sinnenfreudig, der Arbeit zugetan und allen frohen Genüssen dieser reichen Erde. Und dies ist der Spanier: grausam, asketisch, feind aller hellen Sinnlichkeit und des großen, freien Willens zum Leben. So entstehen die maßlosen Zerrbilder Karls V. und Philipps II., grandios durch die Unbändigkeit des Hasses, der sie erschaffen. Aber so auch wächst das Werk über seine historische und nationale Idee hinaus zu einer höheren, allgemein menschlichen Symbolik. Die große und heilige Sinnenfreude, die im vlämischen Volke lebt, ist durch keinen noch so mächtigen Unterdrücker auszulöschen. Immer wieder triumphiert das Leben, und Eulenspiegel, der schon Begrabene, springt aus dem Boden, niest, schüttelt den Sand aus den Haaren, packt den Pfarrer an der Kehle und ruft, indem er die Liebste umarmt: »Begräbt man Ulenspiegel, den Geist, und Nele, das Herz, das Herz der Mutter Flandern? Auch sie kann schlafen, aber sterben, niemals.«

IV.

Vor De Coster gibt es keine neuere belgische Literatur. Was vor ihm in vlämischer Sprache produziert wird, ist unbeträchtlich, dilettantisch oder huldigt einer patriotischen Pseudoromantik, wie die Romane des Henri Conscience. Was in französischer Sprache erscheint, ist ohne Eigenwert, ohne Beziehung zum Volkstum, sklavisch abhängig von Frankreich. Bis ins Mittelalter, bis zu den Zeiten des Roman de Renard muß man hinabsteigen, um hier eine Anknüpfung zu finden. De Coster ist der Ahnherr der jungen Generation, Ursprung und Ausgang der neuen belgischen Dichtung. Er hat, ein eiserner Arbeiter, den harten, geschwächten, durch Jahrhunderte unbestellten Boden, der keiner Befruchtung mehr fähig schien, mit herrischer Pflugschar aufgerissen und der störrischen Erde ein neues Blühen abgetrotzt. Er hat eine neue Literatur, deren Continuität unwiederbringlich verloren schien, an ihre Vergangenheit angeknüpft, in das feste Gefüge einer vergessenen Tradition eingereiht, und in einer großen Synthese und mit scheinbar müheloser Instinktsicherheit eine jahrhundertetiefe Kluft überbrückt. In diesem Buche lebt der alte niederdeutsche Geist wieder auf, der tiefe religiöse Drang und die sinnenfreudige Erdhaftigkeit, die visionäre Glut des Einsiedlers von Groenendael und die derbe Lebenslust der alten vlämischen Volkslieder, der Geist des Jean von Ruysbroek und des Reinaert, zu dessen Sippe sich Ulenspiegel selber an einer Stelle des Romans bekennt. Alle widerspenstigste Gegensätzlichkeit, deren der vlämische Charakter fähig erscheint, ist hier versammelt, Rohheit und keuscheste Zartheit, Schwelgertum und Arbeitsfreudigkeit, Sinnengier und holdeste Liebe. Aber zum ersten Mal ist das alles in eine Form von unvergänglicher Geltung zusammengedrängt, einem Ganzen einbezogen, in ein einziges wunderbares Gewebe verschlungen. So entsteht in der schillernden Vielfältigkeit kleiner Farbstücke das große Bild eines Volkstums, zitternd von Leben und von solcher Ganzheit, wie sie keines der früheren Werke auch nur annähernd besessen. Gesehen von einem, dem die heiße Liebe zu seinem Volk nicht die Augen verschließt für die Kehrseite, für Ausschweifendes, Maßloses, Lasterhaftes, in dessen befreiter Menschlichkeit auch das Häßliche, Fleckenhafte Platz hat, und der, wie Georges Eckhoud, Rasse und Blut seines Landes liebt »jusque dans leurs ombres, leurs tares et leurs vices.« Der Lebendigkeit und Complexität dieses Gemäldes dient nicht bloß die Versenkung in Geschichte und Literatur jener großen Zeit des Befreiungskampfes, in der die Erbitterung gegen das spanische Joch und das vor dem wesensfremden Ausländertum jählings emporflammende Stammesgefühl alle verborgensten Instinkte des vlämischen Volkes aufrührte. Seine stärkste Inspiration holt sich dieses Werk aus der nachbarlichen bildenden Kunst, in deren reiche Wunderkammern der vlämische Geist bis dahin voller, tiefer als in dichterische Schöpfungen sein Eigenstes, Wertvollstes versenkt hatte. Aus den Bildern der Jordaens und Jan Steen nimmt er die überströmende Sinnenfreude, die bis zur Völlerei ausartende Maßlosigkeit der Gelage- und Trinkszenen. Rubens lehrt ihn das Geheimnis der glühenden und schwelgerischen Koloristik, die, wie Verhaeren einmal schrieb, noch die pathetischsten Kreuzigungen, die blutigsten Hochgerichte des Antwerpener Meisters zu stürmischen Jubelliedern macht, zu trunkenen, heidnischen, dionysischen Hymnen an das Leben und an die Freude. Mit diesem neuen Bilde seines Volkes in der Seele bereist er die Dörfer, Städte Flanderns, belauscht das Volk in den Herbergen, Kneipen, Spelunken, sucht die Geheimnisse der Landstraße und der Tanzschenken, mischt sich unter die ausschweifenden Belustigungen der Kirmessen, besessen von dem Drang, im Neuen noch das Alte lebendig, wirksam zu finden und die Vergangenheit eingefangen im Spiegel der Gegenwart, ganz erfüllt von dem Trieb, aus der Entfernung des Gebildeten wieder dem Volke nahe zu kommen, dem alle Bemühung, alle Hingabe, alle teilnehmende Liebe gilt: »Voir le peuple, le peuple surtout. La Bourgeoisie est la même partout. Va pour le peuple.« Hatte er recht, als er in den fröhlichen Vergnügungen des Volkes, in den Rundgesängen dörflicher Feste und dem Kirmestreiben an den grünen Ufern der Schelde noch jenen alten heidnischen Geist der Sinnenfreude wach fand, der ihm aus Liedern, Bildern, Taten längst vergangener Tage entgegenschlug, und der ihm der gute Geist Flanderns selber zu sein schien? Hatte er recht, oder trog ihn hier die Fülle antiquarischen Wissens und die Leidenschaft des eigenen Temperamentes? Gleichviel. Die nach ihm kamen, haben mit seinen Augen die vlämische Erde gesehen und ihre blonden Anwohner. Der Verhaeren der »Flamandes« und des »Toute la Flandre«, in dessen Gedichten die »grands mangeurs« wiederauferstehen, und der in wilden, frenetischen Versen den Ackerboden und die Menschen und die Dörfer und die Städte der flandrischen Ebene beschworen hat, und Eckhoud, der Dichter der »Kermesses«, der düstere Maler vlämischer Landschaft, der dem Bilde De Costers in seiner hellen Gesundheit und Fruchtbarkeit die Tragik der weiten sandigen fruchtlosen Gelände zugesellt hat, mit spärlichen Dörfern, von einsamen Fichten bestanden und endlos schwermütig unter einem trüben dunstigen Licht – sie alle haben aus diesem reichen Buche geschöpft, ihre Phantasie mit dieser Conception der Heimaterde gefüllt, ehe sie weiterschreitend das fremde Bild mit den eigenen Visionen vermischten. Das, was uns heute als eigentlichstes Merkmal belgischer Dichtung erscheint, jene seltsame Vermengung, Durchdringung von Realistik und Mystik, die alle großen Belgier haben, Verhaeren und Eckhoud und selbst der schwächere und weniger stammestümliche Maeterlinck, in diesem Werke ist sie zum ersten Male erreicht. Hier liegen die starken Wurzeln der gesamten modernen Literatur Belgiens, deren jäher, scheinbar aus dem Nichts emporbrechender Aufstieg sonst als ein kaum faßbares Wunder erscheinen müßte.

DIE NEUE FRANZÖSISCHE LYRIK

Vor Bizets Carmen entdeckte Nietzsche, was seine geheimste Sehnsucht an dem Genie Wagners vermißte: Feuer und Helle des Südens, Tragik ohne Dumpfheit, Leidenschaft ohne Pathetik, Leichtigkeit, Klarheit, Präzision. Die Musik des französischen Meisters schien ihm wie eine Erlösung von der deutschen Formlosigkeit, von dem ewig Sehnsüchtigen, von der unbegrenzten Fülle, »vom feuchten Norden, von allem Wasserdampf des Wagnerschen Ideals«. Von der Stunde ab begann er Wagner zu bekämpfen. Sprach aus ihm der Instinktwiderwille des südlichen Menschen gegen die fließende Nebelhaftigkeit der nördlichen Zonen oder nicht vielmehr die ewige Sehnsucht des Nordmenschen nach südlicher Klarheit, das Leiden am eigenen Selbst, die selbstquälerische Härte gegen die geheimsten und geliebtesten Verführungen der Seele?

Immer war im deutschen Geiste, und dort am stärksten, wo er sich am reinsten offenbarte, der Trieb mächtig, über die eigenen Grenzen hinauszustreben, das ihm Versagte zu ergreifen, in seinem Gegensatz sich von sich selbst zu erlösen. Nur mangelhafte Psychologie oder Gehässigkeit wird das, was Goethes, Hölderlins, Schopenhauers, Nietzsches anklägerische Liebe dem deutschen Geiste vorgeworfen haben, zu gültiger Wahrheit ummünzen wollen und zu billiger Argumentation ausnutzen. Es waren die besten Deutschen, die am tiefsten diese Unbefriedigung, diesen Drang über sich selbst hinaus in sich getragen haben. Es gibt keinen deutscheren Zug, keinen, der so repräsentativ, so tiefverwurzelt, so unzerstörbar wäre wie dieses Verlangen nach der reinen Klassizität südlicher Kulturen. Diese Sehnsucht aus der schweifenden Grenzenlosigkeit nach dem Gleichmaaß eines festen, umzirkten Besitzes. Aus dem Schrankenlosen, Ungefesselten nach Maaß und Bindung. Aus dem Musikalischen nach dem Bildnerischen, Formenhaften. Nietzsches Erstlingswerk, das die Geburt der Tragödie aus dem Urtrieb des dionysischen Menschen nach apollinischer Verklärung entwickelte, hat nur ein tiefstes Wesensmerkmal des deutschen Geistes zum Prinzip einer Kunstentfaltung erhoben. Dieser tragische Kampf, tragisch, weil ewig unbefriedigt, unvollendet, erweckt und befreit die schöpferischen Kräfte. Die Erlösung des romantischen Triebes durch die in sich selbst selige Schönheit wird fruchtbar eben dadurch, daß sie niemals Erfüllung, Dauer, Gegenwart werden kann, daß sie immer ungestillte, unstillbare Sehnsucht bleiben muß, bestimmt, sich selber zu zerstören, um phönixhaft aufs neue aus der eigenen Asche aufzusteigen. Wenn es Georges unvergänglicher Ruhm war, durch die schöpferische Wucht seines Erlebnisses diesen Urtrieb der deutschen Seele einer entgeisterten Zeit machtvoll enthüllt zu haben, so war es sein verhängnisvoller Irrtum, jene »heilige Heirat«, die sich in seltenen und begnadeten Augenblicken vollendet und das tragische Schicksalszeichen der kurzen Dauer und des frühen Todes auf der Stirn trägt, in ein dauernd Gegenwärtiges und immer weiter sich Ausbreitendes umwandeln zu wollen. Jene höhere Gemeinschaft – »eines zugleich und andres: Rausch und Helle« – schien ihm nicht das kostbare Geschenk einer glücklichen Konstellation, sondern ein allgemeines, wenn auch in einer späten Zukunft realisierbares Ideal. Das ist der Sinn eines seiner jüngsten Gedichte, »Goethes letzte Nacht in Italien«, das den Vollzug und bleibenden Besitz jener Gemeinschaft feiert. Die unmittelbare Folge war das Jüngertum jener »Blätter für die Kunst«, in denen ein äußerliches Nachzeichnen der Formen – wovor ein Wort Georges ausdrücklich gewarnt hatte – die Stelle des in der Form bezwungenen Erlebnisses vertreten mußte. Diese Dichter und ihre heute über das ganze Deutschland verstreute Gefolgschaft, die mühelos mit fremdem Gerät die Schönheit einzufangen gedachten, vergaßen, daß hinter jeder echten Schönheit ein Leiden steht, eine Angst und Verwirrung der Seele: »Von einer ganzen Jugend rauhen Werken Ihr ahntet nichts«. Die Idee von »Herrschaft und Dienst«, die Idee des Jüngertums, von George freilich selber gepflegt und begünstigt, mußte zu dem gefährlichen Wahn führen, als könne durch den Verzicht auf Eigenwilligkeit, auf freie Entfaltung seines Selbst, durch bewußte Unterordnung, Anpassung an ein erlauchtes Muster, an eine feste Form, eine dichterische Kultur gleichsam gezüchtet werden. Dieser Dichtung gegenüber, die den nährenden Mutterboden des Lebens immer mehr unter sich verloren hat, in der kein Ringen mehr ist und kein Drang, die, wählerisch und exklusiv, immer mehr in toten Formeln erstarrt, muß heute in Deutschland jeder Versuch ermutigt werden, den einschnürenden Ring des Formalismus zu durchbrechen, die Dichtung wieder zum Erlebnis heranzuführen, mit den Inhalten der Wirklichkeit zu füllen. Für die deutsche Lyrik wenigstens liegt heute das Heil bei den scheinbar Formlosen. Wieder muß ein kostbares Gefäß, eine wundervolle, aber in ihren Nachbildungen bereits entwertete Form zerschlagen werden, damit für neue Erlebnisinhalte Platz werde.

Weniger als jedes andere Volk verträgt der Deutsche die Tradition. Den lateinischen Rassen ist Tradition nicht Verzicht auf Eigenschöpfung, einschläfernde Verführung zu träger Nachbildung, sondern Zusammenhangsbewußtsein, Maaßgefühl, Selbstbeschränkung. Auf ihrem Traditionalismus beruht die Geselligkeit der französischen Kunst. Durch ihn bekommt selbst noch ein unbeträchtliches Werk jene Sicherheit, Geschlossenheit, die nur die Zugehörigkeit zu einem großen Organismus zu geben vermag. In Deutschland ist jedes große Werk von einer grenzenlosen Einsamkeit umgeben.

Größe und Schwäche der französischen Kultur liegt in diesem Traditionalismus. Im Künstlerischen hat er oft genug zu jener Überschätzung des Reinlichen, Handwerksmäßigen geführt, die auf der Kehrseite der formalen Vollkommenheit liegt. Rudolf Kassner hat einmal bemerkt, daß bei keinem Volk der Dilettantismus seltener sei als bei den Franzosen, bei keinem häufiger als bei den Deutschen. Aber er konnte mit Recht zwei Arten des Dilettantismus unterscheiden. Jener Dilettantismus, der noch in den Werken unserer Größten einen Erdenrest zurückläßt, stammt nicht einfach aus Unfertigkeit, mangelnder Meisterung des Handwerks, sondern eher aus Reichtum, Überschuß, aus innerer Fülle, Leben und Menschlichkeit. Unsere Zeit, die das Handwerksmäßige der Kunst so hochgetrieben hat wie kaum eine zuvor, hat mit Schaudern die tiefe Zweideutigkeit der Vollendung erkannt. Ein Künstler, so besessen vom Trieb nach Vollkommenheit wie Flaubert, wollte nur den als ganz großen Schriftsteller gelten lassen, in dessen Werk ein Rest von Unfertigkeit bliebe: »celui qui n'a pas du style«. Die Erkenntnis, daß alle wahrhaft große Kunst, so reif und rein ihre Oberfläche scheinen mag, in ihren tiefsten Wurzeln immer an ein dunkles Chaos grenzt, die Angst vor der Enge des zu Eindeutigen, vor der Gefährlichkeit von Routine und Virtuosität ist es, die heute die französische Dichtung nach dem »Barbarentum« der germanischen Kulturen tendieren läßt. Schon in der Auflehnung der Symbolisten gegen den Parnass lebte etwas von diesem Drang. Hier galt es, eine starr und steril gewordene Form zu zerbrechen, Bewegung zu schaffen, freien Atem, Weite, Weichheit des Konturs statt der fest umrissenen Form: De la musique avant toute chose. Französische Kritiker, zuletzt Tancrède de Visan, haben die frappierenden Zusammenhänge der symbolistischen Ästhetik und Dichtung mit den Werken deutscher Romantiker angedeutet. Die Kurven ließen sich unschwer vermehren. War es nicht Laforgue, der Kenner und Freund deutscher Kultur, in dessen genialen Improvisationen zuerst die neue Rhythmisierung auftauchte, das neue metrische Prinzip, das eine Jahrhunderte alte Tradition durchbrach, jener vers libre, von dem Vielé Griffin gesagt hat, er sei mehr als eine neue dichterische Form: eine moralische Eroberung? Sollten sich nicht die Fäden zurückverfolgen lassen, die von hier zu den rhapsodischen Hymnen Goethes leiten und zu jenen im freiesten metrischen Flusse hingeströmten Versen, in denen Hölderlin, schon an der Grenze des Wahnsinns, die Bindung der klassischen Formen sprengte? Mag immerhin die heimische Vorbereitung in der Metrik der Lafontaineschen Fabeln eine »klassische Rechtfertigung des vers libre« bilden.

Dennoch zeigt gerade der Symbolismus die ungeheure Assimilationskraft des französischen Geistes. Bei aller nachweislichen Bereicherung aus fremden Bezirken bleibt diese Bewegung, in der die französische Sprache erst recht eigentlich ihre lyrischen Kräfte entdeckt hat, in so eminentem Sinne national, setzt so folgerichtig an eine bestehende Tradition an, daß es wohl zu verstehen ist, daß gewisse französische Kritiker ihre Herleitung aus anderen als heimischen Antrieben ablehnen möchten.

Anders stellen sich die Dinge, wenn man sich gewissen Strömungen der jüngsten französischen Dichtung nähert. Hier scheint eine neue und streitbare Generation allem Zusammengehörigkeitsbewußtsein aufzusagen, das noch den kühnsten Neuerern früherer Epochen Maaß und Richtung gegeben hatte. Hat man den Ursprüngen des merkwürdigen Paul Claudel nachgefragt, von dem Henri Ghéon sagen konnte, nichts habe in Frankreich sein einsames und einzigartiges Werk vorbereitet? Kennt man Charles Péguy, dessen Prosa in Frankreich ohne Vorbild und ohne Gleichen ist? Kennt man vor allem die Jungen, die heute in der französischen Dichtung den Fortgang über den Symbolismus hinaus repräsentieren: André Spire, Charles Vildrac, Valery Larbaud, Jules Romains? Dichter, deren leidenschaftliches Unabhängigkeitsgefühl das zu stürzen scheint, was das Wesen selber der französischen Lyrik ausmachte: klanglichen Reiz, Plastizität der Form, bildlichen Reichtum? Deren Verse kahl und schmucklos werden aus Haß gegen die gefährlichste Verführung des französischen Geistes, Rhetorik und Eloquenz? In ihren Büchern ist etwas von der Angst vor der hemmenden Tradition, die in Italien die futuristische Bewegung geschaffen hat, und ihre Stellung zu dem wundervollen Kulturerbe ihrer Väter drückt sich etwa in den Versen aus, mit denen André Spire sich von »den Büchern« und ihrer einengenden Gewalt losgesagt hat:

> . . Sans vous, j'aurais été un pauvre barbare,
> Aveugle, comme un petit enfant.
> Vous avez dilaté ma puissance d'aimer,
> Aiguisé ma tristesse, et cultivé mon doute.
> Par vous, je ne suis pas un être d'un instant.

> Et maintenant, il faut que je vous porte
> Dans la chambre la plus secrète de la maison,
> Qu'avec des grands sceaux je scelle votre porte;
> Et que je sois, comme si vous n'aviez pas été.
>
> Oui, livres du passé, il faut que je vous cache;
> Je mourrais contre vous.
> Vous troublierez mes yeux que vous avez grandis,
> Et je vous sentirais entre moi et les choses.

Wohin diese Bewegung führen wird, die sich gleichsam außerhalb aller Tradition zu stellen scheint, ist heute nicht vorauszusagen. Auch im Schaffen dieser Revolutionäre ist schließlich im tiefsten der Geist ihrer Nation lebendig, der ja nichts unwandelbar Stabiles, nichts durch die Jahrhunderte Gleichmäßiges ist, sondern ein in unaufhörlichen Umformungen, Modifikationen, Evolutionen sich Fortbildendes. Den französischen Geist immer wieder auf ein paar Schlagworte wie Rationalismus, Klarheit, Logik, Maaß festlegen wollen, heißt ein Prinzip, weil es auf gewisse Epochen und Individualitäten paßte, durch träge Verallgemeinerung zu Tode hetzen. Statt auf solchen zum Überdruß nachgesprochenen Feststellungen zu bestehen, frage man lieber, welche Züge es sind, die heute den Willen und die Kräfte des französischen Geistes ausmachen, und welche Faktoren ihrem Durchbruch zugrunde liegen. Wenn wir es müde sind, vor unsern Nachbarn immer nur als die grenzenlos Fühlenden zu gelten, nicht mächtig, der gestaltlosen Fülle und dem unbemeisterten Reichtum ihrer Seele das befreiende Wort zu finden, so hüten wir uns, die Komplexität des französischen Geistes mit ein paar Begriffen zu umschreiben, deren Dürftigkeit durch die wirklich schöpferischen Geister Lügen gestraft wird.

ROMAIN ROLLAND: JEAN-CHRISTOPHE

Über dem Leben des deutschen Musikers Jean-Christophe Krafft, dessen Geschichte Romain Rolland in diesem breitausholenden, weitschweifigen Roman mit Temperament und stellenweise mit Pedanterie erzählt hat, steht schützend das heroische Leben eines deutschen Musikers: Beethoven. Nicht nur in vielen biographischen Zügen, die in die Jugendgeschichte Jean-Christophes eingegangen sind, mehr noch durch die geistige Summe und den Sinn seiner Existenz wurde das Leben Beethovens das Maß für die Kämpfe und Leiden des Jean-Christophe Krafft. Beethoven als ein Sinnbild streitenden, leidenden und siegenden Menschentums, wie ihn schon Rollands ältere Biographie gesehen hatte: »Er ist viel mehr als der erste der Musiker. Er ist die heldenhafteste Kraft der modernen Kunst.« Wie würde ein Künstler von der leidenschaftlichen Stärke, dem Willen und der Lauterkeit Beethovens in unsern Zeitläuften bestehen – so könnte man etwa das Thema dieses vielbändigen Romanes umschreiben. Diese Thematik, die nicht ohne Umständlichkeit durchgeführt ist, leitet nicht bloß zur Seelengeschichte des Jean-Christophe und damit zum Entwicklungsroman im deutschen Sinne, sondern zugleich zum breiten Kulturbild, zu Kritik und Gericht über die Generation, mit der Jean-Christophe groß wird. Die rein ästhetischen Momente treten zurück vor dem Kämpferischen, Agitatorischen des Buches. Eine starke und lautere Persönlichkeit, deren puritanisches Ethos und leidenschaftlicher Wahrheitsdrang freilich beherrschender sind als seine künstlerischen Instinkte, setzt sich mit seiner Zeit und der unmittelbaren Vergangenheit auseinander. Auf große Strecken hin scheint der künstlerische Rahmen ganz gesprengt, und man glaubt, eine kulturkritische Abhandlung zu lesen, wie denn ganz ausdrücklich Kunst als rein ästhetische Äußerung zurückgewiesen wird. Das Bild einer Generation, im Spiegel eines individuellen Lebens eingefangen, trägt allenthalben Züge einer über das durch das Stoffliche gegebene Erlebnis hinausgreifenden persönlichen Kritik. Seltsam, daß uns dieses Buch, das schon durch seine äußere Formlosigkeit allem entgegen ist, was man gemeiniglich als gallische Tradition anzusehen bereit ist, aus dem Lande Balzacs und Flauberts gekommen ist. Noch seltsamer, daß ihm Frankreich einen enthusiastischen Empfang bereitet hat. Sollten sich hier nicht gewisse Wandlungen des französischen Geistes anzeigen? Noch vor zehn Jahren hätte man bei unsern Nachbarn über die dozierende Lehrhaftigkeit und den intransigenten Puritanismus dieses Romanes die Achseln gezuckt. Aber eben diese Wandlungen der französischen Mentalität gehören zum Gegenstand des Rollandschen Werkes.

Jean-Christophe, der durch Zufall und Schicksal aus seiner rheinischen Heimat nach Paris verschlagen ist, wird in den wilden Hexensabbath einer Gesellschaft hineingerissen, die selbst nicht mehr weiß, wohin sie treibt, die an keiner großen Idee sich orientiert, die kein Gesetz kennt als die Gesetzlosigkeit und der selbst der Geist nichts ist als ein mondänes Spiel im Wirbel der Sinne und der Eitelkeit. Jean-Christophe ist der Genosse einer entgötterten Zeit und ihr strengster Richter. Er begleitet ihre Verlogenheiten und ihren Fall, er erlebt auch ihren neuen Aufstieg. Geschichtsschreiber, die dereinst von der Wiedergeburt des französischen Geistes erzählen, deren Zeugen wir heute sind, werden zu diesen Bänden greifen müssen. Jean-Christophe, der schon die Fanfaren des jüngsten Tages über einer zusammenbrechenden Gesellschaft hat erklingen hören, gewahrt als er nach zehnjähriger Abwesenheit, selbst ein Gewandelter, nach Paris zurückkommt, mit Staunen ein neues, tief gewandeltes Geschlecht. Eine mystische Auferstehung der Rasse hat sich vollzogen. Eine neue Jugend ist aufgestanden, mit starken und sicheren Instinkten, von deren Heraufkommen die wenigen verlorenen Heroldstimmen nichts ahnen ließen. Die matten Relativismen sind verbannt, alle geistige Energie orientiert sich nach einem einzigen Ziel: der Tat. Aus so viel Untergängen erhebt sich aufs neue ein neues Frankreich. Es hat einer strengen Zucht bedurft, der Besinnung auf eine verpflichtende Vergangenheit und der leidenschaftlichen Einreihung in eine große Tradition, um diesen Regenerationsprozeß zu vollbringen. Aber es besteht kein Zweifel darüber, daß er gelungen. Mit welchen Opfern und mit welchen Mitteln, das gilt schließlich gleich. Denn daß die neuen Energien der französischen Jugend, die sich dem Ausländer so häufig als aggressiver Nationalismus oder chauvinistische Phrase darbieten, oft um einen teuren Preis erkauft sind, daß auch die Lüge häufig gut genug ist, die ideale Forderung der inneren Erstarkung fördern zu helfen, dieser Erkenntnis verschließt sich auch Jean-Christophe nicht. Er sieht, wie das neue Kraftbewußtsein sich an allen Arten der Überhebung nährt: »Überhebung der Rasse, Überhebung der Kaste, Überhebung der Religion, Überhebung in Kunst und Kultur – alles war diesem Geschlecht recht, wenn es ihm nur die Eisenrüstung schmiedete, wenn es ihm nur das Schwert und den Schild in die Hände gab und es unter ihrem Schirm zum Siege führte«. Jean-Christophe erkennt, wieviel Gehässigkeit und ungerechter Fanatismus entfesselt werden mußten, damit das Wort des Maurice Barrès wahr werde: »Unsere Toten sind unsere lebendige Tatkraft.« Er erkennt die reale Gefahr der politischen Ideologien und spricht, ernüchtert, von der »großen Pest des nationalistischen Hochmutes«. Und wenn er den nationalen Aufschwung des Volkes begrüßt, das ihm das zweite Vaterland geschenkt hat, so bleibt er selber doch »Europäer«. Die mühsam errungene Weite des Ausblicks soll ihm keine noch so wertvolle Beschränkung verkleinern. Er erkennt auf der Höhe seiner Entwicklung den wahren Wert der drei großen westlichen Nationen, Deutschland, Frankreich und Italien, und ihre sich ergänzenden Tugenden. Er erkennt hinter den Äußerlichkeiten und dem beirrenden Schein die echten Züge ihres Wesens. Er wird gerecht, weil er selber so tief unter dem Haß gelitten. Er weiß auch, was er seinem Vaterland schuldet, dem sein heftigster Groll gegolten hatte. Der schaffende Künstler, der sich in »La Révolte« mit seinen besten Kräften gegen die Stumpfheit und Feindschaft der Masse auflehnte, hatte die ganze Bitterkeit seiner Entbehrungen und Enttäuschungen gegen die Nation selber gerichtet. Die »deutsche Lüge« hat sich ihm enthüllt. Er gesellt sich zu den großen Anklägern, an denen Deutschland zu seinem Heile immer reich war, und sein Urteil hat die flammende Unerbittlichkeit der gekränkten Liebe.

Wie Nietzsche erkennt er die Verlogenheit der idealistischen Phrase. Er sieht knirschend das deutsche Pharisäertum, das sich ringsum breit macht, den Mangel an Ehrlichkeit und Freimut, den krassen Materialismus, der sich heuchlerisch hinter Gemüt und Seele verschanzt, das stumpfe Behagen, dem das Größte und das Elendeste gleichviel gelten. Noch da er die »Zone des Hasses« lange überschritten hat, gewittert etwas von diesem Groll gegen Deutschland in ihm nach. Er empfindet auch immer mit zorniger Scham, wie schlecht Deutschland die Verantwortung, die ihm sein Sieg in die Hände gegeben hat, zu tragen gewußt hat: »Der reiche Louis XIV. schenkte Europa den Glanz der französischen Vernunft. Was für eine Erleuchtung hat das Deutschland von Sedan der Welt gebracht? Den Glanz der Bajonette? Einen Geist ohne Flügel, eine Tatkraft ohne Großmut, einen rohen Wirklichkeitssinn, der nicht einmal die Entschuldigung für sich hat, gesunden Menschen anzugehören, die Gewalt und den Nutzen: Mars als Geschäftsreisenden.« Er sieht auch die Einsamkeit, die noch mitten in ihrem Volke um die besten Deutschen ist, ihre geistige Abgeschnittenheit, ihre Zusammenhanglosigkeit mit dem Leben der Nation, ihre Unterdrückung durch die herrschende Kaste: »Nicht die Künstler fehlten in Deutschland, aber den Künstlern fehlt die Luft.« Aber er kennt auch die großen und ewigen Kräfte, die im Deutschtum liegen. Und der Gereiste ist über den Haß der Nationen hinausgewachsen. Drei Länder haben an seiner Seele und an seiner künstlerischen Kraft geformt. Denn auch darin ist er Deutscher, daß in einer entscheidenden Stunde die Schönheit des Südens Besitz von ihm nimmt, und neben Deutschland und Frankreich wird Italien ihm zur Herzensheimat. Dem Widerstrebenden, den erst Paris die »barbarischen Avantagen« schätzen lehrte, die er als Deutscher besitzt und die auch Goethe nicht missen wollte, hat langsam der italische Himmel den Sinn für Harmonie und Reinheit der Form aufgeschlossen. Und da er auf dem Gipfel seines Schaffens steht, findet man in seinen Werken vereinigt »den liebevollen und gelehrten Geist Deutschlands mit seinen schattenreichen Krümmungen, die klare, leidenschaftliche Melodie Italiens und das lebhafte Temperament Frankreichs, das reich ist an zarten Rhythmen und feingetönten Harmonien.«

Wie sollte er, der sich dankbar dreier Länder Kind nennen darf, an der Eifersucht und der nationalistischen Verhetzung der Nationen teilhaben? In den Zeiten stärkster politischer Spannung bleibt er ruhig. »Er befand sich«, heißt es von ihm, »in der Geistesverfassung des alten Goethe von 1813. Wie konnte er kämpfen, ohne zu hassen.«

Eine neue Zeit bricht an. Jean-Christophe fühlt sich als den Geopferten einer Generation, die das gelobte Land nicht mehr betreten durfte, zu dessen Schwelle sie vorgedrungen. Und so darf das Buch, das in seiner geistigen Tendenz das europäischste ist, das seit langem aus Frankreich hervorgegangen, ausklingen in eine Zukunftsmusik der endlichen Versöhnung zwischen Deutschland und Frankreich. Sie bedürfen einander, sie werden sich endlich finden müssen: »Wer ahnt in Frankreich diese Gewalt der Zuneigung, die soviel edle Herzen der Nachbarnation nach Frankreich kehrt? Soviel treue Hände, die sich brüderlich ausstrecken und die nichts wissen von den Verbrechen der Politik! ... Und auch ihr seht uns nicht, deutsche Brüder, wie wir zu euch sprechen: Hier sind unsere Hände. Trotz allen Lügen und allem Haß wird man uns nicht scheiden. Wir brauchen euch, ihr braucht uns, um der Größe unseres Geistes und unserer Völker willen. Wir sind die beiden Flügel des Occidents. Wer den einen bricht, bricht auch den des anderen. Mag der Krieg kommen! Er wird nicht unsern treuen Handschlag trennen und den Aufstieg unseres brüderlichen Geistes.«

Kritische Schriften

ZUM ZEITGESCHEHEN

ROOSEVELT IN OXFORD

Oxford, 7. Juni *1910*
Mit dem umfänglichen Zeremoniell, mit dem sich an diesem traditionsschweren Orte offizielle Akte abzuspielen pflegen, vollzog sich heute die lange angekündigte und vorbereitete Roosevelt-Ehrung der Universität Oxford. Die »Romanes-Lecture« war (so hat uns Roosevelt mehrfach versichert) ja die erste und eigentliche Ursache seiner Europafahrt, deren Etappen seit Wochen das Staunen und die Verwunderung der gesamten zivilisierten Welt bilden. Nach ihrer Erledigung wird der Bürger Amerikas, den im Grunde nur wissenschaftlicher Eifer in die alte Welt geführt hat, wieder in die Heimat zurückkehren, wo inzwischen seine Popularität womöglich noch gestiegen ist, so scharf und bösartig auch gewisse heimische Blätter seine letzten Auftritte kommentiert haben. Die neue Präsidentenwahl ist ihm so gut wie sicher, und das republikanische Prinzip wird sich der beispiellosen Popularität dieses »Demokratischsten der Demokraten« zu beugen haben. In der Tat konnte die Überrumpelung Europas nicht vollkommener gelingen. Kaiser und Könige haben gewetteifert, diesen Republikaner zu feiern, und die gelehrten Bildungsanstalten Europas haben sich um die Ehre gestritten, den Propagandisten des »strenuous life« und den Erzähler afrikanischer Jagdgeschichten mit ihren Titeln und Würden zu krönen. Heute war der letzte Akt der Komödie, der letzte von den Schimmern der Apotheose umglänzte Auftritt des Helden.

Das Programm war bis ins kleinste vorher festgelegt und wurde bis ins kleinste eingehalten, wie es sich schickt für einen Mann, in dessen Lebensauffassung die Ausnutzung der Minute eine so wesentliche Rolle spielt. Zu dem Mayor von Oxford freilich hat Roosevelt geäußert, er sei gar nicht jener mythische Repräsentant des »strenuous life«, den man aus ihm machen wolle, nicht jenes »heraldische Tier«, das unglücklich sei, wenn nicht alle fünf Minuten seines Tagewerks ausgefüllt seien. Aber das war wohl nur edle Bescheidenheit.

Um 9 Uhr morgens Ankunft und Empfang am Bahnhof durch die Vertreter von »Town and gown«, die Stadtväter und den Vize-Kanzler der Universität. Dann offizielle Begrüßung auf dem Rathaus. Verbindliche Reden auf beiden Seiten. Dann die nun einmal zum Programm gehörige Besichtigung der Stadt. Bei den wichtigsten Colleges, Christ-Church und Magdalen, wird sogar zwecks genauerer Inspektion das Automobil verlassen, die ehrwürdige Bodleiana eines eingehenden Besuchs gewürdigt, bei dem die erste Folio von Shakespeares Werken »das besondere Interesse des Präsidenten erregt«, und zum Schluß die Universitätsdruckerei besichtigt. Überall regnet es Ansprachen, Liebenswürdigkeiten, Geschenke. Das Luncheon wird im studentischen »American Club« genommen, dessen Mitglieder sich hauptsächlich aus amerikanischen Rhodesscholars zusammensetzen. So ergibt das Andenken Cecil Rhodes' und seiner Stiftung bequem den Übergang zum Bekenntnis tiefwurzelnder Liebe zum englischen Volke, genau nach dem Schema der Reden, in denen der Präsident der Reihe nach den anderen Völkern Europas seine tiefwurzelnde Liebe bekannt hat, und im Vorbeigehen wird rasch die gröbliche Taktlosigkeit der Guild-Hall-Rede mit der arglosen Gradheit des ehrlich meinenden Freundes zugedeckt, dessen Biedersinn auch vor der Aussprache verletzender Wahrheiten nicht zurückschreckt: »Ich weiß nicht, ob das, was ich gesagt habe, angenehm zu hören war, sicherlich war es gut für sie. Und sicherlich konnte das, was ich gesagt habe, nur einer sagen, der dies Land aufrichtig liebt, bewundert und sein Bestes will.«

Auf 3 Uhr ist das Hauptereignis des Tages angesagt, die Abhaltung der »Romanes-Lecture« und die Verleihung des Ehrengrads. Schon eine Stunde vorher ist das alte Sheldonian-Theater bis auf den letzten Platz gefüllt. Unten sitzen dicht gedrängt die Graduierten der Universität im Festtagsgown, die erste Galerie ist mit

Gästen, vor allem weiblichen Geschlechts angefüllt (darunter auch Roosevelts beide Töchter und Sohn), die obere Galerie ist mit Studenten dicht besetzt. Die lästige Wartezeit, die um so lästiger wirkt, als das Sheldonian-Theater noch aus der ehrwürdigen Zeit stammt, wo Ventilationsvorrichtungen zum entbehrlichen Luxus gerechnet wurden, wird durch Vorträge auf der höchst klapprigen Orgel ausgefüllt, für die die Studentenschaft, wie bei uns dankbar auch für bescheidene Genüsse, mit lautem Beifall dankt. Endlich schlägt die Turmuhr der Kathedrale 3, die Orgel quietscht mit aller möglichen Würde »God save the king«, und vom Hofe der Bodleiana her bewegt sich in langsamem Gleichschritt, gemessen wie eine Leichenprozession, der Zug. Voran die unvermeidlichen Pedelle mit den Abzeichen ihrer Würde, den silbernen Stäben. Dann der Kanzler, Lord Curzon, in reicher goldgestickter Robe, dahinter der Vize-Kanzler und der ganze Stab der akademischen Würdenträger, imponierend in dem brennenden Karmesinrot ihrer Talare. Die ganze Zeremonie von einer etwas lächerlichen Feierlichkeit, die freilich wie immer bei derartigen Schaustellungen in England durch eine gewisse unpathetische Form der Vollziehung und die unbefangene Haltung der Zuschauenden wesentlich gemildert wird. Ja heute ist es, als wolle der Kanzler selber der allzugroßen Feierlichkeit der Situation die Spitze abbrechen. Seine Stimme dröhnt in einem komisch-theatralischen Pathos, und sein Arm beschreibt eine unnachahmlich majestätische Geste, wie er die würdevollen Glatzköpfe mit den Silberstäben zur Einholung der Doktoranden ausschickt: »Ite. Pedelli.« Er spekuliert deutlich auf die stets bereite Lachlust der studentischen Jugend, und sein Witz wird denn auch mit dem gebührenden dröhnenden Beifallsgelächter quittiert. Sonst freilich zeigt sich die Studentenschaft heute wenig geneigt, von ihren traditionellen Rechten Gebrauch zu machen und die Ernsthaftigkeit der Vorgänge durch Ulk und Zwischenrufe zu durchbrechen. Man beträgt sich sehr ruhig und gesittet und markiert ein wenig absichtsvoll den Gegensatz zu dem Ulkempfang, den die Cambridger Studenten dem Expräsidenten bereitet haben. Inzwischen sind die Männer mit den Silberstäben zurückgekehrt, und hinter ihnen schiebt sich, von stürmischen Zurufen begrüßt, die gedrungene Gestalt des Präsidenten gegen den Sessel des Kanzlers. Es folgen die Ansprachen des Kanzlers und des Dekans der juristischen Fakultät, abgefaßt in jener so spezifisch englischen Mischung von Feierlichkeit und Humor, verlesen in lateinischer Sprache und zwar mit jener hyperbritischen Aussprache des Latein, die es selbst einem Cicero unmöglich gemacht hätte, ein Wort zu verstehen, die aber einmal zu den unumstößlichen Traditionen Oxfords und Cambridges gehört. Die Graderteilung wird durch Handschlag bekräftigt, und nachdem so die vorgeschriebenen Formalitäten glücklich erledigt sind, wendet sich Curzon nochmals, jetzt in englischer Sprache, an den neuen Doktor, mit Worten, deren feiernder Überschwang nicht der leicht ironischen Färbung entbehrt, wenn er etwa von einem Triumphzug spricht, wie er nur wenigen Eroberern und Königen je gegönnt war oder des hervorragenden Gebrauchs gedenkt, den Roosevelt in den letzten Tagen von der englischen Sprache gemacht habe, und dann beginnt auf dem Podium dem Kanzler gegenüber Roosevelt seine Vorlesung. Er liest mit eintöniger harter Stimme und jener gequälten Eindringlichkeit, die den Mangel an natürlichen Steigerungsmöglichkeiten der Stimme zu verdecken sucht. Mit jenem schauderhaften amerikanischen Akzent, der das Schlimmste, was Heines Idiosyncrasie gegen die Sprache Shakespeares vorgebracht hat, zu rechtfertigen scheint. Sein Thema bilden die »Biologischen Analogien in der Weltgeschichte«. Einleitend erledigt er im Vorbeigehen eines der schwierigsten und meistumstrittenen Probleme der Geisteswissenschaften, die Frage der historischen Methode. »Ich will«, sagt er – wörtlich so: ich will, I am willing –, »ich will, daß die Geschichte als ein Gegenstand der Naturwissenschaften behandelt werde, aber nur unter der Bedingung, daß sie zugleich ein Gegenstand der schönen Literatur bleibe... Wer aus dem Vollen über Menschen handeln will, muß biologische Kenntnisse besitzen, muß vor allem mit jener naturwissenschaftlichen Evolutionstheorie vertraut sein, die unzertrennlich mit dem großen Namen Darwins verknüpft ist.« Damit kommt er auf sein Thema, den

Parallelismus zwischen dem Entstehen, Wachsen und Untergang der Arten und dem Entstehen, Wachsen und Untergang sozialer Verbände. Nach ein paar flüchtigen Bemerkungen über Zuchtwahl, Anpassung und Vererbung steuert er rasch auf den Mittelpunkt seines Interesses los, die Entstehung und den Verfall der Nationen. Hier wartet man freilich vergeblich auf die »biologischen Analogien«, statt dessen aber bieten sich moralische Erklärungen. Als die eigentlichen Gründe für den Verfall der Nationen erscheinen die Aufgabe der »homely, common-place virtues« und die Erschlaffung der Sitten. Allerhand historische Illustrationen werden herangezogen, der zeitweilige Niedergang Italiens und Hollands angeführt (mit einer Verbeugung vor dem gegenwärtigen Aufschwung), und schließlich bei einem breit ausgesponnenen Vergleich der britischen und der römischen Weltmacht verweilt. Warum haben äußere Feinde die Weltmacht Roms gestürzt? Weil innere Krankheitsstoffe seinen Organismus geschwächt hatten. Darum seid auf der Hut vor den Feinden im eigenen Lande, die da heißen Leidenschaft und Torheit! Zwei Tugenden gilt es, daheim zu bewahren, Selbsterkenntnis und Selbstbemeisterung. Anderen Völkern gegenüber aber ergibt sich eine zwiefache Aufgabe: Wo große Nationen wie die britische und amerikanische über fremde Völker gebieten, stellt sich ihnen die Pflicht, dies nicht zum eigenen Vorteil, sondern zum Wohle der schwächeren Völkerschaft zu tun. »Keine Rasse hat die Berechtigung sich das Recht der Verwaltung und Beaufsichtigung über eine andere anzumaßen, wofern diese Verwaltung und Beaufsichtigung nicht im Interesse und zur Wohlfahrt der anderen erfolgt. Das haben unsere beiden Nationen im wesentlichen bisher so getan und sie müssen fortfahren, dies in noch höherem Maße in der Zukunft zu tun, in Indien, Egypten und den Philippinen«. In den Beziehungen einer Nation zur anderen aber ist die Aufgabe eine ähnliche: »Ich bin der Ansicht, daß die Moralgesetze, die zwischen den Individuen für den Verkehr Geltung haben sollten, in gleicher Weise für den Verkehr von Nationen untereinander bindend sind. Die Anwendung des Moralgesetzes muß freilich in den beiden Fällen eine verschiedene sein, weil in einem Falle die machtvolle Sanktionierung des bürgerlichen Gesetzes dahinter steht, im anderen nicht ... Aber die auswärtige Politik eines großen und sich selbst achtenden Volkes sollte genau auf derselben Basis der Ehrenhaftigkeit geführt *werden* – auf dem Beharren auf dem eigenen Recht und der Respektierung des Rechtes anderer – die das Verhalten eines tüchtigen und ehrenwerten Mannes im Umgang mit seinen Freunden auszeichnet. Fast acht Jahre lang stand ich an der Spitze einer großen Nation und meine Hauptaufgabe war die Führung der auswärtigen Politik. Während dieser ganzen Zeit habe ich keinem Volke der Erde gegenüber anders gehandelt, als ich es als Individuum Individuen gegenüber für recht gehalten hätte. Ich glaube, daß wir als Söhne der großen zivilisierten Nationen der Gegenwart berechtigt sind zu glauben, daß noch eine lange Laufbahn der Vervollkommnung vor uns liege. Aber wie dem auch sei, lassen Sie uns wenigstens die Befriedigung haben, daß wir die Fackel des Lichtes in unseren Tagen und in unserer Generation vorwärts getragen haben. Wenn wir so handeln, dann können wir, wenn wir die Augen schließen, und ins Dunkel eingehen, und andere Hände nach der Fackel greifen, wenigstens sagen, daß wir unsere Rolle gut und tapfer gespielt haben.«

Die historischen »Analogien« zu dieser Politik altruistischer Rücksichtnahme und biederster Ehrenhaftigkeit bietet auf 1000 Blättern die Geschichte Amerikas, das jenen Grundsätzen bisher »im wesentlichen« gefolgt ist.

Eine führende englische Zeitschrift warf neulich die Frage auf, ob die Flut von Gemeinplätzigkeit und Allerweltsmoral, womit der von seiner Kulturmission durchdrungene Präsident die alte Welt überschüttet, wohl der naive Ausdruck eines primitiven Gemüts oder ein raffiniert berechnetes Mittel zur Suggestion der Rassen sei. Sie hat sich angesichts der erstaunlichen Erfolge Roosevelts für das letztere entschieden. Sehr wahrscheinlich. Aber als ich die schwerfällige Gestalt mit dem plumpen Schädel und den ungeheuern Kiefern gestikulierend auf seinem Podium für die Besserung der politischen Moral eintreten hörte, da war ich wie die anderen

Zuhörer überzeugt, daß hier ein von seiner großen Aufgabe Erfüllter dem Volke predige: ein besessener Prophet, ein Kämpfer für weltfremde Ideale, ein Streiter für die heiligsten Güter der Nationen.

STIMMUNGSBILDER AUS DEM BELGISCHEN GENERALSTREIK

Beinahe flau schien am 14. April die gewaltige politische Massendemonstration des belgischen Generalstreiks einzusetzen. Triumphierend sprachen die klerikalen Blätter am Abend des ersten Kampftages von einem kläglichen Fiasko, das man im übrigen habe voraussagen können. Und selbst wenn man diesen Siegesjubel bedenklich verfrüht fand, wenn man feststellte, daß den klerikalen Blättern offenbar bei ihren Zahlenaufstellungen allerhand seltsame Irrtümer und »Druckfehler« unterlaufen waren, so war man sich doch in allen Lagern bewußt, daß dieser Streik nur wenig Popularität besaß, daß man ihn widerstrebend, zögernd, ohne Enthusiasmus begonnen hatte. Auch fehlte die wesentliche Voraussetzung seines Erfolges: die Allgemeinheit der Beteiligung, die Wucht einer geschlossenen und einmütigen Aktion. Die flandrischen Landesteile hielten sich zurück, und selbst in den wallonischen Gebieten war man nicht bedingungslos der Streikparole gefolgt. Man fühlte die Größe der Verantwortung. Man war sich vollkommen dessen bewußt, was eine solche Kundgebung, die das ganze wirtschaftliche Leben der Nation brach legte, für ein Land wie Belgien bedeutete. Zudem fürchtete die Sozialdemokratie wohl auch eine Einbuße an Sympathien, vor allem im Kleinbürgertum, das von der durch den Streik beschworenen wirtschaftlichen Krise besonders hart betroffen werden mußte. Und schließlich mußte das Aussichtslose des Kampfes entmutigen, denn selbst die heftigsten Anhänger des Demonstrationsstreikes konnten sich nicht verhehlen, daß keine Regierung, die nur irgend auf sich hielt, dem Drucke eines solchen Gewaltmittels nachgeben dürfe. So schien alles auf eine rasche Beendigung hinzudeuten. Umsomehr, als man auf beiden Seiten fühlte, daß an der Entfesselung dieses Riesenkampfes im Grunde nur ein starrköpfiger und ein wenig pedantischer Formalismus die Schuld trage. Denn die sachliche Berechtigung des größten Teils der Forderungen, um derentwillen der Streit entbrannt ist, hatte man ja auch auf den Regierungsbänken mehr oder minder unumwunden zugestanden. Zumal die Linke ihren Forderungen eine durchaus loyale, zurückhaltende, von jeder Überstürzung freie Form gegeben hatte. Nicht eine Wahlrechtsrevision von heute auf morgen, nicht ein unvermittelter Sprung vom Pluralwahlsystem zum allgemeinen Wahlrecht – nur das eine hatte die Linke gefordert: daß eine Kommission zusammentrete, um die Frage einer Reform des Kammerwahlrechts, die zugleich eine Verfassungsänderung bedingte, zu prüfen. Jahre wären über der Arbeit dieser Kommission hingegangen.

Herr de Brocqueville, der Ministerpräsident, hatte sich denn auch bereit erklärt, die Kommission zu ernennen. Nur daß ihre Kompetenz sich nach Ansicht der Regierung bloß auf das Provinzial- und Gemeindewahlrecht, nicht aber auf das entscheidende Kammerwahlrecht ausdehnen sollte. Trotzdem war es eigentlich selbstverständlich, daß die einmal zusammenberufene Kommission auch diese wichtigste Frage anschneiden würde. Und so wartete man denn sehnsüchtig und voller Spannung auf das Wort des Ministerpräsidenten, das die Prüfung der Kammerwahlrechtsfrage garantieren und das Land von dem Druck der Wirtschaftskrise befreien würde. Herr de Brocqueville hat es nicht gesprochen, dieses entscheidende Wort, das, wie mit einem einzigen Hebelgriff die ganze ungeheure Maschinerie des Streikes zum Stillstand gebracht hätte. Er hat geschluckt, und gewürgt und angesetzt, aber er hat es nicht herausgebracht. Er muß es noch im Halse stecken haben. Eilfertige Optimisten schworen, daß sie es schon mehr als einmal deutlich aus seinem Munde vernommen hätten. Einmal war der schon anberaumte Streik wieder abgesagt worden, da ein paar Harmlose die sybillisch verschleierten Worte des Herrn de Brocqueville falsch verstanden hatten. Und noch am letzten Mittwoch ging es wie ein befreites Aufatmen durch die ganze Kammer, denn diesmal hatte man es deutlich gehört: auch das Kammerwahlrecht sollte in der Kommission zur Diskussion kommen. Im offiziellen Stenogramm des nächsten Tages fehlte dann freilich gerade dieser entscheidende Passus, und wo man schon bindende Versprechungen zu besitzen gemeint hatte, sah man jetzt wie durch einen Spuk plötzlich nichts mehr als nichtssagende Phrasen. »Jeder Redner müsse das Recht haben, nachträglich am Wortlaut seiner Rede zu ändern«, meinte Herr de Brocqueville schlicht. »Selbstverständlich, daß dann erst die korrigierte Fassung Gültigkeit habe. Übrigens habe er den Text seiner Rede nicht einmal selbst durchgesehen.«

Die Wahrheit der letzten Bemerkung hat niemand einen Augenblick bezweifelt. Man kennt zu gut den geheimnisvollen Korrektor: denn die Kammerreden des Ministerpräsidenten sind nicht das einzige, das erst seine Zensur passieren muß: in den Händen dieses siebzigjährigen Zensors laufen alle Fäden der Regierung zusammen. Aber selten ist Herr Woeste, der den äußersten Flügel der Klerikalen vertritt, so aus seiner klugen Reserve herausgetreten, wie am letzten Donnerstag, wo es galt, den Schein von Nachgiebigkeit, den die Erklärung des Ministerpräsidenten enthalten hatte, wieder auszulöschen. Dieser Fanatiker des Klerikalismus, der übrigens einer deutsch-jüdischen Familie entstammt und bis zum 14. Lebensjahre Protestant war, will von keiner Versöhnung wissen. Mit einer Schroffheit, deren provozierende Form nach der Erklärung des Ministerpräsidenten am Tage zuvor um so schärfer hervortreten mußte, hat er jeden Versuch einer Verständigung zurückgewiesen.

Im Lande aber wächst der Groll. Selbst die kleine Bourgeoisie, die anfänglich am heftigsten gegen den Streik protestiert hat – und die auch heute noch durchaus streikfeindlich ist – selbst sie beginnt gegen eine Regierung zu murren, die alle Versöhnungsmöglichkeiten mit einer so verachtungsvollen Geste ausschlägt. In den Arbeiterkreisen aber schwillt angesichts der verletzenden Haltung der Regierung der Zorn und der Enthusiasmus. Dieser Streik, von dem anfänglich sogar die sozialistischen Führer, Van der Velde, Huymans, de Broukere, abgeraten hatten, den eigentlich nur der Genter Volkstribun Anseele mit der ganzen Wucht seines ungeheuren Einflusses auf die Massen verfochten hatte, er gewinnt von Tag zu Tag an Popularität. Und er dehnt sich unaufhaltsam aus. Schon ist das vierte Hunderttausend überschritten, und täglich bekommen die Ausständischen neuen Zuzug. Bald wird die halbe Million voll sein. Schon stockt das geschäftige Leben im Hafen von Antwerpen. Die Schiffe, die keine Mannschaft mehr zum Laden und Löschen finden, meiden den verödeten Hafen und legen statt dessen im benachbarten Rotterdam an. Die Quais mit ihrer endlosen Reihe von Güterschuppen liegen verlassen, die ungeheuren Eisenkrane, die jahraus, jahrein ächzend und murrend ihre Lasten auf und nieder heben, recken sich bewegungslos in die grau verregnete Luft. Die Fabriken feiern: wo die Angestellten nicht von sich aus die Arbeit niedergelegt haben, da zwingt der Kohlenmangel von selber zum Stillstand. Die Maschinen- und Waffenwerkstätten des Lütticher Beckens sind entleert, die Walzwerke von Charleroi stehen still, die Erzgießereien und Glashütten des Industriezentrums sind verlassen, und die Bergwerke des Borinage, wo sonst Tausende von Händen wühlen und graben, um dem Boden die kostbare Kohle zu entreißen, stehen vereinsamt.

Alles ist vorderhand ruhig. Nirgends sind ernstliche Zwischenfälle vorgefallen. Eine erstaunlich straffe Zucht hält die Massen in Ordnung. Auch ist von der sozialistischen Parteiorganisation alles geschehen, um Ausschreitungen vorzubeugen. Alles wird sorgfältig vermieden, was die schlummernden Leidenschaften der Masse erwecken könnte. Im Volkspalast der Brüsseler Maison du Peuple werden keinerlei geistige Getränke gereicht. Die Streikkomitees veranstalten Konzerte, künstlerische Aufführungen. Alles soll sich in vollkommener Ruhe, Ordnung und Disziplin vollziehen. Denn man weiß recht wohl, daß nichts einer gewissen Gruppe der Regierungspartei im Augenblick gelegener käme als Straßenkrawalle und tätliche Ausschreitungen, die es gestatten würden, die politische Kundgebung als eine revolutionäre Volkserhebung zu brandmarken und demgemäß dagegen vorzugehen. Selbst die endlosen Demonstrationszüge, die sich am Nachmittag und Abend durch die Straßen Brüssels bewegen, sammeln und zerstreuen sich in tadelloser Ordnung. Sie haben etwas Erschütterndes, diese langen Züge von Männern und Frauen, die schweigend und ernst über die Boulevards ziehen, um sich an der Maison du Peuple aufzulösen. Umzüge gehören zum gewöhnlichen Straßenbild in Brüssel. Im warmen Sommer vergeht kaum eine Nacht, ohne daß Scharen junger Burschen und Mädchen mit Musik und Fahnen und Tanz durch die Straßen tollen. Die derbe flämische Lebenslust singt und jauchzt aus ihnen. In den Zügen, die jetzt, im unaufhörlich rinnenden Regen, durch die Gassen Brüssels wandern, merkt man nichts von überschäumender Lebenslust. Von Zeit zu Zeit intonieren die Frauen ein Lied. Es klingt schwermütig und flehend:

> Soldats, ne tirez pas!
> Ne tirez pas sur les grévistes ...

Und langsam meldet sich die Not. Trotz allen hilfreichen Spenden, trotz den vielen Freistellen, wo täglich Tausenden von Ausständigen die Mittagssuppe gereicht wird. Dieser Tage fuhren Scharen von Kindern von ihren Eltern zur Bahn geleitet nach dem gastlichen Holland, wo sie bis zum Ende des Streiks bei hilfreichen Familien untergebracht werden.

Aber die Not wächst und mit der Not der dumpf brütende Groll. Wie wird es ausgehen? Diese Frage ist heute auf aller Lippen. Niemand weiß eine Antwort. Die gewiegtesten Prognostiker der politischen Witterung zucken die Achseln. Die Kammer hat sich einstweilen bis zum Dienstag vertagt. Wird die Regierung inzwischen eine Lösung suchen, die der Linken annehmbar erscheint? Alles wünscht es, niemand wagt es zu hoffen. Unterdessen ist nur das eine gewiß, daß der Streik unaufhaltsam weiter wachsen wird. Und mit der Zahl der Menschen, die aufgestapelten und zurückgehaltenen Leidenschaften. Und vielleicht wird eine Stunde kommen, wo die Spannung, darin Enttäuschung, Zorn und unbestimmte Zukunftshoffnung die Masse halten, so stark sein wird, daß selbst das Wort der Führer machtlos verstummen muß. Was wird dann geschehen? Daß auf die Armee in einem solchen Falle keineswegs unbedingt zu zählen wäre, wissen die Militärbehörden mindestens seit dem Wahlgang des letzten Sommers. Damals haben die Soldaten der zum Schutz der Ordnung unter die Fahnen berufenen Jahrgänge 1909 und 1910 in den Kasernen Protestversammlungen gegen die Regierung abgehalten. Das ist heute ein offenes Geheimnis. Noch läßt nichts auf einen drohenden Zusammenstoß zwischen Volk und Behörden schließen. Aber jeder Tag verschärft die Spannung und bringt neuen Zündstoff. Mag die Regierung dafür sorgen, den Brand zu verhüten, ehe es zu spät ist.

NACH DEM BELGISCHEN GENERALSTREIK

Brüssel, 28. April *1913*

Der außerordentliche sozialistische Parteitag hat am 24. April die unverzügliche Wiederaufnahme der Arbeit beschlossen. Der Genter Volkstribun Anseele, der als Erster den Generalstreik proklamierte, der mit seinem stürmischen Appell trotz allem Widerstreben und Abraten der anderen Parteiführer die Massen fortgerissen und den Kampf entfesselt hatte – er war nun auch der erste, zum Frieden zu mahnen. »Unsere Einigkeit«, rief er, »haben wir bewiesen, als am 14. April 350000 Angestellte auf unser Zeichen die Arbeit niederlegten. Wir haben sie gehalten während der zehn Tage des Streiks. Wir müssen sie nun vollenden, indem wir beschließen, einmütig und gleichzeitig die Arbeit wieder aufzunehmen.

Dreimal wird so das Proletariat seine Disziplin und seine Selbstzucht erwiesen haben.«

Dem Gefühlsappell Anseeles gab Vandervelde die sachlichen Ergänzungen. Seine ein wenig akademisierende Beredsamkeit hat nichts Fortreißendes, aber sie überzeugt durch die Gediegenheit und den Ernst der Argumente. Er zeigte, wie vom parlamentarischen sowohl wie vom politischen und sozialistischen Standpunkt aus der Streik alles geleistet und erreicht habe, was zu leisten und zu erreichen war. Und er schloß in geschickter und wirkungsvoller Rhetorik mit einem Hinweis auf den nahen 1. Mai, der dieses Jahr mit dem Himmelfahrtstag zusammenfalle: »Wir aber feiern die Himmelfahrt einer Klasse zu einer besseren und gerechteren Zukunft.«

Dennoch blieb eine bedrückte, kühle und zweifelnde Stimmung über dem Haus. Man wußte wohl: es gab viele, die den zuversichtlichen Optimismus Anseeles und Vanderveldes nicht teilten, die in dem Erreichten kein hinreichendes Aequivalent für die geleistete Anstrengung fanden und gegen die allzurasche Versöhnungsbereitschaft der Führer murrten. Aus dem Hennegau, aus dem Centre, aus dem Borinage erhoben sich die Delegierten, um im Namen der Arbeiterschaft gegen diesen halben Frieden zu protestieren und die Fortsetzung des Streiks zu fordern. Man hielt die Friedensrede Anseeles mit seiner Kampfrede vom 23. März zusammen und fragte, welche von beiden nun recht habe. Nichts Festes, nichts Entscheidendes und Faßbares schien erreicht. Keine bindenden Garantien wären gegeben. Wer bürgte dafür, daß man nicht in eine Falle gelockt war? Hatten die sozialistischen Abgeordneten nicht etwas Übereiltes getan, als sie in der Kammer dem Versöhnungsvorschlag des Liberalen Masson beistimmten? War das erreichte Resultat der ungeheuren Kraftleistung wert? Und war durch den vorzeitigen Abbruch des Streiks nicht sein sieghafter Elan, der den Erfolg in sich schloß, gebrochen? Erst der Rede des hochgebildeten Wallonen Jules Destrée, die freilich auch den schlechten Dienst des liberalen Versöhnungsvorschlags betonte, gelang es, die erzürnten Gemüter zu besänftigen. Er sprach im

Namen des obersten Gesetzes, das sich in dieser Stunde stelle: der Einigkeit der Partei. Und mehr noch als in dem praktisch Erreichten fand er die Bedeutung und den Erfolg des Streiks in den scheinbaren Nebenerscheinungen: in der Größe und Eindruckskraft des moralischen Beispiels. Der glänzende Beweis der Stärke und der Disziplin, den die Arbeiterschaft geliefert habe, dieses lebendige Zeugnis für die den Massen innewohnende Macht und sein moralischer Rückschlag auf Freund und Feind – das sei der wahre und bleibende Erfolg des Streiks: »Dieser Streik hat in zehn Tagen mehr für unsere Partei geleistet als zehn Jahre der Propaganda.«

So wurde der Antrag auf Wiederaufnahme der Arbeit mit dreiviertel Mehrheit angenommen, und unverzüglich hat die Durchführung eingesetzt. Seit Montag ist in allen Werkstätten und Fabriken des Landes, in den Kohlengruben des Borinage und am Kai von Antwerpen die Arbeit, die anderthalb Wochen gestockt hat, wieder im Gang, und wohl kaum ist ernstlich mit der Befürchtung gewisser Pessimisten zu rechnen, die meinen, der politische Streik werde sich nun in gewissen Gegenden in einem Lohnstreik fortsetzen.

Dennoch bleibt eine gewisse Spannung bestehen. Eine Verstimmung und Unzufriedenheit in den Arbeiterklassen und das Gefühl eines vergeblich gebliebenen Aufwands. Wohl mögen die sozialistischen Parteiführer recht haben: der kleine Satz, der der Kommission zur Regelung des Provinzialwahlrechts auch eine Aussprache über das Kammerwahlrecht anheimgibt, war für den Augenblick alles, was erreicht und erwartet werden konnte. Und er enthält vielleicht wirklich den ersten und entscheidenden Schritt zum Sturz des Pluralwahlrechts. Die Subtilität dieses parlamentarischen Erfolgs ist nicht geschaffen für primitive Gemüter, die nach der aufgewendeten Kraft auch den sichtbaren Erfolg bemessen und nicht gewillt sind, der Eventualität einer sehr potentialen Klausel ein besonderes Gewicht beizumessen.

Bedenken bleiben bestehen auch für den, der die prinzipielle Wichtigkeit und den wirklichen Fortschritt, der in diesem kleinen und in so vorsichtiger Unbestimmtheit gehaltenen Satz liegt, nicht verkennt. Wenn es wirklich ein Sieg der sozialistischen Partei war, so jedenfalls keiner, der zu Jubelhymnen Anlaß gäbe, keiner, der eine zweideutige Lage zweifellos entscheidet und die Umkehr einer bestehenden Politik verbürgt. Siege, in denen beide Gegner sich die Palme zusprechen, bleiben immer bedenklich. Hier aber nehmen sogar drei Parteien – und nicht ganz ohne Berechtigung – den Triumph für sich in Anspruch. Wenn die Sozialisten in dem ausdrücklichen Versprechen der Regierung, sich der Unterhaltung über das Kammerwahlrecht in der Kommission nicht prinzipiell zu widersetzen, schon eine sichere Gewähr für die Durchsetzung des allgemeinen Wahlrechts finden, so darf die Rechte ihrerseits behaupten, daß sie nichts anderes versprochen habe, als was der Ministerpräsident de Broqueville verschiedentlich in der Kammer geäußert hatte, wenn freilich auch die wichtigste Klausel dieses Satzes nachher auf mysteriöse Weise aus dem stenographischen Bericht verschwunden war. Die Liberalen aber, die zwar die Wahlrechtsreform gefordert, das Mittel des Generalstreiks aber verworfen hatten, beanspruchen für sich mit Recht das Verdienst, durch den geschickten und besonnenen Antrag Masson den Konflikt gelöst und die Versöhnung gebracht zu haben. So ergibt sich das merkwürdige Schauspiel, daß alle drei Parteien Siegesbulletins ausgeben und hochbefriedigt ihren Triumph quittieren. Wer recht hat, kann erst die Zukunft lehren. Daß jedenfalls nur ein Waffenstillstand, kein definitiver Friede geschlossen sei, ist auf dem sozialdemokratischen Parteitag ausdrücklich betont worden. Sollte die Kommission sich in der Erledigung der Reform des Kammerwahlrechts lässig erweisen, sollte sie die sozialistische Forderung ablehnen, so wird der Kampf aufs neue entbrennen. Schon hat man mit deutlicher Drohung von einem zweiten Generalstreik gesprochen, den die politische Entwicklung notwendig machen könnte.

Inzwischen bleibt die Bilanz dieses ersten zu ziehen. Man fragt sich: was bedeutet der Streik für das zukünftige Stärkeverhältnis der Parteien? Sicherlich hat die Arbeiterschaft ein eindrucksvolles Beispiel der Parteidisziplin gegeben. Sicherlich hat die unerschütterliche Ruhe, mit der sich diese Massenbewegung vollzogen hat, alle Erwartungen geschlagen. Wo man nach den Erfahrungen früherer Jahre heftige Zusammenstöße befürchten mußte, hat die Masse sich in musterhafter Ordnung gehalten und bedingt die Order der Führer befolgt. Das wird seinen Eindruck nicht verfehlen, und ein moralischer Sieg ist der sozialistischen Partei sicher. Nur daß im praktischen Leben moralische Siege nicht allein entscheiden. Wirtschaftlich aber war der Streik eine schwere Schädigung für ganz Belgien, dessen gesamte Bürgerschaft – der Kleinbürger naturgemäß am meisten – von dem Ausstand schwer betroffen worden ist. Auf 50 bis 60 Millionen berechnet man den Kapitalverlust, den diese zehn Tage dem Lande gebracht haben. Die furchtbare Realität solcher Ziffern spricht mit gewichtigeren Argumenten als alle moralischen Siege.

Wenn die sozialistischen Parteiführer nach dem kleinsten Zeichen der Nachgiebigkeit der Regierung unbedingt für die Beendigung des Streikes eintraten, so hatten sie dafür ihre guten Gründe. Jeder weitere Steiktag mußte, nachdem der Regierung eine – wenn auch noch unbedeutende – Konzession abgerungen war, der Arbeiterschaft Sympathien entziehen. »Eine Fortsetzung des Streikes«, erklärte Destrées auf dem Parteitag, »würde uns unweigerlich den Haß des liberalen Bürgertums eintragen, das uns während des Kampfes vielfach wirksam unterstützt hat«. Auch hier wird man bis zu den Wahlen des nächsten Jahres warten müssen, ehe man entscheiden kann, ob die sozialistische Partei durch den Streik an Einfluß und Sympathien gewonnen oder verloren hat. Jedenfalls hat sie den Beweis erbracht, daß der Generalstreik, dessen reale Möglichkeit seine Gegner immer bestritten hatten, kein leeres Hirngespinst ist. Und sie hat zugleich gezeigt, daß dieses furchtbare und alle wirtschaftlichen Energien des Landes lähmende Radikalmittel in vollkommenster Ruhe und Ordnung durchgeführt werden kann.

Zur rechten Stunde ist der Streik zu Ende gekommen. Am Samstag, dem 27. April, hat die Genter Weltausstellung ihre Pforten aufgetan. Noch war – hierin folgt Gent der Tradition aller

Weltausstellungen – am Eröffnungstage das wenigste bereit, wenn man auch freilich eine wirklich stichhaltige Entschuldigung für diese Säumnis hat – den Streik. Aber etwas, das vielleicht das Schönste der Ausstellung bleiben wird, ist fertig: die Blumenschau. In einer Halle von 120000 Quadratmetern sind die Schätze der altberühmten Genter Blumenzucht untergebracht. Und dazu macht der Himmel, der sich während der Streiktage so unwirsch gezeigt hatte, sein strahlendstes Gesicht. Es ist Frühling.

GESCHICHTE DER DEUTSCHEN LYRIK
DER NEUESTEN ZEIT

Bruchstück einer Vorlesung von 1914

Nietzsche hat zunächst sprachlich gewirkt. Die inspiratorische Gewalt des im Zarathustra geschaffenen lyrischen Prosastils, die neue Leidenschaftlichkeit, die ungestüme Bewegung, die ungeheure Bildhaftigkeit, der sich nichts in der ältern deutschen Dichtung vergleicht und die Nietzsche selbst einmal »die Rückkehr der Sprache zur Natur der Bildlichkeit« genannt hat – alles das hat im stärksten Maße auf die lyrische Sprache der nachfolgenden Zeit gewirkt. Der neue lyrische Stil ist nicht zu denken ohne diesen Einfluß, der die sprachlichen Mittel von Grund aus umgeschaffen und eine so vollkommene sprachliche Erneuerung in wenig Jahren herbeigeführt hat, daß etwa ein großer schöpferischer Dichter wie Dehmel die Notwendigkeit der Umarbeitung seiner Jugendgedichte geradezu mit dem »überraschenden Aufstieg« begründet, »den die deutsche Wortkunst« seitdem genommen habe. Freilich konnte dieser neue Sprachstil erst wirken, nachdem der eigentliche Naturalismus überwunden war. Der Naturalismus hat sprachlich nichts bewirkt als eine Auflockerung des Materials und eine Beseitigung erstarrter Conventionen. Noch bei Liliencron etwa ist nichts von der neuen dichter*ischen* Sprache zu spüren, und hier liegt wohl ein Hauptgrund, warum uns so vieles der Liliencronschen Dichtung heute schon so fern gerückt scheint. Bei den Impressionisten dagegen, die den Naturalismus weiterführen und vollenden, ist dieser Einfluß mit einem Male deutlich vorhanden, und nicht weniger sichtbar ist er bei Dehmel, der sich in vieler Richtung an Liliencron anschließt, bei George, der in dem Künstler Nietzsche einen Rückhalt findet in *seinem* Kampf gegen die naturalistische Dichtung und Weltanschauung, bei Hofmannsthal und den Jungwienern.

So ist von Nietzsche der wichtigste Anstoß ausgegangen, der zu einer Erneuerung der Sprache und damit der Dichtung selber geführt hat. Es ist kein Zufall, daß gerade diese jüngste Zeit das Bedürfnis empfunden hat, den aus Fremdem ihr zugeflossenen dichter*ischen* Besitz zu revidieren. Vielleicht war erst jetzt die deutsche Sprache wirklich befähigt, mit den Mitteln dieser neuen Farbigkeit, dieses neuen Tempos, ihrer neuen Beweglichkeit und Sinnlichkeit das Werk großer ausländischer Dichter vollkommen nachzubilden. So erklärt sich die Entstehung von Übersetzungen wie Borchardts und Georges Dante, Schröders Homer, Gundolfs Shakespeare, von kleineren Versuchen der Neuerwerbung alten ererbten Besitzes zu schweigen.

Ideell hat Nietzsche auf die deutsche Dichtung weniger durch bestimmte Lehren gewirkt als durch das allgemeine seiner Lebens- und Kunstauffassung. Richard Dehmel hat in einem »Nachruf an Nietzsche« ausdrücklich seine Gefolgschaft geleugnet und sich von Nietzsche getrennt. Da tritt der Jünger zum Meister und fragt:

> »Meister, was soll ich tun,
> Daß ich selig werde?
> Zarathustra aber wandte sich
> Und schaute hinter sich,
> Und seine Augen wurden fremd,
> Und gab zur Antwort:
> Folge mir nach!
> Da ward der Jünger sehend
> Und verstand den Meister:
> Folgte ihm
> Und verließ ihn.«

Er verläßt ihn, um fortan seinen eigenen Weg zu gehen. Aber dennoch zeugt gerade Dehmel dafür, wie stark Nietzschescher Geist, oft unbewußt und unterirdisch, die Welt- und Kunstanschauung der Jungen bestimmte. Man braucht nicht für Dehmels Individualismus, für seine Verknüpfung von Geschlechtlichkeit und Geistigkeit, für seine Grundforderung der Steigerung und Vollendung des Individuums, die von der Nietzscheschen Höherzüchtung der Gattung ja deutlich genug unterschieden ist, nach Parallelen in Nietzsches Werk zu fahnden: Der Urgrund seines Schaffens selber ruht unverkennbar auf Nietzscheschen Voraussetzungen. Es ist seltsam, daß die Natur als organ*ische* Veranlagung zu erschaffen scheint, was als ideelle Forderung theoretisch aufgestellt war.

Nietzsche hatte zum 1. Male wieder einer nüchternen Zeit die orgiastischen Grundlagen aller Kunst enthüllt:

> »Damit es Kunst giebt, damit es irgend ein aesthetisches Tun und Schauen giebt, dazu ist eine physiologische Vorbedingung unumgänglich: der Rausch. Der Rausch muß erst die Erregbarkeit der ganzen Maschine gesteigert haben; eher kommt es zu keiner Kunst.«

Bei der Scheidung in dionysische und apollinische Kunst, die letztlich beide in diesem Rauschzustand wurzeln, gehört Nietzsches Liebe durch und durch jenen »an der Überfülle des Lebens Leidenden, welche eine dionysische Kunst wollen«: Denn nur »Im dionysischen Dithyrambus wird der Mensch zur höchsten Steigerung aller seiner symbolischen Fähigkeiten gereizt.« Nur die dionysische Kunst hat Raum für jene höchste dichter*ische* Inspiration, deren Begriff, nach Nietzsches Wort, dem Ende des 19. Jahr*hunderts* verloren gegangen war und die er, im Hinblick auf die Entstehung des Zarathustra, in einer autobiograph*ischen* Skizze beschrieben hat. Das dionysisch-orgiastische Element, das mit Mombert und Dehmel in die neue deutsche Lyrik kommt, hat bewußt oder unbewußt, *seine* Wurzeln im Werke Nietzsches. Bei Mombert äußert es sich in der radikalen Auflösung, in der Rückkehr zum Chaos, bei Dehmel darüber hinaus in der Neugestaltung des Lebens.

Aber dieses dionysische Weltgefühl bedingt zugleich ein neues Verhältnis zum Leben. Der Begriff des Lebens erhält eine nie geahnte Wichtigkeit. Er muß bei einer tief religiös gearteten Natur wie der Nietzsches alles das vertreten, was an erhaltenden, bleibenden Gefühls-Werten der Welt durch den Verlust des positiven Gottesglaubens abhanden gekommen war. So rückt die Apotheose des Lebens an die Stelle eines metaphysischen Glaubens. Bei Nietzsche zuerst findet sich jene Verherrlichung des Lebens, die nachher und bis zum heutigen Tag immer stärker in der Dichtung aller Länder wiederkehrt und die ihren stärksten ly*rischen* Ausdruck im Werke Emile Verhaerens und Richard Dehmels gefunden hat.

Diese Glorifizierung des Lebens bedeutet bei Nietzsche aber nichts weniger als einen schnell bereiten Optimismus. Als Nietzsche den Begriff des Lebens als religiöses Symbol an Stelle des alten Gottesbegriffes setzte und die Umkehrung der indischen Lehre von der Wiedergeburt und Seelenwanderung aus einem Menschheitsfluch in ein Leben bejahendes Princip vollzog, hatte er diese neue Lebenslehre in qualvollem Ringen gegen sein eigenes menschliches Leiden aufgestellt. Sie bedeutet also nicht eine Ableugnung des Leidens: im Gegenteil: Wenn er jetzt der buddhistischen Willensverneinung und Entsagung der Schopenhauerschen Lehre *sein* neues Ideal des freien, übermütigen, weltbejahenden Menschen entgegenstellte, so besagte das nicht die bloße Abfindung auch mit den leidvollen Lebenselementen, sondern viel mehr: Die Rechtfertigung des Lebens gerade aus diesen Leidenselementen heraus. Das war es, was er »den Pessimismus zu Ende denken« nannte. Nicht eine Hinnahme des Leidens, sondern ein leidenschaftlicher Wille zum Leiden ist auf dem Grunde der Nietzscheschen Lebensphilosophie. Daher etwa die Verachtung für eine Lehre, die, wie die sozialistische, die Welt vom Leiden zu erlösen verspricht: »Wir haben das Glück erfunden – sagen die letzten Menschen und blinzeln.«

Die neue Fassung und Erhöhung, die der Begriff des Lebens empfangen hat, findet ihr Maß in der Fähigkeit des Menschen, am Ganzen des Lebens teilzuhaben, und da sich dieses Ganze nur dem offenbart, der auch die tragischen Möglichkeiten in sich erschöpft hat, geradezu in der Fähigkeit zum Leiden selber. Für Nietzsche bestimmt es die Rangordnung des Menschen, wie tief er zu leiden vermag. Der geistigste Mensch ist ihm der, welcher am stärksten die Gegnerschaft des Lebens erfährt und dennoch das Leben preist:

»Ihr wollt wo möglich das Leiden abschaffen: und wir? – es scheint: wir wollen es lieber noch höher und schlimmer haben, als es je war! Wohlbefinden, wie ihr es versteht – das ist ja kein Ziel, das scheint uns ein Ende! – Die Zucht des Leidens, des großen Leidens – wißt ihr nicht, daß nur diese Zucht alle Erhöhungen des Menschen geschaffen hat?«

Darum ist Zarathustra der »Fürsprecher des Leidens«, weil er der »Fürsprecher des Lebens« ist.

An diesen neuen Begriff des Lebens knüpft Dehmels Dichtung an. Das Ganze der Menschennatur zu leben, zu gestalten, scheint auch ihm höchste menschliche und dichterische Verpflichtung. Schon Dehmels erstes Gedichtbuch, die »Erlösungen« (1891) verkünden die Entschlossenheit einer starken Seele, sich mit allen Mächten des Lebens auseinanderzusetzen. Dieses Verlangen, den vollen Reichtum der Lebensmöglichkeiten auszukosten, wächst zunächst scheinbar wie bei Liliencron ganz spontan aus den unverkümmerten Trieben einer starken Vitalität und Sinnlichkeit. Aber die Auslegung, die Dehmel schon hier diesem Drängen des Blutes giebt, zeigt, wie viel Bewußtheit hier am Werke war. Was bei Liliencron Selbstzweck blieb, wird für Dehmel bloßer Ausgangspunkt: nicht um ein naives Nachgeben den sinnl*i*chen Trieben gegenüber handelt es sich, sondern um ein bewußtes Bis ans Ende gehen in s*einen* Trieben u*nd* Leidenschaften, da nur so die Aufgabe erfüllt zu werden vermag, die sich nun das Individuum setzt. Der Dehmelsche Wunsch, »mit tausend Händen sich selbst als Saat ins Weltall zu streuen«, umschließt zugleich die ethische Forderung, »um tausendfach sein Dasein *zu* vollenden, um tausendfach sein Dasein zu erneuen«. Bei Liliencron gab es nur eine rein sinnliche Hingabe an das Leben ohne die Möglichkeit geistiger Verknüpfung und Ausdeutung. Daher diese ganz beziehungslose, gleichsam isolierte Selbstgenügsamkeit der Sinne in dem Maße in Menschenverachtung und Lebensfeindschaft umschlagen mußte, als der sinnliche Auslebungstrieb an Kraft und damit an Wert für *seinen* Besitzer verlor. Vor solchen Rückschlägen ist Dehmel schon dadurch bewahrt, daß für ihn jedes triebhafte Erlebnis in tiefster Beziehung steht zu etwas Geistigem, ja daß es nicht nur Grundlage, sondern Voraussetzung jeder höheren geistigen Lebensdurchdringung war. Diese Erkenntnis findet sich keimhaft schon in den ersten Gedichten Dehmels, so ungeregelt auch hier oft noch der Zwiespalt der Kräfte erscheint, so wild *und* stürmisch auch hier noch der Sinnentrieb oft die geistige Forderung über den Haufen rennt. Die Gewißheit, daß nur der sich zum Göttlichen hinaufzuläutern vermöge, der durch alle Irrwege *und* Abgründe des Lebens gegangen sei, diese Gewißheit drängt sich schon in Dehmels erstem Gedichtbuch vor:

»Noch hat Keiner Gott erflogen,
der vor Gottes Teufeln flüchtet«

Daher nun die heftige Aktivität dieser Gedichte, die zu dem idyllischen Quietismus der älteren Lyrik in schneidendem Gegensatz stand. Man fühlt, wie die neue Wertstellung, die der Begriff des Lebens durch Nietzsche erhalten hatte, zu einer ganz neuen stürmischen Hingabe an alle Äußerungen und Erfahrung des Lebens führte und Gebiete aufschloß, vor denen sich der Moralismus früherer Zeiten bekreuzt hatte. Bei Dehmel wie bei Nietzsche die gleiche Ehrfurcht vor dem Ganzen der menschlichen Natur, das Bewußtsein, daß nur dem, der sich zu allen *seinen* Trieben bekennt, ihre Meisterung gelinge. Durch dies Gefühl vor allem, durch *sein* ehrliches, vor nichts zurückscheuendes Bekennertum hat Dehmel das Weltbild der jüngsten lyrischen Generation schaffen helfen, die sich ihm verbunden fühlt in seiner freien, nichts ausschließenden Weltliebe, aber über ihn hinausgeht in der Ausschaltung jener überlieferten moralischen Wertbegriffe, die bei Dehmel trotz aller Triebseligkeit ihren Platz haben. Vergleicht man Dehmels Werk mit der Dichtung eines der Jüngsten, Franz Werfels, so ermißt man den Unterschied der Generationen. Bei

Werfel die gleiche inbrünstige Hingabe an die Vielfältigkeit des Lebens, aber ohne die Wertunterscheidung des sinnlichen und geistigen Antriebs und darum ohne das verzweifelte Ringen nach ihrem harmonischen Ausgleich, das durch Dehmels Jugenddichtung geht. Man hat Dehmel einen Amoralisten genannt. Aber im Grunde bleibt bei ihm die alte moralische Rangordnung bestehen. Wohl fordert er, daß die Persönlichkeit, um sich in ihrer Ganzheit zu erfüllen, keine Erfahrung zurückweise, zu der ihre sinnlichen Triebe sie rufen. Wohl kennt er die Berechtigung, die Natürlichkeit, die Notwendigkeit des sinnlichen Elementes und weiß darüber hinaus:

> »Nein, ich will mir's kühn bekennen,
> Auch die Lüste, die wir schuldbewußt
> Unnatur und Unzucht nennen,
> Sind Natur und neue Zeugungslust.«
> (Der trübe Wandersmann)

Aber gerade, daß ihm Geist und Sinnlichkeit sich mit solcher Wucht der Gegensätzlichkeit aufdrängen, daß ihm das Triebhafte, die »dumpfe Brunst« notwendiger Durchgangspunkt, aber doch eben nur Durchgangspunkt, nur Läuterungsstation zu einem höheren Ethos ist, daß er einen Dualismus sieht, wo die jüngste Dichtergeneration nur Einheit empfindet, das zeigt, wie sehr er bei aller Freiheit von überlieferten Moralbegriffen im Grunde an die sittlichen Wertaufstellungen gebunden blieb. Nur so versteht sich dieser leidenschaftliche Kampf, dieses unaufhörliche Hin und Her zwischen Geist und Sinnlichkeit, das der eigentliche Gegenstand *seiner* Lyrik ist, aus dem *seine* Dichtung ihre höchsten Wirkungen, aber zugleich auch jenes Spannungsgefühl der Welt gegenüber erhält, das den Jüngsten heute so ganz abhanden gekommen scheint. Das Bewußtsein der Zwiespältigkeit des sinnlichen und geistigen Triebes, ihrer Kämpfe und der Notwendigkeit, sie zu versöhnen, das ist das Grunderlebnis jedenfalls der älteren Dehmelschen Dichtung. Ein Gedicht der »Erlösungen« besingt die Menschennatur als den Bastard, den einst Apollon mit einem Vampyrweibe zeugte, und folgert daraus die dem Menschen gesetzte Aufgabe:

> »und sollst in deinen Lüsten
> nach Seele dürsten wie nach Blut,
> und sollst dich mühn von Herz zu Herz
> aus dumpfer Sucht zu lichter Glut.«

In dem 1893 erschienenen Gedichtbuch »Aber die Liebe« wird dies Thema weiter angegriffen und noch deutlicher als vorher auf einen bestimmten Punkt bezogen, auf die Liebe in ihrer niedersten wie in ihrer höchsten Form. Alles Auseinanderliegende der menschlichen Natur offenbart und versöhnt sich ihm in der Erotik. Die Liebe ist ihm das Trübe, die dumpfe Tierheit, die Erdgebundenheit. Er enthüllt ihre Notwendigkeit als kosmisches Gesetz und fühlt, daß sie Astarte sei, »deren wir in Ketten spotten.« Aber sie ist zugleich auch das göttlich-klare, durch das und zu dem hin der Mensch *seine* Persönlichkeit vollendet. In der ewigen Hin- und Hergerissenheit zwischen Sinnlichem und Geistigen lernt er nun, das Zwiespältige so tief als notwendig zu empfinden, daß aus der sinnlichen Brunst selber ihm die geistige Läuterung aufsteigt und jenes Glücksgefühl, das er das »Weltglück« nennt:

> »Ich habe mit Inbrünsten jeder Art
> mich zwischen Gott und Tier herumgeschlagen.
> Ich steh und prüfe die bestandene Fahrt:
> nur eine Inbrunst läßt sich treu ertragen:
> zur ganzen Welt.«

An der sinnlichen Leidenschaft entbindet sich sein kosmischer Drang, und der Liebesgenuß bedeutet diesem sinnlich-übersinnlichen Freier natürlich viel mehr als bloß die Erfüllung einer Lust: den Vollzug einer mystischen Gemeinschaft mit der Welt. Liebe wird zum Vorwand, und es ist in diesem Drang, sich am anderen zur höchsten Entfaltung *seines* Wesens zu steigern, freilich etwas von jener »Selbstsucht« des produktiven geistigen Menschen, von der Goethe gesprochen hat, und der jedes Lebenselement letztlich nur dienen muß, die eigene Persönlichkeit aufzubauen.

In zahllosen Gedichten hat Dehmel dieses schöpferische Wesen der Liebe besungen, mit allen Stufungen vom wildesten sinnlichen Trieb bis zum verklärten Glücksgefühl und zum kosmischen Weltumfassen. Mit der Programmatik, die *seinem* Wesen eignet und die zuweilen auch des pedant*ischen* Einschlags nicht entbehrt, hat er in dem Cyklus »Die Verwandlungen der Venus« die Wanderung durch alle Abwege, Seitenstraßen, Möglichkeiten des sinnlichen Liebestriebes unternommen, bis der Aufschrei der Venus Primitiva:

> »Ich will mich lauter blühen, lauter u*nd* los
> Aus dieser Brünstigkeit zu Frucht und Fülle«

schließlich einmündet in die neue Gewißheit:

> »Nach der Nacht der blinden Süchte
> Seh ich nun mit klaren bloßen
> Augen meine Willensfrüchte;
> Denn ich bin wie jene großen
> Tagraubvögel, die zum Fliegen
> Sich nur schwer vom Boden heben,
> Aber wenn sie aufgestiegen,
> Frei und leicht und sicher schweben.«

Die Lösung und höchste Vergeistigung dieses Zwiespaltes bietet dann der 1903 erschienene Roman in Romanzen »Zwei Menschen«. Auch hier handelt es sich um ein lyrisches Werk, da jede einzelne Romanze gleichsam für sich steht, die Geschlossenheit eines lyrischen Bildes hat. Dafür ist der Aufbau und die Gliederung des Ganzen mit einer beinahe mathematischen Symmetrie durchgeführt: 3 Teile, von absoluter Gleichzahl der Gesänge und jeder Gesang für sich wieder auf die gleiche Anzahl von Versen gebracht. Vor jedem Teil eine Zwölfzahl von Versen als Einleitung, deren Summe dann wieder mit der Verszahl jedes einzelnen Gesanges übereinstimmt. Innerhalb der einzelnen Romanzen der gleiche Parallelismus: Eingangsverse, die eine Landschaft, ein szenisches

Bild entfalten, dann das Zwiegespräch des Mannes und Weibes und wieder Abklingen in die Landschaft, mit der nun das Paar durch irgend eine Geste, ein Sinnbild vereinigt erscheint. Solcher scheinbare Schematismus mochte wohl den Spott herausfordern, und Arno Holz hat sich auch die Gelegenheit nicht entgehen lassen, gerade diese Dehmelsche Dichtung in s*einer* »Blechschmiede« zu parodieren. Aber diese Architektonik, die Dehmel auch sonst gerne in größeren lyri*schen* Dichtungen erstrebt, hatte hier, wo in den 3 Umkreisen eines neuen Inferno, Purgatorio, Paradiso der bewußte Anschluß an Dantes Gedicht vollzogen werden sollte, doch auch seine ganz besondere Begründung. Dieser äußere Bau entsprach nicht nur genau einer strengen inneren Entwicklung, sondern war zugleich das stilisierende Element, durch das die stofflich ganz bewußt in größter Wirklichkeitsnähe gehaltene Handlung ihre symbolische Erhöhung erfuhr. Mit Bewußtsein ist als Fabel das Conventionellste, Banalste gewählt: denn wenn zwar die Inhalte unserer Zeit in dieser Dichtung Platz finden sollten, so war doch die äußere Handlung das nebensächlichste, und all diese Kämpfe, Erschütterungen, Erhebungen spielten einzig auf dem Schauplatz der allgemeinen menschlichen Seele. Wie die Dumpfheit zum »weisen Wesen der großen Liebe«, zum Weltglück heraufwächst, wie zwei Wesen »im kleinsten Kreis Unendliches erreichen«, das ist das Thema der Dichtung. Im kleinsten Kreis: denn jenes höchste, letzte, was Dehmel das Weltglück nennt, vermag sich ja nur im Wirklichen, *das heißt* im Endlichen und Begrenzten zu erfüllen. Die Wirklichkeit aber, das Leben in seinen kleinsten und größten Offenbarungen, das an Stelle des alten Gottesbegriffes getreten ist, erhält jetzt erst ganz bewußt jene Steigerung ins Metaphysische, darin die streitenden Gegensätze, darin Tierheit und Geistigkeit, Vergängliches und Ewiges zusammenfließen. Hier scheinen auch die morali*schen* Bewußtseinsschranken der älteren Gedichte gefallen. Der Triumph des Lebens, der Wirklichkeit, den Dehmel, nach Nietzsche, in so vielen Gedichten gefeiert hat, von dem Whitman in Amerika und Verhaeren in Belgien gesungen haben: hier wächst er aus den seeli*schen* Verwandlungen mit Notwendigkeit hervor und ist das neue religiöse Ideal der Menschheit. Darum wächst diese Dichtung über das erotische Symbol hinaus. Wohl heißt es auch hier noch, das Weib zur Welt verklärend:

> »Du hast mich geheilt von allen Lüsten,
> Die nicht der Einen Lust entsprangen,
> Die ganze Welt im Weib zu umfangen;
> Du bist es, bist mir, was mich gebar!
> Du tauchst mich wieder in die Erde,
> Als sie noch eins mit dem Himmel war;
> in dir fühl ich ihr feuerflüssig Werde
> dem kreisenden Weltraum noch immer sich entwühlen,
> und hingenommen in den Urgefühlen
> bringt ihre Glut uns dem ewigen Kreislauf dar ...«

Aber das dionysische Weltumfassen kann nicht mehr als Endziel ausreichen. Mit bitterer Wendung spricht der Held ein Wort über die

> »hirnschwachen Tröpfe,
> die mit dem Anspruch gottgleicher Geschöpfe
> vor lauter Tiefsinn danach gieren,
> zurückzukehren zu den Tieren.«

Darum wird jetzt die große Geste schlicht, nicht mehr die Welt umfängt der Mann jetzt im Weibe, sondern er fühlt, mit der Verpflichtung eines neuen Ethos, sie, sich selber nur als ein Stück dieser Welt, in die er ganz sich aufgenommen weiß:

> »Und man erkennt: Verbindlichkeit ist Leben,
> Und jeder lebt so innig, wie er liebt:
> Die Seele will, was sie erfüllt, hingeben,
> damit die Welt ihr neue Fülle giebt.
> Dann wirst du Gott im menschlichen Gewühle
> und sagst zu mir, der dich umfangen hält:
> Du bist mir nur ein Stück der Welt,
> Der ich mich ganz verbunden fühle.

> Bei Tag, bei Nacht umschlingt uns wie ein Schatten
> Im kleinsten Kreis die große Pflicht:
> wir alle leben von geborgtem Licht
> Und müssen diese Schuld zurückerstatten.«

Die Überschwänglichkeit des Gefühls ist in eine ruhige Klarheit eingegangen, in der das heiße Ringen zwischen Gefühl und Bewußtsein ins Gleichgewicht gekommen zu sein scheint. Bewußtsein stellte sich schon in Dehmels frühesten Gedichten bändigend und gestaltend dem ekstatischen Gefühl gegenüber. Die »bewußtesten Kinder der Natur nennt er einmal die Künstler«, und in einem Aufsatz über »Naivität und Genie« hat er am Schaffen des Künstlers den Gegensatz und das Zusammenwirken des naiven Gemütes und der formbestimmenden geistigen Reflexion auseinandergesetzt. Der Drang nach Bewußtmachung des bloß Gefühlten, nach Analyse des Gefühls, dieser Drang, »fühlend zu zerdenken«, wie es einmal heißt, ist in seinen frühen Gedichten oft so stark, daß er die reine lyrische Wirkung aufzuheben scheint, selbst wenn man nicht der Ansicht ist, daß Lyrik immer notwendig die Gestaltung von etwas Triebhaftem und Dumpfen sein müsse. In den «Zwei Menschen« ist das Sich-ins-Klare-bringen nur ein Teil der großen Aufgabe, sich selber als Persönlichkeit zu vollenden. Das Individuum, das sich allem Menschlichen hingegeben hat, ziellos, nur in dem Drang, an allem Lebendigen teilzuhaben, erkennt, indem es neue Bindungen über sich aufrichtet, wie alles scheinbar Verworrene und Ablenkende doch nur gedient hat, *sein* ureigenes Wesen zur Entfaltung zu bringen, wie in dem, was Zufall und Willkür schien, ein Plan und eine Gesetzmäßigkeit enthalten lag, die in einer praestabilierten Harmonie *seine* Persönlichkeit zur Vollendung geführt hat. So erkennt jetzt das Individuum in sich selbst das Göttliche, aus dem es geworden ist:

> »Wir aber, wir Menschen der wachsenden Einsicht kennen
> ihn anders, den Gott in unsrer Brust,
> dank jenem Geist allrühriger Liebeslust,
> den ich nicht wage ›Gott‹ zu nennen!

> Gott ist ein Geist, der klar zu Ende tut,
> was er zu Anfang nicht gedacht hat –
> dann sieht er alles an, was Ihn gemacht hat,
> und siehe da: es ist sehr gut.«

Diesen Weg zur ruhigen ja-sagenden Klarheit wandeln auch Lux und Lea in den »Zwei Menschen«; der Mann in heftigen Erschütterungen *seines* Wesens, im aufwühlenden Gewissenskampfe, das Weib ihm folgend, von ihm geführt, aber auch wieder ihm von Anfang an voraus in der Sicherheit ihrer Instinkte, die seinen quälerischen Zweifeln die ruhigen Worte entgegensetzt:

> »Was ist da trüb? Ich seh nicht, was.
> Wir leben, wir lieben, wie klar ist das.«

Daß die seelischen Wandlungen und Vollendungen des neuen Menschen in diesem ganz lyrisch konzipierten Werk nicht immer in ihrem organischen Werden gestaltet, sondern in raschen Übergängen fertig vor uns hingestellt werden, muß man ebenso hinnehmen wie die stillschweigend vollzogene Gleichsetzung von Prophezeiung und Erfüllung, durch die etwas Zukünftiges schon als gegenwärtig aufgerichtet wird. Im Grunde fühlt Dehmel wohl, daß er nur der Verkünder, nicht der Repraesentant dieses neuen Menschen ist, und daß erst die kommenden Geschlechter *seinen* Träumen Erfüllung geben, das als Typus schaffen werden, was er als Idee und Forderung aufgestellt hat:

> »Daß unsre Kinder einst einfach handeln,
> Wo wir noch voller Zwiespalt wandeln,
> Einfältig lieben oder hassen,
> Mit ganzem Willen die Welt umfassen,
> Sich heimisch fühlen, selbst zwischen den Sternen
> Und mit jedem Feuer spielen lernen.«

Schon seit der 1896 zuerst erschienenen Gedichtsammlung »Weib und Welt« ist der ruhelose Drang der ersten Bücher, der schweifende Trieb von Schoos zu Schoos einer neuen Gläubigkeit gewichen. Das Bewußtsein, mit dem eigenen Willen dem Weltwillen zu dienen, die Einsicht, mit allem Ungeregelten der Triebe und des durch sie geschaffenen Schicksals eine höhere Gesetzmäßigkeit zu erfüllen, durch sie an der Welt teilzuhaben, erklingt aus der dialogisierten Dichtung »Eine Lebensmesse«. Schicksal und Welt stehen sich schon hierin nicht mehr feindlich gegenüber, sondern fließen ineinander über:

> »Denn nicht über sich,
> denn nicht außer sich,
> Nur noch in sich
> Sucht die Allmacht der Mensch,
> Der dem Schicksal gewachsen ist.«

Dem Schicksal gewachsen sein aber bedeutet nichts anders als das Bewußtsein der Verbundenheit mit der Welt, so wie es in den »Zwei Menschen« einmal in einer fast mystischen Formel ausgesprochen ist:

> »Ich fühle mich so gotteins mit den Welten,
> Daß nicht ein Sperling ohne meinen Willen
> Vom Dache fällt.«

Dem Schicksal gewachsen aber sind nicht nur die Menschen, denen diese Gotteinigkeit, diese Weltverbundenheit offenbar geworden ist, sondern sind vor allem die Kinder, die ganz unverwirrt sind in ihren Trieben, »die sich fromm in Alles schicken«, die immerzu ihrer Bestimmung entgegenwachsen.

So kommt es, daß dieser Dichter seelisch-sinnlicher Bekenntnisse und ethischer Forderungen das naivste, unproblematischste geformt hat: die Seele des Kindes. Ein Band der Gesamtausgabe vereinigt unter dem Titel »Der Kindergarten« – »Fitzebutze« (1900) hatte es früher geheißen – die Verse, Reimspiele, Kasperltheaterstücke, die Dehmel als »praktische Aesthetik« dem Wust dilettantischer, unsinniger, lebloser Tiraden gegenübergestellt hat, mit denen die landläufigen Fibeln gefüllt sind. Auch hier verbindet sich Bewußtsein der Aufgabe mit freier Phantasiegestaltung, und wenn diese Gedichte ganz in ein heiteres Märchenland zu führen scheinen, so haben sie das mit den echten Märchen gemein, daß sie sowohl sinnlich wie geistig genossen werden können. Es brauchte nicht erst der theoret*ischen* Rechtfertigung, die Dehmel diesen Dichtungen in dem Aufsatz »Schulbuch u*nd* Kinderseele« gegeben hat, um erkennen zu lassen, daß der erzieherische Wille, der Dehmels ganzes Werk durchdringt, auch in diesen Kinderversen lebt.

Eine Persönlichkeit, die so von ihrer zeitlichen und weltlichen Aufgabe durchdrungen ist, deren letzter metaphysischer Schluß es ist, daß der am besten das Weltglück erfüllt, dem Weltplan dient, der im Irdisch-Gegenwärtigen die stärkste Auswirkung *seines* Wesens sucht, eine solche Persönlichkeit wird notwendig in *seinem* Werk neben dem persönlichen Erlebnis zugleich die Inhalte seiner Zeit ausdrücken. Wirklich hat Dehmel auch damit eine Gebietserweiterung der Lyrik geschaffen, daß er in ähnlicher Weise wie Verhaeren die neuen Inhalte dieser Zeit der dichterischen Gestaltung hinzugewonnen hat. Dehmel hatte vom Naturalismus die neue Wirklichkeitsnähe und die Unbefangenheit der direkten Namennennung gelernt. Naturalismen begegnen häufig in *seiner* Dichtung, nicht immer glücklich, wie etwa der Versuch beweist, dem Dialog der zwei Menschen durch dialektische Färbung eine scheinbar erhöhte Natürlichkeit zu geben. Aber man wird ihm doch im Wesentlichen beipflichten müssen, wenn er einmal sagt:

> »Eine Seefahrt kam dem Homer hörenden Griechen nicht romantischer vor als uns eine Gletscherpartie; der ehern dröhnende Rennwagen nicht poetischer als uns das stählern blitzende Zweirad.«

Und so wird, gemäß diesem Grundsatz und den Worten

> »Es tut nicht not, daß man dem Alltag trotzt,
> Es giebt kein Wort, das nicht von Märchen strotzt«

das Modernste, Alltäglichste der Dichtung einbezogen.

Die »zwei Menschen«, die der Idee zuliebe zuweilen fast ins Mythische erhöht scheinen, tragen keine Scheu, ihre Pferde gegen zwei blanke Stahlmaschinen einzutauschen und lustig auf dem Zweirad durch die Berglandschaft zu fahren. Technische Errungenschaften unserer Zeit sind überall bei Dehmel mit größter Unbefangenheit dichterisch verwertet, die kühne Schönheit des Luftschiffs besungen und dem Aeroplan in dem Gedicht »Vogel Greif« eine dichterische Mythisierung gegeben. Und er hat, auch hierin die jüngste Lyrik vorbereitend, die neue Schönheit der modernen Großstadt gesehen. Großstadtlyrik hatte schon der Naturalismus der 80er Jahre gefordert, ohne über rohe Stofflichkeiten hinauszukommen. Bei Dehmel ist der Anfang damit gemacht, aus der neuen Gestaltung unserer Gegenwartswelt neue aesthetische Formwerte zu gewinnen. Das Emotionelle des nächtlichen Vorstadtbildes wird lebendig, wenn es in dem lyrisch-allegorischen Drama »Michel Michael« heißt:

> »Weißt du: wenn wir Abends hier manchmal so einsam sitzen
> Und ich seh da drüben im Tal den großen Lichterknäul blitzen,
> Die Bahnkörperlampen, die Schaufenster, die Straßenlaternen,
> Wie sie wetteifern mit den Sternen,
> Und was hinter den erleuchteten Scheiben
> All die tausend Menschenköpfe wohl sinnen und treiben,
> Was für Strahlen hin- und herzucken zwischen ihnen
> Aus den wunderlichen Instrumenten, Apparaten, Maschinen,
> Elektischen Drähten – ich kann's gar nicht sagen,
> Wie das strahlt – und mittendurch rollen funkelnd die Wagen,
> Wodrin Hoch und Niedrig zusammen übers Pflaster jagen,
> Zu Festsälen, Theatern, Bibliotheken, Klubs, Volkshallen,
> Kann sich jedermann immer höher bilden mit Allen –
> ja, dann fühl ich's wild, da bewegt sich die Welt!
> So wild, du, daß mirs manchmal die Stirnadern schwellt.«

Und wie für die aesthetischen Reize des neuen Großstadtbildes, so hat Dehmel auch ein Auge für die neue Intensität des großstädtischen Lebens. In sozialen Gedichten wie »Vierter Klasse«, »Die

Magd«, »Der Märtyrer«, »Der Arbeitsmann« hat er Bilder dieses Lebens gestaltet. Ein eigentlicher Großstadtdichter ist er so wenig wie er – bei allem sozialen Mitgefühl – als sozialist*ischer* Parteigänger gelten darf. Er ist viel zu stark verwurzelt im Ländlichen, um jene neue geistige Haltung anzunehmen, die sich in der Großstadt der Jüngsten bekundet. »Ich bin geborener Märker, nicht Berliner«, hat er einmal in einer autobiogr*aphischen* Skizze gesagt. »Wir echten Kinder der Mark empfinden Berlin als e*ine* Art fremden Ungetüms inmitten der Heimat.« Und so hat er in den »Zwei Menschen« in wundervollen Versen sein »ernstes märkisches Land« beschworen,

>»dies Land, in dem sich Rußlands Steppen
Schwer zu Deutschlands Bergen hinschleppen.«

Das »Ich will – nach Hause« des Michel Michael ist der Herzensschrei Dehmels selber, der sich aus den verwirrenden Bildern der Großstadt immer wieder in den Frieden einer stilleren, der Landschaft näheren Welt *(fehlendes Wort)*. Und so ergeht seine »Predigt an das Großstadtvolk«:

>»Ihr freilich, ihr habt Füße und Fäuste,
Euch braucht kein Forstmann erst Raum zu schaffen,
Ihr steht und schafft euch Zuchthausmauern –
So geht doch, schafft euch Land! Land! rührt euch!
Vorwärts! Rückt aus!«

Diese Verse zeigen gleichzeitig deutlich genug, daß die Dehmelsche Mahnung weder mit einem quietistisch-idyllischen Ideal noch mit einer aesthetischen Empfindsamkeit etwas gemein hat. In dem Weltbilde, das Dehmels Dichtung umfaßt, ist die Großstadt nur ein kleines Teilchen. Und wenn er, wie vor allem Leben, auch vor ihrer Gewordenheit sich beugt, so weiß er doch, daß es Stätten giebt, wo wirksamer um jenes menschliche Ideal gerungen wird, das s*eine* Dichtung verkündet. Dieses aktive Menschheitsideal aber bleibt ihm das wichtigste, und durch s*eine* notwendig u*nd* von innen hergeführte dichterische Formung hat er es vermocht, etwas zu geben, was über die rein individualist*ische* Lyrik Liliencrons eben so hinausgeht wie über die Zufälligkeiten der impressionisti*schen* Dichtung: die dichterische Gestaltung *eines* Weltbildes.

BRIEFE VON UND AN STADLER
1902 bis 1914

Briefe 1902

1. Stadler an Christian Schmitt in Straßburg

Straßburg, den 29. Mai 1902

Sehr geehrter Herr Schmitt!

Meinen herzlichsten Dank für Ihre freundliche Karte, die mir eine aufrichtige Freude bereitet hat! Es tut wirklich gut, so nachfühlendes Verständnis zu erfahren, zumal das Gegenteil eben stets überwiegt. Im übrigen bin ich mir wohl bewußt, wie unvollkommen meine poetischen Versuche noch geblieben sind. Diese Art Selbstkritik hat mir schon manches Gedicht verleidet: Wenn ich ein Gedicht niederschreibe, so glaube ich stets, es müßte mir gelingen, die Gefühle und Stimmungen, die es darstellt, in ihrer Kraft, so wie sie mich selbst packen, zum Ausdruck zu bringen. Und wenn ich das so Entstandene dann etwa ein paar Tage später nachlese, so scheint es mir oft so unvollkommen, und oft bin ich dann ernüchtert und abgekühlt.

Mit der Kritik über Lienhard zahlte ich nur schuldigen Dankes Zoll. Fritz Lienhard war lange Zeit – ich kann fast sagen: mein bester Freund. Das heißt natürlich: als Dichter. Ich schwärmte für seine Frische und kraftvolle Persönlichkeit, und er war mir lange Zeit der einzige moderne Dichter, zu dem ich wirklich Liebe empfand. Auch seinen ästhetischen Anschauungen stimmte ich begeistert bei. Mein Standpunkt hat sich hierin mannigfach verändert – ich darf wohl sagen: erweitert. Vor allem möchte ich einer solch grundsätzlichen und vollständigen Ablehnung des Naturalismus, wie ich sie bei Lienhard finde, doch nicht ganz beistimmen. Ich habe darüber ja in dem Aufsatz ein paar kleine Andeutungen gemacht. Als Dichter und Persönlichkeit aber ist mir der Verfasser der »Schildbürger« und des »Till Eulenspiegel« noch immer gleich lieb.

Indem ich Ihnen nochmals für Ihre freundliche Anerkennung danke, bin ich mit den besten Grüßen

Ihr ganz ergebener Ernst Stadler

2. Stadler an Luise Hoff in Straßburg

Straßburg i/Els. den 8. Jan. 1905
Grandidierstraße 1

Sehr verehrtes gnädiges Fräulein,
Haben Sie herzlichen Dank für die mir freundlichst übersandten Gedichte, die mich außerordentlich erfreut haben. Ich hätte Ihnen längst für Ihre große Liebenswürdigkeit gedankt, wäre ich nicht bis vor kurzem noch im Zweifel über die Person des Autors gewesen. Erst eine Stelle, deren ich mich mit Bestimmtheit von dem Forsterschen Abend her erinnerte, klärte mich auf.

Gestatten Sie, daß ich Ihnen als kleine Gegengabe das Manuscript meiner »Prael*udien*« in dankbarer Verehrung überreiche.

Ihr herzl. ergebener   Ernst Stadler

3. Stadler an Edward Schröder nach Göttingen

Straßburg Els. 29. 1. 1909
Grandidierstraße 1

Verehrter Herr Professor,
Indem ich Ihnen für Ihre Karte meinen erg. Dank ausspreche, erlaube ich mir, als Gebiete, aus denen mir Recensionsübertragung besonders erwünscht wäre, zu nennen: Gesch*ichte* des d*eu*tschen Dramas, bes. im 18. u. 19. Jahrhdt., Englisch-deutsche Literaturbeziehungen, Einbürgerung u. Übersetzung Shakespeares in Deutschland, methodologische Fragen d. L*iteratur*gesch*ichte*.

Mit vorzügl. Hochachtung ergebenst   Dr. E. Stadler

4. Stadler an Francis Wylie nach Oxford

Strassburg Nov. 21st 1909.
1, Grandidierstrasse

Dear Mr. Wylie,
I am glad to be able to communicate to you that the Board of

Studies for Modern Languages has approved my application for leave to go in for the B. Lit.-degree. As, of course, I want to make every possible effort to write a thesis which will meet the requirements of my examiners, I have decided to apply for leave to get exempted from my work at the Strassburg university during next Summer-Semester in order to concentrate fully upon my English dissertation, and I trust this application will be approved. Now, though there is here a library at which I should find all the material which I want, I think, as the thesis has to be written in English, it would be very useful to me to spend some more time in England and so to improve knowledge of the language. Therefore I should like to do my preparatory studies at Oxford and London and I should be very grateful to you, if you would let me know, if the two thirds of the scholarship which I was to get this year would be equally given to me next? In that case I should come, as I thought to do this year, at the end of February 1910 and stay at Oxford until the end of Summer Term. I have written about this plan to Berlin and I do not think there will be any objection against it from that side.

I hope, this letter will find you and Mrs. Wylie in good health. In August I have spent a very nice holiday with my people in Tyrol, and now I am fully occupied in my University-work. In Sept. I had the visit of an English friend, a Magdalen man, who is studying now in Berlin.

Hoping to see you and Mrs. Wylie to whom I beg you to remember me next spring

I am yours very sincerely,

E. Stadler

5. Stadler an Francis Wylie nach Oxford

Strassburg. Jan. 26th 1910.

Dear Mr. Wylie,

Thank you so much for your note. I am looking forward with much pleasure to the Summer term which I shall be allowed to spend at the dear old Oxford. This new year has for me rather badly begun: I have had the bad luck to break my leg and was confined to my room the whole of January. Since a few days I am making again the first attempts of walking.

Hoping that you and Mrs. Wylie are well I am with kindest regards to you and Mrs. Wylie

yours very sincerely   Ernst Stadler

6. Stadler an Hans Koch nach Berlin

Straßburg 16/4. 1910

Lieber Hans Koch,

Ich habe nicht gerade das beste Gewissen Dir gegenüber, aber allerhand Bedrängnis hat mir bislang die Aufbringung des Mammons unmöglich gemacht. Immerhin soll's bei der verabredeten Frist bleiben, und von dem Geld, mit dem meine Eltern mich zur Englandfahrt ausrüsten, sollst auch Du befriedigt werden. Unsere tröstliche Karte von einem fröhlichen Fest hast Du wohl einstweilen als Abschlagszahlung entgegengenommen.

Nun noch ein weiteres Geschäftliches: Man plant (sagt' ich Dir's nicht schon?) die Herausgabe eines Elsässischen Almanachs für September. Beteiligte: Schickele. Flake. Gruber. ich. event. Arp und Seltz. Wärest Du bereit, mit Prosa in unsere stark lyrischen Reihen einzuspringen? Raum hat jeder ungefähr 1½ Bogen. Vielleicht giebst Du etwas aus dem »Bilderbuch«. Schicke das Manuskript so bald als möglich an mich oder an Gruber. Honoriert kann leider nicht werden. Den Verlag übernimmt Bucher.

Was macht Berlin? Hast Du das schöne Mädchen in der Dorotheenstraße besucht? Hier herrscht eitel Fröhlichkeit, in die nur mein in acht Tagen erfolgender Abschied ein Tröpfchen Wermut gießt (wie die Dichter sagen). Meine englische Adresse ist im übrigen Magdalen-College, Oxford. Auf diesem Wege erreichen mich alle Briefe. Wenn Du etwas Übriges, was geradezu »Nömber wann« wäre, tun willst, so schreibst Du noch »Please, forward« drauf. Nichts für ungut. Ich grüße Dich.

Dein Ernst

Der Brief ist leider liegen geblieben. Pardon. Anfang nächster Woche geht's los. Und dann »kommt Geld«. E.

7. Stadler an Hans Koch nach Berlin

Oxford 2/5. 1910
10, Manor Road

Lieber Hans,
Um Dich nicht ganz an meinem guten Willen verzweifeln zu machen, hab' ich heute £ 8 = 163 Mk an Deine Adresse abgesandt, über deren richtigen Eingang Du vielleicht gelegentlich berichten magst. Der Rest folgt hoffentlich in Kurzem. Laß doch 'mal von Dir hören. Hast Du Deine Prosa an Gruber geschickt!

Herzlich Dein E. Stadler

8. Stadler an René Schickele nach Bas-Meudon/Frankreich

Oxford 18. Juni *1910*

Lieber René,
Gruber beauftragt mich, Dir mitzuteilen, daß die »plaquette« (Bucher) wieder 'mal auf Herbst verschoben ist. Mir wird es nachgerade langweilig. Du mögest Dich über d. Belassung oder Zurückziehung Deiner Verse und den event. Prosa-Ersatz äußern. Außerdem läßt er Dir durch mich »gratulieren« zu »*Conzerte* in Montrouge«, was ich um so lieber tue, als ich mich schon lange über nichts so gefreut habe. Ich fahre Ende nächster Woche nach London bis Ende Juli. Adresse schreibe ich Dir noch. Komm doch wenigstens auf ein paar Tage? Wenn Du an die franz. Küste gehst, ist's ja nur ein Sprung. Beste Grüße an Deine Frau.

Stets Dein E. Stadler.
(*Am Rand:*) Hast Du Verlag für Deine Gedichte und welchen?

9. Stadler an Erwin Wissmann nach Straßburg

> London 26. Juli 1910
> Imperial Chambers. 3, Cursitor Street,
> Chancery Lane, E.C.

Lieber Erwin,
Herzlichen Dank für Deinen Brief, der mich gleich zum Nachlesen des Tristram Shandy-Capitels verführte, und für Deine Glückwünsche. Ich werde also vom nächsten Semester ab in Brüssel »wirken«, obwohl die Sache keineswegs glänzend ist, und obwohl ich in vieler Hinsicht schwer von Straßburg scheide. Finanziell ist die Geschichte miserabel, 3000 frcs. pro Jahr, auch in dieser Richtung sucht Brüssel es seiner großen Lehrmeisterin Paris gleichzutun. Ferner erhalte ich – was mir natürlich am wurschtesten ist – zunächst nur den Titel Chargé de Cours, d. i. Dozent mit Lehrauftrag, eine Art Mittelding zwischen Privatdozent (Agrégé) und Prof. Extraordinaire. Letzteres werde ich erst in etwa 1½ Jahren. Ausschlaggebend war für mich (lange genug habe ich geschwankt und war der Ablehnung recht nahe) schließlich abgesehen von meiner allgemeinen Abenteuerlust, die mir neue Verhältnisse und das Leben in einer großen Stadt verlockend macht, vor allem, daß ein längerer Aufenthalt in Frankreich, wie Du weißt, ja schon lange eine Hauptnummer in meinem Programme war. Mich weiterhin beurlauben zu lassen, hätte seine Schwierigkeit gehabt, und so kam dieser Ruf wirklich ganz gelegen. Daß ich dabei (wie die guten Brüsseler meinen) nicht daran denke, mich an der »Université Libre« für Lebenszeit zu etablieren, ist ganz selbstverständlich. Wie freilich die Aussichten, wieder nach Deutschland zurückzukommen, sich gestalten, das steht dahin. Und wenn es mir um deutsche »Carrière« zu tun wäre, hätte ich wohl besser ausgeschlagen. Denn ein an ausländ. Universität Angestellter entschwindet doch einigermaßen dem Gesichtsfelde der »Collegen«, und bei einer event. Berufung wird man immer erst an die im eigenen Lande hungernden Dozenten denken. Aber, wie gesagt, trotz alledem und trotzdem mir auch der Verzicht auf den Verkehr mit

Euch schmerzlich ist, überwog doch das Lockende des Antrages, die Nähe von Paris, die angenehmen und unabhängigen Verhältnisse. Ich will also meinen Brüsseler Aufenthalt als »Lehrjahre« im subjektiven Sinne nehmen. Die drei Brüsseler Tage waren sehr nett, und ich bin mit der größten Liebenswürdigkeit aufgenommen worden, habe d. Ausstellung gesehen (deren deutsche Sektion sehr gut ist), Diners mitgemacht und sogar mit recht liebreizenden jungen Mädchen getanzt. Seit einigen Tagen ist Schickele und ein Wiener Freund von ihm hier in London, so daß meine Arbeit zur Zeit gänzlich stille steht. Anfang August gehe ich mit m. Eltern auf die Isle of Wight, Anfang September fahre ich über Paris nach Straßburg, wo ich mich freuen werde, Dich zu treffen.

Mit herzl. Grüßen stets Dein
E. Stadler

10. Stadler an Francis Wylie nach Oxford

Brüssel 25. Oct. 1910
9, Rue Bosquet

Dear Mr. Wylie,

As you probably have heard, I am since the beginning of this »semestre« here in Brussels at the »Université Libre« lecturing on German language and literature. I returned from England to Strassburg in Sept. after having spent a very nice holiday on the Isle of Wight and at St. Leonards – Hastings.

My thesis has not yet been entirely completed, as the preparations for my Brussels-lectures and the whole »déménagement« took very much of my time. Therefore, as at no rate I could send in my work before Nov. 11th (1 year after having been admitted), I asked Prof. Fiedler and Mr. Cookson to allow me to send in my thesis at the beginning of the second term and do my viva during the same term. Prof. Fiedler has written to me that he has no objection against this proposal and I hope, Mr. Cookson also will agree.

Brussels is presently in a great excitement because of the visit of our emperor who arrived this afternoon.

I hope, that you and Mrs. Wylie are in good health. With kindest regards for you and Mrs. Wylie

I am yours very sincerely,

Ernst Stadler.

11. Stadler an Edward Schröder nach Göttingen

Brüssel den 15. 11. 1910
9, rue Bosquet.

Sehr geehrter Herr Professor,
Vielen Dank für Ihre freundl. Karte. Sehr gerne werde ich Budde, Wieland und Bodmer, für den An*zeiger für deutsches* Al*tertum* besprechen. Gleichzeitig bitte ich um freundl. Nachsicht wegen der Verzögerung der noch rückständigen Recension. Die Übersiedelung nach Brüssel und die Vorbereitung auf meine hiesige Tätigkeit haben mich die letzte Zeit sehr in Anspruch genommen. Nun werde ich sie aber in nächster Zeit liefern. Hier läßt sich das neue Amt ganz ordentlich an. Sehr viele Schüler giebt's freilich vorderhand noch nicht, und die Bibliotheksverhältnisse sind für Germanistisches recht mäßig. Sonst aber giebt es viel des Interessanten, und ich treibe mit großer Freude Flämisch. Mit den besten Grüßen in aufrichtiger Verehrung Ihr ergebenster

E. Stadler.

12. Stadler an Francis Wylie nach Oxford

Straßburg 29th Dec. 1910.

Dear Mr. Wylie,
Let me thank you and Mrs. Wylie most heartily for the kind expression of your sympathy at the death of my father. The loss was all the more heavy and grievous because of the suddenness

with which it came. His death was not proceeded by the slightest indisposition. He was coming back in the evening from a university-meeting and suddenly fell down in the street, struck with apoplexy.

You may imagine, how much also my work has suffered from this unexpected loss. It came at the very time when I was about to devote my full time to my English thesis which I hoped to have accomplished, as I had arranged with Mr. Cookson, by the middle of January. I had to stop working at the thesis entirely and even now, 5 weeks later, I could not yet resume my work, as there are such a lot of things which must be settled and in the despatch of which I must help my mother. Therefore, though I do it very reluctantly, I cannot help putting off again the time appointed for the sending in of my thesis. I know very well that this continual postponement is very disagreeable, but I hope, the College will acknowledge that at least this time it is not my fault, if I do not keep the time. I could undertake to send in the thesis for the 1st meeting of the summer term 1911, middle of May, so that I could take the degree in June. It makes actually so little difference, if I get it in the 2nd or in the 3rd term, and I am sure that Prof. Fiedler will not mind this postponement. The only difficulty remains with the College. Mr. Cookson is a little distrustful and peculiar on behalf of my work and I do not know, if he will grant my wishes if I write to him myself. Therefore I should be exceedingly grateful to you, if you would take the pains of writing to him about my request and to intercede on my behalf. I am sure that upon your recommendation and explanation he will assent to the postponement. It is because of the great kindness with which you always have helped and advised me in all difficulties that I take liberties to trouble you again with my affairs. I should be obliged to you, if you would let me know Mr. Cookson's decision.

Thanking you most heartily in advance I am with kindest regards and best wishes to you and Mrs. Wylie for a good new year

Yours very sincerely,   Ernst Stadler.

13. Stadler an Hermann Georg Fiedler nach Oxford

Brüssel den 5. Jan. 1911
9, Rue Bosquet

Sehr geehrter Herr Professor,

Für Ihre freundlichen Worte der Teilnahme beim Tode meines Vaters sage ich Ihnen meinen herzlichsten Dank. Der Verlust war um so schmerzlicher wegen der außerordentlichen Plötzlichkeit, mit der er uns betroffen hat. Mein Vater hatte vorher nicht das mindeste Unwohlsein verspürt und sank plötzlich auf der Straße zusammen.

Ich brauche Ihnen nicht erst zu sagen, sehr verehrter Herr Professor, wie sehr ich durch diesen unerwarteten Todesfall auch in meinen Studien, vor allem in der Arbeit an der Thesis zurückgekommen bin. Seit Ende Nov., wo ich so plötzlich nach Straßburg gerufen wurde, ruht die Arbeit vollständig. Erst hielt mich ein Unwohlsein von der Rückkehr nach Brüssel zurück, und jetzt, während der Weihnachtsferien, gab es in Straßburg so viele Dinge, in deren Erledigung ich meine Mutter unterstützen mußte, daß mir die Wiederaufnahme der Arbeit bisher unmöglich war. So peinlich es mir ist, so muß ich doch, unter diesen Umständen, um eine neue Fristverlängerung nachsuchen und bitte Sie, sehr verehrter Herr Professor, Ihrerseits zu erlauben, daß ich die Thesis statt zum 15. Jan. erst zu Anfang Mai, dh. zum ersten Meeting im Sommer-Term einschicke. Ganz besonders dankbar wäre ich Ihnen, wenn Sie auch Herrn Cookson gegenüber dieser Fristgewährung das Wort redeten. Es handelt sich ja hier nicht um eine Lässigkeit meinerseits, sondern um das unerwartete Dazwischenkommen ganz besonderer Umstände.

Lassen Sie mich Ihnen im voraus für die freundliche Gewährung meiner Bitte herzlichst danken.

Zum neuen Jahre sende ich Ihnen, sowie Ihrer verehrten Frau Gemahlin, alle guten Wünsche und bin in ausgezeichneter Hochachtung

Ihr ergebener E. Stadler

Briefe 1911

14. Stadler an Francis Wylie nach Oxford

Bruxelles, March 25th 1911
48, rue de Tenbosch.

Dear Mr. Wylie,

A few days ago I had a letter from Mr. Cookson telling that the Tutorial Board had allowed me a further time to qualify myself for the B. Lit. degree. I am bound to send in the thesis not later than Oct. 15th. This is more than I asked for and I could expect, and, of course, I shall surely be able this time to redeem my promises. Now, first of all, I want to thank you, Mr. Wylie, for all the troubles and pains to which my case has put you. I am well aware that the permission of prolongation is due especially to your kind intercession.

Let me thank you also for your most interesting Record of the past Rhodes Scholars. This was an excellent idea, and the nice booklet will be a new thread which connects all the past Oxfordians with the dear old place.

Term closes here in a fortnight and I shall use the short vac*ation* to spend a week or two at home.

Please, remember me to Mrs. Wylie and believe me,

Yours very sincerely   E. Stadler.

15. Stadler an Hermann Georg Fiedler nach Oxford

Brüssel 2. April 1911.
48 rue de Tenbosch

Hochverehrter Herr Professor,

Indem ich Ihnen den mir gütigst zur Einsicht vorgelegten Brief von Dr. Warren zurücksende, drängt es mich, Ihnen für die mir in der Oxforder Examensangelegenheit gewährte Beihilfe meinen herzlichsten Dank auszusprechen. Ich bin mir dankbar bewußt, daß es in 1. Linie Ihre gütige Fürsprache war, die mir die Terminverlängerung beim College erwirkt hat. Die Verlängerung des

Einsendungstermins bis Anfang Oktober – mehr als ich erwartet und erbeten hatte – ist mir umso willkommener, als natürlich während des Semesters der ruhige Fortlauf der Arbeit doch fortwährend durch die Vorlesungsvorbereitungen etc. gestört wird. Nun habe ich die ganzen Sommerferien für mich, und es wird mir leicht fallen, diesmal den lange hinausgezogenen Termin einzuhalten.

Den Aufsatz von Prof. J. G. Robertson über Shakespeare on the Continent kannte ich bereits. Er kollidiert wenig mit meiner Arbeit, da er dem Gesamtplan gemäß die dtsche. Shakespeare Kritik sehr summarisch behandelt. Stärkere Berührungspunkte werden sich vielleicht zu einer Arbeit ergeben, die ein junger Heidelberger Privatdozent, F. Gundelfinger, abgeschlossen hat und demnächst erscheinen lassen wird. Ihr Titel lautet: Shakespeare und der deutsche Geist und sie will darstellen, welche neuen Werte der deutschen Dichtung durch die Transfusion Shakespeares geworden sind. Da hierbei wohl vor allem der produktiven Einflüsse gedacht werden wird, indessen ich lediglich der aesthetisch-kritischen Aufnahme Shakespeares nachgehe, so denke ich aber nicht, daß sich die beiden Arbeiten in die Quere kommen werden.

Ich bin im Begriff, über Ostern ein paar Tage nach Straßburg zu fahren. Indem ich Sie, hochverehrter Herr Professor, bitte, mich Ihrer verehrten Frau Gemahlin angelegentlichst zu empfehlen, bin ich mit nochmaligem verbindlichem Dank und den besten Grüßen
Ihr ganz ergebener E. Stadler

16. Stadler an Hermann Georg Fiedler nach Oxford

Brüssel den 4. November 1911
48, Rue Tenbosch.

Hochverehrter Herr Professor,
Meinen verbindlichsten Dank für Ihren Brief, der sich mit dem meinen kreuzte.

Es wäre mir im höchsten Grade peinlich, wenn wirklich aus der kleinen Terminüberschreitung ernstliche Schwierigkeiten erwachsen sollten. Da ja mir zur Bedingung gesetzt wurde, daß die Thesis vor Ablauf des Jahres 1911 und zwar so frühzeitig, daß ihre Beurteilung vor dem 1. Jan. 1912 noch möglich wäre, eingeliefert werden müsse, so glaubte ich, diese Voraussetzung, auch noch zu erfüllen, wenn ich meine Arbeit ein paar Wochen später, als ursprünglich vorgesehen, einschicken würde. Ich konnte mich, wie gesagt, nur mit starken Unterbrechungen und oft abgelenkt durch andere Verpflichtungen der Arbeit widmen. Trotzdem ist sie bis auf Kleinigkeiten so gut wie fertig. Um so erwünschter wäre mir jetzt noch die Frist von ein paar Wochen. Denn es sollte mir leid tun, die Arbeit in nicht ganz fertigem Zustand und ohne nochmalige genaue Durchsicht, vor allem auch nach der sprachlichen Seite hin, einliefern zu müssen. Ich zweifle nicht, daß man das in Oxford einsehen und die kleine Verzögerung entschuldigen wird, zumal ich ja die Hauptbedingung unter allen Umständen erfüllen werde. Ich wäre Ihnen nun, hochverehrter Herr Professor, aufrichtig dankbar, wenn Sie mir das bestimmte Datum des äußersten Einsendungstermines angeben wollten, und sage Ihnen im voraus meinen herzlichsten Dank.

Ich habe die Arbeit so angelegt, daß sie als literarhistorische Einleitung zu einer Sammlung der wichtigsten deutschen Shakespeare-Kritiken des 18. Jahrhunderts dienen könnte. Vielleicht ließe sich die Oxford University Press für diese Idee interessieren. Doch das sind curae posteriores!

Für den Prospekt Ihres Oxford Book of German Verse, der mich lebhaft interessiert hat, sage ich Ihnen verbindlichsten Dank. Das ist eine vortreffliche Sache, die gewiß viel dazu beitragen wird, Kenntnis und Schätzung deutscher Dichtung in England zu verbreiten.

Indem ich Ihnen, hochverehrter Herr Professor, für Ihre nochmalige Bemühung wie für Ihr mir in so reichem Maße erwiesenes Wohlwollen nochmals danke, bin ich in besonderer Verehrung

Ihr ergebener   E. Stadler.

17. Stadler an Hermann Georg Fiedler nach Oxford

Brüssel den 28. Nov. 1911
48, Rue Tenbosch.

Hochverehrter Herr Professor,
Ich gestatte mir, Ihnen ergebenst mitzuteilen, daß meine Arbeit, deren größter Teil bereits mit Schreibmaschine abgeschrieben ist, am Ende dieser Woche an den Assistant Registrar abgehen wird. Ich darf wohl hoffen, daß die kleine Verzögerung keine ernstlichen Schwierigkeiten machen wird.

Ich habe bei der Eile des Abschlusses nicht mehr Zeit gehabt, den englischen Text, wie ich ursprünglich plante, einem engl. Freund zur Durchsicht vorzulegen. Dies wird sich zweifellos durch gewisse Inkorrektheiten bemerkbar machen. Ich hoffe, daß die Examenskommission der Schwierigkeit, die für mich als Deutschen darin liegt, eine literarische Arbeit in einer fremden Sprache abzufassen, Rechnung tragen wird. Bevor ich daran denke, die Thesis drucken zu lassen, werde ich sie ja jedenfalls genau nach der sprachl. Seite nachprüfen und berichtigen. Auch inhaltlich werde ich noch manches zu verändern, zu erweitern, hinzuzufügen haben. Mancherlei Material mußte ich zurückbehalten, um die Arbeit rechtzeitig einzuliefern. Ich darf hoffen, daß auch dies bei der Beurteilung berücksichtigt wird, und daß, wie es bei deutschen Promotionen geschieht, mir erlaubt wird, die Arbeit nachträglich noch zu vervollkommnen.

Im übrigen glaube ich, daß es mir gelungen ist, mancherlei neues Material beizubringen, und wo ich ältere Vorarbeiten verwertete, hoffe ich wenigstens das Bestreben gezeigt zu haben, sie selbständig zu verwerten. Was den Termin des mündlichen Examens betrifft, so stehe ich vom 8. Januar ab gänzlich zur Verfügung.

Mit freundlichsten Grüßen,
In besonderer Verehrung
Ihr ergebenster E. Stadler

18. Stadler an Francis Wylie nach Oxford

Brussels, nov. 28th 1911.
48, Rue Tenbosch

Dear Mr. Wylie,
I have written to Prof. Fiedler and to Mr. Cookson that I shall be sending in my thesis at the end of this week. I was forced to prolong a little the time arranged with Mr. Cookson, but at any rate the thesis will be at Oxford, I think, in time to be examined »before the end of this year« (as runs the arrangement with Dr. Warren). I am very glad to redeem finally my promises and I hope the thesis will satisfy the examinors.

With kindest regards to you and Mrs. Wylie
I am Yours very sincerely,   E. Stadler

19. Stadler an Hermann Georg Fiedler nach Oxford.

Brüssel d. 3. Dezember 1911.

Hochverehrter Herr Professor,
Ich habe die Thesis an Herrn Craig geschickt, das heißt, wie ich gleich hinzufügen muß, es fehlen noch ein paar Abschnitte, da die Abschrift erheblich mehr Zeit in Anspruch nahm, als ich veranschlagt hatte. Sie folgen aber spätestens übermorgen nach, und ich darf mir wohl die Freiheit nehmen, sie direkt an Ihre Adresse zu senden?

Ich hoffe nun sehr, daß es trotz allem noch gelingen wird, in diesem Term über die Arbeit zu entscheiden, so daß ich dann ganz zu Anfang des nächsten Terms den Grad nehmen könnte. Herr Warren hatte mir vor einigen Tagen erklärt, daß das College meinen Namen streichen würde. Ich habe ihm sofort geschrieben und den Sachverhalt auseinandergesetzt. Sollte es durchaus dabei bleiben, so müßte ich eben das Examen als »Non-Collegian« machen, was mir freilich sehr schmerzlich wäre. –

Briefe 1911/1912

Falls ich also von Ihnen keine gegenteilige Nachricht bekomme, werde ich mir erlauben, Ihnen spätestens übermorgen den Rest der Thesis zugehen zu lassen.

Inzwischen bin ich mit verbindlichsten Grüßen
Ihr verehrungsvoll ergebener E. Stadler.

20. Stadler an Hermann Georg Fiedler nach Oxford

Brüssel. den 9. Dezember 1911
48, Rue Tenbosch.

Sehr verehrter Herr Professor,
Verbindlichen Dank für Ihre gütige Mitteilung. Der Assistant Registrar wird Ihnen inzwischen mitgeteilt haben, daß der Rest der Arbeit sowie das fee bereits seit einigen Tagen in s. Händen ist. Er hat mir geschrieben, daß nun die Arbeit erst am 3. Februar des nächsten Jahres vorgelegt werden könnte. Hoffentlich werden bei der Beurteilung die fraglos vorhandenen stilistischen Uncorrektheiten nicht allzu hart vorgenommen.

Mit der Bitte, mich Ihrer verehrten Frau Gemahlin angelegentlich zu empfehlen, bin ich in Verehrung und Dankbarkeit
Ihr sehr ergebener E. Stadler.

21. Stadler an Hermann Georg Fiedler nach Oxford

Bruxelles, Le 14. 2. 1912
48, Rue Tenbosch.

Hochverehrter Herr Professor,
Auf Ihr gütiges Schreiben vom 13.d M. beeile ich mich, Ihnen mitzuteilen, daß ich hier am 22. März abreisen und also Samstag d. 23. März oder auch einen der folgenden Tage mich der mündlichen Prüfung unterziehen könnte. Darf ich mir bei dieser Gelegen-

heit noch die Anfrage erlauben, ob die mündliche Prüfung nur das Thema der Dissertation (und angrenzende Gebiete), oder ein weiteres Stoffgebiet zum Gegenstand hat? Im voraus meinen verbindlichsten Dank für Ihre gütige Auskunft. Hoffentlich wird nun alles gut gehen, und diese lang hingezogene Sache zu einem allerseits befriedigenden Abschluß kommen.

Durch einen Zufall bekam ich vor einiger Zeit das Dezemberheft der Preuß. Jahrbücher mit dem Artikel des Herrn Dr. Budde in die Hand. Ich brauche Ihnen wohl kaum zu versichern, daß der mir sehr peinliche passus über meinen Oxforder Aufenthalt keineswegs von mir inspiriert ist.

Mit angelegentlichsten Grüßen bin ich, hochverehrter Herr Professor, in ausgezeichneter Hochachtung Ihr sehr ergebener
Ernst Stadler

22. Stadler an Hermann Georg Fiedler nach Oxford

Bruxelles, den 24. Febr. 1912

Hochverehrter Herr Professor,
Meinen verbindlichsten Dank für Ihre gütige Mitteilung. Samstag d. 23. März 12 Uhr paßt mir sehr wohl als Termin für die mündliche Prüfung. Ich werde es dann so einzurichten suchen, daß ich noch Freitag Nacht in Oxford ankomme. Bekomme ich über die Annahme der Arbeit noch offiziellen Bescheid?

Was die stilistische Form der Thesis betrifft, so bin ich mir wohl bewußt, daß sie sehr darunter gelitten hat, daß ich das Manuskript wegen mangelnder Zeit nicht einem englischen Freund zur Durchsicht auf sprachliche Mängel geben konnte. Ich werde das natürlich nachholen, wie ich überhaupt die Arbeit durch mancherlei Material, das ich bei dem raschen Abschluß nicht mehr verwerten konnte, erweitern möchte. Vor allem möchte ich die letzten Capitel, besonders: Sturm und Drang und Romantik etwas detaillierter gestalten.

Hoffentlich werden mir die sprachlichen Verfehlungen nicht allzu hoch angerechnet. Die Schwierigkeit literarischen Ausdruckes in einer fremden Sprache ist eben doch sehr erheblich, selbst wenn man in der Unterhaltung die Sprache zu beherrschen scheint. Ich merke das jetzt wieder aufs neue, wo ich zuweilen in die Lage komme, Französisch schreiben zu müssen.

Das Dezemberheft der Preußischen Jahrbücher mit dem Buddeschen Aufsatz werde ich mir für Sie borgen und Ihnen nächster Tage zusenden. Ich kann es ja dann gelegentlich meines Aufenthaltes in Oxford wieder bei Ihnen abholen. Budde führte meinen Oxforder Aufenthalt (nicht mit Namensnennung, aber mit unverkennbarem Hinweis) gewissermaßen als Beweis gegen das tutorial system an und machte dabei einige Bemerkungen, die nicht nur unzutreffend, sondern auch direkt peinlich für mich sind.

Indem ich Sie, hochverehrter Herr Professor, bitte, mich Ihrer verehrten Frau Gemahlin angelegentlichst zu empfehlen, bin ich in Hochachtung u. Verehrung

Ihr sehr ergebener   Ernst Stadler.

23. Stadler an Francis Wylie nach Oxford

Brussels Febr. 24th 1912
48, rue Tenbosch.

Dear Mr. Wylie,
I understand that I have got to go to Oxford for my »viva« on Saturday March 23rd. Will you be at Oxford at that time? Of course, I shall have to come over once more in summer to take the degree. I hope, now after all the matter will come to a good end.

I shall be very glad to see you and Mrs. Wylie to whom I beg to deliver my respectful compliments.

Believe me, Yours very sincerely   Ernst Stadler.

Briefe 1912/1913

24. Stadler an Anna Schickele nach Straßburg

Florenz 13. 4. 1912

Liebe Frau Lanatsch,
Florenz wird von Tag zu Tag schöner. Leider gehen m. Ferien zu Ende. Sonntag Nacht kommen wir nach Straßburg, und hoffentlich sehe ich Sie und René Montag Früh.
Herzlichst Ihr
                                                    E. Stadler

25. Kurt Wolff an Stadler nach Brüssel

Leipzig 8. April 1913

Sehr geehrter Herr!
Ich lese mit großem Interesse in dem soeben erschienenen Heft der »Neuen Blätter« Ihre Übertragung von Gedichten von Francis Jammes. Wollen Sie mir freundlichst mitteilen, ob Ihre Übertragungen autorisiert sind und ob und zu welchen Bedingungen Sie in der Lage wären, mir ein kleines Gedichtbuch von Francis Jammes in deutscher Sprache für meinen Verlag zu übergeben. Besonders erwünscht wäre mir, wenn Sie mir eine größere Anzahl Gedichte von Jammes schicken könnten, aus denen ich eine Auswahl treffen könnte, um ein kleines Buch zu ganz billigem Preis herauszugeben.

    Ihren baldigen Nachrichten mit Interesse entgegensehend begrüße ich Sie hochachtungsvoll ergebenst
Kurt Wolff

26. Stadler an Kurt Wolff nach Leipzig

Brüssel den 17. April 1913
25, Rue Wéry.

Sehr geehrter Herr,
Ich erhalte heute Ihr vom 8. d. M. datiertes Schreiben und gestatte mir, Ihnen darauf das folgende zu bemerken.

Schon seit längerer Zeit beabsichtige ich die Publikation eines kleinen Heftchens von Übersetzungen des Francis Jammes. Es war mir angeboten worden, diese Übersetzungen in einem Sonderheft der »Neuen Blätter« oder der bei R. A. Meyer – Wilmersdorf erscheinenden Zweimonatsschrift »Maiandros« herauszugeben. Nun würde ich aber die Herausgabe in der Form eines kleinen Buches vorziehen und werde darum gerne Ihrem liebenswürdigen Vorschlage näher treten. Wegen der Autorisationsrechte stehe ich mit dem Verlage des Mercure de France in Unterhandlung. Dieser hat mir mitgeteilt, daß ihm eine kostenlose Überlassung der Gedichte nicht möglich sei, wegen der genaueren Bedingungen erwarte ich täglich Antwort.

Ich hatte an ein kleines Heft von höchstens 20–24 Gedichten gedacht (zumal einige ziemlich umfangreich sind wie zum Beispiel das im Herbst letzten Jahres von mir in der Aktion veröffentlichte »Ich war in Hamburg«.*) Wenn Sie mit diesem Umfang einverstanden sind, und wir uns über die Bedingungen, über die ich Ihre gütigen Vorschläge erbitte, einigen, so könnte ich Ihnen bis Mitte Juni das druckfertige Manuskript einreichen.

Über den Bescheid des Mercure de France werde ich Ihnen sofort Mitteilung machen.

In vorzüglicher Hochachtung ergebenst   Ernst Stadler

*) Ich habe im Augenblick kein Exemplar der betr. Nummer zur Hand. Doch wird Ihnen der Herausgeber, Herr Pfemfert, Wilmersdorf – Nassauische Str. 17 auf Verlangen gewiß gerne eines schicken.

27. Kurt Wolff an Stadler nach Brüssel

Paris, 20. April *1913*
Hôtel des deux Mondes,
22, Avenue de l'Opéra,

Sehr geehrter Herr Dr.!
Für Ihr Schreiben vom 17. d. M., das mir hierher nach Paris nachgesandt wurde, danke ich Ihnen verbindlichst. Es freut mich, daß

Sie prinzipiell geneigt sind, Ihre Übersetzung von Gedichten von Francis Jammes meinem Verlage zu übergeben. Mir wäre es am liebsten, wenn ich zunächst eine die Eigenart des Dichters gut charakterisierende kleine Auswahl aus dem Gesamtwerk bringen könnte, die nicht mehr als höchstens 2 Bogen Umfang hat. Dieses kleine Büchlein müßte dann einen ganz billigen Preis haben. Später könnte man dann vielleicht Herbst 1914 oder Frühjahr 1915 ein umfangreicheres Buch folgen lassen.

Für allererst wäre nun natürlich die Frage der Autorisation in Ordnung zu bringen. Übermitteln Sie mir doch freundlichst umgehend die Antwort des Mercure de France auf Ihre Anfrage. Ich habe in diesen Tagen wegen Anwerbung verschiedener Übersetzungsrechte gerade mit diesem Verlage wieder zu verhandeln und könnte dann auch die Angelegenheit Francis Jammes leicht erledigen. Wie ich schon sagte, soll das Büchlein einen ganz billigen Preis haben und so kann ich natürlich ein großes Honorar nicht zahlen, umsomehr wenn noch eine Autorisation das Buch verteuert. Sobald ich die Höhe der Autorisationskosten weiß, werde ich mich mit Ihnen wegen Ihres Honorars in Verbindung setzen.

Ich grüße Sie mit ausgezeichneter Hochachtung ergebenst
Kurt Wolff

28. Stadler an Kurt Wolff nach Paris

Brüssel den 21. April 1913.
25, Rue Wéry.

Sehr geehrter Herr Wolff,
Ich habe heute vom Mercure de France Bescheid bekommen und lege Ihnen das Schreiben bei. Die Summe von 200 frcs. für die Autorisation zur Übersetzung von 20 Gedichten scheint mir reichlich hoch. Vielleicht gelingt es Ihrer persönlichen Vermittlung, günstigere Bedingungen zu erhalten. Weniger als 20 Gedichte zu bringen, scheint mir nicht ratsam. Francis Jammes ist in Deutschland noch so gut wie unbekannt, und um ein Bild seines dichteri-

schen Schaffens zu geben, sollte man die Auswahl nicht allzu sehr beschränken. Zwanzig Gedichte ergäben freilich einen Umfang von mindestens 3 Bogen. Sollte Ihnen das wirklich zuviel sein, so begnüge ich mich natürlich auch mit einem kleineren Umfang: bei 2 Bogen würde es sich um höchstens 12 Gedichte handeln, die vom Mercure de France dann wohl entsprechend billiger (10 frcs. pro Gedicht) überlassen würden. Ich bitte, mir Ihre Entschlüsse mitzuteilen, und grüße Sie mit ausgezeichneter Hochachtung ergebenst Ernst Stadler

29. Kurt Wolff an Stadler nach Brüssel

Paris, 23. April *1913*.
Hôtel des deux Mondes,
22, Avenue de l'Opéra,

Sehr geehrter Herr Dr.!
Ich danke Ihnen verbindlichst für Ihre Zeilen vom 21. d. M. und Übermittelung der Zuschrift des »Mercure de France«. Die Forderung von 200 Fr für die paar Gedichte ist lächerlich hoch. Vielleicht gelingt es mir dadurch einen billigeren Preis zu erzielen, daß ich auch noch für andere Arbeiten von Francis Jammes die Autorisation erwerbe. Sein bestes Buch »Le roman d'un lièvre« ist ja allerdings bereits nach Hellerau vergeben. Ich wäre Ihnen dankbar, wenn Sie mir sehr schnell vielleicht noch Vorschläge in dieser Beziehung machen könnten.

Ich bin Ihr sehr ergebener *Kurt Wolff*

30. Stadler an Kurt Wolff nach Paris

Brüssel den 25. April 1913.

Sehr geehrter Herr Wolff,
Verbindlichen Dank für Ihr Schreiben vom 23ten. Von Jammesscher Prosa käme außer dem bei Hegner erschienenen »Roman du

Lièvre«, für den übrigens der »Mercure de France« doch sicherlich wesentlich weniger Autorisationsgebühren erhalten hat als er jetzt für die Gedichte verlangt, höchstens »Ma Fille Bernadette« in Betracht. Doch würde ich überhaupt nicht zu der vollständigen Übersetzung eines bestimmten Prosabandes raten. Wohl aber könnte man – entweder zusammen mit der Lyrik oder auch getrennt – eine kleine Prosaauswahl aus Jammes machen. Es giebt entzückende kleine Prosastücke von Jammes. Sie sind über seine Prosabücher verstreut, zum Teil wohl auch bisher nur in Zeitschriften publiciert. Vielleicht schlagen Sie dem Mercure de France folgendes vor: ich übersetze eine geringere Anzahl von Gedichten – etwa bloß 12–15 – und erhalte dafür die Erlaubnis, ohne weitere Gebühren eine Anzahl von kleinen lyrischen Prosastücken zu übersetzen. Ob Sie diese dann gesondert oder mit den Gedichten zusammen herausgeben wollen, wäre später zu erwägen. Ich gebe zu, daß auch eine gesonderte Ausgabe – in gleicher Ausstattung und zu gleichem Preise – ihre Vorzüge hat.

Sollten Sie dennoch die Übersetzung eines geschlossenen Prosabuches vorziehen, so würde ich, wie gesagt, »Ma Fille Bernadette« oder »Pensée des Jardins« vorschlagen.

In vorzüglicher Hochachtung Ihr sehr ergebener

Ernst Stadler

31. Kurt Wolff an Stadler nach Brüssel

Leipzig 16. 5. *1913.*

Sehr geehrter Herr Doktor!

Ich bin von der Reise zurück und möchte Ihnen nun gleich schreiben, damit Sie ja nicht denken, daß mein Interesse an der Angelegenheit »Francis Jammes« erlahmt sei. –

Wenn die definitive Regelung der Sache sich noch verzögert hat, so liegt dies ausschließlich daran, daß der französische Verleger die Briefe nicht mit der gewünschten Promptheit beantwortet. – Ich hoffe aber bestimmt, spätestens im Laufe der nächsten Woche zu einem definitiven Abschluß wegen der Autorisation zu kommen und dann werden auch wir uns schnell über die Bedingungen einigen.

Ihnen sehr ergeben *Kurt Wolff*

32. Kurt Wolff an Stadler nach Brüssel

Leipzig 26. 5. 1913

Sehr geehrter Herr Doktor!
Ich kann Ihnen heute die angenehme Mitteilung machen, daß meine Verhandlungen mit »Mercure de France« in der Erwerbung der Autorisation für Gedichte von Francis Jammes zum Abschluß gelangt sind. –

Ich habe also zunächst die Autorisation für 30 Gedichte erworben. – Mein Wunsch wäre nun dieser: Ich gebe zurzeit Hefte von 1 bis 2 Bogen Umfang heraus, die moderne Dichtungen enthalten und von denen jedes Heft Mk. 0.80 kostet. –

Sie könnten mir gewiß leicht aus den bereits fertiggestellten Übersetzungen einige Gedichte zusammenstellen, die 1½ bis 2 Bogen insgesamt ergeben, sodaß ich zunächst einmal ein solches kleines Heft herausbringe. – Auf diese erste Probe würde ich dann gern im Frühjahr 1914 ein richtiges Gedichtbuch folgen lassen und wenn Ihnen für dieses Buch die Zahl von 30 Gedichten (sehr viele Gedichte von Francis Jammes sind ja übrigens recht lang) zu gering erscheint, so könnte ich die Autorisation für weitere erwerben.

Selbstverständlich ist, daß die Gedichte nur aus Bänden, die im Verlage des »Mercure de France« erschienen sind, entnommen sein dürfen.

Wollen Sie so freundlich sein, mich Ihre Honorarforderung wissen lassen und mir Nachricht geben, ob Sie mir die Unterlagen für die kleine erste Publikation baldigst zur Verfügung stellen könnten?

Ihnen sehr ergeben *Kurt Wolff*

33. Stadler an Kurt Wolff nach Leipzig

Brüssel den 27. Mai 1913
25, Rue Wéry.

Sehr geehrter Herr Wolff,

Ich freue mich, daß die Autorisationsangelegenheit erledigt ist. Ich bin im Begriff, von Brüssel abzureisen, meine Manuskripte sind verpackt, sonst könnte ich Ihnen gleich die kleine Auswahl für die 1½ bis 2 Bogen zusammenstellen. Wird es hinreichen, wenn ich Ihnen nun das Manuskript Mitte Juni einschicke?

Was das Honorar betrifft, so wäre es mir lieb, Ihre Vorschläge zu hören. Wie hoch ist die Auflage?

Briefe erreichen mich unter der Adresse: Imperial Chambers, 3, Cursitor Street, Chancery Lane, London.

In ausgezeichneter Hochachtung Ihr ergebener   Ernst Stadler.

34. Der Kurt Wolff Verlag an Stadler nach London

Leipzig 2. 6. 1913

Sehr geehrter Herr Doktor!

Herr Wolff ist leider zurzeit erkrankt. – Er läßt Ihnen für Ihren Brief vom 27. pt. bestens danken und mitteilen, daß er auf die Zusendung der kleineren Auswahl der Gedichte von Jammes bis Mitte Juni rechnet.

Als Honorar für die Übersetzung der größeren Auswahl von höchstens 30 Gedichten bietet er Ihnen 350 Frs. – Eine Honorierung der Gedichte, die vorher als kleine Werbehefte für die große Auswahl zum Preise von Mk. 0.80 erscheinen sollen, wird nicht eintreten. Diese Gedichte werden natürlich später Aufnahme in das Buch finden.

Wenn Ihnen daran gelegen sein sollte, könnten wir Ihnen einen Teil des Honorars bei Ablieferung der 1½ bis 2 Bogen im Juni zusenden.

Hochachtungsvoll ergebenst   *Kurt Wolff Verlag*

35. Stadler an Kurt Wolff nach Leipzig

London d. 10. Juni 1913.

Sehr geehrter Herr Wolff.

Ich bin mit den von Ihnen vorgeschlagenen Bedingungen einverstanden und werde Ihnen – wie verabredet – im Laufe der nächsten Woche das Manuskript schicken. Ich hoffe, daß Sie wieder wohlauf sind.

Ihr ergebener   Ernst Stadler

36. Robert Falconer an Stadler nach Brüssel

Toronto, June 23rd, 1913

My dear Sir:

I have had a letter from Sir Edmund Walker, the Chairman of our Board of Governors, in which he tells me that he has had the opportunity of having a conversation with you with regard to a vacant position that we have in the University in the Department of German. Sir Edmund told me that you could not consider a permanent position this summer, and that in any case if you were to come to us you would wish to come first for a year in order to see the opportunities that we offer.

The position that at present we wish to fill would probably be an Associate Professorship, the salary of which runs by annual increments of $ 100, that is £ 20 from $ 2100 to $ 3000. We might begin the salary at any point between these extremes. I have no doubt that an Associate-Professorship when held by a person of distinction would result before long in a full professorship. We desire to make the position an important one, and to develop German Literature as fully as may be. In the Department of Modern Languages, the Teutonic branch, we had last year 373 students, a fact that will show you the importance we attach to the study of modern languages in this University. When the staff is completed we shall have 4 members teaching German, and I feel confident that the work could be so arranged as to allow you the opportunity of following your particular line of German, which I understand is study of literature.

It may be difficult for us to secure temporary supply for the position for next winter, and it would suit us better if we were able to have some occupant of the chair to whom we might reasonably look to remain permanently with us. Perhaps you would be kind enough to let me know as soon as possible whether you would be at all inclined to consider accepting the offer of an Associate Professorship, and if so on what terms, and when it would be possible for you to come?

I may say that a year ago Professor Fiedler of Oxford and afterwards Professor Robertson of London both mentioned you to me as one whom we should be fortunate to secure if we were to have a vacancy in German.

Yours sincerely,

Robert Falconer
President

37. Stadler an Kurt Wolff nach Leipzig

Gebweiler i. Ober Elsaß den 24. Juni 1913.
Kreis Direktion.

Sehr geehrter Herr Wolff,
Mit einer kleinen Verspätung, die ich mit meinen Reisen zu entschuldigen bitte, sende ich Ihnen nun mit gleicher Post das Manuskript für das Jammes-Probeheft. Die Gedichte wären in folgender Reihenfolge abzudrucken:
1. Gebet zum Geständnis der Unwissenheit
2. Gebet, mit den Eseln ins Himmelreich einzugehen (»Neue Blätter«)
3. Gebet, um Gott einfältige Worte anzubieten
4. Gebet, daß ein Kind nicht sterbe
5. Mein niedrer Freund
6. Amsterdam

7. Ich war in Hamburg (aus der »Aktion«)
8. Die Kirche mit Blättern geschmückt (aus »Neue Blätter«)
9. Die Taube

Die beiden Gedichte aus den Neuen Blättern sowie aus der Aktion habe ich leider im Augenblick nicht zur Hand. Ich vermute, daß Sie sie besitzen, und bitte Sie, die Drucke an den betr. Stellen des Manuskriptes einzufügen. Ich glaube, daß diese 9 Gedichte hinreichen, um wenigstens einen ungefähren Begriff von Jammes zu geben. Auch werden sie reichlich 1½ Bogen füllen. Sollten Sie indessen wünschen, daß die Auswahl noch erweitert würde, so wäre ich natürlich gerne dazu bereit und bitte in diesem Falle um sofortige Nachricht. Als Titel habe ich »Die Gebete der Demut« gewählt, womit Sie wohl einverstanden sind. Correktursendung erbitte ich an die oben genannte Adresse. Mit den besten Grüßen in ausgezeichneter Hochachtung Ihr ergebener

Ernst Stadler.

P. S. Die Nummer der Aktion habe ich Ihnen ja s. Z. geschickt. Außer den genannten drei Gedichten ist keines in einer Zeitschrift erschienen, und ich werde, Ihrem Wunsche entsprechend, auch von der größeren Auswahl keines vorher in einer Zeitschrift erscheinen lassen.

38. Stadler an Kurt Wolff nach Leipzig

Gebweiler. Ober Elsaß. 8. Juli 1913
Kreisdirektion.

Sehr geehrter Herr Wolff,
Ich nehme an, daß das Manuskript der Jammesübersetzung richtig in Ihre Hände gekommen ist. Darf ich bitten, mir die Correktur hierher nach Gebweiler zu senden? Es sind noch ein paar kleine Änderungen vorzunehmen. Die betr. Hefte der »Neuen Blätter« und der »Aktion« haben Sie wohl gefunden.

In ausgezeichneter Hochachtung ergebenst Ernst Stadler

Briefe 1913

39. *Stadler an Kurt Wolff nach Leipzig*

Gebweiler i/Ober Els. den 25. Juli 1913.
Kreis Direktion

Sehr geehrter Herr Wolff,
Ich habe mich nun doch entschlossen – entgegen dem, was ich Ihnen s. Z. schrieb – auch eine P r o s a-auswahl von Francis Jammes zu veranstalten. Ich wende mich zuerst an Sie, um Ihnen die Verlagsübernahme dieses Bandes zu empfehlen. Ich würde Ihnen das Manuskript so einliefern, daß die Prosaauswahl zugleich mit der (größeren) Lyrikauswahl und womöglich in konformer Ausstattung erscheinen könnte. Für beide Bücher wäre eine möglichste Beschleunigung, wie mir scheint, geboten, da Francis Jammes eben im Begriffe steht, in Deutschland »entdeckt« zu werden.

Sollten Sie zu der Übernahme des Prosabandes bereit sein, so würde ich Ihnen den genaueren Plan der Auswahl mitteilen, so daß Sie sofort die Autorisationsunterhandlungen mit dem Mercure de France aufnehmen könnten.

Die kleine Auswahl im »Jüngsten Tag« wird nun wohl in Bälde erscheinen. Ich wäre Ihnen dankbar, wenn Sie mir – wie Sie es s. Z. vorschlugen – einen Teil des Honorars j e t z t auszahlen würden.

In ausgezeichneter Hochachtung Ihr ergebenster

Ernst Stadler.

40. *Kurt Wolff an Stadler nach Gebweiler*

Leipzig 28. Juli *1913.*

Sehr geehrter Herr Doktor!
Ich danke Ihnen für Ihren Brief vom 25. ds. den ich sogleich beantworte und schicke Ihnen anliegend eine a conto Zahlung Ihres Honorars von

Mk. 100,– in Scheck.

Ich wäre Ihnen dankbar, wenn Sie mir einige Vorschläge über den Inhalt des von Ihnen geplanten Jammes-Buches zukommen ließen.

Ich hätte sehr gern den »Hasenroman« gebracht, den ich für die Einführung in Deutschland für ganz besonders geeignet halte. Aber dieses Buch hat Hegner, wie er mir sagt, schon erworben und will es selbst bringen.

Sobald Sie mir nähere Angaben über den Inhalt des Prosabuches gemacht haben – Einsendung von einigen Stücken wäre mir sehr erwünscht – schreibe ich Ihnen Näheres. Auch ich bin der Ansicht, daß gleiche Ausstattung mit den Versen wünschenswert wäre.

Hochachtungsvoll ergebenst *Kurt Wolff*
Einschreiben! 1. Scheck!

41. Stadler an Kurt Wolff nach Leipzig

Gebweiler Ober Elsaß. den 30. Juli 1913
Kreis Direktion

Sehr geehrter Herr Wolff,
Ich bestätige Ihnen mit bestem Dank den Empfang Ihres Schreibens vom 28. d. M. und des Schecks über 100 M. Ich werde Ihnen nächste Woche einige Proben der Prosaübersetzung zuschicken. Einstweilen nur soviel: ich hatte etwa die folgende Zusammenstellung geplant:

Als die beiden Hauptstücke die schönen und für Jammes sehr charakteristischen Erzählungen Clara d'Ellébeuse und Almaïde d'Etremont. Beide befinden sich in dem vom Mercure de France unter dem Gesamttitel Le Roman du Lièvre herausgegebenen Bande. Hegner hat doch wohl nur die Autorisation für den Hasenroman selber erworben, nicht für die im selben Bande befindlichen anderen Stücke. Die deutsche Übersetzung des Hasenromans, die ich übrigens mit Hegner gemeinsam gemacht habe (vor etwa dreiviertel Jahren), soll ja wohl in der Hegnerschen Zeitschrift erscheinen (oder ist dort bereits erschienen). Jedenfalls glaube ich nicht, daß Hegner einstweilen an einen Band Jammes denkt oder weitere Autorisationen besitzt. Vielleicht wäre es am ratsamsten, beim

Mercure de France anzufragen, ob die anderen Stücke des Roman-du-Lièvre-Bandes noch frei seien.

Clara d'Ellébeuse und Almaïde d'Etremont geben im französischen Text 210 Seiten (zu 27 Zeilen). Dazu würden dann noch einige der im selben Bande befindlichen kleinen »Contes« kommen sowie verschiedene Stücke aus »Pensée des Jardins« und möglicherweise auch ein paar Proben aus »Ma Fille Bernadette«. Im ganzen etwa 90 Seiten, so daß ein Band von c. 300 Seiten zustande käme.

Ich wäre Ihnen dankbar, wenn Sie mir mitteilen wollten, ob Sie mit diesem Plan im Prinzip einverstanden sind.

In vorzüglicher Hochachtung ergebenst Ernst Stadler.

42. Kurt Wolff an Stadler nach Gebweiler

Leipzig 31. Juli *1913.*

Sehr geehrter Herr Dr. Stadler!

Ich danke Ihnen für Ihren Brief von gestern. In der Angelegenheit von Autorisationen für Jammes bitte ich Sie mit Vorsicht zu verfahren und sich wegen Ihrer Anfragen direkt an den Mercure de France (nicht an Hegner) zu wenden. Wenn Sie an Mercure de France schreiben, fügen Sie bitte hinzu, daß Sie die Ausgaben für meinen Verlag planen, da der Mercure de France meine Firma kennt. Ich habe in der letzten Zeit die Erfahrung gemacht, daß Hegner Autorisationen zu besitzen behauptet, die er in der Tat nie erworben hat. So viel ich weiß, hat er selbst den Hasenroman nicht vom Mercure de France erworben sondern nur einmal deswegen angefragt: bezahlt worden ist die Autorisation jedenfalls nie.

Ich bin überzeugt, daß Sie mit den von Ihnen genannten Stücken einen schönen Band von Prosa zusammen gestellt haben; ich kann es aber nicht beurteilen, da ich die meisten der Stücke nicht kenne. Eins aber glaube ich zu wissen, daß aus dem Band Le Roman du lièvre der »Hasenroman« selbst literarisch das reizvollste Stück ist, jedenfalls dasjenige, mit dem man in Deutschland das Publikum am besten für Jammes gewinnen könnte. Ich habe also eigentlich wenig Lust die zwei andern Stücke ohne den Hasenroman zu bringen. Die Kritik würde mit Recht doch sagen, daß ich dies wesentlichste Stück zu Unrecht fortgelassen hätte. Früher hatte Hegner einmal die Absicht mir die Buchausgabe (von der man noch nicht weiß, ob er wirklich die Berechtigung sie zu veranstalten hat) zu überlassen und den Hasenroman nur in seiner Zeitschrift zu bringen. Das ist aber jetzt anders geworden, da Hegner die Zeitschrift doch garnicht mehr hat, vielmehr mit Baron völlig auseinander ist.

Jedenfalls wären die näheren Verabredungen über das Prosabuch von Jammes erst zu treffen, wenn die Autorisationsangelegenheit völlig klar gelegt ist. Erschwerend ist hierzu allerdings der Umstand, daß Briefe vom Mercure de France so überaus säumig beantwortet werden.

Hochachtungsvoll ergebenst *Kurt Wolff*

P. S. Ich wäre Ihnen zu großem Dank verpflichtet, wenn Sie mir umgehend einen kurzen Waschzettel-Text zu Jammes Gedichte speziell dem kleinen Heft im »Jüngsten Tag« schicken könnten. Besten Dank im voraus.

43. Robert Falconer an Stadler nach Brüssel

Toronto, August 14th, 1913.

Dear Professor Stadler, –

I was very glad to get your letter of July 9th, which was forwarded to me where I was spending my holiday. I was hoping to have another conversation with Sir Edmund Walker before writing to you, but he will not return until next week, and I am again to be away for a few weeks. It will be necessary for us to make temporary arrangements for the coming Winter and we shall not deal with the filling of the Chair until some months from now. You speak of being willing to come for two or three years in order to test whether you would like the position. If you were to come to us for two years on the higher grade of salary in the Associate Professor's rank, then after that if we were mutually pleased you could be made permanently a full Professor. There are in Toronto great opportunities for work. Our country is new, the students are good, and you would find excellent response to your efforts. Last night I had the pleasure of sitting at dinner with Dr. Renier of the Geological Survey of Belgium, who is attending the International Geological Congress which meets here. I spoke to him about your University. Perhaps if you were to call upon Dr. Renier he would give you his impressions as to Toronto, Canada and the University.

I shall be glad to hear from you again, and expect to write to you when I return in the Autumn.

With kind regards, I am,
Yours sincerely,

Robert Falconer
President

44. Stadler an Robert Falconer nach Toronto

Gebweiler. Ober Elsaß. September 15th 1913
Kreis Direktion

Dear Sir Falconer,

Thank you very much for your letter from August 14th which has been forwarded to me some time ago and your second letter received to-day. The offer which in these letters you kindly make to me as to my futur position at the university of Toronto does not quite correspond to what I had imagined. Holding now a full professorship at the university of Brussels, I should have preferred to be equally appointed full professor at once at your university. I understand, however, that you want to distinguish between the two years of my temporary appointment and the conclusive state, and I should therefore prepared to accept your honourable offer in that way that I shall be appointed associate professor with a salary of 3000 $ and the prospect of being appointed full professor after two years. The only wish I want to add to this arrangement would be an allowance for removal (as it is customary at all European universities) in that way that I get once the sum of 250–300 $ in addition to my salary.

I have been very much pleased by what you tell me about the opportunities for work in Toronto and about the high quality of your students. I need not assure you that I shall do my best to respond to the trust which you have put in my person by calling me to your university. I shall not fail to refer to Dr. Renier after my return to Brussels in octobre.

With kindest regards
I am yours faithfully,   Ernst Stadler.

45. Robert Falconer an Stadler nach Gebweiler

Toronto, October 10th, 1913

Dear Professor Stadler:
Many thanks for your letter. I am glad to know that there is a prospect of your being willing to accept the position of Associate-Professor in the University of Toronto at three thousand dollars a year for two years, on the understanding that if at the end of two years the University and you are mutually agreeable to continue our relationship you would be advanced to the position of full professor.

I suppose that you understand that a good deal of the work done by you would be in English, and that a considerable fluency in the language would be necessary. From what I have learned, however, I judge that you are able to use English very freely in the class room. This of course would come also from practice in your earlier years.

In the course of a month or two I will bring the matter formally before the Board of Governors, and I think I shall have no difficulty in inducing them to act on my nomination. I am afraid, however, that they would not be willing to vote an allowance for removal. This question has been brought up on several occasions, and as we are constantly having professors appointed from Britain and the Continent, the practice has uniformly been not to make any allowance for transfer, but to date the salary from the first of July of the year in which they enter upon their duties. This would mean that if you were appointed next spring, your salary would begin on the first of July, but you would not need to be here until the middle of next September.

If there are any further points of detail upon which you wish information, I shall be glad to forward it to you.

Yours sincerely,

Robert Falconer
President.

46. Stadler an Kurt Wolff nach Leipzig

Uccle bei Brüssel den 16. Dez. 1913
1139, Chaussée de Waterloo
vom 19. Dez – 4. Jan:
Gebweiler Elsaß Kreis Direktion.

Sehr geehrter Herr Wolff,
Verzeihung für die Verzögerung: die Jammesübersetzung ist bei‑
nahe fertig. 2 oder 3 Gedichte fehlen noch, deren bisherige Wie‑
dergabe mich noch nicht ganz befriedigt. Sie erhalten aber jeden‑
falls das Manuskript bis zum 10. Jan. Diese größere Sammlung soll
sich: »Franziskanische Gedichte« betiteln. Ich hoffe, zum gleichen
oder einem wenig späteren Termin Ihnen auch die Prosastücke
vorlegen zu können.

Herr Sternheim erzählte mir von Ihrem Projekt, eine kleine
Schrift über ihn herauszubringen. Da ich eine kritische Abhand‑
lung vor allem über Sternheims Bürger*liche* Komödien schon
seit längerem plane, so ließe sich das ja gut erweitern und würde
wohl dem entsprechen, was Sie beabsichtigen. Wollen Sie die Güte

haben, mir anzugeben, auf wieviel Seiten Sie die kleine Schrift berechnen, und welches ungefähr die Honorarbedingungen wären.

Die mir freundlichst übersandten Bände: Kurt Hiller, Weisheit der Langenweile habe ich für die Cahiers Alsaciens besprochen. Beleg haben Sie wohl erhalten.

Mit ergebenen Grüßen Ihr   Ernst Stadler.

47. Stadler an Erik Ernst Schwabach nach Leipzig

Gebweiler den 21. Dezember 1913
Kreis Direktion

Sehr geehrter Herr Schwabach,
Bei meinem gestrigen Aufenthalt in Straßburg habe ich zu meinem peinlichen Erstaunen erfahren, daß mein Gedichtbuch weder an die Straßburger Zeitungen verschickt noch in irgendeiner Buchhandlung zu haben ist. Ich muß also, da auch ich selber noch kein Exemplar gesehen habe, annehmen, daß Sie das Buch noch nicht an die Sortimenter verschickt haben. Das ist mir umso rätselhafter, als das Buch doch schon seit dem Herbst ausgedruckt ist. Ich brauche Ihnen nicht zu sagen, was für eine Schädigung mir daraus erwächst, daß das Buch nicht mehr vor Weihnachten erschienen und wenigstens in der lokalen Presse besprochen worden ist. Gerade hier im Land wäre um die Weihnachtszeit auf Absatz zu rechnen gewesen. Ich wäre Ihnen dankbar, wenn Sie mich freundlichst darüber aufklären wollten, worauf diese mir ganz unverständliche Verzögerung beruht. (Z. B. ein Buch, das doch viel später geplant und gedruckt wurde, die Arpsche »Französische Malerei« ist offenbar schon heraus, und ebenso der gleichfalls viel später in Angriff genommene Benkal.)

Ich bleibe bis zum 4. Januar hier und bitte, Sendungen hierher zu adressieren. Vielleicht schicken Sie mir das Buch von Arp. Schikkeles Roman habe ich in der Straßburger Post besprochen, Mynona in den »Cahiers Alsaciens«. Sie haben den Beleg wohl erhalten.

Ich bitte, die Versendung meines Gedichtbuches an die im letzten Brief aufgegebenen Adressen nicht zu versäumen.

Mit vorzüglicher Hochachtung Ihr ergebener

Ernst Stadler

48. Stadler an Hans Koch nach Düsseldorf

Uccle bei Brüssel den 3. Februar 1914

Lieber Hans,

Mit gleicher Post erhältst Du den »Aufbruch«, über den neulich in der *Straßburger Neuen Zeitung* ein Cretin namens Alex*ander* Benzion sehr törichtes Zeug losgelassen hat.

Rauscher schlug ein Programm für die Johannisnachtschrift vor, die er mit Schickele verabredet hat. Danach sollst Du über els*ässische* Geschichte, Flake über Landschaft, ich über »Grenzländer« schreiben. Rauscher will Straßburg nehmen, Wendel Metz und Schickele eine phantastische Sache machen, darin, wie es scheint, die Figuren des Straßburger Münsters einen bedeutungsvollen Tanz aufführen. Ach so, und Gruber natürlich über Literatur. Das ist nun nicht gerade eine sonderlich originale Disposition, aber schließlich ist es gut, wenn die Schrift einen gewissen programmatischen Charakter erhält. Und außerdem soll natürlich noch von jedem von uns Dichterisches hinein, tunlichst Elsässisches. Dazu eine Reihe von Sympathiezuschriften berühmter Zeitgenossen.

Ich hätte gerne all das mit Dir und Schickele mündlich besprochen, aber der Vorstoß nach Marburg gieng über meine Kraft. Und zu anderen Concessionen war Schickele nicht bereit. Momentan sind meine Finanzverhältnisse so trüblich, daß ich nicht einmal bis Düsseldorf käme. Vielleicht läßt es sich machen, daß wir Ende des Monats in Aachen oder Lüttich zusammentreffen.

Unter allen Umständen sollten auch Zeichnungen von Arp, Beecke, Braunagel, Brischle, aber auch (zum sentimentalen Angedenken) von Schneider und Ritleng in das Buch. Verleger vielleicht Kurt Wolff?

Schreib einmal: Herzlichst Dein E. St.

49. Stadler an den Verlag der Weißen Bücher nach Leipzig

Uccle bei Brüssel den 10. Febr. 1914

Sehr geehrter Herr,
Ich gestatte mir Ihnen mitzuteilen, daß ich in den nächsten Tagen Ihnen einen Aufsatz über Francis Jammes nebst Gedichtproben für die Weißen Blätter zusenden werde. Bei dieser Gelegenheit erlaube ich mir, zu bemerken, daß mir das Honorar für meinen Artikel über Romain Rolland in N° 2 noch nicht zugegangen ist.

Die Kaiserliche Universitäts- und Landes-Bibliothek zu Straßburg hat um ein Freiexemplar meines Gedichtbuchs »Der Aufbruch« nachgesucht. Ich bitte Sie, die Übersendung eines Exemplares zu veranlassen. Außerdem wäre ich Ihnen dankbar, wenn Sie mir ein paar g e b u n d e n e Exemplare (die ich noch gar nicht gesehen habe) zuschicken könnten.

Das Manuskript meiner Schrift über Neuere franz. Lyrik geht Ihnen (wie anfänglich verabredet) im Laufe des März zu.

In ausgezeichneter Hochachtung ergebenst E. Stadler.

50. Stadler an Hans Koch nach Düsseldorf

Uccle bei Brüssel den 14. Februar 1914

Zunächst, lieber Hans, appelliere ich an Deine Großmut: Ich bin in einer tollen Finanzklemme, alle hiesigen Quellen versagen, Fasching steht vor der Tür, und ich muß mich entweder vergraben oder Geld haben. Da Du in dem fetten Düsseldorf Dir indessen ein kapitalistisches Bäuchlein aufnährst, so wird es Deiner Carnevalslust sicher keine Einschränkungen auferlegen, wenn Du m i r u m g e h e n d 100 Mk. schickst. Ich leiste heilige Eide, daß Du sie in 12 Tagen, das ist am 28. Februar, unbeschädigt wieder in Händen hast. Not ist am Mann, teurer Freund, laß mich nicht aufsitzen.

Als dann: an den Kurt Wolff, dem ich ohnehin etwas mitzuteilen hatte, habe ich geschrieben, ihm unsere Sache vorgetragen. Antwort steht noch aus. Aber ich denke schon, er wird es machen. Eines ist jedenfalls sicher: der Einlieferungstermin 1. März wird von keinem Menschen eingehalten werden, und überhaupt habe ich jetzt schon ein gelindes Grauen vor dem Beitreiben der Manuskripte. Gruber schrieb, »sehr gerne, aber später«, Flake jammerte aus der Türkei, daß er »schon wieder« über els*ässische* Landschaft schreiben müsse, Schickele schweift auf fernen Meeren und ist verschollen.

Ich halte es für un b e d i n g t nötig, daß wir beide, die wir immerhin das relative Höchstmaß von Energien auf diese Angelegenheit verwenden, uns zu Anfang treffen und besprechen. Am besten, wenn das Material so ziemlich vollständig vorliegt, vor allem auch das bildliche, damit sich eine Anordnung treffen läßt. Der Götterjüngling Arp könnte uns mit seinem Rat nützlich sein, doch wie ihn kriegen?

Also, teurer Hans, vor allem: »gieb Geld!« Stets Dir herzlich gewogen
E. St.

51. Robert Falconer an Stadler nach Brüssel

Toronto, March 27th, 1914

My dear Dr. Stadler:
I am glad to say that yesterday at the meeting of the Board of Governors you were formally appointed to the position in German, the appointment to take effect on the first of July, 1914.

Would you be kind enough at your early convenience to give me an outline of your academic career and your published works, so that in announcing the appointment to the press I may have full and accurate information to set before the public?

Yours sincerely,

Robert Falconer
President.

52. Stadler an René Schickele

Brüssel den 24. April 1914.

Lieber René,

Ich bin seit vorgestern wieder hier, es ist jetzt schön draußen bei mir: wie schade, daß Du mich nie hier besucht hast. Jetzt, wo Brüssel in 4 Wochen vorbei sein soll, tut es mir doch leid, aus dieser Stadt wegzugehen. Möglicherweise komme ich freilich nach 2 Jahren zurück: die Fakultät hat mir angeboten, die Stelle offen zu halten, falls sich ein Nachfolger oder vielmehr Stellvertreter für die Zeit meiner Abwesenheit findet. Im übrigen scheinen mir im letzten Moment noch allerhand Mißlichkeiten den Abschied erleichtern zu sollen. Ich habe, unmittelbar vor meiner Abreise nach Rom, im Jeune Barreau einen Vortrag über »La Jeunesse Allemande« gehalten, dabei mit Kritik und Hoffnungen nicht gespart: darob nun größte Empörung in dem verstockten und muffigen Cirkel, der sich Brüsseler Deutsche Colonie nennt. Der Correspondent der *Cölnischen Zeitung* hat mir noch nach Italien mitgeteilt, man sei an ihn mit der Aufforderung herangetreten, mich in der *Cölnischen Zeitung* anzugreifen. Er habe bisher aus persönl. Gründen abgelehnt und wolle es jedenfalls nicht tun, bevor er sich mit mir in Verbindung gesetzt habe. Ich schrieb ihm natürlich, er möge tun, was er für richtig halte. Andere glauben, mich ihre sittliche Entrüstung auf eine noch wirksamere Weise fühlen lassen zu sollen: man scheint im Kreise meiner lieben »Kameraden«, der Reserveoffiziere, ernstlich zu erwägen, ob man nicht dem Bezirkskommando Straßburg Anzeige machen solle. Was denn freilich den Erfolg hätte, daß ich auf schmerzlose Weise der Fortführung meiner militärischen Laufbahn überhoben wäre. In ihren Mitteln sind die Herren ja nicht eben wählerisch.

Der ganze Sturm ist heraufbeschworen durch die Referate der *belgischen* Presse, die ich (bis auf eines) nicht einmal gesehen habe. Jedenfalls werde ich natürlich von allen Gesinnungstüchtigen geschnitten. Moral des Ganzen: unsere optimistischen Wünsche u. Hoffnungen sind noch reichlich verfrüht, wenn wir überhaupt jemals ihre Erfüllung erleben sollten. Ich bin reichlich deutschlandmüde, und so geht mir Canada als der Stern eines tröstlicheren Morgens auf.

Aus der geplanten Johannisfestschrift scheint ja leider wieder nichts werden zu sollen. Jedenfalls wäre es jetzt der äußerste Termin: aber niemand hat einen Beitrag geschickt, und Rauscher, den ich gebeten hatte, doch die (von Euch besprochene) Enquête in die Hand zu nehmen, hat nichts mehr von sich hören lassen. Ich weiß nicht, ob Du noch an unsere »Hefte« denkst. Es wäre schön, wenn wir sie doch noch auf den Herbst zusammen brächten. Und mir erfreuliche Verbindung mit Dir und dem Elsaß, wenn ich in Canada bin.

Wertheimer schlug mir heute vor, bei Georg Bernhard um die kanadische Berichterstattung nachzusuchen, was ich natürlich gerne täte. Falls Du Bernhard kennst und zufällig siehst, könntest Du ihm vielleicht auch ein Wort darüber sagen.

Flake hatte s. Besuch in Brüssel (wieder einmal) angekündigt, doch scheint er inzwischen nach Marburg ausgerückt zu sein.

Viele herzl. Grüße, auch an Lannatsch u. Rainer, von Deinem

E St

53. Stadler an Kurt Wolff nach Leipzig

Uccle bei Brüssel 10. ⟨*Mai*⟩ 1914
Chaussée de Waterloo 1139

Sehr geehrter Herr Wolff,
Ich schicke nun noch die drei an der angemerkten Stelle fehlenden Gedichte. Sie sind in der Reihenfolge: Taufe, Hochzeit, Die Jahre gehn ... einzufügen. Es tut mir leid, daß die Sache sich so verzögert hat. Dürfte ich Sie nun bitten, mir g l e i c h das vereinbarte Honorar zu schicken? Meine Adresse ist bis Ende des Monats die oben angegebene, dann Gebweiler im Elsaß.

Mit freundlichen Grüßen Ihr ergebener   Ernst Stadler

54. Stadler an Hermann Georg Fiedler nach Oxford

Uccle bei Brüssel. den 13. Mai 1914
1139, Chaussée de Waterloo

Hochverehrter Herr Professor,
Verbindlichen Dank für Ihren vom 1. April datierten Brief, der mir soeben von Toronto hierher nachgeschickt wird. Meine neue Tätigkeit beginne ich erst im Herbst dieses Jahres, und ich gedenke, Ende August überzufahren.

Ihr freundliches Schreiben giebt mir erwünschte Gelegenheit, meinen lange gehegten Vorsatz, Ihnen zu schreiben, endlich auszuführen. Auch mir liegt sehr viel daran, die B. Litt. Dissertation in irgend einer Weise zum Abschluß und zur Veröffentlichung zu bringen. Ich hatte sie einstweilen zurückgelegt, weil mir Toronto der geeignetste Ort für die kritische Revision zu sein schien. Dort wird sich auch unschwer jemand finden, der mir bei der stilistischen Durchsicht behilflich sein wird. In welcher Form die Arbeit veröffentlicht werden soll, hängt nun ganz von den Fragen des Verlages resp. der Sammlung ab, in der sie erscheinen könnte. Ich hatte mich an den Gedanken gewöhnt, sie als Einleitung für eine Auswahl deutscher Shakespearekritik des 18. Jahrhunderts zu gestalten. Diese Auswahl, mit Noten versehen, sollte dem englischen Leser Material und Erläuterung zur Kenntnis der deutschen Shakespearekritik bieten, Verstreutes sammeln, Schwerzugängliches vermitteln. Dieser Plan hatte seiner Zeit, als ich in Oxford davon sprach, Ihren Beifall. Nun höre ich mit lebhaftem Interesse und großer Freude, daß Ihr Plan einer Sammlung Oxforder Studies in Modern Languages doch zustande kommen soll, und wenn Sie mir erlauben wollen, meine Arbeit darin zu veröffentlichen, so würde sich natürlich eine wesentlich andere Gestalt der Abhandlung ergeben. Ich wäre Ihnen also sehr dankbar, wenn Sie mir freundlichst das nähere über die geplante Sammlung mitteilen wollten, ebenso wie für Ihren Rat, welche Form der Publikation Ihnen als die angemessenste erscheinen würde.

Ich bleibe bis zum Schluß des Universitätsjahres, d. h. Anfang

Juni hier, fahre dann nach Straßburg, wo ich im Juni und Juli an der Universität über elsässische Literaturgeschichte und neue deutsche Lyrik lese.

Ich bin noch nicht ganz entschlossen, wo ich mich einschiffen werde: in Le Havre, Southampton oder Liverpool. Falls ich das letztere wählen sollte, werde ich jedenfalls versuchen, Sie von London aus zu besuchen.

Mit den besten Empfehlungen an Ihre verehrte Frau Gemahlin und freundlichen Grüßen in alter Verehrung
   Ihr ergebener   Ernst Stadler

55. Stadler an Kurt Wolff nach Leipzig

                           Uccle bei Brüssel. den 14. Mai 1914.
                             Chaussée de Waterloo
Sehr geehrter Herr Wolff,
Ich erhalte soeben von Ihrem Verlage die Anfrage, ob das Jammesmanuskript mit der letzten Sendung vollständig sei. Zugleich ist in dem Brief bemerkt, das Manuskript erschiene »außerordentlich wenig umfangreich«. Nun haben Sie mir seiner Zeit geschrieben, daß in dem großen Auswahlheft höchstens 30 Gedichte gebracht werden dürften, da sie nur für diese Anzahl die Autorisation vom Mercure de France erworben hätten. Die Zahl der Ihnen eingelieferten Gedichte beträgt 29, darunter befinden sich aber recht umfangreiche wie der »Rosenkranz«, so daß ich glaubte, daß ich das Manuskript nicht breiter gestalten dürfe. Ich persönlich hätte lieber eine noch größere Auswahl gegeben, glaubte mich aber, an unsere Vereinbarungen halten zu müssen. Ich bin also ein wenig erstaunt über die Bemerkung Ihres Verlagsredakteurs. Leider habe ich den Brief nicht mehr zur Hand, in dem Sie mir s. Z. die Anzahl der in die große Sammlung aufzunehmenden Gedichte bestimmten. Doch werden Sie ja unschwer die Kopie finden. Ich habe nun zu meinem Privatvergnügen noch eine ganze Reihe anderer Gedichte von Jammes übersetzt resp. die Übersetzung angefangen. Zum

Beispiel das große, dialogisierte Gedicht »Die Geburt des Dichters«, das in der Originalausgabe 21 Seiten umfaßt. Wenn Sie also wünschen und eine Erweiterung des Umfangs möglich ist, werde ich Ihnen mit größtem Vergnügen diese Gedichte noch für die Auswahl zur Verfügung stellen. Ich darf Sie in diesem Falle wohl bitten, mir den ungefähren Umfang mitzuteilen, über den ich event. noch verfügen darf.

Es tut mir wirklich leid, daß die Sache sich so hingezogen hat, und ebenso, daß unsere Korrespondenz eine Zeitlang so »einseitig« war. Ich war im April 3 Wochen in Rom, und eine Unzahl Briefe blieben in Brüssel liegen. Dazu kam, daß mehrere Briefe nach dem Cercle Artistique adressiert waren, wohin ich auch nach meiner Rückkunft nicht gleich kam. Das Telegramm hat mich auf diese Weise erst ungefähr 11 Tage nach seiner Absendung erreicht. Ich bitte also, mit all dem die scheinbare Saumseligkeit meiner Correspondenz zu entschuldigen.

In ausgezeichneter Hochachtung Ihr ergebener

Ernst Stadler.

P. S. Der Titel der Sammlung soll lauten:
Franziskanische Gedichte, nicht Gebete.

56. Stadler an Carl Sternheim nach Kufstein

Brüssel Mai 1914

Lieber Sternheim, vor allem herzlichsten Dank dafür, daß Sie in München zusammen mit dem Snob ein paar Gedichte von mir gelesen haben. Das ist mir die schönste und wertvollste Anerkennung, die ich finden konnte, und nun sollen mir alle kritischen Ergüsse unserer Zeitgenossen gleichgiltig sein. Wirklich: Deutsche Kritik ist ein Kapitel, das sich höchstens mit deutscher Politik vergleichen läßt. Was der Mann in den Münchener Neuesten Nachrichten sich wieder geleistet hat, verdiente auch, in die Blütenlese zu kommen, die wir aus Sternheimkritiken zusammenstellen wollten. Ich freue mich, daß Sie und Ihre Frau nun bald nach Brüssel zurückkommen. Es kann in Kufstein nicht schöner sein, als es augenblicklich hier ist, wo aller Tradition des »pluie nationale« zum Trotz seit Tagen das herrlichste Frühlingswetter anhält. Ich möchte sehr gern, daß man hier als vierte deutsche Vorstellung den Snob gäbe; ob ich aber bei der Indolenz der hiesigen Deutschen damit durchdringen werde, weiß ich nicht. Wissen Sie vielleicht, ob das Stück in neuester Zeit in Köln, Düsseldorf oder sonst einer für Brüssel erreichbaren Stadt gegeben wird? Mit herzlichsten Grüßen auch an Ihre Frau Gemahlin und die Kinder stets Ihr dankbarer Ernst Stadler.

57. Stadler an Kurt Wolff nach Leipzig

Brüssel 19. Mai 1914.

Sehr geehrter Herr Wolff,
Besten Dank für Ihr Schreiben vom 18ten. Ich werde, Ihrem Wunsche gemäß, die Zahl der Gedichte auf 35 erhöhen und mich bemühen, die Fertigstellung des Manuskriptes möglichst zu beschleunigen, da auch mir daran liegt, daß das Büchlein bald erscheinen kann.

Mit d. besten Empfehlungen Ihr erg. Ernst Stadler

58. Stadler an Kurt Wolff nach Leipzig

Straßburg den 17. Juni *1914*
Sleidanstr. 26 II

Sehr geehrter Herr Wolff,
Wollen Sie sich noch c. 1 Woche gedulden? Ich bin hier durch m. Vorlesungen so in Anspruch genommen, daß ich nicht zum Abschluß kam.

Mit besten Empfehlungen Ihr erg. Ernst Stadler

59. Stadler an Erwin Wissmann nach Diedenhofen

Straßburg den 18. Juni *1914*

Mein lieber Erwin,
Das nenne ich eine Überraschung: und ich begreife nun, warum Du am letzten Sonntag, als wir uns trafen, so vergnügt warst, während ich trauriger und (wie es scheint) eingeschworener Hagestolz mich wieder einmal hypochondrischen Launen hingab. Also empfange meine herzlichsten Glückwünsche und sage sie auch, bitte, unbekannterweise Deiner Braut. Ich hoffe, meine Wünsche bald mündlich wiederholen zu können. Bist Du in den nächsten Tagen in Straßburg, und wann kann man Dich einmal sehen?

Es grüßt Dich herzlich Dein getreuer Freund

Ernst Stadler

60. Stadler an René Schickele
(Bruchstück)

Straßburg, Juli 1914

In Straßburg bereitet sich allerhand vor. In Simmel haben wir einen wertvollen Bundesgenossen unsrer Sache bekommen. Er ist voller Aktionseifer, sucht eine stärkere Auswirkung der Universität auf die Stadt, ist politisch höchst vernünftig und dem Elsässischen gegenüber verständnisvoll. Ich habe mich neulich eine Stunde mit ihm über die elsässische Frage unterhalten. Eine gewisse Bedenklichkeit besteht darin, daß Bucher ihn schon stark an sich zu ziehen sucht, was bei seiner wahrhaft genialen Geschicklichkeit wohl auch gelingen wird. Einstweilen macht er Ausflüge mit ihm, führt ihn in die ästhetischen Cercles des in solchen Fällen immer einspringenden Fräulein Koeberlé ein und dergleichen. Immerhin ist das tausendmal besser, als wenn ihn die Gegenseite besäße.

Bucher selbst steckt wieder einmal voller Pläne, über die ich dir ein andermal ausführlicher berichte: neue Zeitschrift, deren Redaktion ich nach meiner eventuellen Rückkunft – mit Dollinger zusammen! – übernehmen soll, freie Universität neben der staatlichen, und so weiter, kurz: Straßburg als kulturelles Zentrum unter Heranziehung französischer und deutscher Kapazitäten, Bergson, Simmel et cetera. Das ist alles etwas phantastisch und vag, aber es scheint mir wirklich, als wäre der Augenblick nahe, wo hier etwas zu machen ist.

61. Stadler an Aurel Stadler nach Freiberg im Erzgebirge

Chatillon 24. August *1914*

Lieber Onkel u. liebe Tante,
Herzl. Grüße aus dem Feldzug an Euch Alle. Mir ist es bisher gut gegangen. Wir waren schon mehrmals im Gefecht, und werden wohl noch oft hineinkommen, ehe es Frieden giebt. Über die allgemeine Lage wissen wir wenig, da selbst bis zur Brigade nur sehr wenig über die eigentlichen Aktionen durchsickert.
 Hoffentlich auf Wiedersehen nach dem Krieg!

Euer getreuer Neffe Ernst

62. Stadler an Marta Stadler nach Freiberg im Erzgebirge

Celles (Frankreich) den 1. Sept. 1914

Liebe Marta,
Wir liegen wieder einmal in einem Quartier, das ist nach dem ewigen Biwakleben höchst wohltuend. Ich bin immer wohlauf und hoffe dasselbe von Euch. Herzlichen Dank für die Pulswärmer, die mir schon gute Dienste geleistet haben.
 Viele Grüße an Dich und Alle von Deinem Vetter

Ernst.

Briefe 1914

63. Stadler an Aurel Stadler nach Freiberg im Erzgebirge

Corbeny den 24. Sept. *1914*

Lieber Onkel und liebe Tante,
Seit ungefähr 1 Woche sind wir nun in Frankreich, etwa 30 km südwestlich von Reims, nachdem wir vorher bei Löwen mehrere Tage im Gefecht gestanden hatten. Hier wird von allen Seiten der Vormarsch auf Paris versucht, aber gerade für uns, die wir im Centrum der deutschen Linie stehen, ist die Aufgabe recht schwierig: die Franzosen haben sich kolossal verschanzt und sind in ihren Betonbefestigungen schwer zu kriegen. Uns gieng es bisher immer gut. Herzliche Grüße an Euch, Marta und alle von Eurem getreuen Neffen   Ernst

64. Stadler an Thea Sternheim nach Bad Harzburg
   (Bruchstück)

Anfang Oktober 1914

Schließlich ist man doch zu sehr Nervenmensch um die Soldatentugenden zu besitzen, die der populären Convention als selbstverständlich gelten und die es vielleicht auch einmal da gibt. Oder sehe ich nur die Dinge anders, weil mir diese Art der Bravour abgeht und ich mir schließlich noch eine andere Aufgabe im Leben denke und wünsche, als mich von einer Granate in Stücke reißen zu lassen.

65. Stadler an Erwin Wissmann nach Diedenhofen

Craonne den 3. Oktober *1914*

Lieber Erwin,
Vielen Dank für Deine Karte, über die ich mich sehr gefreut habe. Nachträglich sende ich Dir zu Deiner Verheiratung meine aller-

herzlichsten Glückwünsche, die ich auch Deiner Frau Gemahlin zu übermitteln bitte. Wir liegen hier schon seit geraumer Zeit den Franzosen gegenüber. Meine Batterie greift nur im Falle eines feindlichen Infanterieangriffes ins Gefecht ein. Inzwischen werden wir weidlich beschossen. Unser Nachtlager ist im Keller eines zerschossenen Hauses, und das ist wohl, was man so Kriegsromantik nennt. Aber wirklich, es geht uns hier nicht schlecht, und wir haben schlimmere Zeiten gehabt. Ich bin immer wohlauf. Vor ein paar Tagen habe ich das Eiserne Kreuz erhalten. Deinen Bruder traf ich vor 14 Tagen einmal beim Durchmarsch in Laon.

Mit den besten Empfehlungen an Deine Frau Gemahlin u. herzl. Grüßen stets Dein
E. Stadler

66. Stadler an Marta Stadler nach Freiberg im Erzgebirge

Craonne den 3. Oktober *1914*

Liebe Marta,
Heute erhielt ich Deine prachtvollen Kniewärmer und die Cigaretten. Tausend Dank! Es ist wirklich rührend, wie Du für mich sorgst. Hier geht immer noch die Schlacht weiter. Die Hauptentscheidung wird wohl am rechten Flügel fallen.

Ich bin immer wohlauf, habe ein kleinwenig rheumatische Schmerzen (wovon ich meiner Mutter aber nichts zu berichten bitte), gegen die mir Deine Kniewärmer vortreffliche Dienste leisten werden. Vor ein paar Tagen habe ich das Eiserne Kreuz erhalten.

Mit herzlichsten Grüßen, auch an Deine l. Eltern und Alle, Dein getreuer Vetter
Ernst

Briefe 1914

67. Stadler an Hans Koch nach Straßburg

Craonne den 7. Okt. *1914*

Lieber Freund,
Ich weiß nicht, wo Du weilst, hoffe aber, daß Dich diese Karte finden wird. Wie geht es Dir in diesen Zeitläuften? Ich befinde mich passabel, schlage mich so durch und trage seit einer Woche das eherne Kreuzzeichen. Sollte die Kunde wahr sein, daß Du Dich verlobt hast, so sende ich Dir herzliche Wünsche. In den letzten Tagen war ich öfters mit Benkwitz zusammen, der nahe bei uns, neben einem Schützengraben 132 liegt.

Schreibe und sei gegrüßt von Deinem alten

Ernst Stadler

68. Stadler an Marta Stadler nach Freiberg im Erzgebirge

Craonne den 7. Oktober *1914*

Liebe Marta,
Vielen Dank für Deine neue Schokoladen- und Teesendung, die gestern eintraf. Wirklich, Du verwöhnst mich zu sehr. Hier ist die Lage so ziemlich unverändert: es ist relativ ruhig und beiderseits rüstet man zum großen Schlage. Möge es günstig für uns werden!

Wir fragen uns hier oft, wie lange dieser Krieg wohl noch dauern wird, und kommen meist zu dem resignierten Schluß, daß einstweilen wenigstens keine Hoffnung auf baldige Beendigung besteht. Dazu ist der Druck der Engländer zu stark: mit den Franzosen u. schließlich auch den Russen allein wäre wohl eher fertig zu werden. Die einzige Gewähr für eine nicht allzu lange Dauer des Krieges bieten die wirtschaftlichen Störungen, unter denen doch alle Nationen gleichmäßig leiden, und die ungeheuren Verluste auf allen Seiten.

Unser 15. Corps ist ganz kolossal dezimiert, wie überhaupt die deutsche Offensivtaktik unsere Erfolge, aber auch unsere großen Verluste gemacht hat.

Hoffentlich ist bei Euch alles wohl. Mama ist noch immer in Badenweiler, wird aber vielleicht bald nach Straßburg übersiedeln. Ich schicke gleichzeitig eine Karte an Else, deren Adresse ich nicht kenne, und bitte Dich, sie weiter zu befördern.

Mit herzlichen Grüßen an Dich, Onkel, Tante u. die Weissenborner bin ich Dein getr. Vetter

Ernst

69. Stadler an Hedda Sauer nach Prag

26. Oktober 1914

Aus dem Felde sende ich Ihnen, verehrte gnädige Frau, und Ihrem Herrn Gemahl die besten Grüße. Ich war noch 8 Tage vor Ausbruch des Krieges in Brüssel und bin froh, noch rechtzeitig weg gekommen zu sein. Bisher ging es mir immer gut. Hoffentlich kommt bald die günstige Entscheidung.

In Ergebenheit Ihr

Ernst Stadler

Nachtrag:

38a. Stadler an Robert Falconer nach Toronto

Gebweiler. Ober Elsass. July 9th. 1913
Kreis Direktion

Dear Sir Falconer,

I feel very much obliged to you for your kind letter and the confidence shown to me by your honourable offer. The idea of entering upon a professorship at your university is a very tempting one and I feel much inclined to accept the offer which you have been kind enough to make to me. Only, when discussing the matter with Sir Edmund Walker and with Prof. van der Smissen, I understood that there was question of a full professorship and not of an associate one and this is, of course, a point to which I attach the greatest importance. I hold now in Brussels a full professorship and it would therefore be very unpleasant for me to give up my

Brussels post for a more inferior position at Toronto. There is also the financial point, the salary of a full professorship running, I understand, from $ 3100–$ 4000. It would be only under these conditions that I could make up my mind to come to Toronto. The decision of going to Canada is for me, of course, a very important one, and though I do not want to promise that I am going to stay there for all my life, it is at least very doubtful whether there is much probability of ever going back from Toronto to a European University. Also I should be quite prepared to make an arrangement of staying in any case at least for 2 or 3 years.

With reference to the time of my eventual entering upon my new post, I cannot unfortunately promise you to come before next year. I quite realise that it will be very difficult for you to secure a temporary supply. But the time being now far advanced, it would be quite-impossible for the University of Brussels to find a substitute for next winter, and as I am actually there the only professor of German Philology, the German lectures would have to be suspended completely during the whole of next winter. You will understand that I cannot possibly cause such an annoyance to my present university.

I remain, dear Sir Falconer, with best respects   yours faithfully
Ernst Stadler

47a. Stadler an Robert Falconer nach Toronto

Uccle-lez-Bruxelles January 8th, 1914
1139, Chaussée de Waterloo

Dear Sir Falconer,
Many thanks for your letter which I only got after having been returned to Brussels from Germany where I had gone during the Christmas vacation. Will you, therefore, kindly excuse the delay of this answer.

I learn from your letter that the Governors of Toronto University have made a rule not to pay travelling expenses for professors coming from abroad, but that they would date the salary from the first of July 1914. May I ask, at which date thus the salary ends, if a professor retires, at the 30, of June or the 30, of Septembre?

As to the rest, I accept the conditions which you kindly propose to me in your letter and if the Board of Governors agrees, I shall feel much pleasure in coming to your University and beginning my lectures next Septembre. I think that my English will be sufficiently good to enable me to deliver my lectures in English language. I shall try to justify the confidence which you put in my person by calling me to your University and I hope that after the two years we shall mutually want to prolong our contract.

With all my best wishes for the New Year and kindest regards
yours obediently, Ernst Stadler

53a. Stadler an Tobert Falconer nach Toronto

Brussels. Belgium May 12th. 1914
address from June 5th:
Gebweiler. Alsace
Kreis Direktion

Dear Sir Falconer,
Thank you very much for your kind note, telling me that I have been formally appointed to the position in German, the appointment to take effect on the first of July, 1914.

I have been in Rome, during the Easter vacations, and your letter has not been forwarded to me. Will you, therefore, kindly excuse this late answer.

I enclose the list of my chief publications and an outline of my academic career.

I intend to leave Europe the 3rd or 4th of September. This will be, I hope, early enough to give me the chance of arranging all what is necessary for the beginning of my work at Toronto.

With kindest regards
Yours respectfully, Ernst Stadler

KRIEGSTAGEBUCH
Vom 31. Juli bis 22. Oktober 1914

Kriegstagebuch

Freitag den 31. Juli
Vorlesung am Vorabend abgesagt. Morgens Einkäufe: Revolver. Nachmittags gegen 3 Uhr verkünden Extrablätter den »drohenden Kriegszustand«. Aufregung in der Stadt. Ich gehe auf die Redaktion der Straßb. Post: Telefon u. Telegraph sind unterbrochen. Treffe Fritz Meyer. Bedauert, daß es auch gegen die Franzosen geht. »Sentimentalitäten gelten jetzt nicht mehr.« Ich gehe aufs Bezirkskommando. Ordonnanzen im Auto befördern Kriegsbeorderungen. Man überreicht mir meine: »sofort« zu F.A. 80 in Colmar. Ich packe schleunigst meine Sachen, bekomme im letzten Moment von Feiser die Uniform. Plessen: »Wie das ausgehen wird!« Fahrt nach Gebweiler. Bis Schlettstadt im Personenzug. Gespräch mit den Leuten. Erregung gegen Rußland. Szenen unterwegs: Die Bahnhöfe belegt. Schon vorher in Straßburg Reservistenzüge. Ziehen singend ab. Man winkt ihnen mit Taschentüchern. Auf den Feldern winken die Bauern u. Kinder. Szenen in Schlettstadt. 4 Blinde. Die Bahnhofsverwaltung über alles im Unklaren. Um 11 Uhr Gebweiler bei Mama u. Herbert.

Samstag d. 1. Aug. u. Sonntag d. 2.
Morgens Packen. Nachmittags Abschied. Herbert fährt mich im Auto nach Colmar. Unterwegs, in Rufach werden wir angehalten: ein Auto kommt für Herbert nach. Wir denken, es ist die Mobilmachung. Es ist der Sattel, den ich vergessen habe. In Colmar fährt mich Herbert bis zur Kaserne. Ich erfahre, daß wir noch am Abend abrücken. Ich bin in der 2. Batterie bei Hauptmann Langrock. Zugführer. Die Batterie ist in 3 Züge aufgeteilt. Einer ist schon am Vorabend weg. Ich bekomme noch Packtaschen, stecke das Nötigste hinein. Mein Gepäck bleibt einstweilen zurück. Ich nehme noch einen kleinen Imbiß im Casino. Dann los. Wundervoller Abend. Ich reite den »Fuchs«, ein gutes Pferd, das aber sehr nervös ist und leicht scheut, besonders vor Autos. Einmal setzt es

über den Graben u. wirft mich ab. Wir reiten, 2 Geschütze u. 4 Munitionswagen, in Bedeckung von Dragonern. Langer Ritt. In den Dörfern stehen die Leute. Sehen aus d. Fenstern *(unl. Wort)*. Landsturm von 17–45 Jahren. Gegen 3 Uhr kommen wir nach Trimbach. Dort Jäger- u. Dragoneroffiziere, der Kommandeur des Jägerbataillons. Die uns anfänglich bestimmte Stellung als ungeeignet erklärt. Der Hauptmann kommt im Auto. War vorher in Markirch beim 1. Zug. Nach St. Moritz zurück. Dort gleich auf die Höhe. Der Morgen dämmert. Geradeaus die Aussicht ins Urbeiser Tal, über Neukirch hinaus, und ins Steiger Tal: Trimbach, Weiler, St. Martin. Weites grünes Tal. Acker. Hinten der Climont. Auf der anderen Seite Hohkönigsburg. Der Hauptmann sucht zwischen den Reben die Stellung aus. Die Geschütze werden hingebracht. Man beginnt sofort mit der Verschanzung. Es wird ein klarer, heißer Sommertag. Nachmittags Gewölk. Es ist Sonntag. Die Glocken läuten. Der Hauptmann: »Betet nur, das verhütet Blutvergießen.« Mittags esse ich mit dem Fahnenjunker Guth im Gasthaus Meyer in St. Moritz, wo ich auch Quartier habe. Die Dorfbewohner werden zum Schanzarbeiten herangezogen. Schußlinien freigemacht und Rückzugsweg. Wir fällen die Obstbäume und hauen die Reben ab. Der Hauptmann bedauert. Die ersten Nachrichten von Patrouillenzusammenstößen. Spione erschossen.

Die Bevölkerung ist freundlich u. verängstet. Nur kein Krieg! Ein Bauer fragt, ob er seine Frucht mähen darf. »Aber die Franzosen können doch nicht Krieg wollen. Dort giebt es doch gar keine Ordnung. Jedes Jahr ein anderer Praesident.« Gespräch mit d. Hauptmann.

Montag d. 3. Aug.
Morgens gemächliches Frühstück um ½ 7. Ich traf in allen Häusern Frauen u. Mädchen, die weinen: die Brüder, Söhne sind eingezogen. 57 Männer stellt das Dorf mit s. 300 Einwohnern. Auch der Bruder der Wirtstöchter ist abgefahren. Tränenüberströmt bringt die Schwester den Kaffee. Der Ausrufer mit s. Trommel verkündet, daß die Leute mähen und die Frucht heimholen dürfen.

Sie sollen sich nicht dem Militär nähern. Ich gehe zu den Geschützen. Der Hauptmann macht Probealarm. Wir üben den Rückzug gegen St. Aegidius. Ein Jäger bringt die »frohe Botschaft«, daß in e. Grenzgefecht 57 Franzosen gefallen seien. Deutscherseits nur 2 Mann tot sowie ein Offizier verwundet. Nachher erweist sich alles als Legende. Nachher erzählt man, Deutschland habe Luxemburg annektiert. Paris stehe in Flammen, das Eisenbahnnetz bis Lunéville sei zerstört. Weitere (später als unrichtig sich ergebende) Berichte erzählen von den ersten Zusammenstößen: 56 Franzosen sind bei Markirch gefallen, deutscherseits nur 2 Mann. Man hat 6 französische Flieger heruntergeschossen. Dann wieder: Münster sei von den Franzosen besetzt. Die Wirtstochter kommt weinend: sie hat eine Schwester in dem brennenden Paris. Drüben der Bäckermeister: er hat gedient, 3 Übungen gemacht, behauptet Leutn. d. Res. zu sein (wohl Offiziersstellvertreter). »Alles, was man macht, muß man recht *machen*. Als ich Soldat war, war ich ganz Soldat. Dann wurde ich Bäcker u. wollte nichts als Bäcker sein. Ich habe mit nichts angefangen. Heute könnte ich mich zur Ruhe setzen.« Nachmittags ein Regenguß u. Gewitter. Wir flüchten unter die Zelte. Abends nach d. Nachtessen Gespräch mit d. Hauptmann. Sehr sympathisch. Er sieht das Schreckliche, die Tragik dieses Krieges. Keiner von den blinden Draufgängern, die im Krieg die höchste Lust für den Soldaten sehen (der Jäger-Major). Er hat eine Frau, zwei Kinder, ein Haus in Colmar. Daran denkt er mit Besorgnis. Er liebt nicht Berlin, vermißt dort die reinen Quellen, lobt den Süden Deutschlands. Er selber ist aus Darmstadt. An den Mahlzeiten nimmt noch e. kleiner Fahnenjunker, Guth aus Colmar, teil, Enkel des Sanitätsrates Goedel. Erst seit 14 Tagen im Regimente. Netter kleiner Kerl.

Dienstag d. 4. August
Trister, trostloser Regentag. Ich bin wieder oben bei den Geschützen. Wir merken, daß wir über 3200 m nicht schießen können, wenn wir nicht d. Lafettenschwanz eingraben. Zum Wiederherausfahren brauchen wir Bohlen. Wir holen sie im Dorf. Sie waren

für die Weintrott bestimmt. Ein Stiergespann fährt sie auf die Höhe. Es regnet, regnet. Nach dem Mittagessen mit dem Hauptmann zu Fuß in die Stellung, die morgen der 3. Zug einnehmen wird. Oberhalb Trimbach. Hinter dem Wald. Die Pioniere haben vorgearbeitet. Wir besichtigen die Verschanzungen der Jäger u. Maschinengewehrabteilung. Mörderisch. Die Dörfler mit Hacke u. Spaten arbeiten mit. Das ganze Steiger u. Urbeiser Tal kann von diesen Stellungen unter Feuer genommen werden. Unterwegs treffen wir den Major. Er weiß Neuigkeiten: ein Leutnant d. Res. v. d. Dragonern ist gefallen. In der Nacht hat eine deutsche Jägerpatrouille 2 deutsche Grenzwächter aus Schlettstadt versehentlich erschossen. C'est la guerre. Schon beginnen, ein paar Menschenleben wertlos zu werden.

Zurück über die aufgeweichten Wege. Kaffee. Dann mit dem Hauptmann im Auto nach Trimbach. Dort das rechte Lager- u. Kriegsleben. Dagegen ist unser St. Moritzer Leben ein friedliches Manöveridyll. Impfen v. Soldaten, Offizieren, Jäger, Dragoner. Ärzte u. Rotekreuzleute. Ein Lazarett ist eingerichtet. Die Wachstube ist mit 42 Mann belegt. Niemand kommt durch, der nicht legitimiert ist.

Ein Zigeunerehepaar mit 2 Töchtern u. 1 Jungen wird verhaftet vom Gensdarm. Sie sind über die Grenze gekommen, haben die deutschen Stellungen durchschritten. Sie stehen gedrückt u. verängstigt an der Wand des Wachthauses. Eben ist die Bagage der Jäger eingetroffen. Die Wagen stehen auf d. Straße, so daß wir mit dem Auto kaum Platz finden. Der erste Verwundete kommt. Ein Dragoner, zu Pferd, klein, untersetzt, stämmig. Er trägt den blutigen rechten Arm in der Binde. Mit der Linken hält er die Zügel. Er hat eine Pfeife im Mund und macht e. höchst unerschütterten Eindruck. Er will herunterspringen. Man nimmt ihn in Empfang. »Wir sind doch keine Kinder.« Der Major schüttelt ihm die Hand. Man schickt ihn, der widerstrebt, ins Lazarett. Ein Dragonerunteroffizier war mit auf der Patrouille. Er erzählt. Alles steht im Kreis um ihn herum. »Vor den Franzosen braucht ihr keine Angst zu haben. Die können nicht schießen. Die Kugeln pfeifen ganz hell, aber sie treffen nicht.« Einen von den franz. Reitern haben sie erschossen. »Man sah nur s. Beine in der Luft.« Sie haben ihm Schokolade u. ein Avis à la ⟨présentation⟩ mit gekreuzten franz. Farben abgenommen. Nachher erzählt d. Hauptmann d. Geschichte den Kanonieren in Trimbach. Man lacht, macht Witze. Nachher entschuldigt er sich fast: »Im Krieg müssen die blutdürstigen Instinkte geweckt werden. Das ist schlimm, aber soldatisch notwendig.«

Mittwoch d. 5. Aug.
Mamas Geburtstag. Es wurde gutes Wetter. In der Frühe hängen Nebelstreifen zwischen Bergspitzen u. Tal. Die Landsturmleute fahren ab. Es ist 4. ⟨U.T.⟩ Päckchen, Bündel auf d. Rücken. Weinende Frauen, die sie zum Zug begleiten. Nachher müssen sie zu Fuß nach Schlettstadt, da der Zug v. Weiler her ganz besetzt ist.

Morgens oben bei den Geschützen. Mittags von 2–4 mit dem Burschen Peters ausgeritten: zu der Rückzugsstellung am Waldrand bei Hohwart. Auf dem Rückweg über St. Aegidius. Kleine Wallfahrtskapelle, auf einer Hügelspitze, rundherum die Gräber von Hohwart. Vor der Friedhofsmauer eine mächtige, von steinerner Umrahmung eingefaßte Linde. Weiter Blick: direkt gegenüber die Hohkönigsburg. Nachmittags mit Sergeant Kruse Geschützexercieren, damit ich wieder etwas in Schwung komme. Schöner Abend. Gegen 7 kommt der Fahnenjunker Guth herauf. Er war mit dem Hauptmann in Schlettstadt, erzählt von der Aufregung der Bevölkerung: auf allen Straßen Weinende. Nur die Reservisten u. Landsturmleute lachen u. sind gutes Mutes. Ein biederer Elsässer kommt, neu eingekleidet, aus der Kreisdirektion: »Dess hett' ich, bi Gott, nit gedenkt, daß ich so schnell zu em neige Kleid komme dät.« Die Nachricht von der Kriegserklärung Englands. Eine russische Kavalleriebrigade soll vernichtet, der Hafen von Liebau in Brand sein.

Am Morgen um 11 und wieder am Nachmittag um 6 hören wir Artilleriefeuer. Aus unserer anderen Stellung bei Markirch.

Am Abend kommen die zum Landsturm losgezogenen Siebzehnjährigen. Nicht definitiv, sondern nur auf ein paar Tage, da man sie einstweilen nicht brauchen kann. Es sind zum großen Teil richtige Kinder, ohne Flaum um den Mund. Sie gehen in die Wirtschaft und laden jeden hereinkommenden Soldaten ein, mit ihnen zu trinken.

Donnerstag den 6. August

In der Nacht um 3 Uhr kommt unser 3. Zug, der auf der Trimbacher Höhe in Stellung gehen soll. Zwei Reserveleutnants: Poel und Ney, zwei Vicewachtmeister d. Res.: Flath und Krafft. Poel und Flath sollen bei uns bleiben.

Ich frühstücke mit Poel, der Regierungsrat in Hamburg ist. Dann gehn wir auf unsere Höhe. Um 10 Uhr bringt der Junker die Nachricht, daß Leutnant Roeder von Diersburg, der den 1. Zug auf der Markircher Höhe kommandierte, gefallen sei. Allgemeine Consternation. Man fragt sich, wie das möglich sei, daß ein Offizier mitten in s. Stellung erschossen werden kann. Aber man setzt keinen Zweifel in die Meldung, da man weiß, daß die Markircher Stellung sehr exponiert, ganz nahe an der Grenze liegt, und zudem die Gegend von Spionen wimmelt.

Lt. Poel geht ins Dorf hinab. Ich sehe ihn nachher im Auto mit dem Hauptmann Kestenholz zufahren. Er soll an die Stelle von Roeder treten.

Mittags, als ich zum Essen ins Dorf komme, höre ich, Roeder habe aus nervöser Erregung selber Hand an sich gelegt.

Mittags esse ich mit dem Vicewachtmeister Flath, da der Hauptmann und der Junker noch nicht zurück sind.

Er weiß einige Neuigkeiten: Belgien hat sich zu Frankreich geschlagen, Holland wird auf deutscher Seite kämpfen. Ebenso voraussichtlich Schweden.

Allerhand versuchte Handstreiche: ein Kanonier Meyer, Reservist, frisch eingekleidet, läßt sich Nachts, angeblich auf Befehl des Majors, s. Pferd satteln. Man schöpft Verdacht, verhaftet ihn und findet Pläne von deutschen Stellungen etc.

Das Schändlichste: ein russischer Agent versucht, Cholerabazillen in die Freiburger Wasserleitung zu setzen. Mit einer solchen Menschenhorde führt man Krieg!

Nach dem Essen auf d. Höhe. Der Regimentskommandeur, Graf von Wittburg, ist da, mit dem Adjutanten, Oberleutnant Bahder u. e. Stabsarzt der Res. Er stellt mir ein paar Fragen. Dann läßt er dem Hauptmann anbefehlen, dem Gerücht entgegenzutreten, daß Roeder sich erschossen habe. Er habe sich infolge einer Unvorsichtigkeit beim Nachsehen des Revolvers in die Stirn geschossen.

Nachher bestätigt sich die Nachricht vom Selbstmord: Fieberhafte Erregung, Nervosität sind die Ursachen. Seit Freitag Nacht war er in der einsamen Gebirgsstellung Tag und Nacht auf der Höhe. Falschmeldungen über angebliches Heranrücken des Feindes. Am 6.ten Morgens um 6 giebt er noch e. Unteroffizier einen Auftrag, wendet sich weg, macht ein paar Schritte u. schießt sich durch die Stirn.

Freitag d. 7. August

Morgens erst mit dem Vicewachtmeister Bardt auf der Höhe. Dann unten Pferderevision.

Nachmittags mit dem Hauptmann u. dem Leutnant Ney ins Urbeiser Tal. Erst auf Höhe 370 bei Breitenau-Neukirch, über 2½ km vor uns, wo eine starke Infanteriestellung gemacht worden ist. Dann nach Weiler und über Bassemberg nach Grube. Schon ganz franz.: selbst der Mobilmachungsanschlag in französischer Sprache. Offenbar auch andere Stimmung der Bevölkerung, obwohl die Leute aus Angst höflich sind.

Nachmittags kommt der Brigadekommandeur mit unserem Abteilungskommandeur und dem Hauptmann vom Stabe. Sie besichtigen unsere Stellung, laden ein paar Flaschen Bordeaux als Liebesgaben ab. Der General dediziert mir eine Schachtel Cigaretten.

Nachmittags mit dem Hauptmann und Leutnant Ney im Auto erst zu der gegenüberliegenden Höhe, wo unsere Infanteriestellung ist, dann nach Weiler und Grube im Urbeistal, das als Ziel hauptsächlich für Neys Zug in Betracht kommt. Schon jenseits der Sprachengrenze. S.o.

Abends im Zelt auf der Höhe geschlafen, in der Nacht Regen.

Samstag den 8.

Morgens mit dem Hauptmann u. Ney zur Erkundung der rückwärtigen Stellung ausgeritten. Nachmittags kommt die Kunde, daß Mülhausen von den Franzosen besetzt sei. Ein ganzes französ. Armeekorps soll bei Mülhausen stehen. Vielleicht kommt es schon am nächsten Tag zu einer großen Entscheidungsschlacht. Wenn unsere Truppen zurück müssen, so müssen natürlich auch wir schleunigst die Seitentäler räumen. Wie mag es in Gebweiler aussehen. Herbert wird nicht mehr dort sein. Ich schreibe an ihn und an Mama. Wundervolle Vollmondnacht. Die ganze Nacht durch fahren die Züge mit Truppen durch die Rheinebene nach Süden.

Sonntag den 9. Aug.

Morgens ist Pferderevision. Mitten drin wird der Hauptmann ans Telefon gerufen. Vom Major in Trimbach. Er kommt zurück und gibt den Befehl, sofort zu schirren und alles zum Abrücken vorzubereiten. Alles stiebt auseinander. Die Pferde eilends in die Ställe gebracht. Alles denkt, daß wir abrücken. Nachher stellt sich heraus, daß einstweilen nur die Bagage weg soll, um die Rheinebene zu gewinnen. Für uns wird die Schlacht bei Mülhausen entscheidend sein.

Morgens noch mit dem Hauptmann im Auto in Trimbach u. Thannweiler. Dann bei der Revision der mitgebrachten Lebensmittel.

Nachmittags, gleich nach dem Essen, bei glühender Hitze in die Stellung. Man hört heftiges Feuer aus der Markircher Gegend. Unserm dortigen Zug steht überlegene Artillerie gegenüber. Auch aus der Rheinebene hört man die Geschütze donnern: unsere schwere Artillerie, die den Kampf eröffnet hat.

Abends kommen spärliche Nachrichten: Die eigentliche Schlacht wird erst am nächsten Tag beginnen. Die Markircher haben standgehalten. Nun erhalten sie Verstärkung durch eine bayrische Reservebatterie.

Abends fern d. Schwarzwald.

Nachts bin ich noch einmal oben in der Stellung, um Nachtwinkeraustausch mit der anderen Stellung aufzunehmen. Die beiden Posten in den übergeworfenen Mänteln. Die Kanoniere schlafen im Zelt u. in dem Häuschen. Mondaufgang.

Dann noch bis Mitternacht im Gespräch mit dem Hauptmann.

Montag den 10. Aug.

Morgens noch die letzten Schanzarbeiten auf der Höhe. Mittags – wir waren gerade mit Essen fertig – kommt der Befehl zum sofortigen Vorgehen. Es wird augenblicklich angespannt. Der Hauptmann im Auto vor. Wir rücken über Trimbach – Weiler – Bassemberg – Grube nach Urbeis. Hier war Rast. Wir treffen in Urbeis mit den Jägern zusammen, von denen ein Bataillon an unserer Unternehmung teilnimmt. Es ist ein glühend heißer Augusttag. Wir rücken weiter über den Col d'Urbeis, an der Climonthöhe vorbei, eine herrliche Gebirgsstraße herauf, am Zollhaus vorüber zur Grenze. Um 7.30 überschreiten wir die Grenze und rücken den Paß hinunter. Es ist ein wundervoller Abend. Weiter freier Blick in die französ. Berge. Ich grüße Frankreich beinahe mit solcher Erschütterung wie damals, als ich vor 7 Jahren zum 1. Mal Paris sah. Ich denke kaum mehr, daß Krieg ist. Ich grüße Dich, süße Erde von Frankreich. Vorne die Jäger stimmen Lieder an: Die Wacht am Rhein. Alles fällt ein, wie wir den Berg herunterziehen. Ein weinender Bettler am Weg. Wir hören das feindliche Feuer. Dann wird die Artillerie vorgezogen. Wir traben an der Infanterie vorbei. Man ruft uns zu. Das Vorwärts einer dunklen Entscheidung. In Lubines sind alle Häuser leer oder fest verschlossen. Dann auf eine Höhe bei Colroy. Noch einmal hören wir die feindliche Artillerie feuern. Dann ist alles still. Wir haben abgeprotzt, kommen aber nicht mehr zum Feuer. Es wird dämmerig. Wir protzen auf und fahren in das Dorf Colroy. Inzwischen ist es Nacht. Notquartier soll bezogen werden. Es wird gegen die Türen geschlagen. In manchen Häusern kommen die Leute heraus. In einem 2 Männer und eine zitternde 84jährige Alte. »O mon Dieu, que je dois voir encore ce fléau«. Die Männer klagen über den Krieg: sie haben ihn nicht gemacht und wir haben ihn nicht gemacht. Manche klagen auch über die Mißverhältnisse in Frankreich: sie möchten deutsch werden! Inzwischen prasselt vorne das Gewehrfeuer. Verwundete werden vorbeigetragen, von uns 2 Fahrer mit Arm- und Rückenschüssen. Die Geschütze stehen auf der Dorfstraße. Die Soldaten dringen in die Keller, holen Eier, Rahm, Butter, Brot, Kartoffeln u. Wein. Bald nach Mitternacht rücken wir wieder ab und gehen auf der Höhe gegenüber dem Spitzemberg in Stellung. Gräben werden ausgeworfen zur Deckung. Alles ist todmüde und kaum zur Arbeit zu bringen. Die Nacht ist bitterkalt. Ich schlafe ½ Stunde auf dem Lafettensitz, frierend. Mit der Morgendämmerung wird alles vorbereitet. Um 6 Uhr beginnen wir gegen feindliche Infanterie zu feuern. Der Hauptmann hat das Kommando. S. Beobachtungsstand ist durch einen Hohlweg von der Batterie getrennt. Ich habe den linken Flügelzug. Wir feuern, ohne Gegenfeuer zu erhalten. Dann hören wir auf. Alles duselt ein. Der Hauptmann verläßt s. Stand, um mit dem Jägerkommandeur zu konferieren. Plötzlich ruft mich der Sergeant Kruse ans Scherenfernrohr des Beobachtungsstandes. Der Spitzemberg wimmelt von feindlicher Infanterie. Wir müssen schießen. Ich habe das Kommando, unterstützt von Kruse. Die Infanterie zieht sich in die Wälder zurück. Plötzlich ertönt von drüben Artilleriefeuer, wir werden beschossen. Direkt vor unseren Geschützen giebt es zwei Schrapnelaufschläge. Dann erhebt sich ein heftiges Gruppenfeuer. Mindestens 2 Batterien müssen uns gegenüber sein. Immer 8 Gruppenschüsse folgen aufeinander. Aufschläge und sehr hohe Sprengpunkte. Sie fahren krachend in den Boden, ins Gehölz, ein paar in Häuser oder zerplatzen mit dünner Rauchsäule in der Luft. 100 m vorgelegt. Vergebens suchen wir die feuernden Batterien. Wir müssen untätig dastehen u. uns beschießen lassen. Ich rufe Ney heran. Auch er findet das Ziel nicht. Als wir schließlich die eine Batterie entdecken, sehen wir, daß sie 6 km weit weg steht, also von uns nicht beschossen werden kann. Starke feindliche Infanterie kommt den Berg herab. Zugleich fährt auf einer Höhe in unserer Flanke eine weitere Batterie auf, die allerdings ins Breuschtal hinüberfeuert. Endlich kommt der Hauptmann. Ganz ruhig, ohne Aufregung. Wir sehen, daß unsere Jäger sich durch den Wald und die Weinberge zurückziehen. Der Hauptmann sucht den Jägermajor, um von ihm den Befehl zum Zurückgehen zu empfangen. Er ist nicht zu finden. Der Hauptmann giebt selber den Befehl. Die Geschütze werden zurückgebracht, aufgeprotzt, und es geht auf derselben Straße zurück, auf der wir gestern so freudig vorgedrungen waren. Auf der Paßhöhe des Col d'Urbeis stehen Maschinengewehre zur Deckung unseres Rückzuges. Oben Rast, Frühstück. Dann geht es wieder zurück nach St. Moritz. Todmüde. Ein Bad in dem kleinen Bach am Dorf bringt Erfrischung. Abends wird, trotzdem alles zum Umfallen müde ist, mein Geburtstag mit ein paar guten Flaschen Wein gefeiert. Der Hauptmann hält eine Rede. Die beiden Wirtstöchter, Emma Meyer u. ihre Schwester, bringen e. Strauß u. recitieren ein selbstverfaßtes englisches Gedicht (sie waren 9 Jahre in Amerika!). Dann Ruhe. Schlafen.

den 12. August
Wir rücken wieder in die Stellung auf unserer Höhe. Abends kommt der Befehl, daß wir nach Weiler vorgehen sollen. Der Hauptmann fährt im Auto nach Trimbach und erwirkt, daß wir zunächst in St. Moritz bleiben dürfen. Aber die Geschütze werden auf die Dorfstraße gebracht. Ich reite zu Ney herüber, um ihm die Meldung zu bringen. Abends kommt Herbert im Auto mit Joseph. Erzählt von der Schlacht bei Mülhausen u. Sennheim. Er bleibt bis gegen 1 Uhr hier. Am Schluß spricht der Hauptmann mit ihm allein: ich höre nachher, daß Mama wegen meiner Verwendung als Dolmetscher an ihn geschrieben hat.

den 13. Aug.
Die ganze Nacht waren Züge mit Truppen durch St. Moritz gekommen. Eine ganze Reservedivision. Bayrische Infanterie bleibt

zunächst in St. Moritz und geht Mittags, nach Alarmierung, weiter. Wir rücken zunächst wieder in unsere alte Stellung. Diesmal mit beiden Zügen. Dann kommt Befehl, daß Ney in s. alte Stellung im Wald rücken soll. Jetzt liegt das ganze Tal voller Truppen. Auf der Neukircher Höhe neben der Infanterie eine Haubitzbatterie, auf der Trimbacher Höhe Maschinengewehre und Infanterie, hinter uns bei Hohwart schwere Artillerie. Die Franzosen sollen durch beide Täler vordrängen. Von Urbeis sollen mehrere Häuser in Flammen stehen, die sie vom Climont herab beschossen haben. Die Nacht bleibe ich auf der Höhe, schlafe mit dem Vicewachtmeister Krafft im Beobachtungsstand.

den 14. Aug.

Eine ganze weitere Division soll in unser Tal gezogen werden. Entweder man erwartet hier also einen außerordentlich starken Vorstoß der Franzosen, oder wir selber sollen hier vorgehen. Es ist halb 9 Uhr, und noch ist nirgends ein Schuß gefallen.

9 Uhr: Von weit her, wohl aus dem Breuschtal, dröhnt der Geschützdonner.

Um ½ 11 kommt der Befehl zum Vormarsch nach Steige. In Fouday ist eine Schlacht im Gang, die für uns schlecht steht. Dort sollen wir eingreifen. Wir marschieren in großen Verbänden, mit bayr. Reserveinfanterie. Es ist glühend heiß. Unterwegs kommt Befehl, daß erst am nächsten Tag eingegriffen werden soll. Die Truppe ist zu ermüdet. Um 2 Uhr Alarmquartier in St. Martin. Mit dem Hauptmann u. Ney beim Pfarrer. Dort essen wir auch. Um ½ 6 kommt Befehl zum Rückmarsch. Unser Eingreifen war zu spät. Zunächst in die alte Stellung auf der St. Moritzer Höhe. Dann Befehl für den 2. Zug, zwischen Wald u. Straße Trimbach-Hohwart sich einzugraben. Abends zur Befehlsausgabe nach Hohwart geritten mit Trompeter Thiele. Dort der Divisionsstab. Erst um 1 Uhr Morgens zurück.

Im Freien übernachtet.

Kriegstagebuch August 1914

Samstag d. 15. August.

Mehrfacher Stellungswechsel. Seit 1 Uhr regnet es. Trist. Mittags kommt Befehl, auf die Trimbacher Höhe zur Bedeckung der Bayr. Infanterie zu rücken. Schlimme Stellung. Wir sollen die Infanterie decken, den Feind ganz nahe heran lassen. Die Infanterie soll erst auf 800 m. feuern. Gespräch mit einem Jägervicewachtmeister d. R. Flath. Ich bin todmüde, habe Leibschmerzen. Es regnet den ganzen Nachmittag. Schlechter Stimmung. Ich lege mich, während die Kanoniere essen, ins Gras. Um 6 kommt der Befehl zum Abrücken. Wieder unten in die alte Stellung. Es regnet in Strömen. Es wird Nacht. Feuer werden angezündet, Kartoffeln, Kaffee gekocht. Ich stehe frierend, naß am Feuer. Auf allen Bergen die Biwakfeuer. Ein Zelt wird aufgeschlagen. Aber es ist kein Stroh da, und man müßte sich auf den feuchten Waldboden legen. Ich gehe mit dem Vicewachtmeister Krafft ins Feldlazarett, wo wenigstens Stroh ist.

Sonntag den 16. Aug.

Um 4 Uhr wieder heraus. Alles liegt noch grau und dämmerig. Wir arbeiten wieder an der Eindeckung unserer Stellung. Dann werden wir weiter vorgezogen. Mein Beobachtungsstand unmittelbar neben dem Standort des Divisionsstabes. Zwischen 9 und 10 beginnt das feindliche Feuer. Auf den von den Unseren schon geräumten Schützengraben bei Neukirch. Von uns erwidert die schwere Artillerie, da wir gar nicht so weit reichen. Wir können genau das Zerspringen u. Aufschlagen der Geschosse beobachten. Um 12 Uhr wird der Befehl zum allgemeinen Rückzug gegeben. Ohne Zwang: die Franzosen sollen vorgelockt werden. Eines nach dem anderen rücken die Infanterieregimenter ab. Als letzte bleiben wir und die Jäger. Wir gehen auf der Straße Trimbach-Hohwart zurück. Die anderen Truppen rücken über Hohwart hinaus. Wir und die Jäger beziehen dort Alarmquartier. Das kleine Nest wimmelt von Soldaten. Wir sind müde, es regnet ununterbrochen. Die Bevölkerung nett. Ich gehe mit dem Vicewachtmeister Krafft auf ein paar Augenblicke in s. Quartier, spreche mit den Leuten. Sie sind verängstet, haben schon die Koffer gepackt. Wenn sie nur nicht von der Heimat fort müssen. Haß und Wut auf die Franzosen. In Paris »nur Lumpenpack«. Wir essen im Quartier beim Hauptmann ein zähes Huhn. Ich schlafe mit 2 Jägeroffizieren zusammen. Wir müssen minütlich auf einen feindl. Überfall gefaßt sein. Unmittelbar vor dem Dorf sind unsere Jäger mit feindl. Patrouillen zusammengestoßen. In der Nacht fährt ein Jägeroffizier auf: »es ist im Dorf geschossen worden«. Wir machen Licht. Es stellt sich heraus, daß es eine Täuschung war. Um ½ 4 Uhr kommt die Meldung, der Feind nähere sich von Hohwart her. Um 4 stehen wir marschbereit, rücken ab bis zur Waldkante über Hohwart. Dort warten wir im Regen. Ney beobachtet in St. Aegidius durch den Nebel. Der Hauptmann und ich sitzen in einer kleinen Wegkapelle. Wir sollen von einem Reservezug abgelöst werden und warten, bis er eintrifft. Um 12 essen wir im Auto des Hauptmanns zu Mittag. Gegen 3 treten wir den Marsch an. Wir sollen bis Marlenheim. In Eichhofen machen wir Halt. Blick auf die Rheinebene. Es wird gefüttert u. getränkt. Der Hauptmann fährt im Auto vor. Wir reiten, im Schritt, da die Maschinengewehrabteilung folgt. Es regnet in Strömen. Als wir gegen Molsheim kommen, ist es Nacht. Durch Molsheim durch. Dann Sulzbad. Erinnerung an frühere Besuche. Einmal mit Kauffmann, Trute u. ein paar Mädels. Dann mit Fanny im Sommer 1910. Weiter. Ich bin furchtbar müde von dem langen Ritt. Es ist stockdunkel. Scheinwerfer beleuchten die Ebene u. den Himmel. Leuchtkugeln steigen auf. Wir werden von Posten angehalten, die die Parole fordern. Unterwegs wird umbefohlen: wir sollen bis Fessenheim, dann nach Quatzenheim. Um ½ 1 kommen wir an. Ich habe in allen Gliedern Schmerzen. Wir bekommen endlich wieder Quartier. Ney und ich liegen in einem stattlichen Bauernhof, N° 41, bei Geist-Diebold. Man bringt uns Italienerwein. Die alte Frau hat auch 2 Söhne beim Militär. Protestantisch. Deutsch. »An allem sind die Hetzer schuld, die Wetterlé u. Preiss.« Langer, köstlicher Schlaf.

Dienstag d. 18. Aug.
Ruhetag in Quatzenheim. Unser dritter Zug mit Leutnant Poel trifft ein. Man ist wieder Mensch, wäscht sich, hat geschlafen, ißt ordentlich zu Mittags. Nachmittags Pferderevision.

Mittwoch d. 19. Aug.
Langer Marsch in Infanterieverbänden, von Morgens 9 Uhr ab bis Abends ½8. Über Wasselnheim, Romansweiler. Links am Fuchsloch, wo wir vor ein paar Jahren mit René, Rauscher und Berger so vergnügt waren. Den Gebirgspaß hinauf. Links liegt Wangenburg, wo ich mit Mama vor 2, 3 Jahren war. Es ist prachtvolles Wetter. Das Gebirge buchtet sich hinunter zur großen Rheinebene. Hinter der Paßhöhe erscheinen die eckigen Formen der Dachsburg. Ungefähr 2–3 km vor Dachsburg bleiben wir im Wald stehen. Stalleinen, Zelte werden aufgeschlagen. Der Junker bringt aus dem Ort Essen. Viel ist es nicht, da im Dorf gar nichts mehr. Auch der Corpsstab ist in Dachsburg, ⟨Reimburg⟩.

Donnerstag d. 20. Aug.
Morgen der Schlacht. Die Nacht war bitterkalt. Es ist ein wundervoll blauer, schon ein wenig herbstlicher Morgen. Die Schlacht ist im Gang. Wir stehen einstweilen an der Straße und warten, bis wir vorgerufen werden. Unaufhörlich dröhnen die Geschütze. Unsere Fußartillerie, die hinter uns war, ist bereits vorgekommen. Ich bin seit gestern Staffelführer. Ob das wirklich die Entscheidungsschlacht geben wird? Wohl kaum.

Wir warten, warten. Unaufhörlich hört man das Geschützfeuer. Flieger kommen vorbei. Meistens deutsche, aber auch ein französischer Zweidecker, der von den Haubitzen heftig beschossen, aber nicht heruntergeholt wird. Die Ballonabwehrkanone steht im Wald, kann nicht schießen, kommt zu spät vor. Wir liegen im Wald. Pflücken Heidelbeeren. Das friedlichste Bild, während unmittelbar dabei die Schlacht weitergeht. Verwundete werden von Zeit zu Zeit vorbeigefahren. Und lange Züge von Rotekreuz-Transportwagen gehen vor. Wir essen im Wald zu Mittag. Der

Hauptmann hat eine Flasche Wein erobert. Am Nachmittag liegt man im Gras, schläft, raucht, plaudert. Der Feind soll zurückgehen. Es wird Abend. Wir gehen vor bis zum Waldrand. In der ganz klaren Abendluft steht zwischen den weit offenen Rahmen der Tannen die scharfe Silhouette von Dagsburg auf dem breiten kantigen Felsen. Es wird Nacht. Wir schlafen wieder im offenen Offizierszelt. Wachen öfter vor Kälte auf.

Freitag d. 21. August

Morgens um 6 Uhr heißt es, wir würden gleich vorgerufen. Alles ist marschfertig. Zwischen 9 und 10 kommt wieder die Meldung, daß es noch lange dauern kann. Es wird wieder abgekocht. Der Comfort mehrt sich. Ein Unteroffizier hat in e. Waldhütte einen Tisch und eine Bank gefunden u. herangeholt. Wir haben frisches Schlachtfleisch. Das Geschützfeuer ist ferner und schwächer.

Japan hat an Deutschland ein Ultimatum gestellt. Räumung Kiautschaus oder Krieg. Das Werk Englands.

Wir stehen den ganzen Tag an der gleichen Stelle. Abends gehe ich mit dem Hauptmann nach der Dagsburg. Wir essen zu Abend. Zum 1. Mal wieder an gedecktem Tisch. Wie wohltuend jetzt jeder kleine Comfort! Abends schlafen wir in e. Blockhütte am Wald.

Verwundetentransporte. Gefangene.

Samstag d. 22. 8.

Vormarsch über Schäferhof und das Rehtal. Vor Hohwalsch macht unser Regiment halt. Hier war an den Tagen zuvor ein großes Gefecht. Ich gehe mit dem Hauptmann u. Poel ins Dorf. Zum ersten Mal zeigt der Krieg s. ganzes Grauen. Ein Trümmerhaufe. Kein Haus ist verschont. Löcher in den Wänden, oder zu Gerippen niedergebrannt. Im Glockenstuhl der ganz eingeäscherten Kirche hängt noch die Glocke. Verbogene Dachsparren ragen heraus.

(Der folgende Satz steht am Seitenrand quer zum Text:) Schon auf d. Weg sind Pferdekadaver, aufgedunsen, mit vorgestreckten Hinterbeinen.

Auf der Straße riesige Krater und Trichter, die die schweren Fußartilleriegeschosse ausgeworfen haben. Tote in Massen. Tornister, Hemden, Wäsche, Fleisch. Die Toten im Dorf meist den Kopf mit e. Tuch verhüllt. Nachher auch das nicht mehr. Im Chausséegraben einer neben dem anderen. Fürchterlich zugerichtet durch die Artilleriegeschosse. Einem das ganze Unterkinn weggerissen. Ein ganzer Schützengraben voll gefallener Franzosen. Dann tote Deutsche, die ihn gestürmt haben. Ein ganz junger Leutnant. An den Leichen sind schon die Fliegen. Die Bewohner großenteils geflohen. In den Ställen steht noch Vieh, soweit es nicht erschossen ist. Eine Katze schleicht vorsichtig über die Schwelle des zu Trümmern geschossenen Hauses. Hühner. In einer Jauchelache ein stinkender, ersäufter Hund. Ein Kramladen. Die Soldaten wühlen in den Sachen.

Wir gehen zurück. Es soll abgekocht werden. Es heißt, das Wasser sei vergiftet. Weitermarsch über Vallerystal, Biberkirch. Im Wald, auf der Höhe bei Überschweiler tote Franzosen. Verlassene Geschütze, Munitionswagen. Abends Biwak bei Weiher. Erzählungen von Schandtaten der Franzosen gegen Verwundete u. Sanitätsmannschaften. Verwüstungen in den Häusern.

Weitermarsch über Biberkirch, Valette u. Weiher. Überall Kampfgelände. Leichen, Pferdekadaver, Kleider, Tornister. Verlassene Geschütze. Soldaten u. Civil arbeiten an Massengräbern. In Weiher Ortsquartier. Ich oben ins Biwak.

Sonntag d. 23. Aug.
Erst wird Ruhetag angekündigt. Dann umbefohlen: um ½10 Vormarsch über Alberschweiler, St. Quirin, Saussenrupt, Val et Chatillon. Schönes Schloß auf der Höhe. Bei Val gehen wir Nachts in Stellung. Klare, kalte Nacht.

Montag d. 24. Aug.
Um ½10 Morgens weiter. Vormarsch nach Cirey, wo wir auf der Straße stehen. Der Ort fast ganz von der Bevölkerung verlassen. Gespräch mit einem Alten und einem Mädchen. Kein Tropfen

Wein mehr im Ort. Abends Biwak bei Petitmont. Die Bagagen kommen heran. Man wäscht sich wieder einmal. Ich sehe Forster. Abends der Feuerschein des brennenden Badonviller.

Dienstag d. 25. Aug.

Um 7.40 Morgens weiter. Über Bréménil, Badonviller, das völlig zusammengeschossen ist. Unsere Soldaten entleeren die Weinkeller. Wir kochen an der Straße ab. Alles bringt Vorräte aus dem Dorf: Hühner, Kaninchen, Wein, sogar Champagner. »Die Leute sind ja doch fort.« Ochsen werden beigetrieben. Die elsässischen Reservisten jubeln über d. Wein.

Weiter über Neuf-Maisons. Halt auf der Straße. Bei Raon l'Etape heftiger Kampf. Die gewöhnlichen Bilder: Verwundete, Trupps gefangener Franzosen. Ein Flieger wirft die Meldung herab, daß in Belgien 200 franz. Geschütze sind und 2 engl. Reiterregimenter niedergeworfen. Abends Biwak. Das Wetter schlägt um. Es rieselt. Heller Feuerschein des brennenden Raon l'Etape. In der Ferne hört man das Feuer der Belagerungsgeschütze vor Manonviller (Lunéville).

Mittwoch 26. Aug.

Um ½6 Uhr Aufbruch. Dann gleich wieder rechts ins Feld, wo wir wieder wie seit Tagen warten, warten. Wir beobachten fern in der Ebene die Beschießung des Forts Manonviller bei Lunéville durch unsere Fußartillerie. Ungeheure gelbe u. weiße Rauchwolke, wie aus rauchenden Kratern aufsteigend. Die ganze Nacht durch fortgesetzt.

Donnerstag d. 27. Aug.

Vormarsch ungefähr 1½ km, auf der Straße nach Raon l'Etape. Dort stehen wir 2 Stunden bei strömendem Regen. Dann geht es wieder zurück an die alte Stelle. Abends kommt die Nachricht, daß um 5 Uhr Manonviller sich ohne Sturm ergeben hat. Alles steht um die Feuer, singt. Erst die Wacht am Rhein, Deutschland, Deutschland, dann sogar das Haideröslein.

Freitag d. 28. Aug.

Wir haben Sekt requiriert u. pokulieren tüchtig. Nachmittags liege ich mit Poel im Gras und sehe durch die Birkenflankierung des Feldes auf die weite Ebene Frankreichs. Abends erfahren wir aus der Zeitung die Nachricht vom Fall Namurs. Leutnant *(unl. Name)* besucht uns. Karte von Fanny. Das Wetter schlägt um. In der Nacht regnet es ins Zelt, es ist kalt.

Samstag d. 29. Aug.

Morgens liegen wir lang im Zelt herum, lesen die Frankfurter Ztg. Um 12¼ kommt der Befehl zum Vormarsch. Wir rücken wieder auf der Straße nach Raon l'Etape 1 km vor und bleiben stundenlang im Wald halten. Es ist 7 vorbei, und wir sind immer noch nicht weg. Wir sollen nach Celles ins Quartier. Dann sollen wir und die 66er, die Regimenter 84 u. 51 ablösen. Hier scheint es nicht allzu glänzend zu stehen. Dagegen kamen aus Belgien wieder Siegesnachrichten: 60000 Engländer gefangen. Von den Belgiern 60 Millionen Kriegskontribution erhoben. Was nach dem schamlosen Verhalten der Belgier noch viel zu wenig ist.

Ich treffe Forster. Dann Lerni, der beim Stab der 30. Brigade ist.

Quartiermacher werden vorgeschickt nach Celles. Aber dann kommt um ½12 Uhr der Befehl, auf der Straße zu biwakieren. Ney und ich zum Pferdetränken nach Raon l'Etape. Durch Wald, an hellen Biwakfeuern vorbei. Oft tief unten im Wald. Sehr dunkle Nacht. Der Ort ganz zusammengeschossen. Soldaten klopfen an ein Haus. Eine weinende Stimme antwortet auf deutsch. Wieder zurück. Um 2 Uhr oben. Geschlafen in einem französischen Unterstand aus Tannenzweigen.

Sonntag d. 30. August

Morgens um 5 Uhr weiter über La Trouche nach Celles. Dort hat das Regiment Ortsquartier. Ich wohne bei dem Epicier Aubry, Poel u. Ney bei der Vve Houillon. Bett, sauberes Tafeltuch bei Tisch, Waschtisch.

Montag d. 31. August
Übungsritt der Offiziere von I/80 zur Erkundung einer Stellung bei Latrouche. Abends esse ich bei Ney u. Poel.

Dienstag d. 1. Sept.
Morgens Geschützexercieren. Nachmittags Bad in dem sehr kalten Bach.

Mittwoch d. 2. Sept.
Morgens Geschützexercieren. Der Hauptmann selber dabei, giebt mir das Kommando. Befehl zum Abrücken um 3 Uhr. Dann wieder umbefohlen: erst Abends soll abgerückt werden. Ich treffe den Architekten ⟨Busch⟩ aus Straßburg, der Unteroffizier bei der Fußartillerie ist. Um 7 Uhr rückt das gesamte Regiment nach Latrouche. Der Hauptmann, Ney, Poel und ich sowie die Vizewachtmeister u. die Junker essen und schlafen in der Sakristei der Kirche. Die beiden großen 7armigen Leuchter brennen bei unserer Mahlzeit.

Donnerstag d. 3. Sept.
Wir rücken durch Raon l'Etape. Erst jetzt am Tage sieht man, wie jämmerlich es zerschossen ist. Von ganzen Häuserreihen stehen nur noch die Umfassungsmauern. Bei Villeneuve fahren wir auf einem Acker geschlossen auf und kochen ab. Es ist wie die vorangehenden Tage glühend heiß. Nach dem Essen liegt alles herum und schläft. Plötzlich heißt es: »ein feindlicher Flieger«. Wir sehen ihn in der Ferne sich uns nähern, heftig beschossen von unserer Ballonabwehrkanone. Die blauen Rauchwölkchen in der Luft. Er kommt immer näher auf uns *zu*. Wir sehen, wie er eine Bombe auswirft, die als trübe grauschwarze Wolke in der Luft zerplatzt. Dann steht er direkt über uns. Wir werfen uns auf die Erde. Wieder kracht eine Bombe. Die Sprengteile prasseln zur Erde, ohne uns zu schaden. Der Hauptmann hebt nachher eines auf.

Um 8 rücken wir ab. Über Etival, St. Michel, durch St. Dié, das gleichfalls von unseren Truppen besetzt ist, an Villen, öffentlichen

Anlagen vorbei, durch die Straßen wieder weiter gegen St. Marguerite. Fast 1 Stunde Halt. Es ist bitterkalt. Ich gehe mit dem Reserveleutnant Kurd von d. 1. Batterie. Gespräch über den Krieg und unser Wunsch eines baldigen Endes.

Freitag d. 4. September

Nach 6 Uhr kommen wir bei Bertrimoutier an. Dort erst Aufstellung. Dann soll auf einer naheliegenden Höhe in Stellung gegangen werden. Um 12 Uhr Aufbruch. Nachher wird befohlen, daß wieder in die alte Stellung zurückgegangen werden soll. Dort Essen u. Schlafen. Der Hauptmann kommt von seinem Erkundungsritt zurück. Um 1 Nachts solls weitergehen.

Samstag d. 5. Sept.

Stellung bei Coinche u. Fonduzol. Nachts 1 Uhr Abmarsch. Ein Teil der Batterie zunächst vom Rest getrennt, da ein Geschütz liegen geblieben war. Ritt durch die Nacht. Vollmond u. Nebel. Gegen 4 kommen wir zu der Höhe, wo unsere Abteilung Aufstellung nimmt. Schwierigkeit, mit den Geschützen u. Munitionswagen hinaufzukommen. Morgendämmerung über den Bergen. Das Licht im Beobachtungsstand. Ich gehe mit den Munitionswagen u. Protzen in Deckung. Um 7 Uhr wird ein mörderisches Artilleriefeuer eröffnet. Rechts von uns Haubitzen u. Fußartillerie. Der Feind wird zurückgeschlagen. Dann geht es an die Verfolgung. Wir fahren auf einer Höhe bei Mandrey offen auf. Schwierigkeit, mit den Munitionswagen hinaufzukommen. Nachher gehe ich hinauf in die Stellung. Die Franzosen sind auf der ganzen Linie geflohen. Sie haben sich in die Häuser und in den Wald zurückgezogen. Die Häuser werden in Brand geschossen, der Waldrand wird unter Feuer genommen. Wo sich einer zeigt, kriegt er ein Schrapnel nachgeschickt. Der Major trinkt Rotwein dabei, die Zugführer rauchen. Wir haben keine gegnerische Artillerie zu fürchten und können unser Zerstörungswerk in aller Ruhe tun. Überall rauchen und brennen die Häuser. Ein Hexensabbath. Am Abend wieder in der Stellung. Unsere Infanterie dringt in den nächtigen Wald vor. Heftiges Gewehrfeuer. Wir gehen schlafen in einem nahen Bauernhaus: wir auf dem Stroh, der Hauptmann in der alten Stube im Bett.

Sonntag d. 6. September

Um 4 Uhr wieder heraus. Cacao gekocht: köstlich. Wir kommen nicht zum Schuß. Der Feind scheint sich überall zurückgezogen zu haben. Unten im Tal steht ein von den Franzosen abgefangener u. ausgeplünderter Bagagetransport eines bayr. Reserveregimentes. Ein paar Sachen werden gebracht: Lampen, eine Kuckucksuhr, ein Buch: Die Flucht nach Amerika von Ossip Schubin. »Martin Schmidt aus Nürnberg«.

Unsere Aufgabe hier ist erledigt. Wir werden abrücken und wieder dem 15. Corps zugeteilt werden.

Abends essen wir mit dem Hauptmann zusammen in einer kleinen Boutique in La *(unl. Name)*. Um 10 rücken wir ab. Nachtmarsch. Ich vorne. Helle, kalte Nacht. Der Feuerschein von brennenden Dörfern. Zurück auf unseren alten Biwaksplatz in Bertrimoutier. Schlaf im Zelt.

Montag d. 7. Sept.

Rasttag in Bertrimoutier. Es ist Tags über sommerlich heiß. Morgens suchen wir, ohne Erfolg, im Dorf Wein zu requirieren. Nachmittags liegen wir unterm Zeltdach, lesen, schreiben, schlafen.

Dienstag d. 8. Sept.

Um 7 Uhr Morgens rücken wir ab, im Regimentsverband. Über Provenchères, vor dem wir schon ganz am Anfang des Feldzuges, bei unserer kleinen Separatexpedition, lagen. Auch den Climont sehen wir wieder und unsere alte Artilleriestellung, wo wir die Feuertaufe bekamen.

Dann geht es über die Grenze nach Saales und das Breuschtal hinab. In Saales halten wir Mittagsrast. Alles hier ist intakt. Die Bauern arbeiten auf den Feldern. Man merkt wenig vom Krieg. Es ist ein wundervoller Spätsommertag. Über Rothau nach Schirmeck. Dann unsere Batterie nach Barembach, wo wir Nachmittags 4 Uhr ankommen. Wieder einmal Quartier, Bett!! Abends gehen wir nach Schirmeck ins Hotel Donon zum Abendessen. Köllreuter noch an unserem Tisch. Vorher telefoniere ich mit Herbert, der wieder in Gebweiler ist.

Rückweg in heller Sternennacht.

Mittwoch d. 9. Sept.

Morgens um ½9 wollte Herbert mich anrufen. Ich warte eben in der Posthilfsstelle auf den Anschluß, da geht die Tür auf und er kommt herein. Mit dem Auto hergefahren. Gute Nachrichten aus Gebweiler u. von Mama, mit der wir vergeblich Telefonverbindung suchen. Bei strömendem Regen fahren wir nach Schirmeck. Einkäufe. Herbert ißt mit uns zu Mittag und wartet noch das Abrücken der Batterie ab. Um 2 Uhr verlassen wir Barembach. Um 5.21 werden wir verladen. Das Wetter hat sich geklärt, ganz blauer Herbstnachmittag. Wundervolle Fahrt durchs alte Breuschtal. Erinnerungen aller Art. Ausflug mit Papa u. Mama. Musette. Fanny.

In Molsheim ist Herbert mit Kreissekretär Bastian an der Bahn u. bringt uns Wein und Birnen. Um 8 Uhr Abends kommen wir am Hauptbahnhof Straßburg an. Überall Stände mit Erfrischungen reichenden Mädchen. Ich treffe Prof. v. Waltershausen, der gerade Bahnhofsdienst hat. Frl. Ehrhardt. Man sieht wieder einmal Leute, andere Gesichter als Soldaten. Zeitungen. Züge laufen ein. Um ½10 weiter.

Donnerstag d. 10. Sept.

Fahrt über Saargemünd, Saarbrücken. In Merzig reicht man uns, noch in der Dunkelheit, Erfrischungen. In Trier schönes Frühstück im Bahnhofsrestaurant. In Gerolstein gibt man uns in einem Holzschuppen Mittagessen. Durch die Eiffel, über Junkerath, Weywertz, Rötgen, wo wir Abendessen erhalten. Ich treffe Langen, der bei 84 steht.

Um Mitternacht in Aachen. Neys Eltern am Bahnhof.

Freitag d. 11. Sept.

Weiter über Herbesthal, Lüttich. An der Berghöhe vorbei, wo die Villa v. Professor Hamelius liegt, in der ich letztes Jahr gewohnt habe. Vor Landen wird unser Zug aufgehalten durch die Nachricht, daß die Linie infolge eines Vorstoßes der Belgier gesperrt sei. Bahnhof Tirlemont sei durch Artillerie beschossen worden. Alles wird fertig zum Ausladen gemacht, die Pferde gesattelt und geschirrt. Dann langsam bis Tirlemont vor, der Hauptmann vorn auf der Maschine. In Tirlemont laden wir aus, stellen uns auf dem Bahnhofsplatz einstweilen auf. Es ist später Nachmittag, trübes, regnerisches Wetter. Ich gehe mit einem Leutnant Drag. 14 die Kaserne besichtigen wegen der Unterbringung unserer Pferde. Hübscher Marktplatz mit Kirche und Rathaus. Geschichten von der belg. Civilbevölkerung. Um 6 Uhr kommt der Befehl, daß die sämtlichen Truppen aus Tirlemont gegen Löwen vorkommen sollen. Wir rücken ab, zusammen mit der Batterie Bach von 51. Kurz vor Löwen kommt, in der Nacht, die Meldung, daß Tirlemont gefährdet sei und wir event. umkehren müßten. Wir warten 2 Stunden in der Nacht auf der Straße. Die Meldung erweist sich als falsch. Wir rücken nach Löwen weiter. Viele Ortschaften sind niedergebrannt. Löwen macht in der Nachtbeleuchtung einen gespensterhaften Eindruck. Ganze Straßenreihen, Boulevards entlang ist Haus an Haus zerstört. Um 12 Uhr Nachts kommen wir an. Übernachten auf dem großen Boulevard beim Bahnhof.

Samstag d. 12. Sept.

Um ½4 Uhr alles marschbereit. Um 5 Uhr Abmarsch in nördl. Richtung, auf der Straße Löwen-Hérent*hals*. Gemeinsam mit allen in Löwen verfügbaren Truppen. Wir sollen den Angriff feindlicher Kräfte, die von Norden auf Löwen vorgehen, zurückschlagen.

Wir gehen zusammen mit der in der Nacht eingetroffenen 1. Batterie unseres Regimentes in Stellung bei Cologne. Der Gegner vor allem östl. des Kanals Wersla-Dyle. Wir beschießen Kelfs u. Waelestraet. Ein Schrapnel schlägt unmittelbar bei dem Haus, wo ich mit der Staffel halte, ein. Gegen 3 Uhr Stellungswechsel nach vorwärts: direkt westlich der Straße Cologne-Waelestraet, etwa 200 m nw. der Ferme des Jésuites. Wir feuern auf Schützengräben hinter Waelestraet. Die Staffel bei 2 *(unl. Wort)* Gehöften. Großer Birnbaum. In einem Haus hat sich allerlei Volk aus den umliegenden Häusern versammelt. Mädchen u. Männer. Die Leitung hat die resolute Alte, die den Verwundeten und unseren Soldaten unaufhörlich Brot u. Kaffee austeilt.

Am späten Nachmittag, als das Feuer eingestellt ist, sehe ich mir die Wirkung unseres Feuers an. Eine Masse toter Belgier in den Straßengräben. Abends schlafe ich in dem Haus, auf einer Matratze.

Sonntag d. 13. Sept.
Morgens geht die Batterie auf Lipseveld vor, da der Feind noch über die Linie ⟨Berchtes⟩-Haecht und hinter die Dyle zurückgedrängt werden soll. Dicht südl. Leibeck gehen 4 Geschütze in Stellung, beschießen die Waldstücke bei Hoogscharent. Ein Haus bei Leibeck wird in Brand gesteckt, weil die Bewohner geschossen haben sollen. Ein Zug unter Leutnant Ney vorgeholt. Dann geht auch die übrige Batterie vor und nimmt Stellung bei Scharent. Die Batterie in starkem Infanteriefeuer. Ein Kanonier (Tergeler) schwer verwundet. Der Hauptmann von einem Sprengstück getroffen, ohne Schaden zu leiden.

Um 4.30 kommt Befehl, auf Werchter los zu marschieren, um e. feindl. Artilleriestellung in der Flanke anzugreifen. Doch bald Kehrt, da die Stellung geräumt. Wir halten auf der Straße, bekommen Essen von der Feldküche der Maschinengewehre. Ich sitze mit dem Hauptmann eine Weile im Weinkeller einer zerschossenen Wirtschaft. Um 7 Uhr Befehl zum Abrücken nach Löwen, wo wir verladen werden sollen. Marsch durch die Nacht. Überall zerschossene, niedergebrannte Häuser u. Gehöfte. In manchen glimmt das Feuer noch. An dem Nordufer des von hohen Pappeln umstandenen Kanals entlang. Um 10 kommen wir in Löwen an. Die Spitze hält am Bahnhof. Wir übernachten in einem Wartehäuschen. Suppe hat uns das Seebataillon gestiftet.

Kriegstagebuch September 1914

Montag d. 14. Sept.
Wir stehen um 4 Uhr auf, da wir sofort verladen werden sollen. Rücken an die Rampe. Dann hören wir, daß es mit dem Verladen noch lange dauern *wird*. Ich mache am frühen Morgen mit dem Hauptmann u. Ney einen Gang bis zum Marktplatz. Das Rathaus steht. Der Turm der Kathedrale zerstört. Auch in der Straße, die vom Bahnhof zum Marktplatz führt, fast alle Häuser niedergebrannt. Man sieht durch die Fensterhöhlungen in die schönen Hintergärten. Allerhand Kerls treiben sich auf d. Straßen herum und wühlen im Schutt.

Gegen 11 werden wir verladen. Um 5 Uhr Nachmittags fährt unsere Batterie zusammen mit dem Abteilungsstab ab. Wir haben bequemen D-Zugs-Wagen. Sehr langsame Fahrt, mit vielen Halts und Unterbrechungen.

Dienstag d. 15. Sept.
Ich wache auf in Saventhem, wo wir offenbar lange gehalten haben u. um ½7 abfahren. Kaufe ein, der Zug fährt mir fast weg. Schaerbeek. Um ½1 in Brüssel West. Ich sehe das Justizpalais, St. Gudule, die Kirche bei der Place Royale, das Türmchen am Marktplatz. An ⟨Forest⟩ vorbei, wo ich Butter u. Eier kaufe. Überall stehen die Leute vor den Türen, liegen in den Fenstern u. gaffen uns an. Die Jungen pfeifen die Marseillaise und Sambre et Meuse. Unsere Leute singen die Wacht am Rhein.

Ich koche im Wagen Hammel mit Erbsen u. Eier mit Schinken.

Am Nachmittag Gespräch mit dem Hauptmann über Familie, *(unl. Wort)*.

Mittwoch d. 16. Sept.
Ich wache auf in Soignies, wo wir wieder lange halten. Um 10.40 Abfahrt.

Langsame Weiterfahrt mit vielen Halts. Vor Mons bleiben wir ein paar Stunden liegen. Blick auf das Kohlenrevier. Wie schwarze Pyramiden geschichtet. Eine phantastische Vulkanlandschaft: ⟨Costa Rica. Chave.⟩ Gegen 12 Uhr Nachts laufen wir im Bahnhof Mons ein. Verpflegung mit Suppe. Der Düsseldorfer Generalanzeiger ist angeschlagen: in Gebweiler und Sulz haben wieder Kämpfe stattgefunden. Wie mag es gegangen sein? Die Nacht über liegt unser Zug hinterm Bahnhof Mons.

Donnerstag d. 17. Sept.
Morgens gegen 8 Uhr Weiterfahrt über Valenciennes. Um 3 Uhr in Cambrai. Wir bekommen Suppe und Cakao. Deutsche Rotekreuz-Schwestern bis hier vorne! Um 6 Uhr Weiterfahrt. Der Regen hat aufgehört. Im Osten hängen noch Wetterwolken, nach Westen ist blauer Himmel und helles Gewölk.

Es steigen noch Offiziere zu, die in Cambrai im Lazarette lagen und nun wieder in die Front wollen. Gespräch über die freundliche Aufnahme im französ. Spital und durch die Bürgerschaft Cambrays. In der Nacht durch St. Quentin. Einmal gehe ich heraus, um Posten auszustellen, da Kavalleriepatrouillen zu befürchten sind.

Freitag d. 18.
u. Samstag 19.
Gegen 9 ausgeladen in Tergnier. Marsch über die befestigte Garnisonstadt La Fère nach Crépy. Dort ¾ Stunden Halt. Weiter an Laon vorbei, das mit großer heller gotischer Kirche über einen bewaldeten Hügel gestreckt liegt, immer links vom Höhensaum, auf der Straße nach Reims vorwärts. Kurz vor Festieux treffe ich Benkwitz, der Arzt bei 132 ist, nachher in Festieux selbst R. Wissmann. Dann biegt die Straße links ab und führt auf die Höhe. Weiter Blick in das nun abendliche Gelände vor uns. Zwischen den dicht niederhängenden Wolken blitzt der Schein des Artilleriefeuers, ganz fern am Horizont, gegen Reims zu, aber auch näher, vor uns im Tal.

Dann hinab nach Aubigny. Es ist stockfinstere Nacht. Der Hauptmann, Ney und ich, sowie der Wachtmeister Funke liegen zusammen in einem von den Besitzern nicht bewohnten Haus. Wir brauen Kaffee (Blasebalgofen), Erbssuppe, trinken die letzte Flasche Champagner. Nur 2½ Stunden Schlaf. Gegen 3 stehen wir auf, um ½ 4 wird, in der Dunkelheit, abgerückt. Ich finde erst den 2. Munitionswagenzug des Unteroffiziers Fich nicht. Die Batterie rückt ab, die Staffel erst in erheblichem Abstand hinterher. Wir sind zusammen mit 3/66 u. 5/80. Wir warten hinterm Wald östlich der Straße Corbeny – *(unl. Wort)* . Es wird abgekocht. Ich treffe einen 15jährigen Pfadfinder aus Düsseldorf, einen gewissen Ernst ⟨Kneip⟩, Sohn eines Zugführers. Er hat eine Art Infanterieuniform an, ist der 5. Batterie unseres Regiments zugeteilt. War schon bei Sennheim mit dabei. S. Vater hat ihm ausdrücklich die Erlaubnis bescheinigt, sich auch im Ausland als Pfadfinder zu betätigen. Er ist Quartaner. Die ganze Quarta und Untertertia sei mit. Er suche Verwundete, sammle Waffen, beseitige Drahthindernisse. Nachts schläft er beim Wachtmeister im Zelt. Wir geben ihm am 3. Munitionszug zu essen.

Wir liegen den ganzen Tag in Bereitstellung bei der Waldecke 1 km östl. Corbeny.

Um 2 Uhr wird der 1. Zug unter Ney zur Unterstützung des Regiments 105 (Oberst v. Oldershausen) vorgezogen. Er stellt sich an der Südwestecke des Waldes bei Chevreux auf. Beschießt den Bois de Beau Marais. Nachts kommt der Zug zurück, als der Hauptmann u. ich schon im Zelt liegen.

Sonntag den 20. Sept.
Um 4 Uhr Morgens rückt der Neysche Zug wieder ab. Kommt in heftiges feindliches Feuer, wobei der Kanonier König fällt, der Gefreite Gral verwundet wird. 9 Pferde verwundet oder tot. Abends kommt der Zug zurück. 3/66 und 5/80 rücken ab. Dafür kommt die 1. Batterie (Hptm. Coing) an, die erst heute in Laon ausgeladen wurde. Die beiden Batterien werden dem Obersten Bleidorn, Kommandeur v. FA 84, zur Verfügung gestellt. Sie sollen nur im Falle eines feindlichen Angriffes eingreifen.

Eines der gestern verwundeten Pferde stirbt, wird begraben. Lagerbiwak. Eine Kuh geschlachtet, Conservenbüchsen einer Fabrik bei Craonelle.

Kriegstagebuch September 1914

Montag d. 21. Sept.

Morgens *(Eintrag nicht weitergeführt.)*

Dienstag d. 22 Sept.

Lt. Zender (Verpflegungsoffizier) bleibt längere Zeit bei uns. Um 10 werden wir im Lager, offenbar auf eine Fliegermeldung hin beschossen. Alles Aufschläge, die rechts vorbei oder über uns weg zum Krepieren kommen. In der hinter uns stehenden 1. Batterie wird ein Mann verletzt. Alles rückt ab: leichte Kolonne, 1. Batterie und wir. Wir rücken mit 4 Geschützen in die vom Hauptmann ausgewählte, etwa 700 m hinter unserem bisherigen Lagerplatz liegende Stellung. Der 3. Zug und die Protzen 200 m weiter zurück, zusammen mit der leichten Munitionskolonne. In der dabei gelegenen Ferme requiriere ich nachmittags 4 Hämmel. Die Kanoniere treiben sie im Stall in eine Ecke, packen einen fetten beim Hinterbein, laden ihn auf den Buckel und ziehen ab. Der Koch Arnold schlachtet sie. Abends kommen Liebesgaben für die Batterie: Cigarren, Cigaretten, Tabak und – endlich Wein. Der Hauptmann u. Ney kommen herab. Wir essen zusammen zu Abend. Der Hauptmann: »Hätte ich diese Stellung nicht für die Batterie ausgewählt, so wären wir weiter vorgezogen worden. Wenn ich immer tun könnte, wie ich möchte wollte ich die Batterie weniger exponieren und die gleiche Wirkung erzielen. Aber die Infanteriekommandeure rechnen immer, auch für die Artillerie, mit den gleichen Nahentfernungen.«

Colroy!! Nicht der einzige Fall, wo d. Hauptmann die Batterie vor Verlusten bewahrt hat!

Abends schlafen wir in der Scheune der Ferme. Eine Tür ist ausgehängt, so daß es selbst da tüchtig kalt wird.

Mittwoch den 23. Sept.

Morgens heftiges Artilleriefeuer, an dem wir aber nicht teilnehmen. Wir sollen nur im Falle eines Vorgehens der Franzosen in Aktion treten. Im übrigen soll die ganze Stellung hier nur gehalten werden, während unsere beiden Flügel vorgehen. Aber das kann noch eine gute Weile dauern. 10–14 Tage, wie Hauptmann Donnevert (51) gestern meinte. Zu Geschützdeckungen werden, trotz den säuerlichen Gesichtern der Besitzer, die Holztüren und -tore der Ferme geholt. Um 10 Uhr kommt Poel mit dem Stabsarzt Rappock. Der hohe Regimentsstab wünscht wieder an unserem Hammelfleisch zu partizipieren.

Der Pächter auf der Ferme: erst seit 8 Wochen hat er den Hof gepachtet. Für 8000 frcs. Jetzt ohne Barmittel und Brot. Das Vieh stark dezimiert. Er hat nur noch Hämmel, trächtige Kühe, 2 Mutterschweine und 2 Zuchtochsen. Er wolle warten, bis alles Vieh weg sei, dann zünde er das Heu an und ziehe selber ab. Seine jungen Knechte eingezogen. Dafür alte Kerle, denen er 2 frcs im Tag zahlen muß, und die nichts schaffen. Die Frau im Wochenbett.

Pferde, die verwundet stehen gelassen werden und regungslos dem Vorbeiziehen der Truppen zuschauen, an der Straße, bis sie langsam verhungern.

Nachmittags wieder 4 Hämmel requiriert. Warmer, sommerhafter Tag. Die Batterie kommt nicht zum Schuß. Karten von *(unl. Name)*. Nichts von Fanny. Gegen Abend werden doch noch ein paar Schuß abgefeuert. »Zum Einschießen«.

Donnerstag den 24. Sept.
Unten im Lager. Ein Ochse in der Ferme requiriert. Abends Gespräch mit dem Hauptmann. Schöner Tag. Wir schlafen wieder auf dem Heuboden der Scheune.

Freitag den 25. Sept.
Ich bin oben bei der Batterie, lasse Morgens nach dem telefon. Kommando des Hauptmanns ein paar Schuß verfeuern. Abends Post: Briefe von Mama, Sternheim, Schickele. Wir schlafen wieder in der Scheune: um 1 Uhr Befehl, daß die Batterie zusammen mit der 1ten in der Richtung auf Bouconville vorgehen soll.

Samstag d. 26. Sept.

Um ½3 Uhr Morgens ist angespannt. Wir rücken über Corbeny nach der Wegegabel Bouconville-Corbeny/Bouconville-Chevreux. Kalte, klare Nacht. Wir stehen im Wald in Bereitstellung. Über uns weg und vor uns heulen die Geschosse. Es wird Tag. Wir werden nach Craonne vorgezogen. 1 Zug geht unter dem Befehl des Hauptmanns in Stellung. Der Rest der Batterie bleibt auf der Hauptstraße des gänzlich zusammengeschossenen Ortes stehen. Von 9 Uhr bis 2 Nachmittags. Verwundete. Ausgeräumte Läden.

Gegen 2 Uhr gehe ich hinauf in die Stellung. 1 Geschütz von uns steht hoch am oberen Ortsausgang, die Ebene und die gegenüberliegenden Höhenzüge beherrschend, und feuert in die Richtung des Bois de Beau-Marais, das schon seit so vielen Tagen u. ohne Erfolg unter Feuer genommen worden ist. Ich bin mit d. Hauptmann und Ney an der Beobachtungsstelle. Dann sitzen wir an der Rückwand des daran stoßenden Hauses u. trinken Kaffee. Das Dorf wird unter feindliches Artilleriefeuer genommen. Über uns weg sausen die Schrapnels. Dann schlägt eines 3 Schritt von uns ins Dach, Staub und Schutt auf die Pferde der am Hause stehenden Protze schleudernd. Der Hauptmann läßt den vorgezogenen Zug der Batterie ins untere Dorf ziehen. Das Artilleriefeuer auf den Ort dauert weiter. Wir gehen ins Zimmer des Verbandplatzes. Gespräch mit den Ärzten. Die Verwundeten werden in den Keller getragen, wo aus den Häusern Decken, Matrazen aufgestapelt sind. Ein improvisierter Operationstisch. Immer neue Verwundete kommen an. Artillerie- und schwere Infanterieverletzungen. Einer, dessen Gehirn ganz bloß liegt. Er lebt noch. Man trägt ihn gar nicht mehr zur Verwundetenstelle, sondern in ein gegenüberliegendes Haus: er hat doch nur noch ein paar Augenblicke zu leben. Das Grauenvolle des Krieges. Ich fühle mich schlecht.

Um 7.15 rückt die Batterie mit 1/80 gegen Chevreux, Corbeny zur Straßengabel. Ein Artilleriegeschoß schlägt neben der Straße *ein*. Es wird Abend. Vor dem Wald, an dessen Ausgang wir halten u. auf die Rückkunft des vorgerittenen Hauptmanns *warten,* heftiges Infanteriegefecht. Die Kugeln sausen uns links u. rechts um die Ohren. Niemand verletzt. Wir rücken weiter, ich reite mit Köllreuter 1/80. Wir nächtigen in e. kleinen Wegehäuschen.

Sonntag d. 27. Sept.

Der Hauptmann reitet um 2 Uhr Morgens ab, um eine Stellung bei Craonne zu erkunden. Die Batterie folgt um 3. Wir stehen wie am Abend zuvor im Dorf. Der Hauptmann gibt um 6 Uhr Befehl zum Rückmarsch, da die Stellung bei Hurte-Bise, die von uns eingenommen werden sollte, schon von der Haubitzabtlg. 51 eingenommen ist. Auf dem Rückweg wieder Infanteriefeuer. Ein Geschoß geht dem Hauptmann 2mal durch Mantel und Rock, ohne ihn zu verletzen. Wir rücken zur Wegegabel zurück, essen und schlafen in dem Wegehäuschen.

Nachmittags war der Befehl gekommen, daß unsere Batterie künftig dem Infanterie Reg. N° 105 unterstehe (Oberst v. Oldershausen) zur Abwehr eines feindlichen Infanterieangriffes.

Montag d. 28. Sept.

Drei Geschütze (unter Ney und Krafft) werden vorgezogen in e. Stellung westlich Craonne. In der Nacht gehen wir in Stellung, die Gespanne fahren zu unserer Waldecke zurück. In der Nacht v. Montag auf Dienstag sollen die anderen 3 Geschütze folgen. Ich mache mich Nachts gegen 9 Uhr mit dem Hauptmann, dem Trompeter Thiele und dem Kanonier Eickhold auf den Weg. Unterwegs kommt Infanteriefeuer durch den Wald herüber. Wir dukken uns eine Weile in den Chausséegraben. Dann weiter vor. Zu dem Gutshof von Chevreux, am Waldrand, wo der Hauptmann am Tag zuvor den Prellschuß erhalten hat. Hier wird das Gelände frei. Wir kommen gut nach Craonne herein. Am westlichen Dorfausgang liegt unser Keller. Der Hauptmann bleibt dort. Ich gehe zurück zum östlichen Dorfende, um den letzten Zug zu erwarten. Der Hauptmann hat mir vorher die Stellen gezeigt, wo die beiden Geschütze des letzten Zuges hinkommen sollen. Bei den letzten

Häusern am Ortausgang, die durch eine freie Stelle von 20 m. vom übrigen Dorfe getrennt sind. Das eine an die erste Hausecke (vom Dorf aus gerechnet), das andere an die Öffnung einer langen Mauer, die sich zwischen den Häusern hinzieht. Dort sollen sie nur im Falle eines feindlichen Vorgehens eingreifen. Im übrigen stehen sie, überdeckt, gegen Flieger unsichtbar, im Hofe eines Hauses. Die Geschützbedienung soll im Keller des vorletzten, ein wenig zurückstehenden Hauses untergebracht werden.

Ich warte auf der Straße, überflogen von unseren u. feindlichen Artilleriegeschossen. Die Franzosen bestreuen die Straße Craonne-Chevreux. Ich lehne an der Wand eines zerschossenen Hauses, dessen Zimmer mit Schutt und Trümmern gefüllt sind. Um 1 Uhr setzt ein heftiges Infanteriefeuer ein. Die Kugeln sausen auf die Straße, links und rechts von mir in die gegenüberliegende Straßenböschung. Ich warte noch eine Weile im Freien, dann gehe ich in den auf der anderen Seite der Straße liegenden Keller, wo die Feldwache 105 liegt. Gegen 2 Uhr kommt das 4. Geschütz, bald darauf das 5 u. 6te mit dem Vicewachtmeister Flath. Ich weise das Quartier und die Geschützstellen an und gehe zum Hauptmann. Erste Nacht im Keller.

Dienstag d. 29. Sept.
Der Keller wird häuslich eingerichtet: Geschirr, Lampe, Handtücher, Matrazen, Decken. Sogar Teppiche. Das Haus liegt ein wenig zurück, im kleinen Vorhof allerhand Gerümpel, Flaschen, Fässer, Körbe. Dann die Werkstatt: ein Tischler oder Stellmacher. Eine Treppe führt hinunter in unseren Keller: Länglich, gewölbt, wie die Londoner Tubes. Licht nur von der Treppe her, so daß wir den ganzen Tag die Lampe brennen. Ein Ofen ist auch gefunden, der zugleich als Herd dient. Er brennt den ganzen Tag, da Boden und Wände doch feucht sind. Der Rauch zieht durch eine offene Röhre über die Treppe hinauf.

Die Wohnräume der Besitzer im 1. Stock, zerschossen, durcheinandergebracht.

Wir finden eine Kuh, bringen sie in der Werkstätte unter, um täglich Milch zu haben. Auch 4 Kaninchen u. ein Meerschweinchen sind da.

Ich gehe Morgens mit dem Hauptmann durchs Dorf. Wir sprechen beim Brigadekommandeur der 82. Brigade vor, General Frankenberg. Er ist mit s. Adjutanten in einem großen Keller, der auf Salon hergerichtet ist. Teppiche, Polstersessel, kleine Tische. Dann zum 3. Zug, der mit der 4. Kompanie 105 zusammenarbeiten soll. Wir besuchen den Kompanieführer: es ist Leutnant Müller, den ich aus Straßburg kenne. Er wohnt mit 2 Offizieren in e. Keller im anderen Teil des Dorfes. Wegen der erhöhten Alarmbereitschaft schlafe ich (ebenso wie Flath) Abends dort. Wir essen mit den 105er Offizieren. Liegen auf einer Matraze, die mit einem Perserteppich zugedeckt ist. Von der Decke tropft es herab. In der Nacht wird geschossen. Aber kein Alarm.

Mittwoch d. 30. Sept.
Morgens in unserem Keller beim Hauptmann. Frühstück aus Tassen. Kaffeemaschine. Milch. Außer dem Hauptmann u. mir wohnen nur Sergeant Gesang, der Trompeter Thiele, der Fahnenjunker Guth und der Radfahrer Eickhold da (letzterer aber meistens unterwegs). Nachmittags besuche ich mit dem Hauptmann die anderen Geschütze: Ney u. Krafft. Am Dorfausgang, ein paar Minuten von unserer Kellerwohnung, steigt die Straße an und läuft durch einen Hohlweg, in dem eine Kompanie 132 (Hauptmann Petri) sich häuslich niedergelassen hat. Buden, Holzhäuschen: das reinste Jahrmarktsbild. Unmittelbar davor beginnen die Schützengräben. In Verbindung mit ihnen die Geschützstände des 1. u. 2. Geschützes. Ich treffe Benkwitz, der mit hier vorn ist.

Das Geschütz von Krafft liegt noch weiter vorne, beim 2. Hohlweg. Während wir alles besichtigen, pfeifen die Infanteriekugeln.

Post kommt an: Brief von Frau Sternheim.

Donnerstag d. 1. Oktober
Gänge durchs Dorf. Stöbern in den zerschossenen Häusern. Nachmittags kommt Benkwitz zum 5 Uhr Tee. Eickhold kommt zu-

rück, giebt dem Hauptmann 2 kleine blaue Päckchen: er reicht sie uns. Ich denke, es sei unser Oktobergehalt. Es ist das Eiserne Kreuz. Ich bin verwundert und beglückt zugleich. Habe es wohl kaum verdient: meine militärischen Qualitäten sind ja nicht exorbitant. Ich danke es wesentlich der Güte des Hauptmanns.

Freitag den 2. Oktober

Unser gewöhnliches Kellerleben, unterbrochen durch kleine Spaziergänge ins Dorf, in das die Franzosen von Zeit zu Zeit mit Artillerie hereinschießen. Nachts s ch w e r e s Artilleriefeuer in den Ort: es saust u. pfeift, als riefe man in der Ferne Hurrah. Wir glauben zuerst an einen Sturmangriff der Franzosen. Dann wird es ruhig. Wir schlafen weiter.

Nachmittags oben bei Benkwitz.

Samstag d. 3. Okt.

Nichts neues

Sonntag d. 4. Okt.

Wir requirieren Hemden, so daß wir die Möglichkeit haben, endlich wieder waschen zu lassen und die Wäsche zu wechseln. Nachmittags kommen Hptm. Petri u. Benkwitz zum Tee.

Die 105 rücken ab, dafür kommen unsere alten Freunde vom Grenzschutz, die 8ten Jäger.

Wein requiriert. Abends in e. feuchten Keller. Nachricht von 5 gefallenen Antwerpener Forts u. e. neuen Sieg im Osten.

Nachts Artilleriefeuer. Wanzen.

Montag d. 5. Okt.

Nachmittags mit dem Hauptmann im Ort. Wir stöbern in den zerschossenen Häusern. Beim Arzt: Bibliothek. Wir entnehmen Balzac, Cousine Bette u. Eugénie Grandet.

Nachmittags Benkwitz zum Tee.

Dienstag d. 6. Oktober

Morgens mit Benkwitz nochmals beim Arzt. Er holt sich die Illusions Perdues. Nachmittags oben im Hohlweg und bei den Geschützen. Regnerisches Wetter. Nachmittags kommen Hauptmann Petri und Benkwitz zum Tee. Kaum sind sie da, als sich eine wüste Kanonade auf unseren Teil des Dorfes erhebt. Nebenan schlägt es ins Dach u. schleudert den Kamin auf die Straße. Ein paar Häuser weiter, wo der Stab der Jäger liegt, werden 5 Kühe im Stall durch eine Granate getötet. Sie werden Abends gleich zerlegt, sollen morgen ausgegeben werden. Ich gehe zum Ortskommandanten, um der Batterie ihren Anteil zu sichern. Die Straße teilweise verschüttet von dem heruntergefallenen Mauerwerk.

Freitag d. 9. Okt.

Abends Nachricht v. Fall v. Antwerpen. Nachts um 1 Uhr werden wir geweckt durch starkes Gewehrfeuer. Auf der ganzen Linie vom linken Dorfrand bis zum Hohlweg wird gefeuert. Wir ziehen uns an, treten heraus. Die Infanteriekugeln schlagen in die Häusermauern. Nur geringes Artilleriefeuer.

Als es ruhiger geworden ist, gehe ich auf der Dorfstraße vor bis zum Major v. Loheisen (Jäger 8). Das Ganze entstanden durch eine Patrouillenknallerei. Auch die Kriegsungewohntheit der neu eingestellten Freiwilligen hat wohl mitgewirkt. Geschichte von einem angeblichen franz. Spion, der den Wachtposten nach dem Regiment 1.2.6. und den Soldaten mit dem Helm ohne Spitze gefragt haben soll. Wir legen uns wieder schlafen.

Samstag d. 10. Okt.

Beim 3. Zug, mit Flath im Jägerschützengraben beim Park. Nachher mit Benkwitz auf der Streife durch die zerschossenen Häuser. Ein Porzellankrug mit Schildkrötendeckel. Abends um 10 treten wir, vor dem Zubettgehen, noch einmal vor die Tür. Dunkle Nacht ohne Mond. Gegen den rechten Flügel zu muß ein heftiges Artilleriegefecht sein. Man sieht unaufhörlich den Feuerschein aufleuchten, wie gewitterhaftes Wetterleuchten. Dazu ganz fernes

Rollen. Bei uns alles ruhig. Wir legen uns schlafen. Um 5 Uhr durch Thiele *geweckt*. Heftiges Gewehrfeuer gegen den linken Dorfrand zu. Ich gehe mit Sergeant Gesang hin. Flath und die Geschützführer Templin und Heckmann sind auf. Wir sehen, mehrere Kilometer entfernt, das Feuer unserer und der feindlichen Artillerie im Aisnethal. Unsere schwere Artillerie schießt in der Richtung des Bois de Beau-Marais. In den Schützengräben vor uns alles still. Wir legen uns wieder hin.

Sonntag d. 11. Okt.
Herrlicher Tag. Tagsüber das gewöhnliche Artilleriefeuer. Benkwitz kommt zum Tee. Nachts alarmiert.

Montag den 12. Oktober
Von früh Morgens an wird Craonne und die angrenzenden Höhen unter heftiges Artilleriefeuer genommen. Nachmittags von 3 Uhr ab mit besonderer Intensität. Wir hören vom Kellerhof aus zu. Gegen 4 plötzlich auch starkes Infanterie- und Maschinengewehrfeuer. Ein Jäger alarmiert: »Die Franzosen greifen an«. Ich stürze zum 3. Zug, in den anderen Teil des Dorfes, während rings an der Straße die Granaten der schweren Artillerie in die Häuser schlagen. Einmal stehe ich ein paar Augenblicke in einem Keller unter. Es sind ein paar Jäger drin mit ganz berußten Gesichtern und Verletzungen: sie sind verschüttet worden, als eine Granate ins Haus schlug und das Kellergewölbe durchbrach. Ihre Kameraden liegen zum Teil noch unter den Trümmern. Auch in den Schützengraben der Jäger bei der Parkmauer ist eine Granate geschlagen und hat ihn zugeschüttet. 3 Tote, 8 Verwundete. Ich eile weiter. Ein Pionieroffizier und 3, 4 Mann mit Hacken u. Spaten laufen rechts den Weg zum Schützengraben hinab, um die Verschütteten auszugraben. Weiter. Die Straße ist versperrt durch die Trümmer der zusammengebrochenen Häuser. An der offenen Stelle vorbei zum Hause, wo der 3. Zug liegt. Es brennt. Eine Granate hat das Dach getroffen. Bis in den Keller sind die Sprengstücke geflogen. Die Geschützbedienung ist nicht da. Die Geschütze stehen auf der Stra-

ße. Ich stürze in den »Alarm-Feldkeller« auf der anderen Seite der Straße. Dort die Leute. Ich lasse zu den Geschützen treten und das 6. Geschütz in Stellung bringen. Dann mit Flath zur Beobachtung durch die Mauerluke, aus der das 5. Geschütz schießen soll, hinaus, auf den Hang vor der Mauer. Ein paar Schritte rechts von der Luke legen wir uns ins Gras, nur dürftig gedeckt durch die Hauswand an unserer rechten Seite. 50 m links von uns schlagen die Granaten der schweren Artillerie ein. Wir übersehen den ganzen Talgrund. Aus dem Beau Marais geht die französische Infanterie vor. Wir haben den Auftrag erst zu schießen, wenn sie auf 800 m heran sind. Über den Acker, an einer langgezogenen Baumgruppe vorbei, sieht man die Franzosen in lang auseinandergezogenen Schützenlinien vorgehen. Offenbar werden sie von unserer Artillerie nicht eingesehen, jedenfalls nicht beschossen. Wir lassen auf Entfernung 800 feuer*n*. Zu kurz. 1100. Noch immer zu kurz. 1400. Die Jäger eröffnen ein heftiges Feuer auf die Franzosen. Es scheint, daß der Infanterieangriff zum Stehen kommt. Ein Jäger bringt die Meldung, daß 2 Geschütze einer feindl. Batterie, ganz nahe, vor dem Waldrand von Beau Marais aufgefahren seien. Ich lasse die Meldung an d. Hauptmann weitergeben. Die Geschütze werden von unserm 1. Zug, der rechts bei den Schützengräben 132 postiert ist, beschossen und zum Schweigen gebracht. Inzwischen sausen über uns und neben uns die Granaten der schweren Artillerie in den Boden. Der Infanterieangriff aber scheint zum Stehen gebracht. Ich lasse das 6. Geschütz auf die Straße, in Deckung zurückziehen, die Mannschaft vorübergehend in den Alarmkeller zurücktreten, während weiter beobachtet wird. ⟨Trachte⟩ und ⟨Hodam⟩ Richtkanoniere. Ungefähr um ½7 wird es ruhig. Der Hauptmann kommt heran. Ich gehe mit ihm zurück in unseren Keller. Post ist gekommen. Ein Brief von Fanny. Wie aus einer fernen, wundervollen Welt. Ein kleines Päckchen liegt dabei. Ich öffne es noch nicht. Gehe mit dem Hauptmann vor zur Brigade. Dann rasches, kurzes Abendessen. Ich gehe zum 3. Zug zurück, durch das stockfinstere Dorf, in das schon wieder vereinzelte Schüsse einschlagen. Schlafe die Nacht im Keller des 3. Zuges, neben Flath. »Erhöhte Alarmbereitschaft«. Ich öffne das Päckchen von Fanny. Ein kleines Merkbüchlein für den Monat Oktober mit Tagessprüchen von Angelus Silesius. Auf der Rückseite des Umschlages, von ihr aufgeklebt, eine Madonna mit dem Jesusknaben. Das Büchlein ist mir wie ein Amulett. Ich lese nur den 1. Spruch:

Mensch, geh nur in dich selbst, denn nach dem Stein der Weisen
Darf man nicht allererst in fremde Lande reisen.

Ich bin nervös erregt. Fasse erst kaum den Sinn der Worte. Wiederhole sie mir unaufhörlich. Schließlich werde ich ruhiger. »Warum hat sie mir gerade diese Verse aufgeschrieben?« In der Nacht mehrfach draußen, um zu horchen, ob ein Angriff bevorsteht. Die Nacht erleuchtet durch das ferne Feuer der Geschütze. Zuweilen geht eine Leuchtrakete hoch und macht die ganze Höhe u. den Talgrund hell. Gegen 4 kommt eine Meldung: Ein französ. Meldegänger ist abgefangen worden, um 4 Uhr 50 werden die Franzosen angreifen. Schon am Abend vorher war durch einen Horcherposten gemeldet worden, ein französ. Offizier habe eine Ansprache an die Truppe gehalten, in der er sie zu tapferem Draufgehen angefeuert habe.

Ich lasse alles sofort heraustreten, die Geschütze auf die Straße schieben. Dann lasse ich die Leute in den Alarmkeller treten und warte. Alles bleibt ruhig. Ich warte bis nach 8 Uhr. Thiele kommt, um mich zum Hauptmann zu holen.
(Am unteren Seitenrand mit Einweisungszeichen:) Kleider machen Leute von Keller!

Dienstag d. 13. Okt.
Ich frühstücke mit dem Hauptmann u. Ney. Rheumatismus. Morgens kommt Benkwitz. Artilleriefeuer, aber schwächer als Tags zuvor. Nachmittags kommt die Meldung, daß wir und die 1. Batterie in und bei Craonne durch die 4. u. 5. Batterie abgelöst werden sollen, die bisher in Reserve gestanden hatten. Wir selber sollen in eine neue, etwas weiter zurückliegende Stellung südöstlich Corbeny kommen, die bisher von der 6. Batterie belegt war. Ein

Zug unter Ney soll an die Waldecke bei Chevreux. Gegen 5 kommen Hauptmann Jahn u. Oberleutnant Klein von der 5. Batterie, um die Ablösung zu besprechen, die am Abend vor sich gehen soll. Hptm. Jahn reitet zurück, Oberlt. Klein bleibt da. Wir sitzen beim Tee, schicken nach Benkwitz u. Hptm. Petri. Seit 4 Uhr war wieder heftiges Artilleriefeuer gewesen, ohne daß wir uns viel daran gekehrt hätten. Plötzlich werden wir um 6 Uhr alarmiert. Ich eile wieder in den westl. Teil des Dorfes zum 3. Zug. Das Feuer wird schwächer, Infanteriefeuer kaum zu hören. Der Hauptmann läßt mich zurückholen. Inzwischen sind die Offiziere und Mannschaften der 5. Batterie eingetroffen. Wir essen zu Abend. Die Ablösung soll am nächsten Morgen vorgenommen werden. Ich gehe über die stockdunkle Dorfstraße zurück zum 3. Zug. Am Brunnen vorbei. Dann die Barrikade des 4. Geschützes. Das schöne Haus mit der großen Akazie, neben die 2 schwere Geschosse eingeschlagen sind. Dann eine Reihe von kahlen Mauergerippen. Auf der Höhe, wo die Straße links hinauf abbiegt, der Verbandplatz. Dann das Schloß, das vielleicht am stärksten beschossen worden ist wie überhaupt der ganze hier beginnende Teil des Ortes. Schließlich links in den Keller. In der Nacht ein paar Mal heraus. Von 4 Uhr ab wieder erhöhte Alarmbereitschaft. Alles bleibt ruhig. Um 7 Uhr kommt der Leutnant der 5. Batterie, die an Stelle unseres 3. Zuges treten soll. Wir zeigen ihm das Zielfeld. Dann zurück zum Hauptmann. Zusammenpacken. Auszug mit Körben, Decken, Gerät. Vorne der Hauptmann und ich. Ney ist schon vorher weg, um s. Stellung zu erkunden. Den Weg links auf der Dorfhöhe hinauf, an der Kirche vorbei. Rechts ab, an dem wüst zerschossenen Friedhof vorüber, oben am Berg entlang, wo die 66er standen, ein langes Stück frei, dann in Wald. Es ist endlich ganz herbstlich bunt geworden. An der Waldecke, wo unsere Protzen stehen, machen wir Halt. Der Hauptmann reitet mit dem Batterietrupp vor, um die Stellung anzusehen. Ich mit der Batterie nach Fayeau-Ferme, wo wir vom 23.–26. Sept. gelegen hatten. Die Protzen unter den Bäumen vor dem Hof, in Deckung gegen Flieger, untergebracht. Um 4 Uhr gehe ich mit dem Hauptmann und der Geschützbedienung in die neue Stellung vor. Zuerst an der Abteilung vorbei. Major Mittelstädt, Deichmann, Köllreuter. Lt. d. Res. Unkel*l*, der bei Sennheim verletzt worden war u. jetzt zurückgekommen ist, in die Batterie versetzt. Er wird an m. Stelle Beobachtungsoffizier. Ich gehe zur Fayeau Ferme zurück. Oberveterinär, Zahlmeister.

Freitag d. 16. Okt.
Trüber, nebliger Herbsttag. Unten bei den Protzen in Fayeau-Ferme. Bagage da. Umzäumen. Lese Cousine Bette weiter. Es scheint alles ruhig: ganz in der Ferne schwacher Geschützdonner. Nach dem Höllenlärm von Craonne Stille u. Friede.

Samstag d. 17. Okt.
Nebliger, naßkalter Morgen. Auf der Ferme. Cousine Bette beendet. Beziehungen (entfernte) zu Sternheims Kas*s*ette. Auffallend, wie eigentlich keine Gestalt, kein bestimmtes Schicksal stark herausgehoben, sondern alles in die Vielfältigkeit des großen Lebens hineingestellt ist.

Abends ein Verpflegungsoffizier von Reg. 99 bei uns.

Soldaten, deren Nerven durch das Gefecht so angespannt werden, daß sie irrsinnig werden.

Lt. Roeder v. Diersburg in Markirch. Geschichte von e. französ. Offizier, der in Irrsinn verfiel, als Nachts in dem Dorf, wo er lag, bald hier, bald dort, unsichtbar aus der Dunkelheit geschleudert, die schweren Granaten einschlugen. Ein Unteroffizier, der mitten im Gefecht aus dem Schützengraben heraus- und auf d. Feind zuläuft: er wird natürlich zusammengeschossen.

Zeitungsnachrichten von Soldaten, denen stundenlang das Bewußtsein schwindet, nachdem neben ihnen ein Geschoß eingeschlagen hatte. Nachher Nervenstörungen.

Sonntag d. 18. Okt.
In der Nacht hat es geregnet. Heute trüb u. feucht.

Nachmittags mit Ob.Vet. Wilthüchter hinauf zur Stellung. In der Erdhöhle beim Hauptmann u. bei Unkell. Dann in der Bretterbude des Abteilungsstabes: dort der Major, Deichmann, Bahder, Köllreuter, der Hauptmann.

Montag 19. Oktober.
Mittags kommt der Hauptmann herunter u. bringt die Nachricht, daß wir Abends wahrscheinlich abrücken werden. Das ganze 15. Corps soll hier weggezogen werden. Wohin weiß wieder kein Mensch. Gegen Abend kommt der Befehl, daß die Geschützprotzen und Munitionswagen um 9 von der Ferme ab- und zur Batteriestellung rücken sollen. Es ist stockdunkel, als wir losziehen. Erst durch den glitschigen Hohlweg, wo ein Geschütz liegen bleibt und nur schwer wieder mobil gemacht wird. Dann über das Plateau, über Ackerfeld, dann am Waldrand entlang. Der Horizont zuweilen erhellt durch Leuchtkugeln. In der Ferne Artilleriefeuer. Ich krieche oben in die Erdhöhle, wo der Hauptmann u. Unkell liegen, lege mich ein wenig hin. Eine sächsische Batterie löst uns gegen Mitternacht ab. Gegen 2 Uhr rücken wir ab, treffen um 3¼ in Corbeny ein, wo der 1. Zug unter Ney zu uns stößt. Marsch nach Festieux, wo wir gegen 6 eintreffen. Wir stehen in der Dunkelheit an der Straße. Es wird Tag. Um ½ 8 rücken die Geschütze auf e. Sammelplatz vor dem Dorf. Wir gehen zurück. Im Dorf reges Leben. Civilbewohner, die man in den letzten Wochen nirgends mehr gesehen hatte. Begräbnis eines verunglückten Mannes. Ich treffe Lt. Schnitger und ten Brink. Wir frühstücken in e. Haus, wo ein deutscher Unterarzt liegt. Bei ihm alles im Überfluß: Cognak, Wein, Hummerkonserven, Butter, Weißbrot. Dazu lassen wir uns e. Wildente braten. Abends bin ich bei ten Brink zu e. Fasan eingeladen. Doch wird nichts daraus, da wir bereits um 4 Uhr abrücken. Allerhand Gerüchte über unser Reiseziel: man munkelt von Verladenwerden, von einem Durchbruch der Franzosen bei Thann u. Mülhausen, gegen den wir angesetzt werden sollen, von einer Belagerung v. Belfort. Schließlich vom rechten Flügel, was sich zu bewahrheiten scheint. Wir rücken bis Eppes,

wo wir ins Quartier kommen. Beim Hauptmann brauen wir Grogk und tun des Guten fast zu viel. Gespräche über Fortleben u. Unsterblichkeit, ein wenig gefärbt durch unsere rosenrote *(unl. Wort)*.

Mittwoch d. 21. Oktober

Morgens 6 Uhr Abmarsch. Ich habe Kopfschmerzen. Wir rücken durch Laon, Besny, bis zum Ortsausgang von Vivaise. Dort Regiments- und Divisionsverband. Ich treffe Forster. Weitermarsch über Couvron, Monceau, Nouvion le Comte, Achery, Mayot nach Brissay-Choigny, wo wir gegen 4 ankommen. Quartier. Freundliche Leute wie überhaupt in der Gegend. In Mayot, beim Durchreiten sah ich, wie die Dorfbewohner sich um die Infanteristen bemühen, die »schlappgemacht« haben, ihnen Wein einflößen. Im Quartier gibt man mir Eier, macht mir Feuer, das freilich besser gemeint als gut für mich war: ich wache in der Nacht mit scheußlichen Kopfschmerzen *auf,* die ich auch am Morgen beim Aufstehen habe. Vorher, am Abend, essen wir wieder beim Hauptmann: 3 requirierte Hühner.

Donnerstag d. 22. Okt.

Nach dem trüben, regnerischen Wetter der letzten Tage heller, fast heiterer Tag. Um 8.20 rücken wir ab. Wundervolle Herbstlandschaft mit Wasser, dem Oise Kanal, hellen Wiesengründen mit gelbgefärbten Baumgruppen. Manche sind in der Krone schon ganz kahl. Einmal niedere Kastaniensträucher, rotgelb, vor gelblich grünen Linden. Später wird es trüber.

Weitermarsch über Vendeuil, Ly-Fontaine, Montescourt, Clastres, Grand-Séraucourt, nach Castres. Dort beziehen wir Ortsunterkunft. Wir kommen um 2 Uhr an. Das Dorf liegt unten im Tal, zwischen herbstlich gefärbten Bäumen versteckt. Schwierigkeit des Quartiers. Unkell, Ney und ich quartieren uns beim Hauptmann auf Stroh ein.

BERICHT DER HERAUSGEBER

Bis zum Erscheinen der Ausgabe von Stadlers »Dichtungen« im Jahre 1954* war von der Erinnerung an sein vielseitiges Wirken fast nur noch die Kenntnis des Gedichtbandes »Der Aufbruch« übriggeblieben, der freilich stets als bedeutendes Werk und als aufschlußreiches Dokument des literarischen Expressionismus gewürdigt worden ist. Die Frühdichtungen Stadlers sowie der im Gesamtumfang beträchtliche Bestand seiner Kritischen Schriften waren weitgehend der Vergessenheit anheimgefallen, und von den näheren Umständen seines Lebens und seiner Entwicklung waren nur ein paar dürftige Daten bekannt, die gerade ausreichten, um ihn in die Kategorie der »Frühvollendeten« einzureihen. So konnte die Stadler-Ausgabe von 1954 erstmalig einen repräsentativen Überblick über das Schaffen dieses Autors vermitteln und durch die Rekonstruktion seiner Biographie und seiner dichterischen Entwicklung sowie durch eine Auswahl seiner Rezensionen und Essays die noch unerschlossene Vielfalt seiner Gesamtleistung deutlich machen. Allerdings war es bei diesem ersten Versuch einer Zusammenfassung noch nicht möglich, das wiederentdeckte Material auch voll auszuschöpfen. Die literaturkritische und literaturwissenschaftliche Tätigkeit Stadlers konnte zunächst nur durch eine relativ begrenzte Textauswahl dokumentiert werden, weil das Interesse an dieser Seite seines Wirkens nicht vorauszusetzen war, sondern erst hervorgerufen werden mußte. Auch war 1954 noch offen, wie das verlegerische Wagnis dieser kritischen Edition des expressionistischen Autors ausgehen würde. Es hat seinerzeit nicht an Stimmen gefehlt, die in dieser Art der Behandlung seines Werkes den Versuch sahen, den stürmischen, angeblich unvergessenen Expressionisten in einen »Klassiker« zu verwandeln und philologisch »beizusetzen«. Die größte Schwierigkeit, mit der dieser erste Editionsversuch zu kämpfen hatte, bestand jedoch in der außerordentlichen Erschwerung aller Ermittlungen durch die vom Krieg noch zerstörten oder geschädigten Bibliotheken und Archive. So war der Herausgeber damals vielfach auf die Hilfe privater Sammler und der noch lebenden Freunde Stadlers angewiesen, die ihm allerdings in reichem Maße zuteil geworden ist. Daß unter diesen Umständen einige Veröffentlichungen Stadlers nicht entdeckt, Mehrfachdrucke von Texten nicht immer vollzählig ermittelt wurden und Informationsfehler unterliefen, kann kaum verwundern. Trotzdem hat die Ausgabe von 1954 den ihr zugedachten Dienst getan. Sie hat nicht nur das unmittelbare literarische Interesse an Stadlers Werk spürbar belebt, son-

---

* Ernst Stadler: Dichtungen. Gedichte und Übertragungen mit einer Auswahl der kleinen kritischen Schriften und Briefe. Eingeleitet, textkritisch durchgesehen und erläutert von Karl Ludwig Schneider. Verlag Heinrich Ellermann. Hamburg (1954).

dern auch eine in der Intensität der Zuwendung überraschende und im Umfang beträchtliche internationale Stadler-Forschung hervorgerufen. In der neuen Ausgabe sind die Ergebnisse dieser Forschungen, besonders wenn sie zum Nachweis unbekannter Texte, Briefe und anderer Materialien geführt haben, dankbar verwertet worden. Selbstverständlich wurden auch alle philologischen Ergänzungen und kritischen Erörterungen zur Ausgabe von 1954 berücksichtigt oder bedacht.

Der weitaus größte Teil des Textzuwachses, den die vorliegende Ausgabe gegenüber der ersten Edition bietet, ist freilich das Ergebnis erneuter Recherchen der Herausgeber, bei denen folgende Funde zu verzeichnen waren: ein vom 31. Juli bis 22. Oktober 1914 kontinuierlich geführtes Kriegstagebuch Stadlers, ein Manuskriptbruchstück aus seiner 1914 gehaltenen Vorlesung »Geschichte der deutschen Lyrik der neuesten Zeit«, Handschriften zu unveröffentlichten und veröffentlichten Dichtungen aus der Zeit von 1901 bis 1904 sowie Abschriften fremder Hand von bisher unbekannten späteren Gedichten Stadlers, deren Originalmanuskripte bis jetzt nicht aufgetaucht sind und wahrscheinlich als verschollen gelten müssen. Auch 32 neuaufgefundene Briefe konnten aufgenommen werden. Eine gründliche Sichtung der heutigen Zeitungs- und Zeitschriftenbestände der Straßburger Bibliotheken führte außerdem zur Entdeckung weiterer unbekannter literaturkritischer, kulturpolitischer und zeitgeschichtlicher Texte Stadlers. Durch die Neufunde im Bereich der Kritischen Schriften und durch die jetzt erheblich erweiterte Auswahl dieser Texte wird in der neuen Ausgabe neben dem Dichter Stadler der Literaturkritiker und Literarhistoriker wesentlich stärker zur Geltung gebracht. Die Vervollständigung des Bildes nach dieser Seite entspricht nicht nur dem Rang der in Betracht kommenden Arbeiten, sondern soll auch die Voraussetzungen dafür schaffen, das kritische Werk künftig als gleichwertige Domäne der Produktivität Stadlers zu würdigen und durch dessen intensivere Erschließung die vielfachen inneren Bezüge zwischen dichterischem Bekenntnis und literaturkritischer Praxis noch genauer zu erfassen.

Auch in der Anordnung der Texte geht die Neuausgabe andere Wege als die erste Edition von 1954. Empfahl es sich damals, die Dichtungen der Reifezeit an den Anfang zu stellen, so eröffnet die vorliegende Ausgabe im Hinblick auf das heute vorauszusetzende Interesse am gesamten Werk Stadlers ihren Überblick über den Bestand seiner Dichtungen und Nachdichtungen mit den veröffentlichten und den noch unveröffentlichten Dichtungen von 1901 bis 1904, denen dann die weiteren Werke und Textgruppen in der zeitlichen Reihenfolge ihrer Veröffentlichungen folgen, wobei die »Praeludien« und »Der Aufbruch« als geschlossene Werke in ihrer ursprünglichen, durch den Autor bestimmten Gestalt erscheinen. Die Möglichkeit einer durchgängig an der Entstehungszeit der einzelnen Gedichte und Übertragungen orientierten Anordnung ist bei Stadler nicht gegeben, da nur in seltenen Fällen genauere Daten der Entstehung zu ermitteln sind. Auch in den Gruppen der verstreut veröffentlichten Gedichte der Jahre 1901 bis 1904 und 1910 bis 1914 ist darum jeweils das erste Veröffentlichungsdatum der Texte Anhaltspunkt der Einordnung. Die durch Abschriften fremder Hand überlieferten unbekannten Gedichte wurden an den Schluß des dichterischen Werkes gestellt, weil nicht sicher ist, ob ihre Textgestalt in allen Einzelheiten den benutzten Vorlagen entspricht, und im übrigen für eine genauere chronologische Einordnung dieser Texte keine verläßlichen Kriterien existieren.

Die an die Dichtungen und Übersetzungen anschließende Abteilung der Kritischen Schriften ist schon ihrer beträchtlichen Erweiterung wegen neu gegliedert und durch eine an den inhaltlichen Bezügen orientierte Unterteilung übersichtlicher gemacht worden: I. Aus der frühen Schaffensphase. II. Zur deutschsprachigen Literatur. III. Zum Elsaß. IV. Zur ausländischen Literatur. V. Zum Zeitgeschehen. Innerhalb dieser Einzelgruppen ist die Anordnung wiederum eine chronologische (vgl. hierzu die editorische Einleitung zu den Kritischen Schriften). Der bruchstückhafte Text zur Vorlesung »Geschichte der deutschen Lyrik der neuesten Zeit« ist auf Grund seiner sachlichen Zusammenhänge mit den Kritischen Schriften diesen unmittelbar nachgeordnet worden. Die zahlreichen hinzugekommenen Briefe bieten insbesondere weitere Information über den akademischen Werdegang Stadlers. Von den sicher besonders aufschlußreichen Korrespondenzen mit René Schickele, Carl und Thea Sternheim sind leider nur noch einzelne, allerdings inhaltlich bedeutsame Briefe und Briefbruchstücke gefunden worden. Andere Korrespondenzen – wie etwa die mit Theresa Langer-Meisel, die Äußerungen Stadlers über seine Dichtungen enthalten haben sollen – sind nach wie vor verschollen. Der wohl wichtigste Fund der neuen Ausgabe, Stadlers Kriegstagebuch, folgt den Briefen.

Was die Textgrundlagen der neuen Ausgabe betrifft, so ist zu vermerken, daß alle erhaltenen Handschriften Stadlers, die von ihm autorisierten Drucke und die auf Handschriften beruhenden postumen Veröffentlichungen herangezogen worden sind. Der Text des Kriegstagebuches, das Vorlesungsbruchstück von 1914 sowie alle unveröffentlichten Dichtungen von 1901 bis 1904 sind nach den Originalmanuskripten wiedergegeben. Dasselbe gilt für den Aufsatz über »Philipp Langmann« und die »Autobiographische Notiz« in der Abteilung der Kritischen Schriften. Für die anderen Teile des Werkes hat sich die Überlieferungslage seit 1954 leider nur teilweise verbessert. Zum »Aufbruch« und ebenso zu den Übertragungen der Gedichte von Francis Jammes fehlen weiterhin die Handschriften. Unverhoffte Manuskriptfunde haben sich indes zu den »Praeludien« ergeben. Neben dem schon 1954 erfaßten und beschriebenen Handschriftenkonvolut zu diesem Gedichtband ist 1956 von K. L. Schneider eine weitere, seinerzeit im Ausland in Privatbesitz befindliche Sammelhandschrift zu den

»Praeludien« ermittelt worden. Sie wird jetzt im Deutschen Literaturarchiv in Marbach verwahrt. Darüber hinaus wurden neuerdings aus Privatbesitz noch Einzelhandschriften zu Texten der »Praeludien« zugänglich gemacht. Alle diese Originalhandschriften zu den »Praeludien« konnten von den Herausgebern eingesehen werden. Im Bereich der verstreut veröffentlichten Gedichte aus der Zeit von 1901 bis 1904 ist nur für den Gedichtzyklus »Baldur« ein weiterer Handschriftenzuwachs zu verzeichnen. Bei den Kritischen Schriften waren die Herausgeber mit Ausnahme der beiden schon erwähnten Texte ausschließlich auf die Drucke in Zeitungen und Zeitschriften angewiesen. Die Textwiedergabe der neuaufgefundenen Briefe beruht in den meisten Fällen auf Photokopien oder Mikrofilmen der hand- oder maschinenschriftlichen Originale. Im übrigen sind hinsichtlich der Textgrundlagen die detaillierten editorischen Hinweise zu den einzelnen Abteilungen im Apparat zu beachten und die zu jedem Text gebotenen Angaben zur Überlieferung zu berücksichtigen.

Bei der editorischen Behandlung der Texte ist der Grundsatz verfolgt worden, die Schreibgewohnheiten des Autors möglichst zu bewahren und normierende Eingriffe zu vermeiden. Lediglich bei der in Stadlers Handschriften und auch in Einzeldrucken seiner Dichtungen manchmal schwankenden Schreibung der Umlaute (z. B.: Ü und Ue) und ferner bei dem vielfachen Wechsel von ss und ß wurde eine der heutigen Orthographie entsprechende Vereinheitlichung vorgenommen. Diese Maßnahme scheint auch dadurch gerechtfertigt, daß Stadler diese Vereinheitlichung in seinen Buchveröffentlichungen selbst durchgeführt oder jedenfalls akzeptiert hat. Bei der auf Handschriften Stadlers beruhenden Textwiedergabe sind die dem graphischen Befund nach nicht eindeutig zu entziffernden Stellen durch Winkelklammern ⟨ ⟩ gekennzeichnet worden. Sie enthalten eine wahrscheinliche, aber nicht voll abzusichernde Lesung. Die bei flüchtiger Niederschrift oder Änderungsprozessen versehentlich ausgelassenen Wörter, Silben oder Buchstaben sind in Kursivschrift ergänzt worden und dadurch in der Textwiedergabe direkt erkennbar. Ergänzte Gedichtüberschriften und die Titel der Rezensionen erscheinen in Kursivdruck.

Das gleiche Verfahren der Auszeichnung von Ergänzungen ist auch angewandt worden im Falle von Auslassungen in gedruckten Texten. Die besonders in den Kritischen Schriften häufigen Druckfehler sind stillschweigend berichtigt worden, wenn über die Art der erforderlichen Korrektur keine Zweifel bestanden. In Handschriften oder Drucken vorkommende Wortabkürzungen sind im Bereich der Texte zur Lyrik und zur kritischen Prosa in der Regel aufgelöst worden, wobei wiederum der jeweils ergänzte Wortbestandteil in Kursivschrift erscheint. In den Briefen und vor allem in den Tagebuchaufzeichnungen wurde jedoch auf eine Auflösung von Abkürzungen überwiegend verzichtet, um die authentische Form der Texte zu wahren.

Bericht der Herausgeber

Die Verszählung zu den lyrischen Texten befindet sich am unteren Seitenrand. Ein Dreieck hinter der letzten Verszahl besagt, daß der Seitenschluß eine Strophe oder eine zusammenhängende Verspartie trennt (z. B. S. 17: 1–12 ▷).

Die vorliegende Ausgabe bietet zum dichterischen Werk Stadlers (einschließlich seiner Übertragungen der Gedichte von Francis Jammes) einen vollständigen kritischen Apparat, in dem zu jedem Text alle bis heute ermittelten Handschriften und textkritisch relevanten Drucke beschrieben bzw. verzeichnet werden. Die Textvarianten aus Manuskripten und Drucken sind in der Rubrik »Lesarten« mitgeteilt, denen – wenn erforderlich – Erläuterungen zum Text folgen. Für die nichtdichterischen Texte werden gleichfalls Überlieferungsnachweise, kurze Handschriftenbeschreibungen und Erläuterungen geboten, auf einen Lesartenapparat ist jedoch verzichtet worden. Nur die von den Herausgebern vorgenommenen Texteingriffe sind registriert. Die Kommentierung beschränkt sich bei Sachverhalten, die durch Nachschlagewerke oder andere leicht zugängliche Hilfsmittel aufgeklärt werden können, auf knappe Hinweise. Zusammenhänge aber, die Stadlers Biographie, seine literarische Entwicklung oder seine wissenschaftlichen Interessen und Kontakte betreffen, sind ausführlicher erläutert worden. So wurde u. a. besonderes Gewicht auf eine gründliche Kommentierung der Kritischen Schriften, des Vorlesungsbruchstückes und der Briefe gelegt.

Für die Darstellung der Lesarten ist die bereits in der Stadler-Ausgabe von 1954 angewandte Methode der großen Stuttgarter Hölderlin-Ausgabe von Friedrich Beißner beibehalten worden. Da die Zahl der Handschriften zu Stadlers Dichtungen trotz erfreulicher Neufunde immer noch relativ gering ist und es sich bei den zu berücksichtigenden Manuskripten vorwiegend um Reinschriften mit partiellen und meist verhältnismäßig einfachen Textänderungen handelt, erwies sich diese Methode für eine übersichtliche Wiedergabe der Änderungsbefunde als angemessen.

Zur Gestaltung des Apparates sind im einzelnen noch folgende Hinweise zu geben: Autortext, d. h. Text von Stadler und von anderen Autoren, ist in Geradschrift gedruckt; Herausgebertext erscheint in Kursivschrift, ausgenommen einige in sich abgeschlossene Teile, die in Geradschrift gesetzt sind. Zur Bezeichnung der Textzeugen sind folgende Siglen benutzt worden: H = Handschrift des Autors, h = Abschrift von fremder Hand, D = Druck. Ziffernexponenten der Buchstabensiglen kennzeichnen die zeitliche Reihenfolge der Handschriften und der Drucke. (Vgl. das Verzeichnis der Abkürzungen und Zeichen.)

Die Lesarten bzw. Varianten sind in der Regel wie üblich dargestellt: auf die Vers- bzw. Zeilenzahl und das Stützwort aus dem Text folgen nach dem Lemmazeichen (]) die Lesarten bzw. Varianten in Handschriften, Abschriften und Drucken mit der Sigle des jeweiligen Textzeugen. Bei einfachem Änderungsvorgang wird, wenn der Text mit der letzten Variantenstufe übereinstimmt, die Lesart ohne Stützwort und Lemmazeichen nach der Verszahl geboten (vgl. S. 64 »Vor Sonnenaufgang«; in den Lesarten: *19* heißen *über gestr.* dürstenden H^1). Bei größeren Abweichungen ist die variierende Textpartie immer als Ganzes abgedruckt worden, um dem Leser das Zusammensetzen der Gesamtänderung aus einzelnen Lesarten zu ersparen. Solche Fälle sind durch einen Doppelpunkt nach der Verszahl bezeichnet. Bei mehrfachen Änderungen des Textes wird deren Abfolge durch eingeklammerte arabische Zahlen deutlich gemacht. Wird zum Beispiel zu dem Gedicht »Spiel im Dämmer« (vgl. S. 75) in den Lesarten angeführt:

7 schwaches] *(1)* blasses *(2)* leises *(3)* schwaches H^3

so bedeutet dies, daß in der Handschrift H^3 zunächst »blasses« stand, getilgt und durch »leises« ersetzt, dieses wiederum getilgt und durch »schwaches« endgültig abgelöst wurde. Kommt es innerhalb der durch eingeklammerte Zahlen bezeichneten Änderungsstufen noch zu weiteren Textänderungen, so wird deren Reihenfolge durch eingeklammerte kleine lateinische Buchstaben ausgewiesen.

Auf die in der Stadler-Ausgabe von 1954 im Apparat gesondert aufgeführten »Interpretationen und Erwähnungen« zu den einzelnen Gedichttexten mußte in der Neuausgabe verzichtet werden, da die in Betracht kommende Literatur mittlerweile einen zu großen Umfang erreicht hat. Nur auf einige größere Untersuchungen wird in abgekürzter Form verwiesen. Die vollständigen Titel dieser abgekürzt zitierten Literatur werden im Anschluß an diesen Bericht angeführt.

Die von Paul Raabe und Karl Ludwig Schneider für die Edition von 1954 zusammengestellte Bibliographie der Veröffentlichungen Stadlers ist, ergänzt durch alle inzwischen noch nachgewiesenen Publikationen des Autors, in diese Ausgabe übernommen worden. Die Bibliographie zur Literatur über Stadler wurde von Uta Roesler-Isringhaus bis zum Stand von 1981 ergänzt und für die Neuausgabe chronologisch angeordnet.

Die vorliegende Ausgabe von Stadlers »Dichtungen, Schriften, Briefe« wurde von den Herausgebern gemeinsam konzipiert, die Erarbeitung des Manuskriptes erfolgte anteilig (Klaus Hurlebusch: Übertragungen der Gedichte von Francis Jammes; Unveröffentlichte Dichtungen aus Abschriften von fremder Hand; Kritische Schriften; Bibliographie Teil I/II; – Karl Ludwig Schneider: Lyrik von 1901 bis einschließlich »Der Aufbruch«; Briefe von und an Stadler; Biographische Zeittafel). Rose-Maria Hurlebusch und Nina Schneider haben durch ihre Mitarbeit bei allen Recherchen und editorischen Arbeiten wesentlich zum Zustandekommen dieser Ausgabe beigetragen.

Wie schon die erste Edition von Stadlers Werk ein Ergebnis bereitwilliger Mithilfe von vielen Seiten gewesen ist, so sind auch die Herausgeber

Bericht der Herausgeber

dieser Neuausgabe bei ihrer Arbeit von vielen Bibliotheken, Archiven und Personen, die Materialien besaßen oder nachweisen konnten, wirksam unterstützt worden. Ihr Dank gilt vor allem Herrn Dr. Ottheinrich Hestermann, dem ein beträchtlicher Teil des Materialzuwachses der neuen Ausgabe zu verdanken ist und der darüber hinaus, in Zusammenarbeit mit seiner Frau, durch die schwierige Entzifferung des Kriegstagebuches und seine Ermittlungen zu diesem Dokument einen eigenen editorischen Beitrag für diesen Band geleistet hat. Eine ebenso wertvolle Hilfe war die von Frau Dr. Elisabeth Höpker-Herberg besorgte Transkription und Kommentierung des Bruchstückes aus Stadlers Straßburger Vorlesung von 1914. Die Erweiterung der Abteilung Kritische Schriften und die Beschaffung des Materials zur Kommentierung der Ausgabe insgesamt ist entscheidend erleichtert worden durch Straßburger Bibliotheken und Archive: für außergewöhnliche Hilfsbereitschaft sind die Herausgeber besonders verpflichtet Mme. Anne-Marie Kleiner, M. Gérard Littler und Mlle. Lucienne Schneider von der Bibliothèque Nationale et Universitaire, Section des Alsatiques; Mlle. Françoise Buch von der Bibliothèque municipale; M. François-Joseph Fuchs von den Archives municipales. Auch das Deutsche Literaturarchiv in Marbach hat die Auswertung dort verwahrter Handschriften und Materialien großzügig unterstützt. Vor allem Herr Prof. Dr. Bernhard Zeller und Herr Dr. Werner Volke haben mit der Beantwortung zahlreicher Fragen viel Mühe auf sich genommen. Die Hamburger Stiftung F. V. S. hat dankenswerterweise unerläßliche Archivreisen ermöglicht und dadurch die Vorbereitung der Ausgabe erheblich gefördert. In welchem Maße der Erfolg auch vieler Einzelrecherchen von freundlicher Mithilfe abhing, darüber geben die editorischen Einleitungen zu den Kritischen Schriften und den Briefen Zeugnis. Allen dort genannten Institutionen und Personen sei auch an dieser Stelle herzlich gedankt.

Hamburg, im September 1980

Klaus Hurlebusch   Karl Ludwig Schneider

Das Erscheinen dieses Bandes hat Karl Ludwig Schneider nicht mehr erlebt. Er starb am 9. Juli 1981, kurz vor Beginn der Drucklegung dieser Ausgabe. Seinen Anteil an den noch notwendigen editorischen Arbeiten hat Nina Schneider übernommen.

Hamburg, im Juli 1982   K. H.

ABGEKÜRZT ZITIERTE LITERATUR

Gier: Helmut Gier: *Die Entstehung des deutschen Expressionismus und die antisymbolistische Reaktion in Frankreich. Die literarische Entwicklung Ernst Stadlers.* München 1977. *(Münchner Germanistische Beiträge. 21.)*
Meyer: Julie Meyer: *Vom elsässischen Kunstfrühling zur utopischen Civitas Hominum. Jugendstil und Expressionismus bei René Schickele (1900–1920).* München 1981. *(Münchner Germanistische Beiträge. 26.)*
Rollmann: Hans Rollmann: *Die Berufung Ernst Stadlers an die Universität Toronto. Eine Dokumentation.* In: *Seminar. A Journal of Germanic Studies,* Bd. XVIII (1982), Nr. 2 (May), S. 79–113.
Thomke: Hellmut Thomke: *Hymnische Dichtung im Expressionismus.* Bern, München 1972.
Zeller/Otten: Kurt Wolff. *Briefwechsel eines Verlegers. 1911–1963. Herausgegeben von Bernhard Zeller und Ellen Otten.* Frankfurt a. M. 1966.

ABKÜRZUNGEN UND ZEICHEN

Geradschrift	*Text von Stadler und anderen Autoren, sowie in sich abgeschlossene Teile der Herausgebertexte*
Kursivschrift	*Herausgebertext*
S p e r r d r u c k	*Unterstreichungen in Manuskripten, Hervorhebungen in Drucken*
( )	*Klammern im Text des Autors*
( )	*Erläuterungszusätze der Herausgeber*
[ ]	*Texttilgung im Autortext*
⟨ ⟩	*unsichere Lesung*
▷	*nach der Verszahl am unteren Seitenrand: Seitenschluß trennt Strophe oder zusammengehörende Verspartie*
/	*Vers- oder Zeilensprung*
//	*Seitenwechsel*
Bl., Bll.	*Blatt, Blätter*
D	*Druck*
Dbl., Dbll.	*Doppelblatt, Doppelblätter*
gestr.	*gestrichen*
H	*Handschrift des Autors*
h	*Abschrift von fremder Hand*
Hs., Hss.	*Handschrift, Handschriften*
H.	*Heft*
Ms., Mss.	*Manuskript, Manuskripte*
u. d. T.	*unter dem Titel*
unl.	*unleserlich*
V.	*Vers*

# ÜBERLIEFERUNG
LESARTEN
ERLÄUTERUNGEN

VERSTREUT VERÖFFENTLICHTE GEDICHTE
1901 bis 1904
S. 7–32

9: Mainachtzauber

Überlieferung:
D: *Der Spielmann. Jg. 1 (1901), H. 5 (Juni), S. 205. Gezeichnet:* Ernst Stadler.

Erläuterungen:
Zur Veröffentlichung des Gedichtes in dieser der Heimatkunstbewegung nahestehenden Zeitschrift, die Ernst Wachler in Berlin herausgab, vgl. den Aufsatz von Ludwig Dietz: »Die ersten Veröffentlichungsversuche Ernst Stadlers«. In: Euphorion, Bd. 58 (1964), S. 69–73.

9: Abendrot

Überlieferung:
D: *Deutsche Dichtung. Bd. 30 (1901), H. 6 (15. Juni), S. 146. Gezeichnet:* Ernst Stadler.

Besonderheiten der Schreibung: Wallhall (Druckfehler?)

Erläuterungen:
Das Gedicht behandelt das Thema des Götteruntergangs und des Weltendes mit Motiven aus der Edda (Vǫluspá). Zur Veröffentlichung in der von Karl Emil Franzos herausgegebenen Zeitschrift »Deutsche Dichtung« (1886–1904) vgl. den Aufsatz von Wolfgang Martens: »Ein frühes Gedicht Ernst Stadlers«. In: Zeitschrift für deutsche Philologie, Jg. 77 (1958), S. 423–425.

6 Einherier] *Die Krieger Odins, die ihm beim Weltende in seinem Kampf beistehen.*

10 Asen] *Göttergeschlecht der nordischen Mythologie.*

11 Mimes Born] *Mimir, dem die Mimirquelle zugeschrieben wird, ist ein weiser Riese, dessen Rat Odin (Wodan) in schwierigen Augenblicken einholt.*

12 Heimdall] *Der Wächter der Götter.*

13 Walhall] *Die Halle Odins, Aufenthaltsort der in Schlachten Gefallenen.*

15 die Esche] *Die Weltesche Yggdrasil.*

16 eine neue Welt] *Nach der Vǫluspá (Str. 59) taucht nach dem Weltuntergang eine neue Welt aus dem Meer auf. Vgl. hierzu auch die Erläuterungen zu »Baldur« S. 599.*

Das Gedicht ist in D zweispaltig gesetzt. Der Spaltenwechsel nach Vers 10 wird durch einen Strophenabstand wiedergegeben.

10: Mädchenwünsche

Überlieferung:
D: *Stimmen der Gegenwart. Rheinisch-westfälisches Sonderheft. Jg. 2 (1901), H. 7 (Juli), S. 208–209. Gezeichnet:* Ernst Stadler, Straßburg i. E.

Apparat: Gedichte 1901–1904

11–14: Eine Nacht
Überlieferung:
D: *Die Gesellschaft. Jg. XVIII (1902), Bd. 1, H. 10 (Mai), S. 236–239.* Unter dem Sammeltitel Zwei Dichtungen von Ernst Stadler (Straßburg) zusammen mit Traum *veröffentlicht.*
Erläuterungen:
32 ER] *Mit* ER *ist, wie aus den folgenden Zeilen erhellt, Odin gemeint. Odin verpfändete ein Auge dem Riesen Mimir am Nornenquell.*
Nach Vers 99 ist in D Seitenwechsel, daher nicht sicher, ob hier Strophenende.
Bemerkenswert ist, daß Stadler sich mit diesem Gedicht und dem zugleich veröffentlichten »Traum« in der freien Form der von Arno Holz eingeführten Mittelachsenlyrik versucht.

14–16: Traum
Überlieferung:
D: *Die Gesellschaft. Jg. XVIII (1902), Bd. 1, H. 10 (Mai), S. 239–240.* Unter dem Sammeltitel Zwei Dichtungen von Ernst Stadler (Straßburg) zusammen mit Eine Nacht *veröffentlicht.*
Erläuterungen:
Wie »Eine Nacht« zeigt auch dieses Gedicht deutlich Einflüsse Lienhards, der mit seinen »Nordlandsliedern« (1899) die vorübergehende Vorliebe Stadlers und Schickeles für die Welt des Germanischen gefördert haben mag. Schickele veröffentlichte ähnlich geartete Dichtungen in den Gedichtbänden »Sommernächte« (1901) und »Pan« (1902). (Vgl. Meyer, S. 51–54.)

16: Vorfrühling
Überlieferung:
D: *Das Reichsland. Jg. 1 (1902/3), Nr. 3 (Juni 1902), S. 142.* Unter dem Sammeltitel Zwei Gedichte in Prosa als Nr. I *zusammen mit* Mysterium der Nacht *veröffentlicht. Gezeichnet:* Ernst Stadler, Strassburg i. Els.
Besonderheiten der Schreibung: Aeste; *durchgängig ss für* ß
Lesarten:
3 ketten] kettet *(Druckfehler?)* D

17–19: Mysterium der Nacht
Überlieferung:
D: *Das Reichsland. Jg. 1 (1902/3), Nr. 3 (Juni 1902), S. 142–144.* Unter dem Sammeltitel Zwei Gedichte in Prosa als Nr. II *zusammen mit* Vorfrühling *veröffentlicht. Gezeichnet:* Ernst Stadler. Strassburg i. Els.
Besonderheiten der Schreibung: Ueber, Ueberschwang; *durchgängig ss für* ß

19: Johannisnacht

Überlieferung:
D: *Johannisnacht. Verlag Josef Singer. Straßburg 1902. Gezeichnet:* Ernst Stadler. *In diesem Heft, an anderer Stelle, ist auch das Gedicht* Baldur-Christus *aus dem Zyklus* Baldur *veröffentlicht (vgl. D¹ auf S. 587).*
Besonderheiten der Schreibung: durchgängig ss für ß
Erläuterungen:
An dieser im Juni 1902 erschienenen Veröffentlichung zu der im Elsaß allgemein gefeierten Johannisnacht (24. Juni) sind noch folgende Mitarbeiter des Stürmer-Kreises mit literarischen Beiträgen beteiligt: René Schickele, Bernd Isemann, Otto Flake, Albert und Adolphe Matthis und Hans Karl Abel. Kunstbeilagen von den Malern der Straßburger Sezession des Salons Grombach: Maurice Achener, Georges Ritleng, Emile Schneider (vgl. Meyer, S. 23).
Zur Johannisnacht 1902 hat Stadler im »Stürmer« (Nr. 2, 15. Juli) ferner noch folgenden Beitrag veröffentlicht:

Zum 24. Juni 1902.
Ein Nachklang.

> Johannistag! Johannistag! ..
> Richard Wagner.

Johannisfest!
Heilige Weihe der Sonnwendfeuer, da sie noch Opferfeuer waren, in denen die Flammen der Kraft und Liebe in roter Glut zu Odins Sälen schlugen!
Johannisfest!
Gemütstiefe Freude des innigeren Mittelalters, wenn Alt und Jung aus Erker und Hütte durch graue Stadtthore hinausdrängte – auf die Festwiese, in den Sonnenschein! Buntumkränzte Schiffe den Fluß auf und ab. Musik und Tanz. Leuchtende Farben und einmal im Jahr ein Ausruhen von der täglichen Arbeit, Leben und Freude –

> »auf grüner Au', am Blumenhag,
> bei Spiel und Tanz im Lustgelag,
> an froher Brust geborgen,
> vergessen seiner Sorgen«

Und heute?
Wohl: Noch flammen sie im Gebirge, die alten Scheite. Aber ihr Feuerschein verblaßt vor dem Häusergewirr der Städte. Und die Sonne, die mit den Festfrohen lachte und leuchtete, huscht müde über gleichgültige und unfrohe Gesichter. Es ging ihnen verloren ...

★

Die Sonne sank blutigrot in die Kornfelder, als wir hinausgingen durch Vorstadtgassen, durch gelbe Felder – hinaus, unser Johannisfest zu feiern.

Auf der Ill, die sich dort, von Wiesen und Bäumen umflochten, wie ein kleiner Waldsee ausbuchtet, lag noch die lichte Dämmerung des Sommerabends.

Als wir wenige Stunden nachher aus der Wirtshausstube traten, war es Nacht geworden.

Überm Wasser zitterte ein dünner, weißer Nebel, vom Vollmond durchflossen.

In taktmäßigen Ruderschlägen flogen unsere Kähne die Ill hinab.

»Eins, zwei ... Eins, zwei ...«

Der Widerschein der roten Lampignons reckte sich in den aufgeworfenen Wellen wie glühende Feuerschlangen.

Am Ufer leuchteten sekundenlang bengalische Flammen auf: Unsere Johannisfeuer.

Und dann schießen die Kähne ins Schilf ans Ufer.

Wie Elfentanz huscht es über die Mondwiese. Wirft es sich in die laue Flut.

Nach Mitternacht geht's wieder zurück. In breitem Deckelkruge dampft der Glühwein.

Und dann wieder die Heimfahrt durch die Mondnacht. Zwischen Nacht und Morgen, durch Felder, Vorstadtgassen.

Und in den Sinnen noch der Zauberduft der Johannisnacht ...

*

Johannisfest!

Spiel und Tanz im Sonnenschein auf der Festwiese! Sonnwendfeuer durch die ganze Nacht auf Wiesen und Bergen!

Wie kam's, daß sie es verloren? ...

Der Freundeskreis von Stadler hat auch in späteren Jahren Johannisnacht-Schriften geplant und vorbereitet. Vgl. Brief 48 und die Erläuterungen dazu.

20–28: Baldur. Bruchstücke einer Dichtung

Zur Überlieferung und Datierung:

Zum Zyklus Baldur *liegen Textzeugen zu drei Fassungen vor. Davon bietet nur einer, nämlich der Druck in der Zeitschrift »Der Stürmer« vom August 1902 (D^2), den Text vollständig, und zwar in der zweiten Fassung. Von der dazu gehörenden handschriftlichen Druckvorlage (H^3) sind nur Reste erhalten mit dem Zyklustitel, dem Motto und den letzten 18 Versen von* Finale.

Vor dieser Gesamtveröffentlichung ist aus der zweiten Fassung der Zyklusteil Baldur-Christus *im Juni 1902 in dem Heft »Johannisnacht« abgedruckt worden (D^1), die dazu gehörende handschriftliche Druckvorlage (H^2) ist erhalten.*

Apparat: Gedichte 1901–1904

Von der ersten Fassung sind nur die Zyklusteile Baldurs Traum, Baldurs Tod und Totenfahrt in einer Reinschrift (H^1) überliefert, die für die erste Hälfte 1902 anzusetzen ist. In diese Reinschrift ist in Baldurs Traum (H^{1a}) in und über den Zeilen des Textes ein Entwurf zur zweiten Fassung dieses Zyklusteils (H^{1b}) ausgearbeitet worden.

Von der dritten Fassung, in Mittelachsenanordnung, sind nur zwei unvollständige Reinschriften überliefert. Die erste Reinschrift (H^4), in lateinischer Schrift (Versanfänge groß), enthält folgende Teile: Zyklustitel Baldur. Ein Fragment; das Motto; Baldurs Traum (nur die Überschrift); Totenfahrt; Gethsemane (unvollständig). Sie ist zeitlich nach dem Abdruck der zweiten Fassung im »Stürmer« anzusetzen, nach Papier und Schriftbefund wahrscheinlich 1903.

Die zweite Reinschrift (H^5) der Fassung in Mittelachsenanordnung, in deutscher Schrift (Versanfänge klein), enthält nur den Zyklusteil Baldur=Christus und ist nach Papier und Schriftbefund wahrscheinlich noch später niedergeschrieben worden. Die dort von Stadler unter dem Titel in Klammern angegebene Jahreszahl 1902 bezieht sich auf die Entstehungszeit des ganzen Zyklus und ist keine Datierung der Handschrift.

Übersicht der überlieferten Zyklusteile

1. Fassung	H^1	Baldurs Traum (H^{1a}); Baldurs Tod; Totenfahrt	Erste Hälfte 1902
2. Fassung	H^{1b}	Baldurs Traum *(Entwurf)*	
	H^2	Baldur=Christus	
	D^1	Baldur-Christus	Juni 1902
	H^3	*Motto;* Finale V. 23–40	
	D^2	*Vollständiger Text des Zyklus: Motto;* Baldurs Traum; Baldurs Tod; Totenfahrt; Prometheus; Baldur-Christus; Gethsemane; Finale	15. August 1902
3. Fassung	H^4	*in Mittelachsenanordnung: Motto;* Totenfahrt; Gethsemane	etwa 1903 (?)
	H^5	*in Mittelachsenanordnung:* Baldur=Christus	

Überlieferung:
Erste Fassung:
H^1: *Ms. Stadlers. Privatbesitz. Konvolut von 10 Einzelbll. 20,9 × 16,5 (16,3) cm, gelblich-glattes Papier ohne Wasserzeichen. Sämtliche Bll. einseitig beschrieben, deutsche Schrift, dunkle Tinte. Blattzählung von 1–10 von Stadlers Hand. Reinschrift. Nicht datiert. Enthält den vollständigen Text der Zyklusteile:* Bal-

Apparat: Gedichte 1901–1904

durs Traum *(Bl. 1–3)*, Baldurs Tod *(Bl. 4–8)*, Totenfahrt *(Bl. 9–10)*. *Die Überschriften der Zyklusteile unterstrichen. Versanfänge klein.*
H^{1a}: *Die Reinschrift von* Baldurs Traum *diente später als Grundlage für die Umarbeitung dieses Zyklusteils zur zweiten Fassung. Dieser Entwurf zur zweiten Fassung (H^{1b}) wurde durch Streichungen und Einzelkorrekturen in Blei und Tinte ausgearbeitet. Die Änderungen sind in und über den Zeilen von H^{1a} in flüchtigem Duktus eingetragen.*
Zweite Fassung:
H^{1b}: *Siehe oben zu H^{1a}.*
H^2: *Ms. Stadlers. Privatbesitz. Konvolut von 4 Einzelbll. 21 × 16,3 cm, gelblich-glattes Papier ohne Wasserzeichen. Sämtliche Bll. einseitig beschrieben, deutsche Schrift, dunkle Tinte. Blattzählung 1–4 von Stadlers Hand. Reinschrift. Nicht datiert. Enthält:* Baldur = Christus. / (Aus einem Cyklus »Baldur«). *Unterzeichnet:* Ernst Stadler. *Vollständiger Text des Zyklusteils. Überschrift unterstrichen. Versanfänge groß. Druckvorlage von D^1.*
D^1: *Johannisnacht. Verlag Josef Singer. Straßburg 1902. (Juni). Abdruck von:* Baldur-Christus. *Vollständiger Text des Zyklusteils. Gezeichnet:* Ernst Stadler. *Abdruck von H^2. Versanfänge groß. Besonderheiten der Schreibung: durchgängig ss für ß.*
H^3: *Ms. Stadlers. Privatbesitz. Konvolut von 1 Doppelbl. und 1 Einzelbl.; Doppelbl. 20,8 × 16,2 cm, gelblich-glattes Papier ohne Wasserzeichen, ausgelöste Heftseiten, abgerundete Ecken. Einzelbl. 20,9 × 16,3 cm, gelblich-glattes Papier ohne Wasserzeichen. Bl. 1 des Doppelbl. und das Einzelbl. einseitig beschrieben, Bl. 2 des Doppelbl. leer. Deutsche Schrift, dunkle Tinte. Versanfänge groß. Nicht datiert. Das Doppelbl. und das Einzelbl. sind Reste eines Reinschriften-Ms., das Druckvorlage für D^2 gewesen ist.*
Auf der Vorderseite des Doppelbl., das als Umschlag des Gesamt-Ms. diente, von Stadlers Hand: Am oberen Rand in der Mitte: Baldur. / Bruchstücke einer Dichtung. / von / Ernst Stadler; *Überschrift doppelt, Untertitel und Name einfach unterstrichen. Darunter: Das Motto, mit folgendem Vermerk am linken Rand:* (als Motto / rechts klein / drucken!) *Das Wort* klein *doppelt unterstrichen. In der rechten Ecke oben:* Correktur an / E. Stadler / Grandidierstr. 1
*Das Einzelbl. enthält die Reinschrift der letzten 18 Verse des Zyklus (*Finale *Vers 24–41). Rechts oben in der Ecke von Stadlers Hand die Blattzählung* 12) *darüber von fremder Hand die Zählung* 17
D^2: *Der Stürmer. Jg. 1902, Nr. 4 (15. August), S. 57–62. Abdruck von:* Baldur. / Bruchstücke einer Dichtung von Ernst Stadler. *Vollständiger Text der zweiten Fassung. Versanfänge groß.*
D^3: *Die Aktion. Jg. 1915, Nr. 14/15 (3. April), Sp. 171. Überschrift:* Christi Kreuzigung. *Unter dem Titel der redaktionelle Vermerk:* Dieses Gedicht hat Ernst Stadler als Neunzehnjähriger, 1902, geschaffen. *Abdruck von Vers 19–35 aus* Baldur-Christus. *Versanfänge groß.*

Apparat: Gedichte 1901–1904

Dritte Fassung (in Mittelachsenanordnung):
H^4: Ms. Stadlers. Privatbesitz. Konvolut von 1 Doppelbl. und 5 Einzelbll.;
Doppelbl. 20,9 × 16,5 cm und 1 Einzelbl. 20,9 × 16,4 cm, gelblich-glattes
Papier mit Teilen des Wasserzeichens: L. SCHWINDENHAMMER / TÜRKHEIM
I. E. 3a NORMAL 3a; *4 Einzelbll. 21 × 16,5 (16,3) cm, gelblich-glattes Papier*
ohne Wasserzeichen. Sämtliche Bll. einseitig beschrieben, lateinische Schrift,
dunkle Tinte. Reinschrift. Versanfänge groß. Nicht datiert. Blätter nicht ge-
zählt. Das als Umschlag dienende Doppelbl. trägt auf der Vorderseite den Titel
Baldur. / Ein Fragment. und darunter das Motto (in Mittelachsenanordnung).
Die eingelegten Einzelbll. enthalten: 1. Einzelbl.: Nur die Überschrift Baldurs
Traum. *Übrige Seite leer. 2. Einzelbl.: Reinschrift des vollständigen Textes*
von Totenfahrt *in Mittelachsenanordnung. 3.–5. Einzelbl.: Reinschrift von*
Gethsemane. *Bruchstück einer erweiterten Fassung in Mittelachsenanordnung*
(Vers 1–37). Die Überschriften des Zyklus und der Zyklusteile unterstrichen.
Besonderheiten der Schreibung: durchgängig ss für ß.
H^5: Ms. Stadlers. Privatbesitz. Konvolut von 1 Doppelbl. und 2 Einzelbll.
20,9 × 16,5 cm, gelblich-glattes Papier mit Teilen des Wasserzeichens:
SCHWINDENHAMMER / TÜRKHEIM I. E. 3a NORMAL 3a *Sämtliche Bll. einseitig*
beschrieben, deutsche Schrift, dunkle Tinte. Reinschrift. Versanfänge klein.
Nicht datiert. Die Blätter ursprünglich ohne Zählung, jetzt vom Herausgeber
von 1–4 durchgezählt. Enthält den vollständigen Text von Baldur-Christus *in*
Mittelachsenanordnung. Auf Blatt 1 oben über dem Text die unterstrichene
Überschrift: Baldur = Christus; *darunter die Jahreszahl (1902), die sich nicht*
auf diese Handschrift, sondern auf die Entstehungszeit des Baldur-Zyklus be-
zieht.

Druckvorlage für den Text in dieser Ausgabe ist D^2 mit dem einzigen vollständigen
Text des Zyklus. Die eindeutig identifizierbaren Druckfehler in D^2 wurden still-
schweigend berichtigt.
Der Text der ersten und der dritten Fassung ist im folgenden wiedergegeben.

Erste Fassung
(H^1 H^{1a})

Von dieser Fassung liegen folgende Zyklusteile vor: Baldurs Traum *(H^{1a}),*
Baldurs Tod *(H^1),* Totenfahrt *(H^1). Sie werden hier vollständig abgedruckt:*

Baldurs Traum

Durch alle Lande leuchteten die Opferbrände ...

In steilen Felsenkelchen lohte
aus Urwaldsscheiten roter Flammenwind   ▷

Apparat: Gedichte 1901–1904

    und schlang sich fort
5   von Berg zu Berg
    in wildem Reigen Welten überklammernd.

    Ein Rauschen trug die Luft, ein Lied der Kraft:
    Das klang, als rüttelte durch Orgelpfeifen
    ein Nordsturm, der aus Gischt und Brandung sich
10 den Atem borgte, wühlte wie
    in Harfensaiten, und die Töne sprangen
    aus Grab und Traum aufschreiend in die Welt.
    Und war
    ein Lied des Trotzes und ein Lied der Jugend.
15 Sonnwendnacht . .

    Durch alle Lande leuchteten die Opferbrände //

    In steile Lüfte hob sich schwarzes Felsgeklipp.
    Schatten gebar die Nacht,
    ein grauses Heer:
20 Die Stufen klommen keuchend sie empor,
    brachen von Felsenhelmen starre Blöcke
    und stemmten wirbelnd sie
    gegen die Götter, die von Licht umgürtet
    die Bogensehnen auf sie klingen ließen.

25 Furchtbar stob der Streit:
    Das Blut schlang taumelnd seine Reigen durch die Schlacht, bis
    nur zwei noch standen von den Vielen: Hier
    leuchtend der Gott,
    mit Laub das blonde Haar durchflochten – dort
30 der Schwarze mit den starren Raubtieraugen . . .

    Jäh griff der Gott zum Bogen, seine Finger
    strafften die Saiten wild zum Todesschuß:
    Da sprang
    gellend die Sehne. Höhnend sah's
35 der Schwarze, riß aus dem Geklüft //
    den wildesten der Steine, schmetterte ihn
    ausholend auf die Stirn des Andern,
    daß Stein und Leib sich überschlagend,
    ein wirres Knäuel, dröhnend in die Klippenschroffen schlugen . . .

40 Und mit dem Siegsgebrüll des Schwarzen fiel
    eisige Nacht aus Wolken in die Welt,
    und auf den Bergen löschte Sturm die Flammen . . . H^{1a}

Baldurs Tod

Starr stand er,
den Todespfeil im Herzen,
weiße Rosenblüten im blondseidenen Haar –
stand und wankte nicht.

5   Jähes Grauen lähmte die Himmel und ein Schluchzen trug
zitternd der Abendwind durch dämmernde Welten.

Alle Asen weinten und Asinnen ...

Er aber, traumverloren, starrte
in die purpurnen Abendröten,
10 die bis vor seine Füße rotes Gold
in schweren Wogen schlugen, sah sie
verglimmen, seine Wangen bleichen,
lächelte und schwieg.

Und seiner Mörder Schattenleiber wuchsen
15 aus grünlich-blassen Dämmerungen
am Horizonte vor und schritten,
schwarze Henker, klirrend übern Himmel,
der schauernd hinter Wolkenpfeilern sich verkroch.

Da wandte sich der Gott und sah sie an.

20 Ein blendend Klingen schoß durch alle Welten
in Jubellichtakkorden, wie
des Gottes Blick sie strich.

Und jene bogen tief die heiße Stirn.

Er aber
25 sah in die Nacht –
und sah
aus grauen Wolken streng die Zukunft schreiten:
. . . .
»Wehe Walhall und Walhalls Wohnern! ...

30 Flammen lodern durch Wetternächte,
Pfeiler bersten,
qualmend stiebt Gebälk –
in Feuerbränden bricht die alte Welt. //

Nacht ...

35 Durch kahle Wüsten klagt
    der Nordsturm, reißt
    von trümmernden Altären
    verklungnen Lebens Asche und verweht
    sie wirbelnd in die grauen Lüfte ...

40 Ein uralt-brausend Lied der Ewigkeit rauscht in den Fluten auf,
    die junge Sonnen auf die Erde tragen,
    ein Lied vom Werden und Vergehn der Welten,
    Wiederkunft des Lichtes,
    meiner Wiederkunft ...

45 Ich sterbe. Doch aus meinen Wunden quillt ein Blut,
    das einen Samen treibt, der einst
    aufglüht zu hundert heißen Blütenkelchen.

    Und auferstehen werd ich, wandeln –
    gehetzt, gehöhnt ...
50 bis an mein Kreuz: //
    Sterben
    und wieder auferstehn ...

    Bis einst
    die Menschheit reifte, und
55 ein großer Sonntag allen Welten dämmert.

    Da rauscht ein einzig Glockenläuten durch die Luft
    und schwingt aus allen Seelen,
    heilige Choräle
    reicht Morgenglanz von Hain zu Hain,
60 und ewige Sonne rinnt aus reinen Himmeln.

    Wohnen werd ich unter euch und wandeln,
    Mensch unter Menschen,
    und Frühgeliebte du,
    Nana, Goldlockige, auch du
65 kehrst heim, und alles Leben ist
    ein einzig hehres Opferfest von Licht und Liebe ...«

    Aufschauernd schwieg er. //

    Alle Stützen wankten um ihn.
    Jäh brach er auf das Purpurlager.
70 Krampfend griff die Hand
    zum letzten Male in das Quellgold,
    das um ihn flutete, und ließ es breit   ▷

und leuchtend durch die starren Finger rieseln:

Funkensplitter stoben klingend durch den Abend
75 und tanzten auf die Erde.
Heißes Wundenblut
Troff durch die Wolken nieder – Sonnensamen,
Knospen zu zeugen roter Zauberblüten ...

Ein greller Windstoß löscht die Glut.
80 Die Welt schreit auf.
Wildstrudelnd strömt die Nacht in breite Becken: ...

Baldur starb. *H¹*

Totenfahrt

In weichem Wiegen schaukelte die Brandung
die Königsbarke, die
in Flor getaucht hinaussah auf die See.

Am Ufer standen
5 die Asen all und sahen wortlos, wie
die Abendglut in Baldurs Locken weinte ...

Und plötzlich floß ein Duften durch die Luft,
als strömt' ein Atmen her von tausend Rosenbeeten,
in schwülen Sommernächten abgestreift.

10 Ein Funkentanz
sprüht in den Scheiten, drauf
er lächelnd ausgegossen liegt,
und wie von Glanz und Duft gezogen knirscht
das Schiff ins Meer:

15 Die bleichen Wangen leuchten auf in all den Feuern
wie Wolkenschnee von Abendlicht erglüht. //

Blauer Glast
glomm auf dem Dach,
floß rieselnd in die Flut,
20 glomm auf den Wellen weiter
wie lichter Bernstein, der
in breite Wasserfurchen niederfiel.

Langsam sank
das Totenschiff in graue Dämmerfernen.

Apparat: Gedichte 1901–1904

25 Schatten schleiften hinterdrein,
    wie lange, schwarze Schleppen,
    und woben einen Mantel um die Welt.

    Starr standen
    die Asen ... bleich ... und sahen
30 aufs Meer hinaus, wo fern
    die Glut verleuchtete. Und es war,
    als wiche weit durch goldne Abendtore
    ihr Glück und ihre Jugend in die Nacht ... H^1

Lesarten der ersten Fassung (H^{1a} H^1):
Baldurs Traum:
29 mit nach gestr. N H^{1a} – 36–37: zwischen diesen Versen gestr.: Ausholend H^{1a} – 39 Knäuel] Kneuel (Schreibversehen?) H^{1a}
Baldurs Tod:
15 aus verb. aus: Aus H^1 – 21 in verb. aus: In H^1 – 49 gehetzt nach gestr. G H^1 – 65 kehrst nach gestr. Auch H^1
Totenfahrt:
8 strömt ein Atmen] (1) strömte Atem (2) strömt ein Atmen H^1 – 11 Scheiten, drauf] (1) Scheiten auf, darauf (2) Scheiten, drauf H^1 – 30 aufs nach gestr. Auf H^1 – 32 Abendtore] Abend (1) thore (2) tore H^1

Zweite Fassung
(H^{1b} H^2 D^1 H^3 D^2 D^3)

Der einzige vollständig erhaltene Text von Baldur. Bruchstücke einer Dichtung liegt in D^2 vor (siehe den Abdruck im Textteil dieser Ausgabe S. 20–28). Zur zweiten Fassung des Zyklusteils Baldurs Traum liegt ein Entwurf (H^{1b}) vor, der durch Streichungen und Einzelkorrekturen in und über den Zeilen der ersten Fassung (H^{1a}) ausgearbeitet wurde.

Bei der doppelten Zeilenzählung des im folgenden abgedruckten Entwurfes bezieht sich die erste Ziffer auf den entsprechenden Vers in der ersten Fassung (H^{1a}), die zweite Ziffer auf den entsprechenden Vers in D^2 bzw. im Text dieser Ausgabe.

Baldurs Traum

1/ 1 Durch alle Lande leuchteten die Opferbrände ...
7/ 2 Ein Rauschen trug die Luft, ein Lied der Kraft:
8/ 3 Das klang, als rüttelte durch Orgelpfeifen
9/ 4 ein Nordsturm, der aus Gischt
9/ 4 Und Brandung sich
10/ 5 Den Feueratem borgte ...

13/ 7 Und war ▷

Apparat: Gedichte 1901–1904

14/ 8 ein Lied des Trotzes und ein Lied des Lebens
15/ 9 Sonnwendnacht ...

16/10 Durch alle Lande leuchteten die Opferbrände

25/12 Heiß stob der Streit:
26/13 Das Blut schlang seine Reigen durch die Reihn
27/14 nur zwei noch standen:

31/17 Wild griff der Gott zum Bogen, seine Finger
32/18 Krampften die Saiten ⟨an⟩
33/20 Jäh zerklirrten die *(bricht ab)*

36   den wildesten der Steine, schmetterte ihn *(bricht ab)* H^{1b}

Zur zweiten Fassung sind außerdem in Handschriften und Einzeldrucken noch folgende Zyklusteile überliefert: Zyklus-Überschrift und Motto (H^3), Baldur-Christus ($H^2 D^1$; Vers 19–35 D^3), Finale Vers 23–40 (H^3). Die Varianten aus diesen Textzeugen werden hier, für jeden Zyklusteil gesondert, verzeichnet.

Lesarten der zweiten Fassung ($H^{1b} H^2 D^1 H^3 D^3$):
   Zyklus-Überschrift: *fehlt* $H^{1b} H^2 D^1 D^3$
   Motto: *fehlt* $H^{1b} H^2 D^1 D^3$
   Vers 2–6 gestr. und wieder eingesetzt H^3 – *3 einmal unterstr.* H^3 – 5 über alle Welten flutet:] *(1)* über allen Welten flammt: *(2)* über alle Welten flutet: H^3 – 6 Einmal *unterstr.* H^3 – 6 Nacht,] Nacht H^3 – 10 umbrausen,] umbrausen H^3
Baldurs Traum: *fehlt* $H^2 D^1 H^3 D^3$
Baldurs Tod, Totenfahrt, Prometheus: *fehlen* $H^{1b} H^2 D^1 H^3 D^3$
Baldur-Christus: *fehlt* $H^{1b} H^3$; *Vers 1–18 und 36–58 fehlen in* D^3
   Überschrift: Baldur = Christus. (Aus einem Cyklus »Baldur«) H^2
           Christi Kreuzigung D^3
1 Tropfen] Tropfe $H^2 D^1$ – 23 empor warfen] emporwarfen $H^2 D^1 D^3$ – 33 trunknen] trunkenen D^3 – 39 Straßen] Gassen $H^2 D^1$ – 54 gekrallt] gekrallt, $H^2 D^1$
Die Verse 12, 26, 35 in H^2 und D^1 zur Mitte eingerückt.
In H^2 und D^1 Gruppierungen des Textes durch größere Zeilenabstände nach folgenden Versen: 2, 4, 9, 16, 18, 26, 35, 41, 43, 46, 48, 55. In D^1 außerdem größere Zeilenabstände nach den Versen: 33, 45, 57 (wahrscheinlich Irrtum des Setzers.)
Gethsemane: *fehlt* $H^{1b} H^2 D^1 H^3 D^3$
Finale: *fehlt* $H^{1b} H^2 D^1 D^3$
   Überschrift *und Vers 1–23 fehlen in* H^3
   39 schwelgen. *nach gestr.* trinken, H^3

Apparat: Gedichte 1901–1904

Dritte Fassung
In Mittelachsenanordnung (H⁴ H⁵)

Von dieser Fassung sind folgende Zyklusteile überliefert: Zyklus-Überschrift und Motto (H⁴), Totenfahrt (H⁴), Baldur-Christus (H⁵), Gethsemane Vers 1–37 (H⁴). Diese Texte aus H⁴ und H⁵ werden hier vollständig wiedergegeben.

Baldur.
Ein Fragment.

      Sonnenaufgänge sing' ich und Sonnenuntergänge:
      Aufgang und Untergang ist das Leben –
      Aber einmal dämmern Tage,
      Da die Nacht in graue Gräber fiel,
5   Ewig Sonnenleuchten über alle Welten flutet:
      Einmal – und ich lausche in die Nacht,
      Und mir ist, der fahle Dämmer trägt
      Wie ein zitternd Ahnen fernes Raunen,
      Abglanz jener tausend Morgenchöre,
10   Die der Welten hehrstes Fest umbrausen,
      Und ich grüße aus dem Zwang der Nacht
      Künftiger Zeiten junge Morgenröten.   *H⁴*

Totenfahrt

      In weichem Wiegen schaukelte die Brandung
      Die Königsbarke, die
      In Flor getaucht hinaussah auf die See.
      Am Ufer standen
5   Die Asen all und sahen wortlos, wie
      Die Abendglut in Baldurs Locken weinte.
      Wie Rosenduften schwamm's durch goldne Lüfte,
      Das Sonnenuntergangs, wenn alle Blumenkelche
      Ihr Sehnen glühender in den Abend gießen,
10   Der Sommerwind auf Sammetflügeln stahl,
      Und lodernd knirscht die Barke in die Flut.

      Stumm standen
      Die Asen – bleich . . . und sahen
      Aufs Meer hinaus, wo fern
15   Die Glut verleuchtete. Und es war,
      Als wiche weit durch goldene Abendtore
      Ihr Glück und ihre Jugend in die Nacht . . .   *H⁴*

Apparat: Gedichte 1901–1904

Gethsemane

Starren Auges durch die Palmen schritt die Mitternacht...
Nachtgestalten stoben auf aus Sümpfen und Niederungen,
Glitten um den Beter, der im weißen Büßerhemde
Am Boden kauerte und rang –
5 Ohnmacht der Einsamkeit,
Rüttelnde Fieberglut brennender Zweifel,
Wilde Schauer vor dem Fremden – Ungeheuren,
Das dort lauert mit den kalten, gierigen Augen –

Und die Sehnsucht hinaus in das Leben, das große, rauschende, das da draußen flutet,
10 Das mit Rosen umkränzt und triefend von köstlichen Salben
Seiner wartet, die tiefe, selige Glut der Erfüllung im Auge,
In das er niedersinken möchte, wortlos, trunken
Und in seine süßen Taumel sich vergraben...

Heiser stammelnd fleht sein Mund hinauf,
15 Daß er einmal noch das Richtschwert senke,
Der starre Fremde, //
Der im Nebel dort
Riesengroß und ehern aus den blauen Schatten wächst,
Einmal noch von überglänzten Höhn
20 Sein Fuß ihn niedertrage in die blühenden Lande
Und durch weiß schimmernde Sommergärten
Und goldig schwingende Luft ein überquellend Jauchzen
Auf Siege⟨s⟩fluten ihn von dannen reiße...

Betend sinkt sein Auge in die Ferne,
25 Seine Seele lechtzt nach dem Wunder...

Langsam, läutend glimmt ein rotes Licht.
Tiefer wird das Glühen, voller schwillt der Klang
Um sein Antlitz spielt's in tausend Tropfen –
Wie ein rauschend Festlied ist es, das durch Kirchenflügel dröhnt:
30 Posaunen tragen ehern es empor,
Und alle Geigen fallen flimmernd ein
In brausend Bogenstrichen,
Vögel jauchzen,
Und Morgenglocken wehen von den Türmen
35 Jerusalems herauf einrauschend in //
Die breiten Takte, die
Im Werdelied des Tags die Welt durchfluten. *(bricht ab)* H[4]

Apparat: Gedichte 1901–1904

Der folgende Zyklusteil Baldur = Christus *(H⁵) ist wahrscheinlich später anzusetzen als die Zyklusteile in Mittelachsenanordnung von H⁴. Der Text von H⁴ ist in lateinischer Schrift und mit großen Versanfängen, der Text von H⁵ in deutscher Schrift und mit kleinen Versanfängen niedergeschrieben.*

Baldur = Christus
(1902)

Und wieder ward der zeugende Tropfen Bluts aus Baldurs Wundenmalen
    zu roter Blüte erlöst in der Seele eines Menschen.

    Das war, als der südliche Mittag mit glühenden Lippen
        verdurstend an den Steppen sog von Palästina.

5   Heiß gärte ihr Blut und von der trocknen Straße stieg
          ein Feueratem auf
       und wirbelte in braunen Flocken
    um sonnverbrannte, staubstarrende Gesichter,
       als sie ihn zum ersten Male sahen.

10   Der Sommerwind riß gierig Jubelrufe
von ihrem Mund und schleifte sie die Gassen lang:
       »Hosianna! Hosianna!«
   Palmen schwankten und bunte Tücher //
       und ein Leuchten floß
15   von ihm in alle Seelen
     und jauchzte durch die Welt.

Und es sank der Mittag hin, und das Lied verschwamm
im blauen Dämmern, das von den Bergen niederrollte.
  Abendgluten rankten sich um Marmorsäulen,
20   bluteten auf den weißgebauschten Mantel, zuckten
      um wutverzerrte, bleiche Züge,
        um geballte Fäuste,
   die sich emporwarfen zur Terrasse, wo
    er träumend über ihre Häuter weg
25   den Tag ins blaue Meer verklingen sah –
     »Kreuzige ihn! Kreuzige ihn!«

  Dumpfes Hämmern durch das schwüle Zwielicht.
       Glühend starrt die Gier.
   Die rostigen Nägel beißen sich ins Fleisch,
30   die Sehnen springen, //
     dampfend quillt das Blut.   ▷

Apparat: Gedichte 1901–1904

Ein Wimmern stirbt
im trunknen Reigen, der von Blut und Gier berauscht
das Kreuz umrast:
35   »Hilf dir, König der Juden!«

Und der Sturm stöhnt auf
schreiend verstiebt der Schwarm.
Falbe Blitze stechen nieder,
rasen durch die Gassen der Stadt,
40   die wie von schwarzer Asche verschüttet starrt –
fern verdröhnend.

Dann weicher Regen.
Atmende Stille.
Die Palmen schauern sich
45   den Rieseltau von feuchten Blättern.
Ein Windstoß reißt die Wolken auseinander – //

Aus grauen Nebeln
weiß
der Mond.

50   Ein bleiches Leuchten rieselt den schwarzen Stamm hinab,
der jäh sich aufreckt in die Nacht auf Golgatha,
zittert auf geschlossnen Lidern
und fahlen Wangen, über die
vom Dornkranz, der mit Raubtierpranken
55   sich tief ins Fleisch gekrallt
ein dünnes Rot hinsickert ...

Dann wieder Nacht.
Und wilder stöhnt der Sturm.
Schwer sinkt ein schlaffes Haupt zur Brust herab.   *H⁵*

Lesarten der dritten Fassung (H⁴ H⁵):
  Zyklus-Überschrift und Motto: fehlen H⁵
Baldurs Traum*: fehlt H⁵; In H⁴ nur die Überschrift vorhanden, restliche Seite leer.*
Totenfahrt*: fehlt H⁵*
Baldur-Christus*: fehlt H⁴*
  17 hin] hieng *(Schreibversehen) H⁵ – 25* den] Den *(Versanfang versehentlich groß) H⁵ – 58* wilder *aus* wieder *H⁵*
Gethsemane*: fehlt H⁵*
  28 spielt's *nach gestr.* in *H⁴*

Apparat: Gedichte 1901–1904

Erläuterungen zum Text (S. 20–28):
Die als Bruchstück bezeichnete Dichtung »Baldur« behandelt frei den Balder-Mythos der Edda. Für die von Stadler vorgenommene Verbindung von Baldur, Prometheus und Christus verweist Gier (S. 56) auf allgemeine synkretistische Tendenzen in Literatur und Kunst um 1900 und führt als Parallele das Gedicht »Christus-Prometheus« von Karl August Hückinghaus (in: ›»Moderne Dichtercharaktere«, hg. von Wilhelm Arent, Leipzig 1885, S. 129f.) an. Thomke (S. 41) zieht ferner als mögliche Anregung auch die Verbindung von Christus und Dionysos in Hölderlins Hymne »Der Einzige« in Betracht. Im übrigen entspricht die Vereinigung Balders mit der Gestalt Christi aber auch einer Strömung der Forschung um die Jahrhundertwende, die christliche Elemente in der nordischen Überlieferung sehen wollte. Das 1889 von Oscar Brenner ins Deutsche übersetzte Buch des Norwegers Sophus Bugge »Studien über die Entstehung der nordischen Götter- und Heldensagen« enthält zum Beispiel einen ganzen Abschnitt über Balder und Christus (S. 34–70).
Motto: Die Varianten der zweiten und dritten Fassung im Text des Mottos sprechen dafür, daß dieser dem Zyklus vorangestellte Textteil von Stadler selbst stammt.
Baldurs Traum: *Das Edda-Lied »Balders Träume« (Baldrs draumar. Edda, ed. Neckel³, S. 273ff.; vgl. Sammlung Thule, Bd. II, S. 24ff.) berichtet, daß der Gott Balder im Traum erfährt, daß ihm Unheil droht. Die Edda weiß jedoch nichts vom Kampf des Gottes mit einem Schwarzalben.*
Baldurs Tod: *Über Balders Tod berichtet die Snorra-Edda (Edda Snorra Sturlusonar, ed. F. Jonsson, 1931, S. 63ff.; vgl. Sammlung Thule, Bd. XX, S. 103ff.) folgendes: Nach Balders unheilkündendem Traum werden alle Dinge von den Göttern verpflichtet, Balder kein Leid zuzufügen. Nur die Mistel wird vergessen. Als die Götter sich damit belustigen, auf den gegen alles gefeiten Balder zu schießen, veranlaßt Loki Hödur, mit einem Mistelzweig nach Balder zu schießen. Durch diesen Schuß wird Balder getötet. Stadlers Darstellung bezieht sich auf die Quellen, geht aber im einzelnen ausmalend weit über sie hinaus.*
13 die Esche] Gemeint ist die Weltesche Yggdrasill. *– 14 Urd]* Weibliche Schicksalsgottheit, unheilbringendes Wesen überhaupt. *– 21 Glüht neuer Welten neues Morgenrot]* Bezugnahme auf die Vǫluspá (Vǫluspá. Edda, ed. Neckel³; vgl. Sammlung Thule, Bd. II.) nach deren Darstellung mit Balders Tod der Weltuntergang beginnt, aber später eine neue Welt aus dem Meer auftaucht (Vǫluspá Str. 59). *– 24–25 Bis einst ein großer Sonntag allen Welten dämmert]* Die Vǫluspá (Str. 65) schließt mit dem Hinweis auf einen kommenden Gott, in dem einige Forscher eine Kontamination mit Christus vermuteten.
Totenfahrt: *Die Totenfahrt Balders ist dargestellt in der Snorra-Edda (a.a.O., S. 65ff.; vgl. Sammlung Thule. Bd. XX, S. 105ff.).*
5 die Asen] Göttergeschlecht der nordischen Mythologie.

29: Dämmerung

Überlieferung:
D: *Der Stürmer. Jg. 1902, Nr. 8 (15. Oktober), S. 133. Gezeichnet:* Ernst Stadler.
H: *Vers 15–24. Einzelhs., Privatbesitz. Einzelbl. 20,9 × 16,5 cm, gelblichglattes Papier ohne Wasserzeichen. Einseitig beschrieben, lateinische Schrift, dunkle Tinte. Versanfänge groß. Nicht datiert. Enthält die letzten 10 Verse einer Fassung in Mittelachsenanordnung. Das erste Blatt der Hs. mit den Versen 1–14 ist verschollen.*
Besonderheiten der Schreibung: Strasse
Lesarten:
15 raffen.] raffen, H

30: Ex aetheribus

Überlieferung:
D: *Der Merker. Halbmonatsschrift. Jg. 1 (1903), H. 1 und 2 (15. April), S. 15. Dort zusammen veröffentlicht mit* Verloren. *Verfasserangabe:* Hanns Horst *(Pseudonym Ernst Stadlers).*
Erläuterungen:
Daß Stadler der Verfasser der beiden unter dem Namen Hanns Horst im »Merker« veröffentlichten Gedichte »Ex aetheribus« und »Verloren« ist, läßt sich durch folgende Befunde belegen: 1. Der in eigenhändiger Handschrift Stadlers vorliegende Aufsatz über »Philipp Langmann« (vgl. S. 260–261) wurde gleichfalls mit dem Pseudonym Hans (sic!) Horst gezeichnet, doch hat Stadler in seinem Manuskript das Pseudonym wieder gestrichen und ersetzt durch die Verfasserangabe: Ernst Stadler (Strassburg) *(Vgl. Abschnitt »Überlieferung« S. 681). 2. Otto Flake hat in seiner Autobiographie »Es wird Abend« (Gütersloh 1960, S. 105) ausdrücklich bezeugt, daß Stadler »aus Rücksicht auf die prüfenden Professoren« für seine Veröffentlichungen im »Merker« das Pseudonym Horst gebrauchte. Ob ein im dritten und letzten Heft des »Merkers« (Heft 3, 1. Mai 1903) unter dem Titel »Medicatio« gedrucktes Gedicht, das nur mit den Initialen h. h. unterzeichnet ist, gleichfalls Stadler zugeschrieben werden kann, ist zweifelhaft. Die Behandlung der erotischen Thematik in diesem Gedicht und auch die sprachliche Gestaltung weichen so erheblich von den anderen Dichtungen dieser Entwicklungsphase Stadlers ab, daß allein die Zeichnung des Textes mit den Initialen h. h. nicht als zureichender Beweis für seine Verfasserschaft gelten kann. Auch andere Mitarbeiter des »Stürmer«- und »Merker«-Kreises, wie etwa Hanns Holzschuher, könnten mit dieser Abkürzung gezeichnet haben.*

31: Verloren

Überlieferung:
D: *Der Merker. Halbmonatsschrift. Jg. 1 (1903), H. 1 und 2 (15. April), S. 15–16.* Dort zusammen veröffentlicht mit Ex aetheribus. Verfasserangabe: Hanns Horst *(Pseudonym Ernst Stadlers).*

Erläuterungen:
Zum Pseudonym Hanns Horst vgl. oben die Erläuterungen zu »Ex aetheribus«. Bei dem Gedicht »Verloren« verweist Gier (S. 65f.) auf die enge Anlehnung an Hofmannsthals Gedicht »Vorfrühling«. Die von Stadler teilweise wörtlich übernommene Anfangsstrophe von »Vorfrühling« lautet:

> Es läuft der Frühlingswind
> Durch kahle Alleen,
> Seltsame Dinge sind
> In seinem Wehn.

(Hugo von Hofmannsthal, Gesammelte Werke. Bd. 1: Gedichte und lyrische Dramen. Stockholm 1946, S. 7–8)

31–32: Leda *(nach Henri de Régnier)*

Überlieferung:
H: *Ms. der Régnier-Übersetzungen (vgl. Beschreibung S. 612).*
D: *Das Magazin für Litteratur. Jg. 73 (1904), Nr. 2 (Januar), S. 58.* Veröffentlicht unter dem Sammeltitel Henri de Régnier: Sechs Gedichte. Übersetzt von Ernst Stadler *(vgl. S. 612–613).*

Erläuterungen:
Es handelt sich um das Gedicht »Léda« aus »La cité des eaux«.
Der Originaltext lautet:

Léda

> Au centre du bassin où le marbre arrondi
> Entoure une onde léthargique qui tressaille
> D'une ride qu'y fait, de son bec qui l'entaille,
> Un cygne se mirant à son miroir verdi,
>
> Elle cambre son corps qu'une attente roidit;
> Son pied nu touche l'eau que son orteil éraille,
> Et sa langueur s'accoude à la rude rocaille,
> Et son geste s'étire au métal engourdi.
>
> Les cygnes nonchalants qui nagent autour d'elle
> S'approchent de la Nymphe et la frôlent de l'aile
> Et caressent ses flancs de leurs cols onduleux;

Apparat: Gedichte 1901–1904

> Et le bronze anxieux dans l'eau qui le reflète
> Semble encor palpiter de l'amour fabuleux
> Qui jusqu'en son sommeil trouble sa chair muette.

(Text nach: Henri de Régnier, »La Cité des Eaux«. Paris 1902, S. 23.) Zur Régnier-Rezeption in Deutschland und zu Stadlers Übertragungen vgl. Gier, S. 82–105.

32: Dämmerung *(nach Henri de Régnier)*
Überlieferung:
H: Ms. der Régnier-Übersetzungen *(vgl. Beschreibung S. 612).*
D: Das Magazin für Litteratur. Jg. 73 (1904), Nr. 2 (Januar), S. 59. Veröffentlicht unter dem Sammeltitel Henri de Régnier: Sechs Gedichte. Übersetzt von Ernst Stadler *(vgl. S. 612–613).*
Lesarten:
4 zaudert der Tag] Zaudert der Tag, H – 6 blaue] blanke H – 12 umzieht,] umzieht H – 13: *dieser Vers ist in D entstellt wiedergegeben:* Mein Waldgott rief mir meiner Quelle Lied. D – 15 Rausch] Traum H
Erläuterungen:
Es handelt sich um das Gedicht »Crépuscule« aus »La cité des eaux«.
Der Originaltext lautet:

Crépuscule

> C'est un jour dont le soir a la beauté d'un songe,
> Tant l'air que l'on respire est pur en ces beaux lieux;
> Et, sous le doigt levé du Temps silencieux,
> La lumière s'attarde et l'heure se prolonge ...
> Gardes-en longuement la mémoire en tes yeux.
>
> Si la source a la voix de sa Nymphe limpide,
> Le frêne sous l'écorce étire son Sylvain:
> Un lent souffle palpite au feuillage incertain;
> Le ruisseau qui s'esquive est comme un pas rapide,
> Et, nocturne, le bois va s'éveiller divin!
>
> Mais nous, nous n'avons pas en cette nuit mortelle
> Qui déjà nous entoure et qui rampe à nos pieds
> De fontaine éloquente et de dieux forestiers;
> Nous avons peur de l'ombre, et nous redoutons d'elle
> L'impassible sommeil qui nous prend tout entiers.

(Text nach: Henri de Régnier, »La Cité des Eaux«. Paris 1902. S. 126–127.) Zur Régnier-Rezeption in Deutschland und zu Stadlers Übertragungen vgl. Gier, S. 82–105.

UNVERÖFFENTLICHTE FRÜHDICHTUNGEN
S. 33–54

Neben den von Stadler selbst in Zeitschriften veröffentlichten Gedichten aus der Zeit von 1901 bis 1904 hat sich neuerdings in Privatbesitz noch eine größere Zahl unveröffentlichter Frühdichtungen angefunden. Außer den Manuskripten zu einem 1899 geschriebenen Lustspiel mit dem Titel »Die glückliche Kur« und zu einer eventuell noch früher entstandenen Novelette »Herbst« liegen Handschriften zu einer Reihe von Gedichten vor, die vermutlich aus dem Zeitraum von 1901 bis 1904 stammen. Während das Lustspiel und die Novelette – erste literarische Versuche aus der Schülerzeit – nicht in diese Ausgabe aufgenommen worden sind, werden die übrigen unveröffentlichten Dichtungen von 1901 bis 1904 hier mitgeteilt, sofern es sich um abgeschlossene Texte handelt. Entwürfe, die zu keiner definitiven Ausarbeitung gelangt sind, und Textbruchstücke, deren Zuordnung unklar ist, wurden nicht berücksichtigt.

Es handelt sich bei dieser Gruppe der unveröffentlichten Dichtungen offensichtlich nicht nur um vom Autor ausgemusterte und aus Qualitätsgründen zurückgehaltene Texte. Der größere Teil der Gedichte liegt in sorgfältigen und mit dem Verfassernamen versehenen Reinschriften vor. Dies läßt darauf schließen, daß Stadler sie für eine Publikation vorgesehen oder sogar erfolglos Redaktionen vorgelegt hat, später allerdings die Bemühungen um ihre Veröffentlichung einstellte.

Da alle Texte dieser unveröffentlichten Dichtungen vom Autor nicht datiert worden sind, können sie innerhalb des Entstehungszeitraums von 1901 bis 1904 nicht in gesicherter Chronologie geboten werden. Aus dem Vergleich mit den wenigen datierten anderen Handschriften dieses Zeitraums ergibt sich aufgrund von Papier- und Schriftbefunden folgende vermutliche zeitliche Reihenfolge: »Ahasver«, »Vision«, »Weihnacht am Theater«: Ende 1901, wahrscheinlich 1902, »Aus der Nacht«, »Einzug«, die Gedichtgruppe »Stimmungen«: frühestens 1902, wahrscheinlich 1903; »Märchen«, »Alltag«: 1903; »Ein Prolog«: wahrscheinlich 1903, eventuell auch 1904.

35–38: Ahasver. Eine Phantasie

Überlieferung:
H: Einzelhs. Stadlers. Privatbesitz. 5 ineinandergelegte Doppelbll. 21 × 16,4 (16,7) cm, gelblich-glattes Papier ohne Wasserzeichen. Sämtliche Bll. einseitig beschrieben, deutsche Schrift, dunkle Tinte. Nicht datiert. Reinschrift. Blattzählung 2–10 mit Tinte von Stadlers Hand. Auf Bl. 1 oben in der Mitte über dem Text: Ahasver. / Eine Phantasie / von / Ernst Stadler / (Straßburg); Der Titel zweimal, der Name einmal unterstrichen. Auf Bl. 10 unter der letzten Zeile ein Abschlußstrich.

Apparat: Frühdichtungen

Lesarten:
S. 35, Z. 24 Sein] *(1)* Seine *(2)* Sein H – S. 36, Z. 8 Ein] *(1)* Eine *(2)* Ein H – S. 36, Z. 18 flehend.] *(1)* flehend, *(2)* flehend. H – S. 36, Z. 34 mir ...] *(1)* mir, *(2)* mir ... H – S. 38, Z. 19 lind] *davor gestr.* Nacht und H
Erläuterungen:
Es handelt sich hier um einen Prosatext, der jedoch in seinen Gliederungs- und Darstellungsformen Tendenzen der Lyrisierung aufweist.

38–39: Vision
Überlieferung:
H: *Einzelhs. Stadlers. Privatbesitz. 1 Einzelbl. 21 × 16,5 cm, gelblich-glattes Papier ohne Wasserzeichen. Einseitig beschrieben, deutsche Schrift, dunkle Tinte. Gedichttitel unterstrichen. Versanfänge groß. Nicht datiert. Reinschrift. Es ist unsicher, ob die erhaltene Hs. das Gedicht vollständig überliefert. Unter Umständen ist H nur das erste Blatt eines ursprünglich umfangreicheren Manuskriptes.*
Lesarten:
8 goldene *über gestr.* strahlende H – 17 lugten.] *(1)* lugten, *(2)* lugten. H

39: Weihnacht am Theater
Überlieferung:
H: *Einzelhs. Stadlers. Privatbesitz. 1 Einzelbl. 21 × 16,4 cm, gelblich-glattes Papier ohne Wasserzeichen. Einseitig beschrieben, lateinische Schrift, dunkle Tinte. Gedichttitel unterstrichen. Versanfänge groß. Nicht datiert. Reinschrift.*
Besonderheiten der Schreibung: durchgängig ss für ß

40: Aus der Nacht
Überlieferung:
H: *Einzelhs. Stadlers. Privatbesitz. 1 Einzelbl. 21 × 16,5 cm, gelblich-glattes Papier ohne Wasserzeichen. Einseitig beschrieben, lateinische Schrift, dunkle Tinte. Gedichttitel unterstrichen. Versanfänge groß. Nicht datiert. Reinschrift in Mittelachsenanordnung.*
Besonderheiten der Schreibung: durchgängig ss für ß
Lesarten:
6 schwärmt *aus* schwimmt H

40–41: Einzug
Überlieferung:
H[1]: *Einzelhs. Stadlers. Privatbesitz. 2 Einzelbll. 21 × 16,5 (16,4) cm, gelblich-glattes Papier ohne Wasserzeichen. Beide Bll. einseitig beschrieben, lateinische*

Apparat: Frühdichtungen

Schrift, dunkle Tinte. Gedichttitel unterstrichen. Versanfänge groß. Nicht datiert. Reinschrift in Mittelachsenanordnung.
H²: Einzelhs. Stadlers. Privatbesitz. 1 Doppelbl. 21 × 16,5 cm, gelblich-glattes Papier ohne Wasserzeichen. Einseitig beschrieben, lateinische Schrift, dunkle Tinte. Gedichttitel unterstrichen. Versanfänge groß. Nicht datiert. Unvollständige Reinschrift in Mittelachsenanordnung, hergestellt auf der Grundlage von H¹ (bricht ab nach Vers 28).
Besonderheiten der Schreibung: durchgängig ss für ß H¹ H²
Grundlage der Textwiedergabe: H¹
Lesarten:
2 jauchzender] jubelnder H² – 4 Melodien] Melodieen H²

5–6:   Aus blauen Fernen auf – ein brausend Heer
               Und klirren an die Dämme: H²

7 Auf! Auf!] Auf! Auf! – H² – 14 sprüht] blitzt H² – 15 Siegesbanner] Banner H² – 21 Nächten] Nächten, H² – 23 Trauerflore] Trauerflore, H² – 25 Nacht.] Nacht ... H² – 27 O, wieder fühl] Wieder fühl H²

42–47: STIMMUNGEN

Manuskript zur Gedichtgruppe Stimmungen*:*
Sammelhandschrift Stadlers. Privatbesitz. Konvolut von 11 Einzelbll. 21 × 16,6 cm, stark vergilbtes glattes Papier ohne Wasserzeichen. Sämtliche Bll. einseitig beschrieben, lateinische Schrift, dunkle Tinte. Nicht datiert. Blattzählung 1–11 von Stadlers Hand. Das Konvolut enthält die Reinschriften von fünf Gedichten.
   Auf Bl. 1 oben in der Mitte: Stimmungen. / Ernst Stadler. (Strassburg.)
Darunter beginnt das erste Gedicht.
   Bl. 1/2: Erfüllung
   Bl. 3–5: Ende *(in Mittelachsenanordnung)*
   Bl. 6: Ein Bild
   Bl. 7/8: Gang in die Nacht
   Bl. 9–11: Fahrt *(in Mittelachsenanordnung)*
Der Gruppentitel und alle Gedichttitel unterstrichen. Versanfänge groß.
Die Texte dieser Sammelhs. sind Druckvorlage für den Abdruck der Gedichte in dieser Ausgabe.
Neben dieser Sammelhs. liegen Einzelhss. zu folgenden Gedichten aus dieser Gruppe vor: Erfüllung, Gang in die Nacht, Fahrt.

42: Erfüllung

Überlieferung:
H¹: Einzelhs. Stadlers. Privatbesitz. 2 Einzelbll. 21 × 16,6 cm, gelblich-glattes Papier mit Teilen des Wasserzeichens L. SCHWINDENHAMMER / TÜRKHEIM

Apparat: Frühdichtungen

I. E. 3a NORMAL 3a; *Beide Bll. einseitig beschrieben, lateinische Schrift, dunkle Tinte. Gedichttitel unterstrichen. Versanfänge groß. Nicht datiert. Reinschrift.*
H^2: *Ms. zu Stimmungen (vgl. Beschreibung S. 605).*
Besonderheiten der Schreibung: durchgängig ss für ß H^1 H^2
Grundlage der Textwiedergabe: H^2
Lesarten:
  Widmung: Detlev Frhr. von Liliencron gew. H^1
  4 Hand,] *nach* Hand, *gestr. Ansatz und* beb H^2 – 7 ruht] fährt H^1 –
  8 bricht ...] bricht – H^1 – 10 Märchenlicht] Märchenlicht – H^1 –
  14 sein,] sein H^1 – 18 Sommernacht] Sommmernacht. H^1 – 19 Jasmin]
  Jasmin. H^1 – 20 O komm:] O komm – H^1 – 20 überlacht,] überlacht H^1
  – 21 heiß] weich H^1
Erläuterungen:
  Widmung in H^1: *Zu Detlev von Liliencron vgl. Stadlers Vorlesungs-Bruchstück von 1914 »Geschichte der deutschen Lyrik der neuesten Zeit« S. 453 und: Thomke, S. 87–88.*

43–44: Ende
Überlieferung:
H: *Ms. zu Stimmungen (vgl. Beschreibung S. 605).*
Besonderheiten der Schreibung: durchgängig ss für ß
Lesarten:
  10 *vor* blutüberglüht *gestr. Ansatz in* Bl H – 12 Ein] *(1)* Weich ein *(2)* Ein
  H – 26 lichtdurchflossner] *(1)* sturmdur *(2)* lichtdurchflossner H
Erläuterungen:
  In Vers 21 wurde die Schreibung Saidenhaar *wie in H belassen, da eine Korrektur entweder in »Seidenhaar« oder in »Saitenhaar« schon eine Interpretation enthalten würde. Nach Vers 34 ist in H Seitenwechsel.*

44: Ein Bild
Überlieferung:
H: *Ms. zu Stimmungen (vgl. Beschreibung S. 605).*
Besonderheiten der Schreibung: durchgängig ss für ß

45: Gang in die Nacht
Überlieferung:
H^1: *Einzelhs. Stadlers. Privatbesitz. 1 Doppelbl. 21 × 16,6 cm, stark vergilbtes glattes Papier ohne Wasserzeichen. Beide Bll. einseitig beschrieben, lateinische Schrift, dunkle Tinte. Gedichttitel unterstrichen. Versanfänge groß. Nicht datiert. Reinschrift. Auf Bl. 1 in lateinischer Schrift, mit Tinte, in anderem Schriftduktus und quer am linken Rand die wahrscheinlich nicht zu diesem Gedicht gehörende Zeile:* Aus weiten Schleiern glitzernd steigt die Nacht.

Apparat: Frühdichtungen

H^2: *Ms. zu* Stimmungen *(vgl. Beschreibung S. 605).*
Besonderheiten der Schreibung: durchgängig ss für ß H^1 H^2
Grundlage der Textwiedergabe: H^2
Lesarten:
  Widmung: Richard Dehmel gew. H^1
  1–2: (1) Gieb mir deine weiche weiße Hand,
      Sieh nicht mehr zurück ins Tal –
    (2) nachträglich durch Korrekturen über den Zeilen nicht weitergeführter Ansatz:
      Gieb mir einmal noch die weiße Hand,
      Dunkel dämmert das Tal –
    (3) Nun *(neuer Ansatz neben Vers 1 am linken Rand) H^1*

  3 Land –] Land, H^1 – *5* Droben in] Droben *(1)* wo *(2)* in H^1 – *6* Kräutern] Sträuchern H^1 – *8* alten] greisen H^1

  9 a–d: in H^2 gestrichene Strophe:
    Komm! – Was schauern deine jungen Glieder?
    Tausend Sterne glühen unserem Pfad
    Hebe, hebe doch die dunklen Lider:
    Heilig immer war das Leben, war die Tat. H^2
  9a–d: Text in H^1 mit folgenden Varianten:
  9b glühen] leuchten H^1 – *9c* die dunklen] deine dunkeln H^1

  10 aus Moos] aus Gras H^1 aus *(1)* Grund *(2)* Moos H^2 – *13* sein] ein H^1
  – *15* Schläft] Blüht H^1 – *16* Einmal laß uns noch] *(1)* Laß uns einmal noch *(2)* Einmal laß uns noch H^2 – *19* ertrinken *nach gestr. Ansatz* v H^2 – *20* Nacht . . .] Nacht! . . . H^1
Erläuterungen:
  Widmung in H^1: Zu Richard Dehmel vgl. Stadlers Vorlesungs-Bruchstück von 1914 »Geschichte der deutschen Lyrik der neuesten Zeit« *S. 453–470 und die Erläuterungen dazu.*

45–47: Fahrt

Überlieferung:
H^1: *Einzelhs. Stadlers. Privatbesitz. 4 Einzelbll. 21 × 16,5 (16,4) cm, gelblich-glattes Papier, davon 3 Einzelbll. ohne Wasserzeichen, 1 Einzelbl. mit Teilen des Wasserzeichens* L. SCHWINDENHAMMER / TÜRKHEIM I. E. 3a NORMAL 3a; *Sämtliche Bll. einseitig beschrieben, lateinische Schrift, dunkle Tinte. Gedichttitel unterstrichen. Versanfänge groß. Nicht datiert. Reinschrift in Mittelachsenanordnung.*
H^2: *Ms. zu* Stimmungen *(vgl. Beschreibung S. 605).*
Besonderheiten der Schreibung: durchgängig ss für ß H^1 H^2
Grundlage der Textwiedergabe: H^2

Apparat: Frühdichtungen

Lesarten:
Überschrift: Fahrt in die Sonne H^1
Widmung: An René Schickele H^1
2 Meine goldnen Drachen] *(1)* Meine Drachen *(2)* Meine goldnen Drachen H^1 – 10 Lehn] Lehn' H^1 – 11 Die Nachtgespinste] Die grauen Nachtgespinste H^1 – 11 lasten . . .] lasten. H^1 – 12–13: *in H^1 ein Vers* – 13 Tiefrot] tiefrot H^1 – 15–16: *in H^1 ein Vers* – 16 Zitternd] zitternd H^1

19:                In Feuerpfeilen stiebt er auseinander.
19 a In dichten Schwaden *(1)* hetzt *(2)* rast die sturmgehetzte Lohe.
19 b   Wie Tanz ist's,
19 c   Der alles heiß in seine Taumel reißt – H^1

23–24:   Geht tief der Kiel, und Wogen brechen
                  Feuerwogen drüber *(1)* hin . . . *(2)* hin – H^1

25 Vorwärts! . . .] Und vorwärts rast die Fahrt. *gestr. und ersetzt durch:* Vorwärts! . . . H^1 – 26 klaffen] klaffen . . . H^1 – 28 zusammen –] zusammen – – H^1 – 28–29: *Zwischen diesen beiden Versen in H^1 Strophenabstand* – 31 Qualm.] Qualm H^1 – 32 empor.] empor, H^1 – 33 her! . . .] her . . . H^1 – 33–34: *zwischen diesen beiden Versen eine gestrichelte Linie in H^1* – 35 zusammen.] zusammen, H^1 – 39 überhaucht,] überhaucht H^1 – 42 Marmortempel,] Marmortempel H^1

Erläuterungen:
Widmung in H^1: Stadler widmete außerdem das Gedicht »Spiel im Dämmer« (S. 75) seinem Freund René Schickele. Vgl. auch Stadlers Essay »René Schickele« S. 276–293 und die Erläuterungen dazu.

48–49: Märchen

Überlieferung:
H^1: *Einzelhs. Stadlers. Privatbesitz. 3 Einzelbll. Davon 2 Einzelbll. 21 × 16,4 (16,6) cm, gelblich-glattes Papier mit Teilen des Wasserzeichens* L. SCHWINDENHAMMER / TÜRKHEIM I. E. 3a NORMAL 3a; *1 Einzelbl. 21 × 16,6 cm, stark vergilbtes glattes Papier ohne Wasserzeichen. Sämtliche Bll. einseitig beschrieben, lateinische Schrift, dunkle Tinte. Titel unterstrichen. Am Schluß des Textes ein Abschlußstrich. Versanfänge groß. Nicht datiert. Reinschrift mit späteren Korrekturen in Tinte.*
H^2: *Einzelhs. Stadlers. Privatbesitz. 2 ineinandergelegte Doppelbll. 21 × 16,6 cm, gelblich-glattes Papier mit Teilen des Wasserzeichens* FELIX SCHOELLER SOEHNE & CO / OFFINGEN A/D 2a NORMAL 2a; *Bl. 1–3 einseitig beschrieben, Bl. 4 leer. Lateinische Schrift, dunkle Tinte. Titel unterstrichen. Unterzeichnet:* E. St. *(unterstrichen). Versanfänge groß. Nicht datiert. Reinschrift auf der Grundlage von H^1.*

Apparat: Frühdichtungen

Besonderheiten der Schreibung: Titel Maerchen H^2; *durchgängig ss für ß* H^1 H^2
Grundlage der Textwiedergabe: H^2
Lesarten:
Überschrift: *(1) (unl. Wort)* Lied. *Darunter:* (Aus einem lyrischen Spiel) *Titel unterstrichen. (2) Titel und Untertitel gestr. (3) Zwischen dem gestr. Untertitel und dem Text eingefügt und unterstrichen:* Märchen H^1
1: *(1)* ... Ich weiß ein Schloß – weit, weit in blauer Flut –
  (2) Dort glänzt ein Schloß – *gestr. Ansatz von 2 unl. Wörtern*
  (3) Dort glänzt ein Schloß – weit, weit in blauer Flut – H^1

1 ein *aus* das H^2 – 3 bleichen] weißen H^1

4: *(1)* 4 Und schwerer Kuppeln goldigdunkle Last
  4a Und breiter gelber Fließe matte Glut
  4b Und perlender Fontänen Silberglast
  (2) 4 Und schwerer Kuppeln goldigdunkle Glut. H^1

6 laubumstricktem] laubumstrickten *(Schreibversehen)* H^2 – 6 Düster.] Düster, H^1 – 9 Eichen] Eichen, H^1 – 11 Teichen,] Teichen H^1 – 12 gaukeln,] gaukeln. H^1 – 16 Sonnentau] Sonnenduft H^1 – 16 gaukeln ...] schaukeln ... H^1 – 16–17: *Zwischen diesen Versen eine punktierte Linie in* H^1 – 18 Meer,] Meer H^1 – 22 wider,] wieder *(Schreibversehen)* H^1 – 26 glanzdurchtrollte *über gestr.* lustbeschwingte H^1 – 27 schmiegen, wie in Träumen,] schmiegen wie in Träumen H^1 – 28 blanken Glitzertau] blanken, kühlen Tau H^1 – 28 Haar.] Haar H^1 – 29 Licht] Licht, H^1 – 30 durch *über gestr.* aus H^1 – 30 bricht,] bricht H^1 – 31 Nelken und Violen] *(1)* Veilchen und *(2)* Nelken und Violen H^1
33: *(1)* Von ihren Lippen träumt ein *(a)* Lied – *(b)* leises Lied –
  (2) Und durch das Dunkel leise träumt ein Lied – H^1
35 glüht in] *(1)* glüht in *(2)* trieft von *(3)* glüht in H^1 – Pracht,] Pracht H^1 – 36 Sommernacht –]Sommernacht H^1 – 37 rosenleuchtend,] rosenleuchtend – H^1 – 38 Tanz, Musik] *(1)* Tanz und Musik *(2)* Tanz, Musik H^1

49–50: Alltag

Überlieferung:
H: *Einzelhs. Stadlers. Privatbesitz. 2 ineinandergelegte Doppelbll. 21 × 16,5 cm, gelblich-glattes Papier ohne Wasserzeichen. Bl. 1–3 einseitig beschrieben, Bl. 4 leer. Lateinische Schrift, dunkle Tinte. Gedichttitel unterstrichen. Versanfänge groß. Nicht datiert. Auf Bl. 3 unter dem Text:* Strassburg i/Els. Ernst Stadler. *Reinschrift in Mittelachsenanordnung.*
Besonderheiten der Schreibung: durchgängig ss für ß

50–54: Ein Prolog

Überlieferung:
H^1: *Einzelhs. Stadlers. Privatbesitz. Konvolut von 2 ineinandergelegten Dop-*

609

Apparat: Frühdichtungen

pelbll., in die 6 Einzelbll. eingelegt sind. 2 Doppelbll. 21 × 16,5 cm und 1 Einzelbl. 20,9 × 16,6 cm, gelblich-glattes Papier mit Teilen des Wasserzeichens SCHWINDENHAMMER / TÜRKHEIM I. E. 3a NORMAL 3a; *5 Einzelbll. (20,7 – 15,5 bzw. 15,8 cm) gelblich-glattes Papier ohne Wasserzeichen. Bl. 1–8 einseitig beschrieben, die beiden letzten Bll. leer. Deutsche Schrift, dunkle Tinte. Titel unterstrichen. Am Schluß des Textes ein Abschlußstrich. Versanfänge klein. Nicht datiert. Reinschrift.*

H²: Einzelhs. Stadlers. Privatbesitz. Konvolut von 4 ineinandergelegten Doppelbll., gelblich-glattes Papier. 1 Doppelbl. 21,4 × 17,2 cm mit Wasserzeichen SCHWINDENHAMMER / TÜRKHEIM I. E. 3a NORMAL 3a; *3 Doppelbll. 20,9 × 16,6 cm mit Teilen des Wasserzeichens* FELIX SCHOELLER SOEHNE & CO / OFFINGEN ᴬ/ᴅ 2a NORMAL 2a; *Sämtliche Bll. einseitig beschrieben, deutsche Schrift, dunkle Tinte. Versanfänge klein. Nicht datiert. Auf Bl. 1 oben in der Mitte über dem Text:* Ernst Stadler. / Ein Prolog. *Name und Titel unterstrichen. Am Schluß des Textes ein Abschlußstrich. Reinschrift hergestellt auf der Grundlage von H¹ mit Korrekturen in Tinte und mit späteren Bleistift-Streichungen, die vermutlich zur Vorbereitung einer neuen, nicht überlieferten Fassung vorgenommen wurden.*

Besonderheiten der Schreibung: Chrystall *H¹*
Grundlage der Textwiedergabe: H²
Lesarten:
Widmung: an Hugo von Hofmannsthal *H¹*
3 gaukelnd] zitternd *H¹* – *3* Blütenglocken] Blüten*(1)*dolden*(2)*glocken *H²* – *3* hiengen,] hiengen *H¹* – *7* dämmergrüne] dämmrig grüne *H¹* – *8* nicht,] nicht *H¹* – *10* Schatten,] Schatten *H¹* – *11* tiefer,] tiefer *H¹* – *18* Ufer,] Ufer *H¹* – *19* schillernden] gleißenden *H¹* schillernden *über gestr.* gleißenden *H²* – *19* Dann] dann *H¹* – *23* trieb] rief *H¹* trieb *aus* rief *H²* – *24* hinaus und] hinaus. Und *H¹* – *37* Worte] Worten *(Schreibversehen) H²* – *40* brach.] floß. *H¹* – *46: Vers nicht gebrochen H¹* – *50* wäre,] wäre *H¹* – *50* schmücken,] schmücken *H¹* – *51* verborgne] verborgner *(Schreibversehen) H²* – *59* schritt *aus* glitt *H¹* – *60* hin,] hin *H¹* – *62* blassen] bleichen *H¹* – *63* schlanken Porphyrsäulen] *(1)* Alabastersäulen *(2)(unl. Wort)* Porphyrsäulen *(3)* schlanken Porphyrsäulen *H¹* – *66* senkte] *(1)* schloß *(2)* senkte *H¹* – *69* tönender *über gestr.* klingender *H¹* – *73* Andre] Andere *H¹*

79–80 Dunkle Bäche *bis* die Säle:
   (1) 79   Und ein *(a)* Schwall *(b)* Strom
      80 von Wohlgerüchen rauschte durch die Säle
   (2) 79   *(a)(unl. gestr. Wort) (b)* Dunkle Bäche
      80 von Wohlgerüchen rauschten durch die Säle   *H¹*

81 farbigen] *(1)* bunten *(2)* farbigen *(3)* bunten *H¹* – *82* braunen *über gestr.* dunklen *H¹*

Apparat: Frühdichtungen

85–86:
(1) *85* grüngoldner Dolche, die an schlanken Bändern
86 (unl. gestr. Wort) Männer trugen, die gleich Schatten
86 a mit bleichen Zügen durch die Säle glitten.
(2) *85 (bleibt unverändert)*
86 festlich geschmückte Männer trugen,
(3) *85 (bleibt unverändert)*
86 aus dunkler Seide festlich geschmückte Männer trugen,
(4) *85 (bleibt unverändert)*
86 aus Seide festlich schöne Männer trugen, H^1

88 Wasserlilien] Wasserlilien, H^1 – 89 Weihern,] Weihern H^1 – 97 ein *aus* eine H^1 – 99 zur Heimat] in seine Heimat H^1 – 99 Und plötzlich klang ein Summen,] Und plötzlich war's: H^1 Und plötzlich *(1)* braust *(2)* klang ein Summen, H^2 – 100 blassen] schlanken H^1 blassen *aus* schlanken H^2 – 103 aufflammt,] aufflammt H^1 – 104 aus *nachträgl. eingefügt* H^2 – 105 Geigen, Hörnern,] Geigen Hörnern H^1 – 106 Hymnen:] Hymnen. H^1 – 112: *Vers nicht gebrochen* H^1 – 114 gläntzten *über gestr.* blühten H^1 – 114 Meere,] Wälder H^1 – 119 Winkel *über gestr.* Gassen H^1 – 119 Gassen *über gestr.* Märkte H^1 – 120 Niedrige. Und] Niedrige und H^1 – 124 Schönheit,] Schönheit H^1
Ansätze zu einer neuen Fassung:
Nach der Niederschrift von H^2 *hat Stadler eine Bearbeitung des Textes vorgenommen.* H^2 *enthält nachträglich angebrachte Bleistift-Streichungen folgender Textpartien:*
Von Vers 10: Schon reckten *bis Vers 24:* und traf
Von Vers 40: Wie eine *bis Vers 54:* großer Meister.
Von Vers 66: und senkte *bis Vers 69:* Farbenflut.
Von Vers 79: Dunkle Bäche *bis Vers 86:* Männer trugen.
Von Vers 96: Und es schien *bis Vers 118:* ergossen. . .
In Vers 118 im Zwischenraum nach ergossen. . . *mit Blei der Vermerk:*
Übergang
Am Schluß des Textes mit Blei und unterstrichen: Ein Prolog
Varianten dieser Arbeitsstufe (mit Blei):
Vers 14 geschah's] geschahs *Vers 39* an ihn] an ihn,
Ferner am unteren Rand von Bl. 1 mit Blei Neuansatz zu Vers 25–27:
    Schon trug durch schweren *(Textlücke)* des Frühlingsatems
    ein Nachen ihn, von Geigenklang gezogen
    bebend *(bricht ab)*
Erläuterungen:
    Widmung in H^1: *Stadler widmete Hugo von Hofmannstal auch das Spiel* »*Freundinnen*« *(siehe S. 97 und die Erläuterungen dazu). Vgl. auch die Erläuterungen zu* »*Neuland*«, *S. 680.*

PRAELUDIEN
S. 55–100

Beschreibung der Sammelhandschriften
und des Praeludien-Druckes von 1905:

1. Manuskript der Régnier-Übersetzungen

Sammelhandschrift Stadlers. Privatbesitz. Konvolut von 1 Doppelbl. und 10 Einzelbll.; Doppelbl. 20,8 × 16,5 cm, gelblich-glattes Papier mit Teilen des Wasserzeichens: SCHWINDENHAMMER / TÜRKHEIM I. E. 3a NORMAL 3a; *10 Einzelbll. 21 × 16,5 (16,3) cm, gelblich-glattes Papier ohne Wasserzeichen. Sämtliche Bll. einseitig beschrieben. Dunkle Tinte. Die Texte der Übertragungen in deutscher Schrift, die Abschriften der französischen Texte in lateinischer Schrift. Versanfänge klein. Nicht datiert.*

Das als Umschlag dienende Doppelbl. trägt auf der Vorderseite die Aufschrift: Gedichte / von / Henri de Régnier / übersetzt / von / Ernst Stadler / (Strassburg Els); *Die eingelegten 10 Einzelbll. enthalten die Reinschriften von 5 Régnier-Übersetzungen und 3 Abschriften der französischen Originaltexte. Die ursprüngliche Reihenfolge der Bll. ist nicht mehr zu ermitteln.*

1 Einzelbl.: Leda.
1 Einzelbl.: Léda. *(Abschrift d. franz. Textes)*
1 Einzelbl.: Der gelbe Mond. *(franz. Text fehlt)*
1 Einzelbl.: Dämmerung.
1 Einzelbl.: Crépuscule. *(Abschrift d. franz. Textes)*
1 Einzelbl.: Der Pavillon. *(franz. Text fehlt)*
2 Einzelbll.: Aus »Le sang de Marsyas«.
2 Einzelbll.: Extrait de »Sang de Marsyas« *(Abschrift d. franz. Textes)*

Titel (mit Ausnahme von »Le sang de Marsyas«) unterstrichen und nachträglich mit einem Anmerkungssternchen versehen, als Einweisungszeichen für die jeweils am unteren Seitenrand stehenden Quellenangaben. Bei den Übertragungstexten der Vermerk: aus »La cité des eaux« (Paris 1902), *bei den französischen Texten der Vermerk:* Extrait de »La Cité des Eaux« (Paris 1902).

Die Hs. wurde wahrscheinlich 1903 für den Zweck einer Veröffentlichung angelegt, diente aber nicht als Druckvorlage für Stadlers erste Veröffentlichung von Régnier-Übertragungen im »Magazin für Litteratur«, Jg. 73 (1904), Nr. 2 (Januar), S. 58–60, deren Druckvorlage verschollen ist. In dieser Publikation unter dem Titel: Henri de Régnier: Sechs Gedichte / Übersetzt von Ernst Stadler *erschienen die Übertragungen – vermehrt um das Gedicht* Sonett *– in folgender Anordnung:* Sonett *(S. 58),* Leda *(S. 58),* Der gelbe Mond *(S. 59),* Der Pavillon *(S. 59),* Dämmerung *(S. 59),* Aus »Le sang de Marsyas« *(S. 60). Unter der Überschrift* Sonett *der Vermerk:* (Aus »Sites«, 1887), *unter den Über-*

Apparat: Praeludien

schriften der anderen 5 Gedichte jeweils der Vermerk: (Aus »La cité des eaux«, Paris 1902). *Von den im* »Magazin für Litteratur« *veröffentlichten Übertragungen sind folgende in die Praeludien (mit Varianten) aufgenommen worden:* Sonett *(u.d. T.:* Wanderung*),* Der gelbe Mond, Der Pavillon, Aus »Le sang de Marsyas« *(u.d. T.:* Marsyas*).*

2. Praeludien-Manuskript I

Sammelhandschrift Stadlers. Privatbesitz. Konvolut von 9 Doppelbll. und 21 Einzelbll. 1 Doppelbl. (Umschlag) 21,1 × *16,7 cm, festeres gelblich-glattes Papier ohne Wasserzeichen. 8 Doppelbll. und 21 Einzelbll. 21 (20,8)* × *16,6 (16,3) cm, gelblich-glattes Papier mit Teilen des Wasserzeichens:* SCHWINDEN-HAMMER / TÜRKHEIM I. E. 3a NORMAL 3a ; *Sämtliche Bll. einseitig beschrieben, deutsche Schrift, dunkle Tinte. Als Umschlag der Gedichtreinschriften ein Doppelbl (Bl. 1 u. 39), auf dessen Vorderseite rechts oben die Aufschrift:* Ernst Stadler / Praeludien / Herbst 1904 ; *Name und Titel unterstrichen. Die Bll., ursprünglich nicht foliiert oder paginiert, sind vom Herausgeber jetzt von 1–39 durchgezählt. Sie enthalten 24 Gedichte in folgender Gruppierung und Reihenfolge:*
In einem auf der Vorderseite mit dem unterstrichenen Gruppentitel Bilder und Träume *beschriebenen Doppelbl. (Bl. 2 u. Bl. 22) liegen die Reinschriften der folgenden Gedichte:* An die Schönheit *(Bl. 3),* Stille Stunde *(Bl. 4/5),* An ein Mädchen *(Bl. 6/7),* Vom Gral *(Bl. 8),* Erwachen *(Bl. 9),* Träume *(Bl. 10),* Wanderung *(Bl. 11),* Ausblick *(Bl. 12),* Sonnwendabend *(Bl. 13),* Der gelbe Mond *(Bl. 14),* Vor Sonnenaufgang *(Bl. 15/16),* Die alten Brunnen rauschten ... *(=* Dunkle Fahrt, *hier ohne Titel) (Bl. 17),* Abendleuchten *(Bl. 18/19),* Erfüllung *(Bl. 20),* Incipit vita nova *(Bl. 21).*
In einem auf der Vorderseite mit dem unterstrichenen Gruppentitel Tage und Gestalten *beschriebenen Doppelbl. (Bl. 23 u. 38) liegen die Reinschriften der folgenden Gedichte:* Semiramis *(Bl. 24),* Der Harfenspieler *(Bl. 25),* Schloß im Herbst *(Bl. 26),* Spiel im Dämmer *(Bl. 27/28),* Der Teich *(Bl. 29),* Der Pavillon *(Bl. 30),* Im Treibhaus *(Bl. 31),* Mittag *(Bl. 32),* Das Mädchen spricht *(Bl. 33–36; Bl. 37 leer).*
Alle Gedichttitel in beiden Gruppen unterstrichen. Versanfänge klein. Gegenüber dem Druck der Praeludien *fehlen die Gedichte:* Aus der Dämmerung, Herbstgang, Das Mädchen, Beata Beatrix, Marsyas, Der Zug ins Leben.
Stadler hat 1905 diese Sammelhandschrift dem Maler Georges Ritleng geschenkt, der den Gedichtband illustrierte. Ob die vom Praeludien-Ms. II und vom Druck abweichende Gruppierung und Reihenfolge der Gedichte auf Stadler zurückgeht oder nur auf einer späteren Vertauschung der Blätter innerhalb der Sammel-Handschrift beruht, ist heute nicht mehr zu ermitteln, da weder Stadler noch Ritleng eine Blattzählung vorgenommen haben. Für die in der Stadler-Ausgabe von 1954 geäußerte Vermutung, daß der Zyklusteil Baldur-Christus *(H^5) aus*

Apparat: Praeludien

der Dichtung Baldur, *dessen Abschrift gleichfalls in diesem Handschriftenkonvolut enthalten war, ursprünglich in die* Praeludien *aufgenommen werden sollte, haben sich durch die neuen Manuskriptfunde keine Bestätigungen ergeben. Die Reinschrift dieser Verse ist darum jetzt in der Beschreibung von Praeludien-Ms. I nicht mehr berücksichtigt worden, sondern wird in der Beschreibung des Baldur-Zyklus behandelt (vgl. S. 588).*

Die in dem Praeludien-Ms. II und auch in der Praeludien-Ausgabe von 1905 angewandte Technik, nach dem Vorbild Stefan Georges hochgestellte Punkte statt der Kommata zu setzen, ist im Praeludien-Ms. I nur in der Reinschrift des Gedichtes Mittag *zu verzeichnen. Alle übrigen Handschriften der Gedichte weisen die übliche Interpunktionstechnik auf.*

3. Praeludien-Manuskript II

Sammelhandschrift Stadlers. Deutsches Literaturarchiv, Marbach a. N. (Sign.: 76. 1446). Konvolut von 11 Doppelbll. *und* 27 Einzelbll.; *9 Doppelbll. und 27 Einzelbll.* 21 (20,8) × 16,6 (16,3) *cm, gelblich-glattes Papier mit Teilen des Wasserzeichens:* SCHWINDENHAMMER / TÜRKHEIM I. E. 3a NORMAL 3a; *2 Doppelbll.* 20,5 × 16,1 *cm, ausgelöste Heftseiten, helleres Papier, Wasserzeichen:* PAPIERFABRIK / UNTERKOCHEN / 4a NORMAL 4a; *Sämtliche Bll. einseitig beschrieben, deutsche Schrift, dunkle Tinte.*

Als Umschlag der Gedichtreinschriften ein Doppelbll., auf dessen Vorderseite rechts oben folgende Aufschrift: Ernst Stadler / Praeludien; *Name und Titel unterstrichen. Links oben die Widmung:* Frl. Luis Hoff / in Dankbarkeit / E. Stadler / Januar 1905; *(zur Widmung vgl. Brief 2 und die Erläuterungen dazu).*

Die Sammelhandschrift weist eine Blattzählung von fremder Hand (mit Blei) auf, die sich auf eine jeweils neu beginnende Zählung innerhalb der beiden Gedichtgruppen beschränkt (Bl. 1–18 und Bl. 1–24), Titel und Gruppentitel wurden nicht mitgezählt.

In einem auf der Vorderseite mit dem unterstrichenen Gruppentitel Traumland *beschriebenen Doppelbl. liegen die Reinschriften der folgenden Gedichte:* An die Schönheit *(Bl. 1),* Aus der Dämmerung *(Bl. 2),* Stille Stunde *(Bl. 3/4),* Abendleuchten *(Bl. 5/6),* Sonnwendabend *(Bl. 7),* Herbstgang *(Bl. 8/8a),* Träume *(Bl. 9),* Vor Sonnenaufgang *(Bl. 10/11),* Wanderung *(Bl. 12),* Vom Gral *(Bl. 13),* Einem Mädchen *(Bl. 14/15),* Der gelbe Mond *(Bl. 16),* Dunkle Fahrt *(Bl. 17),* Incipit vita nova *(Bl. 18).*

In einem auf der Vorderseite mit dem unterstrichenen Gruppentitel Bilder und Gestalten *beschriebenen Doppelbl. liegen die Reinschriften der folgenden Gedichte:* Erwachen *(Bl. 1),* Das Mädchen *(Bl. 2/3),* Der Teich *(Bl. 4),* Spiel im Dämmer *(Bl. 5/6),* Beata Beatrix *(Bl. 7/8),* Mittag *(Bl. 9),* Schloß im Herbst *(Bl. 10),* Im Treibhaus *(Bl. 11),* Ausblick *(Bl. 12),* Der Harfenspieler *(Bl. 13),* Das Mädchen spricht: *(Bl. 14–17),* Semiramis *(Bl. 18),* Der

Apparat: Praeludien

Pavillon *(Bl. 19)*, Erfüllung *(Bl. 20)*, Marsyas *(Bl. 21/22)*, Der Zug ins Leben *(Bl. 23/24)*.
Alle Gedichttitel in beiden Gruppen unterstrichen. Versanfänge klein. Die Gruppierung und Reihenfolge der Gedichte entspricht genau der Ordnung der Texte im Band Praeludien *von 1905.*
Das Praeludien-Ms. II stellt eine auf der Textgrundlage von Praeludien-Ms. I beruhende Abschrift dar, in welcher der Autor nach dem Vorbild Stefan Georges durchgängig statt der Kommata hochgestellte Punkte setzte und noch einzelne nachträgliche Textänderungen vornahm. Ferner wurden in das Praeludien-Ms. II die im Praeludien-Ms. I nicht enthaltenen 6 Gedichte eingefügt und vier Gedichte mit Widmungen versehen.
Das Praeludien-Ms. II dürfte in kurzem Zeitabstand nach dem mit Herbst 1904 datierten Praeludien-Ms. I entstanden sein. Es hat als Druckmanuskript für den Praeludien-Band von 1905 gedient. Dafür spricht folgendes: Die starke Verschmutzung und insbesondere die Fingerabdrücke auf zahlreichen Blättern. Ein in der Handschrift des Gedichtes Das Mädchen spricht *versehentlich nicht in einen hochgestellten Punkt umgewandeltes Komma ist auch im Drucktext des Gedichtes als Komma gesetzt worden. In dem Eröffnungsgedicht* An die Schönheit *ist der erste Buchstabe des ersten Verses durch doppelte Unterstreichung als Markierung des Setzers für den Gebrauch von Zierinitialen am Gedichtanfang gekennzeichnet. Im übrigen stimmt der Text des Praeludien-Ms. II mit dem Text des Druckes soweit überein, daß die im Druck zu verzeichnenden Abweichungen als bei der Korrektur vorgenommene Änderungen angesehen werden können.*

4. Manuskript zum Spiel »Freundinnen«

Manuskript Stadlers. Deutsches Literatur Archiv, Marbach a. N. (Sign.: 76.1447). Konvolut von 1 Doppelbl. und 15 Einzelbll.; Doppelbl. (Umschlag) 20,8 × 16,5 cm, festeres gelblich-glattes Papier ohne Wasserzeichen. 1 Einzelbl. 20,5 × 16 cm und 14 Einzelbll. 20,9 × 16,5 (16,3) cm, gelblich-glattes Papier mit Teilen des Wasserzeichens: SCHWINDENHAMMER / TÜRKHEIM I. E. 3a NORMAL 3a; *Sämtliche Bll. einseitig beschrieben. Deutsche Schrift, nur der franz. Text des Verlaine-Gedichtes und die Rollennamen in lateinischer Schrift. Dunkle Tinte. Versanfänge klein. Reinschrift. Das Konvolut enthält den vollständigen Text der 2. Fassung (Vers 1–219).*
Auf der Vorderseite des als Umschlag dienenden Doppelblattes in der Mitte: Freundinnen / Ein Spiel / (1903); *Rechts unten die Widmung für Hugo von Hofmannsthal; Titel und Name der Widmung unterstrichen. Die eingelegten Einzelbll. haben eine Blattzählung, mit Blei, von fremder Hand, von 5–19. Weshalb der an sich vollständige Text der Hs. mit der Zählung 5 beginnt, ist nicht zu ermitteln. Auf den Einzelbll.:*
   Bl. 5 (= erstes Einzelbl.): Der franz. Text des Verlaine-Gedichtes.
   Bl. 6: Szenenbeschreibung.

Apparat: Praeludien

Bl. 7–19: Text des Spiels. Die Rollennamen unterstrichen und nach links herausgerückt.

Die im Druck der Praeludien *(1905) angewandte Technik, nach dem Vorbild Stefan Georges hochgestellte Punkte statt der Kommata zu setzen, ist in dieser Hs. mit Ausnahme des letzten Blattes (Bl. 19, Vers 205–219) noch nicht durchgeführt worden.*

Neben dem Manuskript der zweiten Fassung von »Freundinnen« liegt zu diesem Spiel noch eine im Februar 1904 im »Magazin für Litteratur« gedruckte erste Fassung vor, deren Druckvorlage nicht erhalten ist. Die im Manuskript der zweiten Fassung von Stadler neben dem Titel in Klammern angegebene Jahreszahl 1903 bezieht sich auf die Entstehungszeit der Dichtung und ist keine Datierung der zweiten Fassung.

Die Handschrift der zweiten Fassung hat als Vorlage für den Druck des Textes im Praeludien-Band von 1905 gedient, denn sie weist Verschmutzungen und Fingerabdrücke auf. Auch ist eine Inkonsequenz der Schreibung (in Vers 61: Zypressenreihen; in Vers 94: Cypressen) aus dem Manuskript in den Drucktext eingegangen.

5. Praeludien-Ausgabe von 1905

Der 30 Gedichte und das Spiel Freundinnen *enthaltende Band* Praeludien *erschien Ende 1904 mit folgendem Titelblatt:* ERNST STADLER / PRAELUDIEN / STRASSBURG i. E. / VERLAG VON JOSEF SINGER / 1905 *92 Seiten, Kleinoktav.*

S. 1: *Titelblatt mit Verlagssignet*

S. 3: *Vermerk:* Titelzeichnung und Schmuck dieses Buches / sind von / Georges Ritleng / (München – Straßburg)

S. 5: *Titel:* PRAELUDIEN

S. 7: *Widmung:* MEINEN ELTERN

S. 9–11: FOLGE DER GEDICHTE

Der Band ist mit einer Umschlagzeichnung und drei Illustrationen des elsässischen Malers Georges Ritleng ausgestattet. Die blaugrundierte Umschlagzeichnung stellt eine Gruppe von Sonnenblumen dar, auf dem unteren Drittel der Seite sind Verfasser, Titel, Verlag, Verlagsort und Jahr in einer gezeichneten Schrift wiedergegeben. Als Erscheinungsjahr steht hier 1904.

Die schwarz-weiß Illustrationen stehen jeweils auf der oberen Hälfte des Vorsatzblattes zu den einzelnen Textgruppen:

S. 13: TRAUMLAND   *(Illustration: eine in romantisch dunkle Landschaft hinüberführende alte Steinbrücke)*

S. 43: BILDER UND GESTALTEN   *(Illustration: ein finsterer, im Wasser stehender Burgturm)*

S. 77: FREUNDINNEN / EIN SPIEL / (1903) / FÜR HUGO VON HOFFMANNSTHAL   *(Illustration: ein Parkausschnitt mit Säulen und Baumgruppen, die sich in einem Wasserbecken spiegeln)*

Apparat: Praeludien

Die am Vorbild Stefan Georges orientierte Interpunktionstechnik (hochgestellte Punkte anstelle der Kommata) ist in diesem Druck konsequent durchgeführt worden. Die Widmung des Gedichtes Schloß im Herbst *an Herbert Stadler wurde bei der Drucklegung noch hinzugefügt.*

Die von Stadler selbst besorgte Ausgabe der Praeludien *von 1905 ist Grundlage für die Textwiedergabe der Gedichte und des Spiels* Freundinnen *in der vorliegenden Edition. Die eindeutig identifizierbaren Druckfehler der Erstausgabe wurden stillschweigend berichtigt.*

TRAUMLAND

57: An die Schönheit

Überlieferung:

H^1: Einzelhs. Stadlers. Privatbesitz. Einzelbl. 21 × 16,7 cm, gelblich-glattes Papier ohne Wasserzeichen. Einseitig beschrieben, deutsche Schrift, dunkle Tinte. Versanfänge klein. Nicht datiert. Reinschrift.

D^1: Das Magazin für Litteratur. Jg. 73 (1904), Nr. 9 (Mai), S. 261. Unter dem Sammeltitel Terzinen von Ernst Stadler *zusammen mit dem Gedicht* Semiramis *veröffentlicht.*

H^2: Praeludien-Ms. I (vgl. Beschreibung S. 613–614).

H^3: Praeludien-Ms. II (vgl. Beschreibung S. 614–615).

D^2: Das neue Magazin. Jg. 73 (1904), Nr. 22 (November), S. 761. Unter dem Sammeltitel Ernst Stadler: Terzinen *zusammen mit dem Gedicht* Semiramis *veröffentlicht.*

D^3: Praeludien. Straßburg 1905. S. 15–16.

D^4: Karl Gruber: Zeitgenössische Dichtung des Elsasses. Straßburg 1905. S. 228.

D^5: Die Aktion. Jg. 1911, Nr. 44 (18. Dezember), Sp. 1389. Gezeichnet: Ernst Stadler. Brüssel.

D^6: Die Aktion. Jg. 1915, Nr. 39/40 (25. September), Sp. 501. Zusammen mit dem Gedicht Semiramis *veröffentlicht. Gezeichnet: Ernst Stadler.*

H^1 *war nicht Druckvorlage für* D^1 *und ist wahrscheinlich früher anzusetzen als die verschollene Textvorlage für den Erstdruck des Gedichtes.* D^2 D^5 D^6 *beruhen auf dem Text von* D^1, *mit Ausnahme des abweichenden Titels in* D^6, *über dessen Herkunft nichts bekannt ist. Im Gegensatz zu allen Hss. und den anderen Drucken sind in* D^4 *die Versanfänge groß.*

Lesarten:

Überschrift: Strophe D^6

2 Kinder·] Kinder H^3 – 2 trunken·] trunken H^2 H^3 – 3 Bangen] Bangen, D^1 D^2 D^5 D^6 – 4 versunken·] versunken H^3 – 6 ertrunken·] ertrunken. H^1 D^1 H^2 D^2 D^5 D^6 – 7 kühl] Kühl H^1 D^1 H^2 D^2 D^5 D^6 – 7 Tiefen.] Tiefen H^1

Apparat: Praeludien

– *8* zitternd] weinend H^1 – *9* triefen·] triefen H^1 H^3 – *10* und ihre Hände] die schmalen Hände D^1 D^2 D^5 D^6 – *11* Sommertagsgefunkel·] Sommernachtgefunkel, H^1 D^1 D^2 Sommer(1)na(2)tagsgefunkel H^3 Sommernachtsgefunkel D^5 D^6 – *13* ihr] Ihr H^1 H^2

Erläuterungen:
Zum Gebrauch der Terzinenform dürfte Stadler durch Hofmannsthals Lyrik angeregt worden sein.

58: Aus der Dämmerung

Überlieferung:
H: Praeludien-Ms. II (vgl. Beschreibung S. 614–615).
D: Praeludien. Straßburg 1905. S. 17–18.
Besonderheiten der Schreibung: hieng *H*
Lesarten:
Überschrift: Aus der Dämmerung *nach gestr.* ⟨Einsiedelung⟩ *H*
11 rankend *über gestr.* gleitend *H* – *12* ein.] ein *H* – *13* wirbelnden *über gestr.* ⟨flimmernden⟩ *H*

59: Stille Stunde

Überlieferung:
H^1: *Praeludien–Ms. I (vgl. Beschreibung S. 613–614).*
H^2: *Praeludien-Ms. II (vgl. Beschreibung S. 614–615).*
D^1: *Praeludien. Straßburg 1905. S. 19–20.*
D^2: *Karl Gruber: Zeitgenössische Dichtung des Elsasses. Straßburg 1905. S. 225–226. Versanfänge groß.*
Besonderheiten der Schreibung: hiengen, gieng H^1 H^2
Lesarten:
2 schauernd] rieselnd H^1 schauernd *über gestr.* rieselnd H^2 – *3* Worte] Worte, H^1 – *3* klanglos] klanglos, H^1 – *9* Abend] Abend, H^1 – *9* sprühend] sprühend, H^1 – *10* golden] golden *über gestr.* golden H^1 golden *über gestr.* ⟨leuchtend⟩ H^2 – *17* gefügt·] gefügt H^2

60: Abendleuchten

Überlieferung:
H^1: *Praeludien-Ms. I (vgl. Beschreibung S. 613–614).*
H^2: *Praeludien-Ms. II (vgl. Beschreibung S. 614–615).*
D: Praeludien. Straßburg 1905. S. 21–22.
Besonderheiten der Schreibung: Chrystall H^1 H^2
Lesarten:
1 Licht·] Licht H^2 – *3* Kristall.] Chrystall, H^1 – *4* Sprühend] rieselnd H^1 Sprühend *über gestr.* Rieselnd H^2 – *5* Ackerfurchen·] Ackerfurchen H^2 – *14* güldner] goldner H^1 – *15* Licht·] Licht H^2

Apparat: Praeludien

61: Sonnwendabend
Überlieferung:
H^1: *Praeludien-Ms. I (vgl. Beschreibung S. 613–614).*
H^2: *Praeludien-Ms. II (vgl. Beschreibung S. 614–615).*
D^1: *Praeludien. Straßburg 1905. S. 23.*
D^2: *Karl Gruber: Zeitgenössische Dichtung des Elsasses. Straßburg 1905. S. 226.*
 In D^2 Versanfänge groß.
Lesarten:
6 Liedern·] Liedern H^2 – 6 verfluten·] verfluten H^1 H^2 – 7 Gluten·] Gluten H^2 Gluten. D^2 – 8 Mädchen] Mädchen, D^2 – 9 Gefunkel] Gefunkel, D^2

62: Herbstgang
Überlieferung:
H: *Praeludien-Ms. II (vgl. Beschreibung S. 614–615).*
D^1: *Praeludien. Straßburg 1905. S. 24–25.*
D^2: *Karl Gruber: Zeitgenössische Dichtung des Elsasses. Straßburg 1905. S. 227.*
 Versanfänge groß.
Besonderheiten der Schreibung: Guirlanden H
Lesarten:
17 Ein] ein *(Schreibversehen)* H – 18 Reiser·] Reiser H – 19 leiser·] leiser H

63: Träume
Überlieferung:
H^1: *Praeludien-Ms. I (vgl. Beschreibung S. 613–614).*
H^2: *Praeludien-Ms. II (vgl. Beschreibung S. 614–615).*
D: *Praeludien. Straßburg 1905. S. 26–27.*
Besonderheiten der Schreibung: Schoos, giengt H^1 H^2
Lesarten:
5 Zaubergärten·] fremden Gärten *aus* Wundergärten H^1 Zaubergärten *aus* stillen Gärten H^2 – 6 Schlössern·] Schlössern H^1 H^2 – 6 stillen grünen] zauberstillen H^1 stillen grünen *über gestr.* zaubertiefen H^2 – 10 fern·] fern H^1 H^2 – 14 Kind·] Kind H^2 – 14 verlor·] verlor H^1 H^2 – 15 still] still *über gestr.* leis H^1 *(1)* still *(2)* blaß *(3)* still H^2

64: Vor Sonnenaufgang
Überlieferung:
H^1: *Praeludien-Ms. I (vgl. Beschreibung S. 613–614).*
H^2: *Praeludien-Ms. II (vgl. Beschreibung S. 614–615).*
D: *Praeludien. Straßburg 1905. S. 28–29.*
Lesarten:
3 Schein·] Schein H^2 – 10 Wind] Wind, H^1 – 11 und wie *nach gestr.* wie H^1 – 13 durch die Nebel dampft . .] in den Lüften hängt . . H^1 *(1)* in den

Apparat: Praeludien

Lüften hängt.. (2) durch die Nebel dampft.. H^2 – *15* bunter Träume] junger Träume H^1 – *16* wie Einer Gold- und Perlenschmuck] wie einer Gold und Perlenschmuck H^1 H^2 – *17* hinschüttet·] hinschüttet H^1 H^2 – *19* heißen *über gestr.* dürstenden H^1 – *21* und weiß: Was] Und weiß: was H^1

65: Wanderung (nach Henri de Régnier)
Überlieferung:
D^1: *Das Magazin für Litteratur. Jg. 73 (1904), Nr. 2 (Januar), S. 58. Veröffentlicht unter dem Sammeltitel* Henri de Régnier: Sechs Gedichte. Übersetzt von Ernst Stadler *(vgl. S. 612–613).*
H^1: *Praeludien-Ms. I (vgl. Beschreibung S. 613–614).*
H^2: *Praeludien-Ms. II (vgl. Beschreibung S. 614–615).*
D^2: *Praeludien. Straßburg 1905. S. 30–31.*
Lesarten:
Überschrift: Sonett / (Aus »Sites«, 1887) D^1
1 Nacht·] Nacht. D^1 H^1 H^2 – *2* und] Und D^1 H^1 H^2 – Morgenträume:] Morgenträume. D^1 H^1 – *3* gebracht·] gebracht H^2 – *6* alten] alten, D^1 – *7* Blütenbüschen glockenglanzumschauert] Blütenbüschen, glockenglanzumschauert, D^1 H^1 – *9* Traum·] Traum. D^1 H^1 H^2 – *10* die] Die D^1 H^1 H^2 – *10* kaum. D^1 H^1 H^2 – *11* die] Die D^1 H^1 H^2 – *11* Finsternissen.] Finsternissen.. D^1
Erläuterungen:
Es handelt sich um die Übertragung des Sonetts IV aus Henri de Régniers Gedichtsammlung »Sites«. Der Originaltext lautet:

IV

J'avais marché longtemps et dans la nuit venue
Je sentais défaillir mes rêves du matin,
Ne m'as-tu pas mené vers le Palais lointain
Dont l'enchantement dort au fond de l'avenue,

Sous la lune qui veille unique et singulière
Sur l'assoupissement des jardins d'autrefois
Où se dressent, avec des clochettes aux toits,
Dans les massifs fleuris, pagodes et volière:

Les beaux oiseaux pourprés dorment sur leurs perchoirs,
Les poissons d'or font ombre au fond des réservoirs
Et les jets d'eau baissés expirent en murmures,

Ton pas est un frisson de robe sur les mousses,
Et tu m'as pris les mains entre tes deux mains douces
Qui savent le secret des secrètes serrures.

(Text nach: Henri de Régnier, »Sites«. Paris 1887. S. 8.) Zur Régnier-Rezeption in Deutschland und zu Stadlers Übertragungen vgl. Gier, S. 82–105.

Apparat: Praeludien

66: Vom Gral
Überlieferung:
H¹: Praeludien-Ms. I (vgl. Beschreibung S. 613–614).
H²: Praeludien-Ms. II (vgl. Beschreibung S. 614–615).
D: Praeludien. Straßburg 1905. S. 32–33.
Lesarten:
3 zu·] zu H² – 6 Tor·] Tor. H¹ – 7 weiß] Weiß H¹ – 9–10: *zwischen diesen Versen in irrtümlichem Vorgriff auf Vers 10 und 11 anderthalb Zeilen abgeschrieben und dann gestr. in H²* – 10 Beete·] Beete H¹ – 14 runder *über gestr.* goldner H¹

67: Einem Mädchen
Überlieferung:
H¹: Praeludien-Ms. I (vgl. Beschreibung S. 613–614).
H²: Praeludien-Ms. II (vgl. Beschreibung S. 614–615).
D: Praeludien. Straßburg 1905. S. 34–35.
Lesarten:
Überschrift: An ein Mädchen H¹
2 trunkne *aus unl. Wort* H¹ – 6 gespiegelt] gespiegelt H¹ H² – 7 zu dunklen Wassern] *(1)*zum dunklen Wasser *(2)*zu dunklen Wassern H¹ – 10 Fremdes·] Fremdes H¹ – 16 scheuem] blassem H¹   scheuem *über gestr.* blassem H² – 17 warmem] warmen H² – 17 sanften *aus* stillen H¹ – 20 Wundergärten·] Wundergärten H² – 21 und] Und H¹ H²

68: Der gelbe Mond (nach Henri de Régnier)
Überlieferung:
H¹: Ms. der Régnier-Übersetzungen (vgl. Beschreibung S. 612).
D¹: Das Magazin für Litteratur. Jg. 73 (1904), Nr. 2 (Januar), S. 59. Veröffentlicht unter dem Sammeltitel Henri de Régnier: Sechs Gedichte. Übersetzt von Ernst Stadler *(vgl. S. 612–613).*
H²: Praeludien-Ms. I (vgl. Beschreibung S. 613–614).
H³: Praeludien-Ms. II (vgl. Beschreibung S. 614–615).
D²: Praeludien. Straßburg 1905. S. 36–37.
Lesarten:
4 schläft· *aus* schwebt· H³ – 4 schwebt.] webt. H¹ – 8 Tritten·] Tritten – H¹ – 10 Herzen] Seelen H¹ D¹ H² – 12 sollt'] sollt D¹ H² – 12 behüten] behüten, H¹ H² – 13 Tag] Tag, H¹
Erläuterungen:
Es handelt sich um das Gedicht »La lune jaune« aus »La cité des eaux«.
Der Originaltext lautet:

La lune jaune

Ce long jour a fini par une lune jaune

Apparat: Praeludien

> Qui monte mollement entre les peupliers,
> Tandis que se répand parmi l'air qu'elle embaume
> L'odeur de l'eau qui dort entre les joncs mouillés.
>
> Savions-nous, quand, tous deux, sous le soleil torride
> Foulions la terre rouge et le chaume blessant,
> Savions-nous, quand nos pieds sur les sables arides
> Laissaient leurs pas empreints comme des pas de sang,
>
> Savions-nous, quand l'amour brûlait sa haute flamme
> En nos cœurs déchirés d'un tourment sans espoir,
> Savions-nous, quand mourait le feu dont nous brûlâmes
> Que sa cendre serait si douce à notre soir,
>
> Et que cet âpre jour qui s'achève et qu'embaume
> Une odeur d'eau qui songe entre les joncs mouillés
> Finirait mollement par cette lune jaune
> Qui monte et s'arrondit entre les peupliers?

(Text nach: Henri de Régnier, »La Cité des Eaux«. Paris 1902. S. 93–94.)
Zur Régnier-Rezeption in Deutschland und zu Stadlers Übertragungen vgl. Gier, S. 82–105.

69: Dunkle Fahrt

Überlieferung:
H^1: *Praeludien-Ms. I (vgl. Beschreibung S. 613–614).*
H^2: *Praeludien-Ms. II (vgl. Beschreibung S. 614–615).*
D: *Praeludien. Straßburg 1905. S. 38–39.*
Lesarten:

Überschrift: fehlt in H^1
3 Dunkel·] Dunkel H^2 – 4 Gärten·] Gärten H^2 – 4 durchwandert·] durchwandert H^2 – 5 auf·] auf H^1 H^2 – 7 purpurtiefen] purpurdunklen H^1 purpur*(1)* dunklen*(2)* tiefen H^2 – 7 Schluchten·] Schluchten H^1 H^2 – 9 Mit] mit H^1 H^2 – 11 Tal·] Tal H^2 – 13 blauen] tiefen H^1 – 14 rührt *über gestr.* weht H^2 – 18 Traum·] Traum H^2

70: Incipit vita nova

Überlieferung:
H^1: *Praeludien-Ms. I (vgl. Beschreibung S. 613–614).*
H^2: *Praeludien-Ms. II (vgl. Beschreibung S. 614–615).*
D: *Praeludien. Straßburg 1905. S. 40–41.*
Lesarten:

1 Säle·] Säle H^1 – 5 lauscht] lauscht' H^1 – 6 Schatten·] Schatten H^1 H^2 – 7 Düften·] Düften H^1 – 10 hinab] hinab, H^1 – 12 Sommernacht.] Sommernacht: H^2 – 14 Himmel·] Himmel H^1 – 15 wallen·] wallen H^1 H^2

Apparat: Praeludien

BILDER UND GESTALTEN

72: Erwachen
Überlieferung:
H^1: *Praeludien-Ms. I (vgl. Beschreibung S. 613–614).*
H^2: *Praeludien-Ms. II (vgl. Beschreibung S. 614–615).*
D^1: Praeludien. *Straßburg 1905. S. 45.*
D^2: *Karl Gruber: Zeitgenössische Dichtung des Elsasses. Straßburg 1905. S. 225. Versanfänge groß.*
Lesarten:
2 Nacht:] Nacht. H^1 – 4 Leib] Leib, H^1 – 5 wieder·] wieder. H^1 – 6 im] Im H^1 – 6 Saal·] Saal. H^1 – 7 leis] Leis H^1 – 10 Licht·] Licht H^1 H^2

73: Das Mädchen
Überlieferung:
H: *Praeludien-Ms. II (vgl. Beschreibung S. 614–615).*
D: Praeludien. *Straßburg 1905. S. 46–47.*
Besonderheiten der Schreibung: zergiengen H
Lesarten:
9 Träumen·] Träumen H – 12 umfangen.] umfangen H – 16 Dingen.] Dingen H – 17 Und] und H – 17 verglühte·] verglühte H – 18 zergiengen·] zergiengen H
Erläuterungen:
Widmung: Wie Wilhelm von Scholz 1953 mitgeteilt hat, ist ihm die Widmung dieses Gedichtes nur zufällig bekannt geworden.

74: Der Teich
Überlieferung:
H^1: *Praeludien-Ms. I (vgl. Beschreibung S. 613–614).*
H^2: *Praeludien-Ms. II (vgl. Beschreibung S. 614–615).*
D: Praeludien. *Straßburg 1905. S. 48–49.*
Lesarten:
2 Stämmen· die seltsam rauschen·] Stämmen die seltsam rauschen H^1 H^2 – 5 Bug·] Bug H^2 – 7 schaukelt·] schaukelt H^2 – 9 taucht.] hintaucht. H^1 taucht. *über gestr.* ⟨huscht⟩. H^2 – 9 Verschlafen] Langsam H^1 – 12 braunen] blauen H^1 braunen *über gestr.* blauen H^2 – 12 Schatten·] Schatten H^2 – 13 sinken·] sinken H^2

75: Spiel im Dämmer
Überlieferung:
H^1: *Einzelhs. Stadlers. Privatbesitz. Doppelbl. 21 × 16,7 cm, gelblich-glattes Papier ohne Wasserzeichen. Einseitig beschrieben, deutsche Schrift, dunkle Tin-*

Apparat: Praeludien

te. Gedichttitel unterstrichen. Versanfänge klein. Nicht datiert. Unterzeichnet: Ernst Stadler. *Reinschrift der 1. Fassung.*
H^2: *Einzelhs. Stadlers. Privatbesitz. Einzelbl., 20,9 × 16,4 cm, gelblich-glattes Papier mit Teilen des Wasserzeichens* SCHWINDENHAMMER/TÜRKHEIM I. E. 3a NORMAL 3a ; *Einseitig beschrieben, deutsche Schrift, dunkle Tinte. Versanfänge klein. Nicht datiert. Reinschrift der 2. Fassung.*
H^3: *Praeludien-Ms. I (vgl. Beschreibung S. 613–614). Abschrift von H^2 mit einer nachträglichen Textvariante.*
H^4: *Praeludien-Ms. II (vgl. Beschreibung S. 614–615).*
D: *Praeludien. Straßburg 1905. S. 50–51.*
Lesarten:
  Widmung: fehlt H^1 H^2 H^3
  2 voll] schwer H^1 – 4 beben·] beben H^3
  5–8: Und leise fließend: Sonne auf schwellender Haide
    die jungen Veilchen streuen schwachen Glanz.
    Und Kinder Gold im Haar und Frühlingskleide –
    Auf maiengrünem Teppich lichter Tanz. H^1
  5 Zu weichem *verb. aus zwei unl. Wörtern* H^2 – 7 schwaches] blasses H^2 *(1)* blasses *(2)* leises *(3)* schwaches H^3 – 9 Schwüle] Schwere H^1 – 9 Sommernächte ..] Sommernächte. H^1 H^3 H^4 Sommernächte H^2 – 10 Fall.] Fall H^2 – 12 Nachtigall.] Nachtigall .. H^1 H^2 – 15 steigen·] steigen H^2 – 16 Quellen·] Quellen: H^1 Quellen *mit Doppelpunkt neben gestr. Komma* H^3
  17–20: Schon schmelzen Form und Farben und ertrinken
    im bleichen Feuer, das der Dämmer facht.
    Die Töne schauern leise auf und sinken
    hinströmend nieder in die laue Nacht.
  17 tief] schwer H^2 H^3 – 17 Garben·] Garben H^2 – 18 Pracht·] Pracht H^2 – 19 ein] Ein H^2 – 19 starben·] starben H^2 – 20 Nacht.] Nacht H^2
Erläuterungen:
  Widmung: Stadler widmete außerdem die erste Fassung des Gedichtes »Fahrt« *(S. 45–47 und Lesarten dazu) seinem Freund René Schickele. Vgl. auch Stadlers Essay* »René Schickele« *S. 276–293 und die Erläuterungen dazu.*

76: Beata Beatrix
Überlieferung:
H: *Praeludien-Ms. II (vgl. Beschreibung S. 614–615).*
D: *Praeludien: Straßburg 1905. S. 52–53.*
Besonderheiten der Schreibung: chrystallnen H
Lesarten:
  16 tauchend·] tauchend H – 21 von Geigen ..] der Geigen .. H

Apparat: Praeludien

Erläuterungen:
Die dem Gedichttitel zugefügten Buchstaben D.G.R. sind aufzulösen in: Dante Gabriel Rossetti. Aus der Anführung der Initialen des englischen Malers und Dichters (1828–1882) erhellt, daß Stadlers Gedicht Bezug nimmt auf Rossettis berühmtes Bild »Beata Beatrix« (Tate Gallery). Rossetti hat über die Bedeutung dieses 1863 entstandenen Bildes folgendes gesagt: The picture illustrates the »Vita Nuova« embodying symbolically the death of Beatrice as treated in that work. The picture is not intended at all to represent death, but to render it under the semblance of a trance, in which Beatrice, seated at a balcony overlooking the city, is suddenly rapt from earth to heaven. *(Zitiert nach Evelyn Waugh, »Rossetti. His Life and Works.« London 1931. 2. Aufl. S. 131. Druckworth's Georgian Library.) Stadlers Gedicht scheint an diese aus dem Bild selbst ohne weiteres zu gewinnende Deutung anzuschließen und die Entrückung Beatrices darstellen zu wollen.*

77: Mittag

Überlieferung:
H^1: *Praeludien-Ms. I (vgl. Beschreibung S. 613–614).*
H^2: *Praeludien-Ms. II (vgl. Beschreibung S. 614–615).*
D: *Praeludien. Straßburg 1905. S. 54.*
Lesarten:
2 Marmortreppen·] Marmortreppen H^1 – 3 gleißen·] gleißen. H^1 – 4 leis] Leis H^1 – 4 müden *fehlt* H^1 – 6 Matten·] Matten H^1 – 10 grundlos grünen] silber grünen H^1 *(1)* silber grünen *(2)* grundlos grünen H^2 – 10 Weihern·] Weihern H^2
Erläuterungen:
Als einziges Gedicht hat »Mittag« in dem Praeludien-Ms. I stets hochgestellten Punkt für Komma (vgl. die Beschreibungen von Praeludien-Ms. I und II S. 613–615).

78: Schloß im Herbst

Überlieferung:
H^1: *Praeludien-Ms. I (vgl. Beschreibung S. 613–614).*
H^2: *Praeludien-Ms. II (vgl. Beschreibung S. 614–615).*
D: *Praeludien. Straßburg 1905. S. 55–56.*
Lesarten:
Widmung: fehlt H^1 H^2
4 Sturm] Sturm, H^1 – 4 Nächten·] Nächten H^2 – 6 Säle·] Säle H^2 – 9 Korridore·] Korridore H^1 Korridore *aus* Korridoren H^2 – 10 Gänge·] Gänge H^2 – 10 Stufen] Stufen, H^1 – 11 Park·] Park H^2 – 12 drängt] drängt, H^1 – 13 Herbstes·] Herbstes H^2 – 15 die Schlinggewächse·] der Schlinggewächse, H^1 die Schlinggewächse H^2 – 16 halten·] halten H^2

Apparat: Praeludien

Erläuterungen:
Widmung: Das Gedicht ist Stadlers älterem Bruder Herbert (30. 4. 1880 – 17. 2. 1943) gewidmet.

79: Im Treibhaus
Überlieferung:
H¹: Praeludien-Ms. I (vgl. Beschreibung S. 613–614).
H²: Praeludien-Ms. II (vgl. Beschreibung S. 614–615).
D: Praeludien. Straßburg 1905. S. 57–58.
Lesarten:
2 Fahnen·] Fahnen. H^1 – 3 und] Und H^1 – 3 Taxusstauden] Taxusst(1)äben(2)auden H^1 – 5 Gleich *aus* Wie H^1 – 5 Orchideen·] Orchideen H^1 H^2 – 6 Gefieder·] Gefieder. H^1 – 7 glitzernd] Flimmernd H^1 glitzernd *über gestr.* flimmernd H^2 – 8 Blütenbüschel] Silberbüschel H^1 Blütenbüschel *aus* Silberbüschel H^2 – 10: (1)aus seltsam dunkler Blüten wirrem Meer, (2)aus seltsam weiter Kelche wirrem Meer, H^1 (1)aus seltsam tiefer Kelche wirrem Meer (2)aus jäh gespaltner Kelche wirrem Meer H^2 – 11 langsam] leise H^1 langsam *über gestr.* leise H^2 – 14 Raum·] Raum. H^1 Raum H^2 – 15 und] Und H^1 – 16: (1)für seltne Gier, für frevlen Traum. (2)für seltne Wollust, frevlen Traum. H^1
Erläuterungen:
Zu Herkunft und Verbreitung des Motivs der Treibhauspflanzen und des Treibhauses in der Literatur des fin de siècle vgl. Gier, S. 123–127.

80: Ausblick
Überlieferung:
H¹: Praeludien-Ms. I (vgl. Beschreibung S. 613–614).
H²: Praeludien-Ms. II (vgl. Beschreibung S. 614–615).
D: Praeludien. Straßburg 1905. S. 59.
Besonderheiten der Schreibung: Cypressen H^1 H^2
Lesarten:
Überschrift: Ausblick *nach gestr.* Ein Bild H^1
1 in den gefüllten Schalen] (1)in goldnen Blumenschalen (2)in den gefüllten Schalen H^1 – 2 Weiten·] Weiten. H^1 – 3 die] Die H^1 – 5 Frauen:] Frauen. H^1 – 6 die] Die H^1

81: Der Harfenspieler
Überlieferung:
H¹: Praeludien-Ms. I (vgl. Beschreibung S. 613–614).
H²: Praeludien-Ms. II (vgl. Beschreibung S. 614–615).
D: Praeludien. Straßburg 1905. S. 60.

Apparat: Praeludien

Lesarten:
1 Knien·] Knien. H^1 – 2 die] Die H^1 – 3 Melodien·] Melodien H^2 – 7 Feld:] Feld. H^1 – 8 schwänge·] schwänge H^2 – 9 Inseln *nach gestr.* Is H^1 – 10 verzaubert *nach gestr. unl. Ansatz* H^1 – 11 Meer·] Meer H^2 – 11 schlägt·] schlägt H^1 H^2

82–84: Das Mädchen spricht:

Überlieferung:
H^1: Praeludien-Ms. I *(vgl. Beschreibung S. 613–614)*.
H^2: Praeludien-Ms. II *(vgl. Beschreibung S. 614–615)*.
D: Praeludien. Straßburg 1905. S. 61–66.
Besonderheiten der Schreibung: Cypressenstämmen, giengen, hiengen, hieng H^1 H^2
Lesarten:
Widmung: fehlt H^1
Überschrift: Das Mädchen spricht: *unter gestr.* Fragment H^2 *Vor Vers 1 (nach links ausgerückt):* Das Mädchen spricht: *dies gleichzeitig mit dem ursprünglichen Titel* Fragment *gestr.* H^2
1 Dann] . . Dann H^1 H^2 – 2 Land·] Land H^1 – 4 kam·] kam H^1 – 6 Dämmer·] Dämmer H^1 – 11 mich am Arm.] am *fehlt in* H^2 *(Schreibversehen)* – 12 schön·] schön H^1 – 18 angerührt·] angerührt *aus* aufgerührt H^1 angerührt H^2 – 20 durchwehte·] durchwehte, *aus* durchbrach, H^1 durchwehte H^2 – 20 starben *aus* erstarben H^1 – 20 Worte] Worte, H^1 – 22 Halme·] Halme H^2 – 23 wie *aus* wenn H^1 – 24 umstrich·] umstrich H^2 – 25 Wort] Wort, H^1 – 26 sagen·] sagen H^2 – 27 Glanz·] Glanz H^2 – 30 von dunklem] vom dunklen H^1 H^2 – 32 hinlief] hinlief, H^1 – 35 Granatbaum·] Granatbaum H^2 – 39 zwei *aus* die H^1 – 39 ihr *aus* das H^1 – 42 stand·] stand H^2 – 44 Stunden·] Stunden. H^1 H^2 – 45 denn] Denn H^1 H^2 – 46 Schauer·] Schauer H^2 – 47 einmal] einmal, H^1 – 50 hin· ich] hin. Ich H^1 H^2 – 51 Rausch·] Rausch H^2 – 53 glitzerte·] glitzerte H^2 – 54 Brunnenbecken.] Marmorbecken. H^1 Brunnenbecken *über gestr.* stillen Becken. H^2 – 55 Flut] Flut, H^1 – 58 Brüste] Brüste, H^1 – 65 hin·] hin H^2 – 66 Nacht. –] Nacht . . H^1
Erläuterungen:
H^2 weist besonders starke Flüchtigkeiten in der Interpunktionstechnik auf. An zwei Stellen wurde statt des hochgestellten Punktes versehentlich Komma gesetzt (Vers 2 Land, Vers 4 kam,). An zahlreichen anderen Stellen fehlen die hochgestellten Punkte. Siehe hierzu die Lesarten.
Widmung: Das Gedicht ist dem elsässischen Maler Georges Ritleng (vgl. Erläuterungen zu Brief 48) gewidmet, der die »Praeludien« illustrierte.

Apparat: Praeludien

85: Semiramis

Überlieferung:
D^1: *Das Magazin für Litteratur. Jg. 73 (1904), Nr. 9 (Mai), S. 261. Unter dem Sammeltitel* Terzinen von Ernst Stadler *zusammen mit dem Gedicht* An die Schönheit *veröffentlicht.*
H^1: *Praeludien-Ms. I (vgl. Beschreibung S. 613–614).*
H^2: *Praeludien-Ms. II (vgl. Beschreibung S. 614–615).*
D^2: *Das neue Magazin. Jg. 73 (1904), Nr. 22 (November), S. 761. Unter dem Sammeltitel* Ernst Stadler: Terzinen *zusammen mit dem Gedicht* An die Schönheit *veröffentlicht.*
D^3: *Praeludien. Straßburg 1905. S. 65–66.*
D^4: *Die Aktion. Jg. 1912, Nr. 1 (1. Januar), Sp. 16. Gezeichnet:* Ernst Stadler. Brüssel.
D^5: *Die Aktion. Jg. 1915, Nr. 39/40 (25. November), Sp. 502. Zusammen mit dem Gedicht* An die Schönheit *(hier u. d. T.:* Strophe *) veröffentlicht. Gezeichnet:* Ernst Stadler.
Die Drucke D^2 D^4 und D^5 beruhen auf dem Text von D^1.
Lesarten:
1 Spangen·] Spangen H^2 – 3 Teppichen·] Teppichen H^2 – 3 gefangen·] gefangen H^2 – 4 ergossen] ergossen, D^1 H^1 D^2 D^4 D^5 – 5 umschlungen·] umschlungen. D^1 H^1 D^2 D^4 D^5 – 6 die] Die D^1 H^1 D^2 D^4 D^5 – 9 verklungen·] verklungen. D^1 H^1 D^2 D^4 D^5 verklungen H^2 – 10 die] Die D^1 H^1 D^2 D^4 D^5 – 10 als ob sie küßten] wie wenn sie küßten. D^1 H^1 D^2 D^4 D^5 *(1)* wie *(2)* als ob sie küßten· H^2 – 11 und] Und D^1 H^1 D^2 D^4 D^5 – 11 draußen·] draußen H^2 – 11 kreisen] kreisen, H^1 D^1 D^2 D^4 D^5 – 13: Rot blitzt die Sonne in dem blanken Eisen. D^1 D^2 D^4 D^5
Erläuterungen:
Zum Gebrauch der Terzinenform dürfte Stadler durch Hofmannsthal angeregt worden sein.

86: Der Pavillon (nach Henri de Régnier)

Überlieferung:
H^1: *Ms. der Régnier-Übersetzungen (vgl. Beschreibung S. 612).*
D^1: *Das Magazin für Litteratur. Jg. 73 (1904), Nr. 2 (Januar), S. 59. Veröffentlicht unter dem Sammeltitel* Henri de Régnier: Sechs Gedichte. Übersetzt von Ernst Stadler *(vgl. S. 612–613).*
H^2: *Praeludien-Ms. I (vgl. Beschreibung S. 613–614).*
H^3: *Praeludien-Ms. II (vgl. Beschreibung S. 614–615).*
D^2: *Praeludien. Straßburg 1905. S. 67–68.*
Lesarten:
1 Schäfertasche] Schäfertasche· H^3 – 3 schmalem] schmalen H^1 H^2 – 4 Feld –] Feld, H^1 D^1 H^2 H^3 – 5 Die] die H^1 D^1 H^2 H^3 – 8 halb offen]

halboffen H^1 D^1 H^2 H^3 – 8 schwingend:] schwingend. H^1 D^1 H^2 H^3 – 11 zögernder] Zögernder *(Schreibversehen)* H^1 – 11 klingt –] klingt, H^1
Erläuterungen:
  Es handelt sich um das Gedicht »Le Pavillon« aus »La cité des eaux«.
  Der Originaltext lautet:

Le Pavillon

La corbeille, la pannetière et le ruban
Nouant la double flûte à la houlette droite,
Le médaillon ovale où la moulure étroite
Encadre un profil gris dans le panneau plus blanc;

La pendule hâtive et l'horloge au pas lent
Où l'heure, tour à tour, se contrarie et boite;
Le miroir las qui semble une eau luisante et moite,
La porte entrebâillée et le rideau tremblant;

Quelqu'un qui est parti, quelqu'un qui va venir,
La Mémoire endormie avec le Souvenir,
Une approche qui tarde et date d'une absence,

Une fenêtre, sur l'odeur du buis amer,
Ouverte, et sur des roses d'où le vent balance
Le lustre de cristal au parquet de bois clair.

(Text nach: Henri de Régnier, »La Cité des Eaux«. Paris 1902 S. 35.) Zur Régnier-Rezeption in Deutschland und zu Stadlers Übertragungen vgl. Gier, S. 82–105.

87: Erfüllung
Überlieferung:
H^1: *Praeludien-Ms. I (vgl. Beschreibung S. 613–614).*
H^2: *Praeludien-Ms. II (vgl. Beschreibung S. 614–615).*
D: *Praeludien. Straßburg 1905. S. 69–70.*
Lesarten:
  2 trunken:] trunken. H^1 – 5 Frühlingskleidern] Frühlingskleiden H^1 H^2 – 16 ineinander pressen.] ineinanderpressen. H^1 H^2

88: Marsyas (nach Henri de Régniers »Le Sang de Marsyas«)
Überlieferung:
H^1: *Ms. der Régnier-Übersetzungen (vgl. Beschreibung S. 612).*
D^1: *Das Magazin für Litteratur. Jg. 73 (1904), Nr. 2 (Januar), S. 60. Veröffentlicht unter dem Sammeltitel* Henri de Régnier: Sechs Gedichte. Übersetzt von Ernst Stadler *(vgl. S. 612–613).*

Apparat: Praeludien

H^2: *Praeludien-Ms. II (vgl. Beschreibung S. 614–615).*
D^2: Praeludien. *Straßburg 1905. S. 71–72.*
Besonderheiten der Schreibung: zergieng, hieng $H^1 H^2$; Hiengen H^1
Lesarten:
  Überschrift: Aus »Le Sang de Marsyas« / (Aus »La cité des eaux«, Paris 1902). $H^1 D^1$
  2 Lied·] Lied $D^1 H^2$ – 3 durchzieht·] durchzieht H^2 – 4 der unter Kräutern rinnt·] der still durch Blumen rinnt, H^1 – 5 Wind·] Wind H^2 – 7 heller] Heller $H^1 D^1 H^2$ – 9 Immensang . .] Immensang. H^1 – 10 Lied] Lied, H^1 – 12: Starr stand Apollo. Und der Glanz *(1)* zerrann *(2)* zergieng H^1 – 13 Schatten hing] Schatten *(1)* spann *(2)* hieng H^1 – 14 sich um ihn tief.] *(1)* sich tief um ihn. *(2)* sich um ihn tief. H^1 – 15 Marsyas] Marsyas, H^1 – 16 überfloß] überfloß· H^2 – 18 Stunde·] Stunde. H^1 – 19 das] Das H^1 – 22 Apolls· hingen] Apolls. Hiengen H^1 Apolls. Hingen $D^1 H^2$ – 24 Da bog die Augen tief in seine senkend] Da bog, die klaren Augen tief in seine senkend, $H^1 D^1$ – 25 übers] über's H^1 – 25 brach's] brachs $D^1 H^2$ – 26–27: *Zwischen diesen beiden Versen die gestr. Zeile:* und Füßestampfen, taumelnd wild und toll. H^1 – 27 dann] Dann $H^1 D^1 H^2$ – 27 Schweigen: denn] Schweigen. Denn H^1 – 27 Apoll] Apoll, $H^1 D^1$
Erläuterungen:
  Stadler hat hier den Schluß eines längeren, dem Gedächtnis Stéphane Mallarmés gewidmeten Gedichtes übersetzt, dessen Titel »Le sang de Marsyas« lautet.
  Der Originaltext:

> Marsyas chanta.
> Ce fut d'abord un chant léger
> Comme la brise éparse aux feuilles d'un verger,
> Comme l'eau sur le sable et l'onde sous les herbes.
> Puis on eût dit l'ondée et la pluie et l'averse,
> Puis on eût dit le vent, puis on eût dit la mer.
> Puis il se tut, et sa flûte reprit plus clair
> Et nous entendions vibrer à nos oreilles
> Le murmure des pins et le bruit des abeilles,
> Et, pendant qu'il chantait vers le soleil tourné,
> L'astre plus bas avait peu à peu décliné;
> Maintenant Apollon était debout dans l'ombre,
> Et dédoré, et d'éclatant devenu sombre,
> Il semblait être entré tout à coup dans la nuit,
> Tandis que Marsyas à son tour, devant lui,
> Caressé maintenant d'un suprême rayon
> Qui lui pourprait la face et brûlait sa toison,
> Marsyas ébloui et qui chantait encor
> A ses lèvres semblait unir un roseau d'or.

Apparat: Praeludien

Tous écoutaient chanter Marsyas le satyre;
Et tous, la bouche ouverte, ils attendaient le rire
Du Dieu et regardaient le visage divin
Qui semblait à présent une face d'airain.
Quand, ses yeux clairs fixés sur lui, Marsyas le fou
Brisa sa flûte en deux morceaux sur son genou.

Alors ce fut, immense, âpre et continuée,
Une clameur brusque de joie, une huée
De plaisir trépignant et battant des talons.
Puis tout, soudainement, se tut, car Apollon,
Farouche et seul, parmi les rires et les cris,
Silencieux, ne riait pas, ayant compris.

(Text nach: Henri de Régnier, »La Cité des Eaux«. Paris 1902. S. 66–67.)
Zur Régnier-Rezeption in Deutschland und zu Stadlers Übertragungen vgl. Gier, S. 82–105.

89–90: Der Zug ins Leben

Überlieferung:
H: Praeludien-Ms. II (vgl. Beschreibung S. 614–615).
D: Praeludien. Straßburg 1905. S. 73–75.
Lesarten:
  8 Haufen·] Haufen *H* – 13 Glut·] Glut *H* – 14 funkelt·] funkelt *H*
Erläuterungen:
  Widmung: Johannes Leonardus ist das Pseudonym von Stadlers Freund Hans Koch, der ihm in seiner ersten Lyriksammlung »Dieweil es Lebens gilt!« (Berlin 1905) das Gedicht »Heiße Nacht« widmete. (Vgl. Erläuterungen zu Brief 6)

91–100: FREUNDINNEN. EIN SPIEL. (1903)

Überlieferung:
D^1: Das Magazin für Litteratur. 73. Jg. (1904), Nr. 4 (Februar), S. 139–143. Vollständiger Text der ersten Fassung. Überschrift: Ernst Stadler: Freundinnen / Ein lyrisches Spiel *Versanfänge klein.*
H: Ms. zum Spiel Freundinnen *(vgl. Beschreibung S. 615–616). Vollständiger Text der zweiten Fassung. Überschrift:* Freundinnen / Ein Spiel / (1903) *Versanfänge klein.*
D^2: Praeludien. Straßburg 1905. S. 77–92. Text von H mit Varianten.
Besonderheiten der Schreibung: gieng H
Grundlage der Textwiedergabe: D^2

Apparat: Praeludien (Freundinnen)

Lesarten der ersten Fassung (D^1):
  Überschrift: Ernst Stadler: Freundinnen / Ein lyrisches Spiel D^1
  Das vorangestellte Gedicht von Paul Verlaine fehlt in D^1.
  Vor der Szenenbeschreibung in D^1 Aufführung der Personen:
    Silvia, im Alter von 15 Jahren
    Bianca, im Alter von 18 Jahren
  Im Text von D^1 die Namen der Personen jeweils am Anfang der von ihnen gesprochenen Verse nach links ausgerückt und durch Doppelpunkt abgetrennt.
  Szenenbeschreibung:
in altmodischer italienischer Tracht.] in altmodischer, italienischer Tracht. D^1 – dämmrigen] dämmerigen D^1 – herab·] herab D^1 – achteckige rote Ampel] achteckige, rote Ampel D^1 – ein breiter milchweißer Strahl] ein breiter, milchweißer Strahl D^1 – im losen Nachtgewand· das sie in licht rosenfarbnen Tönen umflutet. Ihr langes goldblondes Haar rieselt] im losen Nachtgewand, das sie in licht rosenfarbnen Tönen umflutet. Hier und da schimmert die straffe, elfenbeinweiße Haut durch die seidenen Spitzen des Hemdes. Das Licht des Mondes liegt voll auf ihrem jugendlich schlanken, noch unausgereiften Leib. Ihr langes, goldblondes Haar rieselt D^1 – Vom Park] Vom Parke D^1 – gehüllt in ein langes schneeweißes Nachtgewand· über das ihr dunkelbraunes Haar fällt.] gehüllt in ein langes, schneeweißes Nachtgewand, über das ihr schönes dunkelbraunes Haar fällt. Sie lauscht lächelnd den holden Träumereien der Freundin. D^1 –
  Text des Spiels:
vor 1: Silvia: (wie träumend, ganz leise, mit der fast ausdruckslosen Sprache einer Nachtwandlerin.) D^1 – *1* sank·] fiel, D^1 – *13* Weinen . .] Weinen, D^1 – *18* heiß·] vorstohlen·] heiß verstohlen D^1 – *vor 21:* Bianca: (ist während der letzten Worte Silvias ganz nahe an diese herangetreten und streicht ihr weich und kosend mit der Hand übers Haar. Dann spricht sie wie hingehaucht:) D^1 – *23* Regen –] Regen. D^1 – *24* Sang . .] Sang – D^1 – *vor 25:* Silvia: (ist beim Klang von Biancas Stimme mit einem leisen Schrei jäh aufgefahren. Nun läßt sie sich wieder müde und schwer auf das Ruhebett sinken.) D^1 – *25* ist's?] ists? D^1
26–32:
Bianca: Du träumst, Geliebte! Purpurrauschend weht
  der schwüle Hauch der Nacht von Beet zu Beet.
Silvia: Noch immer Nacht . . .
  schon meint ich mich umgossen
  vom lauen Glanz, der hell aus den Gefiedern
  der Lerchen, die berauscht ins Blaue schossen
  in silbrigroten Ketten niedersprang –
Bianca: Du schliefst noch nicht?
Silvia: Mir war so seltsam bang:

Apparat: Praeludien (Freundinnen)

Ein Schauern stieß den Schlaf von meinen Lidern.
In schweren schwarzen Wellen floß die Nacht.
Ein dunkles Feuer war in mir entfacht,
Als ob ein groß Geschick die Nacht mir brächte –
ein zielloses fremdes, heißes, dunkles Sehnen ... D^1
37 jähe] dunkle D^1 – *39* lag betäubt·] lag – betäubt, D^1 – *40* weiße warme]
glitzernd grüne D^1 – *52* mit leisen unsichtbaren Tritten·] mit unsichtbaren, leisen Tritten, D^1 – *54* mich's auf:] michs auf. D^1
58–59:
    betaut. Und schauerte und schluchzte auf und fiel,
    und meine Seele sank in tiefen Traum.
    ... Und nickend, lächelnd leuchteten mir wieder
    Träume aus dunkler Kindheit frühen Tagen,
    als rings im Blütendampf die Tale lagen –
    neigten sich huschend, raunten meinem Ohr
    stammelnde Märchen, halberloschne Lieder
    und junger Nächte schmerzlich süße Trauer
    und früher banger Sehnsucht dunkle Schauer,
    daß trunken sich mein Sinn im Traum verlor ... D^1
67 schwebt·] schwebt D^1
69–70:
Bianca: Das ist der alten Marmorbrunnen Raunen,
    die hinter dunklen Büschen einsam trauern ...
    In solchen Nächten quillt es aus den Steinen,
    den grauen, moosverhangnen wie ein Weinen,
    und ihre Wasser schluchzen auf und schäumen –
Silvia: O könnt ich tief zu ihren Füßen kauern,
    mein Sehnen still in ihren Sang verträumen. D^1
71 rinnt] bebt D^1 – *71* wilden] wilden, D^1 – *72* Lieder] Lieder. D^1 – *73* und] Und D^1 – *73* strömt und glüht] glüht und strömt D^1 – *86* Singen] Liedern D^1 – *91* weißes nacktes] weißes, nacktes, D^1 – *92* Zügen ..] Zügen. – D^1 – *102* biegen·] biegen D^1 – *104* nickt und dankt und winkt,] nickt und dankt und winkt, D^1 – *106* siehst du's· hörst du's] siehst dus, hörst dus D^1 – *109* schaukeln] schaukeln, D^1 – *114* Morgenwellen.] Morgenwellen. – D^1 – *118* Sie ist's.] Sie ists. D^1 – *122* Sie ist's! Du bist's!] Sie ists! Du bists! D^1 – *128* schwellen] schwellen, D^1 – *130* süßen] süßen, D^1 – *nach 133:* (Sie wirft sich wie ohnmächtig in Biancas Arme, klammert die Hände um ihren Hals und bedeckt ihr Antlitz mit wilden, sterbenden Küssen.) D^1 – *145* schwanken·] schwanken D^1 – *146* schlanken heißen jungen] schlanken, heißen, jungen D^1 – *155* versprühen·] versprühen D^1
156–160:
    wie Falter sind sie, die die Nacht umglühen
    im strahlend weichen Schmelz der Flügel und im Wiegen

Apparat: Praeludien (Freundinnen)

>   des Nachtwinds bunt wie Blütenflocken fliegen
>   um weiße Dolden, wie ein schmeichelnd Fluten
>   von lauen Wellen, die den Leib umschmiegen
>   in weicher Brunst gleich wilder Küsse Gluten.
>   O, lauschen will ich der Musik, die rings aus dir
>   herniederströmt, aus Haar und Mund und Augen, D^1

162 Verdurstender.] Verdürstender. D^1 – 164 wenn's] wenns D^1 – 167: *Vers gebrochen nach* Leben. D^1 – 170 jungen] straffen D^1 – 171 warmem] jungem D^1 – 173 heiße] heiße, D^1 – 174 stürmisch junger] stürmischjunger D^1 – 186 blanke] blanke, D^1
187–188:
> Bianca: O laß mich ganz
>   ihr weiches Weiß umfassen. Laß die Linnen
>   mich tiefer streifen. Laß mich Stück um Stück
>   den Leib mit meiner Arme Glut umspinnen D^1

191 versiegt˙] versiegt D^1 – 193 Sieh –] Sieh –: D^1 – 198 schweren] roten D^1 – 202 funkelnd heißen Güssen:] sprudelnd heißen Güssen – D^1 – 203 Töte] töte D^1 – *nach* 203: (Sie hängt, trunken und ohnmächtig, an Biancas Hals) D^1 – *vor* 204: Bianca: (mit heißer, heimlicher Glut.) D^1 – 206 matten] weichen D^1 – 215 Liebesnacht] Hochzeitsnacht D^1 – 216 Komm˙ Liebste!] Komm! Liebste! D^1 – 217: ich wie ein Trunkner dich ins Brautbett tragen, D^1 – *nach* 219: (Sie trägt die fast Besinnungslose auf ihren Armen gegen den Hintergrund.) / Vorhang. D^1
Erläuterungen:
> Die in D^2 angewandte Technik, nach dem Vorbild Stefan Georges hochgestellte Punkte statt der Kommata zu setzen, ist in D^1 noch nicht durchgeführt.

Lesarten der zweiten Fassung (H):
> *Gedicht von Verlaine:*
> 1 hirondelles:] hirondelles H – 5 d'asphodèles,] d'asphodèles H – 10 autres couples,] autres couples H
> *Szenenbeschreibung:*
> dämmrigen] dämmerigen H – langes] langes, H
> *Text des Spieles:*
> 10 *nach* rauschten *gestr. Komma* H – 13 Weinen ..] Weinen, H – 18 verstohlen˙] verstohlen H – 28 leise Sommerwind] leise laue Wind H – 32 fremdes heißes] fremdes, heißes, H – 37 jähe] dunkle H – 39 lag] lag, H – 41 schlief, *nach gestr.* schwieg H – 54 mich's] michs H – 71 rinnt *über gestr.* bebt H – 83 *nach* Rauschen *gestr. Komma* H – 91 weißes nacktes] weißes, nacktes, H – 106 hörst du's] hörst dus H – 157 im weichen] *(1)* im strahlend weichen *(2)* im weichen H – 158 fliegen ..] fliegen. H – 160 herniederströmt] herniederströmt, H – 163 daß] das *(Schreibversehen)* H – 171 warmem] warmen *(Schreibversehen)* H – 171 Leben˙] Leben H – 191

Vor Bis der Quell *drei versehentlich aus Vers 190 abgeschr. Wörter, gestr.* H – 193 Sieh –] Sieh –: H – 198 schweren *über gestr.* roten H – 206 matten] weichen H

Erläuterungen:

Widmung: D¹ und H *enthalten bereits die Widmung:* Für Hugo von Hofmannsthal. *Wie Helmut Wocke 1953 mitteilte, schrieb ihm Hofmannsthal (der Brief ist nicht erhalten), daß er von dieser Widmung nichts wußte. Stadler widmete außerdem die erste Fassung des* »Prolog« *(siehe S. 50–54 und die Lesarten dazu)* Hugo von Hofmannsthal. *Vgl. auch die Erläuterungen zu* »Neuland«, *S. 680.*

Das vorangestellte Gedicht Verlaines hat die Überschrift »Sur le balcon«. *Es ist das erste der sechs unter dem Titel* »Les amies« *vereinigten Gedichte. Durch diese Dichtung Verlaines ist Stadlers Spiel offensichtlich angeregt worden. Die Anlehnung an Verlaine beschränkt sich dabei nicht nur auf Motiv und Titel, sondern geht gelegentlich bis zur fast wörtlichen Übernahme einzelner Verse aus den Gedichten von* »Les amies«.

VERSTREUT VERÖFFENTLICHTE GEDICHTE
1910 bis 1914
S. 101–116

103: Der Schöpfer

Überlieferung:

D: *Literarische Rundschau der Straßburger Neuen Zeitung. 18. September 1910. Nr. 38. Gezeichnet:* Ernst Stadler

Erläuterungen:

Neben dieser in der »Straßburger Neuen Zeitung« *gedruckten Fassung des Gedichtes liegt eine teilweise abweichende Version des Textes in einer Abschrift von fremder Hand vor: In Heinrich Hestermanns Quartheft mit Abschriften von Dichtungen Stadlers erscheint das Gedicht unter dem Sammeltitel* »Traum und Morgen« *als Nr. I zusammen mit dem Gedicht* »Dies alles lebte nur in Zeichen ...« *(Nr. II). Vgl. den vollständigen Abdruck dieser Texte auf S. 245–246 und die Erläuterungen dazu.*

104: Frühlingsnacht

Überlieferung:

D: *Das literarische Elsaß. Der Erwinia 18. Jg. (1910/11), H.2 (November*

1910), S. 30. Unter dem Sammeltitel Vier Gedichte von Ernst Stadler *zusammen mit* Frühe Dämmerung, Untergang *und* Gang im Schnee *veröffentlicht.*

104: Frühe Dämmerung
Überlieferung:
D: *Das literarische Elsaß. Der Erwinia 18. Jg. (1910/11), H. 2 (November 1910), S. 30.* Unter dem Sammeltitel Vier Gedichte von Ernst Stadler *zusammen mit* Frühlingsnacht, Untergang *und* Gang im Schnee *veröffentlicht.*
Erläuterungen:
   Stadler gebrauchte hier die Terzinenform, die er in den »Praeludien« mehrfach anwandte, zum letzten Mal.

105: Untergang
Überlieferung:
D: *Das literarische Elsaß. Der Erwinia 18. Jg. (1910/11), H. 2 (November 1910), S. 30–31.* Unter dem Sammeltitel Vier Gedichte von Ernst Stadler *zusammen mit* Frühlingsnacht, Frühe Dämmerung *und* Gang im Schnee *veröffentlicht.*

105: Gang im Schnee
Überlieferung:
D: *Das literarische Elsaß. Der Erwinia 18. Jg. (1910/11), H. 2 (November 1910), S. 31.* Unter dem Sammeltitel Vier Gedichte von Ernst Stadler *zusammen mit* Frühlingsnacht, Frühe Dämmerung *und* Untergang *veröffentlicht.*

106: Dämmerung in der Stadt
Überlieferung:
D: *Das Neue Elsaß. Jg. I (1911), Nr. 4 (20. Januar), S. 57.* Unter dem Sammeltitel Drei Gedichte von Ernst Stadler *zusammen mit* Sicherung *und* Das Abenteuer *veröffentlicht.*

106: Sicherung
Überlieferung:
D: *Das Neue Elsaß. Jg. I (1911), Nr. 4 (20. Januar), S. 57.* Unter dem Sammeltitel Drei Gedichte von Ernst Stadler *zusammen mit* Dämmerung in der Stadt *und* Das Abenteuer *veröffentlicht.*
Erläuterungen:
   10 ferne] *Es ist nicht auszuschließen, daß in D* ferne *irrtümlich für* »Ferne« *gedruckt wurde.*

107–108: Das Abenteuer
Überlieferung:
D: *Das Neue Elsaß. Jg. I (1911), Nr. 4 (20. Januar), S. 57–58.* Unter dem Sammeltitel Drei Gedichte von Ernst Stadler *zusammen mit* Dämmerung in der Stadt *und* Sicherung *veröffentlicht.*

108–109: Pans Trauer
Überlieferung:
D: *Das Neue Elsaß. Jg. I (1911), Nr. 10 (3. März), S. 153.* Unter dem Sammeltitel Zwei Gedichte von Ernst Stadler *zusammen mit* Evokation *veröffentlicht.*
Erläuterungen:
Mit »Pans Trauer« und »Evokation« greift Stadler die Form des Langzeilengedichtes wieder auf, in der er sich bereits in seinen frühen Gedichten versucht hatte.

109: Evokation
Überlieferung:
D: *Das Neue Elsaß. Jg. I (1911), Nr. 10 (3. März), S. 153.* Unter dem Sammeltitel Zwei Gedichte von Ernst Stadler *zusammen mit* Pans Trauer *veröffentlicht.*
Erläuterungen:
Siehe die Erläuterungen zu »Pans Trauer«.

110–111: Ballhaus
Überlieferung:
D: *Ballhaus. Ein lyrisches Flugblatt. Alfred Richard Meyer Verlag. Berlin-Wilmersdorf (1912). 8 unbez. Bll. Gezeichnet:* Ernst Stadler.
Erläuterungen:
Das Flugblatt, in dem diese Verse erschienen, enthielt Gedichte über das Thema »Ballhaus« von 16 verschiedenen Dichtern (u. a. von E. Blass, M. Brod, M. Hermann Neisse, A. Holz, R. Leonhard, A. Ruest, E. Lasker-Schüler, R. Schickele). Stadlers »Ballhaus« ist also ein Gedicht zu einem gestellten Thema. Nach Auskünften, die der Verleger A. R. Meyer 1954 gegeben hat, ist das Gedicht im August oder September 1912 entstanden. Von den anderen Langzeilengedichten Stadlers weicht der Druck von »Ballhaus« wie auch der des Gedichtes »Meer« in der Anthologie »Mistral« durch Kleinschreibung der Versanfänge ab, die das Gedicht »prosanäher« erscheinen lassen. Es handelt sich bei beiden Drucken jedoch nicht um ein Experiment des Dichters, sondern um eine von den Herausgebern dieser Veröffentlichungen vorgenommene Angleichung an die Schreibweise der anderen Gedichte des Flugblatts und der Anthologie. Vgl. auch die Erläuterungen zur »Meer« S. 654.

Apparat: Gedichte 1910–1914

Die Versbrechung in Vers 15 ist genau wie in D wiedergegeben worden, da nicht mehr festzustellen, ob sie auf den Setzer oder auf den Wunsch des Autors zurückzuführen ist.

111: Die Dirne
Überlieferung:
D: Die Aktion. Jg. 1913, Nr. 27 (5. Juli), Sp. 662–663. *Gezeichnet:* Ernst Stadler. *Zusammen mit* Ende *veröffentlicht.*

112: Botschaft
Überlieferung:
D: Die Aktion. Jg. 1914, Nr. 6 (7. Februar), Sp. 128. *Gezeichnet:* Ernst Stadler. Brüssel.
Lesarten:
6 ungebärdig] ungeberdig *(Druckfehler?)* D.

112–113: Leoncita
Überlieferung:
D: Die Aktion. Jg. 1914, Nr. 9 (24. Februar), Sp. 193. *Gezeichnet:* Ernst Stadler. Brüssel.
Erläuterungen:
Überschrift: »Leoncita« *ist die Diminutivform des spanischen Mädchennamens* Leoncia.

114: La Querida
Überlieferung:
D: Die Aktion. Jg. 1914, Nr. 11 (14. März), Sp. 236–237. *Gezeichnet:* Ernst Stadler Uccle.
Erläuterungen:
Überschrift: »La Querida« *ist das spanische Wort für Geliebte.*

115–116: Linda
Überlieferung:
D: Die Aktion. Jg. 1914, Nr. 15 (11. April), Sp. 326–327. *Gezeichnet:* Ernst Stadler.

DER AUFBRUCH
S. 117–185

Von Stadlers Gedichtsammlung »Der Aufbruch« liegen die vom Autor noch selbst besorgte erste Ausgabe von 1914 (Verlag der Weißen Bücher) sowie eine zweite Auflage (Kurt Wolff Verlag) von 1920 vor. Da die zweite Auflage von 1920 eine Reihe kleinerer Änderungen aufweist und 1953 ermittelt werden konnte, daß René Schickele diese Ausgabe des Kurt Wolff Verlages betreut hat, war also zu prüfen, ob die Abweichungen gegenüber der Erstausgabe von 1914 etwa auf der Benutzung von Handschriften beruht haben könnten. Durch Nachfragen war eine Klärung des Problems 1953 nicht mehr möglich. Eine genaue Prüfung der zweiten Auflage ergibt jedoch einen Gesamtbefund, der nicht dafür spricht, daß dem Druck von 1920 textkritische Bedeutung zukommt. Positiv zu bewerten ist zwar die Beseitigung einer Reihe von Druckfehlern der Ausgabe von 1914, die aber reichlich aufgewogen wird durch neueingetretene Verderbnisse. Auch die an einzelnen Stellen durchgeführten Ergänzungen oder Änderungen der Interpunktion sind als eine zwar noch schonende, aber durchaus überflüssige Normierung anzusehen. Dies gilt auch für die durchgehend vorgenommene Korrektur der veralteten Schreibungen hieng und gieng zu hing und ging, die kaum auf einem ausdrücklichen Wunsch Stadlers beruhen kann, weil er sie in der ersten Ausgabe des »Aufbruch« überall wieder einführte, wo vorangegangene Drucke der betreffenden Gedichte mit der Schreibung hing und ging vorgelegen haben. Diese Änderungen Schickeles oder des Verlagskorrektors wiegen nicht schwer, doch nehmen sie den Gedichten immerhin etwas vom Hauch des Persönlichen und der Zeit, der gewahrt bleiben sollte. Auch bei den vorgenommenen Aufhebungen von Stropheneinteilungen oder Sinngliederungen in den Gedichten »Zwiegespräch«, »Fernen«, »Der Flüchtling« und »Hier ist Einkehr« gibt es nach dem heutigen Kenntnis- und Forschungsstand keine Anhaltspunkte dafür, daß hier frühere Änderungswünsche Stadlers oder spätere Textfassungen berücksichtigt worden sein könnten. Die Möglichkeit eigenmächtiger Korrekturen von seiten Schickeles oder des Verlages kann in diesen Fällen jedenfalls nicht ausgeschlossen werden. Die gleiche Unsicherheit besteht auch bei der einzigen Änderung des Wortlauts in der zweiten Auflage. (»Die Schwangeren«, Vers 3: »Wir sind von uns selbst versperrt« geändert in »Wir sind vor uns selbst versperrt«).

Angesichts dieser Situation ist in der vorliegenden Edition die zweite Auflage von 1920 mit ihren normierenden oder textkritisch nicht sicher einzuschätzenden Abweichungen unberücksichtigt geblieben.

Grundlage der Textwiedergabe in der vorliegenden Edition ist die von Stadler selbst besorgte Ausgabe des »Aufbruch« von 1914, deren Text mit all seinen Eigenarten wiedergegeben worden ist. Lediglich die zweimalige Schreibung von Ue für Ü wurde normiert. Stillschweigend berichtigt wurden nur die eindeutig identifizierbaren Druckfehler, die anderen korrigierten Fehler sind in den Lesarten aufgeführt. Ein Texteingriff ist an der betreffenden Stelle im Apparat (S. 654) vermerkt und begründet worden.

Die Gedichtsammlung »Der Aufbruch« erschien Ende 1913 mit folgendem Titelblatt:
ERNST STADLER / DER AUFBRUCH / GEDICHTE / LEIPZIG, 1914 / VERLAG DER WEISSEN BÜCHER
81 Seiten u. 3 unpaginierte Blätter, Großoktav.
Einbandgestaltung von Wilhelm Wagner.
S. 5: Innentitel (vereinfachte Wiederholung der Einbandzeichnung).
S. 7: Widmung: Für / René und Lannatsch Schickele.
Vorsatzblätter zu den Gedichtgruppen: S. 8: DIE FLUCHT; S. 33: STATIONEN; S. 47: DIE SPIEGEL; S. 71: DIE RAST.
Am Schluß des Bandes auf dem ersten der unpaginierten Blätter: Inhaltsverzeichnis.

Von den 57 Gedichten des »Aufbruch« wurden 29 zuerst in Zeitschriften und Zeitungen gedruckt. Das Aufbau- und Einteilungsprinzip des Bandes ist nicht ohne weiteres erkennbar. Es liegt weder eine chronologische, noch eine streng thematische Anordnung vor, vielmehr sind die Gedichte zwanglos in vier Sinngruppen eingeteilt. So umfaßt die erste Gruppe unter dem Titel »Die Flucht« vorwiegend solche Gedichte, die die Abkehr von der ästhetizistischen Kunst und das Erwachen eines neuen Lebensgefühls ausdrücken. Ebenso ist der Sinnzusammenhang der Schlußgruppe »Die Rast« zu ermitteln, denn sie vereinigt vor allem Gedichte aus dem heimatlichen Bereich. Für die Gruppentitel »Stationen« und »Die Spiegel« hingegen ergeben sich keine eindeutigen Erklärungen. Hier ist der Zusammenhang zwischen den Gruppentiteln und den Gedichten so locker, daß für verschiedene Deutungen Raum bleibt. Bemerkenswert ist die Tatsache, daß von den 57 Gedichten nur 5 ganz reimlos sind. Über Bedeutung und Funktion des Reimes bei Stadler handelt ausführlich: Arno Schirokauer, »Über Ernst Stadler«. In: A. Schirokauer, Germanistische Studien. Hg. von Fritz Strich. Hamburg 1957. S. 417–434.

Apparat: Der Aufbruch

DIE FLUCHT

119: Worte

Überlieferung:
D^1: *Die Aktion. Jg. 1913, Nr. 34 (23. August), Sp. 812–813. Gezeichnet:* Ernst Stadler. *Das Gedicht ist mit folgendem redaktionellen Vermerk versehen:* Aus einem demnächst erscheinenden Gedichtbuch (Leipzig, E. E. Schwabach.)
D^2: *Der Aufbruch. Gedichte. Leipzig 1914. S. 11.*
Besonderheiten der Schreibung: Ueberschwang, aufhingen, übergingen D^1
Lesarten:
1 Schönheit und Ahnung] Schönheit, Ahnung D^1 – 3 todgeweihte Schwüre –] besinnungslose Schwüre. D^1 – 4 Abenteuer] Wunder D^1 – 5 fortzutragen.] fortzutragen, D^1 – 7 von Alltag und allem Erdwohnen geschieden:] von allem Erdwohnen und Alltag geschieden: D^1 – 9 vereinten,] vereinten.– D^1

120: Der Spruch

Überlieferung:
D: *Der Aufbruch. Gedichte. Leipzig 1914. S. 12.*
Erläuterungen:
Der von Stadler zitierte Spruch entstammt dem »Cherubinischen Wandersmann« des Angelus Silesius (Pseudonym für Johann Scheffler, 1624–1677). Das Epigramm lautet vollständig:
                Zufall und Wesen
Mensch werde wesentlich: denn wann die Welt vergeht,
So fält der Zufall weg, daß wesen daß besteht.

(Cherubinischer Wandersmann. II, 30. Hg. von Georg Ellinger. Halle 1895. S. 43. Neudrucke deutscher Literaturwerke des XVI. und XVII. Jahrhunderts. No. 135–138).

121: Tage I.

Überlieferung:
D: *Der Aufbruch. Gedichte. Leipzig 1914. S. 13.*

122: *Tage* II.

Überlieferung:
D: *Der Aufbruch. Gedichte. Leipzig 1914. S. 14.*

123: *Tage* III.

Überlieferung:
D: *Der Aufbruch. Gedichte. Leipzig 1914. S. 15.*

Apparat: Der Aufbruch

124: *Tage* IV.
Überlieferung:
D: Der Aufbruch. Gedichte. *Leipzig 1914. S. 16.*

125: Gegen Morgen
Überlieferung:
D^1: *Die Aktion. Jg. 1913, Nr. 2 (8. Januar), Sp. 55. Gezeichnet:* Ernst Stadler. Brüssel. *Unter dem Sammeltitel* Gegen Morgen *als Nr. I mit zwei weiteren Gedichten veröffentlicht. Bei Nr. II und III handelt es sich um die im Aufbruch unter den Titeln* Heimkehr *und* In der Frühe *erscheinenden Gedichte. Außerhalb dieser Gedichtgruppe hier noch* Gang in der Nacht *veröffentlicht.*
D^2: Der Aufbruch. Gedichte. *Leipzig 1914. S. 17.*
Besonderheiten der Schreibung: durchgängig ss für ß D^1
Lesarten:
Überschrift: I. D^1 *(vgl. Abschnitt Überlieferung)*
In D^1 *ist das Gedicht in drei Strophen zu je vier Versen eingeteilt. In der Aufbruch-Fassung (D^2) sind die Verse 3 u. 4 aus der ersten Strophe von D^1 entfallen. Die Stropheneinteilung ist in D^2 insgesamt aufgehoben worden.*

Die erste Strophe lautet in D^1:
Tag will herauf. Nacht wehrt nicht mehr dem Licht.
(O Morgenwinde, die den Geist in ungestüme Meere treiben!)
Klang da mein Herz? O Schicksalsreif, der klirrend über mir in Stücke bricht,
Liess dich dein Zauber plötzlich los so wie das Dunkel die verhangnen Scheiben?

5 flüchten!] flüchten. D^1 – 6 knien!] knien. D^1 – 6 O, alles von sich tun,] O alles von sich tun D^1 – 6 warten!] warten. D^1 – 10: Aufspringe und ein Schein uns kröne königlicher als der Sternenreif ums Haar von unsrer lieben Frauen. D^1

126–127: Metamorphosen
Überlieferung:
D: Der Aufbruch. Gedichte. *Leipzig 1914. S. 18–19.*

128: Betörung
Überlieferung:
D^1: *Die Aktion. Jg. 1912, Nr. 8 (19. Februar), Sp. 233. Gezeichnet:* Ernst Stadler. Brüssel.
D^2: Der Aufbruch. Gedichte. *Leipzig 1914. S. 20.*

Apparat: Der Aufbruch

Lesarten:
6 dich,] dich D^1 – 7 her,] her D^1 – 8 Seele] Flügel D^1 – 9 niemals] Niemals D^1

129: Trübe Stunde
Überlieferung:
D^1: *Die Aktion. Jg. 1912, Nr. 19 (8. Mai), Sp. 592. Gezeichnet:* Ernst Stadler. Brüssel. *Zusammen mit* Entsühnung *veröffentlicht.*
D^2: *Der Aufbruch. Gedichte. Leipzig 1914. S. 21.*
Besonderheiten der Schreibung: ss für ß D^1
Lesarten:
3 Seele, wirfst zu zitternd dich ins Segel,] O meine Seele, hängst du heimlich dich ins Segel, D^1 – 4 die Wunder] die scheuen Wunder D^1 – 5 du so wehrlos] du wehrlos D^1 – 9 dein] Dein D^1 – 10 leer,] schlaff und leer, D^1 – 12: Den Morgen kalt und glanzlos schauern über ödem Meer? D^1

130: Was waren Frauen
Überlieferung:
D: *Der Aufbruch. Gedichte. Leipzig 1914. S. 22.*

131: Reinigung
Überlieferung:
D^1: *Die Aktion. Jg. 1912, Nr. 4 (22. Januar), Sp. 103. Gezeichnet:* Ernst Stadler. Brüssel.
D^2: *Literarische Rundschau. Beilage der Straßburger Neuen Zeitung. 23. April 1912. Nr. 112. Gezeichnet:* Ernst Stadler.
D^3: *Der Aufbruch. Gedichte. Leipzig 1914. S. 23.*
Lesarten:
4 dein] Dein D^1 D^2 – 4 auferstehn!] auferstehn – D^1 D^2 – 5 schon] Schon D^1 D^2 – 7 umhangen –] umhangen D^1 D^2 – 8 schon] Schon D^1 D^2 – 8 weit] weit, D^1 D^2

132: Ende
Überlieferung:
D^1: *Die Aktion. Jg. 1913, Nr. 27 (5. Juli), Sp. 662. Gezeichnet:* Ernst Stadler. *Zusammen mit* Die Dirne *veröffentlicht.*
D^2: *Der Aufbruch. Gedichte. Leipzig 1914. S. 24.*
Erläuterungen:
Siehe Nachwort S. 863f. Das Gedicht schließt inhaltlich deutlich an einzelne Zeilen des von Stadler übertragenen »Gebet zum Geständnis der Unwissenheit« von Francis Jammes an (vgl. S. 213).

133–134: Zwiegespräch

Überlieferung:
D^1: *Die Aktion. Jg. 1912, Nr. 24 (12. Juni), Sp. 754–755. Gezeichnet:* Ernst Stadler. Brüssel.
D^2: Der Aufbruch. Gedichte. *Leipzig 1914. S. 25–26.*
Besonderheiten der Schreibung: durchgängig ss für ß D^1
Lesarten:
  2 verirrt, mich] verirrt. Mich D^1 – 6 verschwunden.] verschwanden. (Druckfehler?) D^2 – 7 Herz] Herz, D^1 – 7 eingespannt] eingespannt, D^1 – 14 du] Du D^1 – 18 entgegensingt?] entgegen singt? D^1 – 20 trüb] trüb' D^1 – 24 aufgesteckt.] aufgesteckt D^1 – 25 verschlossen] verschlossen, D^1

135: Vorfrühling

Überlieferung:
D: Der Aufbruch. Gedichte. *Leipzig 1914. S. 27.*
  Besonderheiten der Schreibung: Ueberm D
Lesarten:
  3 gieng] ging D *(vgl. die Erläuterungen).*
Erläuterungen:
  3 gieng] *In allen anderen Gedichten des »Aufbruch« hat Stadler die Schreibung* gieng *für* ging *eingesetzt. Daher hier diese Emendation.*

136: Resurrectio

Überlieferung:
D^1: *Die Aktion. Jg. 1913, Nr. 10 (5. März), Sp. 302–303. Gezeichnet:* Ernst Stadler. Brüssel.
D^2: Der Aufbruch. Gedichte. *Leipzig 1914. S. 28.*
Besonderheiten der Schreibung: Oelblatt; *durchgängig ss für ß* D^1
Lesarten:
  Überschrift: Auferstehung D^1
  2 Glück: das] Glück: Das D^1 – 2 überschwemmte,] überschwemmt, D^1 – 5 Meer.] Meer D^1 – 6 Umriß her.] Umriss wieder her. D^1
Erläuterungen:
  Das Gedicht spielt, besonders mit Zeile 10, auf die biblische Darstellung der Sintflut (1. Mose, Kap. 8) an.

137: Sommer

Überlieferung:
D^1: *Die Aktion. Jg. 1913, Nr. 11 (12. März), Sp. 331. Gezeichnet:* Ernst Stadler. Brüssel.
D^2: Der Aufbruch. Gedichte, *Leipzig 1914. S. 29.*

Apparat: Der Aufbruch

Besonderheiten der Schreibung: Ueber D^1 D^2
Lesarten:
 3 stehn,] stehn. D^1

138: Form ist Wollust
Überlieferung:
D: Der Aufbruch. Gedichte. *Leipzig 1914. S. 30.*
Erläuterungen:
 Siehe Nachwort S. 862f.

139: Der Aufbruch
Überlieferung:
D: Der Aufbruch. Gedichte. *Leipzig 1914. S. 31.*
Lesarten:
 3 Tambourmarsch] Tamburmarsch *(Druckfehler?)* D
Erläuterungen:
 Siehe Nachwort S. 864ff. *Ein Abdruck des Gedichtes im Almanach des Kurt Wolff Verlages von 1916 (Vom jüngsten Tag. Ein Almanach neuer Dichtung) ist mit dem Vermerk versehen:* Entstanden vor 1913. *Dieser Vermerk hat offensichtlich den Zweck, den Gedanken abzuwehren, daß es sich um ein aus der Kriegsbegeisterung entstandenes Gedicht handele. Eine Begründung für die Datierung wird nicht gegeben, doch ist zu vermuten, daß sie auf einer zuverlässigen Information beruhte.*

STATIONEN

141: Lover's Seat
Überlieferung:
D^1: Die Aktion. *Jg. 1911, Nr. 42 (4. Dezember), Sp. 1325. Gezeichnet:* Ernst Stadler. Brüssel.
D^2: Der Aufbruch. Gedichte. *Leipzig 1914. S. 35.*
Lesarten:
 1 hingeschritten.] hergeschritten. D^1 – *7* seh' ich] seh ich D^1

142: Fülle des Lebens
Überlieferung:
D^1: Die Aktion. *Jg. 1912, Nr. 3 (15. Januar), Sp. 75. Gezeichnet:* Ernst Stadler. Brüssel.
D^2: Der Aufbruch. Gedichte. *Leipzig 1914. S. 36.*
Lesarten:
 5 In Fernen] Im Fernen D^1

Apparat: Der Aufbruch

143: Fernen
Überlieferung:
D^1: Die Aktion. Jg. 1912, Nr. 12 (18. März), Sp. 361. *Gezeichnet:* Ernst Stadler. Brüssel.
D^2: Der Aufbruch. Gedichte. *Leipzig 1914. S. 37.*
Besonderheiten der Schreibung: Creatur D^1
Lesarten:
  Überschrift: Entrückung D^1
  1 Gefeite,] Gefeite – D^1 – 2: Da immer schwächer die hellen Stimmen hallten D^1 – 11 Schüchterne] Durstige D^1 – 11 lehnten,] lehnten – D^1

144–145: Entsühnung
Überlieferung:
D^1: Die Aktion. Jg. 1912, Nr. 19 (8. Mai), Sp. 593. *Gezeichnet:* Ernst Stadler. Brüssel. *Zusammen mit* Trübe Stunde *veröffentlicht.*
D^2: Der Aufbruch. Gedichte. *Leipzig 1914. S. 38–39.*
Besonderheiten der Schreibung: durchgängig ss für ß D^1
Lesarten:
  6 Fernen:] Fernen, D^1 – 6 Schicksals,] Schicksals D^1 – 7 auf.] auf: D^1 – 8 Lidern,] Lidern D^1 – 9 Qual,] Qual D^1 – 10 gekehrt,] gesenkt, D^1 – 11 indes] indess D^1 – 13 wirrte,] wirrte D^1
Erläuterungen:
  Das Gedicht fällt durch sein besonders kompliziertes und aufgelockertes Reimschema auf. Dieses lautet: a b a b c d c e f e g h g f i i k l h m n l m k n.

146: In Dir
Überlieferung:
D: Der Aufbruch. Gedichte. *Leipzig 1914. S. 40.*
Lesarten:
  1 dich] Dich *(Druckfehler?)* D

147: Gang in der Nacht
Überlieferung:
D^1: Die Aktion. Jg. 1913, Nr. 2 (8. Januar), Sp. 57. *Gezeichnet:* Ernst Stadler. Brüssel. *Zusammen mit den drei unter dem Sammeltitel* Gegen Morgen *veröffentlichten Gedichten.*
D^2: Der Aufbruch. Gedichte. *Leipzig 1914. S. 41.*
Besonderheiten der Schreibung: Ueber; *durchgängig ss für ß* D^1
Lesarten:
  6 dem Schatten] den Schatten D^1 – 6 entferntem] entsterntem D^1 – 10 in Blüten steht –] in weissen Blüten steht – D^1 – 12 hinter diesen Fenstern] hinter diesen dumpfen Fenstern D^1 – 13 Ich steh'] Ich steh D^1

Apparat: Der Aufbruch

Erläuterungen:
2 Staden] Elsässische Mundart. *Soviel wie Ufer (Martin-Lienhart, Wörterbuch der elsässischen Mundarten, II, 574). Das typisch expressionistische Bild der* wie Rümpfe wilder Schiffe *vorspringenden Häuser in Zeile 6 begegnet bereits in dem 1911 veröffentlichten Gedicht* »Dämmerung in der Stadt«.

148: Winteranfang
Überlieferung:
D^1: *Die Aktion. Jg. 1913, Nr. 10 (5. März), Sp. 304. Gezeichnet:* Ernst Stadler. Brüssel.
D^2: Der Aufbruch. Gedichte. *Leipzig 1914. S. 42.*
Besonderheiten der Schreibung: durchgängig ss für ß D^1
Lesarten:
1 Platanen] Alleen D^1 – *5* her,] her D^1 – *6* sind leer:] sind lange leer: D^1 – *7* schnei'n] schnein, D^1

149: In der Frühe
Überlieferung:
D^1: *Die Aktion. Jg. 1913, Nr. 2 (8. Januar), Sp. 56. Gezeichnet:* Ernst Stadler. Brüssel. *Unter dem Sammeltitel* Gegen Morgen *als Nr. III mit zwei weiteren Gedichten veröffentlicht. Bei Nr. I und II handelt es sich um die im* Aufbruch *unter den Titeln* Gegen Morgen *und* Heimkehr *erscheinenden Gedichte. Außerhalb dieser Gedichtgruppe hier noch* Gang in der Nacht *veröffentlicht.*
D^2: Der Aufbruch. Gedichte. *Leipzig 1914. S. 43.*
Besonderheiten der Schreibung: durchgängig ss für ß D^1
Lesarten:
Überschrift: III. D^1 *(vgl. Abschnitt* Überlieferung*)*
4 ich,] ich D^1 – *4* Schleier,] Schleier D^1 – *7* verklingt,] verklingt. D^1 – *8* der] der, D^1 – *8* strömend] strömend, D^1

150: Kleine Schauspielerin
Überlieferung:
D: Der Aufbruch. Gedichte. *Leipzig 1914. S. 44.*

151: Glück
Überlieferung:
D^1: *Die Aktion. Jg. 1912, Nr. 23 (5. Juni), Sp. 725. Gezeichnet:* Ernst Stadler. Brüssel.
D^2: Der Aufbruch. Gedichte. *Leipzig 1914. S. 45.*

Apparat: Der Aufbruch

Lesarten:
2 jagen –] jagen, D^1 – 3 fernen] bunten D^1 – 3 fortzutragen,] fortzutragen D^1 – 7 Kammer] Kammern D^1 – 9 sommerdunklem] sommerdunkelm D^1

152: In diesen Nächten
Überlieferung:
D: Der Aufbruch. Gedichte. *Leipzig 1914. S. 46.*

DIE SPIEGEL

154: Der Flüchtling
Überlieferung:
D^1: Die Aktion. *Jg. 1911, Nr. 34 (9. Oktober), Sp. 1069. Gezeichnet:* Ernst Stadler. Brüssel.
D^2: Der Aufbruch. Gedichte. *Leipzig 1914. S. 49.*
Lesarten:
Überschrift: Der Flüchtling aus dem verschwundenen Garten D^1
2 Tollkirschblüten] Tollkirschenblüten D^1 – 6 beschwert] beschwert, D^1 – 8 Heimatseen] Heimatsseen D^1 – 10 aus Urwaldskelchen] aus heißen Urwaldskelchen D^1 – 11 Tannenwipfel] Wipfel hoher Tannenwälder D^1 – 12 schreit,] schreit im Dunkel auf, D^1
Erläuterungen:
Der Titel, besonders in seiner früheren Fassung, legt den Gedanken nahe, daß das in dem Gedicht dargestellte Erwachen aus dem Traum als Gleichnis aufgefaßt werden soll, in dem der Dichter seine noch unentschiedene Stellung zwischen ästhetizistischer und neuer Kunst zum Ausdruck bringt.

155: Segnung
Überlieferung:
D^1: Literarische Rundschau der Straßburger Neuen Zeitung. *16. Oktober 1910. Nr. 42. Gezeichnet:* Ernst Stadler.
D^2: Der Aufbruch. Gedichte. *Leipzig 1914. S. 50.*
Besonderheiten der Schreibung: ging, hing D^1
Lesarten:
1 am braunen] an braunem D^1 – 3: Daraus sie eines Tages auf farbiger Dämm'rung Flügel D^1 – 4 Volk,] Volk D^1 – 8 Ferne.] Ferne – D^1 – 10 schuf –] schuf, D^1 – 13 mühten.] mühten, D^1 – 18 Zwielicht] Frühlicht D^1 – 23 Stimme] Bitte D^1 – 24 hat bestellt.] sich bestellt. D^1

Apparat: Der Aufbruch

156: Parzival vor der Gralsburg
Überlieferung:
D^1: *Die Aktion. Jg. 1912, Nr. 9 (26. Februar), Sp. 271.* Gezeichnet: Ernst Stadler. Brüssel.
D^2: *Literarische Rundschau. Beilage der Straßburger Neuen Zeitung. 12. März 1912. Nr. 71.* Unterzeichnet: Ernst Stadler. Brüssel.
D^3: *Der Aufbruch. Gedichte. Leipzig 1914. S. 51.*
Lesarten:
2 entwich] entwich, D^1 D^2 – 3 Mund] Mund, D^1 D^2 – 4 Kindesstammeln jenes] Kindesstammeln knieend jenes D^1 Kindesstammeln kniend jenes D^2 – 5 Törichter,] Töriger, D^1 D^2 – 7 Geh] Geh' D^1 D^2 – 11 Gott!] Gott – D^1 D^2
Erläuterungen:
Die erste Strophe des Gedichts bezieht sich auf die Verse 247, 16ff. des »Parzival« von Wolfram von Eschenbach.

157: Die Befreiung
Überlieferung:
D: *Der Aufbruch. Gedichte. Leipzig 1914. S. 52.*
Erläuterungen:
Das Gedicht fällt durch sein ungewöhnliches Reimschema auf: a b b a c d d c e f f e g h h g i e i e.

158: Bahnhöfe
Überlieferung:
D^1: *Die Aktion. Jg. 1913, Nr. 3 (15. Januar), Sp. 82–83.* Nicht gezeichnet, aber im Inhaltsverzeichnis der Zeitschrift unter Stadlers Namen aufgeführt.
D^2: *Der Aufbruch. Gedichte. Leipzig 1914. S. 53.*
Besonderheiten der Schreibung: BAHNHOEFE; ss für ß D^1
Lesarten:
3 geschwungenen] geschwungnen D^1 – 5 verstaut,] verstaut D^1

159: Die Jünglinge und das Mädchen
Überlieferung:
D^1: *Die Aktion. Jg. 1911, Nr. 37 (30. Oktober), Sp. 1167–1168.* Gezeichnet: Ernst Stadler. Brüssel.
D^2: *Der Aufbruch. Gedichte. Leipzig 1914. S. 54.*
Lesarten:
4 nieder,] nieder. D^1 – 6 befehle,] befehle. D^1 – 7 blind] dumpf D^1 – 10 in unsern Traum versenken –] mit unserm Traum behängen – D^1 – 12 tränken.] übersprengen. D^1

Apparat: Der Aufbruch

160: Heimkehr

Überlieferung:
D^1: *Die Aktion. Jg. 1913, Nr. 2 (8. Januar), Sp. 55–56. Gezeichnet:* Ernst Stadler. Brüssel. *Unter dem Sammeltitel* Gegen Morgen *als Nr.* II *mit zwei weiteren Gedichten veröffentlicht. Bei Nr.* I *und* III *handelt es sich um die im* Aufbruch *unter den Titeln* Gegen Morgen *und* In der Frühe *erscheinenden Gedichte. Außerhalb dieser Gedichtgruppe hier noch* Gang in der Nacht *veröffentlicht.*
D^2: *Der Aufbruch. Gedichte. Leipzig 1914. S. 55.*
Besonderheiten der Schreibung: durchgängig ss für ß D^1
Lesarten:
 Überschrift: II./ (Brüssel, Gare du Nord.) D^1 *(vgl. Abschnitt Überlieferung)*
 1 verschmäht; entleert] verschmäht. Entleert D^1 – *3* Hallen] Bahnhofshallen D^1 – *4* über Winkelqueren] in verkrümmte Winkelqueren D^1
 5–8:
 Tag lässt die scharfen Morgenwinde los. Auffröstelnd raffen
 Sie ihre Röcke enger. Regen fällt in Fäden. Frühe
 Entblösst die Leiber von dem Trug der Nacht. Geschminkte Wangen klaffen
 Nun blutbeströmt, die vorher glänzten, wie wenn Apfelblust in Frühlingsfeuern glühe. D^1
 11–12:
 Und kauern wortlos, eingelullt von dumpfiger Luft, im Kaffeedunst, der über Kellertreppen
 Aufsteigt, wie Geister, die das Taglicht angefallen, auf den harten Bänken. D^1
 In D^1 *ist der Text in drei vierzeilige Strophen eingeteilt.*

161: Der junge Mönch

Überlieferung:
D^1: *Die Aktion. Jg. 1912, Nr. 20 (15. Mai), Sp. 628. Gezeichnet:* Ernst Stadler. Brüssel.
D^2: *Der Aufbruch. Gedichte. Leipzig 1914. S. 56.*
Besonderheiten der Schreibung: durchgängig ss für ß D^1.
Lesarten:
 1 sündhaft] sündig D^1 – *3* O] Oh, D^1 – *3* wartend] Wartend D^1 – *4* ländet.] landet. D^1 – *5* bewegt.] bewegt, D^1 – *6* tausend Stimmen] alle Stimmen D^2
 9–12:
 Ich bin ein durstig aufgerissen Ackerland.
 In meiner nackten Scholle kreist die Frucht. Der Regen

Geht darüber hin, Schauer des Frühlings, Frost und Sturm und Sonnenbrand,
Und glühend reift und schwillt ihr trächtiger Schoss dem Licht entgegen. D^1

Erläuterungen:
4 ländet] Im süddeutschen Dialekt länden für landen.
10 kreist] Es ist nicht auszuschließen, daß kreist in D^1 und D^2 irrtümlich für »kreißt« gedruckt wurde. Zur Deutung dieser Stelle vgl. H.-G. Dewitz, »Ideal und Wirklichkeit einer kritischen Ausgabe. Ein Nachtrag zur Edition der ›Dichtungen‹ Ernst Stadlers«. In: Euphorion Bd. 62, 1968, S. 174; ferner: Thomke, S. 114.

162: Die Schwangern

Überlieferung:
D: Der Aufbruch. Gedichte. Leipzig 1914. S. 57.

Erläuterungen:
5 fremdes] *Es ist nicht auszuschließen, daß in D* fremdes *irrtümlich für „Fremdes" gedruckt wurde.*

163–164: Simplicius wird Einsiedler im Schwarzwald und schreibt seine Lebensgeschichte

Überlieferung:
D: Der Aufbruch. Gedichte. Leipzig 1914. S. 58–59.

Erläuterungen:
Das Gedicht bezieht sich auf den Schluß von Grimmelshausens »Simplicissimus Teutsch« und auf den Anfang der »Continuatio«, in der Simplicius über sein Einsiedlerleben im Schwarzwald berichtet.

165: Der Morgen

Überlieferung:
D^1: Die Aktion. Jg. 1912, Nr. 5 (29. Januar), Sp. 148. Gezeichnet: Ernst Stadler. Brüssel.
D^2: Der Aufbruch. Gedichte. Leipzig 1914. S. 60.

Lesarten:
Überschrift: Der Morgen der Dirne D^1
5–8:
Wie kommt er sanft und gut und wie mit väterlicher Hand
Umschwichtigend. Wann war's, daß er zuletzt mit grellen Fratzen mich genarrt,
Auf trüben Vorstadtgassen, wenn mein irrer Hunger nirgends sich ein Obdach fand –

Oder in grauen Stuben, stumpf und blind, aus fremden Männerblicken
    mir ins Aug gestarrt? D^1

Erläuterungen:
*Wie aus den Lesarten zu ersehen, war das Gedicht in seiner ursprünglichen
Fassung ein Dirnengedicht.*

166: Irrenhaus

Überlieferung:
D: Der Aufbruch. Gedichte. *Leipzig 1914. S. 61.*

Erläuterungen:
Vor 1: Le Fort Jaco, Uccle] *Le Fort Jaco ist eine Irrenanstalt, Uccle ein
Vorort Brüssels.*

167: Puppen

Überlieferung:
D: Der Aufbruch. Gedichte. *Leipzig 1914. S. 62.*

Erläuterungen:
*Wie Anna Schickele 1954 in einem Brief an K. L. Schneider mitteilte, machte
René Schickele in seinem Exemplar des »Aufbruch« bei diesem Gedicht den
Vermerk: »Lotte Pritzel Puppen«. Lotte Pritzel (1887–1952) war eine bekannte
Puppenkünstlerin in Berlin, die aus getöntem Wachs graziöse, in Seide
und Spitzen gekleidete Vitrinenpuppen modellierte.*

168: Anrede

Überlieferung:
D^1: Die Aktion. *Jg. 1911, Nr. 39 (13. November), Sp. 1229. Gezeichnet:*
Ernst Stadler. Brüssel.
D^2: Der Aufbruch. Gedichte. *Leipzig 1914. S. 63.*

Lesarten:
Überschrift: Der Freund des Künstlers D^1
1 Brand.] Brand, D^1 – 2 enge] niedre D^1 – 6 geh'n,] gehn, D^1 – 7
gold'nem] goldnem D^1 – 8 aufersteh'n.] auferstehn. D^1

Erläuterungen:
*Aus dem Titel des ersten Abdrucks (D^1) geht hervor, daß es sich in diesen
Versen um eine »Anrede« des Nicht-Künstlers an den Künstler handelt. Es ist
also irrig, wenn die erste Zeile* Ich bin nur Flamme, Durst und Schrei und
Brand *als ein Bekenntnis des expressionistischen Künstlers gewertet wird, wie
das häufig bei Erwähnungen dieses Gedichts geschehen ist.*

169: Fahrt über die Kölner Rheinbrücke bei Nacht

Überlieferung:
D^1: Die Aktion. *Jg. 1913, Nr. 17 (23. April), Sp. 451. Gezeichnet:* Ernst
Stadler. Brüssel.

Apparat: Der Aufbruch

D^2: Der Aufbruch. Gedichte. *Leipzig 1914. S. 64.*
Besonderheiten der Schreibung: COELNER; UE *für* Ü; *durchgängig ss für ß* D^1
Lesarten:
 4 sekundenweis . .] sekundenweis. . . D^1 – 7 tot – etwas] tot. – Etwas D^1
 – 7 o,] o D^1 – 9 nachtentrissne] Nacht entrissne D^1 – 9 hoch übern] hoch, mitten übern D^1
Erläuterungen:
Eine Zusammenstellung impressionistischer und expressionistischer Gestaltungen des Eisenbahn-Motivs siehe bei Julius Kühn, »Lyrik und Technik«. In: Zeitschrift für deutschen Unterricht. Jg. 30 (1916), S. 664–665. Vgl. ferner auch Richard Samuel und R. Hinton Thomas: »Expressionism in German Life, Literature and the Theatre.« Cambridge 1939. S. 187–191.

170–171: Abendschluß
Überlieferung:
D: Der Aufbruch. Gedichte. *Leipzig 1914. S. 65–66.*

172: Judenviertel in London
Überlieferung:
D^1: Die Aktion. *Jg. 1913, Nr. 28 (12. Juli), Sp. 676. Gezeichnet:* Ernst Stadler.
D^2: Der Aufbruch. Gedichte. *Leipzig 1914. S. 67.*
Lesarten:
 6 wirr] hoch D^1 – 15 knarren,] knarren. D^1
 In D^1 *umfaßt die dritte Strophe nur drei Verse, die vierte hingegen fünf. Dies wohl ein Fehler des Setzers.*
Erläuterungen:
Siehe Hinweis auf den Zusammenhang mit Francis Jammes' Amsterdam-Gedicht im Nachwort S. 886.

173: Kinder vor einem Londoner Armenspeisehaus
Überlieferung:
D: Der Aufbruch. Gedichte. *Leipzig 1914. S. 68.*

174–175: Meer
Überlieferung:
D^1: Der Mistral – eine lyrische Anthologie. *(Das IV. und V. Buch der Bücherei Maiandros. Eine Zeitschrift von 60 zu 60 Tagen. 1. Mai 1913) S. 58–59. Gezeichnet:* Ernst Stadler.
D^2: Der Aufbruch. Gedichte. *Leipzig 1914. S. 69–70.*
Besonderheiten der Schreibung: Quai, Möve D^1

Apparat: Der Aufbruch

Lesarten:
 8 bespritzte] bespritzte, D^1 – *11* Meer,] Meer D^1 – *12* Shakespeare's-Cliff,] Shakespeare's Cliff, D^1 – *13* Kiefer] Kiefern D^1 D^2 *(siehe Erläuterungen)* – *14* Landungsbrücke, wo] Landungsbrücke von Ostende, wo D^1 – *15* vom Herzfeuer] von dem Herzensfeuer D^1 – *16* Sommer:] Sommer. D^1 – *17* Strand,] Küste, D^1 – *17* der geliebten] der einst geliebten D^1 – *21* Traum verschwistert!] Traum und Glück verschwistert! D^1 – *25* Möwe,] Möve D^1 – *25* schlagend,] schlagend D^1 – *28* Rastendes! Du] Rastendes, du D^1 – *29* mein Leben,] mein dunkles Leben, D^1
Erläuterungen:
13 Kiefer] *Der in D^1 und D^2 stehende schwache Plural* Kiefern *wurde in die heute gebräuchliche Form »Kiefer« geändert, da aus dem Zusammenhang ohne weiteres erkennbar ist, daß es sich um einen Plural handelt.*
In D^1, abweichend von allen anderen Drucken der Aufbruch-Gedichte, Kleinschreibung der Versanfänge, die jedoch nicht auf den Dichter zurückzuführen ist, sondern von den Herausgebern der Anthologie vorgenommen wurde. Vgl. die Erläuterungen zu »Ballhaus« S. 637–638.

DIE RAST

Die unter dem Obertitel Die Rast *als Schlußgruppe zusammengefaßten acht Gedichte beziehen sich alle, wenn auch nicht ausdrücklich, auf die elsässische Heimat des Dichters, die somit als Ort der Einkehr in der Aufbruch-Dichtung erscheint. In dieser Titelgebung zeigt sich erneut die enge Bindung Stadlers an das Elsaß, dessen Landschaft, Kunst und Geschichte Gegenstand der einzelnen Gedichte ist.*

177: Hier ist Einkehr
Überlieferung:
D: Der Aufbruch. Gedichte. *Leipzig 1914. S. 73.*
Erläuterungen:
René Schickele machte, wie Anna Schickele 1954 in einem Brief an K. L. Schneider mitteilte, in seinem Exemplar des »Aufbruch« zu diesem Gedicht den Vermerk: »Gebweiler«. Mit dem Hinweis auf diese oberelsässische Kreisstadt, wo Stadler seit 1913 häufiger bei seinem Bruder weilte, wird vor allem das Landschaftsbild der ersten Verse gemeint sein.

178: Fluß im Abend
Überlieferung:
D^1: *Die Aktion. Jg. 1912, Nr. 4 (22. Januar), Sp. 113. Gezeichnet:* Ernst Stadler. Brüssel.

Apparat: Der Aufbruch

D^2: Literarische Rundschau. Beilage der Straßburger Neuen Zeitung. 26. August 1912. Nr. 236. Gezeichnet: Ernst Stadler.
D^3: Der Aufbruch. Gedichte. Leipzig 1914. S. 74.
Lesarten:
Überschrift: Fluß am Abend. D^2
    1 hinunter,] hinunter. D^1 D^2 – 3 Feuchte.] grüne Feuchte. D^1 D^2 – 4 hellen] grünen D^1 D^2 – 5: Weiße Nebel überm Fluß sich hoch ins Abendglänzen schwingen, D^1 D^2 – 6 klingen.] klingen D^1 D^2 – 7: Die Pappelreihen flammen durchs Gewölk, turmgroße Kerzen dick mit honiggelbem Schein beträuft – D^1 D^2 – 8 Mir ist,] Es ist, D^1 D^2
Erläuterungen:
Die Zugehörigkeit dieser Verse zu den elsässischen Gedichten macht wahrscheinlich, daß es sich hier um eine Darstellung der Rheinlandschaft bei Straßburg handelt. Eine Bestätigung dafür wäre auch darin zu sehen, daß Ulrich Rauscher, ein Freund Stadlers, in einem Gedenkartikel im Zusammenhang der Schilderung seiner Spaziergänge mit Stadler am Rhein eine Zeile dieses Gedichtes zitiert:
In dem gesegneten Sommer 1911 gingen wir jeden Nachmittag an den kleinen Rhein und bummelten ihn, wie eine Wasserlandstraße, Kilometer weit hinunter, (...) Wir saßen auf den Sandbänken des großen Rheins und lachten über die verschiedensten Dichter, schwammen den krummen Rhein hinunter, die Ohren unterm Wasser, und hörten
    Unterm seichten Fließen dumpf und schrill die mitgezognen Kiesel klingen.
(»Nachruf für einen Gefallenen«. Frankfurter Zeitung. 10. November 1914. Nr. 312.)

179: Schwerer Abend
Überlieferung:
D: Der Aufbruch. Gedichte. Leipzig 1914. S. 75.

180: Kleine Stadt
Überlieferung:
D: Der Aufbruch. Gedichte. Leipzig 1914. S. 76.
Erläuterungen:
Siehe Nachwort S. 884–885. Nach Hans Naumann (»Ernst Stadler. Worte zu seinem Gedächtnis«. Berlin-Wilmersdorf 1920. S. 6) gibt das Gedicht das Bild einer oberelsässischen Kleinstadt.

181: Die Rosen im Garten
Überlieferung:
D: Der Aufbruch. Gedichte. Leipzig 1914. S. 77.

Apparat: Der Aufbruch

182: Weinlese
Überlieferung:
D: Der Aufbruch. Gedichte. *Leipzig 1914. S. 78.*

183–184: Herrad
Überlieferung:
D: Der Aufbruch. Gedichte. *Leipzig 1914. S. 79–80.*
Erläuterungen:
  In diesem Gedicht läßt der Dichter die Äbtissin des elsässischen Klosters Hohenburg, Herrad von Landsberg (gest. 1195), sprechen, die den »Hortus deliciarum« (bis 1175) verfaßte. Der erste Absatz des Gedichtes gibt uns das Bild der elsässischen Landschaft um den Odilienberg, auf dem das Kloster Hohenburg gelegen ist; der zweite und dritte bezieht sich auf Herrads Werk. Der »Hortus deliciarum« war ein lateinisch geschriebenes, religiös-pädagogisches Anschauungswerk, das neben geistlichen Gedichten und Bibelexzerpten naturbeschreibende Schriften enthielt. Die 324 Seiten mit 336 Miniaturen umfassende Pergamenthandschrift verbrannte 1870 bei der Belagerung Straßburgs.

185: Gratia divinae pietatis adesto Savinae
De petra dura perquam sum facta figura
<small>(Alte Inschrift am Straßburger Münster.)</small>

Überlieferung:
D^1: Der Aufbruch. Gedichte. *Leipzig 1914. S. 81.*
D^2: Literarische Rundschau. Beilage der Straßburger Neuen Zeitung. *19. Januar 1914. Nr. 19.* Gezeichnet: Ernst Stadler.
Grundlage der Textwiedergabe: D^1
Lesarten:
  Überschrift in D^2 entstellt wiedergegeben:
    Gratia divinal pretatis o desto Savinal
    de petra dura perquam sum facta figura.
  9 Verlangen] Verlangen, D^2 – 16 quellen.] quellen! D^2
Erläuterungen:
  Die Übersetzung der dem Gedicht als Titel gegebenen Inschrift lautet: »Die Gnade Gottes sei mit Sabina, von deren Hand aus hartem Stein gehauen ich als Figur hier stehe.« Die Inschrift ist teilweise auch mit der Schreibung per quam *überliefert, Stadler schließt sich jedoch den Chronisten an, die* perquam *schreiben. Am Straßburger Münster befindet sich diese Inschrift heute nicht mehr. Sie stand auf dem Spruchband eines der zwölf Apostel im südlichen Doppelportal, die 1793 während der Französischen Revolution neben zahlreichen anderen Skulpturen vernichtet wurden, als das Münster zum »Tempel der Vernunft« gemacht wurde. Die in Stadlers Gedicht behandelten Figuren der Ecclesia und der Synagoge, die gleichfalls zum Südportal gehören, konnten damals von dem*

Apparat: Der Aufbruch

Naturforscher Jean Hermann gerettet werden, der sie im Botanischen Garten verborgen hielt. Der Zusammenhang der Inschrift mit den Skulpturen der Ecclesia und der Synagoge führt in den Bereich der Münster-Sagen. Auf den Chronisten Daniel Specklin (1536–1589), der das de petra dura mit »aus Steinbach« übersetzte, geht zunächst die Vorstellung zurück, daß die Sabina eine Tochter Erwins von Steinbach gewesen sei und den Apostel mit dem Spruchband selbst geschaffen habe. Die Erweiterung dieser Legende führte später dazu, daß der Sabina auch die Ecclesia und die Synagoge zugeschrieben wurden. Auf diese Legendenversion bezog sich u. a. auch Moritz von Schwind mit seinem Wandbild »Die Bildhauerei« (1843/44), das Sabina von Steinbach bei der Arbeit an der Figur der Synagoge darstellt.
Als Stadler sein Gedicht schrieb, war längst ermittelt, daß Sabina nicht die Tochter Erwins gewesen sein konnte und daß von ihr bestenfalls die eine Apostelgestalt stammte. Durch die Voranstellung der vielgedeuteten und umstrittenen Inschrift scheint aber der Dichter auf die Legende Bezug zu nehmen, woraus sich die Vermutung ergibt, daß in seinem Gedicht auch die Bildhauerin Sabina spricht. Die Klärung dieser Frage ist für das Verständnis des Gedichtes jedoch nicht von entscheidender Bedeutung, weil der dort sein Werk beschreibende Schöpfer der Portalfiguren in jedem Fall nur eine Maske ist, durch die hindurch der Autor selbst spricht und sein künstlerisches Credo ablegt.
Die Gestalten des Christentums und des Judentums, die links und rechts an den beiden äußersten Punkten des Doppelportals stehen, stellen den Sieg des Neuen Bundes über den Alten Bund allegorisch dar. Die Ecclesia triumphans, links stehend, stützt sich mit der Rechten fest auf den Schaft des Kreuzes. In der Linken trägt sie den Kelch. Ihr Haupt ist gekrönt und stolz nach links der Synagoge zugewandt. Diese steht mit gesenktem Kopf da, ihre Augen sind durch eine Binde verdeckt und sie trägt nur ein leichtes Untergewand. Die Lanze, die sie in der rechten Hand hält, ist mehrfach gebrochen; die kraftlos herunterhängende linke Hand hält schlaff die Gesetzestafeln. Die Krone liegt zu ihren Füßen. Unterhalb des Baldachins zu Häupten jeder der beiden Gestalten sind Inschriften angebracht. Über der Ecclesia steht: »Mit Christi Blut überwind Ich dich«; über der Synagoge »Dasselbige Blut, das blindet mich«.
Literatur über die beiden Portalfiguren: Louis Schneegans, »Les statues du christianisme et du judaïsme.« In: Revue d'Alsace, 1851, S. 97ff.; Karl Franck-Oberaspach, »Der Meister der Ecclesia und Synagoge im Straßburger Münster«. Düsseldorf 1903; Hans Friedrich Secker, »Die Skulpturen des Straßburger Münsters seit der französischen Revolution.« Straßburg 1912; Georg Dehio, »Geschichte der deutschen Kunst.« Bd. I (Text). 4. Aufl. Berlin und Leipzig 1930. S. 339–341.

ÜBERTRAGUNGEN: GEDICHTE VON FRANCIS JAMMES
S. 187–235

Zeugnisse Stadlers über seine Beschäftigung mit Francis Jammes finden sich lediglich in seinen Briefen und stehen in Zusammenhang mit seinen Übertragungen des französischen Autors. Erwähnt wurde Jammes noch in einem Vortrag »La jeunesse allemande d'aujourd' hui«, den Stadler 1914 in Brüssel gehalten hat (vgl. die Zeitungsberichte darüber in den Erläuterungen zu Brief 52). Ein Aufsatz über Jammes mit »Gedichtproben« (vgl. Brief 49), der in den »Weißen Blättern« veröffentlicht werden sollte, muß als verschollen gelten.

Als Stadler im April 1913 von Kurt Wolff, der sich zu dieser Zeit darum bemühte, in seiner neuen Buchreihe »Der jüngste Tag« auch ausländische Literatur erscheinen zu lassen, das Verlagsangebot eines kleinen Bandes mit Übersetzungen von Francis-Jammes-Gedichten erhielt, teilte er dem Verleger mit, daß er schon »seit längerer Zeit« den Plan gehabt habe, eine Sammlung von 20 bis 24 ins Deutsche übertragenen Gedichten zu veröffentlichen (vgl. Briefe 26 und 28). Über die Entstehungszeit dieses Plans und über die intendierte Gedichtauswahl sind Zeugnisse nicht erhalten. Es ist aber zu vermuten, daß der Plan bereits mehrere Monate bestand, vielleicht schon zur Zeit der ersten Veröffentlichungen von Stadlers Gedichtübertragungen entwickelt worden war (vgl. unten den Abschnitt »Überlieferung«, Nr. 1 und Nr. 2), und es ist wahrscheinlich, daß Stadler für seine Publikation Gedichte aus mehreren Sammlungen übersetzen wollte. Die französischen Originale der drei bereits gedruckten Übertragungen »Ich war in Hamburg«, »Gebet, mit den Eseln ins Himmelreich einzugehn« und »Die Kirche, mit Blättern geschmückt« gehören nämlich verschiedenen Gedichtsammlungen von Jammes an: »Le Deuil des Primevères« (Paris 1901) und »Clairières dans le Ciel« (Paris 1906). Ob Stadler eine repräsentative Auswahl aus allen bis dato erschienenen Gedichtbüchern von Francis Jammes beabsichtigt hatte, ist nicht festzustellen, jedoch wenig wahrscheinlich. Denn auch in der Sammlung von Übertragungen, die er dann mit Kurt Wolff verabredete (s. unten »Franziskanische Gedichte«), wollte er aus dem lyrischen Schaffen von Francis Jammes offenbar einen bestimmten Querschnitt, vor allem aus den Zyklen »Quatorze Prières« und »L'église habilée de feuilles«, bekannt machen (vgl. hierzu Gier, S. 298–305).

»Die Gebete der Demut« und die Arbeit an den »Franziskanischen Gedichten«.

Im April 1913, als Kurt Wolff ihm den Verlag eines kleinen Jammes-Buches anbietet, scheint Stadler noch nicht viele Gedichte übersetzt zu haben; denn als Ablieferungstermin für ein druckfertiges Manuskript im Umfang von 20 bis 24 Gedichten schlägt er Mitte Juni 1913 vor (vgl. Brief 26). Zwar konnte er die kleine Auswahl, die Kurt Wolff zunächst als eine Art Werbeheft in der Reihe »Der jüngste Tag« herausbringen wollte, in relativ kurzer Zeit herstellen – am 24. 6. 1913 schickte er an den Verlag das Manuskript der »Gebete der Demut« mit 6 Gedichtübertragungen, denen die 3 bereits gedruckten hinzugefügt werden sollten (vgl. Brief 37) –, aber seine Übersetzungsarbeit für die größere Gedichtsammlung, die »Franziskanischen Gedichte«, zog sich nach der Absendung des Manuskripts der »Gebete der Demut« noch fast ein ganzes Jahr hin.

Über die Geschichte dieser Sammlung hat Ludwig Dietz 1964 im Zusammenhang seiner Kritik an der Textkonstitution der Jammes-Übertragungen in der Stadler-Ausgabe von 1954 Thesen vertreten, die im wesentlichen auch von Gier (S. 293–298) geteilt werden: L. Dietz, »Ernst Stadlers Übertragungen aus Lyrik und Prosa Francis Jammes'«. In: Euphorion 58, 1964, S. 308–316. Diese Thesen bedürfen einer Revision. Nach dem gegenwärtigen Kenntnisstand ist die Geschichte der »Franziskanischen Gedichte« wie folgt zu rekonstruieren.

Das Manuskript für das größere Jammes-Buch sollte anfänglich einen Umfang von 30 Gedichten nicht überschreiten (vgl. Brief 32). Kurt Wolff, der beabsichtigte, das Buch im Frühjahr 1914 erscheinen zu lassen, erklärte sich allerdings bereit, auch für eine noch größere Anzahl von Gedichten – falls Stadler sie wünsche – die Autorisation beim Verlag Mercure de France zu erwerben (vgl. Brief 32). Stadler scheint jedoch einen Wunsch nach Erweiterung der Sammlung nicht geäußert zu haben. Obwohl er eine baldige Herausgabe des größeren Gedichtbuches für geboten hielt (vgl. Brief 39), entschuldigt er sich Mitte Dezember 1913 bei dem Verleger für die Verzögerung der Manuskriptherstellung. Er verspricht, das Druckmanuskript dieser Sammlung von Übertragungen, die den Titel »Franziskanische Gedichte« erhalten solle, bis zum 10. Januar 1914 an den Verlag zu schicken (vgl. Brief 46).

Nach dem Zeugnis des nun folgenden Briefwechsels zwischen Stadler und dem Kurt Wolff Verlag wurde das Manuskript in zwei Lieferungen übersandt. Entweder zum angekündigten Termin im Januar 1914 oder zwischen Januar und April 1914 schickte Stadler die erste Lieferung: ein noch unvollständiges Druckmanuskript mit 26 Gedichtübertragungen. In diesem Manuskript muß an einer Stelle die Einfügung noch nachzutragender Gedichte vorgemerkt gewesen sein. Vermutlich am 10. Mai 1914 (vgl. Brief 53 und Erläuterung zum Datum) übersandte Stadler die zweite Lieferung, nachdem sie in einem (nicht erhaltenen) Brief vom Verlag angemahnt worden war. (Der Brief ist erschlossen aufgrund einer in Privatbesitz befindlichen Notiz über die Briefe des Kurt Wolff Verlages an Stadler vom 29. 9. 1913, 4. 5. 1914, 20. 7. 1914, die sich auf die Jammes-Übertragungen beziehen und die heute als verschollen gelten müssen. Zum Vermerk des Briefes vom 4. 5. 1914 ist eingetragen: »Mahn. Rest d. Manuskr.«) Die zweite Lieferung bestand aus einem Manuskript mit drei Gedichtübertragungen (vgl. Brief 53).

Beide Lieferungen zusammen ergaben ein Manuskript mit 29 übersetzten Gedichten. Stadler erwähnt von ihnen vier, deren französische Originale in dem Zyklus »L'Église habilée de feuilles« enthalten sind: »Taufe«, »Hochzeit«, »Die Jahre gehn«, vermutlich Übertragungen der Gedichte Nr. 25, Nr. 13, Nr. 6 des genannten Zyklus (vgl. Gier, S. 296), und »Rosenkranz«, die Übersetzung der Gedichte Nr. 30 bis 35, die den Titel »Rosaire« tragen. (Vgl. Briefe 53 und 55.) In einem (nicht erhaltenen) Brief an Stadler hat ein Verlagsangehöriger den Empfang der beiden Lieferungen bestätigt, zugleich aber gefragt, ob das Manuskript damit vollständig sei, und gemeint, es erscheine »außerordentlich wenig umfangreich« (vgl. Brief 55). Daraufhin bot Stadler seinem Verleger eine Erweiterung der Auswahl an; er habe zu seinem »Privatvergnügen noch eine ganze Reihe anderer Gedichte von Jammes übersetzt resp. die Übersetzung angefangen. Zum Beispiel das große, dialogisierte Gedicht ›Die Geburt des Dichters‹, das in der Originalausgabe 21 Seiten umfaßt« (Brief 55). Am 19. Mai 1914 erklärt er sich – dem Wunsch Kurt Wolffs entsprechend (der betreffende Brief vom 18. Mai ist nicht erhalten) – bereit, die Anzahl der Gedichtübertragungen auf 35 zu erhöhen (vgl. Brief 57).

Es ist allerdings sehr zweifelhaft, ob Stadler noch die versprochenen zusätzlichen 6 Gedichtübertragungen an den Verlag geschickt hat. Das am 17. Juni 1914 gegebene Versprechen, in etwa einer Woche den Manuskriptnachtrag zu liefern, scheint er nicht erfüllt zu haben; denn in einem (nicht erhaltenen) Brief vom 20. Juli 1914 ist er vom Verlag an dieses Versprechen erinnert worden. (Der Brief ist bezeugt in der oben genannten, in Privatbesitz befindlichen Notiz über drei Briefe des Kurt Wolff Verlages an Stadler. Zum Vermerk »Brief v. 20. Juli 1914« ist eingetragen: »Vor läng. Woch. versprach. Sie mir d. Ergänz. d. Jammesbuchs.«) Die Zeit zwischen Empfang dieses Briefes und Kriegsbeginn am 1. August 1914 dürfte zu kurz gewesen sein, um die zugesagte Erweiterung des Manuskripts noch liefern zu können, zumal der von Stadler angegebene Grund für die Verzögerung, seine Inanspruchnahme durch die Vorlesungen in Straßburg, bis Ende Juli fortbestand.

Wahrscheinlich hat man also im Kurt Wolff Verlag bis zum Kriegsausbruch vergeblich auf die letzte Manuskriptlieferung gewartet. Anschließend wird hier das Interesse an der Publikation für mehrere Monate erloschen sein. Kurt Wolff und einer seiner engsten Mitarbeiter in der Geschäftsführung wurden sofort zum Kriegsdienst eingezogen, der Buchverlag wurde fast völlig eingestellt, und die allgemeine Kriegshysterie, von der auch dieser Verlag nicht ganz unberührt blieb, ließ die Veröffentlichung von Autoren des nun feindlichen Auslandes als inopportun erscheinen. Diese Umstände – nicht zuletzt auch die Tatsache, daß der Verlagsleiter in den ersten Kriegsjahren dem Arbeitsaufwand organisatorisch nicht gewachsen war – sind einer sorgfältigen Verwahrung des Manuskripts der »Franziskanischen Gedichte« nicht günstig gewesen. (Zur Geschichte des Verlages während der Kriegsjahre vgl. W. Göbel, »Der Kurt Wolff Verlag 1913–1930. Mit einer Bibliographie des Kurt Wolff Verlages und der ihm angeschlossenen Unternehmen 1910–1930«. Frankfurt a. M. 1977. Sonderdruck aus dem Archiv für Geschichte des Buchwesens, Bd. 15, 1975; Bd. 16, 1976/77, Sp. 679–804.)

Wann und wie das Manuskript mit den 29 Gedichten abhanden kam, ist nicht bekannt. Jedenfalls muß es 1916/17, als das Interesse an ausländischen Autoren und vor allem an Stadlers Jammes-Übertragungen wieder erwachte, im Verlag nicht mehr auffindbar gewesen sein. Die 2. Auflage der »Gebete der Demut« ist nur um die 1915 in den »Weißen Blättern« erstmals gedruckten »Gebete« vermehrt worden (vgl. den Abschnitt »Überlieferung«, Nr. 6 und Nr. 8). Der von L. Dietz aufgestellten These, den posthumen Drucken von Stadlers Übertragungen im Kurt Wolff Verlag (vgl. den Abschnitt »Überlieferung«, Nr. 7 und Nr. 8) habe kein autoreigenes Manuskript zugrunde gelegen, kommt ein hohes Maß an Wahrscheinlichkeit zu (a. a. O., S. 309 ff.). Dietz' Erklärung für den Verlust des Manuskripts der 29 Übertragungen, daß nämlich der Verlag es zwecks Erweiterung an den Autor zurückgeschickt habe, läßt sich jedoch nicht bestätigen. (Nicht beweisbar ist auch Dietz' These, das Verschwinden des Manuskripts hänge damit zusammen, daß Stadler in einer – übrigens nicht schriftlich bezeugten – letztwilligen Verfügung Veröffentlichungen aus seinem Nachlaß untersagt habe. Vgl. L. Dietz, »Stadler-Miszellen«. In: Euphorion 67, 1973, 387.) Ebensowenig stichhaltig ist seine Behauptung, die Druckvorlage für die 14 »Gebete« in den »Weißen Blättern« sei Stadlers Manuskript der »Gedichtproben« gewesen, die er in Verbindung mit seinem Aufsatz über Francis Jammes in dieser Zeitschrift habe veröffentlichen wollen. Es widerspräche der Auswahlintention Stadlers, wenn er als Beispiele für seine Deutung des Lyrikers Jammes die Übertragung der Gedichte nur eines Zyklus, der »Quatorze Prières«, hätte mitteilen wollen (vgl. oben S. 658). Außerdem ist zu berücksichtigen, daß Erik-Ernst Schwabachs Verlag der »Weißen Bücher« und der »Weißen Blätter« geschäftlich sehr eng mit dem Verlag Kurt Wolffs verbunden war (vgl. Göbel, a. a. O., Sp. 651–679), so daß es dem Manuskript des Jammes-Aufsatzes mit den »Gedichtproben« nach Kriegsausbruch kaum anders ergangen sein dürfte als dem Manuskript der »Franziskanischen Gedichte«. Die Frage also, woher Schickele, der seit Anfang 1915 Herausgeber der »Weißen Blätter« war, die Vorlage für den Druck der 14 »Gebete« in dieser Zeitschrift erhielt, ist nicht zu beantworten. Sicher ist nur, daß ihre Textwiedergabe auf ein

Manuskript Stadlers zurückzuführen ist. Jedenfalls gibt es keinerlei Anhaltspunkte für die Annahme, Schickele habe die wiedergegebenen Texte – von denen 8 noch nicht gedruckt waren – aus einer anderen Quelle genommen als aus einem Manuskript seines Freundes.

Die Wahl der Textgrundlage.
Der einzige Druck, den Stadler nachweislich überwacht hat, ist derjenige der 1. Auflage der »Gebete der Demut«. Er hat ausdrücklich um eine Korrektur des Satzes gebeten (vgl. Brief 38) und sie offensichtlich auch durchgeführt, wie mindestens aus den Wortänderungen, Versergänzungen und einer Änderung der Versgruppeneinteilung im bereits veröffentlichten Text der Gedichte »Ich war in Hamburg« und »Gebet, mit den Engeln ins Himmelreich einzugehn« (= 8. Gebet) zu schließen ist (vgl. Lesarten). Denn vor ihrem Wiederabdruck waren alle schon gedruckt vorliegenden Übertragungen (vgl. den Abschnitt »Überlieferung«, Nr. 1 und Nr. 2) vom Autor bei der Herstellung des Druckmanuskripts für die »Gebete der Demut« nicht revidiert worden (vgl. Brief 37). Im Falle der anderen noch zu Lebzeiten Stadlers erschienenen Drucke (vgl. den Abschnitt »Überlieferung«, Nr. 4 und Nr. 5) ist eine Revision des Satzes durch Stadler nicht bezeugt. Sie ist auch sehr unwahrscheinlich.

Bei dem Druck der Gedichte »Die Taube« und »Amsterdam« in Kurt Wolffs erstem Verlagsalmanach, dem »Bunten Buch«, handelt es sich vermutlich um einen Wiederabdruck der betreffenden Texte aus den »Gebeten der Demut«. Die Abweichungen der Textwiedergabe im »Bunten Buch« von derjenigen in den »Gebeten der Demut« sind nicht so beschaffen, daß sie nur als Änderungen des Autors erklärt werden können.

Nichts spricht auch dafür, daß Stadler den Druck des Gedichts »Gebet, seinen Schmerz zu lieben« (= 6. Gebet) im »Beiblatt der Bücherei Maiandros« kontrolliert hat oder überhaupt kontrollieren konnte. In aller Regel ist bei Zeitschriftendrucken kaum mit einer Korrektur kleiner dichterischer Texte durch ihre Beiträger zu rechnen. Es ist in diesem Fall sogar fraglich, ob Stadler mit der Publikation in dieser Zeitschrift überhaupt einverstanden war, nachdem Kurt Wolff die Verlagsrechte an den Gedichtübertragungen erworben hatte (vgl. Brief 32 und 37). Möglicherweise ist das Manuskript dieses Textes schon zu einer Zeit an A. R. Meyer gelangt, als Stadler – noch vor der Verbindung mit dem Kurt Wolff Verlag – daran dachte, eine Auswahl von Gedichtübertragungen in den »Neuen Blättern« oder in der »Bücherei Maiandros« erscheinen zu lassen.

Für die Gedichte »Die Taube« und »Amsterdam« ist also der Textwiedergabe im »Bunten Buch« aus textkritischen Gründen ein geringerer Wert zuzusprechen als derjenigen in der 1. Auflage der »Gebete der Demut«. (Vgl. dagegen Dietz, a. a. O., S. 314–315.) Im Falle des Gedichts »Gebet, seinen Schmerz zu lieben« ist eine so begründete Entscheidung für oder gegen die Textwiedergabe nach dem Druck im »Beiblatt der Bücherei Maiandros« nicht möglich; denn der posthume Druck in den »Weißen Blättern« muß ihm als textkritisch gleichwertig gelten. Dieser Druck kann nicht – wie Dietz meint (a. a. O., S. 314) – allein schon deshalb als fehlerhaft qualifiziert werden, weil er einen Vers weniger enthält als der noch zu Stadlers Lebzeiten erschienene Druck im »Beiblatt der Bücherei Maiandros«, dessen Text die gleiche Anzahl Verse hat wie das französische Original. Dem posthumen Druck kann eine andere Fassung der Übertragung zugrunde gelegen haben, in der Stadler bewußt von der Verszahl des französischen Gedichts abgewichen ist. Daß dabei im deutschen Text ein Vers ungereimt bleibt, spricht hier nicht gegen die Möglichkeit einer Abkehr von der französischen Vorlage, denn eine lockere Verwendung des Reimes gehört zur Gesamtcharakteristik der Stadlerschen Übertragungen (vgl. Gier, S. 308–316). Im übrigen ist der Druck des Gedichts »Gebet, um Gott einfältige Worte anzubieten« (= 12. Gebet) in der 1. Auflage der »Gebete der Demut« ein authentisches Zeugnis dafür, daß sich Stadler auch hinsichtlich der Verszahl nicht unbedingt an das französische Original gebunden fühlte (vgl. S. 210/211 und Lesarten).

Dietz hat behauptet, der Druck in den »Weißen Blättern« könne nur für diejenigen »Gebete« als Textgrundlage benutzt werden, die nicht schon in früheren, zu Lebzeiten Stadlers erschienenen Drucken überliefert sind; das hieße also nur für das 1., 2., 4., 5., 7., 9., 10., 11. und 14. »Gebet« (a. a. O., S. 315). Diese These ist jedoch zu schematisch begründet, als daß sie hier übernommen werden könnte. Erstens: Nicht jeder vor dem Tode eines Autors erschienene Druck ist eo ipso als »autorisiert« (im philologischen Sinne einer Autorrevision des Satzes) zu qualifizieren. Die Autorisation muß im Einzelfall erst nachgewiesen werden. Das ist u. a. für den Druck im »Beiblatt der Bücherei Maiandros« nicht möglich. Zweitens: Ein posthumer Druck, wie derjenige der 14 »Gebete« in den »Weißen Blättern«, kann partiell nicht schon deswegen von der Wahl der Textgrundlage ausgeschlossen werden, weil er nicht autorisiert und weil für vier seiner Texte ein autorisierter Druck, die 1. Auflage der »Gebete der Demut«, überliefert ist. Der Ausschluß wäre nur dann gerechtfertigt, wenn sich der posthume Druck als textkritisch korrupt oder – begründeterweise – als fehlerverdächtig disqualifizieren ließe. Diese Voraussetzung ist hier aber nicht gegeben. Drittens: Wenn gegen den posthumen Druck keine fundierten textkritischen Bedenken geltend gemacht werden können, ist er unter dem Gesichtspunkt zu beurteilen, welche Bedeutung ihm hinsichtlich der Entwicklungsgeschichte der »Gebete« zukommt. Dieser Aspekt, den Dietz nicht erwogen hat, läßt es jedoch geboten erscheinen, den Druck in toto als Textgrundlage zu wählen. Denn die »Weißen Blätter« bieten die »Gebete« nicht nur zum ersten Mal vollständig und als einen den »Quatorze Prières« bis in die Gedichtnumerierung entsprechenden Zyklus, sondern im Druck dieser Zeitschrift – und nur hier – gehören alle 14 Gedichttexte sehr wahrscheinlich auch einer homogenen Entwicklungsstufe an. Jedenfalls ist die Wiedergabe der Texte insgesamt auf ein gesondertes Manuskript Stadlers zurückzuführen, dem gegenüber das Manuskript bzw. der von Stadler überwachte Druck des 13., 8., 12., und 3. »Gebets« in der 1. Auflage der »Gebete der Demut« wiederum eine eigene Entwicklungsstufe darstellt.

Resümee: Von den Drucken, die überhaupt als textkritisch relevant gelten können (vgl. den Abschnitt »Überlieferung«, Nr. 1–6), sind folgende als Grundlage für die Textwiedergabe in dieser Ausgabe ausgewählt worden: für die 14 »Gebete« der Druck in den »Weißen Blättern«; für die übrigen 5 Gedichte die 1. Auflage der »Gebete der Demut«.

Die Mitteilung der Lesarten jeweils früherer oder späterer Drucke ist auf die 6 textkritisch relevanten Zeugen beschränkt.

Die Gedichtübertragungen erscheinen in dieser Ausgabe insgesamt unter einem editorisch gebildeten Titel, da ihre Sammlung weder unter dem authentischen Titel »Gebete der Demut« noch unter dem – bezüglich seiner Authentizität fraglichen – Titel »Franziskanische Gebete« überliefert ist und da auch nicht ermittelt werden kann, ob Stadler ihre Texte in die von ihm geplante größere Sammlung »Franziskanische Gedichte« aufnehmen wollte (vgl. oben den Abschnitt »Die Gebete der Demut« und die Arbeit an den »Franziskanischen Gedichten«).

Der französische Text basiert auf zwei der ersten im Verlag Mercure de France erschienenen Gedichtsammlungen, die Stadler wahrscheinlich benutzt hat (vgl. hierzu Brief 32): »Le Deuil des Primevères« (Paris 1901) und »Clairières dans le Ciel« (Paris 1906).

Überlieferung:
1. *Die Aktion. Jg. 2 (1912), Nr. 44 (30. Oktober), Sp. 1392–1395:* Ich war in Hamburg. *Unter dem Text der Vermerk:* (Uebertragen von Ernst Stadler, Brüssel).
2. *Neue Blätter. Folge 2 (1912), H. 5/6, S. 107–110:* Gebet, mit den Eseln ins Himmelreich einzugehn *(= 8. Gebet),* Die Kirche, mit Blättern geschmückt. *Beide Gedichte stehen hier unter dem Sammeltitel:* Francis Jammes. Gebet und Die Kirche. Deutsch von Ernst Stadler. *(Erschienen Ende 1912.)*
3. Francis Jammes: Die Gebete der Demut. Übertragen von Ernst Stadler. *Kurt Wolff Verlag. Leipzig 1913. (Der jüngste Tag. 9.) (Gedruckt im August 1913.) Inhalt:* Gebet zum Geständnis der Unwissenheit *(= 13. Gebet),* Gebet, mit den Eseln ins Himmelreich einzugehn *(= 8. Gebet),* Gebet, um Gott einfältige Worte anzubieten *(= 12. Gebet),* Gebet, daß ein Kind nicht sterbe *(= 3. Gebet),* Mein niedrer Freund..., Amsterdam, Ich war in Hamburg, Die Kirche, mit Blättern geschmückt, Die Taube.

4. *Das Bunte Buch. Kurt Wolff Verlag. Leipzig 1914 (1. und 2. Aufl.) S. 34:* Francis Jammes / Die Taube. *S. 42–45:* Francis Jammes / Amsterdam. *(1. Aufl. gedruckt 1913.) Unter dem Text jeweils der Vermerk:* Deutsch von Ernst Stadler.
5. *Das Beiblatt der Bücherei Maiandros. 1. Februar 1914, S. 4:* Francis Jammes / Gebet, seinen Schmerz zu lieben *(= 6. Gebet). Unter dem Text der Vermerk:* Uebertragen von Ernst Stadler.
6. *Die Weißen Blätter. Jg. 2 (1915), H. 5, S. 551–564: Alle 14 Gebete unter der Überschrift:* Ernst Stadler: Franziskanische Gebete von Francis Jammes.
7. *Vom jüngsten Tag. Ein Almanach neuer Dichtung. Kurt Wolff Verlag. Leipzig 1916. S. 257–259:* Francis Jammes / Gebet um einen letzten Wunsch *(= 14. Gebet). Unter dem Text der Vermerk:* Übersetzt von Ernst Stadler. *2. veränderte Aufl. Leipzig 1917 (gedruckt November 1916). S. 255–257: gleicher Text.*
8. Francis Jammes: Die Gebete der Demut. Übertragen von Ernst Stadler. *2. vermehrte Aufl. Kurt Wolff Verlag. Leipzig 1917. (Der jüngste Tag. 9.) Inhalt:* Gebet zum Geständnis der Unwissenheit *(= 13. Gebet),* Gebet, mit den Eseln ins Himmelreich einzugehn *(= 8. Gebet),* Gebet, um Gott einfältige Worte anzubieten *(= 12. Gebet),* Gebet, daß ein Kind nicht sterbe *(= 3. Gebet),* Gebet, daß die anderen glücklich seien *(= 1. Gebet),* Gebet, einen Stern zu erlangen *(= 2. Gebet),* Gebet, den Glauben im Wald zu finden *(= 4. Gebet),* Gebet, einfach zu sein *(= 5. Gebet),* Gebet, daß mein Sterbetag schön und rein sei *(= 7. Gebet),* Gebet, Gott zu loben *(= 9. Gebet),* Gebet um Sammlung *(= 10. Gebet),* Gebet, ein einfaches Weib zu finden *(= 11. Gebet),* Gebet um einen letzten Wunsch *(= 14. Gebet),* Mein niedrer Freund ..., Amsterdam, Ich war in Hamburg, Die Kirche, mit Blättern geschmückt, Die Taube.
Eine 3. Auflage erschien im Kurt Wolff Verlag München 1920, eine Sonderausgabe daselbst 1921 als 4. Stundenbuch. (Diese bietet zum ersten Mal wieder die 14 Gebete in der originalen Reihenfolge.)

188: Prière pour que les autres aient le bonheur
(1. Gedicht der »Quatorze Prières«. In: Francis Jammes, »Le Deuil des Primevères«. Paris 1901. S. 167–168.)

189: Gebet, daß die anderen glücklich seien
Überlieferung:
D: Die Weißen Blätter. Jg. 2 (1915), H. 5, S. 551–552.

190: Prière pour demander une étoile
(2. Gedicht der »Quatorze Prières«, a.a.O., S. 169–170.)

Apparat: Jammes – Übertragungen

191: Gebet, einen Stern zu erlangen
Überlieferung:
D: *Die Weißen Blätter. Jg. 2 (1915), H. 5, S. 552.*

192: Prière pour qu'un enfant ne meure pas
(3. Gedicht der »Quatorze Prières«, a.a.O., S. 171–172.)
193: Gebet, daß ein Kind nicht sterbe
Überlieferung::
D^1: Die Gebete der Demut. *Leipzig 1913. (Der jüngste Tag. 9.) S. 11.*
D^2: *Die Weißen Blätter. Jg. 2 (1915), H. 5, S. 553.*
Lesarten:
    Überschrift: 3.] *Ohne Ziffer* D^1

192/194: Prière pour avoir la foi dans la forêt
(4. Gedicht der »Quatorze Prières«, a.a.O., S. 173–175.)
193/195: Gebet, den Glauben im Wald zu finden
Überlieferung:
D: *Die Weißen Blätter. Jg. 2 (1915), H. 5, S. 553–554.*
Lesarten:
    30 hin- und widerschweben.] hin und widerschweben. *D*

196: Prière pour être simple
(5. Gedicht der »Quatorze Prières«, a.a.O., S. 177–178.)
197: Gebet, einfach zu sein
Überlieferung:
D: *Die Weißen Blätter. Jg. 2 (1915), H. 5, S. 554–555.*

198: Prière pour aimer la douleur
(6. Gedicht der »Quatorze Prières«, a.a.O., S. 179–180.)
199: Gebet, seinen Schmerz zu lieben
Überlieferung:
D^1: *Das Beiblatt der Bücherei Maiandros. 1. Februar 1914, S. 4.*
D^2: *Die Weißen Blätter. Jg. 2 (1915), H. 5, S. 555.*
Lesarten:
    Überschrift: 6.] *Ohne Ziffer* D^1
    3 Sollte] Sollt D^1 – 6 Siehe ... grüßen.] *Folgt Vers:* Ich bin gewiß, du wirst nie von mir gehn. D^1 – 9 armselig] armselig, D^1

198/200: Prière pour que le jour de ma mort soit beau et pur
(7. Gedicht der »Quatorze Prières«, a.a.O., S. 181–183.)

Apparat: Jammes – Übertragungen

199/201: Gebet, daß mein Sterbetag schön und rein sei
Überlieferung:
D: *Die Weißen Blätter. Jg. 2 (1915), H. 5, S. 556–557.*

202/204: Prière pour aller au paradis avec les ânes
(8. Gedicht der »Quatorze Prières«, a.a.O., S. 185–187.)
203/205: Gebet, mit den Eseln ins Himmelreich einzugehn
Überlieferung:
D^1: *Neue Blätter. Folge 2 (1912), H. 5/6, S. 107–108.*
D^2: *Die Gebete der Demut. Leipzig 1913. (Der jüngste Tag. 9.) S. 7–8.*
D^3: *Die Weißen Blätter. Jg. 2 (1915), H. 5, S. 557–558.*
Lesarten:
Überschrift: 8.] Ohne Ziffer D^1 D^2
1 Gott,] Gott D^1 – 3 hienieden] hinieden D^2 – 8 »Hier,] »Hier D^1 –
10 Himmelsbläue] Himmelbläue D^1 – 13–25 Dann ... läßt –] *Neue Versgruppe* D^1 D^2 – 18 von solchen] von denen D^1 – 21 verbeulte] verbäulte D^1 – 23 denen] solchen D^1 – 24 Schwarm vom Blute trunken] Schwarm, von Blute trunken, D^1 – 26–33 Laß mich ... werden.] *Neue Versgruppe* D^1 D^2 – 26 Gott,] Gott D^1

204/206: Prière pour louer Dieu
(9. Gedicht der »Quatorze Prières«, a.a.O., S. 189–190.)
205/207: Gebet, Gott zu loben
Überlieferung:
D: *Die Weißen Blätter. Jg. 2 (1915), H. 5, S. 558–559.*

206/208: Prière pour se recueillir
(10. Gedicht der »Quatorze Prières«, a.a.O., S. 191–193.)
207/209: Gebet um Sammlung
Überlieferung:
D: *Die Weißen Blätter. Jg. 2 (1915), H. 5, S. 559–560.*

208: Prière pour avoir une femme simple
(11. Gedicht der »Quatorze Prières«, a.a.O., S. 195–196.)
209: Gebet, ein einfaches Weib zu finden
Überlieferung:
D: *Die Weißen Blätter. Jg. 2 (1915), H. 5, S. 560.*

210/212: Prière pour offrir à Dieu de simples paroles
(12. Gedicht der »Quatorze Prières«, a.a.O., S. 197–199.)

211/213: Gebet, um Gott einfältige Worte anzubieten
Überlieferung:
D^1: Die Gebete der Demut. *Leipzig 1913. (Der jüngste Tag. 9.) S. 9–10.*
D^2: *Die Weißen Blätter. Jg. 2 (1915), H. 5, S. 561.*
Lesarten:
  Überschrift: 12.] *Ohne Ziffer* D^1
  1 morgen] Morgen D^1– 15–27 Mein Gott ... Stuben fand.] *Neue Versgruppe* D^1 – 20 hätt' ich] hätt ich' D^1 – 25 ein] ein, D^1 – 28–32 Mein Gott ... getan.] *Neue Versgruppe* D^1

212/214: Prière pour avouer son ignorance
  (13. Gedicht der »Quatorze Prières«, a. a. O., S. 201–203.)
213/215: Gebet zum Geständnis der Unwissenheit
Überlieferung:
D^1: Die Gebete der Demut. *Leipzig 1913. (Der jüngste Tag. 9.) S. 5–6.*
D^2: *Die Weißen Blätter. Jg. 2 (1915), H. 5, S. 562–563.*
Lesarten:
  Überschrift: 13.] *Ohne Ziffer* D^1 Gebet] Gebet, D^2

214/216: Prière pour un dernier désir
  (14. Gedicht der »Quatorze Prières«, a. a. O., S. 205–207.)
215/217: Gebet um einen letzten Wunsch
Überlieferung:
D: *Die Weißen Blätter. Jg. 2 (1915), H. 5, S. 563–564.*

218: Mon humble ami *(...)*
  (Das 27. Gedicht des Zyklus »L'Église habilée de feuilles«. In: Francis Jammes, »Clairières dans le Ciel.« Paris 1906. S. 191–192.)
219: Mein niedrer Freund ...
Überlieferung:
D: Die Gebete der Demut. *Leipzig 1913. (Der jüngste Tag. 9.) S. 12.*

218/220/222/224: Amsterdam
  (Gedicht der »Poésies diverses«. In: Francis Jammes, »Le Deuil des Primevères«. Paris 1901. S. 157–161.)
219/221/223/225: Amsterdam
Überlieferung:
D^1: Die Gebete der Demut. *Leipzig 1913. (Der jüngste Tag. 9.) S. 13–16.*
D^2: *Das Bunte Buch. Leipzig 1914. S. 42–45.*

Lesarten:
   1 spitzgegiebelt] spitz gegiebelt D^2 – *7* grünen] grünen, D^2 – *16–20* Ach
   . . . war.] *Keine neue Versgruppe* D^2 – *22* Eisenwaagen] Eisenwagen D^1 D^2
   – *28* Kürbisschalen.] Kürbisschalen D^2 – *37–38* Rebekka *bis* hergerichtet . . .] *Keine neue Versgruppe* D^2 – *42* starken] starken, D^2 – *48* hätt]
   hätt' D^2 – *53* Herren] Herrn D^2 – *61* armen] armen, D^2 – *62* hellen]
   hellen, D^2 – *67* Hätt] Hätt' D^2

224/226/228/230/232: Je fus à Hambourg . . .
   (Gedicht der »Poésies diverses«. In: Francis Jammes, »Clairières dans le Ciel«.
   Paris 1906. S. 142–147.)
225/227/229/231/233: Ich war in Hamburg
Überlieferung:
D^1: *Die Aktion. Jg. 2 (1912), Nr. 44 (30. Oktober), Sp. 1392–1395.*
D^2: *Die Gebete der Demut. Leipzig 1913. (Der jüngste Tag. 9.) S. 17–21.*
Lesarten:
   Generelle orthographische Abweichung zwischen den beiden Drucken: ß D^2: ss
   D^1
   Motto 1. Zeile: vier] 4 D^1 – *3. Zeile:* zehen] 10 D^1 – *4. Zeile:* neun Mona-
   ten] 9 Monden D^1 – *5. Zeile:* zweiundsiebenzig] 72 D^1 – *6. Zeile:* Gefahren.] Gefahren, D^1
   Verse: 5 darauf] drauf D^1 – *7–8* Mitten . . . erspäht.] *Fehlt* D^1 – *8* erspäht.]
   erspäht D^2 – *10* Pfeilen] Pfeilen. D^1 – *25–26* Und . . . traun!] *Nach Vers 25*
   Seitenwechsel in D^1*, daher nicht erkennbar, ob hier mit Vers 26 neue Versgrup-*
   pe beginnt – *27* Denn] Den D^1 – *29* Fernandez] Fernadez D^1 – *34* sie all
   die] sie die D^1 – *37* Stell':] Stell: D^1 – *39–42* Was . . . fing.] *Neue Versgrup-*
   pe D^1 – *63* Oh,] O, D^1 – *68* Oh, ein] O ein D^1 – *70* das] dass D^1 –
   72 wecken.] wecken D^1 – *74* Virgil] Vergil D^1 – *77* du,] du D^1 – *88* Heut'
   Morgen] Heut morgen D^1

232/234: Le poète est tout seul *(. . .)*
   (23. Gedicht des Zyklus »L'Église habilée de feuilles«. In: Francis Jammes,
   »Clairières dans le Ciel«. Paris 1906. S. 184–185.)
233/235: Die Kirche, mit Blättern geschmückt
Überlieferung:
D^1: *Neue Blätter. Folge 2 (1912), H. 5/6, S. 109–110.*
D^2: *Die Gebete der Demut. Leipzig 1913. (Der jüngste Tag. 9.) S. 22–23.*
Lesarten:
   9 leb'] leb D^1 – *16–17* Die letzten . . . Qual.] *Nach Vers 16 Seitenwechsel in*
   D^1*, daher nicht erkennbar, ob hier mit Vers 17 eine neue Versgruppe beginnt* –
   18 brauch'] brauch D^1 – *18* Tränen] Tränen, D^1

Apparat: Jammes – Übertragungen

234: La colombe tenant le rameau d'olivier (...)
   (12. Gedicht des Zyklus »L'Église habilée de feuilles«, a.a.O., S. 168.)
235: Die Taube ...
Überlieferung:
D^1: Die Gebete der Demut. *Leipzig 1913. (Der jüngste Tag. 9.) S. 24.*
D^2: Das Bunte Buch. *Leipzig 1914. S. 34.*
Lesarten:
   9 ehedenn] ehedem D^2 – 9 war:] war. D^2 – 10 reiner] tiefer D^2

UNVERÖFFENTLICHTE DICHTUNGEN
AUS ABSCHRIFTEN VON FREMDER HAND

GEDICHTE
S. 237–256

Überlieferung:
Sammelabschrift von Heinrich Hestermann. Privatbesitz. Quartheft (20,6 ×
16,4 cm) in marmoriertem Pappeinband mit Leinenrücken und -ecken. Vorderes
Vorsatzblatt; 28 Bll. gelbliches, festes, unliniertes Schreibpapier; hinteres Vor-
satzblatt. Die Bll. Schreibpapier, ursprünglich ohne Zählung, von den Herausge-
bern von 1 bis 28 durchgezählt. Nach Bl. 27 Falz von 4 herausgeschnittenen Bll.
Auf der Rückseite des vorderen Vorsatzblattes Besitzvermerk: Hestermann 1924.
Alle 28 Bll. mit Tinte wechselnder Farbe und in wechselndem Duktus beschriftet;
außerdem von derselben Hand punktuell Einträge mit Blei und Kugelschreiber
(bibliographische Notizen und Textkorrekturen).
Inhalt: Abschrift von Gedichten Stadlers, und zwar von solchen, deren Text im
Druck überliefert ist, und von solchen, für die ein Druck bisher nicht nachgewiesen
werden konnte und die insofern als ungedruckte bezeichnet werden. Diese Gedichte
sind nur in dieser Sammelabschrift überliefert.

Das Quartheft stammt aus dem Nachlaß von Heinrich Hestermann, der diese
Abschriften in der Phase seiner Materialsammlung für eine geplante Arbeit über
Stadler angefertigt hat, vermutlich 1924. Die weitgehende Übereinstimmung der
Abschriften mit den vermerkten Drucken macht es wahrscheinlich, daß nach diesen
auch abgeschrieben wurde, wenngleich an einzelnen Stellen nicht auszuschließen
ist, daß die Abweichungen des Schreibers von seiner gedruckten Vorlage auf hand-
schriftliche Fassungen des Autors zurückzuführen sind.

Im Falle der ungedruckten Gedichte deutet die vereinzelte Mitnotierung von
Lesungen und Varianten in der Textabschrift auf eine handschriftliche Vorlage, die
an den betreffenden Textstellen entweder schwer lesbar war oder Änderungen des
Wortlauts enthielt.

Über Herkunft und Verbleib der handschriftlichen Vorlagen zu den ungedruck-
ten Gedichten ist nichts bekannt.

Die gedruckten Gedichte:
Bl. 1ʳ–8ʳ: Baldur. Bruchstücke einer Dichtung. *(vgl. S. 20–28)*
Bl. 8ᵛ–9ʳ: Dämmerung *(vgl. S. 29)*
Bl. 9ᵛ–12ʳ: Zwei Gedichte in Prosa
            1. Vorfrühling *(vgl. S. 16)*
            2. Mysterium der Nacht *(vgl. S. 17–19)*
Bl. 16ʳ: Dämmerung in der Stadt *(vgl. S. 106)*

Apparat: Unveröffentlichte Dichtungen

Bl. 22ʳ–22ᵛ: Ballhaus *(vgl. S. 110–111)*
Bl. 23ʳ: Linda *(vgl. S. 115–116)*
Bl. 23ᵛ–24ʳ: La Querida *(vgl. S. 114–115)*
Bl. 24ᵛ–25ʳ: Leoncita *(vgl. S. 112–113)*
Bl. 25ᵛ: Zu den Gedichten aus dem »Aufbruch«: Gegen Morgen und Gang in der Nacht Notiz von Varianten des Drucks in der »Aktion« *(vgl. S. 125 und 147)*
Bl. 26ʳ–26ᵛ: Die Dirne *(vgl. S. 111)*
Bl. 26ᵛ: Evokation *(vgl. S. 109)*
Bl. 27ʳ: Pans Trauer *(vgl. S. 108–109)*

Zu diesen Gedichten ist jeweils der Zeitschriftendruck vermerkt, teils bei der Abschrift des jeweiligen Textes selbst (Linda, La Querida, Leoncita, Die Dirne, Evokation), *teils als gesonderter Nachtrag* (Baldur, Dämmerung, Zwei Gedichte in Prosa, Dämmerung in der Stadt, Pans Trauer). *Der Text des Gedichtes* Ballhaus *hat den Vermerk:* 1913(?)

Die ungedruckten Gedichte:
Bl. 12ᵛ: Gesicht *(vgl. S. 239)*
Bl. 13ʳ: Meer *(vgl. S. 240–241)*
  Die Überschrift ist mit Blei nachgetragen und mit (b) *von der gleichlautenden Überschrift auf Bl. 13ᵛ unterschieden. Der Text auf Bl. 13ʳ ist die zweite Fassung des Gedichtes* Meer.
Bl. 13ᵛ–14ʳ: Meer *(vgl. S. 239–240)*
  Hinter der Überschrift mit Blei: (a) *nachgetragen. Dieser Text ist die erste Fassung des Gedichtes* Meer.
Bl. 14ᵛ: Erntegang *(vgl. S. 241)*
Bl. 15ʳ–16ʳ: Erlebnis *(vgl. S. 241–243)*
Bl. 16ᵛ: Versenkung *(vgl. S. 243)*
Bl. 17ʳ: O meine Seele *(. . .) (vgl. S. 243–244)*
Bl. 17ʳ: *Notiz von Varianten zum Text auf Bl. 17ʳ*
Bl. 17ᵛ: Mahnung *(vgl. S. 244)*
Bl. 18ʳ–18ᵛ: Traum u. Morgen *(vgl. S. 245–246)*
  I./Dies ward mir Schicksal *(. . .)*
  II./Dies alles lebte nur in Zeichen *(. . .)*
Bl. 19ʳ: *Notiz von Varianten zum Text auf Bl. 18ʳ–18ᵛ*
Bl. 19ʳ–19ᵛ: Meer
  I. Urweltsänge bricht dein Mund *(. . .) (vgl. S. 246–247)*
  III.(?) Das Meer hat in der Nacht *(. . .) (vgl. S. 247)*
Bl. 20ʳ: Das Meer steigt durch die Nacht *(. . .) (vgl. S. 247–248)*
Bl. 20ᵛ: O dies Getriebensein *(. . .) (vgl. S. 248–249)*
Bl. 21ʳ: Die Verlassene *(vgl. S. 249)*
Bl. 21ᵛ: Wald hätte um dich sein müssen *(. . .) (vgl. S. 250)*
Bl. 28ʳ: Alle Frauen, Geliebte *(. . .) (vgl. S. 250–251)*

Gedichte

Auf der Rückseite von Bl. 28 und auf der Vorderseite des hinteren Vorsatzblattes sind mit Blei die Überschriften bzw. jeweils die erste Zeile von 14 bzw. 15 Gedichten notiert, mit einer Numerierung, die von der Reihenfolge der Textabschriften abweicht. Diese Titellisten, gleichfalls von der Hand des Abschreibers, sind erst nach dem Erscheinen der Stadler-Ausgabe von 1954 eingetragen worden, da sie nur solche Gedichte enthalten, die in der Ausgabe nicht veröffentlicht worden sind.

Zur Datierung:
Die Sammelabschrift selbst enthält keine Hinweise darauf, wann die hier überlieferten ungedruckten Gedichte entstanden sind. Nach Inhalt und Stil dürfte ein großer Teil von ihnen in die spätere Schaffensphase Stadlers gehören, also etwa in den Zeitraum von 1910 bis 1914. Eine frühere Entstehungszeit ist wohl nur in einzelnen Fällen zu vermuten.

Zur Textkonstitution:
Der Grad der Genauigkeit bzw. der Ungenauigkeit der Sammelabschrift ist nicht mit Sicherheit zu ermitteln. Hierüber können nur Vermutungen geäußert werden. Einen gewissen Anhalt bietet im Falle der gedruckten Texte der Vergleich der Abschrift mit der angegebenen Vorlage. Danach zu urteilen ist die textkritische Qualität der Sammelabschrift etwa folgendermaßen zu kennzeichnen: Sie kann – obwohl sie offensichtlich nicht nach philologischen Gesichtspunkten angefertigt ist – im überwiegenden Maße als zuverlässig gelten. Nur an einzelnen Stellen sind Wortauslassungen, Verlesungen und Abweichungen der Interpunktion zu konstatieren. Derartige punktuelle Fehler könnten also auch beim Abschreiben der ungedruckten Texte vorgekommen sein. Im übrigen scheint der Abschreiber versucht zu haben, auch komplexe Textbefunde der handschriftlichen Vorlage wiederzugeben. So enthält die Übertragung einiger Gedichte Textbestandteile, die in runde Klammern gesetzt wurden und die vom Kontext auszuschließen sind. Dieser Befund läßt zwei verschiedene Deutungen zu: Entweder handelt es sich bei dem Eingeklammerten um Varianten des Autors, die aus der handschriftlichen Vorlage mit übertragen wurden, oder um Lesungsversuche des Abschreibers.

Der edierte Text gibt den Text der Abschrift genau wieder. Die Reihenfolge der Texte innerhalb des Quartheftes, die nicht als chronologische Anordnung gedeutet werden kann, ist beibehalten worden – mit einer Ausnahme: Die beiden Fassungen des Gedichtes »Meer« werden entsprechend ihrer genetischen Abfolge geboten (vgl. Bl. 13ʳ–14ʳ).

Vereinzelte Wortabkürzungen des Abschreibers wurden ohne Kennzeichnung aufgelöst. Unberücksichtigt blieben die in runde Klammern eingeschlossenen eventuellen Varianten des Autors bzw. Lesungsversuche des Abschreibers. Nicht verzeichnet sind ferner die Abweichungen der Abschriften von den gedruckten Texten, da – wie bereits oben erwähnt – zu vermuten ist, daß diese Divergenzen nicht handschriftliche Änderungen des Autors, sondern Übertragungsfehler des Abschreibers wiedergeben.

Apparat: Unveröffentlichte Dichtungen

Von den in der Sammelabschrift überlieferten Lesarten sind nur diejenigen mitgeteilt, die vom Abschreiber ausdrücklich als »Varianten« zu den ungedruckten Gedichten notiert wurden (vgl. unten Bl. 17ᵛ und Bl. 19ʳ).

Lesarten aus der Sammelabschrift:
Der Abdruck der Varianten erfolgt hier in der gleichen Form, wie sie vom Abschreiber im Quartheft verzeichnet worden sind. Lediglich seine zusätzlichen Notizen wurden durch Herausgebervermerke kenntlich gemacht und die Versangaben und Abkürzungsauflösungen in Kursivschrift ergänzt:
Bl. 17ᵛ: Zum Gedicht »O meine Seele . . .« (vgl. S. 243–244)
Varianten:
Zu V. 2:   Quillt mir aus Tiefen deine alte Stimme
                      süß vertraut herauf?
Zu V. 3:   stehen Bild an Bild gereiht
Zu V. 9:   mein tiefster Traum ins Weite
                                schwellt
Zu V. 10:   zum Fest ins Blaue aufgestellt
Zu V. 15:   deiner tiefsten Stimmen dunkler Leib
                   [Wunder Hort versank]
                                entschwand

Bl. 19ʳ: Zu den Gedichten »Traum und Morgen« I und II (vgl. S. 245–246)
Varianten I. = Der Schöpfer
Zu V. 20: Nun bringt kein Morgen auf seinen Händen
Notiz des Abschreibers: (»mehr« wohl aus Vergessen fortgelassen)
Zu V. 21: Euch Küsten früher Jugend
                II. = Der Morgen
              Motto: »Nur wer sich wandelt, bleibt mit mir
                                verwandt« (Ni)
              Das Wort Motto *und der Vermerk* (Ni) = *Nietzsche*
              vom Abschreiber nachträglich ergänzt.
Zu V. 10: Licht stürzte auf mich. Schleier rissen.
                      Vor mir stoben . . .
Zu V. 14:   reiche Spende
                    verbessert tiefste
Notiz des Abschreibers: (danach scheint Traum und Morgen endgültige
                                Gestalt zu sein)
                                Ernst Stadler

Erläuterungen:
245: Traum und Morgen I
Neben dieser in Abschrift erhaltenen Fassung von Traum und Morgen I *liegt noch eine teilweise abweichende Version des Textes vor, die am 18. 9. 1910 in*

der »Literarischen Rundschau der Straßburger Neuen Zeitung« (Nr. 38) veröffentlicht wurde mit dem Titel Der Schöpfer (vgl. S. 103). Die Abschrift bietet keine Anhaltspunkte für die relative Chronologie der beiden Textfassungen.
247: Das Meer hat in der Nacht ...
Der Abschreiber hat die Zählung dieses Textes mit der Ziffer III und mit einem Fragezeichen in Klammern versehen (vgl. S. 672) und somit unsicher gemacht.

KOTZEBUE REDIVIVUS
S. 252–256

Überlieferung:
Abschrift von fremder Hand. Privatbesitz. (Das Originalms. ist nicht erhalten.) 2 Doppelbll. (17,5 × 11,2 cm) gelblich-glattes Papier mit dem Wasserzeichen CEYLON IVORY NOTE PAPER, 2 Einzelbll. (17 × 10,9 cm) gelblich-glattes Papier, etwas dünner und vergilbter als das der Doppelbll., ohne Wasserzeichen. Die Bll. sind mit Blei foliiert: Doppelbll. 1–4, Einzelbll. 9–10. Nicht erhalten sind die Bll. 5–8, wahrscheinlich also 4 Ms.-Seiten. (Die Annahme, daß der Text auf Bl. 10, untere Kante, zu Ende geführt ist, kann nur aus dem Inhalt plausibel gemacht werden. Vom Überlieferungsbefund her ist nicht gänzlich auszuschließen, daß die Abschrift im ursprünglichen Zustand mehr als 10 Bll. umfaßte, also ein weiterer Textteil verlorengegangen ist.) – Einseitige Beschriftung, lateinische Schrift. Titel: Kotzebue redivivus / von / Ernst Stadler. Die Sprechernamen sind unterstrichen.

Die Abschrift ist nicht datiert. Der Text ist nicht eindeutig in die Chronologie von Stadlers Oeuvre einzuordnen. Einen Anhaltspunkt für die Bestimmung der mutmaßlichen Entstehungszeit bietet die Erwähnung von Joseph Lauffs Tragödie »Der Eisenzahn« (vgl. S. 254). Dieses Werk erschien 1899. Stadlers Satire auf den groben Theatergeschmack, dem Lauffs (und Blumenthals) Stücke entsprachen, wird also einige Jahre danach verfaßt sein. Eventuell sollte der Text der Unterhaltung bei einer privaten Gesellschaft dienen (Silvesterfeier? Vgl. unten »Unser Vorwort an die Leser«). Das würde seinen satirischen Charakter erklären, der sonst in den für ein breiteres Publikum geschriebenen Texten Stadlers nicht vorkommt. Stadler scheint auch bei anderen Gelegenheiten solche Texte verfaßt zu haben, denn Luise Bresslau-Hoff von einem für eine Abendunterhaltung geschriebenen und am 29. 12. 1904 in Straßburg vorgetragenen Sketch berichtet. (Zu Luise Bresslau-Hoff vgl. Brief 2 und die Erläuterungen dazu.)

Von der gleichen Hand wie die Abschrift des »Kotzebue redivivus« ist ein Text geschrieben, der die Überschrift hat: Unser Vorwort an die Leser. (1 Einzelbl.,

Apparat: Unveröffentlichte Dichtungen

an den Kanten stark beschädigt und sehr vergilbt.) Sowohl sein Inhalt als auch sein scherzhaft lockerer Stil läßt die Vermutung zu, daß es ein Vorwort zu »Kotzebue redivivus« ist. Es fehlen freilich Indizien, mit denen dieser Zusammenhang stringent bewiesen werden könnte. Überdies kann das »Vorwort« nicht mit Sicherheit Stadler zugeschrieben werden: Der Name des Verfassers ist auf dem Blatt nicht vermerkt. Wegen dieser Unsicherheiten ist auf den Abdruck des »Vorworts an die Leser« im Textteil verzichtet worden; es wird hier – im Anschluß an die Erläuterungen – wiedergegeben.

Erläuterungen:
252 Kotzebue] *August Friedrich Ferdinand von Kotzebue (1761–1819), bekannt vor allem durch zahlreiche bühnenwirksame Lustspiele.*
252 Blumenthal] *Oskar Blumenthal (1852–1917), Autor zahlreicher Dramen, gründete 1888 das Lessing-Theater in Berlin und leitete es bis 1897.*
252 ein Stück von Schiller] *Das bürgerliche Trauerspiel »Kabale und Liebe«.*
253 Lauff] *Joseph Lauff (1855–1933), Erzähler und Dramatiker.*
253 »Revolution der Lyrik«] *Titel von Arno Holz' naturalistischer Programmschrift, erschienen 1899.*
254 »Eisenzahn«] *»Der Eisenzahn«, historisches Schauspiel, erschien 1899.*

Unser Vorwort an die Leser

Alljährlich um die letzte Stunde
    Versammelt sich in Freundeshaus
Gar ein lust'ge Tafelrunde
    Zu fröhlichem Silvesterschmaus

Da giebt es auserlesne Weine
    Dazu wird opulent gespeist
Und hat der Magen erst das Seine
    So giebts auch Nahrung für den Geist

Da wird dann frisch ans Glas geklungen
    Und mancher gute Witz gemacht
Und manche Rede wird geschwungen
    Und manch ein Toast drauf ausgebracht

Ein jedes Jahr noch ward beraten
    – Die Früchte zeigten herrlich sich –
Wir sahn Komödien, Morithaten
    Ein Negerpaar, Frau Wunderlich,

Verlosung und Theaterstücke
    Von Zukunftsprophezeiung gar,

Kotzebue redivivus

Doch ach, es wächst, o Schicksalstücke
    Die Schwierigkeit mit jedem Jahr

Jetzt was Originelles bringen?
    – Im Kopfe wird mir schwül und bang
Was kann man schönes dichten, singen
    Das nicht die Vorwelt auch schon sang?

Im Gutzkow könnt gedruckt ihr lesen
    Wie Rabbi Ben Akiba spricht,
»Es ist schon alles dagewesen«
    Was neues giebts auf Erden nicht

Gar viel habt doppelt ihr gesehen
    – Kam doch Frau Wunderlich so gar
Schon zweimal –, also laßt's geschehen,
    Wenn ähnlich dies auch hier schon war

Euch auszutreiben eure Grillen
    Sei unser einz'ger, schönster Lohn
Und lobt ihr nur den guten Willen
    So freut sich schon

                Die Redaktion.

KRITISCHE SCHRIFTEN
AUFSÄTZE UND REZENSIONEN
S. 257–452

Zur Textanordnung und Textgrundlage:
Die Reihenfolge der Texte innerhalb der fünf nach thematischen Gesichtspunkten gebildeten Gruppen ist chronologisch. Grundlage der Chronologie ist das Entstehungsdatum der handschriftlich überlieferten Texte bzw. das Veröffentlichungsdatum der nur im Druck überlieferten Texte.

In der zweiten und dritten Gruppe (Zur deutschsprachigen Literatur; Zum Elsaß) sind zuerst die Aufsätze, dann die Rezensionen zusammengestellt worden. In diesen Teilgruppen sind die Texte wiederum chronologisch angeordnet.

Im Falle mehrerer Drucke eines Aufsatzes oder einer Rezension wurde bei gleichem Textumfang der erste Druck, bei unterschiedlichem Textumfang die ausführlichere Fassung zur Grundlage der Edition gewählt.

Zur Textwiedergabe:
Die in den Zeitschriften und Zeitungen häufig vorkommende Hervorhebung von Textteilen durch Sperrdruck ist dann nicht wiedergegeben, wenn zu vermuten war, daß eine solche Hervorhebung von Stadler nicht veranlaßt worden ist. Ausnahmslos unberücksichtigt blieben alle weiteren Auszeichnungen von Textteilen durch besondere Schrifttypen (z. B. Kursive für Werktitel, Antiqua für Zitate).

Den in dieser Ausgabe abgedruckten Rezensionen wurden Überschriften vorangestellt, die aus den bibliographischen Angaben des jeweils von Stadler besprochenen Werks gebildet sind. Ist eine Rezension unter einem nicht aus bibliographischen Angaben gebildeten Titel erschienen (z. B. »Eine neue Heineausgabe«, »Der neue Mündel«), so wird dieser im Apparat, Abschnitt »Überlieferung« mitgeteilt.

Fünf der wiedergegebenen Rezensionen sind jeweils Teile von Sammelbesprechungen. Die Auslassung der übrigen Teile ist ebenfalls im Apparat, Abschnitt »Überlieferung« vermerkt.

Druckfehler in den Textgrundlagen sind stillschweigend berichtigt, Abkürzungen in Kursivschrift aufgelöst worden. Fehlende Buchstaben oder Worte sind in Kursivschrift ergänzt. Wenn Emendationen in dieser Form nicht gekennzeichnet werden konnten, sind sie im Apparat, Abschnitt »Überlieferung«, verzeichnet worden. Im übrigen gelten die im Bericht der Herausgeber formulierten editorischen Grundsätze.

Apparat: Kritische Schriften

Zum Apparat (Überlieferung):
Im Abschnitt »Überlieferung« ist jeweils das Ms. bzw. der Druck angegeben, auf dem die Textwiedergabe basiert. Besondere Befunde eines handschriftlichen oder gedruckten Textes, die bei seiner Wiedergabe unberücksichtigt blieben (z. B. Fußnoten, Titel von Rezensionen, weggelassene Teile aus Sammelbesprechungen) sind hier verzeichnet oder beschrieben. Im Falle mehrerer Drucke eines Textes ist derjenige, der der Edition zugrunde gelegt wurde, immer an erster Stelle genannt.

Auf die Darstellung von Textvarianten innerhalb eines Ms. bzw. zwischen verschiedenen Drucken eines Aufsatzes oder einer Rezension wurde verzichtet. Die bei mehrfachem Abdruck feststellbare Textvarianz ist pauschal charakterisiert worden.

Textergänzungen und Emendationen sind sämtlich verzeichnet.

Zu den Erläuterungen:
Folgende Textelemente wurden als erläuterungsbedürftig angesehen:

Namen, soweit sie nicht als allgemein bekannt vorausgesetzt oder in gängigen Nachschlagewerken aufgefunden werden können;

Sachen, d. h. Anspielungen und Hinweise, deren inhaltlicher Bezug aus dem jeweiligen Text selbst nicht zu erschließen ist;

Zitate. Sie werden nach Möglichkeit anhand derjenigen Ausgabe nachgewiesen, die Stadler selbst benutzt hat oder die ihm vorgelegen haben kann. (Wenn solche Ausgaben nicht zu beschaffen waren, sind die betreffenden Zitate in greifbaren Ausgaben nachgewiesen worden.)

Stadler zitiert in der Regel ungenau; die Abweichungen zwischen Zitat und seiner Quelle sind jedoch nur in gravierenden Fällen vermerkt worden.

Leitend für die Namen- und Sacherläuterungen war die Absicht, die Auskünfte auf diejenigen Aspekte einer Biographie oder eines Schaffens zu konzentrieren, die für Stadler von besonderer Bedeutung gewesen sind. Ein Hinweis auf Forschungsliteratur erfolgt dann, wenn dort der Erläuterungsgegenstand ausführlicher behandelt ist.

Für die Beschaffung selten gewordener Textausgaben sei dem Deutschen Literaturarchiv in Marbach an dieser Stelle nochmals gedankt. Besonderer Dank gilt Herrn Kevin F. Hilliard für Recherchen zur Kommentierung von Stadlers Aufsatz »Roosevelt in Oxford« und M. N. Tassoul von der Bibliothèque Royale Albert 1er in Brüssel für die Bereitstellung schwer greifbarer Literatur.

Apparat: Kritische Schriften

AUS DER FRÜHEN SCHAFFENSPHASE

259–260: Neuland

Überlieferung:
Der Stürmer. Jg. 1902, Nr. 4 (15. August), S. 69–70.
Erläuterungen:
Der Artikel Neuland *erschien mit dem Untertitel* Studien aus moderner Litteratur *und war offenbar als Einleitung zu einer Reihe von Aufsätzen geschrieben, die jedoch nicht veröffentlicht wurden. Eine Fußnote nennt aber die Autoren, die Stadler zu behandeln gedachte. Es sind dies:* Felix Holländer, Philipp Langmann, Carl Hauptmann, Herbert Eulenberg, Hugo von Hofmannsthal. *Zum Aufsatz über Philipp Langmann vgl. den nächsten Text und Erläuterungen dazu.*
In die Entstehungszeit des Aufsatzes über Philipp Langmann, 1903, gehören auch einige handschriftlich überlieferte Skizzen zu einer Arbeit über Hofmannsthal (Titel: Hugo von Hofmannsthal/von/ Ernst Stadler*). Sie enthalten außer wiederholt ansetzenden Notizen über* »Elektra« *folgendes Entwurfstück:*
Von dem hie und da noch ein wenig schwerfälligen Reim des Versspieles »Gestern« zu der wunderbaren Musik des »Tod des Tizian«, deren verschwenderisch süßer Wohllaut hinflutet wie die weichen Wellen der Sommernacht, und zu der strengen Goetheschen Anmut im »Tor und Tod«. Immer mehr tritt das rein musikalische Element heraus vor dem malerischen. Die überflutende Fülle *(bricht ab)*
Die weichen, bebenden Verse der »Madonna Dianora«, die ruhigen, schwermütigen der »Hochzeit der Sobeide« bezeichnen hier *(unl. Wort)* Übergang

In der Elektra ist seine Verskunst zu höchster Vollendung gediehen.

Hier ist der Vers zu jenem unendlich schmiegsamen Kunstmittel geworden, das d'Annunzios *(bricht ab)*
Dichter als der *(bricht ab)*
Immer charakteristischer, immer präziser, immer knapper wird sein Vers
(Ms. im Privatbesitz)

259 In Kunst ... Fontane.] *Das Motto ist ein Zitat aus Theodor Fontanes Schrift »Christian Friedrich Scherenberg und das literarische Berlin von 1840 bis 1860«. Berlin 1885. S. 246–247.*
260 »rückwärts schauende Propheten«] *Zitat aus Arno Holz' »Berliner Schnitzel«. In: »Moderne Dichter-Charaktere«. Hg. von Wilhelm Arent. Leipzig 1884. S. 148.*

260–261: Philipp Langmann

Überlieferung:
Ms. Stadlers. Privatbesitz. Konvolut von 6 Doppelbll. und 2 Einzelbll.
Umschlag für Reinschrift und Entwürfe, mit der unterstrichenen Aufschrift Philipp Langmann.: *1 Doppelbl. (20,8 × 16,6 cm) mit Teilen des Wasserzeichens* SCHWINDENHAMMER / TÜRKHEIM i. E. 3a NORMAL 3a

Reinschrift:
3 ineinandergelegte Doppelbll. (21 × 16,6 cm) mit Teilen des Wasserzeichens L. SCHWINDENHAMMER / TÜRKHEIM i. E. 3a NORMAL 3a *Bl. 1–3, oberes Drittel, einseitig beschriftet, deutsche Schrift, Tinte. Bl. 4–6 leer. Auf Bl. 1 oben in der Mitte über dem Text:* Philipp Langmann / von / Ernst Stadler / (Strassburg) *Titel unterstrichen. Der Name* Ernst Stadler *über gestr.* Hans Horst. *Auf der unteren Hälfte der Seite eine Aufstellung der 1893 bis 1903 erschienenen Werke von Philipp Langmann (s. unten erste Erläuterung) mit dem Vermerk von Stadlers Hand:* (Klein / drucken / am / unteren Rand /der Seite!)
Möglicherweise ist die Reinschrift nicht abgeschlossen worden. Dafür sprechen folgende Befunde: 1. Die Blätter der Reinschrift sind nicht foliiert oder paginiert. 2. Die unbeschrieben gebliebenen Bll. 4–6 lassen darauf schließen, daß Stadler damit rechnete, für die Niederschrift mehr als 2⅓ Seiten zu benötigen. 3. Nach den im Konvolut erhaltenen Entwürfen zu urteilen, plante Stadler nicht, den Aufsatz mit dem Zitat aus Langmanns Vorrede zu seinen »Realistischen Erzählungen« enden zu lassen. Der Text der Reinschrift scheint also Fragment zu sein.

Entwürfe:
1 Einzelbl. (21 × 16,5 cm) mit Teilen des Wasserzeichens L. SCHWINDENHAMMER / TÜRKHEIM i. E. 3a NORMAL 3a *und 1 Doppelbl. (21 × 16,5 cm) stark vergilbtes, gelblich-glattes Papier, ohne Wasserzeichen. Diese Bll. sind beidseitig beschriftet, lateinische Schrift, Tinte. Paginierung von Stadlers Hand: 3–8. Die Seiten 1 und 2 fehlen.*
Einzelbl. (21 × 16,5 cm) stark vergilbtes, gelblich-glattes Papier, ohne Wasserzeichen, einseitig beschriftet, lateinische Schrift, Tinte. Nicht paginiert.
Doppelbl. (21 × 16,5 cm) stark vergilbtes, gelblich-glattes Papier, ohne Wasserzeichen. Seite 1, linke Spalte oben, 4 Zeilen in lateinischer Schrift mit Tinte; Seite 2 und 3 leer. Auf Seite 4, seitenverkehrt, in der linken Spalte oben, 6 Zeilen in deutscher Schrift mit Tinte. Nicht paginiert.
Alle Bll. der Entwürfe haben eine Längsfaltung und sind z. T. einspaltig beschrieben.
Obwohl nicht vollständig erhalten, lassen die Entwürfe doch die ursprünglich von Stadler intendierte Ausführung des Aufsatzes erkennen. Sie sind daher entsprechend der Paginierung bzw. entsprechend dem vermuteten inhaltlichen Zusammenhang im folgenden wiedergegeben. Auf die Darstellung einzelner Änderungen wurde hierbei verzichtet.

Apparat: Kritische Schriften

Zur Datierung:
Das Ms. ist nicht datiert. Vermutlich entstand es 1903. Diese Vermutung stützt sich auf folgende Befunde: 1. Der Aufsatz ist – neben den Skizzen zu Hugo von Hofmannsthal – das Einzige, was zu den Studien aus moderner Litteratur erhalten ist, die Stadler mit seinem Artikel Neuland in der Zeitschrift »Der Stürmer« am 15. August 1902 ankündigt (vgl. S. 259–260 und Erläuterung hierzu, S. 680). Hierbei wird Philipp Langmann als einer derjenigen Autoren genannt, über die Stadler schreiben will. 2. Im November 1902 erschien das letzte Heft des »Stürmer«. Die Zeitschrift wurde im April und Mai 1903 unter dem Namen »Der Merker« (3 Nummern) fortgesetzt (vgl. Erläuterung zum Aufsatz »René Schickele«, S. 280). Stadlers Beiträge zum ersten Doppelheft des »Merker« sind mit Hanns Horst gezeichnet. Dieses Pseudonym findet sich auch im Ms. des Langmann-Aufsatzes. Unter dem Titel stand zunächst: von Hans Horst. Das Pseudonym wurde gestrichen und durch Ernst Stadler (Strassburg) ersetzt. Wahrscheinlich hatte der Autor bei der Niederschrift des Textes an eine Veröffentlichung im »Merker« gedacht. Die Zeitschrift mußte jedoch bereits nach ihrer 3. Nummer im Mai 1903 ihr Erscheinen einstellen. 3. Einen weiteren Hinweis auf die mutmaßliche Entstehungszeit geben die auf der ersten Seite des Ms. nach ihrer chronologischen Folge notierten bibliographischen Angaben zu den bis dato vorliegenden Publikationen Langmanns: Die Titelliste, die nach Stadlers Druckanweisung als Fußnote gesetzt werden sollte, endet mit dem Jahr 1903 (vgl. erste Erläuterung, S. 685–686).

Ergänzungen in der Textwiedergabe der Reinschrift:
S. 260 gewidmet war.] gewidmet war   S. 260 dröhnte.] dröhnte
S. 261 erbaut.] erbaut   S. 261 haarklein.«] haarklein.

Text der Entwürfe:
(Seite 3:)
[das ihn immer aufs neue hinunter zieht in die dröhnenden Fabriksäle, in die niedrigen dumpfen Arbeiterstuben, zu den verwitterten kraftvollen Gestalten.]

[Mit wahrer Inbrunst hat Langmann die Eindrücke des Arbeitermilieus, das ihn von Jugend auf umgab, in sich gesogen. Immer wieder ist er herabgestiegen in die dröhnenden Fabriksäle in dumpfe dämmrige Arbeiterstuben.] [So ward er zum Verkünder menschlicher Arbeit]. Der Arbeit, die ⟨um⟩ ihn her brauste in atemloser Hast. Die ihm aus dem Keuchen der Maschinen, aus dem Dampf der Essen entgegendröhnte. Eine Sünde schien es ihm wider den Geist lebendigen Fortschrittes, in kraftvoll aufwärts drängender Zeit sich unfruchtbaren Sehnsüchten *und* Träumen hinzugeben:
»Lieber unbeholfenes ...

Philipp Langmann

(Seite 4:)
[Eine Fabrikstadt. In langer Reihe die Riesenbauten, schmucklos drohend, grau wie Kasernen. Den ganzen Tag über braust die Arbeit. Weit auf die Gassen hinaus klingt das Rattern, Surren, Stampfen und Dröhnen der Maschinen. Aus dem Wald der Schlote steigt ein schmutzig gelber Dampf, der ⟨sich⟩ in trüben Wolkenballen über Giebel und Gärten schleppt. Spät Abends erst kommt ein Stocken und Verebben in das quellende Treiben Schrill gellt die Fabrikglocke. Aus weit geöffneten Türen drängen Arbeiter beiderlei Geschlechts, auf den rissigen Gesichtern alle Ausdrücke menschli*chen* Gefühllebens stumpfes Brüten, dumpfe Verbitterung harmlose Freude. In langen Zügen marschieren *sie* durch die Straßen an den glänzenden Prachtbauten vorbei den Vorstädten zu, die sich draußen im Gewimmel winziger Arbeiterwohnungen ausbreiten, umrahmt von der schweigenden Schwermut mährischer Hügellandschaft ...]

Lieber unbeholfenes Naturschnitzwerk als diese Drechslerware, lieber törichte Jungfrauen als diese verlogenen Puppen und du unklares Herz im schmierigen Arbeitskittel sollst uns willkommen sein, diese pomadisierten Schwerenöter, diese in Bier schwelgende und an Weinliedern sich begeisternde, chauvinistische Gesellschaft zum Teufel zu jagen.

(Seite 5, linke Spalte:)
Zum Danke wollen wir dich in die Fabrik begleiten, im finstersten Winkel dir Gesellschaft leisten, dir bei deiner Arbeit helfen, mit dir schreien, wenn du schreien willst, lachen, wenn du lachst, wir wollen dich nach Hause begleiten und alle deine großen Sorgen und kleinen Mühsale mußt du uns beichten ... Wie du wachest und schläfst, was du issest und wie du dich betrinkst, deine Kinder erziehst und Politik machst. Das zeichnen wir alles auf, haarklein.«

[In solchen Worten lebt der ganze Langmann. Mit ⟨tiefem⟩ Herzen ist er in Werkstatt und Stube der Armen getreten hat er sie belauscht in ihren primitiven Lebensäußerungen, in Arbeit, Lust, Feindschaft und Liebe.]

(rechte Spalte:)
So hat er sich unter die Armen gemengt, hat sie beobachtet in

So hat er den Arbeiter

(Seite 6:)
Und was *er* erlauscht hat, all das zitternde, rauschende Leben, hat er sich von der Seele gedichtet in den drei novellis*tischen* Jugendbüchern, deren Grundstimmung man am besten widergibt durch den Titel seines ersten Buches: Arbeiterleben.
in ihrem abgerissenen, kantigen Stil, der sich absichtlich fast aller Farben-

reize, aller musik*alischen* Wirkung begiebt, sind sie teilweise von einer hinreißenden Wucht
Hier ist alles erst im Werden. Tausend Töne klingen an, selten rauschen sie zu vollem, tiefen Akkord zusammen. In ihrem abgerissenen, kantigen Stil, der sich absichtlich aller Farbenreize, aller musikal*ischen* Wirkung begiebt, sind sie mitunter von einer elementaren Wucht. Die erste Novelle »Ein Unfall« ist in ihrer scharfen Zeichnung, ihrer dramat*ischen* Knappheit schlechthin ein Meisterwerk plastischer Darstellung, das er auch in späteren Sammlungen nie überboten hat.

(Seite 7 und 8:)
Eine Alltagsgeschichte
Ein Knabe, der beim Riemenauflegen von der Riemenscheibe erfaßt und zermalmt wird.
Aber wie er dies nüchterne Geschehnis auffaßt und anpackt. Wie alles unter seinen Fingern Leben, Anschauung gewinnt –
»Da – – jetzt endlich ist es dem Keil gelungen, sich in die Ärmelfalte zu verfangen. – Eins – schon hat er ein Stück des Ärmels fünfmal herumgedreht und den darin befindlichen Arm festgeklemmt. – Eins, schon, schon biegt sich der Arm, er bricht, er bricht noch einmal – ein fünftes, sechstes mal – hinüber, hinüber, herum – – – herum, der ganze Körper fliegt, fliegt, rotiert um die Welle – humpf – humpf – humpf – humpf – humpf – das sind die runden Beine, welche jedesmal an die Decke schlagen – humpf – humpf – humpf – humpf – kein Laut – kein Schrei – das ist der Kopf – humpf – humpf – achzigmal in der Minute.« Und dann –:
»Das Schwungrad steht stille, der Regulator sieht unschuldig drein, als wüßte er von nichts, – von der Kurbel fällt ein Öltropfen.«
Schon hier steigert Langmann die Wirkung durch ein Kunstmittel, das er späterhin sehr häufig angewandt hat, das Symbol. Es ist eigentlich gar keine gewöhnli*che* Maschine, von der ein unvorsichtiger Knabe durch einen unglückl*ichen* Zufall erfaßt wird, es ist ein lauerndes, gieriges Ungeheuer, das ihn zwischen seinen Zähnen zermalmt eine fremde, entsetzliche Macht, die Schicksal und Zufall Hohn spricht

(Unpaginierte Seite, linke Spalte:)
Es hat ihn nie zum lyrischen Ausdruck gedrängt. Seiner harten, fast nüchternen Art zu schauen, lag ⟨das⟩ Untertauchen in Stimmungen und Eindrücken fern. So hat er's in seinen Novellen auch nie zu einem künstlerisch ausgebauten Stil gebracht. Denn alle Meister des epischen Stils sind von je durch die Lyrik gegangen Goethe u*nd* Keller, Nietzsche und Jakobsen. Langmanns Sprache ist eckig, unbeholfen, gegenständlich.
Darum fehlt seinen Novellen auch der künstlerisch ausgebaute Stil, der sich jeder Stimmung anzuschmiegen weiß, der Lichter ausgießt und Schatten, der durch Farbenschmelz wirkt und musikalischen Rhythmus.

Philipp Langmann

(rechte Spalte:)
Mit ruhigem Gleichmut bändigt und lenkt er seinen Stoff, und die Zügel entgleiten nicht seinen kraftgeübten Händen. Fast wie ein Außenstehender erzählt er seine Geschichte mit einer kühlen gelassenen Sachlichkeit. Aber dann ist wieder dies Mitschwingen, das plötzlich aus ein paar Sätzen herauszittert,
So sind seine besten Wirkungen persönlicher Art.

(Unpaginierte Seite:)
Keinerlei Tendenz stört die quellende Fülle des Lebens.
Die Darstellung ist von einer fast nüchternen Sachlichkeit.

(Unpaginierte Seite:)
So ward er zum Verkünder menschlicher Arbeit. Der Arbeit, die um ihn brauste in sinnloser Hast
Er sah das Elend der Zeit und er sah ihre Größe
Hier liegt sein Stoffgebiet beschlossen

Erläuterungen:
260 Philipp Langmann] *Philipp Langmann (1862–1931), geboren in Brünn, arbeitete nach Absolvierung der k. k. technischen Hochschule seiner Geburtsstadt zunächst als Chemotechniker in einer Bandwirkfabrik in Lettowitz, anschließend als Fabrikleiter in Mistek und von 1891–1898 als Beamter bei der Arbeiterunfallversicherungsgesellschaft in Brünn. In dieser Zeit wurden seine ersten literarischen Arbeiten veröffentlicht: 1893 im Verlag von W. Friedrich in Leipzig die Erzählungen »Arbeiterleben!«, 1895 im Verlag von R. Friese in Leipzig »Realistische Erzählungen« und »Ein junger Mann von 1895 und andere Novellen«. In den Rezensionen dieser Bände wurde Langmann als ein beachtenswerter naturalistischer Dichter erkannt. Einen großen Publikumserfolg erzielte er aber erst 1897 mit seinem naturalistischen Drama »Bartel Turaser«, das von vielen deutschen und österreichischen Theatern in der Saison 1897/98 aufgeführt wurde. Dies war der Höhe- und der Wendepunkt der literarischen Wirkung Langmanns. Die danach veröffentlichten Werke – Dramen und Erzählungen, in denen sich zunehmend eine Abkehr vom naturalistischen Themenbereich des Arbeiterlebens vollzog – waren nicht annähernd so erfolgreich wie sein erstes Drama. Langmann, der – veranlaßt durch die überaus günstige Aufnahme des »Bartel Turaser« – seine Beamtenstellung in Brünn aufgegeben hatte und nach Wien übergesiedelt war, starb dort völlig zurückgezogen und verarmt. (Vgl. R. Riedl, »Philipp Langmann. Leben und Werk«. Diss. phil. Wien 1947, masch.) Stadler nennt in seiner bibliographischen Anmerkung auf der ersten Seite seines handschriftlichen Textes (vgl. oben Abschnitt »Überlieferung«) nach den ersten drei Erzählungsbänden von 1893 und 1895 noch folgende Werke in lückenloser chronologischer Folge:* Bartel Turaser (Dr.) 1897; Die vier

Apparat: Kritische Schriften

Gewinner (Lustsp.) 1898; Unser Tedaldo (Dr.) 1898; Verflogene Rufe (Nov.) 1899; Gertrud Antleß (Dr.) 1900; Korporal Stöhr (Dr.) 1901; Die Herzmarke (Dr.) 1902; Gerwins Liebestod (Dr.) 1903.

261 Richard Schaukal] *Richard Schaukal (1874–1942), 1918 geadelt, hatte bis 1903 vor allem Gedichte veröffentlicht, deren Motive und Stil von der Neuromantik und vom Symbolismus geprägt sind und in denen eine exklusiv-aristokratische Haltung zum Ausdruck gebracht wird. Vgl. »Die Gesellschaft« Jg. 18 (1902), Bd. 3, H. 15/16. Dieses Heft ist zum großen Teil Schaukal gewidmet.*

261 »Lieber unbeholfenes Naturschnitzwerk ... haarklein.«] *Ph. Langmann, »Realistische Erzählungen«. Leipzig o.J. (1895). S. III. Zitat aus der »Widmung« genannten Vorrede, in der Langmann sein naturalistisches Programm formuliert.*

684 »Ein Unfall«] *»Arbeiterleben!«. Leipzig o.J. (1893). S. 1–12.*

684 Eine Alltagsgeschichte] *»Ein Unfall«, a.a.O., S. 1–12.*

684 »Da – – jetzt ... in der Minute.«] *»Ein Unfall«, a.a.O., S. 11–12.*

684 »Das Schwungrad ... Öltropfen.«] *»Ein Unfall«, a.a.O., S. 12. Schluß der Erzählung.*

684 Jakobsen] *Jens Peter Jacobsen (1847–1885), dänischer Schriftsteller, in Deutschland vor allem bekannt geworden durch seinen letzten Roman »Niels Lyhne«.*

262 *Autobiographische Notiz*

Überlieferung:
Ms. Stadlers. Privatbesitz. 1 Einzelbl. (20,9 × 16,6 cm) *gelblich-glattes Papier mit Teilen des Wasserzeichens* L. SCHWINDENHAMMER / TÜRKHEIM i.E. 3a NORMAL 3a *Einseitig beschriftet, deutsche Schrift, dunkle Tinte. Datum von Stadlers Hand:* 25. Febr. 1903.

ZUR DEUTSCHSPRACHIGEN LITERATUR

263–271: Penthesilea

Überlieferung:
Straßburger Neue Zeitung *vom 24. 10. 1909, Nr. 59. Abdruck eines Vortrages, den Stadler am 22. 10. 1909 in Straßburg als Einleitung zu einer Rezitationsveranstaltung hielt. In einer Fußnote zum Zeitungsabdruck des Textes steht:* Herr Stadler war so freundlich, uns den Vortrag, der Fräulein Rottmanns Rezitation vorgestern einführte, zur Verfügung zu stellen.

Penthesilea

Ergänzungen: Anführungszeichen S. 263–265 »Faust« »Phöbus« »Penthesilea« »Familie Schroffenstein« *Emendation: S. 265:* vermählt] vermählen

Erläuterungen:

263 »Phöbus«] *Diese Zeitschrift, von Kleist und Adam Müller herausgegeben, erschien 1808 und brachte in ihrem ersten Jahrgang (weitere kamen nicht zustande) mehrere Texte von Kleist zum ersten Mal. Im ersten »Phöbus«-Heft (Januar 1808) erschien ein Teilabdruck der »Penthesilea«.*

263 Welcker] *Friedrich Gottlieb Welcker (1784–1868), Altertumsforscher. Welcker schreibt in seinem Buch »Der epische Cyclus oder die Homerischen Dichter« (Bonn 1849. Th. 2. S. 227):* Wichtig als ein Zeichen neuer, im Homer noch nicht sichtbarer Gesittung ist die romantische Rührung des Achilleus durch die Schönheit der Penthesilea, die erste jener unsinnlicheren, von Phantasie und Gemüth bestimmten Liebe in der griechischen Poesie.

263 »Küsse« sich auf »Bisse« reimte] *»Penthesilea«, 24. Auftritt.*

264 Winckelmannsche Formel] *Johann Joachim Winckelmann (1717–1768) sagt in seiner Schrift »Gedanken über die Nachahmung der griechischen Werke in der Malerei und Bildhauerkunst«:* Das allgemeine vorzügliche Kennzeichen der griechischen Meisterstüke ist endlich eine edle Einfalt und eine stille Größe, sowohl in der Stellung als im Ausdruke. *Johann Winckelmanns Sämtliche Werke. Einzige vollst. Ausgabe (...) von Joseph Eiselein. Bd. 1. Donauöschingen 1825. S. 30.*

264 Erst Nietzsche ... gedeutet.] *Friedrich Nietzsche, »Die Geburt der Tragödie aus dem Geiste der Musik«. Leipzig 1872.*

264 Brief eines Freundes ... nicht antik sei.] *Adam Müller an Gentz, 6. Februar 1808. In: Briefwechsel zwischen Friedrich Gentz und Adam Heinrich Müller. Stuttgart 1857. S. 128.*

264 »Mein einziges, mein höchstes Ziel ... keines mehr«] *Brief Kleists an Wilhelmine v. Zenge, 22. März 1801.*

264 »ganz nach seiner Meinung« zu leben] *In einem Brief Kleists an Wilhelmine v. Zenge vom 13. November 1800 heißt es:* Dieser Aufenthalt in Frankreich wäre mir aus 3 Gründen lieb. Erstlich, weil es mir in dieser Entfernung leicht werden würde, ganz nach meiner Neigung zu leben, (...).

265 »Ich habe mir ... ein Ideal ausgearbeitet.«] *Brief Kleists an Wilhelmine v. Zenge, 10. Oktober 1801.*

265 »elende Scharteke«] *In einem Brief an Ulrike v. Kleist vom 13./14. März 1803 schrieb der Dichter:* Auch thut mir den Gefallen und leset das Buch nicht. Ich bitte euch darum. (*gestrichen:* Es ist eine elende Scharteke.) Kurz, thut es nicht. Hört ihr?

265 Qual einer »fixen Idee«] *Vgl. Herausgeber-Anmerkung zu Kleists Brief an Ulrike v. Kleist vom 24. 6. 1804 (H. v. Kleists Werke). Hg. von G. Minde-Pouet, R. Steig, E. Schmidt. Bd. 5. Leipzig/Wien o.J. S. 303.*

Apparat: Kritische Schriften

266 Brief aus Genf an die Schwester] *Brief Kleists an Ulrike v. Kleist vom 5. Oktober 1803.*
266 »Ich habe in Paris ... alle übrigen hin.«] *Brief Kleists an Ulrike v. Kleist, 26. Oktober 1803.*
266 wie Kleist selbst dem olympischen Goethe den Strahlenkranz vom Haupte zu reißen versprach] *Eine Äußerung Kleists zu seinem Freunde Pfuel. Angeführt von Adolf Wilbrandt, »H. v. Kleist«. Nördlingen 1863. S. 174.*
266 Das Äußerste ... daß ich verlor.] *»Penthesilea«, 9. Auftritt.*
267 »Jetzt ist sie tot«, ruft er nach dem Abschluß der Tragödie einem Freund in Dresden weinend entgegen] *Nach einem Bericht Pfuels. Mitgeteilt von W. Loewe, »Erinnerungen an den General Ernst von Pfuel«. In: Deutsche Rundschau, Bd. 54 (1888), S. 220.*
267 Den ganzen Schmerz zugleich und Glanz seiner Seele habe er in dies Werk gelegt] *Kleist schrieb im Spätherbst 1807 an Marie v. Kleist:* Unbeschreiblich rührend ist mir alles, was Sie mir über die Penthesilea sagen. Es ist wahr, mein innerstes Wesen liegt darin (...) der ganze Schmerz zugleich und Glanz meiner Seele. *– Im Gegensatz zu den Stadler verfügbaren älteren Editionen wird in der neuen Kleist-Ausgabe von Helmut Sembdner das Wort* Schmerz *als eine von Tieck im Erstdruck des Briefes vorgenommene Retusche beurteilt und durch die Lesung* Schmutz *ersetzt.*
267 »auf den Knien seines Herzens«] *Kleist übersandte am 24. Januar 1808 an Goethe das erste Heft der Zeitschrift »Phöbus«, das ein Bruchstück der »Penthesilea« enthielt. Sein Begleitbrief enthält die Zeilen:* Es ist auf den ›Knieen meines Herzens‹, daß ich damit vor Ihnen erscheine; (...).
267 zu diesem »nicht ungemeinen Talent«] *Stadler zitiert aus dem Gedächtnis. Goethe schrieb am 3. oder 4. Mai 1808 an Knebel:* Mit den Dresdnern habe ich gleich gebrochen. Denn ob ich gleich Adam Müller sehr schätze und von Kleist kein gemeines Talent ist (...).
267 Weimarer Aufführung des »Zerbrochenen Krugs«] *Das Stück wurde in Goethes Einstudierung am Weimarer Theater als »Lustspiel in drei Aufzügen« am 2. März 1808 uraufgeführt.*
267 Daß der gegenwärtige H. von Kleist auf eine »Verwirrung des Gefühls« ausgehe] *Goethe trägt unter dem 13. Juli 1807 nach der Lektüre des »Amphitryon« in sein Tagebuch ein:* Der gegenwärtige, Kleist, geht bey den Hauptpersonen auf die Verwirrung des Gefühls hinaus. *Die zitierte Äußerung bezieht sich also auf den »Amphitryon«.*
267 »Der Mensch ... kein Gefühl«] *»Das Käthchen von Heilbronn«, 2. Akt, 6. Auftritt.*
269 »Glut ihr ... Flammenlohe auf.«] *»Penthesilea«, 1. Auftritt.*
270 »Von Hunden ... Jäger, überschauend,«] *»Penthesilea«, 23. Auftritt.*
271 durch den Richterspruch des »Areopagus«] *»Der Areopagus« ist der Titel des von Stadler abschließend (nicht ganz genau) zitierten Epigramms Heinrich v. Kleists.*

Paul Heyse

271–275: Paul Heyse. Zum 80. Geburtstag
Überlieferung:
Straßburger Neue Zeitung vom 16. 3. 1910, Nr. 125.
Emendation: S. 275: In »Unheilbar«] Im »Unheilbar«
Erläuterungen:
271 Paul Heyse] *Geb. am 15. März 1830 in Berlin. Er studierte in Berlin und Bonn Philologie, erwarb in diesem Studienfach den Doktorgrad und lebte zunächst als Privatgelehrter. 1854 folgte er dem auf Geibels Betreiben an ihn ergangenen Ruf König Maximilians nach München, wo er als Haupt des sogenannten Münchener Dichterkreises bis zu seinem Tode am 2. April 1914 blieb. 1910 erhielt Heyse als erster deutscher Dichter den Nobelpreis für Literatur. Heyse verfaßte neben Gedichten und Übersetzungen weit über 100 Novellen, etwa 30 Dramen und mehrere Romane.*
272 Lange leben ... Gunst.] *Paul Heyse. Gesammelte Werke. Bd. I: Gedichte. 7. Aufl. Berlin 1901. S. 431.*
272 »Arrabiata«] *»L'Arrabiata« entstand 1853 und erschien 1855 mit den Novellen »Die Blinden«, »Marion« und »Am Tiberufer«.*
272 vormärzlichen Freiheitssänger] *Gemeint sind: Ferdinand Freiligrath (1810–1876), August Heinrich Hoffmann von Fallersleben (1798–1874), Franz Dingelstedt (1814–1881), Georg Herwegh (1817–1875).*
272 Alberti] *Conrad Alberti. Pseudonym für Konrad Sittenfeld (1862–1918). Mitarbeiter der »Gesellschaft«. Seit 1900 Hauptschriftleiter der »Berliner Morgenpost«. Verfasser zahlreicher kritischer Schriften, Romane, Dramen und Novellen.*
272 »Heyse lesen ... Lump sein.«] *Diese und andere überspitzte Äußerungen gegen Heyse enthielt Albertis Aufsatz »Paul Heyse als Novellist« in der Zeitschrift »Die Gesellschaft« (Jg. 1889, S. 967–984). Als Kampforgan der naturalistischen Bewegung nahm die von M. G. Conrad und Karl Bleibtreu geleitete »Gesellschaft« auch sonst entschieden gegen Heyse Stellung.*
273 »Jugenderinnerungen«] *»Jugenderinnerungen und Bekenntnisse«. Berlin 1900.*
274 Theoretiker novellistischer Technik] *Heyse entwickelte in der Einleitung zum 1. Band des »Deutschen Novellenschatzes«, den er 1871 gemeinsam mit Hermann Kurz herausgab, eine Novellentheorie (Falkentheorie).*
274 »Das Mädchen von Treppi«] *1858. In: Neue Novellen, 2. Sammlung.*
275 »Meraner Novellen«] *1864. Enthaltend: »Unheilbar«; »Der Kinder Sünde, der Väter Fluch«; »Der Weinhüter«.*
275 »Unheilbar«] *1862. Eine der »Meraner Novellen«.*
275 Schnitzlers unerbittliche Schwindsuchtsnovelle] *Die Novelle »Sterben« von 1892.*
275 unter den Dichtern jenes Münchener Kreises] *Dem Münchener Dichterkreis gehörten u.a. Emanuel Geibel, Heinrich Leuthold, Hermann Lingg und Felix Dahn an.*

Apparat: Kritische Schriften

276–293: René Schickele

Überlieferung:
Almanach pour les étudiants et pour la jeunesse d'Alsace-Lorraine. Straßburg 1913. S. 178–189. Auf S. 1 des Textes Fußnote mit Bibliographie von Werken Schickeles, die zeitlich bis 1911 reicht. – Eine kürzere und stellenweise anders formulierte Fassung des Aufsatzes war in der Zeitschrift »Die Aktion« erschienen (Jg. 2 (1912), Nr. 49, Sp. 1550–1558; Nr. 50, Sp. 1587–1590; Nr. 51, Sp. 1613–1616).
Die an folgenden Stellen im Druck von 1913 fehlenden An- bzw. Ausführungszeichen sind ergänzt worden: S. 281: »Mon Repos.« *S. 288:* »Der Fremde«
Emendationen: S. 276: im Schaffen] in Schaffen *S. 278:* Gesichten] Gesichtern *S. 281:* Ekstatische] Extatische *Auch im folgenden (S. 283, 285, 286) ist die aus dem Französischen (extase) abgeleitete Schreibung im »Almanach«-Druck durch die deutsche Schreibung, die der Druck der »Aktion« bietet, ersetzt worden. S. 283:* Erkenntniskrise] Erkenntniskreise

Erläuterungen:
276 René Schickele] *Am 4. August 1883 zu Oberehnheim im Elsaß geboren. Gründete 1901/1902 u. a. mit Otto Flake und Stadler eine Gemeinschaft für eine zeitgemäße Erneuerung der Kunst und der Literatur im Elsaß, das »Jüngste Elsaß«, und gab die Zeitschrift dieser Gruppe heraus: »Der Stürmer«. Von Juli bis Dezember 1904 leitete er das »Neue Magazin für Literatur, Kunst und soziales Leben« und setzte 1909/10 seine journalistische Tätigkeit als Pariser Korrespondent der »Straßburger Neuen Zeitung« fort, deren Chefredaktion er vorübergehend 1911/12 innehatte. Ab 1915 war Schickele Herausgeber und Redakteur der literarischen Monatsschrift »Die Weißen Blätter«, die von 1916 bis 1918 in der Schweiz erschienen. Von der Schweiz aus, wohin er 1915 emigriert war, führte Schickele gemeinsam mit Henri Barbusse, George Duhamel und Stefan Zweig den Kampf für die Verständigung der sich bekriegenden Völker. 1922 ließ sich Schickele in Badenweiler nieder, wo er bis 1932 lebte. In diesem Jahr ging er, die Machtergreifung der Nationalsozialisten voraussehend, als Emigrant nach Südfrankreich, wo er in Vence am 31. Januar 1940 gestorben ist. In der Emigrationszeit entstanden zwei Romane aus der Provence (»Die Witwe Bosca« – »Die Flaschenpost«) und das französisch geschriebene letzte Buch »Le retour«. Schickele ist heute weniger durch die von Stadler behandelten Frühwerke als durch die Romantrilogie »Ein Erbe am Rhein« und sein 1915 veröffentlichtes elsässisches Schicksalsstück »Hans im Schnakenloch« als Dichter bekannt. (Zur Biographie bis 1922 vgl. Meyer, S. 233–236.)*
Da Schickele und Stadler seit 1902 eng befreundet waren und sich in ihrer literarischen Entwicklung wechselseitig stark beeinflußt haben, ist Stadlers Essay stellenweise auch für das Verständnis seiner eigenen Dichtung aufschlußreich.

276 »Sommernächte«] »*Sommernächte. Gedichte von René Schickele (Paul Savreux). Mit einer Deckzeichnung von G. Ritleng.*« *Straßburg 1902 (ausgedruckt Herbst 1901).*
276 in Zeitschriften ... begegnet.] »*Erwinia*«, »*Deutsche Heimat*«, »*Südwestdeutsche Rundschau*«, »*Die Gesellschaft*«, »*Literarische Warte*«, »*Stimmen der Gegenwart*«, »*Der Elsässer*«. *Vgl. Meyer, S. 30–32, 233.*
277 des »Fremden«] »*Der Fremde*«. *Berlin 1909. (2. Aufl. Berlin 1913.) Zur Druckgeschichte vgl. Meyer, S. 75–80.*
277 Vorrede zum »Pan«] *René Schickele,* »*Pan. Sonnenopfer der Jugend.*« *Straßburg 1902. S. 8. (Zitat abweichend.)*
278 »... meine Kehle ... Traum.«] »*Sommernächte*«, *S. 7.*
278 »Im Anfang ... Kleinen.«] *Vorrede zum* »*Pan*«, *S. 9.*
279 »Alles ... Leben!«] »*Pan*«, *S. 56.*
279 »denen um den Stürmer«] *Die Widmung lautet:* Denen um den ›Stürmer‹: Meinen lieben Freunden und Kameraden O. H. Dressler, Otto Flake, Hanns Holzschuher, Bernd Isemann, Johannes Leonhardus, Alfred Lickteig, René Prévôt, Ernst Stadler, Hermann Wendel – den anderen, und aller Jugend im Leben! – *Die von Schickele herausgegebene Zeitschrift* »*Der Stürmer. Halbmonatsschrift für künstlerische Renaissance im Elsaß*« *erschien in Straßburg von Juli bis November 1902 (insgesamt 9 Hefte).*
279 pietätvollen Hütern des Stöberschen Erbes] *Anspielung auf eine literarische Strömung im Elsaß, die an die von der schwäbischen Romantik beeinflußten Dichtungen August Stöbers (1808–1884) und Adolf Stöbers (1810–1892) anknüpfte und sich besonders der Pflege der Heimatkunst widmete.*
279 »Erwinia«] *1893 gegründetes Vereinsblatt des* »*Alsabundes*«, *einer* »*Vereinigung reichsländischer Dichter und Literaturfreunde*«. *(Vom 13. Jahrgang an führte die Zeitschrift den Titel* »*Das literarische Elsaß*«, *ab 1913 hieß sie* »*Neue Erwinia*«.) *Karl Gruber nennt die* »*Erwinia*« *der Zeit 1893–1902 eine* kleine Hochburg des deutschnationalen Gedankens. *(*»*Zeitgenössische Dichtung des Elsasses*«. *Straßburg 1905. S. XLVI.) Vgl. Erläuterungen zu Stadlers Rezension des* »*Elsässischen Gartens*«, *S. 395.*
280 Begriff des »geistigen Elsässertums«] *Zum Begriffsinhalt vgl. Schickeles Aufsatz* »*Die rot-weiße Zukunft*« *im* »*Stürmer*« *(Nr. 6, S. 91) und seinen Artikel* »*Jungelsässisches Programm*« *im* »*Neuen Magazin*« *(Jg. 73, 1904, H. 22, S. 691).*
280 »Bewußtsein einer Tradition ... in den neuen Boden schlugen.«] *Zitat aus Schickeles Aufsatz* »*Die rot-weiße Zukunft*« *im* »*Stürmer*« *(Nr. 6, S. 91).*
280 »Ritt ins Leben«] »*Der Ritt ins Leben*«. *Berlin o. J. (1906). Unter diesem Titel vereinigte Schickele bis dahin veröffentlichte Gedichte. Die Verse der* »*Sommernächte*« *und des* »*Pan*« *erschienen hier unter den Titeln* »*Der Traum*« *und* »*Der Rausch*«.
280 »Merker«] »*Der Merker*« *ist der Titel der Zeitschrift, mit welcher der Mitarbeiterkreis des* »*Stürmer*« *im Frühjahr 1903 erneut an die Öffentlichkeit trat.*

Apparat: Kritische Schriften

Vom »Merker« erschienen insgesamt 3 Nummern: am 15. April 1903 Nummer 1 und 2 als Doppelheft, herausgegeben von Otto Flake und René Schickele, am 1. Mai 1903 Nummer 3. Dieses Heft wurde wegen Majestätsbeleidigung beschlagnahmt.

281 nach München, Paris, Berlin] *Vgl. Otto Flake, »Es wird Abend. Bericht aus einem langen Leben«. Gütersloh 1960, S. 106–107, 114, 116–118, 155. Vgl. außerdem Meyer, S. 233.*

281 »Magazin für Literatur«] *Schickele übernahm von Juli bis Dezember 1904 von Jakob Hegner die Redaktion des »Magazins«, das den Titel änderte in: »Das neue Magazin für Literatur, Kunst und soziales Leben«.*

281 »Mon Repos«] *René Schickele, »Mon Repos«. Berlin und Leipzig o.J. (1905).*

281 »Träumt ... Repos.«] *»Sehnsucht.« In: »Mon Repos«, S. 16. In der Ausgabe »Ritt ins Leben« bilden diese Verse das Motto der 3. Sammlung (= »Dritten Station«), das die Überschrift trägt: »Die Einkehr und das Ende«.*

281 »Ich ... bis erben.«] *»In Extremis.« In: »Mon Repos«, S. 10.*

282 Jules Laforgue ... génie.«] *Zu Jules Laforgue vgl. Stadlers Aufsatz »Die neue französische Lyrik« (S. 425–430) und Erläuterungen dazu. Der zitierte Vers stammt aus Laforgues Gedicht »Éclair de Gouffre« in der Gedichtsammlung »Le Sanglot de la Terre« (erstmals erschienen 1900). Zu Schickeles Beschäftigung mit Laforgue vgl. Meyer, S. 66.*

282 »Präludien zum Aufschwung«] *Titel der drei Schlußgedichte von Schickeles Lyriksammlung »Mon Repos«.*

282 ... Wirf! ... sie!] *»Gegen Morgen«. In: »Mon Repos«, S. 21.*

283 Przybyszewski] *Stanislaus Przybyszewski (1868–1927), Verfasser von Romanen, Dramen und Lyriksammlungen, der als »deutscher Sataniker« Mitte der neunziger Jahre eine kurze Berühmtheit erlangte. Vgl. »Das neue Magazin« Jg. 73 (1904), Heft 24.*

283 »Neuen Magazin«] *Vgl. oben Erläuterung zu »Magazin für Literatur«.*

283 für Heinrich Mann, für Wedekind, für Strindberg] *Vgl. »Das neue Magazin« Jg. 73 (1904); zu H. Mann: Heft 8, 14, 22, 26; zu Wedekind: Heft 1; zu Strindberg: Heft 1, 4, 16 (Strindberg-Heft), 20, 24.*

283 Er vertieft sich in die Psyche des Ignatius von Loyola] *Schickele gab 1907 in Berlin die Übersetzung der »Exercitia spiritualia« von Bernhard Köhler mit einer eignen Einleitung unter dem Titel »Die Geistlichen Übungen des Ignatius von Loyola« (2. Aufl.) heraus.*

283 als einen »vorbildlichen Zureiter seines Temperamentes ... herbeiführen werden.«] *Zitat aus der Einleitung Schickeles zu der Loyola-Übersetzung Köhlers, S. XXXI.*

283 »Anarchie des Gefühls«] *René Schickele, »Im neuen Zeichen« (»Das Magazin für Litteratur«, Jg. 73, 1904, Nr. 4, Februar, S. 136). Die Formulierung* Anarchismus der Gefühle *findet sich in Schickeles Roman »Der Fremde« (1909), S. 185.*

284 die Schönheit ..., die in den Versen Baudelaires als die große Sphinx im Azur thront] *Bezugnahme auf das Gedicht »La beauté« aus »Les fleurs du mal«, in dem die Schönheit von sich sagt:* Je trône dans l'azur comme un sphinx incompris; *(...)*
284 Sie war die Maske ... Göttin.«] *»Der Fremde« (1909), S. 206.*
284 »Abgebrannte des Lebens«] *Zitat aus Jean Pauls »Titan«. Sämtliche Werke. Hist.-Krit. Ausgabe. Hg. v. d. Preußischen Akademie der Wissenschaften. Abt. 1, Bd. 8. Weimar 1933. S. 312.*
284 der Mensch mit dem »unwahren Herzen, dessen Gefühl mehr lyrisches Gedicht als wahres dichtes Wesen ist«]. *Zitat aus Jean Pauls »Titan«. Sämtliche Werke. Hist.-Krit. Ausgabe. Hg. v. d. Preußischen Akademie der Wissenschaften. Abt. 1, Bd. 8. Weimar 1933. S. 314.*
284 dem die heiligsten Empfindungen »eine neue Schwelgerei, ein Stärkungsmittel, ein Tonikum« sind] *Zitat aus Jean Pauls »Titan«. Sämtliche Werke. Hist.-Krit. Ausgabe. Hg. v. d. Preußischen Akademie der Wissenschaften. Abt. 1, Bd. 8. Weimar 1933. S. 313.*
284–285 »Nichts schwächte ... hingegeben.«] *»Der Fremde« (1909), S. 186–187. (Statt des Wortes* unwiderstehlich *steht im Druck von 1909:* unwiderruflich.*)*
285 »Wir lieben keinen Menschen ... ergreifender werden.«] *»Der Fremde« (1909), S. 222.*
285 »Du mußt ... in Lust.«] *»Der Fremde« (1909), S. 273.*
286 Drama »Europa«] *Von dieser Komödie wurde nur der 1. Aufzug gedruckt. Vgl. Meyer, S. 88–89.*
288 De Profundis] *Mit einer autobiographischen Schrift, die unter diesem Titel bekannt wurde, vollzog Oscar Wilde (1856–1900) seine Abkehr vom Ästhetizismus. Den Text schrieb Wilde, der wegen Homosexualität unter Anklage gestellt worden war, im Zuchthaus. Die erste deutsche Fassung der Schrift erschien (eher als die englische) 1905 (Oscar Wilde, »De Profundis«. Hg. von M. Meyerfeld. Berlin 1905).*
288 »Die Konzerte in Montrouge«] *Der Text erschien innerhalb kurzer Zeit mehrmals: »Literarische Rundschau der Straßburger Neuen Zeitung« vom 12. 6. 1910, Nr. 24 – »Hyperion. Eine Zweimonatsschrift«, hg. von F. Blei, 3. Folge (1910), H. 11/12, S. 141–149. – »Hyperion-Almanach auf das Jahr 1911«, S. 131–149. – »Die Aktion«, Jg. 2 (1912), Nr. 14 (1.4), Sp. 434–437.*
288–289 »Noch einmal ... Paris«.«] *»Die Konzerte in Montrouge«, 3. Abschnitt.*
289–290 »Der 14. Juli 1789 ... für sie.«] *»Der 14. Juli«. In: Straßburger Neue Zeitung vom 15. 7. 1911, Nr. 194. Das Zitat ist aus drei verschiedenen Absätzen der Quelle montiert worden.*
291 »Meine Freundin Lo«] *»Meine Freundin Lo. Eine Geschichte aus Paris«. Berlin 1911. Vgl. Stadlers Rezension dieses Buches in der Zeitschrift »Die*

Apparat: Kritische Schriften

Aktion«, Jg. 2 (1912), Nr. 21 (22. Mai), Sp. 661–663, sowie in der »Literarischen Rundschau. Beilage der Straßburger Neuen Zeitung« vom 28. 5. 1912, Nr. 146.
291 »Du bist ... gekommen sind.«] »Meine Freundin Lo«, S. 143.
291 »Weiß und Rot«] Vgl. Stadlers Rezension dieser Gedichtsammlung S. 307–315.
292 »Zum ersten Mal ... Kirchenväter schreiben.«] Gedicht Nr. 8 der Gruppe »Lobsprüche«. In: »Weiß und Rot«, S. 13.
292 Vorortballade] »Vorortballade«. In: »Weiß und Rot«, S. 58–59.
293 wiedererstandene Ninon] Gemeint ist Ninon de Lenclos (1616–1706).

294–306: Fritz Lienhard

Überlieferung:
Almanach pour les étudiants et pour la jeunesse d'Alsace-Lorraine. Jg. 3, Straßburg 1914, S. 92–99.
Emendation: S. 305 flüchtet] flüchten   S. 304 – Denn ... dir« *ist kursiv gedruckt.*
Erläuterungen:
Friedrich Lienhard wurde am 4. Oktober 1865 als Sohn eines Volksschullehrers in Rothbach im Elsaß geboren. Er studierte Philosophie und Theologie in Berlin und Straßburg mit dem Ziel, Pfarrer zu werden, brach sein Studium jedoch ab und ging zunächst als Hauslehrer für zwei Jahre nach Berlin. Dort arbeitete er seit 1893 als Journalist und Schriftsteller. Von 1903–1914 lebte er zurückgezogen seiner immer ausgedehnteren literarischen Tätigkeit, teils im Thüringer Wald, teils in der elsässischen Heimat. Seit 1917 war Lienhard dauernd in Weimar ansässig, von wo ihn jedoch Feindschaften in den letzten Jahren seines Lebens nach Eisenach vertrieben. Er begründete 1900 zur Pflege der Heimatkunst die Zeitschrift »Heimat« und leitete von 1920 bis zu seinem Tode am 30. April 1929 den »Türmer«, eine Monatsschrift »für Gemüt und Geist«. Lienhard wurde von den Universitäten Straßburg und Münster durch die Verleihung der Ehrendoktorwürde ausgezeichnet, von der Stadt Weimar zum Ehrenbürger ernannt.
Der Name Lienhards ist eng verknüpft mit der als Gegenschlag zum Naturalismus entstehenden Bewegung der Heimatkunst. Für diese Bewegung hat er neben Adolf Bartels (1862–1945), Heinrich Sohnrey (1859–1948) und dem Kunstwart-Herausgeber Ferdinand Avenarius (1856–1923) durch seine programmatischen Schriften entscheidend gewirkt. Während er mit dieser Seite seines Schaffens fördernden Anteil an der Entwicklung der deutschen Literatur hatte, sind seine eignen Dichtungen typisch für das Epigonentum der zweiten Jahrhunderthälfte, das den Anschluß an klassische und romantische Kunst suchte. Aus diesem Grunde und nicht zuletzt weil sich Lienhards Einfluß auf die junge elsässische Literatur besonders hemmend auswirkte, wurde dieser Autor Ziel der Angriffe Stadlers.

Das Verhältnis Stadlers zur Dichtung Lienhards war freilich nicht von vornherein ablehnend, wie aus dem Brief an Christian Schmitt vom 29. Mai 1902 hervorgeht (Brief 1). In einem Elsaßheft der Münchener »Gesellschaft« von 1902 (Jg. 18, Bd. 1, H. 10, S. 256–261) begrüßte der Neunzehnjährige die erste Gesamtausgabe der Gedichte Lienhards (Stuttgart 1902) noch mit Worten der höchsten Anerkennung, und seine eignen Dichtungen dieser Zeit zeigen Spuren von Lienhards Einfluß. 1911 aber veröffentlichte er in der Zeitschrift »Das Neue Elsaß« (Jg. 1, Nr. 5, 27. Januar, S. 73–76) eine Besprechung von Lienhards Roman »Oberlin«, die erkennen läßt, daß er sich nicht nur vollkommen von Lienhard abgewandt hatte, sondern in ihm geradezu die Verkörperung literarischer und auch ethisch-politischer Rückständigkeit erblickte. Mit der ästhetischen Kritik an der Kunst Lienhards verbindet sich bei Stadler die Ablehnung der Haltung, die Lienhard in der »Elsässischen Frage« zeigte. – Der Aufsatz wurde bereits unter den Zeitgenossen als Dokument für den tiefgreifenden Wandel beachtet, der sich in Stadlers Einstellung zu Lienhard vollzogen hatte (vgl. P. Caspers Rezension des »Almanach pour les étudiants et pour la jeunesse d'Alsace-Lorraine« von 1914. In: Cahiers Alsaciens, Jg. 3, 1914, Nr. 16 (Juli), S. 268).

294 »Wasgaufahrten«] *»Wasgaufahrten. Ein Zeitbuch«. Berlin 1895.*

294 »Naphtali«] *»Naphtali. Drama in fünf Aufzügen«. Norden 1888.*

294 »Weltrevolution«] *»Weltrevolution. Soziale Tragödie«. Dresden und Leipzig 1889.*

294 »Die weiße Frau«] *Dresden und Leipzig 1889.*

296 »Weimar« und »Wartburg«] *Lienhard schreibt 1905 in der Einleitung der »Wege nach Weimar« (S. 2):* Das Wort ›Weimar‹ erhält erst – wie die Worte ›Wartburg‹, ›Concord‹, ›Hellas‹ – Leben und Sinn, wenn es in jedem von uns ähnliche Kräfte erzeugt, wie sie dort lebendig gewesen. Und so bedeutet uns denn dies magische Wort nur das Verständigungszeichen für einen feiner-menschlichen Zustand.

297 esoterischer Hohepriester] *Vielleicht Anspielung auf Stefan George.*

297 Polemik mit dem Kunstwartherausgeber Avenarius] *Paul Bülow gibt in seinem panegyrischen Buch »Friedrich Lienhard. Der Mensch und das Werk« (Leipzig 1923) auf S. 241f. folgende Einzelheiten zu dieser Polemik:* Lienhard hatte als Journalist einmal den »Kunstwart« angegriffen. Es handelte sich um des letzteren rückhaltlose Empfehlung des »Simplizissimus«, der sich in seinen Anfängen durch oft recht unreinliche Beiträge und Inserate unangenehm auszeichnete. Avenarius war äußerst verstimmt und wollte antworten; Bartels suchte zu vermitteln – scheinbar mit Erfolg. Denn im ersten Augustheft 1903 brachte Avenarius den ersten Teil der Tragödie »Ahasver« *(von Lienhard),* aber gleich in den nächsten beiden Heften erschien Leopold Webers in schärfster Polemik gehaltener Aufsatz »Wollen und Können«, der dem elsässischen Dichter jedwede Begabung absprach *(...)* Weil sich der »Kunstwart« bis dahin seinem

Schaffen gegenüber durchaus freundlich gezeigt hatte, mußte Lienhard an eine Art Racheakt glauben und nahm die Fehde auf. Sie wurde vom Kunstwart im großen Stile geführt. Lienhard antwortete wesentlich im »Türmer«, in der »Deutschen Welt« und in der »Täglichen Rundschau«. *Die im Zusammenhang dieser Polemik erschienenen Aufsätze der Kunstwart-Partei sind aufgeführt in der Lienhard-Bibliographie von Wilhelm Frels in der Zeitschrift »Die Schöne Literatur«, Jg. 26 (1925), Nr. 10 (Oktober), S. 437–442.*

298 »Liedern eines Elsässers«] *Berlin 1895.*

298 »Lichtland«] *»Lichtland. Neue Gedichte«. Stuttgart 1912.*

298–299 Was jüngere Elsässer über das Ideal eines »geistigen Elsässertums« geschrieben haben] *Mit den jüngeren Elsässern sind vor allem Schikkele und Flake gemeint. Zu Schickeles diesbezüglichen Äußerungen vgl. Erläuterung zu S. 280 Begriff des »geistigen Elsässertums«. Flake hat seine Auffassung in mehreren Arbeiten zur elsässischen Frage dargelegt, z. B. in dem Aufsatz »Elsässertum« (Revue alsacienne illustrée, Bd. 12, 1910, S. 145–156).*

299 seine Stellungnahme gegen das elsässische Dialekttheater ... Carl Storck, der gegen die partikularistischen Strebungen nach der Polizeigewalt schrie] *Vgl. Karl Storck, »Jung-Elsass«. In: Das litterarische Echo, Jg. 2, 1899/1900, H. 13 (1. April 1900), Sp. 889–897; H. 14 (15. April 1900), Sp. 961–968. Außerdem: Ders., »Jung-Elsass in der Litteratur«. Leipzig und Berlin 1901 (Flugschriften der Heimat. 7/8). Näheres über die Auseinandersetzung um das elsässische Dialekttheater bei Vincent Forster, »Das elsässische Kultur-Problem im Deutschen Schrifttum des Elsasses von 1900–1918«. Diss. phil. München 1951. S. 49–51.*

299 »Gottfried von Straßburg«] *»Gottfried von Straßburg. Schauspiel in 5 Aufzügen«. Straßburg 1897.*

299 »Odilia«] *»Odilia. Legende in drei Aufzügen«. Straßburg 1898.*

300 »Nordlandsliedern«] *»Nordlandslieder«. Straßburg 1899.*

300 »König Arthur«] *»König Arthur. Trauerspiel in einem Vorspiel und fünf Aufzügen«. Leipzig und Berlin 1900.*

300 Zeitschrift »Heimat«] *Lienhard gründete mit seinem Verleger Georg Heinrich Meyer am 1. Januar 1900 die Zeitschrift »Heimat«, deren Leitung er jedoch im September des gleichen Jahres wieder abgab.*

300 »Die Vorherrschaft Berlins«] *»Die Vorherrschaft Berlins. Litterarische Anregungen«. Leipzig und Berlin 1900 (Flugschriften der Heimat. Heft 4).*

300 »Der Fremde«] *»Der Fremde. Schelmenspiel in einem Aufzug«. Leipzig und Berlin 1900.*

300 »Helden«] *»Helden. Bilder und Gestalten«. Leipzig und Berlin 1900.*

300 »Die Schildbürger«] *»Die Schildbürger. Ein Scherzlied vom Mai«. Leipzig und Berlin 1900.*

300 »Münchhausen«] *»Münchhausen. Ein Lustspiel in drei Aufzügen«. Leipzig und Berlin 1900.*

301 »Neue Ideale«] *»Neue Ideale. Gesammelte Aufsätze.« Leipzig und Berlin 1901. Die 2., erweiterte Auflage erschien 1912.*

301 dickleibige Serie der »Wege nach Weimar«] *»Wege nach Weimar. Gesammelte Monatsblätter«. Bd. 1–6. 1906–1908. (Das Werk war ab Oktober 1905 in monatlichen Heften erschienen.)*

301 »Thüringer Tagebuch«] *3. Aufl. Stuttgart 1904.*

302 Zeitalter Goethes ... Goethes Tode rechnet.] *Vgl. »Was ist deutscher Idealismus?« (1910). In: F. Lienhard, »Gesammelte Werke«. Reihe 3, Bd. 1. Stuttgart 1926. S. 9.*

302 »mehr vom Geist ... nimmt.«] *Quelle der Zitate nicht ermittelt.*

302 Als Repräsentanten ... nachschimmert«.] *»Unser Zeitalter« (1911/12). In: F. Lienhard, »Gesammelte Werke«. Reihe 3, Bd. 1. Stuttgart 1926. S. 28–29.*

302 Scribe] *Eugène Scribe (1791–1861), franz. Theaterdichter.*

302 Sardou] *Victorien Sardou (1831–1908), franz. Theaterdichter.*

302 die Goncourts] *Die Brüder Edmond (1822–1896) und Jules de Goncourt (1830–1870).*

302 Der »bedeutende« Hebbel ... getadelt.] *»Unser Zeitalter«, a.a.O., S. 29, 41.*

302 Dehmel und Wedekind ... Prototypen der Entartung.] *Vgl. »Unser Zeitalter«, a.a.O., S. 31, 42.*

303 die »Wartburgtrilogie«] *»Wartburg. Dramatische Dichtung in drei Teilen«: »Heinrich von Ofterdingen. Drama in fünf Aufzügen«. Stuttgart 1903. – »Die heilige Elisabeth. Trauerspiel in fünf Aufzügen«. Stuttgart 1904. – »Luther auf der Wartburg. Schauspiel in fünf Aufzügen.« Stuttgart 1906.*

303 der »Wieland«] *»Wieland der Schmied. Dramatische Dichtung. Mit einer Einleitung über Bergtheater und Wielandsage«. Stuttgart 1905.*

303 der »Odysseus«] *»Odysseus. Dramatische Dichtung in drei Aufzügen«. Stuttgart 1911.*

303 im Cyklus »Hafis«] *»Lichtland«, S. 27–33.*

303 Wolff] *Julius Wolff (1834–1910), Verfasser von Versepen und Romanen, die für die romantisierende und klassizistische Bildungsdichtung in der zweiten Hälfte des 19. Jahrhunderts typisch sind.*

303–304 »Wie schön, ... zu kosen!«] *2. Gedicht des Zyklus »Hafis«, »Rosenhain«.*

304 in den »Waldbildern«] *Dritter Zyklus in »Lichtland« (S. 37–50).*

304 in jenem Gedicht ... »Mit Gott voran!«] *Gedicht »Freiheitskrieger« im Zyklus »Elsaß« (»Lichtland«, S. 83).*

304 »Du bist es ... kosenden Minne!«] *»Der Sohn« im Zyklus »Einsamkeit« (»Lichtland«, S. 72–73; zitierte Stellen: S. 72).*

304 »Oberlin«] *»Oberlin. Roman aus der Revolutionszeit im Elsaß«. Stuttgart 1910.*

304 »Der Spielmann«] *»Der Spielmann. Roman aus der Gegenwart«. 4. Aufl. Stuttgart o.J. (1913).*

Apparat: Kritische Schriften

304–305 was ich schon in einer früheren Anzeige des Romans beschrieb] *Stadler zitiert hier einen Passus aus seiner Rezension des Romans »Oberlin« in der Zeitschrift »Das Neue Elsaß«, Jg. 1 (1911), Nr. 5 (27. Januar), S. 75.*

307–315: *René Schickele: Weiß und Rot. Gedichte. Berlin 1910.*

Überlieferung:
Das Neue Elsaß. Eine Wochenschrift. Jg. 1 (1911), Nr. 1 (1. Januar), S. 13–16. Die Rezension erschien hier unter dem Titel Weiß und Rot.

Erläuterungen:

307 Schickeles letztem Lyrikband] *Zu Réne Schickele vgl. Erläuterung zu Stadlers Aufsatz »René Schickele«. – Mit dem letzten Lyrikband ist gemeint: »Mon Repos«. Berlin und Leipzig o.J. (1905).*

307 der alte Ibsen] *Vgl. Stadlers Aufsatz »Henrik Ibsen«, S. 403–415.*

307 des Toren ... Hofmannsthal] *Gemeint ist die Figur des Claudio in Hugo von Hofmannsthals Drama »Der Tor und der Tod« (erschienen erstmals 1893).*

308 »Sommernächte«] *»Sommernächte. Gedichte von René Schickele (Paul Savreux). Mit einer Deckzeichnung von G. Ritleng«. Straßburg 1902 (ausgedruckt Herbst 1901).*

308 »Pan«] *»Pan. Sonnenopfer der Jugend«. Straßburg 1902.*

309–310 Unselig ... mich.] *»In Extremis«. In: »Mon Repos«, S. 10.*

310 Träumt ... Repos.] *»Sehnsucht«. In: »Mon Repos«, S. 16. Vgl. den Aufsatz »René Schickele«, S. 281 und Erläuterung hierzu.*

310 Hülle ... baut!] *»Einkehr«. In: »Mon Repos«, S. 13.*

311 .. manchmal ... sind.] *»Weil ihr Kind krank war«, zweites Gedicht aus der Gruppe »Gedichte«. In: »Weiß und Rot«, S. 84. Das Zitat weicht – durch einen Fehler Stadlers oder des Druckes – vom Original ab; der betreffende Vers heißt dort: die Güte in der Welt verbreiten sollte.*

312 Daß ... schreiben.] *Gedicht Nr. 8 der Gruppe »Lobsprüche«. In: »Weiß und Rot«, S. 13.*

312 Ich träumte ... Gestirn.«] *Gedicht Nr. 3 »Der Traum« des Zyklus »Das doppelte Gesicht. Ein Seelenbild« in der Gruppe »Gedichte«. In: »Weiß und Rot«, S. 103.*

312 in dem ersten Gedicht] *Das erste Gedicht, überschrieben mit dem Buchstaben »L.«, der ersten Gruppe »Die Heiligen um ihre Gestalt«. In: »Weiß und Rot«, S. 5.*

312 »Lobsprüchen«] *»Weiß und Rot«, S. 6–19.*

313 »Gute Nacht«] *Gedicht Nr. 7 »(Nichts geht von ihr verloren.)« der »Lobsprüche«. In: »Weiß und Rot«, S. 12.*

313 die Madonna ... beten.] *»Eine ihrer Legenden«. Gedicht der Gruppe »Die Heiligen um ihre Gestalt«. In: »Weiß und Rot«, S. 23–25.*

313 Sie ist es ... bringt.] *»Eine andre«. Gedicht der Gruppe »Die Heiligen um ihre Gestalt«. In: »Weiß und Rot«, S. 27.*

313 Theresa di Jesu ... Catharina von Siena] »*Die heilige Theresa di Jesu spricht:*« *und* »*Die heilige Catharina von Siena spricht:*«. *Zwei aufeinanderfolgende Gedichte der Gruppe* »*Die Heiligen um ihre Gestalt*«. *In:* »*Weiß und Rot*«, *S. 32–33.*

313 Geliebte der Blinden ... Odilia] »*Geliebte der Blinden*« *und* »*Die himmlische Hochzeit*«. *Zwei aufeinanderfolgende Gedichte der Gruppe* »*Die Heiligen um ihre Gestalt*«. *In:* »*Weiß und Rot*«, *S. 34–35.*

313 Überall ... Hände.] »*Zu Straßburg auf dem Wall*«. *Gedicht der Gruppe* »*Die Heiligen um ihre Gestalt*«. *In:* »*Weiß und Rot*«, *S. 26. Auch Motto zu dem Gedicht* »*Aus deinem Leben*« *(a.a.O., S. 20).*

313–314 orientalische Legende ... Du dachtest: Weib ...] »*Maria*«. *Gedicht der Gruppe* »*Die Heiligen um ihre Gestalt*«. *In:* »*Weiß und Rot*«, *S. 38–41. (Zitat S. 40–41.)*

314 »Berlin«] *Auf die Gruppe* »*Die Heiligen um ihre Gestalt*« *folgende Gedichtgruppe. In:* »*Weiß und Rot*«, *S. 47–59.*

314 »Vorstadtballade«] »*Vorortballade*«. *Letztes Gedicht der Gruppe* »*Berlin*«. *In:* »*Weiß und Rot*«, *S. 58–59.*

314 »Weißen Nächte«] *Auf* »*Berlin*« *folgende Gedichtgruppe. Der vollständige Titel lautet:* »*Weiße Nächte./1907 Florenz*«. *In:* »*Weiß und Rot*«, *S. 61–75.*

314 »Zuletzt«] *Letztes Gedicht der Gruppe* »*Weiße Nächte*«. *In:* »*Weiß und Rot*«, *S. 75.*

314 in den Gedichten] *Gruppe* »*Gedichte*«. *In:* »*Weiß und Rot*«, *S. 77–130.*

315 Berliner Tagebuchblatt] »*Schmerzensnacht*«. *Gedicht der Gruppe* »*Gedichte*«. *In:* »*Weiß und Rot*«, *S. 89–96.*

315 Sie schlief ... liebe dich.] »*Schmerzensnacht*«. *In:* »*Weiß und Rot*«, *S. 95.*

315 des »Elsässischen Sommers«] »*Ein elsässischer Sommer*« *lautet der Titel der letzten Gruppe von Gedichten (S. 131–148).*

315 »zart ... Toskana sind«] »*Widmung*«. *Gedicht der Gruppe* »*Ein elsässischer Sommer*«. *In:* »*Weiß und Rot*«, *S. 135.*

316–320: *Heinrich Heine: Sämtliche Werke. Unter Mitwirkung von J. Fränkel, L. Krähe, A. Leitzmann und J. Petersen hg. von O. Walzel. Bd. 1. Leipzig 1911. Bd. 7 und Bd. 9. Leipzig 1910.*

Überlieferung:
Literarische Rundschau der Straßburger Neuen Zeitung vom 7.5.1911, Nr. 19. Der Text hat den Titel Eine neue Heineausgabe.

Emendationen: S. 316: daß] das S. 317: nachgebend] nachgehend

Erläuterungen:

316 Heineedition des Inselverlags] *Die Ausgabe* »*Heines Werke in zehn Bänden*« *wurde 1915 abgeschlossen. (Im folgenden zitiert: Werke.)*

316 trotz der Elsterschen] »*Heinrich Heines Sämtliche Werke*«. *Hg. von E. Elster. Bd. 1–7. Leipzig und Wien o.J. (1887–1890).*

316 2 Bände Prosa] *Werke, Bd. 7 und 9.*
316 Pariser Briefen für die Augsburger Allgemeine] *»Lutezia. Berichte über Politik, Kunst und Volkslehre« (Werke, Bd. 9).*
316 Einleitungsessay] *»Einleitung von Oskar Walzel« (Werke, Bd. 1, S. V–LXIV).*
317 Henri Lichtenbergers »H. Heine Penseur«] *»Henri Heine. Penseur«. Paris 1905. Eine deutsche Übersetzung von F. von Oppeln-Bronikowski erschien noch im selben Jahr unter dem Titel »Heinrich Heine als Denker«.*
317 Dehmels schönes Gedicht ... seines Heinedenkmales] *Richard Dehmel, »Ein Heine-Denkmal. Standrede eines fürstlichen Träumers«, enthalten in der Sammlung »Aber die Liebe«, 2. Folge. In: R. Dehmel, »Gesammelte Werke«. Bd. 2. Berlin 1907. S. 175–181.*
317 aus seinem Treitschke] *Heinrich Gotthard von Treitschke (1834–1896), Historiograph des preußischen Staates, hat in seinem Hauptwerk »Deutsche Geschichte im 19. Jahrhundert« (5 Bde., 1879–1894) Heine als charakterlos und »undeutsch« abqualifiziert. Unter den deutschnationalen Heine-Gegnern hatte Treitschkes Wort großes Gewicht.*
317 »reizsam« Lamprechtscher Prägung] *Vgl. Walzel, Einleitung, a. a. O., S. IX, XVII, LXII. – Karl Lamprecht (1856–1915), Historiker, hat in seinem Werk »Deutsche Geschichte« den Begriff »Reizsamkeit« als Kennzeichen einer Periode der Kunst-Entwicklung im 19. Jahrhundert verwendet (»Deutsche Geschichte«. 1. Erg.-Bd.: »Zur jüngsten deutschen Vergangenheit«. Bd. 1. Berlin 1902).*
317 »Spiel von jedem Druck der Luft«] *Goethe, »Faust«, Vers 2724:* Sind wir ein Spiel von jedem Druck der Luft? *Dieser Vers steht als Motto zu Hofmannsthals Gedicht »Der Jüngling und die Spinne« im Druck der »Blätter für die Kunst« (4. Folge, Bd. 3, 1899, S. 74).*
318 Werther ... Leidenschaft«] *Zitat aus Goethes »Werther« bei Walzel, a. a. O. S. IX–X.*
318 Brentano] *Walzel, a. a. O., S. XI.*
318 Briefe des jungen Heine] *Zitate aus Briefen Heines bei Walzel, a. a. O., S. XII–XIII, XV.*
318 allmähliche Abkehr von Hegel ... Hegelianer] *Vgl. Walzel, a. a. O., S. XVI.*
319 Walzels Ausgabe ... Innehaltung des chronologischen Prinzipes] *Walzel, a. a. O., S. LXI.*
319 Legras] *Jules Legras, »Henri Heine. Poète«. Paris 1897.*
319 Lichtenberger ... hingewiesen] *H. Lichtenberger, a. a. O., S. 62–66, 134–135.*
320 Schrift über Börne] *»Ludwig Börne. Eine Denkschrift«, erschien 1840 erstmals unter dem Titel »Heinrich Heine über Ludwig Börne«.*
320 Saint Simonismus] *Walzel, a. a. O., S. XVI, XL–XLI. Zum Einfluß der Lehren des Grafen Claude-Henri de Saint-Simon (1760–1825) auf Heine*

vgl. H. Lichtenberger, a.a.O., S. 100–133: »Heine et le Saint-Simonisme«.

320 Matrazengruft] *Heine hat dieses Wort im Nachwort zum »Romanzero« (Hamburg 1851) bei der Beschreibung seines Krankenlagers verwendet.*

320 »Ich bin kein göttlicher Bipede ... ein unglücklicher Mensch.«] *Aus Heines Erklärung in der »Augsburger Allgemeinen Zeitung« vom April 1849, bei Walzel (a.a.O., S. LVI) zitiert.*

320 Mouche] *Heines von ihm so genannte letzte Liebe, Elise Krinitz.*

320 dieser letzten Verse ... kosen] »Für die Mouche« *(Es träumte mir von einer Sommernacht ...). Aus diesem Gedicht Heines, das vollständig Bd. 3 (1913), S. 430–435, der Walzelschen Ausgabe steht, sind in der Einleitung (Bd. 1, S. XXIX) die Strophen 23–27 wiedergegeben.*

321–325: *Friedrich Gundolf: Shakespeare und der deutsche Geist. Berlin 1911.*

Überlieferung:
Das literarische Echo. Jg. 14 (1911/12), H. 2 (15. 10. 1911), Sp. 88–90.

Ergänzungen: Anführungszeichen: S. 323 »Jahrbuchs für die geistige Bewegung« *S. 324* »Blätter für die Kunst«

Erläuterungen:
Friedrich Gundolf (1880–1931) war einer der profiliertesten Anhänger Stefan Georges, den er 1899 kennengelernt hatte. Aus seiner nahezu 25 Jahre währenden engen Freundschaft mit George gewann Gundolf Orientierungsmaßstäbe sowohl für sein dichterisches Schaffen als auch für seine literaturwissenschaftliche Arbeit, die von dem Bestreben geprägt war, den philologischen und psychologischen Positivismus in einer monumentalistischen, erzieherischen Geschichtsdeutung zu überwinden. Seine Heidelberger Habilitationsschrift »Shakespeare und der deutsche Geist« wollte Gundolf selbst als Zeugnis der Weltanschauung des George-Kreises verstanden wissen. Noch bevor diese Arbeit im Druck erschien, hatte Stadler von ihr Kenntnis erhalten (vgl. Brief 15) – wahrscheinlich durch Ernst Robert Curtius, der sie von Gundolf im Herbst 1910 als Manuskript zur Lektüre bekommen hatte. (Vgl. Friedrich Gundolf, »Briefwechsel mit Herbert Steiner und Ernst Robert Curtius. Eingel. und hg. von L. Helbing und C. V. Bock«. Amsterdam ²1963. S. 194.) Curtius war es vermutlich auch, der Gundolf auf Stadlers Habilitationsschrift »Wielands Shakespeare« (Straßburg 1910) aufmerksam machte. Gundolf schreibt am 14. 9. 1910 an Curtius: Das Stadler-Buch kommt mir sehr zustatten, ausnahmsweise eine Monographie die einem wirklich Arbeit abnimmt anstatt sie zu vermehren. *(Gundolf, Briefwechsel, a.a.O., S. 167.) Vgl. auch die lobenden Hinweise auf Stadlers Arbeit in »Shakespeare und der deutsche Geist«, Kapitel »Wieland«. Trotz der Wertschätzung, die Gundolf und Stadler füreinander bekundeten und trotz der ihnen gemeinsamen Bewunderung für George gelang es Curtius nicht, Stadler für die Gesinnung des George-Kreises zu gewinnen. Auch verhielt sich Stadler*

reserviert gegenüber dem von Gundolf und Wolters herausgegebenen »Jahrbuch für die geistige Bewegung« (vgl. *Brief von Curtius an Gundolf, a. a. O., S. 171*).
321 mehr geben als Sammlung ... durchaus Vorarbeit] *Vgl. Vorwort zu »Shakespeare und der deutsche Geist«.*
321 Sprachform der Schlegelschen Übersetzung] *»Shakespeare's dramatische Werke, übersetzt von August Wilhelm Schlegel«. Berlin 1797–1801. Es handelt sich um eine metrisch getreue Übertragung.*
321 Wieland dessen Übersetzung] *»Shakespear. Theatralische Werke«. 8 Bde. Zürich 1762–66.*
322 Hamletanalyse Friedrich Schlegels] *Enthalten in: Friedrich Schlegel »Über das Studium der Griechischen Poesie« (erstmals erschienen 1797).*
322 der Romeoaufsatz seines Bruders] *August Wilhelm Schlegel, »Über Shakespeare's Romeo und Julia«. In: »Die Horen«, Jg. 1797, St. 6.*
323 daß auch Methode Erlebnis bedeutet] *Vgl. Vorwort zu »Shakespeare und der deutsche Geist«:* Methode ist Erlebnis, und keine Geschichte hat Wert die nicht erlebt ist *(...).*
323 Georges »Jahrhundert deutscher Dichtung«] *Dieser Titel offenbar aus der Erinnerung falsch zitiert. Vgl. die folgende Erläuterung.*
323 die Goethe- und Jean-Paul-Bücher] *Gemeint sind die Bände »Deutsche Dichtung«, die von Stefan George und Karl Wolfskehl herausgegeben wurden: »Jean Paul, ein Stundenbuch für seine Verehrer.« Berlin 1900. – »Goethe.« Berlin 1901. – »Das Jahrhundert Goethes.« Berlin 1902. (In 2. Auflage erschienen die drei Bände 1910.)*
323 »Jahrbuchs für die geistige Bewegung«] *Von Friedrich Gundolf und Friedrich Wolters herausgegeben. Erschien 1910–1912 in drei Bänden, deren Beiträge insbesondere unter der akademischen Jugend neue Anhänger des George-Kreises gewinnen sollten. Unter den möglichen Interessenten für das Jahrbuch, die E. R. Curtius in einem Brief an Gundolf vom 22. 2. 1910 genannt hatte, befindet sich auch Stadler (a. a. O., S. 146). Vgl. oben erste Erläuterung.*
323 »Siebenten Ring«] *Gedichtband Georges, 1907 erschienen.*
323 die Dante- und Baudelaire-Übertragungen] *Von Georges Übertragung aus Dantes »Divina Commedia« waren ab 1901 bis 1911 erst Teile erschienen (vgl. Erläuterung zu Stadlers Vorlesung »Geschichte der deutschen Lyrik der neuesten Zeit«, S. 454). – Eine umfangreiche Übertragung Georges aus Baudelaires »Les fleurs du mal« erschien erstmals 1901: Stefan George, »Baudelaire. Die Blumen des Bösen. Umdichtungen«. Berlin 1901.*
323 die »Zeitgenössischen Dichter«] *»Zeitgenössische Dichter. Übertragen von Stefan George.« Berlin 1905. (Bd. 1: Rosetti, Swinburne, Dowson, Jacobsen, Kloos, Verwey, Verhaeren. – Bd. 2: Verlaine, Mallarmé, Rimbaud, de Régnier, D'Annunzio, Rolicz-Lieder.)*
323 Gundolfs ... Revision von Schlegels Shakespeare] *»Shakespeare in deutscher Sprache. Herausgegeben, zum Teil neu übersetzt von Friedrich Gundolf«. 10 Bde. Berlin 1908–1918.*

324 »Blätter für die Kunst«] *Zeitschrift des George-Kreises. Von Stefan George 1892 begründet. Erschien bis 1919.*
324 wenn er die Aufführung ... Wert hat«.] *»Shakespeare und der deutsche Geist«, am Anfang des Kapitels »Herder«:* Daß die Wielandische Übersetzung auch den ersten deutschen Shakespeare-Aufführungen zugrunde gelegt wurde, ist eine Begleiterscheinung ihrer Wirkung, die aber erst später eintrat und für die Entwicklung des deutschen Geistes keinen besondern Wert hat.
324 »umzuschaffen das Geschaffene«] *Aus Goethes Gedicht »Eins und Alles« (bei Gundolf zitiert im Kapitel »Wieland«, 1. Absatz).*
325 »in fernen Menschen Forschen«] *Aus Stefan Georges Gedicht »An Gundolf« im Gedichtband »Der siebente Ring«.*

325–326: *Julius Bab: Neue Wege zum Drama. Berlin 1911.*
Überlieferung:
Cahiers Alsaciens. Jg. 1 (1912), Nr. 2 (März), S. 93–94. Die Rezension von Babs Buch ist der erste Teil einer Sammelbesprechung, deren folgende Gegenstände Dramen von Friedrich Freksa, Hans Kyser und Otto Soyka sind.
Erläuterungen:
Julius Bab (1880–1955) wirkte als Dramaturg in Berlin und war Herausgeber der »Dramaturgischen Blätter der Volksbühne«. Er wurde bekannt durch zahlreiche Bücher über Gegenstände der Literatur und des Theaters. 1938 emigrierte Bab nach Frankreich und ließ sich 1940 in New York nieder.
325 Das moderne Weltgefühl ... um lyrische Befreiung ringt] *Vgl. Stadlers Vorlesung »Geschichte der deutschen Lyrik der neuesten Zeit«, S. 453–470.*
325 Hauptmann] *Dem dramatischen Werk von Gerhart Hauptmann (1862–1946) ist in Babs Buch das umfangreichste Kapitel gewidmet (S. 40–67).*
326 Neopathetiker] *Unter dieser Bezeichnung sind bei Bab (S. 99–106) folgende Autoren abgehandelt: Karl Gustav Vollmoeller, Richard Beer-Hofmann, Eduard Stucken.*
326 an Alfred Kerrs »Neuem Drama«] *Alfred Kerr (1867–1948) war von 1900 bis 1919 Theaterkritiker am »Tag« in Berlin, seit 1920 am »Berliner Tageblatt«. Sein Buch »Das neue Drama« erschien erstmals 1905. 1933 emigrierte Kerr nach Paris, 1935 nach London.*
326 von der epikuräischen Bequemlichkeit ... »psychischen Berichterstattung«] *»Neue Wege zum Drama«, S. 17.*
326 »Stufe der schlichten Talentlosigkeit«] *In einem Abschnitt dieses Titels behandelt Bab den Dramatiker Emanuel von Bodman.*
326 »Stufe des überzüchteten Dichtertums«] *Unter diesem Titel handelt Bab in einem Abschnitt Emil Ludwig ab.*

Apparat: Kritische Schriften

327–330: *Georg Heym: Der ewige Tag. Leipzig 1911. – Oskar Loerke: Wanderschaft. Berlin 1911. – Max Dauthendey: Die geflügelte Erde. Ein Lied der Liebe und der Wunder um sieben Meere. München 1910.*
Überlieferung:
Cahiers Alsaciens. Jg. 1 (1912), Nr. 3 (Mai), S. 144–147. Die Sammelbesprechung enthält auch eine – in dieser Ausgabe weggelassene – Rezension von Max Mells Gedichtbuch »Das bekränzte Jahr«.
Erläuterungen:
327 Heym] *Georg Heym, geb. 30. Oktober 1887, ertrank am 16. Januar 1912 zusammen mit seinem Freund Ernst Balcke beim Eislaufen auf der Havel. – Vgl.: Georg Heym, Dichtungen und Schriften. Gesamtausgabe. Hg. von K. L. Schneider. Hamburg und München 1960 ff.*
327 Verhaeren] *Zu Stadlers Beurteilung von Émile Verhaeren vgl. seine Aussagen in der Rezension von Julius Babs »Neue Wege zum Drama« (S. 325), in der Rezension von Franz Werfels Gedichtband »Wir sind«, in der Vorlesung »Geschichte der deutschen Lyrik der neuesten Zeit«, in dem Aufsatz über »Charles De Coster« sowie Erläuterungen hierzu S. 345; S. 424; S. 456, 462, 467).*
328 Rops und Kubin] *Félicien Rops (1833–1898), belgischer Maler, Zeichner und Radierer; bekannt vor allem durch seine an Goya erinnernden satirisch-zeitkritischen Zeichnungen für zahlreiche Zeitschriften. Alfred Kubin (1877–1959), österreichischer Zeichner und Graphiker. Die grotesk-dämonischen Zeichnungen Kubins waren Stadler schon seit 1904 durch einige Abdrucke in dem von René Schickele geleiteten »Neuen Magazin für Literatur« bekannt.*
328 geschniegelten Wiener Kulturlyrik] *Mit dieser Wendung dürften die Dichtungen Richard Beer-Hofmanns, Felix Dörmanns, Leopold Andrians, Richard Schaukals, aber auch die des jungen Hugo von Hofmannsthal gemeint sein.*
328 Loerkes] *Oskar Loerke (1884–1941). Der hier von Stadler besprochene Band ist die erste Lyrik-Veröffentlichung Loerkes.*
329 Max Dauthendey ... dessen Erstlinge in den »Blättern für die Kunst« erschienen.] *Von Max Dauthendey (1867–1918) waren vereinzelte Gedichte in den ersten Folgen der »Blätter für die Kunst«, der Zeitschrift des George-Kreises, erschienen, nämlich in: 1. Folge, Bd. 3, 1893; 2. Folge, Bd. 1, 1894 und 4. Folge, Bd. 4, 1899. Bis zum Zeitpunkt von Stadlers Rezension hatte Dauthendey eine Vielzahl von Büchern mit lyrischen, dramatischen und erzählerischen Texten veröffentlicht.*
330 »Lusamgärtlein«] *Frühlingslieder in Franken. Stuttgart 1909.*
330 »Weltspuk«] *Lieder der Vergänglichkeit. München 1910.*
330 »Die ewige Hochzeit«] *Stuttgart 1905 (Junckers Sammlung moderner deutscher Lyrik I).*

330–333: *Arthur Schnitzler: Masken und Wunder. Novellen. Berlin 1912. – Hermann Hesse: Umwege. Erzählungen. Berlin 1912.*
Überlieferung:
Cahiers Alsaciens. Jg. 1 (1912), Nr. 4 (Juli), S. 210–213. Hier folgt auf die Rezension der Bücher von Schnitzler und Hesse noch eine – in dieser Ausgabe weggelassene – Besprechung der Novellen von Hans Reisiger: »Stille Häuser«. Die Sammelbesprechung erschien auch in der Zeitschrift »Die Aktion«. Jg. 2 (1912), Nr. 27 (3. Juli), Sp. 844–848. Der Text weicht stilistisch an einigen Stellen von demjenigen in den »Cahiers Alsaciens« ab.
Erläuterungen:
330 Der fünfzigjährige Schnitzler] *Im Jahr des 50. Geburtstages von Arthur Schnitzler (1862–1931) legte der S. Fischer Verlag eine Zusammenfassung aus seinem Schaffen vor: Arthur Schnitzler, »Gesammelte Werke«. Darin erschienen die erzählenden Schriften in 3 Bänden, die Theaterstücke in 4 Bänden. Schnitzler verfaßte danach noch eine Vielzahl neuer Werke. (Band 2 der erzählenden Schriften enthält sämtliche in »Masken und Wunder« vereinigten Novellen.)*
330 »frühgereift und zart und traurig«] *Zitat aus Hugo von Hofmannsthals Prolog zu dem Buch »Anatol« (1892/93), dem Dramen-Zyklus von Schnitzler. Die zitierte Zeile steht in folgendem Zusammenhang:*

>Also spielen wir Theater,
>Spielen unsre eignen Stücke,
>Frühgereift und zart und traurig,
>Die Komödie unsrer Seele,
>Unsres Fühlens Heut und Gestern,
>Böser Dinge hübsche Formel,
>Glatte Worte, bunte Bilder,
>Halbes, heimliches Empfinden,
>Agonien, Episoden ...

331 Schnitzlers jüngstes Novellenbuch] *Die Sammlung »Masken und Wunder« enthält folgende, sämtlich bereits früher an anderer Stelle gedruckten Erzählungen: »Die Hirtenflöte«, »Der Tod des Junggesellen«, »Der Mörder«, »Der tote Gabriel«, »Das Tagebuch der Redegonda«, »Die dreifache Warnung«. (Vgl. R. H. Allen, »An annotated Arthur Schnitzler Bibliography«. Chapel Hill o. J. University of North Carolina Studies in the Germanic Languages and Literatures. 56. S. 29–33.)*
Die folgenden Zitatnachweise beziehen sich auf Schnitzlers »Gesammelte Werke« (Abt. 2, Bd. 2. Berlin 1912).
331 »Hirtenflöte«] *»Die Hirtenflöte«. In: »Gesammelte Werke«. Abt. 2, Bd. 2, S. 344–386.*
331–332 »Du ein Weiser ... Maske deiner Weisheit.«] *»Die Hirtenflöte«. In: »Gesammelte Werke«. Abt. 2, Bd. 2, S. 384/385.*

Apparat: Kritische Schriften

332 »In der Beschränkung ... mich verlieren.«] *»Die Hirtenflöte«. In: »Gesammelte Werke«. Abt. 2, Bd. 2, S. 384.*
332 »die Kraft ... alles Geschehen.«] *»Die dreifache Warnung«. In: »Gesammelte Werke«. Abt. 2, Bd. 2, S. 342–343.*
332–333 Hesses »Umwege«] *Das Buch enthält die Erzählungen »Ladidel«, »Die Heimkehr«, »Der Weltverbesserer«, »Emil Kolb«, »Pater Matthias«.*
333 die »geborenen Dilettanten« ... »Indem sie ... Willkür dahin.«] *Anfang der Erzählung »Emil Kolb«. In: »Umwege«, S. 213.*
333 das schweizerische Seldwyla] *Der fiktive Handlungsort von Gottfried Kellers »Die Leute von Seldwyla«.*

334–339: Der Kondor. Verse von Ernst Blass, Max Brod, Arthur Drey u. a. Hg. von Kurt Hiller. Heidelberg 1912. – Georg Heym: Umbra Vitae. Nachgelassene Gedichte. Leipzig 1912. – Lyrische Flugblätter. (Alfred Richard Meyer) Berlin–Wilmersdorf 1907–1912.

Überlieferung:
Cahiers Alsaciens. Jg. 1 (1912), Nr. 6 (November), S. 316–321.
Erläuterungen:
334 Hiller] *Kurt Hiller (1885–1972). Zur Biographie vgl. seine Erinnerungen: »Leben gegen die Zeit«. 2 Bde. Reinbek 1969–1973. Hiller hat durch seine programmatischen Schriften und durch die Gründung mehrerer literarischer Zirkel entscheidend an der expressionistischen Bewegung mitgewirkt. In dem von ihm 1909 an der Berliner Universität gegründeten »Neuen Club« trat erstmalig Georg Heym mit seinen Dichtungen an die Öffentlichkeit.*
334 Die Hillersche Vorrede] *»Der Kondor«, Vorrede, S. 6–7.*
334 Formkünstler ... abgesehen haben] *Vgl. E. R. Curtius über Stadlers Aversion gegen manche Schüler Georges: Er (...) wiederholt aber immer wieder, was bei George notwendig und echt sei, sei bei manchem seiner Schüler Pose (...) (Brief von Curtius an Gundolf, 1. 10. 1910. In: Friedrich Gundolf, Briefwechsel mit Herbert Steiner und Ernst Robert Curtius. Eingel. und hg. von L. Helbing und C. V. Bock«. Amsterdam ²1963. S. 171). Vgl. auch Stadlers Aufsatz »Die neue französische Lyrik« (S. 425–430).*
334 Liliencron] *Zu Stadlers Beurteilung von Detlev von Liliencron vgl. seine Vorlesung »Geschichte der deutschen Lyrik der neuesten Zeit«, S. 453–470.*
335 »Was diese alle treiben ... Kunst«.] *»Der Kondor«, Vorrede, S. 7.*
335 »Manifest« ... »eine rigorose Sammlung radikaler Strophen«] *»Der Kondor«, Vorrede, S. 7.*
335 der 14 hier vereinigten Lyriker] *Ernst Blass, Max Brod, Arthur Drey, Salomo Friedlaender, Herbert Grossberger, Ferdinand Hardekopf, Georg Heym, Kurt Hiller, Arthur Kronfeld, Else Lasker-Schüler, Ludwig Rubiner, René Schickele, Franz Werfel, Paul Zech.*
335 Erlebnisart ... vernachlässigt hat«] *»Der Kondor«, Vorrede, S. 7.*

335 Else Lasker-Schüler] *Von Else Lasker-Schüler (1869–1945) lagen bis 1912 u. a. drei kleinere Lyrikbände vor: »Styx« (1902), »Der siebente Tag« (1905), »Meine Wunder« (1911). – Im »Kondor« sind folgende Gedichte von ihr abgedruckt: »Streiter«, »Ein alter Tibetteppich«, »Meiner Schwester Kind«, »Nachweh«, »Traum«, »Meine Mutter«, »Dem Prinzen von Marokko«, »Maria«, »Leise sagen –«, »David und Jonathan«.*

335 Mombertsphäre] *Zu Alfred Mombert vgl. Stadlers Vorlesung »Geschichte der deutschen Lyrik der neuesten Zeit«, S. 455 und Erläuterung dazu.*

336 Schickele] *Zu René Schickele vgl. Stadlers Aufsatz »René Schickele« und seine Besprechung des Gedichtbandes »Weiß und Rot«. Berlin 1910 (S. 276–293 und S. 307–315).*

336 »Der Papst«] *René Schickele, »Weiß und Rot«, S. 122–123.*

336 die Antwort auf Dehmels »Predigt an das Großstadtvolk«] *Richard Dehmels »Predigt ans Großstadtvolk« steht in seiner Gedichtsammlung »Aber die Liebe« (Gesammelte Werke in zehn Bänden. Bd. 2. Berlin ²1906. S. 171–172). Schickeles Gedicht »Großstadtvolk« steht in »Weiß und Rot«, S. 116–120, mit einem Motto von Versen aus Dehmels Gedicht.*

336 »Tivoli-Vauxhall« ... »Vorortballade«] *In: »Weiß und Rot«, S. 126 bis 130 und 58–59.*

336 »Mon Repos«] *Berlin und Leipzig o. J. (1905).*

336 Franz Werfel] *Zu Franz Werfel vgl. Stadlers Besprechung des Gedichtbandes »Wir sind« und die Vorlesung »Geschichte der deutschen Lyrik der neuesten Zeit« (S. 344–345 und S. 458–459). Im »Kondor« sind zehn Gedichte aus Werfels erstem Gedichtband »Der Weltfreund« (Berlin 1911) abgedruckt: »An den Leser, »Nächtliche Kahnfahrt«, »Der dicke Mann im Spiegel«, »Erster Frühling«, »Im winterlichen Hospital«, »Der Dichter«, »Das Gespräch«, »Das Malheur«, Der schöne strahlende Mensch«, »Der Weltfreund singt«.*

336 Max Brod] *Von Max Brod (1884–1968) lagen außer in Zeitschriften veröffentlichten Gedichten die Lyrikbände »Der Weg des Verliebten« (Berlin 1907) und »Tagebuch in Versen« (Berlin 1910) vor. Außerdem hatte Brod bereits eine Reihe von dramatischen und prosaischen Arbeiten veröffentlicht. (Vgl. W. Kayser u. H. Gronemeyer, »Max Brod«. Hamburg 1972. Hamburger Bibliographien. 12.) – Von Brod sind im »Kondor« die Gedichte »Das Bad auf dem Lande«, »Waldrand«, »Die große und die kleine Welt«, »Eisenbahnfahrt« und »Der Magier« abgedruckt.*

336 Georg Heym ... gewürdigt worden ist] *Vgl. Stadlers Rezension von Georg Heyms Gedichtband »Der ewige Tag«, S. 327–329. Im »Kondor« stehen neun Gedichte Heyms aus dem »Ewigen Tag« und aus »Umbra Vitae«.*

336 Paul Zech] *Paul Zech (1881–1946) hatte bis 1912 zwei Gedichtsammlungen veröffentlicht: »Waldpastelle« (1910), »Schollenbruch« (1912). Im »Kondor« sind folgende Gedichte von Zech abgedruckt: »Weg in den Vorfrühling«, »Der blinde Bettler im Gewitter«, »Sommerabend im Park«, »Herbstlicher Stadtpark«, »Gegen Morgen«, »Die Hingesunkenen«. – Nach dem Tod Stadlers*

verfaßte Zech ein Gedicht zu seinem Gedenken: »Der Helden-Tod des Dichters (Dem Andenken Ernst Stadlers auf den Stein)«, gedruckt in: Zeit-Echo, Jg. 1 (1914/15), H. 13, S. 192.

336 »agrarischen Emotionen«] *Hillers Vorrede im »Kondor«, S. 8.*

336 lyrischen Monstra des ... Ferdinand Hardekopf] *Von Ferdinand Hardekopf (1876–1954), einem engen Mitarbeiter der expressionistischen Zeitschrift »Die Aktion«, stehen im »Kondor« die Gedichte »Nymphenburg«, »Halensee«, »Notiz; Nachts (2^h45 bis 2^h47 matin)«.*

336 Verse Ludwig Rubiners] *Von Ludwig Rubiner (1881–1920), der später vor allem durch seine programmatische Schrift »Der Mensch in der Mitte« (1917) und durch die Anthologie »Kameraden der Menschheit« (1919) bekannt wurde, erschien der erste Gedichtband 1916: »Das himmlische Licht«. Im »Kondor« sind die Gedichte »Der Herrscher«, »Die Stadt« und »Der Tänzer Nijinski« abgedruckt.*

336 S. Friedländers] *Von Salomo Friedlaender sind im »Kondor« folgende Gedichte abgedruckt: »Erweckung«, »Herbst«, »Schwermut«, »Sehnsucht«, »Erlösung«. Zu Friedlaender vgl. Erläuterung zu Stadlers Rezension von Mynonas »Rosa, die schöne Schutzmannsfrau«, S. 348–349.*

336 Arthur Kronfeld] *Dr. med. Arthur Kronfeld (geb. 1886 in Berlin) war mit Kurt Hiller seit 1904 bekannt. Durch ihn kam er in losen Kontakt zum Neuen Club. 1912 promovierte Kronfeld zum Dr. phil., ließ sich nach dem Ersten Weltkrieg in Berlin als Nervenarzt nieder und wurde 1930 an der dortigen Universität außerordentlicher Professor für Psychiatrie. 1932 wurde Kronfeld, Autor zahlreicher medizinischer und philosophischer Arbeiten, Ordinarius für Psychiatrie und Direktor einer Irrenanstalt in Moskau. Dort ist er 1942 umgekommen. – Im »Kondor« sind von Kronfeld folgende Gedichte abgedruckt: »Die Bogenlampe«, »Liliencronesk«, »Bekanntschaft«, »Frühling«, »Notte Italiana«.*

336 Grossberger] *Herbert Grossberger (Lebensdaten unbekannt) war Mitherausgeber der expressionistisch orientierten Monatsschrift »Saturn« (Heidelberg 1911–1914) und der Sammlung »Flut«, einer »Anthologie der jüngsten Belletristik« (Heidelberg 1912). Im »Kondor« sind folgende Gedichte Grossbergers abgedruckt: »Götzendienst«, »Dem Schatten«, »Exhibition«.*

336 Ernst Blass] *Ernst Blass (1890–1939) veröffentlichte 1912 seinen ersten Gedichtband »Die Straßen komme ich entlang geweht« mit einem für die fortgeschrittene Lyrik programmatischen Vorwort. Sein späteres Schaffen zeigt den Einfluß Georges. Von Blass sind folgende Gedichte im »Kondor« abgedruckt: »Kreuzberg«, »Abendstimmung«, »Das Behagen«, »Der Nervenschwache«, »Die Kindheit«, »Märzabend«, »Augustnacht«, »Strand«, »Sonnenuntergang«, »Die Trennung«, »Sonntagnachmittag«, »An Gladys«.*

337 Laforgue] *Zu Jules Laforgue vgl. Stadlers Aufsatz »Die neue französische Lyrik«, S. 428 und Erläuterung dazu.*

337 »Umbra Vitae«] *Der Band erschien 1912 im Ernst Rowohlt Verlag, herausgegeben von Heyms Freunden.*

337 wie im »Ewigen Tag«] *Vgl. Stadlers Rezension dieses Gedichtbandes, S. 327–328.*

337 Alfred Richard Meyer ... »Lyrischen Flugblätter«] *Alfred Richard Meyer (1882–1956) hat seinen Ruf als Verleger moderner Dichtung mit den ab 1907 in Berlin-Wilmersdorf erschienenen »Lyrischen Flugblättern« begründet. Diese originelle Schriftenreihe, die von 1912 bis 1914 zu einem wichtigen Publikationsorgan expressionistischer Literatur wurde, bestand aus schmalen, nicht numerierten Heften ohne festen Umschlag. Bis Ende 1912 waren insgesamt 27 Hefte erschienen. (Vgl. P. Raabe, »Die Zeitschriften und Sammlungen des literarischen Expressionismus«. Stuttgart 1964. S. 163–168.) Zu der als »Lyrisches Flugblatt« 1912 erschienenen Anthologie »Ballhaus« hat auch Stadler ein Gedicht beigetragen (in dieser Ausgabe: S. 110–111). Stadler war Gast im Autorenkreis um A. R. Meyer. (Vgl. A. R. Meyer, »die maer von der musa expressionistica«. Düsseldorf-Kaiserswerth 1948. S. 34–35.) Zur weiteren Verlagstätigkeit A. R. Meyers vgl. Stadlers Rezension der »Bücherei Maiandros«, S. 339–341 und Erläuterung dazu.*

337 »Nasciturus«] *Lyrisches Flugblatt. 1910.*

337 Frank Wedekind »Felix und Galathea«] *Frank Wedekinds (1864–1918) »Felix und Galathea« erschien im Oktober 1911 als 20. Flugblatt (2. Aufl. 1913).*

337 Hans Carossas Traumphantasie »Stella Mystica« ... Gesammelten Gedichten] *Hans Carossas (1878–1956) »Stella mystica. Traum eines Toren« erschien erstmals 1907 als »Lyrisches Flugblatt«; 1910 in dem Band »Gedichte«, wovon weitere Auflagen herauskamen.*

337 Paul Paquitas »Entelechien«] *Paul Paquita ist das Pseudonym für August Ewald (1887–?), Dr. phil., dessen »Entelechieen« als »Lyrisches Flugblatt« mit der Jahreszahl 1912 erschienen (gedruckt November 1911). Ewald hat später literatur- und kunstkritische Arbeiten veröffentlicht.*

337 Heinrich Lautensacks »Schlafzimmer«] *Von Heinrich Lautensack (1881–1919) waren bis 1912 drei Hefte der »Lyrischen Flugblätter« erschienen: 1907 »Fünf Gedichte«, 1908 »Jud und Christ, Christ und Jud. Ein poetisches Flugblatt«, 1911 »Das Schlafzimmer. Ein poetisches Flugblatt«. Neben A. R. Meyer ist Lautensack einer der am häufigsten in dieser Schriftenreihe vertretenen Autoren.*

338 Gottfried Benns »Morgue«] *Das 21. Flugblatt, gedruckt im März 1912, trägt den Titel »Morgue und andere Gedichte«. Diese Gedichtsammlung ist die erste, die Gottfried Benn (1886–1956) veröffentlicht hat. Sie erregte sehr bald großes Aufsehen. A. R. Meyer schreibt in seinem Erinnerungsbuch »die maer von der musa expressionistica« (Düsseldorf-Kaiserswerth 1948. S. 14 ff.) über die Entstehung dieses Flugblattes: Gottfried Benn? Noch bis zum März 1912 wußte niemand von ihm. Bis auf wenige seiner Freunde. So auch Adolf Petrenz, der Redakteur, der mir ein wirres Manuskript zugehen ließ, dessen Lektüre mich mißmutig machte und schon zu hastigerem Weiter-*

blättern und Zuklappen veranlassen wollte, bis ich dann zu einem angehängten Zyklus, der mit den bisherigen Versen schier unvereinbar schien, gelangte (...) »Morgue« hieß der Zyklus, die einzelnen Gedichte hatten die Überschriften: Kleine Aster – Schöne Jugend – Kreislauf – Negerbraut – Requiem – Saal der kreißenden Frauen – Blinddarm – Mann und Frau gehn durch die Krebsbaracke – Nachtcafé. Das Flugblatt war in acht Tagen abgesetzt und gedruckt (...).

339 Mann und Frau ... Erde ruft. –«] *»Mann und Frau gehn durch die Krebsbaracke«, Strophe 5–7.*

339–343: *Die Bücherei Maiandros. Eine Zeitschrift von 60 zu 60 Tagen. Herausgegeben von H. Lautensack, A. R. Meyer, A. Ruest, Heft 1–3, Oktober 1912 bis Februar 1913. – Carl Einstein: Bebuquin oder die Dilettanten des Wunders. Berlin-Wilmersdorf 1912.*

Überlieferung:
Cahiers Alsaciens. Jg. 2 (1913), Nr. 8 (März), S. 98–102.

Emendationen: S. *341:* Schickele] Schickelé S. *341:* Fragen aufrollt] Fragen, aufrollt S. *342:* unseres Erlebens,] unseres Erlebens

Erläuterungen:

339 »Zeitschrift von sechzig zu sechzig Tagen«] *»Die Bücherei Maiandros« erschien in 6 Büchern (= Heften) vom 1. Oktober 1912 bis 1. September 1913. Vor allem mit ihren kritischen Beiblättern vom 1. November 1913, 1. Februar und 1. Mai 1914 nahm sie an der expressionistischen Bewegung teil. Von Stadler sind in dieser Zeitschrift zwei Beiträge veröffentlicht worden: die Übertragung des Gedichts von Francis Jammes »Gebet, seinen Schmerz zu lieben« (Beiblatt vom 1. Februar 1914, S. 4) und das Gedicht »Meer« in der im 4. und 5. Buch (1. Mai 1914) erschienenen lyrischen Anthologie »Der Mistral« (S. 58–59). Diese Anthologie, ursprünglich als Jahrbuch geplant mit dem Ziel, darin ein »europäisches Zeitbild« zu entwerfen, vereinigte Gedichte von mehr als hundert modernen Autoren.*

339 Heinrich Lautensack, Alfred Richard Meyer] *Vgl. Erläuterungen zu Stadlers Rezension der »Lyrischen Flugblätter«, S. 337–339.*

339 Anselm Ruest] *Eigentlich Ernst Samuel (1878–1943), Dr. phil., Kritiker und philosophischer Schriftsteller, Autor des Dialogs über Lyrik »Apollodoros« (vgl. Erläuterung hierzu).*

339 Péguischen Cahiers de la Quinzaine] *Zu Charles Péguy und Stadlers Wertschätzung für diesen Autor vgl. Erläuterung zum Aufsatz »Die neue französische Lyrik«, S. 429. – Die »Cahiers de la Quinzaine«, 1900 zunächst als Organ des politischen Tageskampfes gegründet, entwickelten sich sehr bald zu einer einzigartigen, große politische und literarische Beiträge vereinigenden kulturkritischen Zeitschrift, die bis zu ihrem Ende (1914) von Péguys idealistischer Auseinandersetzung mit verschiedenen Aspekten der Modernität geprägt*

Die Bücherei Maiandros

war. Zu den in ihr erstmals publizierten literarischen Werken gehört z. B. Romain Rollands Roman »Jean-Christophe«. (Vgl. Stadlers Aufsatz »Romain Rolland: Jean-Christophe«, S. 431–435 und Erläuterungen dazu.)

340 »Apollodorus«] »Apollodoros. Über Lyrik ein Dialog von Anselm Ruest«. (»Die Bücherei Maiandros«, H. 3, 1. Februar 1913, S. 1–38).

340 interessante Proben ... gebracht hatte] A. R. Meyer und H. Lautensack, »Ekstatische Wallfahrten«. (»Die Bücherei Maiandros«, H. 2, 1. Dezember 1912).

340 Oikos] *Kryptonym für Georg Heym, der im Januar 1912 beim Schlittschuhlaufen auf der Havel ertrunken war. (Ein Georg Heym betreffender Auszug aus »Apollodoros« abgedruckt in: Georg Heym. Dokumente zu seinem Leben und Werk. Hg. von K. L. Schneider und G. Burkhardt. In: Georg Heym, »Dichtungen und Schriften« Bd. 4 (früher Bd. 6). München 1968. S. 339–348.)*

340 auch in diesen Blättern gewürdigten Lyriker] *Stadler hatte Heyms Gedichtbücher »Der ewige Tag« (Leipzig 1911) und »Umbra Vitae« (Leipzig 1912) rezensiert (Cahiers Alsaciens, Jg. 1, 1912, Nr. 3, Mai, S. 144–146; Nr. 6, November, S. 319–320). Vgl. S. 327–329; S. 337.*

340 »Ein furchtbares Weh ... bricht aus«.] »Die Bücherei Maiandros«, H. 3, S. 5; *bezieht sich auf Heyms Gedicht »Die Dämonen der Städte«.*

340 »Sie glaubten ... zertrümmert hätten«.] »Die Bücherei Maiandros«, H. 3, S. 10 *(Zitat abweichend).*

340 »die die Welt ... überspringen zu können] A. a. O., S. 11.

340–341 »die einen ... vorbeigegangen«] A.a.O., S. 12.

341 »Der Mensch unserer Zeit«] *Hans Ehrenberg (1883–1958), »Die Geschichte des Menschen unserer Zeit«. Heidelberg 1911.*

341 Dehmel, Dauthendey ... Lautensack, Schickele, Benn] »Die Bücherei Maiandros«, H. 3, S. 26–27, 28–29, 31, 33, 38. *Zu Richard Dehmel vgl. Stadlers Vorlesung »Geschichte der deutschen Lyrik der neuesten Zeit«, S. 453–470; zu Max Dauthendey vgl. Stadlers Rezension von dessen Buch »Die geflügelte Erde. Ein Lied der Liebe und der Wunder um sieben Meere«, S. 329–330; zu René Schickele vgl. Stadlers Aufsatz gleichen Titels und seine Rezension von »Weiß und Rot«, S. 276–293 und S. 307–315; zu Gottfried Benn vgl. Stadlers Rezension der »Lyrischen Flugblätter« (S. 337–339), von denen eines 1912 Benns Gedichtzyklus »Morgue« erstmals veröffentlichte.*

341 »Theresa und Wolfgang«] »Teresa und Wolfgang« (»Die Bücherei Maiandros«, H. 1).

341 des verstorbenen Samuel Lublinski] *Als Literaturkritiker und -historiker war Samuel Lublinski (1868–1910) durch seine Auseinandersetzung mit modernen, insbesondere mit den naturalistischen Dichtungstendenzen hervorgetreten: »Die Bilanz der Moderne« (Berlin 1904), »Der Ausgang der Moderne. Ein Buch der Opposition« (Dresden 1909) und »Literatur und Gesellschaft im neunzehnten Jahrhundert« (4 Bände. Berlin 1899–1900).*

341 Einleitung Ruests] *Anselm Ruest, »Zu unserer Novelle« (»Das Beiblatt der Bücherei Maiandros«, H. 1, 1. Oktober 1912, S. 1–3).*

341 Karl Einsteins] *Carl Einstein (1885–1940), Mitarbeiter an den Zeitschriften »Pan«, »Die Aktion«, »Die Weißen Blätter«; Verfasser von kunstkritischen Arbeiten. Der Roman »Bebuquin oder die Dilettanten des Wunders« erschien zunächst in Fortsetzungen in der »Aktion«, dann in Buchform, mit einem Nachwort von Franz Blei. (»Bebuquin« jetzt auch in den »Gesammelten Werken« von Carl Einstein. Wiesbaden 1962.)*
341–342 André Gide gewidmeten] *Die Widmung lautet: Für André Gide geschrieben 1906/9.*
342 »Moralités légendaires« Laforgues] *Zu Jules Laforgue vgl. Erläuterung zu Stadlers Aufsatz »Die neue französische Lyrik«, S. 428. »Les Moralités légendaires« erschienen erstmals 1887.*
342 »wo der Kanon ... das Stabile«] *»Bebuquin«, 6. Kapitel, S. 38.*
342 »Vergessen Sie eines nicht, ... die Phantasten ... zu Ende kommen«] *»Bebuquin«, 4. Kapitel, S. 25–26.*
342 »Reklame für das Unwirkliche«] *»Bebuquin«, 6. Kapitel, S. 38.*
342 »Der Romantiker sagt: ... Klebpflaster.«] *»Bebuquin«, 6. Kapitel, S. 39/40.*
343 »Wir müssen ... steckt«] *»Bebuquin«, 8. Kapitel, S. 50.*
343 »Tendenz der Vereinheitlichung«] *»Bebuquin«, 13. Kapitel, S. 75.*
343 »Vielleicht decken ... erschlaffe«] *»Bebuquin«, 14. Kapitel, S. 83. Hier: nie, damit das Schöpferische nicht einschlafe.*
343 »Vaters der Intensität«, des »Herrn der Form«] *»Bebuquin«, 15. Kapitel, S. 87.*
343 Buch der »höchstkonsolidierten Intellektualität« ... Franz Blei] *»Geleitworte von Franz Blei«. In: »Bebuquin«, S. 105.*

344–345: Franz Werfel: Wir sind. Neue Gedichte. Leipzig 1913.

Überlieferung:
Cahiers Alsaciens. Jg. 2 (1913), Nr. 11 (September), S. 284–285. Im Anschluß an die Rezension von Werfels Buch steht eine – in dieser Ausgabe weggelassene – Besprechung von Walter Hasenclevers Gedichtbuch »Der Jüngling«.
Erläuterungen:
344 Werfel] *Franz Werfel (1890–1945), geboren in Prag, von 1912 bis 1915 als Lektor für den Kurt Wolff Verlag tätig, Freund und Förderer junger expressionistischer Dichter. Später als Autor großer Romane bekannt geworden. Werfel emigrierte 1938 nach Paris und lebte seit 1940 in Amerika.*
344 »Der Weltfreund«] *Werfels erster Gedichtband erschien 1911. (Vgl. dazu Stadlers Rezension des »Kondor«, ferner seine »Geschichte der deutschen Lyrik der neuesten Zeit«, S. 336 und S. 458–459.*
344 des Georgekreises] *Zu Stefan George und seinem Kreis vgl. Stadlers Aufsatz »Die neue französische Lyrik« und seine Rezension von Friedrich Gundolfs Buch »Shakespeare und der deutsche Geist«, S. 426–427 und S. 323–325 sowie Erläuterungen dazu.*

345 Whitman und Verhaeren] *Zur Wirkung, die der amerikanische Dichter Walt Whitman (1819–1892) vor allem mit seinem Werk »Leaves of grass« (1855) auf die Autoren des Symbolismus und des Expressionismus ausübte, vgl. Gier, S. 167–169, 174–177. Zu Verhaeren vgl. Erläuterung zu Stadlers Aufsatz »Charles De Coster«, S. 424. Whitman und Verhaeren wurden häufig zusammen als Vorbilder und Initiatoren der modernen, von einem neuen Lebensgefühl bestimmten Literaturentwicklung genannt, vgl. z.B. Stadlers Vorlesung »Geschichte der deutschen Lyrik der neuesten Zeit«, S. 462.*

345–349: Kurt Hiller: Die Weisheit der Langenweile. Eine Zeit- und Streitschrift. 2 Bde. Leipzig 1913. – Mynona: Rosa, die schöne Schutzmannsfrau. Grotesken. Leipzig 1913.

Überlieferung:
Cahiers Alsaciens. Jg. 3 (1914), Nr. 13 (Januar), S. 51–55.

Ergänzung: Anführungsstriche S. 348: »Athenäum« *Emendationen: S. 347:* nie wird jener] nie wird jeder *S. 348:* Heinrich Mann] Heinnis, Mann

Erläuterungen:

345 Kurt Hillers] *Vgl. Erläuterungen zu Stadlers Rezension des »Kondor«, S. 334.*

346 »O daß endlich... Ärmeln!«] *»Die Weisheit der Langenweile«, Bd. 2, S. 9.*

347 »ein Bierscherz... Schönheit«] *»Die Weisheit der Langenweile«, Bd. 1, S. 66.*

347 »zerebraler Gourmandisen«] *»Die Weisheit der Langenweile«, Bd. 2, S. 7.*

347 »Der Wissende ... ein Wollender.«] *»Die Weisheit der Langenweile«, Bd. 2, S. 9.*

347 Kerr] *Über Alfred Kerr vgl. Erläuterung zu Stadlers Rezension von Julius Babs Buch »Neue Wege zum Drama«, S. 326.*

348 »Athenäum«] *1798–1800 von Friedrich und August Wilhelm Schlegel herausgegebene Zeitschrift, in der das Programm der Romantik verkündet wurde.*

348 Der moderne Mensch... intellektuell zersetzt«] *»Die Weisheit der Langenweile«, Bd. 1, S. 63–64.*

348 »eine Antithese für kleine Leute«] *»Die Weisheit der Langenweile«, Bd. 1, S. 194.*

348 »Deutlichkeit ... des Geheimnisvollen«] *»Die Weisheit der Langenweile«, Bd. 2, S. 9.*

348 »mit dem Herzen des Hirnes«] *Sinngemäß an mehreren Stellen des Buches, so Bd. 1, S. 173, 247, 248.*

348 Mynonas] *Pseudonym von Salomo Friedlaender (1871–1946), der seine literarische Laufbahn mit populärwissenschaftlichen Werken begann, jedoch vor allem durch seine seit 1913 unter dem Pseudonym Mynona veröffentlichten Grotesken bekannt wurde. Friedlaender emigrierte 1933 nach Paris, wo er 1946 starb.*

349 »Fair... fair«] *Shakespeare, »Macbeth«, I, 1.*

Apparat: Kritische Schriften

349–352: *Carl Sternheim: Die Hose. Leipzig 1911. – Die Kassette. Leipzig 1912. – Bürger Schippel. Leipzig 1913. – Der Snob. Leipzig 1914.*
Überlieferung:
Cahiers Alsaciens. Jg. 3 (1914), Nr. 14 (März), S. 123–126.
Ergänzung: Anführungsstriche S. 350 »Hose« »Schippel« Emendation: S. 351: naturalistische] naturalische
Erläuterungen:
349 *Sternheim: Über Stadlers Beziehung zu Carl Sternheim (1878–1942) vgl. Erläuterung zu Brief 56.*
349 »aus dem bürgerlichen Heldenleben«] *So betitelte Sternheim die Reihe seiner elf zwischen 1908 und 1922 geschriebenen Komödien und Schauspiele.*
350 Wiedergeburt des »Avare«] *Molières Lustspiel »L'Avare« (1668).*
350 Holberg] *Ludvig von Holberg (1684–1754), dänischer Lustspieldichter.*
351 Gefühlspathetik Eulenbergschen Schlages] *Anspielung auf den forciert leidenschaftlichen Stil der Bühnenstücke Herbert Eulenbergs. Bis 1914 lagen folgende Stücke Eulenbergs vor: »Ein halber Held« (1902); »Cassandra« (1903); »Ritter Blaubart« (1905); »Simson« (1910).*
351 Kerr] *Über Alfred Kerr vgl. Erläuterung zu Stadlers Rezension von Julius Babs »Neue Wege zum Drama«, S. 326.*
352 Callot] *Jacques Callot (1592–1635), franz. Kupferstecher, der seiner dämonisch-grotesken Phantasiestücke wegen hier genannt wird.*

ZUM ELSASS

353–360: Straßburger Dramatiker zu Beginn des 17. Jahrhunderts
Überlieferung:
Literarische Rundschau der Straßburger Neuen Zeitung vom 19. 9. 1909, Nr. 1.
 Emendationen: S. 356: Nicht bloß] Nicht blos *S. 357:* humanistisch Erzogenen] humanistischen Erzogenen *S. 360:* denen die] deren die
Erläuterungen:
353 Straßburger Dramatiker ... des 17. Jahrhunderts] *Der Aufsatz ist das erste öffentliche Zeugnis für Stadlers Studien zu einer Literaturgeschichte des Elsaß. (Vgl. H. Naumann, »Ernst Stadler. Worte zu seinem Gedächtnis«. Berlin-Wilmersdorf 1920. S. 14–16. – A. R. Meyer, »die maer von der musa expressionistica«. Düsseldorf-Kaiserswerth 1948. S. 35.) Die Anregung zu diesem Arbeitsprojekt verdankte Stadler seinem Universitätslehrer Ernst Martin, der – Wilhelm Scherers Hinweisen auf die Bedeutung der elsässischen Literatur des 15. bis 17. Jahrhunderts folgend (O. Lorenz u. W. Scherer, »Geschichte des Elsaßes«. Berlin ³1886. S. 251–290, 309–331) – seinerseits eine Reihe von Einzelstudien zu diesem Themenbereich veröffentlicht hatte und*

seinem Schüler das fast vollständige Manuskript einer »Geschichte der elsässischen Literatur des 15. und 16. Jahrhunderts« anvertraute. (Zu Ernst Martin vgl. Erläuterung zu Stadlers Aufsatz »Die Brüder Matthis«, S. 363; zu Wilhelm Scherer vgl. Erläuterung zu Stadlers Aufsatz »Ein Wunsch«, S. 384.)
Soweit bekannt, ist Stadler noch zweimal mit Forschungsergebnissen zur elsässischen Literaturgeschichte an die Öffentlichkeit getreten: Im Sommersemester 1914 las er an der Straßburger Universität über die »Geschichte der elsässischen Literatur im Zeitalter der Reformation« und am 9. Juli 1914 hielt er auf der Hauptversammlung der »Gesellschaft für elsässische Literatur« den Festvortrag mit dem Thema »Die elsässische Dichtung des 16. Jahrhunderts in ihrer Bedeutung für die Geschichte der deutschen Literatur«. Über diesen Vortrag, dessen Text – wie derjenige der Vorlesung – nicht erhalten ist, heißt es in einer Zeitungsnotiz: Das Elsaß habe nach geographischer Lage wie nach geschichtlicher Entwicklung (...) die Aufgabe gehabt, zwischen der alten und neuen Zeit zu vermitteln. Es liege an der großen Heerstraße von Italien nach dem Norden, und die frühe Verselbständigung habe dem alemannischen Stamme ein starkes Stammesbewußtsein gegeben, ein Einheitsgefühl, das auch die politische Zerreissung überdauert, und eine starke Assimilierungskraft, die alles Fremde in sich aufgenommen und ausgeglichen habe. Dabei habe alles Geistige hier auch stets eine Beziehung zum Leben gefunden, wie sich in der Umbildung des Mystizismus, in der Aufnahme des Humanismus und der kirchlichen Reformation gezeigt habe; alle diese Bewegungen seien nicht jäh über das Elsaß hereingebrochen, sondern in allmählichem Übergang aus dem Alten entwickelt worden. Die Literatur sei so auch berufen gewesen, den Verschmelzungsprozeß zwischen der alten und der neu anbrechenden Zeit zu vollziehen, habe auch schöne Anfänge dazu gezeigt in Wimpfeling, Brant, Geiler und Murner und schließlich Fischart. Wenn ihr die Aufgabe trotzdem nicht gelungen sei, so trage daran die wirtschaftliche Zersetzung die Schuld, die schon vor dem 30jährigen Kriege eingesetzt habe, und nach der dann im 17. Jahrhundert die Neugestaltung auf ganz anderer Grundlage erfolgt sei. (Straßburger Neueste Nachrichten vom 11. 7. 1914.)
Während des Krieges notierte sich Stadler als Thema einer geplanten Universitätslehrveranstaltung u. a.: Geschichte der elsässischen Literatur von den Anfängen bis zur Gegenwart. (Vgl. Beschreibung von Stadlers »Kriegstagebuch«, Abschnitt »Überlieferung«, Bl. 68ʳ, S. 806.)

353 »Lehrer Deutschlands«, Melanchthon] *Schon zu seinen Lebzeiten ist dem berühmten Humanisten und Kampfgefährten Luthers, Philipp Melanchthon (1497–1560), der Ehrentitel »Praeceptor Germaniae« beigelegt worden.*

355 Straßburger Akademietheater] *Seit Gründung des Straßburger Gymnasiums 1534 gehörte die Aufführung von lateinischen und griechischen Schuldramen zu seinem Lehrplan. Als 1566 das Gymnasium von Kaiser Maximilian II.*

Apparat: Kritische Schriften

die Rechte einer Akademie erhielt, wurde das Schultheater, das in der pädagogischen Praxis die höchste Form rhetorischer Übung darstellte, ausdrücklich in das kaiserliche Privileg miteinbezogen. Die Theateraufführungen gelangten in den ersten zwei Jahrzehnten des 17. Jahrhunderts zu prunkvoller Entfaltung und großer Publizität. Bei Ausbruch des 30jährigen Krieges wurden sie eingestellt.
355 Das elsässische Drama] *W. Scherer (a. a. O., S. 276–283) hebt unter den hier in Frage kommenden Autoren besonders hervor: Jörg Wickram, Martin Montanus, Thiebold Gart.*
356 »niemandts ... spott«] *Jörg Wickram in der Widmung zu seinem »Rollwagenbüchlin« (erstmals erschienen 1555).*
357 Johannes Sturm] *Geb. 1507 in Schleiden (Eifel), gest. 1589 in Straßburg, von 1538 bis 1581 Rektor des Gymnasiums und der Akademie in Straßburg. Aufgrund seiner Studienordnung des humanistischen Unterrichts wurde Sturm neben Melanchthon der einflußreichste Pädagoge für das protestantische Lateinschulwesen in Deutschland.*
357 Isaak Fröreisen ... erschallen.«] *Isaak Fröreisen (um 1589–1632), »Teutsche Argumenta oder Inhalt der Comoedien deß Kunstreichen Griechischen Poeten Aristophanis genandt Nubes: Sampt Einem Prologo oder VorRed (...)«. Straßburg 1613. In: »Griechische Dramen in deutschen Bearbeitungen von Wolfhart Spangenberg und Isaak Fröreisen nebst deutschen Argumenten.« Hg. von O. Dähnhardt. Bd. 2. Stuttgart 1897 (Litt. Verein in Stuttgart. 212). S. 250. – Solche in deutscher Sprache abgefaßten Inhaltserklärungen wurden auf gedruckten Blättern aus dem Lateinischen oder Griechischen unkundige Theaterpublikum verteilt.*
358 Straßburger Meistersingerschule ... zugestanden erhielt] *Vgl. E. Martin, »Urkundliches über die Meistersänger zu Straßburg« (Straßburger Studien. Zeitschrift für Geschichte, Sprache und Litteratur des Elsasses. Hg. von E. Martin und W. Wiegand, Bd. 1, 1883, S. 92).*
358 Wolfhart Spangenberg] *Von den von Wolfhart Spangenberg (geb. um 1573, gest. nach 1636) übersetzten lateinischen und griechischen Dramen wurden u. a. aufgeführt: Euripides' »Alkestis«, Senecas »Hecuba«, Plautus' »Amphitruo«, Sophokles' »Ajas«.*
359 jener älteren ... wissen wollte] *Vgl. W. Scherer, a. a. O., S. 277.*
359 Alkestis des Euripides] *»Alcestis. Eine Artige Tragoedia, darinnen ein Exempel Trewhertziger Liebe zwischen rechten Ehleuten vorgebildet wird. (...)« Straßburg 1604. In: »Griechische Dramen in deutschen Bearbeitungen von Wolfhart Spangenberg und Isaak Fröreisen nebst deutschen Argumenten.« Hg. von O. Dähnhardt. Bd. 1. Stuttgart 1896 (Litt. Verein in Stuttgart. 211).*
359 Caspar Brülow] *Der aus Pommern stammende Caspar Brülow (1585–1627) gehörte seit 1612 dem Lehrkörper des Straßburger Gymnasiums an, dessen Direktor er 1622 wurde, nachdem ihm für seine Verdienste in der Lehrtätigkeit und in der Dichtkunst der Dichterkranz verliehen worden war. Von 1612 bis 1616 war jedes Jahr ein Drama erschienen: »Andromeda«,*

»Elias«, »Chariclea«, »Nebucadnezar«, »Julius Caesar«. 1621 folgte noch die Tragikomödie »Moyses«.
359 »Gebt mir ... Stücke geben.«] Mit geringen inhaltlichen Abweichungen zitiert in: J. Janke, »Über den gekrönten Straßburger Dichter Caspar Brülow aus Pyritz«. Programm des Gymnasiums der Stadt Pyritz. Pyritz 1880, S. 12. (Daselbst, S. 11–20, eine ausführliche Inhaltsbeschreibung des »Julius Caesar«.) Aus welcher Quelle Stadler zitiert oder übersetzt, konnte nicht ermittelt werden. Die Tragödie wurde 1616 – im Jahr ihrer Aufführung – in Straßburg gedruckt.
360 Und vielleicht ... entstehen zu lassen.] Vgl. W. Scherer, a. a. O., S. 315–316.
360 im Jahre 1621 ... zur Universität erhobenen Akademie] Die Aufführung fand am 16. August 1621 statt. Die Privilegien einer Universität erteilte Kaiser Ferdinand II. als Gegenleistung dafür, daß Straßburg sich vertraglich verpflichtete, aus der protestantischen Union auszutreten und den Kurfürsten Friedrich V. von der Pfalz nicht länger zu unterstützen.
360 Abelin ... Theatrum Europaeum (1662)] Johann Philipp Abelin, »Theatrum Europaeum (...)«. Bd. 1. o. O., o. J. (1617). S. 250. Stadler bezieht sich auf die 3. Auflage von 1662.
360 Und einige Jahre ... vonnöthen.«] Das Schulgesuch ist datiert auf den 27. Mai 1637. Vgl. E. Martin, »Urkundliches über die Meistersänger zu Straßburg«, S. 86.

361–380: Die Brüder Matthis
Überlieferung:
Jahrbuch für Geschichte, Sprache und Literatur Elsaß-Lothringens. Herausgegeben von dem historisch-literarischen Zweigverein des Vogesen-Clubs, Jg. 26 (1910), S. 405–421.
Emendationen: S. 372: Verschaicht] Verschaischt S. 373: d' Haibuehn] d'r Haibuehn
Erläuterungen:
361 Die Brüder Matthis] In einer Anmerkung hierzu nennt Stadler folgende bis dato erschienene Ausgaben von Albert Matthis (1874–1930) und Adolphe Matthis (1874–1944): Albert Matthis, »E' Schlittebardhie vun Niederbrunn in's Jäjerdhaal am 26. December 1896«. Helje vum Eugène Raeuber. Stroosburri 1897. – Albert un Adolphe Matthis, »Ziwwelbaamholz«. Illüschdration von Lothar v. Seebach. Strossburri im Fruejohr 1901. – Albert und Adolphe Matthis, »Maiatzle«. Umschlaa vun Georges Ritleng un Émile Schneider. Helje vum Georges Ritleng. Stroosburri Mai 1903. – Adolphe Matthis, »Drüss uff'm Gloeckelschberri«. Stroosburri 1907. – Ders., »D'Kanzdinaacht bim Scharrach«. Stroosburri 1908. – Albert Matthis, »Min Elsass«. Für Gesang

und Klavier komponiert von M. J. Erb. Strassburg 1905. – Adolphe Matthis, »D' Bürehochzitt«. Stroosburri 1910. Die letztgenannte Ausgabe führt Stadler nachträglich an: Während der Drucklegung dieses Aufsatzes geht mir Adolfs jüngste Schöpfung, »D' Bürehochzitt«, zu, schon durch ihr Thema wie geschaffen zur vollen Entfaltung der besonderen Fähigkeiten dieses Dichters, flott und farbig im Vortrag und aufs glücklichste herzhaft geschaute landschaftliche Bilder mit lebendiger Zeichnung bürgerlicher Gestalten und Gebräuche verbindend. Nach Brautzug, Hochzeitmahl, Festtrunk und »Jumpfredanz« klingt das Gedicht, wie so oft bei den Matthis, in Preis und Segnung des Landes aus. *Außerdem verweist Stadler auf den Druck einzelner Gedichte in den Zeitschriften »Affiches de Strasbourg / Strasburger Wochenblatt«, »Le Bourdon« und die »Revue alsacienne illustrée / Illustrirte elsässische Rundschau«. Sie gehören zu den ersten, die die Mundartlyrik der Zwillingsbrüder über ihren engeren Freundeskreis hinaus bekannt machten. Vgl. A. Schlagdenhauffen, »La langue des poètes strasbourgeois Albert et Adolphe Matthis«. Paris 1934. (Publications de la Faculté des lettres de l'Université de Strasbourg. 65.) S. 5. – Ders., »Albert et Adolphe Matthis. Poètes lyriques strasbourgeois 1874–1974«. (Katalog der Ausstellung in der Bibliothèque Nationale et Universitaire de Strasbourg. 15. November – 21. Dezember 1974.) Strasbourg 1974. S. IV. – L. Lapointe, »Les frères Matthis devant la critique littéraire«. In: À la mémoire des hommes de lettres Albert et Adolphe Matthis, créateurs du lyrisme alsacien d'essence strasbourgeoise. Strosburri 1974. (Saison d'Alsace. Nouvelle série No 53.) S. 74–75.*
An Literatur über die Brüder Matthis nennt Stadler die Arbeiten von Karl Gruber (vgl. Erläuterung zu Brief 6), dem er wertvolle Hinweise *verdanke:* »Neue Dialektlyrik«, erschienen in der »Straßburger Post« am 16. 6. 1901, Nr. 537 (recte: 538); »Dialektlyrik im Unterelsass. Albert Matthis. Adolf Matthis. Heinrich Picard«, erschienen in der Zeitschrift »Das Reichsland«, Jg. 1 (1902/1903), S. 662–673; »Zeitgenössische Dichtung des Elsasses« (Straßburg 1905. S. LXXXVIII–XCII). *Grubers Verdienst sei die* »Entdeckung« *der Brüder Matthis für weitere Kreise, und die genannten Arbeiten seien* bei weitem das Feinsinnigste, *was bisher über das Dichterpaar geschrieben wurde. Gruber hat seinerseits auf Stadlers Aufsatz lobend hingewiesen (»Das literarische Elsaß«. Der Erwinia 18. Jg. (1910), H. 2 (November), S. 34–36), auf den in den beiden folgenden Jahren noch zwei Rezensionen Stadlers von Albert und Adolphe Matthis' Gedichtsammlung »Widesaft« (Stroosburri 1911) folgten. (Vgl. »Literarische Rundschau. Beilage der Straßburger Neuen Zeitung«, 10. 9. 1911, Nr. 251. – »Cahiers Alsaciens«, Jg. 1 (1912), S. 110–111.) – Stadler lernte die Brüder Matthis wahrscheinlich schon 1901 kennen. Vgl. O. Flake, »Es wird Abend. Bericht aus einem langen Leben«. Gütersloh 1960. S. 90. – G. Ritleng, »Souvenirs d'un vieux Strasbourgeois«. Strasbourg 1973. (L'Alsatique de Poche. 1.) S. 65. – Gedichte der Brüder Matthis brachte 1902 »Der Stürmer« und das Heft »Johannisnacht«.*

Die Brüder Matthis

361 Goethes ... Gedichten] *Goethes Rezension von Johann Peter Hebels »Allemannischen Gedichten« (in der 2. Auflage Karlsruhe 1804) erschien erstmals in der »Jenaischen Allgemeinen Literatur-Zeitung«, Nr. 37 vom 13. 2. 1805. Vgl. Goethes Werke. Abt. I, Bd. 40. Weimar 1901. S. 297–307.*

361 Adelungs] *Johann Christoph Adelung (1732–1806), Grammatiker der deutschen Schriftsprache, bekannt vor allem durch sein »Grammatisch-kritisches Wörterbuch der hochdeutschen Mundart« (1774–1786).*

361 »aus dem sogenannten Hochdeutsch ... übersetzen«] *Vgl. Goethes Werke. Abt. I, Bd. 40. Weimar 1901. S. 304.*

362 seit 1840 ... Französischen] *Eine ähnliche Feststellung findet sich in der Arbeit von Fritz Eccard, »La langue française en Alsace«. Strasbourg 1910. S. 6. Vgl. folgende Erläuterung.*

362 Eccard] *Fritz Eccard, »La langue française en Alsace«. Strasbourg 1910. S. 8. Die Abhandlung erschien auch in der »Revue alsacienne illustrée«, Bd. 12 (1910), S. 1–11. Stadler hat, wie aus einem Quellennachweis, den er macht, hervorgeht, die selbständige Ausgabe vorgelegen.*

363 Eccard ... nimmt] *F. Eccard, a. a. O., S. 3–4.*

363 Martin und Lienhart] *Ernst Martin und Hans Lienhart, »Wörterbuch der elsässischen Mundarten«. 2 Bde. Straßburg 1899–1907. – Bei Ernst Martin (1841–1910), Professor für deutsche Sprache und Literatur an der Universität Straßburg, hat Stadler 1906 promoviert. Martin war Redakteur des »Jahrbuchs für Geschichte, Sprache und Literatur Elsaß-Lothringens«, in dem Stadlers Aufsatz über die Brüder Matthis erschien. Hier wurden auch mehrere Vorarbeiten Martins für eine Darstellung der Geschichte der deutschen Literatur im Elsaß veröffentlicht (vgl. Erläuterung zu Stadlers Vortrag »Straßburger Dramatiker zu Beginn des 17. Jahrhunderts«, S. 353). – Als Martin am Ende des Wintersemesters 1909/10 in den Ruhestand trat, verfaßte Stadler zu Ehren seines Lehrers ein Gedicht, das bei der Abschiedsfeier vorgetragen wurde: »An Ernst Martin« (gedruckt in: »Straßburger Akademische Mitteilungen«, Jg. 1910, Nr. 2, 3. Mai, S. 11–12).*

363 Stoskopfs erste Lyrikbände] *Gustave Stoskopf (1869–1944), Maler und Dichter, ist vor allem durch seine im elsässischen Dialekt geschriebenen Komödien bekannt geworden (vgl. folgende Erläuterung). Von seinen Gedichtbänden »Luschtig's ues'm Elsass« (Straßburg 1896) und »G'schpass un Ernscht« (Straßburg 1897) ging ein wichtiger Impuls für die Dialektlyrik der Brüder Matthis aus. (Vgl. die oben genannten Aufsätze von Karl Gruber.)*

363 Begründung des Elsässischen Theaters] *Gegründet Februar 1898 mit dem Ziel, eine originäre elsässische Literatur zu schaffen. Der Erfolg des Theaters kam vor allem durch Stoskopfs Komödien zustande, deren erste, »D'r Herr Maire«, 1898 uraufgeführt wurde.*

364 »lebendes Idiotikon ... Dialektes«] *Vgl. Goethes erstmals 1820 erschienene Rezension über Johann Georg Daniel Arnolds (1780–1829) Lustspiel »Der Pfingstmontag« (Straßburg 1816). In: Goethes Werke. Abt. I, Bd. 41. Weimar 1902. S. 147, 164, 168.*

Apparat: Kritische Schriften

364 Artikel der Elsässischen Rundschau] *E. Bur, »Dialektschänder«. (Revue alsacienne illustrée, Bd. 4, 1902, S. 88–91.)*
364 »Bourdon«] *Vgl. oben erste Erläuterung.*
364 »Affiches«] *Vgl. oben erste Erläuterung.*
364 Gedicht vom Münsteraufstieg] *»Hitt grattle mer bi Wind un Sturm, / Uff d'Schnecke nuff vum Münschterdhurm«.* Wiederabgedruckt in: *»Ziwwelbaamholz«,* S. 11–20.
365 Erwins] *Erwin von Steinbach (gest. 1318), Baumeister des Straßburger Münsters.*
365 Aldi ... annegstellt.] *»Ziwwelbaamholz«,* S. 20.
366 Huldigungsversen ans Elsaß] *»An's Elsass«. In: »Ziwwelbaamholz«,* S. 7–9. Auf S. 9 die zitierten Verse.
366 »d'Muedersprooch«...Laendel«] *»UnseriSprooch«. In:»Maiatzle«,* S.91.
368 Gruber] *Karl Gruber, »Zeitgenössische Dichtung des Elsasses«. Straßburg 1905. S. LXXXIX.*
369 In ... Wïs.] *Adolphe Matthis, »D'ald Bladaan am Wasserzoll«. In: »Maiatzle«,* S. 151.
369 »S'isch Zitt ... Gäscht«] *Adolphe Matthis, »D'Zehnerglock«. In: »Ziwwelbaamholz«,* S. 53.
369 Denn ... gemacht.] *Adolphe Matthis, »D' Zehnerglock«. In: »Ziwwelbaamholz«,* S. 53.
369 dess Alderdhum ... schoen] *Albert Matthis, »Fur d'Inauguration vum P. H. sinere ›Schakkostubb‹«. In: »Ziwwelbaamholz«,* S. 25.
369 Reschpekt ... verdruckt.] *Albert Matthis, »Fur d'Inauguration vum P. H. sinere ›Schakkostubb‹«. In: »Ziwwelbaamholz«,* S. 24.
370 Canal's ... heise.] *»D'Kneckes«. In: »Ziwwelbaamholz«,* S. 31.
370 Der ... Bue.] *»D'Kneckes«. In: »Ziwwelbaamholz«,* S. 32.
370 Eb ... stehn.] *Adolphe Matthis, »D'r Dracher steht«, Motto. In: »Maiatzle«,* S. 107.
370 D'Stadt ... Widepfiffe.] *Adolphe Matthis, »Im Widesaft«. In: »Maiatzle«,* S. 124.
370–371 Dess ... gemacht.] *»D'r Chrischtkindelsmärik«. In: »Ziwwelbaamholz«,* S. 79.
371 »nit schimmli«] *Adolphe Matthis, »De Deckel 'raa vum Keschtebluescht ...«. In: »Maiatzle«,* S. 9.
371–372 Ruej ... singe.] *Albert Matthis, »Spotjohrmorje im Rhinwaelde«. In: »Maiatzle«,* S. 42.
372 »Wyhnaachtsowe uff'm Nideck«] *Von Albert Matthis. In: »Maiatzle«,* S. 95–96.
372 Sankt Nabor ... Barr] *Adolphe Matthis, »Uff ›Sant Uedilli‹«. In: »Maiatzle«,* S. 13.
372–373 Sie ... wott.] *Adolphe Matthis, »Uff ›Sant Uedilli‹«. In: »Maiatzle«,* S. 14–15.

373 Gottfried Kellers ... Legenden] »Sieben Legenden«, erstmals erschienen 1872.
374 Lonn ... Serwilla.] Adolphe Matthis, »D'r hoelzericht Bardessü«. In: »Maiatzle«, S. 47.
374 Gedicht Alberts] »E Schlittebarthie vun Niederbrunn in's Jäjerdhaal«. In: »Ziwwelbaamholz«, S. 39–48.
374–375 »Villa Maddis« ... gerutscht.] »E Schlittebarthie vun Niederbrunn in's Jäjerdhaal«. In: »Ziwwelbaamholz«, S. 43 und 48.
376 »verbauere« das Universum] Goethes Rezension von Hebels »Allemannischen Gedichten«. Vgl. Goethes Werke. Abt. I, Bd. 40. Weimar 1901. S. 298.
377 Merkmale der vier Jahreszeiten] Albert Matthis, »D' vier Johrszitte«. In: »Ziwwelbaamholz«, S. 33–38.
377 »d'r Wald de Büch nüsshebbt« ... »S'Feld un d'Matte leijt in Gichter«] Albert Matthis, »D'r Summer« und »D'r Winter«, aus dem Zyklus »D' vier Johrszitte«. In: »Ziwwelbaamholz«, S. 36 und 38.
377 »Doodedräjer« ... »Lappeschwanz«] »D'r hoelzericht Bardessü«. In: »Maiatzle«, S. 46.
377 »Gaensstopfere«] »D'Gaensstopfere«. In: »Maiatzle«, S. 63.
377 »Koerebmachersfamilli«] »E' Koerebmachersfamilli«. In: »Maiatzle«, S. 133–138.
377 Zigeuner] »D' Zyginner uff'm Ratzedoerfel«. In: »Maiatzle«, S. 55–58.
377 Schweitzer vor der Münsteruhr] »D'r Schwitzer vor d'r Münschterühr«. In: »Ziwwelbaamholz«, S. 119–121.
377 »süre Brot« verdrängten »Commissionär«] »D'r Commissionär«. In: »Ziwwelbaamholz«, S. 110.
378 Wie ... hett.] »D'r Moond im ›Zornemüehlgiesse‹«. Wiederabgedruckt in: Albert und Adolphe Matthis, »Widesaft«. Stroosburri 1911. S. 31–32.
378–379 Stracks ... üs.] Adolphe Matthis, »›D' Kanzdinaacht‹ bim Scharrach«. In: »Widesaft«, S. 40–41.
379 Im kloore ... sehn.] Adolphe Matthis, »Drüss uff'm ›Gloeckelschberri‹«. In: »Widesaft«, S. 25.
380 S'hett ... erab.] Adolphe Matthis, »›D' Kanzdinaacht‹ bim Scharrach«. In: »Widesaft«, S. 43.

380–382: Wenn man heimkommt

Überlieferung:
Straßburger Neue Zeitung vom 16. 4. 1911, Nr. 106.
Emendation: S. 381: Wasser.] Wasser
Erläuterungen:
380 Wenn man heimkommt] *Stadler hatte als Chargé de Cours für deutsche Sprache und Literatur sein erstes Unterrichtssemester (Oktober 1910–April 1911) an der Université Libre in Brüssel absolviert (vgl. Brief 10). Die Frühjahrsferien wollte er in Straßburg verbringen (vgl. Brief 14).*

Apparat: Kritische Schriften

381 wasserreichen Brügge ... inspiriert?] *Stadler denkt hier vermutlich, sofern mit »Hymnen« nicht nur Gedichte, sondern allgemeiner eine dichterische Stilhaltung gemeint ist, an folgende Autoren: die Flamen Georges Rodenbach (1855–1898), Verfasser des Romans »Bruges-la-Morte«(Paris 1892), Émile Verhaeren, der ein Vorwort (»Hommage à Bruges«) zu dem Illustrationswerk »Villes mortes: Bruges« (Bruxelles 1895) schrieb, die Franzosen Paul Verlaine (1844–1896), der in seinen »Souvenirs et Fantaisies« (Oeuvres posthumes. Paris 1903) Brügge pries, und Francis Jammes, in dessen Gedichtsammlung »Le Deuil des Primevères« (Paris 1901) ein Gedicht den Titel »Bruges« trägt. Zu Verhaeren vgl. Erläuterung zu Stadlers Aufsatz »Charles De Coster«, S. 424; zu Francis Jammes vgl. Erläuterung zu Brief 25.*

382–385: Ein Wunsch

Überlieferung:
Straßburger Neue Zeitung vom 15. 5. 1911, Nr. 134. Der Text erschien hier als Leitartikel.
Emendation: S. 383: Aber es ist] Aber ist es
Erläuterungen:
382 Ein Wunsch] *Über Stadlers Einstellung zur Elsaß-Frage vgl. Erläuterungen zu Brief 52.*
382 das 40jährige Jubiläum der Annexion] *Nach dem Krieg von 1870/71 mußte Frankreich in den Versailler Friedenspräliminarien vom 26. Februar 1871 das Elsaß (ohne Belfort) und Lothringen (mit Metz) an Deutschland abtreten. Der definitive Friedensschluß in Frankfurt a.M. vom 10. Mai 1871 bestätigte den Versailler Vorfrieden. Elsaß-Lothringen war von diesem Zeitpunkt an bis 1918 deutsches Reichsland.*
384 Scherer] *Wilhelm Scherer (1841–1886), bekannt vor allem wegen seiner Arbeiten auf dem Gebiet der deutschen Philologie und als Autor der »Geschichte der deutschen Litteratur« (Berlin 1883). Zusammen mit Ottokar Lorenz verfaßte er eine »Geschichte des Elsaßes« (Berlin 1871, ²1872, ³1886), auf die Stadler sich bezieht (vgl. besonders daselbst das Kapitel »Geistige Zwitterschaft«). Scherer war von 1872 bis 1877 ordentlicher Professor in der philosophischen und naturwissenschaftlichen Fakultät der Universität Straßburg. Dann folgte er einem Ruf an die Berliner Universität. Sein Nachfolger in Straßburg wurde Ernst Martin, der insbesondere mit Forschungen über Sprache und Literatur des Elsasses hervortrat und zu dessen Schülern Stadler gehörte. Vgl. Erläuterung zu Stadlers Aufsatz »Die Brüder Matthis«, S. 363.*
384 Im 17. Jahrhundert ... verloren.] *Frankreich, das im Westfälischen Frieden von 1648 die Hoheitsrechte im Elsaß erlangt hatte, nahm dort bis 1681 wichtige Teile (einschließlich Straßburg) in Besitz. Dies wurde im Frieden von Ryswijk 1697 bestätigt.*

384 Werner Wittich] »*Deutsche und französische Kultur im Elsass*«. *Straßburg 1900.* – »*Kultur und Nationalbewusstsein im Elsass*«. *Straßburg 1909. Beide Aufsätze erschienen im gleichen Jahr sowohl in der* »*Revue alsacienne illustrée*« *als auch in Einzelausgaben.* – *Werner Wittich (1867–1937) war Professor für Nationalökonomie an der Straßburger Universität. Für Karl Gruber ist die erstgenannte Arbeit Wittichs ein* epochemachender Essay (...) wichtiger als alle Gedichte, Aufsätze und Kunstwerke, die seit 70 von wem immer in heimatlicher Gesinnung geschaffen worden sind *(K. Gruber,* »*Zeitgenössische Dichtung des Elsasses*«. *Straßburg 1905. S. XCVII/XCVIII). Henri Lichtenberger schreibt in der Einleitung zu seiner französischen Übersetzung des 1909 erschienenen Aufsatzes:* Dans tous les cas, il *(i. e. Wittich)* a, au plus haut point, le respect de l'individualité alsacienne *(Revue alsacienne illustrée, Bd. 11, 1909, S. 25).*

385–391: Hans Karl Abel: Die Elsässische Tragödie. Ein Volksroman. Berlin 1911.
Überlieferung:
Das Neue Elsaß. Jg. 1 (1911), Nr. 7 (10. Februar), S. 107–110. Die Rezension ist der zweite Teil von Stadlers Sammelbesprechung »*Zwei elsässische Romane. I. Lienhards Oberlin (erschienen in Nr. 5 der Zeitschrift). II. Abels Elsässische Tragödie.*«
Emendation: S. 387: den doch] der doch
Erläuterungen:
385 *Hans Karl Abel (geb. 1876 in Bärenthal/Lothringen, gest. 1951 in Mühlbach/Oberelsaß), lebte nach Abschluß seines germanistischen und romanistischen Studiums von 1905 bis zum Ersten Weltkrieg als freier Schriftsteller in Metzeral (Hochvogesen). Abel wurde als Dramatiker, Erzähler und Lyriker bekannt. Bis 1911 veröffentlichte er folgende Werke, darunter eine Reihe von Dramen und Gedichten in oberelsässischer Mundart:* »*D' Waldmühl. E-n-elsassisch Volksstück in 3 Akt*«. *Straßburg 1901. (Mitverfasser: René Prévôt).* – »*Im Herbschtnawel. E Stück in 3 Akt*«. *Straßburg 1901.* – »*Unseri schöne Rawe. E Schoispeel in 3 Akt*«. *Straßburg 1902.* – »*In Halm und Feder. Idylle*«. *Straßburg 1904.* – »*Conceptio divina. Festspiel zur Einweihung des Goethedenkmals in Straßburg am 1. Mai 1904*«. *Straßburg 1904.* – *Eine dreiteilige Sammlung von Kunstblättern (mit Bildern von Georges Ritleng) und Dichtungen in teils elsässischer, teils hochdeutscher Sprache: I.* »*Tännchel*«. *Straßburg 1904. II.* »*Reichweier*«. *III.* »*Im Reich der Spitzköpfe*«. *Straßburg 1906.* – »*Michelangelo. Historie in 5 Aufzügen*«. *Straßburg und Leipzig 1908.*
385 *Die Elsässische Tragödie] Das Werk erschien in mehreren Auflagen; die dritte, von 1918, trägt den Titel* »*Ruf in der Nacht. Ein Elsaß-Roman*«. *Eine französische Übersetzung von Henri Schoen wurde 1913 in Colmar herausgebracht:* »*La Tragédie de l'Alsace*«.

Apparat: Kritische Schriften

385 Lienhards Weltanschauungsroman] *Friedrich Lienhard, »Oberlin. Roman aus der Revolutionszeit im Elsaß«. Stuttgart 1910. Vgl. Stadlers Rezension in der Zeitschrift »Das Neue Elsaß«, Jg. 1 (1911), Nr. 5 (27. Januar), S. 73–76 (s. oben Abschnitt »Überlieferung«).*
385 Lösung des elsässischen Kulturproblems] *Vgl. hierzu vor allem Stadlers Aufsätze »Die Brüder Matthis« und »Ein Wunsch«, S. 361–366 und S. 382 bis 385.*
385 zur Kriegszeit] *1870. Die Belagerung und Beschießung Straßburgs durch eine deutsche Division dauerte vom 13. August bis zum 27. September 1870.*
386 »Es sind die Allerteuersten . . . niemand spricht.«] *»Die Elsässische Tragödie«, S. 444–445. Im Buch steht* Allertreuesten; *der Satz die ihre Heimat in einem großen Vaterlande haben* ist gesperrt gedruckt *(S. 445).*
388 »Schau, Großvater«, . . . »aus Paris . . . Zwiespalt befinden.«] *»Die Elsässische Tragödie«, S. 442.*
391 »deutschen Dickkopf«] *»Die Elsässische Tragödie«, S. 106.*
391 »landfremden Französel«] *»Die Elsässische Tragödie«, S. 173.*
391 »Ich glaube, . . . preußisch.«] *»Die Elsässische Tragödie«, S. 174.*

392–395: *Curt Mündel: Die Vogesen. Reisehandbuch für Elsaß-Lothringen und angrenzende Gebiete. 12. Aufl., neu bearbeitet von Otto Bechstein. Straßburg 1911.*
Überlieferung:
Straßburger Neue Zeitung vom 10. 9. 1911, Nr. 251. Die Rezension erschien in der Rubrik »Politisches und Kulturelles aus Elsaß-Lothringen« unter dem Titel Der neue Mündel. *Gezeichnet ist der Text mit* E. St.
Erläuterungen:
392 Mündels Vogesenführer] *K. Gruber charakterisiert die herausragende Bedeutung dieses Buches mit den Worten:* eine Art von poetischem Stoffmusterbuch *(Zeitgenössische Dichtung des Elsasses. Straßburg 1905. S. XXXVI).*
392 Schrickers . . . Vogesenhandbuch] *August Schricker, »In die Vogesen«. Straßburg 1873. Vgl. C. Mündel, a. a. O., S. V.*
393 Wir haben . . . gewandt] *Vgl. Stadlers Aufsatz »Ein Wunsch«, erschienen in der »Straßburger Neuen Zeitung« vom 15. 5. 1911 (s. S. 382–385).*
393 Stoskopfschen Komödien] *Zu Gustave Stoskopf vgl. Erläuterungen zu Stadlers Aufsatz »Die Brüder Matthis«, S. 363.*
394 Adolf Matthis: »'s hett . . . erab.«] *Zu Adolphe Matthis vgl. Erläuterungen zu Stadlers Aufsatz »Die Brüder Matthis«, S. 361–380. Zitiert ist aus »›D' Kanzdinaacht‹ bim Scharrach« (Zuerst separat erschienen: Stroosburri 1908; wiederabgedruckt in: Albert und Adolphe Matthis, »Widesaft«. Stroosburri 1911. S. 37–43. – Sperrung der beiden letzten Zeilen nicht in der Vorlage.)*

395–402: *Der Elsässische Garten. Ein Buch von unsres Landes Art und Kunst. Herausgegeben von Friedrich Lienhard, Hans Pfitzner, Carl Spindler. Straßburg 1912.*
Überlieferung:
Straßburger Post vom 26. 11. 1912, Nr. 1371. Der Text trägt hier den Titel: Der Elsässische Garten. *Eine kurze Rezension auch in: Cahiers Alsaciens. Jg. 2 (1913), Nr. 7 (Januar), S. 52–53.*
Emendation: S. 401: 1790–1818] 1796–1818 S. 401: Schickeles] Schickelés
Erläuterungen:
395 *Der Elsässische Garten:*] *Gleich nach Erscheinen dieser Anthologie, dem eine öffentliche Diskussion über die Möglichkeit und die Aufgabe einer Zeitschrift für alle Richtungen der Literatur und Kunst in Elsaß-Lothringen voranging (vgl. die folgende Erläuterung), wurde sie in der Kritik von verschiedenen Seiten als aufschlußreiches Zeugnis der Eigentümlichkeit elsässischen Geisteslebens begrüßt. Nach einer erwartungsvollen Ankündigung des Buches in der »Literarischen Rundschau« (Beilage der Straßburger Neuen Zeitung) vom 12. 8. 1912 (Nr. 222), nach einem »Einführungswort« F. Lienhards in der »Straßburger Post« vom 7. 11. 1912 (Nr. 1924), erschien am 23. 11. 1912 in der »Straßburger Neuen Zeitung« (Nr. 325) eine positive Kritik aus kulturpolitischer Sicht von René Schickele, und am gleichen Tage, an dem die »Straßburger Post« Stadlers Artikel veröffentlichte, brachte die »Straßburger Neue Zeitung« (Nr. 328) eine im ganzen lobende Rezension von Alexander Benzion, in der vor allem die dichterischen und künstlerischen Beiträge gewürdigt wurden. Die Anthologie wirkte anregend auf die vielfältigen Bemühungen um ein zeitgemäßes Verständnis der »elsässischen Kulturfrage«. 1913 veröffentlichten z. B. die »Cahiers Alsaciens« in ihrem Juli-Heft (Nr. 10) einen Aufsatz von P. E. König, der aufgrund seines Inhalts – der Würdigung französisch-elsässischer Dichter – und durch seinen Titel »Mon Jardin Alsacien« ein Gegenstück zum »Elsässischen Garten« darstellt.*
395 *Im letzten Sommer ... dürfe.*] *In seiner Hauptversammlung vom 4. 2. 1912 beschloß der »Alsabund«, ein kleiner, traditionalistisch und reichsdeutsch orientierter Verein zur Pflege der Literatur, Kunst, Geschichte und Heimatkunde im Elsaß, sich für die Sammlung aller literarisch und künstlerisch schaffenden Kräfte unseres engeren Heimatlandes zu öffnen (vgl. »Das literarische Elsaß. Organ des Alsabundes«, 1912, H. 3, Januar-Februar, S. 64). Am 3. Juni 1912 kam die »Literarische Rundschau« (Beilage der »Straßburger Neuen Zeitung«, Nr. 152) auf diesen Beschluß zurück, wobei zugleich Zweifel geäußert wurden, ob der »Alsabund« mit seiner Zeitschrift der geeignete Träger für die Vereinigungsbestrebungen sei. Um diese Frage zu klären, wurde an elsässische Schriftsteller eine Rundfrage gerichtet »Wie kann das vom Alsabund angestrebte Reformwerk verwirklicht werden?«. Die Antworten – u.a. von René Prévôt, Ernst Stadler, Karl Gruber, Otto Flake, Ulrich Rauscher –*

wurden in der »Literarischen Rundschau« am 24. 6., 1. 7. und 8. 7. 1912 (Nr. 173, Nr. 180, Nr. 187) veröffentlicht. In ihrer Mehrzahl lehnten sie den Plan des »Alsabundes« ab. In Stadlers Antwort heißt es: Wie gedenkt der Alsabund sein Reformwerk zu verwirklichen? Indem er neue Mitarbeiter zu gewinnen sucht und im übrigen alles beim alten läßt. Hier scheint mir der verhängnisvollste Irrtum der Herausgeber zu liegen. Sie glauben im Ernst daran, daß sich ihr Vereins- und Dilettantenblatt durch eine langsam emporführende Evolution zum führenden Organ allgemeinen elsässischen Geisteslebens entwickeln könne. Aber zu solcher Umwandlung braucht es doch wohl bewußter Energien (...) Offen gestanden: eine Vereinigung sämtlicher in unserem Lande wirkenden Kräfte scheint mir weder ernstlich durchführbar, noch überhaupt wünschenswert. So etwas läßt sich wohl bei viel guten Willen und gegenseitig gewährten Entgegenkommen im Einzelfall realisieren (wie es dem Verlag Trübner wirklich mit seinem Elsässischen Garten gelungen scheint). Die Einheit der zu erstrebenden elsässischen Zeitschrift scheint mir indessen ganz anderswo zu liegen, als in der planlosen Zusammenschließung heterogenster Elemente. Und ihre Aufgabe wäre eine andere, als jedem elsässischen Skribenten bis herab zum kleinsten Versemacherlein zum Druck zu verhelfen. Warum übersieht man in gewissen Kreisen geflissentlich alles, was von Elsässern jenseits der Grenze oder in französischer Sprache produziert wird? Ist es weniger »elsässisch«, als die Produktion zufällig und oft erst seit kurzem ins Land Eingewanderter? Die wirklich wertvollen Kräfte auf beiden Seiten der Vogesen und ohne Rücksicht auf die Sprache in einer gemeinsamen Zeitschrift sich begegnen zu lassen, das scheint mir ein Gedanke, der eine unendlich viel wichtigere elsässische Einheit verbürgte und zugleich an der vornehmsten Kulturmission des Elsasses mitwirkte, durch geistigen Austausch ein tieferes Verständnis der beiden Nationen anzubahnen. *(»Literarische Rundschau. Beilage der Straßburger Neuen Zeitung« vom 1. 7. 1912, Nr. 180.)*
Die unter dem Titel »Um den Alsabund« gebrachten Stellungnahmen wurden abgeschlossen durch eine Erwiderung eines Mitgliedes dieses Vereins. (»Literarische Rundschau«. Beilage der »Straßburger Neuen Zeitung« vom 15. 7. 1912, Nr. 194; vgl. auch: »Das literarische Elsaß«, 1912, H. 6, Juli–August–September, S. 220–221.)
In den folgenden Einzelerläuterungen beziehen sich die Verweisungen: a. a. O. mit Seitenangabe stets auf das Buch »Der Elsässische Garten«.

396 Lienhards eigenen Worten in diesem Blatt] *Vgl. »Straßburger Post« vom 7. 11. 1912, Nr. 1294: »Der elsässische Garten. Ein Einführungswort von Friedrich Lienhard«. Zu Lienhard vgl. Stadlers Aufsatz über ihn, S. 294–306 und Erläuterungen hierzu.*

396 Gruber in der »Zeitgenössischen Dichtung des Elsaß«] *Karl Gruber, »Zeitgenössische Dichtung des Elsasses«. Straßburg 1905. Zu Gruber vgl.*

Der Elsässische Garten

Erläuterung zu Stadlers Aufsatz »Die Brüder Matthis«, S. 361 und Erläuterung zu Brief 6.
398 Helisaeus Roeßlin (1593) und Martin Zeiler (1632)] *»Der Elsässische Garten«, S. 81 und 216.*
398 Goethe und Daudet] *A. a. O., S. 3 und 82–83.*
398 August Kassel] *»Meßti Anno 1860.«, a. a. O., S. 53–67.*
398 B. Huhn ... Chr. Bouchholz] *»Elsässer in Amerika.«, a. a. O., S. 93–97. – »Elsässische Salons.«, a. a. O., S. 239–240.*
398 Lienhard] *»Ein Originalbrief Oberlins.«, a. a. O., S. 171–173.*
398 Brief Lilis v. Türckheim, den Franz Schultz mitteilt] *»Ein Brief Lillis von Türckheim«, a. a. O., S. 175–181. (Orthographie und Interpunktion im Zitat bei Stadler abweichend von der Vorlage.)*
399 E. R. Curtius] *»Stunden im Straßburger Münster«, a. a. O., S. 225–227.*
399 Ulrich Rauscher] *»Ein Gang durch Straßburg«, a. a. O., S. 217–224. Zu Rauscher vgl. Erläuterung zu Brief 48.*
399 F. Dollinger] *»Le Château des Rohan à Strasbourg«, a. a. O., S. 183–193.*
400 Flake ... kleinen Büchlein über Straßburg] *Otto Flake, »Straßburg und das Elsaß«. Stuttgart 1908. (Städte und Landschaften. 8.) Zu Flake vgl. Erläuterung zu Brief 6.*
400 Aufsatz Karl Grubers] *»Auf elsässischen Burgtrümmern«, a. a. O., S. 73–81.*
400 Wasgauherbst] *Karl Gruber, »Ein Wasgauherbst. Von der Schönheit der Nordvogesen«. Straßburg 1909.*
400 Flake] *»Liebfrauental«, a. a. O., S. 31–34.*
400 H. K. Abel] *»Naturbilder aus den Hochvogesen«, a. a. O., S. 6–14. Zu Abel vgl. Erläuterung zu Stadlers Rezension des Romans »Die Elsässische Tragödie«, S. 385.*
400 P. Paulin] *»Lothringer Stimmungsbilder.«, a. a. O., S. 99–103.*
400 Studie Fleurents] *J. Fleurent, »Mathias Grünewald«, a. a. O., S. 159 bis 168.*
400 Aufsatz Spindlers] *C. Spindler, »Un artiste alsacien: Gustave Doré«, a. a. O., S. 199–210.*
401 Th. Knorr] *»Miniaturen«, a. a. O., 211–215.*
401 P. Hoffmann] *»Le monument des Guérin à Strasbourg«, a. a. O., S. 194–198.*
401 Lika Marowska ... Beecke] *Lika Marowska (geb. 1889 in Metz), elsässische Malerin, Schülerin des Malers Heinrich Beecke. Vgl. Brief 48 und die Erläuterungen dazu.*
401 Schickeles Katzengedicht] *»Katzen«, a. a. O., S. 246–247. Vgl. René Schickele, »Weiß und Rot«. Gedichte« Berlin 1910. S. 114–115. – Ders., »Meine Freundin Lo«, Abschnitt »Lo und die Katzen«.*
401 Weiß und Rot] *Schickeles Gedichtsammlung (Berlin 1910). Vgl. Stadlers Rezension, S. 307–315.*

Apparat: Kritische Schriften

401 Philipp Kamm] *Illustrationen zu F. Kauffmann, »Ein Unbesiegter«, a.a.O., S. 42–46.*
401 Rosa Jordan ... P. Welsch] *A.a.O., S. 6, 49, 50, 51, 82, 89, 105, 113, 195.*
401 Braunagels köstliche Typen] *P. Braunagel, »Alte Straßburger«, a.a.O., nach S. 32. Zu Braunagel vgl. Brief 48 und Erläuterungen.*
401–402 Sattlers schön komponiertes Wandgemälde] *J. Sattler, »Hunnen plündern ein Kloster«, a.a.O., nach S. 80.*
401 Seebachs Gimpelmarkt ... Studie von Ebel] *L. v. Seebach, »Straßburger Gimpelmarkt«, a.a.O., nach S. 64; J. Ebel, »Studie«, a.a.O., nach S. 96.*
402 Musikbeilagen von Erb ... E. Mawet] *A.a.O., S. 131–132; 241–244; 254–257.*
402 kulturelle Arbeit] *Hierzu ist auch Stadlers eigener Beitrag zu rechnen: »Deutsch-Französisches«, a.a.O., S. 248–250, der unter anderem Titel »Die neue französische Lyrik« in der Zeitschrift »Der lose Vogel« 1912 erschien (in dieser Ausgabe, S. 425–430).*

ZUR AUSLÄNDISCHEN LITERATUR

403–415: Henrik Ibsen

Überlieferung:
Literarische Rundschau der Straßburger Neuen Zeitung vom 31. 10. 1909, Nr. 6 und vom 7. 11. 1909, Nr. 7. Zum Titel ist in Nr. 6 der Zeitung als Fußnote vermerkt: Aus einem Vortrag, gehalten am 6. Oktober im Straßburger Herderbund.
Ergänzung: S. 410: I. Emendationen: S. 405: allen ihren] allein ihren *S. 406:* Diese Aufgabe] Diese Aufgaben *S. 407:* Alles Dunkle] Alles Dunkel *S. 409:* vor Dir] von Dir *S. 410:* »Der Wollende siegt«, sagt Maximos] Der Wollende siegt«, sagt Maximo *S. 412:* Dienerin] Dichterin *S. 415:* Gipfeln.] Gipfeln
Erläuterungen:
403 Henrik Ibsen] *Die einzelnen Werke des norwegischen Dichters (1828–1906), der viele Jahre in Deutschland lebte, wurden jeweils kurz nach ihrem Erscheinen in der Originalsprache ins Deutsche übertragen. Eine erste Gesamtausgabe brachte der S. Fischer-Verlag heraus: »Henrik Ibsens Sämtliche Werke in deutscher Sprache. Durchgesehen und eingeleitet von Georg Brandes, Julius Elias, Paul Schlenther«. 10 Bände. Berlin 1898–1904. (Im folgenden zitiert: Sämtliche Werke.) Stadlers Vortrag ist ein aufschlußreiches Zeugnis für die Entwicklung seiner Künstler-Auffassung und für die Verwandtschaft seiner Ibsen-Deutung mit der neuromantischen Ibsen-Rezeptionsweise, vertreten z.B.*

von Kritikern wie Leo Berg, Hermann Bahr und Alfred Kerr. Vgl. hierzu David E. R. George, »Henrik Ibsen in Deutschland. Rezeption und Revision«. Göttingen 1968 (Palaestra. 251.). S. 44–59.

403 »Gespenster«] Erstveröffentlichung in norwegischer Sprache: 1881. Erste deutsche Übersetzung: 1884. Über die ersten Aufführungen des Stücks auf deutschen Bühnen berichtet Paul Schlenther in der Einleitung zu Bd. 7 der »Sämtlichen Werke« (S. XVIII–XX), mit den Details, die auch Stadler erwähnt.

403 Heyse] Vgl. Stadlers Aufsatz »Paul Heyse. Zum 80. Geburtstag«, S. 271–275 und Erläuterungen dazu.

404 Aufnahme Shakespeares in Deutschland] Vgl. Stadlers Habilitationsschrift »Wielands Shakespeare« (Straßburg 1910), seine Besprechung von Friedrich Gundolfs Buch »Shakespeare und der deutsche Geist« (S. 321–325) und die Mitteilungen über seine Oxforder Examensarbeit »The History of Literary Criticism of Shakespeare in Germany« (Briefe 15 und 16 und Erläuterungen dazu).

405 »Was gar nicht ... Verzückungen.«] »Wenn wir Toten erwachen. Ein dramatischer Epilog in drei Akten«. In: Sämtliche Werke. Bd. 9. S. 186 (Zitat abweichend).

405 »Alles, was ich gedichtet habe ... Menschenschilderung gewesen.«] »Beim Fest des norwegischen ›Vereins für die Sache der Frau‹. 26. Mai 1898«. In: Sämtliche Werke. Bd. 1. S. 535.

405 Skule der »Kronprätendenten«] Jarl Skule, Figur im historischen Schauspiel »Die Kronprätendenten«. Erstveröffentlichung in norwegischer Sprache: 1863; erste deutsche Übersetzung: 1872 (Sämtliche Werke. Bd. 3. S. 201–350).

406 Dichten Gerichtstag halten über sich selbst] Ein Vers«, Z. 3–4: Dichten – Gerichtstag halten / Über sein eignes Ich. In: Sämtliche Werke. Bd. 1. S. 167.

406 Hebbel, mit dem man ihn oft verglichen hat] Dieser Vergleich ist ein Kennzeichen der neuklassizistischen Rezeption Ibsens nach 1900, repräsentiert z. B. von Wilhelm von Scholz, Paul Ernst und Samuel Lublinski. (Vgl. David E. R. George, a.a.O., S. 67–74.)

406 »Schüttle alles ab ... fördern.«] Friedrich Hebbel, »Tagebücher«. Bd. 3: 1845–1854. In: Sämtliche Werke. Historisch-kritische Ausgabe. Hg. von R. M. Werner. Abt. 2. Berlin 1905. S. 47.

406–407 »In seiner Lebensführung ... verpfuschen sie.«] Ibsens Brief an B. Björnson, Gossensaß, August 1882. In: Sämtliche Werke. Bd. 10. S. 316–317.

407 »Widerspruch ... Möglichkeit,«] Vorwort zur zweiten Ausgabe des »Catilina«. In: Sämtliche Werke. Bd. 1. S. 543.

407 »Stiefkind Gottes auf Erden.«] »Die Kronprätendenten«, Schluß des 5. Aktes. In: Sämtliche Werke. Bd. 3. S. 350: Skule Bårdsson war Gottes Stiefkind auf Erden –

Apparat: Kritische Schriften

407 »über den die Forderungen ... vollbracht hat.«] *»Die Kronprätendenten«, 2. Akt. In: Sämtliche Werke. Bd. 3. S. 234.*
408 Brief an Brandes] *Brief vom 26. Juni 1869. In: Sämtliche Werke. Bd. 10. S. 125–126.*
408 »Alles oder Nichts«] *Leitmotivisch wiederholt in »Brand«. In: Sämtliche Werke. Bd. 4. S. 1–203.*
408 »Gott ... wie er«] *»Brand«, 3. Akt:* Gott ist so hart nicht wie mein Sohn. *In: Sämtliche Werke. Bd. 4. S. 85.*
409 »Sag mir Gott ... Deus Caritatis,«] *»Brand«, Schluß des 5. Aktes. In: Sämtliche Werke. Bd. 4. S. 203.*
409 Mit den Wölfen ... steht geschrieben.«] *»Peer Gynt«, gegen Schluß des 4. Aktes. In: Sämtliche Werke. Bd. 4. S. 335.*
409 in dem »Großen Krummen«] *Szene im 2. Akt von »Peer Gynt«. In: Sämtliche Werke. Bd. 4. S. 260–263.*
410 Riesendrama »Kaiser und Galiläer«] *»Kaiser und Galiläer. Ein weltgeschichtliches Schauspiel in zwei Teilen.« 1. Teil: »Cäsars Abfall«, 2. Teil: »Kaiser Julian«. In: Sämtliche Werke. Bd. 5. S. 1–318.*
410 nachdem Rom ... Politikern«] *Brief an G. Brandes, Dresden 20. Dezember 1870. In: Sämtliche Werke. Bd. 10. S. 155:* So hat man denn also jetzt Rom uns Menschen weggenommen und es den Politikern überantwortet.
410 nach den Worten des Knopfgießers] *»Peer Gynt«, 5. Akt:* Das soll man ahnen. *In: Sämtliche Werke. Bd. 4. S. 380.*
410 sein Wollen kein Wollen müssen] *»Kaiser und Galiläer«, 2. Teil: »Kaiser Julian«, 5. Akt:* Maximos vor der Leiche Julians: »Du Schlachtopfer der Notwendigkeit? – Was ist das Leben wert? Alles ist Spiel und Tand! – Wollen heißt wollen müssen.« *In: Sämtliche Werke. Bd. 5. S. 317.*
410 »Der Wollende siegt«] *»Kaiser und Galiläer«, 2. Teil: »Kaiser Julian«, 5. Akt. In: Sämtliche Werke. Bd. 5. S. 302.*
411 Wahrheiten, die »in der Regel ... selten länger«] *»Ein Volksfeind«, 4. Akt. In: Sämtliche Werke. Bd. 7. S. 179.*
411 »Jede neue Dichtung ... dienen«.] *Brief an L. Passarge, München, 16. Juni 1880. In: Sämtliche Werke. Bd. 10. S. 290:* Jede neue Dichtung hat für mich selbst den Zweck gehabt, als geistiger Befreiungs- und Reinigungsprozeß zu dienen.
412 das gleichsam unterirdische Gespräch ... »Wildente«] *»Die Wildente«, 3. Akt. In: Sämtliche Werke. Bd. 7. S. 272–277 und 279.*
412 »Die tote Frau hat sie geholt«] *»Rosmersholm«, Schluß des 4. Aktes. In: Sämtliche Werke. Bd. 8. S. 107:* Die Selige hat sie geholt.
414 »Solneß: Achten ... immer wieder.«] *»Baumeister Solneß«, 2. Akt. In: Sämtliche Werke. Bd. 8. S. 395.*
414 »Du bist ein Mörder! ... gemordet.] *»John Gabriel Borkman«, 2. Akt. In: Sämtliche Werke. Bd. 9. S. 133.*

414 Dichter, bist Du ... erfüllen.«] *»Wenn wir Toten erwachen«, 2. Akt. In: Sämtliche Werke. Bd. 9. S. 230–231.*

414 »ein Leben in Sonnenschein ... zu Tode zu plagen.«] *»Wenn wir Toten erwachen«, 2. Akt. In: Sämtliche Werke. Bd. 9. S. 219.*

414 »die von dieser Welt ... rätselvollen Welt.«] *»Wenn wir Toten erwachen«, 3. Akt. In: Sämtliche Werke. Bd. 9. S. 248.*

415 »Menschen, wie ich ... letzten Tag.«] *»Wenn wir Toten erwachen«, 2. Akt. In: Sämtliche Werke«. Bd. 9. S. 220.*

415 »Ich liebe euch ... liebe euch.«] *»John Gabriel Borkman«, 4. Akt. In: Sämtliche Werke. Bd. 9. S. 173.*

415 Zukunftsideal des dritten Reiches] *Vgl. »Kaiser und Galiläer«, 1. Teil: »Cäsars Abfall«, 3. Akt:* MAXIMOS. Das dritte ist das Reich des großen Geheimnisses, das Reich, das auf den Baum der Erkenntnis und des Kreuzes zusammen gegründet werden soll, weil es sie beide zugleich haßt und liebt, und weil es seine lebendigen Quellen in Adams Garten und unter Golgatha hat. JULIAN. Und das Reich wird kommen –? MAXIMOS. Es steht vor der Tür. *(Sämtliche Werke. Bd. 5. S. 74.) Ferner: 2. Teil »Kaiser Julian«, 3. und 4. Akt (Sämtliche Werke. Bd. 5. S. 246 und 284.) Vgl. auch Vorwort zu diesem Band, a. a. O., S. XVII–XVIII.*

416–424: Charles De Coster

Überlieferung:
Das Neue Elsaß. Jg. 1 (1911), Nr. 14 (1. April). S. 215–218. In einer Fußnote zum Titel des Aufsatzes wird der Hinweis auf die (ersten) deutschen Übersetzungen von Werken De Costers gegeben: »Tyll Ulenspiegel und Lamm Goedzak« (...) Deutsch von Fr. von Oppeln-Bronikowski. Jena 1909. – »Flämische Legenden«. Deutsch von M. Lamping und Fr. von Oppeln-Bronikowski. Jena 1911. Der Aufsatz wurde noch im selben Jahr wiederabgedruckt: »Die Aktion«, Jg. 1 (1911), Nr. 32 (25. September), Sp. 1003–1006 und Nr. 33 (2. Oktober), Sp. 1037–1040.
Emendation: S. 420: beschwichtigend] beschwichtend
Erläuterungen:
416 Charles De Coster] *Über das Leben des belgischen Dichters Charles-Théodore-Henri De Coster (1827–1879), dessen Ruhm sich vor allem auf sein Buch »La Légende d'Ulenspiegel« (erstmals erschienen 1867) gründet, konnte sich Stadler u. a. informieren bei: Ch. Potvin, »Charles De Coster. Sa Biographie. Lettres à Élisa«. Bruxelles 1894. (Im folgenden zitiert: Potvin.) Mit seiner Würdigung De Costers steht Stadler am Anfang der Wirkungsgeschichte dieses Autors in Deutschland, die durch die obengenannte Übersetzung seines Hauptwerks eingeleitet wurde. (Vgl. das Vorwort von Fr. von Oppeln-Bronikowski zu den »Flämischen Legenden«, S. III. – Leo Ehlen, »Charles de Coster«. In: Mitteilungen der literarhistorischen Gesellschaft Bonn, Jg. 7, 1912, H. 4,*

S. 83–98; H. 8, S. 181–203.) *Die Forschung über De Coster ist weitergeführt worden vor allem von Joseph Hanse:* »*Charles De Coster*«. *Bruxelles (1928). (Académie Royale de Langue et de Littérature françaises de Belgique. Mémoires. III.) (Im folgenden zitiert als: Hanse.)*

416 ein Denkmal] *Das Denkmal wurde 1894 eingeweiht. Camille Lemonnier (1844–1913), ein Freund De Costers, hielt die Einweihungsrede (abgedruckt in:* »*Inauguration du monument élevé par l'administration communale d'Ixelles à Charles De Coster. Le Juillet 1894*«. *Bruxelles 1894).*

416 Est-ce qu'on enterre Ulenspiegel . . . ans Ende eines Buches] »*La légende et les aventures héroïques, joyeuses et glorieuses d'Ulenspiegel et de Lamme Goedzak au pays de Flandres et ailleurs*«.

416 »Roman einer Rasse«, wie Lemonnier rühmte] »*Funérailles de Charles De Coster. 1827–1879*«. *Ixelles-Bruxelles 1879. S. 7:* Ceci (...) est mieux qu'un roman: c'est une épopée. (...) c'est le poëme d'une race.

416 des belgischen Nuntiaturintendanten] *Augustin-Joseph De Coster, der Vater des Dichters, gebürtiger Flame, hatte in Österreich das Amt eines Intendanten für den päpstlichen Nuntius, den Grafen Charles Mercy d'Argenteau, inne.*

417 »Avec des passions . . . chiffonier.«] *De Coster, Lettres à Élisa, Nr. 88 (Potvin, S. 157).*

417–418 »Et dire . . . cet animal.«] *Lettres à Élisa, Nr. 71 (Potvin, S. 145).*

418 »Je n'ai pas une tête scientifique moi.«] *Lettres à Élisa, Nr. 73 (Potvin, S. 146).*

418 literarischer Club] »*Lothoclo*«, *dem De Coster nach 1850 angehörte und für dessen Publikationsorgan er Beiträge lieferte.*

418 »verblödenden Einfluß der griechischen Grammatik und der transcendentalen Philosophie.«] *Lettres à Élisa, Nr. 73 (Potvin, S. 146–147):* l'influence crétinisante du grec approfondi et de la philosophie transcendante.

418 »Société des Joyeux«] *Künstlerischer Zirkel, 1847 in Ixelles gegründet.*

418 »Uylenspiegel«] *Die politisch-satirische Zeitung war 1858 u. a. von dem Maler Félicien Rops gegründet worden.*

418 »Histoire d'un ami«] *In:* »*Uylenspiegel*« *vom 17. 2. 1856.*

418 »Contes Brabançons«] *Das Buch erschien 1861.*

418 »Revue trimestrielle« . . . »Les frères de la bonne trogne«] *Hier irrt Stadler: Nicht die* »*Revue trimestrielle*«, *die zwar auch mehrere Texte von De Coster publizierte, sondern der* »*Uylenspiegel*« *druckte* »*Les Frères de la Bonne Trogne*« *zuerst ab: am 27. Juli, 3. und 10. August 1856 (vgl. Hanse, a. a. O., S. 93).*

418 Rabelais] *François Rabelais (1494?–1553?), franz. Satiriker, Verfasser des Romans* »*Pantagruel*« *bzw.* »*Gargantua. La vie inestimable du grand Gargantua, père de Pantagruel*« *(1532–1564), war Gegenstand jahrelanger Studien De Costers.*

418 eine Episode des Romans ... gargantuesken Zechgesellschaft] *»Ulenspiegel«, Buch 1, Kapitel 36.*
418 die »Vlämischen Legenden« ... begeistertes Vorwort.] *»Legendes flamandes« (1858). Das Buch ist u. a. illustriert von Adolphe Dillens und Félicien Rops. — Die »Pariser Ausgabe« trägt ebenfalls das Erscheinungsjahr 1858. — Émile Auguste Étienne Deschanel (1819–1904), französischer Journalist.*
421 Zerrbilder Karls V. und Philipps II.] *Unter Philipp II., König von Spanien (1556–1598), dem Sohn des deutschen Kaisers Karls V. (1519–1556), kam es 1566 in Flandern zum gewaltsamen Widerstand gegen die spanische Herrschaft. Der Freiheitskampf der Niederlande gegen Spanien dauerte bis 1648.*
421 »Begräbt man ... niemals.«] *Schluß des »Ulenspiegel« (vgl. oben Erläuterung zu S. 416 Est-ce qu'on enterre Ulenspiegel ...).*
422 Henri Conscience] *Henri Conscience (1812–1883), Mitbegründer der neuflämischen Literatur, gestaltete in Novellen und Romanen Stoffe der flämischen Vergangenheit. Eine Gesamtausgabe seiner Werke in 10 Bänden erschien 1867–1880.*
422 Roman de Renard] *Der »Roman de Renart« ist unter den nordfranzösischen Bearbeitungen der alten Tiersage, die im 13./14. Jahrhundert entstanden, die berühmteste. Eine vierbändige Ausgabe veranstaltete 1826 Méon. (Ernst Martin übrigens, der Universitätslehrer Stadlers, gab 1882–1887 eine dreibändige Edition heraus und veröffentlichte 1887 seine »Observations sur le roman de Renart«.)*
422 Einsiedlers von Groenendael ... Jean von Ruysbroek] *Johannes von Ruysbroek (1293–1381), bedeutender Mystiker, der seine Schriften teils in lateinischer, teils in flämischer Sprache schrieb, war Vikar in Brüssel und zog sich im Alter von 60 Jahren in das Augustinerkloster Groenendael (in der Nähe von Waterloo) zurück.*
422 Reinaert ... bekennt] *Die flämische Gestaltung der Tiersage von Reineke Fuchs, »Reinaert de Vos«, im 19. Jahrhundert mehrfach herausgegeben, u. a. von Jacob Grimm (1834), Jonckbloet (1835) und Ernst Martin (1874). — Die Stelle, auf die Stadler vielleicht anspielt, steht im 32. Kapitel des 3. Buches von »Ulenspiegel«: Ich bin (...) die Person eines armen vlämischen Fuchses (...). Vgl. hierzu Hanse, a. a. O., S. 181.*
423 Georges Eckhoud] *Zu Eekhoud vgl. Erläuterung unten.*
423 »jusque dans leurs ombres, leurs tares et leurs vices.«] *Vgl. Georges Eekhouds »Milices de saint François« (Bruxelles 1886), Widmung für Iwan Gilkin. Der Widmungstext, der Eekhouds schriftstellerisches Credo wiedergibt, lautet: Malgré les civilisateurs, les moralistes et les utilitaires, j'exalte mon terroir, ma race et mon sang jusque dans leurs ombres, leurs tares et leurs vices.*
423 jener großen Zeit des Befreiungskampfes] *Vgl. oben Erläuterung zu S. 421 Zerrbilder Karls V. und Philipps II.*

Apparat: Kritische Schriften

423 Jordaens] *Jacob Jordaens (1593–1678), niederländischer Maler.*
423 Jan Steen] *Niederländischer Maler (1626–1679).*
423 Rubens ... an die Freude.] *Die Aussage über Rubens findet sich bei Émile Verhaeren am Anfang seiner Schrift »Pierre Paul Rubens«. Bruxelles 1910.*
423 »Voir le peuple ... le peuple.«] *Lettres à Élisa, Nr. 146 (Potvin, S. 203).*
424 Der Verhaeren der »Flamandes« und des »Toute la Flandre«] *Émile Verhaerens (1855–1916) erster Gedichtband »Les Flamandes« erschien 1883 in Brüssel, sein Gedichtzyklus »Toute la Flandre« in den Jahren 1904 (»Les tendresses premières«), 1907 (»La guirlande des dunes«), 1908 (»Les héros«), 1910 (»Les Villes à pignons«) und 1911 (Les Plaines«). – Zu Verhaeren als literarischem Wegbereiter modernen Lebens- und Weltgefühls und neuer sprachlicher Ausdrucksmöglichkeiten vgl. Stadlers Aussagen in den Besprechungen von Babs »Neue Wege zum Drama«, von Werfels »Wir sind« und in der Vorlesung »Geschichte der deutschen Lyrik der neuesten Zeit« (S. 325; S. 345; S. 456, 462, 467; außerdem Gier, S. 167, 174–177, 187–188). Seine Wertschätzung für Verhaeren hat Stadler auch unmittelbar zum Ausdruck gebracht, indem er ihm ein Exemplar des »Aufbruch« widmete:* A Monsieur Emile Verhaeren en grande admiration. Bruxelles mai 1914. E. Stadler. *(Das Exemplar befindet sich in der Bibliothèque Royale in Brüssel.)*
424 Eckhoud] *Georges-Jean-Henri Eekhoud (1854–1927), ein Bewunderer Émile Zolas und Henri Conscience', veröffentlichte 1883 seinen ersten Roman »Kees Doorik. Scènes de Polder«, worin zum ersten Mal seine Sympathie für die sozial Ausgestoßenen und Unterdrückten bekundet ist, und 1884 eine Sammlung von Erzählungen »Kermesses«, der 1887 die »Nouvelles Kermesses« folgten. Für seinen Roman »La Nouvelle Carthage« (1888), dessen Schauplatz Antwerpen ist, erhielt Eekhoud 1894 einen Literaturpreis. Im gleichen Jahr wurde er einer der ersten Lehrer der Université Libre de Bruxelles, der er bis 1918 verbunden blieb.*
424 Maeterlinck] *Maurice Maeterlinck (1862–1949), belgischer Symbolist, dessen Werk durch einen Grundzug von Melancholie und Dekadenz, dessen sprachliche Form durch raffinierte Reize gekennzeichnet ist, hatte – vor allem um die Jahrhundertwende – eine immense Wirkung, wie die Vielzahl von Übersetzungen seiner Texte und von Aufführungen seiner Dramen dokumentiert. (Vgl. R. Brucher, »Maurice Maeterlinck. L'oeuvre et son audience. Essai de bibliographie 1883–1960«. Bruxelles 1972.) Stadler hielt 1913 in Oxford einen Vortrag über Maeterlinck.*

425–430: Die neue französische Lyrik

Überlieferung:
Der lose Vogel. Jg. 1 (1912), Nr. 5, S. 166–171. Die Hefte dieser Zeitschrift, herausgegeben von Franz Blei, erschienen zunächst einzeln und wurden dann als Sammelausgabe mit dem Impressum 1913 herausgebracht. Die Beiträge sind nicht namentlich gezeichnet, im Vorwort zur Sammelausgabe werden jedoch

Die neue französische Lyrik

summarisch die Namen der Verfasser genannt. Einer von ihnen ist R. Stadler, den Helmut Gier als Ernst Maria Richard Stadler identifiziert und schlüssig als Verfasser des Aufsatzes »Die neue französische Lyrik« erwiesen hat (Gier, S. 183 und S. 446). – Eine Teilfassung von Stadlers Aufsatz war 1912 unter dem Titel »Deutsch-Französisches« in der Anthologie »Der Elsässische Garten. Ein Buch von unsres Landes Art und Kunst«. Hg. von Friedrich Lienhard, Hans Pfitzner, Carl Spindler. Straßburg 1912. S. 248–250, erschienen. Vgl. Stadlers Rezension dieses Buches, S. 395–402.

Erläuterungen:

425 Vor Bizets Carmen] *Mit einer Schilderung seines Erlebnisses von Georges Bizets Oper »Carmen« beginnt Nietzsche seine Schrift »Der Fall Wagner. Ein Musikanten-Problem«, die erstmals 1888 in Leipzig erschien. – Über Stadlers Verhältnis zu Nietzsche vgl. seine Vorlesung »Geschichte der deutschen Lyrik der neuesten Zeit«, S. 453–470.*

425 »vom feuchten Norden ... Ideals«] *Nietzsche, »Der Fall Wagner«. Leipzig 1888. In: Nietzsche, Werke. Kritische Gesamtausgabe hg. von G. Colli und M. Montinari. Abt. 6, Bd. 3. Berlin 1969. S. 9.*

425 Nietzsches Erstlingswerk] *»Die Geburt der Tragödie aus dem Geiste der Musik«. Leipzig 1872.*

426 Georges unvergänglicher Ruhm] *An früherer Stelle hatte Stadler über Georges dichterisches Werk gesagt, daß es wie kaum ein anderes die unerbittlich folgenstrenge Entfaltung eines mit strengster Forderung sich selbst beherrschenden Geistes darstelle. (Rezension von: Stefan George. Selection from his works. Translated into English by Cyril Scott. London 1910. In: Das literarische Echo. Jg. 12 (1909/1910), H. 24 (September 1910), Sp. 1790–1791.) Das Werk von Stefan George (1868–1933) hat auf Stadler nachhaltigen Einfluß geübt (vgl. vor allem: K. L. Schneider, »Kunst und Leben im Werk Ernst Stadlers«. In: Ders., Zerbrochene Formen. Hamburg 1967 und: Gier, passim). Das dichterische Oeuvre Georges ebenso wie seine programmatisch formulierten Anschauungen über Kunst, von ihm selbst oder von seinem Kreis »vor allem in den »Blättern für die Kunst« vorgetragen, lag bis zum Zeitpunkt von Stadlers Aufsatz in großen Teilen vor. (Vgl. Georg Peter Landmann, »Stefan George und sein Kreis. Eine Bibliographie«. Ergänzte und nachgeführte 2. Aufl. Hamburg 1976. S. 14–88.)*

426 »heilige Heirat«] *Vgl. Erläuterung zu S. 426 ein Wort Georges.*

426 »eines zugleich ... Helle«] *Zitat aus Georges Gedicht »Widmung«, das zuerst in den »Blättern für die Kunst« (9. Folge, 1910, S. 35–36) erschienen und später in den »Stern des Bundes« aufgenommen wurde.*

426 »Goethes letzte Nacht in Italien«] *Das Gedicht erschien zuerst in den »Blättern für die Kunst« (8. Folge, 1909, S. 34–37). George nahm es in seinen letzten Lyrikband auf: »Das neue Reich« (1928).*

426 »Blätter für die Kunst«] *Zeitschrift des George-Kreises. Von Stefan George 1892 begründet. Erschien bis 1919.*

Apparat: Kritische Schriften

426 ein Wort Georges] *Der Satz, auf den Stadler anspielt, findet sich in einem nicht gezeichneten Beitrag zu den »Blättern für die Kunst« (9. Folge, 1910, S. 2) unter dem Titel »Das Hellenische Wunder«. Er handelt über unsre führenden Geister· voran Goethe· und ihre Bewunderung für die griechische Antike. Der Satz lautet:* Freilich verlangten diese führenden geister nicht ein äusserliches nachzeichnen das zu dem gerügten Klassizismus führte· sondern eine durchdringung· befruchtung· eine Heilige Heirat.
426 »Von einer ganzen Jugend ... nichts«.] *Zitat aus »Das Zeitgedicht« von George, das erstmals in den »Blättern für die Kunst« (6. Folge, 1903, S. 1) erschienen war, dann in den Gedichtband »Der siebente Ring« 1907 (2. Aufl. 1909) aufgenommen wurde. (Bei George steht nicht* ahntet, *sondern* rietet.*)*
426 »Herrschaft und Dienst«] *Über dieses Thema hatte Friedrich Wolters (1876–1930), einer der ergebensten Anhänger Georges, 1909 in den »Blättern für die Kunst« gehandelt (8. Folge, S. 133–138). Unter dem gleichen Titel legte er eine größere Schrift vor (Friedrich Wolters, »Herrschaft und Dienst.« Einhorn-Presse. Berlin 1909).*
427 Rudolf Kassner] *Stadler bezieht sich auf eine Arbeit von Rudolf Kassner (1873–1959), »Der Dilettantismus«, die 1910 erschienen war. (»Die Gesellschaft. Sammlung sozialpsychologischer Monographien«. Hg. von Martin Buber. Bd. 34. Vgl. Rudolf Kassner, »Sämtliche Werke«. Hg. von E. Zinn und K. E. Bohnenkamp. Bd. 3. 1976. S. 9–47.)*
428 »celui qui n'a pas du style«.] *Diese Äußerung findet sich in der genannten Arbeit von Kassner. Die Herausgeber der »Sämtlichen Werke« verweisen für sie auf eine (abweichend lautende, inhaltlich gleiche) Stelle in einem Brief Flauberts vom 29. September 1852 (Gustave Flaubert, »Correspondance«. Nouvelle Édition augmentée. Troisième Série 1852–1854. Paris 1927. S. 31).*
428 De la musique avant toute chose.] *Erster Vers des Gedichts »Art poétique« von Paul Verlaine.*
428 Tancrède de Visan] *Vgl. dessen Aufsatz »Le Romantisme allemand et le Symbolisme français«. In: Mercure de France, Bd. 88, 1910, Nr. 324, 16. Dezember, S. 577–591. Der Aufsatz ist auch enthalten in: Tancrède de Visan, »L'Attitude du Lyrisme contemporain«. Paris 1911. S. 397–423. – Tancrède de Visan (Pseudonym für Vincent Bietrix, 1878–1945) ist bekannt geworden vor allem als Historiker und Kritiker des Symbolismus, dessen Ästhetik er durch die Rezeption der Philosophie Bergsons erneuerte. In dem angeführten Aufsatz, in dem unter den deutschen Romantikern besonders Novalis hervorgehoben wird, verweist Tancrède de Visan auf einen bereits 1891 erschienenen Artikel (von Jean Thorel) zum gleichen Thema. Über den Zusammenhang zwischen deutscher Romantik und französischem Symbolismus handelt: Werner Vordtriede, »Novalis und die französischen Symbolisten«. Stuttgart 1963 (Sprache und Literatur. 8). Vgl. besonders S. 30–38.*
428 Laforgue] *Jules Laforgue (1860–1887), geboren in Montevideo, verbrachte seine Jugend in Paris und die Jahre 1881 bis 1886 in Deutschland als Vorleser*

Die neue französische Lyrik

der Kaiserin Augusta. Unter den deutschen Autoren waren für ihn von Bedeutung: Schopenhauer, Hegel, Heine und vor allem Eduard v. Hartmann. Sein Verständnis der deutschen Kultur kommt in dem Aufsatz »L'Art en Allemagne« zum Ausdruck. Impulse für die Entwicklung des sogenannten »vers libre« sind insbesondere von Laforgues »Derniers vers« ausgegangen, die 1890 erschienen. Laforgue und Vielé-Griffin (vgl. folgende Erläuterung) gehören zu den ersten französischen Autoren, die sich mit Walt Whitman beschäftigten (vgl. J. Schlaf, »Walt Whitman in Frankreich«. In: Das Neue Elsaß, Jg. 1, 1911, Nr. 15, 7. April, S. 231–233).

428 Vielé Griffin] *Francis Vielé-Griffin (1863–1937) gehörte als Dichter und Kritiker der symbolistischen Bewegung an, hielt sich aber frei von Tendenzen zur artistischen Esoterik. Aus seinem Aufsatz (*Une Conquête Morale« (erschienen in der Zeitschrift »La Phalange«, Jg. 2, 1907, Nr. 17, S. 415–422) zitierte Henri Ghéon in seinem Vortrag »Le Mouvement dans la poésie lyrique française« den Satz:* le vers libre est une conquête morale *(H. Ghéon, »Nos Directions«. Paris 1911. Editions de la Nouvelle Revue Française. S. 216). Zu Ghéon vgl. Erläuterung unten.*

429 Paul Claudel] *Das seit etwa 1907 in der französischen Literaturkritik entstandene hohe Ansehen des Dichters Paul Claudel (1868–1955) vergrößerte sich, als 1910 seine Oden erschienen: »Cinq grandes Odes, suivies d'un Processional pour saluer le siècle nouveau«. Paris 1910 (Bibliothèque de l'Occident). Zur Rezeption Claudels in Deutschland vgl. Gier, S. 173–174.*

429 Henri Ghéon] *Pseudonym für Henri Vaugeon (1875–1944), Dichter und Kritiker, Mitbegründer der Zeitschrift »La Nouvelle Revue Française«, in der er sich für den »vers libre« und eine lyrische Erneuerung des Theaters einsetzte.*

429 sagen konnte ... vorbereitet?] *Henri Ghéon, »Le Mouvement dans la poésie lyrique française«. In: Ders., »Nos Directions«. Paris 1911 (Éditions de la Nouvelle Revue Française.) S. 212.*

429 Charles Péguy] *Stadlers Wertschätzung für Charles Péguy (1873–1914) ist u. a. dadurch bezeugt, daß er einen Abschnitt aus dessen Schrift »Notre jeunesse«, erschienen in den »Cahiers de la Quinzaine« (série 11, Nr. 12, Paris 1910), ins Deutsche übersetzte. Mit der Veröffentlichung des Textes unter dem Titel »Republikanisches Heldentum« in der »Aktion« (Jg. 1912, Nr. 19, 8. Mai, Sp. 581–583) gab Stadler den Anstoß zur Rezeption Péguys speziell in dieser expressionistischen Zeitschrift (vgl. Gier, S. 254–263). Stadler soll beabsichtigt haben, auch einige Kapitel aus Péguys Schrift »De la situation faite au parti intellectuel dans le monde moderne devant les accidents de la gloire temporelle« (»Cahiers de la Quinzaine«, série 9, Nr. 1, Paris 1907) zu übersetzen. (Vgl. René Schickele, »Politik der Geistigen II«. In: »März«. Jg. 7, 1913, 22. 3., S. 441.)*

429 Andrè Spire, Charles Vildrac, Valéry Larbaud, Jules Romains] *André Spire (vgl. die folgende Erläuterung), Charles Vildrac (Pseudonym für Charles Messager, 1882–1971), Mitbegründer der Künstler- und Schriftstellergemein-*

schaft »l'Abbay«, der auch Jules Romains (Pseudonym für Louis-Henri-Jean Farigoule, 1885–1972), Autor der »Vie unanime«, angehörte, und Valéry Larbaud (1881–1957), bekannt damals vor allem durch seinen Roman »Fermina Marquez« (1910/11), kamen in der seit 1909 erscheinenden »Nouvelle Revue Française« zur Geltung, entweder mit eigenen Beiträgen oder durch Besprechungen ihrer Werke. Henri Ghéon nennt diese vier Autoren les seuls poètes de ›mouvement‹ dignes de nous interesser (a. a. O., S. 218). Die »Nouvelle Revue Française« war neben den von Péguy herausgegebenen »Cahiers de la Quinzaine« das Organ der jüngsten literarischen Tendenzen in Frankreich. Stadler gehörte zu den Lesern beider Zeitschriften. (Vgl. Otto Flake, »Halbfertiges Leben«. In: Die neue Rundschau, Jg. 26, 1915, H. 2, Februar, S. 268.) – In der Anthologie von Otto und Erna Grautoff »Die lyrische Bewegung im gegenwärtigen Frankreich« (Jena 1911) ist André Spire, Charles Vildrac und Jules Romains (in der Gruppe »Die Werdenden«) verhältnismäßig viel Platz eingeräumt.

429–430 André Spire . . . choses.] *André Spire (1868–1966) war u. a. Mitarbeiter an Péguys »Cahiers de la Quinzaine«, wo 1905 seine zweite Gedichtsammlung erschien: »Et vous riez« (»Cahiers de la Quinzaine«, série 7, Nr. 8, Paris 1905, S. 1–89). Stadler zitiert aus dem Gedicht »Aux Livres« die Verse 12–24 (a. a. O., S. 53–54).*

431–435: Romain Rolland: Jean-Christophe

Überlieferung:
Die Weißen Blätter. Jg. 1 (1913), Nr. 2 (Oktober), S. 168–172.
Erläuterungen:
431 Romain Rolland: Jean-Christophe] *Romain Rollands (1866–1945) großer Entwicklungsroman »Jean-Christophe« erschien erstmals in Charles Péguys »Cahiers de la Quinzaine«, und zwar mit Unterbrechungen in einzelnen Heften von Februar 1904 bis Oktober 1912 (vgl. W. Th. Starr, »A critical bibliography of the published writings of Romain Rolland«. Evanston 1950. Northwestern University Studies. Humanities Series. 21. S. 10–17.)*
Stadler gehört zu den ersten Kritikern, die in Deutschland auf dieses Werk und seine Bedeutung für die geistig-moralischen Erneuerungstendenzen aufmerksam gemacht haben. Knapp ein Jahr nach Abschluß der Erstpublikation von »Jean-Christophe« und noch vor Erscheinen der ersten deutschen Übersetzung von Otto und Erna Grautoff (3 Bde., 1914–1918) wurde Stadlers Rezension veröffentlicht. Sie war wegweisend für die Rolland-Rezeption unter den deutschen Expressionisten (vgl. Gier, S. 178, 240–253).
Rolland, der seinerseits in Stadler nach dessen Tod einen Gesinnungsgenossen erkannte (»Le Journal des Années de Guerre 1914–1919«. Paris 1952. S. 275, 564), wurde unter den jungen elsässischen Schriftstellern, die mit Interesse das

literarische Leben jenseits der Grenze verfolgten, neben André Gide, Paul Claudel, Charles Péguy, Charles-Louis Philippe, Andre Suarès als Repräsentant eines neuen Frankreich begrüßt (vgl. E. R. Curtius, »Rückblick 1952«. In: Ders., Französischer Geist im zwanzigsten Jahrhundert. Bern ²1960. S. 517*). Zu den* »Cahiers de la Quinzaine« *vgl. Erläuterung zu Stadlers Rezension der* »Bücherei Maiandros«, *S. 339.*

431 Beethoven ... ältere Biographie] »Beethoven« *ist die erste von drei Biographien Rollands, die unter dem Titel* »Vies des Hommes Illustres« *erschienen. Die Beethoven-Biographie wurde erstmals 1903 in den* »Cahiers de la Quinzaine« *(série 4, cahier 10, S. 11–54) veröffentlicht. Dieselbe Zeitschrift brachte 1906 (série 7, cahier 18, série 8, cahier 2) den zweiten Teil der* »Vies des Hommes Illustres«, *eine Lebensbeschreibung Michelangelos; der dritte Teil,* »Tolstoi«, *folgte 1911 in der* »Revue de Paris«. *Die Beethoven-Biographie war ein literarischer Erfolg sowohl für Rolland als auch für die* »Cahiers de la Quinzaine« *(vgl.* E. R. Curtius, »Die literarischen Wegbereiter des neuen Frankreich«. In: Ders., »Französischer Geist im zwanzigsten Jahrhundert«. Bern ²1960. S. 80*).*

431 ein Sinnbild ... Menschentums] *Vgl. Rollands Einleitung zu* »Vies des Hommes Illustres«, *die zugleich Vorwort zur Beethoven-Biographie ist und in der der Autor seine ethische Lebens- und Kunstanschauung formuliert hat. (*»Les Cahiers de la Quinzaine«, *série 4, 1903, cahier 10, S. 5–7.)*

431 »Er ist viel mehr ... Kunst.«] »Beethoven«, a. a. O., *S. 52 (Anfang des letzten Abschnitts).*

433 »Überhebung der Rasse ... zum Siege führte«.] »Jean-Christophe«, III, 3: »La nouvelle journée«. (»Cahiers de la Quinzaine«, *série 14, 1912, cahier 2, S. 89.)*

433 Maurice Barrès] *Der in Lothringen geborene Romanschriftsteller und Essayist Maurice Barrès (1862–1923), dessen geistige Entwicklung durch den Wandel von anfänglich ästhetizistischem Ichkult zu nationalistischem Traditionskult gekennzeichnet ist, wurde innerhalb der deutschen Grenzen am frühesten im Elsaß bekannt (vgl.* E. R. Curtius, »Maurice Barrès und die geistigen Grundlagen des französischen Nationalismus«. Bonn 1921. S. III*). So formulierte z. B. René Schickele sein* »Jungelsässisches Programm« *zum Teil in Auseinandersetzung mit Barrès' Behandlung der elsaß-lothringischen Frage: Er hat ein Zukunftsprogramm. Ein Volksredner würde es reaktionär nennen. Ich finde es bloß sentimental (...) Für uns ist es ein Glück, daß er unsre Toten erwecken wollte. Der Gedanke an sie ist ein Ruhekissen. Das ist Glück und – Abfall von ihnen. (...) Barrès, das ist das Frankreich, wie es heute stirbt. (R.* Schickele, »Jungelsässisches Programm«. In: »Das neue Magazin«, Jg. 73, 1904, H. 22, 26. November, S. 687–691, bes. S. 688–689.*)*

433 »Unsere Toten sind unsere lebendige Tatkraft.«] *Leitgedanke von Barrès' Traditionalismus.*

433 von der »großen Pest des nationalistischen Hochmutes«] »Jean-Christophe«, III, 3: »La nouvelle journée«. (»Cahiers de la Quinzaine«, série 14, 1912, cahier 3, S. 209.)

433 »La Révolte«] »Jean-Christophe«, Titel von Teil 4 des ersten Buches. (»Cahiers de la Quinzaine«, série 8, cahier 4, 6, 9, 1906–1907).

434 »Zone des Hasses«] »Jean Christophe«, III, 3: »La nouvelle journée«. (»Cahiers de la Quinzaine«, série 14, 1912, cahier 3, S. 208.)

434 »Der reiche Louis XIV. . . . Geschäftsreisenden.«] »Jean-Christophe«, III, 3: »La nouvelle journée«. (»Cahiers de la Quinzaine«, série 14, 1912, cahier 2, S. 17.)

434 »Nicht die Künstler . . . die Luft.«] »Jean-Christophe«, III, 3: »La nouvelle journée«. (»Cahiers de la Quinzaine«, série 14, 1912, cahier 3, S. 210.)

434–435 »den liebevollen . . . Harmonien.«] »Jean-Christophe«, III, 3: »La nouvelle journée. (»Cahiers de la Quinzaine«, série 14, 1912, cahier 3, S. 203.)

435 »Er befand . . . zu hassen.«] »Jean Christophe«, III, 3: »La nouvelle journée«. (»Cahiers de la Quinzaine«, série 14, 1912, cahier 3, S. 208.)

435 »Wer ahnt in Frankreich . . . brüderlichen Geistes.«] »Jean-Christophe«, III, 3: »La nouvelle journée«. (»Cahiers de la Quinzaine«, série 14, 1912, cahier 3, S. 211.)

ZUM ZEITGESCHEHEN

436–442: Roosevelt in Oxford

Überlieferung:
Straßburger Neue Zeitung vom 11. 6. 1910, Nr. 268. Der Text steht im »Feuilleton«.

Emendationen: S. 439: als ein Gegenstand] als einen Gegenstand S. 440: »Keine Rasse] Keine Rasse

Erläuterungen:
436 Roosevelt] *Theodore Roosevelt (1858–1919), von 1901 bis 1909 Präsident der Vereinigten Staaten von Amerika, Friedensnobelpreisträger des Jahres 1906 nach Beendigung des russisch-japanischen Krieges, viel gelesener Schriftsteller, reiste von April bis Juni 1910 auf der Rückkehr von einer Jagdexpedition in Afrika durch Mittel- und Westeuropa. In den von ihm besuchten europäischen Hauptstädten – Rom, Wien, Budapest, Christiania, Paris, Berlin, London – wurde er mit großen Ehren und viel Begeisterung empfangen. In den Zeitungen wurde ausführlich über Roosevelts Triumphreise berichtet. René Schickele, Stadlers Freund und Pariser Korrespondent der »Straßburger Neuen Zeitung«, berichtete über Roosevelts Besuch der Sorbonne (vgl. »Straßburger Neue Zeitung« vom 11. 5. 1910 und »Der Sturm« vom 19. Mai 1910).*

Roosevelt in Oxford

436 Oxford, 7. Juni 1910] *Stadler hielt sich von Ende April bis Juli 1910 in Oxford und London auf, um seine Shakespeare-Studien zu fördern. (Vgl. Biographische Zeittafel.)*

436 »Romanes-Lecture«] *George John Romanes (1848–1894), seit 1890 als Naturwissenschaftler in Oxford tätig, verfügte 1891, daß unter seinem Namen jährlich ein Vortrag gehalten werden sollte. Die Wahl der Vortragenden – hervorragende Persönlichkeiten des wissenschaftlichen und des öffentlichen Lebens – hatte der Vice-Chancellor der Universität Oxford zu treffen. Die Wahl des Themas war weitgehend dem Vortragenden überlassen.*

436 neue Präsidentenwahl] *Seit 1909 hatte William Taft das Präsidentenamt inne. Die Neuwahl war im November 1912 fällig, sie gewann Woodrow Wilson.*

436 Kaiser und Könige] *Franz Joseph I., Kaiser von Österreich-Ungarn; Wilhelm II., Kaiser des deutschen Reiches; Victor Emmanuel II., König von Italien. – In Großbritannien nahm Roosevelt als Sonderbotschafter der USA an den Trauerfeierlichkeiten für König Edward VII. teil, der am 6. Mai 1910 gestorben war. Die Beisetzung fand am 20. Mai 1910 statt.*

436 gelehrten Bildungsanstalten Europas] *Roosevelt war am 23. April Gast der Sorbonne, wo er über »Citizenship in a Republic« sprach, hielt am 12. Mai an der Universität in Berlin eine Rede über »The World Movement« und besuchte am 26. Mai 1910 Cambridge, wo er – ebenso wie in Oxford – die Ehrendoktorwürde der juristischen Fakultät erhielt und über »The Conditions of Success« sprach.*

436 »strenuous life«] *»The Strenuous Life« ist der Titel einer 1900 erschienenen Sammlung von Aufsätzen und Reden Roosevelts.*

436 Erzähler afrikanischer Jagdgeschichten] *»African Game Trails«. Diese Berichte erschienen in 2 Bänden 1910, noch vor Roosevelts Ankunft in Europa.*

437 die ehrwürdige Bodleiana] *Bodleian Library, 1602 gestiftet.*

437 erste Folio von Shakespeares Werken] *Erste Sammelausgabe von Shakespeares Dramen (editio princeps), erschienen 1623.*

437 amerikanischen Rhodesscholars] *Die Rhodes-Stiftung ermöglichte begabten Ausländern ein Studium in Oxford. Stadler selbst war von 1906 bis 1908 deutscher Rhodes-Scholar am Magdalen College in Oxford.*

437 Guild-Hall-Rede] *In dieser am 31. Mai 1910 gehaltenen Rede über das Thema »British Rule in Africa« hatte Roosevelt die Politik Englands bezüglich Ägyptens befürwortet, aber zugleich zu verstehen gegeben, daß sie nur Sinn habe, wenn dort für Ordnung gesorgt werde. Dies erregte Anstoß bei der englischen antikolonialen Partei.*

437 Verleihung des Ehrengrads] *Roosevelt erhielt die Ehrendoktorwürde der juristischen Fakultät.*

438 Roosevelts beide Töchter und Sohn] *Alice, Ethel und Kermit Roosevelt.*

438 Lord Curzon] *George Nathaniel Curzon (1859–1925), später Marquess Curzon of Kedleston, Vizekönig von Indien 1898–1905, war Kanzler der Universität Oxford von 1907 bis 1925.*

Apparat: Kritische Schriften

438 Ulkempfang ... bereitet haben.] *Die Studenten in Cambridge hatten Roosevelt mit einem Teddy-Bären empfangen.*

439 Dekans der juristischen Fakultät] *Henry Goudy, Regius Professor of Civil Law.*

439 Heines Idiosyncrasie gegen die Sprache Shakespeares] *Vgl. Heinrich Heine, »Florentinische Nächte« (»Zweite Nacht«).*

439 »Biologischen Analogien in der Weltgeschichte«] *»Biological Analogies in History«. Vgl. »Romanes Lecture 1910« (Oxford 1910); ferner »The Works of Theodore Roosevelt«. Vol. 26: »History as Literature and other Essays«. New York 1913. S. 39–93. (Im folgenden zitiert: Works, vol. 26.)*

439 »Ich will« ... bleibe ...] *Works, vol. 26, S. 43.*

439 Wer aus dem Vollen ... verknüpft ist.«] *Works, vol. 26, S. 45. Stadlers Übertragung gibt Roosevelts Gedanken etwas verkürzt wieder. (Vgl. den Druck der »Romanes Lecture 1910«. S. 6–7.)*

440 Nach ein paar flüchtigen ... Vererbung] *Works, vol. 26, S. 47–54.*

440 Entstehung ... Nationen.] *Works, vol. 26, S. 54.*

440 »homely, common-place virtues« ... Sitten.] *Works, vol. 26, S. 67.*

440 Verbeugung ... Aufschwung] *Works, vol. 26, S. 70–72.*

440 Vergleich der britischen und der römischen Weltmacht] *Works, vol. 26, S. 78–81.*

440 Weil innere Krankheitsstoffe ... Selbstbemeisterung.] *Works, vol. 26, S. 81.*

440 »Keine Rasse ... Philippinen«.] *Works, vol. 26, S. 90.*

440–441 »Ich bin der Ansicht ... im anderen nicht ...] *Works, vol. 26, S. 91.*

441 Aber die auswärtige Politik ... vor uns liege.] *Works, vol. 26, S. 92–93. Hierauf folgen im Text der Rede drei Sätze, die bei Stadler nicht übersetzt sind.*

441 Aber wie dem auch sei ... gespielt haben.«] *Schluß der Rede, vgl. Works, vol. 26, S. 93.*

442–447: Stimmungsbilder aus dem belgischen Generalstreik
Überlieferung:
Straßburger Post vom 22. 4. 1913, Nr. 446.
Emendation: S. 446: im unaufhörlich] in unaufhörlich
Erläuterungen:
442 aus dem belgischen Generalstreik] *Nachdem am 2. Juni 1912 die Parlamentswahl in Belgien mit einer Niederlage für die sozialistische Arbeiterpartei endete, die im Bündnis mit den Liberalen die Mehrheit der Parlamentssitze zu erringen gehofft hatte, entstanden unter den sozialistischen Wählern an verschiedenen Orten Unruhen. Das erklärte Hauptziel der Sozialisten, die seit langem*

geforderte Änderung der Verfassung zwecks Einführung des allgemeinen und gleichen Wahlrechts, schien auf parlamentarischem Wege in nächster Zukunft nicht realisierbar zu sein. Um der spontanen Unruhen Herr zu werden, berief der Parteivorstand der Sozialisten einen außerordentlichen Parteikongreß zum 30. Juni 1912 ein. Hier wurde beschlossen, notfalls das Kampfmittel des Generalstreiks einzusetzen, um die von der katholischen Partei gebildete Regierung zur Wahlrechtsrevision zu zwingen. Die Vorbereitung, Organisation und die Wahl des günstigsten Zeitpunkts des Generalstreiks wurde einem aus Mitgliedern der Partei, der Gewerkschaften und Genossenschaften gebildeten Komitee übertragen. Da sich die Regierung unter der Androhung der allgemeinen Arbeitsniederlegung zu keinen Konzessionen in der Frage der Wahlrechtsrevision bereit erklärte, begann der Generalstreik entsprechend den Beschlüssen des Streikkomitees vom 12. Februar und 17. März 1913 am Montag, den 14. April, und dauerte bis zum 24. April 1913. Er verlief – im Gegensatz zum belgischen Generalstreik von 1902, der ebenfalls mit der Kampfparole des allgemeinen und gleichen Wahlrechts geführt worden war – gewaltlos und außerordentlich diszipliniert. Dem Aufruf zur Arbeitsniederlegung folgte rund ein Drittel der belgischen Arbeiterschaft (nämlich maximal 375 000 Arbeiter). Abgelehnt wurde der Generalstreik nicht nur von der katholischen Regierungspartei und einem Teil der Liberalen, sondern auch von den katholischen Gewerkschaften.
Das Hauptziel des Generalstreiks wurde im wesentlichen nicht erreicht: Die Regierung lehnte es nach wie vor ab, die Revision des seit 1893 in der Verfassung vorgeschriebenen Pluralwahlrechts, dessen System der Zweitstimmen das Besitz- und Bildungsbürgertum begünstigte, von einer Kommission untersuchen zu lassen, schloß allerdings eine mögliche Beteiligung der Regierungspartei an dieser Revision nicht prinzipiell aus. Hinsichtlich der Nebenziele, die während der Streikdauer immer mehr in den Vordergrund rückten: Stärkung der Einheit und des Selbstvertrauens der sozialistischen Arbeiterschaft sowie gewaltlose Streikanwendung, zeigten sich die Führer der Sozialisten mit dem Ergebnis des Ausstandes zufrieden. Die herausragende Bedeutung dieses Generalstreiks für die sozialistische Arbeiterbewegung bezeugt eine 1914 erschienene umfangreiche soziologische Darstellung: C. van Overbergh, »La Grève Générale«. Bruxelles/ Leipzig o.J. (1914). Vgl. ferner: E. Vandervelde, L. de Brouckère, L. Vandersmissen, »La Grève Générale en Belgique«. Paris 1914.
Stadler hielt sich während des Generalstreiks in Brüssel auf, wo er seit 1910 an der Université Libre als Dozent tätig war. Aus welcher politischen und publizistischen Einstellung heraus er seine beiden Artikel über den belgischen Generalstreik geschrieben hat, ist bündig aus seiner Rezension von René Schickeles erstem »Zeitbuch«, der Aufsatzsammlung »Schreie auf dem Boulevard«, zu schließen: Man lese das Tagebuch aus der Wahlzeit 1910 oder die Schilderung des Eisenbahnerstreiks oder die Auseinandersetzung der royalistischen Reaktion oder die Aufsätze über Jaurès und Briand: lebendige, scharf gesehene Augenblicksbilder, die dennoch ihr Bindendes haben

Apparat: Kritische Schriften

durch die geheime Idee, die ihnen zugrunde liegt: zu zeigen, wie in einer Nation *(Frankreich)*, die sich einmal mit Entschlossenheit zum freiheitlichen Gedanken bekannt hat, jede Erschütterung, jede innere Umwühlung immer nur mithilft, die Sache der Freiheit vorwärts zu treiben. *(»Cahiers Alsaciens«, Jg. 2, 1913, Nr. 10, Juli, S. 223.)*

443 Herr de Brocqueville ... zu ernennen.] *Charles Marie Pierre Albert de Broqueville (1860–1940), seit 1911 Ministerpräsident, hatte entscheidend dazu beigetragen, daß die katholische Partei, der er angehörte, bei den Wahlen 1912 ihre parlamentarische Mehrheit erheblich vergrößerte. Die Erklärung, auf die Stadler sich bezieht, hat Broqueville in der Parlamentssitzung am 12. März 1913 abgegeben.*

443 Streik wieder abgesagt worden] *Am 6. März 1913 hatte das Streikkomitee auf Vorschlag der sozialistischen Parlamentsabgeordneten seinen Beschluß vom 12. Februar, den Generalstreik am 14. April beginnen zu lassen, aufgehoben. Am 17. März, nach der Erklärung des Ministerpräsidenten zur Frage einer Wahlrechtsreformkommission, wurde der Streikbeginn erneut auf den 14. April festgesetzt.*

444 am letzten Mittwoch ... kommen.] *Am 16. April hatte der Ministerpräsident im Parlament u. a. erklärt:* Si, au cours de la conversation, la commission trouve sur le terrain provincial et communal une formule supérieure au système actuel, même en ce qui concerne les Chambres législatives, et que cette formule soit acceptée par les divers partis, les députés sujets à réélection en causeront tout naturellement à leurs électeurs. Si ceux-ci sont de cet avis, quel est celui d'entre nous qui s'opposerait à la Revision? *(C. van Overbergh, a.a.O., S. 288–289.) Diese Erklärung, die Broqueville am folgenden Tag ohne den entscheidenden Satz* même en ce qui concerne les Chambres législatives *wiederholte, wurde zum Gegenstand einer Abstimmung gemacht, die am 23. April stattfand. Die Mehrheit der Abgeordneten einschließlich der Sozialisten und Liberalen votierte für die Annahme der Erklärung. Damit war die Vorentscheidung für die Beendigung des Streiks gefallen.*

444 Herr Woeste ... letzten Donnerstag] *Charles Woeste (1837–1922), dessen Vater aus Elberfeld stammte, wurde 1853 Katholik und gehörte seit 1874 dem Parlament an. Als Führer der katholischen Partei übte er großen Einfluß auf die Regierung aus. Er war ein hartnäckiger Gegner der Wahlrechtsreform und der sozial-politischen Verbesserung der Lebensbedingungen der Arbeiter. Am 17. April hatte Woeste im Parlament die führenden sozialistischen Abgeordneten beschuldigt, sie betrieben aus machtpolitischem Kalkül mit dem Streik eine Verelendung der Arbeiter. (C. van Overbergh, a.a.O., S. 549–550.)*

445 Van der Velde, Huymans, de Broukere] *Émile Vandervelde (1866–1938), Führer der sozialistischen Partei, seit 1894 ihr Brüsseler Abgeordneter im Parlament, Camille Huysmans und Louis de Brouckère (1870–1951) hatten auf dem außerordentlichen Parteikongreß der Sozialisten*

Nach dem belgischen Generalstreik

am 30. 6. 1912 einen Generalstreik für unnütz und inopportun erklärt, konnten sich mit ihren Meinungen bei der Mehrheit der Kongreßmitglieder aber nicht durchsetzen.
445 Anseele] *Édouard Anseele (1856–1938), Mitbegründer der sozialistischen Partei in Flandern, war seit 1900 Führer der flämischen Sozialisten.*
446 Soldats ... grévistes ...] *An der Fassade der Maison du Peuple in Brüssel stand u. a. der Appell:* Soldats, ne tirez pas sur les grévistes pacifiques. *(C. van Overbergh, a.a.O., S. 172.)*

447–452: Nach dem belgischen Generalstreik
Überlieferung:
Straßburger Post vom 30. 4. 1913, Nr. 479.
Erläuterungen:
447 Nach dem belgischen Generalstreik] *Zur Entstehung, Zielsetzung und Dauer des Streiks vgl. erste Erläuterung zum vorigen Aufsatz »Stimmungsbilder aus dem belgischen Generalstreik«.*
448 Kampfrede vom 23. März] *Gehalten auf dem Parteikongreß am 23. März 1913. (C. van Overbergh, a.a.O., S. 379.)*
448 Versöhnungsvorschlag des Liberalen Masson] *Fulgence Masson (1854–1942), seit 1904 Mitglied des Parlaments, beantragte am 18. April eine Abstimmung über einen Teil der Erklärung des Ministerpräsidenten vom 16. April. Vgl. Erläuterungen zum vorigen Aufsatz, S. 444.*
448 Jules Destrée] *Der Rechtsanwalt und Kunstkritiker Jules Destrée (1863 bis 1936), seit 1894 Sozialist, war im Parlament Abgeordneter von Charleroi.*
449 der kleine Satz ... anheimgibt]* même en ce qui concerne les Chambres législatives. *Vgl. Erläuterungen zum vorigen Aufsatz, S. 444.*
451 Wahlen des nächsten Jahres] *Sie bezogen sich auf die Hälfte der Parlamentssitze.*

GESCHICHTE DER DEUTSCHEN LYRIK DER NEUESTEN ZEIT

Bruchstück einer Vorlesung von 1914
S. 453–470

Transkription und Kommentar von Elisabeth Höpker-Herberg

Überlieferung:
Ms. Stadlers. Privatbesitz. Heft mit blauem, teilweise verblichenem und an den Rändern vergilbtem, aus der Heftung gelöstem und im Falz eingerissenen Pappeinband (20,5 × 16,6 cm) sowie 28 gelblichweißen Blättern (20,5 × 16,5 cm); 2 Blätter aus der zweiten Hälfte des Heftblocks herausgerissen.

Auf der Vorderseite des Einbands ein weißes Etikett, das von fremder Hand, mit Tinte, folgende Aufschrift trägt: Nietzsche / Dehmel / eine Vorles. / aus der Vorles. / über jüngste / dt. Lyrik

Die vertikale Blattmitte der ersten 19 Blätter ist durch eine Knickspur gekennzeichnet. Diese Blätter sind von Stadlers Hand in lateinischer Schrift mit blauschwarzer Tinte beidseitig beschriftet; die linke Spalte ist jeweils für den fortlaufenden Text, die rechte für Textergänzungen genutzt. S. 1 ist am oberen Rand mit nur einem Satz, S. 8 ist zur Hälfte, S. 38 ist gar nicht beschriftet.

Bei den Textergänzungen in den rechten Spalten handelt es sich meistens um Sofort- oder Spätänderungen der ersten Niederschrift in Form von Textersetzungen und Textadditionen; sie bestehen in selteneren Fällen aber auch in unmittelbaren Fortsetzungen der ersten Niederschrift. Solches Überwechseln der Aufzeichnung von der linken in die rechte Spalte wurde notwendig, weil Vornotierungen zum weiteren Text die linke Spalte blockierten. Demnach erfolgte die Fixierung des Gedankengangs zunächst mit Lücken und war auf Ergänzungen angelegt. Die fragmentarische Beschriftung der S. 1 bedeutet also eine These (vgl. S. 749), mit der Stadler seine Vorlesung beginnen wollte, deren Darlegung er aber zunächst aussparte und die er später zugunsten derjenigen These beiseite ließ, die er oben auf S. 2 des Manuskripts aufgezeichnet und im Zuge der ersten Niederschrift ausgeführt hatte (vgl. S. 453).

Die Einweisungsschleifen der Ergänzungen sind oft durch den fortlaufenden Text gezogen und erscheinen dann wie Tilgungsstriche; die Unterscheidung der beiden möglichen Funktionen ist jedoch aufgrund textlich-inhaltlicher Kriterien zweifelsfrei zu treffen.

Unvollständig ausgeführte Textveränderungen kommen vor in der Form, daß ersetzte Textbestandteile nicht getilgt worden sind; die Befunde sind nur in 4 Fällen mehrdeutig (vgl. Erläuterungen zu S. 456: leidvollen *S. 456:* verspricht *S. 456:* erschöpft *S. 457:* erfährt*).*

Apparat: Deutsche Lyrik der neuesten Zeit

Aufgrund eines Unterschieds der Tintenfärbung und der Strichführung fällt gegenüber der Grundschicht des Manuskripts eine Überarbeitungsschicht auf; sie umfaßt von den zahlreichen Textveränderungen nur eine Minderzahl.
Sämtliche Befunde lassen auf das Manuskript als auf ein textlich vollständiges Konzept schließen.

Zur Textkonstitution:
Bei der Textkonstitution wurden alle Textersetzungen und -ergänzungen berücksichtigt, die als letztgültige Varianten zu erkennen sind. Die genannten mehrdeutigen Befunde wurden als Alternativvarianten interpretiert; die jeweils später eingetragene wurde in den Text aufgenommen, die jeweils frühere im Kommentar aufgeführt. Diese Deutung und textkritische Entscheidung sind durch den Stilwillen Stadlers und die im übrigen Manuskript geübte Praxis der Textveränderung begründet.
Eingriffe in den Textstand des Manuskripts erfolgten bei Schreibversehen des Autors, bei orthographischen oder syntaktischen Unstimmigkeiten des Textes, die auf unvollständig ausgeführte Variationen zurückgehen, bei Vernachlässigungen der Interpunktion bzw. der Kennzeichnung von Titeln und Zitaten durch Anführungszeichen (vgl. unten Abschnitt »Texteingriffe« S. 747–748). Darüberhinaus wurden zwei Notizen Stadlers nicht wiedergegeben; sie enthalten lediglich Stellenangaben zu Dehmel-Zitaten und gehören ihrem Informationswert nach in den Kommentar (vgl. Erläuterung zu S. 465: »Daß unsre ... lernen.« und zu S. 468: »Weißt du ... schwellt.«). Der Querverweis auf S. 459 steht im Manuskript in Kastenklammern: [Der trübe Wandersmann] Zugunsten der Einheitlichkeit der Orthographie in dieser Ausgabe wurden die Geminationen von – s –, die Stadler in dem Manuskript ausnahmslos für – ß – gebraucht, durch – ß – wiedergegeben. Abkürzungen sind durchgängig aufgelöst worden, wobei der ergänzte Wortbestandteil in Kursivschrift erscheint, versehentlich ausgelassene Silben oder Wörter sind gleichfalls kursiv gedruckt. Unterstreichungen im Manuskript Stadlers werden durch Sperrung wiedergegeben.
Texteingriffe:
Korrigierte Schreibversehen:
S. 453: erstarrter Conventionen] erstarrten Conventionen   S. 458: drängt sich] drengt sich   S. 468: stürmischen] stürmische   S. 464: ist, daß Lyrik] ist, das Lyrik   S. 467: dem Aufsatz] den Aufsatz   S. 467: Namennennung] Namenennung   S. 468: hierin die] hierin, die   S. 468: Lebens. In] Lebens, In   S. 469: bei allem] bei allen   S. 469: aktive Menschheitsideal] aktive, Menschheitsideal
Berichtigungen von unvollständig ausgeführten Variationen:
S. 453: nachfolgenden] Nachfolgenden   S. 456: offenbart,] offenbart,,   S. 457: Leben] Lebens   S. 459: weiß darüber hinaus:] weiß, darüber hinaus   S. 459: Dichtergeneration] DichterGeneration   S. 461: die seinem Wesen eignet] die in s. Wesen eignet   S. 463: Ideal der Menschheit.] Ideal der

neue Menschheit S. 463: kann nicht mehr] kann kein nicht mehr S. 463: Wendung spricht der] Wendung steht spricht der S. 465: Gewissenskampfe, das] Gewissenskampfe, und das S. 470 f.: etwas zu geben, was] etwas mehr zu geben als, was
Ergänzte Interpunktion:
S. 454: revidieren. S. 454: befähigt, S. 454: schweigen. S. 454: bestimmte. S. 455: aufgestellt war. S. 455: Wichtigkeit. S. 456: Lehre, die, S. 457: Lebens« ist. S. 457: auseinanderzusetzen. S. 457: handelt es sich, S. 457: streuen«, S. 458: Platz haben. S. 459: gekommen scheint. S. 460: Form. S. 460: Erotik. S. 460: Glücksgefühl, S. 463: Ideal der Menschheit. S. 463: Fülle giebt. S. 468: verwertet, S. 469: Berliner«,
Ergänzte Anführungszeichen:
S. 453: Bildlichkeit« S. 454: »Meister ... ihn.« S. 457: »Erlösungen« S. 459: »Nein ... Zeugungslust.« S. 460: »und ... Glut.« S. 461: »Ich ... Fülle« S. 461: »Nach ... schweben.« S. 462: »Blechschmiede« S. 463: Tieren.« S. 464: Gott‹ S. 465: »Was ... das.« S. 466: »Denn ... ist.« S. 466: »Ich ... fällt.« S. 467: strotzt« S. 468: »Weißt S. 469: »Ihr ... aus!«

Erläuterungen:
Die bisherigen Kenntnisse über Stadlers Vorlesung, die im Vorlesungsverzeichnis der Universität Straßburg für das Sommersemester 1914 auf S. 47 angekündigt ist: »Geschichte der deutschen Lyrik der neuesten Zeit«, einstündig, gratis – gingen auf die Mitschrift von Dr. Marie-Joseph Bopp (Colmar) zurück. Diese wurde 1953/ 54 von K. L. Schneider ermittelt und bildete nach Auskunft von H. Thomke später die Grundlage für dessen detaillierten Überblick über Stadlers Ausführungen insgesamt (vgl. Thomke, S. 87–90). Inhaltliche Übereinstimmungen mit der Mitschrift weisen das inzwischen aufgefundene und hier zum ersten Mal edierte Manuskript eindeutig als zur Vorlesung gehörig aus. Allerdings dürfte es kaum beim Vortrag benutzt worden sein, weil der letztgültige Text erst durch zahlreiche oft weitgreifende und einander überlagernde Textveränderungen erreicht wurde und die Aufzeichnung dementsprechend unübersichtlich geraten ist.

Soweit man nach Thomkes Überblick urteilen kann, kommt dem Manuskript inhaltlich eine zentrale Bedeutung zu. Stadler hatte die Vorlesung mit allgemeinen Bemerkungen über lyrische Dichtung begonnen und dann die Voraussetzungen der neuesten Lyrik dargestellt: das entwicklungsgeschichtliche Verdienst des Naturalismus, den Zugewinn an dichterischer Phantasie und Erlebnisreichtum durch Liliencrons Lyrik, die stilbildenden Bestrebungen des Impressionismus, an dessen Wende und zugleich weiterführend Dauthendey und Mombert, jeder auf andere Weise, der schöpferischen Freiheit des Dichters wieder Geltung verschafften. Alle diese Voraussetzungen erörterte Stadler noch einmal – und hier setzt der Text des Manuskriptes ein – unter dem Aspekt der Nietzsche-Rezeption, von deren Mehr oder

Apparat: Deutsche Lyrik der neuesten Zeit

Weniger er die Bedeutung der einzelnen entwicklungsgeschichtlichen Leistungen für die Lyrik der neuesten Zeit abhängig macht. In Richard Dehmel erkennt er einen wesentlichen Vermittler der Wirkungen Nietzsches und arbeitet sein Werk folgerichtig als fundamental für die weitere Entwicklung der deutschen Lyrik heraus. Anschließend handelte Stadler über George, Hofmannsthal und Rilke, dabei Rilke unter dem Aspekt der Wiedergewinnung des Religiösen für die Lyrik positiv bewertend, George und Hofmannsthal unter Vorbehalten würdigend. Der letzte Teil der Vorlesung war den Lyrikern der eigenen Generation gewidmet, vorzüglich Schikkele, Heym und Werfel.

Es entspricht der Position des Textes im Gesamtzusammenhang der Vorlesung, daß Stadler ihn ansatzweise mit einer These begann, die die Wirkung Nietzsches im Rückgriff auf vorausgegangene Ausführungen über Mombert und im Vorgriff auf diejenigen über Dehmel thematisierte: Mit dem Auftreten Momberts und Dehmels wird der spät, aber nachhaltig wirkende Einfluß Nietzsches wichtig für die neue Lyrik. *Solche Rückgriffe kommen besonders zu Anfang des Textes öfter vor; sie werden nach den Möglichkeiten, die Thomkes Überblick dazu bietet, im Kommentar nachgewiesen.*

Die Akzente der Darstellung hat Stadler von seinem eigenen Standpunkt aus gesetzt; die Anlage der Vorlesung ist ganz darauf zugeschnitten. Auch bei den Nietzsche und Dehmel betreffenden Ausführungen hält er die Blickrichtung auf die eigenen Positionen konsequent ein. So zeigt seine Argumentation eine breite Kenntnis der Schriften Nietzsches; doch legt Stadler vom Werk nur das offen, was ihn selbst und die gleichgesinnten Lyriker seiner Generation als Impuls erreicht hat: neben der Rückbesinnung auf die orgiastischen Voraussetzungen der Kunst vor allem die Apotheose des Lebens als die philosophische Grundlegung des Vitalismus. (Vgl. zu diesem Problemkreis Gunter Martens, »Vitalismus und Expressionismus. Ein Beitrag zur Genese und Deutung expressionistischer Stilstrukturen und Motive«. Stuttgart 1971. Studien zur Poetik und Geschichte der Literatur. 22.) Folgerungen, die Nietzsche gezogen hat, seine Lehren also, werden für Stadlers Betrachtung nicht relevant. Nicht einmal die Tatsache, daß Dehmels Nietzsche-Rezeption zu einem guten Teil aus einer polemischen Abgrenzung gegen Nietzsches Weltanschauung besteht (vgl. Kommentar, S. 754), hat Stadler zu einer solchen Auseinandersetzung veranlaßt, er streift diesen Punkt nur (vgl. S. 454). Dehmels Nietzsche-Rezeption wird verkürzt auf die quasi aus der Natur Dehmels erwachsene Anknüpfung an Nietzsches Begriff des Lebens (vgl. S. 455–457) und die daraus abgeleitete, von Nietzsche unabhängig gestaltete schrankenlose Hingabe an das Leben und die unbedingte Zuwendung zur Welt und zum Menschen.

An Dehmel entfaltet Stadler das Dichterbild, das er als Gegenbild zum bürgerlich-idealistischen Schriftsteller in seinem Lienhard-Aufsatz skizziert hatte (vgl. S. 302) und das schon dort mit dem Namen Dehmel in Verbindung gebracht ist. Dabei wird Dehmel im generationsgemäßen Abstand gesehen und auf denjenigen Status seiner Entwicklung festgelegt, der für die jüngere Dichtergeneration die Ausgangssituation bildete. (Vgl. dazu Horst Fritz, »Literarischer Jugendstil und

*Expressionismus. Zur Kunsttheorie, Dichtung und Wirkung Richard Dehmels«.
Stuttgart 1969. Germanistische Abhandlungen. 69.) Auf den zum Zeitpunkt der
Vorlesung gerade Fünfzigjährigen richtet sich keine Erwartung, sein Schaffen erscheint als abgeschlossen und als von der allgemeinen Entwicklung bereits überholt.
Dehmel ist der Verkünder, nicht aber der Repraesentant der jüngst errungenen
bzw. erreichten geistigen Position (vgl. S. 465).*

Die von Stadler anhand der Analyse des lyrischen Werkes demonstrierte Entwicklung Dehmels gehört den 90er Jahren an und hat sich innerhalb eines Jahrzehnts vollzogen.

Richard Dehmel, 1863 als Sohn eines Försters in der Mark Brandenburg geboren, gab sein erstes Buch mit »Gedichten und Sprüchen« 1891 als 27jähriger heraus. Bereits 1898 fühlte er sich zu einer neuen Ausgabe dieses Erstlings – drei weitere Gedichtbücher waren inzwischen erschienen – veranlaßt, da Sprache und Inhalt den mittlerweile entwickelten Ansprüchen und gefundenen Lösungen der Probleme nicht mehr entsprachen: Mit seinen künstlerischen Auffassungen und seinem lyrischen Stil hatte sich Dehmel vom zeitgenössisch Gängigen naturalistischer Prägung weit entfernt, seine Lebenssituation hatte sich gravierend verändert. Dehmel war 1887 nach einem Jurastudium bei einer Versicherungsfirma tätig geworden, in Berlin, wo er mit seiner Familie lebte. 1895 befreite er sich vom Brotberuf und arbeitete fortan ausschließlich literarisch. 1898 trennte er sich von seiner ersten Frau, der er den dichterischen Durchbruch weitestgehend verdankte, um sein Leben mit dem seiner späteren zweiten Frau zu verbinden, die er seit 1895 kannte und die ihm das für sein weiteres Schaffen fundamentale Wir-Welt-Erlebnis der »Zwei Menschen« (vgl. S. 463) vermittelte. Nach der Jahrhundertwende wurde Dehmel in Blankenese, das damals noch nicht zu Hamburg gehörte, ansässig.

Der größte Teil des lyrischen Werkes entstand in den krisenreichen 90er Jahren. Zwischen 1896 und 1913 hat Dehmel die Titel seiner Sammlungen zwar noch um zwei vermehrt, doch vereinen diese mit neueren und unpublizierten Gedichten auch ältere und in den früheren Sammlungen gedruckte Texte. Im übrigen ließ sich die jeweils neueste lyrische Produktion in die früheren Sammlungen einordnen, wenn diese neu herauskamen und Dehmel die Bestände durch Austausch und Auslassen von Texten sowieso veränderte. Ansehen und Einfluß Dehmels hatten schon während der Berliner Zeit beträchtliche Formen angenommen; seit der Jahrhundertwende wuchs seine öffentliche Wirkung kontinuierlich, zumal sich auch die meisten Dichter der nachfolgenden Generation zunächst an Dehmel orientierten und die Verbindung mit ihm anstrebten, ein Ersuchen übrigens, dem sich Dehmel nie entzogen hat. 1914 wurde Dehmel freiwillig Soldat; an den Folgen einer Venenentzündung, die er sich beim Felddienst zuzog, ist er 1920 in Blankenese gestorben.

Der großen Nachfrage nach seinen Werken gerecht zu werden, wohl aber auch aus einem Bedürfnis nach Sichtung des Geschaffenen und dem Wunsch, es mit architektonischer Strenge zu gliedern und aufzubauen, hat Dehmel bis 1914 zweimal Gesamtausgaben seiner Dichtungen und Aufsätze veranstaltet. In jeder ist die

Apparat: Deutsche Lyrik der neuesten Zeit

Reihe der Titel der Erstausgaben gewahrt; bei den Sammlungen ist aber infolge der bereits erwähnten Änderungsverfahren unter den alten Titeln entstehungsgeschichtlich heterogene Lyrik zusammengeführt. Die Entwicklung, die von den Titeln angezeigt und beschrieben wird, ist zwar erhalten geblieben, insoweit ihre Stationen den Aufbau gliedern; sie ist aber nicht im Sinne von Entstehenschronologien der Texte vorhanden, so daß leicht ein Gedicht, mit dem für eine bestimmte Phase der Entwicklung Dehmels zutreffend argumentiert werden kann, chronologisch unzutreffend verwandt wird.

Stadler hat seinen Ausführungen über Dehmel beide Gesamtausgaben, die zehnbändige von 1906–1909 und die dreibändige von 1913 zugrunde gelegt, wie Stellenangaben und der Wortlaut von Zitaten zeigen. Im Kommentar werden zur philologischen Klarstellung die Nachweise stets doppelt erbracht und der jeweils erste Publikationsort mit der Fundstelle in der dreibändigen Gesamtausgabe, in Ausnahmefällen auch der zehnbändigen angegeben.

Die Gesamtausgaben Dehmels:
R. Dehmel, Gesammelte Werke in zehn Bänden. Berlin 1906–1909.
R. Dehmel, Gesammelte Werke in drei Bänden. Berlin 1913.

Übersicht über die einzelnen Werke in den verschiedenen Ausgaben:

Titel und Untertitel	Einzelausgabe	Gesamtausgabe 10bändig	Gesamtausgabe 3bändig
Erlösungen. Eine Seelenwandlung in Gedichten und Sprüchen	[1]1891		
Erlösungen. Gedichte und Sprüche	[2]1898	[3]1906 (Bd. I)	[4]1913 (Bd. 1)
Aber die Liebe. Ein Ehmanns- und Menschenbuch	[1]1893		
Aber die Liebe. Zwei Folgen Gedichte		[2]1906 (Bd. II)	[3]1913 (Bd. 1)
Lebensblätter. Gedichte und Anderes	1895		
Lebensblätter. Novellen in Prosa		1908 (Bd. VII)	[2]1913 (Bd. 3)
Weib und Welt. Gedichte	[1]1896		
Weib und Welt. Ein Buch Gedichte	[2]1902	[3]1907 (Bd. III)	[4]1913 (Bd. 2)
Zwei Menschen. Roman in Romanzen	[1]1903	[2]1907 (Bd. V)	[3]1913 (Bd. 2)

Apparat: Deutsche Lyrik der neuesten Zeit

Titel und Untertitel	Einzel-ausgabe	Gesamtausgabe 10bändig	Gesamtausgabe 3bändig
Die Verwandlungen der Venus. Erotische Rhapsodie mit einer moralischen Ouvertüre		¹1907 (Bd. IV)	²1913 (Bd. 1)
Betrachtungen. Über Kunst, Gott und die Welt		¹1909 (Bd. VIII)	²1913 (Bd. 3)
Michel Michael. Komödie in 5 Akten	¹1911		
Michel Michael. Komödie in Versen			²1913 (Bd. 3)
Schöne wilde Welt. Neue Gedichte und Sprüche	1913		

Die Nachweise von Nietzsche-Zitaten sind über die Bezeichnung der einzelnen Werkstellen hinaus auf die Ausgabe eingerichtet, die Stadler benutzt haben kann: Nietzsche's Werke 1. und 2. Abt. 15 Bde. C. G. Naumann. Leipzig 1903–1905.

Stadler zitiert in der Regel ungenau; im Kommentar wird auf diesen Befund nur dann aufmerksam gemacht, wenn die Abweichungen stark sind und möglicherweise zu Mißverständnissen führen.

453 Zarathustra] F. Nietzsche, »Also sprach Zarathustra. Ein Buch für Alle und Keinen«. 4 Teile. Chemnitz und Leipzig 1883–1891.

453 »überraschenden Aufstieg ... Wortkunst«] *Stadler zitiert das »Vorwort zur Gesamtausgabe« von 1906, in dem Dehmel die Sammlung und Sichtung seiner gesamten Produktion zu diesem Zeitpunkt wie auch sein* ewiges Verbessern besonders der vor fünfzehn Jahren erschienenen ersten Gedichte *begründet; der Text lautet im Zusammenhang:* Daß aber die Dichtungen meiner Erstlingszeit in ganz besonderem Maße die Vervollkommnung nötig hatten, erklärt sich unschwer aus dem überraschenden Aufstieg, den die neuere deutsche Wortkunst seit eben jener Zeit genommen hat und den ich mit herbeiführen half. *(Gesammelte Werke. Bd. 1. Berlin 1906. S. 5–6.)*

453 Der Naturalismus ... Conventionen.] *Stadler greift hier auf Ausführungen zurück, die er zu Beginn der Vorlesung gemacht hatte und die H. Thomke auf der Grundlage einer Vorlesungsmitschrift (vgl. S. 748f.) folgendermaßen zusammenfaßte: Stadler betrachtete den Naturalismus als Zeichen einer Krise; eine derartige Kunst stelle sich in Zeiten größter Spannungen und des Suchens nach Neuem ein. In den achtziger Jahren des 19. Jahrhunderts habe der Naturalismus den notwendigen Kampf gegen das Epigonentum aufgenommen. Die Dichter hätten an den kämpferischen*

Apparat: Deutsche Lyrik der neuesten Zeit

Auseinandersetzungen des Lebens teilhaben wollen; dies sei für sie ursprünglich entscheidend gewesen, das Problem einer neuen Form habe sich erst später ergeben. Stadler betrachtete Arno Holz als den eigentlichen Schöpfer des naturalistischen Sprachstils. Als Hauptmangel des neuen Stils bezeichnete er den Verzicht auf den schöpferischen Geist. Das historische Verdienst sei deswegen vor allem ein negatives gewesen, er habe Reinigungsarbeit geleistet. *(Thomke, S. 87.)*

453 Liliencron] Stadler stellte – *nach Auskunft der Vorlesungsmitschrift (vgl. S. 748) in voraufgegangenen Ausführungen* – Liliencron in die Nähe der Naturalisten, wies aber im Vergleich mit dem Theoretiker Holz auf die ungebrochene, reiche dichterische Phantasie hin und rühmte seine starke, männliche Vitalität. Diese verleihe auch seinen Liebesgedichten ihren besonderen Reiz. Zudem habe dieser männliche Dichter der Literatur ein neues Stoffgebiet erschlossen: den modernen Krieg. Stadler übersah den melancholischen Liliencron nicht und erkannte, daß es bei ihm keinen Glauben an eine höhere Ordnung mehr gab und daß sich für ihn der Sinn des Lebens nur im Reichtum des Erlebnisses offenbarte. *(Thomke, S. 87–88.)*

453 Bei den Impressionisten ... vollenden,] *Dazu hatte Stadler früher ausgeführt, daß sich aus dem Impressionismus neue Antriebe zur Stilbildung ergeben hätten. Besonders würdigte er dabei Max Dauthendey. ... Er habe die Welt aufgelöst und als Dichter zugleich neu geschaffen. (Thomke, S. 88.)*

453 George ... Weltanschauung] *Im Zuge der ersten Niederschrift stützte Stadler seine These mit einem stilkritischen Argument:* George, der notwendig in *seinem* Kampf gegen die naturalistische Dichtung und Weltanschauung auf dem von Nietzsche geschaffenen *lyrischen* Stil weiterbauen mußte. *Das ersetzende Argument kann – mit Einschränkungen – an Georges Gedicht »Nietzsche« konkretisiert werden; darin erscheint Nietzsche im Gegensatz zur Epoche, und George rückte es bezeichnenderweise in die Reihe der »Zeitgedichte« ein (»Der siebente Ring«. Berlin 1907).*

453 Jungwienern] *Dieser Begriff hatte sich eingebürgert für den um Hermann Bahr gebildeten Kreis von Wiener Literaten und Dichtern, darunter Arthur Schnitzler, Richard Beer-Hofmann, Peter Altenberg und Felix Dörmann. Vgl. auch Stadlers Rezension von Georg Heyms »Der ewige Tag«, S. 328 und die Erläuterung hierzu.*

454 Borchardts und Georges Dante] *Rudolf Borchardt (1877–1945) intendierte eine dichterische wie historische Aneignung der Hauptwerke Dantes im Deutschen; er entwickelte für seine Übertragungen eine archaisierende, auf dem Mittelhochdeutschen basierende Sprachform. (»Dantes Vita Nova. Deutsch«. Berlin 1922. – »Dante Deutsch«. Die Göttliche Komödie. 2 Bde. München 1923.) Bis 1914 lagen nur zwei Proben davon vor, und zwar in dem Jahrbuch »Hesperus«, das auch zwei Gesänge der »Odyssee«-Übersetzung von R. A.*

Apparat: Deutsche Lyrik der neuesten Zeit

Schröder enthielt, außerdem die 1893 entstandene freie Übersetzung der euripideischen »Alkestis« von H. v. Hofmannsthal. (»Hesperus. Ein Jahrbuch von H. v. Hofmannsthal, R. A. Schröder und R. Borchardt«. Leipzig 1909.) Die Übertragung der »Göttlichen Komödie« von Stefan George (1868–1933) zog sich über Jahrzehnte hin. Sie erschien ausschnittsweise seit 1901 in den »Blättern für die Kunst« (Begründet von St. George. Hg. von K. A. Klein. 12 Folgen. Berlin 1892–1919), in Buchform erstmals 1912. (»Dante. Göttliche Komödie. Übertragungen von St. George«. Berlin 1912.) Erst die 4. Auflage (Berlin 1925) enthält den von George übertragenen Text vollständig.

454 Schröders Homer] *Rudolf Alexander Schröder (1878–1962) übersetzte die »Odyssee« und die »Ilias«; letztere erschien 1943. (»Homers Ilias. Deutsch.« Berlin 1943.) Von der Übertragung der »Odyssee« veröffentlichte er den 6. und 11. Gesang 1909 in dem Jahrbuch »Hesperus« (vgl. die vorige Erläuterung), das vollständige Werk 1910. (»Die Odyssee. Neu ins Deutsche übertragen von R. A. Schröder«. 2 Bde. Leipzig 1910.)*

454 Gundolfs Shakespeare] *Friedrich Gundolf (1880–1931), dessen Buch »Shakespeare und der deutsche Geist« Stadler 1911 rezensierte (vgl. S. 321–325), hatte bis 1914 neun von zehn vorgesehenen Bänden seiner deutschsprachigen Shakespeare-Ausgabe veröffentlicht. (»Shakespeare in deutscher Sprache. Herausgegeben, zum Teil neu übersetzt von F. Gundolf«. 10 Bde. Berlin 1908–1918).*

454 »Nachruf an Nietzsche«] *Mit dem Titel »An Friedrich Nietzsche« erschien das Gedicht in Dehmels erster Sammlung, »Erlösungen«, ¹1891, S. 132.*

454 »Meister ... ihn.«] *»Erlösungen«, ⁴1913, S. 82–83.*

454 Er verläßt ihn] *Die Identifikation des Autors mit der Gestalt des Schülers, die Stadler vornimmt, ist bei Dehmel selbst vorgegeben, und zwar in einem »Offenen Brief an den Herausgeber der Kultur« von 1902; Dehmel bestreitet darin energisch jeden Einfluß Nietzsches auf sich. Wohl habe ihn die Lektüre des »Zarathustra« kurze Zeit tief beeindruckt, aber dann sei er sich seiner eigenen unvereinbaren Gegensätzlichkeit zu Nietzsche bewußt geworden:* Das einzige positive Täflein, das der »Jünger« vom »Meister« empfangen hatte, trug auf der Rückseite eine Negation: folge mir nicht nach, geh deinen eigenen Weg! Und ich folgte ihm und – verließ ihn. Keinen anderen Denker oder Dichter habe ich so für immer verlassen. *(R. Dehmel, »Bekenntnisse«. In: Gesammelte Werke in Einzelausgaben. Bd. 2. Berlin 1926. S. 128.) Daß Nietzsche gleichwohl eine seiner Voraussetzungen ist – wie Stadler es im folgenden konstatiert –, hat Dehmel später selbst erkannt:* Hätten Mombert und Dehmel kommen können, ohne daß Nietzsche und Liliencron da waren? *(R. Dehmel an Hans Brandenburg, 27. 7. 1909. »Ausgewählte Briefe aus den Jahren 1902–1920«. Berlin 1923. S. 178.)*

455 »Damit es ... Kunst.«] *Aus dem Aphorismus »Zur Psychologie des Künstlers«. (»Götzen-Dämmerung«. »Streifzüge eines Unzeitgemäßen«, 8. – Werke, 1. Abt., Bd. VIII, S. 122–123.)*

455 »an der Überfülle ... wollen«] *Aus dem Aphorismus* »Was ist Romantik?« (»Die fröhliche Wissenschaft«, 5. Buch, 370. – Werke, 1. Abt., Bd. V, S. 325.)

455 »Im dionysischen Dithyrambus ... gereizt.«] *Aus dem* »Vorwort an Richard Wagner«, 2. (»Die Geburt der Tragödie aus dem Geiste der Musik.« – Werke, 1. Abt., Bd. I, S. 28.)

455 dichter*ische* Inspiration ... hat.] *Die* »Autobiographische Skizze« *findet sich in den Ausführungen von Elisabeth Förster-Nietzsche über* »Die Entstehung von ›Also sprach Zarathustra‹« *im Anhang der* »Zarathustra«*-Ausgabe von 1904 (Werke, 1. Abt., Bd. VI, Anhang S. VI–VII); der Text beginnt:* – Hat Jemand, Ende des neunzehnten Jahrhunderts, einen deutlichen Begriff davon, was Dichter starker Zeitalter Inspiration nannten? Im anderen Falle will ich's beschreiben. *Im Anschluß an die indirekte Wiedergabe dieser Sätze zitierte Stadler noch folgende Textstelle:* Man hört, – man sucht nicht; man nimmt, – man fragt nicht, wer da giebt; wie ein Blitz leuchtet ein Gedanke auf, mit Nothwendigkeit, in der Form ohne Zögern – ich habe nie eine Wahl gehabt. *Stadler brach das Zitat nach* nimmt ab *und tilgte das bereits Aufgezeichnete.*

455 Mombert] *Über voraufgegangene Ausführungen Stadlers zu Alfred Mombert (1872–1942) hat H. Thomke der Vorlesungsmitschrift (vgl. S. 748) folgendes entnommen:* Wie im Werke Dauthendeys spiegelte sich für Stadler auch in demjenigen Alfred Momberts die Wendung vom Impressionismus zu einer neuen Vergeistigung der Dichtung. Stadler sprach im Zusammenhang mit Mombert von einem kosmisch ausgerichteten Individualismus, der notwendigerweise zu einer Sprengung der Form habe führen müssen. *(Thomke, S. 88.)*

455 Bei Mombert ... Chaos,] *Die kennzeichnende subjektiv-mythische Konzeption, die Alfred Mombert seinem Oeuvre gegeben hat, verdeutlicht sich zwar in den zwischen 1907 und 1911 erschienenen kosmisch-sinfonischen Dramen der* »Aeon«*-Trilogie, kam aber erst in den von 1919 bis 1931 veröffentlichten Dichtungen und dem abschließenden* »Sfaira«*-Mythos (1936, 1942) zur Entfaltung. Stadlers Deutungsakzente sind am stärksten auf die ersten fünf Gedicht-Werke Momberts zu beziehen, die das Fundament der späteren Entwicklung bilden und im Zeitraum von 1894 bis 1905 zuerst gedruckt wurden. 1906 legte Mombert sie in veränderten Fassungen neu vor. (A. Mombert.* »Dichtungen«. *Hg. von E. Herberg. 3 Bde. München 1963.)*

456 im Werke Emile Verhaerens] *Zur Bedeutung, die Stadler dem belgischen Dichter Émile Verhaeren gab, vgl. auch die Rezensionen von Julius Babs Buch* »Neue Wege zum Drama«, *von Franz Werfels Gedichtband* »Wir sind« *sowie den Aufsatz* »Charles De Coster« *(S. 325, 345, 424) und Erläuterungen hierzu; vgl. auch die Erläuterung zu Verhaeren, S. 734.*

456 Als Nietzsche ... vollzog] *Um die Jahreswende 1882/83 mit Abschluß der* »Fröhlichen Wissenschaft« *und dem ersten Ausblick auf die Gestalt Zarathustras.*

456 leidvollen] *Stadler hat das Adjektiv bei einer Überarbeitung des Textes eingefügt, wie Abweichungen der Tintenfärbung und der Strichführung von denjenigen der Grundschicht des Manuskripts zu erkennen geben; das zuvor gesetzte* tragischen *hat er nicht getilgt.*

456 verspricht] *In der gleichen syntaktischen Position steht ebenfalls das Verb* trachtet.

456 »Wir haben ... blinzeln.«] *Der zitierte Text kommt leitmotivisch wiederholt in der fünften von »Zarathustras Vorreden« vor, die* vom Verächtlichsten handelt: das aber ist der letzte Mensch. *(Werke, 1. Abt., Bd. VI, S. 20.)*

456 erschöpft] *Das Verb wurde, wie ein Unterschied der Tintenfärbung und der Strichführung gegenüber der Grundschicht des Manuskripts zu erkennen gibt, bei einer Überarbeitung des Textes eingefügt; das vorher geltende Verb,* erfüllt, *wurde von Stadler nicht getilgt.*

457 erfährt] *Das Verb wurde bei einem Überarbeitungsgang dem vorher stehenden* erleidet *hinzugefügt.*

457 »Ihr wollt ... hat?«] *Leicht verändertes und verkürztes Zitat aus »Jenseits von Gut und Böse«, 225. Aphorismus (Werke, 1. Abt., Bd. VII, S. 180).*

457 Zarathustra ... ist.] *Die aus Teil III.1 des »Zarathustra« herangezogene Textstelle lautet vollständig:* Ich, Zarathustra, der Fürsprecher des Lebens, der Fürsprecher des Leidens, der Fürsprecher des Kreises. *(Werke, 1. Abt., Bd. VI, S. 315.)*

457 »Erlösungen« (1891)] *Dehmels erste Buchpublikation. »Erlösungen. Eine Seelenwandlung in Gedichten und Sprüchen«. Stuttgart 1891.*

457 »mit tausend Händen ... erneuen«] *Mit Veränderungen zitiert aus »Krämerseelen«. »Erlösungen«, ³1906, S. 7 (ursprünglich: »An die Krämerseelen«. »Erlösungen«, ¹1891, S. 5):* Und hier steht Einer, der mit tausend Händen / sich selbst wie Saat ins Weltall möchte streuen, / um tausendfach sein Dasein zu vollenden, / um tausendfach sein Dasein zu erneuen.

458 in Dehmels erstem Gedichtbuch] *»Erlösungen. Eine Seelenwandlung in Gedichten und Sprüchen«. Stuttgart 1891. – Das von Stadler herangezogene Gedicht stand in der Erstausgabe noch nicht.*

458 »Noch hat ... flüchtet«] *Schlußverse des Gedichts »Selbstzucht«, das zuerst 1895 in »Lebensblätter. Gedichte und Anderes« erschien. (»Erlösungen«, ⁴1913, S. 12.)*

458 Dichtung ... Franz Werfels] *Über Franz Werfel hat sich Stadler verschiedentlich in Rezensionen geäußert. (Vgl. S. 336, 344–345.)*

459 Dehmels Jugenddichtung] *Im folgenden identifiziert Stadler den gleichen Befund mit der älteren Dehmelschen Dichtung (s. S. 459) und meint etwa die Produktion Dehmels bis zur Mitte der 90er Jahre. Damit ist nur ein kleiner Zeit- und Entwicklungsraum bemessen, denn Dehmel veröffentlichte erst als 27jähriger 1891 sein erstes Gedichtbuch.*

459 »Nein, ich ... Zeugungslust.«] *Strophe aus den »Nachtwachen eines Sehers der Liebe« zwischen den Gedichten* »VENUS MACULATA« *und* »VENUS

Apparat: Deutsche Lyrik der neuesten Zeit

PERVERSA« *in dem 1907 zuerst selbständig erschienenen Zyklus* »Die Verwandlungen der Venus« *(vgl. auch die Erläuterungen zu S. 460). Der zitierte Text schließt in allen Ausgaben:* Züchtungslust. *(»Verwandlungen«, ²1913, S. 307.)*

459 (Der trübe Wandersmann)] *In dem Gedicht* »Heilige Nacht«*, zuerst in* »Weib und Welt« *1896 gedruckt, bezeichnet sich der trübe Wandersmann selbst mit dem Vers:* Ich suche Gott in Mensch und Tier. *(»Weib und Welt«, ⁴1913, S. 127.)*

459 Gedicht der »Erlösungen«] *Das von Stadler gemeinte Gedicht kommt in Dehmels erstem Gedichtbuch wie auch in den späteren Ausgaben der* »Erlösungen« *nicht vor; es findet sich zuerst,* »Bastard« *betitelt, in* »Aber die Liebe« *(¹1893, S. 14–15), später mit der Überschrift* »VENUS HOMO« *in den* »Verwandlungen« *(¹1907, S. 106–108).*

460 »und sollst ... Glut.«] *»Verwandlungen«, ²1913, S. 331.*

460 »Aber die Liebe«] *»Aber die Liebe. Ein Ehmanns- und Menschenbuch«. München 1893.*

460 Die Liebe ... Trübe] *Indirektes Zitat aus der* »Hieroglyphe« *bzw. dem* »Leitspruch«*, der vor den Sammlungen* »Aber die Liebe« *steht:* Aber die Liebe / ist das Trübe. *(»Aber die Liebe«, ³1913, S. 118.)*

460 »deren wir ... spotten.«] *Aus dem Gedicht, das in der Erstausgabe von* »Aber die Liebe« *als* »Gebet der Sättigung« *die Folge der Gedichte unter der Überschrift* »Die Verwandlungen der Venus« *abschließt (¹1893, S. 231) und das nach der Verselbständigung des Zyklus den* »Schluß der Verwandlungen« *bildet. (»Verwandlungen«, ²1913, S. 352.)*

460 das göttlich-klare] *Der Ausdruck kommt als Antinomie zu* dies tierisch Trübe *vor, und zwar in* »Zwei Menschen«*, III.25 (³1913, S. 268).*

460 »Weltglück«] Weltglück *als Steigerung von* Glück *ist ein Leitmotiv in den* »Zwei Menschen« *(³1913, S. 145, 191, 237, 283). Begrifflich äußerte sich Dehmel dazu 1902 folgendermaßen:* Einziger Ausweg aus der tragischen Verzweiflung Don Juans oder Faustens sowie aus der tragikomischen Selbsttäuschung Zarathustras: dieser einzige Ausweg ist kein humanes (ethisches) Gefühl, sondern ein kosmisches (religiöses): das Gefühl der unvergänglichen, räumlich wie zeitlich ins Unendliche fortwirkenden Mitwirkung jeder Lebensregung am großen Gleichgewicht der Welt, an dem einzigen »ewigen Leben«, das wir in jedem Augenblick sinnlich wie geistig wahrnehmen können, mit einem Wort am »Weltglück«, wie ich es in den »Zwei Menschen« genannt habe. *(»Bekenntnisse«, 1926, S. 131–132.)*

460 »Ich habe ... Welt.«] *Zitat der späteren Fassung des Gedichts* »Die Harfe« *aus* »Weib und Welt«*, ¹1896, S. 42–44; ⁴1913, S. 66.*

461 »Die Verwandlungen der Venus«] *Die Berechtigung der sehr verhalten ausgedrückten Kritik Stadlers wird allein durch die Werkgeschichte der* »Verwandlungen« *deutlich: In* »Aber die Liebe«*, ¹1893, vereinte der Titel 20 mit je einem lateinischen Venus-Namen überschriebene Gedichte, dazu einleitend ein*

Apparat: Deutsche Lyrik der neuesten Zeit

»Gebet der Sucht« und abschließend ein »Gebet der Sättigung«. 1907 verselbständigte Dehmel diese Folge von Gedichten zu einem Werk der Gesamtausgabe. Er erweiterte den Bestand aus alten und neuen Gedichten auf 30, die er mit lateinischen Namen betitelte, und flocht diese in eine, ebenfalls aus alten und neuen Texten gebildete, Darstellung der »Nachtwache eines Sehers der Liebe« ein. Diese entstehungsgeschichtlich wie formal äußerst heterogenen Zwischentexte laufen stets in einen Satz aus, der den Venus-Namen im Titel des anschließenden Gedichts zum Objekt hat. Die Rahmendarstellung für sich ist nicht tragfähig und vermag den entstehungsgeschichtlich wie stilistisch begründeten Mangel an Homogenität der Venus-Gedichte keineswegs auszugleichen. Dehmel gab dem Zyklus den Titel: »Verwandlungen der Venus. Erotische Rhapsodie. Mit einer moralischen Ouvertüre«. Anlaß und Absicht der Umarbeitung begründete er im »Vorwort« zur zehnbändigen Gesamtausgabe: Unter meinen mindestens 500 Gedichten befinden sich einige, die sich in unverheuchelter Art mit den brutalen Instinkten des menschlichen Geschlechtslebens befassen; es sind im ganzen höchstens 10, aber gewisse Leute scheinen nur immer grade diese bei mir zu lesen. Um derlei Leuten das Suchen zu erleichtern, und damit sie ihre sittlichen Nasen nicht in meine übrigen Bücher stecken, habe ich alle diese Gedichte in die »Verwandlungen der Venus« miteingeflochten. Vielleicht wird den Herrschaften da begreiflich, daß selbst den unheiligsten Sinnlichkeiten der künstlerisch betrachteten Menschheit ein heiliger Schöpfergeist innewohnt, der sich um jeden Preis, sogar um den der Verirrung, über die Tierheit hinausringen will. Für die aber, denen dieser Ringkampf mit Recht als ein unerfreuliches Zeichen menschlicher Unreife erscheint, das immer gleichbedeutend ist mit künstlerischer Unvollkommenheit: für diese meine besten Leser hoffe ich durch den Ausbau der Dichtung eine Höhe der Anschauung hergestellt zu haben, von der aus die krassen Einzelheiten der früheren fragmentarischen Fassung nicht mehr in Betracht kommen. *(Werke, Bd. I, 1906, S. 8–9.)*

461 Venus Primitiva] *Mit diesem Namen überschrieb Dehmel ein Gedicht für den Zyklus* »Die Verwandlungen der Venus«, *das ursprünglich* »Erste Begierde« *betitelt war und in der Erstausgabe der* »Erlösungen« *stand (¹1891, S. 16–17).*

461 »Ich will ... Fülle«] »*Verwandlungen*«, ²1913, *S. 277.*

461 »Nach der Nacht ... schweben.«] *Aus dem* »Gebet der Sättigung« *(*»Aber die Liebe«, ¹1893*), später* »Schluß der Verwandlungen«. *(*»Verwandlungen«, ²1913, *S. 352.)*

461 »Zwei Menschen«] »Zwei Menschen. Roman in Romanzen«. *Berlin 1903.*

462 Arno Holz ... zu parodieren.] *Arno Holz (1863–1929) stand als Verfechter eines konsequenten Naturalismus in der Kunst in einem nicht zu verkennenden Gegensatz zu Dehmel, was jedoch eine gegenseitige freundschaftliche Schät-*

Apparat: Deutsche Lyrik der neuesten Zeit

zung nicht ausschloß. *Stadler bezieht sich auf die erste, 1902 erschienene Ausgabe der »Blechschmiede« von Arno Holz; die späteren erweiterten Fassungen erschienen erst nach 1914.* Holz kannte den Roman aus einem Vorabdruck der »Zwei Menschen« in der »Insel«. (A. Holz: »Die Blechschmiede«. Leipzig 1902. S. 71–78.)

462 in den 3 Umkreisen] *Die Teile des Romans sind folgendermaßen bezeichnet: »Erster Umkreis: Die Erkenntnis.«, »Zweiter Umkreis: Die Seligkeit.«, »Dritter Umkreis: Die Klarheit.«*

462 zum »weisen Wesen der großen Liebe«] *Aus leitmotivisch in den »Zwei Menschen« wiederholten und variierten Versen, die zuerst als »Sinnspruch und Widmung« in »Weib und Welt« vorkommen (^{1}1896, S. 5):* Erst wenn der Geist von jedem Zweck genesen / und nichts mehr wissen will als seine Triebe, / dann offenbart sich ihm das weise Wesen / verliebter Thorheit und der großen Liebe. *– »Zwei Menschen«, I.30 (^{3}1913, S. 182); II.25 (^{3}1913, S. 222); III.27 (^{3}1913, S. 271).*

462 zum Weltglück ... erreichen«] *»Zwei Menschen«, »Ausgang« (^{3}1913, S. 283):* Leb wohl, leb wohl – du hältst dich selbst in Händen. / Du sahst, o Mensch, zwei Wesen deinesgleichen / im kleinsten Kreis Unendliches erreichen. / Auch Dein Glück wird ins Weltall enden.

462 Whitman ... Verhaeren] *Beide Dichter führt Stadler auch in seinen Kritischen Schriften als die großen Vorbilder der jüngsten Dichtergeneration an, vgl. z.B. S. 345, 424 und Erläuterungen hierzu.*

463 »Du hast ... dar ...«] *»Zwei Menschen«, II.11 (^{3}1913, S. 204–205).*

463 die »hirnschwachen Tröpfe ... Tieren.«] *»Zwei Menschen«, III.14 (^{3}1913, S. 254). Der von Stadler zitierte Dialog bezieht sich auf eine spiritistische Séance und richtet sich gegen die von Dehmel häufig angegriffenen* Unterbewußtler, die geflissentlich Verrückten, die, vom lebenssteigernden Rausch weit entfernt, vom Dunst der irdischen Säfte / ihr bißchen Geist noch benebeln lassen. *Nach Dehmels Auffassung bleibt dies außerhalb des dionysischen Weltumfassens.*

463–464 »Und man erkennt ... zurückerstatten.«] *»Zwei Menschen«, III.22 (^{3}1913, S. 264–265).*

464 Die »bewußtesten Kinder ... auseinandergesetzt.] *Der Aufsatz »Naivität und Genie. Spiritistischer Dialog« erschien zuerst 1908 in der »Neuen Rundschau« (19, 1908, Bd. 1, S. 168–182), später im Band »Betrachtungen. Über Kunst, Gott und die Welt«, Berlin 1909 (^{3}1913, S. 144–167); die von Stadler herangezogene Textstelle lautet:* Doch ist uns schon jetzt zu Bewußtsein gekommen, daß zwar das naive Gemüt die Axe ist, an die auch die genialste Natur mit allen Trieben gebunden bleibt, und deren einer Pol ins Dämonische, der andre ins Triviale verläuft; daß aber die geistige Reflexion die formbestimmende Triebkraft ist und umso harmonischer auf die Kulturwelt einwirkt, je energischer der gestaltende Sinn das Tiefste der Persönlichkeit auf ein centrales Gleichgewicht ordnet *– (^{3}1913, S. 167).*

Apparat: Deutsche Lyrik der neuesten Zeit

464 »fühlend zu zerdenken«] *Der Ausdruck steht in* »Liebe und Ehe. Eine Sphärenphantasie«, »Erlösungen«, ^{1}1891, S. 116, *und lautet im Zusammenhang:* Müßt euch versenken / tief in den innern Streit, / fühlend zerdenken, / was in euch schreit. *(»Erlösungen«, ^{3}1906, S. 153.)*

464–465 »Wir aber, ... gut.«] »Zwei Menschen«, III.34 (^{3}1913, S. 280).

465 »Was ist ... das.«] »Zwei Menschen«, I.14 (^{3}1913, S. 163).

465 »Daß unsre ... lernen.«] »Zwei Menschen«, III,32 (^{3}1913, S. 277). *Die zitierte Stellenangabe machte Stadler im Manuskript am Rand.*

465 »Weib und Welt«] »Weib und Welt. Gedichte«. Berlin 1896. – *Die Gedichte dieses Buches sind zum größten Teil unmittelbar aus dem Erleben hervorgegangen, das in dem zwischen 1895 und 1902 entstandenen Roman* »Zwei Menschen« *reflektiert wird.*

465 der ersten Bücher] »Erlösungen«, ^{1}1891. – »Aber die Liebe«, ^{1}1893. – »Lebensblätter«, 1895.

465–466 der schweifende Trieb von Schoos zu Schoos] *Stadler übernimmt hier eine von Dehmel wiederholt gebrauchte und auch oft auf diesen selbst angewandte Formulierung, z.B.:* Doch immer treibt ihn / die Sehnsucht nach Ruhe: / rastlos rast er von Brust zu Brust, / Schooß zu Schooß, / und sucht nichts als den Menschen, / der dem Schicksal gewachsen ist.« *(»Eine Lebensmesse«, zuerst in »Erlösungen«, ^{2}1898, S. 301; »Weib und Welt«, ^{4}1913, S. 135), oder:* »ich williger Pilgersmann von Schooß zu Schooß. *(»Eine Rundreise in Ansichtspostkarten. Bingen am Rhein«, zuerst in »Weib und Welt«, ^{3}1907; ^{4}1913, S. 121.)*

466 »Eine Lebensmesse«] *Die so betitelte »Dichtung für Musik« findet sich bereits in der zweiten Ausgabe der »Erlösungen«; Dehmel rückte sie bei der Herausgabe der Gesammelten Werke in »Weib und Welt« ein mit dem veränderten Untertitel:* »Dichtung für ein festliches Spiel«.

466 »Denn nicht ... gewachsen ist.«] »Weib und Welt«, ^{4}1913, S. 134.

466 »Ich fühle ... fällt.«] »Zwei Menschen«, III.10 (^{3}1913, S. 249–250). *Stadler hat den Text mit starken Abweichungen zitiert, vermutlich aus dem Gedächtnis.*

466 »die sich fromm ... entgegenwachsen.] *Direktes und indirektes Zitat aus* »Eine Lebensmesse« *(»Weib und Welt«, ^{4}1913, S. 140).*

466 »Der Kindergarten«] *Band VIII der Gesamtausgabe von 1906–1909 mit dem Untertitel:* »Gedichte, Spiele und Geschichten für Kinder und Eltern jeder Art«. Berlin 1908. *Band 2 der dreibändigen Gesamtausgabe von 1913 enthält nur eine Auswahl.*

466 »Fitzebutze«] »Fitzebutze. Allerhand Schnickschnack für Kinder« von Paula und Richard Dehmel. Mit Bildern von Ernst Kreidolf. Berlin und Leipzig 1900.

466 »praktische Aesthetik«] *Das Postulat erhebt Dehmel in seinem Aufsatz* »Schulbuch und Kinderseele« *(»Betrachtungen«, ^{2}1909, S. 129).*

467 »Schulbuch und Kinderseele«] »Betrachtungen«, ^{2}1909, S. 108–113.

Apparat: Deutsche Lyrik der neuesten Zeit

467 wie Verhaeren] *Was Stadler hier als ein vergleichbares Verdienst Émile Verhaerens einer- und Dehmels andrerseits hervorhebt, unterzog Dehmel selbst um 1914 einer kritischen Differenzierung. Er schätzte die Person des belgischen Dichters hoch (vgl. Dehmels Brief an Frau Isi vom 1. 3. 1912.* »*Ausgewählte Briefe aus den Jahren 1902–1920*«*. Berlin 1923. S. 269) und hat auch ein Gedicht von ihm,* »*Die Armen*«*, übersetzt (*»*Aber die Liebe*«*, ³1913, S. 144–145); angesichts der sich verbreiternden Wirkung aber schrieb Dehmel am 12. 3. 1914 (An A. W. von Heymel. In:* »*Ausgewählte Briefe*«*, S. 337–338): Alle diese Industrie-Dithyrambik (ich nehme auch z. B. die erste Hälfte meiner* »*Hafenfeier*« *nicht aus, und fast der ganze Verhaeren und Whitman gehörte dahin) stammt nicht aus der Inspiration, sondern aus der Reflexion; aus der intellektuellen Tendenz, statt aus dem intuitiven Affekt. Dieser künstlerischen Selbsteinschätzung Dehmels wird Stadler bei seinen Feststellungen über Dehmel als Dichter der Großstadt (vgl. S. 468) gerecht.*

467 dem Dialog ... zu geben] *Die Dialogpartien der Lea in* »*Zwei Menschen*« *sind mit mundartlichen Wortbildungen wie* nit *statt* »*nicht*« *durchsetzt.*

467 »Eine Seefahrt ... Zweirad.«] *Stark verändertes, möglicherweise aus dem Gedächtnis niedergeschriebenes Zitat aus Dehmels Aufsatz* »*Hörer und Dichter. Faktoren epischer Komposition*« *(*»*Betrachtungen*«*, 1909, S. 141–150), der eine 1903 bei Rezitation des Epos* »*Zwei Menschen*« *gehaltene* »*Ansprache*« *wiedergibt. (Die Zukunft, 43, 1903, S. 28–31.)*

467 »Es tut ... strotzt«] »*Zwei Menschen*«*, I.7 (³1913, S. 153).*

468 ihre Pferde ... zu fahren] »*Zwei Menschen*«*, II.7, 8, 15, 16 (³1913, S. 199–211).*

468 Schönheit des Luftschiffes] *Stadler kann sich hierbei auf zwei sehr unterschiedliche Gedichte beziehen:* »*Die Musik des Mont Blanc*« *(*»*Aber die Liebe*«*, ³1913, S. 182–183) und* »*Ein Luftschiffer*« *im Zyklus* »*Der kleine Held*« *(*»*Der Kindergarten*«*, ²1913, S. 324–325).*

468 »Vogel Greif«] *Das Gedicht wurde erstmals in die Sammlung* »*Schöne wilde Welt*« *(Berlin 1913) aufgenommen, außerdem in* »*Aber die Liebe*«*, ³1913, S. 181–182.*

468 »Michel Michael«] »*Michel Michael. Komödie in 5 Akten*«*. Berlin 1911.*

468 »Weißt du ... schwellt.«] »*Michel Michael*«*, ²1913, S. 276–278. – Stadler notierte im Manuskript vor dem Zitat die Seitenangabe: S. 276*

468 »Vierter Klasse«] »*Erlösungen*«*, ¹1891, S. 191–196. –* »*Aber die Liebe*«*, ³1913, S. 145–150.*

468–469 »Die Magd«] »*Erlösungen*«*, ¹1891, S. 203–205. –* »*Aber die Liebe*«*, ³1913, S. 143–144.*

469 »Der Märtyrer«] »*Erlösungen*«*, ¹1891, S. 201–203. –* »*Aber die Liebe*«*, ³1913, S. 151–154.*

469 »Der Arbeitsmann«] »*Weib und Welt*«*, ¹1896, S. 124–125. –* »*Aber die Liebe*«*, ³1913, S. 159.*

Apparat: Deutsche Lyrik der neuesten Zeit

469 »Ich bin ... Heimat.«] *Die zitierte »Autobiographie« erschien erstmals 1902 (Oesterreichische Arbeiter- Sängerzeitung, Wien, 1, 1. 5. 1902, Nr. 2, S. 5–6) und wiederholt später; zuletzt wurde sie 1913 anläßlich des 50. Geburtstags von Dehmel in Umlauf gebracht. Möglicherweise aber hat Stadler den Abdruck in der ersten Dehmel-Studie von Julius Bab zitiert (»Richard Dehmel. Moderne Essays zur Kunst und Litteratur.« Hg. von H. Landsberg. H. 23.24. Berlin 1902, S. 3–4).*

469 »ernstes ... hinschleppen.«] *»Zwei Menschen«, I.13 (³1913, S. 161).*

469 »Ich will – nach Hause«] *»Michel Michael«, ²1913, S. 317 und 326.*

469 »Predigt an das Großstadtvolk«] *»Aber die Liebe«, ²1906, S. 171–172: »Predigt ans Großstadtvolk«.*

469 »Ihr freilich ... aus!«] *»Aber die Liebe«, ³1913, S. 160.*

BRIEFE VON UND AN STADLER 1902–1914
S. 471–525

Im Rahmen der für diese Ausgabe durchgeführten Nachforschungen konnten in Archiven und in Privatbesitz noch weitere unbekannte Briefe Stadlers ermittelt werden, so daß sich gegenüber dem Stand von 1954 jetzt die Gesamtzahl der abgedruckten Briefe von 40 auf 72 erhöht hat. Für den Abdruck dieser neuaufgefundenen Briefe standen Photokopien der hand- oder maschinenschriftlichen Originale zur Verfügung. Auch die bereits in der Ausgabe von 1954 veröffentlichten Briefe sind zum Teil jetzt noch einmal nach Kopien der Originale überprüft worden. So konnten etwa in den Briefen Stadlers an Francis Wylie, von denen 1954 nur maschinenschriftliche Abschriften vorlagen, kleinere Fehler korrigiert werden. Auch der Briefwechsel Stadlers mit Kurt Wolff ist nach den Materialien, die Bernhard Zeller und Ellen Otten für die Ausgabe der Verlagskorrespondenz Kurt Wolffs (siehe: Zeller/Otten, S. 89–101) zur Verfügung standen, revidiert worden. Aus diesem Briefwechsel wurden jetzt auch aufgenommen die beiden Briefe (31 und 42), die 1954 auf Wunsch von Kurt Wolff nicht veröffentlicht werden konnten, sowie der Brief 53, der seinerzeit wegen des falschen Datums fortgelassen worden war.

Während sonst die neuaufgefundenen Briefe vollzählig aufgenommen wurden, ist bei der Korrespondenz Stadlers mit der Universität Toronto über seine Berufung eine Auswahl der inhaltlich wichtigsten Schreiben vorgenommen worden, da ein Teil dieses Briefwechsels Wiederholungen enthält und naturgemäß Detailfragen der Berufungsvereinbarungen behandelt. Die aus den nichtabgedruckten Teilen dieser Korrespondenz zu gewinnenden Informationen sind jedoch im Kommentar zu den Briefen mitgeteilt oder verwertet worden. (Siehe hierzu auch den Nachtrag S. 765.)

Die im Katalog der Marbacher Expressionismusausstellung von 1960 verzeichnete Postkarte Stadlers an Ludwig Meidner vom 2. April 1914 muß heute leider als verschollen gelten, ebenso wie die Korrespondenz mit Meidner über dessen Bild »Cholera«, das Stadler zu erwerben wünschte.

Die Wiedergabe aller hier abgedruckten Briefe von und an Stadler erfolgt ohne Auslassungen und Kürzungen. Bei nur fragmentarisch überlieferten Briefen (Brief 60 und 64) verweist ein entsprechender Vermerk auf diesen Sachverhalt. Die Briefe und Briefbruchstücke sind, mit wenigen Ausnahmen, genau zu datieren. Lediglich bei dem von Stadler falsch datierten Brief Nr. 53 ergaben sich in dieser Hinsicht Probleme (vgl. die Erläuterungen zu diesem Brief).

Die editorische Wiedergabe der Brieftexte folgt dem Prinzip, die charakteristischen Eigentümlichkeiten weitgehend zu bewahren. Normierungen der Orthographie und der Interpunktion wurden daher vermieden und auch Abkürzungen in den Brieftexten nur dort aufgelöst, wo sie heute unverständlich sein könnten. Nur die bei Stadler oft schwankende Schreibung der Umlaute (z. B.: Ue und Ü) sowie der häufige Wechsel im Gebrauch von ss und ß wurden in Angleichung an die anderen Texte dieser Ausgabe im Sinne der heutigen Orthographie vereinheitlicht. Dort wo die Herausgeber unerläßliche Ergänzungen vorzunehmen hatten, sind diese stets durch Kursivdruck gekennzeichnet. Es handelt sich dabei vorwiegend um die Ergänzung unvollständiger Datierungen, fehlender Ortsangaben im Briefkopf oder um die Einfügung der bei Schreibmaschinendurchschlägen fehlenden Unterschriften. Auch die Auflösung schwerverständlicher Abkürzungen oder die in Einzelfällen vorgenommene Einfügung fehlender Buchstaben ist immer durch Kursivdruck ausgewiesen.

Offenkundige Schreibversehen sind stillschweigend korrigiert worden, wohingegen vereinzelte Berichtigungen von Irrtümern ausdrücklich im Apparat vermerkt werden. Nicht eindeutig zu entziffernde Textstellen wurden durch Winkelklammern ⟨ ⟩ gekennzeichnet, Unterstreichungen in den Brieftexten durch Sperrdruck markiert. Die in den Brieforiginalen oft wechselnde Reihenfolge und Placierung von Datum und Absendeort wurde vereinheitlicht und in der Druckwiedergabe immer dem Brieftext rechts oben vorangestellt.

Im Apparat zu den Briefen wird zu jeder Briefnummer eine kurze Beschreibung der jeweiligen Druckvorlage geboten (z. B.: Brief oder Postkarte, Befund der Beschriftung), ferner der Besitzer und der Standort genannt. Bei den in Bibliotheken und Archiven verwahrten Briefen wird der jetzige Standort durch folgende Stichwörter bezeichnet:

(Göttingen) = *Niedersächsische Staats- und Universitätsbibliothek Göttingen, Handschriftenabteilung*
(Marbach) = *Deutsches Literaturarchiv im Schiller-Nationalmuseum, Marbach am Neckar*
(Rhodes) = *Rhodes House Library, Oxford*
(Taylor) = *Taylor Institution Library, Oxford*
(Toronto) = *University of Toronto Library, Toronto*
(Yale) = *The Beinecke Rare Book and Manuscript Library, Yale University Library (New Haven)*

Die Kommentierung der Briefe ist darauf angelegt, einerseits die für das Verständnis erforderlichen Sachinformationen zu bieten und anderseits die Beziehungen Stadlers zu seinen jeweiligen Briefpartnern zu erhellen. Besonderes Gewicht wurde dabei auf diejenigen Erläuterungen gelegt, die das Bild seiner literarischen und akademischen Aktivitäten vervollständigen. Um den Briefkommentar von ständigen Querverweisen zu entlasten, sind bei häufiger genannten Personen die Angaben nach Möglichkeit auf eine Haupterläuterungsstelle konzentriert worden, die jeweils über das Personenregister der Ausgabe ermittelt werden kann.

Apparat: Briefe

Den Zuwachs an Briefen und Informationen verdanken die Herausgeber nicht allein beharrlicher Sucharbeit, sondern auch der freundlichen Unterstützung, die ihnen von allen Personen und Institutionen zuteil geworden ist, die noch im Besitz von unbekannten Briefen Stadlers waren. Ihnen sei an dieser Stelle herzlichst gedankt für die Bereitstellung von Photokopien und für die Beantwortung von Rückfragen. Die Einbeziehung von Briefen aus Stadlers Berufungsverhandlungen mit der Universität Toronto ist vor allem der hilfreichen Vermittlung von Prof. Dr. Leonard Forster (Cambridge) und Prof. Dr. Humphrey Milnes (Toronto) zu verdanken, die auch vom Präsidenten der Universität Toronto die freundliche Erlaubnis zum Abdruck dieser Dokumente erwirkten. Prof. Dr. S. S. Prawer (Oxford) war behilflich bei der Beschaffung der bisher unbekannten Briefe Stadlers an H. G. Fiedler, die im Besitz der Taylor Institution Library (Oxford) sind und dankenswerterweise für die neue Ausgabe zur Verfügung gestellt wurden. Kevin F. Hilliard (Oxford) ermittelte wesentliche Informationen zu Stadlers Oxforder Zeit. Die Revision des Briefwechsels mit Kurt Wolff, der noch selbst die Genehmigung zum Abdruck dieser Korrespondenz in der Stadler-Ausgabe von 1954 erteilte, hat Prof. Dr. Bernhard Zeller (Marbach) durch seine Hilfe wesentlich erleichtert. Frau Helen Wolff gewährte die Erlaubnis zur Einbeziehung der 1954 ausgelassenen Briefe. Prof. Dr. Jörg-Ulrich Fechner (Bochum) und Prof. Dr. François Stockmans (Brüssel) haben den Herausgebern wertvolles Material zur Kommentierung von Stadlers Brief an Réne Schickele vom 24. 4. 1914 beschafft.

Nachtrag:
Während der Drucklegung ist im Mai 1982, unabhängig von dieser Ausgabe und ohne Kenntnis ihrer Vorbereitung, in einer kanadischen Zeitschrift der vollständige Abdruck aller Briefe und Dokumente zur Berufung Stadlers nach Toronto erschienen: Hans Rollmann, »Die Berufung Ernst Stadlers an die Universität Toronto: Eine Dokumentation«. In: Seminar. A Journal of Germanic Studies, Bd. XVIII (1982), Nr. 2 (May), S. 79–113. Es ist dem Verfasser gelungen, außer den 1958 Leonard Forster zugänglichen und 1979 K. L. Schneider zur Verfügung stehenden Briefen, noch eine Reihe weiterer wichtiger Materialien ausfindig zu machen. Er stellte sie bereitwillig für diese Ausgabe zur Verfügung. Die drei neuaufgefundenen Briefe Stadlers (38a, 47a, 53a) konnten noch als Nachtrag in den Textteil der Ausgabe aufgenommen werden. Aus den anderen Dokumenten sind die Beurteilungen über Stadler in den Erläuterungen zu den Briefen zitiert worden. Für Informationen zu den in den Briefen erwähnten Personen und für die hilfsbereite rasche Übersendung von Kopien des neuaufgefundenen Materials gebührt Prof. Dr. Hans Rollmann von der Memorial University of Newfoundland in St. John's (Canada) ganz besonderer Dank.

Apparat: Briefe

1. Stadler an Christian Schmitt, 29. 5. 1902

Dieser Brief Stadlers wurde mitgeteilt von Karl Walser in dem Artikel »Ernst Stadler über Friedrich Lienhard«. In: Elsaß-lothringische Mitteilungen. Bd. II (1929), S. 221f.
Schmitt] *Christian Schmitt (1865–1928). Von 1893–1902 Schriftleiter der elsässischen Zeitschrift »Erwinia«. Stadler hatte Schmitt offenbar Gedichte zur Veröffentlichung in der »Erwinia« vorgelegt.*
Kritik über Lienhard] *Gemeint ist Stadlers lobende Besprechung der ersten Gesamtausgabe von Lienhards Gedichten (Die Gesellschaft. Jg. XVIII, 1902, Bd. 1, H. 10, S. 256–261). Über Stadlers späteres Verhältnis zu Lienhard vgl. S. 294ff.*

2. Stadler an Luise Hoff, 8. 1. 1905

Brief, handschriftl., Tinte. (Marbach)
Luise Hoff] *Luise Bresslau-Hoff (geb. 29. 5. 1882 in Straßburg, gest. 7. 1. 1966 in São Paulo). Seit 1902 mit Stadler bekannt.*
die mir freundlichst übersandten Gedichte] *Luise Hoff hatte Stadler nach dem Erscheinen der »Praeludien« eigene Gedichte ohne Nennung ihres Namens zugesandt. (Briefliche Mitteilung von L. Bresslau-Hoff an K. L. Schneider vom 21. 10. 1956.)*
von dem Forsterschen Abend] *Gemeint ist ein Zusammentreffen bei Stadlers Straßburger Freund Dirk Forster, (geb. 1884 in Amsterdam), Dr. jur., später Botschaftsrat. Forster hat 1967 »Erinnerungen an Ernst Stadler« veröffentlicht (In: Literaturwissenschaftliches Jahrbuch. Neue Folge, Jg. 8, 1967. S. 311–319).*
Manuscript meiner «Praeludien»] *Vgl. die Beschreibung der Handschrift auf S. 614–615. Das 1905 Luise Hoff dedizierte Praeludien-Manuskript befindet sich jetzt im Besitz des Deutschen Literaturarchivs in Marbach.*

3. Stadler an Edward Schröder, 29. 1. 1909

Postkarte, handschriftl., Tinte. (Göttingen)
Professor Dr. Edward Schröder (1858–1942), Göttinger Germanist. Seit 1892 gemeinsam mit Gustav Roethe Herausgeber und verantwortlicher Redakteur der »Zeitschrift für deutsches Altertum und deutsche Litteratur«, zu der als ergänzendes Referatenorgan der »Anzeiger für deutsches Altertum und deutsche Litteratur« gehörte, für den Stadler offenbar Rezensionen übernehmen sollte. Vgl. Brief 11.
Einbürgerung u. Übersetzung Shakespeares] *Spezialgebiet Stadlers, das er in seiner Habilitationsschrift und in seiner englischen B. Litt. Dissertation behandelte. Vgl. Biographische Zeittafel.*

4. Stadler an Francis Wylie, 21. 11. 1909

Brief, handschriftl., Tinte. (Rhodes)
Nov. 21st] *Im Original:* 21th

Apparat: Briefe

Mr. Wylie] *Francis James Wylie (1865–1952), M. A., Fellow of Brasenose College, 1929 geadelt. Wylie war von 1903–1931 Sekretär der Universität Oxford für die Rhodes-Stiftung, aus der Stadler ein Stipendium erhielt. Er wurde 1929 Warden des in diesem Jahr begründeten Rhodes House.*
Board of Studies for Modern Languages] *Professorenausschuß der Fakultät für moderne Sprachen.*
B. Lit. degree] *Da Stadler vor Beginn seines Oxforder Studienaufenthaltes (1906–1908) bereits in Straßburg promoviert hatte, hat er die Vorbereitung für den auf Allgemeinbildung ausgerichteten Grad B. A. (Baccalaureus Artium) abgebrochen und sich für den durch eine wissenschaftliche Arbeit (Dissertation) zu erlangenden Forschungsgrad des B. Litt. (Baccalaureus Litterarum) entschieden. Vgl. auch die Erläuterungen zu Brief 21 und den Bericht von A. L. Smith in den Erläuterungen zu Brief 36.*
my English dissertation] *Gemeint ist die für den B.Litt. degree geplante wissenschaftliche Arbeit:* »*The History of Literary Criticism of Shakespeare in Germany*«.
the scholarship which I was to get this year] *Stadler war für die Examensvorbereitung in Oxford ein Stipendium gewährt worden.*
a Magdalen man] *Stadlers schottischer Freund Allan Grant Ogilvie (1887–1954), der mit ihm zusammen in Oxford (Magdalen College) studiert hatte. Er war vom 17. September bis 17. Oktober 1909 in Straßburg, war dort häufig mit Stadler zusammen und ging dann zum Studium nach Berlin. In seinen Tagebuchaufzeichnungen (Privatbesitz) berichtet er über den Straßburger Aufenthalt und über gemeinsame Unternehmungen mit Stadler 1910 bis 1913 in Oxford und London. Ogilvie war später Geograph von Weltrang an der Universität Edinburgh in Schottland. Vgl. auch den Bericht von A. L. Smith in den Erläuterungen zu Brief 36.*

5. Stadler an Francis Wylie, 26. 1. 1910

Brief, maschinenschriftl., (Rhodes)

6. Stadler an Hans Koch, 16. 4. 1910

Brief, maschinenschriftl. (Privatbesitz)
Hans Koch] *Dr. med. Hans Koch (geb. 4. 2. 1881 in St. Avold, Lothringen, gest. 1. 5. 1952). Koch gehörte 1902 zum Mitarbeiterkreis von Schickeles Zeitschrift* »*Der Stürmer*« *und stand seit dieser Zeit in freundschaftlicher Beziehung zu Stadler. Unter dem Pseudonym Johannes Leonardus veröffentlichte er Lyrik und Prosa:* »*Dieweil es Lebens gilt!*« *Gedichte. Berlin 1905;* »*Mein Lebtag geht auf krummen Wegen.*« *Gedichte. Straßburg 1905;* »*Proleten.*« *Prosa. Straßburg 1908.*
Aufbringung des Mammons] *Stadler, der als Privatdozent nur über kärgliche Einkünfte verfügte, hatte sich von dem damals als Arzt an der Berliner Universitätsklinik arbeitenden Freund Geld ausgeliehen.*

Herausgabe eines Elsässischen Almanachs] *Eine Veröffentlichung des hier erwähnten Almanachs in Buchform konnte nicht nachgewiesen werden. Vgl. auch Brief 8. Über die Vorbereitung des Almanachs berichtet auch Ernst Robert Curtius an Friedrich Gundolf. Vgl.: Friedrich Gundolf, »Briefwechsel mit Herbert Steiner und Ernst Robert Curtius«. Hg. v. L. Helbing und C. V. Bock, 2. Aufl. Amsterdam 1963. S. 171.*
Schickele] *Stadlers Freund René Schickele (geb. 4. 8. 1883 in Oberehnheim i. Elsaß, gest. 31. 1. 1940 in Vence bei Nizza). Vgl. die Erläuterungen S. 690.*
Flake] *Otto Flake (geb. 29. 10. 1880 in Metz, gest. 10. 11. 1963 in Baden-Baden). Studium der Germanistik, Philosophie und Kunstgeschichte in Straßburg. Flake gehörte 1902 zum Mitarbeiterkreis der Zeitschrift »Der Stürmer« und war seitdem mit Stadler befreundet. Seine Straßburger Zeit und seine Beziehungen zu Stadler und anderen elsässischen Gefährten hat Flake dargestellt in seiner Autobiographie: »Es wird Abend. Berichte aus einem langen Leben«. Gütersloh 1960. Flake ist durch sein umfangreiches erzählerisches, essayistisches und kulturphilosophisches Werk bekannt geworden.*
Gruber] *Karl Gruber (geb. 8. 5. 1878 in Falkenberg in Lothringen). Er war von Beruf Notar, lebte jedoch ganz seinen literarischen Interessen und schrieb u. a. ein Buch über die »Zeitgenössische Dichtung des Elsasses« (Straßburg 1905), in dem die Anfänge Stadlers, Schickeles und der übrigen Angehörigen des Stürmer-Kreises dargestellt wurden. Gruber starb in geistiger Umnachtung. Vgl. auch die Erläuterungen zum Essay über »Die Brüder Matthis«, S. 718.*
Arp] *Hans Arp (geb. 16. 9. 1886 in Straßburg, gest. 7. 6. 1966 in Basel). Arp, der später als Maler, Bildhauer und Dichter bedeutsamen Anteil an der Entwicklung des Dadaismus und Surrealismus gewann, ist aus dem elsässischen Stürmer-Kreis hervorgegangen, dessen jüngstes Mitglied er war. Er ist Mitverfasser der Zeitschrift »Der Stänkerer«, von der am 25. 4. 1903, nach dem Scheitern der Zeitschriften »Der Stürmer« und »Der Merker«, ein Heft (Nr. 1–3) erschien. »Der Stänkerer« ist eine Parodie auf das künstlerische Programm des Stürmer-Kreises, speziell René Schickeles (vgl. Meyer, S. 28–29, S. 294).*
Seltz] *Thomas Seltz (geb. 21. 12. 1872 in Artolsheim i. Elsaß, gest. 20. 7. 1959 in Vittefleur). Seltz war Mitarbeiter, und seit 1906 Chefredakteur der Zeitung »Der Elsässer« und galt als Mentor des jungen René Schickele. Durch diesen hatte er auch Stadler kennengelernt.*
»Bilderbuch«] *Eine nicht veröffentlichte literarische Arbeit Hans Kochs.*
Bucher] *Pierre Bucher (1869–1921). Straßburger Arzt. Leiter bzw. Begründer der in französischer und deutscher Sprache erschienenen elsässischen Zeitschriften »Revue alsacienne illustrée« (»Illustrierte elsässische Rundschau«) und »Cahiers Alsaciens« (»Elsässer Hefte«). Mitbegründer des »Elsässischen Museums«. Bucher verfolgte mit seiner kulturellen Tätigkeit das Ziel, die Bindung des Elsaß an Frankreich in der deutschen Ära aufrechtzuerhalten. Vgl. Dirk Forster, »Erinnerungen an Ernst Stadler«. In: Literaturwissenschaftliches Jahrbuch. Neue Folge. Jg. 8 (1967), S. 316–317.*

Apparat: Briefe

7. *Stadler an Hans Koch, 2. 5. 1910*

Postkarte, handschriftl., Tinte. (Privatbesitz)
163 Mk an Deine Adresse] *Vgl. Brief 6.*
Gruber] *Vgl. Brief 6 und Erläuterungen.*

8. *Stadler an René Schickele, 18. 6. 1910*

Postkarte, handschriftl., Tinte. (Marbach)
»plaquette« (Bucher)] *Bei der »plaquette« handelt es sich offenbar um die in Brief 6 erwähnte Broschüre des »Elsässischen Almanachs«, dessen Verlag Bucher übernehmen sollte.*
»Conzerte in Montrouge«] *Schickeles Feuilleton »Die Konzerte in Montrouge« erschien zuerst am 12. Juni 1910 in der »Literarischen Rundschau der Straßburger Neuen Zeitung« (Nr. 24). Vgl. Erläuterungen S. 693.*

9. *Stadler an Erwin Wissmann, 26. 7. 1910*

Brief, handschriftl., Tinte. (Privatbesitz)
Erwin] *Dr. jur. Erwin Wissmann (geb. 23. 10. 1882 in Weißenburg im Elsaß, gest. 18. 9. 1934 in Göttingen). Zuletzt Direktor der Lübeck-Büchener Eisenbahngesellschaft in Lübeck. Die Freundschaft Stadlers mit Wissmann, der 1910 Regierungsassessor bei der Straßburger Eisenbahndirektion war, datiert aus der ersten gemeinsamen Studienzeit in Straßburg (1902).*
Tristram Shandy] *Roman von Lawrence Sterne (1713–1768), auf den Erwin Wissman in seinem nicht erhaltenen Schreiben an Stadler offenbar angespielt hatte.*
Ich werde also vom nächsten Semester ab in Brüssel »wirken«] *Während seines Englandaufenthaltes wurde Stadler am 2. Juli 1910 als Chargé de Cours (Dozent mit Lehrauftrag) an die Faculté de Philosophie et Lettres (section de philologie germanique) der Université libre in Brüssel berufen. Er war der erste Inhaber dieses 1910 neugeschaffenen Lehrstuhls und begann seine Unterrichtstätigkeit am 1. Oktober 1910.*
Mich weiterhin beurlauben zu lassen] *Stadler hatte sich bereits für das Sommersemester 1910 von seiner Lehrtätigkeit an der Straßburger Universität dispensieren lassen. Vgl. Brief 4.*
Die drei Brüsseler Tage] *Nach der Annahme seiner Berufung war Stadler von England aus kurz nach Brüssel gefahren. Das genaue Datum dieser Reise wurde nicht ermittelt.*
habe d. Ausstellung gesehen] *Gemeint ist die Weltausstellung, die 1910 in Brüssel stattfand.*

10. *Stadler an Francis Wylie, 25. 10. 1910*

Brief, handschriftl., Tinte. (Rhodes)
Prof. Fiedler] *Hermann Georg Fiedler war Stadlers Prüfer in Oxford. Vgl. Erläuterungen zu Brief 13.*

Mr. Cookson] *Christopher Cookson (1861–1948). M. A. und Fellow des Magdalen College in Oxford. Cookson war Stadlers Tutor. (Vgl. den Bericht von A. L. Smith in den Erläuterungen zu Brief 36).*
viva] *Abkürzung für viva voce. Bezeichnung für das mündliche Examen.*
visit of our emperor] *Am 25. Oktober 1910 traf das deutsche Kaiserpaar mit der Prinzessin Victoria Luise in Brüssel zu einem Besuch am Hofe ein.*

11. Stadler an Edward Schröder, 15. 11. 1910

Postkarte (Großformat), handschriftl., Tinte. (Göttingen)
Budde, Wieland und Bodmer] *Es handelt sich hier um das Buch von Fritz Budde, »Wieland und Bodmer«. Berlin 1910. (Palaestra 89).*
für den Anzeiger für deutsches Altertum besprechen] *Eine Rezension Stadlers von Buddes Buch ist im »Anzeiger für deutsches Altertum und deutsche Litteratur« nicht erschienen. Vgl. auch die Erläuterungen zu Brief 3.*
rückständige Recension] *Auch die hier erwähnte rückständige Rezension ist nicht erschienen.*

12. Stadler an Francis Wylie, 29. 12. 1910

Brief, handschriftl., Tinte. (Rhodes)
death of my father] *Stadlers Vater starb am 27. 11. 1910. Vgl. auch Brief 13.*

13. Stadler an Hermann Georg Fiedler, 5. 1. 1911

Brief, handschriftl., Tinte. (Taylor)
Hermann Georg Fiedler] *Hermann Georg Fiedler, M. A., Ph. D., (geb. 28. 4. 1862 in Zittau, gest. 10. 4. 1945). Von 1907–1937 Professor of German Language and Literature in Oxford. Von 1912–1914 Tutor des Prince of Wales (des späteren Edward VIII.), der in Oxford studierte. Fiedler war in Oxford Stadlers Prüfer und erstattete 1912 ein Gutachten über dessen B. Litt. Dissertation. Fiedler war mit Gerhart Hauptmann befreundet. Vgl. Erläuterungen zu Brief 16.*
beim Tode meines Vaters] *Stadlers Vater starb am 27. 11. 1910.*
Arbeit an der Thesis] *Gemeint ist Stadlers englische Examensarbeit »The History of Literary Criticism of Shakespeare in Germany«.*

14. Stadler an Francis Wylie, 25. 3. 1911

Brief, handschriftl., Tinte. (Rhodes)
Geschrieben auf Papier mit vorgedrucktem Briefkopf des Cercle Artistique et Littéraire. Téléphone 773. Bruxelles, Waux-Hall au Parc.
the Tutorial Board] *Ausschuß des Magdalen College, der sich mit den akademischen Leistungen der Studenten, mit Zulassungen und dergleichen befaßt.*
B. Lit. degree] *Vgl. Erläuterungen zu Brief 4.*
Record of the past Rhodes Scholars] *Es handelt sich um ein Register der*

Apparat: Briefe

Rhodes-Stipendiaten, das Wylie herausgab, um die Verbindung der früheren Rhodes Scholars mit ihrer Universität aufrechtzuerhalten. Solche Register erschienen auch später noch mehrmals.

15. Stadler an Hermann Georg Fiedler, 2. 4. 1911
Brief, handschriftl., Tinte. (Taylor)
Dr. Warren] *Thomas Herbert Warren. (1853–1930). Von 1885–1928 President of the Magdalen College in Oxford, dem Stadler angehörte.*
Aufsatz von Prof. J. G. Robertson] *John G. Robertson, »The Knowledge of Shakespeare on the Continent at the Beginning of the XVIIIth Century«. In: Modern Language Review, 1 (1906). Vgl. auch die Erläuterungen zu Brief 36.*
Heidelberger Privatdozent, F. Gundelfinger . . . Shakespeare und der deutsche Geist] *Friedrich Gundolf (1880–1931). Gundolfs Buch erschien 1911 in Berlin. Vgl. Stadlers Rezension S. 321–325 und die Erläuterungen dazu.*

16. Stadler an Hermann Georg Fiedler, 4. 11. 1911
Brief, handschriftl., Tinte. (Taylor)
Terminüberschreitung] *Vgl. hierzu Brief 14 und 15. Als Ablieferungstermin war der 15. Oktober 1911 festgesetzt.*
Einleitung zu einer Sammlung] *Zu Stadlers Veröffentlichungsplänen für seine englische Examensarbeit vgl. auch Brief 54.*
Prospekt Ihres Oxford Book of German Verse] *Der volle Titel des Buches lautet: »Das Oxforder Buch Deutscher Dichtung vom 12ten bis zum 20ten Jahrhundert« Hg. von H. G. Fiedler. Mit einem Geleitworte von Gerhart Hauptmann. Oxford 1911. (Universitätsverlag). Ernst Stadler hat diese Publikation seines Oxforder Lehrers am 31. 1. 1912 in der »Straßburger Post« (Nr. 113) besprochen. Die mit der Initiale st. gezeichnete, ohne Zweifel von Stadler stammende Besprechung hat folgenden Wortlaut:*
Professor H. G. Fiedler, Lehrer der deutschen Sprache und Literatur an der Universität Oxford und ein Vorkämpfer der deutsch-englischen Verständigung in England, hat soeben eine Sammlung deutscher Gedichte herausgegeben, die er The Oxford Book of german Verse betitelt. Das Buch ist im Oxforder Universitätsverlag, der Clarendon Preß gedruckt und schließt sich in Anlage und äußerer Form den schon vorhandenen Oxforder Sammlungen englischer, französischer und italienischer Gedichte an. Es liegt hier nicht etwa eine Übersetzung deutscher Gedichte vor, sondern dem englischen Studenten, der sich mit deutscher Sprache und Literatur befaßt, werden die deutschen Originaltexte dargeboten. Das Buch ist eine Anthologie deutscher Dichtung und erstreckt sich vom 12. bis zum 20. Jahrhundert. Auf Grund eindringender Kenntnis der gesamten deutschen Literatur und mit sorgfältig auslesendem Geschmack hat Fiedler eine Sammlung zusammengestellt, die auch die Ansprüche deutscher Leser

durchaus befriedigen kann. Die Sammlung wird durch ein Geleitwort von Gerhart Hauptmann, dem Ehrendoktor der Universität Oxford, eingeführt. Hauptmann sagt darin, daß die vorliegende Sammlung dem sehr nahe kommt, was Goethe in seinem Aufsatz Über den Plan eines lyrischen Volksbuches fordert: »Das Vortreffliche aller Art, das zugleich populär wäre, ist das Seltenste. Dies müßte man zu allererst aufsuchen und zum Grunde der Sammlung legen.« Das Oxforder Buch deutscher Dichtung, so bemerkt Hauptmann, ist im edelsten Sinne deutsch-populär. Sein Herausgeber hat Vortreffliches aller Art, das zugleich populär ist, dem Werke zugrunde gelegt und darauf weiter gebaut. Diesem Urteile des deutschen Dichters kann man sich nur anschließen. Auch die moderne Dichtung findet in dem Buche eingehende Würdigung; so sind u. a. Theodor Fontane, Martin Greif, Artur Fitger, Liliencron, Spitteler, Hans Hofmann, Avenarius, Gerhart Hauptmann, Richard Dehmel, Arno Holz, Ricarda Huch, Bierbaum, Dauthendey, Hofmannsthal, Börries v. Münchhausen und Schaukal mit charakteristischen Dichtungen vertreten. Die Anmerkungen, die einen Anhang von 44 Seiten bilden, sind mit großem Fleiß ausgearbeitet. Fiedler hat zusammengestellt, was ihm zum Verständnis der Gedichte förderlich erschien. Häufig weist er auf englische Quellen und Anregungen hin. Ein besonderes Verdienst der Sammlung ist, daß überall die wichtigeren Kompositionen der Gedichte angegeben sind. So liegt in dem Oxforder Buch deutscher Dichtung ein sehr wertvolles Werk vor, das, wie Hauptmann am Schluß seines Geleitwortes sagt, »auch inmitten stammverwandter Volkskreise eine Art Heimatsrecht genießen« wird.

17. Stadler an Hermann Georg Fiedler, 28. 11. 1911

Brief, handschriftl., Tinte. (Taylor)
Assistant Registrar] *Der »Assistant Registrar and Secretary to the Boards of Faculties« ist zuständig für alle Angelegenheiten, in denen sich Studenten an die Prüfungsausschüsse ihrer Fakultäten wenden. Insbesondere sind die Examensarbeiten durch ihn einzureichen. Bei dem von Stadler erwähnten Assistant Registrar handelte es sich um Edwin Stewart Craig M. A.*

18. Stadler an Francis Wylie, 28. 11. 1911

Brief, handschriftl., Tinte. (Rodes)
examinors] *Im Original: examiners*

19. Stadler an Hermann Georg Fiedler, 3. 12. 1911

Brief, handschriftl., Tinte. (Taylor)
Herrn Craig] *Vgl. Erläuterungen zu Brief 17 und 20.*

Apparat: Briefe

20. Stadler an Hermann Georg Fiedler, 9. 12. 1911

Brief, handschriftl., Tinte. (Taylor)
Der Assistant Registrar ... mitgeteilt haben] *Vgl. Erläuterungen zu Brief 17. Craig teilte am 4. 12. 1911 Prof. Fiedler brieflich mit:* I have also had a telegram from Stadler that the fee and thesis have been sent. *Am 4. 12. 1911 telegraphierte Stadler auch an Fiedler:* Thesis gestern abgeschickt.
das fee] *the fee, die Gebühren von 5 engl. Pfund, die bei der Einreichung der Thesis zu entrichten waren.*

21. Stadler an Hermann Georg Fiedler, 14. 2. 1912

Brief, handschriftl., Tinte. (Taylor)
Geschrieben auf Papier mit dem vorgedruckten Briefkopf des Cercle Artistique et Litteraire. Téléphone 773. Bruxelles, Waux-Hall au Parc.
mündliche Prüfung] *Stadlers mündliche Prüfung fand am 23. März 1912 statt. Vgl. Brief 22.*
Artikel des Herrn Dr. Budde] *Erich Hugo Budde, früher Taylorian Lecturer in German an der Universität Oxford, zu dieser Zeit in Posen lehrend, hatte folgenden Artikel veröffentlicht:* »Die Oxforder Universitätsreform«. In: Preußische Jahrbücher. Bd. 146, H. 11 (November 1911), S. 224–246.
der mir sehr peinliche passus] *Gemeint ist vermutlich folgende Stelle aus dem oben genannten Aufsatz (S. 234–235):*
Allerdings darf andererseits auch nicht unerwähnt bleiben, daß durch die engeren Beziehungen zwischen Lehrenden und Lernenden, wie sie hier bestehen, sehr viele dauernde Werte geschaffen werden, und nicht mit Unrecht weisen die Freunde des Collegesystems darauf hin, wie sehr der Tutor dem jungen Studenten Freund und Berater ist, wie er ihn vor manch blindem Umhertappen im Verfolg seines Studienganges bewahrt. In vielen Fällen ist das ja auch richtig, in vielen anderen kommen die beiderseitigen Beziehungen nicht über gewisse erstarrte Formen heraus. Es muß hier der Fall eines jungen Deutschen Dr. phil. herausgehoben werden, der, nachdem er an einer süddeutschen Universität glänzend promoviert hatte, das deutsche Rhodesstipendium erhielt und nun nach Oxford ging, um sich dort auf seine Habilitation vorzubereiten. Mit wirklich wissenschaftlicher Arbeit beschäftigt, hatte er natürlich wenig Verständnis dafür, daß man seinem Tutor jede Woche einen Essay abliefern muß, und geriet bald in schlechten Ruf bei den maßgebenden Persönlichkeiten seines College *(vgl. hierzu den Bericht von A. L. Smith in den Erläuterungen zu Brief 36)*. Als er dann – als Privatdozent – von Deutschland aus sich an den Studienrat für englische Sprache und Literatur wandte und um die Genehmigung bat, sich auf den Grad eines Baccalaureus Literarum vorbereiten zu dürfen – es ist hierzu eine Art Dissertation erforderlich – wurde er als nicht genügend qualifiziert abgewiesen, und nur mit großer Mühe gelang es ihm, vom

Apparat: Briefe

Studienrat für moderne Sprachen als Kandidat für den Grad angenommen zu werden. Und während sich die Herren vom englischen Studienrat noch in ihrer Überlegenheit über die Mitglieder dessen für moderne Sprachen sonnten, wurde Herr Dr. X. als Professor für Deutsch an eine belgische Universität berufen. Die ganze Geschichte ist typisch für die Denkart gewisser Kreise, die keine Welt außerhalb Oxfords anerkennen und die auch die neuen Reformvorschläge anathematisieren würden, wenn nicht das Gespenst einer neuen Kommission allzu drohend im Hintergrund stände. – –

22. Stadler an Hermann Georg Fiedler, 24. 2. 1912

Brief, handschriftl., Tinte. (Taylor)
Geschrieben auf Papier mit dem vorgedruckten Briefkopf des Cercle Artistique et Littéraire. Téléphone 773. Bruxelles, Waux-Hall au Parc.
Dezemberheft der Preußischen Jahrbücher mit dem Buddeschen Aufsatz]
Vgl. die Erläuterungen zu Brief 21.

23. Stadler an Francis Wylie, 24. 2. 1912

Brief, maschinenschriftl. (Rhodes)
»viva«] *Abkürzung für viva voce. Bezeichnung für das mündliche Examen.*
March 23rd] *Im Original:* 23th
to take the degree] *Die Verleihung des B. Litt. degree fand am 25. Mai 1912 in Oxford statt.*

24. Stadler an Anna Schickele, 13. 4. 1912

Ansichtskarte (aus den Uffizien in Florenz mit einer Abbildung der Judith von Botticelli), handschriftl., Tinte. (Marbach)
Frau Lanatsch] *Anna Schickele, geb. Brandenburg (1882–1973), seit 1904 mit René Schickele verheiratet. Sie wurde im Freundeskreis »Lannatsch« genannt.*

25. Kurt Wolff an Stadler, 8. 4. 1913

Brief, maschinenschriftl., Durchschlag. (Yale)
Kurt Wolff] *Kurt Wolff (geb. 3. 3. 1887 in Bonn, gest. 21. 10. 1963 in Ludwigsburg) begann seine verlegerische Tätigkeit gemeinsam mit Ernst Rowohlt in Leipzig und übernahm dessen Verlag am 2. 11. 1912. Nach der am 15. 2. 1913 erfolgten Umwandlung des Rowohlt Verlages in den Kurt Wolff Verlag wurde das Unternehmen erfolgreich zu einer Pflegestätte besonders der expressionistischen Literatur ausgebaut. Kurt Wolff verließ Deutschland 1933 und gelangte im März 1941 nach New York, wo er 1942 den Verlag »Pantheon Books Inc.« begründete und bis 1960 innehatte. Im Jahre 1959 kehrte er nach Europa zurück und ließ sich in Locarno endgültig nieder. Dort hat er auch in den letzten Lebensjahren noch seine verlegerische Tätigkeit fortgesetzt. Zur Biographie und zum Wirken Kurt*

Apparat: Briefe

Wolffs vgl.: Zeller/Otten, S. VII–LVI, und: Wolfram Göbel, »Der Kurt Wolff Verlag. 1913–1930. Mit einer Bibliographie des Kurt Wolff Verlages und der ihm angeschlossenen Unternehmen 1910–1930«. Frankfurt a. M. 1977. (Sonderdruck aus dem »Archiv für Geschichte des Buchwesens« Bd. XV, Lief. 3 und 4 und Bd. XVI, Lief. 6. Frankfurt a. M. 1976/77.)
Ich lese ... Ihre Übertragung] *Es handelt sich um Heft 5 und 6 der 2. Folge (1912) der von Jakob Hegner herausgebenen Zeitschrift »Neue Blätter«. Dieses Doppelheft enthält unter dem Titel:* Francis Jammes /Gebet und die Kirche *folgende Übertragungen:* Gebet, mit den Eseln ins Himmelreich einzugehn *und* Die Kirche, mit Blättern geschmückt.
Francis Jammes] *Die Lyrik und Prosa des französischen Dichters Francis Jammes (2. 12. 1868 – 1. 11. 1938) war zu dieser Zeit in Deutschland kaum bekannt. Den Übertragungen Stadlers waren nur einzelne andere Übersetzungsversuche in Sammelwerken oder Zeitschriften vorangegangen. Stadler hat somit Francis Jammes in Deutschland mit den »Gebeten der Demut« eingeführt. Die weitere Rezeption in Deutschland wurde durch den Expressionismus stark gefördert. Vgl. hierzu: Gier, S. 286–292.*

26. Stadler an Kurt Wolff, 17. 4. 1913

Brief, maschinenschriftl. mit handschriftl. Korrekturen und handschriftl. Zusatz. (Yale)
Sonderheft der »Neuen Blätter«] *Die »Neuen Blätter« widmeten wiederholt einzelnen Autoren (z. B. Claudel, Buber, Däubler) Sonderhefte. Vgl. Paul Raabe, »Die Zeitschriften und Sammlungen des literarischen Expressionismus«. Stuttgart 1964. S. 43–44.*
R. A. Meyer] *Irrtümlich statt Alfred Richard Meyer. Vgl. Erläuterungen S. 709.*
»Maiandros«] *»Die Bücherei Maiandros. Eine Zeitschrift von 60 zu 60 Tagen«. Hg. von Heinrich Lautensack, Alfred Richard Meyer, Anselm Ruest. Die Bücherei Maiandros erschien nicht im Verlag A. R. Meyers, sondern im Verlag von Paul Knorr in Berlin-Wilmersdorf. Vgl. auch Stadlers Rezension der ersten drei Hefte S. 339–341 und die Erläuterungen dazu.*
mit dem Verlage des Mercure de France] *Werke von Francis Jammes erschienen im Verlag Mercure de France seit 1895.*
das ... in der Aktion veröffentlichte »Ich war in Hamburg«] *Stadler veröffentlichte seit Ende 1911 häufiger in der von Franz Pfemfert herausgegebenen expressionistischen Zeitschrift »Die Aktion«. Die erwähnte Übertragung dort in Jg. 2 (1912), Nr. 44 (30. Oktober), Sp. 1392–1395.*

27. Kurt Wolff an Stadler, 20. 4. 1913

Brief, maschinenschriftl., Durchschlag. (Yale)
Frage der Autorisation ... Mercure de France] *Vgl. die Briefe 28–32.*

Apparat: Briefe

28. Stadler an Kurt Wolff, 21. 4. 1913

Brief, maschinenschriftl. mit handschriftl. Korrektur. (Yale)
Das beigelegte handschriftliche Schreiben vom Verlag Mercure de France lautet:
                                                                 Paris, le 21–IV–1913
Monsieur,
Nous vous céderions le droit de publier en langue allemande un choix de vingt poésies de Francis Jammes, tirées de ses différents ouvrages, moyennant le paiement de la somme de 200 francs.
    Je vous prie d'agréer, Monsieur, mes salutations très distinguées,
                                                                           A. Vallette

29. Kurt Wolff an Stadler, 23. 4. 1913

Brief, maschinenschriftl., Durchschlag. (Yale)
»Le roman d'un lièvre«] *Statt* »Le roman du lièvre«. *Paris 1903.*
nach Hellerau vergeben] *D. h. an den Verlag von Jakob Hegner in Hellerau.*

30. Stadler an Kurt Wolff, 25. 4. 1913

Brief, maschinenschriftl., mit handschriftl. Korrekturen. (Yale)
außer dem bei Hegner erschienenen »Roman du Lièvre«] *Die deutsche Übersetzung des* »Roman du lièvre« *war zu dieser Zeit noch nicht erschienen. Vgl. hierzu Brief 41 und die Erläuterungen dazu.*
»Ma Fille Bernadette«] *Erschienen: Paris 1910.*
»Pensée des Jardins«] *Erschienen: Paris 1906.*

31. Kurt Wolff an Stadler, 16. 5. 1913

Brief, maschinenschriftl., Durchschlag. (Yale)
Dieser Brief wurde seinerzeit in die Ausgabe der »Dichtungen« Ernst Stadlers von 1954 auf Wunsch von Kurt Wolff nicht aufgenommen. Er fehlt auch bei Zeller/Otten.
der französische Verleger] *Gemeint ist der Verleger des Mercure de France.*

32. Kurt Wolff an Stadler, 26. 5. 1913

Brief, maschinenschriftl., Durchschlag. (Yale)
Hefte von 1 bis 2 Bogen ... die moderne Dichtungen enthalten] *Gemeint ist die seit Mai 1913 von Kurt Wolff verlegte Reihe* »Der jüngste Tag«. *Vgl. Paul Raabe,* »Die Zeitschriften und Sammlungen des literarischen Expressionismus«. *Stuttgart 1964. S. 169–173.*

33. Stadler an Kurt Wolff, 27. 5. 1913

Brief, maschinenschriftl., mit handschriftl. Korrekturen. (Yale)
von Brüssel abzureisen] *Stadler hielt sich von Ende Mai bis Mitte Juni 1913 in England auf. Vgl. Erläuterungen zu Brief 36.*

Apparat: Briefe

34. Der Kurt Wolff Verlag an Stadler, 2. 6. 1913

Brief, maschinenschriftl., Durchschlag. (Yale)
Dieser Durchschlag weist oben links das Diktatzeichen S./M. auf. Vermutlich ist der Brief von Arthur Seiffhart diktiert, wie zu dieser Zeit auch andere Briefe des Kurt Wolff Verlages an andere Autoren. Arthur Seiffhart, seit Ende 1912 mit der technischen Leitung des Verlages betraut, gehörte zu Kurt Wolffs engsten Mitarbeitern. Vgl. hierzu: Zeller/Otten, S. XX, S. 78 und S. 81.

35. Stadler an Kurt Wolff, 10. 6. 1913

Postkarte, handschriftl., Tinte. (Yale)

36. Robert Falconer an Stadler, 23. 6. 1913

Brief, maschinenschriftl., Durchschlag. (Toronto)
(Erstdruck: Rollmann, S. 98–99.)
Sir Robert Alexander Falconer (1867–1943), presbyterianischer Theologe, war von 1907 bis 1932 Präsident der University of Toronto. Dem ersten Brief Falconers an Stadler mit dem Angebot, in Toronto die durch das Ausscheiden von Professor Vander Smissen (vgl. Erläuterungen zu Brief 38a) freigewordene Professur für Germanistik zu übernehmen, waren eingehende Erkundigungen über Stadler vorangegangen.
Sir Edmund Walker] Sir (Byron) Edmund Walker (1848–1924), Bankier, Förderer der Künste und des Universitätswesens in Kanada. Von 1910 bis 1923 Chairman of the Board of Governors und 1923 Chancellor der University of Toronto. Walker benutzte einen Aufenthalt in London, um durch Vermittlung von Professor Robertson ein Gespräch mit Stadler zu führen. Er berichtete am 10. Juni 1913 an Falconer:
(...) I immediately communicated with Prof. Ernst Stadler and saw him this morning. The facts I gathered are as follows: (...)
3 He is now and has been since 1910, the occupant of a new chair in German Literature in the University Libre of Brussels. Here he has no assistant and has to do all the work.
4 He would not be attracted by a Canadian University if he had mainly to teach the language. It is in knowledge of German literature, philology, history, etc., that he would expect his lectures to be valuable. (...)
5 He is, as you can guess from the dates, quite young, I should not think much over 30; handsome and distinctly refined; not noticeably of the German type. I should think him an acquisition if in scholarship he is equal to what appears on the surface. (...) (Rollmann, S. 97–98.)
Am gleichen Tag notierte Walker in sein Tagebuch:
In afternoon saw Prof. Ernst Stadler, (...) A charming, cultivated German: Rhodes Scholar and not German in appearance – much finer than usual types. (Rollmann, S. 98.)

Apparat: Briefe

Professor Fiedler of Oxford] *Stadlers Lehrer und Prüfer in Oxford (vgl. Erläuterungen zu Brief 13). Von Fiedler, der Stadler offenbar schon 1912 für eine Berufung nach Toronto empfohlen hatte, berichtet Falconer, dieser habe »in the highest terms« über Stadler gesprochen.*
Professor Robertson of London] *John G. Robertson (1867–1937) war von 1896 bis 1903 an der Universität Straßburg als Lecturer in English tätig und seit 1903 Professor of German Language and Literature an der University of London. Robertson, der Falconer gleichfalls 1912 auf Stadler aufmerksam machte, äußerte sich in einem Brief vom 6. April 1913 an Falconer über Stadlers Qualifikation:*
(...) Dr. Stadler's father was in my time 'Curator' of the University of Strassburg and I knew him (young Stadler) when he was a student there, he also called on me during his tenancy of the Rhodes Scholarship at Oxford, when he made an exceedingly favourable impression on me: a thorough gentleman in every way. He had attained a remarkable command of English. I cannot, of course, say anything as to his powers as a teacher or lecturer; but I have had occasion to look closely at two of his publications: – his edition of Wieland's translation of Shakespeare for the Berlin Akademy and his edition of the Middle High German poem 'Der arme Heinrich'. Both these publications show him to be a scholar of solid attainments and trained in the best German traditions. (...) *(Rollmann, S. 91–92.)*
Vor dem oben erwähnten Zusammentreffen Stadlers mit Sir Edmund Walker am 10. Juni hatte Stadler Professor Robertson in London besucht. Dieser schrieb daraufhin an Walker am 8. Juni 1913:
I have just had a visit from Professor Stadler who has been giving a lecture at Oxford and is spending a few days in London.

I hesitated to suggest on my own respondibility any arrangements for meeting you, as your time is, doubtless, very much taken up. But Stadler's adress is: Imperial Chambers, 3, Cursitor St., Chancery Lane, E.C., and I think you should see him.

I am confident that, from the point of view of scholarship, he is the ablest of the men whom President Falconer discussed with me a year ago as being available from this side of the Atlantic. *(Rollmann, S. 96)*
Um genaueres über Stadlers Persönlichkeit zu erfahren, wandte sich Präsident Falconer auch an Arthur Lionel Smith, der zu dieser Zeit Senior Dean of Arts at Magdalen College in Oxford war, mit folgendem Brief vom 18. April 1913:
The name of Dr. Stadler, formerly a Rhodes Scholar of Magdalen College, Oxford, has been given to me as a possible man for the chair of German in the University of Toronto. Everything that I have heard of Dr. Stadler has been favourable, but I should like to know a little more about him as a man, whether he has tact, and would be likely to be a good teacher. I do not know any one to whom to write in Magdalen, and I am venturing to take the liberty of asking you to let me know as far as is remembered in Magdalen *if* he would be a suitable person. *(Rollmann, S. 93.)*

Apparat: Briefe

A. L. Smith gab ihm am 3. Mai 1913 die folgenden Auskünfte:
When Stadler was an undergraduate here, I had nothing to do with him, as I was neither Dean at the time nor his tutor. The authorities of this college would probably not give him a very good name because he gave them a good deal of trouble by continually delaying to send in his thesis. His work here was interfered with I believe by his having undertaken before he came to Oxford to edit a text for some German publishers.

But I have collected some opinions about him which may be useful to you.
(1) From a contemporary of his in this college, who is now an assistant to the Prof. of Geography. His name is Ogilvie *(vgl. Erläuterungen zu Brief 4)* and he is a Scot who was at school at Westminster. He says he has always liked Stadler, and is quite sure that he will get on well with other men. In fact, having been often in Germany, he says he has never known a German so easy to get on with. 'Modest, conscientious and really keen on his subject' were some of the words he had about him, with special emphasis on 'conscientious.' Of course you may discount some of this as the testimonial of a friend, but the friend has reached years of discretion and being a Scot and extremely trustworthy is not at all likely to praise even a friend more than he thinks that friend deserved.
(2) I asked his tutor *(Christopher Cookson. Vgl. Erläuterungen zu Brief 10)* in this college, but the tutor admitted that he had seen Stadler at his most unfavourable moments – when, like most Germans on their first arrival here, he was in revolt against the system, and was also neglecting his college work in order to finish his editing. But this man has no doubt about his ability. He also quoted to me
(3) the opinion of the man who viva'ed him for his B.Litt. (don't know this man personally, but I am told that in an hour's interview with S*tadler* he 'conceived a great respect both for S's ability and for his character,' and thinks he would make an excellent lecturer and tutor).

I recognize that this is not quite the information you want and that some of it is perhaps irrelevant. But in the case of undergraduates who like S*tadler* give up reading for the B.A. and take to a B.Litt the college authorities are gernerally rather short of information, because such students have little or nothing to do with the teaching staff inside the college. I ought perhaps to add that number (2) 'found S*tadler* uniformly courteous,' which seems to show that he has tact. From the disciplinary point of view his character in college was excellent. *(Rollmann, S. 94–95.)*

Zu den Verhandlungen Stadlers mit der Universität Toronto vgl.: Leonard Forster, »Ernst Stadler and the University of Toronto«. In: University of Toronto Qaterly 29 (1959), S. 11–20; und: Rollmann, S. 79–113 (mit dem vollständigen Abdruck der Briefe und Dokumente).

Apparat: Briefe

37. Stadler an Kurt Wolff, 24. 6. 1913

Brief, maschinenschriftl., mit handschriftl. Korrekturen. (Yale)
Gebweiler i. Ober Elsaß, Kreis Direktion.] *Stadler verbrachte seine Ferien seit 1913 oft in Gebweiler (Oberelsaß), wo sein Bruder Herbert Kreisdirektor war.*
Gebet, mit den Eseln ins Himmelreich einzugehen (»Neue Blätter«); Ich war in Hamburg (aus der »Aktion«); Die Kirche mit Blättern geschmückt (aus »Neue Blätter«)] *Zur Veröffentlichung dieser Übersetzungen in den erwähnten Zeitschriften vgl. die Erläuterungen zu Brief 25 und 26.*
Als Titel habe ich »Die Gebete der Demut« gewählt] *Vgl. hierzu den Bericht über Stadlers Jammes-Übersetzungen, S. 658–665.*

38. Stadler an Kurt Wolff, 8. 7. 1913

Postkarte, maschinenschriftl. (Yale)
Manuskript der Jammes-Übersetzungen] *Vgl. Brief 37.*

38a. Stadler an Robert Falconer, 9. 7. 1913

Brief, maschinenschriftl. mit handschriftl. Korrekturen. (Toronto)
(Erstdruck: Rollmann, S. 99–100.)
discussing ... with Sir Edmund Walker] *Diese Besprechung Stadlers mit Walker fand am 10. Juni 1913 in London statt. Vgl. die Erläuterungen zu Brief 36.*
Prof. van der Smissen] *William Henry Vander Smissen (1844–1929), gebürtiger Kanadier holländischer Abstammung, war von 1892 bis 1913 Professor of German am University College in Toronto. Er bekleidete die erste vollzeitige Germanistik-Professur in Nordamerika. Während seiner Europareise suchte Vander Smissen auf Anraten von Präsident Falconer Anfang Mai 1913 zunächst Professor Robertson in London und Professor Fiedler in Oxford auf, um über Stadler Erkundigungen einzuholen. Anschließend besuchte er im Mai 1913 Stadler in Brüssel. Nach seiner erfolgreich verlaufenen Augenoperation in Wiesbaden berichtete Vander Smissen am 12. Juli 1913 an Principal Maurice Hutton nach Toronto seinen Eindruck von der Begegnung mit Stadler:*
(...) I saw Stadler, on Fiedler's recommendation and at the President's request, in Brussels. He made a very favourable impression on me, as far as his personality was concerned. He is distinctly a gentleman, and is an enthusiastic worker. Fiedler considers him very brilliant oratorically and otherwise and he has a good record. (...) But – in my opinion he is much too young to put over the heads of Needler, Toews, and Müller. Also of course he lacks experience – particularly American or Canadian experience.
Of course, I had no opportunity of inquiring of the authorities of the Université Libre of Brussels as to his success in organizing (or reorganizing) the German department there. I have the impression that he is the only

instructor in that department. The number of students of German under him is very small – 50 or so, I think.

If I were asked my opinion on the question (assuming the policy of a new head to be settled, as to which I express no opinion), I should say that Walther of Montreal, if you could get him *(...)* would be much the best choice. *(...) (Rollmann, S. 101–102.)*

in Brussels a full professorship] *Stadler war am 29. Juni 1912 zum »professeur extraordinaire« an der Université libre de Bruxelles ernannt worden.*

suspended] *Im Original:* suspendet

39. Stadler an Kurt Wolff, 25. 7. 1913

Brief, handschriftl., Tinte. (Yale)

eine Prosa-auswahl] *Die von Stadler angeregte und vorbereitete Prosaauswahl wurde bis zum Kriegsbeginn nicht mehr fertig. Kurt Wolff veröffentlichte 1919 als Bd. 58/59 in der Reihe »Der jüngste Tag« Prosastücke von Jammes unter dem Titel »Das Paradies. Geschichten und Betrachtungen«. Diese Übertragungen stammen von dem österreichischen Übersetzer E. A. Rheinhardt.*

zugleich mit der (größeren) Lyrikauswahl] *Vgl. hierzu Brief 46 und 55.*

Mercure de France] *Vgl. Erläuterungen zu Brief 26.*

Die kleine Auswahl im »Jüngsten Tag«] *Die Übertragungen erschienen als Band 9 der Bücherei »Der jüngste Tag«, Leipzig 1913. (Gedruckt im August 1913).*

40. Kurt Wolff an Stadler, 28. 7. 1913

Brief, maschinenschriftl., Durchschlag. (Yale)

»Hasenroman«] *Vgl. Brief 41 und die Erläuterungen dazu.*

Hegner] *Der Verleger und Übersetzer Jakob Hegner (geb. 25. 2. 1882 in Wien, gest. 26. 9. 1962 in Lugano).*

41. Stadler an Kurt Wolff, 30. 7. 1913

Brief, maschinenschriftl., mit handschriftl., Korrekturen. (Yale)

Erzählungen, Clara d'Ellébeuse und Almaïde d'Etremont] *Beide Erzählungen, zusammengefaßt mit dem »Roman du Lièvre« und anderen Texten, erschienen in dem Band: »Le Roman du Lièvre«. Paris 1903.*

Die deutsche Übersetzung des Hasenromans, die ich übrigens mit Hegner gemeinsam gemacht habe] *Nach einer mündlichen Auskunft Jakob Hegners von 1953 ist die Veröffentlichung dieser für die »Neuen Blätter« vorgesehenen Übersetzung, an der Stadler Anteil hatte, nicht zustande gekommen. Erstmals erschien eine Übersetzung des »Hasenromans« in der Zeitschrift »Die Weißen Blätter« (Jg. 3, 1916. H. 7, S. 17–45) mit dem Vermerk: »Berechtigte Übersetzung von Jakob Hegner«. Im gleichen Jahr erschien diese Übertragung auch im Hegner Verlag in Hellerau. Eine von Richard Seewald illustrierte Ausgabe wurde ferner 1918 vom Kurt Wolff Verlag herausgebracht.*

Apparat: Briefe

kleinen »Contes«] *Eine Gruppe von 13 Texten in* »Le Roman du Lièvre«. *Paris 1903.*
»Pensée des Jardins«] *Erschienen: Paris 1906.*
»Ma fille Bernadette«] *Erschienen: Paris 1910.*

42. Kurt Wolff an Stadler, 31. 7. 1913

Brief, maschinenschriftl., Durchschlag. (Yale)
(Erstdruck: Zeller/Otten, S. 97.)
Dieser Brief wurde seinerzeit in die Ausgabe der »Dichtungen« *Ernst Stadlers von 1954 auf Wunsch von Kurt Wolff nicht aufgenommen.*
da Hegner die Zeitschrift doch garnicht mehr hat] *Ab Folge 3, Heft 1 wurden die* »Neuen Blätter« *nicht mehr von Hegner herausgegeben.*
Baron] *Die* »Neuen Blätter« *erschienen im Verlag Erich Baron.*
speziell dem kleinen Heft im »Jüngsten Tag«] *Vgl. Erläuterungen zu Brief 39.*

43. Robert Falconer an Stadler, 14. 8. 1913

Brief, maschinenschriftl., Durchschlag. (Toronto)
(Erstdruck: Rollmann, S. 103.)

44. Stadler an Robert Falconer, 15. 9. 1913

Brief, maschinenschriftl. (Toronto)
(Erstdruck: Rollmann, S. 105.)
your second letter] *Der an die Université libre in Brüssel adressierte Brief Präsident Falconers vom 14. 8. 1913 erreichte Stadler verspätet. Falconer wiederholte darum in seinem Schreiben vom 4. 9. 1913, das Stadler am 15. 9. erhielt (hier nicht abgedruckt), den Inhalt seines Briefes vom 14. 8. 1913.*
allowance for removal] *Zuschuß für Umzugskosten.*
Dr. Renier] *Nicht ermittelt.*

45. Robert Falconer an Stadler, 10. 10. 1913

Brief, maschinenschriftl., Durchschlag. (Toronto)
(Erstdruck: Rollmann, S. 106.)
In the course of a month ... Board of Governors] *Bevor Falconer seinen offiziellen Antrag auf Berufung Stadlers nach Toronto stellte, hatte er sich auch noch an der Université libre in Brüssel nach Stadlers Lehrbefähigung erkundigt und folgende Antwort vom 21. November 1913 erhalten:*
In reply to your letter of the 13th I can only say (as regards your first question) that we shall be extremely sorry to loose Dr. Stadler if he accepts the offer of your university. He has shown here much ability and zeal, taking even extra hours to organise a 'Seminary' which was well attended, being both an accurate and an elegant scholar interested in literature but

Apparat: Briefe

also in historical grammar, capable of editing a medieval text but also of writing excellent Modern German prose and even occasionally verse.

As to your second question, whether Dr. Stadler from the point of view of voice presence etc. would be equally fit to speak before a large audience I cannot give such a definite answer for the simple reason that I never heard him speak under those conditions. All I can say is that he has spoken before large audiences already, e.g. in a theatre in Brussels and in various German Societies.

(Rollmann, S. 106–107. Der handschriftl. Brief ist nicht unterschrieben.)

46. Stadler an Kurt Wolff, 16. 12. 1913

Brief, handschriftl., Tinte. (Yale)

die Jammesübersetzung ist beinah fertig] *Es handelt sich hier um die Übersetzungen für den größeren Auswahlband, nicht mehr um die Gedichte von Band 9 der Bücherei »Der jüngste Tag«, der bereits im August 1913 gedruckt war. Vgl. Brief 27 und 32.*

die Prosastücke] *Es handelt sich um Texte für die von Stadler geplante Auswahl der Prosa Francis Jammes'. Vgl. hierzu Brief 39 und 41.*

Sternheims Bürgerliche Komödien] *Stadler veröffentlichte 1914 eine Rezension von Sternheims Stücken in den »Cahiers Alsaciens«, Jg. 3 (1914), Nr. 14 (März), S. 123–126. (Vgl. S. 349–352.) Eine andere, größere kritische Abhandlung Stadlers über Sternheim ist nicht überliefert.*

Kurt Hiller, Weisheit der Langenweile] *Im Kurt Wolff Verlag erschien 1913: Kurt Hiller, »Die Weisheit der Langenweile. Eine Zeit- und Streitschrift«. Vgl. die Rezension Stadlers S. 345–348.*

Cahiers Alsaciens] *Zweisprachige elsässische Zeitschrift, in der ein großer Teil der Rezensionen Stadlers erschien. Vgl. auch die Erläuterungen zu Brief 6 über Pierre Bucher.*

47. Stadler an Erik Ernst Schwabach, 21. 12. 1913

Brief, maschinenschriftl., mit handschriftl. Korrekturen. (Yale)

Schwabach] *Erik Ernst Schwabach (geb. 24. 1. 1891 in Kronstadt i. Siebenbürgen, gest. 4. 4. 1938). Über das Verhältnis Schwabachs zum Kurt Wolff Verlag teilte Kurt Wolff 1953 folgendes mit: Schwabach begründete und finanzierte die »Weißen Blätter«. Er wünschte der Zeitschrift Buchpublikationen anzuschließen und gründete für diesen Zweck den »Verlag der Weißen Bücher«. Er erwarb, beraten von Franz Blei und Carl Sternheim, Manuskripte für diesen Verlag, darunter auch Stadlers Gedichte. Die Produktion und Distribution der im »Verlag der Weißen Bücher« erscheinenden Publikationen wurde vom Kurt Wolff Verlag besorgt. Nach dem ersten Weltkrieg übernahm der Kurt Wolff Verlag den »Verlag der Weißen Bücher« und führte ihn auf eigene Rechnung weiter. Vgl. auch Erläuterungen zu Brief 25.*

Apparat: Briefe

mein Gedichtbuch] *Gemeint ist »Der Aufbruch«.*
die Arpsche »Französische Malerei«] *»Neue französische Malerei«. Ausgewählt von Hans Arp. Eingeleitet von L. H. Neitzel. Leipzig 1913. (Verlag der Weißen Bücher).*
Benkal] *René Schickeles Roman »Benkal der Frauentröster«. Leipzig 1914. (Verlag der Weißen Bücher).*
Schickeles Roman ... Straßburger Post] *Die Besprechung von Schickeles Roman »Benkal« erschien in der »Straßburger Post« vom 21. 12. 1913.*
Mynona in den »Cahiers Alsaciens«] *Mynona, »Rosa, die schöne Schutzmannsfrau. Grotesken«. Leipzig 1913. (Verlag der Weißen Bücher). Stadlers Besprechung erschien in den »Cahiers Alsaciens« in Jg. 3 (1914), Nr. 13 (Januar), S. 54–55. Vgl. S. 349 und die Erläuterungen dazu.*

47a. Stadler an Robert Falconer, 8. 1. 1914

Brief, maschinenschriftl. mit handschriftl. Korrekturen. (Toronto)
(Erstdruck: Rollmann, S. 108.)

48. Stadler an Hans Koch, 3. 2. 1914

Brief, handschriftl., Tinte. (Privatbesitz)
erhältst du den »Aufbruch«, über den ... Alexander Benzion sehr törichtes Zeug losgelassen hat] *Die erwähnte Besprechung erschien in der »Literarischen Rundschau. Beilage der Straßburger Neuen Zeitung« (19. Januar 1914, Nr. 19). Die unfreundliche Reaktion Stadlers auf diese Rezension beruht darauf, daß ihr Verfasser nicht nur einige Gedichte gröblich mißversteht, sondern ihm überhaupt eine ursprüngliche dichterische Erlebnisfähigkeit abspricht. Alexander Benzion schreibt, nachdem er Schickeles Gedichtband »Leibwache« (Leipzig 1914) gelobt hat:*
Diese unbekümmerte Kraft, die aus dem sicheren Gefühl der Eigenheit entspringt, fehlt seinem Freund Stadler. Es ist bezeichnend, daß dessen erstes Gedicht anfängt: »Man hatte uns Worte vorgesprochen.« Die Worte sind es, die mit fast erdrückender Schwere auf ihm lasten. Er möchte das Erlebnis, er möchte, was mehr ist: das Leben; aber er kann nicht zu ihm kommen, er hört nur die Worte von den Dingen. Aber der Quell, zu dem er sich niederbeugt, weicht vor ihm zurück:

»Und weißt doch: niemals wird Erfüllung sein
den Schwachen, die ihr Blut dem Traum verpfänden,
Und höhnend schlägt das Schicksal Krug und Wein
den ewig Dürstenden aus hochgehobnen Händen.«

Doch dann wieder hofft er:

»Und in grenzenlosem Michverschenken
will mich Leben mit Erfüllung tränken.«

Er hofft auf das Signal, das ihn aus der Stille emporreißt, auf das Signal zum Aufbruch:

»Vielleicht würden uns am Abend Siegesmärsche umstreichen...«
Vielleicht... Im tiefsten Innern gesteht er sich's wohl, daß für ihn der Aufbruch niemals kommen wird, daß nicht das Leben sein Teil ist, daß nur die Resignation ihm Schönheit bringt. So liegt etwas wie Tragik über manchen der Gedichte – gerade über denen, bei denen die Seele des Lesenden am ehesten mitschwingt. Hier stehen Zeilen, in denen die Einfalt des Empfindens und die des Wortes wundersam zusammenklingen.
Es ist keine Frage: dieser Band bedeutet gegenüber den ersten Gedichten Stadlers, die durchaus von Hofmannsthal beeinflußt waren, einen überaus großen Fortschritt. Da ist die kultivierte Sprache eines Menschen, dem Form und Ausdruck von unendlichem Gewicht sind. Manche der Bilder (etwa »Das Judenviertel in London«) haben die herbe und scharfe Anschaulichkeit einer guten Radierung; sehr fein sind einige andere, die ein eingedämmtes Leben, dessen Sinn Beschaulichkeit ist, widerspiegeln. Viele der Gedichte werden freilich durch einen allzu kostbaren Schmuck der Sprache beeinträchtigt: man sehe nur, wie in den oben wiedergegebenen schönen Versen auf die Frauengestalten an unserem Münster die Vergleiche (»Gab ihren schlaffen Armen die gebeugte Schwermut gelber Weizenfelder, die in Julisonne schwellen« usw.) gesucht sind; und wie hier, so fehlt öfters dem Ausdruck die Notwendigkeit. Wir haben es hier eben mit einer Poesie zu tun, die größtenteils mehr der Reflexion, als der Unmittelbarkeit des Empfindens entsprungen ist, und so kommt es, daß manches in diesen feinen Gedichten gewollt und nicht gewachsen ist.
Rauscher] *Ulrich Rauscher (geb. 26. 6. 1884 in Stuttgart, gest. 1930 in St. Blasien im Schwarzwald). Kam 1907 nach Straßburg und ging von dort 1912 nach Berlin. Rauscher war Straßburger Korrespondent der »Frankfurter Zeitung« und Redakteur der »Straßburger Neuen Zeitung«. Nach 1918 Pressechef der Reichsregierung und zuletzt Botschafter in Warschau.*
Johannisnachtschrift] *Die Johannisnacht entspricht der Sonnenwende und wird im Elsaß allgemein gefeiert. Eine Johannisnachtschrift hatte der Stürmer-Kreis bereits im Juni 1902 (»Johannisnacht«. Verlag Josef Singer. Straßburg 1902) veröffentlicht, in der auch Stadler mit Gedichten vertreten war. (Vgl. das Gedicht »Johannisnacht« S. 19 und die Erläuterungen dazu). Auch in den Dichtungen des Freundeskreises um Stadler und Schickele spielt das Thema der Johannisnacht eine Rolle. In einem gedruckten Aufruf zur Vorbereitung der Johannisnachtfeier am 20. und 21. Juni 1914 (unterzeichnet von: »Koch, Kühlmann, A. Lickteig, Schickele, Stadler und Dr. Höpfinger«) wird im Programm die illustrierte Festschrift »Der Sommer erfreut« erwähnt und in einer Fußnote vermerkt: »Manuskripte bis 1. März an Prof. Dr. Stadler, Uccle-Bruxelles, 1139 Chaussée de Waterloo«. Der Aufruf ist versehen mit dem Datierungsvermerk »Zu Beginn des Jahres 1914«. Zum Plan dieser Johannisnachtschrift vgl. auch Brief 50 und 52. Eine Publikation der Festschrift ist nicht nachzuweisen.*
Wendel] *Hermann Wendel (geb. 1884 in Metz, gest. 1936 in Paris). Gehörte*

Apparat: Briefe

zum Stürmer-Kreis um Schickele. Veröffentlichte 1903 die Lyriksammlung »Rosen ums Schwert«. Später politischer und kulturpolitischer Journalist, Mitarbeiter der »Frankfurter Zeitung« und sozialistischer Reichstagsabgeordneter.
Beecke] *Heinrich Beecke (geb. 4. 4. 1877 in Straßburg, dort 1954 gest.). Elsässischer Bildnis- und Stillebenmaler. Porträtierte u. a. Ernst Stadler (1910). Hans Arp (1911) und Herbert Stadler (1914).*
Braunagel] *Paul Braunagel (geb. 5. 11. 1873 in Straßburg). Straßburger Zeichner und Illustrator, widmete sich insbesondere der Glasmalerei. Seine Vorliebe galt figürlichen Szenen, Bürger- und Bauerntypen.*
Brischle] *Emil Brischle (geb. 9. 10. 1884 in Offenburg i. B.). Maler, Radierer und Zeichner, seit 1907 in Straßburg. Porträtierte René Schickeles Mutter.*
Schneider] *Émile Phil. August Schneider (geb. 20. 1. 1873 in Illkirch-Graffenstaden bei Straßburg). Maler und Lithograph in Straßburg. Von 1896 bis 1916 Mitarbeiter der »Jugend«. Porträtierte René Schickele (1902).*
Ritleng] *Georges Ritleng (geb. 6. 12. 1875 in Straßburg, dort 5. 5. 1972 gest.). Maler und Graphiker. Lehrer und später Direktor der Kunstgewerbeschule in Straßburg. Seit 1900 mit Ernst Stadler freundschaftlich verbunden. Sein Atelier war zeitweilig Treffpunkt des Stürmer-Kreises und von Ritleng stammt u. a. die graphische Gestaltung des Titelblattes der Zeitschrift »Der Stürmer«. Auch für andere Publikationen aus dem Stürmer-Kreis lieferte er künstlerische Beiträge und illustrierte 1904 Stadlers ersten Gedichtband »Praeludien«. (Vgl. die Beschreibung auf S. 616f.) Siehe auch die Erwähnung seiner Illustrationen zu Werken von Albert und Adolphe Matthis (S. 717) und Hans Karl Abel (S. 723). Ritleng veröffentlichte seine Erinnerungen in seinem Buch: »Souvenirs d'un vieux Strasbourgois«. Strasbourg 1973 (L'Alsatique de Poche. 1).*

49. Stadler an den Verlag der Weißen Bücher, 10. 2. 1914

Brief, handschriftl., Tinte. (Yale)
Verlag der Weißen Bücher] Vgl. Erläuterungen zu Brief 47.
Aufsatz über Francis Jammes nebst Gedichtproben] *Der hier erwähnte Aufsatz ist verschollen, auch über Anzahl und Art der Gedichtproben ist nichts bekannt.*
Artikel über Romain Rolland] *Essay über Romain Rollands »Jean-Christophe« in den »Weißen Blättern«, Jg. 1, Nr. 2 (Oktober 1913), S. 168–172. (Vgl. S. 431–435 und Erläuterungen dazu).*
Schrift über Neuere franz. Lyrik] *Stadler veröffentlichte 1912 in der im Kurt Wolff Verlag erschienenen, von Franz Blei herausgegebenen Zeitschrift »Der lose Vogel« anonym den Aufsatz »Die neue französische Lyrik«. (vgl. S. 425–430 und die Erläuterungen dazu.) Ob die hier erwähnte »Schrift über neuere französische Lyrik« eine erweiterte Fassung dieser älteren Arbeit darstellte oder mit dieser identisch war, ließ sich nicht feststellen.*

Apparat: Briefe

50. *Stadler an Hans Koch, 14. 2. 1914*
Brief (per Eilboten), handschriftl., Tinte. (Privatbesitz)
ein kapitalistisches Bäuchlein aufnährst] *Dr. Koch hatte zu dieser Zeit eine gutgehende Praxis in Düsseldorf.*
Kurt Wolff ... habe ich geschrieben, ihm unsere Sache vorgetragen] *Gemeint ist der Plan der Johannisnachtschrift. Der Brief an Kurt Wolff ist nicht erhalten. Vgl. Brief 48 und die Erläuterungen dazu.*
Flake jammerte aus der Türkei] *Otto Flake unternahm damals eine Reise in die Türkei.*
Schickele schweift auf fernen Meeren] *Schickele hatte eine Reise nach Ägypten, Griechenland, Palästina und Indien angetreten.*

51. *Falconer an Stadler, 27. 3. 1914*
Brief, maschinenschriftl., Durchschlag. (Toronto)
(Erstdruck: Rollmann, S. 111).)
you were formally appointed to the position in German] *Vgl. Brief 44, 45 und 47a.*

52. *Stadler an René Schickele, 24. 4. 1914*
Brief, handschriftl., Tinte. (Privatbesitz)
Seit vorgestern wieder hier] *Von einem Aufenthalt in Rom.*
wo Brüssel in 4 Wochen vorbei sein soll] *Stadler verließ Brüssel Ende Mai 1914, da er einen Ruf an die Universität Toronto angenommen hatte.*
nach 2 Jahren zurück] *Stadler hatte sich in Toronto zunächst nur für eine zweijährige Probezeit verpflichtet. Vgl. Brief 44 und 45.*
unmittelbar vor meiner Abreise ... einen Vortrag über »La Jeunesse Allemande« gehalten] *Stadler hatte am 3. April 1914 im »Jeune Barreau«, einer Vereinigung junger Advokaten in Brüssel, den erwähnten Vortrag über »La Jeunesse Allemande« gehalten. Die Veranstaltung fand statt im Rahmen einer Vortragsreihe mit dem Gesamttitel »Notre Jeunesse«, in der zuvor (am 27. März 1914) Alfred de Tarde und Henri Massis über »La Jeunesse Française« gesprochen hatten und (am 7. April) noch ein Vortrag von Emile Cammaerts über »La Jeunesse Anglaise« folgte. Stadlers Vortrag ist nicht überliefert.*
Correspondent der Cölnischen Zeitung] *Name nicht ermittelt.*
Der ganze Sturm ist heraufbeschworen durch die Referate der belgischen Presse] *Von den Pressereferaten, die Stadler hier erwähnt, konnten drei ausführliche Besprechungen seines Vortrags ermittelt werden, die im linksliberalen »L'Etoile Belge«, im »Journal de Bruxelles« und im »Le XXe Siècle« erschienen sind. Da diese Besprechungen den Inhalt des verlorenen Vortrags ziemlich detailliert referieren und der Vortrag offenbar Stadlers politische Überzeugungen und Hoffnungen zum Ausdruck brachte, werden die drei Pressereferate hier in vollem Wortlaut in Übersetzung mitgeteilt.*

Apparat: Briefe

Le Journal de Bruxelles, 94⁴ année, n° 95, dimanche 5 avril 1914, p. 1 (col. 3 et 4):

Die deutsche Jugend von heute
Letzte Woche gab uns Herr de Tarde (Agathon) auf der Rednerbühne des Jeune Barreau in höchst erkenntnisreicher Weise Aufschluß über die heutige französische Jugend. Heute spricht Herr Ernst Stadler, Korrespondent der ›Gazette de Cologne‹ in Brüssel, über die deutsche Jugend. Der sympathische Redner gibt zu, keine festumrissenen Bestimmungen anführen zu können: Die Strömungen in der deutschen Jugend bleiben widersprüchlich, und haben noch keinen Einfluß auf die öffentliche Meinung ausgeübt. Trotzdem existieren diese bahnbrechenden Tendenzen, die das Ausland noch nicht zur Kenntnis genommen hat. Das bequeme Vorurteil des schwerfälligen, brutalen, barbarischen Teutonen verschwindet allmählich: für den aufmerksamen Beobachter enthüllt sich ein Gegensatz zwischen den äußeren Handlungen und dem Geist bei zumindest einem Teil der Nation; aber Deutschland bleibt eine Sphinx: Versuchen wir, nach seinem Vorschlag das Rätsel zu entschlüsseln.

Auf die Studenten von einst mit der kleinen blauen Blume von ›Alt-Heidelberg‹ folgt heute eine neue Jugend. Sicherlich sind Machtanbetung, ›Fetischismus‹ der Uniform und Gefallen an Gehorsam noch charakteristische Merkmale der Masse, und das idealistische Deutschland scheint heute beinahe darnieder zu liegen. Aber es gehen grundlegende Veränderungen vor sich, eine neue deutsche Seele bildet sich heraus. Der Sieg hat einen manchmal unerfreulichen nationalen Stolz hervorgebracht; aus dem ökonomischen Aufschwung ist ein Kult des Erfolges und des materiellen Wohlstandes hervorgegangen. Zu plötzliche Umwälzungen sind dort, jenseits des Rheins, vor sich gegangen: Aus dem ehemaligen Agrarland Deutschland ist heute eine große Industriemacht geworden; seine Einwohnerzahl hat sich in ungeheuren Dimensionen gesteigert (sie ist in einem Jahrhundert von 25 Millionen auf 75 Millionen gestiegen), Unternehmergeist und Spekulationslust haben sich entwickelt. Der Triumph des Kapitalismus bringt eine Neuordnung des ganzen sozialen Gefüges mit sich; die Bildung einer industriellen und Finanzaristokratie läßt andere politische Tendenzen entstehen: Der Sozialismus organisiert sich mehr und mehr, auch gewinnen alle anderen Parteien Gestalt und werden praktisch tätig; denn im politischen Bereich findet man die Verkörperung der Strömungen, die in den anderen Bereichen bereits vorhanden sind.

Welche Haltung nehmen nun die Intellektuellen in diesen Veränderungen ein? Nach dem Krieg befand sich die Geisteswelt in einem Zustand der Erstarrung. Um 1890 herum hatte sich eine realistische und revolutionäre Literatur entwickelt: als Reaktion auf die allgemeine Geisteshaltung verweigert der Romantizismus jeden Kontakt mit der Politik des Reiches, aber er akzeptiert in passiver Weise den Zustand, den er ablehnt (Hugo von

Hofmannsthal), flüchtet sich in eine aristokratische und hochmütige Kunst, bedient sich der künstlichen Paradiese der dekadenten französischen Schriftsteller, verachtet die materiellen Bedürfnisse der Masse und lebt selbst – in weiter Ferne von ihr – von einer verschwommenen Melancholie. Romain Rolland, der streng mit dieser Strömung ins Gericht geht, spricht von ›Seinsmolekülen‹ und ›zersplitterten Seelen‹. Dieser Ästhetizismus war oft nichts weiter als eine Modeerscheinung, aber oftmals zeugte er auch von einer großen, wirklich vorhandenen inneren Angst, und sogar lebensbejahende Dichter wie Stefan George haben ihn sich zu eigen gemacht. Er war übrigens der erste in Deutschland, der sich dann gegen die träge Passivität wandte, die er selbst befürwortet hatte: heute appelliert er an den idealistischen Geist der Jugend jenseits des Rheins und an ihre Tatkraft.

Eine Jugend, die sich von der Melancholie losgesagt hatte und dem Leben Vertrauen entgegenbrachte, konnte diese rein ästhetische Konzeption nicht zufriedenstellen. Sie wandelte auf den Spuren Zarathustras, der für die heutige Generation Wirklichkeit geworden ist: in der Befreiung vom Pessimismus hat sie den Weg zur Politik gefunden; denn sie ist sich darüber bewußt geworden, daß die Ursache für den mangelnden Aufschwung der intellektuellen Kultur in Deutschland in der internen Politik liegt. In einem freien und modernen Deutschland sähe sie den sichersten Beweis solcher Fortschritte, und sie kämpft für neue politische Ideale. Wiederum Nietzsche ist der Urvater dieser Bewegung; denn der große sächsische Philosoph hat von Anfang an die Gefahren des Überflusses, die der deutschen Nation durch den Sieg erwachsen würden, aufgezeigt; aber es gibt auch einen anderen Nietzsche, den eben diese Jugend ablehnt: nämlich den Nietzsche des ›Willens zur Macht‹, des ›Übermenschen‹ und des aristokratischen Ideals; den, der den Krieg als Quelle des Fortschritts verherrlicht. Der junge Schriftsteller Heinrich Mann verurteilt die Tendenz, Kraft und Macht zu preisen; er erklärt das Anliegen der heutigen Jugend, die, stolz und begierig, für ein gemeinsames Ideal zu kämpfen, wieder Vertrauen zu sich selbst gefaßt hat und an einen endlich entscheidenden Erfolg glaubt, obwohl sie noch in der Minderheit ist. Diese Jugend ist sich einig, und man sollte die Unterschiede zwischen Norddeutschland und Süddeutschland nicht zu sehr betonen: die tiefe Kluft liegt zwischen dem feudalen, absolutistischen, rückwärtsgewandten Deutschland und dem ›freien und modernen‹ Deutschland, das sich die jungen Intellektuellen erträumen.

Die Gleichgültigkeit der deutschen Intellektuellen der Politik gegenüber scheint allmählich zu schwinden, während man von Goethe sagen konnte: »Er betrachtet regungslos seine regungslose Nation«; im Gegensatz zu dem, was sich in Frankreich für einen Voltaire oder einen Rousseau getan hat, zeigt das Beispiel Goethe, daß er nichts am Schicksal seines Vaterlandes geändert hat. Zweifellos mangelt es den meisten Deutschen noch völlig an politischer Bildung, aber die junge Generation sieht es, wenn auch zögernd, als eine dringende Aufgabe an, sich um das politische Leben zu kümmern. Die Ereignisse von Zabern haben einiges zu diesem neuen Stand der Dinge beigetragen.

Vergessen wir trotz allem nicht, daß die Universitäten, die der Kontrolle der Regierung unterliegen, im allgemeinen sehr konservativ sind, obwohl die Korporationen als Hort rückschrittlicher Ideen sichtlich im Untergang begriffen sind; im übrigen tragen die Freien Schulen in Hamburg und Frankfurt kräftig dazu bei, den Kastengeist zu schwächen, der in der Armee besonders ausgeprägt ist und in Deutschland unheilvolle Folgen hat.

Sicherlich ist die ›deutsche Unterwürfigkeit‹, wie man im Ausland sagt, kein Myhtos und stellt eine ernste Gefahr für ein freies und modernes Deutschland dar. Ihre Wurzeln liegen oft in einer Art sozialem Snobismus, über den die jungen Schriftsteller jenseits des Rheins übrigens gerne spotten. Von vielen Menschen werden demokratische Meinungen als eine unvermeidliche Bürde angesehen. Aber die literarische Jugend richtet ihr Augenmerk auf die Nationen, die sich von diesem mittelalterlichen Ideal zu befreien gewußt haben: sie sieht hauptsächlich nach Frankreich hinüber, das für die Deutschen ein wenig wie eine Frau ist, über deren Launenhaftigkeit man sich gerne lustig macht, aber der gegenüber man sich einer Zuneigung nicht erwehren will; Gide, Claudel, Jammes, Suarès haben unter den jungen Deutschen leidenschaftliche Bewunderer.

Nicht alle Züge der französischen Jugend üben jedoch eine Anziehung auf die deutsche aus: die Disziplin, die jene predigt, kennt man in Deutschland nur zu gut, und die jungen Intellektuellen jenseits des Rheins würden den Kult kriegerischer Ideen nicht länger teilen (darum ziehen sie auch Romain Rolland Barrès vor). Aber eine Annäherung gibt es trotzdem.

Das Interesse daran besteht leider nicht auf beiden Seiten; in Frankreich sind die Kenntnisse über aktuelle Tendenzen in der deutschen Jugend bedauerlicherweise nicht allzu groß. Wüßten die Franzosen besser darüber Bescheid, so brächten sie der Bewegung, die sich dort drüben abzeichnet, Sympathie entgegen, und damit würde das dumme Vorurteil, daß alle Deutschen Pangermanisten seien, ausgeräumt (es gibt wohl 30.000, denen man Aktivitäten im Sinne eines falsch verstandenen Patriotismus nachsagt, und ebendieser kleine Kern von Wirrköpfen stellt die erbittertsten Feinde der intellektuellen Jugend dar).

In das Elsaß, das von seinem Charakter und seinen Traditionen her demokratisch gesinnt ist, legt die elsässische Jugend all ihre Hoffnung. Sie wünscht, es möge beim Kampf um seine Autonomie eine aktive Rolle beim Sieg der politischen Freiheiten in Deutschland spielen und den modernen Kräften des Reiches eine Stütze sein.

Früher hatte das Elsaß teil an den Freiheiten des alten Deutschland; es wurde in dem Moment französisch, wo diese Freiheiten in Gefahr gerieten, und es trug in bedeutendem Maße zu den revolutionären Errungenschaften bei; dann wurde es wieder einem absolutistischen Deutschland einverleibt. Dieses Joch hat die Elsässer mit Sicherheit in ihrem Freiheitsstreben verletzt; aber aus der Sicht des Reiches stellen sich all ihre Interessen als ökonomische dar. An dem Tag, da man ihnen politische Autonomie zugestehen würde, wäre die Frage Elsaß-Lothringen schlagartig gelöst, ohne daß die Elsässer jemals aufhören würden, Frankreich zu verehren, mit dem sie so viele gemeinsame Erinnerungen verbindet. So wird das Elsaß von den beiden großen Nachbarn umworben und fühlt sich aus verschiedenen Gründen abwechselnd mal zu diesem, mal zu jenem hingezogen: auch der Pazifismus wird in Straßburg eine natürliche Heimat finden.

Bismarck wollte das Elsaß wegen seiner demokratischen Tendenzen nicht Preußen angliedern, war aber verärgert, daß diese Züge auf das Schicksal des Reiches zurückwirkten. In den Ereignissen von Zabern glaubte die elsässische Jugend das Dämmern einer neuen Ära zu erblicken: Zum ersten Mal zeigte sich in Deutschland der Konflikt zwischen zwei von nun an unvereinbaren Denkweisen – der des Reiches, charakterisiert durch Siege mit Waffengewalt, und der des modernen Deutschlands.

Diese Schilderungen ähneln kaum den Eindrücken, die Fremde von einem Deutschlandaufenthalt mitbringen. Diese Tendenzen beschränken sich in der Tat noch auf eine Elite, auf eine kleine Minderheit.

Welches sind ihre realen Wirkungen auf die innere Situation des Reiches? Sicherlich besteht eine Kluft zwischen der intellektuellen Elite und dem Gros der Nation; aber wenn es wahr ist, was uns Herr Tarde gesagt hat, daß nämlich die Vorstellungen der Jugend über das Schicksal eines Landes entscheiden, dann wird dieser neue deutsche Geist, diese begeisterte Opposition eines Tages ein deutliches Resultat hervorbringen. Inzwischen arbeitet diese Jugend tatkräftig weiter; aber es ist ihr nicht gleichgültig, ob man im Ausland die Denkweise kennt, der sie anhängt und die sich grundsätzlich von gewissen hartnäckigen Vorurteilen unterscheidet.

Der interessante Vortrag von Herrn Stadler, wie er ihn in sicherer und bestimmter Sprache gehalten hat, wird, zumindest bei uns, seinen Beitrag leisten, gewisse Legenden zu zerstören, genauere Kenntnisse zu verbreiten und bisher noch zurückhaltende Sympathien zu festigen. Wenn es erlaubt ist, wie Herr Thomas Braun bemerkt, sein Bedauern über das Welken der ›kleinen blauen Blume‹ auszudrücken, muß man sich freuen, daß die großen Geister jenseits des Rheins sich abwenden von dem feudalen Deutschland, der Germania im Eisenpanzer, deren Schwert und Harnisch immer noch so schwer auf dem ›freien und modernen‹ Europa lasten. F. F.
(Übersetzt von Sabine Grimkowski-Seiler.)

L'Etoile Belge (Bruxelles), 65ᵉ année, n° 95, dimanche 5 avril 1914; p. 4 (col. 1–2):

Die deutsche Jugend

Am Freitag hat Herr Stadler, Professor der deutschen Philologie an der freien Universität Brüssel, in der Sitzung des »Jeune Barreau« vor der dort versammelten Zuhörerschaft über die deutsche Jugend gesprochen. Über den festgelegten Rahmen hinausgehend hat der Vortragende, dessen Darlegungen ebenso präzise wie umfangreich waren, zunächst in einer durch Plastizität beeindruckenden Weise ein allgemeines Bild der politischen, ökonomischen und kulturellen Entwicklung der Völker des Kaiserreichs jenseits des Rheines gegeben. Indem er sodann das Thema, das er im besonderen gewählt hatte, anschnitt, bemühte er sich aufzuzeigen, daß es unrecht wäre, die deutsche Jugend nach dem Typus des trinkenden und sich schlagenden Studenten, einem Typus, der hier und da verbreitet sei, zu beurteilen. Ohne Zweifel gäbe es noch zahlreiche junge Leute in den studentischen Verbindungen, in denen man sich bemühe, den alten Militär- und Feudalgeist aufrechtzuerhalten, der in ganz Deutschland so verbreitet sei. Aber neben diesen jungen Menschen gruppiere sich eine von ganz anderem Geist durchdrungene, eine denkende, handelnde Jugend, die von der Hoffnung erfüllt sei miterleben zu können, wie die Masse ihre kriecherische Gesinnung ablegen und sich zu einem modernen und freieren Deutschland formieren werde. Und – welch erstaunliche Feststellung – diese Jugend wende sich in dieser ihrer Hoffnung der französischen Jugend zu, und zwar nicht aus persönlicher Sympathie, sondern aus Bewunderung für die französische Kultur.

Für Herrn Stadler ist diese sehr große, wahrhaftige und aufrichtige Bewunderung ein ganz sicheres Unterpfand für die Aussöhnung der beiden Völker, die sich in mehr oder minder naher Zukunft über den Weg der Annäherung der Kulturen vollziehen werde. Und statt zu glauben, die Inbesitznahme von Elsaß-Lothringen durch die Deutschen würde ein Hindernis für diese Aussöhnung bilden, könne man sagen, daß es ihr förderlich sein werde, denn in besonderem Maße durch den Einfluß der jungen elsässischen und lothringischen Literaten habe sich in der Jugend die Neigung zur französischen Kultur verbreitet. Die Literaten hätten als Wegbereiter gewirkt und sie würden weiterhin die überzeugten Vorkämpfer dieses Kreuzzuges bilden, der zu dem großen Werk der Aussöhnung werde führen müssen.

Obwohl Deutscher, beherrscht Herr Stadler die französische Sprache mit tadelloser Perfektion. Er legte eine große Gelehrsamkeit an den Tag und seinen optimistischen Ansichten wurde durch langanhaltende Bravo-Rufe Achtung gezollt.

(Übersetzt von Barbara Lengtat)

Le XXe Siècle (Bruxelles), 20e année, n° 96, lundi 6 avril 1914; p. 3 (col. 4–5):

Herr Ernst Stadler hat am Freitag abend über »Die deutsche Jugend« gesprochen.

»Der Krieg von 1870,« sagte er, »markierte eine Neuorientierung des deutschen Geistes. Seit diesem Zeitpunkt findet sich in dem Erwachen des Nationalstolzes, der sich manchmal in sehr wenig angenehmer Weise äußert, in dem unaufhaltsamen Wachstum der Industrie und in dem anhaltenden Zuwachs an Territorien der Geschäfts- und Spekulationssinn wieder, der heute in Deutschland bestimmend ist. Der Triumph des Kapitalismus hat als Gegenbewegung das schon bald von Karl Marx organisierte Proletariat ins Leben gerufen, aber diese zwei feindlichen Klassen, Kapitalismus und Proletariat, sind nur von ein und demselben Prinzip beherrscht, das heutzutage den deutschen Geist durchdringt: dem Prinzip des auf das Materielle gerichteten Interesses nämlich.

Welche Haltung nahmen die Intellektuellen in der Gesellschaft dazu ein? Die intellektuelle Jugend hat dem gegenüber nicht sofort nach dem Krieg eine bestimmte Position vertreten; erst gegen 1890 hat sie gegen die Unterdrückung des Arbeiters durch den Kapitalismus Stellung bezogen und die Forderungen des Proletariats unterstützt. Aber dieser Bewegung fehlt es an Kraft, da die Initiatoren bald wieder in die frühere Gleichgültigkeit zurückgefallen sind. Die nachfolgende Generation lehnt zwar jeden Kontakt mit dem Wesen, das die Verkörperung der kapitalistischen Idee ausmacht, ab, aber sie akzeptiert ohne zu reagieren, sie verbleibt in der Passivität und im Skeptizismus. Dem Dichterwort gemäß: ›Sie hat drei Seelen und keine Willenskraft.‹ Heute lehnt sich die deutsche Jugend (aber dies ist noch eine Minderheit) gegen diesen Materialismus auf, indem sie sich zur Genüge Wunschbilder schafft, die im Prozeß der Glorifizierung desjenigen Lebens entstehen, das diese Jugend im innenpolitischen Kampf Gestalt gewinnen läßt. Wenn das Geistesleben keine konkretere Entwicklung zeigt, so ist der Grund dafür in der Tatsache zu suchen, daß die Innenpolitik ihm Fesseln angelegt hat. Die heutigen Institutionen stimmen nicht mehr mit den augenblicklich angestrebten Zielen überein: daher bekämpft diese Jugend tatkräftig das gegenwärtige Regime der Gewalt und der absoluten Herrschaft. Es erscheint ihr als eine gebieterische Pflicht, für die Änderung der innenpolitischen Verhältnisse zu arbeiten; sie will teilhaben an der Gestaltung eines neuen Deutschlands.

Beschränkt sich diese Aktivität auf einen noch winzig kleinen Teil der deutschen Jugend? Ihr entgegen stehen der Kastengeist, den der Fremde den ›deutschen Untertanengeist‹ nennt, und die antidemokratische Gesinnung, die der Einheimische als Folge einer Respektabilität schätzt, die von zweifelhaftem Wert ist. Aus diesem Grund richtet die deutsche Jugend ihre Blicke auf die französische, die den Kastengeist zerstört hat und für den

Sieg gewisser gemeinsamer Vorstellungen kämpft. So ist es den jungen Intellektuellen der beiden Länder anheimgegeben, noch intensiver auf die deutsch-französische Aussöhnung hinzuwirken. Leider stößt diese Empfindung nicht auf Gegenseitigkeit bei der französischen Jugend, denn sie kennt die deutsche Jugend nicht. Wenn sie sie kennen würde, würde sie mit ihr sympathisieren, denn in Deutschland findet man nicht nur Pangermanisten, die im übrigen auch von der öffentlichen Meinung bekämpft werden, da sie den echten Patriotismus verfälschen.

Von allen Ländern Europas ist Elsaß-Lothringen dasjenige, das am besten die deutsch-französische Annäherung vorantreiben kann. Wenn es heute der Germanisierung zu widerstehen scheint, so geschieht das weder aus Sympathie für Frankreich, noch aus Revolte gegen das Kaiserreich, sondern wenn es sich partikularistisch zeigt, dann ist der Grund dafür darin zu suchen, daß es seiner Tradition gemäß den deutschen Absolutismus nicht hat akzeptieren können; man sollte ihm die politische Freiheit zugestehen, dann wäre auch die elsässische Frage vom Tisch! Die Zabernaffäre, in der der Absolutismus zu triumphieren schien, da das Volk vor dem Militarismus in die Knie gezwungen wurde, ist nur ein Sichtbarwerden des Kampfes zwischen dem Deutschen von 1870 und demjenigen von 1950 . . .

Welchen Einfluß hat die heutige intellektuelle Jugend? Sie bahnt den Weg für die nachfolgende Generation, die die Erneuerung des deutschen Kaiserreiches vornehmen wird.«

Dem Vortragenden wurde heftig applaudiert.
(*Übersetzt von Barbara Lengtat*)

Johannisfestschrift] *Vgl. Brief 48 und die Erläuterungen dazu.*
Wertheimer] *Nicht ermittelt.*
Georg Bernhard] *Es handelt sich wahrscheinlich um den seit 1914 an der »Vossischen Zeitung« tätigen Publizisten Georg Bernhard (1875–1944).*
Lannatsch u. Rainer] *Anna Schickele, René Schickeles Frau, wurde im Freundeskreis »Lannatsch« genannt. Rainer ist ihr damals noch einziger, etwa achtjähriger Sohn.*

53. Stadler an Kurt Wolff, 10. 5. 1914

Brief, maschinenschriftl. (Yale)
(Erstdruck: Zeller/Otten, S. 101.)
Dieser Brief an Kurt Wolff wurde von Stadler mit dem Datum 10. August 1914 versehen, doch handelt es sich bei dieser Datierung offensichtlich um einen Irrtum. Stadler, der bei Mobilmachung am 1. August als Reserveoffizier sofort zu seiner Truppe einrücken mußte, befand sich – wie sein Kriegtagebuch ausweist – am 10. August 1914 bereits im Kriegseinsatz an der elsässischen Front. Da er im Brief noch seine letzte Brüsseler Adresse (Uccle bei Brüssel, Chaussée de Waterloo) angibt, gleichzeitig aber vermerkt, dort nur bis Ende des Monats und dann in

Apparat: Briefe

Gebweiler im Elsaß erreichbar zu sein, dürfte der Brief statt am 10. August am 10. Mai 1914 geschrieben worden sein. Stadler gab nämlich seine Brüsseler Wohnung (wegen seiner Berufung nach Toronto) Anfang Juni 1914 auf (vgl. auch Brief 53a), da er die Zeit bis zu seiner Abreise nach Kanada noch im Elsaß verbringen wollte. Dieser Sachverhalt legt eine Datierung des Schreibens auf den 10. Mai 1914 nahe. Auch der übrige Inhalt des Briefes und insbesondere die sachlichen Zusammenhänge mit Stadlers Brief an Kurt Wolff vom 14. Mai 1914 (Brief 55) stützen die erschlossene Datierung.

Taufe, Hochzeit, Die Jahre gehn ...] *Die Übersetzungen dieser drei von Stadler nur durch deutsche Titel bezeichneten Gedichte von Francis Jammes sind verschollen. Zur Frage der textlichen Identifizierung dieser Übertragungen vgl. den Bericht über Stadlers Übersetzungen S. 660.*

53a. Stadler an Robert Falconer, 12. 5. 1914

Brief, handschriftl., Tinte. (Toronto)
(Erstdruck: Rollmann, S. 111.)

list of my chief publications and an outline of my academic career] *Beide Dokumente nicht mehr aufzufinden.*

54. Stadler an Hermann Georg Fiedler, 13. 5. 1914

Brief, maschinenschriftl., mit handschriftl. Korrekturen. (Yale)

Meine neue Tätigkeit] *Gemeint ist die Professur in Toronto.*
die B. Litt. Dissertation] *die englische Examensarbeit:* »The History of Literary Criticism of Shakespeare in Germany.« *Vgl. u. a. Brief 4, 16 und 17.*
Oxforder Studies in Modern Language] *Fiedlers Plan für diese Schriftenreihe konnte erst 1932 verwirklicht werden.*
wo ich im Juni und Juli ... lese] *Stadler hielt im Juni und Juli 1914 in Straßburg Vorlesungen über die* »Geschichte der elsässischen Literatur im Zeitalter der Reformation« *und die* »Geschichte der deutschen Lyrik der neuesten Zeit«. *Vgl. S. 453–470.*
wo ich mich einschiffen werde] *Für die Überfahrt nach Kanada.*

55. Stadler an Kurt Wolff, 14. 5. 1914

Brief, maschinenschriftl., mit handschriftl. Korrekturen und handschriftl. Postskriptum. (Yale)

in dem großen Auswahlheft höchstens 30 Gedichte] *Vgl. Brief 32 und 34.*
»Rosenkranz«] *Es handelt sich hier vermutlich um die Übersetzung eines Gedichtes aus Francis Jammes' Dichtung* »Rosaire«. *Vgl. den Bericht über Stadlers Übersetzungen, S. 660.*
»Die Geburt des Dichters«] »La naissance du poète«. *Zuerst erschienen 1897, dann in:* »De l'angélus de l'aube à l'angélus du soir«. *Paris 1898.*
nach dem Cercle Aristique adressiert] *Brüsseler Club, dessen Briefpapier*

Apparat: Briefe

Stadler des öfteren in seiner Brüsseler Zeit benutzte. Vgl. die Erläuterungen zu Brief 14.

56. Stadler an Carl Sternheim, Mai 1914

Dieser Brief ist abgedruckt in: Carl Sternheim, »Der rote Hahn«. Prosa. Verlag der Wochenschrift Die Aktion, Berlin-Wilmersdorf 1918.
Sternheim] *Carl Sternheim (geb. 1. 4. 1878 in Leipzig, gest. 3. 11. 1942 in Brüssel). Expressionistischer Dramatiker, Erzähler und Essayist. Mit Stadler bekannt seit Ende Oktober 1913. Stadler schrieb 1914 eine Rezension über Sternheims Komödien und Schauspiele in den »Cahiers Alsaciens«. (Vgl. S. 349–352). Sternheim widmete sein Schauspiel »1913« dem Andenken Ernst Stadlers (in: »Die Weißen Blätter«. Jg. 2, (1915), Heft 2, S. 137 ff.). Er schrieb ferner einen Nachruf auf Stadler, der am 11. November 1914 (Nr. 575) in der »Vossischen Zeitung« erschien. Weitere Briefe Stadlers an Carl Sternheim sind nicht überliefert.*
zusammen mit dem Snob ein paar Gedichte von mir gelesen] *Im Rahmen der von Wilhelm Herzog geleiteten Forum-Abende las Carl Sternheim am 6. Februar 1914 in München (Galerie Caspari) seine 1913 entstandene Komödie »Der Snob«. Sternheim eröffnete diese Veranstaltung mit der Lesung von drei Gedichten Ernst Stadlers. Die »Münchener Neuesten Nachrichten« brachten am 8. Februar 1914 (No. 70, Vorabendblatt) einen mit den Initialen ae. gezeichneten Bericht über diesen 5. Forum-Abend, in dem folgendes über Stadlers Gedichte ausgeführt wird:* Zu Beginn des Abends brachte Sternheim drei Gedichte des Elsässers Ernst Stadler zum Vortrag: soweit man urteilen kann und darf, ohne besonderen Eigenton, in etwas absichtlich schlichter, doch wirksamer Sprache, in der nur einige vielleicht gewollte prosaische Relativsätze auffielen; am eindruckvollsten eine kleine jugendlich-erotische Phantasie, anknüpfend an die zwei bekannten weiblichen Standbilder am Straßburger Münsterportal.
Was der Mann in den Münchener Neuesten Nachrichten sich wieder geleistet hat] *Stadler bezieht sich hier vielleicht auf die kritischen Einwände gegen die Komödie »Der Snob« in dem oben angeführten Bericht über den 5. Forum-Abend, in dem es heißt:* (...) es zeigte sich besonders ein Mangel an dem, was einer der größten Theaterkritiker – ich meine Guiseppe Verdi – »parola scenica« nannte: ein Dialog der ausdrückt und haarscharf trifft, und als dessen Träger man sich freilich auch nur mögliche und vollsaftige Menschen denken kann. *Unter Umständen hatte Stadler aber durch Sternheim auch Kenntnis von der negativen Kritik über die Berliner Uraufführung des »Snob« (2. 2. 1914), die der Korrespondent der »Münchener Neusten Nachrichten« am 7. Februar 1914 (No. 69, Morgenblatt) veröffentlichte. Der mit r. n. zeichnende Theaterberichterstatter schrieb u.a. folgendes:* Man sieht eine Reihe hastig aneinander geklebter, in keinem inneren Zusammenhang stehender Groteskbilder, Unmöglichkei-

ten und Geschmacklosigkeiten, die durch Sternheims an sich dankenswerte, weil für die neue Komödie geeignete Eiseskälte noch klarer und greller werden. Herzlosigkeit ohne Verstandesschärfe und dämonischen Witz tötet alles Bühnenleben. So bedeutet der Snob, in seiner auffallenden Erfindungsarmut und Verschrobenheit, keinen Fortschritt des Dichters der gleichfalls kaltnasigen, aber verflixt ulkigen Hosen-Komödie.

Blütenlese ... aus Sternheimkritiken] *Über einen gemeinsamen Plan Sternheims und Stadlers zur Zusammenstellung einer derartigen »Blütenlese« war bisher nichts bekannt. Sternheim setzte sich mit dem Thema »Deutsche Kritik« in seinem 1918 zuerst gedruckten Aufsatz »Über literarische Kritik in Deutschland« auseinander. (Carl Sternheim, »Gesamtwerk«. Hg. v. Wilhelm Emrich. Bd. 6. Neuwied/Berlin 1966. S. 66–68.)*

bald nach Brüssel zurückkommen] *Sternheim lebte seit 1912 in La Hulpe bei Brüssel, nicht weit entfernt von Stadlers Wohnung in Uccle bei Brüssel.*

57. Stadler an Kurt Wolff, 19. 5. 1914

Postkarte, handschriftl., Tinte. (Yale)
Zahl der Gedichte auf 35 erhöhen] *Vgl. hierzu Brief 32 und 34.*

58. Stadler an Kurt Wolff, 17. 6. 1914

Postkarte, handschriftl., Tinte (Yale)
durch meine Vorlesungen] *Gemeint sind Stadlers im Juni und Juli 1914 in Straßburg gehaltenen Vorlesungen. Vgl. Brief 54 und Erläuterungen dazu.*
zum Abschluß] *Gemeint ist die Erweiterung der »Franziskanischen Gedichte« auf 35 Übersetzungen.*

59. Stadler an Erwin Wissmann, 18. 6. 1914

Brief, handschriftl., Tinte. (Privatbesitz)
Überraschung] *Wissmanns Verlobung.*
Braut] *cand. med. Anna Fritsch.*

60. Stadler an René Schickele, Juli 1914 / (Bruchstück)

Von René Schickele mitgeteilter Auszug eines Briefes von Stadler. Schickele zitiert das Bruchstück des Briefes mit folgendem Hinweis: Beim Blättern in alten Papieren fand ich dieser Tage einen Brief meines Freundes Ernst Stadler, einen Brief aus Straßburg, geschrieben in der zweiten Hälfte des Monats Juli 1914 und darin folgende Stelle: *(In: Die Grenze. Berlin 1932. S. 33–34.)*
Simmel] *Der Philosoph Georg Simmel (1858–1918) war 1914 aus Berlin nach Straßburg berufen worden.*
Bucher] *Dr. med. Pierre Bucher galt als Exponent der französischen Kulturpolitik im Elsaß. (Vgl. Erläuterungen zu Brief 6). Er ging am 30. Juli 1914 nach Frankreich und wurde während des ersten Weltkrieges französischer Offizier in einer*

Apparat: Briefe

Spionage- und Nachrichtenabteilung. (Vgl. auch: Elly Heuß-Knapp, »Ausblick vom Münsterturm«. 7. Aufl. Tübingen 1961. S. 46–47, S. 55–56.
Fräulein Koeberlé] *Elsa Koeberlé (1881–1950), Tochter des Straßburger Chirurgen Emile Koeberlé, hatte in Straßburg einen literarischen Salon. Autorin französischer und deutscher Gedichte.*
die Gegenseite] *Gemeint ist der deutschnationale Kreis um die Zeitschrift »Erwinia«, dessen Mittelpunkt Lienhard war.*
Dollinger] *Dr. med. Ferdinand Dollinger (geb. 1862 in Wasselonne, gest. 1936 in Straßburg), seit 1898 Mitarbeiter an der »Revue alsacienne illustrée«, 1902 Mitbegründer des »Elsässischen Museums«. Nach dem ersten Weltkrieg Generalsekretär der »Socié des Amis de l'Université de Strasbourg« und Präsident der »Société des Amis des Arts«.*
Bergson] *Der französische Philosoph Henri Bergson (1859–1941).*

Dieser Brief an Schickele ist besonders aufschlußreich für die unabhängige Haltung Stadlers gegenüber den auf einen vollkommenen inneren Anschluß an Deutschland oder Frankreich dringenden Parteien im Elsaß. Er widerlegt auch die Behauptungen, daß Stadler sich von Bucher für dessen politische Zwecke habe einspannen lassen.

61. Stadler an Aurel Stadler, 24. 8. 1914

Feldpostkarte, handschriftl., Blei. (Privatbesitz)
Aurel Stadler] *Christoph Aurel Stadler (1836–1914) ist der ältere Bruder des Vaters von Ernst Stadler. Er war Direktor einer Papierfabrik in Weissenborn bei Freiberg in Sachsen. Ernst Stadler war mehrfach längere Zeit, zuletzt 1912 mit seiner Mutter, bei den Verwandten zu Besuch.*

62. Stadler an Marta Stadler, 1. 9. 1914

Feldpostkarte, handschriftl., Tinte. (Privatbesitz)
Marta Stadler] *Tochter von Aurel Stadler, Cousine Ernst Stadlers (geb. 11. 9. 1882 in Graz).*
in einem Quartier] *Vgl. Stadlers Kriegstagebuch, Eintragung vom 30. 8. 1914.*

63. Stadler an Aurel Stadler, 24. 9. 1914

Feldpostkarte, handschriftl., Blei. (Privatbesitz)
sind wir nun in Frankreich] *Vgl. Stadlers Kriegstagebuch und die einführenden Erläuterungen dazu.*

64. Stadler an Thea Sternheim, Anfang Oktober 1914 / *(Bruchstück)*

Thea Sternheim, geb. Bauer (1883–1971). Seit 1907 mit Carl Sternheim verheiratet. Stadler war mit beiden seit Oktober 1913 bekannt. Vgl. Erläuterungen zu Brief 69.

Apparat: Briefe

Das hier wiedergegebene Textbruchstück eines Briefes von Stadler ist erhalten geblieben, weil Thea Sternheim es in ihren Tagebuchaufzeichnungen von 1914 wörtlich kopiert hatte. Mehrere Briefe Stadlers an Thea Sternheim sind während des Zweiten Weltkrieges bei Haussuchungen der Gestapo in Paris beschlagnahmt und wahrscheinlich vernichtet worden. Nach brieflichen Auskünften von Thea Sternheim vom 18. 1. 1953 an K. L. Schneider erhielt sie den Brief, aus dem das abgedruckte Bruchstück stammt, am 9. Oktober 1914. Der Brief dürfte also Anfang Oktober geschrieben sein und die Antwort auf einen Brief Thea Sternheims darstellen, dessen Empfang Stadler in seinem Kriegstagebuch am 30. September 1914 vermerkt hat.

65. Stadler an Erwin Wissmann, 3. 10. 1914

Feldpostbrief, handschriftl., Blei. (Privatbesitz)
Verheiratung] *Erwin Wissmann verheiratete sich am 6. 8. 1914.*
das Eiserne Kreuz erhalten] *Stadler erhielt die Auszeichnung am 1. Oktober 1914. Vgl. seine Kriegstagebuchaufzeichnung diesen Datums.*
Deinen Bruder traf ich] *Dr. med. Reinhold Wissmann (1884–1941). Eine Begegnung mit Reinhold Wissmann in Festieux verzeichnet Stadler am 18./19. September 1914 in seinem Kriegstagebuch.*

66. Stadler an Marta Stadler, 3. 10. 1914

Feldpostkarte, handschriftl., Blei. (Privatbesitz)
leisten werden.] *Im Original: leisten wird (Schreibversehen).*
Eiserne Kreuz erhalten] *Vgl. Erläuterungen zu Brief 65.*

67. Stadler an Hans Koch, 7. 10. 1914

Feldpostkarte, handschriftl., Blei. (Privatbesitz)
Die Karte ist nach Straßburg adressiert an Amtsgerichtsrat Dr. Koch, den Vater des Freundes, mit dem Vermerk: bitte, nachsenden!
öfters mit Benkwitz zusammen] *Dr. med. Fritz Emil Benkwitz (geb. 1877 in Thann im Oberelsaß) In Straßburg von 1903 bis 1919. Begegnungen mit Benkwitz auf dem Kriegsschauplatz verzeichnet Stadler in seinem Kriegstagebuch am 18./19. September und in der Zeit vom 30. September bis 13. Oktober 1914.*

68. Stadler an Marta Stadler, 7. 10. 1914

Feldpostbrief, handschriftl., Blei. (Privatbesitz)
Else] *Die Schwester Marta Stadlers.*
die Weissenborner] *Damit ist Ernst Stadlers Vetter Erich Stadler und seine Familie gemeint. Erich Stadler löste seinen Vater Aurel, nachdem sich dieser in Freiberg zur Ruhe gesetzt hatte, als Direktor der Papierfabrik in Weissenborn ab.*

Apparat: Briefe

Eine spätere Feldpostpaket-Sendung Marta Stadlers an ihren Vetter Ernst Stadler erreichte diesen nicht mehr. Sie erhielt von Stadlers Batteriechef folgende Mitteilung auf einer Feldpostkarte (Privatbesitz):

Im Felde. 16. XI. 1914

Ihre an den leider gefallenen Leutnant Ernst Stadler gerichtete Paket-Sendung habe ich mir erlaubt im Sinne des Verstorbenen zu Gunsten meiner Batterie, bei der er den Feldzug mitmachte, zu verwenden. Mit vorzüglichster Hochachtung u. herzl. Dank der Empfänger

Langrock
Hauptmann u. Batteriechef 2. Bttr.
F. A. R. 80.

69. Stadler an Hedda Sauer, 26. 10. 1914

Feldpostkarte, handschriftl., Blei. (Privatbesitz)
Diese Karte ist adressiert an: Frau Hedda Sauer / p. A. H. Universitätsprof. Sauer, Prag, Universität. *Über diese Anschrift ist von fremder Hand die Privatadresse eingetragen:* Smichow, Creuzherrngasse 586 alt, 2 neu.
Hedda Sauer (geb. 1875 in Prag), verheiratet mit dem Literarhistoriker August Sauer. Sie hatte zwischen 1892 und 1912 mehrere Gedichtbände veröffentlicht.
Ich war noch 8 Tage vor Ausbruch des Krieges in Brüssel] *Stadler war Ende Juli noch einmal kurz in Brüssel um Prüfungen abzuhalten, und besuchte dort, wie aus den Tagebuchaufzeichnungen Thea Sternheims hervorgeht, am 20. Juli 1914 Carl Sternheim zum letzten Mal.*

KRIEGSTAGEBUCH. Vom 31. Juli bis 22. Oktober 1914
S. 527–571

Transkription von Ottheinrich Hestermann

ZU ERNST STADLERS KRIEGSTAGEBUCH
von Ottheinrich Hestermann

Ernst Stadler schrieb sein bis heute unveröffentlichtes Kriegstagebuch als Rechenschaft und fortlaufenden Bericht über ein Geschehen, an dem er mit unzähligen anderen seiner Generation teilhatte, vielleicht in der Absicht, aus diesem Material eines Tages für ein Gedicht oder ein Erinnerungsbuch schöpfen zu können. So wie es vorliegt, in seiner lakonischen, sehr korrekten, sehr ehrlichen Form, frei von jeder Stilisierung oder Selbststilisierung, war es vom Autor sicherlich nicht für die Veröffentlichung bestimmt. Um so mehr ist es als ein authentisches Dokument zu würdigen, das für die Erkenntnis der Persönlichkeit des Dichters, zumal uns nur wenige seiner Briefe überliefert sind, von unschätzbarem Wert ist.

Das Tagebuch ist sehr regelmäßig geführt worden, so daß fast für jeden Tag Notizen vorliegen. Allerdings brechen die Aufzeichnungen nach dem 22. Oktober ab, d. h. mit dem Tage, an dem Stadlers Truppe in die Schlacht bei Ypern geworfen wurde, so daß für die Zeit vom 22. Oktober bis zum Tod des Dichters am 30. Oktober 1914 keine Eintragungen vorliegen.

Am Leitfaden der mit größter Genauigkeit verzeichneten Namen können wir die Bewegungen von Stadlers Truppe, dem 80. Feldartillerieregiment aus Colmar, in den drei ersten Kriegsmonaten bis ins Detail verfolgen: In der Anfangsphase des Krieges, in welcher die Franzosen die Entscheidung an der lothringischen und elsässischen Front suchen – die 1. französische Armee stößt bereits durch die burgundische Pforte auf Mülhausen vor –, rückt Stadlers Regiment vom 2. bis 11. August von seinem Standort durchs Urbeiser Tal bis über die Grenze auf dem Vogesenkamm vor, um sich nach kurzem Gefecht vor der Übermacht des Gegners auf seine Ausgangsstellung zurückzuziehen und noch einmal über Hohwalsch, Châtillon und Badonviller in französisches Gebiet vorzudringen. Als dann die oberste Heeresleitung, nach dem Versuch eines Durchbruchs am Angelpunkt Metz, zum Konzept des Schlieffenplanes zurückkehrt und zur großen Umfassung der französischen Armeen von Norden ansetzt, wird das Regiment vom 3. bis 9. September durch das Breuschtal nach Barembach zurückgeführt und zusammen mit anderen Einheiten der 7. Armee über Straßburg Richtung Norden transportiert. Nach unbedeutenden Scharmützeln mit belgischen Einheiten vor Tirlemont und Löwen (10. bis 13. September) wird es dann über Brüssel und Mons am 19. September in die Marneschlacht geworfen, wo sich bereits, deutlich erkennbar an dem dreiwöchigen Gefecht um den Bois de Beau-Marais (19. September bis 11. Oktober), die Wende vom offensiven Feldzug zum Stellungskrieg vollzieht. Aus der Tatsache, daß mit dem 22. Oktober (Ablösung und Verlegung der Batterie in ein rückwärtiges Quartier bei Laon) die Notizen abbrechen, kann wohl geschlossen werden, daß die Batterie ohne Verzug in die mörderische Schlacht bei Ypern geworfen wurde, in welcher General von Falkenhayn nach der Erstarrung der Marnefront auf Biegen und Brechen und unter den größten Opfern den entscheidenden Durchbruch zu erzwingen suchte. Der Dichter Ernst Stadler, erschlagen von einer englischen Granate am 30. Oktober 1914 bei dem flandrischen Dorf Zandvoorde, gehört, zusammen mit der namenlosen Schar junger Männer seiner Generation, zu den Opfern.

Die Truppenbewegungen geben freilich nur – ohnehin ist die Perspektive des Soldaten eine andere als die der Generalität – den Rahmen ab, innerhalb dessen sich der Alltag des Artilleristen vollzieht, und der heißt: Marschieren, Warten, Marschieren, Auf- und Abprotzen der Geschütze, Inspizieren der Stellungen, Observieren des Gegners, Messen, Schießen, wieder Messen, Quartiersuche und »Requirieren« von Lebensmitteln und Wein, erfreuliche und bedenkliche Meldungen aus der ständig rotierenden Nachrichtenbörse. All dies ist Inhalt der Tag für Tag mit Akribie niedergeschriebenen Notizen des Kriegstagebuchs.

Aber ging es dem Verfasser überhaupt um den Krieg? Um Stadlers Einstellung zum Krieg richtig einzuschätzen, muß man sich vergegenwärtigen, welche Woge der Begeisterung in jenen ersten Kriegsmonaten nicht nur die große Masse des Volkes, sondern auch weite Teile der Intelligenz ergriff. Eine Flut von kriegsverherrlichenden Büchern und Heften – allein in den ersten fünf Kriegsmonaten sind es um die 1500, davon 235 Lyrikbände – ergoß sich über das lesende Publikum. Und so unterschiedliche und dem wilhelminischen Deutschland eher skeptisch gegenüberstehende Autoren wie Kerr, Thoma, Musil, Thomas Mann fanden sich in der Bejahung des Krieges zusammen, den sie als eine alle Schranken der Vereinzelung aufhebende, reinigende und erhöhende Kraft erleben.[1] Stadler stimmte nicht ein in diesen allgemeinen Jubel, von der massenhaft produzierten Kriegslyrik distanzierte er sich sehr dezidiert, als Schriftsteller schwieg er – getreu dem Motto von Karl Kraus aus der Dezember-Nummer der »Fackel«: »Wer etwas zu sagen hat, trete vor und schweige!«

Wie er zum Kriege stand, enthüllt uns sein Tagebuch. Während in Jüngers »Stahlgewittern« die jungen Soldaten »in einer trunkenen Stimmung

---

[1] Die Angaben stützen sich auf den Vortrag »Literatur und Öffentlichkeit 1914« von Hans Neureuter auf dem Regensburger Germanistentag 28. 9.–1. 10. 1977. (Vgl. Mitteilungen des Deutschen Germanistenverbandes, Jg. 1978, Heft 2, S. 16 f.)

von Rosen und Blut« hinausziehen und »mit ungläubiger Ehrfurcht... den langsamen Takten des Walzwerks der Front«[2] lauschen, ist der Aufbruch des Leutnants Stadler in den Krieg von nüchterner Skepsis geprägt. Nichts von Kriegsbegeisterung, nichts von einer Ästhetisierung oder Glorifizierung des Krieges, dafür in knapper Reihung die Begebenheiten des Tages, Verrichtungen in der Stadt, Begegnungen – und Äußerungen von Beteiligten. Wir lesen, Fritz Meyer bedauere es, »daß es auch gegen die Franzosen geht. ›Sentimentalitäten gelten jetzt nicht mehr.‹« Der wörtlich zitierte Satz ist als Antwort auf Äußerungen des Partners, also des Verfassers, zu verstehen. Antwort worauf? Wir können es nur erschließen. Wenig später: »Die Männer klagen über den Krieg« oder (über den Hauptmann Langrock, Stadlers häufigsten, ihm menschlich verbundenen Gesprächspartner): »Er sieht das Schreckliche, die Tragik dieses Krieges.« Noch deutlicher fast die auf andere Weise exemplarische Notiz: »Ein Jäger bringt die ›frohe‹ Botschaft, daß in einem Grenzgefecht 57 Franzosen gefallen seien.« Zeugnisse eines speziellen »style indirect libre«, wie er konstitutiv für dieses Tagebuch ist: Stadler will Chronist, nicht Kommentator sein, und penibel hält er, von wenigen Ausnahmen abgesehen, diese Rolle durch: er berichtet, läßt Bilder sprechen, urteilen läßt er die andern – an seiner Stelle.

Fast sieht es so aus, als ob sich Stadler in einem Sprechen üben wollte, wie es dem Oppositionellen in jener Zeit einzig gestattet war, Sprechen durch Bilder, Anspielungen, Zitate, Brecht sagt dafür: Sklavensprache. Franz Pfemfert, Herausgeber der zeit- und gesellschaftskritischen Wochenschrift »Die Aktion«, praktizierte seit Kriegsausbruch eine solche Sprache, indem er statt kämpferischer Leitartikel unter dem Titel »Ich schneide die Zeit aus« in jeder Nummer seiner Zeitschrift eine Blütenlese von Pressezitaten veröffentlichte, die durch sich selbst sprach.[3] An der Loyalität des Leutnants Stadler ist nicht zu zweifeln, aber die Umstände hätten es sehr wohl fügen können (immerhin gab es Bemühungen, den Waffendienst mit einer Dolmetschertätigkeit zu vertauschen), daß sich der Dichter, der vor dem Krieg mehrfach für die »Aktion« gearbeitet hatte, in jenen Kreis der Kriegsgegner eingereiht hätte, den Pfemfert um sich sammelte. Ebensowenig erscheint es abwegig, sich ihn, nach dem »Stürmer«, erneut an der Seite des alten Freundes und Weggenossen Schickele vorzustellen, der seit 1915 im Schweizer Exil die »Weißen Blätter« zu einem Forum deutscher und

---

[2] E. Jünger, »Werke«. Bd. 1. Stuttgart o. J. S. 11.
[3] Vgl. E. Kolinsky, »Engagierter Expressionismus. Politik und Literatur zwischen Weltkrieg und Weimarer Republik. Eine Analyse expressionistischer Zeitschriften«. Stuttgart 1970. S. 10. – »Die Aktion. Herausgegeben von Franz Pfemfert«. Mit Einführung und Kommentar von P. Raabe. Nachdruck der Wissenschaftlichen Buchgesellschaft. Darmstadt 1961. S. 15f.

französischer Pazifisten machte. Es kam anders: Indem er selbst Opfer wurde, wurde sein Name zur Mahnung gegen das sinnlose Töten. »Dem Gedächtnis der getöteten Dichter« widmete Pfemfert seine letzte lyrische Anthologie vom September 1915 – der erste der genannten Dichter war Ernst Stadler.

Seit den »Stürmer«-Zeiten hatte sich Stadler zur Mittlerrolle des Elsaß bekannt, das ihm mehr und mehr zum »Symbol einer dereinstigen schönen Vereinigung und Versöhnung Frankreichs und Deutschlands, ja eine Brücke zur Versöhnung Europas«[4] wurde, und so verstandenes »geistiges Elsässertum« war der Leitgedanke des großen, ein Jahr vor Kriegsausbruch veröffentlichten Essays über René Schickele, der sich streckenweise wie ein Selbstporträt liest. Ein Mann, der sich französischem Geist und deutschem Geist in gleicher Weise verbunden fühlte und in einer Zeit des hemmungslosen Nationalismus für Vermittlung und Versöhnung eintrat, der konnte diesen Krieg nicht wollen. Die tiefe Irritation, die gerade der Krieg gegen Frankreich in ihm hervorrufen mußte, kommt wohl nirgendwo im Tagebuch bewegender zum Ausdruck als an der Stelle, wo die Batterie, unmittelbar vor ihrem ersten Einsatz, die französische Grenze überschreitet, einer der wenigen Stellen, wo der Verfasser die Rolle des Chronisten verläßt und sich persönlich bekennt. Während in der Ferne die Geschütze donnern und die Soldaten vorne die »Wacht am Rhein« anstimmen, grüßt der deutsche Artillerieleutnant Stadler Frankreich »beinahe mit solcher Erschütterung wie damals, als ich vor 7 Jahren zum 1. Mal Paris sah. Ich denke kaum mehr, daß Krieg ist. Ich grüße Dich, süße Erde von Frankreich«.

So sehr Stadler den Krieg verabscheute – man weiß das auch von persönlichen Zeugen –, so wenig wollte er der Wirklichkeit des Krieges ausweichen, mit der er als Soldat so unmittelbar konfrontiert wurde. Wo alle Ordnungen wankten, wo sich menschliches Schicksal unter der totalen Bedrohung in einer anderen existentiellen Dimension vollzog, war der einzelne zur Bewährung aufgerufen: Ließ er sich fortreißen oder stellte er sich? Im Gedicht »Der Aufbruch« stand der Ritt in die Schlacht für den Aufbruch zu neuen Ufern, Aufbruch von Menschen, die sich, auch im Angesicht des Todes, »an Welt und Sonne satt und glühend trinken« wollten. Die schwärmerische Metapher wurde zur harten Realität, doch die große Zuwendung zum Leben in seinen Höhen und Tiefen, Zuwendung zum Menschen, wie sie Stadlers dichterischen Weg von den schönheitstrunkenen »Praeludien« zur existentiellen Botschaft des »Aufbruch« bezeichnet, sie bleibt. Das Schöne wird nicht preisgegeben: Immer wieder leuchtet es auf in den Notizen des Tagebuchs, aus einer Herbstlandschaft, einer Vollmondnacht, einer besonderen Architektur, auch inmitten der

---

[4] E. Naumann. »Ernst Stadler. Worte zu seinem Gedächtnis«. Berlin-Wilmersdorf 1920. S. 15.

Apparat: Kriegstagebuch

Zerstörung. Doch wo der Chronist aus der Reserve tritt und genauer wird, ist sein Thema die »condition humaine«. Der erste Verwundete und der erste Tote werden genau registriert, immer wieder Schicksale von Betroffenen, deren Existenz durch den Krieg erschüttert ist, dann die Bilder des Grauens: ein Kopfverletzter mit bloßliegendem Gehirn, tote Franzosen und Deutsche, die Köpfe mit Tüchern verhüllt, aufgereiht im Chausseegraben, gegen Ende der Aufzeichnungen schließlich, in eigenartiger Häufung, die Geschicke von Verstörten, die den Tod suchen oder blindlings in den Tod rennen.

Der dies alles der Aufzeichnung für wert hielt, der war entschlossen, sich dem Anruf der Wirklichkeit zu stellen, zur Einkehr und Wandlung bereit, auf der Suche nach neuer menschlicher und dichterischer Erfüllung. Wie wäre sonst die ihn nicht loslassende Unruhe zu erklären, in die ihn der Angelus-Silesius-Spruch versetzt:

Mensch, geh nur in dich selbst, denn nach dem Stein der Weisen
Darf man nicht allererst in fremde Lande reisen.

Geschrieben von Fanny, der Freundin, in ein Büchlein, das ihm »wie ein Amulett« ist, Pendant zu jenem anderen Silesius-Spruch aus dem Aufbruch: »Mensch werde wesentlich!«

Überlieferung:
H: Ms. Stadlers. Privatbesitz. Notizbuch in Oktavformat (15 × 9 cm) mit grauem abgegriffenem Leineneinband, auf dem Vorderdeckel oben rechts aufgedruckt: Notes; *auf der Innenseite des Rückendeckels Papiertasche eingeklebt. 75 Bll. kariertes Papier; in der 2. Hälfte des Buches, nach den kontinuierlichen Tagebuchaufzeichnungen, Spuren von herausgerissenen Bll., Bl. 48 aus der Heftung gelöst. Sämtliche Eintragungen Stadlers sind in lateinischer Schrift, meistens mit Blei, teilweise mit Kopierstift, einmal mit Tinte geschrieben.*
Bl. 1ᵛ (= Deckblatt): Eintrag Stadlers, mit Blei: Stadler *(unterstrichen)* / Leutnant d. Res / Feld Art 80/2 / Adresse: Gebweiler / Ober Elsaß / bei Kreisdirektor Stadler.
Bl. 2ʳ: Über der ersten Eintragung, von Stadlers Hand, mit Blei: Kriegstagebuch *(zweimal unterstrichen).*
Bl. 2ʳ–55ʳ: Tagebuchaufzeichnungen (Bl. 38ᵛ und 39ʳ leer, wohl versehentlich von Stadler überschlagen). Engzeilige Niederschrift; wenige, punktuelle Textänderungen.
Bl. 55ᵛ–75ʳ: wechselnd Notizen Stadlers und Einträge von fremder Hand.
Bl. 55ᵛ–56ᵛ: Einträge von fremden Händen, in deutscher Schrift, mit Kopierstift und Blei, Kleidungsstücke und Proviant betreffend.

Apparat: Kriegstagebuch

Bl. 57ʳ–57ᵛ: Eintrag von fremder Hand, in deutscher Schrift, mit Blei: bibliographische Kurznotizen. Der Eintrag muß, wie aus einigen Angaben zu schließen ist, nach Stadlers Tod erfolgt sein (z. B. »Curtius Wegbereiter« = E. R. Curtius, »Die literarischen Wegbereiter des neuen Frankreich«. 1. Aufl. Bonn 1918. – »Mann Gedanken e. Unpolitischen« = Th. Mann, »Betrachtungen eines Unpolitischen«. 1. Aufl. Berlin 1918).
Bl. 58ʳ–61ᵛ: leer.
Bl. 62ʳ: Eintrag von fremder Hand, in deutscher Schrift, mit Blei, inhaltlicher Bezug unklar.
Bl. 62ᵛ: leer.
Bl. 63ʳ: Notizen Stadlers, Ausrüstungsstücke und Postsendungen betreffend.
Bl. 63ᵛ–64ᵛ: leer.
Bl. 65ʳ: Bibliographische Notiz Stadlers: Aus großer Zeit / Eine Auswahl der Kriegslyrik d. Jahres 1914. / Mannheim. Max Ha⟨hn⟩ u. Co / 1 Mk.
Bl. 65ᵛ: leer.
Bl. 66ʳ: Eintrag eines Wochenkalenders, von Stadlers Hand, beginnend mit der Woche vom 28. September bis 4. Oktober 1914 und endend mit der Woche vom 25. bis 31. Januar 1915. Am Schluß jeder Wochenspalte ist mit einer Ziffer gekennzeichnet, um die wievielte Woche des Krieges es sich handelt (9–26). Die ersten drei Wochenspalten der Übersicht, umfassend die Zeit vom 28. September bis 18. Oktober 1914, sind durchstrichen.
Bl. 66ᵛ–67ᵛ: Notizen Stadlers über Munition, Geschützbedienungen und Bespannung.
Bl. 68ʳ: Notiz Stadlers zu zwei geplanten Universitätsveranstaltungen:

[Sommer Semester]
1) Stilformen des neuen deutschen Dramas (Von Hauptmann bis zur Gegenwart) 1 stündig
   a) Naturalist. | Hauptmann. Schlaf.
   b) Symbol. | Hofmannsthal.
     romant. Drama | Eulenberg
     Groteske | Wedekind
     Komoedie | Ruederer. Sternheim
2) Gesch. der els. Literatur von den Anfängen bis zur Gegenwart.
   3 stündig

Bl. 68ᵛ: Notizen Stadlers über verschiedene Anweisungen bzw. Maßnahmen in einer Kampfpause.
Bl. 69ʳ: Eintragung einzelner Zahlen, von Stadlers Hand. Bezug unklar.
Bl. 69ᵛ–71ᵛ: Einträge Stadlers von artilleristischen Berechnungen, Notiz einer Adresse.
Bl. 72ʳ: Notizen Stadlers über Geldüberweisungen an seinen Bruder Herbert Stadler und an seine Mutter.

Apparat: Kriegstagebuch

Bl. 72ᵛ–73ʳ: *Notizen Stadlers über Geschütze, Geschützbedienungen und Zugpferde.*
Bl. 73ᵛ–74ʳ: *Einträge Stadlers von artilleristischen Berechnungen.*
Bl. 74ᵛ: *Einträge von fremden Händen. Notiz von Meldungen.*
Bl. 75ʳ: *Einträge Stadlers von Adressen.*

Zur Textkonstitution:
Das Kriegstagebuch Ernst Stadlers wird hier zum ersten Mal veröffentlicht. Der Text wird ungekürzt und unverändert wiedergegeben. Die zahlreichen Abkürzungen wurden beibehalten. In den Druck übernommen worden sind auch die Eigenheiten der Rechtschreibung und der Zeichensetzung, um den authentischen Charakter der Tagebuchaufzeichnungen so weit wie möglich zu wahren. Lediglich die Umlautschreibung (z. B. waehrend für während) und die Schreibung von ss für ß sind hier wie in allen anderen Teilen der Ausgabe im Sinne heutiger Orthographie normiert worden. Hin und wieder vergessene Punkte am Ende von Sätzen wurden stillschweigend ergänzt, ebenso die fehlenden oder bei der stark verwischten Bleistiftschrift und dem vergilbten Papier heute nicht mehr erkennbaren Punkte nach Abkürzungen im Text oder in den Datierungsangaben. Versehentlich unvollständig gesetzte Anführungszeichen wurden ohne Nachweis ergänzt. Dasselbe gilt für alle eindeutigen Schreibversehen.
Der Text des Autors ist in Geradschrift gedruckt, während vom Herausgeber ergänzte einzelne Wörter oder Buchstaben stets in Kursivdruck erscheinen. Wo innerhalb des Textes Erläuterungszusätze des Herausgebers erforderlich waren, sind diese in kleinerer Kursivschrift in Rundklammern gesetzt worden. Unsichere Lesungen von Wörtern oder Buchstaben sind durch Winkelklammern ⟨ ⟩ gekennzeichnet. Die Schreibung der Ortsnamen ist anhand von Wanderkarten oder von Generalstabskarten der in Betracht kommenden Frontabschnitte durchgängig überprüft worden.

Korrigierte Ortsnamen:
S. 535, 537: Bassemberg] Bassenberg *H* – S. 538: Spitzemberg] Spitzenberg *H* – S. 545: Weiher] Weiler *H* – S. 550: Breuschtal] Bräuschtal *H* – S. 551: Barembach] Barenbach *H* – S. 556: Corbeny] Corbegny *H* – S. 556: Craonelle] Craonette *H*

Erläuterungen:
Von den zahlreichen im Kriegstagebuch erwähnten Personen konnten genauere Angaben und Hinweise auf die Beziehungen zu Stadler meist nur dort geboten werden, wo es sich um Angehörige der Familie, des Freundes- oder Bekanntenkreises handelt. Die Anmerkungen zu den Personen knüpfen jeweils an die erste Stelle der Erwähnung an. Bei wiederholt im Kriegstagebuch genannten Namen können die weiteren Erwähnungen über das Register der Ausgabe ermittelt werden.

Apparat: Kriegstagebuch

529 Mama] *Regine Catherine Stadler, geb. Abrell (1854–1920).*
529 Herbert] *Stadlers älterer Bruder Herbert Stadler (1880–1943), seit 1913 Kreisdirektor in Gebweiler (Oberelsaß).*
529 Hauptmann Langrock] *Vorname und Daten nicht ermittelt. Stadler führte mehrfach Gespräche mit Hauptmann Langrock, siehe u.a. die Erwähnung am 3. August (S. 531). (Vgl. auch die Erläuterungen zu Brief 68.)*
542 Fanny] *Nachname und Lebensdaten der von Stadler mehrfach erwähnten Freundin sind bisher nicht ermittelt. Die einzigen vorhandenen Informationen beruhen auf einer brieflichen Mitteilung Anna Schickeles an H. Hestermann von 1965:* Ich kannte die Freundin von Ernst Stadler in jungen Jahren um 1912 in Strasbourg. Fanny war eine sehr liebe und reizende Frau. Sie hatte eine tiefe, schwärmerische Liebe zu Ernst Stadler. (...) Ich weiß nicht, ob sie Stadler noch sah, ob sie später geschieden war und ob sie noch lebt. Ihr ganzer Reichtum war wohl die Liebe zu Ernst Stadler, und ich freue mich, daß sie noch bis zu seinem Tode verbunden waren.
Auf dem letzten Blatt seines Kriegstagebuches (Bl. 75ʳ) hatte Stadler notiert: Fanny / bei Frau v. Spiess / Nürnberg / Fichtestr. 14^{II}
542 Wetterlé] *Emile Wetterlé (1861–1931). Elsässer. Französischer Priester. Vertrat politisch und journalistisch die Interessen Frankreichs im Elsaß. Abbé Wetterlé war Mitglied des Reichstags und des Landtags für Elsaß-Lothringen, Zeitungsredakteur (»Journal de Colmar«) und gründete den »Nouvelliste d'Alsace-Lorraine«.*
542 Preiss] *Jacques Preiss (geb. 1859 in Reichenweier, gest. 1916 in München), Rechtsanwalt in Colmar, von 1893 bis 1912 Abgeordneter im Deutschen Reichstag. Sozialdemokrat.*
543 René] *René Schickele (1883–1940). Mit Stadler seit 1902 eng befreundet. Vgl. die Erläuterungen zu Stadlers Essay über Schickele, S. 690.*
543 Rauscher] *Ulrich Rauscher (1884–1930) gehörte zum Straßburger Freundeskreis Stadlers. Vgl. die Erläuterungen zu Brief 48. Rauscher veröffentlichte in der »Frankfurter Zeitung« am 10.11.1914 einen Nachruf auf Stadler (»Nachruf auf einen Gefallenen«).*
544 Schon auf d. Weg] *Der auf S. 542 unten wiedergegebene Satz* Schon auf d. Weg sind Pferdekadaver, aufgedunsen, mit vorgestreckten Hinterbeinen. *steht in H am linken Seitenrand quer zu der Textpartie von* Wir stehen den ganzen Tag an der gleichen Stelle *bis* Verbogene Dachsparren ragen heraus. *Hiernach Seitenschluß. Aus inhaltlichen Gründen wurde der Satz an dieser Stelle eingeordnet.*
546 Forster] *Stadlers Straßburger Freund Dr. jur. Dirk Forster (geb. 1884). Seine Begegnungen mit Stadler erwähnt Forster in seinen Erinnerungen. Dort berichtet er auch über die Prophezeihung einer Wahrsagerin, nach der Stadler eines gewaltsamen Todes sterben werde. Vgl. Dirk Forster, »Erinnerungen an Ernst Stadler«. In: Literaturwissenschaftliches Jahrbuch, Neue Folge, Jg. 8 (1967), S. 311–319.*

Apparat: Kriegstagebuch

550 Die Flucht nach Amerika von Ossip Schubin] *Das Buch von Ossip Schubin (Aloisia Kirschner, 1854–1934) erschien 1914.*
551 Prof. v. Waltershausen] *Sartorius von Waltershausen (geb. 1852 in Göttingen). Universitätsprofessor. In Straßburg von 1888 bis 1919.*
552 Professor Hamelius] *Paul Hamélius (1868–1922). Belgischer Anglist, der seit 1904 an der Université de Liège lehrte und aufgrund seiner Kenntnis der europäischen Literaturen – ähnlich wie Stadler – eine komparatistische Forschungsrichtung vertrat.*
554 Sambre et Meuse] *Französischer Militärmarsch.*
555 Benkwitz] *Dr. med. Fritz Emil Benkwitz (geb. 1877 in Thann im Ober Elsaß). Vgl. Brief 67.*
555 R. Wissmann] *Dr. med. Reinhold Wissmann (1884–1941). Bruder von Dr. Erwin Wissmann (1882–1934), mit dem Stadler seit der gemeinsamen Studienzeit in Straßburg befreundet war. Vgl. Brief 65. Auf dem letzten Blatt seines Kriegstagebuches (Bl. 75') hatte Stadler notiert:* Wissmann. Diedenhofen.
558: Sternheim] *Carl Sternheim (1878–1942). Der expressionistische Dramatiker und Erzähler war seit 1913 mit Stadler bekannt. Sternheim schrieb einen Nachruf auf Stadler, der am 11. 11. 1914 in der »Vossischen Zeitung« (Nr. 575) erschien und widmete sein Schauspiel »1913« dem Andenken Ernst Stadlers. Auf dem letzten Blatt seines Kriegstagebuches (Bl. 75') hatte Stadler notiert:* Sternheim. Harzburg. Hotel Kaiserhof
562 Frau Sternheim] *Thea Sternheim, geb. Bauer (1883–1971). Vgl. Brief 64 und die Erläuterungen dazu.*
563 Cousine Bette u. Eugénie Grandet.] *Romane von Honoré de Balzac (1799–1850) aus dem Romanzyklus »La Comédie humaine«.*
564 Illusions Perdues] *Romanfolge in drei Teilen von Honoré de Balzac. Zum Zyklus der »Comédie humaine« gehörend.*
567 Mensch, geh nur in dich selbt ...] *Der zitierte Spruch entstammt dem »Cherubinischen Wandersmann« des Angelus Silesius (Pseudonym für Johann Scheffler, 1624–1677). Es handelt sich um Spruch Nr. 118 (Drittes Buch). »Cherubinischer Wandersmann«. Hg. von Georg Ellinger. Halle 1895. S. 76. Vgl. hierzu auch Stadlers Gedicht* Der Spruch.
567: Kleider machen Leute von Keller] *In welchem Zusammenhang Stadler hier den Titel dieser Novelle aus Kellers »Die Leute von Seldwyla« notiert, ist unklar.*
569 Sternheims Kassette] *Sternheims 1912 im Insel Verlag erschienene Komödie »Die Kassette«, die zu den Stücken »Aus dem bürgerlichen Heldenleben« gehört. Vgl. auch Stadlers Rezension S. 349–352.*

BIOGRAPHISCHE ZEITTAFEL

1883

11. August: Ernst Maria Richard Stadler als zweiter Sohn des kaiserlichen Staatsanwaltes Adolf Xaver Stadler (katholisch) und seiner Ehefrau Regine Catherine, geb. Abrell (evangelisch), in Colmar geboren.
Adolf Stadler (7. 4. 1843 – 27. 11. 1910) stammte aus Sonthofen, Regine Stadler (5. 8. 1854 – 1920) aus Kempten im Allgäu.
Ernst Stadlers älterer Bruder, Herbert Stadler (30. 4. 1880 – 17. 2. 1943), Dr. jur., 1909 Regierungsassessor, war seit 1913 Kreisdirektor in Gebweiler (Oberelsaß). Zuletzt Oberbürgermeister in Kassel.

1886

9. Januar: Übersiedlung der Familie nach Straßburg, wo der Vater in der Folgezeit als Ministerialrat das Amt des Kurators der Kaiser-Wilhelms-Universität Straßburg übernimmt, das er bis zu seinem Tode innehat.

1892

Einschulung in das protestantische Gymnasium der Stadt Straßburg.

1901

Erste Gedichtveröffentlichungen in den Zeitschriften »Der Spielmann«, »Stimmen der Gegenwart« und »Deutsche Dichtung«.
Dezember: Stadler schließt sich einer Gruppe junger Literaten an, die unter der Führung René Schickeles eine künstlerische Renaissance im Elsaß herbeiführen will (Stürmer-Kreis). Der Gruppe gehören ferner an: Otto Flake, Hans Koch, Hermann Wendel, Salomon Grumbach, Bernd Isemann, René Prévôt, Otto Dressler, Hans Arp.

1902

Ostern: Stadler legt das Abiturientenexamen ab und immatrikuliert sich anschließend an der Universität Straßburg. Hauptstudienfach: Deutsche Sprache und Literatur. Nebenfächer: Romanische Philologie und Vergleichende Sprachwissenschaft.
1. Juli: Die von René Schickele redigierte Halbmonatsschrift »Der Stürmer« beginnt zu erscheinen, in der Stadler dann Gedichte, Rezensionen und Artikel publiziert. Aus dem Zusammenwirken an der Zeitschrift ergeben sich enge freundschaftliche Beziehungen besonders zu René Schickele, Otto Flake und Hans Koch.
November: »Der Stürmer« muß sein Erscheinen einstellen.
Ab Herbst 1902 bis 1903: Ableistung der Militärdienstpflicht beim Feldartillerieregiment 51 in Straßburg.

Biographische Zeittafel

1903
April/Mai: Versuch René Schickeles und Otto Flakes, mit der Herausgabe der Zeitschrift »Der Merker« dem Stürmer-Kreis ein neues Publikationsorgan zu schaffen. In den zwischen 15. April und 1. Mai erschienenen drei Heften veröffentlicht Stadler Gedichte unter dem Pseudonym Hanns Horst.

1904
26. April bis 25. Juli: Studium der Philosophie (Germanistik) in München. Danach Rückkehr nach Straßburg.

Dezember: Im Straßburger Verlag von Josef Singer erscheint Stadlers Gedichtband »Praeludien« (mit der Jahreszahl 1905).

1906
Teilnahme an einer Übung des 2. Oberelsässischen Feldartillerieregiments 51 als Vizewachtmeister der Reserve.

Sommer: Promotion (Prädikat: magna cum laude) bei Ernst Martin in Straßburg mit einer Dissertation »Über das Verhältnis der Handschriften D und G von Wolframs Parzival«. Gedruckt 1906 in Straßburg. Die Arbeit erhält das Prädikat: diligentia et subtilitate insignis.

Oktober: Fortsetzung der wissenschaftlichen Ausbildung als Stipendiat der Cecil Rhodes-Stiftung in Oxford (Magdalen College). Der Studienaufenthalt in Oxford dauert bis Sommer 1908.

1907
Stadler wird zum Leutnant der Reserve ernannt.

Erster Aufenthalt in Paris (genaueres Datum nicht bekannt).

1908
Sommer: Rückkehr von Oxford nach Straßburg.

Juli: Stadler reicht seine während des Oxford-Aufenthaltes entstandene Habilitationsschrift »Wielands Shakespeare« ein.

Herbst: Habilitation für das Fachgebiet Deutsche Philologie und Deutsche Literatur durch die Philosophische Fakultät der Universität Straßburg. Seine Antrittsvorlesung hält Stadler über das Thema: Die Aufgaben der Vergleichenden Literaturgeschichtsschreibung.

Winter-Semester 1908/1909: Stadler beginnt seine Lehrtätigkeit als Privatdozent an der Universität Straßburg mit Übungen zur mittelhochdeutschen Grammatik.

1909
Stadler übernimmt die Herausgabe von Wielands Shakespeare-Übersetzungen im Rahmen der von der Deutschen Kommission der Königlich

Preußischen Akademie der Wissenschaften herausgegebenen Edition von »Wielands gesammelten Schriften« (Abt. 2, Bd. 1–3). Bd. 1 und 2 erscheinen 1909, Bd. 3 (mit Nachwort und Erläuterungen Stadlers) folgt 1911.
19. April bis 14. August: Im Sommersemester Unterrichtsveranstaltungen Stadlers an der Universität Straßburg: Geschichte des deutschen Dramas bis Lessing; Mittelhochdeutsche Übung für Anfänger.
August: Ferienaufenthalt in Tirol.
17. September bis 17. Oktober: Stadlers schottischer Freund Allan Grant Ogilvie in Straßburg zu Besuch.
6. Oktober: Stadler hält im Straßburger Herderbund einen Vortrag über Henrik Ibsen.
22. Oktober: Vortrag über Kleists »Penthesilea« im Straßburger »Verein zur Pflege der Kunst« als Einführung zu einer Rezitationsveranstaltung.
24. Oktober: Beginn der Mitarbeit an der »Straßburger Neuen Zeitung«, in der Stadler in den folgenden Jahren zahlreiche Beiträge (Gedichte, Artikel, Aufsätze und Rezensionen) publiziert.
Oktober 1909 bis März 1910: Im Wintersemester Unterrichtsveranstaltungen Stadlers an der Universität Straßburg: Geschichte der deutschen Literatur im 19. Jahrhundert; Goethes »Götz von Berlichingen«.

1910

Stadlers Habilitationsschrift »Wielands Shakespeare« erscheint gedruckt im Verlag Karl J. Trübner in Straßburg (Quellen und Forschungen zur Sprach- und Culturgeschichte der germanischen Völker. H. 107).
24. April: Abreise von Straßburg nach Oxford. Stadler ist für das Sommersemester nach Oxford beurlaubt worden, um seine englische Examensarbeit »The History of Literary Criticism of Shakespeare in Germany« vorzubereiten.
20. Mai: Stadler nimmt in London zusammen mit Allan G. Ogilvie an den Trauerfeierlichkeiten anläßlich der Beisetzung von König Edward VII. teil.
Juni: Während seines Aufenthaltes in Oxford erhält Stadler einen Ruf an die Université libre in Brüssel.
2. Juli: Stadler wird ernannt zum Chargé de Cours (Dozent mit Lehrauftrag) à la Faculté de Philosophie et Lettres (Section de philologie germanique) der Université libre in Brüssel.
Juli: Aufenthalt in London.
August: Ferien mit den Eltern auf der Isle of Wight und in St. Leonhards-Hastings.
September: Rückkehr aus England über Paris nach Straßburg.

Biographische Zeittafel

1. Oktober: Beginn der Lehrtätigkeit in Brüssel.
27. November: Tod des Vaters.

1911

Mitte April: Ende des Semesters in Brüssel. Kurze Ferien in Straßburg.
Mai: Im Verlag B. Schwabe in Basel erscheint, von Stadler neu herausgegeben, »Der Arme Heinrich Herrn Hartmanns von Aue und zwei jüngere Prosalegenden verwandten Inhalts. Mit Anmerkungen und Abhandlungen von Wilhelm Wackernagel«.
Oktober: Erste Gedichtveröffentlichungen in der expressionistischen Zeitschrift »Die Aktion«, die in den folgenden Jahren zahlreiche Beiträge Stadlers (Gedichte, Aufsätze, Rezensionen) druckt.
3. Dezember: Nach wiederholten Terminverlängerungen legt Stadler seine Arbeit »The History of Literary Criticism of Shakespeare in Germany« in Oxford vor.
Mitte Dezember: Abreise von Brüssel nach Straßburg.

1912

Januar: Die erste Nummer der von Pierre Bucher begründeten zweisprachigen Zeitschrift »Cahiers Alsaciens« (»Elsässer Hefte«) erscheint, in der Stadler von jetzt an häufig deutschsprachige Literatur rezensiert.
22. bis 25. März: Stadler in Oxford, wo er am 23. März die mündliche Prüfung (viva) für den B.Litt. (Baccalaureus Litterarum) ablegt.
April: Aufenthalt Stadlers in Florenz.
8. Mai: In der Zeitschrift »Die Aktion« erscheint Stadlers Übersetzung aus Charles Péguys Schrift »Notre jeunesse« unter dem Titel »Republikanisches Heldentum«.
24. bis 28. Mai: Stadler in Oxford. Dort wird ihm am 25. Mai der Grad des B.Litt. verliehen.
29. Juni: Ernennung zum »professeur extraordinaire« an der Université libre in Brüssel.

1913

Frühjahr: Im Verlag Josef Singer (Straßburg und Leipzig) erscheint: »Das Balzac-Buch. Erzählungen und Novellen. Aus dem Französischen des Honoré de Balzac. Übersetzt und eingeleitet von Ernst Stadler«.
8. April: Der Leipziger Verleger Kurt Wolff macht Stadler den Vorschlag, eine kleinere Auswahl von Gedichten Francis Jammes' zu übersetzen und im Kurt Wolff Verlag zu veröffentlichen.
17. April: Grundsätzliche Zusage Stadlers an Kurt Wolff und Ankündigung eines druckfertigen Manuskriptes der Übersetzungen für Mitte Juni.
Mitte Mai: Professor Vander Smissen aus Toronto bei Stadler in Brüssel.

30. Mai bis 2. Juni: Stadler in Oxford. Er hält dort am 30. Mai vor der German Literary Society einen Vortrag über Maeterlinck. Dann Aufenthalt in London bis Mitte Juni.
8. Juni: Stadler besucht in London Professor J. G. Robertson.
10. Juni: Stadler trifft in London mit Sir Edmund Walker, dem Chairman of the Boards of Governors der Universität Toronto, zusammen.
23. Juni: Erste briefliche Kontakte des Präsidenten der Universität Toronto mit Stadler, dem die Übernahme einer vakanten Professur im Department of German angeboten wird.
24. Juni: Stadler schickt das Manuskript seiner Jammes-Übersetzungen an den Kurt Wolff Verlag und schlägt den Titel »Die Gebete der Demut« für diese Veröffentlichung vor.
25. Juli: Stadler teilt Kurt Wolff seine Absicht mit, auch Prosa von Francis Jammes zu übersetzen und in einem Auswahlband zu veröffentlichen. Wolff bekundet Interesse an der Übernahme der geplanten Prosa-Auswahl.
September: Stadler stimmt einer Berufung als »associate professor« nach Toronto zu, unter der Voraussetzung, nach zweijähriger Tätigkeit dort zum »full professor« ernannt zu werden.
Herbst: Aufenthalt in Berlin.
Ende Oktober: Stadler lernt Carl und Thea Sternheim in Brüssel kennen. In der Zeit von Oktober 1913 bis 28. Mai 1914 häufige Besuche Stadlers bei Sternheim in La Hulpe.
November: »Die Gebete der Demut« von Francis Jammes, übertragen von Ernst Stadler, erscheinen als Band 9 der Bücherei »Der jüngste Tag« im Kurt Wolff Verlag in Leipzig. Stadler arbeitet nun an einer mit Kurt Wolff vereinbarten umfangreicheren Übersetzung von Gedichten Jammes', für die er dem Verleger am 16. Dezember den Titel »Franziskanische Gedichte« vorschlägt.
19. Dezember 1913 bis 4. Januar 1914: Aufenthalt in Gebweiler.
Ende Dezember: Im Verlag der Weißen Bücher (Leipzig) erscheint Stadlers Gedichtsammlung »Der Aufbruch« (mit der Jahreszahl 1914).
30. Dezember: Carl Sternheim erhält eines der ersten Exemplare des Bandes »Der Aufbruch«.

1914

26. März: Der Board of Governors der Universität Toronto bestätigt Stadlers Berufung und seine Ernennung zum »associate professor« mit Wirkung vom 1. Juli 1914. Seine Tätigkeit in Toronto soll Ende September beginnen.
3. April: Stadler hält in Brüssel einen Vortrag über das Thema »La Jeunesse Allemande«. Danach Abreise nach Rom. Rückkehr nach Brüssel am 22. April.

Biographische Zeittafel

10. Mai: Der Kurt Wolff Verlag erhält von Stadler die letzten drei Gedichtübersetzungen für das jetzt insgesamt 29 Jammes-Übertragungen umfassende Manuskript der »Franziskanischen Gedichte«.
18. Mai: Wunsch des Verlegers Kurt Wolff, den Umfang der »Franziskanischen Gedichte« auf 35 Gedichtübertragungen zu erweitern. Die Veröffentlichung des Bandes kommt bis zum Kriegsbeginn nicht mehr zustande.
Ende Mai/Anfang Juni: Stadler gibt sein möbliertes Appartement in Uccle bei Brüssel (1139, Chaussee de Waterloo) auf. Er plant seine Abreise nach Toronto für den 3. oder 4. September 1914.
9. Juni bis Juli: Nach dem Abschluß der Unterrichtstätigkeit in Brüssel hält Stadler während des Sommersemesters an der Universität Straßburg noch zwei Vorlesungen: »Geschichte der elsässischen Literatur im Zeitalter der Reformation« und »Geschichte der deutschen Lyrik der neuesten Zeit«.
4. Juli: Der Rat der Université libre in Brüssel stimmt einer zweijährigen Beurlaubung Stadlers für die Wahrnehmung seiner Unterrichtstätigkeit an der Universität Toronto zu.
9. Juli: Anläßlich der Hauptversammlung der Gesellschaft für Elsässische Literatur hält Stadler in Straßburg den Festvortrag über »Die elsässische Dichtung des 16. Jahrhunderts in ihrer Bedeutung für die Geschichte der deutschen Literatur«.
Um den 20. Juli: Kürzerer Aufenthalt in Brüssel. Letzter Besuch Stadlers bei Carl und Thea Sternheim am 20. Juli.
31. Juli: Stadler erhält am Tage der Erklärung des »Zustands drohender Kriegsgefahr« als Reserveleutnant die Order, sich sofort bei seiner Truppe (Feldartillerieregiment 80) in Colmar zu melden.
2. August bis 8. September: Einsatz des Regiments im Verband der 7. Armee an verschiedenen Stellen der elsässischen Front.
9. September: Verlegung des Regiments über Straßburg, Trier, Lüttich nach Löwen.
12.–14. September: Einsatz im Gebiet von Löwen.
14. September: Verlegung des Regiments an die Marne-Front.
19. September bis 19. Oktober: Einsatz in der Gegend von Festieux und Reims.
13. Oktober: Verlegung mit seinem Regiment nach Flandern.
30. Oktober: Ernst Stadler fällt bei Zandvoorde südöstlich von Ypern.
12. Dezember: Nach der Überführung von Zandvoorde nach Straßburg wird Ernst Stadler auf dem Friedhof zu Ruprechtsau (Robertsau) im Familiengrab beigesetzt. Der Beisetzung geht eine Trauerfeier in der evangelischen Kirche zu Ruprechtsau voraus.

BIBLIOGRAPHIE

Grundlage der Bibliographie war diejenige in der Stadler-Ausgabe von 1954. Teil III »Literatur über Ernst Stadler« wurde erarbeitet von Uta Roesler-Isringhaus.

I. Bibliographien. 816
II. Werke Ernst Stadlers 817
    1. Lyrik
        a) Ausgaben in Buchform. 817
        b) Einzelveröffentlichungen 817
        c) Gedichte in Sammlungen 821
    2. Übersetzungen
        a) Ausgaben in Buchform. 821
        b) Einzelveröffentlichungen 822
    3. Aufsätze 823
    4. Rezensionen 824
    5. Wissenschaftliche Arbeiten 828
III. Literatur über Ernst Stadler
    1. Rezensionen 828
    2. Widmungen an Stadler 830
    3. Gedichte auf Stadler. 830
    4. Würdigungen (Nachrufe, Erinnerungen, Gedächtnisartikel) . . 831
    5. Untersuchungen und Interpretationen 836
    6. Beiträge in Abhandlungen
        a) Zur elsässischen Literatur 841
        b) Zum Expressionismus 842

I. Bibliographien

1 Ellermann, Heinrich: Georg Heym, Ernst Stadler, Georg Trakl. Drei Frühvollendete. Versuch einer geistesgeschichtlichen Bibliographie. Imprimatur. Bd. 5 (1934), S. 158–181; S. 167–171: Stadler-Bibliographie.
2 Bibliographie [der Werke Ernst Stadlers und der Literatur über ihn]. Zusammengestellt von Karl Ludwig Schneider und Paul Raabe. In: Ernst Stadler. Dichtungen. Gedichte und Übertragungen mit einer Auswahl der kleinen kritischen Schriften und Briefe. Eingeleitet, textkritisch durchgesehen und erläutert von Karl Ludwig Schneider. Bd. 2. Hamburg (1954). S. 367–403.

II. Werke Ernst Stadlers

1. Lyrik

a) Ausgaben in Buchform
3 Praeludien. Verlag Josef Singer. Straßburg 1905. 92 S.
4 Der Aufbruch. Gedichte. Verlag der Weißen Bücher. Leipzig 1914. 84 S.
5 Der Aufbruch. Gedichte. 2. Aufl. Kurt Wolff Verlag. München 1920. 84 S.

b) Einzelveröffentlichungen
Das folgende Verzeichnis erfaßt in chronologischer Anordnung die zu Lebzeiten Stadlers erschienenen Einzelveröffentlichungen von Gedichten. Sind die aufgeführten Drucke in einer der beiden Lyriksammlungen enthalten, so wird der betreffende Band in Klammern zugefügt.

1901

6 Mainachtzauber. – Der Spielmann. Jg. 1 (1901), H. 5 (Juni), S. 205.
7 Abendrot. – Deutsche Dichtung. Bd. 30 (1901), H. 6 (15. Juni), S. 146.
8 Mädchenwünsche. – Stimmen der Gegenwart. Rheinisch-westfälisches Sonderheft. Jg. 2 (1901), H. 7 (Juli), S. 208–209.

1902

9 Eine Nacht. – Die Gesellschaft. Jg. 18 (1902), Bd. 1, H. 10 (Mai), S. 236–239.
10 Traum. – Die Gesellschaft. Jg. 18 (1902), Bd. 1, H. 10 (Mai), S. 239–240.
11 Vorfrühling. – Das Reichsland. Jg. 1 (1902/3), Nr. 3 (Juni 1902), S. 142.
12 Mysterium der Nacht. – Das Reichsland. Jg. 1 (1902/3), Nr. 3 (Juni 1902), S. 142–144.
13 Johannisnacht. In: Johannisnacht. Verlag Josef Singer. Straßburg [Juni] 1902.
14 Baldur–Christus. [Teil des Zyklus »Baldur«, siehe Nr. 15.] In: Johannisnacht. Verlag Josef Singer. Straßburg [Juni] 1902.
15 Baldur. Bruchstücke einer Dichtung. – Der Stürmer. Jg. 1902, Nr. 4 (15. August), S. 57–62.
16 Dämmerung. – Der Stürmer. Jg. 1902, Nr. 8 (15. Oktober), S. 133.

1903

17 Ex aetheribus. – Der Merker. Jg. 1 (1903), H. 1 und 2 (15. April), S. 15.
18 Verloren. – Der Merker. Jg. 1 (1903), H. 1 und 2 (15. April), S. 15–16.

Bibliographie

1904

19 Freundinnen. Ein lyrisches Spiel. – Das Magazin für Litteratur. Jg. 73 (1904), Nr. 4 (Februar), S. 139–143. (Praeludien u. d. T.: Freundinnen. Ein Spiel)
20 An die Schönheit. – Das Magazin für Litteratur. Jg. 73 (1904), Nr. 9 (Mai), S. 261. Weitere Drucke siehe Nr. 22, 28 und 45. (Praeludien)
21 Semiramis. – Das Magazin für Litteratur. Jg. 73 (1904), Nr. 9 (Mai), S. 261. Weitere Drucke siehe Nr. 23 und 46. (Praeludien)
22 An die Schönheit. – Das neue Magazin. Jg. 73 (1904), Nr. 22 (November), S. 761. Weitere Drucke siehe Nr. 20, 28 und 45. (Praeludien)
23 Semiramis. – Das neue Magazin. Jg. 73 (1904), Nr. 22 (November), S. 761. Weitere Drucke siehe Nr. 21 und 46. (Praeludien)

1905

24 Erwachen. – In: Karl Gruber, Zeitgenössische Dichtung des Elsasses. Straßburg 1905. S. 225. (Praeludien)
25 Stille Stunde. – In: Karl Gruber, Zeitgenössische Dichtung des Elsasses. Straßburg 1905. S. 225–226. (Praeludien)
26 Sonnwendabend. – In: Karl Gruber, Zeitgenössische Dichtung des Elsasses. Straßburg 1905. S. 226. (Praeludien)
27 Herbstgang. – In: Karl Gruber, Zeitgenössische Dichtung des Elsasses. Straßburg 1905. S. 227. (Praeludien)
28 An die Schönheit. – In: Karl Gruber, Zeitgenössische Dichtung des Elsasses. Straßburg 1905. S. 228. Weitere Drucke siehe Nr. 20, 22 und 45. (Praeludien)

1910

29 An Ernst Martin. – Straßburger Akademische Mitteilungen. Jg. 1910, Nr. 2 (3. Mai), S. 11–12.
30 Der Schöpfer. – Literarische Rundschau der Straßburger Neuen Zeitung. 18. 9. 1910, Nr. 38.
31 Segnung. – Literarische Rundschau der Straßburger Neuen Zeitung. 16. 10. 1910, Nr. 42. (Aufbruch)
32 Frühlingsnacht. – Das literarische Elsaß. Der Erwinia 18. Jg. (1910/11), H. 2 (November 1910), S. 30.
33 Frühe Dämmerung. – Das literarische Elsaß. Der Erwinia 18. Jg. (1910/11), H. 2 (November 1910), S. 30.
34 Untergang. – Das literarische Elsaß. Der Erwinia 18. Jg. (1910/11), H. 2 (November 1910), S. 30–31.
35 Gang im Schnee. – Das literarische Elsaß. Der Erwinia 18. Jg. (1910/11), H. 2 (November 1910), S. 31.

1911

36 Dämmerung in der Stadt. – Das Neue Elsaß. Jg. 1 (1911), Nr. 4 (20. Januar), S. 57.
37 Sicherung. – Das Neue Elsaß. Jg. 1 (1911), Nr. 4 (20. Januar), S. 57.
38 Das Abenteuer. – Das Neue Elsaß. Jg. 1 (1911), Nr. 4 (20. Januar), S. 57–58.
39 Pans Trauer. – Das Neue Elsaß. Jg. 1 (1911), Nr. 10 (3. März), S. 153.
40 Evokation. – Das Neue Elsaß. Jg. 1 (1911), Nr. 10 (3. März), S. 153.
41 Der Flüchtling aus dem verschwundenen Garten. – Die Aktion. Jg. 1911, Nr. 34 (9. Oktober), Sp. 1069. (Aufbruch u. d. T.: Der Flüchtling)
42 Die Jünglinge und das Mädchen. – Die Aktion. Jg. 1911, Nr. 37 (30. Oktober), Sp. 1167–1168, (Aufbruch)
43 Der Freund des Künstlers. – Die Aktion. Jg. 1911, Nr. 39 (13. November), Sp. 1229. (Aufbruch u. d. T.: Anrede)
44 Lover's Seat. – Die Aktion. Jg. 1911, Nr. 42 (4. Dezember), Sp. 1325. (Aufbruch)
45 An die Schönheit. – Die Aktion. Jg. 1911, Nr. 44 (18. Dezember), Sp. 1389. Weitere Drucke siehe Nr. 20, 22 und 28. (Praeludien)

1912

46 Semiramis. – Die Aktion. Jg. 1912, Nr. 1 (1. Januar), Sp. 16. Weitere Drucke siehe Nr. 21 und 23. (Praeludien)
47 Fülle des Lebens. – Die Aktion. Jg. 1912, Nr. 3 (15. Januar), Sp. 75. (Aufbruch)
48 Reinigung. – Die Aktion. Jg. 1912, Nr. 4 (22. Januar), Sp. 103; abgedruckt auch: Literarische Rundschau. Beilage der Straßburger Neuen Zeitung. 23. April 1912, Nr. 112. (Aufbruch)
49 Fluß im Abend. – Die Aktion. Jg. 1912, Nr. 4 (22. Januar), Sp. 113; abgedruckt auch: Literarische Rundschau. Beilage der Straßburger Neuen Zeitung. 26. 8. 1912, Nr. 236. (U. d. T.: Fluß am Abend) (Aufbruch u. d. T.: Fluß im Abend)
50 Der Morgen der Dirne. – Die Aktion. Jg. 1912, Nr. 5 (29. Januar), Sp. 148. (Aufbruch u. d. T.: Der Morgen)
51 Betörung. – Die Aktion. Jg. 1912, Nr. 8 (19. Februar), Sp. 233. (Aufbruch)
52 Parzival vor der Gralsburg. – Die Aktion. Jg. 1912, Nr. 9 (26. Februar), Sp. 271; abgedruckt auch: Literarische Rundschau. Beilage der Straßburger Neuen Zeitung. 12. 3. 1912, Nr. 71. (Aufbruch)
53 Entrückung. – Die Aktion. Jg. 1912, Nr. 12 (18. März), Sp. 361. (Aufbruch u. d. T.: Fernen)
54 Trübe Stunde. – Die Aktion. Jg. 1912, Nr. 19 (8. Mai), Sp. 592. (Aufbruch)

55 Entsühnung. – Die Aktion. Jg. 1912, Nr. 19 (8. Mai), Sp. 593. (Aufbruch)
56 Der junge Mönch. – Die Aktion. Jg. 1912, Nr. 20 (15. Mai), Sp. 628. (Aufbruch)
57 Glück. – Die Aktion. Jg. 1912, Nr. 23 (5. Juni), Sp. 725. (Aufbruch)
58 Zwiegespräch. – Die Aktion. Jg. 1912, Nr. 24 (12. Juni), Sp. 754–755. (Aufbruch)
59 Ballhaus. – In: Ballhaus. Ein lyrisches Flugblatt. Berlin-Wilmersdorf: Alfred Richard Meyer Verlag [1912].

1913

60 Gegen Morgen I. – Die Aktion. Jg. 1913, Nr. 2 (8. Januar), Sp. 55. (Aufbruch u. d. T.: Gegen Morgen)
61 Gegen Morgen II. – Die Aktion. Jg. 1913, Nr. 2 (8. Januar), Sp. 55–56. (Aufbruch u. d. T.: Heimkehr)
62 Gegen Morgen III. – Die Aktion. Jg. 1913, Nr. 2 (8. Januar), Sp. 56. (Aufbruch u. d. T.: In der Frühe)
63 Gang in der Nacht. – Die Aktion. Jg. 1913, Nr. 2 (8. Januar), Sp. 57. (Aufbruch)
64 Bahnhöfe. – Die Aktion. Jg. 1913, Nr. 3 (15. Januar), Sp. 82–83. (Aufbruch)
65 Auferstehung. – Die Aktion. Jg. 1913, Nr. 10 (5. März), Sp. 302–303. (Aufbruch u. d. T.: Resurrectio)
66 Winteranfang. – Die Aktion. Jg. 1913, Nr. 10 (5. März), Sp. 304. (Aufbruch)
67 Sommer. – Die Aktion. Jg. 1913, Nr. 11 (12. März), Sp. 331. (Aufbruch)
68 Fahrt über die Kölner Rheinbrücke bei Nacht. – Die Aktion. Jg. 1913, Nr. 17 (23. April), Sp. 451. (Aufbruch)
69 Meer. – In: Der Mistral. Eine lyrische Anthologie. (Das IV. und V. Buch der Bücherei Maiandros. Eine Zeitschrift von 60 zu 60 Tagen. 1. Mai 1913), S. 58–59. (Aufbruch)
70 Ende. – Die Aktion. Jg. 1913, Nr. 27 (5. Juli), Sp. 662. (Aufbruch)
71 Die Dirne. – Die Aktion. Jg. 1913, Nr. 27 (5. Juli), Sp. 662–663.
72 Judenviertel in London. – Die Aktion. Jg. 1913, Nr. 28 (12. Juli), Sp. 676. (Aufbruch)
73 Worte. – Die Aktion. Jg. 1913, Nr. 34 (23. August), Sp. 812–813. (Aufbruch)

1914

74 Gratia divinae pietatis adesto Savinae/De petra dura perquam sum facta figura. – Literarische Rundschau. Beilage der Straßburger Neuen Zeitung. 19. 1. 1914, Nr. 19. (Aufbruch)

75 Botschaft. – Die Aktion. Jg. 1914, Nr. 6 (7. Februar), Sp. 128.
76 Leoncita. – Die Aktion. Jg. 1914, Nr. 9 (24. Februar), Sp. 193.
77 La Querida. – Die Aktion. Jg. 1914, Nr. 11 (14. März), Sp. 236–237.
78 Linda. – Die Aktion. Jg. 1914, Nr. 15 (11. April), Sp. 326–327.

c. Gedichte in Sammlungen
In dieser Abteilung sind nur Sammlungen genannt, die mehrere Gedichte Stadlers enthalten, vorzugsweise expressionistische Dichtungen berücksichtigen und in der Zeit des Expressionismus erschienen.
79 Vom jüngsten Tag. Ein Almanach neuer Dichtung. Leipzig 1916. S. 9–12 (2. Aufl. Leipzig 1917): 4 Gedichte.
80 Buch der Toten. Hg. von Wolf Przygode. München 1919. (Die Dichtung. Sonderdruck 1.) S. 66–73: 12 Gedichte.
81 Menschheitsdämmerung. Symphonie jüngster Dichtung. Hg. von Kurt Pinthus. Berlin 1920. S. 12, 16, 40, 97, 117, 127, 145, 149, 151, 271: 12 Gedichte.
82 Dichtung der Gegenwart. Hg. von Gertrud Fauth und Georg Wolff. 2. Aufl. Langensalza 1921. S. 210–223: 8 Gedichte.
83 Verkündigung. Anthologie junger Lyrik. Hg. von Rudolf Kayser. München 1921. S. 235–242: 7 Gedichte.

2. Übersetzungen

a) Ausgaben in Buchform
84 Das Balzac-Buch. Erzählungen und Novellen. Aus dem Französischen des Honoré de Balzac übers. und eingeleitet von Ernst Stadler. Verlag Josef Singer. Straßburg und Leipzig [1913]. 566 S.
85 Jammes, Francis: Die Gebete der Demut. Übertragen von Ernst Stadler. [1. Aufl.] Kurt Wolff Verlag. Leipzig 1913. 24 S. (Der jüngste Tag. 9).
86 Jammes, Francis: Die Gebete der Demut. Übertragen von Ernst Stadler. 2., vermehrte Aufl. Kurt Wolff Verlag. Leipzig 1917. 43 S. (Der jüngste Tag. 9).
87 Jammes, Francis: Die Gebete der Demut. Übertragen von Ernst Stadler. 3. Aufl. Kurt Wolff Verlag. München 1920. 43 S. (Der jüngste Tag. 9).
88 Péguy, Charles: Aufsätze. Übertragen von Gustav Schlein und Ernst Stadler. Verlag Die Aktion. Berlin-Wilmersdorf 1918. 91 S. (Aktionsbücher der Aeternisten. 6). Vgl. Nr. 96.
89 Jammes, Francis: Die Gebete der Demut. Übertragen von Ernst Stadler. [Sonderausgabe]. Kurt Wolff Verlag. München 1921. 41 S. (Stundenbücher. 4).

Bibliographie

b. Einzelveröffentlichungen

Aufgeführt sind die zu Lebzeiten Stadlers und die gleich nach seinem Tode veröffentlichten Übersetzungen. Sind die genannten Drucke in einer der Buchveröffentlichungen enthalten, so ist ein entsprechender Vermerk zugefügt.

90 Régnier, Henri de: Sonett. – Das Magazin für Litteratur. Jg. 73 (1904), Nr. 2 (Januar), S. 58. (Praeludien u. d. T.: Wanderung)

91 Régnier, Henri de: Leda. – Das Magazin für Litteratur. Jg. 73 (1904), Nr. 2 (Januar), S. 58.

92 Régnier, Henri de: Der gelbe Mond. – Das Magazin für Litteratur. Jg. 73 (1904), Nr. 2 (Januar), S. 59. (Praeludien)

93 Régnier, Henri de: Der Pavillon. – Das Magazin für Litteratur. Jg. 73 (1904), Nr. 2 (Januar), S. 59. (Praeludien)

94 Régnier, Henri de: Dämmerung. – Das Magazin für Litteratur. Jg. 73 (1904), Nr. 2 (Januar), S. 59.

95 Régnier, Henri de: Aus »Le sang de Marsyas«. – Das Magazin für Litteratur. Jg. 73 (1904), Nr. 2 (Januar), S. 60. (Praeludien u. d. T.: Marsyas)

96 Péguy, Charles: Republikanisches Heldentum. – Die Aktion. Jg. 1912, Nr. 19 (8. Mai), Sp. 581–583. Vgl. Nr. 88.

97 Jammes, Francis: Ich war in Hamburg. – Die Aktion. Jg. 1912, Nr. 44 (30. Oktober), Sp. 1392–1395. (Die Gebete der Demut. 1. Aufl. und folgende)

98 Jammes, Francis: Gebet, mit den Eseln ins Himmelreich einzugehn. – Neue Blätter. Jg. 1912, der zweiten Folge 5. und 6. H., S. 107–108. (Die Gebete der Demut. 1. Aufl. und folgende)

99 Jammes, Francis: Die Kirche, mit Blättern geschmückt. – Neue Blätter. Jg. 1912, der zweiten Folge 5. und 6. H., S. 109–110. (Die Gebete der Demut. 1. Aufl. und folgende)

100 Jammes, Francis: Die Taube. – Das Bunte Buch. Leipzig 1914. S. 34. (Die Gebete der Demut. 1. Aufl. und folgende)

101 Jammes, Francis: Amsterdam. – Das Bunte Buch. Leipzig 1914. S. 42–45. (Die Gebete der Demut. 1. Aufl. und folgende)

102 Jammes, Francis: Gebet, seinen Schmerz zu lieben. – Das Beiblatt der Bücherei Maiandros. Eine Zeitschrift von 60 zu 60 Tagen. 1. Februar 1914. S. 4. (Die Gebete der Demut. 2. vermehrte Aufl. und folgende)

103 Jammes, Francis: Franziskanische Gebete. – Die Weißen Blätter. Jg. 2 (1915), H. 5, S. 551–564. (9 der 14 Gedichte: Die Gebete der Demut. 2. vermehrte Aufl. und folgende)

3. Aufsätze

104 Gustav Renner. – Der Stürmer. Jg. 1902, Nr. 1 (1. Juli), S. 3–6.
105 Zum 24. Juni 1902 [Johannisfest]. Ein Nachklang. – Der Stürmer. Jg. 1902, Nr. 2 (15. Juli), S. 26–27.
106 Neuland. – Der Stürmer. Jg. 1902, Nr. 4 (15. August), S. 69–70.
107 Straßburger Dramatiker zu Beginn des 17. Jahrhunderts. – Literarische Rundschau der Straßburger Neuen Zeitung. 19. 9. 1909, Nr. 1.
108 Penthesilea. – Straßburger Neue Zeitung. 24. 10. 1909, Nr. 59.
109 Henrik Ibsen. – Literarische Rundschau der Straßburger Neuen Zeitung. 31. 10. 1909, Nr. 6; 7. 11. 1909, Nr. 7.
110 Paul Heyse. Zum 80. Geburtstag. – Straßburger Neue Zeitung. 16. 3. 1910, Nr. 125.
111 Roosevelt in Oxford. – Straßburger Neue Zeitung. 11. 6. 1910, Nr. 268.
112 Die Brüder Matthis. – Jahrbuch für Geschichte, Sprache und Literatur Elsaß-Lothringens. Jg. 26 (1910), S. 405–421.
113 Charles De Coster. – Das Neue Elsaß. Jg. 1 (1911), Nr. 14 (1. April), S. 215–218; abgedruckt auch: Die Aktion. Jg. 1911, Nr. 32 (25. September), Sp. 1003–1006; Nr. 33 (2. Oktober), Sp. 1037–1040.
114 Wenn man heimkommt. – Straßburger Neue Zeitung. 16. 4. 1911, Nr. 106.
115 Ein Wunsch. – Straßburger Neue Zeitung. 15. 5. 1911, Nr. 134.
116 Um den Alsabund: Antworten elsässischer Schriftsteller auf eine Rundfrage der Straßburger Neuen Zeitung. – Der Beitrag Stadlers: Literarische Rundschau. Beilage der Straßburger Neuen Zeitung. 1. 7. 1912, Nr. 180.
117 Deutsch-Französisches. [Teilfassung von Nr. 118.] In: Der Elsässische Garten. Ein Buch von unsres Landes Art und Kunst. Hg. von Friedrich Lienhard, Hans Pfitzner, Carl Spindler. Straßburg 1912. S. 248–250.
118 Die neue französische Lyrik. [Erweiterte Fassung von Nr. 117.] – Der lose Vogel. Jg. 1 (1912), Nr. 5, S. 166–171.
119 René Schickele. – Die Aktion. Jg. 1912, Nr. 49 (4. Dezember), Sp. 1550–1558; Nr. 50 (11. Dezember), Sp. 1587–1590; Nr. 51 (18. Dezember), Sp. 1613–1616.
120 René Schickele. [Erweiterte Fassung.] – Almanach pour les étudiants et pour la jeunesse d'Alsace-Lorraine. Straßburg 1913. S. 178–189.
121 Stimmungsbilder aus dem belgischen Generalstreik. – Straßburger Post. 22. 4. 1913, Nr. 446.
122 Nach dem belgischen Generalstreik. – Straßburger Post. 30. 4. 1913, Nr. 479.

Bibliographie

123 Romain Rolland. Jean-Christophe. – Die Weißen Blätter. Jg. 1 (1913), Nr. 2 (Oktober), S. 168–172.
124 Le Sage: Gil Blas von Santillana. Mit Benutzung der Übertragung von G. Fink neu bearbeitet und hg. von Ulrich Johannsen. Mit einer Einleitung von Ernst Stadler. Straßburg, Leipzig o. J. [1913]. S. 7–9.
125 Fritz Lienhard. – Almanach pour les étudiants et pour la jeunesse d'Alsace-Lorraine. Jg. 3. Straßburg 1914. S. 92–99.

4. Rezensionen

126 Abel, Hans Karl: Die Elsässische Tragödie. Ein Volksroman. Berlin 1911. – U. d. T.: Zwei elsässische Romane (II) zusammen mit Nr. 157 besprochen. Das Neue Elsaß. Jg. 1 (1911), Nr. 7 (10. Februar), S. 107–110.
127 Bab, Julius: Neue Wege zum Drama. Berlin 1911. – Cahiers Alsaciens. Jg. 1 (1912), Nr. 2 (März), S. 93–94.
128 Bartsch, Rudolf Hans: Das deutsche Leid. Ein Landschaftsroman. Leipzig 1912. – Cahiers Alsaciens. Jg. 1 (1912), Nr. 1 (Januar), S. 46–47.
129 Beradt, Martin: Go. Roman. Berlin 1909. – Cahiers Alsaciens. Jg. 1 (1912), Nr. 1 (Januar), S. 48.
130 Blei, Franz: Vermischte Schriften. 6 Bde. München 1911–12. – Cahiers Alsaciens. Jg. 2 (1913), Nr. 9 (Mai), S. 155–159.
131 Die Bücherei Maiandros. Eine Zeitschrift von 60 zu 60 Tagen. Hg. von H. Lautensack, A. R. Meyer, A. Ruest, H. 1–3, Oktober 1912–Februar 1913. – Cahiers Alsaciens. Jg. 2 (1913), Nr. 8 (März), S. 98–100.
132 Dauthendey, Max: Die geflügelte Erde. Ein Lied der Liebe und der Wunder um 7 Meere. München 1910. – Cahiers Alsaciens. Jg. 1 (1912), Nr. 3 (Mai), S. 146–147.
133 Dohm, Hedwig: Christa Ruland. Roman. Berlin 1902. – Der Stürmer. Jg. 1902, Nr. 9 (1. November), S. 156.
134 Einstein, Carl: Bebuquin oder die Dilettanten des Wunders. Ein Roman. Berlin-Wilmersdorf 1912. – Cahiers Alsaciens. Jg. 2 (1913), Nr. 8 (März), S. 100–102.
135 Der Elsässische Garten. Ein Buch von unsres Landes Art und Kunst. Hg. von Friedrich Lienhard, Hans Pfitzner, Carl Spindler. Straßburg 1912. – Straßburger Post. 26. 11. 1912, Nr. 1371; besprochen auch: Cahiers Alsaciens. Jg. 2 (1913), Nr. 7 (Januar), S. 52–53.
136 Eulenberg, Herbert: Anna Walewska. Eine Tragödie. Leipzig 1910; Simson. Tragödie. Leipzig 1910; Alles um Geld. Ein Stück. Leipzig 1911. – Cahiers Alsaciens. Jg. 2 (1913), Nr. 7 (Januar), S. 48–49.

137 Flake, Otto: Schritt für Schritt. Roman. Berlin 1912. – Besprochen zusammen mit Nr. 171 u. d. T.: Zwei elsässische Bücher. Die Aktion. Jg. 1912, Nr. 21 (22. Mai), Sp. 658–661; abgedruckt auch: Literarische Rundschau. Beilage der Straßburger Neuen Zeitung. 28. 5. 1912, Nr. 146; besprochen auch: Cahiers Alsaciens. Jg. 1 (1912), Nr. 3 (Mai), S. 165–167.

138 Flake, Otto: Freitagskind. Roman. Berlin 1913. – Cahiers Alsaciens. Jg. 2 (1913), Nr. 8 (März), S. 105–107.

139 Freksa, Friedrich: Der fette Caesar. Eine Tragikomödie. Berlin 1911. – Cahiers Alsaciens. Jg. 1 (1912), Nr. 2 (März), S. 94–95.

140 Friedmann, Sigismund: Ludwig Anzengruber. Leipzig 1902. – Der Stürmer. Jg. 1902, Nr. 4 (15. August), S. 70–71.

141 George, Stefan: Selection from his works. Translated into English by Cyril Scott. London 1910. – Das literarische Echo. Jg. 12 (1909/10), H. 24 (15. September 1910), Sp. 1790–1791.

142 Greinz, Rudolf: Der Märtyrer. Bühnenspiel in 5 Akten aus der Zeit der ersten Christen. Berlin und Leipzig 1902. – Der Stürmer. Jg. 1902, Nr. 4 (15. August), S. 71–72.

143 Gundolf, Friedrich: Shakespeare und der deutsche Geist. Berlin 1911. – Das literarische Echo. Jg. 14 (1911/12), H. 2 (15. Oktober 1911), Sp. 88–90.

144 Hamecher, Peter: Herbert Eulenberg. Leipzig 1911. – Cahiers Alsaciens. Jg. 2 (1913), Nr. 7 (Januar), S. 47.

145 Hasenclever, Walter: Der Jüngling. Gedichte. Leipzig 1913. – Cahiers Alsaciens. Jg. 2 (1913), Nr. 11 (September), S. 285.

146 Heine, Heinrich: Sämtliche Werke. Unter Mitwirkung von Jonas Fränkel, Ludwig Krähe, Albert Leitzmann und Julius Petersen hg. von Oskar Walzel. Bd. 1. Leipzig 1911; Bd. 7 und Bd. 9. Leipzig 1910. – Literarische Rundschau der Straßburger Neuen Zeitung. 7. 5. 1911, Nr. 19.

147 Hesse, Hermann: Umwege. Erzählungen. 2.–6. Aufl. Berlin 1912. – Cahiers Alsaciens. Jg. 1 (1912), Nr. 4 (Juli), S. 212–213; abgedruckt auch: Die Aktion. Jg. 1912, Nr. 27 (3. Juli), Sp. 846–847.

148 Heym, Georg: Der ewige Tag. Leipzig 1911. – Cahiers Alsaciens. Jg. 1 (1912), Nr. 3 (Mai), S. 144–146.

149 Heym, Georg: Umbra Vitae. Nachgelassene Gedichte. Leipzig 1912. – Cahiers Alsaciens. Jg. 1 (1912), Nr. 6 (November), S. 319–320.

150 Hiller, Kurt: Der Kondor. Verse von Ernst Blass, Max Brod, Arthur Drey [u. a.]. Hg. Heidelberg 1912. – Cahiers Alsaciens. Jg. 1 (1912), Nr. 6 (November), S. 316–319.

151 Hiller, Kurt: Die Weisheit der Langenweile. Eine Zeit- und Streitschrift. 2 Bde. Leipzig 1913. – Cahiers Alsaciens. Jg. 3 (1914), Nr. 13 (Januar), S. 51–54.

Bibliographie

152 Holzamer, Wilhelm: Peter Nockler. Die Geschichte eines Schneiders. Leipzig 1902. – Der Stürmer. Jg. 1902, Nr. 9 (1. November), S. 156.
153 Isemann, Bernd: Lothringer Novellen. Berlin 1913. – Cahiers Alsaciens. Jg. 3 (1914), Nr. 14 (März), S. 134–135.
154 Kunst und Landschaft im Elsaß. 138 Abbildungen nach Naturaufnahmen mit einl. Text von Ernst Cohn-Wiener. Berlin 1912 (Durch ganz Deutschland. Kunst und Landschaft in Bildern. Bd. 4.) – Straßburger Post. 20. 12. 1912, Nr. 1490.
155 Kyser, Hans: Titus und die Jüdin. Tragödie in 3 Akten. Berlin 1911. – Cahiers Alsaciens. Jg. 1 (1912), Nr. 2 (März), S. 95.
156 Lienhard, Friedrich: Gesammelte Gedichte. Berlin 1902. – Die Gesellschaft. Jg. 18 (1902), Bd. 1, H. 10 (Mai), S. 256–261.
157 Lienhard, Friedrich: Oberlin. Roman aus der Revolutionszeit im Elsaß. Stuttgart 1910. – U. d. T.: Zwei elsässische Romane (I) zusammen mit Nr. 126 besprochen. Das Neue Elsaß. Jg. 1 (1911), Nr. 5 (27. Januar), S. 73–76.
158 Loerke, Oskar: Wanderschaft. Gedichte. Berlin 1911. – Cahiers Alsaciens. Jg. 1 (1912), Nr. 3 (Mai), S. 146.
159 Lyrische Flugblätter. Alfred Richard Meyer Verlag. Berlin-Wilmersdorf 1907–1912. – Cahiers Alsaciens. Jg. 1 (1912), Nr. 6 (Nov.), S. 320–321.
160 Matthis, Albert und Adolphe: Wïdesaft. Stroosburri 1911. – U. d. T.: Ein elsässisches Gedichtbuch besprochen. Literarische Rundschau. Beilage der Straßburger Neuen Zeitung. 10. 9. 1911, Nr. 251; besprochen auch: Cahiers Alsaciens. Jg. 1 (1912), Nr. 2 (März), S. 110–111.
161 Mell, Max: Das bekränzte Jahr. Gedichte. Berlin-Charlottenburg 1911. – Cahiers Alsaciens. Jg. 1 (1912), Nr. 3 (Mai), S. 146.
162 Mündel, Curt: Die Vogesen. Reisehandbuch für Elsaß-Lothringen und angrenzende Gebiete. 12. Aufl., neu bearbeitet von Otto Bechstein. Straßburg 1911. – Straßburger Neue Zeitung. 10. 9. 1911, Nr. 251.
163 Mynona [d. i. Salomo Friedlaender]: Rosa, die schöne Schutzmannsfrau. Grotesken. Leipzig 1913. – Cahiers Alsaciens. Jg. 3 (1914), Nr. 13 (Januar), S. 54–55.
164 Das Nibelungenlied. Übersetzt von Karl Simrock. Hg. von Georg Holz. Kritisch durchgesehene und erläuterte Ausgabe. Leipzig und Wien 1909. – Deutsche Literaturzeitung. Jg. 31 (1910), Nr. 50 (10. Dezember), Sp. 3167–3168.
165 Das Oxforder Buch Deutscher Dichtung vom 12. bis zum 20. Jahrhundert. Hg. von Hermann Georg Fiedler. Mit einem Geleitworte von Gerhart Hauptmann. Oxford 1911. – Straßburger Post. 31. 1. 1912, Nr. 113.

166 Polenz, Wilhelm von: Wurzellocker. Ein Roman. Berlin 1902. – Der Stürmer. Jg. 1902, Nr. 9 (1. November), S. 155–156.
167 Rabelais, François: Gargantua und Pantagruel. Aus dem Französischen verdeutscht durch Gottlob Regis. Neu bearb. und hg. von Ulrich Rauscher. Mit 42 Bildern von Gustav Doré. Straßburg 1913. (Helden und Schelme. Bd. 3.) – Straßburger Post. 20. 12. 1912, Nr. 1490.
168 Reisiger, Hans: Stille Häuser. Novellen. Frankfurt a. M. 1910. – Cahiers Alsaciens. Jg. 1 (1912), Nr. 4 (Juli), S. 213–214; abgedruckt auch: Die Aktion. Jg. 1912, Nr. 27 (3. Juli), Sp. 847–848.
169 Schäfer, Wilhelm: 33 Anekdoten. München 1911. – Cahiers Alsaciens. Jg. 1 (1912), Nr. 1 (Januar), S. 48–49.
170 Schaffner, Jakob: Der Bote Gottes. Roman. Berlin 1911. – Cahiers Alsaciens. Jg. 1 (1912), Nr. 1 (Januar), S. 47–48.
171 Schickele, René: Meine Freundin Lo. Eine Geschichte aus Paris. (Neue Ausgabe.) Leipzig 1911. – Besprochen zusammen mit Nr. 137 u. d. T.: Zwei elsässische Bücher. Die Aktion. Jg. 1912, Nr. 21 (22. Mai), Sp. 661–663; abgedruckt auch: Literarische Rundschau. Beilage der Straßburger Neuen Zeitung. 28. 5. 1912, Nr. 146.
172 Schickele, René: Weiß und Rot. Gedichte. Berlin 1910. – Das Neue Elsaß. Jg. 1 (1911), Nr. 1 (1. Januar), S. 13–16.
173 Schickele, René: Schreie auf dem Boulevard. Berlin 1913. – Cahiers Alsaciens. Jg. 2 (1913), Nr. 10 (Juli), S. 221–224; abgedruckt auch: Die Aktion. Jg. 1913, Nr. 29 (19. Juli), Sp. 696–698; Literarische Rundschau. Beilage der Straßburger Neuen Zeitung. 27. 7. 1913, Nr. 206.
174 Schickele, René: Benkal, der Frauentröster. Roman. Leipzig 1914. – Straßburger Post. 21. 12. 1913; abgedruckt auch: Die Aktion. Jg. 1914, Nr. 34/35 (29. August), Sp. 725–730.
175 Schnitzler, Arthur: Masken und Wunder. Novellen. 9. Aufl. Berlin 1912. – Cahiers Alsaciens. Jg. 1 (1912), Nr. 4 (Juli), S. 210–212; abgedruckt auch: Die Aktion. Jg. 1912, Nr. 27 (3. Juli), Sp. 844–846.
176 Soyka, Otto: Revanche. Komödie in 3 Akten. München 1911. – Cahiers Alsaciens. Jg. 1 (1912), Nr. 2 (März), S. 95.
177 Stegemann, Hermann: Die Himmelspacher. Roman. Berlin 1912. – Straßburger Post. 20. 12. 1912, Nr. 1490.
178 Stegemann, Hermann: Der Schläfer von Sulz. Roman. Stuttgart 1913. – Cahiers Alsaciens. Jg. 3 (1914), Nr. 14 (März), S. 134.
179 Sternheim, Carl: Die Hose. Ein bürgerliches Lustspiel. Leipzig 1911; Die Kassette. Komödie in 5 Aufzügen. Leizpig 1912; Bürger Schippel. Komödie in 5 Aufzügen. Leipzig 1913; Der Snob, Komödie in 3 Aufzügen. Leipzig 1914. – Cahiers Alsaciens. Jg. 3 (1914), Nr. 14 (März), S. 123–126.
180 Strauss, Emil: Freund Hein. Eine Lebensgeschichte. Berlin 1902. – Der Stürmer. Jg. 1902, Nr. 9 (1. November), S. 156.

181 Viebig, Klara: Die Wacht am Rhein. Roman. Berlin 1902. – Der Stürmer. Jg. 1902, Nr. 9 (1. November), S. 156.
182 Wanderer, Richard: Ikara. Berlin, Leipzig 1902. – Der Stürmer. Jg. 1902, Nr. 4 (15. August), S. 72.
183 Wassermann, Jakob: Der goldene Spiegel. Erzählungen in einem Rahmen. Berlin 1911. – Cahiers Alsaciens. Jg. 1 (1912), Nr. 1 (Jan.), S. 49.
184 Werfel, Franz: Wir sind. Neue Gedichte. Leipzig 1913. – Cahiers Alsaciens. Jg. 2 (1913), Nr. 11 (September), S. 284–285.

5. Wissenschaftliche Arbeiten

185 Über das Verhältnis der Handschriften D und G von Wolframs Parzival. Phil. Diss. Straßburg 1906. 175 S.
186 Wielands Shakespeare. Straßburg 1910. 133 S. (Quellen und Forschungen zur Sprach- und Culturgeschichte der germanischen Völker. H. 107).
187 Wielands gesammelte Schriften. Hg. von der Deutschen Kommission der Kgl. Preußischen Akademie der Wissenschaften. Abt. 2: Übersetzungen. Bd. 1–3. Shakespeare-Übersetzungen. Hg. von Ernst Stadler. Berlin 1909–1911.
188 Der Arme Heinrich Herrn Hartmanns von Aue und zwei jüngere Prosalegenden verwandten Inhaltes. Mit Anmerkungen und Abhandlungen von Wilhelm Wackernagel. Neu hg. von Ernst Stadler..Basel 1911. VIII, 250 S.

III. Literatur über Ernst Stadler

1. Rezensionen der Werke Stadlers

»Praeludien«:

Gruber, Karl: Das jüngste Elsaß spricht. In: Der Erwinia 12. Jg. (1904/5), H. 5, S. 96–102.
Schickele, René: Lyrische Kultur. In: Das literarische Echo. Jg. 7 (1904/5), H. 16, Sp. 1187.
***. In: Geißler, Max: Führer durch die deutsche Literatur des zwanzigsten Jahrhunderts. Weimar 1913. S. 599–600.

Literatur über Ernst Stadler

»Der Aufbruch«

Benzion, Alexander: Die neuen Gedichtbücher von Schickele und Stadler [Der Aufbruch]. In: Literarische Rundschau. Beilage der Straßburger Neuen Zeitung. 19. 1. 1914, Nr. 19, S. 7.
Flake, Otto: Cahiers Alsaciens. Jg. 3 (1914), Nr. 15, S. 207–209.
Schickele, René: Verlagsanzeige. Die Aktion. Jg. 1914, Nr. 7 (14. Februar), Umschlaginnenseite.
Schmidt, Otto Erich: Die Aktion. Jg. 1914, Nr. 5, Sp. 109.
R. G. [d. i. Gournai]: Die Weißen Blätter. Jg. 1 (1914), Nr. 6, S. 115.
***. Neue Lyrik: Die Leibwache – Der Aufbruch – Die eiserne Brücke. In: Straßburger Post. 15. 2. 1914, Nr. 181, Morgenausg., o. S.
M. B.: Zeitschrift für Bücherfreunde. NF. Jg. 6, II (1915), S. 464–465.
Steiger, Hans: Neue Lyrik: In: Hochland. Jg. 17, II (1919/20), S. 102–108.

Herausgabe des »Armen Heinrich«:

Leitzmann, Albert: Zeitschrift für deutsche Philologie. Bd. 44 (1912), S. 369–370.
Nickel, Wilhelm: Archiv für das Studium der neueren Sprachen. Bd. 128 (1912), S. 442–443.
Schroeder, Edward: Anzeiger für deutsches Altertum. Bd. 35 (1912), S. 278–279.
Ehrismann, Gustav: Literaturblatt für die germanische und romanische Philologie Jg. 34 (1913), S. 321–322.

»Wielands Shakespeare«:

Daffis, Hans: Jahresberichte für neuere Deutsche Literaturgeschichte. Bd. 21 (1910), Berlin 1913, S. 515.
Gruber, Karl: Literarische Rundschau. Beilage der Straßburger Neuen Zeitung. 13. 11. 1910, Nr. 46, S. 2.
Wolff, Max: J.: Das literarische Echo. Jg. 13 (1910/11), Sp. 861–862.
Ischer, Rudolf: Euphorion-Ergänzungsheft 9 (1911), S. 266–267.
Witkowski, Georg: Jahrbuch der Deutschen Shakespeare-Gesellschaft. Jg. 17 (1911), S. 301–302.

Herausgabe der Shakespeare-Übersetzungen Wielands:

Petsch, Robert: Die Berliner Wieland-Ausgabe. In: Neue Jahrbücher für das klassische Altertum, Geschichte und deutsche Literatur. Jg. 15 (1912), S. 501–516.

»Die Brüder Matthis«:

Gruber, Karl: Literarische Rundschau. Beilage der Straßburger Neuen Zeitung. 13. 11. 1910, Nr. 46, S. 2.
Gruber, Karl: Albert und Adolf Matthis Symbolisten. In: Das literarische Elsaß. Der Erwinia 18. Jg. (1910), H. 2, S. 34–36.

2. Widmungen an Stadler

1905

Leonardus, Johannes [d. i. Hans Koch]: Heiße Nacht. An Ernst Stadler. In: Leonardus: Dieweil es Lebens gilt! Gedichte. Berlin 1905.

1910

Schickele, René: Der Dichter spricht. Für Ernst Stadler. In: Schickele: Weiß und Rot. Gedichte. Berlin 1910. S. 82.

1914

Schickele, René: Die Stürmer. Zum Andenken an Ernst Stadler. In: Die Aktion. Jg. 4 (1914), Nr. 48/49 (5. Dezember), Sp. 906–907.

1915

Sternheim, Carl: 1913. Ein Schauspiel in drei Aufzügen. Dem Andenken Ernst Stadlers, des Dichters. In: Die Weißen Blätter. Jg. 2 (1915), H. 2, S. 137–185.

3. Gedichte auf Stadler

1914/15

Zech, Paul: Der Heldentod des Dichters (Dem Andenken Ernst Stadlers). In: Zeit-Echo. Jg. 1 (1914/15), H. 13, S. 192.

1915

Bäumer, Ludwig: Den Gefallenen der Aktion (Leybold, Péguy, Stadler). In: Die Aktion. Jg. 5 (1915), Nr. 1/2, Sp. 13.

Literatur über Ernst Stadler

1916

Leonhard, Rudolf: Auf Stadlers Grab. Gedicht. In: Vom jüngsten Tag. Ein Almanach neuer Dichtung. Leipzig 1916. S. 56. – Wiederabgedruckt in: Edwin Redslob: Vermächtnis. Dichtungen, letzte Aussprüche und Briefe der Toten des Weltkrieges. Dresden (1930). S. 47.

1917

Lotz, Ernst Wilhelm: An Ernst Stadler. Gedicht. In: Lotz: Wolkenüberflaggt. Leipzig 1917. (Der jüngste Tag. 36.) S. 26. – Wiederabgedruckt in: Edwin Redslob: Vermächtnis. Dresden (1930). S. 46.

1939

Meyer, Alfred Richard: Ernst Stadler. In: Meyer: Die ehrliche deutsche Haut. Mit Zeichnungen von Bruno Skibbe. Berlin (1939). S. 97.

4. Würdigungen
(Nachrufe, Erinnerungen, Gedächtnisartikel)

1914

Anzeige vom Tode Stadlers. In: Die Aktion. Jg. 4 (1914), Nr. 46/47 (21. November), Sp. 871.

Curtius, Ernst Robert: An Stadlers Grab. In: Straßburger Post. 1914, Nr. 1179.

Fränkel, Ludwig: Ein elsässischer Dichter und Gelehrter. Zum Andenken Ernst Stadlers. In: Straßburger Neue Zeitung. November 1914, Nr. 328.

Franck, Hans: Gefallene Dichter. In: Masken. Jg. 10 (1914/15), S. 145–160. – Darin S. 155–160 über Stadler.

Lemm, A.: Ernst Stadler. In: Die schöne Literatur. Jg. 15 (1914), S. 406–407.

Luther, Arthur: Ernst Stadler. In: St. Petersburger Zeitung. Mai 1914.

Rauscher, Ulrich: Nachruf für einen Gefallenen. In: Frankfurter Zeitung. 10. 11. 1914, Nr. 312. – Auszug in: Das literarische Echo. Jg. 17 (1914/15), Sp. 360; ferner wiederabgedruckt in: Bodenseebuch. Jg. 21 (1934), S. 39.

Schickele, René: Folgen des Kriegs. In: März. Jg. 8 (1914), H. 47 (28. November), S. 174–177.

Schmidt, Erich K.: Ernst Stadler. In: Berliner Börsen-Courier. 12. 11. 1914.

Sternheim, Carl: Ernst Stadler. In: Vossische Zeitung, Berlin. 11. 11. 1914, Nr. 575. – Wiederabgedruckt in: Vom jüngsten Tag. Ein Almanach neuer Dichtung. Leipzig 1916. S. 13–14.

1915

Albert, Henri [d. i. Henri Albert Haug]: Ernst Stadler. In: Mercure de France. Vol. 110, Nr. 412, 1. 4. 1915, S. 798–799.
Edschmid, Kasimir: In Memoriam Ernst Stadler. In: Die Weißen Blätter. Jg. 2 (1915), H. 1, S. 122–124.
Flake, Otto: Halbfertiges Leben. In: Die neue Rundschau. Jg. 26 (1915), H. 2 (Februar), S. 267–272.
Hesse, Hermann: Eine neue deutsche Zeitschrift: »Die Weißen Blätter«. In: Neue Zürcher Zeitung. 18. 2. 1915, Nr. 195. – Darin ein Abschnitt über Stadler.
Hesse, Hermann: Zwei Gefallene. In: März. Jg. 9 (1915), H. 10 (13. März), S. 239–240.
Huebner, F. M.: Ernst Stadler zum Gedächtnis. In: Religiöse Kultur. Jg. 2 (1915).
Koch, Hans: Auf der Suche nach meines Freundes Grab. In: Die Weißen Blätter. Jg. 2 (1915), H. 2, S. 260–264.
Pfemfert, Franz: Kleiner Briefkasten. In: Die Aktion. Jg. 5 (1915), Sp. 141–144.
Reinhart, H.: Literarische Verlustliste. Ch. Péguy, E. Stadler, H. Leybold, A. W. Heymel. In: Pester Lloyd. 27. 1. 1915. o. S.
Tagger, Theodor: Gefallene Jugend. E. Stadler, E. W. Lotz, Leybold. In: Der Tag, Berlin. 17. 2. 1915.

1916

Pirker, Max: Ernst Stadler. In: Wiener Fremdenblatt. 9. 1. 1916.
Thylmann, Karl: Ernst Stadler. In: Das Reich. Jg. 1 (1916), S. 289–290.

1917

Koch, Hans: Um Ernst Stadler. In: Das Aktionsbuch. Hg. von Franz Pfemfert. Berlin-Wilmersdorf 1917. S. 191–193.
Mahrholz, Werner: Jüngste Literatur. In: Die Hochschule. Jg. 1 (1917), H. 4, S. 18–21. – U. a. über Stadler.
Seelbach, Adolf: Ernst Stadler. In: Heidelberger Zeitung. 17. 3. 1917.

1918

Kühn, Julius: Gefallene Dichter. In: Die Flöte. Jg. 1 (1918/19), S. 181–190. – S. 187–189 über Stadler.
Steiger, Hans: Dichter des Weltgefühls. Stadler, Zech, Schickele, Suarès. In: Grazer Volksblatt. 19. 6. 1918.

1919

***. Ernst Stadler. In: Die Flöte. Jg. 1 (1919), H. 12.

Diese Karte entnahm
ich dem Buch

_____

Wir unterrichten Sie künftig gern regelmäßig über unser Verlagsprogramm. Bitte geben Sie uns umseitig Ihre Adresse bekannt.

Ihr Buchhändler wird Ihnen gern jedes Buch unseres Verlags liefern.

Verlag C.H.Beck München

Datum _____ Unterschrift _____ P 2321

Ort
Straße
Beruf
Name
Name (beginnend mit dem Familiennamen)
Länderschlüssel Postleitzahl

POSTKARTE

Verlag C.H.Beck
Vertrieb / Werbung Allg. Verlag
Postfach 40 03 40

D-8000 München 40

Bitte
freimachen

1920

Jacob, Hans: Heym, Trakl, Stadler, Lichtenstein. In: Die Bücherkiste. Jg. 2 (1920), S. 9–11.

Naumann, Hans: Ernst Stadler. Worte zu seinem Gedächtnis. Berlin-Wilmersdorf 1920. 47 S.

M. B.: Besprechung von Friedrich Lienhard, Westmark. Roman. 1919. In: Zeitschrift für Bücherfreunde. NF. Jg. 11, II (1920), Sp. 478–479. – Eingehende Äußerungen über Stadler.

1921

Brues, Otto: Beter und Bildner. (Ernst Stadler und Hanns Johst.) In: Westdeutsche Wochenschrift. Jg. 3 (1921), Nr. 41 (22. Oktober).

1922

Keim, Heinrich Wilhelm: Drei Tote. In: Hellweg. Jg. 2 (1922), H. 41, S. 801–803. – Über Heym, Stadler, Trakl.

Keim, Heinrich Wilhelm: Junge Dichter. 5. Ernst Stadler. In: Düsseldorfer Lokal-Zeitung. 16. 12. 1922.

Lambla, Eugène: Über Ernst Stadler. In: Les Nouveaux Cahiers Alsaciens. Jg. 1 (1922), H. 2, S. 38–40.

Lehr, F. C.: Ernst Stadler. Ein Gedenkblatt. In: Mannheimer Tageblatt. 1922, Lit. Beilage Nr. 37.

1924

Scherret. . . .: Ernst Stadler. In: Danziger Rundschau. 7. 7. 1924.

1925

Binding, Rudolf G.: Aus dem Kriege. Frankfurt a. M. 1925. – S. 144–146: Brief über Stadler.

Kühlmann, Karl A.: Ernst Stadler – Ernst Wilhelm Lotz. In: Deutsche Nordmark. Jg. 6 (1925), H. 5, S. 96–99.

Kukula, Richard: Erinnerungen eines Bibliothekars. Weimar 1925. S. 204–205, 229–232. – In den Angaben unzuverlässig.

1926

Bouchholtz, Fritz: Stadler und die Straßburger Studentische Wanderbühne. Zum 12. Todestag des Dichters. In: Elsaß-Lothringen. Jg. 4 (1926), S. 643–645.

1928

Wocke, Helmut: Ernst Stadler. In: Schlesische Zeitung, Breslau. 20. 9. 1928.

Bibliographie

1932

Schickele, René: Das ewige Elsaß. In: Schickele: Die Grenze. Berlin 1932. S. 5–62. – S. 33–35: Mitteilung eines Briefes von Stadler.

1933

★★★. Dem Gedächtnis Ernst Stadlers. In: Elsaß-Lothringen. Jg. 11 (1933), S. 361–363.

1935

Ihlenfeldt, Kurt: Der Aufbruch. Dem Gedächtnis Ernst Stadlers. In: Ekkart. Jg. 11 (1935), S. 122–124.

1939

Goes, Albrecht: In memoriam Ernst Stadler: In: Der Bücherwurm. Jg. 25 (1939), H. 4/5, S. 68–70. – Wiederabgedruckt in: Goes: Die guten Gefährten. Prosastücke. Stuttgart 1942. S. 172–178. Erw. Neuaufl. München 1968. S. 83–87. (Siebenstern-Taschenbuch. 111.)

Ludwig, Robert: »Mensch – werde wesentlich!« Ernst Stadler zum Gedächtnis. In: Lübeckische Blätter. Jg. 81 (1939), S. 171–172.

1941

Hoyer, Franz Alfons: Dichter im Aufbruch. Ernst Stadler. In: Deutscher Kulturwart. Jg. 8 (1941), H. 2, S. 27–29.

1946

Edschmid, Kasimir: Ein Stein für René Schickele. In: Die Zeit, Hamburg. Jg. 1 (1946), Nr. 15, S. 3.

1947

Hoyer, Franz Alfons: Mensch werde wesentlich! Der Dichter Ernst Stadler. In: Die Lücke. Jg. 1 (1947), Nr. 5, S. 18.

1948

Hoyer, Franz Alfons: Ernst Stadler. In: Rheinischer Merkur. Jg. 3 (1948), Nr. 35, S. 5–6.

Meyer, Alfred Richard: die maer von der musa expressionistica. Düsseldorf-Kaiserswerth (1948). S. 35–39.

1952

Rolland, Romain: Journal des années de guerre 1914–1919. Paris 1952. S. 128, 275, 295, 316, 564.

1953

Elsner, Wilhelm: Ernst Stadler. In: Die Volksbühne, Hamburg. Jg. 4 (1953), H. 1, S. 2–4.

Schneider, Karl Ludwig: Ernst Stadler zum Gedächtnis. In: Neue literarische Welt. Jg. 4 (1953), Nr. 17, S. 7–8.

1955

Angelloz, J. F.: Ernst Stadler. In: Mercure de France. 1955, Nr. 1102, S. 335–337.

Schneider, Camille: Ernest Stadler, poète alsacien précurseur à la destinée tragique. In: Magazine Ringier, Alsace et Moselle. 1955, Nr. 48, o. S.

1960

Edschmid, Kasimir: Tagebuch 1958–1960. Wien, München, Basel 1960. S. 27ff., 49.

Flake, Otto: Es wird Abend. Bericht aus einem langen Leben. Gütersloh 1960. S. 86, 102, 104f., 121, 143, 152, 153, 155, 161, 201, 223, 227, 518, 566.

Kuypers, Julien: Raymond Brulez. De gelijkmoedige toeschouwer. In: Verslagen en Mededelingen. Koninklijke Vlaamse Academie voor Taal- en Letterkunde. Afl. 3 (1960), S. 355–360.

1963

Kuypers, Julien: Een traan voor een Duits dichter. In: Nieuw vlaams tijdschrift. 3. reeks, Jg. 17 (1963), S. 594–600.

1965

Expressionismus. Aufzeichnungen und Erinnerungen der Zeitgenossen. Hg. von Paul Raabe. Olten, Freiburg 1965. S. 16, 44, 57, 83, 114, 145, 156–160, 170, 216, 220, 293, 341, 396.

1967

Forster, Dirk: Erinnerungen an Ernst Stadler. In: Literaturwissenschaftliches Jahrbuch. Jg. 8 (1967), S. 311–319.

1971

***. G. W.: Ernst Stadler 11. 8. 1883–30. 10. 1914. In: Le Courrier de Schiltigheim. Jg. 6 (1971), Nr. 22, S. 31.

1976

Ritter, Rudolf: Ernst Stadler. Ein Elsässischer Literaturforscher und expressionistischer Dichter 1883–1914. In: Geroldsecker Land. Jg. 18 (1976), S. 34–37.

5. Untersuchungen und Interpretationen

1930

Schumann, Detlev W.: Ernst Stadler and German expressionism. In: The Journal of English and Germanic Philology. Vol. 29 (1930), S. 510–534.

1932

Kraft, Karl: Ernst Stadler. Ein Beitrag zum Werden des Expressionismus. Diss. Frankfurt a. M. 1932.

1951

Eberling, Rudolf David: Studien zur Lyrik des Expressionismus. Diss. Freiburg i. Br. 1951. – Grundlegende Studie über Heym und Stadler, daneben noch Trakl.

1954

Schirokauer, Arno: Über Ernst Stadler. In: Akzente. Jg. 1 (1954), H. 4, S. 320–334. – Wiederabgedruckt in: Schirokauer: Germanistische Studien. Hg. von Fritz Strich. Hamburg 1957, S. 417–434 u. in: Die Werkinterpretation. Hg. von Horst Enders. Darmstadt 1967. (Wege der Forschung. 36) S. 379–394.

Schneider, Karl Ludwig: Der bildhafte Ausdruck in den Dichtungen Georg Heyms, Georg Trakls und Ernst Stadlers. Heidelberg 1954. (Probleme der Dichtung. Studien zur deutschen Literaturgeschichte. 2) 3. unveränd. Aufl. 1968. S. 147–179.

Schneider, Karl Ludwig: Das Leben und die Dichtung Ernst Stadlers. In: Stadler: Dichtungen. Hg. von Karl Ludwig Schneider. Bd. 1. Hamburg 1954. S. 9–101. – Der zweite Teil erschien in erweiterter Form u. d. T.: Die Dichtungen Ernst Stadlers. In: Schneider: Zerbrochene Formen. Wort und Bild im Expressionismus. Hamburg 1967. S. 135–171.

1955

Chalons, Robert: Ernst Stadler. In: Allemagne d' aujourd'hui. (1955), H. 4, S. 71–81.

Ihlenfeld, Kurt: Ernst Stadler. In: Eckart-Jahrbuch. Jg. 1 (1955/56), S. 281–288. – Wiederabgedruckt u. d. T.: Der Aufbruch. In: Ihlenfeld: Zeitgesicht. Erlebnisse eines Lesers. Witten 1961. S. 127–134.

Stieber, Hans: Frühverstorbene nach 1910. Ein Beitrag zur Erforschung des dichterischen Frühstils. Diss. München 1955. S. 32–37, 117, 146, 153f., 155, 158, 162f., 195–196, 239, 240, 302–303, 326–327, 329.

Uhlig, Helmut: Versuch über Ernst Stadler. Vom Ästhetizismus zum Expressionismus. In: Der Monat. Jg. 8 (1955/56), H. 87, S. 62–72. – Wiederabgedruckt u. d. T.: Vom Ästhetizismus zum Expressionismus. Ernst Stadler, Georg Heym und Georg Trakl. In: Expressionismus. Gestalten einer literarischen Bewegung. Hg. von Hermann Friedmann und Otto Mann. Heidelberg 1956. S. 84–96.

1956

Conrady, Karl Otto: Ernst Stadler. ›Vorfrühling‹. In: Die Deutsche Lyrik. Form und Geschichte, Interpretationen von der Spätromantik bis zur Gegenwart. Hg. von Benno von Wiese. Bd. II. Düsseldorf 1956, S. 389–400.

1957

Erckmann, Rudolf: Die ›Ecclesia‹ und ›Synagoge‹ vom Straßburger Münster in Bild, Gedicht und Essay. In: Der Deutschunterricht. Jg. 9 (1957), H. 2, S. 63–69. – S. 66 ff. über Stadler.

1958

Edfelt, Johannes: Ernst Stadler. In: Utblick. Jg. 83 (1958), S. 9–13.
Martens, Wolfgang: Ein frühes Gedicht Ernst Stadlers. In: Zeitschrift für deutsche Philologie. Jg. 77 (1958), S. 423–425.

1959

Forster, Leonard: Ernst Stadler and the University of Toronto. In: University of Toronto Quarterly. Vol. 29 (1959), S. 11–20.

1960

Goldschmit-Jentner, Rudolf K.: Genius der Jugend. Gestalten und Werke der Frühvollendeten. Wien, München, Basel 1960. S. 357–361.

1961

Ferriot, René: Ernst Stadler, poète expressioniste. In: Critique. 174 (1961), novembre, S. 931–936.

1962

Heselhaus, Clemens: Ernst Stadlers Essay-Gedichte. In: Heselhaus: Deutsche Lyrik der Moderne von Nietzsche bis Yvan Goll. Die Rückkehr zur Bildlichkeit der Sprache. Düsseldorf 1962. S. 193–205.
Wilson, N.: Ernst Stadler and Charles Péguy. Notes on the fiction and facts of a relationship. In: Modern Language Review. Vol. 57 (1962), S. 551–555.

1963

Kamimura, Hiro: Über die innere Struktur der Aufbruch-Dichtung Ernst Stadlers (Jap., mit dt. Zusammenf.). In: Die Deutsche Literatur. Jg. 9 (Osaka 1963), S. 89–114.

Kundera, Ludvík: Poezie německého expresionismu. Heym-Stadler-Trakl. A několik českých odboček. In: Světová literatura. Jg. 8 (1963), H. 2, S. 152–155.

1964

Dietz, Ludwig: Die ersten Veröffentlichungsversuche Ernst Stadlers. Ein Nachtrag zur Ausgabe seiner Dichtungen. In: Euphorion. Folge 4, Jg. 58 (1964), S. 69–73.

Dietz, Ludwig: Ernst Stadlers Übertragungen aus Lyrik und Prosa Francis Jammes'. Entstehungs-, druckgeschichtliche und textkritische Ergänzungen zur wissenschaftlichen Ausgabe seiner Dichtungen. In: Euphorion. Folge 4, Jg. 58 (1964), S. 308–316.

Edschmid, Kasimir: Ernst Stadler. In: Jahrbuch der Deutschen Akademie für Sprache und Dichtung. Darmstadt 1964. S. 174–184.

Schneider, Karl Ludwig: Kunst und Leben im Werk Ernst Stadlers. In: Wirkendes Wort. Jg. 14 (1964), S. 397–407. – Später erschienen in: Schneider: Zerbrochene Formen. Wort und Bild im Expressionismus. Hamburg 1967. S. 173–191.

1965

Hermand, Jost: Stadlers stilgeschichtlicher Ort. In: Der Deutschunterricht. Jg. 17 (1965), H. 5, S. 21–33. – Später erschienen in: Hermand: Der Schein des schönen Lebens. Studien zur Jahrhundertwende. Frankfurt a. M. 1972. S. 253–265.

Kohlschmidt, Werner: Die Lyrik Ernst Stadlers. In: Der deutsche Expressionismus. Formen und Gestalten. Hg. von Hans Steffen. Göttingen 1965. 2. Aufl. 1970. (Kleine Vandenhoeck-Reihe. 208.) S. 25–43.

1966

Buccheri, Adriana: La lirica di Ernst Stadler. In: ACME. Annali della Facoltà di lettere e filosofia dell'Università degli studi di Milano. Jg. 19 (1966), H. 1/2, S. 221–236.

Hidaka, Makoto: Shtâdolâ Shiron (Eine Studie über Ernst Stadler, jap.). In: Doitsu Hyôgenshugi (Der deutsche Expressionismus) Tokyo 1966, H. 2, S. 3–17.

Remy, Gesine: La structure de l'oeuvre poétique de Ernst Stadler. Paris 1966. (dactyl.) (Diplôme d'études supérieures. Institut des Etudes Germaniques).

Rölleke, Heinz: Die Stadt bei Stadler, Heym und Trakl. Berlin 1966. (Philologische Studien und Quellen. 34).

1968

Dewitz, Hans-Georg: Ideal und Wirklichkeit einer kritischen Ausgabe. Ein Nachtrag zur Edition der ›Dichtungen‹ Ernst Stadlers. In: Euphorion. Folge 4, Jg. 62 (1968), H. 3, S. 169–175.

Schiller, Ingeborg: L'influence de Rimbaud et de Baudelaire dans la poésie préexpressionniste allemande, Georg Heym, Georg Trakl et Ernst Stadler. Thèse, 3e cycle, Paris 1968. (dactyl.)

1969

Kohlschmidt, Werner: Ernst Stadler. In: Expressionismus als Literatur. Gesammelte Studien. Hg. von Wolfgang Rothe. Bern, München 1969. S. 277–294. – Später erschienen in: Kohlschmidt: Konturen und Übergänge. 12 Essays zur Literatur unseres Jahrhunderts. Bern, München 1977. S. 124–146.

Weissenberger, Klaus: Stadler. Gratia divinae pietatis adesto Savinae De petra dura perquam sum facta figura. In: Weissenberger: Formen der Elegie von Goethe bis Celan. Bern 1969. S. 103–106.

1970

Fraser, Ralph S.: Ernst Stadler and Francis Jammes. From ›Quatorze prières‹ to ›Der Aufbruch‹. In: Festschrift für Detlev W. Schumann zum 70. Geburtstag. Hg. von Albert R. Schmitt. München 1970. S. 325–336.

Haupt, Jürgen: Ernst Stadler und Hugo von Hofmannsthal. Die Ambivalenz einer literarischen Beziehung. In: Haupt: Konstellationen Hugo von Hofmannsthals: Harry Graf Kessler, Ernst Stadler, Bertolt Brecht. Salzburg 1970. S. 82–123.

1971

Martens, Gunter: Die vitalistischen Grundzüge in den Dichtungen René Schickeles und Ernst Stadlers. In: Martens: Vitalismus und Expressionismus. Ein Beitrag zur Genese und Deutung expressionistischer Stilstrukturen und Motive. Stuttgart 1971. (Studien zur Poetik und Geschichte der Literatur. 22) S. 127–179.

Schürer, Ernst: Ernst Stadler. ›Der Spruch‹. In: Gedichte oder Menschheitsdämmerung. Interpretationen expressionistischer Lyrik. Hg. von Horst Denkler mit einer Einl. von Kurt Pinthus. München 1971. S. 1–17.

1972

Thomke, Hellmut: Die geistigen Voraussetzungen und die Entwicklung des hymnischen Stils in Stadlers Lyrik. In: Thomke: Hymnische Dichtung im Expressionismus. Bern, München 1972. S. 35–202.

1973

Dietz, Ludwig: Stadler-Miszellen. In: Euphorion. Folge 4, Jg. 67 (1973), H. 3/4, S. 386–390.

1974

Minaty, Wolfgang: Ernst Stadler und die erotische Motivik in seiner ›Aufbruch‹-Dichtung. In: Sprachkunst. Jg. 5 (1974), H. 1/2, S. 33–48.

1977

Gier, Helmut: Die Entstehung des deutschen Expressionismus und die antisymbolistische Reaktion in Frankreich: Die literarische Entwicklung Ernst Stadlers. Diss. München 1977 (Münchener germanistische Beiträge. 21).

Subramanian, B.: Zug, Mensch und Gott. (Über Alfred Wolfenstein u. Ernst Stadler). In: Indo-German. Vol. 1 (1977), no. 8, S. 2–5.

Schneider, Karl Ludwig: Hinwendung zu den Erniedrigten (Interpretation von Stadlers Gedicht: Gratia divinae pietatis ...). In: Frankfurter Allgemeine Zeitung. 19. 3. 1977. Auch in: Frankfurter Anthologie. Bd. 3. Frankfurt a. M. 1978. S. 133–137.

1978

Bauer, Roger: Racines françaises de l'expressionisme, Ernst Stadler et ses amis Strasbourgeois. In: Expressionismus im europäischen Zwischenfeld. Hg. von Zoran Konstantinovič. Innsbruck 1978. (Innsbrucker Beiträge zur Kulturwissenschaft, Sonderh. 43) S. 11–14.

1979

Scott, Clive: A theme and a form: Leda and the swan and the sonnet. In: Modern Language Review. Jg. 74 (1979), H. 1, S. 1–11. – Auf Stadler eingehend.

1980

Hucke, Karl Heinz: Utopische Intentionen und ihre ideologischen Aporien: Die literarische Evolution der Aufbruchs-Thematik bei René Schickele, Ernst Stadler und Ernst Wilhelm Lotz. In: Hucke: Utopie und Ideologie in der expressionistischen Lyrik. Tübingen 1980. (Untersuchungen zur deutschen Literaturgeschichte. 25.) S. 27–132.

1982

Rollmann, Hans: Die Berufung Ernst Stadlers an die Universität Toronto: eine Dokumentation. In: Seminar. A Journal of Germanic Studies. 18 (1982), H. 2, S. 79–113.

6. Beiträge in Abhandlungen

a) Zur elsässischen Literatur

1905

Gruber, Karl: Zeitgenössische Dichtung des Elsasses, Straßburg 1905. S. CXV–CXVI, CXXII, CXXV–CXXVII.

Seltz, Thomas: Literarisches aus dem Elsaß. In: Hochland. Jg. 3 (1905/6), S. 246–249. – Auch über Stadler.

1914

Babillotte, Arthur: Die elsässische Dichtung von 1900 bis heute. In: Österreichische Rundschau. Jg. 40 (1914), S. 278–282.

1925

Wolff, Charles: Regionalisme: Alsace. In: Mercure de France. Vol. 179 (1925), S. 816–823. – U. a. René Schickele und Ernst Stadler.

1934

Schultz, Franz: Das literarische Leben in Elsaß-Lothringen von 1871–1918. In: Wissenschaft, Kunst und Literatur in Elsaß-Lothringen 1871 bis 1918. Hg. im Auftrage des wissenschaftlichen Instituts der Elsaß-Lothringer im Reich von Georg Wolfram. Frankfurt a. M. 1934. S. 139–206. – S. 188, 192f. über Stadler.

1936

Das Elsaß von 1870–1932. Bd. 3: Geschichte der kulturellen und religiösen Entwicklung. Hg. von Joseph Rossé [u. a.]. Colmar 1936. S. 264, 268, 271.

1937

Baudinot, André: Les écrivains alsaciens dans la littérature allemande. (Paris 1937) S. 137–138.

Bibliographie

1951

Forster, Vincent: Das elsässische Kultur-Problem im deutschen Schrifttum des Elsasses von 1900 bis 1918. Masch. Diss. München 1951. S. 130–133.

1962

Les lettres en Alsace. Préf. Paul Imbs. Strasbourg 1962. (Publications de la Societé Savante d'Alsace et des Régions de l'Est. 8.) S. 378, 380, 477.

1968

Václavek, Ludvík: Literaturen der kulturellen Vermittlung. In: Philologica Pragensia. Jg. 10 (1967). S. 193–202. – S. 195–196 über Stadler.

1977

Dentinger, Jean: 2000 Jahre Kultur am Oberrhein. Dichter und Denker des Elsaß. Basel 1977, S. 226–229.

Martens, Gunter: Stürmer in Rosen. Zum Kunstprogramm einer Straßburger Dichtergruppe der Jahrhundertwende. In: Fin de siècle. Hg. von Roger Bauer u. a. Frankfurt a. M. 1977. (Studien zur Philosophie und Literatur des neunzehnten Jahrhunderts. 35) S. 481–507. – S. 483, 486, 490, 491, 497 über Stadler.

1981

Meyer, Julie: Vom elsässischen Kunstfrühling zur utopischen Civitas Hominum. Jugendstil und Expressionismus bei René Schickele (1900–1920). München 1981. (Münchner germanistische Beiträge. 26.) S. 20, 25, 26, 28, 35, 36, 39, 47, 71, 73, 74, 77, 91, 95, 99, 101, 132, 133, 159, 163, 164, 167, 187, 193.

b) Zum Expressionismus

1915

Pinthus, Kurt: Zur jüngsten Dichtung. Die Weißen Blätter. Jg. 2 (1915), H. 12, S. 1502–1510. – Wiederabgedruckt in: Vom jüngsten Tag. Ein Almanach neuer Dichtung. Leipzig 1916. S. 230–247.

S.: Von neuer deutscher Lyrik. In: Phaeton. Jg. 1 (1919/20), H. 7, S. 22–30. – S. 27 über Stadler,

1916

Kühn, Julius: Lyrik und Technik. In: Zeitschrift für deutschen Unterricht. Jg. 30 (1916), S. 658–667; 705–713. – S. 664–665: »Fahrt über die Kölner Rheinbrücke bei Nacht« mit Erläuterungen.

1922

Wolff, Rudolf: Die neue Lyrik. Eine Einführung in das Wesen jüngster Dichtung. Leipzig 1922, S. 18–22.

1924

Schirokauer, Arno: Expressionismus der Lyrik. In: Weltliteratur der Gegenwart. Bd.: Deutschland. T. 2. In Verbindung mit ... hg. von Ludwig Marcuse. Leipzig, Wien, Bern 1924. S. 63–133. – Laufende Bezugnahme auf Stadler. – Später erschienen in: Schirokauer: Germanistische Studien. Hg. v. Fritz Strich. Hamburg 1957. S. 19–117.

1925

Soergel, Albert: Dichtung und Dichter der Zeit. Neue Folge: Im Banne des Expressionismus. Leipzig 1925. S. 3, 333, 349–350, 360, 401, 426, 433–437, 648, 653. 2. überarb. u. erw. Aufl. unter Mitwirkung von Curt Hohoff. Bd. 2. Düsseldorf 1963. S. 72, 73, 87, 101–106, 144, 211, 214, 232, 325.

1927

Knevels, Wilhelm: Expressionismus und Religion. Gezeigt an der neuesten deutschen expressionistischen Lyrik. Tübingen 1927. (Sammlung gemeinverständlicher Vorträge. 123) S. 24 f., 26, 34, 38 f.

Lingelbach, Helene: Die Botschaft der Bruderliebe in jüngerer deutscher Lyrik. In: Zeitschrift für deutsche Bildung. Jg. 3 (1927), S. 666–685. – S. 680–682 über Stadler.

Schneider, Ferdinand Josef: Der expressive Mensch und die deutsche Lyrik der Gegenwart. Geist und Form moderner Dichtung. Stuttgart 1927. S. 14, 50, 51, 53, 55, 56–58, 60, 67, 115, 134, 142, 144, 150.

1928

Brösel, Kurt: Veranschaulichung im Realismus, Impressionismus und Frühexpressionismus. München 1928. (Wortkunst. NF. 2) S. 40.

1930

Wocke, Helmut: Neue Jugend und neue Dichtung. Bd. 1. München [1930]. (Bücher der Bildung. 32) S. 82–86.

1932

Oberländer, H.: Expressionistische Dichter. In: Tübinger Chronik. 16. 1. 1932.

1934

Paulsen, Wolfgang: Expressionismus und Aktivismus. Eine typologische Untersuchung. Diss. Bern 1934. S. 26, 69, 201, 209–210.

1939

Samuel, Richard and R. Hinton Thomas: Expressionism in German Life, Literature and the Theatre (1910–1924). Studies. Cambridge 1939. S. 3, 89–91, 122–123. 138, 152, 163, 165, 169, 182, 188. Neudr. Philadelphia 1971.

1946

Bruggen, Max Ferdinand Eugen van: Im Schatten des Nihilismus. Die expressionistische Lyrik im Rahmen und als Ausdruck der geistigen Situation Deutschlands. Amsterdam 1946. S. 83, 157, 161–163.

1948

Martini, Fritz: Was war Expressionismus? Deutung und Auswahl seiner Lyrik. Urach 1948. S. 128–134.

1954

Martini, Fritz: Der Expressionismus. In: Deutsche Literatur im zwanzigsten Jahrhundert. Hg. von Hermann Friedmann und Otto Mann. Heidelberg 1954. S. 107–135. – S. 114, 115, 116, 118, 123. 124 über Stadler. – 5. veränd. u. erw. Aufl. Bd. 1. Bern, München 1967. S. 297–326. – S. 303–306, 308, 312, 315 über Stadler.

1955

Kluckhohn, Paul: Die Wende vom 19. zum 20. Jahrhundert in der deutschen Dichtung. In: Deutsche Vierteljahrsschrift für Literaturwissenschaft und Geistesgeschichte. Jg. 29 (1955), H. 1, S. 1–19. – Auf Stadler eingehend.

1956

Expressionismus. Gestalten einer literarischen Bewegung. Hg. von Hermann Friedmann und Otto Mann. Heidelberg 1956. S. 41, 59, 64, 67, 68, 74, 82, 84, 85–96, 98, 100, 101, 105, 116, 117, 131, 142, 182. (S. 85–96 siehe Bibliographie III, 5: 1955 Uhlig.)

Schumacher, Ernst: Lyrik des Expressionismus. In: Neue deutsche Literatur. Jg. 4 (1956), H. 1, S. 89–102. – Auf Stadler eingehend.

Steffes, Egbert: Wirksame Kräfte in Gehalt und Gestalt der Lyrik im Zeitraum des Expressionismus. Diss. München 1956. S. 83–87.

Literatur über Ernst Stadler

1957

Mautz, Kurt: Die Farbensprache der expressionistischen Lyrik. In: Deutsche Vierteljahrsschrift für Literaturwissenschaft und Geistesgeschichte. Jg. 31 (1957), H. 2, S. 198–240. – S. 230, 231 über Stadler.

1959

Grossmann, Bernhard: ›Vorfrühling‹. Betrachtung einer Reihe themengleicher Gedichte als Einübung in die Lektüre neuerer Lyrik. In: Wirkendes Wort. Jg. 9 (1959), H. 6, S. 349–361. – S. 253–255 über Stadler.
Sokel, Walter Herbert: The Writer in Extremis; Expressionism in Twentieth-Century German Literature. Stanford, Calif. 1959. – Deutsche Übers. u. d. T.: Der literarische Expressionismus. München 1960. 2. Aufl. 1970. S. 30, 197f., 268.

1960

Garnier, Pierre: La poésie expressioniste allemande. In: Critique (1960), Nr. 153, S. 105–122. – S. 108 ff. über Stadler.

1961

Edschmid, Kasimir: Lebendiger Expressionismus. Auseinandersetzungen, Gestalten, Erinnerungen. Wien, München, Basel 1961. S. 95 ff., 132, 149, 161, 169, 174, 181, 193, 198, 202 f., 247, 256, 279 ff., 347. Neuausg. Frankfurt a. M. 1964.
Muschg, Walter: Von Trakl zu Brecht. Dichter des Expressionismus. München 1961. S. 23, 29, 32, 46, 48, 52, 68, 84.
Usinger, Fritz: Die expressionistische Lyrik. In: Imprimatur. N. F. Jg. 3 (1961/62). S. 115–125. – S. 118 auf Stadler eingehend.

1962

Garnier, Ilse u. Pierre Garnier: L'expressionisme allemand. Paris 1962. (Collection: École et Mouvements. 1) S. 33–36.

1963

Schneider, Karl Ludwig: Themen und Tendenzen der expressionistischen Lyrik. Anmerkungen zum Antitraditionalismus bei den Dichtern des ›Neuen Clubs‹. In: Formkräfte der deutschen Dichtung vom Barock bis zur Gegenwart. Hg. von Hans Steffen. Göttingen 1963. 2. durchges. Aufl. 1967. S. 250–270. – S. 250, 257, 264 über Stadler. – Auch in: Schneider: Zerbrochene Formen. Hamburg 1967. S. 33–59. – S. 35, 43, 54, 58 über Stadler.

1964

Raabe, Paul: Die Revolte der Dichter. Die frühen Jahre des literarischen Expressionismus 1910–1914. In: Der Monat. Jg. 16 (1964), H. 191, S. 86–93. – Auf Stadler eingehend.

1966

Arnold, Armin: Die Literatur des Expressionismus. Sprachliche und thematische Quellen. Stuttgart 1966. (Sprache und Literatur. 35.) 2. Aufl. 1971. S. 7, 13f., 26, 55, 146.

Durzak, Manfred: Dokumente des Expressionismus. Das Kurt Wolff Archiv. In: Euphorion. Folge 4, Jg. 60 (1966), S. 337–369. – Stadler erwähnt.

1968

Schulz, Eberhard Wilhelm: Zeiterfahrung und Zeitdarstellung in der Lyrik des Expressionismus. In: Schulz: Wort und Zeit. Neumünster 1968. (Kieler Studien zur deutschen Literaturgeschichte. 6) S. 131–160. – S. 144–148 über Stadler.

1969

Brown, Russell E.: Time of Day in Early Expressionist Poetry. In: Publications of the Modern Language Association. Jg. 84 (1969), H. 1, S. 20–28. Über Trakl, Heym und Stadler.

Durzak, Manfred: Nachwirkungen Stefan Georges im Expressionismus. In: German Quarterly. Jg. 42 (1969), H. 3, S. 393–417. – S. 399–406, 409, 413 über Stadler.

Expressionismus als Literatur. Hg. von Wolfgang Rothe. Bern, München 1969. S. 15, 28, 69, 75, 90–91, 115, 172, 178, 180, 183, 239, 277–294, 364, 371, 415, 467, 610, 674, 675. (S. 277–294 siehe Bibliographie III, 5: 1969 Kohlschmidt.)

Hermand, Jost: Expressionismus als Revolution. In: Hermand: Von Mainz bis Weimar (1793–1919). Stuttgart 1969. S. 298–355. – S. 299, 303, 325, 338 über Stadler.

Jost, Dominik: Literarischer Jugendstil. Stuttgart 1969. (Sammlung Metzler. 81.) S. 21, 22, 29, 37f., 52, 53, 58, 74f., 79.

Kaufmann, Hans: Krisen und Wandlungen der deutschen Literatur von Wedekind bis Feuchtwanger. Berlin (DDR) 1969. S. 168, 170, 205, 209, 298, 481.

Luther, Gisela: Barocker Expressionismus? Zur Problematik der Beziehung zwischen Bildlichkeit expressionistischer und barocker Lyrik. The Hague, Paris 1969. (Stanford Studies in Germanics and Slavics. 6) S. 90–93.

1970

Meylan, Jean-Pierre: Les expressionistes allemands et la littérature française. La revue »Die Aktion«. In: Études littéraires. T. 3, Nr. 3, Dez. (1970). S. 303–328. – S. 306, 309, 312, 320 ff., 327 über Stadler.

Willett, John: Expressionism. London, New York 1970. – Deutsche Übers. u. d. T.: Expressionismus. München 1970. S. 46, 91, 93 ff., 102, 108, 111, 192.

1972

Cosentino, Christine: Tierbilder in der Lyrik des Expressionismus. Bonn 1972. (Abhandlungen zur Kunst-, Musik- und Literaturgeschichte. 119) S. 84, 86–88, 94, 130.

Sheppard, Richard: The decay of the formal garden: late romanticism to expressionism. In: Colloquia Germanica (1972). S. 238–256. – S. 246–248 über Stadler.

Wandrey, Uwe: Das Motiv des Krieges in der expressionistischen Lyrik. Diss. Hamburg 1972. S. 8, 9, 83, 138–145.

Ziegler, Jürgen: Form und Subjektivität. Zur Gedichtsstruktur im frühen Expressionismus. Bonn 1972. (Abhandlungen zur Kunst-, Musik- und Literaturwissenschaft. 125) S. 43–44.

1973

Expressionism as an International Literary Phenomenon. Hg. von Ulrich Weisstein. Paris 1973. S. 32, 70, 75, 79, 121, 131, 138, 252, 261.

Froehlich, Jürgen: Erscheinungsformen der Liebe in der frühexpressionistischen Lyrik. Diss. Univ. of California, Riverside 1973. S. VII f., 3, 16–25, 69–73, 122–125, 126, 151 f.

Pascal, Roy: From Naturalism to Expressionism. German Literature and Society 1880–1918. London 1973. S. 28, 104–105, 130–131, 236–237.

1974

Allen, Roy Frederick: Literary Life in German Expressionism and the ›Berliner Circles‹. Göppingen 1974. (Auch als Diss. Univ. of Wisconsin.) S. 9 f., 15, 31 f., 47, 313, 317, 342, 354 f., 490, 501, 502.

Kemper, Hans Georg: Vom Expressionismus zum Dadaismus. Kronberg/Taunus 1974. – S. 60–73 über Heym und Stadler.

Richard, Lionel: Sur l'expressionisme allemand et sa réception critique en France de 1910 à 1925. In: Arcadia. Zeitschrift für vergleichende Literaturwissenschaft. Jg. 9 (1974), S. 266–289. – Stadler erwähnt.

Bibliographie

1975

Vietta, Silvio und Hans Georg Kemper: Expressionismus. München 1975. S. 13f., 16, 39, 107, 114f., 189, 215, 259–261, 270, 272–274, 276–278.

1976

Hamann, Richard und Jost Hermand: Epochen deutscher Kultur von 1870 bis zur Gegenwart. Bd. 5: Expressionismus. München 1976. (Sammlung Dialog. 57) S. 8, 10, 15, 35, 93, 124, 182, 212ff.

Richard, Lionel: D'une apocalypse à l'autre. Sur l'Allemagne et ses productions intellectuelles de Guillaume II aux années vingt. Paris 1976. S. 77, 175, 180, 183.

1977

Expressionismus und Dadaismus. Hg. von Otto F. Best. Stuttgart 1977. (Die deutsche Literatur. 14) (Reclams Universal-Bibliothek. 9653, 4) S. 51–54.

Falk, Walter: Der kollektive Traum vom Krieg. Epochale Struktur der deutschen Literatur zwischen Naturalismus und Expressionismus. Heidelberg 1977. (Beiträge zur neueren Literaturgeschichte. Folge 3, Bd. 31) S. 195–202.

Rothe, Wolfgang: Der Expressionismus. Theologische, soziologische und anthropologische Aspekte einer Literatur. Frankfurt a. M. 1977. (Das Abendland. N.F. 9) S. 12, 22, 34, 39, 50, 53–55, 69, 78, 86, 107, 112, 134, 245, 249, 297, 301f., 324, 326, 329, 355, 371, 421, 441, 447.

1978

Campe, Rüdiger: Ästhetische Utopie. Jugendstil in lyrischen Verfahrensweisen der Jahrhundertwende. In: Sprachkunst. Jg. 9 (1978). S. 59–87. – S. 71–81 über Stadler. – Wiederabgedruckt in: Deutsche Literatur der Jahrhundertwende. Hg. von Viktor Žmegač. Königstein, Taunus. 1981. S. 217–241.

1979

Knapp, Gerhard P.: Die Literatur des deutschen Expressionismus. Einführung – Bestandsaufnahme – Kritik. München 1969. S. 16, 26, 28f., 30, 36, 41, 48, 73, 76, 129, 176.

Rothe, Wolfgang: Tänzer und Täter. Gestalten des Expressionismus. Frankfurt a. M. 1979. S. 24, 35, 73, 84, 163, 199, 221, 232, 235, 238, 243, 251, 260, 267, 270f.

DIE DICHTUNGEN ERNST STADLERS*
von
Karl Ludwig Schneider

Ernst Stadlers Ruhm als Lyriker beruht vor allem auf den Langzeilengedichten des »Aufbruch«, die in zahllose Anthologien aufgenommen und durch sie verbreitet wurden. Wer in seiner Auseinandersetzung mit dem Werk Stadlers von diesem Höhepunkt expressionistischer Dichtung ausgeht, mag die Beschäftigung mit den lyrischen Texten seiner früheren Entwicklungsphasen zunächst weniger ergiebig finden, denn sie führt in Zonen der Vorbereitung, der Nachahmung und der schnell wechselnden Experimente, wie sie allerdings auffallend oft gerade den bedeutenden Werken der frühen Expressionisten vorgelagert sind. Stadler selbst hat seine Frühdichtungen später gern als belanglos abgetan und sich von ihnen distanziert. Trotz dieser negativen Einschätzung durch den Autor selbst haben jedoch diese Dichtungen seit dem Erscheinen der Stadler-Ausgabe von 1954 ein reges und berechtigtes Interesse gefunden. Sie dokumentieren nämlich den Entwicklungsweg eines repräsentativen Vertreters expressionistischer Lyrik, der in seinem Verlauf zunächst von den verschiedenen literarischen Strömungen der Zeit erheblich bestimmt wird und erst nach der Bewältigung vieler Einflüsse und ablenkender Verlockungen seine eigene, zum Expressionismus hinführende Richtung gewinnt. Die Frühdichtungen Stadlers sind somit auch dort, wo ihnen die später erreichte Qualität noch mangelt, in jedem Fall aufschlußreiche Dokumente für die Entscheidungsmöglichkeiten und die Entscheidungsschwierigkeiten, die ein junger Autor um die Jahrhundertwende vorfand. Die nähere Beschäftigung mit dem

---

* Bei den folgenden Ausführungen handelt es sich um den überarbeiteten und stellenweise ergänzten Text der interpretatorischen Einleitung zum Werk Ernst Stadlers aus der Ausgabe seiner »Dichtungen« im Verlag Heinrich Ellermann von 1954. Die Überarbeitung wurde im Herbst 1980 abgeschlossen.

Frühwerk Stadlers zeigt darüber hinaus, daß die Wege und Umwege, die er eingeschlagen hatte, in ganz besonderer Weise zu einer Voraussetzung für sein späteres Schaffen und auch für seine künstlerischen Überzeugungen geworden sind. Die Ablehnung der ästhetizistischen Kunstrichtungen, die Stadler sowohl in den Aufbruch-Gedichten als auch in seinen Kritischen Schriften bekundete, ist in ihrer Schärfe und Grundsätzlichkeit ohne Zweifel auch dadurch bedingt, daß er selbst in seinen Frühdichtungen gerade den Einflüssen dieser Strömungen besonders zugänglich war. Was also der »Aufbruch« an offener oder immanenter Kritik der ästhetizistischen Formkunst enthält, ist als Wendung gegen die eigenen Frühdichtungen zu verstehen und beruht keineswegs nur, wie Hans Naumann 1920 meinte[1], auf dem Wissen des Literarhistorikers, der diese Richtung für erschöpft hielt. Man wird sagen dürfen, daß die Wendung von ästhetizistischer Kunst zum Expressionismus, die Stadler innerhalb seiner Entwicklung exemplarisch vollzogen hat, eine zentrale Erfahrung seines Dichtens war. Die Gedichte des »Aufbruch« sind darum kaum voll zu erschließen ohne den Rückblick auf die Frühdichtungen und ohne die genauere Ermittlung ihres Stellenwerts in seinem literarischen Werdegang.

Die Anfänge der literarischen Bemühungen Stadlers reichen zurück bis in die Schulzeit. Er gehört in die Reihe der in dieser Zeit so zahlreichen literarisch produktiven Gymnasiasten, wenn ihm auch geringerer Erfolg beschieden war als dem legendären Wiener Loris (Hugo von Hofmannsthal). Aus neuerdings aufgefundenen Handschriften ist zu ersehen, daß Stadler sich bereits als Sechzehnjähriger auf dem Felde der Dichtung versuchte, offenbar aber zunächst die Prosa und das Lustspiel bevorzugte. So liegt aus dem Jahre 1899 ein Einakter vor mit dem Titel »Die glückliche Kur. Lustspiel

---

[1] Hans Naumann, »Ernst Stadler. Worte zu seinem Gedächtnis«. Berlin 1920. Naumann sagt dort: »Und dennoch verleugnet sich feinem Gehör auch in seinen Gedichten die Gewissenhaftigkeit des Literarhistorikers nicht. ›Der Aufbruch‹ heißt seine Sammlung, und das bedeutet Abschüttelung eines Alten und Begehr nach Neuem. Stadler weiß, mit der Wortkunst und der Formkunst aus der Blütezeit der Impression ist es vorüber. Es ist literarhistorisch und gewissenhaft, daß sich auch der Dichter fein und behutsam noch einmal mit beiden auseinandersetzt". (S. 18).

in einem Aufzuge von Ernst Stadler«. Vermutlich handelt es sich um ein aus geselligem Anlaß geschriebenes Stück, das allerdings trotz seiner unterhaltenden Funktion schon eine gewisse technische Routine erkennen läßt. Noch früher anzusetzen ist möglicherweise die Novellette »Herbst«, die thematisch an Stifters »Mappe meines Urgroßvaters« erinnert und mit stark aufgetragener Sentimentalität das Schicksal eines Mannes darstellt, der seine junge Frau durch ein Bergunglück verliert.[2] Ab 1901 bemühte sich Stadler systematisch um eine Veröffentlichung von Gedichten, denn es konnte nachgewiesen werden, daß er in dieser Zeit wiederholt an Zeitschriftenredaktionen Manuskripte einsandte. Mehrfach führten diese Bemühungen auch zum Erfolg. Im Juni 1901 veröffentlichte der von Ernst Wachler herausgegebene »Spielmann« das Gedicht »Mainachtzauber« und die von Karl Emil Franzos redigierte »Deutsche Dichtung« brachte »Abendrot«.[3] Im Juli folgten in den »Stimmen der Gegenwart« noch »Die Mädchenwünsche«. Im Jahr 1902 gelangen Stadler weitere Gedichtveröffentlichungen in den Zeitschriften »Die Gesellschaft«, »Das Reichsland« und »Der Stürmer«. Es sind also zum Teil literarisch keineswegs anspruchslose Zeitschriften, die Stadlers erste epigonale Produkte publizierten. Man wird somit bei ihrer Bewertung nicht allein den Maßstab des heutigen Lesers, sondern auch den literarischen Geschmack des zeitgenössischen Publikums zu bedenken haben. Daß eines der ersten veröffentlichten Gedichte Stadlers bei Ernst Wachler in einer Zeitschrift der Heimatkunstbewegung erschien, ist mehr als ein Zufall, denn es kann kein Zweifel darüber bestehen, daß Stadlers Anfänge nicht unerheblich durch Friedrich Lienhard, den wortreichen elsässischen Verfechter der Heimatkunst, beeinflußt worden sind. Stadler selbst hat in einem Brief von 1902 an Christian Schmitt, den Schriftleiter der »Erwinia«, bezeugt, daß Lienhard eines der wichtigsten Vorbilder seiner frühen Zeit war. Von Lienhard übernahm er die Imitation volksliedhafter Schlichtheit. Aus

---

[2] Die Manuskripte befinden sich in Privatbesitz.
[3] Vgl. die Erläuterungen zu diesen beiden Gedichten S. 582.

Lienhards »Nordlandsliedern« von 1898 ist die frühe Nordlandsromantik Stadlers abzuleiten, die sich in seinem Gedicht »Traum« deutlich manifestiert, aber auch an anderen Stellen zeigt. So beginnt etwa ein von Stadler nicht veröffentlichtes, erst kürzlich aufgefundenes Gedicht mit der Strophe:

> »Ein Wikingkönig bin ich:
> Meine goldnen Drachen rauschen
> Aus tiefen blauen Fjorden schäumend ein
> In weite Meere.«

Auch die vorübergehende Vorliebe Stadlers und seines Freundes René Schickele für nordische Mythologie dürfte auf diesem Boden gewachsen sein. Die umfangreiche Baldur-Dichtung und das Gedicht »Abendrot« sind mit ihren unverkennbaren Bezügen zur Edda Beispiele dieser Tendenz. Schließlich ist es wohl gleichfalls der Orientierung an Denkmustern Lienhards zuzuschreiben, daß es in einem großen Teil der Frühdichtungen Stadlers immer wieder zu einer Gegenüberstellung der Alltagswelt und der Stadt mit einem »lichten Zauberland« und einem Höhenreich der Kraft und Schönheit kommt. In dem Gedicht »Ex aetheribus« sind es die Gletscherwelt und das Tal, die in durchsichtiger Landschaftssymbolik konfrontiert werden. In »Eine Nacht« erbittet der Dichter den Schutz Odins »Vor denen dort unten«, und in »Dämmerung« werden die Zonen der Niederung mit den Stichworten »Lust und Leid und Lüge der Großstadt« belegt. Die Anfangsverse von »Traum« bringen den Gegensatz auf eine emphatische Formel:

> »Aus dumpfer Städte eklem Hüttenqualm
> Hinauf zu jenem lichten Zauberland,
> Das früh der Sehnsucht Finger mir gewiesen.«

Ein weiteres von Stadler nicht veröffentlichtes frühes Gedicht schildert unter dem Titel »Alltag« die visionäre Entrückung aus der Welt des nivellierenden Alltags auf ein märchenhaftes Eiland, das wiederum ein Reich des Glücks, der Schönheit und des Lichtes ist.

Mit dieser Verfemung des Alltags und der Stadt steht Stadler im Schatten Lienhards, der mit seinem Schlachtruf »Los von Berlin« die Provinz gegen die Großstadt und den Idealismus gegen den zivilisatorischen Fortschritt zu mobilisieren gedachte. Kein Wunder also, daß Stadler sich auf seinem späteren Weg zum Expressionismus, der ihn zur Großstadtdichtung und zur Gestaltung des Alltäglichen führen sollte, mit Schärfe von diesem Vorbild und damit zugleich von diesen Tendenzen seiner Anfänge lossagen mußte. Es wäre jedoch eine unzulässige Vereinfachung, wenn man den Charakter der Gedichte dieser Anfangsphase allein dem Einfluß Lienhards und den Tendenzen der Heimatkunst zuschreiben wollte. Kennzeichen dieser frühen Dichtungen ist vielmehr, daß sich in ihnen Einflüsse verschiedenster Herkunft überlagern und unentwirrbar durchkreuzen. Unüberhörbar sind ab 1902 bei Stadler die Zarathustra-Töne und die Orientierung am dithyrambischen Stil Nietzsches. Wie die von Schickele herausgegebene Zeitschrift »Der Stürmer« ausweist, stand der gesamte an dieser Zeitschrift beteiligte elsässische Freundeskreis damals tief im Banne Nietzsches, dem Stadler 1914 in seiner Vorlesung »Geschichte der deutschen Lyrik der neuesten Zeit« das Verdienst zubilligte, die lyrische Sprache der nachfolgenden Zeit grundlegend verändert zu haben. Zu Recht ist auch auf das »wagnerianische Pathos« der frühen Dichtungen hingewiesen worden. Ein erst jetzt aufgetauchtes »Concert und Theater Buch« aus Stadlers Nachlaß, in das zwischen 1897 und 1901 alle Theaterbesuche gewissenhaft eingetragen wurden, läßt erkennen, daß der Straßburger Gymnasiast keine Gelegenheit zum Besuch von Wagner-Inszenierungen ausließ. Diese Erlebnisse haben gleichfalls – wenn auch vielfach nur atmosphärisch – ihre Spuren im Frühwerk hinterlassen. Widmungen an Dehmel und Liliencron in den Handschriften bisher unveröffentlichter Frühdichtungen zeigen, daß auch der Einfluß dieser Autoren 1903 schon wirksam war. Schließlich ist auf die offenkundige Faszination durch die »Mittelachsenlyrik« von Arno Holz zu verweisen. Stadler hat diese Form der Gedichtgestaltung seit 1902 wiederholt benutzt und teilweise sogar fertige Texte in die Mittelachsenanordnung umgeschrieben. Überhaupt ist festzustellen, daß die Lyrik dieser frühesten Phase im Sprachlichen und Formalen fortschrittlichere Züge aufweist als im Bereich der Motive, der noch überwiegend auf rückständige Konventionen oder Klischees fixiert bleibt. Im Jahr 1902 dominieren schon freirhythmische Gedichte, und mit den Texten »Vorfrühling« und »Mysterium der Nacht« versucht sich der junge Autor zum ersten Mal in reimlosen Langzeilen. Mit diesen Experimenten kam er der späteren Großform der Aufbruch-Gedichte schon nahe. Dies freilich nur im äußerlichsten Sinne, denn gerade im Vergleich wird sichtbar, wie viel noch hinzukommen mußte, um diese freie Form zu überzeugender Dichtung zu erheben. Die beste Erklärung für das Erscheinungsbild der Dichtungen von 1901 bis 1904, die ein Sammelbekken vielfacher, meist noch unbewältigter Einflüsse sind, hat Stadler selbst in einer kleinen autobiographischen Notiz vom 25. 2. 1903 gegeben. Dort heißt es: »Ich habe an mir bemerkt, daß ich, wie ich das Wesen einer mir interessanten künstlerischen Persönlichkeit mit Leidenschaft ergreife, ebenso rasch wieder mich davon abwende. Es ist gleichsam, als verlasse ich die Blüte, nachdem ich alle Süße aus ihr gesogen. Und dann bin ich ihrer Eigenart so übervoll, daß ich nach anderer, nach entgegengesetzter Speise dürste.«[4]

Gegenüber diesen frühesten Dichtungen, für deren Gesamtbild sicher nicht nur die Jugend des Verfassers, sondern auch die damalige provinzielle Rückständigkeit der deutschsprachigen Literatur im Elsaß verantwortlich zu machen sein wird, bedeuten die »Praeludien« einen erheblichen Schritt vorwärts. In diesem Bändchen faßte Stadler zusammen, was in den Jahren 1903 und 1904 entstanden und zum Teil schon im »Magazin für Litteratur« gedruckt erschienen war.[5] Von Fortschritt ist nun allerdings noch nicht in dem Sinne zu reden, daß Stadler im ganzen hier schon etwas geboten hätte, was als Dichtung von unverwechselbarer Ei-

---

[4] Der Gesamttext der Notiz S. 262.
[5] Vgl. die Überlieferungsnachweise im Apparat zu den »Praeludien«.

genart gelten könnte. Eine höhere Stufe in seiner Entwicklung bilden die »Praeludien« insofern, als sie den jungen Autor nun unter dem Einfluß von neuen Strömungen zeigen, die in engerem Zusammenhang mit den Entwicklungen der europäischen Literatur stehen und zugleich auch ein ganz anderes Niveau der lyrischen Sprachkultur repräsentieren. Schon ein flüchtiger Blick auf die »Praeludien« läßt die neuen Vorbilder erkennen. Welchen Anteil die George-Lektüre an der Entstehung der »Praeludien« hatte, zeigt allein die Tatsache, daß Stadler zum Teil die Interpunktion Georges übernimmt. Was er Hofmannsthal dankte, brachte er auch äußerlich zum Ausdruck, indem er ihm das lyrische Spiel »Freundinnen« widmete. Auch die erste Niederschrift der von Stadler nicht veröffentlichten Dichtung »Ein Prolog« von 1903 oder 1904 enthielt die Widmung: »an Hugo von Hofmannsthal«. Der dritte, der hier einwirkte, war Henri de Régnier. Er wurde sogar mit vier der sechs von Stadler 1904 im »Magazin« veröffentlichten Übersetzungen in den Band aufgenommen. Was diese Vorbilder verbindet, zeigen die »Praeludien« selbst zur Genüge: es ist der Ästhetizismus, der als europäische Geistesbewegung der Jahrhundertwende im Frühwerk Georges und Hofmannsthals sich ebenso manifestierte wie in der Lyrik des Symbolisten Régnier. Die »Praeludien« sind in der genauen Nachahmung aller Züge dieser verfeinerten Kunst ein Muster jugendlicher Anempfindung und steigernder Weiterentwicklung der Manier. Deutlich äußert sich das dort, wo Stadler den schweren Prunk des frühen George imitierte und, ihm auch darin folgend, durch seine Metaphorik die Natur in ein Arsenal erlesener Kostbarkeiten verwandelte. Da ist der Abendhimmel ein »Schacht mit funkelnden Juwelen«. Heckenwege glitzern »wie aus Silber gesponnen«, kräuselnde Blätter spannen sich wie »goldgewirkte Teppiche«, der Abend sprüht in »Rubinenfeuern«. Oder noch ein Beispiel wie dieses aus dem Gedicht »Schloß im Herbst«.

»über dämmrig schauernde lange Korridore·
bleiche Gänge· steile Stufen
in den Park· der wie smaragdene Brandung

an die Mauern drängt purpurumraschelt
vom Prunkgewand des Herbstes· und der rote Mond
webt seltsam um das glühe Laub der Eschen . . . «

Ein in seinem Übermaß abstumpfender Aufwand von Farbworten gesellt sich zwangsläufig in den »Praeludien« zu dieser ausstattenden Stilisierung. Prunkfarben wie Purpur und Gold begegnen für sich oder in Zusammensetzungen auf fast jeder Seite der Sammlung, und unersättlich ist ihr Verfasser in der Mischung und Zubereitung raffinierter Valeurs. Die Fenster einer Kapelle erscheinen in der Dämmerung »flammrot wie Mohn und wie Perlen grün«. Im Innern der Kapelle schwimmen »auf Scharlachgewirken die bernsteinschillernden Schalen . . . wie Meergrundwunder im bläulichen Duft«. Zweige sind von Blüten »glockenglanzumschauert«, Hänge von Rosen »purpurüberblüht«, und Fernen funkeln »sommerglanzumwittert«. Mit dieser Farbtrunkenheit vermählt sich die den frühen Dichtungen Hofmannsthals abgelauschte melancholische Melodik und feine Müdigkeit. Viele der Praeludien-Gedichte sind unverkennbar auf diesen gedämpften und gleitenden Ton gestimmt, am stärksten das Hofmannsthal gewidmete lyrische Spiel, das den Band beschließt. Aber auch hier – und hier stärker als irgend sonst – werden die Gestaltungsprinzipien der hohen Kunst der feinen Nerven durch Übertreibung ad absurdum geführt. Überall zeigt dieses Spiel ein Zuviel. Aufdringlich gehäuft erscheint die von Hofmannsthal in der »Ballade des äußeren Lebens« so meisterlich gehandhabte Einleitung mehrerer einander folgender Verszeilen durch ein Und, das nur locker reiht und bindet und zugleich eine faszinierende Monotonie heraufbeschwört. Zu stark gezeichnet ist auch die Szenerie der Marmorbrunnen, dunklen Zypressen und efeubewachsenen Statuen, die Stadler vor allem in den verführerisch melancholischen Gedichten Régniers über den Park von Versailles kennengelernt hatte. Ein Zuviel ist schließlich auch das aus Paul Verlaines »Les amies« übernommene Sujet des Spiels: die nächtliche Liebesbegegnung der schwärmerischen Mädchen Bianca und Silvia.

Die Dichtungen Ernst Stadlers

Aber das sprachkünstlerische Vermögen Stadlers, das erst zur vollen Wirkung kommen konnte, als sich ihm später ein verpflichtendes Erleben überordnete, legte auch hier, obwohl noch ganz mit sich selbst beschäftigt, schon Zeugnisse seiner Stärke ab. Gedichten wie »Erwachen« und »Im Treibhaus« wird man bei aller Abhängigkeit eine unmittelbare Wirkung nicht absprechen dürfen. Das Treibhaus-Gedicht ist geradezu symbolisch für die Atmosphäre des Ganzen, die mit den Schlußzeilen dieses Gedichtes auf eine knappe Formel gebracht erscheint:

> »und ahnend dämmern Bild und Zeichen
> für seltne Wollust· frevlen Traum.«

Mehr als eine Ahnung freilich konnte Stadler wohl kaum haben von der Magie der künstlichen Paradiese, denn das Ästhetentum der »Praeludien« ist vor allem eine Angleichung an den literarischen Geschmack der Zeit und ein Bildungserlebnis. Für die Entwicklung Stadlers hatte seine Berührung mit der ästhetizistischen Kunst allerdings fruchtbare Folgen. Was dem Dichter des »Aufbruch« als Umweg, als Akt der Selbstverleugnung erschien und auch erscheinen mußte, das bildete in einem ihm selbst verborgenen Sinne die Voraussetzung seiner Leistung. Auch die verhältnismäßig scharfen späteren Äußerungen gegen die Schule Georges und gegen Hofmannsthal können darüber nicht hinwegtäuschen. Wenn er sowohl in seinem Essay über Schickele als auch in seiner durch eine Hörermitschrift bekannten Vorlesung von 1914 über die »Geschichte der deutsche Lyrik der neuesten Zeit« von Hofmannsthal sagte, dessen Einfluß habe eine Zeitlang die Erstlingswerke der jungen Generation förmlich vergiftet, so muß festgestellt werden, daß es gerade diese Vergiftung war, die in ihm selbst die Eigen- und Abwehrkräfte mobilisierte. Ebenso mußte er wohl selbst erst einer der in der Besprechung von Heyms »Ewigen Tag« streng abgestraften »frühreifen Georgeschüler« gewesen sein, die in »physiognomielosen Erstlingsbüchern« eine »verdächtige Vollkommenheit« pflegten, um an der gleichen Stelle sagen zu können: »Man ist es satt, immer nur Ausklang, Spätling zu sein. Der Wille regt sich, vorwärts zu zeigen, statt zurück, Anfang zu sein, lieber Unbeholfenheiten und Geschmacklosigkeiten zu wagen als in der Fessel eines immer mehr erstarrten Formalismus zu verkümmern.«[6]

Es soll hier allerdings nicht unerwähnt bleiben, daß die »Praeludien« neuerdings im Gegensatz zu ihrer Einschätzung durch den Autor eine gewisse Aufwertung erfahren haben durch die Jugendstilforschung, die in dieser Gedichtsammlung signifikante Beispiele für die Gestaltungsformen des Jugendstils in der Lyrik gefunden hat.[7] Tatsächlich ist nicht zu bezweifeln, daß typische Jugendstilmotive in den Praeludien-Gedichten häufig begegnen und daß auch die spezifischen Tendenzen zur ornamentalen Stilisierung nachgewiesen werden können. Gedichte wie »Erwachen«, »Der Teich«, »Im Treibhaus« oder das Spiel »Freundinnen« sind darum zu Recht als paradigmatische Ausprägungen dieser Kunstrichtung in Anspruch genommen worden. Daß Stadler auch mit den Jugendstiltendenzen in den »Praeludien« an George und Hofmannsthal anknüpft, ist unverkennbar, ebenso deutlich wird allerdings, daß er die Ansätze seiner Vorbilder weitertreibt und systematisiert, wozu vielleicht die Orientierung an Mustern der bildenden Kunst beigetragen hat. Insofern läßt sich von einem selbständigen Beitrag Stadlers zum Jugendstil sprechen. Am Stellenwert der »Praeludien« innerhalb der Entwicklung Stadlers dürfte diese Neubewertung des Bandes durch die Jugendstilforschung allerdings grundsätzlich nichts ändern. Es bleibt zu beachten, daß der Jugendstil

---

[6] Der Text der Rezension S. 327–328. Die zitierte Stelle S. 328.
[7] Zum Problem des Jugendstils bei Stadler sei besonders auf folgende Untersuchungen verwiesen: Volker Klotz, »Jugendstil in der Lyrik«. Akzente 4 (1957), S. 26–34; Jost Hermand, »Stadlers stilgeschichtlicher Ort«. In: J. H., »Der Schein des schönen Lebens«. Frankfurt 1972. S. 253–265; Jost Hermand, »Lyrik des Jugendstils. Eine Anthologie«. Stuttgart 1964. (Reclams Universal Bibliothek 8928); Dominik Jost, »Literarischer Jugendstil«. Stuttgart 1969; Horst Fritz, »Literarischer Jugendstil und Expressionismus. Zur Kunsttheorie, Dichtung und Wirkung Richard Dehmels«. Stuttgart 1969; Hellmut Thomke, »Hymnische Dichtung im Expressionismus«. Bern und München 1972.

nicht das organisierende und durchgängig prägende Gestaltungsprinzip der gesamten Sammlung ist, sondern nur ein Einschlag, der den Befund der Abhängigkeit von George und Hofmannsthal einschränken, aber nicht aufheben kann. Vor allem fällt für die Erörterung dieser Frage ins Gewicht, daß der Jugendstil trotz gewisser auf den Expressionismus vorverweisender Elemente letztlich auch eine Variante der ästhetizistischen Kunstströmungen ist, die Stadler später insgesamt und trotz ihrer klar erkannten Verdienste um die formale Weiterentwicklung der modernen Dichtung als Sackgasse bewertet. Die entscheidende Wende in Stadlers Erfahrung und Dichtung liegt darin, daß er gerade durch die »Praeludien« zu seiner späteren Ablehnung derjenigen Kunstrichtungen und Vorbilder geführt wurde, die der modernen Lebenswirklichkeit offen oder versteckt auswichen, und daß er seinen weiteren Weg dort suchte, wo er das uneingeschränkte Jasagen der Kunst zum Leben und zur Alltäglichkeit vermutete. Man wird darum weiterhin mit Recht von einer »Zweiteilung« der Entwicklung Stadlers sprechen können, auch wenn es gelingt, die einzelnen Phasen und Übergangsstufen seines künstlerischen Werdegangs noch differenzierter darzustellen, wozu die Jugendstilforscher bereits erheblich beigetragen haben.

Bevor Stadler sich in seinen Dichtungen als ein Gewandelter zeigte, vergingen noch Jahre nach der Veröffentlichung der »Praeludien«. Die wissenschaftlichen Arbeiten, die die Zeit von 1905 bis 1910 ausfüllten, mochten ihm allmählich einen kräftigen und heilsamen Abstand zu jenen frühen dichterischen Versuchen gegeben haben. Immerhin war dieser Abstand auch 1910 keineswegs schon so groß, daß die in dieser Zeit wiederaufgenommene künstlerische Arbeit als ein völliger Neuansatz zu betrachten wäre. Die 1910/11 in der elsässischen Zeitschrift »Erwinia« veröffentlichten vier Gedichte »Frühlingsnacht«, »Frühe Dämmerung«, »Untergang« und »Gang im Schnee« fallen noch deutlich zurück. Im Vergleich zu den »Praeludien« zeigt sich hier jedoch ein sehr gemäßigter, von aller Übertreibung gereinigter Stil. Es mag sein, daß diese Gedichte schon längere Zeit vor der Veröffentlichung entstanden waren, also noch in die Phase der vorwiegend wissenschaftlichen Betätigung fallen, von der nicht mit Sicherheit auszumachen ist, ob sie wirklich zu einem völligen Stillstand der dichterischen Bemühungen führte. Da es indes nicht Stadlers Gewohnheit war, neu entstandene Dichtungen lange zurückzuhalten, wird man wohl kaum fehlgehen mit der Annahme, daß hier Entstehung und Veröffentlichung nicht allzu weit auseinander lagen. Auch für die nächsten Publikationen vom Januar 1911 in der Zeitschrift »Das Neue Elsaß«, für die gleichfalls keine Handschriften vorliegen, wird diese Vermutung zutreffen. Es sind die drei Gedichte »Dämmerung in der Stadt«, »Sicherung« und »Das Abenteuer«. Ähnlich wie die Erwinia-Veröffentlichungen weisen auch sie noch manche Nähe zum Praeludien-Stil auf. Zugleich aber werden hier schon vorwärtsweisende Elemente sichtbar: in »Dämmerung in der Stadt« etwa das Bild der im Abend »wie Rümpfe großer Schiffe« erscheinenden Häuser, das in dem Aufbruch-Gedicht »Gang in der Nacht« bezeichnenderweise seiner Dynamik wegen wieder aufgegriffen wurde. Einen schon wesentlichen Schritt in die sich erst schwach abzeichnende neue Entwicklungsrichtung bedeuten die im März 1911 gleichfalls im »Neuen Elsaß« vorgelegten Gedichte »Pans Trauer« und »Evokation«. Hier gebrauchte Stadler zum ersten Mal in seiner Dichtung die gereimten Langzeilen, die er bald als die ihm persönlich und seiner sich wandelnden Kunstauffassung gemäße Form der Aussage erkannte. Dadurch waren jetzt auch in formaler Hinsicht wieder neue Möglichkeiten eröffnet, nachdem Stadler in den »Praeludien« unter dem Eindruck seiner Vorbilder die Formexperimente seiner frühesten Dichtungen weitgehend aufgegeben hatte. Auch mit den nächsten Veröffentlichungen in der »Aktion«, die in den Zeitraum von Oktober bis Dezember 1911 fallen, ist die Übergangsphase im Schaffen Stadlers noch keineswegs beschlossen. Diese Gedichte fanden jedoch, wie der größte Teil der nun folgenden lyrischen Beiträge zu dieser expressionistischen Zeitschrift, schon Aufnahme in den Band »Der Aufbruch« und können sinnvoll nur im Gesamtzusammenhang dieser Dichtung betrachtet werden.

»Der Aufbruch« ist wesentlich mehr als eine bloße Sammlung, wenn er auch die nach Inhalt, Form und Wert durchaus unterschiedliche Produktion der Jahre 1910 bis 1913 zusammenfaßt. Was in diesem Bande in scheinbar nur loser Reihung beieinandersteht, ist durch sehr versteckte Sinnbezüge verknüpft. Eine Interpretation, die diese Zusammenhänge nicht wahrnimmt und die Gedichte des »Aufbruch« isoliert betrachtet, wird den merkwürdigen, vielleicht einzigartig zu nennenden Charakter dieses Buches nicht erfassen. Außerdem müssen ihr eine ganze Reihe von Aufbruch-Gedichten unverständlich bleiben, weil sie zum Teil erst aus dem Erlebnisgehalt des ganzen Bandes heraus Sinn und Bestimmung erfahren. Daß ein Teil der älteren Literatur über Stadler ein derart eingeschränktes Verständnis zeigt, erklärt sich freilich daraus, daß die Hauptschlüssel zu seiner Aufbruch-Dichtung verloren waren: seine Frühdichtungen und die für sein Verständnis so wertvollen kritischen Arbeiten und Essays. Dem von der Frühdichtung herkommenden Betrachter des »Aufbruch« erschließt sich sofort eine Reihe von Gedichten, die vom Gegensatzgefühl zu den eigenen Anfängen gekennzeichnet sind und gleichsam den zurückgelegten Entwicklungsweg aus der Perspektive des neu gewonnenen Standortes kritisch in den Blick nehmen. Daß das Gedicht »Worte«, das Eingangsgedicht des »Aufbruch«, so zu verstehen sei, hat bereits Hans Naumann in seiner Erinnerungsschrift festgestellt.[8] In dem feinsinnigen Gleichnis dieses Gedichtes, das die Wortkunst als eine Pracht fremdländischer Blumen darstellt, die sich entblättern, nimmt Stadler Abschied von einer Phase der eigenen Entwicklung. Endet dieser Abschied auch in Worten der Klage über den Verlust, so ist der Grundton doch Absage.

Wenn es heißt, daß die noch farbig gebliebenen Wort-Blüten dieser Kunst sich geschieden haben »von Alltag und allem Erdwohnen«, daß sie unerreichbar sind »wie die weißen Wolken, die

---

[8] Hans Naumann, a. a. O., S. 18–19.

sich über unserm Knabenhimmel vereinten«, so bedeutet das für den Dichter des »Aufbruch«, der sich gerade dem Erdenwohnen verschrieben hat und sich die »Ausflüge ins Wolkige« verbietet, nichts anderes als Verzicht auf sie. Was in dem Gedicht »Worte« so schon sichtbar wird, aber noch in der Schwebe bleibt, das wird mit Klarheit und Schärfe in den wenigen Zeilen von »Form ist Wollust« formuliert. Gegenüber der verbreiteten Auffassung, daß dieses berühmt gewordene Gedicht ein Programm-Gedicht des Expressionismus sei, muß auch hier geltend gemacht werden, daß es keineswegs als ein solches geschrieben wurde. Es verbleibt vielmehr mit jeder Zeile im Raum des persönlichen Erlebens. Nicht zwei Kunstprinzipien werden hier abstrakt konfrontiert, sondern der Vollzug der eigenen Entwicklung wird dichterisch ins Bild gesetzt. Diese Entwicklung freilich ist als schroffe Absage an eine absolut gewordene Kunst und als Bekenntnis des Künstlers zur Hingabe an das Leben repräsentativ für den Weg jener Generation, die den Expressionismus heraufgeführt hat. Bei Stadler aber ist alles noch taufrische Entdeckung, was später zu Programm-Formeln dieser Bewegung verkürzt erscheint. So wird auch in diesem Gedicht der Formkunst noch keineswegs der Expressionismus gegenübergestellt, sondern erst ein Gegensatzgefühl ausgesprochen, das seine Bindung an das Abgelehnte deutlich durch die adversativen Wendungen »Doch mich reißt es«, »Doch ich will« und »Doch mich treibt es« zu erkennen gibt. Unverkennbar ist, daß dieses Gegensatzgefühl die konstituierenden Elemente des Expressionismus bereits enthält. Der Lebensabgewandtheit der artistischen Kunst wird bildlich im Umpflügen der Ackerschollen die auf das Leben gerichtete Aktivität entgegengestellt, die Form erscheint als Hindernis des Willens zur Wirklichkeit, und schließlich wird auch der Exklusivität der Formkunst das Urteil gesprochen im Bekenntnis »zu den Dumpfen, zu den Armen«. Daß mit den Worten »Form ist klare Härte ohn' Erbarmen« George gemeint war, zeigt ziemlich deutlich eine Passage aus Stadlers Aufsatz von 1912 »Die neue französische Lyrik«, in der folgendes über die literarische Praxis des Georgekreises gesagt wird: »Dieser Dichtung gegenüber, die den nährenden Mutterboden des Lebens immer mehr unter sich verloren hat, in der kein Ringen mehr ist und kein Drang, die, wählerisch und exklusiv, immer mehr in toten Formeln erstarrt, muß heute in Deutschland jeder Versuch ermutigt werden, den einschnürenden Ring des Formalismus zu durchbrechen, die Dichtung wieder zum Erlebnis heranzuführen, mit den Inhalten der Wirklichkeit zu füllen. Für die deutsche Lyrik wenigstens liegt heute das Heil bei den scheinbar Formlosen. Wieder muß ein kostbares Gefäß, eine wundervolle, aber in ihren Nachbildungen bereits entwertete Form zerschlagen werden, damit für neue Erlebnisse Platz werde.«[9]

Die in »Form ist Wollust« in prägnanter Kürze einander unversöhnlich gegenübergestellten Welten, durch das »Doch« im Gegensatz noch verbunden, kehren auch in dem Gedicht »Ende« wieder, das in seiner loseren, persönlicheren Form fast wie ein Ergänzungsstück erscheinen will. Schon im Titel deutet sich der Bezug auch dieser Zeilen auf das Frühwerk Stadlers an, von dem sich der Dichter hier in Imperativen, die er sich selbst gibt, gleichsam noch einmal abstößt: »Vorbei die umtaumelten Fanfaren, die in Abenteuer und Ermattung tragen ... Keine Ausflüge mehr ins Wolkige ... Aus seinen Träumen fliehen«. Das Gegensatzgefühl bestimmt sich hier auch schon genauer und festigt sich zu Entschlußformeln, die alle erneut auf das Leben als Ziel hinweisen: »Irgendwo im Alltag versinken, in Gewöhnlichkeit ... nicht anders sein wollen ... Morgens erwachen, seine Arbeit wissen, sein Tagewerk, festbezirkt ... nur im Nächsten noch sich finden ... Helle auf sich richten, jedem Kleinsten sich verweben ...« Es ist eine Wendung zum Leben, die als fluchtartige Abkehr vom Traum gerade auch die Schattenseiten des Daseins aufsucht und diese Entscheidung als eine Reinigung erfährt. Bezeichnenderweise schließt das Gedicht mit diesem Motiv der Reinigung durch uneingeschränkte Lebenshingabe, das im »Aufbruch« in immer neuer Einkleidung wiederkehrt:

---

[9] Der Text des Aufsatzes S. 425–430. Die zitierte Stelle S. 427

»Aufgefrischt wie vom Bad, ins Leben eingeblüht, dunkel dem
großen Dasein hingegeben.«

Wo Stadler in seinem Essay über Schickeles Dichtung den Umschwung beschreibt, der sich in der Entwicklung des Freundes mit der Gedichtsammlung »Weiß und Rot« vollzog, die ähnlich wie »Der Aufbruch« aus dem Dämmerreich früherer artistischer Erregungen in eine »männlich erstarkte Weltfreudigkeit« hinüberleitet, da weisen seine Worte eine so bemerkenswerte Übereinstimmung mit dem Inhalt des Gedichtes »Ende« auf, daß wir sie wohl zu Recht hier wie eine Erläuterung zufügen dürfen, zumal Stadler sich überhaupt als Kritiker mittelbar stets auch über den Dichter Stadler ausspricht. So schreibt er über die Gedichte des Bandes »Weiß und Rot«: »Denn diese Gedichte, die das weitaus wertvollste sind, was der Lyriker Schickele bis heute geschaffen hat, wollen durchaus mehr sein als die nur ästhetisch zu wertende Verdichtung von Stimmungen und Bildern. Sie wollen über das Artistische hinaus ins Leben selber greifen: erobern, bekämpfen, beglücken. Sie sind voll aktiven Dranges. Sie wissen, daß nicht das Schwelgen in Stimmungen und Träumen das Leben ausmacht, sondern Arbeit, Kampf, Aktivität. Sie sind menschlich, weil sie sich von nichts Irdischem wählerisch ausschließen. Weil sie keine Trennung des Alltäglichen und des Dichterischen anerkennen und nichts von dem zu unterschlagen haben, was die Seele in der Werktagsarbeit und in den nicht erhobenen Stunden bewegt. Weil sie aus den Wolken der Träume herabgestiegen sind in den Bezirk einer fest umgrenzten, tätig regsamen, heilig nüchternen Welt.«[10]

Für den mit diesen Gedichten aufgewiesenen Zusammenhang kann auch das Gedicht »Der Aufbruch«, das den Titel für den Band abgegeben hat, in Anspruch genommen werden. Dies mag befremdlich klingen angesichts der Tatsache, daß diese Verse so

---

[10] Die Äußerungen über »Weiß und Rot« in Stadlers Essay »René Schickele« S. 276–293. Die zitierte Stelle S. 291.

oft als seherische Vorwegnahme des Kriegsgeschehens ausgelegt worden sind, wozu der Schlußteil des Gedichtes Anlaß gab:

»Ich war in Reihen eingeschient, die in den Morgen stießen, Feuer über Helm und Bügel,
Vorwärts, in Blick und Blut die Schlacht, mit vorgehaltnem Zügel.
Vielleicht würden uns am Abend Siegesmärsche umstreichen,
Vielleicht lägen wir irgendwo ausgestreckt unter Leichen.
Aber vor dem Erraffen und vor dem Versinken
Würden unsre Augen sich an Welt und Sonne satt und glühend trinken.«

Bei näherem Zusehen aber muß festgestellt werden, daß diese Deutung, die nur eine geheimnisvolle Mitwirkung des Zeitbewußtseins an solchen Bildern im Auge hat, die Frage nach ihrer konkreten Bedeutung vernachlässigt. Zunächst muß es schon merkwürdig erscheinen, daß das Titelgedicht dieses Bandes, der den Durchbruch zu einem neuen Geist, zu einer neuen Lebensform feiert, nur die Vision eines kommenden und als Erlebnis bejahten Krieges sein sollte. Gerade hier, an der Schlüsselstelle dieser Dichtung, möchte man eher eine die Gesamthaltung Stadlers klärende oder symbolisierende Aussage erwarten. Diese liegt in der Tat auch vor, wenn das Bild des Krieges nicht einseitig als Vision, sondern als Gleichnis genommen wird, das eine sich bereits als kämpferische Zeitströmung empfindende neue Lebens- und Geisteskraft ausdrückt. Für diese Art der gleichnishaften Aussage neuer Erlebnisinhalte bietet der Gedichtband Beispiele in Fülle. Es gäbe also kein Hindernis, den Schlußteil des Gedichtes »Der Aufbruch« rein metaphorisch zu verstehen. Hierzu zwingen sogar die vorangehenden Teile dieser Dichtung, die bezeichnenderweise stets übergangen oder flüchtig abgetan werden, weil sie die Interpretation des Gedichtes als Vision des Krieges empfindlich stören. Dort heißt es:

Die Dichtungen Ernst Stadlers

»Einmal schon haben Fanfaren mein ungeduldiges Herz blutig gerissen,
Daß es, aufsteigend wie ein Pferd, sich wütend ins Gezäum verbissen.
Damals schlug Tambourmarsch den Sturm auf allen Wegen,
Und herrlichste Musik der Erde hieß uns Kugelregen.
Dann, plötzlich, stand Leben stille. Wege führten zwischen alten Bäumen.
Gemächer lockten. Es war süß, zu weilen und sich versäumen,
Von Wirklichkeit den Leib so wie von staubiger Rüstung zu entketten,
Wollüstig sich in Daunen weicher Traumstunden einzubetten.«

Nachdem bereits gezeigt werden konnte, in welchem Maße Stadler die geistige Eigenentwicklung zum dichterischen Erlebnis erhebt, kann es kaum noch als Wagnis gelten, auch das Titelgedicht unter diesem Aspekt zu sehen, der den Sinn der Verse überraschend erschließt und ihre Zentralstellung begreiflich macht. Die ersten vier Zeilen würden sich, so gesehen, als eine bildliche Umschreibung der Stürmer-Zeit erweisen, auf die das Bild kriegerischen Kampfes in jeder Hinsicht paßt. Man denke nur an die heftige Streitbarkeit des Kreises um die Zeitschrift »Der Stürmer«, der eine künstlerische Renaissance im Elsaß durchsetzen wollte und daher ständig in schärfste Polemiken verwickelt war. Auch ein anderer Streiter des Kreises, Hermann Wendel, sagte später von dieser Zeit: »So hatten wir alle Welt gegen uns ... es war schon eine große Hetz!«[11] Der mittlere Abschnitt des Gedichtes vom plötzlich stillstehenden Leben, vom Ablegen der Rüstung und weichen Traumstunden sprechend, läßt sich gleichfalls ohne Gewaltsamkeit als ein Bild der symbolistischen Entwicklungsstufe Stadlers deuten. Und auf dieses rückblickende »Einmal schon« und »Dann« folgt – ins Bild des Kampfes großartig zurückkeh-

---

[11] Zitat aus: Hermann Wendel, »Die Stürmer. Erinnerungen ans literarische Elsaß vor 30 Jahren.« In: Elsässisches Literatur-Blatt, 3. Juni 1931.

rend – das Gleichnis für den geistigen Aufbruch ins Neue, das sich dem Dichter »wie wenn im Dunkel plötzlich Lichter aufstrahlen« eröffnet hat. Auch darin, daß hier die Stürmer-Zeit durch das »Einmal schon« mit dem Aufbruch-Erlebnis in enger Verbindung erscheint, verzeichnet das Gedicht genau den Gang der dichterischen Entwicklung Stadlers. Tatsächlich nimmt ja die spätere Dichtung, über das symbolistische Zwischenspiel zurückgreifend, die wertvollsten Impulse der Stürmer-Zeit wieder auf, und man kann die Aufbruch-Dichtung als Erfüllung jener Forderungen ansehen, die Stadler bereits 1902 in seiner Skizze »Neuland« aussprach. Eine solche Auslegung soll die Bedeutung des Gedichtes nicht auf einen biographischen Gehalt reduzieren, sondern den bemerkenswerten Sachverhalt sichtbar machen, daß hier ein Dichter in seiner Existenz ganz von den Regungen der Zeit bewegt war und darum mit seinem persönlichen Erleben überpersönliche Erfahrungen aussprechen konnte.

Das geistige Erneuerungserlebnis Stadlers, das zugleich eine Flucht aus dem Traum, eine Entdeckung des Lebens und eine Entscheidung zur vollen Wirklichkeit des Daseins ist, bestimmt die Gesamtatmosphäre der Aufbruch-Gedichte. Sie umkreisen immer wieder – meist im Gleichnis oder in Spiegelungen – dieses Erlebniszentrum. Was das Gedicht »Der Aufbruch« in Worten des Kampfes aussagt, kleidet das Gedicht »Resurrectio« in das biblische Bild der reinigenden Sintflut. Nur die zweite Zeile »O Glück: das große Wasser, das mein Leben überschwemmte, sinkt, ertrinkt« verrät, daß dieses Bild nicht um seiner selbst willen gegeben wird, sondern als Gleichnis für das Erneuerungserlebnis steht, das durch diese Einkleidung fast als religiöse Erfahrung erscheint.

Schon durch den Titel auf das gleiche Erlebnis hindeutend, setzt das Gedicht »Reinigung« die Bezeichnung und Identifizierung jener Lebenserneuerung mit Vorstellungen aus der Spähre des Religiösen fort; dort heißt es:

»Fühlst du: schon schwemmt die starke Flut dich neu und rein,
Schon bist du selig in dir selbst allein
Und wie mit Auferstehungslicht umhangen – «

Noch weiter in dieser Richtung geht der Hymnus »Die Befreiung«, der die Wandlungserfahrung ein »Gnadenwunder, unaufhörlich quellend« nennt. Hier wird mehr als der Rausch der Befreiung gegeben und erkennbar, daß der Kern des »Gnadenwunders« die Entdeckung des Lebens und die mystische Vereinigung mit ihm ist.

»... Jedes Ding war neu und gieng
In tiefer Herzenswallung mir entgegen, sich zu schenken, so wie am Altar,
Des Opfers freudig, ganz in Glück gekleidet. ...«

Nichts, was zum Leben gehört, ist ausgeschlossen von dieser ekstatischen Weltfreudigkeit, die sich der Wirklichkeit ganz zu bemächtigen trachtet.

»Mir aber brach die Liebe alle Türen auf, die Hochmut mir gesperrt:
In Not Gescharte, Bettler, Säufer, Dirnen und Verbannte
Wurden mein lieb Geschwister. Meine Demut kniete vor dem Licht, das fern in ihren Augen brannte,
Und ihre rauhen Stimmen schlossen sich zum himmlischen Konzert.«

Daß auch dieses demütige Bekenntnis zur Welt der Armen und Verfemten, das so oft im »Aufbruch« anklingt, eine Reaktion auf den Indifferentismus jener Kunst der »klaren Härte ohn' Erbarmen« ist, wurde bereits sichtbar, doch hat Stadler es in dem Gedicht »In Dir« noch einmal nachdrücklich ausgesprochen:

»Du wolltest dir entfliehn, an Fremdes dich fortschenken,
Vergangenheit auslöschen, neue Ströme in dich lenken –
Und fandest tiefer in dich selbst zurück.
Befleckung glitt von dir und ward zu Glück.«

Solche Äußerungen zeigen mit aller Klarheit, daß »Der Aufbruch« erst von den »Praeludien« her, die in ihm »ausgelöscht« werden sollen, voll verstanden werden kann. Darüber hinaus lassen sie uns erkennen, daß jene reinigende Wendung zu neuen Lebensinhalten, jener Aufbruch, in dem der Dichter tiefer in sich selbst zurückfindet, ursprünglich aus einer Bewegung der Flucht, der Abkehr hervorgeht. Auf diesen Umstand dürfte es wohl auch zurückzuführen sein, daß die erste Gruppe der Aufbruch-Gedichte den Titel »Flucht« erhielt, obwohl hier ja durchaus neben den Gedichten der Absage an die Vergangenheit auch solche der Befreiung und des neuen Lebensgefühls stehen. Den zahlreichen Gedichten der Demut, die »Der Aufbruch« enthält, würde man jedoch nicht gerecht, wollte man sie einseitig aus einem Reaktionsgefühl herleiten oder als bloße Geste sozialen Mitleids auffassen. Es handelt sich bei der im »Aufbruch« so stark betonten Entscheidung zu jener niederen Sphäre des Lebens ohne Zweifel um ein umfassenderes Gefühl als das soziale Mitleid. Welche über das Interesse am Sozialen weit hinausgehende Grundkraft Stadler in seinen Demutsdichtungen bewegte, zeigt sich in seiner scharf geführten Auseinandersetzung mit Lienhard, dessen strengen Moralismus er mit folgenden Worten angreift: »Wie für Lienhard selber, so sind für seine tugendsamen Helden die Erschütterungen des Erdballs nur dazu da, seinem moralischen Bildungseifer ein paar neue Maximen zuzuführen. So bleibt das Historische farblos wie das Menschliche unlebendig. Und gegenüber der anspruchsvoll hervortretenden Beurteilung von Menschen und Geschicken empfindet man peinlich, was ich schon in einer früheren Anzeige des Romans beschrieb: ›Man fühlt ein Mißtrauen aufsteigen gegen eine Menschlichkeit, in der so viel kühle Ablehnung, so viel geheimes Pharisäertum steckt, gegen ein Lebensideal, das nur einen abstrakten Typus der Tugend, ein ›Gutes an sich‹ anerkennen will, statt das Menschliche noch dort zu suchen, wo es mit verborgenster Flamme brennt, in den letzten Verirrungen und Verfehlungen des Lebens. Dieses mit so viel Emphase vorgetragene ›Hochlands‹-Ideal ist nicht frei von einem verborgenen moralischen Hochmut, von einschränkenden Reserven. Es hat nicht die Liebe, die alles zu sich emporzieht, weil sie sich zu allem niederbeugt. Etwas Lebensfremdes ist darin, und der Seele, die sich selber nicht den Dingen in einer einzigen großen Wallung hinzugeben vermag, bleiben auch die letzten Tiefen und Seligkeiten des Lebens verschlossen. Daher die asketische, lebensfeindliche Luft, die über dieses ›Hochland des Geistes und der großen Herzen‹ weht. Das, was heute unsere Besten immer leidenschaftlicher suchen, immer tiefer begreifen, die Hingabe an alles, alles Irdische, die Befreiung aus wählerischem Geschmäcklertum, die Heiligsprechung jeder Form des Lebens, dieser neue Glaube, diese neue Weltfreudigkeit, sie ist dem Lienhardschen Ideal fremd, das aus den Bedrängnissen und Hoffnungen dieser Zeit auf ein bequemes und von philosophisch-moralischen Maximen umschirmtes ›Hochland‹ flüchtet.‹«[12] Es ist die Hinwendung zum Sozialen, wie diese Äußerungen lehren, nichts anderes als eine Konsequenz neuer Weltfreudigkeit und leidenschaftlicher Lebenshingabe, die ihrer selbst vor allem dadurch gewiß wird, daß sie auch die verabscheuten Seiten des Daseins freiwillig aufsucht. Die Sphäre der »in Not Gescharten« ist dem Dichter nicht nur unterste Gesellschaftsschicht, mit der ihn ein Mitleidsgefühl verbindet, sondern zugleich der Urgrund des Lebens überhaupt. Das soziale Erlebnis Stadlers wird fast immer von Zügen einer metaphysischen Sehnsucht überformt, die das Erlöschen der Individualität im Lebensgrunde anstrebt. Das Bekenntnis »zu den Dumpfen, zu den Armen« ist stets zugleich Bejahung des Lebens. Deutlich genug schließt eine Großzahl der Demutsgedichte in solcher Ekstase des »grenzenlosen Sichverschenkens«, des Eintauchens in das Leben (z. B. die Gedichte »Form ist Wollust«, »Ende« und »Die Befreiung«). Besonders ausgeprägt ist diese dionysische Schlußwendung in den vier Gedichten des Zyklus »Tage«. Das zweite dieser vier Gedichte schließt, nachdem es die »Stationen der Erniedrigung und der Begierde an verdammten Stätten« geschildert hat, mit den Zeilen:

»Fühl' ich aus Scham und Angst wieder den einen Drang nur mich
    zerbrennen:

---

[12] Vgl. Stadlers Essay »Friedrich Lienhard« S. 294–306. Die zitierte Stelle S. 304–305.

Sicherheit der Frommen, Würde der Gerechten anzuspeien,
Trübem, Ungewissem, schon Verlornem mich zu schenken, mich zu weihen,
Selig singend Schmach und Dumpfheit der Geschlagenen zu fühlen,
Mich ins Mark des Lebens wie in Gruben Erde einzuwühlen.«

Aus solchen Stellen geht hervor, daß der Begriff des »sozialen Mitleids« eine höchst ungenaue, beinahe irreführende Bezeichnung für die Haltung Stadlers ist, erfährt doch das Mitleid in diesem Lebensgefühl eine tiefgreifende Änderung seines inneren Sinnes. Nicht auf die sozialen Objekte an sich ist dieses Gefühl gerichtet, sondern auf die Durchdringung des Lebens in seinen letzten Tiefen. Nicht ein soziales Besserungs- und Erlösungsethos, sondern der Drang zur Selbsterlösung in uneingeschränkter Lebenshingabe ist die eigentliche Triebfeder solcher Emotionen. Das Mitleid verbürgt, indem es die Abseiten des Lebens erschließt, ein Mehr an Leben, eine Steigerung des Lebensgefühls. Es erweist sich in der Dichtung Stadlers letztlich als eine der Äußerungsformen der Lebensfülle und des vitalistischen Lebensrausches. Durch den Nachvollzug allen Leids und Elends versucht der Dichter der vollen Mächtigkeit des Lebens teilhaftig zu werden, und auch vom Schmerz noch nährt sich sein Lebenshunger, wie es im vierten Gedicht des Zyklus »Tage« heißt:

»Dann brenn' ich nächtelang, mich zu kasteien,
Und spüre Stock und Geißel über meinen Leib geschwenkt:
Ich will mich ganz von meinem Selbst befreien,
Bis ich an alle Welt mich ausgeschenkt.
Ich will den Körper so mit Schmerzen nähren,
Bis Weltenleid mich sternengleich umkreist –«

Daß Stadler in seiner Behandlung sozialer Motive Anregungen durch Werfels Gedichtbände »Der Weltfreund« und »Wir sind« erfahren hat, ist oft festgestellt worden und trifft für einzelne Gedichte gewiß auch zu. Er selbst rühmte in seiner Vorlesung von

1914 das »Mitmenschentum« Werfels und erblickte in dem Vermögen, sich in alle Dinge und Wesen einfühlend zu verwandeln, einen wesentlichen Zug der »Lyrik der Jüngsten«. Man wird indessen solche Einflüsse nicht allzu hoch veranschlagen dürfen und besser von einem mehr oder minder gleichzeitigen Durchbruch des neuen Zeitgeistes an verschiedenen Punkten sprechen. Die Dichtungen dieser beiden Wegbereiter des Expressionismus gehen bei mancherlei Berührung und Übereinstimmung sichtbar ihre eignen Wege in der Aufnahme der Zeitimpulse. In der Dichtung Stadlers sind ganz anders geartete und gerichtete Energien am Werke als im humanitären Pathos Werfels, das sich zuweilen im Rhetorischen, Sentimentalen oder Didaktischen verliert. Auch im Sprachlichen schlägt die Wesensverschiedenheit sichtbar durch. Nicht allein der Umstand, daß die einfühlende Weichheit Werfels und die herbere Art Stadlers in verschiedenen Sprachsphären beheimatet sind, macht den Unterschied, sondern mehr noch das Faktum, daß sich die Sprache Stadlers dem Erlebnis immer mehr unterordnet, während sich bei Werfel umgekehrt oft die Sprache der Erlebnisse bemächtigt. Zu jenen Gemeinsamkeiten Stadlers und Werfels, die nicht aus einem direkten Einfluß, sondern nur aus einer Offenheit beider Dichter für die Strömungen ihrer Zeit erklärt werden können, gehören die Gedichte über die Dirne.

In »Heimkehr« gab Stadler nur ein naturalistisches Bild des Elends jener Frauen, die auf den nächtlichen Straßen Brüssels hungernd und frierend patrouillieren. In den beiden ersten Gedichten des Zyklus »Tage« aber wird die eigene Erniedrigung im Genuß käuflicher Liebe wieder als Läuterung, als Lust des Sichverlierens ausgegeben:

> »Fühltest, wie aus Schmach dir Glück geschähe,
> Und des Gottes tausendfache Nähe
> Dich in Himmelsreinheit höbe, niegefühlt.«

Eine noch tiefere und vom sozialen Problem ganz sich lösende Formung erfährt das Motiv in dem am 5. Juli 1913 in der »Aktion«

veröffentlichten Gedicht »Die Dirne«, das nicht in den »Aufbruch« aufgenommen wurde. Hier wird der Gedanke der religiösen Erhebung durch Selbsterniedrigung in der Weise zugespitzt, daß die Hingabe der Dirne als stete Selbstvernichtung der Person zugleich permanente religiöse Erfahrung ist. Die in diesem Gedicht fast bis zum Austausch der Sphären vorgetriebene Mischung des Erotischen und des Religiösen ist überhaupt ein Grundzug der Dichtung Stadlers, der sich freilich nicht überall so aufdrängt wie hier und oft nur in einzelnen Worten zutage tritt. Dies ist zum Beispiel der Fall in den Versen »In der Frühe«, die ganz aus der Sinnlichkeit, aus einem stark gesteigerten Körpergefühl zu leben scheinen. Aber mit der Zeile »Ich fühl, im Bette liegend, hostiengleich mir zugewendet dein Gesicht« kommt ein das Liebeserlebnis transzendierendes Element hinzu, das hier in das eine Wort »hostiengleich« gebannt bleibt. Ähnlich auf das Einzelwort beschränkt ist dieser Einschlag auch in dem Gedicht »Die Jünglinge und das Mädchen«, wo der weibliche Körper vergleichsweise »Altar« genannt wird. Daß solche religiöse Metaphorik keine von der Sinnenerfahrung selbst sich emanzipierende religiöse Erlebnistendenz andeutet, sondern lediglich den höchsten Intensitätsgrad des Erlebens umschreibt, ergibt sich ohne weiteres aus dem Gesamtbild der Dichtung Stadlers. Religiöse Erfahrung wird ihm stets nur in der Steigerung des Lebens zuteil, und die Liebe ist nur darum zugleich metaphysisches Erlebnis, weil sie gesteigertes Leben ist. Wie im Mitleid wird mehr noch in der Liebe der Kontakt mit der Urmacht des Lebens gesucht. So wird in dem Gedicht »Was waren Frauen« als Ziel des Liebesverlangens die Befreiung im Hellen und der Untergang im Trüben genannt. Bezeichnend für den Drang zur Lebenssteigerung heißt es dort:

> »Du stiegst, dein Leben höher aufzutürmen,
> In fremde Seelen, wenn dich eigne Kraft verließ,
> Und sahst erschauernd deinen Dämon dich umstürmen,
> Wenn deinen dünnen Traum der Tag durchstieß.«

Dieses Höher-Auftürmen des Lebens in der Liebesbegegnung gibt in einem Bilde, das wieder erotische und religiöse Vorstellungen verbindet, auch das Gedicht »In diesen Nächten«:

> ».. . Ich will
> Dich zu mir in die Kissen tragen so wie Garben jungen Klees
> In aufgelockert Land. Ich bin der Gärtner,
> Der weich dich niederbettet. Wolke, die
> Dich übersprengt, und Luft, die dich umschließt.
> In deine Erde will ich meine irre Glut vergraben und
> Sehnsüchtig blühend über deinem Leibe auferstehn.«

Der metaphysische Grundtrieb, der dieser vitalen Sinnlichkeit innewohnt, ist seinem Wesen nach unstillbar und kann niemals gänzlich im Du der Geliebten zur Ruhe kommen. Darum sind viele der Liebesgedichte Stadlers Klagen der Enttäuschung wie das Gedicht »Was waren Frauen«:

> »Der du dich bettetest in soviel Liebesstunden:
> Du hast nie andres als ein Stück von dir gefunden,
> Und niemals fand dein Suchen sich das Ziel.«

Den gleichen Ton schlägt auch das Gedicht »Metamorphosen« an:

> »Seele blieb verlassen, Sehnsucht kam mit leeren Armen heim, so oft ich sie hinausgeschickt,
> Wenn ich im Dunkel nach Erfüllung rang, in Hauch und Haar geliebter Frau'n verstrickt.
> Denn immer griffen meine Hände nach dem fernen bunten Ding,
> Das einmal über meinem Knabenhimmel hieng.«

Nur das Gedicht »Glück« weiß etwas zu sagen vom dauerhaften Ausruhen in der Liebe, die sonst nur als Lebenssteigerung oder als Erniedrigung Erfüllung bedeutet.

Daß das erotische Erlebnis von Stadler als zentraler Erfahrungsbereich herausgestellt wird, ist über die innere Notwendigkeit hinaus auch ein Akt der bewußten Bejahung des Lebens in seiner Ganzheit. Der Dichter empfand jede moralische Prüderie als eine

Schmälerung und Unterschlagung der Lebenswirklichkeit. Dies hat er zum Ausdruck gebracht, als er in seiner Besprechung der ersten Veröffentlichungen von Gottfried Benn sagte: »Aber nur der Philister wird etwas Existierendes, etwas, das in unser Leben eingreift, von dem Erschütterungen ausgehen, prinzipiell aus dem Bereich der Kunst ausschließen.«[13] Aus dem gleichen Grunde wandte er sich auch scharf gegen die Verurteilung Dehmels und Wedekinds durch Lienhard: »Lienhards in jedem Betracht unsinnlicher Natur ist jede erotische Thematik verhaßt, und aus diesem Instinktwiderwillen ergibt sich auch seine Beurteilung der Gegenwartsliteratur, wobei Dehmel und Wedekind ihres ›Sexualismus‹ wegen als Prototypen der Entartung verworfen werden. Es sind die Einwände des Bürgers gegen eine Sphäre, deren künstlerische Verwertung durchaus nicht in das Bild paßt, das er sich vom ›sonnigen Gemüt‹ des Dichters macht. Und das ist das Erschreckende an diesem Idealisten: er lehnt alles außer dem Gleise liegende, Ungewöhnliche, Neuwertige ab, er erhebt den alten Zeterruf des Philisters vor dem ›Krankhaften‹ in der neuen Kunst, er fordert ›Gesundheit‹ und eine ›Kunst fürs ganze Volk‹. Er sieht im Dichter nur den Bejaher, ohne Sinne und Augen zu haben für das Zweideutige, Furchtbare und Tragische, das um jede große schöpferische Persönlichkeit gelagert ist.«[14]

Als Grundtendenz Stadlers zeigt sich also in allen Bereichen seiner Dichtung das Jasagen zum Leben als einer letzten Bestimmungsmacht. In der Besinnung auf die Wirklichkeit, im Abstreifen alles Lebenshinderlichen, und vor allem in der Steigerung der Lebensempfindung kommt dieses Weltgefühl zu sich selbst. »Aber immer mußte Leben überschäumen, um sich zu fühlen« läßt Stadler den Simplicissimus sagen, der damit gleichsam die Rechtfertigung und Erklärung für den ekstatischen Charakter der Aufbruchdichtung gibt. Stadler kennt zwar, gerade aus seiner Heftigkeit

---

[13] Die Besprechung von Gottfried Benns »Morgue« S. 338–339. Die zitierte Stelle S. 338.
[14] Zitat aus dem Essay »Friedrich Lienhard« S. 294–306. Die zitierte Stelle S. 302–303.

heraus, auch die Sehnsucht nach Einkehr und Ruhe, mehr ist er jedoch auf der Seite jener Gedichte, in denen das »Überschäumen« des Lebens sich äußert. Ein solches Gedicht ist auch die berühmt gewordene »Fahrt über die Kölner Rheinbrücke bei Nacht«. Äußerlich geben sich diese Verse als eines jener Eisenbahngedichte, die im Bereich der expressionistischen Dichtung in größerer Zahl entstanden. Tatsächlich aber sind sie in erster Linie die Darstellung einer seelischen Exaltation, die von dem Realerlebnis nur ausgeht und in einen Zustand völlig befreiten, körperlosen Schwebens hineinführt. Charakteristischerweise schließt auch dieses Gedicht, das der für Stadler typischen Erregungskurve folgt, mit einem Ausruf der Sehnsucht nach vollkommener Auflösung im All des Lebens. Anders wird man die Schlußverse mit ihrer Reihung äußerlich ganz disparater Begriffe kaum sinnvoll deuten können:

»... Und Glut und Drang
Zum Letzten, Segnenden. Zum Zeugungsfest. Zur Wollust. Zum
Gebet. Zum Meer. Zum Untergang.«

Daß der »Untergang« nicht als Ende, sondern wie Zeugung, »Wollust« und »Gebet« als Augenblick höchster Lebenserfüllung zu verstehen ist, spricht das Gedicht »Fülle des Lebens« metaphorisch aus, wo der Tod »das Brautbett deiner letzten Sehnsucht« genannt wird:

»Dein Stern erglänzt in Auferstehungsfrühen,
Dein Schicksal treibt, als Opfer sich zu spenden,
Durstige Flamme, kühn, sich zu verschwenden,
Wie Laubgerinnsel, die im Herbstwald sich verglühen.

In Fernen sind die Hölzer schon geschichtet,
Den Leib zu neuer Weihe zu empfangen –
Und schwellend ist, um das die Wimpel deiner Träume hangen,
Das Brautbett deiner letzten Sehnsucht aufgerichtet.«

Warum in der Schlußreihe der »Fahrt über die Kölner Rheinbrücke« neben dem »Untergang« auch das »Meer« erscheinen kann, erklärt wiederum ein anderes Gedicht. In dem Hymnus »Meer«, der ein Bad in der See zum Fest der Vereinigung mit dem Urelement allen Daseins steigert, wird in immer erneuten Anrufen das Meer als ein »Letztes, Segnendes« gefeiert. Dieses Gedicht mutet fast wie ein modernes Seitenstück zu jener Preisung des Wassers als Ort ewigen Werdens in der klassischen Walpurgisnacht des Faust II an (2. Akt. Felsbuchten des Ägäischen Meers). Wie dort, erscheint auch bei Stadler das Meer als »Mutterschoß« des Lebens, und die Berührung mit dem Element der Fruchtbarkeit wird zum Fest des Eros:

»...zu dir, du Flut und Wollust schwemmende Musik,
Du treibend Glück, du Orgellied, bräutlicher Chor!...«

Zugleich aber ist das Meer als das »feierlich Bewegte«, als das zwischen Ruhe und stürmischem Aufschäumen ewig Fluktuierende, dem Dichter das Urbild seines eignen Rhythmus. So wird das Gedicht eingeleitet mit den Worten:

»Ich mußte gleich zum Strand. In meinem Blute scholl
Schon Meer....«

Preisung alles Irdischen und Heiligung des Lebens ist auch der Sinn einer Reihe anderer Gedichte, die unter den Aufbruch-Gedichten eine Sonderstellung einnehmen. Es sind jene Verse, in denen der Dichter nicht unmittelbar zu uns spricht, sondern durch das Medium von Gestalten, die der Literatur, der bildenden Kunst oder der Geschichte angehören. In dem unvergleichlichen Schlußgedicht des »Aufbruch«, »Gratia divinae pietatis...« ist es die legendäre Schöpferin der Figuren der Ecclesia und der Synagoge am Straßburger Münster, der Stadler ein Bekenntnis zu den Gedemütigten und Besiegten in den Mund legt. Das Gedicht »Herrad« läßt Herrad von Landsberg, eine Äbtissin zu Hohenburg im Elsaß aus dem 12. Jahrhundert, sprechen. Sie, die Schöpferin des »Hortus deliciarum«, eines enzyklopädischen Anschauungswerkes, schien dem Dichter in Schaulust und Weltfreudigkeit so verwandt, daß er ihr seinen Lobgesang auf die Farbigkeit und Fülle des Lebens zuschreibt. Wie wenig es Stadler bei solchen Gedichten um die historischen Gestalten und Stoffe an sich ging, wie sehr er sie zu Symbolen des eignen Lebensgefühls umformte, zeigt das Gedicht »Simplicius wird Einsiedler im Schwarzwald ...«. Die Weltbejahung, die der Stadler'sche Simplicius beim Rückblick auf sein abenteuerliches und wildes Leben bekenntnishaft ausspricht, würde man im Roman Grimmelshausens vergeblich suchen. Dessen Simplicissimus schmälert sich sehr durch Reue »was einst war und nun vorbei ist und verflossen« und sein Einsiedlertum ist ein bitteres »Adjeu Welt«: »... da sagte ich zu mir selber / dein Leben ist kein Leben gewesen / sondern ein Todt; deine Tage ein schwerer Schatten / deine Jahre ein schwerer Traum / deine Wollüst schwere Sünden /deine Jugend eine Phantasey / und deine Wohlfahrt ein Alchimisten Schatz / der zum Schornstein hinauß fährt / und dich verläst / ehe du dich dessen versihest!«[15]

Auch das Gedicht »Parzival vor der Gralsburg« verschiebt, wenn auch bei weitem nicht so stark, die Akzente vom Religiösen auf das Weltliche; denn ein starkes Gewicht wird hier auf die Belehrung und Läuterung des Gralsuchers durch das Welterleben gesetzt.

Den Höhepunkt dieser dichterisch freischaltenden Umwandlung bildet jedoch die Verwendung eines Zitates aus dem »Cherubinischen Wandersmann« des Angelus Silesius in dem Gedicht »Der Spruch«. In den letzten Zeilen dieses Gedichtes erscheint das Wort »Mensch, werde wesentlich!« als Mahnung, »willkommnen Traum« abzustreifen und der Weltentfremdung ein Ende zu bereiten. Das Wesentlich-Werden ist hier also Losung für die geistige Aneignung und Durchdringung der Wirklichkeit. Der volle Wortlaut des zitierten Sinnspruches von Angelus Silesius läßt diese Auslegung als eine für Stadler höchst charakteristische Umdeutung sichtbar werden. Es heißt nämlich im »Cherubinischen Wandersmann«:

---

[15] »Der Abentheurliche Simplicissimus Teutsch und Continuatio des abentheurlichen Simplicissimi.« Hg. von Rolf Tarot. Tübingen 1967. S. 456.

Zufall und Wesen
Mensch werde wesentlich: denn wann die Welt vergeht,
So fällt der Zufall weg, das Wesen das besteht.[16]

Für den Mystiker Angelus Silesius ist das Wesentlich-Werden gerade das Abstreifen und die Entwertung der Welt oder – um es mit einem anderen Begriff der Mystik zu sagen – ein die mystische Vereinigung mit dem transzendenten Gott einleitendes »Entwerden«. Aus mancherlei Anspielungen in Stadlers Vorlesung von 1914 wird ersichtlich, daß er sich mit dem »Cherubinischen Wandersmann« gründlich beschäftigt hatte und diese spezifisch religiöse Bedeutung des Wesentlich-Werdens gewiß nicht einfach verkannte. Man wird daher auch in der Sinnänderung dieser Sentenz mehr als eine bloße dichterische Freiheit sehen müssen und folgern, daß mit der Umkehrung des Spruches zugleich die Umwendung jener mystischen Energien zum Leben hin gemeint ist.

So gesehen würde dann der Spruch des Angelus Silesius in der Reihe jener zahlreichen Metaphern und Symbole erscheinen, in denen das Weltgefühl Stadlers seine religiöse Erlebnistiefe andeutet. Wenngleich die genannten Gedichte beim Leser die Kenntnis ihrer Stoffe voraussetzen und erst bei Erfüllung dieser Voraussetzung sich ganz erschließen, so sind sie doch alles andere als Bildungsdichtung. Nichts ist in ihnen von jener Schwächlichkeit, die, unfähig selbst Kunst zu schaffen, nur Kunst nachzuempfinden vermag. Im Gegenteil, an solchen Stoffen erweist sich die ursprüngliche dichterische Kraft Stadlers, die groß genug ist, sich auch Fremdes einzuverleiben und zum Ausdruck des eigenen Wesens umzuprägen. Gerade diesen Schöpfungen – und unter ihnen vor allem dem Münster-Gedicht – eignet eine besondere Stärke und Glut der Sprache, die nicht nur das Leben verherrlicht, sondern in ihrer Leibhaftigkeit selbst Leben ist.

---

[16] Vgl.: »Cherubinischer Wandersmann«. II, 30. Hg. von Georg Ellinger. Halle 1895. S. 43. (Neudrucke deutscher Literaturwerke des XVI. und XVII. Jahrhunderts. No. 135–138.)

Daß sich der Vitalismus des Dichters, der sprachlich in einer stark gesteigerten Dynamik des Stils hervortritt, in engen metrischen Formen nicht ausleben konnte, lag auf der Hand. In »Form ist Wollust« hat Stadler selbst sein Lebensgefühl als grundsätzlich unvereinbar mit den gestrengen und selbstherrlichen Formen ästhetischer Kunst gekennzeichnet. Auch bei einer Reihe von Gedichten Georg Heyms fühlte er sich gestört durch »eine gewisse Inkongruenz zwischen der formalen Starrheit und der ungestüm über die metrischen Schranken hinausdrängenden Bildkraft«,[17] und er sprach die Vermutung aus, daß Heym bei einer Fortsetzung seiner Entwicklung »noch seine Form, seinen persönlichen Rhythmus« gefunden hätte. Wenn Stadler nunmehr im »Aufbruch« die Langzeile bevorzugt gebrauchte, so war das der Versuch, seinem persönlichen Rhythmus künstlerisch Ausdruck zu verleihen. Aber es war auch schon wesentlich mehr als das Ringen um nur individuelle Ausdrucksmöglichkeiten, wie aus folgenden Äußerungen über die Verskunst Dauthendeys hervorgeht: »Die neue Haltung des Ich zur Welt, die im Formalen die losere Bindung, die Entspannung des metrischen Gefüges, die Lockerung der Rhythmik, die Aufgabe einer wählerischen und aristokratischen Diktion zur Folge hat, findet im heutigen Deutschland keinen gewichtigeren Verkünder als Max Dauthendey. Dauthendeys Form ist ganz gelöst, ganz weich, nachgiebig, flexibel und darum wie keine andere fähig, alle Bilder der Außenwelt ebensowohl wie die feinsten Schwingungen der Seele in sich zu sammeln. Nichts ist der feierlichen Stilisierung Georges ferner als die breit hingeschleiften, kaum noch die Zeichen metrischer Formung tragenden Verse dieses Dichters, dessen Erstlinge in den ›Blättern für die Kunst‹ erschienen. Seine Langzeilen nähern sich einer rhythmisierten Prosa, zusammengehalten und abgeteilt nur durch die lockere und freischaltende Bindung der Reime.«[18] Die der Prosa angenäherten großformigen Langzeilen-

---

[17] Die Rezension von Heyms Gedichtband »Der ewige Tag«, S. 327–328. Die zitierte Stelle S. 328.
[18] Die Rezension von Dauthendeys Gedichtband »Die geflügelte Erde« S. 329–330. Die zitierte Stelle S. 329.

gedichte des »Aufbruch«, auf die vollkommen zutrifft, was hier über Dauthendey gesagt wurde, erschienen Stadler also als Ausdruck der »neuen Haltung des Ich zur Welt«. Sie waren ganz offenbar Gegenwurf zum Aristokratentum der Form und Manifestationen einer neuen Gesinnung, die sich in ihrer Tendenz, das Leben bis in die Ausdrucksformen hinein unmittelbar zu verkörpern, auch als neue Kunstgesinnung ausweist. Dieser neue Geist kündigte sich in der Dichtung Stadlers nicht programmatisch, sondern in adäquaten Ausdrucksformen bereits gestaltet an, und darauf vor allem mag die erregende Wirkung beruhen, die von seinen Versen ausging. Carl Sternheim sah im »Aufbruch« »das Leben unserer Tage in überzeugenden Lauten endlich rhythmisch gestanzt«.[19] Schickele nannte diese Gedichte »eine Lebenssache ... leibhaftig wie eine schöne Umarmung, die man noch lange mit sich herumträgt«.[20] Und Otto Flake schrieb in den »Cahiers Alsaciens«: »Prosa und Vers sind ineinander übergeführt, und das ist es, was wir alle als das Zeichen unserer Zeit empfinden.«[21]

Die Frage nach den Vorbildern Stadlers für seine Langzeilengedichte ist gelegentlich aufgeworfen worden, aber mit Sicherheit kaum zu entscheiden. Er selbst nennt in seiner Vorlesung von 1914 und in seinen Rezensionen Whitman und Verhaeren als Meister des Langverses. Als erste Anreger kommen aber wohl beide kaum in Betracht, denn Stadler hatte die Langzeile bereits 1902 erprobt, als er von diesen Dichtern noch nichts wußte. Zur Wiederaufnahme des Versuchs, in dieser Form zu schreiben, hat aber ohne Zweifel wesentlich René Schickele beigetragen, der in seinem vor Stadlers »Aufbruch« veröffentlichten Gedichtband »Weiß und Rot« ausgiebig von der gereimten Langzeile Gebrauch machte. Daß solche äußeren Anstöße irrelevant sind gegenüber der inneren Nötigung

---

[19] Carl Sternheim, »Ernst Stadler«. In: Vossische Zeitung, 11. November 1914, Nr. 575.
[20] In dem Aufsatz »Folgen des Krieges« in der Zeitschrift »März«, Jg. 8 (1914), H. 47, S. 174–177.
[21] In der Besprechung von Stadlers »Aufbruch«. In: Cahiers Alsaciens, Jg. 3 (1914), Nr. 15 (Mai), S. 209.

zu diesem Vers, die Stadler in dem Gedicht »Form ist Wollust« dichterisch aussprach, versteht sich. Erst die innere Disposition für diese Ausdrucksform machte ihn zu ihrem Meister und Vollender, wie es die Nachahmer zeigen, die wohl über die Form, nicht aber über den großen und erregten Atem Stadlers verfügten.

Neben der Form sollte ebenso die dichterische Sprache dem neuen Lebensgefühl angepaßt und nach einer Phase artistischer Gestaltungstendenzen gleichsam wieder von Welt und Leben her durchglüht werden. Auch in dieser Hinsicht hat Stadler wegweisend gewirkt. Die Zurücknahme der Dichtersprache in die Bewegtheit des modernen Lebens ist die revolutionierende Leistung seiner Aufbruch-Dichtung, an der allerdings nicht alle Gedichte des Bandes gleichmäßig beteiligt sind. Die zeitlich frühesten Gedichte, »Der Flüchtling«, »Die Jünglinge und das Mädchen«, »Anrede« und »Fülle des Lebens« gehören sichtlich noch einer Vorstufe jener Ausdrucksentwicklung an, die in den meisten der anderen Aufbruch-Gedichte bereits zum Abschluß gekommen ist. Das liegt keineswegs nur daran, daß bei diesen Gedichten zum überwiegenden Teil noch die geschlossene Gedichtform gewahrt wurde. Stadler hat ohne Zweifel das Beste geschaffen in der nachgiebigen Form des Langzeilengedichtes, doch verstand er auch, sehr starke künstlerische Wirkungen zu erzielen durch die Kompression seiner sprengenden Sprachkraft im verengten Gedichtraum, wie es etwa das spätere Gedicht »Form ist Wollust« veranschaulicht. Der geringere Wirkungsgrad der ersten Aufbruch-Gedichte geht ganz offenbar darauf zurück, daß sie noch versetzt sind mit Rückständen aus der früheren Phase. »Der Flüchtling«, das Erwachen aus einem exotischen Traum darstellend, weist rein stofflich schon auf die »Praeludien« zurück. Besonders die letzten Zeilen des Gedichtes gehören noch ganz jener poetischen Vorstellungswelt an, die jenseits »von Alltag und allem Erdwohnen« ist:

»Und meine Wünsche wollen, wilde Vogelschwärme, in die
    Tannenwipfel steigen,
Und meine Seele schreit, wehrlose Wetterharfe unterm Wind.«

Die Überarbeitung der vorher in Zeitschriften veröffentlichten Aufbruch-Gedichte hat zwar hier und an anderen Stellen Abstriche vorgenommen, konnte aber den inneren Gegensatz solcher Gebilde zu den rein expressionistischen Gedichten des »Aufbruch« nur an der Oberfläche ausgleichen. Die Lesarten zum »Aufbruch« haben im ganzen nur geringen Umfang, doch lassen sie mit Deutlichkeit erkennen, daß Stadler auch da, wo er schon ziemlich sicher in seinem neuen Kunstwollen ist, sich oft noch der sprachlichen Nachwirkung der »Wortkunst« zu erwehren hat. Das Dirnen-Gedicht »Heimkehr« z. B. enthielt bei seiner Erstveröffentlichung in der »Aktion« vom 8. Januar 1913 noch folgende Passage:

». . . Auffröstelnd raffen
Sie ihre Röcke enger. Regen fällt in Fäden. Frühe
Entblösst die Leiber von dem Trug der Nacht. Geschminkte Wangen klaffen
Nun blutbeströmt, die vorher glänzten, wie wenn Apfelblust in Frühlingsfeuern glühe.«

Etwa ein halbes Jahr später, als die Redaktion der Gedichte für den »Aufbruch« vorgenommen wurde, fiel der die Realistik störende Schlußvergleich dieser Zeilen.

». . . Auffröstelnd raffen
Sie ihre Röcke enger. Regen fällt in Fäden. Kaltes graues Licht
Entblößt den Trug der Nacht. Geschminkte Wangen klaffen
Wie giftige Wunden über eingesunkenem Gesicht.«

Neben der Tendenz zur Entfernung aller entbehrlichen Farbworte zeichnet sich ein entschiedener Wille zur Verdichtung des Ausdrucks in den Änderungen ab. In »Trübe Stunde« wurden Doppelformeln wie »schlaff und leer«, »kalt und glanzlos« jeweils zurückgeschnitten auf die Einzelworte »leer« und »glanzlos«. Desgleichen wurden Steigerungsformen in klugem Maßhalten zurückgenommen, um dieses so wichtige Ausdrucksmittel nicht zu entwerten. In dem Gedicht »Der junge Mönch« zum Beispiel sind die letzten Zeilen folgendermaßen geändert worden:

(1. Fassung)
»Ich bin ein durstig aufgerissen Ackerland.
In meiner nackten Scholle kreist die Frucht. Der Regen
Geht darüber hin, Schauer des Frühlings, Frost und Sturm und Sonnenbrand,
Und glühend reift und schwillt ihr trächtiger Schoss dem Licht entgegen.«

(2. Fassung)
»Ich bin ein durstig aufgerissen Ackerland.
In meiner nackten Scholle kreist die Frucht. Der Regen
Geht drüber hin, Schauer des Frühlings, Sturm und Sonnenbrand,
Und unaufhaltsam reift ihr Schoß dem Licht entgegen.«

Trotz solcher Eingriffe aber weisen die Gedichte des »Aufbruch« noch manchen Stilgegensatz auf. Großartigen Metaphern der Unruhe, wie sie u. a. im »Vorfrühling« begegnen mit den Zeilen »Ich lauschte, wie die starken Wirbel mir im Blute rollten ... In meinem Herzen lag ein Stürmen wie von aufgerollten Fahnen«, stehen gelegentlich abgegriffene Allegorien gegenüber, wie in dem Gedicht »Betörung« die des Schicksals, das den Dürstenden Krug und Wein höhnend aus den Händen schlägt. Obwohl der Dichter sich den Einflüssen, die auf seine Frühdichtung gewirkt hatten, nur langsam entziehen konnte, bildete er den expressionistischen Stil in seinen Hauptzügen doch so rein aus, daß seine Dichtung vorbildlich für die junge Generation wurde. Dies gilt nicht nur für die von ihm erprobte Entspannung der metrischen und rhythmischen Gefüge, der man schnell folgte. Typisch für den ganzen Expressionismus ist auch die von Stadler konsequent durchgeführte Verbalisierung des Stils, in der die ganze Heftigkeit und fiebrige Unruhe des Aufbruch-Erlebnisses sich entlädt. Ein wahres Musterbeispiel expressionistischer Landschaftsdarstellung gab Stadler mit dem Gedicht »Kleine Stadt«, das der Schlußgruppe elsässischer Gedichte unter dem Sammeltitel »Die Rast« angehört.

»Die vielen kleinen Gassen, die die langgestreckte Hauptstraße überqueren
Laufen alle ins Grüne. Überall fängt Land an.
Überall strömt Himmel ein und Geruch von Bäumen und der starke Duft der Äcker.
Überall erlischt die Stadt in einer feuchten Herrlichkeit von Wiesen,
Und durch den grauen Ausschnitt niedrer Dächer schwankt
Gebirge, über das die Reben klettern, die mit hellen Stützen in die Sonne leuchten.
Darüber aber schließt sich Kiefernwald: der stößt
Wie eine breite dunkle Mauer an die rote Fröhlichkeit der Sandsteinkirche.«

Hier ist alles statische Sein der Landschaft in Dynamik umgesetzt. Das Bild wird dem Leser nicht fertig gegeben, sondern seine Bestandteile arrangieren sich gewissermaßen erst unter den Augen des Betrachters zum Bilde. Gebirge »schwankt« durch den Dächerausschnitt, wird von Reben »überklettert«, und über diesen »schließt sich« Wald, der an die rote Fröhlichkeit der Sandsteinkirche »stößt«. Die gleichzeitige Gegenwart der Erscheinungen ist in eine dramatische Abfolge des In-Erscheinung-Tretens verwandelt, Landschaft zum Spiegelbild innerer Bewegung geworden, so wie auch die »Fahrt über die Kölner Rheinbrücke ...« symbolische Darstellung einer seelischen Steigerung ist. Solche spiegelbildliche Bedeutung eignet nicht nur einzelnen Gedichten des »Aufbruch«, sondern dem ganzen Bande. In einer Folge von Bildern will diese Dichtung ein neues Weltgefühl sichtbar machen und bis in die Sprache hinein einer geistigen Erregung Ausdruck geben.

In den Kreis der Dichtungen Stadlers gehören als Zeugnis seiner Sprachkunst und seiner ungewöhnlichen übersetzerischen Begabung auch die Übertragungen der »Quatorze Prières« und einiger anderer Gedichte von Francis Jammes.

Die Kritik der Zeit sprach diesen Übersetzungen mehrfach das hohe Lob zu, ihre Urtexte an dichterischer Kraft zu übertreffen. So hieß es in einer Besprechung des »Aufbruch«: »Stadler gab bereits Übersetzungen von Jammes heraus: der seltene Fall einer dem Original weit überlegenen Schöpfung.«[22]

Da die Arbeit an diesen Nachdichtungen in die Zeit fiel, in der der größte Teil der Aufbruch-Gedichte entstand, hat die Beschäftigung Stadlers mit Jammes sich naturgemäß auch auf den »Aufbruch« ausgewirkt. So findet man etwa die Keimzelle zu dem Gedicht »Judenviertel in London« in der Amsterdam-Dichtung von Francis Jammes:

»Und in den Judenvierteln, die rings voller Abfälle liegen,
Stand der Geruch von kalten rohen Fischen.
Auf dem klitschigen Pflaster lagen Orangenschalen umhergezerrt.«

Auch unter den Worten des »Gebet zum Geständnis der Unwissenheit« sind manche gleichsam die Saatkörner von Aufbruch-Versen. Das Dichterwort mußte freilich immer erst einem Dichter begegnen, um in dieser Weise fruchtbar zu werden.

Von einem Einfluß Jammes', Werfels und auch Rilkes auf Stadler kann darum sinnvoll nur gesprochen werden, wenn man das unverwechselbar Eigene, Einmalige und auch Andersartige im Blick hat, das aus solchen Anregungen erwuchs. An der Dichtung Jammes' zog Stadler ebensowenig das christliche Mitleidsethos als solches an, wie bei Werfel das soziale Pathos. Was ihn jedoch an beiden erregte, in seinem eigenen Schaffen bestätigte und förderte, das war der Wille zur Erfassung des Lebens ohne Abzug und Ausnahme, der in ihren Bekenntnissen zur Kreatur und zum Niederen zum Ausdruck kam. Diese »neue Weltfreudigkeit« ist die Grundstimmung der reifen Dichtungen Stadlers und der Quell seiner schöpferischen Kraft.

---

[22] Besprechung des »Aufbruch« von R. G. In: Die Weißen Blätter. Jg. 1 (1914), Nr. 6, S. 115.

Die Dichtungen Ernst Stadlers

In deutlichem innerem Zusammenhang mit der Dichtung Stadlers stehen schließlich auch seine »Kritischen Schriften«. Die Positionen, die er als Literaturkritiker gegenüber den literarischen Strömungen der Zeit und ihren großen und kleineren Repräsentanten bezogen hat, sind fast immer aufschlußreich auch für den Dichter Stadler und seine Ziele. Manche seiner Rezensionen und Essays beziehen sich in Ablehnung oder Anerkennung durchsichtig auf den eigenen literarischen Werdegang. Die kritischen Auseinandersetzungen mit seinen einstigen Vorbildern Lienhard, George und Hofmannsthal sind Begründungen der eignen Wandlung und haben vielfach programmatischen Charakter. Ebenso zeigt sich in Stadlers positiven Stellungnahmen zu den frühen Werken von Werfel, Heym, Benn und Sternheim, was er selber erstrebte und wie weit er sich den Tendenzen dieser frühexpressionistischen Autoren verwandt fühlte. Gerade aufgrund dieses persönlichen Gehalts können die »Kritischen Schriften« ergiebig zur Deutung von Stadlers Dichtungen herangezogen werden. Ihre Bedeutung erschöpft sich aber keineswegs in ihrer Funktion als Interpretationshilfe. Die Rezensionen und Essays verdienen vielmehr auch als eigenständiger und eigenwertiger Teil des Gesamtwerks voll gewürdigt zu werden. Nicht nur meisterhafte Präzision der Sprache zeichnet sie aus, sondern auch der kritische Scharfblick und die Treffsicherheit des Urteils. In den wenigen Zeilen der 1912 erschienenen Rezension über Georg Heyms ersten Gedichtband »Der ewige Tag« erkannte Stadler sofort den Rang dieses Autors und gab zugleich eine lange Zeit unübertroffen gebliebene Charakteristik der inneren Struktur dieser Lyrik. Unbeeindruckt von den massiven Anfeindungen, denen Sternheim damals noch ausgesetzt war, schrieb Stadler 1914 über dessen Komödien und die in ihnen dargestellte Zeit der Jahrhundertwende: »Spätere Geschlechter werden zu Sternheims Komödien greifen, um diese Epoche zu erkennen und zu richten.« Ähnliche Witterung für die Wirkungsmöglichkeiten des Neuen bewies er 1912 auch mit seiner nachdrücklichen Anerkennung von Gottfried Benns provozierendem Gedichtband »Morgue«. Schließlich gereicht es dem an hoher

Dichtung akademisch geschulten Kritiker wohl auch zur Ehre, daß die elsässische Dialektpoesie zu einem bevorzugten Gegenstand seiner Aufmerksamkeit wurde und daß er dem Werk der Straßburger Dichter Albert und Adolf Matthis einen seiner umfangreichsten und fundiertesten Aufsätze widmete. Sein hohes Lob von Charles de Costers »Ulenspiegel«, mit dem er sich bei seiner intensiven Beschäftigung mit der belgischen Literatur auseinandergesetzt hatte, zeigt ebenfalls die Sympathie für die Sinnenfreudigkeit der Volksdichtung, die Stadler nach Hellmut Thomkes Feststellung[23] klar von der auf problematischen Voraussetzungen beruhenden Heimatkunst zu trennen wußte, von der er selbst in seinen Anfängen nicht unberührt geblieben war. Diese Bereitschaft, die Grenzen zwischen dem Oben und Unten in der Literatur ebenso zu ignorieren wie die Barrieren der Nationalliteraturen, ist ein besonderes Kennzeichen des Kritikers und auch des Literarhistorikers Stadler. So wie in seinen Essays die vergleichende Beobachtung deutscher und französischer Literatur eine zentrale Rolle spielt, gilt auch der größte Teil seines wissenschaftlichen Werkes den Wechselbeziehungen zwischen den Nationalliteraturen. Er war ein konsequenter Vertreter der komparatistischen Literaturwissenschaft, die sich in der nationalistischen Atmosphäre des Kaiserreiches nur schwer zu entfalten vermochte. Sein großangelegter Plan, die Geschichte der elsässischen Literatur neu zu schreiben unter dem Blickwinkel der fruchtbaren Berührung deutschen und französischen Geistes, gelangte leider nicht mehr zur Ausführung.

So sehr man Anlaß hat, auf die Begabungsvielfalt Stadlers und auf den imponierenden Gesamtzusammenhang seiner Leistung zu verweisen, so sicher ist indes, daß »Der Aufbruch« auch weiterhin als Zentrum und Höhepunkt seines Schaffens gelten wird. Man hat dieses Werk, das den Durchbruch zur neuen Kunst zwar entschie-

---

[23] H. Thomke, »Hymnische Dichtung im Expressionismus«. Bern 1972. S. 77 und 80.

den, aber noch nicht in der ganzen Breite des Dargebotenen vollzieht, eine Dichtung des Übergangs genannt. Eine solche Kennzeichnung hat ihr Recht, bleibt jedoch an der Oberfläche, sofern sie nur das »Nicht mehr« und das »Noch nicht« meint, das auch für viele andere Werke dieser Zeit zutrifft. Stadlers »Aufbruch« ist ein Werk des Übergangs nicht nur in dem Sinne, daß es Stilgegensätze umfaßt, sondern dergestalt, daß der Übergang vom Ästhetizismus zum Expressionismus selbst Gegenstand und Erlebnis dieser Dichtung ist. Es wurde hier oft mit Nachdruck darauf hingewiesen, daß der »Aufbruch« als ganzes interpretiert werden will, und daß seine Gedichte, als Gesamtheit genommen, sich eben als das Erlebnis jener Wende enthüllen, die sich in der Kunstentwicklung seit dem ersten Dezennium des neuen Jahrhunderts vollzog. Es wäre eine dürftige Lösung, wollte man das Außergewöhnliche dieser Dichtung über die Entwicklung der Dichtung damit erklären, daß Stadler Literarhistoriker war. Die adäquate Erklärung kann nur die sein, daß es sich hier um einen Dichter handelte, dem die Kunst Lebenssache war und der nur darum mit seiner persönlichen Entwicklung zugleich ein wesentliches Stück Geschichte der modernen Literatur darstellen konnte. Der interessante Prozeß der Wendung von einer ästhetisch orientierten zu einer ethisch bestimmten Kunst, der sich nicht nur im Bereich des Expressionismus, sondern ebenso im Werk von Hofmannsthal und George vollzog und zu dem Parallelen auch in der zeitgenössischen französischen Literatur nachweisbar sind, ist in Stadlers »Aufbruch« als persönlichstes Erleben in einer Fülle von Bildern, Symbolen und Maximen unmittelbar gestaltet. Dieser Sachverhalt gibt dem »Aufbruch« über das hinaus, was er als dichterische Leistung ohnehin bedeutet, eine Sonderstellung innerhalb der deutschen Literatur zwischen 1890 und 1914 und läßt ihn als ein Kernstück expressionistischer Literatur erscheinen.

VERZEICHNIS DER GEDICHTÜBERSCHRIFTEN UND GEDICHTANFÄNGE

Abendleuchten	60
Abendrot	9
Abendschluß	170
Alle Frauen, Geliebte...	250
Alle Frauen, Geliebte, die ich vor dir besaß, waren bloß Traum	250
Alltag	49
Als dann die Morgensonne die Kastanienkronen hell mit Kränzen jungen Laubs behängte	239
Amsterdam	219
An die Schönheit	57
An Hals und Knöcheln klirren güldne Spangen	85
Anrede	168
Ausblick	80
Aus der Dämmerung	58
Aus der Nacht	40
Aus Dunst und Tal stieg ich empor	43
Aus heiligen Grotten, wo sich barg vor dem grellen Rauschen des Tages, kam leise die Nacht	17
»Aus tiefsten Nächten dämmern neue Morgenröten.«	27
Bäume weiß ich, frühlingsstarke Bäume, denen gährend der Jugend Saft durch glühende Adern singt	16
Bahnhöfe	158
Baldur. Bruchstücke einer Dichtung *(Baldur-Zyklus, zweite Fassung)*	20
Baldur-Christus *(Baldur-Zyklus, zweite Fassung)*	24
Baldur = Christus *(Baldur-Zyklus, dritte Fassung)*	597
Baldur. Ein Fragment *(Baldur-Zyklus, dritte Fassung)*	595
Baldurs Tod *(Baldur-Zyklus, erste Fassung)*	590
Baldurs Tod *(Baldur-Zyklus, zweite Fassung)*	21
Baldurs Traum *(Baldur-Zyklus, erste Fassung)*	588
Baldurs Traum *(Baldur-Zyklus, Entwurf zur zweiten Fassung)*	593
Baldurs Traum *(Baldur-Zyklus, zweite Fassung)*	20
Ballhaus	110
Beata Beatrix	76
Betörung	128
Botschaft	112
Dämmerläuten schüttet in den veilchenblauen Abend	76
Dämmerung (Der Tag verdämmert...)	32
Dämmerung (Schwer auf die Gassen der Stadt...)	29
Dämmerung in der Stadt	106

Verzeichnis der Gedichte

Da ihm die erznen Flügel dröhnend vor die Füße klirrten	156
Dann brenn' ich nächtelang, mich zu kasteien	124
Dann glitt in leisem Schmuck geblümter Wiesen	82
Das Abenteuer	107
Da seine Gnade mir die Binde von den Augen schloß	157
Da sich mein Leib in jener Gärten Zaubergrund verirrte	154
Das ist die Stunde, wo die Luft von allen fremden Dingen schwer	239
Das Mädchen	73
Das Mädchen spricht:	82
Das Meer hat in der Nacht...	247
Das Meer hat in der Nacht zur Küste weiße Fänge ausgereckt	247
Das Meer steigt durch die Nacht...	247
Das Meer steigt durch die Nacht. Flutbrandung springt den grauen Damm herauf	247
Daß du mir ins große Leben halfest	249
Das Wetter mancher Schlacht hat um unsre Nasen gepfiffen	163
Deine Umarmungen sind wie Sturm, der uns über Weltenabgründe schwenkt	114
Dein morgentiefes Auge ist in mir, Marie	165
Dein Stern erglänzt in Auferstehungsfrühen	142
Den Duft der Gletscher möcht' ich in meine Verse zwingen	30
Denkst du der Nächte, da das Meer in unsre Liebesstunden rauschte	240
Der Abend dampft in den gefüllten Schalen	80
Der Abend läuft den lauen Fluß hinunter	178
Der Abend spricht mit lindem Schmeichelwort die Gassen	106
Der Aufbruch	139
Der Dichter ist in seiner Seele Wald allein	233
Der dumpfen Nächte fieberwaches Schauen	73
Der Flüchtling	154
Der funkelnden Säle · goldig flimmernden Schächte	70
Der gelbe Mond	68
Der Harfenspieler	81
Der junge Mönch	161
Der Korb· die Schäfertasche und das Band	86
Der lange Tag erlosch im gelben Leuchten	68
Der Morgen	165
Der Pavillon	86
Der Schnellzug tastet sich und stößt die Dunkelheit entlang	169
Der Schöpfer	103
Der Sommermittag lastet auf den weißen	77
Der Spruch	120
Der stille Teich von dunklem Schilf umflüstert	74
Der Tag verdämmert wie ein seliger Traum	32

Verzeichnis der Gedichte

Der Teich	74
Der Weg war weit. Hindämmernd sank die Nacht	65
Der Zug ins Leben	89
Des lichterülohten Hafens bunter Enge	44
Des Sommers purpurn Erntelied verschwamm im Wind	31
Dicht an den Glanz der Plätze fressen sich und wühlen	172
Die Alleen der Lichter, die der Fluß ins Dunkel schwemmt, sind schon erblindet	147
Die alten Brunnen rauschten wie im Traum	69
Die Befreiung	157
Die Dirne	111
Die dunkle Trauer, die um aller Dinge Stirnen todessüchtig wittert	108
Die frühen Stunden· wenn die Purpurnebel	64
Die Häuser, spitzgegiebelt, scheinen sich zu neigen	219
Die Hütte lehnt am braunen Rebenhügel	155
Die Jünglinge und das Mädchen	159
Die Kirche, mit Blättern geschmückt	233
Die Kirschbaumblüten im lichtdurchschwemmten Garten	104
Die kupferrote Sonne im Versinken	105
Die Letzten, die am Weg die Lust verschmäht; entleert aus allen	160
Die letzten müden Liebesworte irren	104
Die morsche Harfe blitzt auf seinen Knien	81
Die Platanen sind schon entlaubt. Nebel fließen. Wenn die Sonne einmal durch den Panzer grauer Wolken sticht	148
Die Rosen im Garten	181
Die Rosen im Garten blühn zum zweiten Mal. Täglich schießen sie in dicken Bündeln	181
Die Schmetterlinge schwanken, jedem Lufthauch hingegeben	197
Die Schwangern	162
Die Silhouette deines Leibs steht in der Frühe dunkel vor dem trüben Licht	149
Die Stöcke hängen vollgepackt mit Frucht. Geruch von Reben	182
Die Sträucher ducken fiebernd sich zusammen	61
Dies alles lebte nur in Zeichen, Bildern, Schatten	245
Dies ward mir Schicksal: Rätselvoller Drang (Der Schöpfer)	103
Dies ward mir Schicksal: Rätselvoller Drang (Traum und Morgen I)	245
Dies war mein Traum	38
Die Taube	235
Die Taube, die den Zweig des Ölbaums hält	235
Die Tore aller Himmel stehen hoch dem Dunkel offen	179
Die Uhren schlagen sieben. Nun gehen überall in der Stadt die Geschäfte aus	170
Die Verlassene	249

Verzeichnis der Gedichte

Die vielen kleinen Gassen, die die langgestreckte Hauptstraße überqueren	180
Dir gab ein Gott im Traum	244
Dort glimmt das Licht. Dies ist der Ort. Den Kahn	107
Du griffst nach Glück. Es schmolz wie Flocken Schnee, die du in aufgehobnen Händen eingefangen	115
Du meinst, daß Nacht und Frost die Glut verscheuchten	106
Dunkle Fahrt	69
Durch alle Lande leuchteten die Opferbrände *(Erste Fassung)*	588
Durch alle Lande leuchteten die Opferbrände *(Entwurf zur zweiten Fassung)*	593
Durch alle Lande leuchteten die Opferbrände *(zweite Fassung)*	20
Durch düstre Turmkronen· wo vom Gemäuer	78
Du sollst wieder fühlen, daß alle stark und jungen Kräfte dich umschweifen	112
Du· über deren Lippen leis in linden	67
Du warst nackte Eva im Paradies, blank, windumspielt und ohne Scham	112
Du wolltest dir entfliehn, an Fremdes dich fortschenken	146
Ein Bild	44
Einem Mädchen	67
Eine Nacht	11
Einmal schon haben Fanfaren mein ungeduldiges Herz blutig gerissen	139
Ein Prolog	50
Einsamste Stunde strömt mein fernstes Selbst zu mir herauf	243
Ein Wikingkönig bin ich	45
Einzug	40
Ende (Aus Dunst und Tal …)	43
Ende (Nur eines noch: …)	132
Entsühnung	144
Erfüllung (Im Dämmer glommen …)	87
Erfüllung (Tief fiel die Nacht …)	42
Erlebnis	241
Erntegang	241
Erst war grenzenloser Durst, ausholend Glück, schamvolles Sichbeschauen	126
Erwachen	72
Es lodert am Himmel Abendrotglut	9
Evokation	109
Ex Aetheribus	30
Fahrt	45
Fahrt über die Kölner Rheinbrücke bei Nacht	169

Verzeichnis der Gedichte

Farbe prallt in Farbe wie die Strahlen von Fontänen, die ihr Feuer ineinanderschießen ... 110
Fe ... 143
Fee *(Baldur-Zyklus, zweite Fassung)* ... 27
Flammst du mir wieder, seligste Glut ... 40
Fluß im Abend ... 178
Flut, die in Nebeln steigt, Flut, die versinkt ... 136
Form ist Wollust ... 138
Form und Riegel mußten erst zerspringen ... 138
Frühe Dämmerung ... 104
Frühlingsnacht ... 104
Fülle des Lebens ... 142
Gang im Schnee ... 105
Gang in der Nacht ... 147
Gang in die Nacht ... 45
Gebet, daß die anderen glücklich seien ... 189
Gebet, daß ein Kind nicht sterbe ... 193
Gebet, daß mein Sterbetag schön und rein sei ... 199
Gebet, den Glauben im Wald zu finden ... 193
Gebet, ein einfaches Weib zu finden ... 209
Gebet, einen Stern zu erlangen ... 191
Gebet, einfach zu sein ... 197
Gebet, Gott zu loben ... 205
Gebet, mit den Eseln ins Himmelreich einzugehen ... 203
Gebet, seinen Schmerz zu lieben ... 199
Gebet um einen letzten Wunsch ... 215
Gebet, um Gott einfältige Worte anzubieten ... 211
Gebet um Sammlung ... 207
Gebet zum Geständnis der Unwissenheit ... 213
Gefleckte Moose, bunte Flechten schwanken ... 79
Gegen Morgen ... 125
Gesicht ... 239
Gethsemane *(Baldur-Zyklus, zweite Fassung)* ... 26
Gethsemane *(Baldur-Zyklus, dritte Fassung)* ... 596
Gib, o mein Gott, daß die mir einst zum Weib bestimmt ... 209
Gleich jenem Bilderschnitzer, den ich heute morgen sah, besorgt und still ... 211
Glück ... 151
Gratia divinae pietatis adesto Savinae de petra dura perquam sum facta figura ... 185
Hei! Hätt ich zu wünschen, ich wüßte schon was ... 10
Heimkehr ... 160
Herbstgang ... 62

895

Verzeichnis der Gedichte

Hernieder, steige hernieder in die Einfalt, die Gott will	213
Herrad	183
Hier ist Einkehr	171
Hier ist Einkehr. Hier ist Stille, den Tagen und Nächten zu lauschen, die aufstehen und versinken	166
Hier ist Leben, das nichts mehr von sich weiß	168
Ich bin nur Flamme, Durst und Schrei und Brand	241
Ich ging durch hohes Korn im reifen Erntelicht	199
Ich habe nichts als meinen Schmerz und will nur ihn allein	193
Ich hoffe nichts mehr, o mein Gott. Ich will entsagen	174
Ich mußte gleich zum Strand. In meinem Blute scholl	173
Ich sah Kinder in langem Zug, paarweis geordnet, vor einem Armenspeisehaus stehen	123
Ich stammle irre Beichte über deinem Schoß	144
Ich stand in Nacht. Ich rang versteinert. Fand in Wüsten irrend deine Seele nicht	241
Ich war die Nacht hoch übers Bergjoch hergeschritten	225
Ich war in Hamburg	225
»Ich war vier Monde in Hamburg, dann im Haag	141
Im Abend sind wir steile grünbebuschte Dünenwege hingeschritten	31
Im Becken, das mit runder Marmorwand	87
Im Dämmer glommen die gemalten Wände	129
Im sinkenden Abend, wenn die Fischer in den Meerhäfen ihre Kähne rüsten	79
Im Treibhaus	70
Incipit vita nova	149
In der Frühe	152
In diesen Nächten	152
In diesen Nächten friert mein Blut nach deinem Leib, Geliebte	135
In dieser Märznacht trat ich spät aus meinem Haus	146
In Dir	120
In einem alten Buche stieß ich auf ein Wort	58
In Kapellen mit schrägen Gewölben erfallnen Verließen	143
In Schmerzen heilig allem Leid Gefeite	592
In weichem Wiegen schaukelte die Brandung *(Erste Fassung)*	22
In weichem Wiegen schaukelte die Brandung *(Zweite Fassung)*	595
In weichem Wiegen schaukelte die Brandung *(Dritte Fassung)*	166
Irrenhaus	19
Johannisnacht	172
Judenviertel in London	173
Kinder vor einem Londoner Armenspeisehaus	121
Klangen Frauenschritte hinter Häuserbogen	150
Kleine Schauspielerin	

Verzeichnis der Gedichte

Kleine Stadt	180
La Querida	114
Leda	31
Leoncita	112
Linda	115
Lösche alle deine Tag' und Nächte aus	131
Lover's Seat	141
Mädchenwünsche	10
Märchen	48
Mahnung	244
Mainachtzauber	9
Man hatte uns Worte vorgesprochen, die von nackter Schönheit und Ahnung und zitterndem Verlangen übergiengen	119
Marsyas	88
Marsyas sang	88
Meer (Ich mußte gleich zum Strand...)	174
Meer I (Urweltensänge bricht dein Mund...)	246
Meer (Das ist die Stunde...) *(Erste Fassung)*	239
Meer (Denkst du der Nächte...) *(Zweite Fassung)*	240
Meine Seele sieht mit starren feuchten	40
Mein Gott, da doch die Welt so tut, wie du es ihr bestellt	189
Mein Gott, erhalte seinen Eltern dieses zarte Kind	193
Mein Gott, gib, daß mein Sterbetag schön sei und rein	199
Mein Gott, ich suche dich. Sieh mich vor deiner Schwelle knien	133
Mein Gott, ich will, den Geist gesammelt, mich zu dir erheben	207
Mein Gott, laß mich ausgehn, einen Stern zu finden	191
Mein Herz steht bis zum Hals in gelbem Erntelicht wie unter Sommerhimmeln schnittbereites Land	137
Mein niedrer Freund	219
Mein niedrer Freund, mein treuer Hund, nun littest du den Tod	219
Metamorphosen	126
Mittag	77
Mittagsbetäubung. Eine Grille geigt	205
Mysterium der Nacht	17
Noch trag ich's ja	14
Nun bist du, Seele, wieder deinem Traum	128
Nun rieseln weiße Flocken unsre Schritte ein	105
Nun schreiten wir in Abends leisem Leuchten	66
Nun sind vor meines Glückes Stimme alle Sehnsuchtsvögel weggeflogen	151
Nur eines noch: viel Stille um sich her wie weiche Decken schlagen	132
O daß ich einst, mein Gott, so wie im Märchen	215
O dies Getriebensein...	248

Verzeichnis der Gedichte

O dies Getriebensein: noch immer jedem Wind	248
O Gelöbnis der Sünde! All' ihr auferlegten Pilgerfahrten in entehrte Betten	122
O meine Seele	243
O meine Seele, schlägst in Abendinbrunst du dein dunkles Auge auf	243
O sähst Du	19
O Trieb zum Grenzenlosen, abendselige Stunde	109
Pans Trauer	108
Parzival vor der Gralsburg	156
Prometheus *(Baldur-Zyklus, zweite Fassung)*	23
Puppen	167
Reich mir deine weiche weiße Hand	45
Reinigung	131
Resurrectio	136
Schlaf nicht im Wald in der Maiennacht	9
Schloß im Herbst	78
Schon sinkt ein schlaffes Licht durch die Rotunde	75
Schwer auf die Gassen der Stadt fiel die Abenddämmerung	29
Schwerer Abend	179
Schwer glitt der Kahn. Die Silberweiden hingen	59
Segnung	155
Semiramis	85
Sicherung	106
Sie stehn im Schein der Kerzen, geisterhafte Paare, spöttisch und kokett in den Vitrinen	167
Simplicius wird Einsiedler im Schwarzwald und schreibt seine Lebensgeschichte	163
Sommer	137
Sonnenaufgänge sing' ich und Sonnenuntergänge *(Zweite Fassung)*	20
Sonnenaufgänge sing' ich und Sonnenuntergänge *(Dritte Fassung)*	595
Sonnwendabend	61
So sind wir deinen Wundern nachgegangen	57
Spiel im Dämmer	75
Starr stand er *(Erste Fassung)*	590
Starr stand er *(Zweite Fassung)*	21
Stille Stunde	59
Süß quoll von Flöten und von Leiern	72
Tage I	121
Tage II	122
Tage III	123
Tage IV	124
Tag will herauf. Nacht wehrt nicht mehr dem Licht	125
Tief fiel die Nacht ins offne Land	42

Verzeichnis der Gedichte

Totenfahrt *(Baldur-Zyklus, erste Fassung)*	592
Totenfahrt *(Baldur-Zyklus, zweite Fassung)*	22
Totenfahrt *(Baldur-Zyklus, dritte Fassung)*	595
Träume	63
Träume der blassen und umglühten Stunden	63
Traum	14
Traum und Morgen I, II	245
Trübe Stunde	129
Um die Stunde war's *(Zweite Fassung)*	26
Um die Stunde war's *(Dritte Fassung)*	596
Um meine Glieder schäumt ein Meer	49
Und als die braunen Schollen wieder glänzten	50
.. Und ein blutrot Leuchten überschlug den fahlen Raum	39
Und einmal dann: In einer Sommersternennacht·	89
Und in der Nacht, da er am Felsen hing	23
Und strahlend unter goldnem Baldachin	62
Und wieder ward der zeugende Tropfen Bluts aus Baldurs Wundenmalen *(Zweite Fassung)*	24
Und wieder ward der zeugende Tropfen Bluts aus Baldurs Wundenmalen *(Dritte Fassung)*	597
Untergang	105
Urweltensänge bricht dein Mund von Himmelsharfen los	246
Und einmal dann: In einer Sommersternennacht	89
Verloren	31
Vermaßt ihr euch zu lieben, die ihr sündhaft nur begehrt	161
Versenkung	243
Vision	38
Vom Gral	66
Vorfrühling (Bäume weiß ich ...)	16
Vorfrühling (In dieser Märznacht ...)	135
Vor Sonnenaufgang	64
Wald hätte um dich sein müssen ...	250
Wald hätte um dich sein müssen, junge Sonne und weite grüne Wiesen	250
Wanderung	65
War man glücklich eingestaubten Bänken	150
Was unsern Träumen Schönheit hieß, ward Leib in dir	159
Was waren Frauen	130
Was waren Frauen anders dir als Spiel	130
Weihnacht am Theater	39
Weinlese	182
Weiß glänzt ein Schloß in spiegelklarer Flut	48
Welt reichte nur vom kleinen Garten, drin die Dahlien blühten, bis zur Zelle	183

Verzeichnis der Gedichte

Wenn einst zu dir, mein Gott, der Ruf zu gehn mich heißt	203
Wenn in den Gewölben abendlich die blauen Kugelschalen	158
Wie aus den Armen Gottes glitt ich in den Arm der Welt	111
Wie die Hand einer Geliebten ist dein Licht	60
Wie sie rings mich umflattern	11
Winteranfang	148
Wir sind aus uns verjagt. Wir hocken verängstet vor dem gierigen Leben	162
Worte	119
Zuletzt, da alles Werk verrichtet, meinen Gott zu loben	185
Zwiegespräch	133

PERSONENREGISTER

Die kursiven Ziffern bezeichnen unter mehreren Textstellen eines Namens jeweils diejenige, zu der etwas ausführlichere Erläuterungen gegeben werden.

Abel, Hans Karl *385,* 386f., 400
Abelin, Johann Philipp 360
Adelung, Johann Christoph 361
Alberti, Conrad *siehe* Sittenfeld, Konrad
Angelus Silesius *siehe* Scheffler, Johann
d' Annunzio, Gabriele *siehe* D' Annunzio, Gabriele
Anseele, Édouard *445,* 447f.
Aristophanes 357
Arnold, Johann Georg Daniel 364
Arp, Hans *476,* 508f., 511
Avenarius, Ferdinand *297,* 772

Bab, Julius 325f.
Balzac, Honoré de 432
Baron, Erich 504
Barrès, Maurice 433
Baudelaire, Charles 283, 284, 323, 328
Bechstein, Otto 392
Beecke, Heinrich 401, *509*
Beethoven, Ludwig van 431
Benkwitz, Fritz Emil *522,* 555, 562ff., 567f.
Benn, Gottfried *338,* 339, 341
Benzion, Alexander 509
Berckheim, Oktavie von 398
Bergson, Henri 519
Bernhard, Georg 513
Bierbaum, Otto Julius 772
Bietrix, Vincent (Visan, Tancrède de) 428
Bizet, Georges 425

Björnson, Björnstjerne 407
Blass, Ernst 336
Blei, Franz 343
Blumenthal, Oskar 252, 254
Börne, Ludwig 320
Borchardt, Rudolf 454
Bouchholz, Christian 398
Brandes, Georg 408
Braunagel, Paul 401, *509*
Brentano, Clemens 318
Bresslau-Hoff, Luise *siehe* Hoff, Luise
Briand, Aristide 743
Brischle, Emil 509
Brod, Max 336
Broqueville, Charles Marie Pierre Albert de *443,* 444, 450
Brouckère, Louis de 445
Brülow, Caspar 359f.
Bruno, Giordano 260
Bucher, Pierre *476,* 477, 518
Budde, Erich Hugo 489f.
Budde, Fritz 480
Byron, George Noel Gordon 316

Callot, Jacques 352
Carossa, Hans 337
Cicero, M. Tullius 439
Claudel, Paul 429
Conscience, Henri 422
Cookson, Christopher *479,* 481ff., 487
Cotte, Robert de 399
Craig, Edwin Stewart *486,* 487f.
Curtius, Ernst Robert 399

Curzon, George Nathaniel 438f.

D' Annunzio, Gabriele 680
Dante Alighieri 323, 454, 462
Darwin, Charles 439
Daudet, Alphonse 398
Dauthendey, Max *329,* 330, 341, 772
De Coster, Augustin-Joseph *416,* 417
De Coster, Charles-Théodore-Henri *416,* 417ff.
Dehmel, Richard 302, 317, 325, 336, 341, *453,* 454ff., 464ff., 607, 749, 772
Deschanel, Émile 418
Destrée, Jules *448,* 451
Dingelstedt, Franz 272
Dollinger, Ferdinand Édouard 399f., *519*
Doré, Gustave 400f.
Dressler, O. H. 279

Ebel, J. 402
Eccard, Fritz 362f.
Eekhoud, Georges-Jean-Henri 423, *424*
Ehrenberg, Hans 341
Eichendorff, Joseph von 329
Einstein, Carl 341ff.
Elster, Ernst 316
Erb, Marie-Joseph 402
Eulenberg, Herbert 351, 680, 806
Euripides 359
Ewald, August (Paquita, Paul) 337

Falconer, Robert Alexander *498,* 499, 504ff., 511, 523ff.
Fanny (Nachname nicht ermittelt) *542,* 547, 551, 566f., 808
Farigoule, Louis-Henri-Jean (Romains, Jules) 429

Ferdinand II., deutscher Kaiser 360
Fiedler, Hermann Georg 479, 481, *482,* 483ff., 499, 514, 771f.
Fitger, Artur 772
Flake, Otto 279, 400, *476,* 509, 511, 513
Flaubert, Gustave 302, 307, 419, 428, 432
Fleurent, Joseph 400
Fontane, Theodor 259, 273, 772
Forster, Dirk *474,* 546f., 571
France, Anatole *siehe* Thibaut, Anatole-François
Freiligrath, Ferdinand 272
Freytag, Gustav 302
Friedlaender, Salomo (Mynona) 336, *348,* 508
Fritsch, Anna (verh. Wissmann) 518, 521
Fröreisen, Isaak 357f.

Geibel, Emanuel 275
George, Stefan *323,* 324, 327, 329, 334, 337, 344, *426,* 453f.
Ghéon, Henri *siehe* Vaugeon, Henri
Gide, André 341
Goethe, Johann Wolfgang von 259, 263f., 266, *267,* 272, 274, 275, 301, 302, 303, 320, 321, 322, *323,* 334, 361, 363, 376, 398, 425, 428, 434, 435, 460, 684
Goncourt, Edmond de 302
Goncourt, Jules de 302
Gottfried von Straßburg 383
Goudy, Henry 439
Greif, Martin 772
Grossberger, Herbert 336
Gruber, Karl 368, 396, 400, *476,* 477, 509, 511, 718
Grünewald, Matthias 400
Guérin, Jean-Urbain 401
Gundolf (Gundelfinger), Friedrich *321,* 322ff., 454, 484

Personenregister

Hamélius, Paul 552
Hardekopf, Ferdinand 336
Hardenberg, Friedrich von (Novalis) 333
Hauptmann, Carl 680
Hauptmann, Gerhart *325,* 403, 772, 806
Hebbel, Friedrich 302, 406
Hebel, Johann Peter 361, 364, *376*
Hegel, Georg Wilhelm Friedrich 318, 341
Hegner, Jakob 494, *502,* 503f.
Heine, Heinrich 302, *316,* 317ff., *439*
Herder, Johann Gottfried von 322
Herwegh, Georg 272
Hesse, Hermann 332f.
Heym, Georg (Oikos) *327,* 328f., 336, 337, 340f.
Heyse, Paul *271,* 272ff., 403
Hiller, Kurt *334,* 335f., 345ff., 508
Hölderlin, Friedrich 425, 428
Hoff, Luise (verh. Bresslau-Hoff) 474, 614
Hoffmann, Hans 772
Hoffmann, Paul 401
Hoffmann von Fallersleben, August Heinrich 272
Hofmannsthal, Hugo von 91, 307, 453, 610, 680, 772, 806
Holberg, Ludvig von 350
Hollaender, Felix 680
Holz, Arno 253, *462,* 772
Holzschuher, Hanns 279
Homer 263, *454,* 467
Huch, Ricarda 772
Huhn, B. 398
Huysmans, Camille 445

Ibsen, Henrik 302, 307, *403,* 404ff., 415
Ignatius von Loyola 283
Isemann, Bernd 279

Jammes, Francis 203, 225, *491,* 492ff., 499ff., 507, 510, 515
Jacobsen, Jens Peter 684
Jaurès, Jean 743
Jean Paul *siehe* Richter, Jean Paul Friedrich
Jordaens, Jacob 423
Jordan, Rosa 401

Kamm, Philipp 401
Kammerer, Robert 401
Kant, Immanuel 264
Karl V., deutscher Kaiser 421
Kassel, August 398
Kassner, Rudolf 427
Keller, Gottfried 302, 373, 567, 684
Kerr, Alfred *326,* 347, 348, 351
Kirschner, Aloisia (Schubin, Ossip) 550
Kleist, Heinrich von 263ff., 406
Kleist, Ulrike von 264, 266
Klopstock, Friedrich Gottlieb 302
Knorr, Theodor 401
Koch, Hans (Leonardus, Johannes) 89, 279, *476,* 477, 509ff., 522
Koeberlé, Elsa 518
Kotzebue, August Friedrich Ferdinand von *252,* 255
Krähe, Ludwig 316
Krinitz, Elise (Mouche) 320
Kronfeld, Arthur 336
Kubin, Alfred 328

La Fontaine, Jean de 428
Laforgue, Jules 282, 337, 342, *428*
Lamprecht, Karl 317
Langmann, Philipp *260,* 261, 680
Langrock (Hauptmann) *529,* 530ff., 800
Lannatsch *siehe* Schickele, Anna
Larbaud, Valéry 429
Lasker-Schüler, Else 335
Lauff, Joseph *253,* 254, 256

903

Lautensack, Heinrich *337,* 339 ff.
Legras, Jules 319
Lemonnier, Camille 416
Lenclos, Ninon de 293
Leonardus, Johannes *siehe* Koch, Hans
Lessing, Gotthold Ephraim 322
Lichtenberger, Henri 317, 319
Lickteig, Alfred 279
Lienhard, Friedrich *294,* 295 ff., 385, 389, 395 ff., 473
Lienhart, Hans 363
Liliencron, Detlev von 334, *453,* 457, 470, 606, 772
Loerke, Oskar 328 f.
Ludwig XIV., König von Frankreich 434
Lublinski, Samuel 341
Ludwig, Otto 302
Luther, Martin 260

Maeterlinck, Maurice *424,* 814
Mann, Heinrich 283, 285, 307, 348
Marowska, Lika 401
Martin, Ernst 363, 719
Masson, Fulgence *448,* 450
Matthis, Adolphe *361,* 366 ff., 394
Matthis, Albert *361,* 364 ff., 366 ff.
Mawet, Émile 402
Maximilian II., König von Bayern 275
Melanchthon, Philipp 353
Mercy-Argenteau, Charles de 416
Messager, Charles (Vildrac, Charles) 429
Meyer, Alfred Richard *337,* 339 f., 492
Meyer, Emma 539
Meyer, Fritz 529
Mörike, Eduard 297
Molière 350
Mombert, Alfred 335, *455,* 749
Mouche *siehe* Krinitz, Elise

Müller, Adam 264
Münchhausen, Börries von 772
Mündel, Curt 392 ff.
Mynona *siehe* Friedlaender, Salomo

Napoleon I. Bonaparte 390, 391
Nietzsche, Friedrich 260, 264, 295, 301 f., 302, 347, 348, 425, 434, 453 ff., 458, 462, 684, 749
Novalis *siehe* Hardenberg, Friedrich von

Oberlin, Johann Friedrich 398
Ogilvie, Allan Grant (Magdalenman) 475
Oikos *siehe* Heym, Georg

Paquita, Paul *siehe* Ewald, August
Passarge, Ludwig 411
Paulin, Peter 400
Péguy, Charles-Pierre 339, *429*
Pfempfert, Franz 492
Pfitzner, Hans 395
Philipp II., König von Spanien 421
Plautus, Titus Maccius 358
Poe, Edgar Allan 328
Preiss, Jacques 542
Prévôt, René 279
Przybyszewski, Stanislaus 283

Rabelais, François 418
Rauscher, Ulrich 399, *509,* 513, 543
Régnier, Henri de 31 f., 65, 68, 86, 88, 612
Reuter, Fritz 347
Rhodes, Cecil 437
Richter, Jean Paul Friedrich 284, 323
Ritleng, Georges 82, 401, *509*
Robertson, John G. 484, *499*
Roeßlin, Helisaeus 398
Rolland, Romain *431,* 432 ff., 510

Romains, Jules *siehe* Farigoule, Louis-Henri-Jean
Romanes, George John 436f.
Roosevelt, Alice 438
Roosevelt, Ethel 438
Roosevelt, Kermit 438
Roosevelt, Theodore 436ff.
Rops, Félicien *328,* 418
Rossetti, Dante Gabriel (D. G. R.) 76
Rubens, Peter Paul 423
Rubiner, Ludwig 336
Ruederer, Josef 806
Ruest, Anselm *siehe* Samuel, Ernst
Ruge, Arnold 320
Ruysbroek, Johannes von 422

Sachs, Hans 356, 358
Samuel, Ernst (Ruest, Anselm) 339ff.
Sardou, Victorien 302
Sattler, Joseph 401
Sauer, August 523, 800
Sauer, Hedda *523,* 800
Schaukal, Richard *261,* 772
Scheffler, Johann (Angelus Silesius) 567
Scherer, Wilhelm 384
Schickele, Anna (Lannatsch) 477, *491,* 513, 640
Schickele, Rainer 513
Schickele, René 75, *276,* 277ff., 307ff., 335, 336, 341, 401, 476f., 479, 491, 508f., 511f., 518, 543, 558, 608, 640
Schiller, Friedrich 252, 263, 301
Schlaf, Johannes 806
Schlegel, August Wilhelm 321, 322, 323, 348
Schlegel, Friedrich 322, 348
Schmitt, Christian 473
Schneider, Émile Philipp August 509

Schnitzler, Arthur 275, *330,* 331f.
Scholz, Wilhelm von 73
Schopenhauer, Arthur 425, 456
Schricker, August 392
Schröder, Edward *474,* 480
Schröder, Rudolf Alexander 454
Schubin, Ossip *siehe* Kirschner, Aloisia
Schultz, Franz 398
Schwabach, Erik Ernst 508
Scribe, Eugène 302
Seebach, Lothar von 401
Seltz, Thomas 476
Shakespeare, William 265, 321ff., 404, 437, 439, 454, 474, 484f., 514
Simmel, Georg 518f.
Simon, Joseph 402
Sittenfeld, Konrad (Alberti, Conrad) *272,* 275
Solveen, Henri 401
Spangenberg, Wolfhart 358f.
Spindler, Carl 395, 400f.
Spire, André 429
Spitteler, Karl 772
Spruyt, Eliza van 417
Stadler, Adolf Xaver 479f., 482, 551, 616, *810*
Stadler, Aurel *519,* 520, 523
Stadler, Else 523
Stadler, Erich 523
Stadler, Herbert 78, *529,* 536, 539, 551, 805, 806
Stadler, Marta *519,* 520ff.
Stadler, Regine Catherine 479, 482, 521, 523, 529, 533, 536, 539, 543, 551, 558, 616, 806, *810*
Steen, Jan 423
Stein, Friedrich von 398
Steinbach, Erwin von 365
Stendhal (Henri Beyle) 302
Sternheim, Carl 349ff., 507, *516,* 558, 569, 806, 809

905

Personenregister

Sternheim, Thea 517, *520,* 562, 809
Stöber, Adolf 279
Stöber, August 279
Storck, Karl 299
Storm, Theodor 302
Stoskopf, Gustave *363,* 393 f.
Strindberg, August 283
Sturm, Johannes 357

Terentius Afer, Publius (Terenz) 358
Thibaut, Anatole-François (France, Anatole) 283
Thoma, Ludwig 351
Tieck, Ludwig 274
Tour Dupin, Henriette de la 416
Treitschke, Heinrich Gotthard von 317
Türckheim, Anna Elisabeth (Lilli) von 398
Türckheim, Bernhard Friedrich von 398

Uhland, Ludwig 329

Vander Smissen, William Henry 523
Vandervelde, Émile *445,* 448
Vaugeon, Henri (Ghéon, Henri) 429
Verhaeren, Émile 325, 327, 345, 423, *424,* 456, 462, *467,* 734
Verlaine, Paul 91
Vielé-Griffin, Francis 428
Vildrac, Charles *siehe* Messager, Charles
Visan, Tancrède de *siehe* Bietrix, Vincent

Wagner, Richard 425, 584
Walker, Edmund *498,* 504, 523
Waltershausen, Sartorius von 551
Walzel, Oskar 316 ff.
Warren, Thomas Herbert *483,* 487
Wedekind, Frank 283, 302, *337,* 806
Welcker, Friedrich Gottlieb 263
Welsch, Paul 401
Wendel, Hermann 279, 509
Werfel, Franz 336, *344,* 345, 458 f.
Wertheimer (Vorname nicht ermittelt) 513
Wetterlé, Emile 542
Whitman, Walt 325, *345,* 462
Wieland, Christoph Martin 265 f., 321, 324
Wilde, Oscar 283, *288*
Wildenbruch, Ernst von 403
Wilhelm II., deutscher Kaiser 480
Winckelmann, Johann Joachim 264
Wissmann, Anna *siehe* Fritsch, Anna
Wissmann, Erwin *478,* 518, 520, 809
Wissmann, Reinhold *521,* 555
Wittich, Werner 384
Woeste, Charles 444
Wolff, Julius 303
Wolff, Kurt *491,* 492 ff., 507, 509 f., 513, 515, 517
Wylie, Francis James *474,* 475, 479 f., 483, 487, 490

Zech, Paul 336
Zeiler, Martin 398
Zenge, Wilhelmine von 264 f.

BUCHANZEIGEN

Georg Heym

DICHTUNGEN UND SCHRIFTEN

Herausgegeben von Karl Ludwig Schneider

Band 1: Lyrik

1964. 850 Seiten mit 5 Handschriftenproben. Leinen

Band 2: Prosa und Dramen

1962. 896 Seiten mit 6 Handschriftenproben. Leinen

Band 3: Tagebücher, Träume und Briefe

2. Auflage. 1979. 304 Seiten mit 3 Handschriftenproben
Leinen

Band 4 (früher Band 6): Georg Heym.
Dokumente zu seinem Leben und Werk

1968. 652 Seiten mit 31 Abbildungen
Leinen

„Welche genaue philologische Arbeit dieser Edition zugrunde liegt, läßt sich kaum ermessen. Schon die wenigen faksimilierten Gedichtmanuskripte beweisen, wie hier mit Handschriften gerungen wurde. Überall waltet höchste Sorgfalt. Nichts wurde geglättet oder retuschiert, wie es wohlmeinende Freunde bisher getan hatten. Den obersten Maßstab bildet allein die textliche Authentizität."

Jost Hermand, Monatshefte für deutschen Unterricht

„Es ist gut zu sehen, daß die vielgeschmähte deutsche Germanistik derart dienende Leistungen noch eindrucksvoll zu vollbringen imstande ist." *Walther Killy, Die Zeit*

VERLAG C.H. BECK MÜNCHEN

DIE DEUTSCHE LITERATUR
TEXTE UND ZEUGNISSE
Herausgegeben von Walther Killy

Band I · Helmut de Boor
Mittelalter
In zwei Teilbänden
Band I/1: 1965. LXX, 920 Seiten. Leinen
Band I/2: 1965. IV, 960 Seiten. Leinen

Band II · Hedwig Heger
Spätmittelalter, Humanismus, Reformation
In zwei Teilbänden
Band II/1: 1975. XLI, 685 Seiten. Leinen
Band II/2: 1978. LII, 944 Seiten. Leinen

Band III · Albrecht Schöne
Das Zeitalter des Barock
2., verbesserte und erweiterte Auflage. 1968
XXXII, 1251 Seiten. Leinen

Band IV · Walther Killy
18. Jahrhundert
In zwei Teilbänden
Band IV/1: 1983. XLII, 564 Seiten. Leinen
Band IV/2: 1983. Etwa 700 Seiten. Leinen

Band V · Hans-Egon Hass
Sturm und Drang, Klassik, Romantik
In zwei Teilbänden
Band V/1: 1966. XXXVIII, 963 Seiten. Leinen
Band V/2: 1966. IV, 970 Seiten. Leinen

Band VI · Benno von Wiese
19. Jahrhundert
1965. XL, 1100 Seiten. Leinen

Band VII · Walther Killy
20. Jahrhundert (1880–1933)
1967. XLVII, 1198 Seiten. Leinen

VERLAG C.H.BECK MÜNCHEN